*Não deixem que o mal vença vocês,
mas vençam o mal com o bem.*

Romanos 12.21 (NTLH)

ADMINISTRAÇÃO GERAL E PÚBLICA
PARA CONCURSOS
ABORDAGEM COMPLETA

4ª Edição

Respeite o direito autoral

RENATO FENILI

ADMINISTRAÇÃO GERAL E PÚBLICA

PARA CONCURSOS

ABORDAGEM COMPLETA

4ª Edição

Niterói, RJ
2019

© 2019, Editora Impetus Ltda.

Editora Impetus Ltda.
Rua Alexandre Moura, 51 – Gragoatá – Niterói – RJ
CEP: 24210-200 – Telefax: (21) 2621-7007

CONSELHO EDITORIAL:
Ana Paula Caldeira • Benjamin Cesar de Azevedo Costa
Ed Luiz Ferrari • Eugênio Rosa de Araújo
Fábio Zambitte Ibrahim • Fernanda Pontes Pimentel
Izequias Estevam dos Santos • Marcelo Leonardo Tavares
Renato Monteiro de Aquino • Rogério Greco
Vitor Marcelo Aranha Afonso Rodrigues • William Douglas

Projeto Gráfico: Editora Impetus Ltda.
Editoração Eletrônica: SBNigri Artes e Textos Ltda.
Capa: Editora Impetus Ltda.
Revisão de Português: Marcos Roque / Carmem Becker
Impressão e encadernação: Edelbra e Indústria Gráfica Ltda.

Data de Fechamento da Edição: 31/10/2018

F351a

Fenili, Renato

Administração geral e pública para concursos / Renato Fenili. – Niterói, RJ: Impetus, 2019.

960 p.; 16 x 23 cm.

ISBN: 978-85-7626-997-7

1. Serviço público – Brasil - Concursos. 2. Administração pública –Brasil – Problemas, questões, exercícios. I. Título.

CDD- 351.81076

O autor é seu professor; respeite-o: não faça cópia ilegal.
TODOS OS DIREITOS RESERVADOS – É proibida a reprodução, salvo pequenos trechos, mencionando-se a fonte. A violação dos direitos autorais (Lei nº 9.610/1998) é crime (art. 184 do Código Penal). Depósito legal na Biblioteca Nacional, conforme Decreto nº 1.825, de 20/12/1907.

A **Editora Impetus** informa que quaisquer vícios do produto concernentes aos conceitos doutrinários, às concepções ideológicas, às referências, à originalidade e à atualização da obra são de total responsabilidade do autor/atualizador.

www.impetus.com.br

Dedicatória

À memória de Pedro Fenili, que certamente
deu o maior passo de todos nós.

Agradecimentos

Tarefa das mais ingratas é esgotar em poucas linhas o sentimento de gratidão àqueles que serviram de inspiração ao longo do curso do desenvolvimento desta obra. Ainda assim, ouso nominar os que se fizeram mais próximos nesta empreitada e com quem espero compartilhar muitas outras.

À Giovana, pela cumplicidade e carinho ao longo de todos esses anos.

À Catarina e ao Matheus, meus filhos, por darem uma razão a tudo em minha vida.

Aos meus pais, pela dedicação irrestrita em prover a mim um ensino de qualidade. Talvez tenha sido esse meu melhor presente. Sinto falta de vocês.

Ao meu irmão por escolha, Cláudio, por ser um exemplo de conduta em seu trabalho, o que me influencia todos os dias.

À Eda Lucas, por, ao longo dos anos, fazer de mim uma pessoa melhor.

A Marcelino, Ichayo e Bruno Vieira, por terem formado, no Navio Patrulha Gravataí, um belo exemplo de como deve ser a Administração Pública brasileira.

À Wahiba e ao Wilson, a quem considero referenciais de ética no serviço público.

Ao Ugo Arrigoni, por estar próximo, mesmo com toda a distância, em todos os momentos.

Por fim, agradeço àqueles que trabalham com honestidade de propósito no intuito de alcançarem seus objetivos. Esta obra é para vocês.

O Autor

Renato Fenili é Analista Legislativo da Câmara dos Deputados, aprovado em 6º lugar no concurso de 2007. Pós-graduado em Administração Pública, Mestre e Doutor em Administração pela Universidade de Brasília (UnB), foi oficial de carreira da Marinha do Brasil, formando-se pela Escola Naval em 2003. Atua como Professor de Administração Geral e Pública, Administração de Recursos Materiais e Patrimoniais e Licitações e Contratos Administrativos no Ponto dos Concursos desde 2010, além de ministrar aulas no Instituto de Gestão, Economia e Políticas Públicas (IGEPP). A partir de 2013, colabora junto à Escola Nacional de Administração Pública (Enap), reestruturando cursos, desenvolvendo material didático, capacitando instrutores e ministrando palestras.

Nota do Autor

Caro(a) leitor(a),

A presente obra firmou-se, ao longo dos anos, **como a principal referência no estudo da Administração Geral e Pública para concursos**. Congregando sólida exposição teórica e a intensiva prática em exercícios, o resultado é de extrema singularidade no mercado. Essa realidade impinge, contudo, diligências constantes para a sua atualização periódica, visando a galgar crescentes patamares de qualidade.

Para a consolidação desta quarta edição, os esforços diuturnos tomaram cerca de dez meses. Houve não só nova expansão do rol de exercícios resolvidos (agora com questões, também, de 2017 e 2018), mas também a absorção de inovações legais (como o Decreto nº 9.094/2017 que, entre outras medidas, revogou o Gespública), além da reedição do Capítulo de Gestão de Projetos, agora à luz do PMBOK, 6ª edição. As temáticas de políticas públicas e gestão de pessoas foram revisitadas, ampliando-se o conteúdo teórico. Inseriram-se tópicos como <u>gestão de riscos</u>, <u>digressões sobre o Novo Regime Fiscal</u>, <u>a teoria de competitividade de Michael Porter</u>, <u>clima e cultura organizacional</u>, <u>avaliação de desempenho</u>... Os ganhos foram substanciais. Em termos globais, incorreu-se no polimento de todos os capítulos, agregando-se tópicos e primando-se por linguagem cada vez mais didática. O resultado é uma **ferramenta ainda mais robusta para seus estudos**, mantendo-se como caminho mandatório à aprovação.

Nos últimos anos, a cobrança da Administração Geral e Pública em concursos foi ampliada, tendo os editais gradualmente apresentado conteúdos programáticos mais extensos e complexos, demandando dedicação redobrada dos(as) candidatos(as). Esta obra vem justamente servir como forte aliada no estudo dessa disciplina. O leitor encontrará cerca de **1.000 questões, 100% comentadas em profundidade**, das principais bancas do País.

Bons estudos!!

Sumário

Capítulo 1 – Organização e o Processo Organizacional 1
1. O Conceito de Organização 1
2. O Conceito de Processo 2
3. O Conceito de Administração 3
4. O Processo Organizacional 3
    4.1. Conceito de processo organizacional 3
    4.2. As funções administrativas e a comunicação no processo organizacional 6
        4.2.1. Planejamento 7
        4.2.2. Organização (ou estruturação) 7
        4.2.3. Direção (ou comando) 9
            4.2.3.1. Comunicação 10
            4.2.3.2. Liderança 20
            4.2.3.3. Motivação 35
        4.2.4. Coordenação 41
        4.2.5. Controle 42
Questões de Concursos 46
Gabarito Comentado 57

Capítulo 2 – Teorias Organizacionais (ou Administrativas) 65
1. Abordagem Clássica da Administração 67
    1.1. Administração Científica de Taylor (e Ford) 68
    1.2. Teoria Clássica de Fayol 74
2. A Teoria das Relações Humanas 78
3. Abordagem estruturalista 82
    3.1. A Teoria da Burocracia de Weber 83
    3.2. Teoria Estruturalista 85

4. Teoria Neoclássica 87
   4.1. A Teoria Neoclássica e a Administração por Objetivos (APO) 89
5. Teoria Geral dos Sistemas 91
6. Abordagem Comportamental 92
   6.1. Teoria Comportamental 93
   6.2. Teoria do Desenvolvimento Organizacional 94
7. Teoria Contingencial 97
Questões de Concursos 102
Gabarito Comentado 107

Capítulo 3 – Estrutura Organizacional: departamentalização e a gestão de redes organizacionais 111

1. Estrutura Organizacional e Departamentalização 111
2. Critérios de Departamentalização 118
   2.1. Departamentalização por função (ou funcional) 119
   2.2. Departamentalização por processo 120
   2.3. Departamentalização por produto / serviço 121
   2.4. Departamentalização por projeto 121
   2.5. Departamentalização por cliente 122
   2.6. Departamentalização por área geográfica (ou territorial) 123
   2.7. Departamentalização matricial 124
   2.8. Estrutura de redes integradas de equipes 125
3. Centralização e Descentralização 127
4. Gestão de Redes Organizacionais 129
   4.1. O conceito de rede 129
   4.2. Razões para a formação de redes 131
   4.3. Gestão de redes na Administração Pública 133
Questões de Concursos 135
Gabarito Comentado 142

Capítulo 4 – Aspectos de Teoria Geral do Estado 149

1. O Conceito de Estado 149
2. A Evolução Histórica do Estado 152
   2.1. Os modos de nascimento do Estado 152
   2.2. Teorias de formação do Estado 153
       2.2.1. Teorias Não Contratualistas de Formação do Estado 154
       2.2.2. Teorias Contratuais de Formação do Estado 155

    2.3. As formas históricas de Estado 157
3. O Conceito de Governo 160
4. Teoria das Formas e dos Sistemas de Governo 162
    4.1. Formas de Governo 162
    4.2. Sistemas de Governo 165
5. A Separação dos Poderes 167
    5.1. O sistema de freios e contrapesos 170
        5.1.1. O sistema de freios e contrapesos no Brasil 170
6. Características gerais do Estado brasileiro 174
7. A organização político-administrativa brasileira 176
Questões de Concursos 181
Gabarito Comentado 187

Capítulo 5 – Administração Pública: conceito, princípios e organização 195

1. O Conceito de Administração Pública 195
2. Os Princípios que Regem a Administração Pública 199
    2.1. Princípio da Legalidade 201
    2.2. Princípio da Impessoalidade 202
    2.3. Princípio da moralidade 204
    2.4. Princípio da publicidade 207
    2.5. Princípio da eficiência 209
3. Estrutura da Administração Pública: Desconcentração e Descentralização 212
    3.1. Administração Pública Direta 212
    3.2. Administração Pública Indireta 214
        3.2.1. Autarquias 219
        3.2.2. Fundações Públicas 220
        3.2.3. Empresas Públicas e Sociedades de Economia Mista 221
        3.2.4. As agências executivas 225
        3.2.5. As agências reguladoras 227
4. Convergências e Divergências Entre a Gestão Pública e a Gestão Privada 229
    4.1. As convergências 229
    4.2. As divergências 232
Questões de Concursos 235
Gabarito Comentado 254

Capítulo 6 – Apanhado Histórico da Administração Pública Brasileira e as Reformas Administrativas 273

1. Um Breve Apanhado da História do Brasil – de 1500 a 1808 273
   - 1.1. Período Pré-Colonial 274
   - 1.2. Período Colonial 275
2. A Administração Pública entre os Anos 1808 e 1822 278
3. A Administração Pública Durante o Período Imperial (1822–1889) 279
   - 3.1. O Primeiro Reinado (1822–1831) 279
   - 3.2. O Período Regencial (1831–1840) 280
   - 3.3. O Segundo Reinado (1840–1889) 281
4. O Período Republicano 282
   - 4.1. A República Velha (1889–1930) 283
   - 4.2. A Era Vargas (1930–1945) 286
   - 4.3. A República Populista (1945–1964) 290
   - 4.4. A Ditadura Militar (1964–1985) 291
   - 4.5. A Nova República (1984 – hoje) 294
     - 4.5.1. Tentativas de reformas no período 1985–1990 294
     - 4.5.2. Reforma no governo Collor 296
     - 4.5.3. A Reforma Gerencial no governo de Fernando Henrique Cardoso 297
     - 4.5.4. A continuidade da Reforma no governo Lula 300
     - 4.5.5. O governo Dilma Rousseff (2011-2016) 300

Questões de Concursos 302

Gabarito Comentado 310

Capítulo 7 – Modelos Teóricos da Administração Pública: patrimonialista, bucrocrático e gerencial 319

1. O modelo administrativo patrimonialista 320
2. O Modelo Administrativo Burocrático 325
3. O modelo administrativo gerencial (ou pós-burocrático) 329
   - 3.1. Base teórica do modelo gerencial: a Nova Gestão Pública 330
     - 3.1.1. O Gerencialismo Puro ou *Managerialism* 332
     - 3.1.2. O *Consumerism* 333
     - 3.1.3. *Public Service Orientation* (PSO) 335
   - 3.2. Aspectos gerais do modelo gerencial no Brasil 338

Questões de Concursos 342

Gabarito Comentado 353

Capítulo 8 – Gestão Pública Empreendedora: a administração por resultados 363

1. O conceito de empreendedorismo 363
   1.1. Empreendedorismo, Inovação e a "Destruição Criadora" 365
2. O Empreendedorismo no Setor Público 367
3. Gestão Pública Empreendedora no Brasil 372

Questões de Concursos 376

Gabarito Comentado 381

Capítulo 9 – Noções de Políticas Públicas 387

1. O Conceito de Políticas Públicas 387
2. Processo de Formulação e Desenvolvimento de Políticas Públicas 389
   2.1. Construção da agenda (*agenda-setting*) 390
   2.2. Formulação de políticas públicas 392
   2.3. A tomada de decisão e os modelos de implementação de políticas públicas 396
   2.4. Avaliação de programas e projetos constantes das políticas públicas 397
3. As Políticas Públicas no Estado Brasileiro Contemporâneo: Arranjos Institucionais 403
   3.1. A descentralização política e a democracia na Federação brasileira............403
   3.2. Participação da sociedade civil nas políticas públicas.................405
      3.2.1. Conselhos Gestores de Políticas Públicas 408
      3.2.2. Orçamento Participativo 413
      3.2.3. Demais parcerias entre governo e sociedade 415
4. Corrupção e Políticas Públicas 416

Questões de Concursos 423

Gabarito Comentado 430

Capítulo 10 – Ciclo de Gestão do Governo Federal, Orçamento Público e Parâmetros da Política Fiscal: a prática da gestão por resultados 439

1. O Conceito de Ciclo de Gestão do Governo Federal 439
2. Orçamento Público e os instrumentos de planejamento orçamentário 440
   2.1. O Plano Plurianual 444
   2.2. A Lei de Diretrizes Orçamentárias 445
   2.3. A Lei Orçamentária Anual 448
3. As Etapas do Ciclo de Gestão Pública 450

4. Parâmetros da Política Fiscal 454
   4.1. O Novo Regime Fiscal 468

Questões de Concursos... 472

Gabarito Comentado 478

Capítulo 11 – Governabilidade, Governança e *Accountability* 485

1. Governabilidade 485
2. A Governança 488
   2.1. Governança pública...488
   2.2. Governança Corporativa e Auditoria Interna 492
       2.2.1. O conceito de governança corporativa........................... 492
       2.2.2. Os princípios básicos da governança corporativa 494
       2.2.3. Elementos do sistema de governança corporativa 495
       2.2.4. A Lei *Sarbanes-Oxley*... 499
       2.2.5. Governança corporativa e gestão de riscos.................... 500
           2.2.5.1. Modelo de implementação da gestão de riscos........... 502
3. *Accountability*... 505
   3.1. *Accountability* e o conceito de Governo Aberto 510

Questões de Concursos... 515

Gabarito Comentado 526

Capítulo 12 – Governo Eletrônico (ou Digital) e Transparência 537

1. Governo eletrônico ou digital: um conceito em evolução 537
2. A aplicação do governo eletrônico 540
3. A Evolução do Uso das TICs no Setor Público Brasileiro 543
4. Diretrizes Gerais de Implantação e Operação do Governo Eletrônico
   no Brasil 549

Questões de Concursos... 552

Gabarito Comentado 558

Capítulo 13 – A Qualidade e a busca pela Excelência na Administração Pública 567

1. Qualidade: Conceito e Evolução Histórica 567
2. A Gestão da Qualidade Total.. 572
3. A Implantação de um Programa de Qualidade 575

4. A Gestão da Qualidade na Administração Pública brasileira 577
    4.1. Programa Nacional de Desburocratização 578
    4.2. Programa Brasileiro de Qualidade e Produtividade (PBQP – 1990) 581
    4.3. Programa de Qualidade e Participação na Administração Pública
         (QPAP – 1996) 582
    4.4. Programa de Qualidade no Serviço Público (PQSP – 1999) 583
    4.5. Programa Nacional de Gestão Pública e Desburocratização
         (GesPública – 2005) 585
         4.5.1. O Modelo de Excelência em Gestão Pública e os Critérios
                para a Avaliação da Gestão Pública 587
    4.6. O Decreto nº 9.094/2017 e a busca pela excelência ao usuário dos
         serviços públicos 597
5. A Fundação Nacional da Qualidade (FNQ) e seu modelo de gestão 598
Questões de Concursos 603
Gabarito Comentado 611

Capítulo 14 – A Gestão Estratégica e as Novas Tecnologias Gerenciais e Organizacionais Aplicadas ao Setor Público 617

1. Contextualização da Gestão Estratégica na Administração Pública Brasileira .. 619
2. O Conceito de Estratégia e as Características Básicas da Administração e
   Planejamento Estratégico 620
3. As Escolas de Planejamento Estratégico 624
4. As Etapas da Administração Estratégica 625
5. Tecnologias Gerenciais Aplicadas à Gestão Estratégica 628
    5.1. Ferramentas de Diagnóstico 628
         5.1.1. *Benchmarking* 628
         5.1.2. Diagrama de Ishikawa 630
         5.1.3. Análise SWOT (ou Análise FOFA) 630
    5.2. Ferramentas de Definição de Prioridades 634
         5.2.1. Matriz GUT 634
         5.2.2. Diagrama de Pareto 635
    5.3. Ferramentas de definição do plano de ação 636
         5.3.1. *Brainstorming* 636
         5.3.2. 5W2H (ou 4Q1POC) 637
    5.4. Filosofias e metodologias de melhoria de processos 637
         5.4.1. O Ciclo PDCA 637
         5.4.2. O Seis Sigma 638
         5.4.3. A Melhoria Contínua (*kaizen*), o Programa 5S e o
                Lean Manufacturing 639
         5.4.4. A Reengenharia 640

    5.5. Ferramenta de planejamento e gestão: o *Balanced Scorecard*......................641
    5.6. Construção e análise de cenários 646
6. O Processo Decisório no Contexto Organizacional 648
    6.1. O conceito de decisão 648
    6.2. Os tipos de decisão..649
    6.3. Análise e solução de problemas..653
    6.4. Os modelos racional e intuitivo do processo decisório 654
    6.5. Estilos decisórios 655
    6.6. Fatores que afetam a decisão 656
7. Indicadores de Desempenho Organizacional 659
    7.1. Variáveis componentes dos indicadores...660
    7.2. Tipos de indicadores de desempenho...662
    7.3. Atributos de indicadores de desempenho..666
    7.4. Componentes básicos de um indicador..668
8. Adoção de estratégias competitivas: a teoria de Michael Porter.................... 668
    8.1. O Modelo das Cinco Forças Competitivas 672
    8.2. As Estratégias Competitivas Genéricas 675
Questões de Concursos.. 678
Gabarito Comentado 694

Capítulo 15 – Gestão por Processos e Gestão de Projetos 707
1. Gestão por Processos 707
    1.1. O conceito de processo 707
    1.2. A gestão por processos..709
    1.3. A implantação da gestão por processos (BPM) 712
        1.3.1. Planejamento... 715
        1.3.2. Análise 715
        1.3.3. Desenho e modelagem 718
        1.3.4. Implementação 721
        1.3.5. Monitoramento 721
        1.3.6. Refinamento 722
2. Noções de Estatística Aplicada ao Controle e à Melhoria de Processos 722
3. Técnicas e metodologias de construção de fluxogramas em processos 727
4. Gestão de Projetos... 736
    4.1. O conceito de projeto..736
    4.2. A gestão de projetos 740
5. Principais Características dos Modelos de Gestão de Projetos 745

	5.1.	Áreas do conhecimento no Gerenciamento de Projetos, de acordo com o PMBOK 749
	5.2.	O ciclo de vida de um projeto...751
		5.2.1. Iniciação.. 755
		5.2.2. Planejamento.. 756
		5.2.3. Execução... 760
		5.2.4. Monitoramento / Controle 761
		5.2.5. Conclusão / Encerramento 761

6. Controle do cronograma em projetos (Redes de precedência, folgas, caminho crítico) 761
7. Orçamentação e gestão de custos em projetos 766

Questões de Concursos... 769

Gabarito Comentado 778

Capítulo 16 – Gestão de Pessoas no Setor Público: aspectos comportamentais e normativos..787

1. Aspectos sociais e comportamentais.. 787
   - 1.1. As relações indivíduo – organização: o equilíbrio organizacional.............787
   - 1.2. Características individuais e as relações humanas 791
   - 1.3. Evolução Histórica da Área de Gestão de Pessoas.................................793
   - 1.4. Gestão de Pessoas como Responsabilidade de Linha e Função de *Staff*..805
   - 1.5. Atribuições da Área de Gestão de Pessoas: processos básicos e suas atividades 807
     - 1.5.1. Recrutamento e seleção de pessoas 808
       - 1.5.1.1. Recrutamento 808
       - 1.5.1.2. Seleção 814
     - 1.5.2. Relacionamento interpessoal e trabalho em equipe 818
       - 1.5.2.1. Os estágios de formação do grupo............... 819
       - 1.5.2.2. Equipe *versus* Grupo de Trabalho 820
       - 1.5.2.3. Tipos de Equipe 823
       - 1.5.2.4. Tamanho do grupo *versus* desempenho........ 824
     - 1.5.3. Os conflitos e sua gestão no ambiente organizacional 825
       - 1.5.3.1. Como gerenciar conflitos?............................ 826
       - 1.5.3.2. Resultados decorrentes de conflitos............. 829
     - 1.5.4. Avaliação de desempenho individual................................ 830
   - 1.6. Cultura e clima organizacional..834
     - 1.6.1. O conceito de cultura 834
     - 1.6.2. Cultura organizacional.. 837

		1.6.2.1.	Níveis de manifestação da cultura organizacional 838
		1.6.2.2.	Elementos da cultura organizacional 839

   1.6.3. Clima organizacional 841

2. Aspectos Normativos 842

  2.1. A Gestão dos Agentes Públicos 842

    2.1.1. O conceito de agente público 848

    2.1.2. Os tipos (ou espécies) de agentes públicos 849

  2.2. A Gestão de Pessoas do Quadro Terceirizado 863

    2.2.1. Execução direta *versus* execução indireta 864

    2.2.2. O Decreto nº 2.271/97 865

    2.2.3. A Súmula nº 331 do Tribunal Superior do Trabalho 868

Questões de Concursos 871

Gabarito Comentado 884

Capítulo 17 – Noções de Controle da Administração Pública 899

1. O Ato Administrativo 899

2. Desfazimento do Ato Administrativo: Revogação e Anulação 903

  2.1. Revogação de Atos Administrativos 903

  2.2. Anulação de Atos Administrativos 904

3. O Controle da Administração Pública 906

Questões de Concursos 920

Gabarito Comentado 923

Referências 929

CAPÍTULO 1
Organização e o Processo Organizacional

A Administração Pública, a despeito de possuir uma série de especificidades se comparada com a inerente à iniciativa privada, é estruturada sobre construtos básicos comuns. Nesse contexto, o conceito de **processo organizacional** se destaca, justamente por moldar o exercício da gestão.

Já que estamos nos referindo a processos organizacionais, a noção de **organização** deve ser bem compreendida. Em seguida, não podemos esquecer o próprio conceito de **processo**. Por fim, ao associarmos os conceitos de processo e organização, nos aproximamos da própria definição de **administração** (e das **funções administrativas**), essencial para prover o embasamento necessário ao nosso estudo.

1. O Conceito de Organização

De forma geral, a existência de **uma organização** envolve quatro ingredientes: indivíduos que fazem uso de recursos e coordenam suas tarefas para que atinjam objetivos comuns. Este conceito é assim representado no esquema abaixo:

Indivíduos + Recursos + Tarefas coordenadas + Objetivos comuns = Organização

O autor Edgar Schein, em sua definição de organização, explicita o modo como se dá a coordenação das tarefas: por meio da divisão do trabalho e através de sistemas de autoridade e responsabilidade:

> *"[Uma organização] é a coordenação planejada das atividades de uma série de pessoas para a consecução de algum propósito ou objetivo comum, explícito, através da divisão de trabalho e função e através de uma hierarquia de autoridade e responsabilidade" (SCHEIN, 1982, p. 12).*

Uma definição mais elaborada, que leva em consideração, além dos elementos citados anteriormente, o próprio ambiente ou contexto no qual a organização está inserida, é assim apresentada por Nunes (2008):

> *"Organização* é um conjunto de duas ou mais pessoas que realizam tarefas, seja em grupo, seja individualmente de forma coordenada e controlada, atuando num determinado contexto ou ambiente, com vista a atingir um objetivo pré-determinado através da afetação eficaz de diversos meios e recursos disponíveis, liderados ou não por alguém com as funções de planejar, organizar, liderar e controlar".

2. O Conceito de Processo

De forma objetiva, Chiavenato (2004, p. 15) define **processo** como a "sequência de ações que se sucedem para chegar a um determinado ponto". Apesar da precisão dessa definição, há aspectos inerentes ao conceito de processo que carecem de maior aprofundamento.

Processo pode ser entendido como o conjunto de atividades encadeadas que, a partir de uma entrada (*input*), gera uma saída (resultado ou *output*), havendo agregação de valor durante o seu curso (HARRINGTON, 1993). Diferentemente dos projetos, os processos não são limitados ao tempo, ou seja, ocorrem de maneira contínua, estável e repetitiva.

Ao ser agregado valor durante um processo, o resultado (*output*) passa a ter uma utilidade e uma relevância maiores do que o *input*. Uma vez obtido o *output*, este passa a ser avaliado e comparado com aquilo que idealmente objetivou-se como resultado do processo, efetuando-se, a seguir, as ações corretivas julgadas convenientes, caso necessárias. A aferição do desempenho do processo e as medidas de ajuste decorrentes são comumente denominadas *feedback* (ou realimentação, ou, ainda, retroalimentação), que reúne as ações de avaliação e controle.

Ante o exposto, a dinâmica de um processo pode ser ilustrada conforme o seguinte esquema:

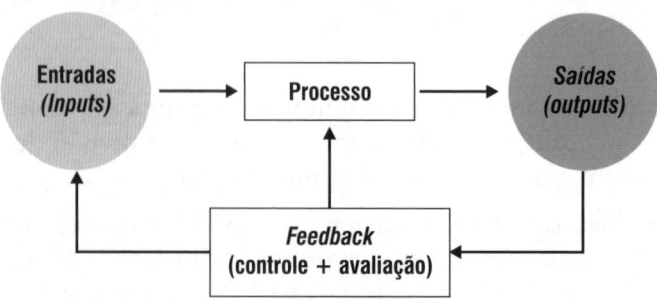

3. O Conceito de Administração

A palavra "administração" possui origem latina, sendo a fusão do radical *ad* (= direção, tendência) com o termo *minister* (= obediência, subordinação), designando, originalmente a coordenação dos esforços individuais rumo a uma direção predefinida.

De acordo com Chiavenato (2011, p. 25), **administração** é a "maneira de governar organizações ou parte delas. É o processo de planejar, dirigir e controlar o uso de recursos organizacionais para alcançar determinados objetivos de maneira eficiente e eficaz".[1]

Dessa forma, administrar significa tomar decisões e conduzir ações relacionadas à definição de objetivos e a utilização de recursos. Em outras palavras, é o exercício da administração que define e molda os processos que serão executados no interior das organizações.

Feita esta introdução, estamos prontos para estudar o cerne da administração: **os processos organizacionais**. É o que faremos a seguir.

4. O Processo Organizacional

4.1. Conceito de processo organizacional

De acordo com Oliveira (1996), **processo organizacional (ou administrativo)** é um conjunto de atividades sequenciais interdependentes que apresentam relação lógica entre si, com a finalidade de atender e, preferencialmente, suplantar as necessidades e expectativas dos clientes internos e externos de determinada organização.

Tal conceito pode ser complementado com o apresentado pelo Manual de Gestão de Processos Organizacionais da ANEEL (2008):

> *Processo organizacional é um conjunto de atividades logicamente inter-relacionadas, que envolve pessoas, equipamentos, procedimentos e informações e, quando executadas, transformam entradas em saídas, agregam valor e produzem resultados, repetidas vezes.*

---

[1] **Eficiência** é um conceito relacionado ao modo mais inteligente (com o melhor custo X benefício) de se fazer as coisas. Já **eficácia** diz respeito apenas à consecução do objetivo, independentemente do caminho que se trilhou para tanto. Em síntese: **eficiência = custo X benefício; eficácia = cumprir a missão**. Há também o conceito de **efetividade**, significando o impacto que um processo possui no ambiente.

Das definições apresentadas, devemos salientar as seguintes **características do processo organizacional**:

- há uma **concatenação lógica** entre as atividades de um processo organizacional;
- as **atividades/ações** de um processo organizacional são **interdependentes** (= dependentes entre si);
- o processo organizacional **visa a satisfazer um cliente específico**, seja ele interno ou externo à organização;
- o processo organizacional é **estável e consistente**, sendo desempenhado de modo contínuo (por "repetidas vezes").

Vejamos como este conteúdo já foi cobrado em concursos:

Q1. (FCC / DNOCS / 2010) No que concerne a definições de processos, considere:

I. É um grupo de atividades realizadas numa sequência lógica com o objetivo de produzir um bem ou serviço que tem valor para um grupo específico de clientes.

II. É aquele descrito suficientemente em detalhes, de forma que possa ser consistentemente usado.

III. Conjunto de ações independentes para um fim produtivo específico, ao final do qual serão gerados produtos e/ou serviços e/ou informações.

IV. Qualquer atividade ou conjuntos independentes de atividades que toma um *input*, adiciona valor a ele e fornece um *output* a um cliente específico.

V. Uma ordenação específica das atividades de trabalho no tempo e no espaço, com um começo, um fim, entradas e saídas, claramente identificadas, enfim, uma estrutura para ação.

É correto o que consta apenas em:

a) II, III, IV e V;

b) I, II, III e IV;

c) II, III e V;

d) I, II e V;

e) I, IV e V.

Vejamos os comentários às assertivas:

I. As características apontadas na assertiva (concatenação lógica das atividades do processo organizacional, objetivo de satisfazer um cliente específico) estão de acordo com o que vimos anteriormente. A afirmativa está correta.

II. A afirmativa registra a caraterística de estabilidade do processo organizacional que, por apresentar-se suficientemente descrito em detalhes e por ser executado de maneira contínua, torna-se consistente. A assertiva está correta.

III. Nos processos organizacionais, as ações envolvidas são interdependentes (e não independentes). Assim, a afirmativa está errada.

IV. Esta afirmativa apresenta o mesmo erro da assertiva III: nos processos organizacionais, as ações / atividades são interdependentes. A assertiva está errada.

V. A assertiva está de acordo com a teoria que abordamos previamente. Está, assim, correta.

Resposta: D.

A despeito de não haver consenso na literatura, parcela considerável de autores considera o processo organizacional ou administrativo como sendo composto por 4 (quatro) funções administrativas,[2] a saber:

- **Planejamento;**
- **Organização;**
- **Direção (ou comando); e**
- **Controle (avaliação).**

Assim, se tomadas separadamente, tais atividades são denominadas funções administrativas; se tomadas em conjunto, estaremos falando do processo organizacional (ou administrativo). É o que nos ensina Chiavenato (2000, p. 131):

> A estratégia é levada a cabo por meio da ação empresarial, que, para ser eficaz precisa ser planejada, organizada, dirigida e controlada. O **planejamento, a organização, a direção e o controle constituem o chamado processo administrativo**. Quando considerados separadamente, planejamento, organização, direção e controle constituem funções administrativas; quando tomados em conjunto na sua abordagem global, para o alcance de objetivos, formam o processo administrativo. (Destaque deste autor)

No entanto, há autores que identificam 5 (cinco) funções administrativas, quais sejam: planejamento (previsão), organização, direção (comando), **coordenação** e controle. Como expoente de destaque dessa visão, cita-se Henri Fayol, um dos estudiosos clássicos em termos de teorias da Administração. Em obra originalmente publicada em 1916, Fayol faz o seguinte registro:

> *Administrar* é *prever, organizar, comandar, coordenar* e *controlar.*
>
> [...]
>
> **Prever** é perscrutar o futuro e traçar o programa de ação.
>
> **Organizar** uma empresa é dotá-la de tudo que é útil a seu funcionamento: matérias-primas, utensílios, capitais e pessoal, constituindo um duplo organismo material e social.
>
> **Comandar** é dirigir o pessoal.
>
> **Coordenar** é ligar, unir, harmonizar todos os atos e esforços.

---

[2] A concepção das funções administrativas, como planejamento – organização – direção e controle, é inerente à chamada Teoria Neoclássica da Administração, a ser estudada posteriormente nesta obra.

Controlar *é velar para que tudo ocorra de acordo com as regras estabelecidas e as ordens dadas (FAYOL, 1970, p. 20³) (destaques deste autor).*

A **comunicação** não é, em si, uma função administrativa, mas serve de alicerce a todas as funções componentes do processo organizacional, tendo em vista que é ela que "estabelece as relações de entendimento necessárias para que as pessoas possam interagir como grupos organizados para atingir objetivos predeterminados" (WELS, 2005, p. 74). Mais especificamente, **a comunicação é inerente à função de direção**, tendo em vista que, em última instância, é o componente principal ao falarmos da gestão de pessoas.

A seguir, estudaremos cada uma das funções administrativas, bem como o processo de comunicação.

Preliminarmente, contudo, vejamos uma questão introdutória:

Q2. **(CESPE / EBSERH / 2018)** Julgue o item que se segue, relativo ao processo administrativo e sua aplicação às organizações da Administração Pública.

Entre as atividades do processo administrativo, incluem-se o planejamento, a organização, a direção e o controle nos níveis estratégico, tático e operacional.

O processo administrativo, em si, dá-se em todos os níveis da organização. A elaboração da estratégia é um processo, por exemplo, que ocorre (por óbvio) no nível estratégico. O pagamento de uma fatura de baixo valor é quase sempre, por sua vez, um processo no nível operacional. Em todos eles, são levadas a cabo as funções administrativas. A assertiva, assim, está correta.

4.2. As funções administrativas e a comunicação no processo organizacional

Nesta etapa, são definidos os objetivos e as metas a serem alcançados, bem como especificados os meios necessários para a sua consecução em determinado cronograma. É nessa etapa, ainda, que os indicadores de desempenho são definidos.

As principais características do planejamento podem ser assim listadas:
- trata-se de uma orientação para a ação, focada no futuro da organização;
- tem por intuito estabelecer o caminho entre a situação atual (caracterizada por um diagnóstico) e a situação futura almejada;
- [...]

---

3 FAYOL, H. *Administração Industrial e Geral*. São Paulo: Atlas, 1970.

4.2.1. Planejamento

O **planejamento** é a primeira função administrativa, servindo de base para as demais.

Nessa etapa são definidos os objetivos a serem alcançados, bem como especificados os meios necessários para a sua consecução.

As principais características do planejamento podem ser assim listadas:

- orientação para a ação, focada no futuro da organização;
- estabelecimento do caminho entre a situação atual (caracterizada por um diagnóstico) e a situação futura almejada;
- possibilidade de visar ao longo, ao médio ou ao curto prazo, recebendo as denominações estratégico, tático ou operacional, respectivamente;
- são respondidas as questões o que, como, quando, onde e por quem;
- processo permanente e contínuo;
- o planejamento deve contemplar a totalidade da organização, ou seja, deve ser sistêmico.

O produto do planejamento é o **plano**, representando um evento intermediário entre os processos de elaboração e de efetiva implementação daquilo que foi planejado.

Q3. (FUNCAB / ANS / 2016) Considerando as funções do administrador como um processo sequencial, assinale a alternativa que contém a função que dá início a esse processo:

a) direção;

b) organização;

c) planejamento;

d) coordenação;

e) controle.

Como vimos, a primeira função administrativa, sob a ótica processual, é o planejamento.
Resposta: C.

4.2.2. Organização[4] (ou estruturação)

A **organização**, como função administrativa, refere-se à disposição harmônica de recursos humanos, financeiros, materiais e tecnológicos de modo que seja possível a consecução dos objetivos definidos da forma mais

---
4 Nesse caso, estamos falando da "Organização" como função administrativa, e não como entidade social.

eficiente e eficaz possível. Nesse sentido, vejamos algumas definições acerca desta função administrativa:

> *Organização* da empresa é a ordenação e o agrupamento de atividades e recursos, visando ao alcance de objetivos e resultados esta estabelecidos (OLIVEIRA, 2002, p. 84).

> *Organização* é o processo de definir o trabalho a ser realizado e as responsabilidades pela realização; é também o processo de distribuir os recursos disponíveis segundo algum critério (MAXIMIANO, 2000, p. 27).

Basicamente, a organização visa esclarecer quatro pontos:

- como serão alocados os recursos para a realização dos processos de trabalho;
- quais as atividades específicas que devem ser desenvolvidas para a consecução dos objetivos planejados – **especialização**;
- em cada área específica, como se darão as relações de hierarquia, autoridade e competências – **descrição de cargos e definição de autoridade**;
- como a estrutura organizacional deve ser disposta a fim de possibilitar o desempenho mais eficiente, eficaz e efetivo – **departamentalização**.

Q4. (CESPE / MPE – PI / 2012) Uma das funções básicas da administração é a organização ou estruturação, que consiste na reunião e coordenação de atividades e de recursos necessários para o alcance dos objetivos organizacionais.

Organizar, como vimos, cuida da "ordenação e do agrupamento" de atividades e recursos, ou seja, da coordenação em si, em prol da consecução dos objetivos organizacionais.

Assim, a questão está correta.

Q5. (COMPERVE / UFRN / 2016) Alocar recursos financeiros e contratar pessoas para os projetos criados por um departamento de uma universidade pública são exemplos de:
a) controle;
b) liderança;
c) organização;
d) projeção.

A organização é a função administrativa que se volta, entre outros aspectos, à alocação de recursos financeiros e de pessoal para a realização de determinado projeto ou atividade organizacional. Além disso, visa a dividir o trabalho, e a bem definir as relações de autoridade.

Resposta: C.

> **Importante! As funções administrativas planejamento e organização são entendidas como as mais abstratas**, pois envolvem ações que antecedem a implementação do plano em si.
>
> Já as **funções administrativas direção e controle são as mais concretas**, haja vista serem contemporâneas ou posteriores à execução em si.

4.2.3. Direção (ou comando)

Uma vez definidos os objetivos organizacionais e previstos os modos de divisão do trabalho e alocação dos recursos, resta lidar com o elemento humano, de forma a colocar em curso a dinâmica organizacional.

Recorrendo-se uma vez mais a Chiavenato (2000, p. 279), "para que o planejamento e a organização possam ser eficazes, eles precisam ser complementados pela orientação a ser dada às pessoas por meio da comunicação e habilidade de liderança e motivação".

> **Importante!**
>
> **As funções administrativas organização e direção possuem estreita relação.** Ao passo que a primeira estabelece a divisão de trabalho, a última visa à gestão das pessoas que irão executar o trabalho dividido.

Q6. (CESPE / ABIN / 2010) Planejamento refere-se diretamente a competência interpessoal e gestão de pessoas.

Planejamento refere-se à capacidade técnica de traçar cenários futuros e definir planos de ação para atingir os objetivos almejados.

A função administrativa que se volta à **competência interpessoal** e à **gestão de pessoas** é a direção, o que torna a afirmativa incorreta.

Resposta: errada.

> Ao falarmos de direção, estamos necessariamente falando da **gestão de pessoas**, mais especificamente de três aspectos principais: **comunicação**, **liderança** e **motivação**, sobre os quais nos aprofundaremos a seguir.

Q7. (CESPE / FUNPRESP – EXE / 2016) Um dos objetivos da função administrativa de direção é promover o envolvimento das equipes e estimular a motivação das pessoas para o alcance de resultados satisfatórios.

A promoção do envolvimento das equipes com a execução do trabalho, motivando-as, é um dos focos principais do exercício da liderança, conceito central à função administrativa de direção.
A assertiva está correta.

4.2.3.1. Comunicação

A comunicação é um processo que permeia todas as atividades organizacionais, podendo ser assim definida:

Comunicação = *processo de troca de informações, realizado com suporte em sistemas simbólicos.*

Entre os sistemas simbólicos mencionados acima, podemos citar a linguagem, a escrita, os sinais de informação, pinturas etc.

Em meados do século passado (década de 1940), desenvolveu-se a chamada **Teoria da Informação**, uma perspectiva inserida no ramo da probabilidade e da estatística que via a comunicação como um processo linear, baseado na simples transmissão de informações na direção de um emissor a um receptor. Quanto menos interferências na transmissão da informação ("ruídos"), maior a probabilidade dos dados iniciais chegarem ao seu destino com precisão.

O esquema da comunicação, segundo essa visão clássica, é representado a seguir:

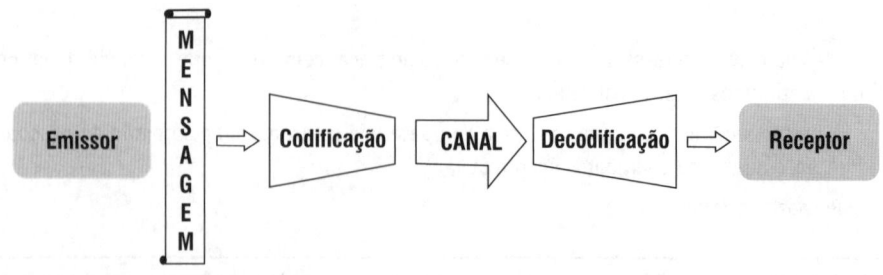

Modelo clássico de comunicação

De acordo com esse esquema, um emissor (ou fonte), emite uma intenção de comunicação (mensagem) que deve ser codificada (transformada em um código conhecido, por exemplo, uma frase escrita), antes de ser efetivamente transmitida. A transmissão da mensagem dá-se por um canal (meio físico: carta, telefone etc.) e deverá ser decodificada por um receptor, visando à compreensão final do seu conteúdo.

No entanto, a chamada Escola de Palo Alto, contemporânea do desenvolvimento da Teoria Clássica da Informação, possui uma visão crítica do modelo linear clássico, sendo sua visão entendida como mais completa nos dias de hoje. Para essa Escola, deve-se atribuir destaque à percepção do receptor, defendendo-se, pois, um modelo circular ou retroativo. Surge, então, o *feedback* do receptor em direção ao emissor, a fim de prover uma medida do quão precisa foi a transmissão da mensagem. Nessa hipótese, tanto o emissor quanto o receptor são considerados fontes da comunicação. Assim, o novo esquema é retratado da seguinte forma:

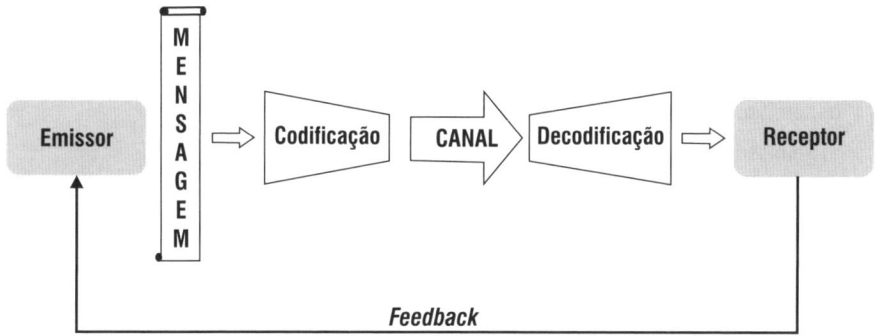

Modelo de comunicação, com *feedback*

> **IMPORTANTE!** Ilustrados no esquema acima estão os chamados **componentes essenciais da comunicação humana**: emissor, mensagem, código, canal, receptor e *feedback*.

Chiavenato (2003) apresenta uma concepção ligeiramente modificada do esquema anterior. Para esse autor, ao passo que o **transmissor** é responsável pela codificação da mensagem, o **receptor** é o equipamento ou o processo que efetua sua decodificação, colocando-a à disposição do **destino**. Nesse modelo, **destino** é referente à pessoa ou ao processo a quem é direcionada a mensagem, no ponto final do processo de comunicação.

Vejamos o esquema a seguir:

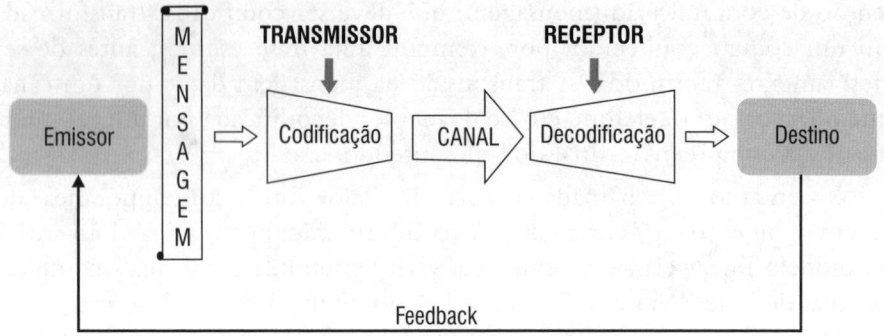

Esse conteúdo já foi cobrado em concursos:

Q8. (FCC / SERGAS / 2010) Os componentes essenciais da comunicação humana são:
a) mensagem, confirmação, abertura, destinatário e fecho;
b) signos, sinais, elementos, códigos e avaliação;
c) receptor, *feedback*, assinatura, ruídos e barreiras;
d) emissor, código, entrada, saída e sinais;
e) emissor, receptor, mensagem, código e *feedback*.

A única alternativa que traz corretamente os componentes essenciais da comunicação humana é a E, apesar de não apresentar o canal – meio pelo qual a mensagem flui do emissor ao receptor. No entanto, isso não compromete totalmente a assertiva, que está correta.

Apesar de não ser um componente essencial da comunicação, os **ruídos** são elementos que merecem atenção.

Tudo o que interfere na comunicação, comprometendo sua eficácia, é um ruído. Isso vai muito além de problemas físicos na comunicação – um celular com pouco sinal, implicando falas entrecortadas, por exemplo. Uma suposta diferença cultural significativa entre emissor e receptor pode ser um ruído – diferenças de idade e de nível educacional são exemplos comuns.

O papel do emissor, neste caso, é envidar esforços a fim de diminuir a intensidade de ruídos – ouvir com atenção, mostrar interesse no assunto e, principalmente, praticar a empatia.

Q9. (CESPE / MPU / 2010) Um dos obstáculos à comunicação no processo organizacional é a avaliação prematura da mensagem pelo receptor.

Chiavenato (2004) lista algumas das características pessoais do emissor (ou do receptor) que podem suscitar obstáculos à comunicação. São elas:
- desinteresse ou desatenção;
- dificuldade com o idioma (seja na compreensão ou na formulação da mensagem);
- **pressa ou urgência dirigida ao processo de comunicação (o que pode implicar a avaliação prematura e equivocada da mensagem)**;
- emoções diversas envolvidas na comunicação (conflitos, falta de motivação etc.);
- preconceitos.

Pelo aspecto destacado nas características acima, vemos que a assertiva está correta.

Chiavenato (2008) ilustra três tipos principais de ruídos:
- **Distorção**: ocorre quando a mensagem sofre alteração, deturpação, modificação, afetando seu conteúdo e significado originais;
- **Omissão**: ocorre quando certos aspectos ou partes importantes da mensagem são omitidos, cancelados ou cortados, fazendo com que a comunicação não seja completa ou que o significado da mensagem perca alguma substância;
- **Sobrecarga**: ocorre quando o volume ou a quantidade de comunicação (mensagem) é muito grande, ultrapassando a capacidade pessoal do destinatário em processar satisfatoriamente as informações.

Q10. (CESPE / TCU / 2008) A comunicação no serviço público está sujeita a algumas falhas caracterizadas pelos autores como distorção, quando, por exemplo, as chefias não transmitem a orientação necessária à realização das tarefas atribuídas ao servidor, ou, então, como omissão, quando a quantidade de informações transmitidas excede a capacidade do destinatário de processá-las adequadamente.

A assertiva não associa corretamente o ruído na comunicação com a sua nomenclatura correta. O modo apropriado seria:
- *"chefias não transmitem a orientação necessária à realização das tarefas atribuídas ao servidor"* = omissão;
- *"a quantidade de informações transmitidas excede a capacidade do destinatário de processá-las adequadamente"* = sobrecarga.

A questão está errada.

Ainda no que concerne aos ruídos, é pertinente a apresentação dos conceitos de **redundância** e **entropia**, trabalhados mediante as próximas questões.

Q11. (CETRO / ANVISA / 2013) Vários fatores dificultam o processo de comunicação, por meio dos ruídos, obstáculos e distorção das mensagens. Assinale a alternativa que não apresenta um desses fatores.

a) Filtragem.
b) Linguagem.
c) Atitude expansiva.
d) Atitude defensiva.
e) Seletividade.

São exemplos de ruídos no processo de comunicação:

- filtragem: trata-se da manipulação da informação, pelo emissor, de modo que apenas os traços desejados irão compor a mensagem. Quando um emissor omite parte da informação, para não acarretar reação adversa do receptor, está incorrendo em filtragem;
- linguagem: haja vista que as palavras podem ter significados distintos para o emissor e para o receptor, cria-se uma barreira na comunicação. Tal problema é mais significativo quando há diferenças culturais marcantes entre emissor e receptor;
- atitude defensiva: implica a minimização de interações no processo de comunicação, tornando-o pouco eficaz. Uma atitude defensiva é também revelada por pré-conceitos de ambas as partes (emissor e receptor), tornando a compreensão da mensagem enviesada. O oposto da atitude defensiva é a atitude expansiva, favorável ao processo de comunicação;
- seletividade (ou percepção seletiva): refere-se à postura do receptor que, com base em suas expectativas e interesses, seleciona apenas a parte da mensagem que lhe é mais conveniente.

Resposta: C.

Q12. (ESAF / MF / 2012) É recomendável que exista redundância, a fim de que a possibilidade de ruído seja diminuída.

A **redundância**, segundo Oliveira (2010), é empregada para reduzir ruídos no processo de comunicação. Trata-se de artifício que não traz informação nova à mensagem, mas apenas assegura a eficácia no processo de comunicação. Bater em uma porta mais de uma vez, por exemplo, é mecanismo de redundância, haja vista que apenas uma batida seria suficiente para o destinatário abri-la.

Como contexto no qual exemplos de redundância são recorrentes, temos a sala de aula. Em geral, o processo de ensino-aprendizagem é marcado pela redundância na comunicação, trasmitindo-se a mesma mensagem por diversos canais (via oral, escrita, visual etc.).

A questão está correta.

Q13. (ESAF / MF / 2012) Todo sistema de informação possui uma tendência entrópica, daí decorre o conceito de ruído.

Entropia é um conceito inerente à disciplina Termodinâmica, mas usualmente é transposto aos estudos organizacionais como medida da desordem de um sistema. Quanto maior a entropia, mais desorganizado ou mais caótico é determinado sistema. Assim, as organizações sempre devem buscar uma entropia negativa em seus processos.

O processo de comunicação está, da mesma maneira, sujeito à entropia crescente, em especial pela tendência no surgimento de ruídos. A redundância, vista nos comentários à questão anterior, é uma forma de se opor à tendência entrópica crescente dos sistemas de informação, aumentando a probabilidade de êxito na comunicação.

A assertiva está, portanto, correta.

✓ Comunicação formal e informal

Nas organizações, a comunicação pode fluir por meio dos canais hierárquicos institucionalmente constituídos, ou de forma espontânea, sem respeitar o formalismo das relações hierárquicas. No primeiro caso, falamos de **comunicação formal**, já no segundo, de **informal.**

A **comunicação formal** pode ocorrer em **três direções**:

- descendente: flui de um nível hierárquico superior a um inferior;
- ascendente: flui de um nível hierárquico inferior a um superior, e
- horizontal: flui entre membros / unidades administrativas pertencentes a um mesmo nível hierárquico.

De acordo com essas direções, a comunicação formal pode ainda ser agrupada em categorias, conforme o objetivo principal que a motiva.

Vejamos o quadro a seguir:

COMUNICAÇÃO FORMAL	
Categoria	**Objetivo**
DESCENDENTE "(TOP DOWN)"	
Implementação de metas	Disseminar as metas e as diretrizes estratégicas aos níveis hierárquicos inferiores.
Instruções no trabalho	Disseminar instruções operacionais sobre o modo de realização do trabalho.
Práticas e procedimentos	Definição de políticas, práticas e procedimentos organizacionais.
Retroação de desempenho	Avaliar o desempenho dos funcionários.
Doutrinação	Motivar os funcionários e alinhar seus comportamentos de acordo com os valores organizacionais.
ASCENDENTE "(BOTTOM UP)"	
Problemas	Levar ao conhecimento dos níveis hierárquicos superiores as disfunções e as anormalidades relativas às rotinas de trabalho.
Sugestões	Transmitir ideias de melhoria das rotinas de trabalho.
Relatórios de desempenho	Informar, aos níveis hierárquicos superiores, sobre o desempenho dos funcionários / das unidades organizacionais.
Greves e reclamações	Levar ao conhecimento dos níveis hierárquicos superiores insatisfações e conflitos que podem suscitar a paralisação operacional da organização.
Informação contábil e financeira	Informar à cúpula organizacional aspectos inerentes a custos, vendas, lucro etc.
HORIZONTAL	
Coordenação interdepartamental	Prover a necessária coordenação entre unidades administrativas que compõem o mesmo nível hierárquico.
Assessoria de *staff*	Prover auxílio a administradores de linha (= que estão na "linha de frente" da atividade de execução administrativa) na condução de suas atividades.

Adaptado de Chiavenato (2008)

Há de se considerar, ainda, que em organizações flexíveis, menos rígidas burocraticamente, há o chamado fluxo de comunicação transversal (ou longitudinal), que se dá em todas as direções (descendente, ascendente e horizontal), mas que se distingue dos tipos acima por ser inerente a uma gestão participativa, congregando comunicações entre as mais diversas áreas e posições hierárquicas na organização.

A comunicação informal é típica dos padrões de relacionamento interpessoal que são estabelecidos de forma espontânea, inerentes aos grupos que nem sempre obedecem as relações formais da organização – estabelecidas em seu organograma. Trata-se da chamada **organização informal**.

Importante salientar que a comunicação informal dá-se, da mesma forma, nas três direções: descendente, ascendente e horizontal.

Devemos, ainda, considerar o chamado fluxo circular de comunicação, que, segundo Gortari e Gutiérrez (1990, p. 67), "abarca todos os níveis sem se ajustar às direções tradicionais e seu conteúdo pode ser tanto mais amplo quanto maior for o grau de aproximação das relações interpessoais entre os indivíduos". Este tipo de fluxo surge e se desenvolve de modo mais recorrente nas organizações informais, e, conforme Kunsch (2003), favorece a efetividade no trabalho.

Por derradeiro, no que concerne às redes de comunicação formal e informal, é pertinente a colocação de Kunsch (2003, p. 82):

> A rede formal de comunicação em pouco tempo é suplementada pela rede informal, sendo essa igualmente importante, pois essa última baseia-se nas relações sociais intraorganizativas e é a forma mais rápida de atender às demandas mais urgentes e instáveis.

Q14. (ESAF / MPOG / 2009) Elemento básico para a interação social e o desenvolvimento das relações humanas, a comunicação desempenha papel fundamental para a efetivação de planos e programas em qualquer ambiente organizacional. Por isso mesmo, é correto afirmar que:

   a) A comunicação deve se prestar à defesa incondicional da organização, sem levar em conta os interesses de seus diversos públicos, internos e externos.

   b) Em organizações com fins lucrativos, a comunicação mercadológica deve ser priorizada em detrimento das comunicações institucional e interna.

   c) O planejamento estratégico de comunicação deve considerar a cultura organizacional como um fator determinante dos procedimentos a serem adotados.

   d) A comunicação organizacional deve ser levada a efeito, exclusivamente, por especialistas da área, de preferência lotados em uma assessoria vinculada à alta gerência.

   e) Por não disponibilizarem bens e serviços ao mercado, organizações públicas propriamente ditas devem apenas se preocupar com a comunicação interna.

Ao falar de comunicação, é essencial apresentarmos o conceito de ***stakeholder***.

"*Stakeholders*" são todos aqueles que, direta ou indiretamente, afetam ou são afetados pelas atividades da organização.

Ao falarmos de organizações públicas (da Administração Direta ou Indireta), poderíamos listar os seguintes *stakeholders*:

```
                    ┌─────────────────┐
                    │   Acionistas    │
                    └─────────────────┘
                    ┌─────────────────┐
                    │    Governo      │
                    └─────────────────┘
                    ┌─────────────────┐
                    │ Cidadãos/clientes│
                    └─────────────────┘
  ┌──────────────┐  ┌─────────────────┐
  │ Organização  │──│   Fornecedores  │
  └──────────────┘  └─────────────────┘
                    ┌─────────────────┐
                    │    Imprensa     │
                    └─────────────────┘
                    ┌─────────────────┐
                    │  Financiadores  │
                    └─────────────────┘
```

STAKEHOLDERS

Feitas as considerações, vejamos os comentários às alternativas:

a) A comunicação deve sim levar em conta as necessidades individuais de seus *stakeholders*. Não há como dispensar o mesmo tipo de tratamento à imprensa e aos fornecedores, por exemplo. Assim, o bom gestor deve sim categorizar seu "público" (ou seja, todos os *stakeholders*), customizando o tratamento oferecido. Resta a ressalva de que, dentro de cada categoria (cada *stakeholder*), é desejável o tratamento isonômico, evitando-se, assim, o surgimento de conflitos. A alternativa está errada.

b) Não há de se falar em priorização de um tipo de comunicação em detrimento das demais. Ao relegar ao segundo plano a comunicação interna, por exemplo, seguramente haverá uma queda de desempenho com relação à postura perante o mercado. Deve-se fomentar a eficiência nas comunicações interna, institucional e mercadológica. A alternativa está errada.

c) A cultura organizacional é elemento essencial na consideração da construção de um plano de comunicação. Quais são os valores compartilhados internamente? Qual a linguagem comum aos funcionários? Sem essas respostas, há uma grande chance de se estabelecer uma comunicação interna ineficiente. A alternativa está certa.

d) A comunicação organizacional é levada a cabo por todos os funcionários que, de uma forma ou de outra, relacionam-se com um de seus *stakeholders*. Ao considerarmos o servidor público como um representante da organização, vemos claramente que um atendente da Receita Federal do Brasil, por exemplo, é emissor no processo de comunicação organizacional. A alternativa está errada.

e) A comunicação interna tem tanto peso, para as organizações públicas, quanto sua comunicação externa (com a sociedade, de forma geral). A alternativa está errada.

Resposta: C.

Q15. (CESPE / TCU / 2007) A identidade do conceito de comunicação pública com comunicação governamental é consenso entre os autores da área.

Preliminarmente, vejamos o que leciona Koçouski (2012, p. 84)[5]:

> A comunicação pública foi inicialmente descrita como uma evolução da comunicação governamental (Duarte, 2007, p.63). Nesse sentido, Brandão (2009) aponta que **há uma preocupação dos pesquisadores brasileiros em frisar que a comunicação pública não é comunicação governamental**. Maria José da Costa Oliveira diz que a comunicação pública é um conceito mais amplo, cuja realização se dá "não só por governos, como também por empresas, Terceiro Setor e sociedade em geral" (2004, p. 187).

Para Brandão (2009), a **comunicação governamental** no Brasil tem apresentado uma natureza publicitária, sendo, assim, unidirecional (do governo à sociedade). Visa, principalmente, à divulgação das ações do governo e utilização da propaganda na mídia, com um viés de *marketing*, influenciando a agenda política do País.

Já a **comunicação pública**, ainda segundo essa autora, abrange um processo de comunicação "*que se instaura na esfera pública entre o Estado, o governo, e a sociedade e que se propõe a ser um espaço privilegiado de negociação entre os interesses das diversas instâncias de poder constitutivas da vida pública no país*" (BRANDÃO, 2009, p. 31).

Desta forma, vemos que a questão está errada.

Há, ainda, que se abordar as **competências necessárias aos agentes** de comunicação.

A eficácia no processo de comunicação está intimamente relacionada às competências que são necessárias aos agentes envolvidos.

O quadro a seguir apresenta – de forma não exaustiva – as principais competências gerais que um emissor/receptor (ou destino) deve apresentar no exercício da comunicação:

COMPETÊNCIAS ESSENCIAIS INERENTES AO PROCESSO DE COMUNICAÇÃO	
COMPETÊNCIA	DESCRIÇÃO
Emprego da linguagem	Evitar usar termos rebuscados ou palavras muito técnicas, que possam comprometer a eficácia da comunicação.
Concentração e atenção	Durante o processo de comunicação, deve-se ter atenção e concentração com relação aos fatos e aos argumentos apresentados.

---
5 KOÇOUSKI, M. Comunicação Pública: construindo um conceito. In: MATOS, H (org.) *Comunicação Pública: interlocução, interlocutores e perspectivas*. São Paulo: ECA/USP, 2012.

COMPETÊNCIAS ESSENCIAIS INERENTES AO PROCESSO DE COMUNICAÇÃO	
COMPETÊNCIA	DESCRIÇÃO
Conhecimento técnico	Caso a mensagem seja de cunho técnico, os agentes envolvidos no processo de comunicação devem mostrar familiaridade com seu conteúdo. Em especial, no setor público, um agente que não detém o conhecimento necessário a fim de lidar com a demanda do cliente-cidadão torna-se apenas mais uma instância pela qual o cliente deve passar.
Empatia	Significa "colocar-se no lugar" do receptor/destino. Esta qualidade é das mais importantes, e dela se originam algumas das competências listadas aqui. Ao nos imaginarmos na posição de quem recebe a mensagem, poderemos compreender da melhor forma seus anseios, suas expectativas e, até mesmo, seu estado emocional.

Tais competências, quando desenvolvidas, irão minimizar os ruídos típicos do processo de comunicação.

4.2.3.2. Liderança

Nossa discussão sobre liderança não pode começar de outro modo se não apresentando sua definição.

Como ocorre com muitos dos conceitos inseridos nas Ciências Sociais, diversas são as maneiras de se definir **liderança**. Muito provavelmente, como ressalta Bergamini (1994), isso é decorrente do fato de os aspectos da liderança estarem sendo investigados há muito tempo pela humanidade.

As primeiras abordagens sobre este conceito remontam ainda da Antiguidade. Filósofos e escritores como Platão e Confúcio ou, ainda, o famoso livro *A Arte da Guerra*, de Sun Tzu (século VI a.C.) já se propõem a delinear o que consideram como essencial na formação e no desempenho de um líder.

No entanto, a partir da metade do século XX, a discussão sobre liderança passou a ser uma das maiores preocupações dos pesquisadores do comportamento humano, em especial ao estudarem as organizações (empresas). Passou-se a associar a liderança a uma série de variáveis, seja à produtividade, à consecução de metas, à motivação ou, simplesmente, à satisfação das pessoas no ambiente de trabalho.

Dada a diversidade de enfoques que esse conceito pode ter, o ideal é termos uma visão ampla sobre liderança, o que irá constituir um sólido alicerce no desenvolvimento de nossos estudos.

O esquema abaixo apresenta uma série de definições de liderança, a partir das quais poderemos abstrair uma visão mais completa deste conceito:

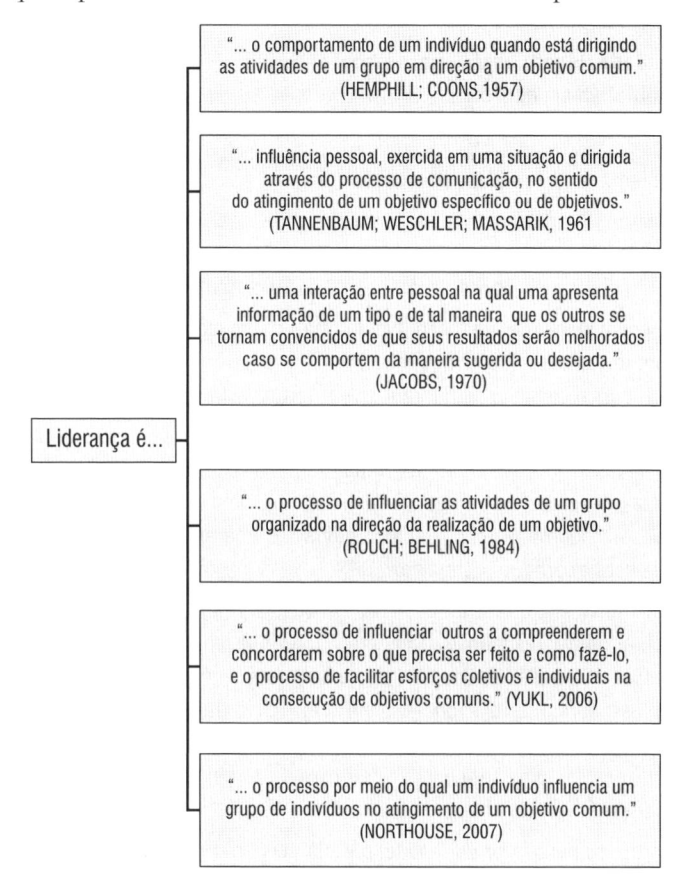

Liderança é...

- "... o comportamento de um indivíduo quando está dirigindo as atividades de um grupo em direção a um objetivo comum." (HEMPHILL; COONS, 1957)

- "... influência pessoal, exercida em uma situação e dirigida através do processo de comunicação, no sentido do atingimento de um objetivo específico ou de objetivos." (TANNENBAUM; WESCHLER; MASSARIK, 1961)

- "... uma interação entre pessoal na qual uma apresenta informação de um tipo e de tal maneira que os outros se tornam convencidos de que seus resultados serão melhorados caso se comportem da maneira sugerida ou desejada." (JACOBS, 1970)

- "... o processo de influenciar as atividades de um grupo organizado na direção da realização de um objetivo." (ROUCH; BEHLING, 1984)

- "... o processo de influenciar outros a compreenderem e concordarem sobre o que precisa ser feito e como fazê-lo, e o processo de facilitar esforços coletivos e individuais na consecução de objetivos comuns." (YUKL, 2006)

- "... o processo por meio do qual um indivíduo influencia um grupo de indivíduos no atingimento de um objetivo comum." (NORTHOUSE, 2007)

Com base nessas definições, somos capazes de identificar algumas características comuns e centrais ao fenômeno da liderança.
- Liderança é um processo;
- Liderança ocorre no contexto de um grupo;
- Liderar implica influenciar o comportamento de outros. É uma influência **interpessoal** (= entre pessoas);
- Liderança envolve a busca por objetivos;
- Esses objetivos são compartilhados pelos líderes e por seus seguidores.

Q16. (FCC / TRT 3ª Região / 2009) Liderança é a:
   a) autoridade legal necessária para o exercício eficiente da direção de uma organização;
   b) capacidade de imitar e até mesmo superar os comportamentos de outros de forma espontânea;

c) capacidade de forçar alguém a fazer alguma coisa, mesmo que ela não o deseje;

d) qualidade de propor mudanças na condução dos processos organizacionais sem forçar a sua aceitação pelos demais;

e) capacidade de influência interpessoal exercida por meio de comunicação, visando a um objetivo específico.

Vamos comentar cada uma das alternativas acima:

a) Liderança não se confunde com a autoridade legal, ou seja, a autoridade que decorre da estrutura organizacional (formal) de uma empresa. São conceitos distintos, que serão discutidos mais adiante, neste Capítulo. A alternativa está errada.

b) A capacidade de imitação (voluntária) é um conceito abordado da psicologia comportamental (ou na pedagogia) – chama-se imitação diferida. Não se relaciona, pois com o conceito de liderança. A assertiva está errada.

c) Existe um estilo de liderança – a liderança autocrática – na qual as decisões são tomadas pelo líder de forma unilateral, sem consulta aos liderados. No entanto, trata-se de apenas um estilo de liderança, dentre vários outros, ao passo que a questão pede por uma definição global de liderança. Assim, não podemos inferir que esta alternativa esteja correta.

d) Mais uma vez, o fato de as ações propostas pelo líder serem ou não impostas ao liderados diz respeito unicamente àquilo que chamamos de <u>estilo de liderança</u>. Ainda, a simples proposição de mudanças em processos organizacionais não necessariamente relaciona-se com o exercício da liderança. Tal tarefa pode ser a atribuição de um determinado cargo, por exemplo. Lembre-se: liderar tem a ver com exercer uma influência interpessoal, ou seja, é uma relação entre pessoas. A alternativa está errada.

Aproveito para fazer um pequeno esclarecimento sobre o termo "mudança", citado de forma recorrente como sinônimo de melhorias em processos organizacionais. O uso da expressão "mudança" é indevido simplesmente por não significar necessariamente uma evolução. Se eu mudar de uma casa de três quartos para um apartamento de 20m² (no mesmo bairro), provavelmente estarei em uma situação pior. O termo correto é <u>inovar</u>. Assim, sugerem-se inovações em processos organizacionais. Logicamente, saiba que, caso a banca use o termo "mudança", ela estará referindo-se à melhora das coisas, OK?

e) Finalmente, chegamos à assertiva correta. Note que a banca faz expressa menção à influência <u>interpessoal</u>, tendo por fim a consecução de um objetivo específico.

Resposta: E.

✓ Liderança *versus* Autoridade

A discussão sobre a diferença entre autoridade e liderança é algo muito atual nas empresas. Afinal, deseja-se um <u>chefe</u> ou um <u>líder</u>? Façamos um breve apanhado histórico a fim de identificar as origens desses fenômenos relacionados à esfera política (= relacionado ao poder) das organizações.

Conforme nos relembra Bertero (2007) o tema "Liderança" toma força nas ciências sociais, ainda no século passado, em função de regimes políticos autoritários, marcados por indivíduos fortes e carismáticos à frente. É o caso de Getúlio Vargas, Francisco Franco, Lenin, sem nos esquecermos de Hitler, Stalin e Mao Tse Tung – pessoas carismáticas, em torno das quais houve a mobilização de nações.

Em função desses indivíduos, surgiu a primeira sistematização dos estudos sobre liderança – a chamada **Teoria dos Traços**. Nessa linha de pensamento, as qualidades pessoais do líder (fatores físicos, habilidades características e aspectos de personalidade) o situavam acima da média, explicando, assim, seu poder de influência interpessoal, baseado na aliança emotiva com seus liderados.

No entanto, a maioria dos líderes políticos do século XX foram extremamente opressivos no exercício do poder, sendo marcados por sua tirania. Esta é a razão pela qual o estudo da liderança permaneceu restrito à arena política, sendo que o mundo da administração de empresas não via, até então, a liderança como um indicativo de que boas coisas poderiam ser obtidas.

Após a Segunda Guerra Mundial (1939-1945), houve uma extinção (gradual ou não) dessas lideranças opressivas. Nas empresas, surgiu a figura do executivo, um administrador profissional e racional, que não se relacionava com o carisma emocional de líderes do passado.

E assim permaneceu até meados da década de 1980, quando John Kotter, professor emérito da Harvard Business School, trouxe o conceito de liderança para o âmbito da administração, estabelecendo a dicotomia com relação à autoridade racional nas empresas. Nessa época, a crescente globalização, o sensível desenvolvimento tecnológico e o aumento da competitividade fizeram com que as empresas ficassem carentes de pessoas capazes de inovarem e de reinventarem os processos organizacionais: são os líderes. Não mais o desempenho racional e burocrático dos administradores poderiam alçar as empresas a uma *performance* de destaque.

Bom, concluída essa retrospectiva, voltemos ao centro de nossa questão.

O quadro a seguir traz uma comparação entre os conceitos de autoridade e liderança, aplicados em organizações. Vejamos com atenção:

	LIDERANÇA	AUTORIDADE
Conceito	Processo de influência interpessoal, visando à consecução de um objetivo comum.	Poder formalizado, decorrente da ocupação de um cargo constante da estrutura organizacional da empresa. Todos aqueles que ocuparem o cargo de diretor de escola, por exemplo, terão uma autoridade decorrente das atribuições do cargo de diretor. **A autoridade emana da hierarquia.**
Quem exerce	Líder.	Gerente / Chefe.
Origem	Relações interpessoais (líder – liderados).	Autoridade formal, estabelecida pela empresa.
Foco principal	Enfrentamento de situações de inovação (mudança).	Processos organizacionais (rotina).
Situação de trabalho	Clima de incerteza.	Rotina (certeza).
Perspectiva	Longo prazo.	Curto prazo.
Verbos relacionados	Inovar, desenvolver, fazer a coisa certa.	Controle, conservar, administrar, fazer as coisas corretamente.

Q17. (FGV / CAERN / 2010) Existem diferenças entre os gerentes (focados nos processos organizacionais) e os líderes (focados no enfrentamento das mudanças). Diante disso, assinale a alternativa que apresente, respectivamente, uma característica de gerente e uma de um líder.

a) Um gerente pergunta como e quando; um líder o quê e o porquê.

b) Um gerente faz as coisas certas; um líder faz as coisas de maneira certa.

c) Um gerente desenvolve; um líder inova.

d) Um gerente focaliza as pessoas; um líder focaliza o sistema e a estrutura.

e) Um gerente tem perspectiva de longo prazo; um líder tem a visão de curto prazo.

Um gerente tem como foco as atividades de rotina das organizações. Assim, são de seus interesses os métodos (como) e os prazos (quando).

Já o líder preocupa-se com a consecução de objetivos compartilhados com seu grupo, em geral que tragam inovação à sua área. São de seu interesse, pois, a definição dos resultados a serem obtidos (o que) e os motivos para a sua consecução (por que).

A alternativa A está correta.

É no bojo da discussão sobre liderança e autoridade que se insere o conceito marcado por intensa subjetividade, e sobremaneira presente na dinâmica das organizações: o **poder**.

Tomando por base os estudos de Max Weber, pode-se entender por poder o substrato no qual se erguem as relações de dominação na sociedade. Nesses lindes, para Weber, há três **tipos puros de dominação**:

- tradicional: exercido com base em costumes arraigados culturalmente, solidificados em valores e na moral. É o caso, por exemplo, do exercício do poder pelo patriarca de uma família;
- legal: a base do poder se dá na autoridade exercida em razão da existência de normas formais. O exemplo é o poder que decorre da hierarquia formalizada;
- carismática: a dominação tem por base traços do indivíduo que exerce o poder, que evoca um senso de obediência por devoção e confiança.

De igual interesse aos nossos estudos, traz-se à baila a tipologia de poder desenvolvida no âmbito da Teoria do Poder Social, de French e Raven (1959), que oferece 6 (seis) categorias distintas do construto, de acordo com o quadro a seguir.

TIPOS DE PODER (FRENCH; RAVEN, 1959)	
CATEGORIA	DESCRIÇÃO
Poder de recompensa	O agente submisso percebe o que detém o poder como dotado de capacidade de mediação de recompensas, direta ou indiretamente.
Poder de coerção	O agente submisso percebe o que detém o poder como dotado de capacidade de aplicação de punições.
Poder legítimo	Advém do exercício das dominações legal e tradicional, na concepção weberiana.
Poder de referência	Advém do exercício da dominação carismática, na concepção weberiana.
Poder de perícia	O agente submisso percebe que o que detém o poder possui competências (conhecimentos, habilidades, atitudes) excepcionais.
Poder de informação (ou persuasão)	Trata-se de uma derivação do poder de perícia, no qual o poder repousa no fato de o agente deter informação ou argumento capaz de suscitar determinado comportamento no sujeito submisso.

Q18. (CESPE / TCE − PE / 2018) Os conceitos de poder e autoridade nas organizações são sempre coincidentes, uma vez que quem possui poder possui autoridade e quem tem autoridade tem poder.

De fato, quem tem autoridade tem poder. Trata-se de um poder formalizado e legitimado, decorrente da ocupação constante da estrutura organizacional da empresa. Não obstante, por vezes, há indivíduos que gozam de poder, sem estarem revestidos formalmente com autoridade. Nesse caso, o poder pode ter como base eventuais intermediações de recompensas (poder de recompensas), a própria identificação entre os agentes (poder de referência), as competências (conhecimentos, habilidades e atitudes) de quem exerce o poder (poder de perícia), entre outros.

A assertiva está errada.

✓ **As Teorias de Liderança**

De forma geral, as teorias sobre a liderança podem ser classificadas em três grandes grupos, conforme esquema abaixo:

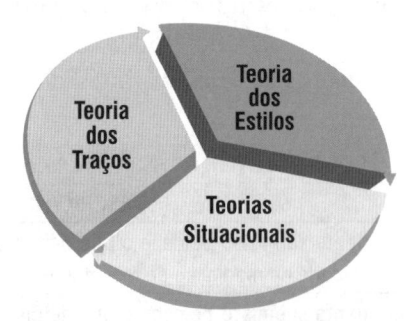

(Teoria dos Traços / Teoria dos Estilos / Teorias Situacionais)

Além dessas categorias, a teoria acerca das lideranças transformacional e transacional é é digna de destaque, para fins de nossos estudos.

TEORIAS DE LIDERANÇA	
TEORIA	**CARACTERÍSTICAS**
Teoria dos Traços	O líder é visto como aquele que detém combinações especiais de traços específicos que seriam as responsáveis por exercer a influência interpessoal. Os traços mais recorrentes seriam: • Traços físicos: altura, peso, aparência, voz; • Traços sociais: cooperação, organização, fluência verbal; • Traços intelectuais: inteligência, escolaridade; • Traços de personalidade: autoconfiança, sensibilidade, persistência. Neste enfoque, a capacidade de liderança era inata (você nasce com ela). Hoje, no entanto, sabemos que a liderança pode ser obtida por meio de treinamento.

TEORIAS DE LIDERANÇA	
TEORIA	**CARACTERÍSTICAS**

Teoria dos Estilos	Esta linha de pensamento volta-se à conduta do líder com relação a seus liderados, ou seja, ao seu comportamento na ação de liderar. São três os estilos de liderança:
	• **Autocrática** = o líder não consulta os liderados ao tomar as decisões. É uma liderança unilateral, na qual as diretrizes são fixadas sem a participação do grupo. É a liderança típica dos reis absolutistas. A ênfase está no líder;
	• **Democrática** = As diretrizes passam a ser debatidas com o grupo, havendo, no entanto, o papel ativo do líder, direcionando e moldando o processo decisório. A ênfase está no líder e nos liderados.
	• **Liberal** (*laissez-faire*) = O líder possui participação mínima, havendo ampla liberdade do grupo no processo decisório. A ênfase está nos liderados.
	
	          Autocrática Democrática Liberal
	  Líder ─────────────┼───────────────┼───────────── Liderados

Teoria Situacional	De acordo com essa corrente teórica, não existe uma única característica ou um estilo de liderança específico que sejam válidos para toda e qualquer situação. <u>Cada situação irá demandar do líder um comportamento específico</u>, havendo a necessidade de consideração de seu contexto, ou seja, de, preliminarmente, efetuar-se um <u>diagnóstico</u> da situação. Fatores como confiança, respeito e maturidade do liderado devem ser analisados pelo líder que, por sua vez, deverá demonstrar grande flexibilidade no exercício de sua função. Neste contexto, insere-se a Teoria Contingencial de Fiedler, sobre a qual se discorre com maiores detalhes posteriormente.
Lideranças Transformacional e Transacional	Atribui-se a Bass (1985) o mérito de teorizar acerca dos tipos de liderança transformacional e transacional, assim caracterizadas: • **Liderança Transformacional** = o líder atua inspirando e estimulando seus seguidores. Há a incitação dos liderados no sentido de tomarem consciência dos problemas, bem como de assumirem uma postura crítica e inovativa. As principais ferramentas do líder são o carisma, os exemplos de comportamento e a estimulação intelectual; • **Liderança Transacional** = o líder age atribuindo recompensas (simbólicas, pecuniárias ($$) ou psicológicas) em troca de obediência.

Há, ainda, quatro teorias de liderança que merecem nossa atenção. Trata-se da **Teoria Contingencial de Fiedler**, da **Teoria das Cinco Posições, de Heller**, da **Teoria do Caminho – Meta, de Robert House** e das **Teorias X e Y, de McGregor** sobre as quais se discorre a seguir.

✓ **A Teoria Contingencial de Fiedler**

De acordo com a Teoria Contingencial de Fiedler, não há um estilo de liderança passível de ser considerado o mais adequado em qualquer situação. A liderança eficaz é condicionada não só pelos traços de personalidade do líder, mas também pelos seguintes fatores:

- **grau de aceitação do líder pelos liderados**, ou seja, a relação líder-subordinado;
- **nível de estruturação das tarefas**, ou seja, o quanto os objetivos, as decisões e as responsabilidades são claros e disseminados;
- **autoridade formal do líder**, traduzido em seu controle e influência sobre a organização, podendo facilitar a consecução dos objetivos e a gestão das eventuais recompensas e sanções.

Há duas orientações básicas da liderança, de acordo com Fiedler:

- **liderança orientada às relações humanas** → a preocupação prioritária do líder é o desenvolvimento de relações interpessoais estreitas;
- **liderança orientada às tarefas** → a preocupação prioritária do líder é a consecução dos objetivos.

O quanto o líder deverá pender para as relações humanas ou para as tarefas deve ser determinado quando confrontado com uma situação real, não podendo ser definido *a priori*.

A literatura especializada aponta, contudo, que, em situações extremas, na qual o atingimento de determinada meta em tempo exíguo é fator preponderante, o líder orientado às tarefas tende a demonstrar performance superior.

Q19. (CESPE / MPOG / 2013) Segundo o modelo de liderança proposto por Fiedler, o desempenho eficaz das equipes é o resultado da combinação entre o estilo de interagir do líder com os membros da equipe e o controle e influência do líder sobre a organização.

A questão aborda dois dos três fatores condicionantes da liderança eficaz: o grau de aceitação do líder pelos liderados e a autoridade formal do líder.

A questão está correta.

✓ A Teoria das Cinco Posições, de Heller

Heller inova ao propor uma teoria da liderança baseada em aspectos políticos (= relacionados a poder) por parte do líder. Propõem-se cinco estilos distintos (ou cinco posições), que variam em função do grau de autonomia na tomada de decisão pelo líder. Eis os estilos preconizadao por Heller:

- **Estilo 1: Decisões do líder tomadas sem consulta ou informação prévia aos subordinados (e sem explicação posterior)** → trata-se do grau máximo de autonomia do líder;
- **Estilo 2: Decisões do líder tomadas com explicação posterior aos subordinados** → a despeito de o líder não consultar previamente os subordinados quando da tomada de decisão, em momento posterior compartilha explicações com eles;
- **Estilo 3: Decisões do líder tomadas com consulta prévia aos subordinados** → o líder toma a decisão, mas, antes de sua execução, consulta previamente os subordinados, envidando esforços em prol de apoio;
- **Estilo 4: Decisões compartilhadas com os subordinados** → as decisões são construídas em conjunto com os subordinados;
- **Estilo 5: Decisões delegadas aos subordinados** → decisões relativas a assuntos específicos são delegadas aos subordinados, sendo que o líder apenas solicita justificativas para as linhas de ação, eximindo-se de vetar as opções dos subordinados.

Q20. (CESPE / INPI / 2013) Em relação aos estilos de liderança, o modelo das cinco posições de Heller apresenta as alterações de exercício do poder que formam um *continuum*, na seguinte sequência: a influência das decisões pessoais do líder sem consulta ou informação prévia; as decisões pessoais do líder com explicação posterior; as decisões com consulta prévia; as decisões compartilhadas; e a delegação de decisões aos subordinados.

Com base no exposto anteriormente, a assertiva está correta.

✓ Teoria do Caminho – Meta (ou Caminho – Objetivo), de House

Com desenvolvimento de Robert House, a Teoria do Caminho – Meta defende que o líder deve auxiliar seus subordinados na consecução de suas metas, provendo as orientações que se fizerem necessárias durante o processo.

Nesse intuito, o líder pode assumir quatro comportamentos distintos:

- **diretivo** → organiza o trabalho dos liderados, fornece as instruções necessárias e informa claramente o que é esperado de cada um;
- **apoiador** → é amigável e sensível às necessidades dos subordinados;
- **participativo** → consulta os subordinados e utiliza suas sugestões durante o processo de tomada de decisão;
- **orientado para a conquista** → apresenta metas desafiadoras para que os seus subordinados a atinjam.

Veja a próxima questão.

Q21. (CESPE / ANP / 2013) A liderança diretiva é inadequada se as tarefas estão bem estruturadas.

No caso de as tarefas já estarem bem estruturadas, é desnecessário que o líder proceda à organização do trabalho e à provisão de eventuais instruções. A liderança diretiva é adequada no caso de tarefas ambíguas, pouco estruturadas ou, ainda, estressantes.

A questão está certa.

✓ As Teorias X e Y, de McGregor

Douglas McGregor, ainda na década de 1950, desenvolveu as chamadas Teorias X e Y, revelando duas formas de se gerenciar a produtividade humana nas organizações. Vejamos os principais aspectos dessas teorias, segundo percepção de Michel (2005):

✓ A Teoria X: subserviência e controle

"A teoria X representa forte controle sobre os recursos humanos dentro da organização, como demonstra os itens a seguir:

– O ser humano, em geral, não gosta intrinsecamente de trabalhar, e trabalha o mínimo possível.

– Por essa razão a maior parte das pessoas precisa ser coagida, vigiada, orientada, ameaçada com castigos a fim de fazer o devido esforço para alcançar os objetivos da organização.

– O ser humano médio prefere ser dirigido, desejando evitar responsabilidades; é pouco ambicioso, procurando segurança acima de tudo.

– Empregados evitarão responsabilidades e procurarão receber ordens formais, sempre que possível.

- A maioria dos trabalhadores põe a segurança acima de todos os fatores associados ao trabalho, exibindo pouca ambição".

✓ A Teoria Y: potencialidades e desenvolvimento pessoal

"A teoria Y deixa evidente que, através do ambiente organizacional adequado, o desenvolvimento dos recursos humanos é muito mais otimizado e pode ser mais bem aproveitado. As características da teoria são:
- O esforço físico e mental no trabalho é tão natural como o lazer ou o descanso.
- Controle externo e ameaça de castigo não são os únicos meios de suscitar esforços no sentido dos objetivos organizacionais. Movido pela auto-orientação e pelo autocontrole, o indivíduo se colocará a serviço dos objetivos que se empenhou a alcançar dentro da organização.
- O empenho em alcançar objetivos é função das recompensas atribuídas ao êxito da tarefa.
- Em condições apropriadas, o ser humano, em média, aprende não só a aceitar, mas a procurar responsabilidades.
- A capacidade de exercitar, em grau relativamente elevado, a imaginação, o talento e o espírito criativo na solução de problemas organizacionais, está distribuída, e não escassamente, entre as pessoas.
- Nas condições da vida industrial moderna, as potencialidades intelectuais do ser humano são, em média, utilizadas apenas parcialmente".

Q22. (CESPE / Banco da Amazônia / 2010) A adoção de um controle rigoroso por parte de um gerente sobre seus colaboradores, por entender que estes são desmotivados e dependem de uma liderança forte, identifica-se com os pressupostos da teoria X proposta por Douglas McGregor.

A questão espelha características inerentes à Teoria X de McGregor (elemento humano visto como desmotivado e que, nesta ótica, carece de liderança autoritária e coação).
A questão está correta.

Q23. (CESPE / TJ – ES / 2011) Os subordinados de uma equipe cujo líder adote uma liderança no estilo X, conforme Douglas McGregor, têm um nível de dependência elevado em relação ao líder.

A Teoria X enxerga o indivíduo como desmotivado e resistente à assunção de responsabilidades: guarda, assim, uma forte visão de dependência do subordinado de seu líder, estando submetido a uma liderança que se remete à autocrática.

A questão está correta.

Q24. (CESPE / TJ – ES / 2011) Os subordinados liderados por um chefe que adota um estilo Y, conforme preconizado por Douglas McGregor, geralmente têm dificuldades para desenvolver relacionamentos interpessoais – entre si e com o chefe – francos e espontâneos.

De acordo com a Teoria Y (ou, como diz o enunciado, no caso de uma liderança que segue os preceitos da Teoria Y), os subordinados são vistos como passíveis de franco desenvolvimento em termos de seus aspectos humanos, seja em termos de relacionamentos, de motivação ou de assunção de responsabilidades.

A assertiva está, assim, errada.

Vejamos algumas questões adicionais sobre as teorias de liderança:

Q25. (FCC /AL-SP / 2010) A divisão dos poderes de decisão entre o chefe e a equipe é uma característica do estilo de liderança denominado:

a) situacional;

b) autocrático;

c) *laissez-faire*;

d) demagogo;

e) democrático.

Veja que o enunciado da questão usa o termo "divisão" do poder entre o chefe (líder) e sua equipe. Esse é o meio-termo dos estilos de liderança, no qual a ênfase recai tanto no líder quanto nos liderados. Estamos falando do estilo democrático.

Resposta: E.

Q26. (CESGRANRIO / Petrobras / 2011) Os estilos de liderança consistem nas atitudes de um líder frente a seus seguidores. Diversos autores apontam três formas de liderança: autocrática, democrática e *laissez-faire*.

A esse respeito, analise as afirmativas a seguir.

I. Um supervisor que está preocupado exclusivamente com a produção e os prazos de entrega, desconsidera as opiniões de seus seguidores e centraliza as decisões da organização é um líder autocrático.

II. Um gerente que deixa todas as decisões nas mãos dos seguidores e cobra apenas os resultados pode ser classificado como um líder democrático.

III. Característica da liderança *laissez-faire* a participação de seguidores no processo de tomada de decisão e a definição compartilhada de objetivos e estratégias.

Está correto APENAS o que se afirma em:

a) I;

b) II;

c) III;

d) I e II;

e) I e III.

De forma sucinta, podemos identificar da seguinte forma os estilos de liderança:
  I. autocrática;
  II. liberal (todas as decisões estão nas mãos dos empregados);
  III. trata-se do estilo democrático (há o compartilhamento na tomada de decisão).

Resposta: A.

Q27. (ESAF / ANA / 2009) O reflexo do exercício da Liderança é o resultado alcançado pelo líder em relação às pessoas que influencia. Para o Líder que ocupa uma posição formal dentro da organização, é um desafio identificar o estilo de liderança que deve aplicar a cada uma das circunstâncias que vivencia no cotidiano. Considerando o contexto de liderança, selecione a opção correta.

a) Na divisão do trabalho, o líder autocrático determina a tarefa de cada um e cada qual escolhe seu companheiro de trabalho. Na liderança democrática, o grupo decide sobre a divisão de trabalho e sobre o parceiro de cada um.

b) Na programação dos trabalhos, tanto o líder democrático como o liberal não interferem de nenhuma forma nas decisões do grupo.

c) As características comportamentais predominantes dos subordinados do líder liberal e do líder democrático são similares quanto à escolha do que fazer e quando fazer.

d) O volume dos resultados produzidos pelo exercício da liderança autocrática é maior, porém a frustração e agressividade também.

e) Grupos submetidos às lideranças liberais e democráticas tendem ao individualismo e a ignorar o líder com o passar do tempo.

Trata-se de questão integralmente baseada na obra de Chiavenato (2007)[6], que elabora o seguinte quadro comparativo entre os estilos de liderança autocrática, democrática e liberal:

AUTOCRÁTICA	DEMOCRÁTICA	LIBERAL
O líder fixa as diretrizes, sem qualquer participação do grupo.	As diretrizes são debatidas e decididas pelo grupo, estimulado e assistido pelo líder.	Há liberdade completa para as decisões grupais ou individuais, com participação mínima do líder.
O líder determina as providências e as técnicas para a execução das tarefas, cada uma por vez, à medida que se tornam necessárias e de modo imprevisível para o grupo.	O grupo esboça as providências e as técnicas para atingir o alvo, solicitando aconselhamento técnico ao líder quando necessário, passando este a sugerir alternativas para o grupo escolher, surgindo novas perspectivas com os debates.	A participação do líder no debate é limitada, apresentando apenas materiais variados ao grupo, esclarecendo que poderia fornecer informações desde que as pedisse.
O líder determina a tarefa que cada um deve executar e qual é o seu companheiro de trabalho.	A divisão das tarefas fica a critério do próprio grupo e cada membro tem liberdade de escolher os seus companheiros de trabalho.	Tanto a divisão das tarefas quanto a escolha dos companheiros ficam totalmente a cargo do grupo. Absoluta falta de participação do líder.
O líder é dominador e "pessoal" nos elogios e nas críticas ao trabalho de cada membro.	O líder procura ser um membro normal do grupo. O líder é "objetivo" e limita-se aos "fatos" em suas críticas e elogios.	O líder não tenta avaliar ou regular o curso dos acontecimentos. O líder só comenta as atividades dos membros quando perguntado.

Com base no quadro acima, podemos proceder à análise das alternativas:

a) na liderança autocrática, é o líder quem determina os eventuais companheiros de trabalho. A alternativa está errada;

b) tanto na liderança democrática quanto na liberal há participação (tênue) do líder nas decisões do grupo, muitas vezes sob a forma de aconselhamento. A alternativa está errada;

c) se, por um lado, os subordinados submetidos à liderança liberal tendem a escolhas arbitrárias ("ao acaso") do que fazer e quando fazê-lo, os subordinados que se submetem à liderança democrática demonstram escolhas mais consistentes, com ritmo de trabalho suave e seguro, mesmo na ausência do líder. A alternativa está errada;

---

[6] CHIAVENATO, I. *Administração: teoria, processo e prática*. 4ª ed. Rio de Janeiro: Elsevier, 2007.

d) de acordo com Chiavenato (2007), na liderança autocrática, o líder centraliza totalmente a autoridade e as decisões. Os grupos submetidos a este estilo de liderança, para aquele autor, apresentam maior volume de trabalho produzido, com evidentes sinais de tensão, frustração e agressividade. A alternativa está correta;

e) para Chiavenato (2007), os grupos submetidos à liderança liberal tendem ao forte individualismo agressivo e pouco respeito ao líder. Em contrapartida, os grupos que se submetem à liderança democrática demonstram senso de responsabilidade e comprometimento pessoal, além de integração e satisfação coletiva. A alternativa está errada.

Resposta: D.

Não há uma "receita de bolo" para a consecução da liderança. Mas uma coisa é certa: este fenômeno está intimamente relacionado à **motivação** dos indivíduos. É o que veremos a seguir.

4.2.3.3. Motivação

O Líder influencia diretamente o comportamento dos indivíduos, e, para tanto, precisa entender como se dá o processo motivacional do comportamento humano.

A motivação é definida pelo grau de desejo de um indivíduo ou grupo exercer altos níveis de esforços em direção a um objetivo. É um conceito diretamente relacionado com as necessidades do ser humano. O processo de motivação é iniciado quando há algum estímulo ou incentivo (seja este interno ou externo), o qual gera uma necessidade no indivíduo. Qualquer necessidade gera uma tensão, um desconforto que motiva uma ação ou mudança de comportamento objetivando a satisfação desta necessidade. Quando a necessidade é satisfeita, restaura-se o equilíbrio interno, até que novo estímulo ou incentivo produza nova necessidade.

No esquema abaixo, temos o modelo de ciclo motivacional.

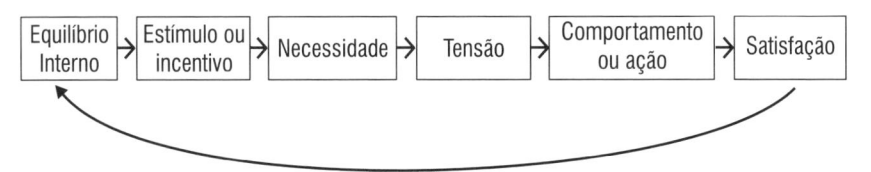

Equilíbrio Interno → Estímulo ou incentivo → Necessidade → Tensão → Comportamento ou ação → Satisfação → (retorna a Equilíbrio Interno)

Obviamente, nem toda ação ou mudança de comportamento acarreta a satisfação imediata da necessidade, fato que implica a obrigação de persistência ou de adaptação deste comportamento e, no caso de um eventual fracasso, ocorre a frustração.

> Há de se considerar, ainda, que nem todos os indivíduos irão possuir o mesmo nível de motivação, em especial por suas características pessoais (sejam genéticas, sejam alusivas à personalidade), bem como que, no decorrer da fase da vida em que o colaborador estiver, sua intensidade de motivação pode variar.

Entre as várias teorias motivacionais existentes, quatro são merecedoras de destaque: a Teoria da Hierarquia de Maslow, a Teoria dos Dois Fatores de Herzberg, a Teoria das Necessidades de McClelland e a Teoria da Expectativa de Vroom.

✓ **A Teoria da Hierarquia das Necessidades de Maslow**

Abraham Maslow, um psicólogo norte-americano, elaborou uma teoria de motivação baseada na satisfação das necessidades humanas.

Maslow organizou as necessidades humanas em forma de pirâmide, conforme sua predominância. Na base ficaram as necessidades primárias – fisiológicas e de segurança – e no topo as secundárias, mais sofisticadas e intelectualizadas – sociais, autoestima e autorrealização, conforme a figura a seguir:

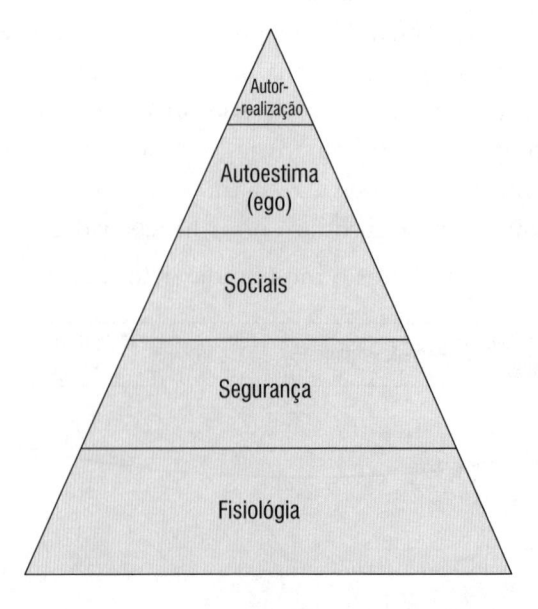

```
         /\
        /  \
       /Autor-\
      /realização\
     /------------\
    / Autoestima   \
   /    (ego)       \
  /------------------\
 /      Sociais       \
/----------------------\
/      Segurança        \
/------------------------\
/       Fisiológia        \
--------------------------
```

Necessidades Fisiológicas: estão relacionadas com a subsistência e existência do ser humano, como fome, sede, cansaço, calor, frio etc. São comuns a todas as pessoas e, segundo Chiavenato (2009), possuem como característica a premência: quando alguma dessas necessidades não está satisfeita, ela domina a direção do comportamento da pessoa.

Necessidades de Segurança: surgem no comportamento humano somente quando as necessidades fisiológicas estão satisfeitas e ainda correspondem à sobrevivência da pessoa. É a necessidade de se proteger de perigos (real ou imaginário, físico ou abstrato), como, por exemplo, a insegurança em permanecer em determinado trabalho ou organização.

Necessidades Sociais: são as necessidades de participação, de aceitação em determinado grupo, de associação, amizade, afeto. Quando essas necessidades não são satisfeitas, podem surgir resistências, hostilidade, e culminar na falta de adaptação social, dificultando, por exemplo, o trabalho em grupo ou equipe.

Necessidades de Estima (autoestima): relacionam-se com a forma como a pessoa se vê e se avalia, ou seja, são as necessidades de aprovação social, prestígio, reputação etc. Satisfeitas, elas refletem a autoconfiança e o poder. Insatisfeitas, produzem sentimentos de inferioridade, fraqueza e desânimo.

Necessidades de Autorrealização: são as mais elevadas das necessidades humanas, como sucesso profissional, crescimento e desenvolvimento, autonomia, autocontrole e competência. Essas necessidades não são observáveis nem controláveis por outras pessoas.

Segundo a Teoria de Maslow:
- uma necessidade satisfeita não é motivadora de comportamento, mas as necessidades não satisfeitas têm o potencial de influenciar o comportamento. Ainda, as três necessidades mais básicas são ditas necessidades de carência, ao passo que as duas mais elevadas são as necessidades de crescimento;
- somente quando as necessidades da base da pirâmide estão satisfeitas (alcançadas e controladas) é que surgem as necessidades dos níveis mais elevados;
- as necessidades mais baixas requerem um ciclo motivacional mais rápido, e as mais altas ciclos cada vez mais longos.

Q28. (IADES / GDF-SEAP / 2010) Segundo a teoria de Maslow, o comportamento do ser humano pode ser explicado pelas suas necessidades e pelos seus desejos, tornando-se assim fontes de motivação. Quanto a Pirâmide de Maslow, assinale a alternativa incorreta:

a) Necessidades humanas podem ser dispostas em níveis, numa hierarquia de importância e de influência, formando uma pirâmide onde a base são as necessidades fisiológicas.

b) O nível básico da pirâmide é o atendimento das necessidades básicas.

c) À medida que necessidades de níveis menores vão sendo satisfeitas, outras de nível mais elevados guiam o comportamento do indivíduo.

d) Mesmo que uma necessidade seja atendida, ela continua sendo motivadora do comportamento.

e) O nível mais elevado da pirâmide é a autorrealização, o sucesso pessoal.

A única alternativa que destoa da Teoria da Hierarquia das Necessidades de Maslow é a D. Note que, para essa corrente teórica, uma vez que a necessidade de um nível menor é atendida, ela passa a não mais exercer influência sobre o comportamento.

Resposta: D.

✓ A Teoria dos Dois Fatores de Herzberg

Outra importante teoria da motivação é a dos **dois fatores – higiênicos e motivacionais**, proposta por Frederick Herzberg e baseada no ambiente externo e no trabalho do indivíduo.

De acordo com esta teoria, os mecanismos relacionados à motivação relacionam-se a dois fatores:

- <u>Fatores Higiênicos</u>: são as condições às quais as pessoas são submetidas enquanto trabalham, ou seja, o contexto do cargo, como relações com colegas, segurança no cargo, salário, políticas da organização, e condições de trabalho. <u>O atendimento dessas necessidades não gera motivação, mas o não atendimento ocasiona insatisfação</u>, por isso estes fatores são chamados de **insatisfacientes**.

- <u>Fatores Motivacionais</u>: são o conteúdo, as tarefas, obrigações e prestígio do cargo em si. É o *status*, o reconhecimento, o crescimento e a responsabilidade inerente ao cargo. Quanto melhores os fatores motivacionais, maior será no nível de motivação/satisfação do indivíduo. <u>Todavia, a precariedade destes fatores não gera insatisfação, somente a ausência de satisfação</u>. Esses fatores são conhecidos como **satisfacientes**.

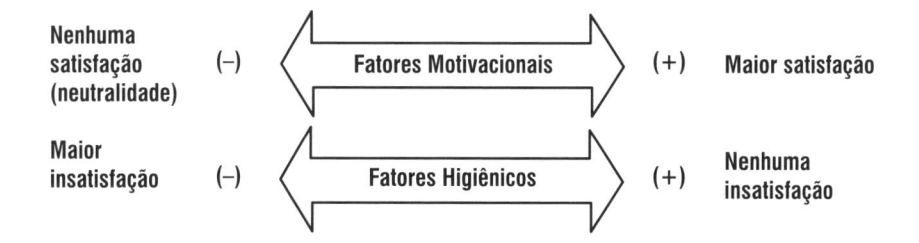

Nenhuma satisfação (neutralidade)	(−)	⟨ Fatores Motivacionais ⟩	(+)	Maior satisfação
Maior insatisfação	(−)	⟨ Fatores Higiênicos ⟩	(+)	Nenhuma insatisfação

A seguir, é apresentado um esquema comparativo entre as duas teorias motivacionais aqui discutidas:

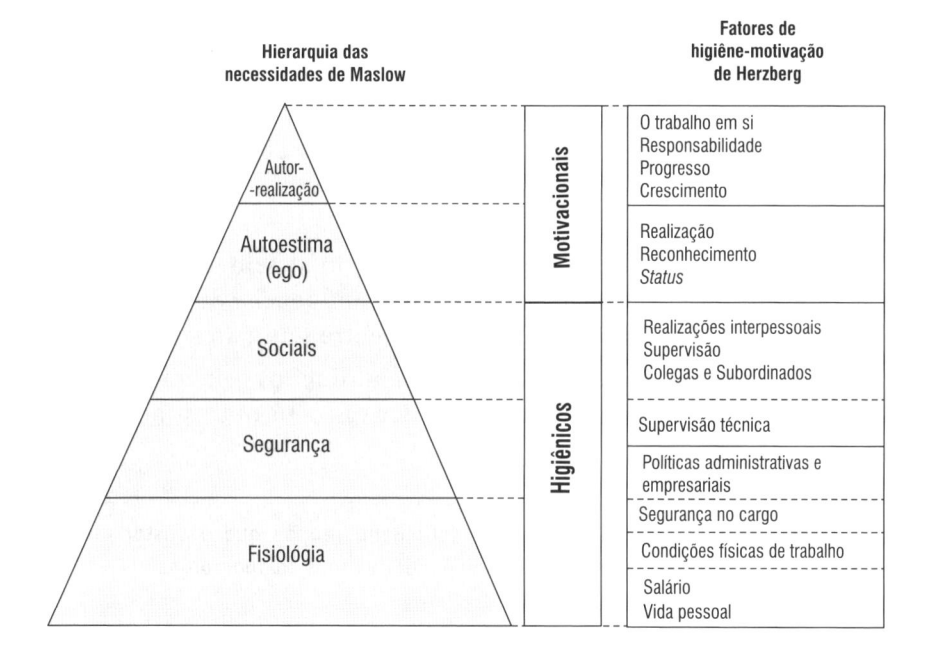

Hierarquia das necessidades de Maslow		Fatores de higiene-motivação de Herzberg
Autor-realização	Motivacionais	O trabalho em si / Responsabilidade / Progresso / Crescimento
Autoestima (ego)	Motivacionais	Realização / Reconhecimento / Status
Sociais	Higiênicos	Realizações interpessoais / Supervisão / Colegas e Subordinados
Segurança	Higiênicos	Supervisão técnica
Segurança	Higiênicos	Políticas administrativas e empresariais
Segurança	Higiênicos	Segurança no cargo
Fisiológia	Higiênicos	Condições físicas de trabalho
Fisiológia	Higiênicos	Salário / Vida pessoal

Q29. (FGV / FIOCRUZ / 2010) Com relação aos fatores motivacionais (intrínsecos ao cargo), a partir da teoria dos dois fatores proposta por Frederick Herzberg, pode-se afirmar como sendo seus componentes:

I. Condições gerais do ambiente laboral como iluminação, limpeza, ruído, remuneração e relações com superiores e colegas.

II. Nível de responsabilidade, conteúdo e atribuições do cargo.

III. Nível de responsabilidade do cargo, nível de reconhecimento do trabalho executado.

Assinale:

a) se somente a afirmativa I estiver correta;
b) se somente a afirmativa II estiver correta;
c) se somente a afirmativa III estiver correta;

d) se somente as afirmativas II e III estiverem corretas;

e) se somente as afirmativas I e II estiverem corretas.

A questão refere-se aos fatores motivacionais da Teoria de Herzberg. Nessa categoria, aspectos como remuneração, condições físicas de trabalho e relações interpessoais não estão inseridos (são fatores higiênicos). Assim, a proposição I está incorreta. As demais assertivas estão corretas.

Resposta: D.

✓ A Teoria das Necessidades de McClelland

Para o psicólogo David McClelland, três são os tipos de necessidades principais dos subordinados que devem ser satisfeitas pelo gestor, de modo a se obter a motivação desejada. São elas:

- **Necessidade de realização** → trata-se do desejo do indivíduo de atingir objetivos que o desafiem, buscando o sucesso e o decorrente reconhecimento por suas conquistas;
- **Necessidade de poder** → trata-se do desejo do indivíduo de possuir o controle de meios passíveis de influenciar outros indivíduos, buscando *status*, prestígio e destaque entre seus pares;
- **Necessidade de associação (ou de afiliação)** → trata-se do desejo do indivíduo de manter relações afetivas com outros indivíduos de seu grupo social.

Q30. (CESPE / ANP / 2013) A teoria de McClelland propõe que o gestor atenda às necessidades de realização, afiliação ou poder dos seus colaboradores.

Apenas para reforçar o exposto anteriormente...

A questão está correta.

✓ A Teoria da Expectativa (ou da Expectância) de Vroom

Desenvolvida em 1964 pelo psicólogo canadense Victor Vroom, a Teoria da Expectativa, ou da Expectância, tem por substrato lógico a hipótese de que a motivação individual é mais forte quando o indivíduo acredita que o seu desempenho será bem avaliado, bem como que seu esforço implicará recompensas que atenderão suas metas pessoais (VERGARA, 2009).

A Teoria da Expectativa de Vroom é ilustrada sinteticamente da seguinte forma:

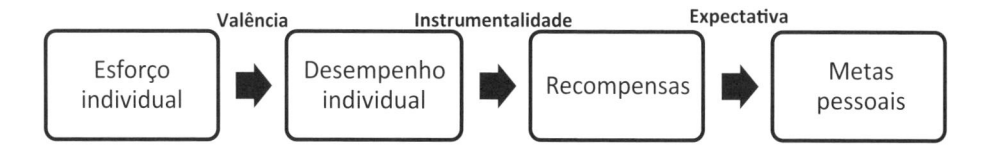

```
Valência            Instrumentalidade      Expectativa
┌──────────┐        ┌──────────┐          ┌──────────┐       ┌──────────┐
│ Esforço  │   →    │Desempenho│    →     │Recompensas│  →   │  Metas   │
│individual│        │individual│          │          │       │ pessoais │
└──────────┘        └──────────┘          └──────────┘       └──────────┘
```

Há, assim, três elementos relacionais que merecem nossa atenção, de acordo com Robbins (2005):

- <u>valência</u>: trata-se da relação esforço – desempenho, referente à probabilidade, percebida pelo indivíduo, de que determinado grau de esforço levará a um nível esperado de desempenho. Baixa autoestima e experiência de fracasso anteriores podem levar a valências desfavoráveis (um indivíduo pode perceber, por exemplo, que deve estudar de forma descomunal para obter um desempenho apenas razoável em provas);
- <u>instrumentalidade</u>: trata-se da relação desempenho-recompensa. É o grau em que o indivíduo acredita que determinado nível de desempenho pode levar à recompensa almejada (por exemplo, a crença de que, se conseguir executar um número "x" de vendas, será promovido);
- <u>expectativa</u>: é a relação recompensa-meta pessoal. Refere-se à percepção individual do quanto a(s) recompensa(s), uma vez recebida(s), tem o potencial de satisfazer sua(s) meta(s) pessoal(is).

4.2.4. Coordenação

A função administrativa **coordenação** refere-se aos esforços de harmonização dos diversos interesses individuais ou setoriais, em prol de interesses comuns à organização, em ótica macro.

Segundo Fayol (1970), coordenar é sincronizar as ações de forma que haja a convergência a um determinado fim. Esse autor identifica evidências a serem observadas para a verificação do grau de coordenação de uma organização, a saber:

(i) os serviços são executados de forma harmônica: os processos de abastecimento, produção, conservação, e de finanças, entre outros, são executados de forma concatenada, havendo o necessário encadeamento lógico;

(ii) os diversos setores são informados sobre suas responsabilidades em face do todo, conferindo a visão sistêmica às unidades;

(iii) as ações dos setores devem ser flexíveis, adaptando-se às demandas das circunstâncias vigentes.

A coordenação age, assim, no fomento de canais de comunicação interindividual e intersetorial, promovendo a articulação, a colaboração e os ajustes necessários à dinâmica de trabalho.

4.2.5. Controle

Controle é a atividade derradeira[7] do processo organizacional. Consiste em quatro atividades, que podem ser assim listadas:

- estabelecimento dos padrões ideais de desempenho;
- medição do desempenho do processo (**avaliação**), usualmente por meio de indicadores;
- comparação do desempenho medido com os padrões esperados;
- caso haja discrepância significativa entre o que foi avaliado (mundo real) e os padrões de desempenho (mundo ideal), **ações corretivas** devem ser tomadas.

Segundo Chiavenato (2004, p. 16), controle é "o processo de assegurar que as atividades atuais da organização estejam em conformidade com as atividades planejadas". Desta maneira, abarca tanto as atividades de avaliação quanto as ações corretivas por ventura decorrentes.

Há de se ressaltar que a avaliação pode ser entendida como um subprocesso no âmbito do controle. Trata-se de uma ação de diagnóstico, à qual pode seguir uma medida corretiva ou não.

Por fim, o controle é uma função administrativa aplicável a todos os processos organizacionais, em todos os níveis, sendo, ainda, uma atividade contínua e cíclica.

> **Importante!** As funções administrativas planejamento e controle possuem estreita relação. Ao passo que a primeira estabelece os padrões de desempenho, a última visa avaliar o desempenho real da organização e tomar as medidas corretivas pertinentes.

Q31. (FCC / TCE – PR / 2011) Fazer que algo aconteça do modo como foi planejado é a definição de:
   a) organizar;
   b) coordenar;
   c) prospectar estrategicamente;

---
7 Derradeiro = final.

d) controlar;

e) motivar.

Uma vez mais se recorrendo à definição apresentada por Chiavenato (2004, p. 16), controle é "o processo de assegurar que as atividades atuais da organização estejam em conformidade com as atividades planejadas". Isso deixa claro que o enunciado está fazendo alusão à alternativa "d".

Resposta: D.

Q32. (FCC / TCE – AP / 2012) Em relação aos processos organizacionais, considere:

I. A função de planejamento numa organização guarda uma relação direta com a função de controle, enquanto a função de direção tem relação direta com a função de organização do trabalho.

II. As habilidades técnicas são mais relevantes entre supervisores de 1ª linha,[8] as habilidades conceituais maiores na administração superior e as habilidades humanas, mais requeridas no nível da gerência intermediária.

III. A organização matricial prevê maior flexibilização dos limites entre departamentos, possibilitando que os funcionários reportem-se a diferentes gestores.

IV. Um elenco de maneiras para se superar barreiras de comunicação inclui a utilização de *feedback*, observar sinais não verbais, escutar com atenção, simplificar a linguagem, além de conter as emoções.

V. Indiferentemente ao controle preventivo, simultâneo ou de *feedback* adotados na gestão, os mesmos servem para medir o desempenho real, comparar o desempenho com o padrão, e tomar medidas de ação corretiva.

Está correto o que se afirma apenas em:

a) I, II, III e IV;

b) I, II, IV e V;

c) I, III, IV e V;

d) II, III e IV;

e) II, IV e V.

Vejamos os comentários às assertivas:

I. Vimos que as funções administrativas são interdependentes. No âmbito desta interdependência, é possível inferir que há uma estreita relação entre as funções planejamento e controle, bem como organização e direção, pelos motivos expostos anteriormente. A assertiva está correta;

---

8 **Supervisores de primeira linha** são empregados que possuem um cargo gerencial menor, supervisionando trabalhadores que não possuem cargos de supervisão. Fonte: <http://vistos-americanos.com/l1_tranferencias_dentro_da_mesma.htm>.

II. O autor Robert Katz dividiu as habilidades gerenciais em três categorias, assim sintetizadas:

- Habilidades conceituais = envolve a capacidade de compreender e bem lidar com a complexidade total da organização. Exige qualidades como raciocínio abstrato, capacidade de visualização de cenários e formulação de estratégias. É a habilidade mais demandada da cúpula organizacional.
- Habilidades humanas = abrange os aspectos de liderança, comunicação e trabalho em equipe.
- Habilidades técnicas = são mais específicas, inerentes à atividade operacional da supervisão de primeira linha ou de gerentes intermediários.

O esquema a seguir traz o entendimento de Katz acerca da exigência das habilidades por nível gerencial dentro da organização:

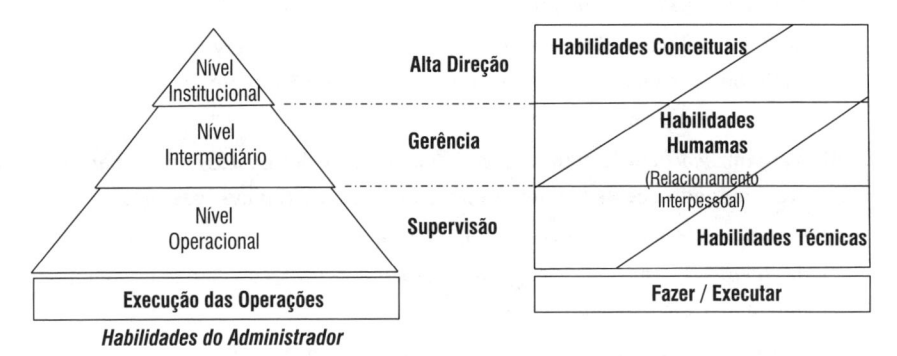

Habilidades do Administrador

Fonte: <http://introducao-adm.blogspot.com.br/2010_08_01_archive.html>.

Note que, ao passo que o nível operacional (supervisão) demanda maiores habilidades técnicas, as habilidades conceituais são mais demandadas pela alta direção. Contudo, as habilidades humanas são igualmente exigidas em todos os níveis da organização. Com esse entendimento, a assertiva está errada.

III. A estrutura matricial é a junção das estruturas funcional e por projetos. Por intermédio deste critério de departamentalização, os limites dos departamentos – rigidamente estabelecidos na estrutura funcional, são de certa forma flexibilizados ante a condução de projetos que perpassam várias unidades administrativas. Assim, a assertiva está correta.

IV. A assertiva explicita diversas maneiras de minimizar os ruídos na comunicação. Está, assim, correta.

V. A assertiva apresenta apropriadamente as três etapas finais do controle. Está, portanto, correta.

Reposta: C.

De modo geral, a distinção clássica dos tipos de controle é feita a partir do critério temporal, relacionando-o ao momento em que a execução do planejamento ocorre. Veja o quadro a seguir.

TIPO	DESCRIÇÃO
Preliminar	Trata-se de um controle orientado para o futuro. Age-se preventivamente, e está diretamente ligado à atividade de planejamento. **Vantagem**: ao agir-se preventivamente, evita-se as disfunções sem que elas cheguem a ocorrer. **Desvantagem**: é um controle complexo, dado que age sobre expectativas sobre o futuro.
Simultâneo	Refere-se ao controle efetuado concomitantemente com a execução do plano. Exige uma alta capacidade de análise, já que a interpretação das informações deve-se dar em tempo real. **Vantagem**: menor tempo entre a ação e o controle. **Desvantagem**: necessidade de celeridade no processamento de informações.
Por *feedback*	Há um intervalo temporal entre a execução do plano e o controle em si, sendo que a avaliação e as atividades corretivas são conduzidas posteriormente à ação. **Vantagem**: a análise inerente ao controle é mais robusta, dado que ocorre posteriormente à ação, sem a pressão de tempo típica do controle simultâneo. **Desvantagem**: corre-se o risco de a ação corretiva ser morosa, comprometendo o desempenho do processo em si.

Q33. (CESPE / TJ – AC / 2012) Os tipos de controle são o preliminar, que ocorre antes das operações iniciarem; o simultâneo, que ocorre enquanto os planos estão sendo implementados; e o de *feedback*, que enfoca o uso da informação sobre os resultados, no intuito de corrigir desvios em relação aos parâmetros aceitáveis.

O enunciado está de acordo com os tipos de controle vistos no quadro anterior.

A questão está correta.

O quadro abaixo, por fim, traz uma compilação de termos associados às suas respectivas funções administrativas:

PLANEJAR	Definir missão, visão de futuro, objetivos e metas / Diagnosticar / Analisar ambiente interno e externo / Formular estratégias / Formular o plano / Definir indicadores / Projetar o desempenho organizacional / Estabelecer metas para alcançar o desempenho almejado
ORGANIZAR	Dispor ou alocar recursos / Descrever cargos / Definir autoridades / Definir estrutura (departamentalizar) / Dividir o trabalho (especializar) / Sincronizar ações / Harmonizar serviços / Informar os setores sobre o todo / Flexibilizar as ações setoriais / Designar pessoas para tarefas
DIRIGIR	Orientar pessoas / Implementar / Liderar / Motivar / Gerir pessoas
CONTROLAR	Estabelecer padrões ou critérios de desempenho / Avaliar ou Monitorar o desempenho / Acompanhar a execução / Comparar o desempenho com o padrão (análise dos resultados) / Identificar inconformidades / Proceder à ação corretiva / Proceder a ações de reforço para a aplicação de boas práticas

Questões de Concursos

1. (CESPE / EBSERH / 2018) A função administrativa de planejamento define objetivos, metas e a programação de quem fará o que, como e em que tempo.

2. (CESPE / EBSERH / 2018) O planejamento é uma função administrativa que deve ser desenvolvida de forma paralela às funções de organização, direção e controle.

3. (CESPE / EBSERH / 2018) As funções básicas da administração são marketing, produção, vendas e finanças.

4. (CONSULPLAN / TRE – MG / 2013 – adaptada)
   Para alcançar objetivos organizacionais previamente estabelecidos, o administrador precisa obter o equilíbrio e a visão de conjunto de todas as funções administrativas, de forma a conseguir o domínio do processo organizacional. Sobre as funções de controle e avaliação, marque V para as afirmativas verdadeiras e F para as falsas.
   ( ) Tem como finalidade identificar problemas, falhas e erros que se transformam em desvios do planejado, permitindo as correções necessárias para que os desvios nunca ocorram.
   ( ) O processo de controle e avaliação podem ser exercidos apenas nos estágios em tempo real ou após a ocorrência do evento ou fato.
   ( ) É um instrumento utilizado pelo gestor, a fim de proteger os ativos da empresa contra furtos, roubos e desperdícios.
   ( ) Objetiva fazer com que a empresa trabalhe de forma mais adequada, buscando eficiência, eficácia e efetividade.
   ( ) As funções de controle e avaliação ocorrem nos níveis organizacionais operacional, tático e estratégico.
   A sequência está correta em:
   a) V, V, F, V, V;
   b) F, V, F, V, F;
   c) F, F, V, V, V;
   d) V, V, V, F, F;
   e) F, F, V, V, F.

5. (CESPE / EBSERH / 2018) Organização é a função administrativa fundamentada no uso da influência na execução das tarefas essenciais da empresa como um todo.

6. (CESPE / EBSERH / 2018) A atribuição de responsabilidades e de autoridade é uma tarefa típica da função administrativa de planejamento.

7. (CESPE / TCE – PR / 2016) Comunicações referentes à solução de problemas intradepartamentais e de coordenação interdepartamental são caracterizadas como comunicações verticais.

8. (CONSULPLAN / TSE / 2012) Com relação à comunicação organizacional, analise.
    I. Geralmente, a direção da comunicação é horizontal nas unidades de trabalho rotineiras, e vertical nas não rotineiras.
    II. Quando as tarefas são muito analisáveis, as formas de comunicação estatísticas e de escrita são frequentes.
    III. As atividades de comunicação crescem à medida que aumenta a variedade de tarefas.
    Está correto somente o que se afirma em:
    a) I;
    b) II;
    c) III;
    d) II, III.

9. (CESPE / PC – MA / 2018) Em uma delegacia de polícia, Aldo, delegado titular, sempre estimula sua equipe para o exercício do melhor trabalho, e ela, em contrapartida, o respeita e o considera uma pessoa justa, de caráter admirável e com grandes qualidades éticas. Paulo, agente de polícia na mesma delegacia, procura sempre cumprir com suas obrigações, e isso requer que, muitas vezes, assuma o comando de equipes compostas por outros agentes de polícia, os quais, apesar de seguirem suas orientações por vê-lo como um servidor com grande conhecimento acerca do serviço, não possuem uma grande admiração por ele.
    Nessa situação hipotética, de acordo com os conceitos de poder e liderança:
    a) Aldo apresenta os poderes de competência e de referência;
    b) Paulo apresenta os poderes de coerção e de referência;
    c) Paulo apresenta os poderes de coerção e de competência;
    d) Aldo apresenta os poderes de recompensa e de competência;
    e) Aldo apresenta os poderes legítimo e de referência.

10. (CESPE / TRE – BA / 2017) Os comportamentos típicos do líder que exerce sua função na equipe a partir de uma perspectiva transformacional de liderança incluem:
    a) atender, orientar e aconselhar cada colaborador de maneira personalizada;
    b) abdicar das responsabilidades, evitando tomar decisões;
    c) trabalhar somente com colaboradores motivados;
    d) condenar desvios a regras e padrões de conduta, adotando atitudes corretivas;
    e) estabelecer planos de desenvolvimento somente para os colaboradores que apresentem melhor desempenho.

11. (CESPE / STJ / 2018) Promover a motivação de indivíduos significa proporcionar a satisfação de suas necessidades, e, em termos hierárquicos, necessidades de estima são prioritárias em relação a necessidades sociais, por exemplo.

12. (CESPE / TRT 7ª Região / 2017) A motivação depende do esforço despendido pelo empregado para atingir um resultado e do valor atribuído por ele a esse resultado. Essa premissa se refere à teoria motivacional denominada teoria:
    a) das necessidades de Maslow;
    b) da expectativa;
    c) da equidade;
    d) behaviorista.

13. (CESPE / SEFAZ – RS / 2018) De acordo com a teoria da hierarquia das necessidades de Maslow, o autodesenvolvimento e o crescimento profissional são necessidades:
    a) econômicas;
    b) de estima;
    c) sociais;
    d) de segurança;
    e) de autorrealização.

14. (CESPE / SEEDF / 2017) A liderança exercida em função do poder legitimado é identificada pelos conhecimentos e pelas capacidades técnicas do indivíduo.

15. (CESPE / STM / 2018) Abordagens teóricas de liderança que se baseiam em traços de personalidade têm a ver com as características de personalidade dos liderados que podem ser usadas para melhorar o clima organizacional.

Capítulo 1 | Organização e o processo organizacional

16. (CESPE / TJ – RO / 2012) As funções clássicas do administrador incluem:
    a) planejamento, produção, venda e controle;
    b) liderança, planejamento, captação e organização;
    c) planejamento, organização, comando e controle;
    d) planejamento, execução, distribuição e organização;
    e) organização, comando, produção e análise.

17. (CESPE / TJ – RO / 2012) O monitoramento do progresso de uma atividade e a implementação das mudanças necessárias à sua efetivação relacionam-se à função denominada:
    a) controlar;
    b) planejar;
    c) liderar;
    d) inovar;
    e) organizar.

18. (CESPE / TJ – ES / 2011) Planejar significa estabelecer padrões de conduta e alocar recursos para a realização dos processos de trabalho orientados aos objetivos de uma organização.

19. (FCC / SERGAS / 2010) As interferências que podem prejudicar a comunicação interpessoal são:
    a) descrédito no assunto, pronunciar as palavras corretamente e evitar estereótipos;
    b) diferenças profissionais, evitar julgamentos e respeitar opiniões diferentes;
    c) diferenças culturais, pressão do tempo e falta de interesse no assunto;
    d) ouvir com atenção, praticar a empatia e a assertividade;
    e) diferenças de idade, agressividade e colocar-se no lugar do outro.

20. (FCC / SERGAS / 2010) São facilitadores da comunicação NÃO verbal eficaz:
    a) sorrir espontaneamente, falar e escutar olhando para o outro;
    b) apontar o dedo indicador e manter os braços cruzados;
    c) bocejar e sorrir espontaneamente;
    d) apoiar a cabeça nas mãos e falar e escutar sem olhar para o outro;
    e) olhar constantemente para o relógio e bocejar.

21. (ESAF / AFRFB / 2009) Sobre o tema "comunicação organizacional", é correto afirmar que:

    a) tanto o emissor quanto o receptor são fontes de comunicação;

    b) redigir com clareza é condição suficiente para que a comunicação seja bem-sucedida;

    c) quando operada em fluxo descendente, a comunicação é considerada formal;

    d) a comunicação informal deve ser evitada e desprezada;

    e) o uso do melhor canal disponível elimina a ocorrência de ruídos.

22. (CESGRANRIO / IBGE / 2009) Quando o gerente desenvolve tarefas que envolvem persuasão, comunicação e motivação para direcionar os esforços de seus subordinados, está exercendo o papel de:

    a) disseminador;

    b) empreendedor;

    c) monitor;

    d) líder;

    e) porta-voz.

23. (CESPE / ABIN / 2010) Em organizações formais contemporâneas, os dirigentes ocupam posição em uma hierarquia regida por normas impessoais. A autoridade formal concedida a esses dirigentes não garante a liderança e a condução de pessoas.

24. (UFBA / UFBA / 2006) Os estilos de liderança não são inatos: eles podem ser aprendidos.

25. (CESPE / ANATEL / 2009) A teoria da liderança situacional procura definir qual estilo de liderança se ajusta melhor a cada situação organizacional. Para atingir-se esse propósito, deve-se, preliminarmente, diagnosticar a situação existente.

26. (FCC / TRT 8ª Região / 2010) O processo administrativo possui quatro funções básicas – planejamento, organização, direção e controle. A função de controle é um processo cíclico composto de quatro fases:

    a) análise dos resultados, definição de metas, ações de reforço para aplicação de boas práticas e acompanhamento;

    b) definição de objetivos, acompanhamento da execução, avaliação e ações de melhoria;

    c) acompanhamento da execução, identificação de inconformidades, definição de novos processos e implantação;

d) monitoração dos processos definidos, identificação de inconsistências, implantação e avaliação;

e) estabelecimento de padrões de desempenho, monitoração do desempenho, comparação do desempenho com o padrão e ação corretiva.

(CESPE / MPU / 2010) Paulo, novo diretor de uma organização pública, pretende desenvolver um sistema de controle capaz de apontar erros cometidos durante a execução dos serviços. Para a consecução de seu objetivo, definiu novas formas de controle com base em informações que coletou pessoalmente, ao interagir com colaboradores de todos os setores da instituição, sem se restringir aos métodos tradicionais de obtenção de dados.

Considerando essa situação hipotética, julgue o seguinte item:

27. Para atender às demandas mais instáveis e urgentes da organização, Paulo deve utilizar a rede formal de comunicação.

28. Ao coletar informações para definir as novas formas de controle, Paulo privilegiou o fluxo comunicativo circular.

29. (FCC / PGE – BA / 2013) Em sistemas de direção contemporâneos, orientados pelo forte comprometimento dos colaboradores com trabalho em equipe, inovação e realização de metas coletivas, a comunicação é:

a) secundária para a organização, com sentido vertical descendente;

b) importante para a organização, com sentido vertical ascendente;

c) central para a organização, com sentido multidirecional;

d) fundamental para a organização, com sentido horizontal unidirecional;

e) importante para a organização, com sentido horizontal bidirecional.

30. (CESPE / MPS / 2010) Nas organizações estruturadas verticalmente, o excesso de subdivisões hierárquicas constitui uma barreira à fluidez da comunicação, retardando as reações da empresa aos estímulos levantados pelo ambiente externo.

31. (ESAF / RFB / 2012 – adaptada) A comunicação formal somente se consolida nos fluxos direcionais descendente e lateral. O fluxo ascendente é exclusivo da comunicação informal.

32. (FGV / SUSAM / 2014) Em relação à comunicação nas organizações, assinale a opção que indica uma comunicação do tipo *bottom-up*:

a) orientação da diretoria sobre práticas e procedimentos;

b) informes contábeis e financeiros passados pelos chefes de departamento para a diretoria;

c) mensagens de doutrinação sobre valores culturais, provenientes da alta administração;

d) assessoria de staff para os departamentos de linha;

e) mensagens de coordenação interdepartamental para solução de problemas.

33. (FGV / DPE – MT / 2015) Sobre os tipos de comunicação organizacional, analise as afirmativas a seguir.

    I. Uma sugestão de melhoria é um tipo de comunicação ascendente.

    II. Uma instrução de trabalho é um exemplo de comunicação descendente.

    III. Uma comunicação entre departamentos ou entre setores é um exemplo de comunicação horizontal.

    Assinale:

    a) Se somente a afirmativa I estiver correta;

    b) Se somente a afirmativa II estiver correta;

    c) Se somente as afirmativas I e II estiverem corretas;

    d) Se somente as afirmativas II e III estiverem corretas;

    e) Se todas as afirmativas estiverem corretas.

34. (CESPE / TSE / 2006) A comunicação com os empregados precisa utilizar tanto a rede formal quanto a informal para otimizar o seu desempenho.

35. (CESPE / TCU / 2008) É necessário que a organização defina o processo de comunicação adequado a ela, o que inclui mecanismos de gerenciamento das informações em seus diversos níveis.

36. (CESPE / MCT / 2004) As principais finalidades da comunicação pública são influenciar e controlar as percepções do tema político por meio dos veículos de comunicação. Para isso, recorre às técnicas de *marketing* e define os assuntos e o formato como eles são apresentados ao cidadão.

37. (CESPE / ABIN / 2010) A publicidade de utilidade pública deve vincular-se a objetivos sociais de inquestionável interesse público e assumir caráter educativo, informativo ou de orientação social.

38. (ESAF / Mtur / 2013) Analise as afirmativas abaixo marcando C para Certo e E para Errado. A seguir, selecione a opção correta.

    ( ) Na comunicação formal a mensagem circula por meio de sistemas não convencionais e não oficiais.

    ( ) A comunicação nas organizações apresenta-se de forma diferenciada, podendo ser formais ou informais, orais ou escritas, ascendentes, descendentes e laterais.

    ( ) São propósitos da comunicação organizacional proporcionar informação e compreensão necessárias à condução das tarefas, e proporcionar motivação, cooperação e satisfação nos cargos.

    ( ) Um processo de comunicação é unidirecional e torna-se eficaz quando o destinatário decodifica a mensagem e agrega-lhe um significado próximo à ideia que a fonte tentou transmitir.

    ( ) O processo de comunicação pode ser eficiente e eficaz. A eficiência se relaciona com os meios utilizados e a eficácia, com o objetivo de transmitir uma mensagem com significado.

    a) C, C, E, E, E.
    b) E, C, C, E, C.
    c) C, E, C, E, E.
    d) E, C, E, C, E.
    e) C, E, C, C, C.

39. (CESPE / MCT / 2012) Um assistente administrativo que trabalha no atendimento ao público deve comunicar-se por meio do jargão técnico, de forma a demonstrar seu conhecimento do assunto aos cidadãos que atende e transmitir-lhes segurança.

40. (CESPE / STM / 2011) O servidor público deve ser sensível às necessidades, percepções, atitudes e emoções do cidadão no momento do atendimento. Por isso, deve demonstrar empatia tanto na comunicação verbal quanto na comunicação não verbal.

41. (CESPE / IBAMA / 2013) A liderança é um típico fenômeno interpessoal que tem impacto direto na motivação dos funcionários e, por consequência, em seus desempenhos individuais e coletivos.

42. (IADES / CFA / 2010) Como se denomina o processo de conduzir as ações ou influenciar o comportamento e a mentalidade de outras pessoas?

    a) Liderança.
    b) Consentimento.

c) Missão.

d) Autoridade.

43. (ESAF / DNIT / 2013) A capacidade de liderar é importante não apenas em estadistas, dirigentes de religiões, mas também em treinadores, comandantes militares, professores e administradores em geral. Assinale a opção correta sobre a liderança nas organizações.

    a) Liderança é o mesmo que autoridade formal, que é uma das bases das organizações e um atributo dos cargos gerenciais.

    b) Chefes são diferentes de líderes, pois os líderes têm poder formal associado ao carisma pessoal.

    c) Líder e liderados encontram-se em uma relação de influência recíproca. Os liderados são submissos de quem exerce a liderança.

    d) A liderança é um atributo da pessoa e deve ser vista apenas como uma habilidade pessoal e não pode ser desenvolvida.

    e) Autoridade formal e liderança nem sempre andam juntas. A pessoa que ocupa uma posição de autoridade formal pode não ter liderança informal sobre seus colaboradores.

44. (CESPE / TCDF / 2014) O modelo de liderança situacional postula que a orientação comportamental para a tarefa ou para o relacionamento deve ser determinada em razão do grau de estruturação das atividades.

45. (CESPE / ICMBIO / 2014) Mostrar respeito e consideração pelo bem-estar e necessidades dos liderados, atuar com cordialidade para construir um clima amistoso são características de um líder que demonstra comportamento de apoio, conforme a teoria caminho-objetivo.

46. (FCC / TRT 15ª Região / 2013) Uma das conhecidas teorias sobre liderança, desenvolvida por Robert House, é a Teoria Caminho-meta ou Caminho-objetivo. A principal ideia dessa teoria é de que o líder será aceito pelos liderados quando estes o virem como fonte de satisfação, imediata ou futura. House destacou quatro comportamentos de liderança, entre os quais NÃO se inclui:

    a) líder carismático: comunica expectativas e expressa confiança nos liderados de que vão conseguir alcançá-las;

    b) líder diretivo: deixa claro o que espera dos liderados, organiza e proporciona diretrizes claras e objetivas;

    c) líder apoiador: é receptivo e sensível às necessidades dos liderados;

d) líder participativo: antes de tomar decisões, consulta os liderados;

e) líder orientado para a conquista ou líder voltado para a realização: estabelece desafios e espera que os liderados demonstrem desempenho máximo.

47. (CESPE / TJ – CE / 2014) A respeito das características de líderes carismáticos e transacionais, assinale a opção correta.

    a) Os líderes que causam forte impressão inspiradora em seus seguidores são reconhecidos como líderes transacionais.

    b) Os líderes religiosos são exemplos de líderes transacionais.

    c) Os líderes que ameaçam seus seguidores para obter o que precisam são chamados de carismáticos.

    d) Os heróis mitológicos são exemplos de líderes transacionais.

    e) Denominam-se transacionais os líderes que apelam às necessidades primárias de seus seguidores.

48. (CESPE / TCDF / 2014) Carisma, atenção às necessidades individuais de cada subordinado e estímulo às suas capacidades intelectuais por meio de ações inspiradoras são características dos líderes transformacionais.

49. (CESPE / MPOG / 2013) Os gestores que conseguem que seus liderados realizem as metas necessárias para a organização possuem características como autoconfiança e inteligência.

50. (ESAF / DNIT / 2013) A motivação extrínseca encontra-se no interior de cada pessoa e está normalmente associada a um desejo. O desejo é que impulsiona os indivíduos para uma ação.

51. (ESAF / DNIT / 2013) Segundo a definição de motivação intrínseca, as pessoas somente podem ser motivadas por outra pessoa, o individuo não é capaz de motivar-se sozinho.

52. (CESPE / TJ – CE / 2014) De acordo com a hierarquia de necessidades proposta por Maslow, uma pessoa que trabalha com empenho para conseguir de seu chefe imediato reconhecimento e autonomia é motivada por necessidades:

    a) fisiológicas;

    b) de realização;

    c) de segurança;

    d) sociais;

    e) de autoestima.

53. (CESPE / TCDF / 2014) Confraternizações com colegas de trabalho, recompensas justas de desempenho e oportunidades de trabalhar em projetos que articulem as habilidades e os interesses dos funcionários exemplificam ações convergentes com as necessidades de ordem superior prescritas na teoria de motivação de Maslow.

54. (CESPE / MTE / 2014) Os salários são determinantes na motivação para o trabalho, de forma que indivíduos com vencimentos reduzidos não são sensíveis a intervenções das práticas de gestão de pessoas de uma organização.

55. (CESPE / FUNPRESP – JUD / 2016) Designar tarefas e agrupá-las em departamentos da estrutura organizacional são ações pertinentes à função de planejamento.

56. (CESPE / FUNPRESP – JUD / 2016) Além do monitoramento das atividades dos funcionários, a função denominada controle prevê ajustes nessas atividades para adaptá-las às metas estabelecidas.

57. (CESPE / FUNPRESP – JUD / 2016) Direção é a função administrativa responsável por promover treinamentos para os funcionários, motivando-os a realizar as tarefas que lhes foram designadas.

58. (CESPE / FUNPRESP – JUD / 2016) Estabelecimento de critérios, mensuração de desempenho, comparação de resultados obtidos com resultados pretendidos e adoção de ações corretivas são fases da função de controle.

Gabarito Comentado

QUESTÃO	COMENTÁRIO
1 Correto	Como vimos, "é na função administrativa de planejamento que são definidos os objetivos e as metas a serem alcançadas, bem como especificados os meios necessários para a sua consecução, em determinado cronograma. É nessa etapa, ainda, que os indicadores de desempenho são definidos". Item correto.
2 Errado	As funções administrativas são sequenciais. Uma vez tomadas em conjunto, de acordo com o fluxo sequencial, moldam o processo organizacional ou administrativo. Destarte, não há de se falar em planejamento sendo desenvolvido de forma apartada, paralelamente ao processo em si. É, sim, a primeira função administrativa, aquela que dá início ao processo. A assertiva, nesses termos, está errada.
3 Errado	Item errado. As funções básicas, que compõem o processo administrativo, são planejamento, organização, direção e controle.
4 – C	*Passemos à análise das assertivas:* • *As correções não garantem que os desvios "nunca ocorram" novamente. O que fazem, na realidade, é mitigar a probabilidade dos desvios, ou diminuir suas intensidades. A primeira assertiva é falsa (F);* • *A assertiva ignora, equivocadamente, o controle preliminar. Por este motivo, é falsa (F);* • *Assertiva correta, exemplificando alguns dos focos do controle e avaliação (V);* • *Assertiva também correta, associando controle ao aprimoramento processual e às maiores chances de alcançar o objeto proposto, causando o impacto almejado (V);* • *Todas as funções administrativas (planejamento – organização – direção e controle) ocorrem em todos os níveis organizacionais. Assertiva correta (V).* *Resposta: C.*
5 Errado	A organização, enquanto função administrativa, concerne à disposição de recursos, bem como à divisão de responsabilidade e de autoridade. A influência (interpessoal) na execução das tarefas é própria à direção. A assertiva está errada.
6 Errado	Tal atribuição é própria à função administrativa denominada organização. A assertiva está errada.
7 Errado	A coordenação interdepartamental é feita, primordialmente, seguindo-se um fluxo de comunicação horizontal. Item errado.

QUESTÃO	COMENTÁRIO
8 – D	Nesta questão, a própria banca divulgou os comentários pertinentes, em virtude de julgamento de recurso*. Vejamos: A questão versa sobre o processo de comunicação organizacional. Daft (1999) e Maximiano (2011) salientam que na comunicação organizacional, quando as tarefas são processos muito analisáveis, são utilizadas com frequência formas escritas de comunicação e estatísticas. Para Daft (1999), à medida que aumenta a complexidade e a variedade das tarefas, as atividades de comunicação aumentam. Daft (1999) também evidencia que, a direção da comunicação é horizontal nas unidades de trabalho não rotineiras, e é vertical nas unidades de trabalho rotineiras. As afirmativas II e III estão corretas. Logo, a resposta correta é a letra D. Fonte: DAFT, Richard L. *Teoria e projeto das organizações*. Rio de Janeiro: LTC, 1999. MAXIMIANO, Antonio Cesar Amaru. *Introdução à administração*. 8. ed. São Paulo: Atlas, 2011. Resposta: D. * Disponível em: <https://calculemais.com.br/provas-de-concurso/2012/gabaritos-corrigidos/consulplan_2012_tse_analista-judiciario-arquivologia_gabarito-corrigido_.pdf>.
9 – E	A questão aborda a tipologia de poder de French e Raven (1959). Aldo, conforme expõe o enunciado, é o delegado titular, gozando, pois, de poder legítimo. Em adição, é visto como uma pessoa justa, de caráter admirável e com grandes qualidades éticas, o que suscita respeito – trata-se do poder de referência. Resposta: E.
10 – A	De acordo com a liderança transformacional (BASS, 1985), o líder atual na vertente de estímulo aos liderados com base em aspectos de *empowerment*, fomentando-se as atitudes críticas, inovativas e de fundo intelectual. Para tanto, a boa prática da liderança passa a ser esteada em olhar cada seguidor de forma individualizada, capitaneando-se a gestão de competências em ótica micro. Destarte, a assertiva A está correta.
11 Errado	Há dois erros na assertiva. Em primeiro plano, a motivação dos indivíduos é suscitada quando o estado psicológico de equilíbrio interno é rompido, mediante determinado estímulo ou incentivo. Quando a necessidade é satisfeita, retorna-se ao equilíbrio. O outro erro concerne à hierarquia das necessidades: de acordo com a Teoria de Maslow, combinada com a de Herzberg, as necessidades sociais são prioritárias em relação às de estima. Explica-se: as necessidades de estima são hierarquicamente superiores, mas só são plenamente gozadas quando as sociais – ora priorizadas – são satisfeitas. Item errado.
12 – B	A questão refere-se, como vimos, à Teoria da Expectativa de Vroom. Resposta: B.
13 – E	Conforme estudamos, as necessidades de autorrealização, de acordo com a Teoria de Maslow, são as mais elevadas das necessidades humanas, como sucesso profissional, crescimento e desenvolvimento, autonomia, autocontrole e competência. Essas necessidades não são observáveis nem controláveis por outras pessoas. Resposta: E.

QUESTÃO	COMENTÁRIO
14 Errado	A liderança exercida nessas bases, de acordo com a tipologia de French e Raven (1959), dá-se com esteio no chamado poder de referência. Item errado.
15 Errado	A chamada teoria dos traços refere-se, na realidade, a supostas características inatas dos líderes capazes de sensibilizar emotivamente os liderados, incrementando o poder de influência pessoal. Não se relaciona à melhoria do clima organizacional. A assertiva está errada.
16 – C	São quatro as chamadas funções administrativas clássicas: planejamento, organização, direção (ou comando) e controle (ou avaliação). Há autores que inserem uma quinta função administrativa, chamada de coordenação. A única alternativa que contempla tais funções é a "c".
17 – A	O enunciado da questão faz alusão às tarefas de monitoramento de um processo e de eventuais ações corretivas julgadas necessárias. Trata-se da função administrativa controle.
18 Errado	Como vimos, é no planejamento que os objetivos organizacionais são estabelecidos. Em termos de processo organizacional, podemos entender o objetivo como determinado padrão dentro do qual a organização deve se manter. Nesse contexto, padrões de conduta podem ser compreendidos como objetivos comportamentais, e devem efetivamente ser definidos na etapa de planejamento. Contudo, a efetiva alocação de recursos não se dá na etapa de planejamento, mas sim na de organização, o que acaba por comprometer a assertiva.
19 – C	O enunciado solicita que identifiquemos interferências que aumentem o ruído, ou seja, que tornem a comunicação mais difícil. Das possibilidades listadas, temos que "descrédito no assunto", "diferenças profissionais", "diferenças culturais", "pressão do tempo", "falta de interesse no assunto", "diferenças de idade" e "agressividade" são elementos que comprometem a comunicação. Os elementos sublinhados compõem a alternativa C, que está, assim, correta.
20 – A	Uma das principais contribuições desta questão é salientar que a forma de comunicação verbal não é a única. Há a comunicação não verbal, tão importante quanto a outra, e composta pela linguagem corporal: sorrisos, abanos de cabeça, postura, gestos em geral. A alternativa A, assim, está correta.
21 – A	Vejamos os comentários às alternativas: a) Como vimos, no processo de comunicação que considera o *feedback* como um de seus elementos, tanto o emissor (que emite inicialmente a mensagem), como o receptor (que provê, ao emissor, uma medida do quão precisa foi a transmissão da mensagem) são considerados fontes da comunicação. A alternativa está correta. b) Redigir com clareza é condição essencial (mas não suficiente) para que uma comunicação escrita seja bem sucedida. Há diversos outros aspectos que devem ser considerados. Caso o receptor seja analfabeto, por exemplo, não haverá comunicação. A alternativa está errada. c) A comunicação descendente pode se dar via os canais hierárquicos formais da organização, ou mediante as vias informais espontaneamente estabelecidas. Nem todo o fluxo de mensagens descendentes é formal. A alternativa está errada.

QUESTÃO	COMENTÁRIO
21 – A	d) A comunicação informal é de suma importância para a criação da cultura organizacional. É ela que dá forma à organização, bem como que suplanta o eventual excesso de burocracia das vias formais. A alternativa está errada. e) O uso do melhor canal disponível apenas minimiza a ocorrência de ruídos – mas jamais o elimina. A alternativa está errada.
22 – D	Note que não necessariamente os papéis de gerentes e de líderes são distintos. Pelo contrário. Como Bertero (2007) nos ensina, é desejável que os colaboradores de uma empresa mesclem as características de ambos os papéis: *"O administrador deve liderar e o líder deve administrar. É problemático termos numa organização o liderar e o administrar colocados em pessoas separadas"* Assim, a alternativa D está correta.
23 Certo	Esta questão resume muito de nossa argumentação sobre liderança, exposta no Capítulo. A autoridade formal emana da hierarquia. Ao nomearmos um indivíduo presidente de uma empresa, independentemente de sua capacidade de exercer influência interpessoal, ele contará com a autoridade inerente a seu cargo. Mas essa autoridade garante liderança? Certamente não. O enunciado, dessa maneira, está certo.
24 Certo	A concepção de que os estilos de liderança (e as características necessárias para der um líder) são inatos é oriunda da teoria dos traços, já ultrapassada nos dias de hoje. Atualmente, a liderança é vista como uma competência organizacional, capaz de ser aprendida. O enunciado está correto.
25 Certo	O enunciado está 100% de acordo com a teoria vista no Capítulo. A questão está correta.
26 – E	As quatro fases (ou etapas) da função administrativa controle são as apresentadas na alternativa "e".
27 Errado	Para atender às demandas mais urgentes e instáveis, Paulo deve utilizar a rede informal de comunicação. Desta forma, a questão está errada.
28 Certo	Ao coletar pessoalmente, interagindo com colaboradores de todos os setores da instituição, sem se restringir aos métodos tradicionais de obtenção de dados (via pesquisas encaminhadas por canais formais, por exemplo), Paulo utilizou-se das relações interpessoais, desconsiderando-se eventuais entraves hierárquicos, privilegiando-se, assim, o fluxo de comunicação circular, típico das organizações informais. A assertiva está correta.
29 – C	Como vimos, há fluxos de comunicação horizontais, ascendentes e descendentes, denotando seu caráter multidirecional. Resposta: C.
30 Certo	Entre os diversos riscos que organizações verticalizadas correm (excesso de imobilização de capital, pouca flexibilidade perante o ambiente etc.), um dos principais é alusivo às barreiras que o excesso de níveis hierárquicos pode impingir ao processo de comunicação. Muitas vezes, até a informação correr do "chão de fábrica" até a cúpula organizacional, a mensagem deverá perspassar por cinco ou mais níveis hierárquicos. Isso implica morosidade e possibilidades de distorção do conteúdo. A assertiva está, portanto, correta.

Capítulo 1 | Organização e o processo organizacional

QUESTÃO	COMENTÁRIO
31 Errado	A comunicação informal dá-se nas três direções: descendente, ascendente e horizontal, além de, se for o caso, comportar o fluxo transversal. A questão está errada.
32 – B	Das alternativas, apenas a "b" refere-se a um fluxo ascendente. Resposta: B.
33 – E	Vejamos as análises: I. uma sugestão de melhoria é um tipo de comunicação ascendente; II. a instrução, por sua vez, é descendente; III. a comunicação interdepartamental, ou intersetoria, é efetivamente horizontal. Resposta: E.
34 Certo	Em uma organização, tanto a rede formal quanto a informal devem ser consideradas pelos gestores quando da comunicação com seus subordinados. A comunicação formal dá-se seguindo laços hierárquicos, podendo, de certo modo, exercer certo controle sobre os canais envolvidos. A comunicação informal, em contrapartida, é desprovida de regras, ocorrendo prioritariamente no chamado fluxo circular, envolvendo as relações interpessoais sem se ater a relações hierárquicas. O gestor, nesse contexto, deve se ater às iniciativas de comunicação informal, visando à ciência de seu conteúdo e à influência de sua dinâmica. A questão está correta.
35 Certo	O gerenciamento de informações é um esforço, em âmbito organizacional, que visa a disponibilizar a informação correta a quem tem a necessidade de conhecê-la ou utilizá-la, com a devida confiabilidade e no momento requerido. Abrange, basicamente, as tarefas de organização da informação, armazenamento e posterior recuperação. A depender dos aspectos intrínsecos ao processo de comunicação almejado em uma organização, determinados mecanismos de gerenciamento de informações podem ser requeridos (analógicos ou digitais), a fim de prover os diversos dados aos níveis organizacionais adequados. A questão está correta.
36 Errado	A questão trata da comunicação governamental (e não pública) baseada em técnicas de *marketing*, que almejam a disseminação não só dos programas e ações do governo, mas também agir sobre a agenda e a percepção política vigente. A assertiva está errada.

QUESTÃO	COMENTÁRIO
37 Certo	A questão versa sobre a comunicação pública, que, segundo Novelli (2006), pode ser empregada na designação do tipo de comunicação praticado pelos órgãos responsáveis pela Administração Pública, sendo um processo de comunicação entre a instituição e a sociedade com o objetivo de promover a troca de informações de interesse público. Ainda segundo esse autor: *Ancorado nos mecanismos de governança, o processo de comunicação deixa de ser compreendido como apenas um instrumento de disseminação das ações e políticas públicas e passa a ser concebido como parte intrínseca dos projetos e programas desenvolvidos pelo governo. **Esse tipo de comunicação está mais envolvido com a promoção da cidadania e da participação do que com a divulgação institucional** (NOVELLI, 2006, p. 87).* Pelo exposto, depreende-se que a questão está certa.
38 – B	Passemos à análise das assertivas. 1ª assertiva: A circulação por meio de sistemas não convencionais e não oficiais é inerente à comunicação informal. A assertiva está errada. 2ª assertiva: A afirmativa está correta, apresentando algumas das facetas do processo de comunicação organizacional. 3ª assertiva: Trata-se dos dois objetivos da comunicação organizacional, conforme Chiavenato (2006), já vistos neste Capítulo. A afirmativa está correta. 4ª assertiva: O processo de comunicação é bidirecional, e somente é entendido como eficaz quando o destinatário decodifica a mensagem, atribuindo a ela um significado idêntico ao transmitido pela fonte. A assertiva está errada. 5ª assertiva: A assertiva aborda, na realidade, os conceitos de eficiência (foco nos meios) e eficácia (foco nos resultados). A afirmativa está correta. Resposta: B.
39 Errado	O atendente deve primar por uma comunicação eficaz. Para tanto, deve evitar termos técnicos ou rebuscados, que possam não ser de conhecimento do cidadão. A questão está errada.
40 Certo	A empatia (postura do atendente de se colocar no lugar do cidadão/cliente) é o "carro-chefe" das competências essenciais do servidor público. Podemos considerar a empatia como uma espécie de estado de espírito, que deve transparecer em todas as formas de comunicação do atendente, sejam elas verbais ou não verbais. O enunciado está correto.
41 Certo	A questão apresenta de forma apropriada o papel da liderança em um contexto organizacional. A assertiva está correta.
42 Certo	Tendo acabado de estudar, neste Capítulo, as nuances do conceito de liderança, passa a ser uma tarefa fácil responder essa questão. No entanto, o maior valor está em verificar como a banca caracteriza esse fenômeno. Apesar de, a meu ver, o conceito não estar completamente caracterizado no enunciado, para a banca, liderança é um processo que se destina a influenciar um grupo (faltou apenas o fato de esta influência visar à consecução de objetivos comuns...). De qualquer forma, a alternativa A está correta.

QUESTÃO	COMENTÁRIO
43 – E	Passemos à análise das alternativas. a) Liderança não é o mesmo que autoridade. Ao passo que a primeira é um processo de influência interpessoal, a última refere-se ao poder formal que emana do exercício de cargo constante da estrutura organizacional. A alternativa está errada. b) Líderes não (necessariamente) têm o poder formal. Ademais, o carisma, apesar de ser um atributo desejável ao líder, não é mandatório no exercício da liderança. A alternativa está errada. c) Não há submissão dos liderados em relação ao líder. Há, sim, sinergia na relação interpessoal líder-liderados. A submissão (ou subordinação) de cunho hierárquico é própria da autoridade. A alternativa está, assim, errada. d) Em enfoque hoje ultrapassado, a capacidade de liderança era entendida como inata (o líder nasce com ela). Hoje, no entanto, é passível o entendimento que a liderança pode ser obtida por meio de treinamento e desenvolvimento. A alternativa está errada. e) A alternativa resume de forma apropriada aspectos intrínsecos à distinção entre autoridade e liderança. Está, assim, correta. Resposta: E.
44 Errado	O grau de estruturação das atividades/taredas é fator condicionante da liderança, conforme preconizado na Teoria Contingencial de Fiedler (e não no modelo situacional). Tanto o "Modelo Situacional" (de Hersey e Blanchard) quanto a "Teoria Contingencial de Fiedler" fazem parte do bojo das Teorias Situacionais. Mas, ao passo que o Modelo Situacional foca na maturidade dos subordinados, Fiedler enfatiza o grau de aceitação do líder, o nível de estruturação das tarefas e a autoridade formal. A questão está errada.
45 Certo	A assertiva está correta, espelhando o comportamento <u>apoiador</u>, conforme perfis concebidos pela Teoria Caminho – Objetivo, de House.
46 – A	Dos comportamentos passíveis de serem assumidos pelo líder, conforme prevê a teoria Caminho – Meta de House, não consta o "carismático". Resposta: A.
47 Certo	Carisma é uma qualidade da personalidade que confere ao indivíduo a capacidade de atuar como líder, e ser reconhecido como tal pelos membros do grupo no qual está inserido. Já a liderança transacional dá-se mediante a satisfação das necessidades primárias (recompensas simbólicas, pecuniárias ou psicológicas) dos liderados. Dessa forma, a alternativa E está correta.
48 Certo	Na liderança transformacional, como vimos, o líder atua inspirando e estimulando seus seguidores. Há a incitação dos liderados no sentido de tomarem consciência dos problemas, bem como de assumirem uma postura crítica e inovativa. As principais ferramentas do líder são <u>o carisma, os exemplos de comportamento e a estimulação intelectual</u>. A afirmativa está, assim, correta.

QUESTÃO	COMENTÁRIO
49 Errado	A questão reveste-se de um viés inerente à Teoria dos Traços, expondo traços intelectuais do gestor como base indispensável à liderança. Tal ótica está, atualmente, ultrapassada, assumindo-se a possibilidade de proceder à capacitação de futuros líderes. A questão está errada.
50	
51 Errado	Quando o estímulo ou o incentivo partem da própria percepção do indivíduo, associando-se o motriz para a ação a um desejo encontrado no interior de cada pessoa, fala-se em **motivação intrínseca**. Em geral, a motivação intrínseca é relacionada à realização pessoal, deixando a tarefa de ser uma obrigação, um meio para atingir uma recompensa, havendo prazer em sua execução. Em contrapartida, quando a motivação tem origem apenas em fatores externos ao indivíduo (como recompensas monetárias), fala-se em motivação extrínseca. O prazer, neste caso, está na recompensa, e não na tarefa em si. Com relação às questões 36 e 37, com base no exposto, infere-se que estão ambas erradas.
52 – E	"Reconhecimento" e "autonomia" são qualidades que se relacionam à forma de autopercepção no grupo social, remetendo-se às necessidades de aprovação social, prestígio, reputação etc. Caso satisfeitas, refletirão autoconfiança e poder. Trata-se, pois, de situação motivada pela busca de satisfação das necessidades de estima (autoestima). Resposta: E.
53 Certo	Façamos as seguintes relações: • confraternizações com colegas de trabalho: necessidade social; • recompensas justas de desempenho: necessidade de estima; • oportunidades de trabalhar em projetos que articulem as habilidades e os interesses dos funcionários: necessidade de autorrealização. São, assim, todas necessidades de ordem superior na lógica de Maslow (as necessidades fisiológica e de segurança seriam, assim, de ordem inferior). A assertiva está correta.
54 Errado	Salário, na concepção de Herzberg, é fator higiênico, sendo que o atendimento a essa necessidade não gera motivação (não sendo, pois, determinante para a motivação), mas o não atendimento ocasiona insatisfação. A assertiva está errada.
55 Errado	Tais ações são inerentes à função organização. A assertiva está errada.
56 Certo	A assertiva está de acordo com a teoria vista neste Capítulo. Item correto.
57 Certo	A interface direta com o elemento humano, em ação dinâmica, é provida pela função direção. A assertiva está correta.
58 Certo	Fique atento! Note como o estabelecimento de critérios, assim assentado por Chiavenato, de fato é cobrado como inerente à função controle. A afirmativa está correta.

CAPÍTULO 2
Teorias Organizacionais (ou Administrativas)

Uma vez entendida a organização como um agrupamento de pessoas, reunidas de forma estruturada e deliberada, visando à consecução de objetivos planejados e comuns a todos os seus membros (LACOMBE; HEILBORN, 2005), somos agora capazes de nos voltarmos à dinâmica de seu funcionamento.

Qual a melhor forma de combinar os recursos de uma organização? Como estruturá-la? Como obter mais lucro? Como prestar um serviço público de qualidade? Como inovar e gerir conflitos? Todas essas demandas (e muitas outras) convergem para uma questão mais ampla: **Como administrar?**

Essa indagação vem acompanhando o ser humano de forma mais contundente desde o final do século XIX, quando a produção industrial foi catapultada pelo advento da Revolução Industrial. E, desde essa época, inúmeros foram os esforços para predizer o comportamento das empresas/organizações, elaborando-se modelos que possuíam abordagens específicas – são as chamadas Teorias Organizacionais ou Administrativas.

Logicamente, são tantas as variáveis organizacionais, que é impossível que uma única abordagem consiga engobá-las por completo. Desta maneira, cada teoria administrativa (ou teoria organizacional) possui um enfoque característico, manipulando apenas um conjunto de variáveis por vez.

As principais abordagens em termos de teorias organizacionais serão vistas neste Capítulo.

Antes, contudo, cabem dois registros. Preliminarmente, o quadro a seguir, construído com base em Chiavenato (2004), traz uma síntese das teorias abordadas nesta obra, e servirá de norte para sua revisão ou apenas como referência, ao longo dos estudos:

TEORIA	ÊNFASE	ENFOQUES
Administração Científica	Nas tarefas	Racionalização do trabalho no nível operacional
Teoria Clássica / Neoclássica	Na estrutura	Organização formal / Princípios gerais da Administração / Funções do Administrador
Teoria da Burocracia		Organização formal burocrática / Racionalidade organizacional
Teoria das Relações Humanas	Nas pessoas	Organização informal / Motivação, liderança, comunicação
Teoria do Comportamento Organizacional		Estilos de Administração / Teoria das Decisões / Integração dos objetivos organizacionais e individuais
Teoria do Desenvolvimento Organizacional		Mudança organizacional
Teoria Geral dos Sistemas	No ambiente	Disponibilidade de recursos externos / relações interorganizacionais etc.
Teoria Contingencial		Flexibilidade e organicidade da estrutura, em face da situação

O outro registro é alusivo à cronologia da concepção das teorias administrativas, essencial para a compartimentalização do conhecimento em termos de concatenação temporal[1]:

---

1 A denominada Teoria Neoclássica, como veremos adiante, não é uma teoria em si, mas sim uma corrente que congrega uma série de trabalhos heterogêneos de autores a partir da década de 1950. Não foi representada neste esquema inicial simplesmente por não ser uma teoria. Mas, logicamente, será estudada no próximo encontro.

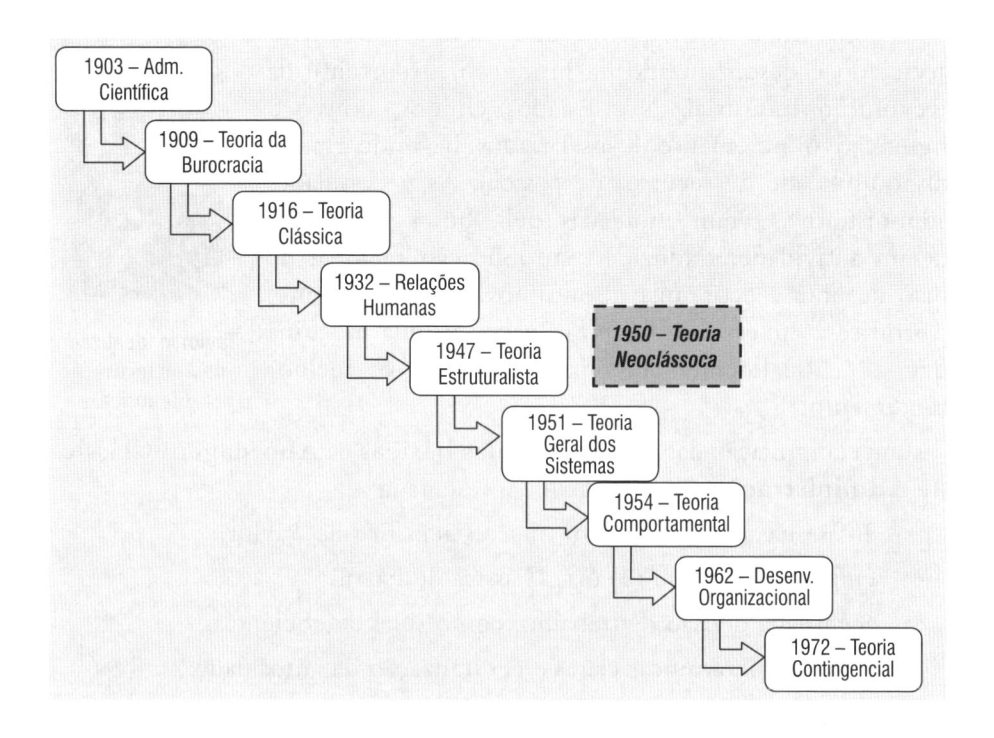

```
1903 – Adm. Científica
  └─> 1909 – Teoria da Burocracia
         └─> 1916 – Teoria Clássica
                └─> 1932 – Relações Humanas
                       └─> 1947 – Teoria Estruturalista        ┌ 1950 – Teoria ┐
                                                               │ Neoclássoca   │
                              └─> 1951 – Teoria Geral dos Sistemas
                                     └─> 1954 – Teoria Comportamental
                                            └─> 1962 – Desenv. Organizacional
                                                   └─> 1972 – Teoria Contingencial
```

1. Abordagem Clássica da Administração

De modo geral, podemos dizer que a **Abordagem Clássica**, que remonta ao início do século passado, possuiu três grandes expoentes: Taylor, Ford e Fayol.

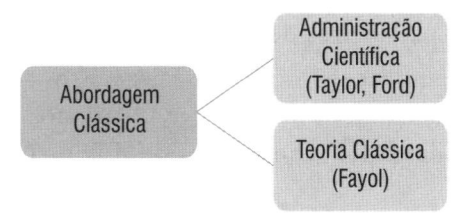

```
                           ┌── Administração Científica (Taylor, Ford)
        Abordagem Clássica ┤
                           └── Teoria Clássica (Fayol)
```

O contexto, à época, era marcado por um crescimento acelerado e desorganizado da produção, decorrente da Revolução Industrial. Nos Estados Unidos, houve o significativo incremento de assalariados, havendo grande disponibilidade de recursos de pessoal. As necessidades administrativas eram moldadas pela busca incessante de produtividade, traduzidas em aplicação racional de mão de obra e economia de insumos. Neste ambiente, passou-se a enxergar a organização como uma máquina que, "racionalmente ajustada", proveria o melhor rendimento.

Taylor, o idealizador da Administração Científica.

Uma compilação das principais **ideias básicas** da **Abordagem Clássica de Administração** pode ser assim apresentada:

- ênfase nas tarefas (Administração Científica de Taylor);
- ênfase na estrutura (Teoria Clássica de Fayol);
- acentuada divisão de trabalho, como sinal de eficiência;
- relações hierárquicas claras e centralização da autoridade;
- disciplina rígida;
- recompensas financeiras como forma de motivação.

O essencial é termos em mente que, para a Abordagem Clássica, a organização é mecanizada, sendo o indivíduo tratado como uma peça na máquina organizacional. Como tal, a eficiência do empregado é diretamente relacionada a seus aspectos fisiológicos, o que justifica os estudos de tempos e movimentos conduzidos por Taylor. A administração, neste sentido, passa a ser um fenômeno que regula e modela o processo de produção, tendo em vista apenas metas e parâmetros de tempo e custo (KNAPIK, 2005).

No intuito de ampliar o arcabouço de nosso conhecimento sobre a abordagem clássica da Administração, estudaremos suas duas vertentes precípuas: a **Administração Científica**, de Taylor (e Ford), e a **Teoria Clássica**, de Fayol.

1.1. Administração Científica de Taylor (e Ford)

Frederick Taylor (1856-1915), também conhecido como "Pai da Administração Científica", foi um engenheiro norte-americano cujas ideias influenciaram grandemente a organização do trabalho no setor industrial dos Estados Unidos no início do século XX. A proposta de Taylor, conforme nos lembram Bejarano et al. (2005), era basicamente a de **diminuir qualquer perda de tempo na produção, eliminando processos longos e inúteis e cronometrando cuidadosamente as etapas produtivas. A ênfase, assim, está nas tarefas conduzidas pelos funcionários. A abordagem é de "baixo para cima"** (*"bottom-up"*).

De acordo com Taylor[2], o principal objetivo da administração deve ser o de **assegurar o máximo de prosperidade ao patrão e, ao mesmo tempo, o máximo de prosperidade ao empregado**. Nesse sentido, aquele autor faz o seguinte esclarecimento:

> "A expressão 'máximo de prosperidade' é usada em sentido amplo, compreendendo não só grandes dividendos para a companhia ou empregador, como também desenvolvimento, no mais alto grau, de todos os ramos do negócio, a fim de que a prosperidade seja permanente. Igualmente, máxima prosperidade para o empregado significa, além de salários mais altos do que os recebidos habitualmente pelos obreiros de sua classe, este fato de maior importância ainda, que é **o aproveitamento dos homens de modo mais eficiente, habilitando-os a desempenhar os tipos de trabalho mais elevados para os quais tenham aptidões naturais e atribuindo-lhes, sempre que possível, esses gêneros de trabalho.**"

Relevante, para fins de nossos estudos, é sabermos quais são, para Taylor, os Princípios da Administração Científica:

Princípios da Administração Científica

1. Substituir a improvisação e o empirismo de empregados por métodos cientificamente comprovados **(planejamento)**.
2. Selecionar empregados de acordo com suas aptidões e capacitá-los para melhorar a produtividade **(preparo)**.
3. Monitorar o trabalho, a fim de se certificar se está de acordo com os métodos estabelecidos **(controle)**.
4. Disciplinar a execução do trabalho, por meio da distribuição de atribuições e responsabilidades **(execução)**.

---

2 Conforme a obra *Princípios da Administração Científica*, 8ª ed. *(Atlas, 1990)*. Disponível em: <https://cesarmangolin.files.wordpress.com/2010/02/taylor-principios-de-administracao-cientifica.pdf>.

Vejamos algumas questões sobre a Administração Científica, na concepção taylorista.

Q1. **(CESPE / MPS / 2010)** A racionalização do trabalho, segundo Taylor, era vista como um meio de aumentar a eficiência da produção, evitando desperdício e promovendo prosperidade entre patrões e empregados, sendo esses os primados da administração científica.

De acordo com o visto anteriormente... Tenha atenção aos quesitos EFICIÊNCIA, RACIONALIZAÇÃO DO TRABALHO e PROSPERIDADE.

A assertiva está certa.

Q2. **(CESPE / TCU / 2008)** A abordagem proposta por Taylor defendia que fossem priorizados na administração o empirismo e a prática, dando ênfase, desse modo, ao pragmatismo da ponta da linha e ao conhecimento já existente nos trabalhadores.

Taylor defendia a priorização de **métodos cientificamente comprovados** com vistas ao incremento da produtividade do operário, em detrimento do empirismo, da improvisação e de um conhecimento prévio dos trabalhadores.

A questão está errada.

Q3. **(CESPE / TRE – MS / 2013)** Uma organização que se estruture de modo a privilegiar a ênfase nas tarefas, na descrição clara dos processos, na previsibilidade, na premiação de empregados mediante remuneração variável, sem atentar muito para aspectos de autorrealização dos colaboradores, de meritocracia ou características do ambiente alinha-se aos princípios da teoria da administração denominada:

a) Relações humanas,

b) Contingencial,

c) Burocrática,

d) Sistêmica,

e) Administração Científica.

Trata-se, como vimos, da Administração Científica.
Resposta: E.

Q4. **(CESPE / TRT 17ª Região / 2009)** Segundo Taylor, o trabalho de cada operário é planejado pela direção.

Para Taylor, o método mais eficiente de trabalho, baseado em métodos racionais científicos, é determinado pela gerência, haja vista o operário não ter a capacidade analítica científica de seu trabalho.

Assim:

Gerência → planejamento + supervisão

Operário → execução

A assertiva está certa.

Q5. (CESPE / ABIN / 2010) De acordo com a abordagem taylorista, a análise de cargos está intimamente relacionada à produtividade do trabalhador, que é medida exclusivamente em termos quantitativos.

Preliminarmente, cabe distinguir desenho e análise de cargo:

DESENHO DE CARGO	ANÁLISE DE CARGO
Relação de suas atribuições, responsabilidades, as atividades a serem desempenhadas. Preocupação com aspectos intrínsecos do cargo.	Identificação dos requisitos (competências) que o ocupante deve possuir para bem desempenhar o cargo, bem como as condições de exercício. A análise é feita a partir do desenho, e lida com aspectos extrínsecos do cargo.

Para Taylor, a análise de cargo dá-se com vistas a incrementar a produtividade do trabalhador. Essa produtividade é medida em termos do estudo de tempos e movimentos:
- tempo médio (padrão) para a execução de uma tarefa;
- taxa de minimização da fadiga do trabalhador.

A assertiva está correta.

Q6. (CESPE / TRT 17ª Região / 2013) O movimento da administração científica originado com as experiências de Frederick W. Taylor e Henri Fayol objetivou proporcionar fundamentação científica às atividades administrativas, substituindo a especialização e o profissionalismo.

Há dois erros na assertiva:
- A Administração Científica não contempla as experiências e as iniciativas de Henry Fayol. A Fayol associa-se a Teoria Clássica;
- A Administração Científica objetiva substituir a improvisação e o empirismo pela especialização, profissionalismo e por ações embasadas em métodos científicos.

A questão está errada.

Q7. (CESPE / SUFRAMA / 2014) A premissa da administração científica de que a melhoria da eficiência do trabalhador provoca melhoria em toda a organização baseou-se no modelo de eficiência industrial apresentado por Taylor, que foi, por sua vez, influenciado cientificamente pelo modelo termodinâmico de eficiência de uma máquina térmica proposto por Carnot.

Não cabem aqui digressões mais aprofundadas no âmbito da termodinâmica. Basta sabermos que Carnot pesquisou o modo de tornar mais eficiente o rendimento de uma máquina térmica. Nesse sentido, *"Taylor inspira-se também no conceito da termodinâmica de N. Carnot, do qual retirou sua principal ideia da eficiência industrial com base na individualização da produtividade de cada trabalhador"* (BAUER, 2008).

No mesmo sentido, pronuncia-se Chiavenato (2004):

> "O modelo científico inspirador do taylorismo foi a termodinâmica de N. Carnot, de onde Taylor extraiu a ideia da maximização da eficiência industrial com base na maximização da eficiência de cada uma das tarefas elementares: a melhoria da eficiência de cada operário conduz à melhoria em toda a empresa" (CHIAVENATO, 2004).

A questão está certa.

Henry Ford (1863-1947) consolidou e expandiu o modelo de Taylor, por meio de duas ações adicionais: a integração das etapas de trabalho por meio do deslocamento por esteiras e a fixação dos trabalhadores em seus postos de trabalho. Com essas medidas, em 1925 Ford já estava produzindo mais de nove mil carros por dia (1 a cada 10 segundos), a custos muito menores do que o praticado pela concorrência da época. Em síntese: Ford coloca em prática a Administração Científica, em grande escala, empregando seus preceitos em suas fábricas (indústria automotiva).

Com o aumento de escala da produção, as organizações foram também crescendo. A necessidade de controle de uma quantidade crescente de tarefas fez com que surgissem diferentes níveis hierárquicos, organizados numa pirâmide de autoridades. Note que, neste enfoque (Administração Científica de Taylor) a ênfase está nas tarefas, sendo a hierarquia formada a partir delas.

Vejamos os Princípios Administrativos Básicos, para Ford, já cobrados em concurso:

Princípios Básicos de Ford

- **Produtividade** = aumentar a capacidade de produção do homem no mesmo período por meio da especialização e da linha de montagem.
- **Intensificação** = diminuir o tempo de duração com a utilização imediata dos equipamentos e matéria-prima e a rápida colocação do produto no mercado.
- **Economicidade** = reduzir ao mínimo o volume e estoque da matéria em transformação.

Q8. (CESPE / ICMBIO / 2014) O fundador da Ford Motor Co., Henry Ford, introduziu o sistema de produção em massa por meio da padronização de máquinas e equipamentos, da mão de obra e das matérias-primas e, consequentemente, dos produtos. A fim de atingir esses objetivos, Ford adotou os seguintes três princípios básicos: princípio do controle, princípio de economicidade e o princípio de produtividade.

A questão está errada, conforme esquema acima. Apenas para facilitar a memorização: as iniciais dos princípios de Ford formam a palavra *"Pie"*, que significa "torta", na língua inglesa.

Princípios de Ford:

| P | = Produtividade
| I | = Intensificação
| E | = Economicidade

Q9. (CESPE / TCE – RO / 2013) As ideias e princípios propostos por Winslow Taylor, que liderou o movimento da administração científica, não são empregados atualmente, devido à evolução das relações de trabalho, aos avanços tecnológicos e aos novos modelos de gestão.

Sobre a permanêcia da aplicabilidade da ótica taylorista, vejamos o seguinte excerto da obra de Chiavenato (2004):

> "Salienta Drucker que 'hoje em dia é moda menosprezar Taylor [...], mas ele foi o primeiro homem que [...] não aceitou o trabalho como favas contadas, mas o examinou e o estudou a fundo. A maneira como abordou o trabalho continua sendo a fundação básica. [Taylor] partiu de objetivos sociais, e não da engenharia ou do lucro. O que inspirou Taylor foi o desejo de libertar o trabalhador do encargo do trabalho excessivo e romper a Lei de Ferro dos Salários [...] que condenava o trabalhador à insegurança econômica e a resignar-se com a miséria. A esperança de Taylor [...] era tornar possível ao trabalhador uma vida digna por meio de uma produtividade maior do seu trabalho.
>
> Por outro lado, na França, Fayol tentou uma estrutura de organização e desenvolveu a primeira abordagem racional de organização de empresa. É a partir do trabalho desses dois engenheiros que se iniciou a 'moda da Administração', isto é, o 'boom' administrativo após a Primeira Guerra Mundial. E, no decorrer de todo o complexo emaranhado histórico das teorias administrativas, **a abordagem clássica nunca foi totalmente removida. E ressurge ampliada, revista e melhorada com a Teoria Neoclássica**, tão amplamente conhecida em nossas instituições [...]" (CHIAVENATO, 2004).

Dessa forma, a questão está errada.

1.2. Teoria Clássica de Fayol

Da mesma forma que Taylor, Henry Fayol (1841-1925), um engenheiro de minas nascido em Istambul e radicado na França, dedicou-se a prover uma base científica à Administração. No entanto, **sua abordagem deu-se no sentido inverso**: enquanto Taylor realizou seus estudos a partir do operariado para só então chegar às funções de gerência, **Fayol construiu seus princípios de administração do topo para a base da pirâmide.**

Fayol dedica-se a estruturar o papel do administrador, interpretando a Administração como responsável por coordenar e sincronizar diversas funções dentro da organização (financeira, comercial, técnica, entre outras). Ainda, ele define as funções da Administração (planejar, organizar, controlar, coordenar, comandar), bem como elabora 14 **princípios administrativos**, assim relacionados[3]:

---

[3] Para fins de memorização, veja que as iniciais dos princípios, lidas em sequência, formam a oração: "Ei, o Duda cresceu".

Princípios Administrativos (FAYOL)

- **E** quidade
- **I** niciativa
- **O** rdem
- **D** isciplina
- **U** nidade de comando
- **D** ivisão do trabalho
- **A** utoridade e responsabilidade
- **C** entralização
- **R** emuneração do pessoal
- **E** stabilidade do pessoal
- **S** ubordinação do interesse individual
- **C** adeia escalar
- **E** spírito de equipe
- **U** nidade de direção

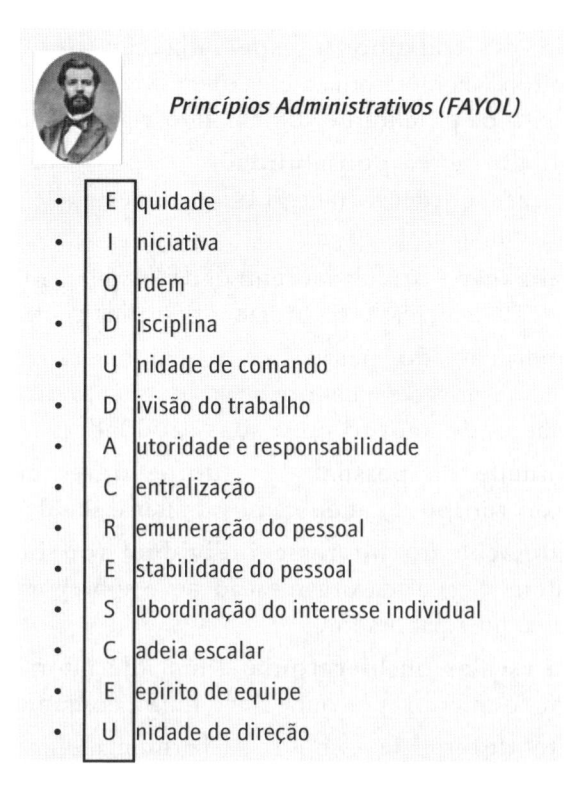

1. **Equidade** = o tratamento humano na organização deve ser isonômico e justo, reconhecendo-se o direito de cada um. **Tratam-se as pessoas com benevolência e justiça, não excluindo a energia e o rigor quando necessários**.
2. **Iniciativa** = refere-se à **capacidade de concepção (criação) e de execução** de determinado **plano de ação**.
3. **Ordem** = trata-se tanto da **ordem material** (*"um lugar para cada coisa e cada coisa em seu lugar"*, como modo de se evitar desperdícios) quanto da **ordem social** (*"um lugar para cada pessoa e cada pessoa em seu lugar"*, como modo de definição de cargos e funções na organização).
4. **Disciplina** = expectativas devem ser claras e as violações devem ser punidas.
5. **Unidade de comando** = cada colaborador deve receber ordens de (e se reportar a) apenas um superior, evitando, assim, conflitos.

6. **Divisão do trabalho** = **especialização dos funcionários**, desde o topo da hierarquia até os operários da fábrica, favorecendo a eficiência da produção e aumentando a produtividade.

7. **Autoridade e responsabilidade** = poder de dar ordens e de se fazer obedecer (autoridade) e dever de prestar contas (responsabilidade).

8. **Centralização** = atividades centrais da organização (= *core business*) devem ser executadas e controladas de forma centralizada.

9. **Remuneração do pessoal** = a remuneração deve ser justa, tanto pelos impactos na organização quanto na percepção do colaborador, **de acordo com suas atividades**.

10. **Estabilidade do pessoal** = a **equipe deve ser mantida ao longo do tempo**, de modo a possibilitar o seu desenvolvimento.

11. **Subordinação do interesse individual (ou interesse geral)** = o interesse geral da organização deve sobrepor-se ao interesse individual do colaborador.

12. **Cadeia escalar ou hierarquia** = linha de autoridade do escalão superior ao inferior, por onde deve fluir a comunicação.

13. **Espírito de equipe** = busca da harmonia e da cooperação na equipe de trabalho, de modo a **prover um efeito sinergético no desempenho** da organização.

14. **Unidade de direção** = determinado conjunto de operações que visem a um objetivo específico deve receber uma única direção (fonte de poder) e um único plano.

Q10. (CESPE / TJ – AL / 2012) Como proposto por Henry Fayol, o princípio geral da administração que estabelece a necessidade de especialização de empregados, desde a alta hierarquia até os trabalhadores operários, como forma de aprimorar a eficiência da produção e, consequentemente, aumentar a produtividade, é o princípio da:

a) ordem;

b) equidade;

c) divisão do trabalho;

d) unidade de comando;

e) disciplina.

Como vimos, o enunciado faz referência ao princípio administrativo da disciplina, assim concebido por Fayol.

Resposta: C.

Q11. (CESPE / EBC / 2011) Divisão do trabalho, autoridade e responsabilidade, disciplina, hierarquia e unidade de comando e de direção são consideradas características da teoria de Taylor.

Tais características são inerentes à Teoria Clássica, de Fayol.
A questão está errada.

Q12. (CESPE / TCE – PA / 2016) Dar tratamento com benevolência e justiça às pessoas, sem dispensar a energia e o rigor necessários, é uma tendência difundida desde a escola clássica de Fayol.

Equidade = o tratamento humano na organização deve ser isonômico e justo, reconhecendo-se o direito de cada um. **Tratam-se as pessoas com benevolência e justiça, não excluindo a energia e o rigor quando necessários.**
A assertiva está certa.

Q13. (CESPE / BACEN / 2013) De acordo com os princípios gerais da administração de Fayol, o administrador de uma organização logística deve utilizar a estrutura matricial, com gerentes funcionais e gerentes de projeto, para conduzir adequadamente as equipes e conseguir entregar, no devido prazo, os diversos produtos e serviços que estão sob a responsabilidade da organização.

Unidade de comando = cada colaborador deve receber ordens de (e se reportar a) apenas um superior, evitando, assim, conflitos com o direito de cada um.
A questão está errada.

Q14. (CESPE / TCE – PA / 2016) O princípio da divisão do trabalho, estabelecido pela escola clássica, consiste na criação de uma unidade de comando e uma unidade de direção para cada equipe de trabalho.

Veja a diferença entre os princípios:
Divisão do trabalho *= especialização dos funcionários, desde o topo da hierarquia até os operários da fábrica, favorecendo a eficiência da produção e aumentando a produtividade.*
Unidade de comando *= cada colaborador deve receber ordens de (e se reportar a apenas um superior), evitando, assim, conflitos.*
Unidade de direção *= determinado conjunto de operações que visem a um objetivo específico deve receber uma única direção (fonte de poder) e um único plano.*
A assertiva está errada.

O quadro abaixo apresenta uma sintética comparação entre as visões de Taylor e Fayol, no que diz respeito, essencialmente, a aspectos de hierarquia e de autoridade:

TEORIA CLÁSSICA DA ADMINISTRAÇÃO (FAYOL)	ADMINISTRAÇÃO CIENTÍFICA (TAYLOR)
PONTOS COMUNS	
Centralização da autoridade e da execução das tarefas principais	
Organização é vista como um sistema racional de regras e autoridade	
Rígida disciplina	
PONTOS DIVERGENTES	
Ênfase na estrutura	Ênfase nas tarefas
Foco no papel do gerente e no modo como ele deve agir para que a organização possa fornecer valor na forma de bens e serviços aos consumidores (**executivo de alto nível**).	Foco nas medidas necessárias para a otimização do tempo despendido na produção.
Abordagem **do topo para a base** da pirâmide (o ponto de partida são as funções do administrador, que deve reger e coordenar todas as demais funções organizacionais).	Abordagem **da base para o topo** da pirâmide e das **partes para o todo** (parte do chão da fábrica para chegar às estruturas hierárquicas de alto nível).

Q15. (CESPE / TCE – SC / 2016) Tanto na teoria clássica quanto na administração científica, a análise da estrutura organizacional é realizada da direção para a execução (de cima para baixo) e da síntese para a própria análise (do todo para as partes).

- *Administração Científica*: das partes para o todo, da base para o topo;
- *Teoria Clássica*: do todo para as partes, do topo para a base.

A questão está errada.

2. A Teoria das Relações Humanas

A Teoria das Relações Humanas surgiu em decorrência das conclusões obtidas nas chamadas experiências de Hawthorne, conduzidas por Elton Mayo (1880-1949) entre 1927 e 1933 na *Western Electric Company (WEC)*, uma empresa norteamericana de componentes telefônicos situada no bairro de Hawthorne, em Chicago.

A intenção inicial da pesquisa era identificar as influências de aspectos do espaço físico da organização – em especial a iluminação – sobre a produtividade dos empregados. A hipótese era a existência de uma relação diretamente proporcional entre a iluminação do ambiente e a eficiência do trabalhador.

No entanto, durante a realização da pesquisa, evidenciou-se que a relação acima não era tão "linear" quanto poderíamos esperar. A simples troca de lâmpadas por outras de mesmas características (não implicando, portanto, alteração da luminosidade) acarretava aumento da produção na sala experimental. Da mesma forma, por vezes o escurecimento do ambiente não gerava queda de produtividade, mas sim aumento ou estagnação.

Ao mesmo tempo em que se constatou a inexistência de uma relação lógica entre a iluminação do ambiente e a eficiência do empregado, evidenciou-se que variáveis inerentes às relações humanas detinham impacto considerável na produtividade: formação de grupos informais, trabalho em equipe, personalidade dos colaboradores, entre outras. Assim, as fases seguintes da pesquisa dedicaram-se a lançar uma luz sobre o papel da interação humana nos objetivos organizacionais.

Trabalhadoras da WEC.

As principais conclusões da Experiência de Hawthorne podem ser assim sintetizadas:

- **as relações humanas na organização são intensas e constantes**;
- **a integração social condiciona a disposição do trabalhador em produzir**. Quanto mais integrado socialmente (e não quanto mais fisiologicamente capaz, como dizia a Abordagem Clássica), mais disposto ele é;
- **surgimento do conceito de organização informal** (= conjunto de grupos de relacionamento que se formam independentemente da organização formal, sendo esta representada no organograma da empresa). Cada grupo na organização informal estabelece suas regras de comportamento, seus objetivos e duas formas de sanção e recompensas;
- **o comportamento dos trabalhadores é essencialmente social**, sendo que a organização informal determina a produtividade aceitável.

A tabela abaixo apresenta uma comparação entre a Abordagem Clássica e a Teoria das Relações Humanas:

ABORDAGEM CLÁSSICA	TEORIA DAS RELAÇÕES HUMANAS
Ênfase nas tarefas e na estrutura	Ênfase nas pessoas
Organização formal (organograma). Desenho de cargos e tarefas	Organização Informal (grupos espontâneos)
Inspiração proveniente de sistemas de engenharia	Influência da psicologia e da sociologia
Autoridade centralizada	Delegação plena de autoridade
Visão mecanizada do trabalhador (*homo economicus*)	Visão social do trabalhador (*homo social*)
Comportamento do indivíduo como ser isolado	Comportamento do indivíduo como ser pertencente a um grupo social
Indivíduo incentivado por recompensas materiais	Indivíduo incentivado por recompensas sociais e simbólicas (reconhecimento etc.).
Objetivo = máxima eficiência	Busca de eficiência pela organização conflita com a busca de satisfação pessoal do trabalhador (= conflito social)

Vejamos como este tema é cobrado em concursos:

Q16. (ESAF / EPPGG / 2000) A Teoria Clássica da Administração deu ênfase à organização formal enquanto a Teoria de Relações Humanas introduziu o conceito de organização informal. Assinale a opção que caracteriza corretamente tanto a organização formal quanto a informal.

  a) A organização formal caracteriza-se por uma divisão de trabalho definida por equipe, com pessoal multiespecializado, normas claras e hierarquia de autoridade bem definida. Já a organização informal acentua os elementos racionais e planejados do comportamento da organização, estuda as relações de amizade, o agrupamento social dos trabalhadores e a importância da liderança e da comunicação.

  b) A organização formal caracteriza-se por uma divisão de trabalho claramente definida, com pessoal especializado, normas e pronunciada hierarquia de autoridade. Já a organização informal acentua os elementos emocionais, não planejados e irracionais do comportamento da organização, estuda as relações de amizade, o agrupamento social dos trabalhadores e a importância da liderança e da comunicação.

  c) A organização formal caracteriza-se por uma divisão de trabalho claramente definida, com pessoal multiespecializado, normas e pronunciada hierarquia de autoridade. Já a organização informal acentua os elementos racionais e planejados do comportamento da organização, estuda as relações hierárquicas de autoridade, o agrupamento social dos trabalhadores e a importância da chefia e da comunicação.

d) A organização formal caracteriza-se por uma divisão de trabalho claramente definida, com pessoal especializado, normas flexíveis e autoridade fluida. Já a organização informal acentua os elementos emocionais, não planejados e irracionais do comportamento da organização, estuda as relações hierárquicas, as unidades formais dos trabalhadores e a importância da chefia e da comunicação.

e) A organização formal caracteriza-se por uma divisão de trabalho em equipe, com pessoal especializado, normas claras e hierarquia de autoridade fluida. Já a organização informal acentua os elementos emocionais, não planejados e irracionais do comportamento na organização, estuda as relações de amizade, o agrupamento social dos trabalhadores e a importância da chefia e da comunicação de cima para baixo.

Vejamos os comentários referentes às alternativas:

a) A organização informal não acentua os elementos racionais e planejados do comportamento da organização. A organização informal está ligada aos aspectos espontâneos do comportamento humano. A alternativa está errada.

b) Esta alternativa apresenta, sem equívocos, as características de organização formal e informal, estando, assim, correta.

c) O erro desta assertiva é, basicamente, o mesmo do apresentado na alternativa a: a organização informal não acentua os elementos racionais e planejados do comportamento da organização. Alternativa incorreta.

d) Não se deve associar "normas flexíveis" e "autoridade fluida" à organização formal, da mesma forma que as organizações informais não se relacionam com "relações hierárquicas", ou com "as unidades formais dos trabalhadores e a importância da chefia". A alternativa está errada.

e) Não se deve associar "autoridade fluida" à organização formal, da mesma forma que as organizações informais não se relacionam com o "agrupamento social dos trabalhadores e a importância da chefia e da comunicação de **cima para baixo**". A alternativa está errada.

Resposta: B.

Q17. (FUNIVERSA / Mtur / 2010) Assinale a alternativa que apresenta uma das diferenças entre as teorias clássicas e a das relações humanas:

a) A estrutura da teoria das relações humanas era mecanicista e impessoal.

b) O comportamento da organização, segundo as teorias clássicas, era produto de sentimentos e atitudes.

c) O foco estudado nas teorias clássicas foi o trabalho e as necessidades econômicas dos trabalhadores.

d) A ênfase na segurança pessoal e nas necessidades sociais dos trabalhadores para o alcance das metas organizacionais foi analisada nas teorias clássicas da administração.

e) Empregados felizes, qua buscavam produzir mais, foram resultados obtidos nas teorias clássicas da administração.

Seguem os comentários das alternativas:

a) A estrutura da Teoria das Relações Humanas era emocional e pessoal. A alternativa está errada.

b) A questão refere-se à Teoria das Relações Humanas, e não às teorias clássicas. A afirmativa está incorreta.

c) Exatamente isso. Nas teorias clássicas, enxergava-se a recompensa financeira como motivador, bem como a visão do homem era a de um indivíduo racional e preocupado com sua riqueza pessoal (*homo economicus*). A alternativa está correta.

d) As necessidades sociais somente foram abordadas, de forma pioneira, na Teoria das Relações Humanas. A assertiva está errada.

e) A assertiva refere-se à Teoria das Relações Humanas, e não às teorias clássicas. Está, assim, errada.

Resposta: C

Q18. (CESPE / TCE – PA / 2016) No contexto das relações de trabalho, uma das contribuições da escola de relações humanas é a constatação do efeito positivo decorrente do investimento no desempenho humano.

A Escola de Relações Humanas traz a concepção de "homem social", em distinção ao "*homo economicus*", não mais movido por recompensas materiais, mas sim por recompensas sociais e de cunho simbólico, tais como o reconhecimento e o investimento no capital intelectual.

A questão está certa.

3. Abordagem estruturalista

A exemplo da Abordagem Clássica, o termo "abordagem" é mais amplo do que "teoria". Desta forma, a Abordagem Clássica abrange duas teorias: a Administração Científica e a Teoria Clássica. Do mesmo modo, a Abordagem Estruturalista abrange duas teorias:

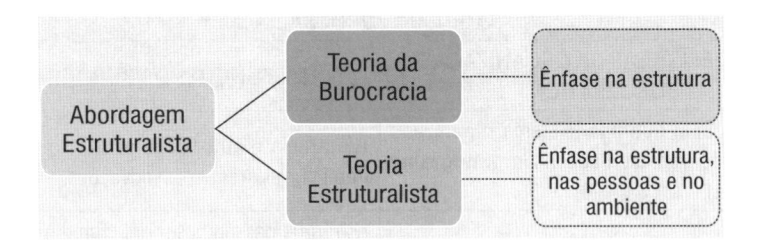

```
Abordagem          Teoria da         ····· Ênfase na estrutura
Estruturalista     Burocracia
                                           Ênfase na estrutura,
                   Teoria            ····· nas pessoas e no
                   Estruturalista          ambiente
```

Q19. (CESPE / Banco da Amazônia / 2012) A abordagem estruturalista destaca-se por enfatizar as pessoas nas organizações, bem como os aspectos informais do trabalho.

A ênfase nas pessoas e na organização informal é inerente à Escola de Relações Humanas. A abordagem estruturalista tem por foco precípuo a própria estrutura organizacional.

A assertiva está errada.

3.1. A Teoria da Burocracia de Weber

Muito do que falamos hoje de hierarquia e autoridade é proveniente da Teoria da Burocracia, elaborada pelo sociólogo alemão Max Weber (1864-1920), mas desenvolvida dentro da Administração na década de 1940, como uma resposta às parcialidades da Abordagem Clássica – excessivamente mecanizada – e da Escola de Relações Humanas – excessivamente centrada no indivíduo.

Com o tamanho e a complexidade crescentes das organizações (que não mais eram somente fábricas), era necessária a elaboração de um modelo de organização extremanente **racional**, caracterizada por **cargos formalmente bem definidos**, com **hierarquia, autoridade e responsabilidades claras e delimitadas.** A esta modelo denominou-se **organização burocrática.**

Destaca-se que, no sentido original, assim concebido por Weber, **burocracia** está intimamente relacionada à **eficiência**. O sentido pejorativo de "burocracia" ao qual estamos acostumados, refere-se às disfunções (= mal funcionamento) da concepção original. Vejamos o quadro abaixo:

TEORIA DA BUROCRACIA	
CARACTERÍSTICAS DA ORGANIZAÇÃO BUROCRÁTICA	DISFUNÇÕES DA BUROCRACIA
Hierarquia bem definida (sistema organizado em pirâmide, representado no **organograma** da empresa).	Hierarquia e autoridade muito rígidas podem implicar resistência às inovações.
Formalização (regras são formais, protegendo a organização de ações arbitrárias).	As regras passam a ser um "fim em si mesmo", ou seja, elas passam a ser mais relevantes do que os objetivos organizacionais. Processos passam a ser mais lentos, com o excesso de regras ("papelada").
Impessoalidade nas relações.	Distanciamento dos colaboradores, que passam a não interagir uns com os outros.
Padronização de rotinas.	A conformidade excessiva às rotinas pode inibir criatividade e implicar resistência às mudanças.
Profissionalização dos funcionários e **Meritocracia** (mediante a existência de formas de avaliação objetivas, os cargos são ocupados por aqueles que efetivamente detêm a competência técnica – o mérito – para ocupá-los).	O ocupante de um cargo superior exerce sua autoridade (=poder de decisão) sobre os assuntos de sua responsabilidade, independentemente de seu conhecimento técnico.

Q20. (ESAF / CGU / 2004) Weber estudou as organizações que surgiram após a revolução industrial e a formação do Estado, identificando características que eram comuns e tipos de autoridade. Indique a opção que apresenta corretamente características do ideal tipo de burocracia de Weber.

a) Excesso de regulamentos e valorização da hierarquia.
b) Competência técnica e dominação tradicional.
c) Dominação legal e carismática.
d) Impessoalidade e profissionalismo.
e) Mecanismo e racionalidade legal.

O enunciado nos solicita a identificação de características da burocracia idealizada por Weber. Seguem os comentários às alternativas, identificando-se apenas as características que não se enquadram na burocracia weberiana:

a) o **excesso** de regulamentos é uma disfunção da burocracia ideal. Em concursos, sempre tome cuidado com as palavras que denotam um caráter "radical": excesso, totalmente, absolutamente, nunca etc. A alternativa está errada;

b) "dominação tradicional" dá-se em virtude de crença em uma espécie de "relação senhorial", onde um manda e outro, simplesmente, obedece. Este tipo de dominação não se baseia nas regras e normas, mas tão simplesmente na relação entre pessoas. Não cabe, portanto, na Teoria Burocrática. A alternativa está errada;

c) as relações, na burocracia de Weber, são impessoais. Assim, a autoridade flui das regras, ou seja, a dominação é legal e normatizada, e não baseada na figura de um líder (carismática). A alternativa está errada;

d) ambas as características estão de acordo com o conteúdo da tabela vista anteriormente. A assertiva está certa;

e) o "mecanismo", ou seja, a visualização da organização como se fosse uma máquina, é inerente à Abordagem Clássica da Administração, e não à Teoria da Burocracia. A assertiva está errada.

Q21. (CESPE / SUFRAMA / 2014) O modelo burocrático de organização, em que predominam as rotinas e procedimentos estabelecidos nos cargos, constitui referencial de gestão em que as pessoas fazem o que lhes é imposto e não o que preferem.

"A burocracia é uma organização que estabelece os cargos segundo o princípio hierárquico. A burocracia é uma organização que fixa regras e normas técnicas para o desempenho de cada cargo. Isto significa que para que o desempenho de um cargo seja racional é necessária uma preparação especializada de seu ocupante" (CHIAVENATO, 2004).

A questão está certa.

3.2. Teoria Estruturalista

A **Teoria Estruturalista** tem como principais expoentes Robert Merton, Philip Selznick, Peter Blau e Richard Scott.

Toma por base o *Estruturalismo*, corrente que tem em **Ferdinand Saussure** seu pilar. Saussure estuda a estrutura da **língua**, definindo-a como um conjunto de relações de equivalência ou de oposição entre seus elementos, ou seja, um conjunto de elementos que estabelece relações formais.

Em termos organizacionais, a **Teoria Estruturalista** nasce com a tentativa de se criar um referencial teórico capaz de **abarcar aspectos da abordagem clássica (administração científica e teoria clássica) e da escola de relações humanas. Os estruturalistas veem a organização como um sistema deliberadamente construído e em constante relação de intercâmbio com seu ambiente.** Ainda, na concepção da teoria estruturalista, as relações entre as partes da organização são de grande importância, o que leva a destacar as próprias relações entre organização formal e informal.

Para Chiavenato (2004), *"a análise das organizações do ponto de vista estruturalista é feita a partir de uma abordagem múltipla que leva em conta simultaneamente os fundamentos da Teoria Clássica, Teoria das Relações Humanas e da Teoria Burocrática"*.

Os temas (e expressões!) centrais à Teoria Estruturalista podem ser assim identificados: sinergia (o todo é maior do que a simples soma das partes), foco na organização formal (também contemplando a informal), interdependência das partes e abordagem múltipla.

Q22. (CESPE / MTE / 2008) A teoria estruturalista contempla uma abordagem múltipla, envolvendo tanto a organização formal como a organização informal.

Apenas para reforçar o exposto anteriormente...
A assertiva está certa.

Q23. (CESPE / INPI / 2013) A teoria estruturalista das organizações constituiu-se a partir do aprofundamento dos aspectos formais da Escola Clássica, da teoria burocrática de Max Weber e da negação das contribuições da Escola das Relações Humanas.

A Teoria Estruturalista não nega contribuições da Escola das Relações Humanas. Traz uma abordagem múltipla, abarcando, além da Teoria da Burocracia, as teorias da abordagem clássica e a de relações humanas, além de aspectos interorganizacionais.

Para Chiavenato (2004), a Teoria Estruturalista significa um desdobramento da Teoria da Burocracia e uma leve aproximação da Teoria das Relações Humanas, apresentando uma visão crítica da organização formal.

A questão está errada.

Q24. (CESPE / FUNPRESP – EXE / 2016) A teoria estruturalista, voltada ao estudo das organizações formais, surgiu da necessidade de eliminar as distorções e limitações do modelo burocrático.

Segundo Chiavenato (2004), *"com o aparecimento, crescimento e proliferação das burocracias, a teoria administrativa – até então introspectiva e voltada apenas para os fenômenos internos da organização – ganhou uma nova dimensão por meio da abordagem estruturalista: além do enfoque intraorganizacional, surgiu o enfoque Interorganizacional"*.

A questão está certa.

4. Teoria Neoclássica

A **Teoria Neoclássica** tem como principais expoentes Peter Drucker, Ernest Dale, entre outros.

Trata-se de um conjunto de teorias, surgidas a partir da década de 1950 (até o final do século XX), que defendem a retomada da Teoria Clássica.

As principais características da Teoria Neoclássica são sumarizadas no quadro a seguir[4]:

Ênfase na prática da administração	• Forte ênfase nos aspectos **práticos** da Administração, no **pragmatismo** e na **busca de resultados** concretos e palpáveis. • Os autores neoclássicos desenvolvem seus conceitos de forma prática e utilizável, visando principalmente à ação administrativa. • A teoria somente tem valor quando operacionalizada na prática.
Reafirmação dos postulados clássicos	• A Teoria Neoclássica é uma reação à enorme influência das ciências comportamentais no campo da Administração. • Nesse sentido, os neoclássicos retomam grande parte do material desenvolvido pela Teoria Clássica, redimensionando-o e reestruturando-o de acordo com as contingências da época atual, dando-lhe uma configuração mais ampla e flexível.
Ênfase nos princípios gerais de administração	Os princípios de Administração que os clássicos utilizavam como "leis" científicas são retomados pelos neoclássicos como **critérios elásticos** para a busca de soluções administrativas práticas.
Ênfase nos objetivos e nos resultados	• Toda organização existe, não para si mesma, mas para alcançar objetivos e produzir resultados. É **em função dos objetivos e resultados** que a organização deve ser dimensionada, estruturada e orientada. • **O foco está na eficácia, e não na eficiência!** • Um dos melhores produtos da Teoria Neoclássica é a chamada **Administração por Objetivos**.

---
4 Elaborado com base em Chiavenato (2008).

Mostra-se, pertinente, ainda, traçar um comparativo entre a Abordagem Clássica, a Escola de Relações Humanas e a Teoria Neoclássica:

	Abordagem Clássica	Relações Humanas	Teoria Neoclássica
Abordagem	Organização formal	Organização informal	Organizações formal e informal
Conceito de organização	Estrutura formal como conjunto de cargos, tarefas e órgãos	Sistema social como conjunto de papéis sociais	Sistema social com objetivos a serem alcançados racionalmente
Concepção de homem	*Homo economicus*	Homem social	Homem organizacional e administrativo
Comportamento do indivíduo	Ser isolado que reage como indivíduo (atomismo taylorista)	Ser social que reage como membro de grupo	Ser racional e social voltado para o alcance de objetivos individuais e organizacionais
Resultados almejados	Máxima eficiência	Máxima eficiência	Eficiência ótima ("A Teoria Neoclássica busca a eficiência ótima através da eficácia")

Q25. (CESPE / TJ – CE / 2014) Na teoria neoclássica, a organização é entendida como estrutura formal, composta de órgãos, cargos e tarefas; na teoria clássica, a organização é representada como sistema social.

Trata-se de abordagem acerca do conceito de organização, registrada no quadro anterior. O conceito inicial apresentado é inerente à Abordagem Clássica; já o segundo, às Relações Humanas.

A questão está errada.

Q26. (CESPE / TJ – CE / 2014) A teoria clássica e a das relações humanas trabalham com a meta da máxima eficiência, ao passo que a teoria neoclássica se pauta em eficiência ótima.

Capítulo 2 | Teorias Organizacionais (ou Administrativas)

Apenas para reforçar o exposto anteriormente... A "eficiência ótima" é um conceito que leva em consideração um contexto mais real, e não utópico, no qual se conceberia a "eficiência máxima".

A questão está certa.

Q27. (CESPE / TJ – AL / 2012 – adaptada) De acordo com a abordagem neoclássica da administração, as principais funções do processo administrativo são planejamento, organização, direção e controle.

Vejamos o seguinte excerto:

"Para a Teoria Neoclássica, as funções do administrador correspondem aos elementos da Administração, que Fayol definira em seu tempo (prever, organizar, comandar, coordenar e controlar), mas com uma roupagem atualizada. [...] De um modo geral, aceita-se hoje o planejamento, a organização, a direção e o controle como as funções básicas do administrador" (CHIAVENATO, 2004).

A questão está certa.

Q28. (CESPE / TCU / 2015) A eficiência dos processos produtivos, o combate ao desperdício, a administração como processos e a eficiência do modo burocrático de organização são ideias preconizadas pela escola neoclássica da administração.

Dos aspectos arrolados no enunciado, a eficiência não se coaduna com os preceitos da Teoria Neoclássica. Lembre-se: a Teoria Neoclássica tinha por cerne a eficácia – é o foco em resultados, em objetivos!

A questão está errada.

4.1. A Teoria Neoclássica e a Administração por Objetivos (APO)

O aparecimento da Administração por Objetivos ocorre mais precisamente em 1954, quando Peter Drucker ("Pai da APO") lançou um livro sobre a temática.

> "**Administração por Objetivos** ou **Administração por Resultados** é um modelo identificado com o espírito pragmático e democrático da Teoria Neoclássica" (CHIAVENATO, 2004).

As características da APO são assim arroladas (CHIAVENATO, 2004):

> 1. *Estabelecimento conjunto de objetivos entre o gerente e o seu subordinado. Em seguida, os objetivos são filtrados pelo superior, em processo decisório esteado em critérios de governança ou em julgamento pessoal;*
> 2. *Estabelecimento de objetivos para cada departamento ou posição (4 a 8 objetivos por posição);*
> 3. *Interligação entre objetivos departamentais (mesmo quando não se apoiam nos mesmos princípios básicos);*
> 4. *Ênfase na mensuração e no controle de resultados;*
> 5. *Contínua avaliação, revisão e reciclagem de planos;*
> 6. *Participação atuante das gerências e dos subordinados;*
> 7. *Apoio intensivo do staff (necessidade de coordenação e integração de esforços).*

Q29. (CESPE / UNIPAMPA / 2013) Uma das principais características da administração por objetivos é a definição verticalizada dos objetivos e dos indicadores de desempenho, empreendida pela alta administração em todos os setores institucionais.

Na APO, a definição não é "verticalizada", mas sim estabelecida como produto do consenso entre gerências e respectivos subordinados.

A questão está errada.

Q30. (CESPE / TRE – GO / 2015) Um gestor que se utiliza da administração por objetivos deve fixar as metas organizacionais em conjunto com seus subordinados, buscando interligar os objetivos departamentais, mesmo que vários desses objetivos estejam apoiados em princípios básicos diferentes entre si.

Trata-se das seguintes características, abordadas anteriormente:
- estabelecimento conjunto de objetivos entre o gerente e o seu subordinado;
- interligação entre objetivos departamentais (mesmo quando não se apoiam nos mesmos princípios básicos).

A assertiva está correta.

Q31. (CESPE / FUNPRESP – EXE / 2016) O estabelecimento de objetivos que possam ser mensurados e desdobrados para os diversos níveis de uma organização caracteriza um dos benefícios da administração por objetivos.

Trata-se do **estabelecimento de objetivos para cada departamento ou posição**.

A questão está correta.

5. Teoria Geral dos Sistemas

A Teoria Geral dos Sistemas é concebida por Ludwig von Bertalanffy, tendo por principal *insight* o fato de a organização passar a ser vista como inserida em um sistema mais amplo, não mais podendo ser concebida como um sistema fechado.

Para Bertalanffy, **a noção de sistema fechado não existe na natureza**, sendo apenas um artifício criado pelo homem a título de melhor analisá--lo. Logicamente, o único sistema fechado existente é o próprio universo, incapaz de estabelecer fluxos para seu exterior.

Dessa forma, a ciência da Administração passou a voltar os olhos para o ambiente (externo) das organizações, considerando aspectos como disponibilidade de recursos externos, relações com outras organizações, relações com o governo, regulamentações oriundas de órgãos externos, bem como ameaças impingidas e oportunidades disponibilizadas a partir de aspectos oriundos do ambiente organizacional.

> **IMPORTANTE!**
> O foco (a ênfase) está **tanto na organização quanto no ambiente**: "a ênfase é colocada nas características organizacionais e nos seus ajustamentos contínuos às demandas ambientais" (CHIAVENATO, 2004).

Ademais, segundo a Teoria Geral dos Sistemas (TGS), a organização só é compreendida e só atinge seu máximo potencial quando é considerada em sua totalidade, com todas as suas partes operando em coordenação, num organismo único: eis a abordagem **sistêmica**, a partir da qual se obtém **sinergia**!

Q32. (CESPE / FUB / 2013) A teoria de sistemas procura entender as relações dentro e entre os subsistemas, bem como entre a organização e seu ambiente, enfatizando a natureza multivariada das organizações.

A assertiva apresentada aplica-se indistintamente às Teorias de Sistemas e Contingencial, haja vista abarcar a relação entre organização e seu ambiente e seus aspectos multidimensionais.

A questão está certa.

Q33. (CESPE / TCU / 2008) De acordo com os pressupostos da abordagem sistêmica, em uma organização que vise fazer frente às pressões geradas pelo aumento da competição no mundo globalizado, deve haver constante interação e interdependência entre suas partes integrantes. Adicionalmente, essas partes devem ser orientadas para um propósito comum, de modo a estar em plena capacidade de influenciar e serem influenciadas pelo ambiente externo.

A abordagem sistêmica é aquela própria da Teoria Geral dos Sistemas (TGS), a qual passa a considerar a organização como um sistema aberto, inserido em um ambiente mais amplo, e que naturalmente deve responder às incertezas e às pressões desse ambiente.

A visão da TGS é que as partes integrantes da organização devem também funcionar de modo orgânico (como um organismo vivo, ou seja, com significativa interdependência), de modo a obter sinergia.

A questão está certa.

Q34. (CESPE / MJ / 2013) Segundo a visão sistêmica, as organizações são sistemas construídos pelos indivíduos em interação com o ambiente; assim, a ênfase passa a ser dada ao ambiente e às demandas deste que provocam impactos na organização.

Na TGS, a ênfase está tanto no ambiente quanto no sistema interno da organização. O foco só passa ao ambiente na Teoria Contingencial.

A assertiva está errada.

6. Abordagem Comportamental

Na Abordagem Comportamental, inserem-se duas teorias: a Teoria Comportamental e a do Desenvolvimento Organizacional. Há dois eixos principais nessa abordagem, conforme representado no esquema a seguir:

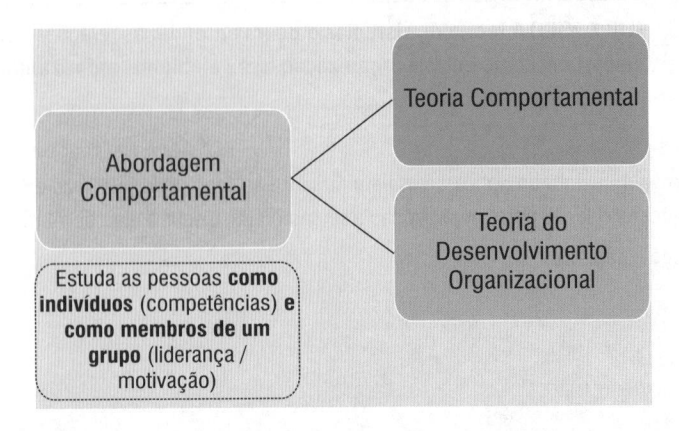

```
                          ┌─ Teoria Comportamental
    Abordagem ────────────┤
    Comportamental        └─ Teoria do
                             Desenvolvimento
                             Organizacional

    Estuda as pessoas como
    indivíduos (competências) e
    como membros de um
    grupo (liderança /
    motivação)
```

Q35. (CESPE / MPS / 2010) O enfoque comportamental, que considera as pessoas em sua totalidade e como parte integrante das organizações, tem dois eixos principais. O primeiro trata do estudo das pessoas como indivíduos, considerando conhecimentos, habilidades e atitudes. O segundo trata do estudo das pessoas como membros de grupos em que são avaliadas a capacidade de liderança, a motivação, a comunicação e a cultura.

Os dois eixos são os representados no esquema anterior, que se mostra de acordo com a assertiva.

A questão está certa.

6.1. Teoria Comportamental

A Teoria Comportamental (ou Behaviorista) tem como seus principais expoentes Herbert Simon, Chester Barnard, Douglas McGregor, entre outros.

Traz para a administração o conhecimento das ciências do comportamento (psicologia comportamental) e abandona posições prescitivas das teorias anteriores (clássica e humanística). Dessa forma, evidencia-se como um **desdobramento da Teoria das Relações Humanas**, com a qual se mostra eminentemente crítica e severa (apesar de partilhar preceitos básicos). De fato, **rejeita as concepções ingênuas e românticas da escola humanística**.

As **principais características da Teoria Comportamental** são assim apresentadas:
- opõe-se radicalmente à Teoria Clássica (antítese à organização formal);
- mostra-se crítica com relação à Teoria da Burocracia, principalmente com relação ao "modelo de máquina" da organização;
- **fundamenta-se no comportamento individual das pessoas para explicar o comportamento organizacional**. Para tanto, faz uso intensivo das teorias de motivação – Maslow e Herzberg;
- **busca analisar o impacto no comportamento humano nas organizações;**

- a Teoria Comportamental concebe a organização como um **sistema de decisões**;
- as decisões são tomadas, individualmente, com base na **racionalidade** dos atores. Não é apenas o gerente que toma as decisões. Todos os indivíduos, em todas as áreas e em todos os níveis hierárquicos, são agentes decisórios;
- O conceito de homem é o de **homem administrativo**, atenuando-se o de *homo economicus*, já que o indivíduo contenta-se com o suficiente dentro de sua realidade (e não com o máximo).

> *"[...] um dos temas fundamentais da Teoria Comportamental da Administração é a **motivação humana**, campo no qual a Teoria Administrativa recebeu volumosa contribuição. Os autores behavioristas verificaram que o administrador precisa conhecer as necessidades humanas para melhor compreender o comportamento humano e utilizar a motivação humana como poderoso meio para melhorar a qualidade de vida dentro das organizações" (CHIAVENATO, 2004, p. 329).*

Q36. (CESPE / FUNPRESP – EXE / 2016) A escola comportamental busca analisar o impacto do comportamento humano nas organizações.

Apenas para reforçar o exposto anteriormente...

A questão está certa.

Q37. (CESPE / CPRM / 2013) Na teoria comportamental, as pessoas são vistas como recursos da produção, assim como máquinas, equipamentos, produtos e regras.

Na Teoria Comportamental, as pessoas são vistas como indivíduos cujos comportamentos moldam o comportamento da organização como um todo. A visão mecanicista do indivíduo e da organização é duramente criticada.

A assertiva está errada.

6.2. Teoria do Desenvolvimento Organizacional

A Teoria do Desenvolvimento Organizacional tem como seu principal expoente o pesquisador estadunidense Leland Bradford.

Trata-se de um **desdobramento prático e operacional da Teoria Comportamental** em direção à abordagem sistêmica. Analogamente à

Teoria Neoclássica, não se trata de uma teoria administrativa em si, mas sim de um movimento de vários autores no sentido de aplicar as ciências do comportamento – e a Teoria Comportamental, principalmente, na Administração.

Os modelos de Desenvolvimento Organizacional (DO) baseiam-se em quatro variáveis básicas: **ambiente, organização, grupo e indivíduo.** A interdependência entre essas variáveis é explorada, tanto para fins de diagnóstico quanto para a intervenção em aspectos estruturais e comportamentais. Assim, provocam-se mudanças que permitem o alcance simultâneo de objetivos organizacionais e individuais.

As **principais características da Teoria do Desenvolvimento Organizacional** são assim arroladas:

- o conceito de DO relaciona-se com os conceitos de **mudança e de capacidade adaptativa da organização** à mudança que ocorre no ambiente;
- discutem-se os conceitos de cultura e de clima organizacional, bem como a capacidade **inovadora** da organização a fim de proceder à gestão de mudança desses conceitos;
- Desenvolvimento = processo lento e gradativo que conduz à realização das potencialidades da organização;
- *"A tendência natural da organização é crescer e desenvolver-se em função de fatores **endógenos** (internos e relacionados com a própria organização, estruturais ou comportamentais) e **exógenos** (externos e relacionados com as demandas e influências do ambiente)"* (CHIAVENATO, 2004);
- é uma **mudança organizacional planejada** (em especial, da cultura);
- **foca a organização como um todo** (organização sistêmica). A mudança é um esforço coletivo;
- usa "agentes de mudança" (= indivíduos que catalisam as mudanças);
- enfatiza a solução de problemas;
- busca o desenvolvimento de equipes e a aprendizagem pela experiência.

Na ótica do Desenvolvimento Organizacional, uma organização passa por 4 (quatro) fases até alcançar a maturidade:

- Processos simples / espírito empreendedor
- Pioneira
- Expansão
- Intensificação de operações e aumento de participantes
- Definição formal de processos de trabalho
- Regulamentação
- Burocratização
- Divisão de trabalho / cadeia de comando / pouca flexibilidade
- Readaptação à flexibilidade e reencontro com a capacidade inovadora
- Reflexibilização

Q38. (CESPE / INPI / 2013) O conceito de organização defendido por autores filiados à tendência do desenvolvimento organizacional refere-se a um sistema mecânico, fechado e inflexível.

Para a Teoria do Desenvolvimento Organizacional, a organização é vista como um sistema orgânico, aberto, flexível e adaptativo.

A questão está errada.

Q39. (FCC / TCE – GO / 2009 – adaptada) Em relação aos pressupostos da Teoria do Desenvolvimento Organizacional (TDO), pode-se afirmar que o mundo moderno caracteriza-se por mudanças rápidas e constantes; por isso a mudança organizacional não pode ser planejada, configurando um processo contínuo de adaptação reativa ao ambiente.

É pressuposto da TDO a capacidade de planejar e gerir a mudança. A adaptação é, assim, **proativa**.

A questão está errada.

Q40. (CESPE / FUB / 2013) A administração por objetivos é um processo sistemático, administrado e planejado de mudança de cultura, sistemas e comportamentos de uma organização, a fim de melhorar a eficácia na solução dos problemas e no alcance dos objetivos organizacionais.

Quando se fala em "mudança de cultura", de forma planejada, por meio de influências comportamentais, estamos falando do **desenvolvimento organizacional**.

A assertiva está errada.

Q41. (CESPE / FUNPRESP – EXE / 2016) Na abordagem comportamental, prevalece a concepção de que organização é um sistema social fechado no qual o foco de análise são os indivíduos e os grupos informais.

Na abordagem comportamental, o foco recai tanto em fatores endógenos quanto em exógenos. Ainda, o foco está na estrutura e na organização informal (principalmente).

A questão está errada.

7. Teoria Contingencial

A Teoria Contingencial parte do pressuposto que não há uma estrutura predefinida capaz de otimizar a eficiência organizacional. Nas empresas, nada é absoluto, tudo é relativo. A estrutura "ótima" dependerá de alguns fatores contingenciais (incertos), tais como estratégia, tamanho da organização, **tecnologia empregada**, características do mercado etc. Ainda, de acordo com a Teoria da Contingência, não há de se falar em uma estrutura organizacional rígida, mas sim **flexível** e **orgânica** (como a estrutura em redes[5], por exemplo)

Na Teoria Contingencial, o homem é visto como um sistema complexo de valores, percepções, características pessoais e necessidades: trata-se do **homem complexo**.

Q42. (CESPE / FUNPRESP – EXE / 2016) Adaptar-se às mudanças conjunturais e conseguir aproveitar as oportunidades oferecidas pelo ambiente são alguns dos pressupostos do modelo de administração contingencial.

A assertiva apresenta uma das principais vantagens do modelo contingencial: a estrutura organizacional não é fixa, mas sim flexível e orgânica, de modo a moldar-se rapidamente frente às incertezas apresentadas tanto interna quanto externamente.

A questão está certa.

Q43. (CESPE / MPOG / 2015) Uma das principais diferenças entre a abordagem clássica da administração e a contingencial diz respeito às hipóteses de racionalidade do ser humano, de forma que, na primeira, prevalece o *Homo economicus*, e, na segunda, predomina o que pode ser chamado de homem complexo.

---

[5] A concepção da estrutura organizacional em redes é também inerente a uma corrente teórica própria (Teoria de Redes Organizacionais).

A noção de *homo economicus*, inerente à abordagem clássica da administração, refere-se à sua visão como um indivíduo racional e preocupado com sua riqueza pessoal (*homo economicus*).

Já o homem complexo age em função de três variáveis que se inter-relacionam: percepções, valores e motivos. Ao passo que a percepção de um indivíduo, em determinada situação, é influenciada por seus valores e motivos, o desenvolvimento desses valores e motivos é ao mesmo tempo influenciado pelo processo de percepção, que age como um filtro que seleciona as informações que devem ser recolhidas do ambiente.

A assertiva está certa.

O quadro abaixo sinteiza as concepções de homem, nas diversas teorias administrativas:

Teoria (surgimento)	Concepção de homem	Contexto e motivação básica
Administração Científica (início do séc. XX)	Homem econômico	Busca da maior produtividade. Recompensas salariais e financeiras.
Relações Humanas (início da década de 1930)	Homem social	Confronto com a teoria anterior. Recompensas sociais e simbólicas.
Estruturalista (início da década de 1950)	Homem organizacional	Integração entre as teorias anteriores. Recompensas salariais e sociais.
Comportamental e DO (fim da década de 1950)	Homem administrativo	Oposição à teoria das Relações Humanas. Processo decisorial e busca de soluções satisfacientes.
Contingencial (início da década de 1970)	Homem complexo	Homem como microssistema individual e complexo, composto de cognições, percepções e motivações únicas e complexas.

Bom, uma vez terminada nossa exposição sobre teorias administrativas, é hora de fazermos uma revisão teórica. Nesses termos, uma vez mais recorremos a Chiavenato:

Abordagem Clássica

A Abordagem Clássica concebe a organização como um sistema fechado, rígido e mecânico ("teoria da máquina"), sem nenhuma conexão com seu ambiente exterior. A preocupação dos autores clássicos era encontrar a "melhor maneira" (*the best way*) de organizar, válida para todo e qualquer tipo de organização. Com esse escopo, delineia-se uma teoria normativa e prescritiva (como fazer bem as coisas), impregnada de princípios e receitas aplicáveis a todas as circunstâncias. O que era válido para uma organização era válido e generalizável para as demais organizações.

Teoria de Relações Humanas

A Teoria das Relações Humanas – movimento eminentemente humanizador da teoria das organizações –, apesar de todas as críticas que fez à abordagem clássica, não se livrou da concepção da organização como um sistema fechado, já que também sua abordagem era voltada para o interior da organização. Nessa abordagem introspectiva, a maior preocupação era o comportamento humano e o relacionamento informal e social dos participantes em grupos sociais que moldam e determinam o comportamento individual. O que era válido para uma organização humana era válido e generalizável para as demais organizações. Da mesma forma, permaneceu o caráter normativo e prescritivo da teoria, impregnada de princípios e receitas aplicáveis a todas as circunstâncias.

Teoria da Burocracia

A Teoria da Burocracia caracteriza-se também por uma concepção introvertida, restrita e limitada da organização, já que preocupada apenas com os aspectos internos e formais de um sistema fechado. A ênfase na divisão racional do trabalho, na hierarquia de autoridade, na imposição de regras, e a disciplina rígida e a busca de um caráter racional, legal, impessoal e formal para o alcance da máxima eficiência conduziram a uma estrutura organizacional calcada na padronização do desempenho humano e na rotinização das tarefas para evitar a variedade das decisões individuais. Também o modelo descrito por Weber não cogitara a interação da organização com o ambiente.

Teoria Estruturalista

Os estudos sobre a interação organização-ambiente e a concepção da organização como um sistema aberto têm início com a Teoria Estruturalista. Além do mais, o conceito de organização e do homem são ampliados e redimensionados em uma tentativa de integração entre as abordagens clássica e humanística a partir de uma moldura fornecida pela Teoria da Burocracia. A abordagem é explicativa e descritiva, em uma visualização eclética e crítica.

Teoria Neoclássica

A Teoria Neoclássica marca um retorno aos postulados clássicos atualizados e realinhados em uma perspectiva de inovação e adaptação à mudança. É um enfoque novo, utilizando velhos conceitos de uma teoria que, sem dúvida alguma, é a única que até aqui apresenta um caráter universalista, fundamentada em princípios que podem ser universalmente aplicados. Ao mesmo tempo em que realça a Administração como um conjunto de processos básicos (escola operacional), de aplicação de várias funções (escola funcional), de acordo com princípios fundamentais e universais, também os objetivos são realçados (Administração por Objetivos). Levanta-se aqui o problema da eficiência no processo e da eficácia nos resultados em relação aos objetivos. A abordagem torna a ser normativa e prescritiva, embora em certos aspectos a preocupação seja explicativa e descritiva.

Abordagem Comportamental

Surge a partir da herança deixada pela Teoria das Relações Humanas – ampliou os conceitos de comportamento social para o comportamento organizacional. Passou a comparar o estilo tradicional de Administração com o moderno estilo baseado na compreensão dos conceitos comportamentais e motivacionais. É com o movimento do Desenvolvimento Organizacional (DO) que o impacto da interação entre a organização e o mutável e dinâmico ambiente que a circunda toma impulso em direção a uma abordagem de sistema aberto. Enfatiza-se a necessidade de flexibilização das organizações e sua adaptabilidade às mudanças ambientais como imperativo de sobrevivência e de crescimento. Até aqui, a preocupação está centrada ainda dentro das organizações, muito embora se cogite o ambiente (Administração por Objetivos).

Teoria Geral dos Sistemas

É com a Teoria de Sistemas que surge a preocupação com a construção de modelos abertos que interagem dinamicamente com o ambiente e cujos subsistemas denotam uma complexa interação interna e externa. Os subsistemas que formam uma organização são interconectados e inter-relacionados, enquanto o suprassistema ambiental interage com os subsistemas e com a organização como um todo. **A ênfase é colocada nas características organizacionais e nos seus ajustamentos contínuos às demandas ambientais**. Assim, a Teoria dos Sistemas desenvolveu uma ampla visão do funcionamento organizacional, mas demasiado abstrata para resolver problemas específicos da organização e de sua administração.

Teoria Contingencial

É com a Teoria da Contingência que há o deslocamento da visualização de dentro para fora da organização: a ênfase é colocada no ambiente e nas demandas ambientais sobre a dinâmica organizacional. Para a abordagem contingencial são as características ambientais que condicionam as características organizacionais. É no ambiente que estão as explicações causais das características das organizações. Assim, não há uma única melhor maneira (*the best way*) de se organizar. Tudo depende (*it depends*) das características ambientais relevantes para a organização. As características organizacionais somente podem ser entendidas mediante a análise das características ambientais com as quais se defrontam.

Questões de Concursos

1. (CESPE / EBSERH / 2018) Para Taylor, Fayol e seus seguidores, é considerada boa a organização que possui um organograma detalhado, com ênfase na divisão do trabalho, no planejamento das funções, na descrição de cargos, nos manuais de tarefas e procedimentos, pois isso gera estruturas flexíveis, móveis e permanentes.

2. (CESPE / TRT 7ª Região / 2017) Na abordagem científica da organização do trabalho preconizada por Taylor, destaca-se a variável distintiva:
   a) adaptação das máquinas ao trabalhador;
   b) controle da saúde dos trabalhadores;
   c) especialização do trabalho;
   d) conforto dos trabalhadores.

3. (CESPE / EBSERH / 2018) As primeiras teorias da administração, a exemplo da administração científica, focavam em delimitar tarefas e garantir sua execução, enquanto abordagens mais complexas, a exemplo da contingência, focam em elementos ligados ao ambiente de atuação.

4. (CESPE / CAGE – RS / 2018) De acordo com as concepções iniciais de Max Weber, são características da burocracia:
   a) o excesso de regras, a subjetividade e o mecanicismo;
   b) o individualismo, os registros escritos e a estrutura orgânica;
   c) a racionalidade, o compromisso profissional e a hierarquia de autoridade;
   d) a divisão do trabalho, a flexibilidade organizacional e a previsibilidade;
   e) a informalidade das comunicações, a impessoalidade e o profissionalismo.

5. (CESPE / TCE – PE / 2017) A administração por objetivos pressupõe que estes sejam idealizados pelos subordinados de forma coletiva, e posteriormente sejam validados pelos superiores, que realizam um processo de filtragem de acordo com seu próprio julgamento.

6. (CESPE / EBSERH / 2018) No enfoque comportamental, as organizações são, por natureza, sistemas competitivos em que a cooperação entre os indivíduos para o atendimento dos objetivos organizacionais é atingida por meio dos grupos informais.

7. (IADES / CFA / 2010) O papel do gerente considerava a organização como um sistema racional de regras e de autoridade, pois justifica a sua existência à medida que possa atender ao objetivo primário de fornecer valor na forma de bens e serviços aos consumidores. Esse valor foi considerado por:
   a) Taylor;
   b) Fayol;
   c) Chester Barnard;
   d) Hebert Simon.

8. (CESPE / TCU / 2008) Um órgão público, que preconize o respeito ao canal de comunicação e impeça cada setor de acessar outros níveis organizacionais diferentes dos que se encontrem hierarquicamente logo acima e logo abaixo, respeitando a autoridade única do nível acima, estará de acordo com os pressupostos de Fayol em seus princípios de administração no que tange à unidade de comando.

9. (CESPE / ANATEL / 2012) A disposição adequada das unidades e a definição de responsabilidades para cada uma delas, como forma de alcançar a eficiência organizacional, eram as preocupações principais da escola de administração científica.

10. (CESPE / FUB / 2011) De acordo com Taylor, o nível de eficiência do trabalhador é estabelecido com base na capacidade social que esse trabalhador apresenta, e não em sua capacidade de executar o trabalho corretamente no prazo estabelecido.

11. (CESPE / TCE – SC / 2016) A teoria clássica de administração baliza-se nos princípios da unidade de comando, de amplitude de controle e da divisão do trabalho. Nesse sentido, em uma empresa em que o trabalho realizado deva ser reportado sempre ao supervisor imediato e ao diretor do setor, a fim de garantir que a análise de desempenho seja feita sob perspectivas diferenciadas, tem-se um exemplo da observância do princípio da unidade de comando.

12. (CESPE / FUNPRESP – EXE / 2016) O princípio da remuneração, previsto na teoria da administração clássica, estabelece que o pagamento de salário deve ser condizente com as atividades exercidas pelo empregado.

13. (CESPE / FUB / 2015)

    Na passagem do século XIX para o XX, a aceleração da revolução industrial e as ideias dos pioneiros da escola clássica deixaram plantadas as sementes de uma grande transformação. No campo das teorias, essa transformação foi representada tanto pela evolução das ideias clássicas quanto pelo surgimento de novas concepções de como administrar as organizações.

    Antônio Cesar Amaru Maximiano. **Introdução à administração**.
2ª ed. São Paulo: Atlas, 2011, p. 37 (com adaptações).

    Considerando esse texto como motivador, julgue o item a seguir acerca da evolução da administração.

    Segue os princípios gerais da administração — estabelecidos na teoria clássica — a organização que designa tarefas específicas para seus colaboradores, estabelece claramente quem tem o direito de dar ordens, determina que cada empregado receba ordens de apenas um superior e preceitua que os interesses gerais da organização se sobreponham aos interesses individuais.

14. (ESAF / AFC / 2002) Entre os anos de 1927 e 1933, o professor Elton Mayo conduziu experimentos com grupos de trabalhadores da Western Electric. O objetivo da pesquisa era identificar o efeito da iluminação do ambiente no desempenho dos trabalhadores. As conclusões deste estudo foram de tal importância para o pensamento administrativo da época que é considerado o marco inicial da escola de relações humanas no trabalho. Sobre as conclusões desse experimento, assinale a opção correta.

    a) Uma melhor iluminação tem relação direta com o aumento da produtividade.

    b) Os trabalhadores devem ser responsáveis pela organização do ambiente de trabalho.

    c) Incentivos financeiros são indispensáveis na motivação dos empregados.

    d) A influência do sistema social sobre o desempenho individual é mais importante que os métodos de trabalho.

    e) O atendimento às necessidades de autorrealização só é buscado após as necessidades estarem atendidas.

15. (CESPE / FUB / 2009) Com o advento da teoria das relações humanas, uma nova linguagem passou a dominar o repertório administrativo: fala-se agora em motivação, liderança, comunicação, organização informal, dinâmica de grupo etc. Os princípios clássicos passam a ser duramente contestados. O método e a máquina perdem a primazia em favor da dinâmica de grupo e a ênfase nas tarefas e na estrutura é substituída pela ênfase nas pessoas. A esse respeito, julgue o item a seguir.

Os padrões informais de relações interpessoais são extremamente diversos quanto à forma, conteúdo e duração e nos mostram que nem sempre a organização social de uma empresa corresponde exatamente ao seu organograma.

16. (CESPE / MPOG / 2013) A gestão de pessoas recebeu forte influência dos estudos de Hawthorne, especialmente em relação ao reconhecimento das interações informais como importante fator impactante para o desempenho e a motivação para o trabalho nas organizações.

17. (CESPE / MJ / 2013) A Teoria das Relações Humanas é marcada pela introdução da aplicação de uma abordagem mais humanística na administração das organizações, em que seu foco são as pessoas, e não as tarefas.

18. (CESPE / Câmara dos Deputados / 2012) Para Max Weber, no modelo burocrático ideal, a escolha ou a promoção do profissional devem ser fundamentadas exclusivamente no mérito.

19. (CESPE / Telebrás / 2013) A defesa das práticas patrimonialistas constitui filosofia da administração pública burocrática.

20. (CESPE / TCE – SC / 2016) Em consonância com o posicionamento de Max Weber, a teoria de administração clássica valoriza a burocracia e preza pela eficiência e pelo atendimento humanizado às demandas do cidadão.

21. (CESPE / TCU / 2015) A teoria da burocracia, proposta por Max Weber, sustentada pelo tripé racionalidade, impessoalidade e profissionalismo, tem como principais objetivos a eficiência, a eficácia e a efetividade dos processos organizacionais.

22. (CESPE / FUB / 2013) A teoria de sistemas procura entender as relações dentro e entre os subsistemas, bem como entre a organização e seu ambiente, enfatizando a natureza multivariada das organizações.

23. (CESPE / MS / 2013) A teoria geral dos sistemas aplicada à administração preconiza a reorientação do pensamento e da visão do mundo com base em paradigmas que contemplam uma visão analítica, mecanicista e linear, de causa e efeito, das organizações.

24. (CESPE / MTE / 2008) Na teoria da contingência, são enfatizados modelos organizacionais mais flexíveis e orgânicos, como a estrutura em redes.

25. (CESPE / SERPRO / 2008) No tocante aos modelos organizacionais, diz-se que uma organização adota o modelo contingencial quando ela se estrutura para atender rapidamente às demandas geradas pelo ambiente onde está inserida.

26. (CESPE / TCU / 2008) A abordagem contingencial abarca as contribuições de todas as demais abordagens que a antecederam, principalmente da abordagem clássica no que tange à constatação da existência de princípios universais que podem ser aplicados nos diversos níveis da organização.

27. (CESPE / TCU / 2015) A teoria geral de sistemas baseia-se no princípio de que, nas empresas, nada é absoluto, tudo é relativo, dependendo de variáveis que geralmente são incontroláveis, por estarem em seu ambiente externo, especialmente na prospecção de cenários e mercados.

28. (CESPE / TCE – SC / 2016) A teoria clássica de administração baliza-se nos princípios da unidade de comando, de amplitude de controle e da divisão do trabalho. Nesse sentido, em uma empresa em que o trabalho realizado deva ser reportado sempre ao supervisor imediato e ao diretor do setor, a fim de garantir que a análise de desempenho seja feita sob perspectivas diferenciadas, tem-se um exemplo da observância do princípio da unidade de comando.

29. (CESPE / FUNPRESP – EXE / 2016) Interesse geral, equidade, iniciativa e espírito de equipe são princípios universais da teoria da administração contingencial.

Gabarito Comentado

QUESTÃO	COMENTÁRIO
1 Errado	A concepção da Administração Clássica, cujos principais expoentes teóricos são Taylor e Fayol, centra-se na organização vista de forma mecanizada, com o elemento humano sendo a peça motriz, com elevada dependência de seus aspectos fisiológicos. A divisão sistêmica do trabalho, para além do sistema de produção direto – em especial para Taylor – não é vertente bem trabalhada. Os aspectos salientados na questão parecem remeter à Teoria da Burocracia, de Max Weber. Não obstante, a organização weberiana não culmina em estruturas orgânicas e flexíveis, mas sim mecanizadas e usualmente estáticas. De toda sorte, a assertiva está errada.
2 – C	Na Administração Científica, entende-se o elemento humano como uma peça a ser acoplada em um sistema produtivo mecanizado. Aspectos de qualidade de vida no trabalho, tais como zelo pela saúde, conforto dos trabalhadores e ergonomia são relegados a segundo plano, e resgatados tão somente pela Escola de Relações Humanas, em termos cronológicos. Já a especialização, em termos do fluxo de produção direta, é carro chefe na concepção taylorista, sendo o indivíduo treinado em performances específicas via o paradigma de tempos e movimentos. *Resposta: C.*
3 Correto	Item correto, espelhando a evolução do foco teórico, enquanto principal variável de destaque teórico. Ao passo que, na Administração Científica, o foco recaía sobre as tarefas, nas teorias sistêmica e contingencial a atenção volta-se ao ambiente organizacional. Cronologicamente, entre tais teorias, houve ainda destaque a variáveis tais como estrutura, processo, o agente e, mais recentemente, a competitividade.
4 – C	Dos aspectos arrolados nas alternativas, não se coadunam com a burocracia weberiana: excesso de regras (o excesso é uma disfunção da burocracia), a subjetividade, o individualismo, a estrutura orgânica, a flexibilidade organizacional e a informalidade das comunicações. Já a racionalidade, o compromisso profissional e a autoridade guardam relação basilar com a citada teoria. Resposta: C.
5 Correto	A assertiva aborda adequadamente uma das características da APO: o estabelecimento conjunto de objetivos entre o gerente e o seu subordinado. Em seguida, os objetivos são filtrados pelo superior, em processo decisório esteado em critérios de governança ou em julgamento pessoal. Item correto.

QUESTÃO	COMENTÁRIO
6 Errado	No enfoque comportamental, as organizações não são vistas como sistemas competitivos, mas sim como sistemas sociais, constituídos por indivíduos cujos comportamentos são regidos por motivações alicerçadas ante uma extensa gama de necessidades e que, nesses termos, ingressam em processos decisórios. O enfoque comportamental valeu-se sobremaneira do behaviorismo da psicologia social, em ótica que transcende a mera atenção à competitividade. A assertiva está errada.
7 – B	O enunciado, apesar de apresentar uma redação um pouco confusa, aborda explicitamente o papel do gerente e a sua visão "*top-down*" (ou seja, do topo para a base da pirâmide). Como vimos, foi Fayol, em sua Teoria Clássica da Administração, que deu amplo destaque à função administrativa, sendo a organização um sistema no qual o gerente deve agir a fim de servir a seus clientes. Dessa forma, a alternativa B está correta. Comentários às outras alternativas. a) Taylor focava as tarefas, e não o papel do gerente. Ainda, para este engenheiro, o objetivo primário da organização era aumentar sua produção. A assertiva está errada. c) Chester Barnard foi um pensador da Escola de Relações Humanas, que não via a organização como um "sistema racional de regras e autoridade", mas sim como um emaranhado de relações espontâneas, no qual o elemento humano ocupa posição central. A afirmativa está errada. d) Herbert Simon elaborou uma teoria centrada na decisão do gerente, em uma abordagem comportamental da organização. Não há relação com o conteúdo do enunciado. A afirmativa está errada.
8 Certo	A questão aborda, dentre os princípios administrativos preconizados por Fayol, o da Unidade de Comando, visto neste Capítulo. Todas as características apontadas no enunciado – respeito ao canal de comunicação, fluxo de informações apenas nas direções hierárquicas formais, existência de uma autoridade única no nível acima (evitando contra-ordens e conflitos) – estão de acordo com o princípio em pauta. A assertiva está, portanto, correta.
9 Errado	Ao passo que a Administração Científica conferia importância às tarefas, é a Teoria Clássica da Administração, de Fayol, que foca a estrutura. A questão poderia, ainda, estar referindo-se à Teoria Burocrática de Weber, em especial pela menção à definição de responsabilidades. De qualquer forma, a assertiva está errada.
10 Errado	Para Taylor, a eficiência do trabalhador está diretamente relacionada à sua capacidade de produção individual, havendo grande atenção na gestão do tempo necessário para o trabalhador executar determinada tarefa (é o chamado "estudo de tempos e movimentos"). Foi a Escola de Relações Humanas que passou a considerar aspectos sociais do trabalhador. A questão está errada.

QUESTÃO	COMENTÁRIO
11 Errado	**De acordo com o princípio da unidade de comando**, cada colaborador deve receber ordens de (e se reportar a) apenas um superior, evitando, assim, conflitos. Não é o cenário retratado pelo enunciado da questão que, dessa forma, encontra-se errado.
12 Certo	De acordo com Fayol, a remuneração deve ser justa, tanto pelos impactos na organização quanto na percepção do colaborador. A assertiva está correta.
13 Certo	O enunciado aborda, nessa ordem, os princípios de divisão do trabalho, autoridade e responsabilidade, unidade de comando e interesses gerais, conforme concepção de Fayol. A questão está, portanto, correta.
14 – D	Vejamos os comentários às alternativas. a) Como vimos, foi a indefinição de uma relação direta entre a iluminação e a produtividade que suscitou a análise de fatores humanos e psicológicos como determinantes à eficiência no trabalho. A alternativa está errada. b) De forma alguma essa foi uma conclusão feita a partir dos experimentos de Hawthorne. Estes experimentos tiveram a ver com a descoberta das relações informais na organização, e seus efeitos na produtividade organizacional. A alternativa está errada. c) Na abordagem clássica, os incentivos financeiros eram considerados indispensáveis na motivação dos empregados. Na Teoria das Relações Humanas, os incentivos devem ser sociais (reconhecimento etc.). A assertiva está errada. d) Essa foi a descoberta essencial advinda dos experimentos de Hawthorne. A descoberta da influência dos grupos informais na produtividade era algo até então ignorado. A alternativa está correta. e) Maslow, desenvolvedor da chamada Hierarquia das Necessidades, efetuou seus desenvolvimentos teóricos cerca de uma década após os experimentos de Hawthorne. A alternativa está errada. Resposta: D.
15 Certo	O enunciado da questão refere-se à chamada <u>organização informal</u>, ou seja, a consolidação de grupos de relacionamento que nem sempre obedecem as relações formais da organização – estabelecidas em seu organograma. A afirmativa está correta.
16 Certo	A partir das experiências de Hawthorne, concebeu-se o conceito de organização informal, bem como adveio a percepção da importância de sua dinâmica para a motivação dos indivíduos em seus trabalhos. A questão está correta.
17 Certo	A questão aborda, de maneira apropriada, a distinção de abordagem da Teoria das Relações Humanas com relação à Administração Científica, de Taylor. Está, assim, correta.
18 Certo	Uma das características essenciais do modelo burocrático weberiano é a <u>meritocracia</u>, que preconiza a ocupação de cargos e a promoção de profissionais unicamente com base no mérito, ou seja, na competência técnica inerente ao indivíduo. A questão está correta.
19 Errado	A administração pública burocrática surge com um dos propósitos de combater as práticas de indistinção do público e do privado, próprio do modelo patrimonialista de gestão. A assertiva está errada.

QUESTÃO	COMENTÁRIO
20 Errado	O erro da assertiva reside em afirmar que há, no modelo burocrático weberiano, o foco no atendimento humanizado às demandas do cidadão. Para Weber, a consecução de uma gestão eficiente não pode prescindir do foco em procedimentos e na impessoalidade das relações. A afirmativa está errada.
21 Errado	A burocracia weberiana, ao dispensar atenção aos meios (procedimentos, padronização etc.), prioriza a eficiência na gestão. Já a eficácia e a efetividade são conceitos mais correlatos aos fins almejados nas ações organizacionais, tocados menos diretamente pela teoria da burocracia. A assertiva está errada.
22 Certo	A assertiva apresentada aplica-se indistintamente às teorias de sistemas e contingencial, haja vista abarcar a relação entre organização e seu ambiente e seus aspectos multidimensionais. A afirmativa está correta.
23 Errado	A TGS assume uma visão sintética (e não analítica) e orgânica (e não mecanicista) e marcada pela multiplicidade de relações (redes interconectadas, e não linearidade). A assertiva está errada.
24 Certo	A questão espelha de forma apropriada características da Teoria da Contingência, conforme vimos anteriormente. A assertiva está, assim, correta.
25 Certo	A assertiva apresenta uma das principais vantagens do modelo contingencial: a estrutura organizacional não é fixa, mas sim flexível e orgânica, de modo a moldar-se rapidamente frente às incertezas apresentadas tanto interna quanto externamente. A questão está correta.
26 Errado	A concepção básica da abordagem contingencial da administração é a inexistência de princípios universais passíveis de serem aplicados nas organizações. O contexto e os aspectos internos devem ser analisados caso a caso, e só assim pode-se optar pela estrutura e pelas práticas de gestão. A afirmativa está errada.
27 Errado	A teoria que entende que "nada é absoluto, tudo é relativo", a depender de variáveis em grande medida incontroláveis e casuísticas, é a teoria da contingência. A afirmativa está errada.
28 Errado	**De acordo com o princípio da unidade de comando**, cada colaborador deve receber ordens de (e se reportar a) apenas um superior, evitando, assim, conflitos. Não é o cenário retratado pelo enunciado da questão que, dessa forma, encontra-se errado.
29 Errado	A questão aborda, na realidade, alguns dos princípios administrativos preconizados por Fayol (equidade, espírito de equipe, iniciativa, interesse geral). A teoria contingencial abstém-se de fixar princípios, atendo-se precipuamente à capacidade de adaptação da gestão em face de seu contexto de atuação. A assertiva está errada.

CAPÍTULO 3
Estrutura Organizacional: departamentalização e a gestão de redes organizacionais

Ainda sob o escopo introdutório desta obra, é de relevância nos determos ao estudo das relações instituídas, em organizações, que são responsáveis pela divisão de trabalho ou pela colaboração em prol da consecução de objetivos comuns.

Nesse bojo, iremos, neste Capítulo, segmentar nosso estudo em dois termos: alusivo ao ambiente interno da organização, falaremos na **departamentalização**; já no que concerne ao externo, abordaremos as **redes organizacionais**.

1. Estrutura Organizacional e Departamentalização

Nosso primeiro passo ao abordar a departamentalização é definir o conceito. Para tanto, faremos uso de duas definições de menção recorrente:

> **Departamentalização** é o nome dado à especialização horizontal na organização através de departamentos para cuidar das atividades organizacionais. É decorrente da divisão do trabalho e da homogeneização das atividades (CHIAVENATO, 2004, p. 185).

> **Departamentalização** é o processo de **agrupamento de indivíduos e de tarefas** em uma organização, de forma a maximizar suas capacidades de administração e de coordenação (ROBBINS, 2005).

A departamentalização, assim, é um dos tipos de especialização da estrutura de uma organização. Nesse sentido, os seguintes quadros fazem a devida distinção entre a especialização vertical e a horizontal (departamentalização):

Especialização Vertical ou Escalar	• Ocorre quando se verifica a nacessidade de **aumentar a qualidade da supervisão ou chefia** acrescentando mais níveis hierárquicos na estrutura • É feita às custas de aumento de níveis hierárquicos • É um **desdobramento da autoridade** (processo escalar = crescimento da cadeia de comando) • Crescimento vertical do organograma	Estágio 1 (um só nível) A B C D E F Estágio 2 (dois níveis) A → B C / D E F Estágio 3 (três níveis) A → B C / D → E F
Especialização Horizontal ou Processo Funcional	• Ocorre quando se verifica a necessidade de aumentar **perícia, a eficiência e a melhor qualidade do trabalho em si** • É feita às custas de um maior número de órgãos especializados, no mesmo nível hierárquico, cada qual em sua tarefa • Crescimeno horizontal do organograma • É mais conhecida por **departamentalização**, pela sua tendência de criar departamentos	Estágio 1 (1 departamento) A + B + C + D Estágio 2 (4 departamentos) → A B C D

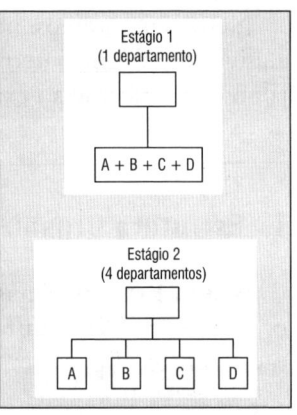

Q1. (FCC / TRT 15ª Região / 2013) O conceito de departamentalização das organizações corresponde:

a) a um conceito superado de divisão de atribuições dentro de uma organização, fortemente ligado ao modelo burocrático;

b) ao grupamento de atividades logicamente em órgãos, bem como a divisão dos órgãos em unidades menores, segundo critérios que podem ser, entre outros, funcional ou por produto;

c) à separação de funções em uma estrutura de plano de cargos e salários, segundo critérios que podem ser, entre outros, por clientela;

d) à segregação de atividades em setores da organização, centrais ou periféricos, de acordo com a maior ou menor importância da atividade;

e) à descentralização das atividades, com delegação de atribuições e maior autonomia aos colaboradores da organização.

A departamentalização não é um conceito superado (alternativa "a") e nem tampouco se refere à separação de funções em uma estrutura de cargos e salários (alternativa "c"). Da mesma forma, a departamentalização não está vinculada necessariamente à descentralização das atividades (alternativa "e") e nem à importância das atividades organizacionais (alternativa "d").

Mediante a departamentalização, ocorre a divisão de trabalho na organização, criando-se subunidades administrativas específicas (diretorias, departamentos, divisões, coordenações, seções, filiais, assessorias etc.) que se tornam especializadas no desempenho de determinada tarefa. Como veremos posteriormente, há diversos critérios para a departamentalização, sendo funcional ou por produto exemplos adequados. Assim, a alternativa B está correta.

Resposta: B.

Com esse entendimento, é possível afirmarmos que o resultado final da departamentalização é espelhado na **estrutura organizacional**, conceito que veremos a seguir.

Estrutura Organizacional

Apesar de um pouco ultrapassada, podemos, num primeiro momento, nos remeter a uma definição de organização que a vê como uma "máquina":

> [As organizações são] "máquinas feitas de partes que se interligam, cada uma desempenhando um papel claramente definido no funcionamento do todo [...]. Quando se fala em organização, habitualmente, se pensa num estado de relações ordenadas entre partes claramente definidas que possuem uma ordem determinada. [...] consequentemente, existe uma tendência em se esperar que funcionem como máquinas: de maneira rotinizada, eficiente confiável e previsível" (MORGAN, 1996, p. 17 e 24).

Com base nesse conceito, podemos pensar que, dado certo objetivo, a "máquina organizacional" pode ser estruturada de diferentes maneiras, de forma que seu funcionamento seja o mais eficiente possível. Estamos, assim, falando da estrutura organizacional, definida da seguinte maneira por Mintzberg (1995, p. 10):

> "A estrutura de uma organização pode ser simplesmente definida como a soma total das maneiras pelas quais o trabalho é dividido em tarefas distintas e como é feita a coordenação entre as tarefas."

Esta exata definição já foi cobrada pela FCC:

Q2. (FCC / ARCE / 2006) A soma total das maneiras pelas quais o trabalho é dividido em tarefas distintas e, posteriormente, como a coordenação é realizada entre essas tarefas é denominada:

a) Estrutura de uma organização.
b) Planejamento estratégico.
c) Missão da organização.
d) Reengenharia da organização.
e) Redesenho dos processos.

A definição apresentada pelo enunciado da questão refere-se à estrutura da organização. A alternativa A está correta.

Mister ressaltar, de início, que o desenho organizacional (a estrutura) pode dar-se de duas formas principais, a depender do foco despendido na gestão, sintetizadas no quadro a seguir:

AMBIENTE	DESENHO ORGANIZACIONAL	ESTRUTURA	FOCO
Estável	Burocrático-mecanicista	Rígida, verticalizada, previsível, programada	Eficiência
Instável	Orgânico	Flexível, horizontalizada, capaz, pouco previsível, contingencial, de se reprogramar	Eficácia

Aprofundando-se no conceito de **estrutura organizacional**, podemos afirmar que sua definição está intimamente relacionada à definição de níveis hierárquicos e à distribuição de autoridade (poder) nas organizações.

> *Estrutura organizacional é a disposição e a inter-relação entre as partes componentes e os cargos de uma empresa. A estrutura especifica a divisão das atividades, mostrando como estão interligadas, apresenta o nível de especificidade do trabalho e a disposição da hierarquia e da autoridade, evidenciando as relações de subordinação. (STONER; FREEMAN, 1985)*

Podemos identificar quatro componentes (ou sistemas) inseridos na estrutura organizacional. Trata-se dos sistemas de responsabilidade, de autoridade, de decisões e de informação, conforme esquema abaixo:

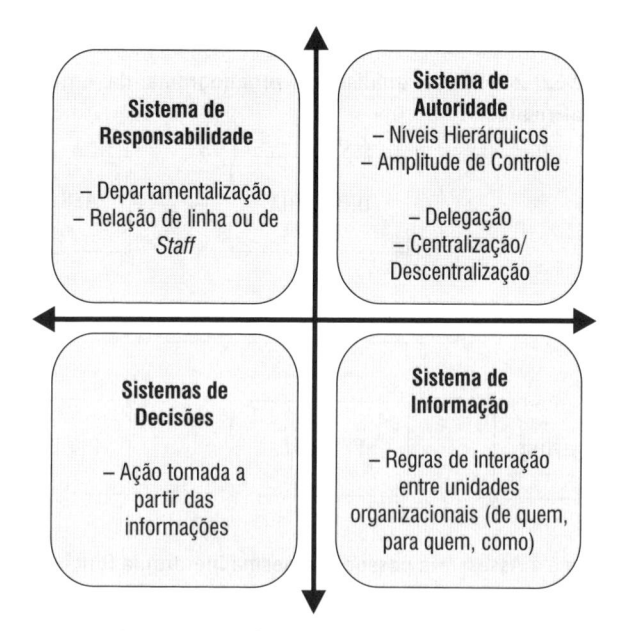

```
                    Sistema de
Sistema de          Autoridade
Responsabilidade    – Níveis Hierárquicos
                    – Amplitude de Controle
– Departamentalização
– Relação de linha ou de    – Delegação
  Staff                     – Centralização/
                              Descentralização


Sistemas de         Sistema de
Decisões            Informação

– Ação tomada a     – Regras de interação
  partir das          entre unidades
  informações         organizacionais (de quem,
                      para quem, como)
```

Componentes da estrutura organizacional

A distinção principal entre os Sistemas de Responsabilidade e de Autoridade dá-se pelo fato de que o primeiro cuida da divisão de trabalho, ao passo que o segundo estabelece a divisão do poder na organização.

Um conceito importante, diretamente relacionado ao Sistema de Autoridade, é o de <u>amplitude de controle (ou amplitude administrativa)</u> = trata-se do número de funcionários que estão subordinados a uma mesma unidade administrativa. Quanto maior a amplitude de controle, menor a quantidade de níveis hierárquicos da organização, gerando um organograma achatado (horizontal). No caso inverso (menor amplitude de controle), verificam-se vários níveis hierárquicos, com um organograma tipicamente vertical.

As questões 3 e 4 elucidam a distinção entre os Sistemas de Responsabilidade e de Autoridade:

Q3. (CESPE / ABIN / 2010) O sistema de autoridades, um dos componentes da estrutura organizacional de uma instituição, é resultado da distribuição hierárquica do poder.

Lembre-se: <u>sistema de autoridades</u>, um dos componentes da estrutura organizacional, dedica-se ao estabelecimento da distribuição do poder na organização. E como o poder é distribuído? Através dos níveis hierárquicos, optando-se, ainda, pela centralização ou descentralização, ou, em outras palavras, delegando-se ou não a autoridade.

A questão apresenta este conceito de forma apropriada, estando, assim, certa.

Q4. (TJ-SC / TJ-SC/ 2009) Na análise do organograma da organização abaixo, é INCORRETO afirmar:

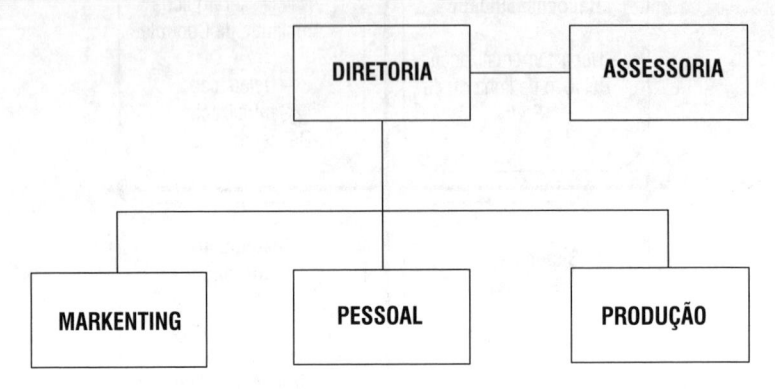

```
                    ┌─────────────┐     ┌─────────────┐
                    │  DIRETORIA  │─────│  ASSESSORIA │
                    └─────────────┘     └─────────────┘
                           │
            ┌──────────────┼──────────────┐
            │              │              │
    ┌───────────┐   ┌───────────┐   ┌───────────┐
    │ MARKENTING│   │  PESSOAL  │   │ PRODUÇÃO  │
    └───────────┘   └───────────┘   └───────────┘
```

a) A Diretoria e a Assessoria possuem a mesma hierarquia funcional.
b) A Diretoria tem ação de comando sobre a Assessoria.
c) Marketing, Pessoal e Produção possuem a mesma hierarquia funcional.
d) A Assessoria não tem ação de comando sobre Marketing, Pessoal e Produção.
e) A Assessoria não é função de linha, e sim de *staff*.

A questão trata, basicamente, do Sistema de Responsabilidade, ou seja, da definição do modo como a organização elabora sua estrutura a fim de atingir seus objetivos.

Geralmente, o **organograma** é representado com os níveis hierárquicos de maior autoridade e responsabilidade ocupando sua posição superior. Os retângulos representam unidades administrativas (departamentos, por exemplo), e as linhas representam que há efetivamente uma ação de comando no sentido da unidade hierarquicamente superior para a inferior. No caso da questão, sendo a Diretoria a unidade de maior autoridade, e estando essa unidade conectada às demais, podemos dizer que ela possui ação de comando sobre as outras unidades.

Caso a linha una duas unidades que estão em desnível, fala-se em *função de linha*, ou seja, há uma relação baseada na autoridade linear, baseada na unidade de comando. Assim, na questão, Marketing, Pessoal e Produção são funções de linha.

Se a linha unir duas unidades no mesmo nível, fala-se em *função de staff*, também conhecida como função de assessoramento, baseada na especialização de funções. É o caso, no organograma acima, da Assessoria.

Feitas essas considerações, seguem os comentários às alternativas:

    a) Apesar de a Diretoria e a Assessoria estarem na mesma "altura" do organograma, há entre estes órgãos uma relação de comando, sendo a autoridade proveniente da Diretoria. A assertiva está errada.

    b) Como visto no comentário anterior, a alternativa está certa.

c) Os três órgãos listados nesta alternativa estão diretamente subordinados à Diretoria, apresentando, pois, a mesma hierarquia funcional. A afirmativa está correta.

d) Não há linha conectando a Assessoria aos órgãos mencionados, inexistindo, assim, quaisquer relações de comando. A assertiva está certa.

e) Como vimos, a Assessoria efetivamente possui função de *staff*. A alternativa está certa.

Resposta: A.

A estrutura organizacional deve ser definida a fim de prover a divisão mais racional de trabalho (divisão de responsabilidade), bem como as relações hierárquicas mais satisfatórias (divisão de autoridade). Logicamente, há inúmeras estruturas organizacionais passíveis de serem aplicadas em uma determinada organização. Ok, mas como definir a estrutura mais eficiente?

Essa é uma questão a ser respondida pela cúpula estratégica do órgão / empresa, que deve, preliminarmente, ponderar acerca dos seguintes **aspectos para bem definir sua estrutura organizacional**:

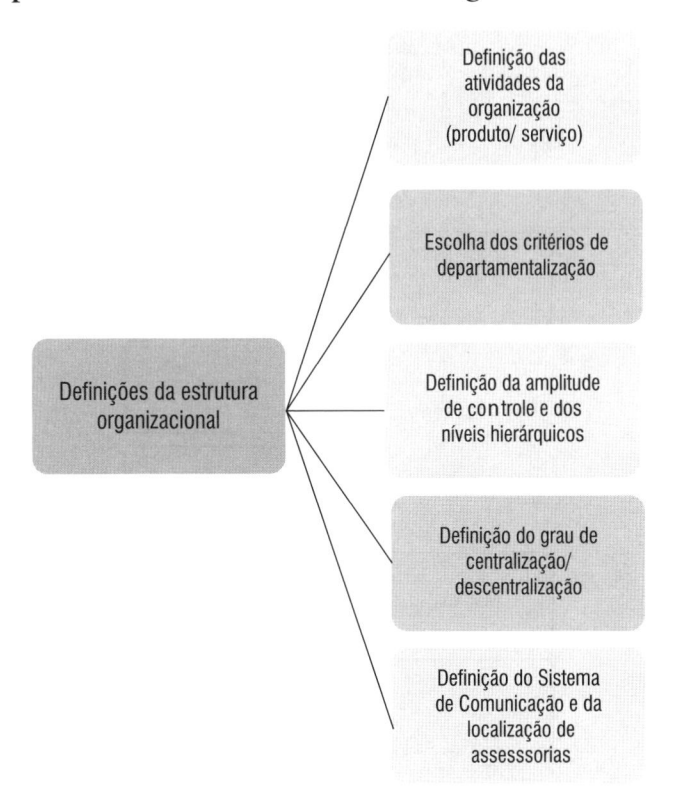

Definições da estrutura organizacional
- Definição das atividades da organização (produto/ serviço)
- Escolha dos critérios de departamentalização
- Definição da amplitude de controle e dos níveis hierárquicos
- Definição do grau de centralização/ descentralização
- Definição do Sistema de Comunicação e da localização de assesssorias

> Os aspectos destacados no esquema acima (critérios de departamentalização / centralização e descentralização) são de especial interesse no escopo desta obra. Iremos nos aprofundar em seu estudo nas próximas seções.

2. Critérios de Departamentalização

As estruturas organizacionais apresentam-se de acordo com quatro abordagens principais: **funcional**, **divisional**, **matricial** e por **redes**

A abordagem divisional é a que congrega maior diversidade de tipos ou critérios de departamentalização, sendo constituída por divisões autossuficientes.

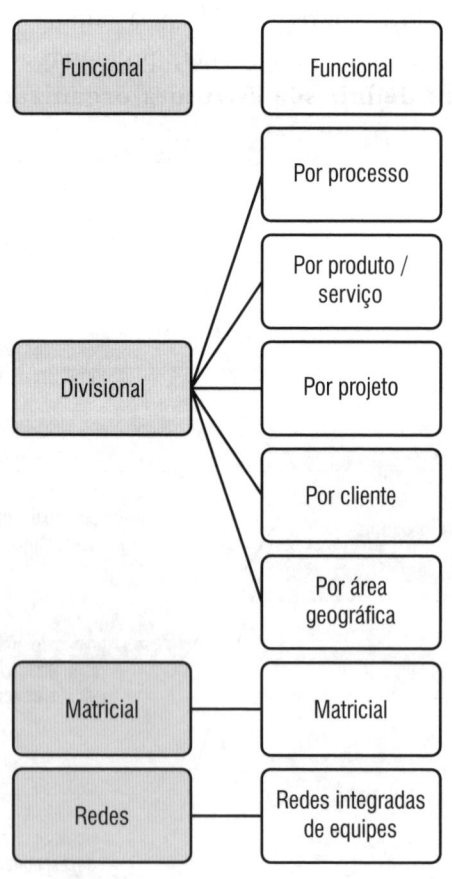

- Funcional
  - Funcional
- Divisional
  - Por processo
  - Por produto / serviço
  - Por projeto
  - Por cliente
  - Por área geográfica
- Matricial
  - Matricial
- Redes
  - Redes integradas de equipes

Veremos, a seguir, as principais características dos critérios listados acima[1].

2.1. Departamentalização por função (ou funcional)

CARACTERÍSTICAS
Segundo este critério, a organização é vista como um conjunto de funções especializadas que, tomadas em conjunto, concorrem para a consecução dos objetivos estabelecidos. A estrutura organizacional decorrente é chamada funcional, e, de acordo com Vasconcelos (2003), é dividida conforme **a área do conhecimento necessário para a realização da atividade**. Ainda, a departamentalização funcional é indicada para empresas que desempenham **atividades operacionais rotineiras**, visto que oferece **pouca flexibilidade**.   É indicada para **empresas de pouco porte, em início de funcionamento**, ou que **trabalhem com um único produto/serviço**.

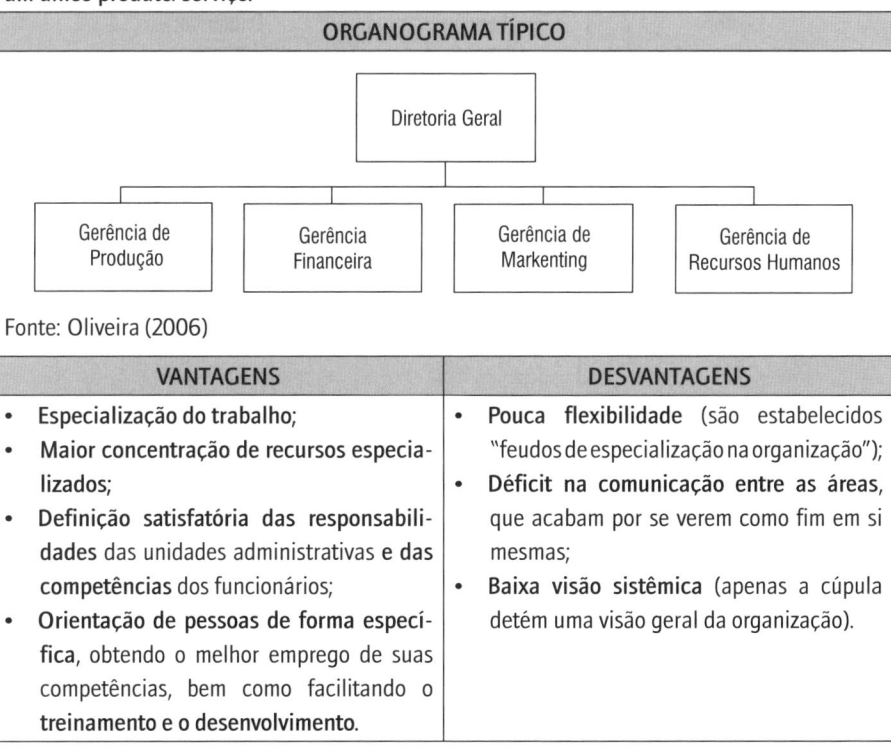

ORGANOGRAMA TÍPICO

```
                    Diretoria Geral
          ┌──────────┬──────────┬──────────┐
     Gerência de  Gerência   Gerência de  Gerência de
      Produção   Financeira  Markerting   Recursos Humanos
```

Fonte: Oliveira (2006)

VANTAGENS	DESVANTAGENS
• **Especialização do trabalho**; • **Maior concentração de recursos especializados**; • **Definição satisfatória das responsabilidades** das unidades administrativas **e das competências** dos funcionários; • **Orientação de pessoas de forma específica**, obtendo o melhor emprego de suas competências, bem como facilitando o **treinamento e o desenvolvimento**.	• **Pouca flexibilidade** (são estabelecidos "feudos de especialização na organização"); • **Déficit na comunicação entre as áreas**, que acabam por se verem como fim em si mesmas; • **Baixa visão sistêmica** (apenas a cúpula detém uma visão geral da organização).

---

[1] Para a elaboração dos quadros, utilizou-se por base autores como Vasconcelos (2003), Oliveira (2006) e Seiffert (2007).

2.2. Departamentalização por processo

CARACTERÍSTICAS
Segundo este critério, a estrutura da organização é dividida de acordo com os processos específicos que ela comporta. Assim, cada setor é "dono" de um macroprocesso, sendo que as subunidades do setor passam a estar encarregadas de uma fase desse macroprocesso. Há uma forte tendência atual de as organizações abandonarem suas antigas estruturas e aderirem à departamentalização por processos de trabalho, o que é justificado pelo fato de que processos fornecem uma visão mais dinâmica da forma pela qual a organização produz valor.
ORGANOGRAMA TÍPICO

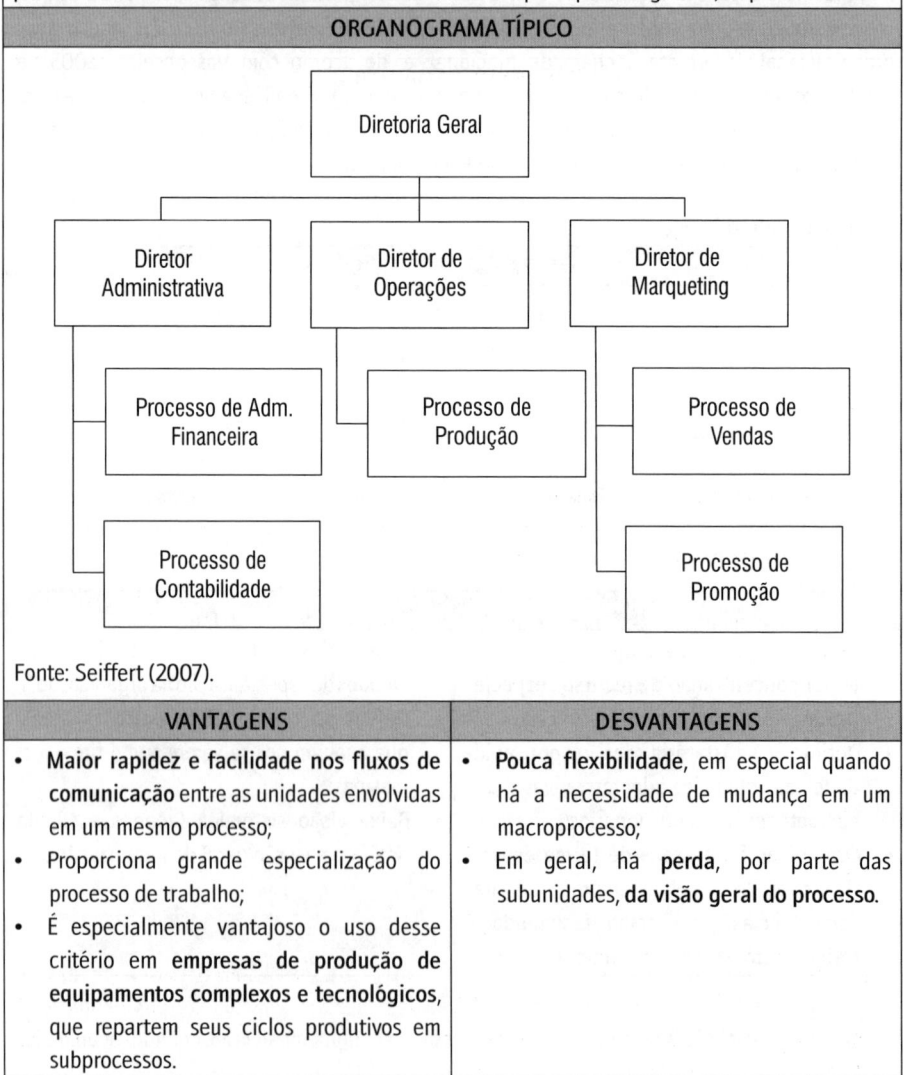

```
                         Diretoria Geral
            ┌───────────────────┼───────────────────┐
      Diretor              Diretor de           Diretor de
   Administrativa          Operações            Marqueting
        │                      │                     │
  Processo de Adm.        Processo de          Processo de
     Financeira            Produção              Vendas
        │                                            │
   Processo de                                  Processo de
   Contabilidade                                 Promoção
```

Fonte: Seiffert (2007).

VANTAGENS	DESVANTAGENS
• **Maior rapidez e facilidade nos fluxos de comunicação** entre as unidades envolvidas em um mesmo processo; • Proporciona grande especialização do processo de trabalho; • É especialmente vantajoso o uso desse critério em **empresas de produção de equipamentos complexos e tecnológicos**, que repartem seus ciclos produtivos em subprocessos.	• **Pouca flexibilidade**, em especial quando há a necessidade de mudança em um macroprocesso; • Em geral, há **perda**, por parte das subunidades, **da visão geral do processo**.

2.3. Departamentalização por produto / serviço

CARACTERÍSTICAS
Segundo este critério, a estrutura da organização é dividida de acordo com os produtos / serviços que são entregues / prestados pelo órgão / empresa. Assim, agrupam-se em uma mesma divisão as pessoas que lidam com determinado produto ou serviço, sendo que cada divisão comporta-se, de certa maneira, como uma empresa específica. Este critério é empregado em organizações que se lançam a múltiplos empreendimentos ao mesmo tempo. Um exemplo seria a empresa Delphi, uma gigante internacional do ramo de componentes automotivos. Nesta empresa, há uma divisão de componentes elétricos, outra de sistemas térmicos, outra de propulsão etc.

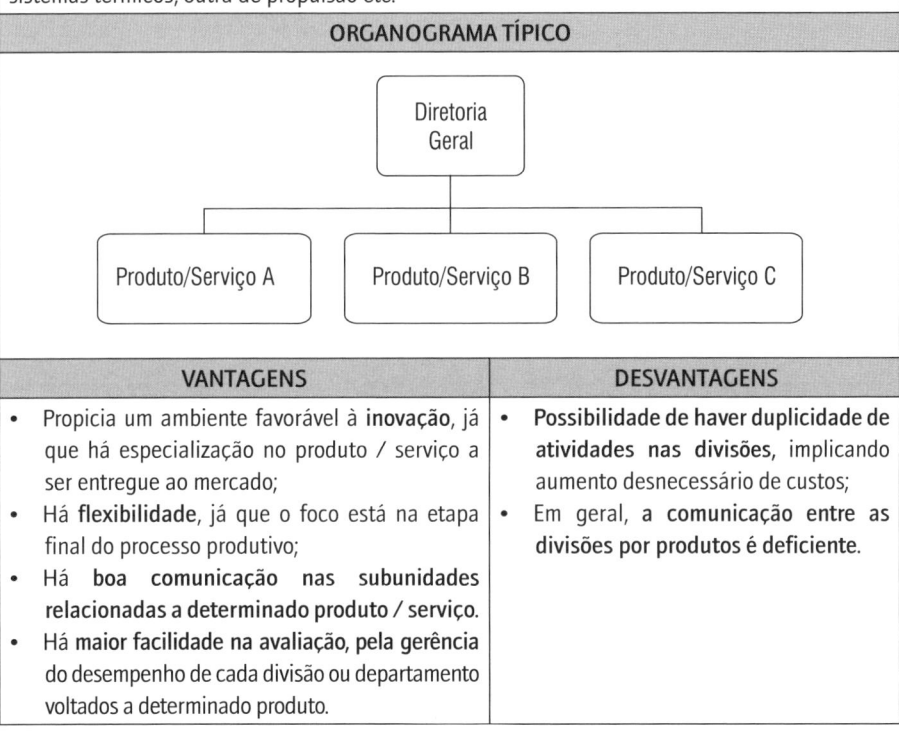

ORGANOGRAMA TÍPICO

```
                    Diretoria
                     Geral
          ┌─────────────┼─────────────┐
   Produto/Serviço A  Produto/Serviço B  Produto/Serviço C
```

VANTAGENS	DESVANTAGENS
• Propicia um ambiente favorável à **inovação**, já que há especialização no produto / serviço a ser entregue ao mercado; • Há **flexibilidade**, já que o foco está na etapa final do processo produtivo; • Há **boa comunicação nas subunidades** relacionadas a determinado produto / serviço. • Há **maior facilidade na avaliação, pela gerência** do desempenho de cada divisão ou departamento voltados a determinado produto.	• **Possibilidade de haver duplicidade de atividades nas divisões**, implicando aumento desnecessário de custos; • Em geral, **a comunicação entre as divisões por produtos é deficiente**.

2.4. Departamentalização por projeto

CARACTERÍSTICAS
Este critério é similar à departamentalização por produto (trata-se de uma departamentalização temporária por produto). A diferença reside no fato de que um projeto, por definição, é temporário. Assim, a estrutura organizacional passa a ser altamente flexível, criando-se unidades administrativas tão logo um projeto seja definido. Ao final do projeto, a unidade é extinta, e os especialistas que se dedicaram ao projeto são redistribuídos em outros projetos da organização.

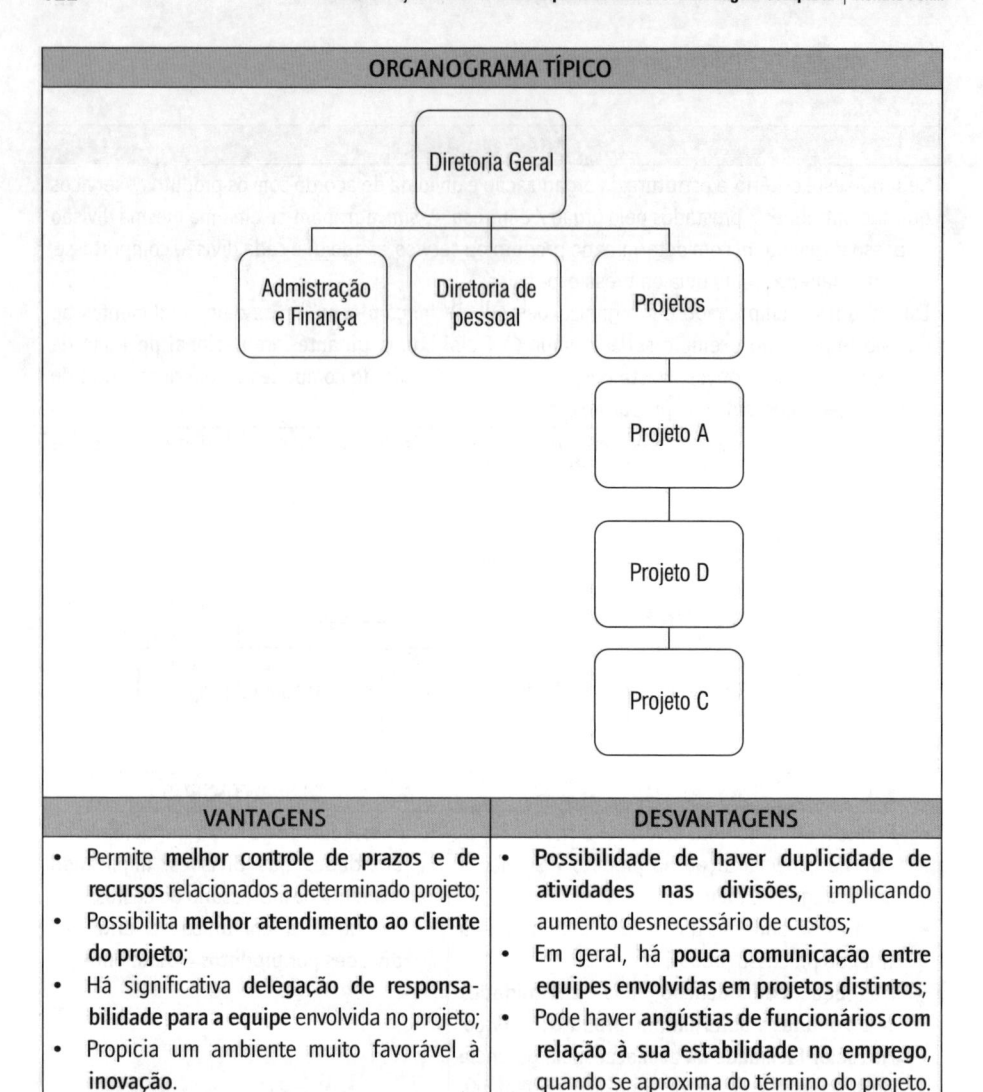

ORGANOGRAMA TÍPICO

Diretoria Geral
 ├── Admistração e Finança
 ├── Diretoria de pessoal
 └── Projetos
     ├── Projeto A
     ├── Projeto D
     └── Projeto C

VANTAGENS	DESVANTAGENS
• Permite **melhor controle de prazos e de recursos** relacionados a determinado projeto; • Possibilita **melhor atendimento ao cliente do projeto**; • Há significativa **delegação de responsabilidade para a equipe** envolvida no projeto; • Propicia um ambiente muito favorável à **inovação**.	• **Possibilidade de haver duplicidade de atividades nas divisões**, implicando aumento desnecessário de custos; • Em geral, há **pouca comunicação entre equipes envolvidas em projetos distintos**; • Pode haver **angústias de funcionários com relação à sua estabilidade no emprego**, quando se aproxima do término do projeto.

2.5. Departamentalização por cliente

CARACTERÍSTICAS
Segundo este critério, a departamentalização se dá ao agrupar as atividades conforme os clientes por elas almejados. O foco, neste caso, são os atributos e as necessidades específicas de cada segmento do mercado.   Em geral, a literatura da área enfatiza que as grandes lojas de departamentos voltadas ao comércio de roupas usualmente optam por uma departamentalização por cliente. Assim, cria-se um Departamento Feminino, outro Masculino e, por fim, um Infantil.

ORGANOGRAMA TÍPICO

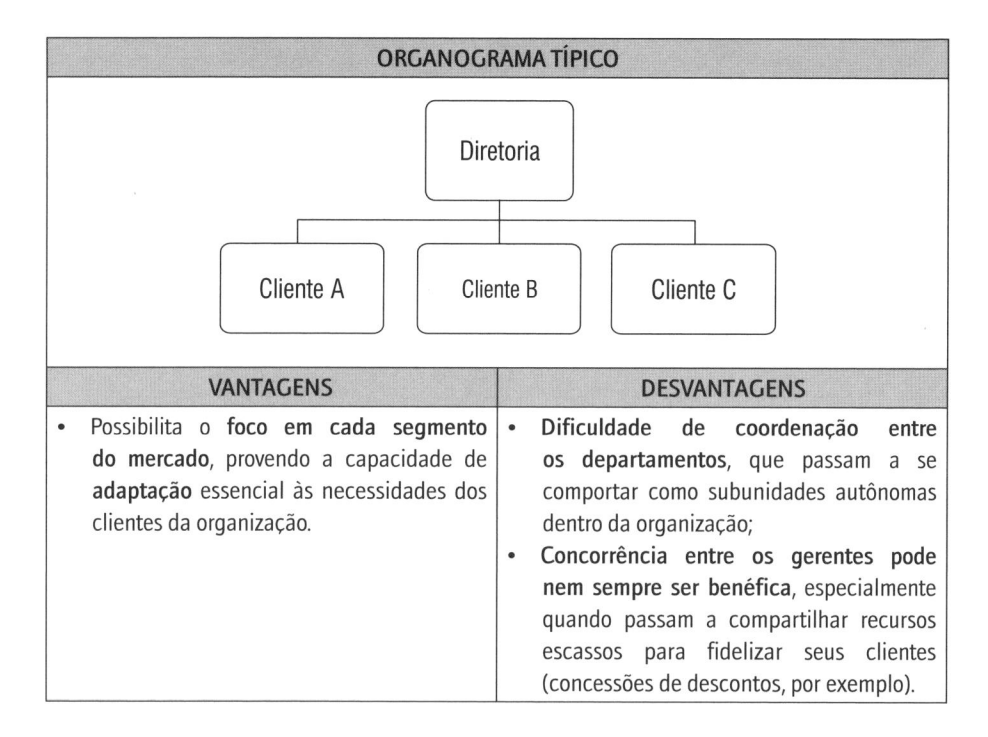

```
              Diretoria
      ┌───────────┼───────────┐
   Cliente A   Cliente B   Cliente C
```

VANTAGENS	DESVANTAGENS
• Possibilita o **foco em cada segmento do mercado**, provendo a capacidade de **adaptação** essencial às necessidades dos clientes da organização.	• **Dificuldade de coordenação entre os departamentos**, que passam a se comportar como subunidades autônomas dentro da organização; • **Concorrência entre os gerentes pode nem sempre ser benéfica**, especialmente quando passam a compartilhar recursos escassos para fidelizar seus clientes (concessões de descontos, por exemplo).

2.6. Departamentalização por área geográfica (ou territorial)

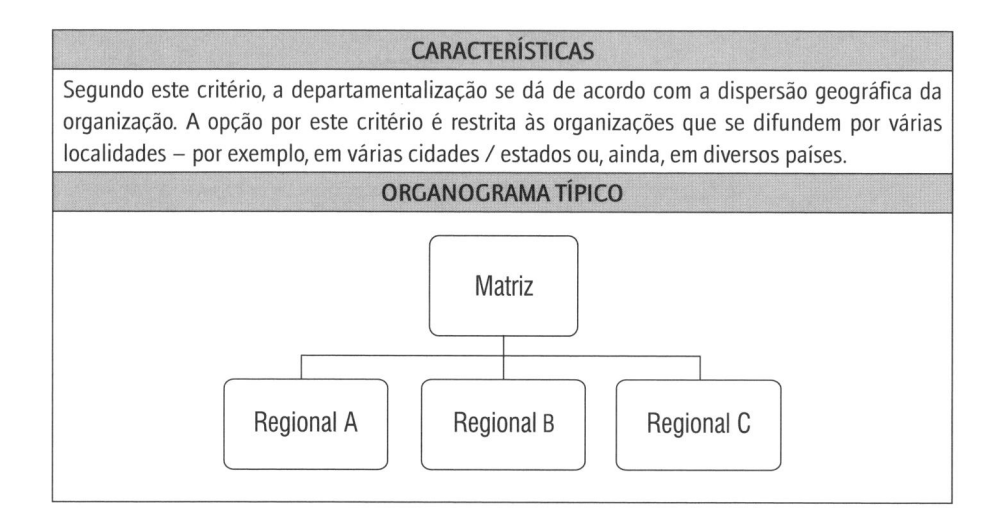

CARACTERÍSTICAS
Segundo este critério, a departamentalização se dá de acordo com a dispersão geográfica da organização. A opção por este critério é restrita às organizações que se difundem por várias localidades – por exemplo, em várias cidades / estados ou, ainda, em diversos países.

ORGANOGRAMA TÍPICO

```
                Matriz
      ┌───────────┼───────────┐
  Regional A  Regional B  Regional C
```

VANTAGENS	DESVANTAGENS
• Permite **conhecer melhor os problemas de cada região e, portanto, mais bem atender às suas necessidades**; • Há maior velocidade de resposta ante a acontecimentos locais; • Maior flexibilização da atuação organizacional, visto que se dá em nível local (=customização).	• **Possibilidade de haver duplicidade de estruturas e de funções**, criando-se uma "miniempresa" em cada região; • **Dificuldade de coordenação entre as regionais**, criando-se unidades que gozam de franca autonomia de gestão; • Em geral, há **pouca comunicação** entre as regionais.

2.7. Departamentalização matricial

CARACTERÍSTICAS
De forma simplificada, podemos dizer que a departamentalização matricial **é a junção das departamentalizações funcional e por projeto**. Este tipo de departamentalização nasceu como uma solução para a incompatibilidade entre a estrutura organizacional funcional e as atividades que, para serem realizadas, necessitam de interação entre áreas funcionais. Darei um exemplo: José é funcionário da Empresa A, e trabalha no Departamento de Vendas da organização. Ao mesmo tempo, ele faz parte de uma equipe composta por membros de vários departamentos da Empresa A (finanças, vendas, marketing, logística), envolvida em um projeto de minimização dos desperdícios na empresa. Assim, há uma sobreposição de atribuições: José está funcionalmente subordinado ao Departamento de Vendas, ao mesmo tempo em que responde ao gerente do projeto multidisciplinar. Forma-se, assim, uma matriz de subordinações ao funcionário. As unidades permanentes, assim, fornecem a mão de obra necessária à condução dos projetos. Neste tipo de departamentalização, o organograma não mais se parece uma pirâmide: há duas bases de departamentalização operando simultaneamente.
ORGANOGRAMA TÍPICO
Fonte: Seiffert (2007). |

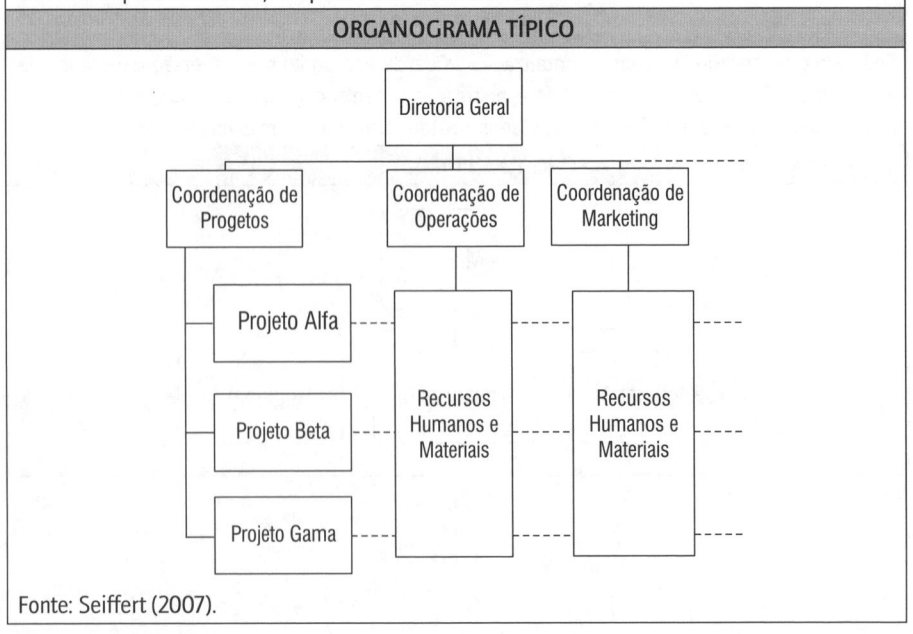

VANTAGENS	DESVANTAGENS
• Há **equilíbrio de objetivos**, dispensando-se atenção, ao mesmo tempo, às áreas funcionais e às áreas de projeto; • Há **promoção da comunicação entre áreas funcionais**, dado que as equipes são multidisciplinares (= com membros pertencentes a vários departamentos).	• **Possibilidade de haver excesso de atribuições a determinado funcionário**, que pode passar a responder a dois ou mais chefes; • Possibilidade de haver **conflito de prioridades** entre a estrutura funcional e as demandas dos projetos.

2.8. Estrutura de redes integradas de equipes

CARACTERÍSTICAS
Atualmente, muitas organizações estão repensando sua estrutura organizacional, de forma a adequá-la a um ambiente competitivo, dinâmico e em constante mudança. A estrutura funcional – ainda a mais empregada no universo organizacional – mostra-se pouco flexível, tornando-se por vezes um obstáculo à inovação e ao exercício da criatividade. Nesse sentido, surge a opção da estruturação em **redes integradas de equipes**, como alternativa para a promoção da inovação e da gestão participativa. Nesta estrutura, há o fomento da motivação dos funcionários, seja por meio da delegação de responsabilidades, seja por meio da implantação de políticas organizacionais que permitam o comprometimento dos indivíduos.

Q5. (ESAF / MPOG / 2010) Sobre o tema "departamentalização e divisão do trabalho", é correto afirmar:

a) Por ser contemporânea, a abordagem matricial é preferível à funcional.

b) Em ambientes que privilegiam resultados, inexiste espaço para a adoção de estruturas colegiadas ou de assessoramento.

c) A abordagem de organização virtual é mais aplicável à estruturação de indústrias navais.

d) Em organizações matricialmente estruturadas, a preocupação com a hierarquia é abolida.

e) Em grandes organizações, é possível a coexistência de dois ou mais tipos de departamentalização.

Vejamos os comentários às alternativas:

a) Não se pode afirmar que uma abordagem é preferível a outra por ser contemporânea. Há de se analisar previamente os diversos aspectos inerentes à organização para se optar por um critério específico de departamentalização. Em uma organização que se volta apenas para atividades rotineiras, a estrutura funcional pode ser a melhor escolha. A alternativa está errada.

b) Estruturas colegiadas ou de assessoramento (ou de *staff*) têm aplicabilidade em qualquer estrutura. Há órgãos deste tipo desde em organizações militares – tipicamente funcionais (são os "estados-maiores") até em organizações voltadas a inovações tecnológicas (por exemplo, o conselho de diretores). A alternativa está errada.

c) Em geral, as indústrias navais são estimuladas por encomendas. Assim, os estaleiros recebem encomendas de diversos clientes para a construção de navios. Neste caso, dado que cada navio envolve a aplicação de recursos significativos, sua construção é considerada como um projeto – eis **o motivo de o critério de departamentalização típico da indústria naval ser "por projetos"**. A organização virtual é nada mais que uma possibilidade de reunir uma equipe por meio de recursos de tecnologia da informação e de comunicação (TIC) sem que exijam um espaço predeterminado e nem a presença física de seus membros. Em geral, há a utilização de *softwares* de videoconferência (como o Skype). Sendo esta uma ferramenta de trabalho, seu uso é típico em organizações geograficamente dispersas, ou cujos funcionários estejam em constantes viagens. De qualquer forma, a alternativa está errada.

d) Em organizações matricialmente estruturadas, há a sobreposição da departamentalização por projetos à funcional. Assim, há a perpetuação da hierarquia funcional, além de haver aspectos hierárquicos na própria gestão de projetos (há a figura do gerente de projeto, bem como do patrocinados interno do projeto). A alternativa está errada.

e) Eu diria que não é só possível, como comum. A Câmara dos Deputados, por exemplo, adota uma estrutura matricial. Na Marinha do Brasil, coexiste a departamentalização por área geográfica, por projetos e funcional. A alternativa está correta.

Resposta: E.

Q6. **(FCC / DPE – SP / 2010) Organizações que planejam desenvolver uma estrutura mais flexível, associada a maior eficiência e motivação, devem optar por uma estrutura:**

a) Departamental de tipo funcional.

b) De redes integradas de equipes.

c) Departamental por processos.

d) De tipo linha-*staff*.

e) De tipo linear.

Ao falarmos de flexibilidade + eficiência + motivação dos indivíduos, necessariamente estarmos nos remetendo a uma estrutura de redes integradas de equipes.

Nesse sentido, veja o que nos traz Chiavenato (2008, p. 422)

"Muitas organizações estão transformando a sua estrutura organizacional baseada na departamentalização funcional em **redes integradas de equipes** *na busca de flexibilização, inovação e mudança. Para tanto, equipes eficazes requerem a definição clara da filosofia e missão da organização, uma estrutura organizacional flexível e participativa, sistemas organizacionais adequados, políticas organizacionais que permitam o comprometimento das pessoas e funcionários treinados com habilidades técnicas e interpessoais"* (negrito deste autor).

Resposta: B.

Q7. (CESPE / TRE – RJ / 2012) A departamentalização, que consiste na divisão de tarefas em blocos, unidades ou áreas de trabalho, com base em critérios específicos, tem a finalidade de elevar a entropia do sistema organizacional.

Entropia é um conceito próprio de uma disciplina chamada Termodinâmica. De modo geral, mede o nível de "caos", de "bagunça", de "imprevisibilidade" de determinado sistema. Quando maior a entropia de um sistema, mais desorganizado ele é.

A departamentalização visa a diminuir a entropia organizacional, tendo em vista que age como um limitador do "caos" organizacional.

A questão está errada.

3. Centralização e Descentralização

Há, basicamente, dois modos extremos segundo os quais a distribuição da autoridade pode ser efetuada nas organizações – a centralização ou a descentralização do processo decisório.

Conforme nos ensina Bresser-Pereira (1963), no caso em que as decisões de maior importância são tomadas na cúpula da organização, esta é centralizada; já no caso em que boa parte dessas decisões cabe a administradores mais abaixo na hierarquia organizacional, a organização é descentralizada.

Este exato conteúdo já foi cobrado em concursos:

Q8. (CESPE / ABIN / 2010) Quando a maioria das decisões importantes é tomada na parte superior da hierarquia administrativa, o grau de centralização é maior.

Q9. (CESPE / ABIN / 2010) Quanto maior for o número de decisões tomadas na parte inferior da hierarquia administrativa, maior será o grau de descentralização.

Ambos os enunciados apresentam os conceitos de centralização e de descentralização do processo decisório de forma apropriada. As questões, assim, estão certas.

Ressalta-se que a descentralização dá-se por um processo denominado **delegação de autoridade**, de origem dos níveis hierárquicos mais elevados na organização.

Q10. (CESPE / ABIN / 2010) A determinação de uma linha clara de autoridade na estrutura organizacional é necessária para que a delegação de autoridade seja executada sem conflitos hierárquicos.

Organograma é a representação gráfica da organização formal, ou seja, é uma ilustração não só as unidades administrativas que compõem a organização, mas também das linhas hierárquicas de autoridade que devem ser observadas.

No organograma ao lado, há três departamentos que estão diretamente subordinados ao Presidente da organização. Uma eventual delegação de autoridade deverá seguir as relações hierárquicas representadas. Isso inibe, por exemplo, que o Departamento Financeiro delegue algum tipo de autoridade para o Departamento de Vendas. Se a relação entre departamentos não estivesse clara e bem representada, poderia haver conflitos hierárquicos ao serem delegadas autoridades.

```
                    Presidente
        ┌───────────────┼───────────────┐
  Departamento    Departamento    Departamento
   de Vendas        Jurídico        Financeiro
```

A questão, assim, está certa.

Q11. (CESPE / ABIN / 2010) A delegação de autoridade, vinculada aos níveis hierárquicos de uma instituição, independe do tipo de estrutura organizacional centralizada ou descentralizada.

A opção pela descentralização organizacional dá-se por meio da delegação de autoridade. Assim, tais conceitos mostram-se estritamente vinculados, contrariando o exposto no enunciado.

A questão está errada.

A opção da organização pela centralização ou pela descentralização do processo decisório deve levar em conta que ambas as estratégias detêm vantagens e desvantagens, sintetizadas no quadro abaixo:

	CENTRALIZAÇÃO	DESCENTRALIZAÇÃO
VANTAGENS	• tomadores de decisão possuem uma visão global da organização; • menores custos de treinamento dos gerentes intermediários (que, neste caso, não serão tomadores de decisão); • padronização de procedimentos. • facilidade de manutenção de controle global.	• maior rapidez na tomada de decisão; • constitui fator motivacional aos gerentes intermediários e aos funcionários operacionais; • menor probabilidade de perdas de informação em processos de comunicação (devido à proximidade do gerente à situação concreta).

	CENTRALIZAÇÃO	**DESCENTRALIZAÇÃO**
DESVANTAGENS	<ul><li>menor rapidez na tomada de decisão;</li><li>gestores podem possuir pouco contato com as situações concretas que demandam sua decisão;</li><li>maior probabilidade de as informações que chegam aos tomadores de decisão estarem incorretas (ou incompletas), devido a falhas no processo de comunicação ao longo do fluxo hierárquico.</li></ul>	<ul><li>tomadores de decisão geralmente possuem visão setorial da organização (e não global);</li><li>maiores custos de treinamento dos gerentes intermediários;</li><li>procedimentos são padronizados apenas dentro de cada unidade administrativa (departamento ou coordenação, por exemplo);</li><li>os controles são setoriais, sendo que a existência de um controle global é dificultada.</li></ul>

4. Gestão de Redes Organizacionais

Poucos são os construtos mais em pauta na mídia atual do que as *redes*. Em virtude de portais de relacionamento na Internet – em especial o Facebook – as redes sociais são responsáveis por significativas mudanças em termos de comportamentos dos indivíduos em nossa comunidade.

Há de se mencionar, contudo, que a expressão "rede" vem sendo usada há tempos nas ciências sociais. Em especial na Antropologia e na Psicologia, o termo é empregado como instrumento de análise das relações que são construídas pelos indivíduos no círculo social (MIGUELETTO, 2001). Este conceito foi extrapolado para as organizações, agora se visando à compreensão da dinâmica das relações interorganizacionais.

O estudo das redes organizacionais tem por objetivo a elucidação dos fluxos de recursos, de informações e de poder entre os atores participantes. O foco principal é a compreensão do modo como as relações estão estruturadas, visando a uma conformação das ligações entre os atores de modo mais eficiente.

4.1. O conceito de rede

De acordo com Fischer e Melo (2004, p. 21), "o termo rede deriva do latim *rete*, que significa entrelaçamento de fios, cordas, cordéis, arames, com aberturas regulares fixadas por malhas, formando uma espécie de tecido". Em conceituação análoga, Castells (2001) define rede como um conjunto de nós interconectados.

Em termos organizacionais, podemos falar de redes sociais, sendo estas entendidas como conjuntos múltiplos de relações, seja internamente, seja no ambiente externo. **Nessa óptica, a organização, por si só, compõe uma rede social (internamente).**

Em nosso caso, devemos nos voltar ao estudo das redes interorganizacionais, nas quais cada "nó" é uma organização, e os "fios" são as relações mantidas por um grupo específico de organizações inseridas no mercado, por meio das quais fluem recursos – bens, pessoas ou informações.

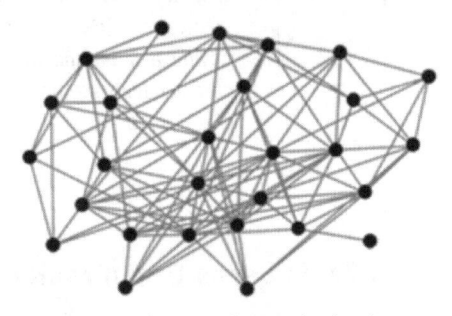

Representação de uma rede organizacional.
Fonte: http://chairmaned.com/category/network-organizations-2/

Há de se frisar que, em uma rede, as relações mantidas entre as organizações são duradouras, e não esporádicas. Este é o entendimento de Oliver (1990, p. 241), segundo o qual as relações em uma rede de organizações são "transações relativamente constantes, fluxos e ligações que ocorrem entre uma ou mais organizações em seus ambientes".

Indo além, uma definição completa de redes é assim apresentada por Olivieri (2003, p. 1):

> **Redes** são sistemas organizacionais capazes de reunir indivíduos e instituições, **de forma democrática e participativa**, em torno de causas afins. Estruturas flexíveis e estabelecidas horizontalmente, as dinâmicas de trabalho das redes supõem atuações colaborativas e se sustentam pela vontade e afinidade de seus integrantes.

Alguns traços devem ser salientados nessa conceituação:
- Redes – em ciências sociais – são modos de estruturação de relacionamentos. Nos casos de indivíduos, podemos falar em redes sociais, de modo genérico. Ao abordarmos organizações, nos ambientes em que estão inseridas, falamos de redes interorganizacionais, composta por **entidades independentes, com relações específicas entre si**.
- Ao estruturar-se uma rede interorganizacional, objetiva-se chegar a uma situação de maior vantagem, se comparada a um quadro no qual as organizações comportam-se de forma estanque (isolada). Assim,

usualmente, almeja-se uma **participação ativa** de seus elementos, de forma **democrática**.

- As redes são estruturadas em torno de **objetivos comuns**, compartilhados por seus componentes.
- As redes são **flexíveis** por natureza, podendo facilmente mais bem adaptar-se às contingências do ambiente.
- As **relações** entre os componentes da rede são **horizontais**, ou seja, não há uma base hierárquica que proveja lógica à rede. Nesse sentido, vale a menção à contribuição de Whitaker (1993, p. 1):

> Uma estrutura em **rede** [...] corresponde também ao que seu próprio nome indica: seus integrantes se ligam horizontalmente a todos os demais, diretamente ou através dos que os cercam. O conjunto resultante é como uma malha de múltiplos fios, que pode se espalhar indefinidamente para todos os lados, sem que nenhum dos seus nós possa ser considerado principal ou central, nem representante dos demais. Não há um "chefe", o que há é uma vontade coletiva de realizar determinado objetivo.

Q12. (CESPE / Telebras / 2013) A rede, uma estrutura de comunicação e de gestão aberta e dispersiva[2], pode ser expandida de forma ilimitada, haja vista o contexto vivenciado pelas organizações que a compõem.

De acordo com Castells (2001), as redes são estruturas abertas, capazes de se expandirem de forma ilimitada, havendo a integração de novos nós desde que seja possível a comunicação dentro da rede.

É com base nesta colocação que se pode bem analisar a questão proposta. A assertiva salienta, de forma adequada, os traços de gestão aberta e dispersiva das redes (haja vista sua conformação estrutural), bem como a possibilidade de expansão ilimitada (caso mantenha-se a capacidade de comunicação).

A afirmativa está certa.

4.2. Razões para a formação de redes

Qual a razão para a existência de organizações?

Por mais genérica que possa parecer esta questão, sua resposta pode elucidar muito acerca da Teoria das Redes Organizacionais.

Na década de 1970, o economista Oliver Williamson desenvolveu as bases da chamada Teoria dos Custos de Transação que, sob a ótica da economia, responde a questão proposta.

---
[2] Dispersiva = que se espalha em diversos pontos.

Imagine que você deseja vender bicicletas. Imagine, ainda, que você não quer montar uma organização, mas agir individualmente, fazendo cada transação diretamente no mercado. Assim, inicialmente, você busca no mercado alguém para fabricar um par de rodas. Em seguida, faz nova busca para alguém fabricar um quadro. Busca, após, vendedores de pneus, de correntes. Por fim, contrata alguém para montar a bicicleta. Cada transação (troca de serviços, bens e informações através de interfaces tecnologicamente separadas),[3] por envolver negociações que se dão diretamente no mercado, estão sujeitas à **incerteza** (devido às mais diversas variáveis) e ao **oportunismo** dos agentes envolvidos. Nesse caso, não há uma relação de dependência entre os envolvidos, mas apenas transações entre atores independentes.

A fim de minimizar a incerteza e o oportunismo inerentes ao mercado, existe a opção de que você monte uma **organização** voltada à construção e venda de bicicletas, estabelecendo uma relação de hierarquia e autoridade inerente às diversas tarefas envolvidas. Assim você poderá fazer uma supervisão mais direta aos envolvidos, passando, logicamente, a haver uma relação de dependência entre os atores.

No entanto, nem sempre o estabelecimento de uma organização é viável ou, ainda, a melhor opção. Há situações em que são tantas as tarefas envolvidas, que a organização a ser montada seria um verdadeiro "monstro" – detentora de uma estrutura complexa, expressivamente verticalizada e que, dessa forma, implicará um ônus significativo para sua manutenção.

Uma alternativa, neste caso, seria a adoção de um **modelo híbrido de governança – a organização em redes.** Trata-se de uma opção intermediária, situada entre o **mercado** e a **hierarquia**. Nas redes, passa a ocorrer relações estáveis entre as organizações participantes, visando a um objetivo comum.

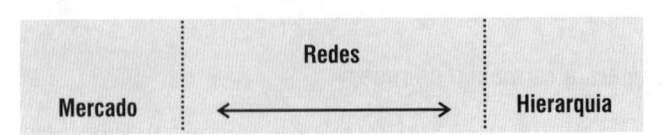

Mercado	Redes	Hierarquia
	←——————→	

Oliver (1990) lista seis fatores que justificam a formação de redes organizacionais, conforme exposto no quadro a seguir.

---

[3] Entende-se por interfaces tecnologicamente separadas as etapas interligadas do processo de produção separáveis tecnologicamente. Por exemplo, a transferência de insumos entre uma indústria e um produtor rural é uma transação, pois a indústria e o produtor utilizam-se de tecnologias separáveis, distintas.

FATORES QUE PROMOVEM A FORMAÇÃO DE REDES	
FATOR	CARACTERÍSTICA
Necessidade	O estabelecimento de relações entre empresas, em uma rede, dá-se por necessidade, como forma de mais bem tirarem proveito dos escassos recursos do ambiente.
Assimetria de poder	As relações entre empresas, em uma rede, são promovidas pelo poder de influência de umas sobre as outras.
Reciprocidade	Há situações em que a formação de redes organizacionais dá-se por motivos de cooperação, colaboração e coordenação, convergindo para o propósito de se buscarem interesses e objetivos comuns.
Eficiência	A busca por maior eficiência interna – mas suas mais diversas vertentes – pode promover a busca por relações duradouras com outras organizações, buscando-se o melhor custo-benefício nas ações da empresa.
Estabilidade	Estritamente ligada à busca por eficiência, a formação de redes pode ser buscada como forma de se prover estabilidade às relações da organização com o seu ambiente, ao invés de submeter-se integralmente à incerteza do mercado.
Legitimidade	A participação de uma organização em uma rede pode promover um maior reconhecimento do ambiente sobre suas ações. Há, assim, um incremento de confiabilidade nas ações da empresa.

4.3. Gestão de redes na Administração Pública

Em termos de esforços organizacionais, poucos são os assuntos que estiveram tanto em pauta, nos últimos anos, quanto a estruturação de redes na Administração Pública brasileira.

Se há algumas décadas o Estado brasileiro agia em prol da consecução de políticas públicas basicamente por suas próprias iniciativas e recursos, hoje podemos afirmar que há a busca da constituição de redes, moldando uma nova forma de interação entre o Estado e a sociedade.

Nesse sentido, o Estado vem buscando maior integração entre entidades das Administrações Direta e Indireta, bem como atuação conjunta com os chamados Segundo e Terceiro Setor,[4] buscando sinergia em prol das soluções para as demandas sociais.

Em termos históricos, apenas recentemente o Brasil vem vivendo o seu processo de redemocratização, tendo saído de um regime militar há cerca de menos de três décadas. O marco desta redemocratização é a própria Constituição Federal de 1988 (a "Constituição Cidadã"), que, entre outros aspectos, robusteceu o caráter social e representativo, pregando a expansão

---

4 O chamado Primeiro Setor é composto pelo Estado, ao passo que o Segundo Setor é formado por empresas privadas.

dos temas da cidadania e da democracia. Ademais, a CF/88 consagrou alguns princípios da **participação direta da sociedade civil** como modo de favorecer a democracia, promovendo a estruturação de redes.

As organizações não governamentais (ONGs) e outras formas de organização da sociedade civil surgem com maior significância a partir do final da década de 1980, vindo a substituir os movimentos sociais populares que haviam se destacado em meados da mesma década (GOHN, 2005). Ainda com destaque no que diz respeito às iniciativas do Estado na formação de redes, podemos citar as **parcerias público-privadas (PPPs)**, assim definidas por Marçal Justen Filho:

> *[...] parceria público-privada é um contrato organizacional, de longo prazo de duração, por meio do qual se atribui a um sujeito privado o dever de executar obra pública e (ou) prestar serviço público, com ou sem direito à remuneração, por meio da exploração da infraestrutura, mas mediante uma garantia especial e reforçada prestada pelo Poder Público, utilizável para a obtenção de recursos no mercado financeiro.*

Nas PPPs, o ente privado oferta ao Estado (e à sociedade), algum tipo de serviço ou de bem de utilidade pública voltada à infraestrutura (p. ex., leitos de hospitais, presídios etc.) sendo, em contrapartida, remunerada após a finalização da obra.

Q13. (ESAF / AFRFB / 2009 – adaptada) Governança pode ser entendida como um modelo horizontal de relação entre o conceito de governança possui um caráter mais amplo que o conceito de governabilidade.

Entre os diversos conceitos de governança,[5] podemos citar o apresentado por Secchi (2009, p. 358).

> "[...][*governança*] é um modelo horizontal de relação entre atores públicos e privados no processo de elaboração de políticas públicas"

De acordo com esta concepção, vemos que a governança do Estado está atualmente baseada nas iniciativas para a formação de redes entre atores públicos e privados. A assertiva está certa.

Q14. (ESAF / AFRFB / 2009 – adaptada) As parcerias público-privadas (PPPs) constituem um exemplo de coordenação de atores estatais e não estatais, típico da governança.

Da mesma forma que a questão anterior, a assertiva alternativa apresenta um exemplo (as PPPs) da relação entre atores públicos e privados na implementação de políticas públicas, convergindo para a definição de Secchi (2009, p. 358) no que concerne à estruturação de redes na governança do Estado.

A assertiva está correta.

---

5 As especificidades inerentes aos conceitos de Governança e Governabilidade são abordadas no Capítulo 11.

Questões de Concursos

1. (CESPE / ABIN / 2018) A departamentalização por processos propicia otimizar o arranjo físico e o uso de recursos, embora se caracterize por baixa flexibilidade para mudanças organizacionais.

2. (CONSULPLAN / CBTU / 2014) A estrutura formal é explicitada em manuais e descreve os níveis de autoridade e responsabilidade dos departamentos e seções. A representação gráfica dessa estrutura é feita através do organograma, mas os seguintes fatores concorrem para que seja inviável o funcionamento das organizações somente através da estrutura formal, EXCETO:
   a) há situações críticas para as quais há necessidade da elaboração e aplicação de soluções rápidas;
   b) é praticamente impossível elaborar um conjunto de normas que cubra todas as possíveis situações;
   c) existem características do fator humano, com respeito à liderança e aos objetivos pessoais que influem na operação da estrutura;
   d) a estrutura informal é incentivada pelo alto grau de atendimento às normas formais e surge, especialmente, por imposição da organização.

3. (CONSULPLAN / TSE / 2012) Para que as empresas desenvolvam competências essenciais no que se refere à estrutura organizacional, existem diferentes tipos de estruturas ou critérios de departamentalização. Um desses tipos de estrutura é a funcional, cujo critério utilizado na departamentalização é a divisão por funções. No que se refere ao modelo de estrutura funcional, assinale a alternativa que NÃO corresponde a uma característica vantajosa desse modelo.
   a) Ser melhor com apenas um ou poucos produtos.
   b) Permitir que a organização alcance metas funcionais.
   c) Ser veloz no tempo de resposta às mudanças ambientais.
   d) Permitir economias de escala dentro dos departamentos funcionais.

4. (CESPE / SEEDF / 2017) Pessoas agrupadas em departamentos com base na aplicação simultânea de duas cadeias de comando é exemplo de departamentalização por abordagem funcional vertical.

5. (CESPE / TCE – PR / 2016) No estágio de maturidade de uma empresa, a estrutura organizacional mais apropriada é a burocrática.

6. (CESPE / TJ – ES / 2011) Ao se departamentalizar uma organização de forma divisional, os departamentos devem ser agrupados em divisões separadas, independentes e baseados em um produto comum.

7. (CESPE / SEEDF / 2017) Um exemplo de departamentalização por abordagem divisional consiste em agrupar pessoas com habilidades comuns em departamentos onde se exercem idênticas atividades de trabalho.

8. (FCC / Metrô – SP / 2008) Agrupar num mesmo órgão as atividades afins ou de mesma natureza ou especialidade é o processo de departamentalização:
   a) Por produto ou serviço.
   b) Por processo.
   c) Por área geográfica.
   d) Funcional
   e) Matricial.

9. (ESAF / MPOG / 2009) Ao lidar com o tema "departamentalização", é correto pressupor que:
   a) O gerenciamento de projetos é inviável em um ambiente matricialmente estruturado.
   b) Cada nível hierárquico comporta não mais que um tipo de departamentalização.
   c) Formas tradicionais de departamentalização estimulam a comunicação horizontal.
   d) No âmbito da administração pública, é inviável a adoção de estruturas inovativas.
   e) Estruturas matriciais não se caracterizam pelo prestígio à unicidade de comando.

10. (FCC / TRF 5ª Região / 2012) A estrutura que não se parece com uma pirâmide, porque existem duas bases de departamentalização operando simultaneamente, é denominada:
    a) Funcional.
    b) Linha-*staff*.
    c) Divisional.
    d) Matricial.
    e) Militar.

11. (CESPE / ANP / 2013) A departamentalização por produto dificulta a avaliação, realizada pela gerência, do desempenho da unidade de trabalho, devido à separação das diferentes divisões dos produtos.

12. (CESPE / ANP / 2013) A departamentalização funcional organiza o trabalho e os funcionários em áreas de especialização distintas.

13. (CESPE / EBC / 2011) Ao organizar uma empresa, o administrador pode optar por diversos tipos de departamentalização; entre eles, o modelo matricial faz que a empresa seja organizada por regiões ou áreas geográficas, em diversas filiais ligadas a uma matriz.

14. (CESPE / DETRAN – ES / 2010) A adoção da departamentalização funcional é contraindicada caso a direção de um órgão público objetive criar, nos diversos setores desse órgão, estrutura de trabalho que favoreça o desenvolvimento da inovação e da criatividade.

15. (FCC / TST / 2012) Ao receber um relatório contendo informações sobre a departamentalização do Tribunal Superior do Trabalho, nota-se de sua leitura que contém órgãos típicos de linha e de *staff*. Os órgãos que representam denominações típicas de linha e de *staff* são:
    a) Gabinete da Presidência, Secretarias-Gerais, Secretarias de Comunicação Social e de Tecnologia da Informação, como de linha e, como *staff*, a Assessoria Parlamentar e o Cerimonial da Presidência.
    b) Gabinete da Presidência, Secretarias de Comunicação Social e Administrativa, como órgãos de linha e, como *staff*, a Assessoria Parlamentar e as Secretarias--Gerais Judiciária e de Orçamento e Finanças.
    c) Secretaria-Geral da Presidência, Cerimonial, Secretaria de Comunicação Social, como de linha e, como *staff*, a Assessoria de Tecnologia de Informação e a Secretaria Administrativa.
    d) Gabinete Diretor, Secretarias de Administração, Orçamento e Finanças, e como *staff*, a Secretaria de Gestão de Pessoas e a Ouvidoria.
    e) Gabinete Diretor, Ouvidoria, Secretarias-Gerais, Secretarias de Administração e Orçamento, e como *staff*, a Secretaria de Gestão de Pessoas e o Cerimonial da Presidência.

16. (FCC / TRT 7ª Região / 2009) Uma estrutura organizacional matricial, do tipo mais comum, representa na forma de uma matriz o cruzamento das características dos tipos de departamentalização por:

   a) Projeto e funcional.
   b) Cliente e funcional.
   c) Processo e territorial.
   d) Projeto e produto.
   e) Cliente e produto.

17. (FCC / TRT 3ª Região / 2009) A principal vantagem da departamentalização funcional é:

   a) criar ambientes estáveis que requerem desempenho constante e repetitivo das tarefas rotineiras;
   b) implementar uma maior formalização da estrutura administrativa e uma hierarquia de autoridade com maior número de níveis;
   c) desenvolver um enfoque introvertido, deixando de diluir o foco nas variáveis do ambiente externo;
   d) refletir uma diferenciação lógica das funções seguindo o princípio da especialização ocupacional;
   e) agrupar as atividades e tarefas de acordo com os projetos desenvolvidos dentro da empresa.

18. (FCC / INFRAERO / 2011) Estratégia, estrutura organizacional e processos administrativos são os fatores que compatibilizam a arquitetura organizacional. No contexto da estrutura organizacional, considere:

   I. As unidades de trabalho são os projetos.
   II. Os órgãos permanentes atuam como prestadores de serviços nos projetos.
   III. A organização de cada projeto é temporária.
   IV. É a forma efetiva para conseguir resultados em projetos ou problemas complexos.
   V. É uma estrutura multidimensional.

   Os itens I, II, III, IV e V referem-se, tipicamente, às propriedades das estruturas:

   a) funcionais;
   b) matriciais;
   c) por projetos;
   d) funcionais e por processos;
   e) por projetos e matriciais.

19. (FCC / AL – SP / 2010) A estrutura organizacional na qual existem os órgãos principais de trabalho, que têm vida limitada à duração do projeto e os órgãos de apoio funcional, permanentes, que apoiam os projetos e os orientam em assuntos especializados denomina-se:
    a) departamentalizada;
    b) funcional;
    c) matricial;
    d) divisional;
    e) setorial.

20. (FCC / AL – SP / 2010) Na busca por melhorias estruturais e consistentes, as empresas modernas estão abandonando suas antigas estruturas e aderindo à estrutura por:
    a) funções;
    b) áreas de atividade;
    c) processos de trabalho;
    d) custos dos produtos;
    e) nível de produtividade.

21. (CESGRANRIO / IBGE / 2009) Entre as desvantagens do elevado grau de centralização de autoridade está a:
    a) dependência da hierarquia para a tomada de decisões;
    b) existência de decisões mais alinhadas aos objetivos empresariais;
    c) facilidade de controle;
    d) padronização de procedimentos;
    e) rapidez na comunicação vertical.

22. (FCC / TJ – AP / 2009) Com relação às vantagens da descentralização sobre a centralização, assinale a alternativa INCORRETA:
    a) Visão mais focada na defesa do sucesso dos departamentos em complementação aos interesses da organização como um todo.
    b) Há maior envolvimento dos funcionários operacionais nas decisões tomadas e maior motivação entre os gerentes e, portanto, maior criação de valor moral na organização.
    c) As decisões dos administradores são tomadas com base numa visão global das metas e objetivos da organização.
    d) As decisões são tomadas por administradores com mais informação sobre o contexto e as suas implicações sobre toda a organização.
    e) Melhora o nível de capacitação e eficiência das gerências intermediárias e da sua comunicação como o nível operacional.

23. (CESPE / TRE – MA / 2010) Um dos principais pressupostos da gestão em redes organizacionais é a existência de organizações independentes, mas que possuam relações específicas e dinâmicas que demandam gerenciamentos que objetivem a obtenção de melhores resultados globais.

24. (FGV / SEFAZ – RJ / 2009) Levando em consideração a evolução do conhecimento administrativo, no que diz respeito às perspectivas das organizações em rede, assinale a afirmativa incorreta.
    a) Todas as organizações podem ser consideradas redes sociais.
    b) O ambiente é uma rede formada por organizações interconectadas.
    c) As decisões dos atores sociais devem ser compreendidas com base na racionalidade.
    d) Os contatos entre grupos organizacionais exercem pressão sobre seus membros.
    e) As comparações entre organizações devem levar em consideração as características das redes onde elas estão inseridas.

25. (ESAF / MPOG / 2009) Comportando a interação de estruturas descentralizadas e modalidades inovadoras de parcerias entre estatais e organizações sociais ou empresariais, a abordagem de redes de políticas públicas se constitui em uma recente tendência da administração pública em nosso país. Sua proliferação, porém, acarreta vantagens e desvantagens à sua gestão. Como desvantagem, podemos citar o fato de que as redes:
    a) propiciam o desenvolvimento de uma gestão adaptativa;
    b) garantem a presença pública sem a necessidade de criação ou aumento de uma estrutura burocrática;
    c) possibilitam a definição de prioridades de uma maneira mais democrática;
    d) dificultam a prestação de contas dos recursos públicos envolvidos, por envolver numerosos atores governamentais e privados;
    e) garantem a diversidade de opiniões sobre o problema em questão, por envolverem mais atores.

26. (FCC / MPE-AP / 2012) Uma rede pode ser entendida como uma malha de interação entre todos os pontos que a delineiam. Tal afirmação destaca a noção de redes organizacionais, que além das relações entre os pontos, possuem outras características. São elas:
    a) participação independente, transposição de fronteiras e multiplicidade de líderes;
    b) interligação voluntária, participação hierarquizada e propósito unificador;
    c) diversidade, transposição de fronteiras e centralização;
    d) participação hierarquizada, propósito unificador e diversidade;
    e) interligação voluntária, centralização e participação independente.

27. (CESPE / PF / 2012) Na estruturação do Departamento de Polícia Federal, composto de órgãos como as Diretorias Técnico-Científica, de Inteligência Policial, de Gestão de Pessoal e a de Administração e Logística Policial, entre outros, foi adotada a denominada departamentalização funcional.

28. (CESPE / ABIN / 2010) A departamentalização matricial, por meio da qual se unem a estrutura funcional e a de projeto, é necessária em razão de as instituições terem, atualmente, filiais em diversas cidades ou países.

29. (CESPE / MPU / 2010) A departamentalização por processos favorece a rápida adaptação da empresa às mudanças organizacionais.

30. (CESPE / TCE – SC / 2016) Caso decida departamentalizar sua organização para aumentar a cooperação interdepartamental e diminuir os níveis de especificidade do trabalho, o gestor deverá adotar, primordialmente, a departamentalização funcional, na qual cada departamento corresponde a uma função principal.

31. (CESPE / DPU / 2016) A divisão do trabalho dentro das organizações – modo pelo qual um processo complexo é dividido em tarefas –, quando é implantada de forma vertical, define a departamentalização.

32. (FCC / TRT 18ª Região / 2013) O conceito: *especialização horizontal na organização através da criação de departamentos para cuidar das atividades organizacionais; é decorrente da divisão do trabalho e da homogeneização das atividades* refere-se a:
    a) Centralização;
    b) Descentralização;
    c) Departamentalização;
    d) Reengenharia;
    e) *Downsizing*.

Gabarito Comentado

QUESTÃO	COMENTÁRIO
1 Correto	A departamentalização por processos, por propiciar maior rapidez e facilidade nos fluxos de comunicação entre as unidades envolvidas em um mesmo processo, bem como por suscitar especialização no trabalho, sem perder a visão sistêmica do rito, provê melhor uso dos recursos (inclusive do espaço físico). Em contrapartida, há, de fato, pouca flexibilidade, em especial quando há a necessidade de mudança em um macroprocesso, haja vista o custo de transação referente à alteração de um rito já estabelecido e especializado. A assertiva está correta.
2 – C	Passemos à análise das alternativas. a) A necessidade de uma solução rápida não concorre com a representação via organograma. Um organograma disfuncional, este sim, concorre para soluções morosas. Alternativa errada. b) A despeito da veracidade da assertiva, o fato é que a estrutura informal se dá até mesmo para as situações cobertas por normas. Trata-se de uma necessidade de interação social do indivíduo. Assim, a alternativa não explica o cerne da organização informal. c) Alternativa correta. A estrutura informal, típica da organização informal, nasce a partir da característica social do indivíduo, e dos aspectos de motivação e liderança. d) A estrutura informal é espontânea. Alternativa errada. Resposta: C.
3 – C	A estrutura funcional é a mais introspectiva à organização. Não se volta, em sua natureza, ao ambiente, sendo pouco adaptativa. Assim, há morosidade nas respostas às mudanças ambientais. Resposta: C.
4 Errado	No caso, o exemplo é típico da departamentalização matricial. Item errado.
5 Errado	No estágio de maturidade, a empresa deve estar apta a se recompor em espírito empreendedor. Nessa fase, a gestão da mudança e a inovação devem se fazer presentes, sob o risco de, em suas faltas, a organização não sobreviver em virtude da inflexibilidade. Eis que o desenho orgânico é o mais apropriado. A assertiva está errada.

QUESTÃO	COMENTÁRIO
6 Correto	A essência da forma (multi)divisional é a independência entre as partes da organização. Ademais, cabe a menção de que é usual a cobrança, em certame, da forma divisional baseada na departamentalização por produto. Item correto.
7 Errado	Habilidades comuns? Idênticas atividades de trabalho? Trata-se da departamentalização funcional, que segue abordagem não divisional. A assertiva está errada.
8 – D	Ao adotarmos como critério básico para a departamentalização as atividades de determinada especialidade conduzidas na organização, estaremos empregando uma ótica funcional com vistas à consolidação da estrutura organizacional. A divisão dos setores, neste caso, dá-se conforme a área do conhecimento necessário para a realização da atividade, ou, em outras palavras, conforme a especialidade requerida para a efetivação da atividade a ser desenvolvida.
9 – E	Seguem os comentários às alternativas: a) Como vimos, a departamentalização matricial envolve a sobreposição de uma estrutura funcional com outra por projetos. Assim, a alternativa está errada. b) Logicamente, há a possibilidade de um mesmo nível hierárquico (por exemplo, os vários departamentos de uma empresa) apresentar tipos de departamentalização distintos. A alternativa está errada. c) Por "formas tradicionais de departamentalização", podemos adotar basicamente a departamentalização funcional, que tem sua raiz na Teoria da Burocracia de Weber. Nesta estrutura, os departamentos são organizados em torno de funções específicas que exercem, não havendo, assim, a "necessidade" ou o estímulo à comunicação transversal entre departamentos. A alternativa está errada. d) Há sim a possibilidade de adoção de estruturas inovativas (p. ex., matricial e por projetos) em órgãos públicos. Com a implementação do Planejamento Estratégico como ferramenta gerencial, raros são os órgãos públicos brasileiros que não apresentam uma estrutura matricial. Ainda, não podemos desconsiderar os órgãos com viés de Pesquisa e Desenvolvimento (CNPQ, EMBRAPA, PETROBRAS, IPEN etc.), nos quais a estrutura por projeto está no DNA da organização. A alternativa está errada. e) Na estrutura matricial, é comum que um funcionário responda a, pelo menos, dois supervisores (um funcional e outro relativo a projeto). Assim, a unicidade de comando (característica típica da burocracia weberiana) não é atendida nesta estrutura. A alternativa está correta.
10 – D	Na departamentalização matricial, o organograma (representação gráfica da estrutura organizacional) não mais se parece uma pirâmide, tendo em vista que há dois critérios operando simultaneamente: as departamentalizações funcional e por projeto.
11 Errado	A departamentalização por produto torna mais fácil a gestão do desempenho de cada departamento ou divisão voltados a determinado produto. A principal desvantagem deste tipo de departamentalização é a comunicação usualmente ineficiente entre departamentos. A questão está errada.

QUESTÃO	COMENTÁRIO
12 Certo	Como vimos, a estrutura funcional é dividida conforme a área do conhecimento necessário para a realização da atividade (especialização). A questão está correta.
13 Errado	O tipo de departamentalização que toma por critério básico a dispersão territorial da organização é a geográfica (ou territorial). A questão está errada.
14 Certo	Dada a baixa flexibilidade da estrutura funcional, este tipo de departamentalização não favorece a criatividade e a inovação no ambiente organizacional. Critérios de departamentalização capazes de fomentar a inovação seria a departamentalização por produto ou, de forma mais objetiva, a estruturação em **redes integradas de equipes**. A questão está correta.
15 – A	Apesar de não termos o organograma, a questão menciona dados de um relatório sobre a departamentalização do TST. Podemos conceituar como órgãos de linha os Gabinetes, da Presidência e do Gabinete do Diretor, e todas as Secretarias (incluindo a Geral), pois há uma relação de comando e subordinação entre estes. Já as Assessorias e Cerimoniais são órgãos de assessoramento, não podemos dizer que eles ocupam hierarquicamente a mesma posição das Secretarias, mas também não são hierarquicamente superiores ou inferiores a estas. São apenas órgãos de assessoramento (*staff*) da Presidência.
16 – A	...apenas para reforçar a teoria. Lembre-se: **MATRICIAL = FUNCIONAL + POR PROJETO**
17 – D	Seguem os comentários às alternativas: a) De modo geral, as estruturas organizacionais são classificadas por Vasconcellos (1989) em dois grupos: as estruturas tradicionais e as inovativas. Nesta visão, as estruturas tradicionais são especialmente aplicáveis para atividades repetitivas e em ambientes (externos) estáveis. Possuem, ainda, as seguintes características: alto nível de formalização, unidade de comando, especialização elevada, comunicação vertical e utilização das formas tradicionais de departamentalização, na qual o critério funcional está inserido. Assim, com relação à alternativa, vemos que a estrutura funcional não objetiva criar ambientes estáveis, mas é uma resposta a um ambiente externo pouco mutável e dinâmico. A alternativa está errada. b) Não se pode dizer que tais aspectos são vantagens. São, simplesmente, aspectos inerentes à departamentalização funcional. A alternativa está errada. c) Na realidade, o enfoque introvertido é justamente uma das principais limitações da estrutura funcional. A alternativa está errada. d) Esta alternativa é a transcrição de uma das vantagens da departamentalização funcional apontada por Chiavenato (2007, p. 235). Nessa ótica, a estrutura funcional é especialmente vantajosa nos casos em que a segmentação lógica da alocação dos especialistas (indivíduos com competências desenvolvidas nas áreas de vendas, finanças, produção etc.) é fator identificado como gerador de vantagem competitiva. A alternativa está correta. e) Esta seria uma vantagem da departamentalização por projeto, e não funcional. A assertiva está errada.

QUESTÃO	COMENTÁRIO
18 – B	Ao analisarmos as assertivas I a V, fica claro que se trata de uma estrutura organizacional que considera fortemente a organização com vistas à condução de projetos. Assim, numa análise superficial, poderíamos cair no equívoco de considerar as estruturas caracterizadas como "por projetos". Contudo, há duas assertivas que nos dão informações adicionais: I. Os órgãos permanentes atuam como prestadores de serviços nos projetos. VI. É uma estrutura multidimensional. Por meio dessas informações, podemos concluir que: • há órgãos permanentes envolvidos diretamente na prestação de serviços nos projetos; • é uma estrutura multidimensional (na realidade, bidimensional, considerando-se a dimensão dos projetos e a dimensão da estrutura funcional, permanente). Com base nessas informações, concluímos que se trata de estruturas matriciais.
19 – C	Mais uma questão da FCC que exige do(a) candidato(a) conhecimento acerca da estrutura organizacional que combina a departamentalização por projetos e a departamentalização funcional. Como vimos, trata-se da estrutura matricial. Note que, neste tipo de estrutura, os órgãos funcionais são permanentes, e agem como alicerce à condução dos projetos.
20 – C	O foco nos processos possibilita uma visão mais ágil e acurada sobre as formas segundo as quais as organizações produzem valor (se comparado, por exemplo, com o foco as especializações, típico da departamentalização funcional). Com relação à questão proposta, seu enunciado foi baseado no texto de Pamponet (2009) que, por sua vez, recorrem aos autores Maranhão e Macieira (2004): "*A busca por melhorias estruturais e consistentes tem feito com que as organizações passem a rever a condução de suas atividades em busca de formas mais abrangentes, nas quais essas atividades passem a ser analisadas não em termos de funções, áreas ou produtos, **mas de processos de trabalho** (MARANHÃO; MACIEIRA, 2004). Assim, as empresas modernas estão abandonando a antiga estrutura por funções (ou tradicional) e aderindo a estrutura por processos, organizando seus recursos e fluxos ao longo de seus processos organizacionais.*" (destaque nosso) Com esse entendimento, a alternativa C está correta.
21 – A	Seguem os comentários às alternativas: a) a dependência da hierarquia para a tomada de decisões compromete a rapidez do ato decisório e demanda uma comunicação vertical que nem sempre é eficaz. A alternativa está correta. b) esta alternativa traz uma vantagem (e não desvantagem) do alto grau de centralização. Está, portanto, errada. c) Com elevado grau de centralização, o controle global é facilitado, sendo esta uma vantagem. Alternativa errada. d) Padronizar procedimentos também é uma vantagem da centralização. A assertiva está errada. e) A demora (e não rapidez) na comunicação vertical é uma desvantagem da centralização. A alternativa está errada.

QUESTÃO	COMENTÁRIO
22 – C	Vejamos os comentários às alternativas: a) Talvez essa alternativa não represente integralmente uma vantagem da descentralização, mas apenas uma de suas características. De qualquer forma, a FCC considerou esta assertiva correta. Na descentralização, efetivamente, a visão gerencial é focada no sucesso das unidades administrativas (departamentos), que devem convergir para os interesses globais da organização. b) Esta realmente é uma vantagem da descentralização: o envolvimento dos gerentes intermediários e de funcionários operacionais em processos decisórios, promovendo a motivação e o senso de participação. A alternativa está correta. c) Esta é uma vantagem da centralização, e não da descentralização. A assertiva está errada. d) Somente quem conhece com profundidade o contexto do problema é que saberá suas implicações sobre toda a organização. A alternativa espelha apropriadamente uma das vantagens da organização, estando, assim, correta. e) Na descentralização, as gerências intermediárias, uma vez incumbidas de responsabilidades perante suas unidades administrativas, tornam-se fatores de fomento da capacitação e da comunicação com o nível operacional. A alternativa está correta.
23 Certo	A assertiva está de acordo com o que vimos acerca das características das redes organizacionais, na seção 4 deste Capítulo.
24 – C	Vejamos os comentários às alternativas: a) As organizações, no que concerne a seus ambientes internos, podem ser consideradas redes sociais, em especial quanto à estrutura de relações entre seus colaboradores. A alternativa está correta. b) A alternativa condiz com o que vimos sobre as características das redes. Está, portanto, correta. c) A decisão racional dos atores é uma característica da Teoria da Burocracia – e não da perspectiva das redes organizacionais. d) Logicamente, ao se estabelecerem relacionamentos entre organizações, estas passam a ser stakeholders uma das outras, passando a exercer pressão sobre o comportamento de seus membros. A alternativa está correta. e) A inserção da organização em determinada rede pode ser uma fonte de vantagem competitiva. Logicamente, tal fato deve ser levado em consideração quando da comparação com outras organizações. A alternativa está errada.
25 – D	Vejamos os comentários às alternativas: a) A gestão adaptativa – decorrente da flexibilidade típica das redes – é certamente uma vantagem. A alternativa está errada. b) Esta é uma das principais vantagens das redes de políticas públicas, em especial das PPPs. A alternativa está errada. c) Logicamente, ao promover o maior diálogo com a sociedade civil, as redes formadas pelo Estado provêm uma vantagem na definição de prioridades afetas às demandas sociais. A alternativa está errada.

QUESTÃO	COMENTÁRIO
25 – D	d) A dificuldade na prestação de contas logicamente é diretamente proporcional ao número de atores envolvidos – o que, certamente, será maior em uma rede de relacionamentos. A alternativa está certa. e) Diversidade de opiniões vai ao encontro (= a favor) da participação democrática doa atores sociais, sendo esta uma virtude promovida pelas redes. A alternativa está errada.
26 – A	Podemos resumir as principais características das redes organizacionais da seguinte forma: • São compostas por **entidades independentes, com relações específicas entre si** (interdependentes na consecução de seus objetivos); • Há uma **participação ativa** de seuscomponentes, de forma **democrática**; • As redes são estruturadas em torno de **objetivos comuns**, compartilhados por seus componentes; • As redes são **flexíveis** por natureza, podendo facilmente mais bem adaptar-se às contingências do ambiente; • As **relações** entre os componentes da rede são **horizontais**, ou seja, não há uma base hierárquica que proveja lógica à rede. Assim, as alternativas C e E estão erradas por mencionarem a centralização como característica; e as alternativas B e D por colocar a participação como hierarquizada quando ela é vertical. Ainda, cabe esclarecer que o propósito unificador são os objetivos comuns, portanto são uma característica das redes organizacionais. Portanto a alternativa A está correta.
27 Certo	Note que as unidades administrativas (diretorias) citadas no enunciado representam áreas do conhecimento necessário para a realização da atividade da Polícia Federal. São diretorias especializadas em determinadas funções. De modo geral, as organizações públicas atuais comportam ainda a departamentalização funcional, em harmonia com os preceitos burocráticos weberianos. A questão está correta.
28 Errado	O tipo de departamentalização que leva em consideração a dispersão espacial da organização, e que detém relevância no caso da existência de filiais em locais distantes, é a departamentalização geográfica. A questão está errada.
29 Errado	A falta de flexibilidade é justamente uma das desvantagens da departamentalização por processos (em especial quando há mudança em um macroprocesso). A questão está errada.
30 Errado	A departamentalização funcional implica o incremento de especificidade do trabalho, por constituir núcleos ou unidades voltados à condução de tipos característicos e delineados de processos de trabalho. Assim, a assertiva está errada.

QUESTÃO	COMENTÁRIO
31 Errado	A departamentalização, conforme vimos neste Capítulo, diz respeito ao sistema de responsabilidade, no qual ocorre a divisão de trabalho na organização. É uma tarefa eminentemente horizontal. É no sistema de autoridade, no qual se leva em consideração aspectos como níveis hierárquicos e amplitude de controle, que passa a ser estabelecida a divisão de poder organizacional. Eis uma tarefa tipicamente vertical. A afirmativa, dessa forma, está errada.
32 – C	Trata-se do conceito de departamentalização, visto neste Capítulo, e elaborado por Chiavenato. Resposta: C.

CAPÍTULO 4
Aspectos de Teoria Geral do Estado

Antes de ingressarmos propriamente no estudo da Administração Pública em si, é essencial nos familiarizarmos com alguns aspectos da Teoria Geral do Estado.

De modo geral, a Administração Pública refere-se a um conjunto de atividades ou de órgãos, entidades e agentes públicos responsáveis por gerir uma forma histórica de organização jurídica chamada de Estado.

Nesse sentido, este Capítulo irá apresentar, inicialmente, não só o conceito de Estado, mas também seus elementos, sua evolução histórica e as teorias de formação aplicáveis. Daremos continuidade abordando a Teoria das Formas e dos Sistemas de Governo, culminando na apresentação de aspectos fundamentais na formação do Estado brasileiro.

1. O Conceito de Estado

A palavra "Estado" tem sua origem na expressão latina *status* que, por sua vez, provém do verbo *stare* (= manter-se, permanecer em pé). O emprego desta expressão na acepção (= significado) hoje utilizada é relativamente nova, conforme salienta Azambuja (2008, p. 6):

> A palavra Estado, no sentido em que hoje a empregamos, é relativamente nova. Os gregos, cujos Estados não ultrapassavam os limites da cidade, usavam o termo polis, e saí veio política, a arte ou ciência de governar a cidade. Os romanos, com o mesmo sentido, tinham civitas e respublica. Em latim, status não possuía a significação que hoje lhe damos, e sim a de situação, condição. Empregavam os romanos frequentemente a expressão status reipublicae, para designar a situação, a ordem permanente da coisa pública, dos negócios do Estado. Talvez daí, pelo desuso do segundo termo, tenham os escritores medievais empregado Status com a significação moderna.

A noção de **Estado**, nos moldes daquilo que existe atualmente, é resultado de uma evolução que remonta à Antiguidade, mas que tomou a forma semelhante ao que vemos hoje somente a partir dos séculos XV e XVI.

Seu conceito é assim nos apresentado por Moraes (2010, p. 3):

> Estado é uma forma histórica de **organização jurídica**, limitado a um determinado território e com população definida e dotado de soberania, que em termos gerais e no sentido moderno, configura-se em um poder supremo no plano interno e num poder independente no plano internacional.

Dessa forma, há de se destacar, preliminarmente, os **elementos do Estado:**

ELEMENTOS DO ESTADO	
ELEMENTO	**DISCRIMINAÇÃO**
Território	A plenitude do conceito de Estado só é possível quando consideramos sua influência sobre um território definido. Na base territorial, ocupada por uma população, é que se exerce o poder do Estado. Não se trata de um direito de propriedade sobre o território, mas sim de um direito público, de cunho institucional que, por vezes, sobrepõe-se aos direitos privados. Ainda, no território estatal estão compreendidos as porções de terra, os rios, lagos, mares interiores e o mar territorial (se for o caso), além do espaço aéreo, dos navios de guerra e das sedes de missões diplomáticas. Os povos nômades (que não se fixam em um território), ainda que sujeitos à autoridade de um chefe, não formam um Estado (AZAMBUJA, 2008), tendo em vista a inexistência de um território que constitua o limite físico do seu poder jurídico.
Povo	Trata-se do agrupamento de pessoas que vivem em determinado território, que, ao demonstrarem uma convergência de intenções, buscando a realização de fins de fins comuns, compõem o elemento de base do Estado. Devem-se distinguir os conceitos de **povo** e de **nação**. Enquanto o primeiro (**povo**) é composto de indivíduos simplesmente agrupados em um mesmo território (cidadãos), **nação** traz uma ideia de indivíduos dotados de um conjunto de fatores comuns, usualmente de base cultural, como raça, língua, costumes, religião etc. Assim, é possível a nação existir sem Estado, bem como pode o Estado existir sem nação, **mas não pode existir Estado sem povo.**

ELEMENTOS DO ESTADO	
ELEMENTO	**DISCRIMINAÇÃO**
Poder Soberano	O exercício do poder do Estado sobre o seu povo, dentro de seu território, é **supremo**, ou seja, não se submete a nenhum outro. O poder é exercido sobre o território e sobre as pessoas que nele se encontrem, sejam elas nacionais ou estrangeiras. Juntamente com a noção de Poder Soberano, associa-se a **Independência Estatal**, isto é, resta assegurada a liberdade de não admitir o controle por parte de outros Estados.
Governo[1]	Refere-se ao núcleo decisório do Estado, responsável pela definição dos objetivos e das diretrizes gerais de atuação estatal. O Governo elabora políticas públicas, bem como toma decisões político-administrativas afetas à condução da coisa pública.

Os indivíduos pertencentes a um Estado têm, entre si, um **vínculo jurídico**, provendo a base para a elaboração de um conjunto de regras norteadoras da atividade estatal.

Há três dimensões segundo as quais a estrutura do Estado é estabelecida:

ESTRUTURA DO ESTADO	
DIMENSÃO	**BASE**
Jurídica	Sistema constitucional e legal.
Política	Esferas de governo (União, Estados-membros, Municípios e Distrito Federal) e Poderes (Executivo, Legislativo e Judiciário).
Administrativa	Governo e Administração Pública (Direta e Indireta).

Q1. (ESAF / MPOG / 2002 – adaptada) Julgue a assertiva abaixo:

Por Estado entende-se um grupo de pessoas que vivem num território definido, organizado de tal modo que apenas algumas delas são designadas para controlar uma série mais ou menos restrita de atividades do grupo, com base em valores reais ou socialmente reconhecidos e, se necessário, na força.

A afirmativa relaciona de forma acertada os elementos do Estado. Faz menção ao grupo de pessoas (povo) que vivem em determinado território e que são conduzidas por um governo soberano que, no plano interno, configura-se em um poder supremo.

---

[1] Há diversos autores que não listam o "Governo" como elemento do Estado, limitando-se apenas a povo, território e soberania. No entanto, a ESAF, por exemplo, em uma de suas provas, já considerou correta a inserção do Governo como elemento estatal.

Há, ainda, alguns pontos do enunciado que merecem destaque:
- no Estado, apenas alguns membros do povo são designados para exercer o papel de governante;
- o poder soberano, para ser exercido com bases sólidas, deve pautar-se em valores reais ou socialmente reconhecidos. Só assim haverá o que se chama de institucionalização do governo. Assim, por exemplo, um governo que tome medidas autoritárias e arbitrárias em uma sociedade cuja cultura está moldada em valores democráticos e liberais seguramente não terá êxito;
- há a prerrogativa do uso da força pelo Estado, em especial para a manutenção da ordem pública e da segurança de seu povo.

Dessa forma, a assertiva está correta.

2. A Evolução Histórica do Estado

2.1. Os modos de nascimento do Estado

Historicamente, há três modos de nascimento de um Estado:
- **Modo originário:** surge do próprio meio nacional, sem dependência de qualquer fator externo. Um grupo humano (preferencialmente mais ou menos homogêneo) estabelece-se em um território, organiza o seu governo e passa a apresentar as condições administrativas, políticas e jurídicas para a formação de um Estado.
- **Modo secundário:** há a união de vários Estados para formar um novo, ou, ainda, a subdivisão de um Estado para formar vários.
- **Modo derivado:** o Estado surge em consequência de influências exteriores. Foram os casos de colonização, ou, ainda, de concessões de direito de soberania por parte de antigas colônias.

Q2. (ESAF / CGU / 2008) Indique a opção que completa corretamente as lacunas das frases a seguir:

Há três modos pelos quais historicamente se formam os Estados: Os modos _____ em que a formação é inteiramente nova, o Estado nasce diretamente da população e do país; os modos _____, quando a formação se produz por influências externas e os modos _____, quando vários Estados se unem para formar um novo Estado ou quando um se fraciona para formar um outro.

a) originários – derivados – secundários;
b) derivados – contratuais – originários;

c) contratuais – derivados – naturais;
d) naturais – originários – derivados;
e) secundários – naturais – originários.

Como vimos, a sequência que completa corretamente as lacunas é: "originários – derivados – secundários".

Resposta: A.

2.2. Teorias de formação do Estado

Em complementação aos modos de nascimento de um Estado, há uma série de **teorias** que se propõem a elucidar o aspecto central capaz de dar origem ao Estado. Neste caso, estamos nos aprofundando na explicação dos **modos originários** de formação do Estado, ok?

De modo geral, as correntes teóricas que se propõem a elucidar as causas para a formação do Estado podem ser agrupadas em duas vertentes principais: as teorias contratualistas (há um "contrato" voluntário dos indivíduos para a consolidação estatal) e as teorias não contratualistas (há uma formação natural do Estado). Vejamos o esquema abaixo:

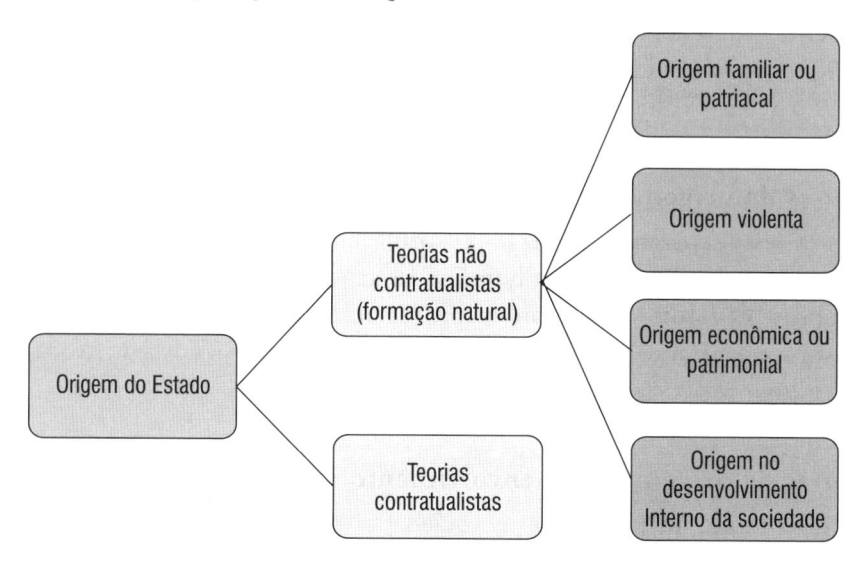

```
                                              ┌─ Origem familiar ou patriacal
                                              │
                        ┌─ Teorias não       ├─ Origem violenta
                        │  contratualistas   │
Origem do Estado ───────┤  (formação natural)├─ Origem econômica ou patrimonial
                        │                    │
                        │                    └─ Origem no desenvolvimento
                        │                       Interno da sociedade
                        └─ Teorias
                           contratualistas
```

2.2.1. Teorias Não Contratualistas de Formação do Estado

Teorias da origem familiar ou patriarcal do Estado

São as teorias mais remotas (= antigas), que defendem a visão de que o Estado é formado a partir do desenvolvimento e da ampliação do núcleo familiar. Assim, não só o Estado, mas como a própria sociedade como um todo derivaria da família.

Para Sahid Maluf (1995, p. 98), as teorias familiais possuem fundamento bíblico, uma vez que se apoia "na derivação da humanidade de um casal originário" (no caso, Adão e Eva).

Conforme salienta Azambuja (2008, p. 121), "há um evidente equívoco em identificar a origem da humanidade com a origem do Estado". Assim, por exemplo, os Estados americanos, desenvolvidos em períodos mais recentes na história da humanidade, foram constituídos de inúmeras famílias, e não de uma só.

Teorias da origem violenta do Estado

De acordo com os teóricos desta corrente, o Estado pode ser entendido como uma organização social imposta por um grupo vencedor a um grupo vencido, cujo intuito principal é justamente regulamentar a dominação do primeiro grupo sobre o segundo. Nesse caso, o Estado visa à exploração econômica do vencido, e à defesa da autoridade do detentor do poder, opondo-se às revoltas da classe dominada.

Teorias da origem econômica ou patrimonial do Estado

Para esta corrente teórica, a formação do Estado é vista como decorrência dos benefícios advindos das trocas econômicas entre os seus membros. O intuito é o melhor aproveitamento da divisão do trabalho e a institucionalização do mercado, suprindo as necessidades de troca dos indivíduos.

Teorias da origem no desenvolvimento interno da sociedade

Nessa visão, ao passo que as sociedades tornam-se gradualmente mais desenvolvidas, passa a existir a necessidade de consolidação do Estado, como forma de prover a ordem política essencial à estabilidade das instituições sociais.

Assim, a capacidade de formação do Estado seria inerente a qualquer grupo social humano, mas só é "trazido à tona" nas sociedades mais complexas.

2.2.2. Teorias Contratuais de Formação do Estado

De acordo com as **teorias contratualistas**, cujos autores de maior destaque são John Locke, Thomas Hobbes e Jean-Jacques Rousseau, o Estado teria origem a partir de uma convenção entre os membros da sociedade – o chamado **contrato social**.

Segundo esta corrente teórica, o indivíduo, ao associar-se por meio de um contrato social, aliena (= transfere) seus direitos ao recém-formado corpo político que irá gerir a sociedade. Os ganhos advindos dessa alienação seriam significativos, tendo em vista que se cria uma vontade única, cujos esforços serão direcionados para o bem coletivo. Para garantir que os indivíduos cumpram as orientações provenientes deste corpo político, são instituídas as leis, bem como as sanções que garantam a manutenção da estabilidade política do Estado.

Jean-Jacques Rousseau
Fonte: http://www.lastfm.com.br/music/Jean-Jacques+Rousseau

Alguns pontos atinentes às **teorias contratualistas** merecem destaque:

- **Previamente** à constituição do Estado, há uma situação anárquica e "sangrenta" (AZAMBUJA, 2008, p. 122) em que os indivíduos possuem **direitos ilimitados**. Esta situação é chamada de **estado de natureza**, e justifica a opção dos indivíduos de abdicarem de seus direitos ilimitados, em prol de uma condição mais vantajosa e segura aos membros da sociedade.

- O **pacto de associação** – o contrato social – é feito a partir da **escolha racional** dos membros da sociedade, que ponderam acerca das vantagens de abdicarem de suas prerrogativas individuais em prol do bem comum e da **igualdade entre os homens**.

- Apesar de haver esse pacto de associação (contrato social), há a **manutenção da liberdade dos indivíduos**, que continuam independentes e senhores de sua vontade, tendo em vista que a associação foi voluntária e que os membros da comunidade atuam como senhores de si próprios.

Vejamos como esse conteúdo já foi cobrado em concurso:

Q3. (ESAF / MPOG / 2008) Um dos objetos de grande atenção do pensamento e da teoria política moderna é a constituição da ordem política. Sobre essa temática, uma das tradições de reflexão mais destacadas sustenta que a ordem tem origem contratual. Todos os elementos abaixo são comuns a todos os pensadores da matriz contratualista da ordem política, exceto:

a) o estado da natureza;

b) a existência de direitos previamente à ordem política;

c) a presença de sujeitos capazes de fazer escolhas racionais;

d) um pacto de associação;

e) um pacto de subordinação.

Como vimos, de acordo com as teorias contratualistas, previamente à constituição do Estado os indivíduos possuem direitos ilimitados, vigorando uma situação anárquica denominada estado da natureza. Dessa forma, as alternativas "a" e "b" estão corretas.

Em decorrência da percepção, por parte dos indivíduos, de que a consolidação de uma ordem política unânime seria vantajosa a todos, há a escolha racional em prol de um pacto de associação – o contrato social, a partir da qual há a abdicação dos direitos ilimitados, formando-se, assim, o Estado (também chamado de *Leviatã*, por Hobbes). Assim, as alternativas "c" e "d" estão corretas.

No que diz respeito à alternativa "e", não podemos dizer que os teóricos contratualistas entendem haver um pacto de subordinação na formação do Estado. Ao contrário, em geral, os pensadores contratualistas defendem haver, quando da formação do Estado, a manutenção da liberdade dos indivíduos. É o que vemos nas palavras de Rousseau (*apud* AZAMBUJA, 2008, p. 123), ao referir-se ao problema que culmina na opção pela formação do Estado:

> "*Encontrar uma forma de associação que defenda e proteja com toda a força comum a pessoa e os bens de cada associação e pela qual cada um, unindo-se a todos, não obedeça no entanto senão a si mesmo **e permaneça tão livre quanto antes**".*

Dessa maneira, a alternativa "e" está errada.

Resposta: E.

2.3. As formas históricas de Estado

Diversas são as formas de Estado, que aqui serão apresentadas tomando-se por base o critério histórico de seu desenvolvimento.

Nesse ponto, recorremos a Bobbio (2007, p. 114):

> "À base do critério histórico, a tipologia mais corrente e mais acreditada junto aos historiadores das instituições é a que propõe a seguinte sequência: **Estado feudal, Estado estamental, Estado absoluto, Estado representativo.**"

Com o intuito de prover um melhor embasamento, é pertinente um breve apanhado sobre História Geral do Ocidente.

A história da humanidade é dividida, em termos didáticos, em grandes períodos, usualmente denominados **Eras** ou **Idades**.

	476	1453	1789	
ANTIGUIDADE	IDADE MÉDIA	IDADE MODERNA	IDADE CONTEMPORÂNEA	

Em termos cronológicos, o primeiro período histórico – a **Pré-História** – tem o seu início cerca de 3,5 milhões de anos a.C., estendendo-se até 4 mil a.C., quando da invenção da escrita pelos Sumérios (Mesopotâmia).

Teve então início a **Antiguidade**, marcada pela existência de grandes civilizações (egípcia, persa, grega, romana entre outras). A última grande civilização da Antiguidade foi a Romana, sendo que sua queda, em 476 d.C., marcou a passagem para a Idade Média.

A **Idade Média** foi marcada por um período inicial de grande incerteza (em decorrência da continuidade das invasões bárbaras, que contribuíram para a queda do Império Romano), pelo declínio das cidades, por inúmeras guerras (em especial as empreitadas cristãs a partir do século X – as Cruzadas), pelo pleno poder do clero e por doenças – só a peste negra, no século XIV, dizimou cerca de um terço da população europeia em apenas três anos. Nessa Era, a estrutura política vigente era o feudalismo, caracterizado por inúmeras unidades agrárias produtivas e descentralizadas (os feudos), governadas pelos senhores feudais, ao qual se subordinavam nobres de categorias inferiores (vassalos), além de trabalhadores pertencentes à mais baixa classe social (os servos).

A **Idade Moderna** teve seu início em 1453, com a tomada de Constantinopla pelos turcos otomanos, e estendeu-se até 1789, quando ocorre a queda da Bastilha na Revolução Francesa. Trata-se de um período de transição por excelência, em que o modo de produção feudal foi gradualmente substituído pelo modo de produção capitalista. Neste interstício, houve a estruturação e o desenvolvimento das cidades, um notável progresso comercial (inclusive com as Grandes Navegações), um renascimento cultural expressivo (que resgatava referências clássicas gregas e romanas), e o fortalecimento do poder secular.[2]

Foi durante a **Idade Moderna** que se observou a máxima centralização monárquica, assumindo o rei o papel de senhor absoluto. O Absolutismo foi responsável pela formação de um Estado extremamente forte, repressor e interventor. Formou-se uma nobreza parasitária que habitava as cortes do rei, sem ocupação definida a não se prover apoio irrestrito ao monarca. Na França, no final do século XVIII, a insatisfação acentuada da burguesia e as condições de miséria dos camponeses, trabalhadores e desempregados culminou na iniciativa popular de tomar as ruas no intuito de depor do poder o monarca Luís XVI. Foi a Revolução Francesa, que marcou o término da Idade Moderna.

A **Idade Contemporânea** estende-se até os dias atuais, sendo um período durante o qual se observou a consolidação do regime capitalista, bem como pela disputa das potências europeias e dos Estados Unidos por mercados consumidores e por matérias-primas.

Feito esse apanhado histórico, o quadro a seguir apresenta as principais formas de Estado, bem como suas características:

FORMAS (HISTÓRICAS) DE ESTADO[3]	
FORMA	CARACTERÍSTICAS
Feudal	O Estado feudal é caracterizado pelo **exercício acumulativo das diversas funções de direção por parte das mesmas pessoas** e pela **fragmentação do poder central** em pequenos agregados sociais.
Estamental	Há a formação de **órgãos colegiados** que reúnem pessoas da mesma posição social – os estamentos. Os membros dos estamentos mais elevados gozam de privilégios em termos de reconhecimento social e de um estilo de vida diferenciado, marcado pela ostentação. O critério da divisão das classes em estamentos é puramente a posse de riqueza, definidora do *status* do indivíduo. A relação entre os órgãos colegiados e o detentor do poder soberano usualmente é conflituosa, dando-se por meio de assembleias deliberantes (como os parlamentos).

---

2 Poder secular refere-se ao Estado, ao passo que Poder temporal, ao clero.
3 Elaborado com base em Bobbio (2007).

FORMAS (HISTÓRICAS) DE ESTADO	
FORMA	**CARACTERÍSTICAS**
Absoluto	O Estado Absoluto é marcado por um duplo processo de concentração do poder e de centralização num determinado território. Por concentração entende-se o fato de os mais diversos poderes mediante os quais a soberania é exercida serem de fato atribuídos ao monarca. A centralização, por sua vez, refere-se à eliminação de instâncias políticas inferiores ao poder do rei, de modo a consolidar-se o monarca como único poder no território.
Representativo	A diferença do Estado Representativo para o Estado Estamental reside no fato de que a representação por órgãos colegiados estamentais é substituída pela representação dos indivíduos do povo. Passa-se a considerar o cidadão como dotado de direitos naturais que devem ser universalmente respeitados. O Estado representativo surgiu, historicamente, na forma de monarquia constitucional (e depois parlamentar) na Europa, e na forma de república presidencial nos Estados Unidos.

Q4. (ESAF / MPOG / 2005) Do ponto de vista histórico podemos verificar várias definições de Estado, com características específicas. Indique a opção correta:

a) O Estado feudal caracteriza-se por uma concentração de poder, em um determinado território nacional, na figura do rei.

b) O Estado estamental caracteriza-se por uma divisão de classes entre os detentores, ou não, dos meios de produção.

c) O Estado socialista caracteriza-se por desconcentrar o poder entre a população por meio de um sistema multipartidário.

d) O Estado absolutista caracteriza-se por um duplo processo de concentração e centralização de poder em um determinado território.

e) O Estado representativo caracteriza-se por ser exclusivo a sociedades democráticas modernas, não existindo em monarquias.

Vejamos os comentários às alternativas:

a) O Estado feudal é caracterizado pela segmentação do poder em unidades dispersas territorialmente – os feudos. No há, na Idade Média, a ideia de concentração do poder / centralização. A alternativa está errada.

b) No Estado estamental, o critério para a divisão em classes é a riqueza e *status* dos indivíduos. O critério da posse (ou não) dos meios de produção é empregado para a divisão das sociedades em capitalistas e socialistas. Assim, a alternativa está errada.

c) É certo que a tipologia histórica de formas de Estado proposta por Bobbio (2007) não contempla a totalidade de formas hoje existentes. Nas próprias palavras de Bobbio (2007, p. 118-119):

A última fase da sequência histórica há pouco descrita [Estados feudal – estamental – absoluto – representativo] não exaure certamente a fenomenologia das formas de Estado hoje existentes. Ao contrário, dela escapam [...] a maior parte dos Estados que hoje constituem a comunidade internacional. [...]

Os Estados que escapam, inclusive em linha de princípio, da fase descrita acima, são os **Estados socialistas** *[...]*

Em continuidade, Bobbio (2007, p. 120) identifica o principal elemento característico dos Estados socialistas – o monopartidarismo:

[...] a diferença essencial entre as democracias representativas e os Estados socialistas está no contraste entre sistemas multipartidários e sistemas monopartidários [...]. O **domínio de um partido** *único reintroduz no sistema político o princípio monocrático dos governos monárquicos do passado e talvez constitua o verdadeiro elemento característico dos Estados socialistas [...]*

Dessa maneira, não há de se falar em multipartidarismo em um Estado socialista. A alternativa está errada.

d) A alternativa espelha de forma apropriada a característica central dos Estados absolutistas, conforme vimos no quadro anterior. Está, portanto, correta.

e) Como vimos, o Estado representativo surgiu, historicamente, na forma de monarquia constitucional (e depois parlamentar) na Europa, e na forma de república presidencial nos Estados Unidos. Existe, pois, em monarquias. A alternativa está errada.

Resposta: D.

3. O Conceito de Governo

Governo pode ser definido como o <u>modo pelo qual são definidos os objetivos e as diretrizes gerais de atuação do Estado</u>. Assim, é o Governo o responsável por elaborar as políticas públicas, bem como por tomar decisões político-administrativas afetas à condução da coisa pública.

O **governo** é composto por um grupo de pessoas que exercem o papel de núcleo decisório do Estado.

A fim de bem entendermos o conceito acima, é essencial traçarmos as distinções entre Estado e Governo:

ESTADO	GOVERNO
Natureza permanente	Natureza transitória (os representantes governam por prazo determinado).
Ente moral	Ente real.

ESTADO	GOVERNO
Ente intangível	Ente tangível, composto por agentes políticos.
Detém o poder extroverso[4]	Exerce o poder.

Na realidade, não devemos ver o Governo de forma dissociada do Estado: o primeiro só existe com o propósito de representar a parte política do Estado, que atua na condução da coisa pública. Em síntese: o Governo é um instrumento do Estado.

A Doutrina apresenta **quatro dimensões do conceito de governo**:

- **Formal:** refere-se ao conjunto de Poderes e de órgãos constitucionais;
- **Material:** refere-se às atividades legislativas, executivas e judiciárias, ou seja, é o conjunto das funções estatais básicas;
- **Operacional:** trata-se da condução política dos objetivos e dos negócios públicos;
- **Estrito:** é alusiva ao agente público que exerce o poder. O Presidente da República (chefe do Poder Executivo) é dito Chefe de Governo, por exercer o governo de forma ampla. Logicamente, não só o Chefe do Executivo governa, mas também os presidentes do Poder Legislativo, do Poder Judiciário e o chefe do Ministério Público da União. A esta cúpula dirigente, soma-se um corpo de funcionários (ministros de Estado, deputados, senadores etc.) e a força militar.

Ao passo que o **Governo** é um instrumento do Estado, atuando na elaboração e na escolha de planos políticos, a Administração Pública é um instrumento do Governo, executando os planos escolhidos.

Q5. (ESAF / CVM/ 2010) Partindo-se do pressuposto de que a função política ou de governo difere da função administrativa, é correto afirmar que estão relacionadas(os) à função política, exceto:

a) comando;

b) coordenação;

c) execução;

d) direção;

e) planejamento.

A execução é atividade típica da função administrativa e não da função política.
Resposta: C.

---

4 Poder extroverso é o poder que o Estado possui de constituir obrigações a terceiros, de forma unilateral.

4. Teoria das Formas e dos Sistemas de Governo

Uma vez apresentadas as principais características do Estado, iremos nos aprofundar nos aspectos principais de seu governo. Neste ponto, duas perguntas merecem nossa atenção:

- Como é exercido o poder no Estado e como se dá a relação entre governantes e governados? Neste caso, estamos falando de **forma de governo**;
- Como o Estado é organizado em termos políticos (como se dá a relação entre os Poderes – em especial o Legislativo e o Executivo)? Ao responder esta questão, estaremos caracterizando o **sistema de governo**.

Assim, no estudo da estruturação do governo de um Estado, as definições de forma e de sistema de governo são fundamentais:

Forma de Governo
modo pelo qual é exercido o poder no Estado

Sistema de Governo
modo pelo qual o Estado é politicamente organizado

A seguir, veremos as principais tipologias de formas e sistemas de governo.

4.1. Formas de Governo

A classificação mais antiga, atinente às formas de governo, é de autoria de Aristóteles, e adota como critério do número de governantes. Nesta classificação, deve-se fazer, preliminarmente, a distinção entre as formas **puras** e **impuras** de governo:

- **formas puras de governo** → visam sempre ao bem comum;
- **formas impuras de governo** → há uma desvirtuação da atuação governamental. Ou o(s) governante(s) atua(m) em prol de si próprio(s), ou usam artifícios para iludir os governados.

Feita a distinção, apresenta-se, no quadro a seguir, as formas de governo na tipologia de Aristóteles:

	FORMA PURA	**FORMA IMPURA**
Apenas um governante	**Monarquia** – apenas um indivíduo governa em prol do bem comum.	**Tirania ou Despotismo** – apenas um indivíduo governa em benefício próprio.
Minoria governante	**Aristocracia** – poucos indivíduos privilegiados (nobreza) governam visando ao bem comum.	**Oligarquia** – poucos indivíduos privilegiados (nobreza) governam em benefício próprio.
Governo exercido pelo povo	**Democracia** – o governo é exercido diretamente pelo povo, ou por meio de seus representantes.	**Demagogia** – os representantes do povo atuam em benefício próprio, fascinando os governados com metas ilusórias, apenas para angariar o suporte de seu poder.

No século XVI, o historiador e diplomata italiano Nicolau Maquiavel trouxe a concepção de um **ciclo de governo**, ilustrado a seguir:

1. Estado Anárquico
2. Monarquia
3. Tirania
4. Aristocracia
5. Oligarquia
6. Democracia
7. Demagogia

O **ciclo de governo** inicia-se com um Estado Anárquico, entendido como o ponto de partida da vida humana em sociedade. Como forma de garantir ordem e segurança à comunidade, estabelece-se uma monarquia hereditária que, com o passar do tempo, é degenerada em uma tirania. Com o intuito de restringir os desmandos do tirano, a nobreza apodera-se do governo, instaurando-se a aristocracia, visando ao bem comum. Todavia, uma vez mais há a degeneração da forma de governo, e a aristocracia transforma-se em uma oligarquia. O povo acaba por decidir que o melhor é governar por si mesmo, e destitui os oligarcas, e forma-se a democracia. Por fim, os representantes do povo acabam por desvirtuar-se, assumindo o papel de demagogos, agindo cada um em proveito pessoal. A acentuação desta condição culmina no ponto de partida – o Estado Anárquico.

Foi no século XVIII que uma das classificações mais aceitas dos tempos modernos tomou forma. Trata-se da proposição do filósofo francês Charles Montesquieu, segundo o qual há três formas de governo:

- **monarquia** → há apenas um governante, que exerce seu poder com base em leis fixas estabelecidas;
- **república** → o povo como um todo, ou apenas uma parcela, é detentor de poder soberano;
- **despotismo** → há apenas um governante, que exerce seu poder com base apenas em sua própria vontade, atendendo a seus caprichos.

Atualmente, no mundo ocidental, as formas fundamentais de governo são a **monarquia** e a **república**. As características centrais dessas formas de governo são comparadas no quadro a seguir:

	MONARQUIA	REPÚBLICA
Período de governo	Vitaliciedade – o monarca governa até quando tiver condições físicas para tanto (usualmente até o final de sua vida).	Temporariedade – o governante recebe um mandato, que é exercido até o final de um período fixo pré-determinado.
Modo de acesso ao poder	Hereditariedade – há uma linha de sucessão familiar que garante o acesso ao poder.	Eletividade – o governante é eleito pelo povo.
Responsabilidade	Irresponsabilidade – os atos do monarca não precisam ser motivados, ou seja, ter seus motivos explícitos a seus súditos.	Responsabilidade – o Chefe de Governo deve prestar contas de suas ações à sociedade ou a um órgão de representação popular.

Q6. (ESAF / STN / 2005 – adaptada) Julgue a assertiva abaixo:

Forma de governo diz respeito ao modo como se relacionam os poderes, especialmente os Poderes Legislativo e Executivo, sendo os Estados, segundo a classificação dualista de Maquiavel, divididos em repúblicas ou monarquias.

Há um equívoco apenas na primeira parte da assertiva.

Quando falamos da maneira como se relacionam os poderes, estamos nos referindo ao modo como o Estado é politicamente organizado, ou seja, ao sistema de governo.

A forma de governo explicita como se dá a relação entre governantes e governados, e não o diálogo entre poderes.

Assim, o enunciado está errado.

Resposta: E.

Q7. (CESPE / IBAMA / 2013) República é uma forma de governo fundamentada na igualdade formal entre as pessoas, na qual o poder político é exercido por meio de representação, em caráter eletivo e por um período determinado de tempo.

Na República, a igualdade é dita formal, pois advém de preceitos constitucionais, em especial a isonomia perante a Lei. As demais características: eletividade (representatividade) e temporariedade foram vistas no quadro anterior.

A assertiva está correta.

Q8. (CESPE / DPE – RO / 2012) As características fundamentais da República são: temporariedade, eletividade e responsabilidade.

O enunciado lista de forma acertada as características centrais da República, estudadas no quadro anterior.

4.2. Sistemas de Governo

Em termos de **sistemas de governo**, nossa discussão será centrada nos dois principais modelos: o presidencialismo e o parlamentarismo.

Antecedendo a abordagem aos sistemas de governo, é essencial a compreensão dos seguintes papéis:

- **Chefe de Estado** → exerce a função de representação legítima interna e externa (internacional) do Estado. Não detém atribuições políticas (é politicamente irresponsável);
- **Chefe de Governo** → é o líder do Poder Executivo, responsável pela elaboração e implementação de políticas sociais e econômicas.

O **presidencialismo** é o sistema de governo que, com base na harmonia e na coordenação dos Poderes, assegura a independência[5] entre os Poderes Legislativo e Executivo. Neste sistema, as atribuições de Chefe de Estado e Chefe de Governo estão concentradas no mesmo cargo – o Presidente da República.

Já o **parlamentarismo** é o sistema de governo no qual o Poder Executivo é colocado sob a confiança do Poder Legislativo, havendo uma relação mais dependente e balanceada entre estes Poderes. No parlamentarismo, ainda, as atribuições de Chefe de Estado e Chefe de Governo estão dispostas em cargos distintos.

---

5 Apesar de haver a independência entre os Poderes, há a ideia de controle e vigilância recíprocos, de forma a assegurar o cumprimento dos deveres constitucionais de cada um. Esta prerrogativa de "controle e vigilância" é denominada **sistema de freios e contrapesos**.

No parlamentarismo, o líder do grupo majoritário do Parlamento (Poder Legislativo) é o Chefe de Governo, recebendo a denominação de Primeiro-Ministro. Ele, pessoalmente, escolhe os seus ministros, formando-se, assim, o Gabinete, que passa a exercer a chefia do governo, estabelecendo as diretrizes políticas da sociedade. A aprovação Primeiro-Ministro, em conjunto com o seu Conselho de Ministros, é condicionada à aprovação de um plano de governo pelo Parlamento, de maneira que o Parlamento assume a responsabilidade conjunta pelo governo do Poder Executivo.

O Primeiro-Ministro será mantido no poder não por um período predeterminado, mas enquanto houver a confiança do Parlamento (cujos membros são eleitos pelo povo). Uma vez retirada a confiança do Parlamento, o Primeiro-Ministro é exonerado, tendo em vista que não possui mandato.

Em contrapartida, o Chefe de Estado (representante legítimo do Estado) pode dissolver o Parlamento, a pedido do Chefe de Governo. Nessa hipótese, novas eleições populares são convocadas, de modo a formar-se um novo Parlamento.

O quadro a seguir apresenta as principais caraterísticas dos dois sistemas de governo:

	PRESIDENCIALISMO	PARLAMENTARISMO
Forma de governo no qual é aplicável	É o sistema de governo típico das **Repúblicas**.	É o sistema de governo típico das **Monarquias Constitucionais** (mas também se estendeu às **Repúblicas**).
Chefe de Estado	Presidente da República (Chefe do Poder Executivo).	Monarca ou Presidente.
Chefe de Governo	Presidente da República (Chefe do Poder Executivo).	Primeiro-Ministro.
Relação Poder Executivo *versus* Poder Legislativo	São Poderes independentes e harmônicos entre si.	Há maior dependência entre os Poderes. Uma vez retirada a confiança do Parlamento no Primeiro-Ministro, ele é destituído. Da mesma forma, o Chefe de Governo pode solicitar ao Chefe de Estado a dissolução do Parlamento.
Duração do mandato do Chefe de Governo	Predeterminada (no Brasil, o período é de 4 anos).	Não é predeterminada, mas dura enquanto o Primeiro-Ministro dispor da confiança do Parlamento, compreendida como o apoio de uma base partidária majoritária.

Q9. (ESAF / CGU / 2008 – adaptada) O Estado moderno é constituído de três poderes: Executivo, Legislativo e Judiciário, que podem estar nitidamente separados ou não em função do sistema de governo adotado. Escolha a opção correta.
a) No parlamentarismo, o sistema de governo é monárquico.
b) No presidencialismo, o chefe de governo é escolhido pela Assembleia Legislativa.
c) No parlamentarismo, o monarca exerce a chefia do Estado e do governo.
d) No presidencialismo, há uma nítida separação entre a chefia de Estado e de governo.
e) No presidencialismo, os poderes Executivo e Legislativo estão nitidamente separados.

Vejamos os comentários às alternativas:
a) Há um duplo equívoco na alternativa. Primeiramente, parlamentarismo já é, por si só, um sistema de governo. Monarquia e República são formas de governo. Ainda, as formas de governo às quais o parlamentarismo é aplicável são a monarquia e a república. A alternativa está errada.
b) No presidencialismo, o chefe de governo é eleito diretamente pelo povo ou por seus representantes. A alternativa está errada.
c) No parlamentarismo em que vigora a forma de governo monárquica, o monarca exerce apenas a chefia de Estado. A chefia de governo é exercida pelo Primeiro-Ministro. A alternativa está errada.
d) No presidencialismo, há a consolidação em um único cargo (Presidente da República) das chefias de Estado e de governo. A alternativa está errada.
e) O presidencialismo é marcado pela separação dos Poderes, permanecendo o Poder Executivo e o Legislativo como independentes e harmônicos entre si. A alternativa está correta.
Resposta: E.

5. A Separação dos Poderes

De acordo com Barbosa (2006, p. 2), "desde a Antiguidade Clássica [...] é possível identificar que em todo governo existem três funções essenciais, cada qual encarregada de uma incumbência específica: a de **legislar**, a de **executar** as leis e a de **julgar**[6] os conflitos".

A preocupação em segregarem-se os poderes estatais em indivíduos ou entidades distintos advém de dois aspectos principais: **imposição de limites ao exercício do poder** e **busca por maior eficiência governamental.** Tal é a análise que Dallari (2000) faz da obra de Aristóteles:

> O antecedente mais remoto da separação dos poderes encontra-se em Aristóteles, que considera injusto e perigoso atribuir-se a um só indivíduo o exercício do poder,

---
6 Grifos nossos.

havendo também em sua obra uma ligeira referência ao problema da eficiência, quando menciona a impossibilidade prática de que um só homem previsse tudo o que nem a lei pode especificar. (DALLARI, 2000, p. 216 – 217)

A despeito de as discussões filosóficas acerca do modo mais acertado de estruturarem-se os poderes fundamentais do Estado remontarem ainda da Antiguidade, foi a partir do século XVII que tomaram força. É o que vemos, por exemplo, no seguinte trecho do filósofo e teórico político Thomas Hobbes:

> Outros, a fim de evitar o que eles pensam ser uma dura condição de absoluta sujeição (e como eles a odeiam, chamam-lhes escravatura) conceberam a ideia dum governo, que eles pensam ser uma mistura de três espécies de soberania. Por exemplo, eles supõe que o **poder da elaboração das leis** seria dado a uma grande assembleia democrática, o **poder judicial** a uma outra assembleia e **a execução das leis** a uma terceira assembleia ou homem; e chamam a este governo monarquia mista, aristocracia mista, ou democracia mista, conforme um dos três poderes predomine de maneira muito eficiente. E neste estado de governo, pensam que o uso do gládio privado está excluído (HOBBES, s. d., p. 151, *apud* LIMA, 2012, p. 30, negrito deste autor).

A despeito de haver um embate doutrinário acerca da suposta autoria por parte do filósofo inglês John Locke, ainda em 1690, do conceito de separação dos poderes estatais, remete-se ao Barão de Montesquieu, filósofo e político francês, o mérito da análise científica da separação dos poderes e de sua consagração como teoria política.

Na obra *Do Espírito das Leis*, mais especificamente em seu Livro XI, Montesquieu expõe a necessidade de separação das funções essenciais do Estado em pessoas ou órgãos distintos, como forma de assegurar **liberdade pol**ítica.

Importante ressaltar que o conceito de "liberdade política", para Montesquieu, não tem relação com a capacidade de se fazer tudo o que se quer (LIMA, 2012), mas sim com a efetiva observância das faculdades e possibilidades preconizadas por lei. Nesses termos, eis a concepção exposta por Montesquieu (2000, p. 205):

Charles de Montesquieu (1689–1755)
Fonte: http://www.rjgeib.com/thoughts/montesquieu/montesquieu-bio.html

> **Quando na mesma pessoa, ou no mesmo corpo de magistrados, o poder legislativo se junta ao executivo, desaparece a liberdade**; pode-se temer que o monarca ou o senado promulguem leis tirânicas, para aplicá-las tiranicamente. **Não há liberdade se o poder judiciário não está separado do legislativo e do executivo**. Se houvesse tal união com o legislativo, o poder sobre a vida e a liberdade dos cidadãos seria

arbitrário, já que o juiz seria ao mesmo tempo legislador. Se o judiciário se unisse com o executivo, o juiz poderia ter a força de um opressor. **E tudo estaria perdido se a mesma pessoa, ou o mesmo corpo de nobres, de notáveis, ou de populares, exercesse os três poderes**: o de fazer as leis, o de ordenar a execução das resoluções públicas e o de julgar os crimes e os conflitos dos cidadãos. (destaques deste autor)

Uma vez mais em conformidade com Lima (2012), a concepção da Teoria da Separação dos Poderes, por Montesquieu, teve como pano de fundo a aversão ao Regime Absolutista que assolava a França do final do século XVII e início do XVIII, mitigando as liberdades sociais e individuais. Eis que esta Teoria serviu de ferramental político ideológico à Revolução Francesa, ainda no final do século XVIII (1789), sendo, em momento subsequente, incorporado às bases da organização constitucional do Estado Moderno. Ademais, o Princípio da Separação dos Poderes, entendido como uma garantia em oposição à tirania, foi assim registrado na Declaração dos Direitos do Homem e do Cidadão,[7] documento culminante da Revolução Francesa:

> Art. 16. Qualquer sociedade na qual a garantia dos direitos não está em segurança, **nem a separação dos poderes determinada**, não tem constituição.

Em paralelo, a preocupação em separarem-se os poderes fundamentais do Estado foi espelhada na Constituição dos Estados Unidos, de 1787, que dedica o seu primeiro artigo ao Legislativo, o segundo ao Executivo e o terceiro ao Judiciário. James Madison Jr., coautor da obra *O Federalista* e quarto presidente dos Estados Unidos, assim descreve as razões para a separação dos poderes.

> A acumulação de todos os poderes, legislativos, executivos e judiciais, nas mesmas mãos, sejam estas de um, de poucos ou de muitos, hereditárias, autonomeadas ou eletivas, pode-se dizer com exatidão que constitui a própria definição da tirania. (MADISON, 1959, p. 47).

A separação absoluta dos Poderes, contudo, não encontra respaldo na obra de Montesquieu. Na visão de Lima (2012, p. 48):

> [...] o ponto central da obra de Montesquieu não era a separação completa das três funções [...] em três órgaos distintos, cada qual com sua própria função autônoma e independente, mas, sim, no compartilhamento do poder por diversos órgãos, os quais poderiam se limitar mutuamente.

Assim, a concepção que toma força a partir da obra de Montesquieu e que influencia a estrutura política de muitos Estados ocidentais (dentre os quais o brasileiro) configura-se não só na segmentação das funções do Estado, mas também na criação de mecanismos capazes de prover um

---

[7] *Déclaration des Droits de l'Homme et du Citoyen*, no original, datado de 26 de agosto de 1789.

equilíbrio e uma limitação mútua entre os Poderes. Trata-se do sistema de freios e contrapesos, que abordaremos em seguida.

5.1. O sistema de freios e contrapesos

De forma análoga ao visto na busca para a segregação das funções estatais, a origem o sistema de freios e contrapesos remonta ainda da Antiguidade.

Contudo, sua concepção toma força na obra de Montesquieu e passa a ser efetivamente desenvolvida na Inglaterra do século XVIII, por intermédio do trabalho de Henry Saint-John, Visconde de Bolingbroke (1678–1751), atribuindo-se a denominação original ao sistema de *"checks and balances"*.

O conceito de *"balance"* (= contrapeso ou equilíbrio) toma forma na Inglaterra, a partir da atuação da Câmara dos Lordes, constituída por membros da nobreza e do clero, servindo como instância revisora à atuação da Câmara dos Comuns, cujos membros eram originados do povo. O **bicameralismo**, a despeito de possuir o discurso institucionalizado de evitar que leis formuladas tão somente pelo impulso momentâneo de pressões populares fossem aprovadas, tinha o propósito implícito de conter as ameaças aos privilégios das camadas sociais dominantes.

Maldonado (2003) identifica, ainda, duas ferramentas de realce no sistema de freios e contrapesos inglês. São elas: o poder de veto do rei à determinada lei (controle do Poder Executivo sobre o Legislativo), bem como o *impeachment* (controle dos atos executivos dos ministros do rei pelo parlamento).

Já a noção de *"check"* adveio da decisão do juiz Marshall, da Suprema Corte dos Estados Unidos, no julgamento do caso *Marbury* vs. *Madison*, em 1803. Em síntese, proferiu-se o entendimento de que cabia ao Poder Judiciário declarar a inconstitucionalidade dos atos legislativos ou executivos que não se harmonizassem com a Carta Magna (= Constituição).

5.1.1. O sistema de freios e contrapesos no Brasil

A Constituição Federal de 1988 contemplou, em seu texto, uma série de dispositivos que dão base à ação de controle / limitação de um Poder sobre outro. O quadro a seguir expõe, de forma sumarizada, exemplos de mecanismos ora vigentes em plano nacional:

SISTEMA DE FREIOS E CONTRAPESOS NO BRASIL		
Atuação		Descrição
PODER EXECUTIVO	Sobre o Legislativo	Trata-se do **poder de veto (total ou parcial)**, pelo Presidente da República, dos projetos de lei encaminhados pelo Congresso Nacional. É o preconizado pelo art. 66 da Constituição Federal de 1988: *Art. 66. A Casa na qual tenha sido concluída a votação enviará o projeto de lei ao Presidente da República, que, aquiescendo, o sancionará.* *§ 1º – Se o Presidente da República considerar o projeto, no todo ou em parte, inconstitucional ou contrário ao interesse público,* **vetá-lo-á total ou parcialmente***, no prazo de quinze dias úteis, contados da data do recebimento, e comunicará, dentro de quarenta e oito horas, ao Presidente do Senado Federal os motivos do veto.*
	Sobre o Judiciário	• Possibilidade do Presidente da República propor ação direta de inconstitucionalidade e ação declaratória de constitucionalidade (inciso I do art. 103 da CF/88); • Competência privativa do Presidente da República em conceder indultos e comutação de penas (inciso XII do art. 84 da CF/88).
PODER JUDICIÁRIO	Sobre o Legislativo	Trata-se do **controle de constitucionalidade**, exercido pelo Supremo Tribunal Federal sobre leis e atos normativos: *CF 88, Art. 102. Compete ao Supremo Tribunal Federal, precipuamente, a guarda da Constituição, cabendo-lhe:* *I – processar e julgar, originariamente:* *a) a ação direta de inconstitucionalidade de lei ou ato normativo federal ou estadual e a ação declaratória de constitucionalidade de lei ou ato normativo federal;* Obs.: da mesma forma, quando o Poder Executivo sancionar norma tida como inconstitucional pelo STF, figurará no polo passivo da ação direta de inconstitucionalidade (ADIN) (MALDONADO, 2003).
	Sobre o Poder Legislativo e Executivo	Competência do STF de **processar e julgar o Chefe do Poder Executivo, o Vice-Presidente, os membros do Congresso Nacional (apenas nas infrações penais comuns), os Ministros de Estado e os Comandantes das Forças Armadas (nas infrações penais comuns e nos crimes de responsabilidade)**: *CF 88, Art. 102. Compete ao Supremo Tribunal Federal, precipuamente, a guarda da Constituição, cabendo-lhe:* *I – processar e julgar, originariamente:* *(...)* *b) nas infrações penais comuns, o Presidente da República, o Vice--Presidente, os membros do Congresso Nacional, seus próprios Ministros e o Procurador-Geral da República;* *c) nas infrações penais comuns e nos crimes de responsabilidade, os Ministros de Estado e os Comandantes da Marinha, do Exército e da Aeronáutica, ressalvado o disposto no art. 52, I, os membros dos Tribunais Superiores, os do Tribunal de Contas da União e os chefes de missão diplomática de caráter permanente;*

SISTEMA DE FREIOS E CONTRAPESOS NO BRASIL		
Atuação		Descrição
PODER LEGISLATIVO	Sobre o Poder Executivo	São diversas as hipóteses, consagradas na própria Constituição Federal de 1988, de controle do Poder Legislativo sobra o Executivo. Seguem algumas: • julgar anualmente as contas apresentadas pelo Presidente da República e apreciar os relatórios sobre a execução dos planos de governo; • autorizar o Presidente da República a declarar guerra e a celebrar a paz; • sustar os atos normativos do Poder Executivo que exorbitem do poder regulamentar ou dos limites de delegação legislativa; • fiscalizar e controlar, diretamente ou por qualquer de suas Casas (Senado Federal e Câmara dos Deputados), os atos do Poder Executivo, incluídos os da administração indireta; • autorizar referendo e convocar plebiscito; • julgar o *impeachment* do Chefe do Poder Executivo; • etc.
	Sobre o Poder Judiciário	• Sabatinar o escolhido pelo Presidente da República para o cargo de Ministro do Supremo Tribunal Federal.
	Sobre o Poder Executivo e Judiciário	• Competência do Senado Federal de **processar e julgar, nos crimes de responsabilidade, o Chefe do Poder Executivo, o Vice-Presidente, os Ministros do Supremo Tribunal Federal, os Ministros de Estado, os Comandantes das Forças Armadas, os Ministros do STF etc:** *CF 88, Art. 52. Compete privativamente ao Senado Federal:* *I – processar e julgar o Presidente e o Vice-Presidente da República nos crimes de responsabilidade, bem como os Ministros de Estado e os Comandantes da Marinha, do Exército e da Aeronáutica nos crimes da mesma natureza conexos com aqueles;* *II – processar e julgar os Ministros do Supremo Tribunal Federal, os membros do Conselho Nacional de Justiça e do Conselho Nacional do Ministério Público, o Procurador-Geral da República e o Advogado-Geral da União nos crimes de responsabilidade;* • Controle de fiscalização exercido pode meio das **Comissões Parlamentares de Inquérito (CPIs).**

Há, contudo, exemplos de prerrogativas inerentes aos Poderes que se opõe à separação das funções típicas de Estado e, por decorrência, ao sistema de freios e contrapesos. Talvez a principal incoerência, nesse sentido, seja a possibilidade de o Chefe do Poder Executivo (Presidente da República) editar **medidas provisórias**, com força de lei:

> CF 88, Art. 62. Em caso de relevância e urgência, o Presidente da República poderá adotar medidas provisórias, com força de lei, devendo submetê-las de imediato ao Congresso Nacional.

O que se tem observado é que o Brasil vive um período de "Presidentes-legisladores", impingindo óbice ao Congresso Nacional, que observa passivamente sua pauta de votações ser trancada até que se votem as medidas provisórias em regime de urgência:

> CF 88, Art. 62. § 6º Se a medida provisória não for apreciada em até quarenta e cinco dias contados de sua publicação, entrará em regime de urgência, subsequentemente, em cada uma das Casas do Congresso Nacional, ficando sobrestadas, até que se ultime a votação, todas as demais deliberações legislativas da Casa em que estiver tramitando.

Q10. (FCC / SEFAZ – PB / 2006) Considera-se exemplo do mecanismo de freios e contrapesos, que caracteriza a divisão de funções entre os órgãos do poder na Constituição brasileira de 1988, a:
a) nomeação pelo Presidente da República, após aprovação pelo Senado Federal, dos Ministros do Supremo Tribunal Federal;
b) possibilidade de adoção, pelo Presidente da República, de medidas provisórias, com força de lei;
c) possibilidade de Deputado Federal ou Senador ser investido em cargo de Ministro de Estado, sem perder o respectivo mandato;
d) autorização, concedida pelo Congresso Nacional ao Presidente da República para exercer atribuição legislativa limitada no objeto e no tempo;
e) impossibilidade de Deputado Federal ou Senador, desde a posse, ser titular de mais de um cargo ou mandato público eletivo.

Vejamos os comentários às alternativas:
a) A nomeação, pelo Presidente da República (Poder Executivo), após a aprovação pelo Senado Federal (Poder Legislativo), dos Ministros do Supremo Tribunal Federal é um típico exemplo de um mecanismo segundo o qual dois Poderes interferem na atuação de outro Poder, restringindo sua ampla liberdade de atuação. A alternativa está correta.
b) A possibilidade de adoção de medidas provisórias, pelo Chefe do Poder Executivo é, na realidade, um mecanismo que se opõe ao sistema de freios e contrapesos. Trata-se da concentração da competência de legislar e de executar as normas por um mesmo poder. A alternativa está errada.
c) O fato exposto na afirmativa não se relaciona com o sistema de freios e contrapesos.

d) No momento em que o Congresso Nacional autoriza o Presidente da República a exercer atribuição legislativa, não há uma limitação da atuação do Poder Executivo, mas sim uma ampliação de suas prerrogativas. Assim, a alternativa está errada.

e) A impossibilidade de acumulação, por parlamentares, de mais de um cargo ou mandato público eletivo não se relaciona com o sistema de freios e contrapesos.

Resposta: A.

6. Características gerais do Estado brasileiro

A forma de Estado refere-se à maneira pela qual são organizados os elementos estatais (povo, território e poder soberano). Em outras palavras, a relação estabelecida entre povo, território e poder soberano irá caracterizar a forma de Estado.

De forma geral, são 3 (três) as formas de Estado possíveis:

FORMAS DE ESTADO		
Estado Simples ou Unitário		Trata-se de um Estado estritamente centralizado, no qual um único poder central é exercido sobre todo o seu território.
Estados Compostos	Estado Federativo	Trata-se de uma união permanente de Estados que, ao ingressarem na Federação, perdem sua soberania, mas preservam uma **autonomia política limitada**.
	Estado Confederativo	Trata-se de uma união permanente de **Estados soberanos**. Há uma assembleia constituída por representantes destes Estados, responsável por arbitrar eventuais conflitos, bem como por decidir assuntos de interesse comum. Em muitos casos, a Confederação mostrou-se um estágio evolutivo que antecedeu a formação de um Estado Federativo (como foi o caso da Suíça, por exemplo).

O **Brasil** é um Estado Composto Federativo ou, simplesmente, a forma de Estado brasileira é a **Federação**. Há duas esferas de governo: a nacional (União) e a regional, sendo esta dividida em dois entes federativos: os Estados-membros e os Municípios.

A forma federativa do Estado Brasileiro foi consagrada como cláusula pétrea na Constituição Federal de 1988:

> Art. 60, § 4º – Não será objeto de deliberação a proposta de emenda tendente a abolir:
> I – a forma federativa de Estado;

Para Paludo (2012, p. 4), as **principais características do Estado Federal** (brasileiro) podem ser assim listadas:
- Dupla esfera de governo (federal e estadual / provincial);
- Autonomia dos entes federados;
- Participação dos estados na "formação da vontade" do poder central;
- Poder político e administrativo compartilhados;
- Bicameralismo, com representantes dos estados (senadores) e do povo (deputados);
- Possibilidade de descentralização política e administrativa;
- Ordenamento jurídico subordinado à Constituição Federal;
- Inexistência de direito de independência de Estados-membro (não há direito de secessão);
- Apenas o Estado Federal possui poder soberano.

O quadro abaixo sintetiza os traços gerais do Estado Brasileiro, seja atinente ao seu tipo e forma, bem como ao sistema de governo e regime político:

	TRAÇOS GERAIS DO ESTADO BRASILEIRO
Forma	**Federativo** (união permanente de estados não soberanos, mas autônomos).
Tipo	**Estado Democrático de Direito** (fundamenta-se em um ordenamento jurídico democrático, com eleições livres e periódicas para a escolha do Governo, bem como há um ordenamento jurídico constitucional e legal, independência entre Poderes e existência de direitos e garantias individuais).
Sistema de Governo	**Presidencialista** (o chefe do Poder Executivo é eleito pelo povo, para governar por um prazo fixo e predeterminado).
Forma de Governo	**República** (governante – Chefe do Poder Executivo – é eleito pelo povo, para um mandato de 4 anos).
Regime Político	**Democracia Semidireta** (o poder do povo é exercido por meio de representantes eleitos, havendo, simultaneamente, a possibilidade de participação popular direta através de plebiscito, referendo e iniciativa popular).

Vejamos como se dá a cobrança usual deste conteúdo em concursos:

Q11. (CESPE / TCU / 2011) A forma republicana de governo não está gravada expressamente como cláusula pétrea na CF, visto que pode ser modificada por plebiscito.

As cláusulas pétreas são arroladas no § 4º do art. 60 da Constituição Federal de 1988:

> Art. 60, § 4º Não será objeto de deliberação a proposta de emenda tendente a abolir:
>
> I – a forma federativa de Estado;
>
> II – o voto direto, secreto, universal e periódico;
>
> III – a separação dos Poderes;
>
> IV – os direitos e garantias individuais.

Apenas a forma federativa do Estado brasileiro foi consagrada como cláusula pétrea. No mais, havia previsão constitucional para, em 1993, optar-se, mediante plebiscito, pela forma de governo (república ou monarquia constitucional[8]).

A assertiva está correta.

Q12. (CESPE / SERPRO / 2010) De acordo com a CF, a forma de governo republicana no Brasil é considerada cláusula pétrea e não pode ser modificada por emenda constitucional.

Uma vez mais, a banca cobra o conhecimento sobre as cláusulas pétreas. Como vimos na questão anterior, apenas a forma federativa de Estado foi contemplada como cláusula pétrea.

Há de se ressaltar, contudo, que a forma republicana do Estado brasileiro vem sendo considerada cláusula pétrea implícita, de acordo com o STF. De qualquer modo, a questão é clara ao fazer alusão à Constituição Federal.

A assertiva está, portanto, errada.

7. A organização político-administrativa brasileira

A organização política-administrativa da República Federativa do Brasil é normatizada pelo Título III da Constituição Federal de 1988. Nesse escopo, é essencial tomarmos familiaridade com o art. 18 da Carta Magna:

> Art. 18. A organização político-administrativa da República Federativa do Brasil compreende a **União**, os **Estados**, o **Distrito Federal** e os **Municípios**, todos autônomos, nos termos desta Constituição.

---

[8] Houve certa polêmica com relação a esta questão, tendo em vista que a modificação da forma de governo por plebiscito foi prevista no art. 2º do Ato das Disposições Constitucionais Transitórias apenas para a data de 07 de setembro de 1993. Desta forma, a norma teria eficácia exaurida. De toda sorte, o CESPE não ingressou nesta discussão mais aprofundada, considerando a questão correta.

§ 1º – **Brasília é a Capital Federal**.

§ 2º – **Os Territórios Federais integram a União**, e sua criação, transformação em Estado ou reintegração ao Estado de origem serão reguladas em lei complementar.

§ 3º – **Os Estados podem incorporar-se entre si, subdividir-se ou desmembrar-se** para se anexarem a outros, ou formarem novos Estados ou Territórios Federais, mediante aprovação da população diretamente interessada, através de plebiscito, e do Congresso Nacional, por lei complementar.

§ 4º **A criação, a incorporação, a fusão e o desmembramento de Municípios**, far-se-ão por lei estadual, dentro do período determinado por Lei Complementar Federal, e dependerão de consulta prévia, mediante plebiscito, às populações dos Municípios envolvidos, após divulgação dos Estudos de Viabilidade Municipal, apresentados e publicados na forma da lei.

Preliminarmente, há de se registrar que os **entes federativos brasileiros** são a União, os Estados, os Municípios e o Distrito Federal. Sobre estes, cabe discorrermos sobre algumas peculiaridades:

- **União**

É entidade federativa autônoma em relação aos Estados-membros e aos municípios, constituindo pessoa jurídica de Direito Público Interno, quando age em nome próprio. Cabe à União exercer as atribuições da soberania do Estado Brasileiro.

A União poderá agir em nome próprio ou em nome de toda a Federação. Quando age em nome da Federação, relaciona-se internacionalmente com os demais países. Neste caso, estamos falando do **Estado Federal**.

Em síntese:

União é pessoa jurídica de Direito Público Interno (assim como os Estados-membro, os Municípios e o Distrito-Federal). O **Estado Federal**, representante do Estado brasileiro na arena internacional, é pessoa jurídica de Direito Público Externo ou Internacional.

- **Estados-membros**

    A autonomia dos Estados-membros é caracterizada por três aspectos principais: a **auto-organização**, o **autogoverno** e a **autoadministração**:

    o **Auto-organização** → os Estados-membros organizam-se por meio de seu poder constituinte derivado-decorrente, ou seja, mediante constituição e leis próprias. Logicamente, a auto-organização dá-se com respeito aos princípios constitucionais federais;

    o **Autogoverno** → trata-se da capacidade de o povo do Estado-membro eleger diretamente seus governantes e demais representantes dos Poderes Legislativo e Executivo, sem haver vínculo de subordinação por parte da União;

    o **Autoadministração** → refere-se ao exercício das competências administrativas, legislativas e tributárias dos Estados-membros, definidas constitucionalmente.

- **Municípios**

    O Município é entidade pertencente ao sistema federativo, cuja autonomia é configurada, a exemplo do que vimos com relação aos Estados-membro, pelas capacidades de auto-organização (por meio de suas Leis Orgânicas e demais Leis Municipais), autogoverno (por meio da eleição direta de prefeito, vice-prefeito e vereadores) e autoadministração (exercício de suas competências administrativas, legislativas e tributárias, definidas constitucionalmente).

- **Distrito Federal**

    O Distrito Federal é entidade pertencente ao sistema federativo, cuja autonomia é configurada, a exemplo do que vimos com relação aos Estados-membro e aos Municípios, pelas capacidades de auto-organização (por meio de sua Lei Orgânica), autogoverno (por meio da eleição direta de governador, vice-governador e deputados distritais) e autoadministração (exercício de suas competências administrativas, legislativas e tributárias, definidas constitucionalmente).

    É vedada ao Distrito Federal a sua subdivisão em municípios.

Há de se esclarecer que os **Territórios Federais** não são entes federativos, mas sim simples descentralizações administrativas-territoriais da União. Apesar da inexistência atual, há a previsão constitucional da possibilidade de criação de territórios, conforme salientado no § 3º do art. 18, transcrito anteriormente.

Por fim, devemos salientar dois aspectos atinentes à organização política--administrativa brasileira:
- Não há hierarquia entre União, Estados-membros, Distrito Federal e Municípios → são entes federativos **autônomos**;
- Embora, no Brasil, vigore a regra da autonomia entre os entes federados, em casos excepcionais, é possível a **intervenção** de um entre sobre o outro, situação em que a dita autonomia restará suspensa. As hipóteses de intervenção são taxativamente previstas no texto constitucional, em seus arts. 34 e 35, e referem-se à **intervenção federal** (da União nos Estados-membro ou no DF) e à **intervenção estadual** (dos Estados-membro nos municípios).

Vejamos como este conteúdo é cobrado em concursos:

Q13. (ESAF / AFRFB / 2010) Sobre a organização do Estado brasileiro, é correto afirmar que:
   a) Administrativamente, os municípios se submetem aos estados, e estes, por sua vez, submetem-se à União.
   b) Quando instituídas, as regiões metropolitanas podem gozar de prerrogativas políticas, administrativas e financeiras diferenciadas em relação aos demais municípios do estado.
   c) Quando existentes, os territórios federais gozam da mesma autonomia político--administrativa que os estados e o Distrito Federal.
   d) O Distrito Federal é a capital federal.
   e) Embora, por princípio, todos os entes federados sejam autônomos, em determinados casos, os estados podem intervir em seus municípios.

Seguem os comentários, por alternativa:
   a) Não há submissão administrativa entre entes federativos. Como vimos, é conferida a eles a competência da autoadministração, referente ao exercício de suas competências administrativas, legislativas e tributárias, definidas constitucionalmente. A alternativa está errada.
   b) Não existe previsão para tal. As regiões metropolitanas não possuem privilégios com relação aos demais municípios. A alternativa está errada.
   c) Os territórios não são entes federativos, mas sim simples descentralizações administrativas-territoriais da União. A alternativa está errada.
   d) Conforme o § 1º do art. 18 da CF/88, Brasília é a capital federal. A alternativa está errada.
   e) Há, realmente, previsão constitucional para a intervenção dos estados em seus municípios. Tal é o conteúdo do art. 35 da CF/88, transcrito abaixo:

   Art. 35. O Estado não intervirá em seus Municípios, nem a União nos Municípios localizados em Território Federal, exceto quando:

   I – deixar de ser paga, sem motivo de força maior, por dois anos consecutivos, a dívida fundada;

II – não forem prestadas contas devidas, na forma da lei;

III – não tiver sido aplicado o mínimo exigido da receita municipal na manutenção e desenvolvimento do ensino e nas ações e serviços públicos de saúde;

IV – o Tribunal de Justiça der provimento a representação para assegurar a observância de princípios indicados na Constituição Estadual, ou para prover a execução de lei, de ordem ou de decisão judicial.

Desta forma, a alternativa está correta.

Resposta: E.

Q14. (CESPE / CNJ / 2013) De acordo com a CF, novos municípios poderão ser criados mediante incorporação, fusão e desmembramento de municípios.

Tal previsão é insculpida no § 4º do art. 18 da CF/88:

Art. 18, § 4º A criação, a incorporação, a fusão e o desmembramento de Municípios, far-se-ão por lei estadual, dentro do período determinado por Lei Complementar Federal, e dependerão de consulta prévia, mediante plebiscito, às populações dos Municípios envolvidos, após divulgação dos Estudos de Viabilidade Municipal, apresentados e publicados na forma da lei.

Cabe a menção de que a incorporação (quando um município se anexa a outro, perdendo sua personalidade jurídica) não implica mandatoriamente a formação de um novo município. Apenas a "incorporação entre si", que acaba por ser sinônimo de fusão, suscita a formação de um novo município (já que todas as partes perdem suas personalidades jurídicas, em prol da formação de um novo ente).

De qualquer forma, a banca considerou esta recente questão como correta.

Q15. (CESPE / CNJ / 2013) A organização político-administrativa do Brasil compreende a União, os estados, o Distrito Federal, os municípios e os territórios.

De acordo com o art. 18 da Constituição Federal de 1988, os territórios não compõem a organização político-administrativa do Brasil.

A assertiva está, assim, errada.

Q16. (CESPE / Câmara dos Deputados / 2012) Os territórios federais integram, na qualidade de entes federativos, a estrutura político-administrativa do Brasil.

Trata-se do mesmo conteúdo trabalhado na questão anterior. A assertiva está errada.

Questões de Concursos

1. (FCC / TCE – SP / 2012) O conceito de Estado moderno, ao contrário dos conceitos de sociedade e mercado, fundamenta-se:
   a) na associação voluntária dos indivíduos;
   b) na hierarquia social dos grupos sociais;
   c) no monopólio da coerção legalmente exercida;
   d) em consensos contingentes nas preferências individuais;
   e) na subordinação resultante da competição no mercado político.

2. (IBFC / HEMOMINAS / 2013) O Estado é:
   a) uma organização que tem o reconhecimento da população para estabelecer regras a serem obedecidas por todos. Entretanto, outras organizações sociais apresentam legitimidade para suas ações acima do Estado;
   b) caracterizado como o monopólio do exercício legítimo da força em uma sociedade;
   c) uma organização que exerce o poder sobre os indivíduos que ocupam um determinado território, sem legitimidade;
   d) uma unidade federativa de um país, sem autonomia administrativa, subordinada à Presidência da República.

3. (CESPE / Câmara dos Deputados / 2014) A especialização do Estado moderno, responsável pela diferenciação entre Estado e sociedade, contribuiu para o surgimento do conceito de sociedade civil.

4. (CESGRANRIO / FUNASA / 2009) Em um curso sobre Estado, sociedade e mercado, os participantes estudaram o conceito de Estado, e concluíram, corretamente, que se refere a:
   a) conjunto de pessoas que compartilham propósitos, gostos, preocupações e costumes e que interagem entre si, constituindo uma comunidade;
   b) local onde se encontram compradores e vendedores e que, por meio, de um processo de negociação, determinam o preço e a quantidade do bem a ser transacionado ou trocado entre ambos;

c) instituição organizada política, social e juridicamente, ocupando um território definido, e dirigida por um governo que possui soberania reconhecida, em que a lei máxima é uma Constituição escrita;

d) organização que é a autoridade governante de uma unidade política;

e) órgãos, serviços e agentes públicos, associados às demais pessoas coletivas, que asseguram a satisfação das necessidades políticas.

5. (ESAF / MPOG / 2002 – adaptada) Julgue a assertiva abaixo:
Um Estado é caracterizado por quatro elementos: povo, território, governo e independência.

6. (CESPE / SERPRO / 2008) O conceito de Estado possui basicamente quatro elementos: nação, território, governo e soberania. Assim, não é possível que haja mais de uma nação em um determinado Estado, ou mais de um Estado para a mesma nação.

7. (ESAF / ANA / 2009) Segundo as teorias não contratualistas, em sua forma originária, o Estado teria uma entre as seguintes origens, exceto:
a) a ampliação do núcleo familial ou patriarcal;
b) os atos de força, violência ou conquista;
c) as causas econômicas ou patrimoniais;
d) o desenvolvimento interno da sociedade;
e) o fracionamento de Estados preexistentes.

8. (ESAF / PSS / 2008) Um dos temas centrais da discussão em torno da formação do Estado Moderno, sobre o qual existem algumas correntes teóricas bem definidas, é a origem da autoridade e os fundamentos da obediência. Entre as teorias existentes, destaca-se aquela que defende a formação contratual do Estado. Identifique, entre os enunciados abaixo, aquele que não é característico dessa vertente teórica.
a) Uma generalizada condição de liberdade, entendida como independência, domínio de si próprio.
b) Uma história e uma cultura comuns, como fundamento dos pactos entre os homens.
c) A capacidade dos homens de realizar escolhas racionais.
d) Uma situação de vida coletiva.
e) Uma generalizada capacidade de uso da força, que torna os homens relativamente iguais.

9. (CESPE / SEJUS ES / 2009) O Estado constitui a nação politicamente organizada, enquanto a administração pública corresponde à atividade que estabelece objetivos do Estado, conduzindo politicamente os negócios públicos.

10. (CESPE / SEJUS ES / 2009) A vontade do Estado é manifestada por meio dos Poderes Executivo, Legislativo e Judiciário, os quais, no exercício da atividade administrativa, devem obediência às normas constitucionais próprias da administração pública.

11. (ESAF / MPOG / 2002) Na tipologia dos sistemas de governo leva-se em conta a estrutura de poder e as relações entre os vários órgãos dos quais a Constituição solicita o uso do poder. A seguir são apresentadas afirmações sobre os principais sistemas de governo. Selecione a opção que define de forma incorreta os referidos sistemas.
    a) O presidencialismo é um sistema de governo republicano que, assentado em rigorosa separação de poderes, atribui ao Presidente da República grande parte da função governamental e a plenitude do Poder Executivo.
    b) No sistema parlamentar de governo o poder legislativo assume as funções do poder executivo, criando um conselho de ministros entre os seus membros para a administração do Estado. O presidente ou monarca tem apenas o papel de chefe-de-Estado, representando o país perante outras nações.
    c) O princípio ou doutrina da separação dos poderes baseia a divisão dos poderes do governo em critérios funcionais e não territoriais, pressupondo não só a existência de funções distintas de governo, como também o seu desempenho por diferentes autoridades.
    d) No sistema parlamentar de governo, o Poder Executivo é exercido pelo chefe de Estado (Monarca ou Presidente) e por um governo, cujo chefe, geralmente chamado de primeiro-ministro, é nomeado pelo chefe de Estado, sendo o Ministério coletivamente responsável perante o Parlamento.
    e) Um traço peculiar ao parlamentarismo é o poder que tem o governo de dissolver o Parlamento, enquanto no sistema presidencialista isso normalmente não é possível constitucionalmente.

12. (ESAF / MF / 2012) O conceito de forma de Estado está relacionado com o modo de exercício do poder político em função do território de um dado estado, a existência, ou não, da repartição de poderes autônomos é, pois, o núcleo caracterizador do conceito de forma de Estado.
    O conceito de forma de governo refere-se à maneira como se dá a instituição do poder na sociedade, e como se dá a relação entre governantes e governados.
    O conceito de sistema de governo está ligado ao modo como se relacionam os Poderes Legislativo e Executivo no exercício das funções governamentais.
    Apropriando-se das definições acima, assinale a opção que contenha a forma de Estado e de governo, bem como o sistema de governo adotado no Brasil.
    a) Estado federado; República; Presidencialismo.
    b) Estado confederado; República; Presidencialismo.
    c) Estado unitário; Monarquia; Presidencialismo.
    d) Estado federado; República; Parlamentarismo.
    e) Estado confederado; República; Parlamentarismo.

13. (CESPE / INSS / 2008) As comissões parlamentares de inquérito são consequência do sistema de freios e contrapesos adotado pela Constituição Federal.

14. (CESPE / TRT 17ª Região / 2007) A separação dos Poderes no Brasil adota o sistema norteamericano *checks and balances*, segundo o qual a separação das funções estatais é rígida, não se admitindo interferências ou controles recíprocos.

15. (CESPE / PGE – AL / 2009) Quando, na mesma pessoa, ou no mesmo corpo de magistrados, o Poder Legislativo se junta ao Executivo, desaparece a liberdade; pode-se temer que o monarca ou o senado promulguem leis tirânicas, para aplicá-las tiranicamente. Não há liberdade se o Poder Judiciário não está separado do Legislativo e do Executivo. Se houvesse tal união com o Legislativo, o poder sobre a vida e a liberdade dos cidadãos seria arbitrário, já que o juiz seria ao mesmo tempo legislador. Se o Judiciário se unisse com o Executivo, o juiz poderia ter a força de um opressor. E tudo estaria perdido se a mesma pessoa, ou o mesmo corpo de nobres, de notáveis, ou de populares, exercesse os três poderes: o de fazer as leis, o de ordenar a execução das resoluções públicas e o de julgar os crimes e conflitos dos cidadãos.

    Montesquieu. In: Norberto Bobbio. *A teoria das formas de governo*. 10ª ed. Brasília: EDUnB, p. 137 (com adaptações).

    Tendo como referência inicial o texto acima, assinale a opção correta.

    a) Para a moderna doutrina constitucional, cada um dos poderes constituídos exerce uma função típica e exclusiva, afastando o exercício por um poder de função típica de outro.

    b) A CF, atenta às discussões doutrinárias contemporâneas, não consigna que a divisão de atribuições estatais se faz em três poderes: Legislativo, Executivo e Judiciário.

    c) O poder soberano é uno e indivisível e emana do povo. A separação dos poderes determina apenas a divisão de tarefas estatais, de atividades entre distintos órgãos autônomos. Essa divisão, contudo, não é estanque, pois há órgãos de determinado poder que executam atividades típicas de outro. Um exemplo disso, na CF, é a possibilidade de as comissões parlamentares de inquérito obterem acesso a decisão judicial protegida sob o manto do segredo de justiça.

    d) A edição de súmula vinculante vedando a nomeação de parentes da autoridade nomeante ou de servidor da mesma pessoa jurídica investido em cargo de direção, chefia ou assessoramento, para o exercício de cargo em comissão ou de confiança em qualquer dos poderes da União, dos estados, do DF e dos municípios viola o princípio da separação dos poderes.

    e) A cada um dos poderes foi conferida uma parcela da autoridade soberana do Estado. Para a convivência harmônica entre esses poderes existe o mecanismo de controles recíprocos (*checks and balances*). Esse mecanismo, contudo, não chega ao ponto de autorizar a instauração de processo administrativo disciplinar por órgão representante de um poder para apurar a responsabilidade de ato praticado por agente público de outro poder.

16. (FCC / DPE – SP / 2006) Sobre o princípio da separação de poderes, ao prescrever a independência e harmonia entre as diversas funções do Estado (legislativa, executiva e judiciária), bem como um sistema de controles recíprocos, é possível afirmar que:

    I. A teoria dos *checks and balances* prevê que a cada função foi dado o poder para exercer um grau de controle direto sobre as outras, mediante a autorização para o exercício de uma parte, embora limitada, das outras funções.

    II. Entre 1989 e 1998, 14% das leis aprovadas foram de autoria de deputados e senadores ou de comissões parlamentares o que demonstra a preponderância do poder executivo na função legislativa no Brasil.

    III. A cláusula da separação de poderes prevista no inciso III do parágrafo 4º do art. 60 torna inconstitucional emendas que modifiquem o arranjo de separação de poderes existente no texto constitucional.

    Está correto o que se afirma em:

    a) II, apenas;
    b) III, apenas;
    c) I e II, apenas;
    d) I e III, apenas;
    e) I, II e III.

17. (CESPE / TJ – RR / 2012) O sistema *checks and balances*, criado por ingleses e norte-americanos, consiste no método de freios e contrapesos adotado no Brasil. Nesse sistema, todos os poderes do Estado desempenham funções e praticam atos que, a rigor, seriam de outro poder, de modo que um poder limita o outro.

18. (ESAF/ CGU / 2004) O Brasil é um Estado organizado de forma Federativa; isto significa que as atribuições inerentes aos poderes Executivo, Legislativo e Judiciário são divididas em duas esferas de atuação: a Federação (União) e a estadual. Em relação a essas esferas, é incorreto afirmar que:

    a) aos estados e municípios são atribuídas as ações de caráter local;
    b) os estados têm total autonomia para formulação e aplicação de suas políticas independentemente do poder central;
    c) a cúpula dos três poderes: Executivo, Legislativo e Judiciário formam o núcleo estratégico do Estado;
    d) o critério de divisão de poderes entre a União e os Estados-membros é ao mesmo tempo funcional e territorial;
    e) a Constituição da União e as leis federais determinam o escopo e alcance das constituições dos estados federados.

19. (CESPE / Correios / 2011) A clássica teoria da tripartição dos Poderes do Estado, concebida por Montesquieu e adotada no Brasil, não é absoluta, visto que a própria Constituição Federal de 1988 autoriza o desempenho, por Poder diverso, de funções que originalmente pertencem a determinado Poder.

20. (CESPE / Câmara dos Deputados / 2012) O sistema de freios e contrapesos permite que um poder fiscalize e controle os demais poderes, de forma que nenhum deles seja mais forte que os outros.

21. (CESPE / MPU / 2013) A CF instituiu mecanismos de freios e contrapesos, de modo a concretizar-se a harmonia entre os Poderes Legislativo, Executivo e Judiciário, como, por exemplo, a possibilidade de que o Poder Judiciário declare a inconstitucionalidade das leis.

22. (CESPE / TJ – DF / 2013) Apesar do entendimento comum de que Brasília seria a Capital Federal, a CF atribui ao DF a condição de Capital Federal, razão por que proíbe, taxativamente, a divisão dessa unidade federada em municípios.

23. (CESPE / ANATEL / 2012) A cidade de Brasília é a Capital Federal, sendo vedada pela Constituição Federal a transferência da sede do governo federal para outra cidade.

24. (CESPE / SERPRO / 2013) O modelo federativo de Estado adotado pelo Brasil se embasa na descentralização política e na soberania dos Estados-membros, que possuem competência para se auto-organizarem por meio das Constituições estaduais.

Gabarito Comentado

QUESTÃO	COMENTÁRIO
1 – C	Um dos pilares do conceito de Estado moderno é a legalidade enquanto base para o Estado Democrático de Direito. Assim, ninguém é obrigado a fazer algo, a não ser por força de lei. Esse é o monopólio coercitivo de posse do Estado, regente das leis. Tal prerrogativa não é observada no mercado (liberal por natureza) ou na sociedade (a qual é mantida pela associação voluntária e pela padronização cultural). Resposta: C.
2 – B	Como vimos na questão anterior, a alternativa B está correta. Vejamos os comentários às demais alternativas. a) Não há outras organizações sociais que gozem de maior legitimidade do que o Estado. Alternativa errada. c) Por óbvio, o Estado goza de legitimidade. Alternativa errada. d) O Estado goza de autonomia administrativa, e não se subordina ao chefe do Poder Executivo. Alternativa errada. Resposta: B.
3 Certo	A distinção entre Estado e sociedade dá-se, primeiramente, pelo fato de ser a sociedade conceito mais amplo. A sociedade, diz Bonavides (2012), vem primeiro; o Estado, depois. No Estado moderno, vigente após o Estado medieval, a burguesia então reinante se vale do conceito de Estado enquanto mantenedor da ordem jurídica e do corpo normativo necessário a prover a estabilidade necessária às transações comerciais. Assim, firma-se o dualismo entre sociedade e Estado, sendo a sociedade civil um conceito decorrente, que denota parcela da coletividade com aspectos políticos e interesses diversos. Ainda assim, a sociedade civil é a estrutura regida pelo Estado, sendo este a superestrutura. A assertiva está correta.
4 – C	Grosso modo, podemos fazer a seguinte associação: a) conceito de sociedade em sentido lato (ou, por óbvio, de comunidade); b) conceito de mercado; c) conceito de Estado; d) conceito de chefia de governo; e) conceito de Administração Pública. Resposta: C.

QUESTÃO	COMENTÁRIO
5 Certo	A assertiva lista apropriadamente os quatro elementos constituintes do Estado. Há apenas duas observações pertinentes: • nem sempre os autores da área incluem "governo" como elemento estatal. Contudo, fique atento, já que a banca considerou esta inclusão como correta; • a "independência", neste caso, refere-se ao poder soberano, ou seja, à liberdade de não admitir o controle por parte de outros Estados. A assertiva, portanto, está correta.
6 Errado	Os quatro elementos básicos do Estado são povo, território, poder soberano e governo. Há de se notar a distinção entre os conceitos de povo e nação, conforme discutida na seção 1 deste Capítulo. O conceito de nação remete a uma acepção sociológica e antropológica dos indivíduos que apresentam raízes culturais e práticas sociais convergentes. Historicamente, o Estado brasileiro, por exemplo, formou-se com base nas nações indígena, africana e portuguesa. A questão está, assim, errada.
7 – E	A questão solicita a identificação de uma origem que não pode ser aplicável à forma (modo) originária de um Estado. A alternativa "e", em nenhuma hipótese dará origem a um Estado de modo originário, tendo em vista que a alternativa é um exemplo de modo secundário, dada a preexistência de Estados constituídos. Em relação às demais alternativas, a única que pode tentar confundir o candidato é a "b", pois "atos de força, violência ou conflito" podem remeter a uma conquista de um Estado já constituído (guerra). Todavia, nem sempre isso será verdade, dado que há a possibilidade de as disputas ocorrerem tão somente entre grupos internos pelo poder, na organização originária de um Estado.
8 – B	Vejamos os comentários às alternativas: a) De acordo com a teoria contratualista, apesar de os indivíduos terem, voluntariamente, abdicado de seus direitos ilimitados em prol da constituição da unidade política (contrato social), há a perpetuação da manutenção da liberdade dos membros da comunidade. A alternativa está correta. b) O fundamento dos pactos entre os homens com base em sua história e na cultura comuns não é característica das teorias contratuais, mas sim das correntes naturais (não contratuais). Como exemplo de grupos que compartilham da mesma história e cultura temos a família. A linha de pensamento contratualista vê o pacto de associação fundamentado na busca pelo bem comum – independente da cultura e da história dos membros do grupo. A alternativa está, portanto, errada. c) A opção na direção do contrato social é uma escolha racional dos indivíduos em prol da formação do Estado. A alternativa está correta. d) Conforme a ótica contratualista, o estado de natureza que antecede a formação do Estado implica a existência de uma situação de vida coletiva (e anárquica). É a vontade geral de melhorar as condições de vida coletiva que justifica o contrato social. A alternativa está, portanto, correta. e) O Estado Moderno retira de seus indivíduos a faculdade do uso indiscriminado da força detendo para si a prerrogativa do uso de força física de modo legítimo (ou seja, com previsão estrita em normas legais). Assim, apenas o Estado pode privar seu cidadão da liberdade de ir e vir e, ainda hoje em algumas localidades, aplicar a pena de morte. A alternativa está correta.

QUESTÃO	COMENTÁRIO
9 Errado	A primeira parte da assertiva está correta. Realmente, o Estado constitui a nação (ou, em alguns casos, "as nações) politicamente organizada, sendo constituído pelo seu povo, por um território e pelo poder soberano. Contudo, não é a administração pública quem estabelece os objetivos do Estado. Tal papel é inerente ao Governo, a quem cabe traçar as metas e as diretrizes do Estado. A questão está, portanto, errada.
10 Certo	No Brasil, a vontade estatal é realmente manifestada através de seus Poderes (Legislativo, Executivo e Judiciário), relacionados entre si de forma independente e harmônica (CF/88, art. 2º). Esta concepção é denominada de Tripartição dos Poderes, insculpida originariamente na Teoria do Estado por Montesquieu, ainda no século XVIII. Há, nesta visão, uma divisão de funções entre os Poderes, a saber: função legislativa, inerente ao Poder Legislativo; função judicial, inerente ao Poder Judiciário; e função administrativa, inerente ao Poder Executivo. Estas funções, assim distribuídas, são denominadas de **funções típicas**. No entanto, não é só o Poder Executivo que exerce função administrativa. Os Poderes Legislativo e Judiciário também atuam administrativamente, porém de **forma atípica**. Uma vez entendido que a atividade administrativa é exercida pelos três Poderes, registra-se que há o dever de obediência às normas constitucionais que regem a administração pública (arts. 37 a 41 da CF/88). A afirmativa está correta.
11 – B	Vejamos os comentários às alternativas: a) A alternativa apresenta de forma apropriada características do presidencialismo: separação estrita de poderes e consolidação do Presidente da República como chefe de governo e de Estado. Está, assim, correta. b) No parlamentarismo, o Poder Legislativo não "assume" as funções do Poder Executivo. O Poder Executivo permanece com suas atribuições próprias. O que ocorre é que o chefe de governo é escolhido pelo Parlamento, e governa enquanto contar com a confiança parlamentar. A alternativa está errada. c) A separação dos Poderes em Legislativo, Executivo e Judiciário efetivamente se dá em critérios funcionais, e não territoriais. A alternativa está correta. d) A alternativa apresenta de forma apropriada características do parlamentarismo: desmembramento do Poder Executivo em chefia de Estado e de governo, exercidas por cargos distintos e responsabilidade do Gabinete Ministerial perante o Parlamento. A assertiva está correta. e) A competência de dissolução do Parlamento pelo governo é uma particularidade restrita do Parlamentarismo. A alternativa está correta.
12 – A	A alternativa "a" expõe de modo acertado as formas de Estado e de Governo, bem como o Sistema de Governo brasileiro.
13 Certo	Comissão Parlamentar de Inquérito (CPI) é um instrumento inerente ao Poder Legislativo, que se presta à fiscalização dos negócios do Estado. Em termos federais, quando os membros são oriundos da Câmara dos Deputados e do Senado Federal, falamos em Comissão Parlamentar Mista de Inquérito (CPMI). As CPIs estão previstas no § 3º do art. 58 do texto constitucional:

QUESTÃO	COMENTÁRIO
13 Certo	*§ 3º – As comissões parlamentares de inquérito, que terão poderes de investigação próprios das autoridades judiciais, além de outros previstos nos regimentos das respectivas Casas, serão criadas pela Câmara dos Deputados e pelo Senado Federal, em conjunto ou separadamente, mediante requerimento de um terço de seus membros, para a apuração de fato determinado e por prazo certo, sendo suas conclusões, se for o caso, encaminhadas ao Ministério Público, para que promova a responsabilidade civil ou criminal dos infratores.* Trata-se de uma comissão temporária, destinada a apurar fato determinado – independentemente do Poder em que tal fato tenha ocorrido. Como exemplo, pode-se citar a CPI criada em 1992 para apurar o esquema comandado pelo tesoureiro da campanha presidencial – o empresário Paulo César Farias, que culminou com o impeachment do então Chefe do Poder Executivo Fernando Collor de Mello. Assim, torna-se evidente que as CPIs (ou CPMIs) prestam-se à instrumentalização do sistema de freios e contrapesos.
14 Errado	Os Poderes do Estado, no Brasil, devem ser "independentes e harmônicos entre si". Isso não significa que controles recíprocos sejam vedados. Como vimos na seção 5.1.1. deste capítulo, diversas são as hipóteses de controles de um Poder sobre os demais. A assertiva está errada.
15 – E	Vejamos os comentários às alternativas: a) Cada um dos Poderes tem a competência para exercer as funções típicas correspondentes (ao Legislativo, elaborar e votar leis; ao Executivo, administrar o Estado, observando-se as leis; ao Judiciário, avaliar os fatos jurídicos, emitindo decisões e sanções com base nas leis). Isso não significa, contudo, que os Poderem somente exerçam essas funções. Há funções atípicas inerentes a cada um dos Poderes do Estado. Uma licitação pública conduzida pelo Senado Federal, por exemplo, é uma função administrativa (executiva) inserida em um órgão do Poder Legislativo. Assim, a alternativa está errada. b) O art 2º da CF/88 estabelece a separação dos Poderes: *Art. 2º São Poderes da União, independentes e harmônicos entre si, o Legislativo, o Executivo e o Judiciário.* A alternativa está errada. c) Apesar da primeira parte da assertiva estar correta, o fato é que as Comissões Parlamentares de Inquérito, apesar de gozarem de poderes de investigação próprios das autoridades judiciais, não possuem respaldo constitucional para o acesso a decisões judiciais protegidas sob o manto do segredo de justiça. A alternativa está errada.

QUESTÃO	COMENTÁRIO
15 – E	d) A edição de súmula vinculante é uma função típica do Poder Judiciário. O objetivo é pacificar o entendimento jurídico sobre determinada matéria que apresenta julgamentos recorrentes. Evita-se, assim, que um número significativo de processos tenha curso por todo o canal do Poder Judiciário, tendo em vista que a Súmula vincula, ou seja, possui aplicação mandatória nos demais órgãos judiciais, em todas as esferas da federação. A alternativa está errada. e) Cada um dos Poderes estatais constituídos possui função administrativa inerente a si mesmo. Isso implica a prerrogativa do exercício dos poderes hierárquico e disciplinar, denotando uma subordinação administrativa entre os agentes de um mesmo Poder. A instauração, pelo Senado Federal, de um processo administrativo disciplinar a um servidor do STF configurara uma clara situação de desrespeito ao Princípio da Separação dos Poderes. A alternativa está, portanto, correta. Resposta: E.

16 – C	Vejamos os comentários às assertivas:
	I. A assertiva expõe, de forma resumida, o funcionamento do sistema de pesos e contrapesos. O exercício de funções atípicas por um Poder (por exemplo, a competência do Senado Federal em processar e julgar o Presidente da República, por crimes de responsabilidade) responde por grande parcela do sistema de *checks and balances*. A afirmativa está correta.
	II. Como vimos na seção 5.1.1. deste Capítulo, por decorrência do art. 62 da Constituição Federal de 1988, muito da pauta do Congresso Nacional está destinada à apreciação de medidas provisórias, editadas pelo Presidente da República. Este é um dos fatos que promove, ainda nos dias de hoje, um retrato de um Poder Executivo que extrapola suas funções típicas, passando a atuar de modo incisivo na elaboração de normas com força de lei. A afirmativa está correta.
	III. O que se veda, na Constituição, são as propostas de emenda constitucional que visem a **abolir** (e não a modificar o arranjo) a separação dos Poderes:
	    *CF 88, Art. 60, § 4º – Não será objeto de deliberação a proposta de emenda tendente a **abolir**:*
	    (...)
	    III – a separação dos Poderes;
	Assim, a afirmativa está errada.

17 Certo	O enunciado está de acordo com o que vimos na seção 5.1.1. deste Capítulo.

QUESTÃO	COMENTÁRIO
18 – B	Inicialmente é importante entender corretamente o enunciado proposto. A questão afirma que "as atribuições inerentes aos poderes Executivo, Legislativo e Judiciário são divididas em duas esferas de atuação: a Federação (União) e a estadual", sem mencionar a esfera municipal, isso porque não há poder Judiciário próprio de cada município. É o poder Judiciário dos estados e, em alguns casos, da União que atuam nos municípios, ok? Em relação às alternativas: a) O conteúdo da alternativa está correto. Cabe a ressalva de que isso a União poderá atuar em nível local, mas quando o fizer será apoiando ações dos estados e municípios. Alternativa correta. b) Muita atenção neste ponto: quando falamos em autonomia dos estados e municípios, não incluímos a autonomia política. A CF/88 estabelece competências concorrentes. Existe um poder central (União) ao qual compete estabelecer as normas gerais, às quais se submetem os demais entes federativos. Imaginem se cada estado pudesse estabelecer sua própria política fiscal de forma autônoma, e em cada estado, o Imposto de Renda incidisse com uma taxa diferente, ou, ainda, apresentasse sua própria política educacional estabelecendo a quantidade de anos escolares, as disciplinas e seus conteúdos de forma totalmente autônoma. Não estaríamos mais falando de um único país. Nos arts. 21 e 22 da CF/88 podemos constatar a função política central da União. Note que, mesmo em Estados Confederativos, há uma assembleia representativa e um presidente, responsáveis pela política nacional – como é o caso dos Estados Unidos da América. A alternativa, portanto, está errada. c) A cúpula dos poderes Executivo, Legislativo e Judiciário são exatamente os poderes da União, responsáveis pelas normas e políticas gerais do País. Veja que se trata do oposto da alternativa anterior: há um núcleo (poder central = União) responsável pela estratégia do Estado. Alternativa correta. d) Além da divisão territorial (geográfica) que embasa a divisão dos Poderes, há uma repartição de competências entre os entes federativos, sendo que a gestão local, por exemplo, fica sob o encargo dos municípios (eis a divisão funcional). Alternativa correta. e) Outro ponto de atenção: a autonomia para a auto-organização dos estados e dos municípios é relativa, uma vez que o estabelecimento de suas normas não pode extrapolar os limites delimitados pela Constituição Federal, e também se submetem às leis federais que estabelecerem normas gerais de acordo com as competências estabelecidas pela própria Constituição Federal. Dessa forma, a assertiva está correta.
19 Certo	Ao desempenhar determinada função atípica, um Poder passa a assumir para si uma função típica de outro Poder, "flexibilizando", por assim dizer, uma visão absoluta da tripartição dos Poderes do Estado. A questão está, portanto, correta.

QUESTÃO	COMENTÁRIO
20 Certo	A concepção do sistema de freios e contrapesos justifica-se pela necessidade de criação de mecanismos capazes de prover equilíbrio e limitação mútua entre os Poderes, de sorte a evitar, de fato, a extrapolação de competências. A assertiva está correta.
21 Certo	A situação citada no enunciado é um exemplo da aplicação do sistema de freios e contrapesos pelo Poder Judiciário sobre o Poder Legislativo, como vimos no quadro anterior. A assertiva está correta.
22 Errado	Como vimos, a CF/88, no § 1º do art. 18, atribui a Brasília (e não ao Distrito Federal) a condição de Capital Federal. Por esse motivo, a questão está errada. Cabe a menção, ainda, de que a divisão do Distrito Federal em Municípios é realmente vedada, consoante o art. 32 da Constituição Federal de 1988.
23 Errado	O inciso VII do art. 48 da CF/88 permite a transferência, sempre temporária, da sede do Governo Federal: *Art. 48. Cabe ao Congresso Nacional, com a sanção do Presidente da República, não exigida esta para o especificado nos arts. 49, 51 e 52, dispor sobre todas as matérias de competência da União, especialmente sobre:* *VII – transferência temporária da sede do Governo Federal;* A questão está, portanto, errada.
24 Errado	A assertiva peca ao afirmar que os Estados-membros possuem soberania. Na realidade, tais entes gozam tão somente de autonomia. A soberania é inerente à República Federativa do Brasil. A questão está errada.

CAPÍTULO 5
Administração Pública: conceito, princípios e organização

Preliminarmente, um aspecto básico que devemos ter em mente é que, ao falarmos em **"gestão pública"**, estamos, na realidade, abordando o modo como os órgãos e entidades públicos são administrados. Trata-se de um conceito que remete à Administração Pública, em sentido estrito. Difere, assim, da noção de **"gestão privada"**, ou seja, da sistemática de administração de empresas e organizações particulares.

Iniciaremos este capítulo explorando o conceito de Administração Pública, seguindo-se a abordagem acerca dos Princípios Administrativos preconizados pela Constituição Federal de 1988. Prosseguiremos nosso estudo conhecendo os modos como a Administração pode se estruturar organizacionalmente, culminando na exposição acerca de convergências e divergências entre a gestão pública e a privada.

1. O Conceito de Administração Pública

De forma geral, ao falarmos de **Administração Pública**, nos referimos ao seu sentido estrito, ou seja, aos órgãos públicos responsáveis pela execução de atividades administrativas em geral, bem como a estas atividades desenvolvidas. Difere, pois, do sentido amplo, que contempla também os órgãos governamentais, que traçam os planos e diretrizes de ação.

Dessa forma, podemos fazer a primeira distinção conceitual dentro da Administração Pública:

ADMINISTRAÇÃO PÚBLICA	
SENTIDO	ABRANGÊNCIA
AMPLO	Abrange: • os órgãos governamentais, que traçam planos e diretrizes de ação (atos de governo). Trata-se de uma **função política**. • órgãos que exercem função meramente administrativa, bem como as atividades a ela inerentes.
ESTRITO	Restringe-se aos órgãos públicos que exercem função meramente administrativa, bem como às atividades por eles desenvolvidas. Não alcança, assim, a função política de Governo – é uma **função administrativa**, que dá base à consecução dos objetivos do governo.

IMPORTANTE! Quando não especificado, devemos entender a expressão "Administração Pública" como empregada em seu sentido estrito (apenas a função administrativa), ok?

Q1. (CESPE / MS / 2010) Conceitua-se administração pública, no sentido estrito, como o conjunto de agentes, órgãos e pessoas jurídicas destinado à execução das atividades administrativas e políticas do Estado.

Quando estão envolvidas as atividades administrativas **e** as políticas, estamos falando da administração pública, no sentido amplo. Apenas quando nos restringimos às funções administrativas é que a administração pública passa a ser abordada em sua concepção estrita.

Assim, a assertiva está errada.

A Administração Pública (agora na sua concepção estrita) pode apresentar, ainda, dois sentidos complementares. Podemos estar nos referindo ao aparelhamento – órgãos, pessoas jurídicas e agentes – que o Estado dispõe para a consecução da função administrativa (sentido formal, subjetivo ou orgânico), ou à atividade administrativa em si (sentido material, objetivo ou funcional). Vejamos o quadro abaixo:

ADMINISTRAÇÃO PÚBLICA (ESTRITA)	
SENTIDO	SIGNIFICADO
FORMAL, SUBJETIVO OU ORGÂNICO	Nesse sentido, "Administração Pública" (com letras maiúsculas) refere-se aos **órgãos, pessoas jurídicas e agentes** que estejam exercendo função administrativa, em qualquer dos Poderes (Executivo, Legislativo ou Judiciário), em qualquer das esferas políticas (União, Estados, DF ou Municípios). Assim, poderemos estar nos referindo à:

ADMINISTRAÇÃO PÚBLICA (ESTRITA)	
SENTIDO	SIGNIFICADO
FORMAL, SUBJETIVO OU ORGÂNICO	• Administração Pública Direta = conjunto de órgãos que integram a União, Estados, DF ou os Municípios e que exercem, de forma centralizada, as atividades administrativas. • Administração Pública Indireta = conjunto de órgãos e pessoas jurídicas que se vinculam à Administração Pública Direta e que exercem, de forma descentralizada, atividades administrativas (são as autarquias, empresas públicas, sociedades de economia mista e fundações públicas).
MATERIAL, OBJETIVO OU FUNCIONAL	Nesse sentido, "administração pública" (agora com letras minúsculas) refere-se à **atividade administrativa em si**, executada pelo Estado através de seus órgãos e entidades, de forma centralizada ou descentralizada. Há quatro atividades que podem ser listadas como próprias da administração pública em sentido material: • Fomento = incentivo à iniciativa privada de utilidade pública (concessão de incentivos fiscais, por exemplo); • Intervenção = atuação econômica do Estado no setor privado, seja diretamente (empresas públicas ou sociedades de economia mista, por exemplo) ou por regulação econômica; • Polícia Administrativa = deriva do poder de polícia (um dos poderes do administrador público) e refere-se às eventuais restrições ou condicionamentos impostos aos particulares, em benefício do interesse público (fiscalizações sanitárias em estabelecimentos, por exemplo); e • Serviço Público = é a atividade que a Administração Pública executa para satisfazer a necessidade pública geral (serviços de transporte, de telecomunicações etc.).

De toda sorte, segundo Hely Lopes Meirelles, um conceito satisfatório é assim registrado:

> Em conceitos gerais, **a administração é o aparelhamento do Estado preordenado à realização de serviços, visando à satisfação das necessidades coletivas.**

Tal definição já foi cobrada em concurso:

Q2. (CESPE / MS / 2013) A administração é o aparelhamento do Estado preordenado à realização dos seus serviços, com vistas à satisfação das necessidades coletivas.

Como vimos, a assertiva está correta.

Q3. (FGV / BADESC / 2010) Com relação ao funcionamento da administração pública, analise as afirmativas a seguir.

I. A administração pública, em sentido formal, é o conjunto de órgãos instituídos para a consecução dos objetivos de governo.

II. A administração pública executa, técnica e legalmente, os atos de governo.

III. A administração pública executa, com responsabilidade constitucional e política, os projetos governamentais.

Assinale:

a) se somente a afirmativa I estiver correta;
b) se somente a afirmativa II estiver correta;
c) se somente a afirmativa III estiver correta;
d) se somente as afirmativas I e III estiverem corretas;
e) se todas as afirmativas estiverem corretas.

Vejamos os comentários às assertivas:

I. Como vimos, o sentido formal, subjetivo ou orgânico da administração pública é referente aos **órgãos, pessoas jurídicas e agentes** que estejam exercendo função administrativa, em qualquer dos Poderes e das esferas políticas. E lembre-se que a função administrativa só existe para dar base à consecução dos objetivos governamentais. A afirmativa está correta.

II. A administração pública não se refere a atos de governo. Esta é uma função política, não inserida no âmbito da função administrativa inerente à administração pública. A afirmativa está errada.

III. A responsabilidade pela execução de projetos governamentais, derivada de desígnios da Constituição Federal, é tipicamente uma função política, uma vez mais não relacionada com a função administrativa da administração pública. Lembre-se:

- Governo: atua com responsabilidade constitucional e política;
- Administração Pública: atua com responsabilidade técnica e legal.

A afirmativa está errada.

A alternativa A, portanto, está correta.

Q4. (CESPE / MI / 2013) Em sentido objetivo, a expressão administração pública denota a própria atividade administrativa exercida pelo Estado.

No sentido objetivo (ou material ou funcional), "administração pública" (agora com letras minúsculas) refere-se à **atividade administrativa em si**. A questão está correta.

Q5. (CESPE / TJ – DF / 2013) Administração pública em sentido orgânico designa os entes que exercem as funções administrativas, compreendendo as pessoas jurídicas, os órgãos e os agentes incumbidos dessas funções.

No sentido orgânico (ou subjetivo ou formal), "Administração Pública" (com letras maiúsculas) refere-se aos **órgãos, pessoas jurídicas e agentes** que estejam exercendo função administrativa do Estado.
A questão está, portanto, correta.

2. Os Princípios que Regem a Administração Pública

Os princípios são as ideias centrais de um sistema, em torno das quais são estabelecidas regras e demais disposições. Servem como um norte, provendo as orientações e as diretrizes que devem ser observados no desempenho das atividades nas quais são aplicáveis.

Neste Capítulo, veremos os princípios que regem a administração pública, conforme constante da Constituição Federal de 1988 – em especial no Capítulo VII do Título III (*caput* do art. 37).

Vejamos a questão a seguir:

Q6. (FGV / TRE – PA / 2011) De acordo com a Constituição Federal de 1988, a Administração Pública obedecerá aos seguintes princípios:
   a) legalidade, impessoalidade, moralidade, publicidade e eficiência;
   b) legalidade, impessoalidade, moralidade, probidade e externalidade;
   c) legitimidade, impessoalidade, moralidade, probidade e externalidade;
   d) razoabilidade, proporcionalidade, improbidade e personalismo;
   e) discricionariedade, ponderação, isenção e separação de poderes.

Os princípios que regem o funcionamento da administração pública podem ser explícitos ou implícitos.
São explícitos os constantes o texto constitucional, em especial do *caput* do art. 37:

> Art. 37. A administração pública direta e indireta de qualquer dos Poderes da União, dos Estados, do Distrito Federal e dos Municípios obedecerá aos princípios de **legalidade, impessoalidade, moralidade, publicidade e eficiência** (...)

Nesse ponto, mostram-se importantes algumas observações:
• a observância dos princípios constitucionais relativos à administração pública é obrigatória para todos os Poderes (Executivo, Legislativo e Judiciário);

- os princípios listados no *caput* do art. 37 da Constituição Federal de 1988 são aplicáveis à administração pública direta e indireta, e
- os princípios são válidos em todas as esferas de governo: União, Estados, Distrito Federal e Municípios.

Os princípios implícitos não se encontram enunciados no texto constitucional.

O enunciado da questão solicita que identifiquemos os princípios relativos à administração pública "de acordo com a Constituição Federal de 1988". Estamos falando, portanto, dos princípios explícitos. Como vimos, são eles:

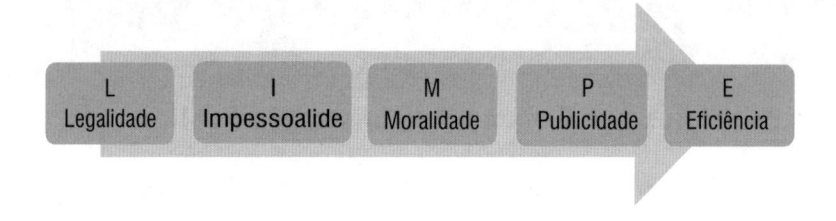

L	I	M	P	E
Legalidade	Impessoalide	Moralidade	Publicidade	Eficiência

Assim, a alternativa A está correta.

Antes de ingressarmos no estudo minudente dos princípios explícitos, é necessário o exame do conteúdo cobrado pela seguinte questão:

Q7. (CESPE / FUB / 2015) Na hierarquia dos princípios da administração pública, o mais importante é o princípio da legalidade, o primeiro a ser citado na CF.

Evidencia-se essencial entendermos que **não** há hierarquia entre os princípios constitucionais relativos à Administração Pública. Ou seja, todos os princípios possuem a mesma importância, sendo aplicados de forma harmônica. Nesse sentido, cabe a leitura do seguinte excerto:

> [...] do ponto de vista jurídico, é forçoso admitir que não há hierarquia entre os princípios constitucionais. Ou seja, todas as normas constitucionais têm igual dignidade; em outras palavras: não há normas constitucionais meramente formais, nem hierarquia de supra ou infraordenação dentro da Constituição, conforme asseverou Canotilho. Existem, é certo, princípios com diferentes níveis de concretização e densidade semântica, mas nem por isso é correto dizer que há hierarquia normativa entre os princípios constitucionais (LIMA, 2002)[1].

A assertiva, assim, está errada.

A seguir, veremos com maiores detalhes cada um dos princípios acima.

---

1 LIMA, G. M. *A Hierarquia entre Princípios e a Colisão de Normas Constitucionais*. Jus Navigandi, 2002. Disponível em <https://jus.com.br/artigos/2625/a-hierarquia-entre-principios-e-a-colisao-de-normas-constitucionais>. Acesso em: 29 jun. 2016.

2.1. Princípio da Legalidade

O **Princípio da Legalidade** é enunciado no inciso II do art. 5º da CF/88:

> II – ninguém será obrigado a fazer ou deixar de fazer alguma coisa senão em virtude de lei;

Este inciso, estando inserido no Capítulo da Constituição Federal que discorre sobre direitos e deveres individuais e coletivos, tem por objetivo minimizar o poder arbitrário do Estado. Nesse sentido, **em obediência ao Princípio da Legalidade, o Estado só poderá impor algo ao particular por força de lei. A implicação disso é que ao particular é permitida a realização de tudo o que a lei não proíba.**

Contudo, ao tratarmos da administração pública, esse princípio carece de novos contornos. Há maior rigidez em sua aplicação, visto que não pode haver lugar para a vontade subjetiva (= arbitrária) do administrador público. Imagine um órgão público que aplique multas sem critérios legais? Este tipo de arbitrariedade é, mais uma vez, minimizado pelo Princípio da Legalidade.

Dessa maneira, podemos fazer a seguinte síntese do Princípio da Legalidade:

PRINCÍPIO DA LEGALIDADE	
Esfera de aplicação	Significado
Particular	• O Estado só pode impor sua vontade ao particular por força de lei (e demais espécies normativas). • É lícito fazer tudo aquilo que a lei (e as demais espécies normativas) não proíbe.
Administração Pública	Só é permitida à Administração Pública a execução do que está expressamente previsto em lei, ou nas demais espécies normativas.

Com esse entendimento, fica claro que qualquer atividade administrativa da esfera pública que não tenha previsão legal é ilícita.

Q8. (CESPE / PC – TO / 2008) Em toda atividade desenvolvida pelos agentes públicos, o princípio da legalidade é o que precede todos os demais.

Ao verificarmos a validade de determinado ato efetuado por um agente público, devemos, de antemão, avaliarmos se o ato deu-se em atendimento ao princípio da legalidade. Este é o ponto inicial. Somente a partir daí é que podemos verificar o atendimento aos demais princípios.

Há a possibilidade de um ato legal não atender ao princípio da eficiência (uma conduta antieconômica para o Estado, por exemplo). Como também há a possibilidade da ilegalidade ser proveniente da inobservância de outros princípios (uma conduta antiética, em desatendimento ao princípio da moralidade, pode implicar um ato de improbidade administrativa). Mas, em um primeiro plano, haverá um desrespeito à lei.

É nesse sentido que o enunciado da questão emprega o verbo "precede". Não se trata de uma hierarquia entre princípios (coisa que não existe, como vimos), mas sim de uma verificação da validade do ato protagonizado pela Administração Pública.

O enunciado, portanto, está correto.

Q9. (FGV / SEAP – AP / 2010) Os atos administrativos possuem presunção de legitimidade. Esta presunção decorre do princípio da:
a) impessoabilidade;
b) moralidade;
c) publicidade;
d) legalidade;
e) eficiência.

Fazendo-se uso de conceito próprio do Direito Administrativo, é pertinente a apresentação do conceito de ato administrativo. Para Hely Lopes Meirelles, ato administrativo é:

"...toda manifestação unilateral de vontade da Administração Pública que, agindo nessa qualidade, tenha por fim imediato adquirir, resguardar, transferir, modificar, extinguir e declarar direitos, ou impor obrigações ao administrados ou a si própria."

Uma síntese do conceito é proposta por Carvalho Filho, para quem ato administrativo é a exteriorização da vontade da Administração Pública, com o fim de atender ao interesse público.

Ainda caminhando em solo do Direito Administrativo, devemos apenas ter a ciência de que os atos administrativos possuem três atributos:

- Imperatividade = capacidade de se imporem aos particulares.
- Autoexecutoriedade = capacidade de execução imediata, sem que se invoque outros Poderes ou órgãos públicos.
- Presunção de legitimidade (ou de veracidade) = há a pressuposição de que os atos administrativos são emitidos de acordo com a lei, ou seja, de que houve a observância do Princípio da Legalidade. Visto que o ato nasce com esta pressuposição, cabe ao interessado que identificar a ilegalidade prova-la em juízo.

Dessa forma, vemos que a presunção de legitimidade é decorrente do Princípio da Legalidade. A alternativa D está correta.

2.2. Princípio da Impessoalidade

Na sua acepção (= significado) mais comum, o Princípio da Impessoalidade confunde-se com o Princípio da Finalidade Administrativa, conforme nos ensina Hely Lopes Meirelles:

"*o princípio da impessoalidade*, referido na Constituição de 1988 (art. 37, caput), nada mais é que o clássico **princípio da finalidade**, o qual impõe ao administrador público que só pratique o ato para o seu fim legal. E o fim legal é unicamente aquele que a norma de direito indica expressa ou virtualmente, de forma impessoal."

Dessa forma, o ato administrativo não deve visar a interesses do agente que o pratica ou de terceiros, mas sim ao cumprimento da "letra da lei" que, por regra, tem por objetivo a defesa do interesse público. O agente, assim, é apenas um veículo de manifestação da vontade do Estado.

Há o entendimento da Doutrina de que o Princípio da Impessoalidade decorre do Princípio da Isonomia ou da Igualdade, tendo em vista que não corromper o ato administrativo pelo atendimento a interesses de particulares significa oferecer oportunidades iguais àqueles que são alcançados pelo ato. Nesse sentido, há exemplos explícitos na Constituição, como a exigência de concurso público para investidura em cargo ou emprego público (oportunidades iguais aos concorrentes, conforme inciso II do art. 37), ou a igualdade de condições aos concorrentes em um processo de licitação (inciso XXI do art. 37).

Em uma acepção menos comum, o Princípio da Impessoalidade refere-se ao conteúdo do § 1º do art. 37 da CF/88:

> § 1º – A publicidade dos atos, programas, obras, serviços e campanhas dos órgãos públicos deverá ter caráter educativo, informativo ou de orientação social, dela não podendo constar nomes, símbolos ou imagens que caracterizem promoção pessoal de autoridades ou servidores públicos.

Sendo o agente público apenas um veiculador da vontade do Estado, não cabe a autopromoção por sua atuação nessa condição. Afinal, quem faz uma obra é o Estado (e não o agente), com dinheiro público. Um típico exemplo do descumprimento dessa acepção do Princípio da Impessoalidade é apresentado no *outdoor* ao lado. Não foram os deputados que duplicaram a avenida. Foi o Estado.

Fonte: http://luiscarlosgusmao.blogspot.com.br/2007_05_01_archive.html

Q10. (FGV / TCM – RJ / 2008) A assertiva "que os atos e provimentos administrativos são imputáveis não ao funcionário que os pratica, mas ao órgão ou entidade administrativa em nome do qual age o funcionário" encontra respaldo, essencialmente:

a) no princípio da eficiência;
b) no princípio da moralidade;
c) no princípio da impessoalidade;
d) no princípio da unidade da Administração Pública;
e) no princípio da razoabilidade.

O enunciado solicita a identificação do princípio da administração pública que impõe que os atos administrativos são imputáveis (= atribuíveis) a órgãos públicos, e não aos funcionários que os praticam. Trata-se do Princípio da Impessoalidade ou da Finalidade Administrativa.

A alternativa C, portanto, está correta.

Q11. (CESPE / TRE – GO / 2015) Em decorrência do princípio da impessoalidade, previsto expressamente na Constituição Federal, a administração pública deve agir sem discriminações, de modo a atender a todos os administrados e não a certos membros em detrimento de outros.

Vejamos o seguinte excerto:

Impede o princípio da impessoalidade, portanto, que o ato administrativo seja praticado a fim de atender a interesses do agente público ou de terceiros, devendo visar, tão somente, à "vontade" da lei, comando geral e abstrato, logo, impessoal. Dessarte, são obstadas perseguições ou favorecimentos e quaisquer discriminações, benéficas ou prejudiciais, aos administrados ou mesmo aos agentes públicos (PAULO; ALEXANDRINO, 2008, p. 334).

Com base no exposto, infere-se que a questão está correta.

2.3. Princípio da moralidade

Vimos que o administrador público só pode agir de acordo com o previsto em norma legal, em consonância com o Princípio da Legalidade. No entanto, isso não é suficiente.

No exercício de sua função pública, o agente deve respeitar os princípios éticos de razoabilidade e de justiça. Deve-se aliar a observância às leis a uma atuação ética.

Talvez a melhor síntese do Princípio da Moralidade seja a apresentada pelo Decreto nº 1.171/1994 (Código de Ética do Servidor Público Federal), em seu inciso II:

> II – O servidor público não poderá jamais desprezar o **elemento ético** de sua conduta. Assim, não terá que decidir somente entre o legal e o ilegal, o justo e o injusto, o conveniente e o inconveniente, o oportuno e o inoportuno, **mas principalmente entre o honesto e o desonesto**, consoante as regras contidas no art. 37, *caput*, e § 4º, da Constituição Federal.

O dispositivo transcrito acima já foi cobrado pelo CESPE:

Q12. (CESPE / PC – AL / 2012) Ao servidor público deve ser dada a possibilidade de decidir quanto ao que é legal ou ilegal, mas também quanto ao que é justo ou injusto, estabelecendo uma distinção entre o honesto e o desonesto, de modo a respeitar o princípio da moralidade.

O enunciado coaduna-se (= harmoniza-se) com o disposto no inciso II do Capítulo I do Código de Ética Profissional do Servidor Público Civil do Poder Executivo Federal. Está, assim, correto.

A **moral administrativa** é o norte que rege a aplicação do Princípio da Moralidade. Difere da **moral comum**, a qual todos os membros de uma sociedade estão submetidos.

Ok, estamos falando de moral administrativa, de moral comum, mas, afinal, o que é moral?

Conforme nos ensina Antônio Joaquim Severino:

> **Moral** = conjunto de prescrições vigentes numa determinada sociedade e consideradas como critérios válidos para a orientação do agir de todos os membros dessa sociedade.

Assim, a moral refere-se ao somatório de valores numa sociedade. É uma espécie de banco de dados.

A ética, por sua vez, acessa esse banco de dados sempre que vamos determinar se a ação humana é "boa" ou "má". Sempre que falarmos de ética, sempre estará envolvido um conjunto de valores (moral) e uma ação do indivíduo.

Agora sim poderemos fazer uma comparação entre os conceitos de **moral administrativa** e **moral comum**:

MORAL ADMINISTRATIVA	MORAL COMUM
Toma por base os valores referentes ao desempenho da atividade estatal.	Refere-se ao conjunto de valores inerentes aos membros de certa coletividade.
É imposta ao agente público para a sua conduta interna, ou seja, perante a instituição que representa.	É imposta ao homem para sua conduta externa, perante os membros da sociedade.
Em síntese: a moral administrativa difere da moral comum por ser jurídica e por suscitar a invalidação de atos administrativos praticados sem a observância a este princípio.	

Q13. (CESPE / MJ / 2013) O princípio da moralidade administrativa torna jurídica a exigência de atuação ética dos agentes públicos e possibilita a invalidação dos atos administrativos.

A questão aborda conteúdo apresentado no final do quadro anterior. Está, assim, correta.

Q14. (ESAF / SET – RN / 2005 – adaptada) Sobre os princípios constitucionais da administração pública, julgue a afirmativa abaixo:

A aplicação do princípio da moralidade administrativa demanda a compreensão do conceito de "moral administrativa", o qual comporta juízos de valor bastante elásticos.

Apesar da maior delimitação do conceito de moral administrativa com relação ao conceito de moral comum, não há como negar que comporta (=abrange) juízos de valor bastante elásticos. A título de exemplo, Maria Sylvia Zanella di Pietro faz a seguinte lista de tais juízos: honestidade, retidão, equilíbrio, justiça, respeito à dignidade do ser humano, boa fé, trabalho e ética das instituições.

Assim, a afirmativa proposta pela questão está correta.

Q15. (CESPE / Correios / 2011) De acordo com o princípio da moralidade administrativa, o agente público deve atuar cumprindo estritamente a lei, e o julgamento sobre oportunidade e conveniência, que não deve ser considerado pelo agente público, deve ser feito somente quando reclamado no devido foro.

Devemos ter em mente que, em se tratando de atos administrativos, há os atos vinculados – aqueles que restringem a liberdade de atuação do agente público ao estritamente previsto em lei, e os atos discricionários – que conferem certa margem de liberdade ao administrador, conferida por previsão legal.

Recorrendo-se ao Direito Administrativo, devemos lembrar que são 5 (cinco) os <u>requisitos ou elementos do ato administrativo</u>:

1) <u>Competência</u> = poder legal conferido ao agente para a prática do ato;

2) <u>Finalidade</u> = aquilo que se pretende obter com o ato administrativo que, em última instância, sempre é algo de interesse público;

3) <u>Forma</u> = aquilo que reveste exteriormente o ato administrativo (atos escritos, ordens verbais etc.);

4) <u>Motivo</u> = é o fato que gera a situação a partir da qual o ato administrativo se mostra necessário. A divulgação de um edital de concurso, por exemplo, tem no motivo a escassez de pessoal efetivo de um órgão, talvez por excesso de aposentadorias;

5) <u>Objeto</u> = é o conteúdo do ato em si. O objeto de uma posse de um cargo público, por exemplo, é a própria investidura do servidor nesse cargo.

Os três primeiros requisitos (competência, finalidade e forma) são sempre vinculados, ou seja, não há a mínima liberdade do agente em ponderar sobre esses requisitos. A finalidade de um ato é e sempre será o interesse público. É vinculado, ok?

Já os dois últimos requisitos (motivo e objeto) são passíveis de serem ponderados pelo agente público, <u>quando se trata de atos discricionários</u>.

Assim, nos atos discricionários, os requisitos motivo e objeto são não vinculados, podendo o agente decidir sobre as seguintes questões:

- é oportuno considerar determinado fato gerador como um motivo para certo ato administrativo? (= julgamento da oportunidade do ato, relacionada ao requisito motivo);

- é conveniente o resultado do ato para a situação concreta? (=julgamento da conveniência do ato, relacionada ao requisito objeto).

Dessa maneira, cabe ao agente público, nos atos administrativos discricionários, seguir estritamente o estabelecido pela lei no que diz respeito aos requisitos competência, finalidade e forma, mas cabe o seu julgamento sobre o motivo e o objeto, sempre em consonância com a moral administrativa. A ponderação sobre o motivo e o objeto, nesses casos, é chamada de **mérito administrativo**.

A assertiva, portanto, está errada.

2.4. Princípio da publicidade

O Princípio da Publicidade, a exemplo do Princípio da Impessoalidade, também possui dupla acepção.

<u>No sentido mais comum</u>, o Princípio da Publicidade refere-se à necessidade de **publicação oficial** dos atos administrativos a fim de que possam produzir efeitos externos. Nesse caso, diz-se que a publicidade dos atos administrativos é **pressuposto de sua eficácia**, ou seja, é condição

necessária para que passe a produzir efeitos com relação àqueles a quem se destina.

Um edital de licitação que não é publicado não produz efeitos externos. É ineficaz, já que nenhum dos licitantes ficará sabendo da intenção da Administração Pública em adquirir um bem ou em contratar um serviço.

A publicidade dos atos é feita nos Diários Oficiais (da União, dos Estados, do DF ou dos Municípios em que haja imprensa oficial) ou, em alguns casos, a mera afixação do ato em lugar próprio para a divulgação de atos públicos é suficiente.

Marcelo Alexandrino e Vicente Paulo também se lembram do sentido menos comum do Princípio da Publicidade: a exigência da transparência da atividade administrativa como um todo. Nessa acepção, todos têm direito a receber dos órgãos públicos informações de seu interesse particular, ou de interesse coletivo ou geral (inciso XXXIII do art. 5º da CF/88).

Q16. (FCC / MPE – SE / 2010) Sobre o princípio da publicidade, é correto afirmar:
   a) A veiculação de notícias de atos da Administração pela imprensa falada, escrita e televisiva atende ao princípio da publicidade.
   b) Se a lei não exigir a publicação em órgão oficial, a publicidade terá sido alcançada com a simples afixação do ato em quadro de editais, colocado em local de fácil acesso do órgão expedidor.
   c) As edições eletrônicas do Diário Oficial da União são meramente informativas, não produzindo, em nenhuma hipótese, os mesmos efeitos que as edições impressas.
   d) A publicação de atos, contratos e outros instrumentos jurídicos, inclusive os normativos, pode ser resumida.
   e) A publicidade é elemento formativo do administrativo.

Vejamos os comentários às alternativas:
   a) A simples veiculação dos atos administrativos pela imprensa não atende ao Princípio da Publicidade. Um ato que é divulgado no Jornal Estado de São Paulo não é uma publicação oficial. O ato tem de ser publicado em algum dos Diários Oficiais mencionados previamente (ou, com exceções previstas em lei, afixados em quadros de aviso próprios para a publicação de atos públicos). A alternativa está errada.
   b) O entendimento dessa alternativa está correto. No caso de um convite (modalidade de licitação), a Lei nº 8.666/93 não exige a publicação do edital (chamado, neste caso, de carta-convite) em um dos Diários Oficiais. Basta a afixação do documento em um quadro de aviso próprio da repartição. A alternativa está correta.

c) As edições eletrônicas dos Diários Oficiais produzem os mesmos efeitos das edições impressas. A alternativa está errada.

d) A publicidade dos atos normativos não pode ser resumida. A alternativa está errada.

e) A publicidade não é ato formativo do ato administrativo. O ato pode ser perfeito (= tendo concluído com êxito todas as etapas de sua formação), mas, se não publicado, não terá atendido a condição para sua eficácia. A alternativa está errada.

Resposta: B.

2.5. Princípio da eficiência

O **Princípio da Eficiência** – último dentre os princípios que regem a administração pública, conforme *caput* do art. 37 da CF/88 – **foi acrescentado à Carta Magna pela Emenda Constitucional nº 19/1998.**[2]

Vejamos o conceito do Princípio da Eficiência, nas palavras de Moraes (2010):

> "[...] o **princípio da eficiência** é aquele que impõe à Administração Pública direta e indireta e a seus agentes a persecução[3] do bem comum, por meio do exercício de suas competências de forma imparcial, neutra, transparente, participativa, eficaz, sem burocracia e sempre em busca da qualidade, primando pela adoção dos critérios legais e morais necessários para a melhor utilização possível dos recursos públicos, de maneira a evitar-se desperdícios e garantir-se uma maior rentabilidade social."

Observe que a busca pela melhor utilização possível dos recursos públicos, conforme destacado acima, faz com que o Princípio da Eficiência aproxime-se muito da noção de **economicidade**, ou seja, da consecução do melhor custo X benefício no trabalho da Administração Pública, evitando-se o desperdício do dinheiro público.

A Professora Maria Sylvia Zanella di Pietro, ainda, entende haver dois aspectos de aplicação do Princípio da Eficiência:

- a forma de atuação do agente público deve resultar no melhor desempenho possível;
- o modo de organização, de estruturação e de disciplina da Administração Pública deve ser o mais racional possível.

---

[2] O Princípio da Eficiência já era considerado um princípio da administração pública antes da CF/88. A inovação trazida por nossa última Constituição foi torná-lo explícito.
[3] persecução = busca, perseguição.

Q17. (FCC / TRT 1ª Região / 2011) Analise as seguintes proposições, extraídas dos ensinamentos dos respectivos Juristas José dos Santos Carvalho Filho e Celso Antônio Bandeira de Mello:

I. *O núcleo desse princípio é a procura de produtividade e economicidade e, o que é mais importante, a exigência de reduzir os desperdícios de dinheiro público, o que impõe a execução dos serviços públicos com presteza, perfeição e rendimento funcional.*

II. *No texto constitucional há algumas referências a aplicações concretas deste princípio, como por exemplo, no art. 37, II, ao exigir que o ingresso no cargo, função ou emprego público depende de concurso, exatamente para que todos possam disputar-lhes o acesso em plena igualdade.*

As assertivas I e II tratam, respectivamente, dos seguintes princípios da Administração Pública:

a) oralidade e legalidade;
b) eficiência e impessoalidade;
c) legalidade e publicidade;
d) eficiência e legalidade;
e) legalidade e moralidade.

Pelo exposto anteriormente, evidencia-se que a assertiva I é referente ao Princípio da Eficiência.

Já a assertiva II faz alusão à exigência de concurso para ingresso em cargo, função ou emprego público. Esta é uma aplicação prática do Princípio da Impessoalidade, como já vimos no subitem 2.2 deste Capítulo.

Assim, a alternativa B está correta.

Q18. (FCC / TRT 1ª Região / 2011) No tocante à Administração Pública, o direcionamento da atividade e dos serviços públicos à efetividade do bem comum, a imparcialidade, a neutralidade, a participação e aproximação dos serviços públicos da população, a eficácia, a desburocratização e a busca da qualidade são características do princípio da:

a) publicidade;
b) legalidade;
c) impessoalidade;
d) moralidade;
e) eficiência.

Essa questão é passível de suscitar algumas dúvidas. O motivo disso é que há características listadas no enunciado que muito se aproximam do Princípio da Impessoalidade (direcionamento da atividade e dos serviços públicos ao bem comum, a imparcialidade e a neutralidade).

Capítulo 5 | Administração Pública: conceito, princípios e organização   **211**

No entanto, o restante das características (aproximação dos serviços públicos da população, eficácia, desburocratização e busca da qualidade) não deixam dúvidas: trata-se do Princípio da Eficiência (falou eficácia + desburocratização + qualidade, o resultado é a eficiência, ok?).

De qualquer modo, interessante notarmos que o enunciado parece ter sido totalmente baseado na definição do Princípio da Eficiência exposto na resolução da questão anterior, e elaborado por Moraes (2010).

A alternativa E está correta.

Q19. (FCC / TRE – PE / 2011)

> *Um dos princípios da administração Pública exige que a atividade administrativa seja exercida com presteza, perfeição e rendimento funcional. A função administrativa já não se contenta em ser desempenhada apenas com legalidade, exigindo resultados positivos para o serviço público e satisfatório atendimeto das necessidades da comunidade e de seus membros.*
>
> (Hely Lopes Meirelles. Direito Administrativo Brasileiro)

O conceito refere-se ao princípio da:

a) impessoalidade;
b) eficiência;
c) legalidade;
d) moralidade;
e) publicidade.

O extrato de Hely Lopes Meirelles menciona alguns atributos desejáveis da atividade administrativa: presteza, perfeição e rendimento funcional. São atributos geralmente aplicáveis a empreendimentos privados, mas que, desde a Emenda Constitucional nº 19/1998, passou a fazer parte dos objetivos da atividade administrativa estatal.

Trata-se, assim, do Princípio da Eficiência. A alternativa E está correta.

Uma vez estudado o conceito de Administração Pública, bem como estando familiarizado(a) com os Princípios que regem o seu funcionamento, estamos prontos para abordar o modo como a administração pública brasileira está estruturada. É o que faremos na próxima seção.

3. Estrutura da Administração Pública: Desconcentração e Descentralização

Em termos de organização, a Administração Pública atuar de forma centralizada ou descentralizada.

Há a centralização quando a atividade é desempenhada pela chamada Administração Direta. A descentralização, por sua vez, ocorre quando a atividade é desempenhada pela Administração Indireta.

Nas próximas seções, veremos com detalhes estes dois tipos de atuação.

3.1. Administração Pública Direta

A Administração Direta constitui-se, em nível federal, dos serviços integrados na estrutura administrativa da Presidência da República e dos Ministérios, bem como os órgãos dos Poderes Legislativo e Judiciário, além do Ministério Público da União. Ainda, compreende os órgãos correspondentes em níveis estadual, municipal e do Distrito Federal.

Os órgãos da Administração Direta **não possuem personalidade jurídica própria**, pois não podem contrair direitos ou assumirem obrigações, haja vista que pertencem à pessoa política – União, Estado--membro, Municípios e Distrito Federal. Nesse sentido, os órgãos da Administração Direta são centros de competência despersonalizados, não possuindo, ainda, patrimônio ou autonomia administrativa, sendo suas despesas custeadas pelo orçamento da esfera da Federação.

Quando o Estado exerce suas funções diretamente, dizemos que há uma atuação **centralizada**. Nesta hipótese, os serviços públicos são prestados diretamente pelos órgãos do Estado, despersonalizados, integrantes de uma mesma pessoa política (União, Estados-membro, Municípios ou Distrito Federal).

A Desconcentração

Para sua estruturação interna, a Administração Direta lança mão da chamada **desconcentração**, ou seja, procede à distribuição interna de competências entre os diversos órgãos, dentro de uma mesma pessoa jurídica. Assim, por exemplo, dentro da pessoa jurídica União ocorre a desconcentração quando há a distribuição de competências para seus Ministérios. Não há a criação de pessoas jurídicas inéditas, mas tão somente a disposição interna racional de competências, de forma a tornar o serviço mais eficiente.

> ! Cabe aqui a observação de que, em regra geral, a desconcentração aplica-se à Administração Direta. No entanto, é passível de ocorrer também na Administração Indireta, quando esta repartir suas competências internamente.

Diferentemente da descentralização administrativa, na desconcentração, a distribuição de competências é feita internamente entre os órgãos de uma mesma pessoa jurídica. Assim, **na desconcentração, o vínculo de subordinação e hierarquia está sempre presente**. Tal é a visão de Medauar (2003, p. 56-67):

> Existe a desconcentração quando as atividades são distribuídas de um centro para setores periféricos ou de escalões superiores para escalões inferiores, **dentro da mesma entidade ou da mesma pessoa jurídica**. [...] A desconcentração se verifica tanto entre órgãos situados num mesmo local como entre órgãos situados em locais geograficamente distantes. A distribuição de atividades mediante desconcentração implica a **permanência de vínculos de hierarquia entre órgãos envolvidos**.

A desconcentração visa a prover uma prestação de serviços públicos de forma mais ágil e eficiente, possibilitando que a cúpula da Administração Direta volte-se às atividades de controle e coordenação.

Q20. (CESPE / TJ-DF / 2013) A criação, por uma universidade federal, de um departamento específico para cursos de pós-graduação é exemplo de descentralização.

Ao criar um departamento específico de pós-graduação, tal unidade administrativa mantém-se na estrutura da universidade federal, guardando relação de subordinação hierárquica com esta. Trata-se, assim, de um caso de desconcentração (há de se observar, ainda, que o departamento criado é despersonalizado juridicamente).
A assertiva está errada.

Nem sempre o Estado exerce suas funções diretamente. Nesse caso, surge a Administração Indireta, estudada na próxima seção.

3.2. Administração Pública Indireta

A Descentralização

Medauar (2004) contextualiza de modo bastante didático a descentralização no cenário brasileiro. Para a autora, há dois enfoques possíveis no estudo da descentralização: político e administrativo.

Eis a explanação daquela autora (2004, p. 350), ao referir-se à descentralização política:

> A **descentralização política** ocorre quando o ente descentralizado exerce atribuições próprias que não decorrem do ente central, é a situação dos Estados-membros da federação e, no Brasil, também dos Municípios [e do Distrito Federal]. Cada um desses **entes locais detém competência legislativa própria** que não decorre da União nem a ela se subordina, mas encontra seu **fundamento na própria Constituição Federal**. As atividades jurídicas que exercem não constituem delegação ou concessão do governo central, pois dela são titulares de maneira originária.

Contudo, nosso escopo de estudo não é alusivo à descentralização política, mas sim à **administrativa**. Uma vez mais de acordo com Medauar (2004, p. 65):

> A **descentralização administrativa** ocorre quando as atribuições realizadas pelos **entes descentralizados** somente possuem o valor jurídico de forma dependente do ente central; sendo que, suas **atribuições não decorrem diretamente da Constituição, mas diretamente do poder central**.

Para Celso Antônio Bandeira de Mello (2004, p. 139), "o Estado tanto pode prestar por si mesmo as atividades administrativas, como pode desempenhá-las por via de outros sujeitos, caso em que se estará perante a descentralização". Complementa Di Pietro (2004, p. 349), ao afirmar que descentralização "é a distribuição de competências de uma pessoa para outra pessoa física ou jurídica". Nesse caso, os entes aos quais a Administração Direta distribui por **descentralização** o encargo da prestação de determinado serviço público são **dotados de personalidade jurídica**.

Relevante é o fato de que não há relação de hierarquia inerente à descentralização, mas sim o **vínculo ou a tutela administrativa e o controle finalístico**:

> Na descentralização administrativa, a atuação do Estado se dá de forma indireta, através de pessoas, sempre distintas de seu aparelhamento orgânico, ainda que criadas por este, de forma que não se estabelecem vínculos de hierarquia entre o poder central e o ente personalizado que desempenha as determinações a ele atribuídas (DI PIETRO, 2004, p. 349).

O conceito de **controle finalístico** é assim lecionado por Meirelles (2004, p. 641):

> **Controle finalístico** – é o que a norma legal estabelece para as entidades autônomas, indicando a autoridade controladora, as faculdades a serem exercitadas e as finalidades objetivadas. Por isso mesmo **é sempre um controle limitado e externo. Não tem fundamento hierárquico**, porque não há subordinação entre a entidade controlada e a autoridade ou o órgão controlador. É um controle teleológico[4], de verificação do enquadramento da instituição no programa geral do Governo e de seu acompanhamento dos atos e de seus dirigentes no desempenho de suas funções estatutárias, para o atingimento das finalidades da entidade controlada.

Diferentemente da desconcentração, a descentralização pressupõe a atribuição de personalidade jurídica a uma determinada entidade, para que ela preste serviços públicos ou realize atividades de utilidade pública.

Para Paulo e Alexandrino (2006), são dois os modos passíveis de ocorrer a descentralização:

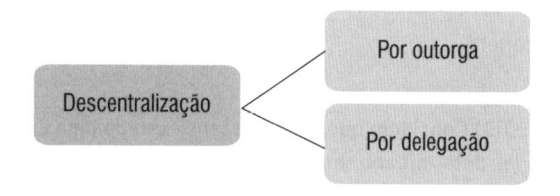

```
                        ┌─── Por outorga
        Descentralização
                        └─── Por delegação
```

A descentralização por **delegação** ocorre quando o "Estado transfere, por **contrato** ou **ato unilateral**, unicamente a execução do serviço, para que o ente delegado preste ao público em seu próprio nome e por sua conta e risco, sob fiscalização do Estado, entretanto" (PAULO; ALEXANDRINO, 2006, p. 17). Nesse caso, a delegação é efetivada apenas por prazo determinado como, por exemplo, nos contratos de concessão.

A descentralização por **outorga**, por sua vez, ocorre quando o Estado recorre à edição de uma lei no intuito de criar uma entidade e transferir determinado serviço público a ela. A descentralização por outorga, usualmente, dá-se por prazo indeterminado. Esse é o tipo de descentralização relativa à Administração Indireta.

Alusivo a estes dois tipos de descentralização, é ainda pertinente a transcrição do entendimento de Meirelles (2004, p. 332):

> A delegação é menos que a outorga, porque esta traz uma presunção de definitividade e aquela de transitoriedade, razão pela qual os serviços outorgados o são, normalmente, por tempo indeterminado e os delegados por prazo certo, para que ao seu término retornem ao delegante.

---
4 Teleologia é uma disciplina que se volta ao estudo dos fins últimos das coisas.

Q21. (CESPE / TJ – DF / 2013) Quando o Estado cria uma entidade e a ela transfere, por lei, determinado serviço público, ocorre a descentralização por meio de outorga.

Como vimos, a questão apresenta de modo apropriado o conceito de delegação por outorga, segundo o qual há uma lei que respalda a criação de uma entidade, que passa a ser responsável por determinado serviço público.

A questão está correta.

Q22. (CESPE / ANAC / 2012) A descentralização será efetivada por meio de outorga quando o Estado criar uma entidade e a ela transferir, por lei, determinado serviço público.

A descentralização dá-se por outorga quando o Estado recorre à edição de uma lei no intuito de criar uma entidade e transferir determinado serviço público a ela. De modo distinto, a descentralização por delegação é dada por meio de um contrato ou ato unilateral.

A questão está correta.

Q23. (CESPE / MS / 2013) Considere que o Estado tenha criado uma entidade e a ela tenha transferido, por lei, determinado serviço público. Nesse caso, ocorreu descentralização por meio de delegação.

Quando a transferência de serviço público a determinada entidade (dotada de personalidade jurídica) dá-se por norma legal (e por prazo indeterminado), diz-se que ocorreu a descentralização por outorga.

A questão está errada.

O Decreto-Lei nº 200, de 1967, estabelece a organização da Administração Pública Federal brasileira. Tal norma lista as seguintes entidades como componentes da Administração Indireta:

- Autarquias;
- Empresas Públicas;
- Sociedades de Economia Mista; e
- Fundações Públicas.

Ressalta-se que, diferentemente dos entes que compõem a Administração Direta, as entidades acima arroladas não detêm prerrogativas políticas, mas apenas administrativas, ok? Isso já foi cobrado em uma recente questão:

Q24. (CESPE / CNJ / 2013) As entidades políticas são pessoas jurídicas de direito público interno, como a União, os Estados, o Distrito Federal e os Municípios. Já as entidades administrativas integram a administração pública, mas não têm autonomia política, como as autarquias e as fundações públicas.

Grosso modo, o direito público é uma partição do direito que se volta à regulação das relações nas quais o Estado atua como legítimo representante da comunidade, visando ao interesse público.

O direito público é dito externo quando se volta às relações entre nações ou entre organizações de distintos países. Já o direito público interno volta-se à regulação dos interesses estatais e sociais de determinado país, quando o interesse público predominar na relação.

Há, ainda, o chamado direito privado, que se distingue do direito público pelo fato de o interesse predominante na relação ser particular.

Os arts. 41, 42 e 44 do Código Civil estabelecem as pessoas jurídicas que se relacionam a cada um desses ramos do direito:

>*Art. 41. São pessoas jurídicas de* **direito público interno***:*
>
>*I – a União;*
>
>*II – os Estados, o Distrito Federal e os Territórios;*
>
>*III – os Municípios;*
>
>*IV – as autarquias, inclusive as associações públicas;*
>
>*V – as demais entidades de caráter público criadas por lei.*
>
>*[...]*
>
>*Art. 42. São pessoas jurídicas de direito público externo os Estados estrangeiros e todas as pessoas que forem regidas pelo direito internacional público.*
>
>*[...]*
>
>*Art. 44. São pessoas jurídicas de* **direito privado***:*
>
>*I – as associações;*
>
>*II – as sociedades;*
>
>*III – as fundações.*
>
>*IV – as organizações religiosas; (Incluído pela Lei nº 10.825, de 22.12.2003)*
>
>*V – os partidos políticos. (Incluído pela Lei nº 10.825, de 22.12.2003)*
>
>*VI – as empresas individuais de responsabilidade limitada.*

Com relação à questão proposta, ela espelha de forma apropriada a distinção, em termos de prerrogativas políticas, entre os entes da Administração Direta (que detêm poder político e administrativo) e as entidades da Administração Indireta (que somente detêm privilégios administrativos).

A questão está correta.

A seguir, veremos as características principais de cada uma destas entidades, mas antes vejamos uma questão acerca dos conceitos de desconcentração e de descentralização.

Q25. (ESAF / MTE / 2010) Tendo por base a organização administrativa brasileira, classifique as descrições abaixo como sendo fenômenos: (1) de descentralização; ou (2) de desconcentração. Após, assinale a opção correta.

( ) Criação da Fundação Instituto Brasileiro de Geografia e Estatística (IBGE), para prestar serviços oficiais de estatística, geologia e cartografia de âmbito nacional;

( ) Criação de delegacia regional do trabalho a ser instalada em municipalidade recém-emancipada e em franco desenvolvimento industrial e no setor de serviços;

( ) Concessão de serviço público para a exploração do serviço de manutenção e conservação de estradas;

( ) Criação de novo território federal.

a) 2 / 1 / 2 / 1;

b) 1/ 2 / 2 / 1;

c) 2/ 2 / 1 / 1;

d) 1/ 2 / 1 / 1;

e) 1/ 2 / 1 / 2.

- *"Criação da Fundação Instituto Brasileiro de Geografia e Estatística (IBGE), para prestar serviços oficiais de estatística, geologia e cartografia de âmbito nacional"*: o IBGE, sendo uma fundação pública, é uma entidade pertencente à Administração Indireta. Trata-se, portanto, de uma iniciativa de descentralização (1).

- *"Criação de delegacia regional do trabalho a ser instalada em municipalidade recém emancipada e em franco desenvolvimento industrial e no setor de serviços"*: criação de órgão enquadra-se em uma hipótese de desconcentração (2).

- *"Concessão de serviço público para a exploração do serviço de manutenção e conservação de estradas"*: a administração não está agindo diretamente, está delegando (descentralização) a exploração do serviço (1).

- *"Criação de novo território federal"*: territórios são equiparados a autarquias da União (autarquia territorial), portanto temos outro caso de descentralização (1).

Resposta: D.

3.2.1. Autarquias

Autarquias são pessoas jurídicas de direito público interno, de natureza administrativa, criada por lei específica para a execução de funções típicas do Estado.

São entidades incumbidas de tarefas especializadas, sendo estas tarefas entendidas pelo Estado como passíveis de descentralização. Como exemplos de autarquias, temos: Banco Central, INSS, INCRA, CVM, IBAMA etc.

Eis a definição de autarquia apresentada pelo inciso I do art. 5º do Decreto-Lei nº 200/67:

> Art. 5º, I – **Autarquia** – o serviço autônomo, criado por lei, com personalidade jurídica, patrimônio e receita próprios, para executar atividades típicas da Administração Pública, que requeiram, para seu melhor funcionamento, gestão administrativa e financeira descentralizada.

Há de registrar, por fim, que as autarquias encontram-se vinculadas (e não subordinadas) a determinado Ministério, sobre elas incidindo o controle finalístico (supervisão) ministerial.

Existem **autarquias especiais** criadas para exercerem **as funções gerais de regulação e de fiscalização** de determinado setor econômico (energia elétrica, telecomunicações, transportes, vigilância sanitária, aviação civil etc.). São as chamadas **agências reguladoras**, que apresentam o regime especial ante uma maior autonomia apresentada com relação ao Poder Executivo. Como exemplos, temos: ANAC, ANATEL, ANVISA, ANTT etc.

Os **Conselhos de Fiscalização de profissões regulamentadas** também são autarquias, e, para estes, há duas informações importantes para você guardar:
- o regime jurídico de pessoal é CLT e não estatutário;
- a OAB (Ordem dos Advogados do Brasil) é a única exceção! Ela não faz parte da administração pública, não possui nenhum vínculo com esta, conforme entendimento do STF – ADI nº 1.717-DF.

Q26. (ESAF / RFB / 2012) Quanto às autarquias no modelo da organização administrativa brasileira, é incorreto afirmar que:
    a) possuem personalidade jurídica;
    b) são subordinadas hierarquicamente ao seu órgão supervisor;

c) são criadas por lei;
d) compõem a administração pública indireta;
e) podem ser federais, estaduais, distritais e municipais.

As autarquias, no âmbito federal, encontram-se vinculadas (e não subordinadas) a determinado Ministério, sobre elas incidindo o controle finalístico (supervisão) ministerial. Não há, pois, subordinação hierárquica.

Resposta: B.

O mesmo conteúdo é cobrado na questão a seguir.

Q27. (ESAF / SUSEP / 2010) A SUSEP é uma autarquia, atua na regulação da atividade de seguros (entre outras), e está sob supervisão do Ministério da Fazenda. Logo, é incorreto dizer que ela:
a) é integrante da chamada Administração Indireta;
b) tem personalidade jurídica própria, de direito público;
c) está hierarquicamente subordinada a tal Ministério;
d) executa atividade típica da Administração Pública;
e) tem patrimônio próprio.

Em síntese: não há subordinação hierárquica entre Ministério e suas autarquias, mas sim controle finalístico.

Resposta: C.

3.2.2. Fundações Públicas

Fundações Públicas são entidades voltadas ao desempenho de atividades de caráter social, em especial nas áreas de saúde, educação, cultura etc.

Preliminarmente, devemos registrar que há dois "tipos" de fundação pública:

- **Fundação Pública de direito público** → são criadas por lei específica, a exemplo das autarquias. Sua semelhança com estas entidades da Administração Indireta é tanta, que não raramente são referidas pela doutrina como "Fundações Autárquicas". (Exemplos: FUNAI, FUNASA etc.). A única sigularidade deste tipo de fundação é que, além das funções típicas de Estado desempenhadas pelas autarquias, estas fundações também desempenham funções atípicas;

- **Fundação Pública de direito privado** → Diferentemente do que vimos nas autarquias, as fundações públicas de direito privado têm apenas a sua instituição autorizada por lei específica, mas são efetivamente criadas por decretos. Ainda, a área de atuação da Fundação Pública é definida em lei complementar. Veja o que normatiza o inciso XIX do art. 37 da CF/88:

> Art. 37, XIX – somente por lei específica poderá ser criada autarquia e <u>autorizada</u> a instituição de empresa pública, de sociedade de economia mista e de **fundação**, cabendo à lei complementar, neste último caso, <u>definir as áreas de sua atuação;</u>

Como exemplos de fundações, temos: IBGE (Fundação Instituto Brasileiro de Geografia e Estatística), FUNAI (Fundação Nacional do Índio), FUNASA (Fundação Nacional da Saúde), CNPq (Conselho Nacional de Desenvolvimento Científico e Tecnológico), FUB (Fundação Universidade de Brasília) etc.

Eis a definição de fundação pública (de direito privado) apresentada pelo inciso IV do art. 5º do Decreto-Lei nº 200/67:

> IV – **Fundação Pública** – a entidade dotada de personalidade jurídica de direito privado, <u>sem fins lucrativos</u>, criada em virtude de autorização legislativa, para o desenvolvimento de atividades que não exijam execução por órgãos ou entidades de direito público, com autonomia administrativa, patrimônio próprio gerido pelos respectivos órgãos de direção, e funcionamento custeado por recursos da União e de outras fontes.

3.2.3. Empresas Públicas e Sociedades de Economia Mista

Tanto as **Empresas Públicas** quanto as **Sociedades de Economia Mista** são entidades dotadas de personalidade jurídica de direito privado, com criação autorizada por meio de lei específica, cujos objetivos são a <u>exploração de atividades de natureza econômica ou execução de serviços públicos</u>.

As principais distinções entre as entidades ficam por conta da <u>forma jurídica</u> e da <u>constituição do capital</u>.

As **Empresas Públicas** são instituídas sob qualquer forma jurídica (S/A, Ltda., sociedades civis, sociedades comerciais etc.). O capital é 100% público, sendo vedada a possibilidade de participação de recursos particulares na formação do capital de empresas públicas. Como exemplos de empresas públicas, temos: Caixa Econômica Federal (CEF), Correios, Serviço Federal de Processamento de Dados (SERPRO) etc.

Eis a definição de empresa pública apresentada pelo inciso II do art. 5º do Decreto-Lei nº 200/67:

> II – **Empresa Pública** – a entidade dotada de personalidade jurídica de direito privado, com patrimônio próprio e capital exclusivo da União, criado por lei para a exploração de atividade econômica que o Governo seja levado a exercer por força de contingência ou de conveniência administrativa podendo revestir-se de qualquer das formas admitidas em direito.

O dispositivo acima é, de certo modo, flexibilizado pelo art. 5º do Decreto-Lei nº 900, de 1969:

> Art. 5º Desde que a maioria do capital votante permaneça de propriedade da União, será admitida, no capital da Empresa Pública (art. 5º, inciso II, do Decreto-Lei número 200, de 25 de fevereiro de 1967), a participação de outras pessoas jurídicas de direito público interno bem como de entidades da Administração Indireta da União, dos Estados, Distrito Federal e Municípios.

Q28. (CESPE / MPU / 2013) A empresa pública federal caracteriza-se, entre outros aspectos, pelo fato de ser constituída de capital exclusivo da União, não se admitindo, portanto, a participação de outras pessoas jurídicas na constituição de seu capital.

Como vimos, o enunciado da questão contraria o disposto no art. 5º do Decreto-Lei nº 900/69. Uma empresa pública ou uma autarquia estadual, por exemplo, podem ajudar a compor o capital de uma empresa pública federal, desde que a maioria do capital votante permanece de propriedade da União.

A questão está errada.

Q29. (CESPE / TRE – MS / 2013 – adaptada) A chamada centralização desconcentrada é a atribuição administrativa cometida a uma única pessoa jurídica dividida internamente em diversos órgãos.

O que o enunciado denomina "centralização desconcentrada" nada mais é do que a desconcentração, na qual as competências administrativas estão circunscritas em uma mesma pessoa jurídica, que as distribui internamente no âmbito de sua estrutura.
A assertiva está, assim, correta.

Já as **Sociedades de Economia Mista** são instituídas apenas sob a forma jurídica sociedade anônima (S/A). Com relação à composição do capital, há uma conjugação de capitais públicos e privados, mas a maioria das ações com direito a voto deve pertencer ao ente estatal que detém a Sociedade. Como exemplos de sociedades de economia mista, temos: Banco do Brasil S/A, Petróleo Brasileiro S/A (Petrobrás) etc.

Eis a definição de sociedade de economia mista apresentada pelo inciso II do art. 5º do Decreto-Lei nº 200/67:

> III – **Sociedade de Economia Mista** – a entidade dotada de personalidade jurídica de direito privado, criada por lei para a exploração de atividade econômica, sob a forma de sociedade anônima, cujas ações com direito a voto pertençam em sua maioria à União ou a entidade da Administração Indireta.

Cabe, ainda, uma menção aos **consórcios públicos dotados de personalidade jurídica de direito público**, integrantes da administração indireta. Vejamos a questão a seguir:

Q30. (ESAF / SUSEP / 2010) Em nossos dias, embora sequer sejam citadas(os) pelo Decreto-Lei nº 200/1967, também integram a administração indireta as(os):
   a) Organizações Sociais de Interesse Público.
   b) Organizações Não-Governamentais sem fins lucrativos.
   c) Organizações Sociais.
   d) Consórcios Públicos com personalidade jurídica de direito público.
   e) Parceiros Público-Privados sem fins lucrativos.

O conceito de consórcios públicos (somente se personalidade jurídica de direito público) como entidade administrativa (administração indireta) é cobrado de forma recorrente em concursos. Vamos verificar diretamente na Lei nº 11.107/95, que dispõe sobre consórcios públicos:

> *Art. 6º O consórcio público adquirirá personalidade jurídica:*
>
> *I – de direito público, no caso de constituir associação pública, mediante a vigência das leis de ratificação do protocolo de intenções;*
>
> *II – de direito privado, mediante o atendimento dos requisitos da legislação civil.*
>
> *§ 1º O consórcio público com personalidade jurídica de direito público integra a administração indireta de todos os entes da Federação consorciados.*

Resposta: D.

Por fim, o quadro a seguir traz uma compilação dos principais traços das entidades componentes da Administração Indireta.

	Autarquia	Fundação Pública	Empresa Pública	Sociedade de Economia Mista
Personalidade Jurídica	Direto Público	Direito Público ("Fundação Autárquica") ou Privado	Direito Privado	Direito Privado
Criação e Extinção	Lei específica	Decreto do Poder Executivo ou diretamente por lei específica[5]	Decreto do Poder Executivo	Decreto do Poder Executivo
Autorização para Criação e Extinção	-	Lei específica (*Lei complementar define áreas de atuação)	Lei específica	Lei específica
Aquisição de Personalidade Jurídica	Com a lei instituidora	Com a lei instituidora, ou com a registro dos atos constitutivos em Cartório de PJ	Com o registro dos atos constitutivos em inscrição em Cartório ou Junta Comercial	Com o registro dos atos constitutivos em inscrição em Cartório ou Junta Comercial
Forma Jurídica	-	-	Qualquer forma	Sociedade Anônima (S/A)

---

5 Quando Fundação de direito público.

	Autarquia	Fundação Pública	Empresa Pública	Sociedade de Economia Mista
Natureza da atividade	Serviços públicos ou atividade administrativa	Caráter social (saúde, educação etc.)	Atividades econômicas ou Serviços Públicos não exclusivos	Execução de atividades econômicas
Regime Jurídico de pessoal	Lei nº 8.112/90 – estatutário[6]	Se de direito público: Lei nº 8.112/90. Se de direito privado: CLT	CLT	CLT
Composição do Capital	Público	Público	100% Público (unipessoal ou pluripessoal – mais de um ente público)	Público e privado; maioria das ações com direito a voto pertencente ao ente estatal
Patrimônio	Próprio (público)	Próprio (público ou privado)	Privado	Privado
Bens	Impenhoráveis	Impenhoráveis os destinados às suas finalidades	Penhoráveis. Se prestadoras de serviços, os destinados aos fins impenhoráveis	Penhoráveis. Se prestadoras de serviços, os destinados aos fins impenhoráveis
Fórum de litígio referente à relação de trabalho	Justiça Federal ou, se celetista, Justiça do Trabalho	Justiça Federal ou, se celetista, Justiça do Trabalho	Justiça do Trabalho	Justiça do Trabalho
Fórum para demais ações	Justiça Federal	Justiça Federal	Justiça Federal	Justiça Estadual

3.2.4. As agências executivas

Agência executiva é uma qualificação especial que o Poder Público confere às autarquias ou às fundações públicas que com ele (ou melhor, com um Ministério supervisor) celebrem **contrato de gestão.**

---

[6] Exceto para os Conselhos de fiscalização das profissões regulamentadas, que, como vimos, têm regime celetista (CLT).

As **principais caraterísticas das agências executivas** podem ser assim discriminadas:

- são autarquias ou fundações públicas que firmam contrato de gestão com seu Ministério supervisor;
- gozam de maior autonomia de gestão e passam a dispor de recursos orçamentários para o cumprimento das metas constantes do contrato de gestão;
- ficam submetidas aos objetivos, às metas e ao controle dos indicadores de desempenho circunscritos pelo contrato de gestão;
- a autarquia ou fundação que demonstre a intenção de receber a qualificação de agência executiva deve, além de celebrar contrato de gestão com o respectivo Ministério supervisor, possuir um plano estratégico de reestruturação e de desenvolvimento institucional.

Q31. (ESAF / STN / 2013) As agências executivas também surgem como uma proposta inovadora da reforma administrativa gerencial no setor de atividades não exclusivas do Estado.

É conveniente apresentarmos as agências executivas como proposta – ou **projeto** – concebida na reforma gerencial do Estado brasileiro, por intermédio do Plano Diretor da Reforma do Aparelho do Estado (PDRAE).

Nesse sentido, vejamos a seguinte contextualização provida pelo Caderno MARE nº 9:

> *O Projeto Agências Executivas tem seu escopo definido pelo Plano Diretor da Reforma do Aparelho do Estado, documento de governo, apresentado à nação pelo Presidente da República, em novembro de 1995, no qual é delineada uma concepção do Estado e de seu funcionamento. Essa concepção tem por base a distinção entre duas funções primordiais do Estado: a primeira, em nível estratégico, que é a de formular e avaliar diretrizes e políticas públicas, garantindo que sua implementação se dê em benefício de todos os cidadãos; a segunda, em nível executivo, que é a de implementar as políticas formuladas, com observância das diretrizes definidas.* **Ambas são funções de competência exclusiva do Estado***, não podendo, portanto, ser delegadas a entidades que estejam fora do âmbito estatal,* **sendo na função de caráter executivo que, como o nome indica, se situam as Agências Executivas.**
>
> *O caráter de exclusividade de algumas atividades e serviços é de fácil identificação – a formulação de políticas públicas, sem dúvida, e, na dimensão da função de implementação, as atividades de arrecadação de impostos, de promoção da seguridade social básica, de garantia da segurança pública, de regulamentação e regulação de mercados e de fiscalização do cumprimento de determinações legais. Entretanto, nem*

sempre é possível identificar, prontamente e de forma inequívoca, a característica de exclusividade de alguns serviços e atividades hoje a cargo de entidades estatais. Para subsidiar essa reflexão, o Plano Diretor focaliza o exercício do poder típico de Estado como o marco distintivo do que seria uma atividade de sua exclusiva competência.

Com relação à questão proposta, podemos inferir que as agências executivas realmente surgem como proposta inovadora da reforma gerencial, estando inseridas no setor de atividades exclusivas de Estado.

A assertiva está, dessa forma, errada.

Q32. (CESPE / MPU / 2010) Para se transformar em agência executiva, uma fundação deve ter, em andamento, planos estratégicos de reestruturação e de desenvolvimento institucional.

Veja o que nos ensina o art. 51 da Lei nº 9.649/98:

> *Art. 51. O Poder Executivo poderá qualificar como Agência Executiva a autarquia ou fundação que tenha cumprido os seguintes requisitos:*
>
> *I – ter um plano estratégico de reestruturação e de desenvolvimento institucional[7] em andamento;*
>
> *II – ter celebrado Contrato de Gestão com o respectivo Ministério supervisor.*

A questão está correta.

3.2.5. As agências reguladoras

O Estado, de acordo com a doutrina do *New Public Management* (NPM), passou a buscar assumir o papel de regulador e de controlador (e não de pleno executor), com ações voltadas à satisfação do cidadão-usuário.

Nesse novo papel, não se vislumbra um Estado omisso, que se mostra alheio ao domínio econômico. Se, por um lado, deixa de assumir a tarefa de produção direta de bens e serviços, por outro, o Estado intensifica suas atividades de interferência no domínio econômico, assegurando o interesse público e impedindo práticas monopolistas.

Em nosso ordenamento jurídico, as agências reguladoras são **criadas por lei**, sob a forma de **autarquias de regime especial** (ou seja, é uma autarquia que goza de privilégios específicos e maior autonomia se comparada com as autarquias "comuns").

---

7 Para decorar: **P**lano **E**stratégico de **R**eestruturação e de **D**esenvolvimento **I**nstitucional (PERDI).

As **principais caraterísticas das agências reguladoras** podem ser assim discriminadas:

- assumem tipicamente a forma jurídica de autarquias de regime especial, embora não haja obrigação legal para tanto;
- são criadas por lei;
- apenas a Agência Nacional de Telecomunicações (Anatel) e a Agência Nacional do Petróleo (ANP) possuem previsão constitucional (e foram posteriormente criadas por lei);
- as agências reguladoras, sendo tipicamente autarquias, desenvolvem atividades típicas de Estado;
- gozam de razoável autonomia perante o Poder Executivo. Este é o aspecto, aliás, que justifica o "regime especial" deste tipo de autarquia. **Mas cuidado!** Há autonomia, mas, como a agência reguladora pertence à Administração Indireta, está sujeita ao **controle finalístico** (vinculação administrativa) por parte da Administração Direta;
- *"exercem função regulatória sobre determinado setor da atividade econômica, ou concernente a determinadas relações jurídicas"* (PAULO; ALEXANDRINO, 2006, p. 91);
- submetem-se normalmente aos controles judicial e parlamentar (como qualquer outra entidade integrante da Administração Pública).

Q33. (CESPE / ANATEL / 2009) As agências reguladoras, por fazerem parte da categoria de autarquias especiais, criadas por lei, não se submetem a controle por parte do Poder Executivo; contudo, não escapam ao controle externo feito pelo Poder Legislativo, auxiliado pelo TCU.

A despeito da maior autonomia que as agências reguladoras gozam com relação ao Poder Executivo, submetem-se ao controle finalístico típico das entidades da Administração indireta.

A maior autonomia em pauta é restrita a aspectos tais como:

- ✓ estabilidade dos dirigentes;
- ✓ indicação dos dirigentes pautada por critérios técnicos;
- ✓ autonomia da gestão;
- ✓ estabelecimento de fontes próprias de recursos;
- ✓ não subordinação hierárquica à Administração direta (há apenas controle finalístico).

A questão está, assim, errada.

4. Convergências e Divergências Entre a Gestão Pública e a Gestão Privada

4.1. As convergências

Talvez seja mais fácil apontar as distinções entre gestão pública e privada. Apontar as semelhanças (ou convergências) acaba por exigir um olhar mais superficial: em geral, quando nos aprofundamos, as diferenças começam a surgir.

De qualquer modo, podemos apontar **duas convergências básicas entre a gestão pública e a privada**, descritas a seguir.

1ª convergência: a busca pela eficiência, eficácia e efetividade

Tanto a gestão pública quanto a privada buscam a **eficiência**, a **eficácia** e a **efetividade** em suas práticas organizacionais. Enquanto a primeira o faz por força de atendimento a um princípio constitucional, combinado com preceitos do modelo de administração estatal vigente, a segunda o faz como modo de maximizar a utilização dos recursos de que ela dispõe. De qualquer forma, a eficiência está associada à economicidade da atuação da organização, havendo o melhor custo x benefício com vistas à consecução de seus objetivos, que devem, ainda, prover os impactos desejados.

No Brasil, a convergência entre as práticas administrativas do setor privado e as do setor público, objetivando a consecução de maior eficiência pela Administração Pública, deu-se com maior força a partir do final do século passado. Nesse sentido, é recomendável fazermos um breve apanhado histórico.

Após uma conturbada transição, marcada pelo movimento das "Diretas Já", o Brasil retorna ao regime democrático em 1985. Há, nesse momento, uma recuperação do poder pelos governadores dos estados, bem como o surgimento dos prefeitos municipais como atores políticos relevantes.

Esta descentralização de poder foi, na realidade, fruto de uma crise fiscal e política que assolava o País. Havia a demanda da sociedade civil por maior autonomia dos estados e municípios, com vistas a melhor gerir os interesses públicos. No entanto, o cenário econômico não poderia ter se concretizado mais desfavorável: o fracasso do Plano Cruzado e profunda crise fiscal nos anos 1988 e 1989 culminou no mergulho do País na hiperinflação do início da década de 1990.

Em contrapartida, enquanto o País descentralizava-se no plano político, no plano administrativo havia a centralização, por intermédio da Constituição

Federal de 1988, denotando um significativo retorno aos ideais burocráticos da primeira metade do século XX. Para Bresser-Pereira (2001), este retrocesso burocrático resultou da crença equivocada de que a flexibilização da administração pública trazida pelo Decreto-Lei nº 200/1967 seria o cerne da crise do Estado. Desta forma, a soma de uma burocracia fortalecida pela CF/88 com a profunda crise econômica implicou o desprestígio da administração pública brasileira, até meados da década de 1990.

Após esforços pouco eficazes nos governo Collor (1990-1992) e Itamar Franco (1992-1994), foi no governo de Fernando Henrique Cardoso que a Reforma Administrativa passou a ser tema central no País, no intuito de implantar um modelo de administração mais ágil e eficiente: **o modelo gerencial.**

A fim de dar o devido suporte à citada Reforma, criou-se, em 1995, o Ministério da Administração e Reforma do Estado (MARE), nomeando--se o ministro Bresser-Pereira a fim de levar a cabo as ações necessárias. Bresser-Pereira, no mesmo ano, elabora o **Plano Diretor de Reforma do Aparelho do Estado (Pdrae)**, tomando por base a análise das reformas ocorridas em outros países (em especial Inglaterra), bem como o livro *Reinventando o Governo*[8] (obra de David Osborn e Ted Gaebler).

Contando com o respaldo do então presidente Fernando Henrique, a proposta acabou por ganhar o apoio de políticos e intelectuais. Foi aprovada e teve como marco central a Emenda Constitucional nº 19, de 1998.

No **modelo de administração pública gerencial**, priorizam-se não só a **eficiência** na atuação administrativa (aliás, foi a própria EC nº 19/98 que inseriu o Princípio da Eficiência como norteador da atividade administrativa, conforme consta do *caput* do art. 37 da CF/88), como também a **eficácia** e a **efetividade** da atuação estatal. Aspectos como a qualidade dos serviços ao cidadão, a redução de custos e a descentralização administrativa passam a tomar forma como objetivos da gestão estatal. Ainda, muito da linguagem e das ferramentas típicas da administração privada foram trazidas para o âmbito da administração pública.

2ª convergência: a prestação de contas aos cidadãos

A obrigação do administrador público em prestar contas ao cidadão é um aspecto muito em pauta atualmente. Com a entrada em vigor da Lei

---
8 A obra *Reinventando o Governo: como o espírito empreendedor está transformando o setor público*, publicada em 1998, retrata a experiência ocorrida no Estado de Minnesota (EUA), devido a uma gestão inovadora promovida pelo prefeito e vice-prefeito da cidade de Saint Paul.

nº 12.527/2011, mais conhecida como Lei de Acesso à Informação, deu-se um importante passo no sentido da consolidação da transparência da atividade pública perante a sociedade.

O dever do agente público em prestar contas aos cidadãos é chamado de **accountability**, cuja consecução é essencial em regimes democráticos.

Após uma extensa análise dos principais autores que abordam a *accountability* (O'Donnel, Schedler, Mainwaring), Mota (2006, p. 58) nos apresenta duas definições abrangentes deste conceito:

> *Accountability* consiste na relação obrigacional legal que determina que quem recebeu um encargo público deve prestar esclarecimentos de seus atos, motivando-os, e se apurada alguma irregularidade, estará sujeito à sanção.

> *Accountability* é um mecanismo de **controle de poder** com a natureza jurídica de uma relação obrigacional objetiva extracontratual (isto é, legal) que coage os agentes encarregados da administração dos interesses públicos a explicar seus atos discricionários, tornando públicas as suas motivações, quando provocados institucionalmente, sob pena de punição legal.

Mota (2006) chama atenção a dois aspectos essenciais desta última definição. Primeiramente, o que determina se o sujeito está ou não submetido à necessidade de prestar contas de seus atos é o fato de administrar interesses públicos. Outro aspecto diz respeito à sanção: se for apurado abuso de poder ou desvio de finalidade, haverá aplicação de penalidade.

Ok, mas e o setor privado? Há o dever de prestação de contas aos cidadãos?

Em um primeiro momento, poderíamos responder que não. Afinal, uma empresa particular, a princípio, prestaria contas apenas a seus *stakeholders*[9] mais importantes, na ótica financeira: seus acionistas e seus clientes diretos.

Contudo, em provas recentes, muitas bancas vêm demonstrando entendimento diverso. O argumento básico é a necessidade de se considerar o conceito de **Responsabilidade Social Corporativa (RSC)**, um enfoque amplo das organizações, no qual é a elas atribuída a consciência de seu papel de agente fomentador do desenvolvimento social. Tal conceito é assim definido por Ashley (2002):

> *"Responsabilidade social pode ser definida como o compromisso que uma organização deve ter para com a sociedade, expresso por meio de atos e atitudes que a afetem positivamente, [...] agindo proativamente e coerentemente no que*

---

9 *Stakeholders* são todos aqueles que, direta ou indiretamente, afetam ou são afetados pelas atividades da organização. Segundo a Associação Brasileira de Relações Públicas, são os "acionistas, clientes, fornecedores, governos, indústria, comércio, financiadores etc.", além da própria imprensa.

tange a seu papel específico na sociedade e <u>a sua prestação de contas para com ela</u>. A organização [...] assume obrigações de caráter moral, além das estabelecidas em lei, mesmo que não diretamente vinculadas a suas atividades, mas que possam contribuir para o desenvolvimento sustentável dos povos."

Assim, em conformidade com o entendimento mais atual das principais bancas de concursos, **tanto o setor público quanto o privado são incumbidos da prestação de contas para com os cidadãos**.

4.2. As divergências

Os fatores motivadores da ação desenvolvida pelo setor público, em última instância, não são os mesmas das inerentes à iniciativa privada.

As empresas privadas visam, em última instância, ao lucro. Para tanto, elas devem tornar-se competitivas, fidelizando clientes e garantindo sua parcela do mercado consumidor. Nesse sentido, é imprescindível medidas como a implementação de programas de qualidade, ações de treinamento e desenvolvimento, a condução efetiva da gestão de projetos e por processos, minimizando custos e impactando positivamente seus clientes.

No setor público, em especial na Administração Direta, o objetivo (com raríssimas exceções) é a prestação de serviços à população. No entanto, não há a preocupação em termos de competitividade, ou de lucro. Caso, por exemplo, o Tribunal Regional do Trabalho não cumpra suas "metas" para o exercício, ou apresente uma má gestão, seguramente não irá ser substituído por outro órgão ou deixará de existir.

O fato é que os esforços de gestão no setor público apresentam algumas especificidades inerentes à própria atividade pública, ausentes no setor privado. O Caderno MARE nº 4 (p. 12-13) faz a seguinte lista das diferenças entre os setores:

	DIVERGÊNCIAS GERAIS ENTRE OS SETORES PÚBLICO E PRIVADO	
	SETOR PÚBLICO	**SETOR PRIVADO**
Finalidade	A **finalidade** principal do setor público está imbuída do ideal democrático de prestar serviços à sociedade, em prol do bem-estar comum.	A **finalidade** principal é o lucro e a sobrevivência em um ambiente de alta competitividade.
Cliente	Há o <u>dever</u> de prover satisfação ao cliente (cidadão).	Há <u>interesse</u> em prover satisfação ao cliente.

DIVERGÊNCIAS GERAIS ENTRE OS SETORES PÚBLICO E PRIVADO	
SETOR PÚBLICO	**SETOR PRIVADO**
Receita: O **pagamento** pelo serviço prestado dá-se por meio de impostos, não havendo simetria entre o valor despendido e a quantidade e a qualidade do serviço recebido.	O cliente atendido **remunera diretamente** a organização, havendo proporcionalidade entre o valor despendido e a quantidade / qualidade do serviço recebido.
Qualidade: A meta, em termos **de política de qualidade**, é a busca da excelência no atendimento a todos os cidadãos, ao menor custo possível.	A meta, em termos de **política de qualidade**, é a obtenção, manutenção e expansão do mercado.
Limites de atuação: Atuação limitada pelo estritamente disposto em lei (**Princípio da Legalidade**).	Atuação não pode contrariar o disposto em lei (**Princípio da Legalidade**).

A diferença entre tais características das administrações privada e pública justifica a seguinte afirmativa (um pouco extremista) de Flauzino et al. (2005, p. 12-13)

> As organizações pertencentes ao setor de serviços públicos não recebem a pressão direta de sua clientela (que frequentemente é a população em geral), da mesma forma que as empresas do setor privado. Portanto, sua percepção de necessidade de qualidade no serviço prestado tende a ser menor do que no setor privado. O setor público acaba por esbarrar em lentidão e ineficiência; na maioria dos casos, sem um resultado que promova a satisfação pessoal da organização e da população-cliente.

Vejamos como as convergências e divergências entre nas gestões pública e privada são abordadas em concursos:

Q34. (CESPE / ANATEL / 2006) Embora muitos princípios aplicados na modernização da administração pública sejam oriundos de modelos típicos da gestão privada, esta continua, de forma geral, visando ao lucro, enquanto a gestão pública tem por objetivo cumprir sua função social e atender ao interesse público.

A questão espelha a distinção fundamental inerente à finalidade da atuação dos setores público e privado, conforme exposto no quadro anterior. Está, assim, correta.

Q35. (ESAF / AFT – MTE / 2006) Na coluna A são indicados dois tipos de gestão – Pública e Privada. Na coluna B, características das organizações públicas e privadas e de sua gestão. Correlacione as colunas e escolha a opção que apresenta corretamente essa correlação.

Coluna A	Coluna B
A1 – Gestão Pública	B1 – são criadas por vontade individual ou de um grupo de pessoas
	B2 – regem-se pela competitividade, a conquista de mercados e a responsabilidade social
	B3 – estão sujeitas aos princípios da legalidade, impessoalidade, publicidade e eficiência
	B4 – existem para prestar serviços de interesse para a coletividade
A2 – Gestão Privada	B5 – "podem fazer tudo, exceto o que a legislação e as regras coíbem"
	B6 – na maioria das vezes, são criadas por lei
	B7 – "só podem fazer o que a legislação e regras permitem"
	B8 – propõem-se a realizar objetivos de natureza particular para benefício próprios instituidores

a) A1 com B2, B3, B4 e B5.
b) A2 com B1, B3, B5 e B7.
c) A1 com B3, B4, B6 e B7.
d) A2 com B6, B7 e B8.
e) A1 com B2 e B6 e A2 com B6 e B7.

A correlação entre as características arroladas na coluna "B" e os tipos de gestão (coluna "A") pode ser assim disposta:

	A1 Organizações Públicas (Gestão Pública)	A2 Organizações Privadas (Gestão Privada)
Criação	B6 – na maioria das vezes, são criadas por lei.	B1 – são criadas por vontade individual ou de um grupo de pessoas.
Princípios norteadores	B3 – estão sujeitas aos princípios da legalidade, impessoalidade, publicidade e eficiência. (faltou o princípio da moralidade)	B2 – regem-se pela competitividade, a conquista de mercados e a responsabilidade social.
Propósito	B4 – existem para prestar serviços de interesse para a coletividade.	B8 – propõem-se a realizar objetivos de natureza particular para benefício dos próprios instituidores.
Liberdade de atuação	B7 – só podem fazer o que a legislação e regras permitem. (Princípio da Legalidade)	B5 – podem fazer tudo, exceto o que a legislação e as regras coíbem.

Feita esta correlação, vemos que a alternativa C está correta.
Resposta: C.

Questões de Concursos

1. (CESPE / SEEDF / 2017) Não há exclusividade no exercício de suas funções típicas pelos poderes de Estado.

2. (CESPE / STM / 2018) A obrigação do agente público de fazer somente o que a lei permite corresponde ao princípio da eficiência, que é associado à Administração Pública.

3. (CESPE / STJ / 2018) Tanto na gestão pública quanto na gestão privada é lícito fazer tudo que a lei não proíbe.

4. (CESPE / SEEDF / 2017) Legalidade e publicidade são princípios constitucionais expressos aplicáveis à Administração Pública direta e indireta do DF.

5. (CESPE / STM / 2018) O princípio da impessoalidade está diretamente relacionado à obrigação de que a autoridade pública não dispense os preceitos éticos, os quais devem estar presentes em sua conduta.

6. (CESPE / STJ / 2018) Situação hipotética: O prefeito de determinado município promoveu campanha publicitária para combate ao mosquito da dengue. Nos panfletos, constava sua imagem, além do símbolo da sua campanha eleitoral. Assertiva: No caso, não há ofensa ao princípio da impessoalidade.

7. (CESPE / SEEDF / 2017) O direito de petição é um dos instrumentos para a concretização do princípio da publicidade.

8. (CESPE / SEEDF / 2017) Decorre da aplicação dos princípios que regem a Administração Pública, em especial os princípios da moralidade e da impessoalidade, a vedação, constante na Lei Complementar nº 840/2011, à nomeação, para cargo em comissão ou a designação para função de confiança, do cônjuge, de companheiro ou de parente, por consanguinidade até o terceiro grau ou por afinidade do governador e do vice-governador, na Administração Pública direta, autárquica ou fundacional do Poder Executivo.

9. (CESPE / PGM Fortaleza / 2017) Considerando os princípios constitucionais explícitos da Administração Pública, o STF estendeu a vedação da prática do nepotismo às sociedades de economia mista, embora elas sejam pessoas jurídicas de direito privado.

10. (CESPE / TRT 7ª Região / 2017) O princípio que rege a Administração Pública, expressamente previsto na Constituição Federal de 1988, e que exige dos agentes públicos a busca dos melhores resultados e um menor custo possível, é o da:
    a) moralidade;
    b) eficiência;
    c) legalidade;
    d) impessoalidade.

11. (CESPE / SEEDF / 2017) Mauro editou portaria disciplinando regras de remoção no serviço público que beneficiaram, diretamente, amigos seus. A competência para a edição do referido ato normativo seria de Pedro, superior hierárquico de Mauro. Os servidores que se sentiram prejudicados com o resultado do concurso de remoção apresentaram recurso quinze dias após a data da publicação do resultado.
    Nessa situação hipotética, ao editar a referida portaria, Mauro violou os princípios da legalidade e da impessoalidade.

12. (CESPE / STM / 2018) As entidades que possuem personalidade jurídica de direito privado e são criadas para a exploração de atividade econômica sob a forma de sociedades anônimas são denominadas fundações públicas.

13. (CESPE / STJ / 2018) Na gestão pública, o foco das ações é o cliente, indivíduo que manifesta seus interesses no mercado; na gestão privada, é o cidadão, membro da sociedade, que possui direitos e deveres.

14. (CESPE / STJ / 2018) Gestão para resultados e indicadores de desempenho são aplicáveis à gestão pública e à gestão privada.

15. (CESPE / STM / 2018) Na Administração Pública, ao contrário da gestão privada, a otimização de recursos é prioridade secundária com relação à execução de políticas governamentais voltadas ao atendimento do interesse público.

16. (CESPE / STM / 2018) Por conta da emergência de órgãos de responsabilidade social corporativa nas empresas privadas, estas passaram a ter como principal objetivo atender aos interesses coletivos da sociedade como um todo, principalmente em suas áreas de influência.

17. (CESPE / STJ / 2018) Na incorporação de técnicas oriundas da gestão empresarial na Administração Pública, devem ser consideradas as discrepâncias entre as organizações e suas dinâmicas, a exemplo da posição monopolista de organizações públicas, que contrasta com a dinâmica concorrencial típica de mercados privados.

18. (CESPE / AGU / 2004) A administração pública, em seu sentido formal, é o conjunto de órgãos instituídos com a finalidade de realizar as opções políticas e os objetivos do governo e, em seu sentido material, é o conjunto de funções necessárias ao serviço público em geral.

19. (FCC / TRE – SP / 2012) Em seu sentido subjetivo, a administração pública pode ser definida como:
    a) a atividade concreta e imediata que o Estado desenvolve, sob o regime de direito público, para a realização dos interesses coletivos;
    b) o conjunto de órgãos e de pessoas jurídicas ao qual a Lei atribui o exercício da função administrativa do Estado;
    c) os órgãos ligados diretamente ao poder central, federal, estadual ou municipal. São os próprios organismos dirigentes, seus ministérios e secretarias;
    d) as entidades com personalidade jurídica própria, que foram criadas para realizar atividades de Governo de forma descentralizada. São exemplos as Autarquias, Fundações, Empresas Públicas e Sociedades de Economia Mista;
    e) as entidades dotadas de personalidade jurídica de direito privado, com patrimônio próprio e capital exclusivo da União, se federal, criadas para exploração de atividade econômica que o Governo seja levado a exercer por força de contingência ou conveniência administrativa.

20. (MPE – SC / MPE – SC / 2016) A administração pública, no sentido subjetivo, designa o conjunto de órgãos e agentes estatais responsáveis por funções administrativas. No sentido objetivo, a administração pública é um complexo de atividades concretas visando o atendimento do interesse público.

21. (CESPE / DPU / 2016) A administração pública em sentido formal, orgânico ou subjetivo, compreende o conjunto de entidades, órgãos e agentes públicos no exercício da função administrativa. Em sentido objetivo, material ou funcional, abrange um conjunto de funções ou atividades que objetivam realizar o interesse público.

22. (FUNIVERSA / IF – AP / 2016) Administração Pública e governo são considerados sinônimos, visto que ambos têm como objetivo imediato a busca da satisfação do interesse coletivo.

23. (CESPE / INPI / 2013) A expressão administração pública, em sentido orgânico, refere-se aos agentes, aos órgãos e às entidades públicas que exercem a função administrativa.

24. (FCC / TRE – RO / 2013) Considere as seguintes afirmações a respeito do conceito, abrangência ou possíveis classificações da expressão Administração Pública.

    I. Em sentido orgânico ou formal, designa os entes que exercem a atividade administrativa e compreende pessoas jurídicas, órgãos e agentes públicos.

    II. Em sentido funcional ou material, designa a natureza da atividade exercida e corresponde à própria função administrativa.

    III. Quando tomada em sentido estrito, no que diz respeito ao aspecto subjetivo, engloba os órgãos governamentais aos quais incumbe a função política.

    Está correto o que consta APENAS em:

    a) I e II;

    b) III;

    c) I;

    d) II;

    e) II e III.

25. (CESPE / TRE – GO / 2015) Na administração pública, a gestão de contratos deve priorizar a observância dos princípios da legalidade, da impessoalidade, da moralidade e da publicidade em detrimento dos princípios da eficiência e da eficácia.

26. (CESPE / Banco da Amazônia / 2010) Os princípios da moralidade, da legalidade, da publicidade, da eficiência e da impessoalidade, estipulados pelo texto constitucional, somente se aplicam à legislação administrativa referente à administração pública no âmbito federal, com desdobramentos na administração direta, na indireta e na fundacional.

27. (CESPE / TRT 10ª Região / 2013) Os princípios constitucionais da administração pública se limitam à esfera do Poder Executivo, já que o Poder Judiciário e o Poder Legislativo não exercem função administrativa.

28. (CESPE / DPE – ES / 2012) Como o direito administrativo disciplina, além da atividade do Poder Executivo, as atividades administrativas do Poder Judiciário e do Poder Legislativo, os princípios que regem a administração pública, previstos na CF, aplicam-se aos três Poderes da República.

29. (FCC / TRT – 23ª região / 2011) No cumprimento estrito do princípio da legalidade, o agente público só pode agir:

   a) quando não houver custo elevado para a administração pública;

   b) se tiver certeza de não ferir interesses privados;

   c) de acordo com a consciência do cumprimento do dever;

   d) depois de consultados seus superiores hierárquicos;

   e) nos termos estabelecidos explicitamente pela lei.

30. (CESPE / TJ – RJ / 2008) Em relação ao princípio da legalidade administrativa, assinale a opção correta.

   a) Enquanto na administração particular é lícito fazer tudo o que a lei não proíbe, na administração pública só é permitido ao agente fazer o que a lei autoriza.

   b) A legalidade administrativa é princípio constitucional implícito e decorre da necessidade de observância da moralidade administrativa nas relações de Estado.

   c) O administrador público pode criar seus próprios limites, mediante norma regulamentar editada no âmbito da competência do órgão.

   d) Na licitação, o leiloeiro deve obedecer ao edital que dita as normas da concorrência pública, e não à lei.

   e) Somente lei pode extinguir cargo público, quando este estiver vago.

31. (CESPE / DEPEN / 2013) Em razão do princípio da legalidade, previsto em artigo do texto constitucional, apenas a lei é fonte do Direito Administrativo.

32. (CESPE / FUB / 2015) O princípio da legalidade limita a atuação do Estado à legislação existente.

33. (CESPE / TRE – GO / 2015) Por força do princípio da legalidade, o administrador público tem sua atuação limitada ao que estabelece a lei, aspecto que o difere do particular, a quem tudo se permite se não houver proibição legal.

34. (CESPE / FUB / 2015) De acordo com o princípio da moralidade, os agentes públicos devem atuar de forma neutra, sendo proibida a atuação pautada pela promoção pessoal.

35. (CESPE / TRT 10ª Região / 2013) A administração está obrigada a divulgar informações a respeito dos seus atos administrativos, ressalvadas aquelas cujo sigilo seja imprescindível à segurança da sociedade e do Estado e à proteção da intimidade das pessoas.

36. (CESPE / FUB / 2015) A pretexto de atuar eficientemente, é possível que a administração pratique atos não previstos na legislação.

37. (FCC / TRE – TO / 2011) Os órgãos públicos:
    a) são classificados como entidades estatais;
    b) têm autonomia política;
    c) têm personalidade jurídica;
    d) são soberanos;
    e) são centros de competência instituídos para o desempenho de funções estatais.

38. (CESPE / ANAC / 2012) A desconcentração pressupõe, obrigatoriamente, a existência de uma só pessoa jurídica.

39. (CESPE / MPU / 2010) Considere que o órgão responsável pela infraestrutura de transporte de determinada região repassou para outra pessoa jurídica a atribuição de executar obras nas estradas sob sua jurisdição. Nessa situação, caracteriza-se a ocorrência de desconcentração.

40. (CESPE / MS / 2013) A atividade administrativa centralizada é exercida pelo próprio Estado, que atua por meio de seus órgãos.

41. (CESPE / TRE – MS / 2013 – adaptada) A criação de uma diretoria no âmbito interno de um Tribunal Regional Eleitoral (TRE) configura exemplo de descentralização administrativa.

42. (CESPE / TRE – MS / 2013 – adaptada) A administração direta é composta de pessoas jurídicas, também denominadas entidades, e a administração indireta, de órgãos internos do Estado.

43. (FCC / TCE – PI / 2014) A Administração pública pode desempenhar as atividades públicas de forma centralizada ou descentralizada. Na administração descentralizada:
    a) o Estado-Administração atua por meio de seus órgãos internos e agentes públicos, ligados, entre si, por vínculo hierárquico, prestando serviços públicos típicos;
    b) o Estado-Administração atua por meio de entidades ou pessoas jurídicas, que necessariamente têm natureza de direito privado;
    c) parte das atividades da Administração direta são atribuídas à Administração indireta, constituída por pessoas administrativas autônomas e por isso destituídas de relação ou vínculo com a Administração direta;

d) a atuação da Administração se dá por meio de pessoas jurídicas, com natureza de direito público ou de direito privado, que compõem a denominada Administração pública indireta;

e) o Estado transfere a mera execução de suas atividades a outras entidades, nascendo o fenômeno da delegação.

44. (FCC / TRT 2ª Região / 2014) A Administração Pública de determinada esfera promoveu planejamento e reestruturação de sua organização, cujo resultado recomendou a criação de uma autarquia para desempenho de serviço público, uma empresa estatal para desempenho de atividade econômica e uma fundação para atrelar recursos e patrimônios fundiários necessários para ditar a política agrária. O movimento levado a efeito pelo ente federado demonstra que a organização administrativa seguiu o modelo de:

   a) descentralização, por meio da qual há distribuição de competências entre as pessoas jurídicas envolvidas, que detêm capacidade de autoadministração e não se subordinam por vínculo hierárquico com o chefe do Executivo;

   b) desconcentração, utilizando pessoas jurídicas distintas para distribuição de competências;

   c) descentralização administrativa vertical, na qual se instaura hierarquia entre os entes das diversas pessoas políticas criadas;

   d) descentralização política, na qual se instaura vínculo hierárquico entre os diversos entes e pessoas jurídicas envolvidas, subordinados ao chefe do Poder Executivo;

   e) desconcentração política, na qual se instaura vínculo hierárquico entre as diversas pessoas políticas e jurídicas envolvidas, não obstante esses entes guardem algum grau de autonomia.

45. (FCC / DPE – RS / 2013) À administração pública incumbe o exercício da função administrativa do Estado. Essa função é exercida por meio da administração direta:

   a) composta por órgãos, autarquias, empresas estatais e fundações;

   b) por meio de seus órgãos, e da administração indireta, que abrange autarquias, empresas públicas, sociedades de economia mista e fundações;

   c) e da administração indireta, composta por órgãos de execução, tais como ministérios e secretarias de estado, bem como por pessoas jurídicas de direito público com finalidades atribuídas por lei;

   d) e da administração indireta, que abrange empresas públicas, sociedades de economia mista, autarquias e fundações, entes dotados de natureza jurídica de direito privado;

   e) por meio de seus órgãos, com auxílio da administração indireta, por meio do que se denomina desconcentração, instituto que autoriza a transferência de competências quando o ente que as recebe tenha natureza jurídica de direito público.

46. (FCC / DPE – PR / 2012) A estrutura administrativa do Estado compreende a administração pública direta e indireta. Sobre o tema, examine as afirmações abaixo.

   I. A administração direta é constituída pela União, Estados, Municípios e Distrito Federal, todos dotados de autonomia política, administrativa e financeira.

   II. Estados e Municípios não são dotados de soberania e não têm competência legislativa para instituir sua própria administração indireta.

   III. As autarquias e as fundações de direito público são pessoas jurídicas de direito público que compõem a administração indireta.

   IV. As empresas públicas são pessoas jurídicas de direito privado, dotadas de patrimônio próprio.

   V. A criação de sociedade de economia mista depende de lei específica autorizadora e o seu quadro social é constituído por pessoas jurídicas de direito público.

   Estão corretas APENAS as afirmações:

   a) I e III;
   b) II, IV e V;
   c) I e II;
   d) I, III e IV;
   e) III e V.

47. (FCC / TCE – AP / 2012) O Decreto-Lei nº 200/67 constituiu um marco na reforma administrativa e estabeleceu como premissa para o exercício das atividades da Administração Pública federal a descentralização, que deveria ser posta em prática:

   a) dentro da Administração federal, mediante a distinção dos níveis de direção dos de execução; da Administração federal para as unidades federadas, mediante convênio, e para a órbita privada, mediante contratos ou concessões;

   b) mediante delegação ampla de competências, na forma prevista em regulamento e desvinculada da supervisão ministerial;

   c) com a criação de sociedades de economia mista, empresas públicas, autarquias e fundações, afastando a anterior descentralização feita por meio de concessão de serviços à iniciativa privada;

   d) mediante, principalmente, a transferência de competências executivas e legislativas aos Estados e Municípios para o exercício de atividades de interesse comum e criação de sociedades de economia mista para exploração de atividade econômica;

   e) por intermédio, principalmente, da criação de entidades de direito privado para a prestação de serviços públicos e exercício de atividade econômica, ligadas à União por contrato de concessão.

48. (ESAF / MPOG / 2008) A Agência executiva é a qualificação dada à autarquia ou fundação que celebre contrato de gestão com o órgão da Administração Direta a que se acha vinculada, introduzida no direito brasileiro em decorrência do movimento da globalização. Destarte, assinale qual princípio da administração pública, especificamente, que as autarquias ou fundações governamentais qualificadas como agências executivas visam observar nos termos do Decreto nº 2.487/98:
    a) eficiência;
    b) moralidade;
    c) legalidade;
    d) razoabilidade;
    e) publicidade.

49. (CESPE / ANAC / 2012) As agências reguladoras têm o poder de orientar e de conciliar, mas não de sancionar, competência exclusiva do Poder Judiciário.

50. (ESAF / ANA / 2009) Sobre as Agências Reguladoras, é correto afirmar que integram a:
    a) Administração direta e são obrigadas a adotar a forma de autarquia;
    b) Administração direta e são obrigadas a adotar a forma de autarquia em regime especial;
    c) Administração indireta e são obrigadas a adotar a forma de autarquia;
    d) Administração indireta e são obrigadas a adotar a forma de autarquia em regime especial;
    e) Administração indireta e, embora esse tenha sido o lugar-comum até hoje, não são obrigadas a adotar a forma de autarquia, muito menos em regime especial.

51. (ESAF / ANA / 2009) "No setor de atividades exclusivas de Estado, deverão ser introduzidas as Agências como novo modelo institucional, na forma de Agências Executivas e Agências Reguladoras, que revitalizarão as autarquias e fundações, resgatando a sua autonomia administrativa e assimilando novos instrumentos e mecanismos de gestão voltados para a assimilação em profundidade da administração gerencial, por meio da introdução da avaliação de desempenho, do controle por resultados, da focalização da satisfação do usuário e do controle de custos." (In: BRASIL. Ministério da Administração Federal e Reforma do Estado. *Os avanços da reforma na administração pública*: 1995-1998. Brasília: MARE, 1998. 127 p. - Cadernos MARE da Reforma do Estado; Caderno 15, p. 18-19.)

    Quanto às características das agências reguladoras federais no ordenamento jurídico brasileiro, assinale a opção correta:

a) Como integrantes da administração pública federal direta, as agências reguladoras surgiram no Brasil com a finalidade primeira de regular e controlar os serviços públicos que passaram a ser prestados pela iniciativa privada na década de 1990;

b) Sem uma legislação que discipline as características gerais das agências reguladoras brasileiras, as leis especiais que instituíram cada uma delas acabaram por conferi-las as mais diversas naturezas: empresas públicas, sociedades de economia mista, autarquias e fundações;

c) A independência decisória conferida às agências reguladoras no Brasil trouxe o conceito de jurisdição administrativa ao ordenamento jurídico brasileiro, de maneira que, em seu âmbito de atuação, essas instituições possuem competência para dirimir conflitos de interesses que envolvam a administração pública, com força de coisa julgada;

d) Entre as garantias asseguradas a fim de conceder às agências reguladoras maior autonomia e independência, estão, em regra, a formação de quadro próprio de servidores, receitas próprias e dirigentes escolhidos pelo chefe do Poder Executivo, aprovados pelo Senado Federal e com mandato fixo;

e) Enquanto entidades da administração pública federal indireta, as relações de trabalho das agências reguladoras são regidas pela Consolidação das Leis de Trabalho – CLT, em regime de emprego público.

52. (ESAF / CGU / 2006) Pelo sistema constitucional brasileiro, a categoria das agências reguladoras apresentam competência de natureza:

a) legislativa e administrativa;

b) exclusivamente administrativa;

c) exclusivamente legislativa;

d) administrativa e jurisdicional;

e) legislativa, administrativa e jurisdicional.

53. (ESAF / DNIT / 2013) A respeito das agências reguladoras e das agências executivas, analise as assertivas abaixo, classificando-as como Verdadeiras (V) ou Falsas (F).

Ao final, assinale a opção que contenha a sequência correta.

( ) A agência executiva é uma nova espécie de entidade integrante da Administração Pública Indireta.

( ) O grau de autonomia da agência reguladora depende dos instrumentos específicos que a respectiva lei instituidora estabeleça.

( ) Ao contrário das agências reguladoras, as agências executivas não têm área específica de atuação.

( ) As agências executivas podem ser autarquias ou fundações públicas.

a) V, F, V, V.

b) F, V, V, V.

c) F, F, V, V.
d) V, V, V, F.
e) F, F, F, V.

54. (FCC / TRT 19ª Região / 2014) Gestão pública e gestão privada apresentam algumas convergências importantes, mas também diferenças significativas em decorrência da natureza e regime jurídico aplicável a cada qual. A respeito do tema, considere.
    I. Os conceitos de eficiência, eficácia e efetividade são próprios da gestão privada, aplicando-se à gestão pública apenas de forma subsidiária ao princípio do interesse público.
    II. O princípio da legalidade aplicável à gestão pública possui a mesma conotação do aplicável à gestão privada, tendo, contudo, maior prevalência na gestão pública.
    III. O cliente da iniciativa privada paga, apenas, pelos serviços que utiliza, enquanto o cliente da Administração Pública os financia através de tributos, mesmo sem usá-los.
    Está correto o que consta APENAS em:
    a) III;
    b) I e III;
    c) II e III;
    d) I e II;
    e) I.

55. (CESPE / TRT 8ª Região / 2016) No contexto das entidades públicas, a eficiência e a eficácia – mensuradas na iniciativa privada por fatores como aumento de receitas e expansão de mercados – estão relacionadas à correta utilização dos recursos e, primordialmente, à qualidade do atendimento prestado ao cidadão e à sociedade.

56. (ESAF / SET – RN / 2005 – adaptada) Sobre os princípios constitucionais da administração pública, pode-se afirmar que:
    I. A exigência de concurso público para ingresso nos cargos públicos reflete uma aplicação constitucional do princípio da impessoalidade.
    II. O princípio da impessoalidade é violado quando se utiliza na publicidade oficial de obras e de serviços públicos o nome ou a imagem do governante, de modo a caracterizar promoção pessoal do mesmo.
    a) Ambas as assertivas estão corretas.
    b) Apenas a assertiva I está correta.
    c) Apenas a assertiva II está correta.
    d) Nenhuma das assertivas está correta.

57. (ESAF / CGU / 2004) Entre os princípios básicos da Administração Pública, conquanto[10] todos devam ser observados em conjunto, o que se aplica, particular e apropriadamente, à exigência de o administrador, ao realizar uma obra pública, autorizada por lei, mediante procedimento licitatório, na modalidade de menor preço global, no exercício do seu poder discricionário, ao escolher determinados fatores, dever orientar-se para o de melhor atendimento do interesse público, seria o da:

    a) eficiência;
    b) impessoalidade;
    c) legalidade;
    d) moralidade;
    e) publicidade.

58. (FGV / TJ-PA / 2008 – adaptada) Sobre os princípios constitucionais da administração pública, julgue a afirmativa abaixo:

    I. A conduta do administrador público em desrespeito ao princípio da moralidade administrativa enquadra-se nos denominados "atos de improbidade". Tal conduta poderá ser sancionada com a suspensão dos direitos políticos, a perda da função pública, a indisponibilidade dos bens e o ressarcimento ao erário, na forma e gradação prevista em lei, sem prejuízo da ação penal cabível.

59. (CESPE / Correios / 2011) Entre as acepções do princípio da impessoalidade, inclui-se aquela que proíbe a vinculação de atividade da administração à pessoa do gestor público, evitando-se, dessa forma, a realização de propaganda oficial para a promoção pessoal.

60. (CESPE / MS / 2010) A impessoalidade da atuação administrativa impede que o ato administrativo seja praticado visando interesses do agente público que o praticou ou, ainda, de terceiros, devendo ater-se, obrigatoriamente, à vontade da lei, comando geral e abstrato em essência.

61. (CESPE / TRT 10ª Região / 2013) Considere a seguinte situação hipotética.

    Determinado prefeito, que é filho do deputado federal em exercício José Faber, instituiu ação político-administrativa municipal que nomeou da seguinte forma: Programa de Alimentação Escolar José Faber.

    Nessa situação hipotética, embora o prefeito tenha associado o nome do próprio pai ao referido programa, não houve violação do princípio da impessoalidade, pois não ocorreu promoção pessoal do chefe do Poder Executivo municipal.

---

10 conquanto = embora.

62. (CESPE / TJ – RR / 2012) O princípio da impessoalidade nada mais é do que o clássico princípio da finalidade, que impõe ao administrador público que só pratique o ato para o seu fim legal.

63. (CESPE / TJ – DF / 2013) Haverá ofensa ao princípio da moralidade administrativa sempre que o comportamento da administração, embora em consonância com a lei, ofender a moral, os bons costumes, as regras de boa administração, os princípios de justiça e a ideia comum de honestidade.

64. (CESPE / TRT 10ª Região / 2013) A nomeação, pelo presidente de um tribunal de justiça, de sua companheira para o cargo de assessora de imprensa desse tribunal violaria o princípio constitucional da moralidade.

65. (CESPE / DPE – ES / 2012) A nomeação de cônjuge da autoridade nomeante para o exercício de cargo em comissão não afronta os princípios constitucionais.

66. (CESPE / TCU / 2007) Em obediência ao princípio da publicidade, é obrigatória a divulgação oficial dos atos administrativos, sem qualquer ressalva de hipóteses.

67. (FCC / MPE – AP / 2012) Um político ou um servidor utiliza sua verba de representação ou cartão corporativo em negócios não previstos à sua condição de pessoa pública ou do exercício profissional. Com base nestas informações, os princípios de administração pública atingidos são:
    a) Legalidade e Publicidade.
    b) Moralidade e Legalidade.
    c) Publicidade e Finalidade.
    d) Moralidade e Impessoalidade.
    e) Impessoalidade e Publicidade.

68. (FCC / MPE – AP / 2012) Os princípios da Administração Pública brasileira foram acrescidos de outro por ocasião de emenda constitucional. O novo princípio e seu significado para a gestão pública é:
    a) Impessoalidade. Refere-se à base da Lei de Responsabilidade Fiscal, que impõe aos governantes e administradores neutralidade em suas ações, valorizando equitativamente os atores sociais e o público em geral.
    b) Efetividade. Refere-se à busca de performance maximizada e constante da área pública, no sentido de obter resultados com foco nos objetivos e na utilização plena e econômica de recursos humanos e materiais.

c) Publicidade. Refere-se aos atos administrativos de levar ao conhecimento público informações e dados referentes a processos e performance das esferas de governo, independentemente de seu nível hierárquico.

d) Impessoalidade. Refere-se ao tipo de tratamento em que os agentes públicos devem pautar sua ética, tratando de forma indiscriminada cidadãos e usuários de serviços públicos de qualquer esfera de governo.

e) Eficiência. Refere-se à conduta da administração pública, que deve agir, de maneira rápida, precisa e ágil, para produzir resultados que satisfaçam as necessidades da população, sejam atuais ou futuras.

69. (ESAF / CVM / 2010) Analise os itens a seguir, a respeito das entidades políticas e administrativas, e marque com V se a assertiva for verdadeira e com F se for falsa. Ao final, assinale a opção correspondente.

( ) A autonomia de uma entidade política decorre de sua capacidade de auto-organização, autogoverno e autoadministração.

( ) São entidades políticas a União, os Estados, os Municípios, o Distrito Federal e suas autarquias e fundações públicas.

( ) As entidades políticas e administrativas surgem da descentralização administrativa.

( ) As entidades políticas são pessoas jurídicas de direito público, enquanto as entidades administrativas são pessoas jurídicas de direito privado.

a) V, F, F, F.
b) V, F, V, F.
c) V, V, F, V.
d) F, V, F, V.
e) V, V, F, F.

70. (FCC / TRE – SP / 2012) Com relação às diferenças entre uma entidade estatal e um órgão público, considere as afirmativas abaixo:

I. Entidade estatal é um ente com personalidade jurídica, ou seja, capacidade para adquirir direitos e contrair obrigações em nome próprio.

II. Órgãos públicos constituem centros de competência despersonalizados, partes componentes de uma entidade política ou administrativa.

III. Quando a União opta por transferir a titularidade de determinada competência a autarquias e fundações públicas – estamos perante o fenômeno da desconcentração, mediante o qual são criados os órgãos públicos.

IV. Órgão público é uma pessoa jurídica, já que é apenas parte da estrutura maior, o Estado.

V. Os Órgãos públicos cumprem o que lhes foi determinado pelo Estado e não têm, portanto, vontade própria.

Está correto o que consta APENAS em:
a) I, II, III e IV;
b) II e IV;
c) II, III e V;
d) I, II e V;
e) I e IV.

71. (CESPE / ANAC / 2012) A administração direta é constituída pelos serviços integrados na estrutura administrativa da presidência da República e dos ministérios, incluídas as fundações públicas.

72. (CESPE / TRE – MS / 2013) Com referência à organização administrativa, assinale a opção correta:
    a) O Estado, ao desenvolver suas atividades administrativas, atua por si mesmo ou cria órgão despersonalizado para desempenhar essas atividades, mas não pode criar outras pessoas jurídicas para desempenhar tais atividades.
    b) O Estado não pode transferir a particulares o exercício das atividades que lhe são próprias.
    c) O Estado pode transferir atividades que lhe são próprias a particulares, mas não pode criar outras pessoas jurídicas para desempenhar essas atividades.
    d) O Estado desenvolve suas atividades administrativas por si mesmo, mas pode transferi-las a particulares e também criar outras pessoas jurídicas para desempenhá-las; contudo tais entidades devem ter personalidade jurídica de direito público.
    e) O Estado desenvolve suas atividades administrativas por si mesmo, podendo transferi-las a particulares e também criar outras pessoas jurídicas, com personalidade jurídica de direito público ou privado, para desempenhá-las.

73. (CESPE / TRE – MS / 2013) A respeito da organização administrativa e da administração direta e indireta, assinale a opção correta.
    a) Uma das diferenças entre a desconcentração e a descentralização administrativa é que nesta existe um vínculo hierárquico e naquela há o mero controle entre a administração central e o órgão desconcentrado, sem vínculo hierárquico.
    b) Na desconcentração, o Estado executa suas atividades indiretamente, mediante delegação a outras entidades dotadas de personalidade jurídica.
    c) A centralização é a situação em que o Estado executa suas tarefas diretamente, por intermédio dos inúmeros órgãos e agentes administrativos que compõem sua estrutura funcional.
    d) A descentralização administrativa ocorre quando uma pessoa política ou uma entidade da administração indireta distribui competências no âmbito da própria estrutura, a fim de tornar mais ágil e eficiente a sua organização administrativa e a prestação de serviços.
    e) A descentralização é a situação em que o Estado executa suas tarefas indiretamente, por meio da delegação de atividades a outros órgãos despersonalizados dentro da estrutura interna da pessoa jurídica descentralizadora.

74. (CESPE / TJ – DF / 2013) Os termos concentração e centralização estão relacionados à ideia geral de distribuição de atribuições do centro para a periferia, ao passo que desconcentração e descentralização associam-se à transferência de tarefas da periferia para o centro.

75. (CESPE / INPI / 2013) O instituto da desconcentração permite que as atribuições sejam distribuídas entre órgãos públicos pertencentes a uma única pessoa jurídica com vistas a alcançar uma melhora na estrutura organizacional. Assim, concentração refere-se à administração direta; já desconcentração, à indireta.

76. (CESPE / IBAMA / 2013) São pessoas jurídicas de direito público as autarquias, as fundações públicas e as empresas públicas.

77. (CESPE / TJ – DF / 2013) Nos litígios comuns, as causas que digam respeito às autarquias federais, sejam estas autoras, rés, assistentes ou oponentes, são processadas e julgadas na Justiça Federal.

78. (CESPE / PF / 2012) O foro competente para o julgamento de ação de indenização por danos materiais contra empresa pública federal é a Justiça Federal.

79. (ESAF / SMF-RJ / 2010) Sobre a organização da administração pública brasileira, é correto afirmar que:
    a) por serem qualificadas como autarquias de natureza especial, as agências reguladoras integram a administração direta;
    b) ao contrário do que ocorre em relação às autarquias, a lei não cria empresas públicas, apenas autoriza sua instituição;
    c) agências reguladoras e agências executivas são categorias de entidades pertencentes à administração indireta;
    d) a Constituição Federal veda, aos municípios, a criação de autarquias;
    e) no âmbito federal, as empresas públicas subordinam-se, hierarquicamente, aos ministérios a que se vinculem.

80. (CESPE / MPU / 2013) Verifica-se a existência de hierarquia administrativa entre as entidades da administração indireta e os entes federativos que as instituíram ou autorizaram a sua criação.

81. (CESPE / ANATEL / 2012) Não há relação de subordinação hierárquica entre determinada autarquia e o órgão ou entidade estatal ao qual ela se vincula.

82. (CESPE / Câmara dos Deputados / 2012) O início da personalidade jurídica de uma autarquia coincide com o registro de seu estatuto no cartório competente.

83. (CESPE / TCU / 2012) Autarquias federais podem ser extintas mediante decreto do presidente da República.

84. (CESPE / INPI / 2013) A autarquia, mesmo sendo integrante da administração pública indireta, tem personalidade jurídica de direito privado e sua criação depende de lei específica.

85. (CESPE / TJ – DF / 2013) Pessoas jurídicas de direito privado integrantes da administração indireta, as empresas públicas são criadas por autorização legal para que o governo exerça atividades de caráter econômico ou preste serviços públicos.

86. (ESAF / AFT / 2010) Um consórcio público, com personalidade jurídica de direito público, composto por alguns municípios, pelos respectivos governos estaduais e pela União, integra:
    a) nos Municípios e nos Estados, a administração direta; na União, a administração indireta;
    b) nos Municípios, nos Estados e na União, a administração indireta;
    c) nos Municípios, a administração direta; nos Estados e na União, a administração indireta;
    d) nos Municípios, nos Estados e na União, a administração direta;
    e) nos Municípios e nos Estados, a administração indireta; na União, a administração direta.

87. (CESPE / TJ – DF / 2013) As sociedades de economia mista podem revestir-se de qualquer das formas em direito admitidas, a critério do poder público, que procede à sua criação.

88. (CESPE / TCU / 2012) Uma sociedade de economia mista somente poderá ser constituída sob a forma de sociedade anônima.

89. (CESPE / PREVIC / 2011) Empresas públicas são pessoas jurídicas de direito privado integrantes da administração indireta criadas por lei sob a forma de sociedades anônimas com o objetivo de explorar atividade econômica ou prestar determinado serviço público.

90. (CESPE / PC – ES / 2011) As fundações públicas são entidades integrantes da administração direta, e suas respectivas áreas de atuação devem enquadrar-se nas áreas previstas em lei ordinária.

91. (FCC / Prefeitura de São Paulo / 2012) Embora haja muitas diferenças entre a gestão pública e a privada, ambas:
    a) podem realizar tudo o que não está juridicamente proibido;
    b) só podem ser criadas ou alteradas por meio de instrumentos contratuais ou societários;
    c) dependem, para continuar existindo, da eficiência organizacional avaliadas pelos cidadãos consumidores;
    d) baseiam suas decisões em critérios de racionalidade instrumental;
    e) devem prestar contas ao cidadão, enquanto membro da sociedade que possui direitos e deveres.

92. (ESAF / AFT- MTE / 2006) Indique a opção correta:
    a) O gestor público está sujeito à competitividade do mercado, devendo prestar serviços a um maior número de pessoas.
    b) O gestor público presta serviços à sociedade em prol do bem comum e o gestor privado está sujeito à venda de produtos e serviços.
    c) O gestor privado deve prestar conta de seus atos à sociedade e tomar decisões transparentes, atendendo os interesses do usuário-cidadão.
    d) O gestor público visa à sobrevivência e retorno do investimento e o gestor privado tem o dever de satisfazer os interesses do mercado.
    e) O gestor público foca a excelência dos serviços e o gestor privado é dependente dos contribuintes.

93. (CESPE / TRE – RJ / 2012) A organização pública que pretende ter uma postura empreendedora deve buscar inovações por meio de ações similares às organizações privadas, como, por exemplo, realizar tudo que não for proibido em lei.

94. (FCC / TRT – 6ª Região / 2012) Com relação às convergências e diferenças entre a gestão pública e a gestão privada, considere as afirmativas a seguir.
    I. As empresas devem suas receitas aos seus clientes. Os governos têm os tributos como fonte exclusiva de receita.
    II. Os clientes só pagam às empresas se comprarem seus produtos, mas pagam ao governo mesmo que não estejam "consumindo" seus serviços.
    III. As empresas normalmente operam em um ambiente competitivo (seus clientes podem trocar de fornecedor se não estiverem satisfeitos), já os governos sempre operam por meio de monopólios.

IV. Os cidadãos controlam o governo por meio das eleições, já as empresas privadas são controladas pelo mercado.

V. A Administração Pública só pode fazer o que estiver autorizado em lei, enquanto o gestor privado pode fazer tudo que não estiver proibido.

Está correto o que se afirma APENAS em:

a) I, III e IV;
b) I e III;
c) II, III, IV e V;
d) II, IV e V;
e) II e V.

95. (FCC / TRT – 11ª Região / 2012) Um dos fatores que tornam o setor governamental menos ágil do que o privado é que na gestão pública:

a) aquilo que não está juridicamente proibido está juridicamente facultado;
b) todo comportamento moralmente reprovável está proibido;
c) a eficiência econômica é incompatível com o princípio da equidade;
d) tudo o que não está juridicamente determinado está juridicamente proibido;
e) a ênfase na avaliação do desempenho com base nos resultados prejudica a sua eficácia.

Gabarito Comentado

QUESTÃO	COMENTÁRIO
1	Ações administrativas executórias, capitaneadas pelos Poderes Legislativo e Judiciário, exemplificam bem o exposto na assertiva. A função típica de um Poder (administrar, no caso, sendo função típica do Poder Executivo) torna-se função atípica em outro Poder.
2 Errado	Tal obrigação corresponde à observância do princípio da legalidade, aplicado ao setor público. A assertiva está errada.
3 Errado	A assertiva só é aplicável ao setor público. A lógica do princípio da legalidade, aplicado ao setor público, é distinta: só é lícito, ao agente público, seguir a estrita previsão legal. Item errado.
4 Certo	Vejamos o *caput* do art. 37 da Constituição Federal de 1988: *Art. 37. A administração pública <u>direta</u>, <u>indireta</u> ou fundacional, de qualquer dos Poderes da União, dos Estados, do <u>Distrito Federal</u> e dos Municípios obedecerá aos princípios de legalidade, impessoalidade, moralidade, publicidade e, também, ao seguinte:"* Assim, a assertiva está correta.
5 Errado	A assertiva relaciona-se, em verdade, ao princípio da moralidade. Item errado.
6 Errado	Trata-se de desvio que afronta o princípio da impessoalidade, na acepção de promoção indevida da figura do agente público quando de sua atuação funcional. A assertiva está errada.
7 Certo	Diversos são os instrumentos (alguns denominados "remédios constitucionais") que se prestam à concretização do princípio da publicidade, na sua acepção própria à transparência administrativa. Nesse escopo, arrolam-se: • *habeas data*: assegura direito à informação relativa à pessoa do impetrante, constante dos registros ou banco de dados de entidades governamentais; • <u>mandado de segurança</u> (individual ou coletivo): protege direito líquido e certo não amparado por *habeas corpus* (pode ser usado, pelo titular do direito violado, quando houver abuso de poder relativo ao cerceamento de informações públicas);

QUESTÃO	COMENTÁRIO
7 Certo	• ação popular: pode ser usada para prevenir ou corrigir ato lesivo à moralidade administrativa, que detém íntima relação com a devida transparência em seus atos (a ação popular pode ser entendida como uma forma específica de uso do direito de petição); • direito de petição: pode ser usado para a obtenção de certidões em repartições públicas, para defesa de direitos e esclarecimentos de situações de interesse pessoal, bem como para ir de encontro a abusos de poder. A assertiva, assim, está correta.
8 Certo	A referida vedação, constante do art. 16 da citada lei, vem a se contrapor a práticas de nepotismo, que ferem (mais diretamente) os princípios da impessoalidade, da moralidade e da eficiência. Item correto.
9 Certo	A Súmula Vinculante nº 13, editada em agosto de 2008 pelo STF, traz a seguinte redação: *A nomeação de cônjuge, companheiro, ou parente, em linha reta, colateral ou por afinidade até o 3º grau inclusive, da autoridade nomeante ou do servidor da mesma pessoa jurídica, investindo em cargo de direção, chefia ou assessoramento, para o exercício de cargo em comissão ou de confiança, ou ainda, de função gratificada na Administração Pública direta ou **indireta**, em qualquer dos poderes da União, dos Estados, do Distrito Federal, e dos municípios, compreendido o ajuste mediante designações recíprocas, viola a Constituição Federal.* A assertiva está certa.
10 – B	Falou em custo X benefício, ou na relação entre resultados e insumos? Estamos então falando do princípio da eficiência. Resposta: B.
11 Certo	A violação do princípio da legalidade dá-se, mais diretamente, ante o ato ser viciado por excesso de poder; a do princípio da moralidade, pelo fato de o ato não visar ao interesse público, mas sim ao interesse dos amigos de Mauro. Item correto.
12 Errado	A assertiva define, na realidade, uma sociedade de economia mista, consoante o inc. III do art. 5º do Decreto-Lei nº 200/67. Item errado.
13 Errado	A combinação está invertida: ao passo que na gestão privada o foco é o cliente que age no mercado, na gestão pública, o foco é o cidadão. Item errado.
14 Certo	A assertiva retrata adequadamente prática de gestão própria do setor privado e transposta para a Administração Pública de acordo com os preceitos da modelo gerencial (nova gestão pública). Frise-se que a gestão para resultados e o emprego de indicadores têm a sua gênese na chamada Teoria Neoclássica da Administração e, em especial na sua vertente mais pragmática, denominada Administração por Objetivos (APO). Item correto.

QUESTÃO	COMENTÁRIO
15 Correto	Trata-se de questão bastante polêmica que, *a priori*, conta com imprecisão da banca. O ponto-chave refere-se ao significado de "otimizar". O que a banca quis dizer, infere-se, é que "otimizar" significa "economizar". Nesse sentido, a questão estaria certa, já que o atendimento ao interesse público prescinde da mera economia de gastos estatais. Esse, aliás, foi o gabarito da questão. No entanto, um entendimento razoável para "otimizar" seria "usar os recursos com mais eficiência". Sendo a eficiência, inclusive, princípio previsto na Constituição, difícil afirmar que pode ocupar um papel secundário na gestão governamental. Item correto.
16 Errado	Em que pese a responsabilidade social corporativa passar a consubstanciar compromisso inserido na agenda de organizações privadas, indevida é a afirmação de que o atendimento a interesses coletivos se apresenta como principal objetivo do segundo setor. O atendimento aos interesses de seus clientes diretos, que agem em uma lógica de mercado, este sim é o principal objetivo. A assertiva, desse modo, está errada.
17 Certo	Um dos principais fatores que diferenciam as lógicas entre o primeiro e o segundo setor alude, especificamente, à competitividade. Tal variável é muito mais pujante no setor privado, sendo, inclusive, indicado como motriz à inovação e ao empreendedorismo em um contexto capitalista. Já no setor público, a posição monopolista ou, até mesmo, a ausência completa de competição (quem compete com o STF? Com o Congresso Nacional?) é condição imprescindível a ser considerada quando da transposição de técnicas do segundo ao primeiro setor. Item correto.
18 Certo	A assertiva espelha as definições de modo condizente com o que vimos na Seção 1 deste Capítulo.
19 – B	No sentido subjetivo (ou, ainda, formal ou orgânico), a administração pública refere-se aos <u>órgãos, pessoas jurídicas e agentes</u> que estejam exercendo **função administrativa**. Nesse sentido, a alternativa "b" está correta. Assim, não se refere à atividade (alternativa "a"), e nem a órgãos voltados à atuação política (alternativa "c"). Da mesma forma, abarca tanto as entidades da Administração Pública Indireta (alternativas "d" e "e") quanto as da Administração Pública Direta.
20 Certo	A assertiva está correta, conforme conteúdo visto no quadro anterior.
21 Certo	Uma vez mais, a assertiva espelha o entendimento correto, conforme vimos no quadro anterior.
22 Errado	Como vimos no Capítulo anterior, **governo** pode ser definido como o <u>modo pelo qual são definidos os objetivos e as diretrizes gerais de atuação do Estado</u>. Assim, é o Governo o responsável por elaborar as políticas públicas, bem como por tomar decisões político-administrativas afetas à condução da coisa pública. Ao passo que o **Governo** é um <u>instrumento do Estado</u>, atuando na elaboração e na escolha de planos políticos, a <u>Administração Pública</u> é um <u>instrumento do Governo</u>, executando os planos escolhidos. Dessa forma, com relação à questão proposta, vemos que a assertiva está errada, haja vista os conceitos não serem sinônimos.

QUESTÃO	COMENTÁRIO
23 Certo	A assertiva está correta, conforme definição orgânica de Administração Pública, vista no Capítulo.
24 – A	Passemos à análise das assertivas: I. Assertiva correta, conforme definição orgânica de Administração Pública, vista neste Capítulo. II. Uma vez mais, assertiva correta, conforme definição funcional de Administração Pública, vista neste Capítulo; III. Quando tomada em sentido estrito, restringe-se aos órgãos incumbidos da atividade meramente administrativa, não contemplando a função política. A assertiva está errada. Resposta: A.
25 Errado	Não há priorização de princípios. Ademais, não se fala em princípio da eficácia. A assertiva está errada.
26 Errado	De acordo com o *caput* do art. 37 da CF/88, os princípios administrativos constitucionais são aplicados a *"qualquer dos Poderes da União, dos Estados, do Distrito Federal e dos Municípios"*.
27 Errado	Os princípios constitucionais da administração pública são de observância mandatória a todos os Poderes. Há de se considerar, ainda, que os Poderes Judiciário e Legislativo exercem, no caso, funções atípicas, relacionadas a ações administrativas, tais como gestão de pessoas, de compras etc. A assertiva está errada.
28 Certo	A assertiva espelha o entendimento correto acerca da aplicabilidade dos princípios administrativos.
29 – E	De acordo com o Princípio da Legalidade, o agente público só pode agir nos termos estabelecidos explicitamente pela lei (e demais espécies normativas). A alternativa E, assim, está correta.
30 – A	Vejamos os comentários às alternativas: a) A alternativa expõe, de forma apropriada, a interpretação do Princípio da Legalidade para o indivíduo (ou para uma empresa particular) e para a Administração Pública. A afirmativa está correta. b) A legalidade é um princípio constitucional explícito, constante do *caput* do art. 37 da CF/88. Ainda, decorre da necessidade de minimizar a arbitrariedade do Estado, e não da observância da moralidade administrativa. A alternativa está errada. c) Os limites a serem criados por um administrador são extremamente restritos. Ainda, estes limites estão, necessariamente, inseridos em uma previsão legal. A alternativa dá a ideia que uma norma regulamentar editada no âmbito da competência de um órgão público seria plenamente capaz de estabelecer regras aos particulares, o que não é verdade. A alternativa está errada. d) O edital de uma licitação está, necessariamente, submetido às Leis nos 8.666/93 e, no caso de pregão, também da 10.520/2002. Não é admissível um edital que contrarie estas normas. A alternativa está errada.

QUESTÃO	COMENTÁRIO
30 – A	e) A extinção de um cargo público, quando ocupado, é dada por lei (inciso X do art. 48 da CF/88). No entanto, quando vago, a extinção é dada por decreto, de competência privativa do Presidente da República. Eis o normatizado pelo art. 84 da CF/88: *Art. 84. Compete privativamente ao Presidente da República:* *VI – dispor, mediante decreto, sobre:* *b) extinção de funções ou cargos públicos, quando vagos;* A alternativa está errada.
31 Errado	Não só as leis se constituem em fontes do Direito Administrativo. Vejamos: • leis (e súmulas vinculantes) – fontes principais; • doutrina, jurisprudência, costumes – fontes secundárias. A questão está errada.
32 Certo	As questões 15 e 16 apenas reforçam a teoria vista sobre o princípio da legalidade. Ambas as assertivas estão corretas.
33 Certo	As questões 15 e 16 apenas reforçam a teoria vista sobre o princípio da legalidade. Ambas as assertivas estão corretas.
34 Errado	Tal afirmativa refere-se, na realidade, ao princípio da impessoalidade. A assertiva está errada.
35 Certo	A questão espelha de forma apropriada as ressalvas à divulgação oficial dos atos administrativos, assim sumarizadas: • restrição da publicidade de atos processuais em prol da defesa da intimidade ou do interesse social (CF/88, inc. XXXIII, art. 5º); • sigilo da informação, quando for imprescindível à segurança da sociedade e do Estado (CF/88, inc. XIV, art. 5º); A afirmativa está correta.
36 Errado	O princípio da legalidade precede (mas não prevalece sobre) os demais. Assim, não é facultado ao agente público praticar atos que não tenham a presunção da legitimidade (derivada da legalidade). A afirmativa, assim, está errada.
37 – E	Órgãos públicos são decorrentes de desconcentração. Não detêm autonomia política, não são soberanos e não possuem personalidade jurídica. Da mesma forma, não são entidades estatais (= componentes da Administração indireta, tais como autarquias, por exemplo). São, como afirma a alternativa "e", centros de competência instituídos para o desempenho de funções estatais. Resposta: E.
38 Certo	Vejamos o ensinamento de Paulo e Alexandrino (2003, p. 18), acerca da desconcentração: *Ocorre a desconcentração quando a entidade da Administração encarregada de executar um ou mais serviços distribui competências no âmbito de sua própria estrutura, a fim de tornar mais ágil e eficiente a prestação de serviços.* ***A desconcentração pressupõe, obrigatoriamente, a existência de uma só pessoa jurídica.*** A questão está correta.

Capítulo 5 | Administração Pública: conceito, princípios e organização

QUESTÃO	COMENTÁRIO
39 Errado	Na desconcentração, há apenas uma pessoa jurídica envolvida, sendo que a distribuição de competências dá-se em seu interior. Ao repassar atribuições a outra pessoa jurídica, o órgão responsável pela infraestrutura de transporte, mencionado no enunciado, optou pela descentralização administrativa. A questão está errada.
40 Certo	A atuação centralizada é aquela protagonizada pela Administração Direta (independentemente do modo como sua estrutura pode estar desconcentrada). A assertiva está certa.
41 Errado	A criação de estruturas (diretorias, departamentos, coordenações, seções etc.) no interior de determinada pessoa jurídica configura exemplo de desconcentração (e não de descentralização) administrativa. A questão está errada.
42 Errado	A questão apresenta conceitos trocados. A Administração direta é composta pelos órgãos internos do Estado, ao passo que a indireta, por entidades. A assertiva está errada.
43 – C	Passemos à análise das alternativas. a) A atuação do Estado-Administração por meio de seus órgãos internos é decorrência da desconcentração. Ainda, na descentralização, não há relação de hierarquia, mas tão somente de vínculo administrativo e de controle finalístico. A alternativa está errada. b) Não necessariamente os entes criados mediante a descentralização detêm personalidade jurídica de direito privado – veja, por exemplo, o caso das autarquias. A alternativa está errada. c) A Administração indireta não é destituída de vínculo ou relação com a Administração direta. O que não há é a subordinação hierárquica. A alternativa está errada. d) A alternativa está correta, espelhando adequadamente aspectos inerentes à descentralização. e) O tipo de descentralização inerente à Administração Indireta, como vimos, é a descentralização por outorga, que ocorre quando o Estado recorre à edição de uma lei no intuito de criar uma entidade e transferir determinado serviço público a ela. Nesse caso, há a transferência da titularidade da execução das atribuições. A alternativa está errada. Resposta: C.
44 Certo	A criação de uma autarquia é fruto de um processo de descentralização. Como tal, a entidade não é hierarquicamente subordinada à Administração direta (há a capacidade de autoadministração), mas tão somente vinculada administrativamente, surgindo, pois, o controle finalístico. Assim, infere-se que a alternativa "a" está correta.

QUESTÃO	COMENTÁRIO
45 – B	Vejamos a análise das alternativas. a) A Administração direta não é composta por autarquias, empresas estatais e fundações. Tais entidades referem-se à Administração indireta. A alternativa está errada. b) A alternativa está correta, conforme exposição teórica vista neste Capítulo. c) Os órgãos de execução citados compõem a administração direta. A alternativa está errada. d) Autarquias e fundações são tipicamente entes de direito público. A alternativa está errada. e) A administração indireta forma-se a partir da descentralização. A alternativa está errada. Resposta: B.
46 – D	Vejamos a análise das assertivas. I. A assertiva está correta, conforme vimos neste Capítulo: "*A Administração direta constitui-se, em nível federal, dos serviços integrados na estrutura administrativa da Presidência da República e dos Ministérios, bem como os órgãos dos Poderes Legislativo e Judiciário, além do Ministério Público da União. Ainda, compreende os órgãos correspondentes em níveis estadual, municipal e do Distrito Federal*". II. Estados e Municípios, a despeito de não possuírem soberania, são dotados da competência de autoadministração, podendo, pois, criar sua própria Administração indireta. A assertiva está errada. III. Assertiva correta, conforme teoria vista neste Capítulo. IV. Assertiva correta, conforme teoria vista neste Capítulo. V. O quadro social da sociedade de economia mista é composto por pessoas jurídicas de direito público e de direito privado. Assim, por estar a assertiva incompleta, entendeu a banca que está errada. Resposta: D.
47 Certo	O art. 10 do Decreto-Lei nº 200/67 prevê três planos principais na efetivação da descentralização administrativa: *Art. 10. A execução das atividades da Administração Federal deverá ser amplamente descentralizada.* *§ 1º A descentralização será posta em prática em três planos principais:* *a) dentro dos quadros da Administração Federal, distinguindo-se claramente o nível de direção do de execução;* *b) da Administração Federal para a das unidades federadas, quando estejam devidamente aparelhadas e mediante convênio;* *c) da Administração Federal para a órbita privada, mediante contratos ou concessões.* Assim, a alternativa A está correta.

QUESTÃO	COMENTÁRIO
48 Certo	O Decreto nº 2.487/98 dispõe sobre a qualificação de autarquias e fundações como agências executivas, bem como estabelece critérios e procedimentos para a elaboração, acompanhamento e avaliação dos contratos de gestão. Vejamos, preliminarmente, o preconizado em seu art. 1º: *Art. 1º As autarquias e as fundações integrantes da Administração Pública Federal poderão, observadas as diretrizes do Plano Diretor da Reforma do Aparelho do Estado, ser qualificadas como Agências Executivas.* *§ 1º A qualificação de autarquia ou fundação como Agência Executiva poderá ser conferida mediante iniciativa do Ministério supervisor, com anuência do Ministério da Administração Federal e Reforma do Estado, que verificará o cumprimento, pela entidade candidata à qualificação, dos seguintes requisitos:* *a) ter celebrado contrato de gestão com o respectivo Ministério supervisor;* *b) **ter plano estratégico** de reestruturação e de desenvolvimento institucional, voltado para **a melhoria da qualidade da gestão** e para a **redução de custos**, já concluído ou em andamento.* No dispositivo acima, "melhoria da qualidade da gestão" e "redução de custos" harmonizam-se, essencialmente, ao princípio da eficiência. Tal inferência fica ainda mais evidente tomando por base o inc. V do art. 2º desse decreto: *Art. 2º **O plano estratégico** de reestruturação e de desenvolvimento institucional das entidades candidatas à qualificação como Agências Executivas **contemplará**, sem prejuízo de outros, os seguintes conteúdos:* *[...]* *V – **o reexame dos processos de trabalho**, rotinas e procedimentos, com a **finalidade** de melhorar a qualidade dos serviços prestados e **ampliar a eficiência e eficácia de sua atuação;*** Assim, a alternativa A está correta.
49 Errado	São competências das agências reguladoras, conforme lecionam Paulo e Alexandrino (2006, p. 92-93): • editar normas que possibilitem a implementação das políticas para o setor sob sua competência regulatória; • aplicar o Direito aos casos concretos não litigiosos que se lhes apresentem; • solucionar os conflitos verificados entre os interessados na atividade objeto de regulação; • fiscalizar a execução das atividades sob sua competência e **aplicar sanções administrativas às infrações verificadas.** Deste modo, a questão está errada.

QUESTÃO	COMENTÁRIO
50 – E	No que concerne à suposta obrigatoriedade de as agências reguladoras assumirem a forma de autarquia em regime especial, veja o que nos ensina o Professor Marcelo Alexandrino: *As diversas leis até hoje editadas têm adotado, para as agências reguladoras que instituem, a forma de autarquia. Embora a forma jurídica adotada venha sendo a de autarquia, não há obrigatoriedade de que seja sempre assim. As agências reguladoras poderiam, simplesmente, ser órgãos (despersonalizados) especializados integrantes da estrutura da própria administração direta, por exemplo.* Na mesma linha, posiciona-se Di Pietro (2001, p. 395), para quem a instituição das agências reguladoras como autarquias em regime especial "vem obedecendo mais ou menos o mesmo padrão, o que não impede que outros modelos sejam idealizados posteriormente". Com esse entendimento, a alternativa E está correta. Resposta: E.
51 – D	Passemos à análise das alternativas. a) As agências reguladoras, ao assumirem tipicamente a forma jurídica de autarquias em regime especial, compõem a Administração indireta. A alternativa está errada. b) A prática vigente é a de conferir às agências reguladoras tão somente a forma de autarquias em regime especial. A alternativa está, assim, errada. c) A Administração não produz "coisa julgada". Há, sempre, de se observar o princípio da inafastabilidade da tutela jurisdicional, cabendo recorrer ao Poder Judiciário para que haja a decisão apropriada, consubstanciando a coisa julgada. A alternativa está errada. d) Dentre as prerrogativas, em termos de autonomia, das agências reguladoras, citam-se: mandato fixo de dirigentes, receitas próprias e formação de quadro próprio de servidores, entre outras. Vejamos, em complemento, os seguintes excertos da Lei nº 9.986/2000: *Art. 4º As Agências serão dirigidas em regime de colegiado, por um Conselho Diretor ou Diretoria composta por Conselheiros ou Diretores, sendo um deles o seu Presidente ou o Diretor-Geral ou o Diretor-Presidente.* *Art. 5º O Presidente ou o Diretor-Geral ou o Diretor-Presidente (CD I) e os demais membros do Conselho Diretor ou da Diretoria (CD II) serão brasileiros, de reputação ilibada, formação universitária e elevado conceito no campo de especialidade dos cargos para os quais serão nomeados, devendo ser escolhidos pelo Presidente da República e por ele nomeados, após aprovação pelo Senado Federal, nos termos da alínea f do inciso III do art. 52 da Constituição Federal.* *[...]* *Art. 12. A investidura nos empregos públicos do Quadro de Pessoal Efetivo das Agências dar-se-á por meio de concurso público de provas ou de provas e títulos, conforme disposto em regulamento próprio de cada Agência, com aprovação e autorização pela instância de deliberação máxima da organização.*

QUESTÃO	COMENTÁRIO
51 – D	A alternativa está, portanto, correta. e) O regime jurídico próprio das relações de trabalho das agências reguladoras é o estatutário, conforme preconizado no art. 6º da Lei nº 10.871/2004: *Art. 1º Ficam criados, para exercício exclusivo nas autarquias especiais denominadas **Agências Reguladoras**, [...], os cargos que compõem as carreiras de:* *[...]* *Art. 6º O regime jurídico dos cargos e carreiras referidos no art. 1º desta Lei é o instituído na* **Lei nº 8.112, de 11 de dezembro de 1990**, *observadas as disposições desta Lei.* A alternativa está errada. Resposta: D.
52 – B	As agências reguladoras possuem tão somente competência administrativa. Não produzem a coisa julgada (competência jurisdicional) e nem elaboram leis (competência legislativa). Há de se observar, contudo, a possibilidade de as agências reguladoras editarem normas a serem aplicadas aos setores por elas regulados. Contudo, esta possibilidade é decorrente do poder regulamentar (um dos poderes administrativos), e o produto são atos normativos derivados, cujas determinações devem estar dentro de limites legais. Resposta: B.
53 – B	Vejamos os comentários às assertivas. • Agência executiva não é uma nova espécie de entidade integrante da Administração Pública Indireta, mas sim autarquia ou fundação pública que firma contrato de gestão com seu Ministério supervisor. A afirmativa é falsa. • A lei de criação de cada agência reguladora é responsável por determinar a gradação de diversos aspectos de sua autonomia. Veja, nesse sentido, o normatizado pela Lei nº 9.986/2000: *Art. 6º O mandato dos Conselheiros e dos Diretores terá o prazo fixado na lei de criação de cada Agência.* *Art. 7º A lei de criação de cada Agência disporá sobre a forma da não coincidência de mandato.* *[...]* *Art. 11. Na Agência em cuja estrutura esteja prevista a Ouvidoria, o seu titular ocupará o cargo comissionado de Gerência Executiva – CGE II.* *Parágrafo único. A lei de criação da Agência definirá as atribuições do Ouvidor, assegurando-se-lhe autonomia e independência de atuação e condição plena para desempenho de suas atividades.* A assertiva é verdadeira. • As agências executivas, diferentemente das agências reguladoras, não apresentam área específica de atuação, em especial no que diz respeito a áreas econômicas. Atuam de modo diverso, norteando-se pelo escopo dos contratos de gestão. A afirmativa é verdadeira. • Trata-se de previsão constante da Lei nº 9.649/98. A afirmativa é verdadeira. Dessa forma, a alternativa correta é a B.

QUESTÃO	COMENTÁRIO
54 – A	Passemos à análise das assertivas. I. A despeito de os conceitos de eficiência (custo benefício na execução de um processo), de eficácia (capacidade de o processo atingir o resultado esperado) e de efetividade (impacto gerado pelo processo de trabalho) serem realmente próprios da gestão privada, aplicam-se com a devida proeminência na gestão pública, e não de forma subsidiária. A assertiva está errada. II. Como vimos, o princípio da legalidade possui acepções distintas nas esferas pública e privada. A assertiva está errada. III. A assertiva espelha, de forma apropriada, a sistemática de custeio dos serviços públicos e privados. Está, portanto, correta. Resposta: A.
55 Certo	A questão retrata, de forma adequada, a distinção entre a iniciativa privada – que visa ao lucro e à expansão de mercados, e a pública – cujo objetivo é o atendimento, com qualidade, ao cidadão. A assertiva está correta.
56 – A	Entre os exemplos explícitos do Princípio da Impessoalidade na Constituição, temos a exigência de concurso público para investidura em cargo ou emprego público (oportunidades iguais aos concorrentes, conforme inciso II do art. 37), e a igualdade de condições aos concorrentes em um processo de licitação (inciso XXI do art. 37). São condições em que há impessoalidade no tratamento dos particulares, visando ao interesse público (e não do particular). Assim, a assertiva I está correta. A assertiva II, por sua vez, faz uma expressa alusão ao conteúdo do § 1º do art. 37 da CF/88 (lembre-se do outdoor que vimos anteriormente). Esta assertiva também está correta.
57 – B	Um administrador, ao elaborar um edital para a contratação de uma obra pública, deve fazer constar algumas exigências em termos de qualificação técnica aos licitantes (atestados de capacidade técnica relativos a obras semelhantes, comprovação da existência de determinados profissionais em seu quadro de pessoal etc.). Isso comprova que a futura vencedora seja realmente capaz de realizar a obra desejada pela administração. A efetiva enumeração das qualificações técnicas exigidas – um típico exemplo do exercício da discricionariedade do administrador – deve visar sempre ao interesse público, não favorecendo particulares, dispensando aos licitantes um tratamento impessoal. Estamos, assim, falando mais diretamente do princípio da impessoalidade (apesar de notarmos a presença, como não poderia deixar de ser, dos princípios da legalidade, eficiência e moralidade). Com esse entendimento, a alternativa B está correta.
58 Certo	Do mesmo modo que a Constituição Federal de 1988 consagrou o Princípio da Moralidade como de obrigatória observância pela Administração Pública, houve a preocupação da Carta Magna em responsabilizar o agente público que assumir uma postura antiética. A ofensa ao princípio constitucional da moralidade é um ato de improbidade administrativa. Por ora, vale a menção do que o § 4º do art. 37 da CF/88 estabelece como sanções provenientes de um ato de improbidade:

Capítulo 5 | Administração Pública: conceito, princípios e organização 265

QUESTÃO	COMENTÁRIO
58 Certo	*§ 4º – Os atos de improbidade administrativa importarão a suspensão dos direitos políticos, a perda da função pública, a indisponibilidade dos bens e o ressarcimento ao erário, na forma e gradação previstas em lei, sem prejuízo da ação penal cabível.* A literalidade deste § 4º foi o cobrado no enunciado da questão que, desta maneira, está correto.
59 Certo	Além da acepção que confere ao Princípio da Impessoalidade significado convergente ao Princípio da Finalidade, outra interpretação daquele princípio advém do § 1º do art. 37 da CF/88: *§ 1º – A publicidade dos atos, programas, obras, serviços e campanhas dos órgãos públicos deverá ter caráter educativo, informativo ou de orientação social, dela não podendo constar nomes, símbolos ou imagens que caracterizem promoção pessoal de autoridades ou servidores públicos.*
60 Certo	Na acepção exposta no enunciado, o Princípio da Impessoalidade converge à orientação do Princípio da Finalidade. Está, assim, correta a questão.
61 Errado	Ao associar o Programa de Alimentação Escolar ao nome do seu pai, o prefeito acabou por incorrer em promoção pessoal do deputado federal em pauta mediante a publicidade de uma ação político-administrativa. Com esta postura, foi de encontro (= contrariou) o § 1º do art. 37 da CF/88. A questão está errada.
62 Certo	A questão é uma transcrição de entendimento de Hely Lopes Meirelles, conforme transcrito neste Capítulo: "*o princípio da impessoalidade*, referido na Constituição de 1988 (art. 37, caput), nada mais é que o clássico **princípio da finalidade**, o qual impõe ao administrador público que só pratique o ato para o seu fim legal. E o fim legal é unicamente aquele que a norma de direito indica expressa ou virtualmente, de forma impessoal."
63 Certo	Relembremos o que nos traz o inciso II do Capítulo I do Código de Ética Profissional do Servidor Público Civil do Poder Executivo Federal: *II – O servidor público não poderá jamais desprezar o elemento ético de sua conduta. Assim, não terá que decidir somente entre o legal e o ilegal, o justo e o injusto, o conveniente e o inconveniente, o oportuno e o inoportuno, mas principalmente entre o honesto e o desonesto, consoante as regras contidas no art. 37, caput, e § 4º, da Constituição Federal.* Com base no dispositivo acima, evidencia-se que não é apenas acerca da legalidade que o servidor público deve ponderar, mas também sobre os preceitos éticos envolvidos. A questão está correta.

QUESTÃO	COMENTÁRIO
64 Certo	Nepotismo é o termo usado para designar o favorecimento de parentes dos ocupantes de cargos públicos de direção, chefia ou assessoramento, que são por eles nomeados ou têm os seus cargos elevados. Veja o que nos traz a Súmula Vinculante nº 13, do Supremo Tribunal Federal: *A nomeação de cônjuge, companheiro ou parente em linha reta, colateral ou por afinidade, até o terceiro grau, inclusive, da autoridade nomeante ou de servidor da mesma pessoa jurídica investido em cargo de direção, chefia ou assessoramento, para o exercício de cargo em comissão ou de confiança ou, ainda, de função gratificada na administração pública direta e indireta em qualquer dos Poderes da União, dos Estados, do Distrito Federal e dos Municípios, compreendido o ajuste mediante designações recíprocas, viola a Constituição Federal.* A jurisprudência tem apontado, de modo pacífico, que o nepotismo fere os princípios da moralidade (violam-se preceitos éticos), da impessoalidade (age-se em prol de interesses pessoais) e da eficiência (coloca-se em segundo plano a seleção mediante a qualificação técnica). A questão está, assim, correta.
65 Errado	A nomeação de cônjuge da autoridade nomeante para o exercício de cargo em comissão afronta os princípios constitucionais da impessoalidade, moralidade e eficiência. A assertiva está errada.
66 Errado	Vejamos o conteúdo do art. 2º da Lei nº 9.784/99 *Art. 2º A Administração Pública obedecerá, dentre outros, aos princípios da legalidade, finalidade, motivação, razoabilidade, proporcionalidade, moralidade, ampla defesa, contraditório, segurança jurídica, interesse público e eficiência.* *Parágrafo único. Nos processos administrativos serão observados, entre outros, os critérios de:* *V – divulgação oficial dos atos administrativos, ressalvadas as hipóteses de sigilo previstas na Constituição;* Dentre as hipóteses de sigilo previstas na CF/88, podemos citar: • restrição da publicidade de atos processuais em prol da defesa da intimidade ou do interesse social (inciso XXXIII, art. 5º); • sigilo da informação, quando for imprescindível à segurança da sociedade e do Estado (inciso XIV, art. 5º); A assertiva está, portanto, errada.
67 – B	Na situação exposta, o agente público incorreu em postura não prevista em normas legais. Feriu, portanto, o Princípio da Legalidade. Da mesma forma, podemos inferir que não agiu de forma ética, indo de encontro ao Princípio da Moralidade. Cabe a menção de que, a despeito da postura ilegal e desprovida de moralidade administrativa, pelo enunciado não se pode deduzir se o gasto foi (ou não) no sentido do interesse público. Assim, não há como fazer afirmações acerca dos Princípios da Finalidade / Impessoalidade.
68 – E	O Princípio da Eficiência foi acrescentado à Carta Magna pela Emenda Constitucional nº 19/98.

QUESTÃO	COMENTÁRIO
69 – A	Vejamos a análise das assertivas: I. Entidades políticas são aquelas que exercem função política, são os entes da federação: União, estados, DF e municípios. Como vimos, são estas três capacidades (auto-organização, autogoverno e autoadministração que conferem a autonomia aos entes federativos). A assertiva está correta. II. As autarquias e fundações públicas são tão somente entidades administrativas, criadas por uma iniciativa de descentralização. A assertiva está errada. III. Apenas as entidades administrativas (administração pública indireta) surgem por descentralização. A assertiva está errada. IV. Autarquias são pessoas jurídicas de direito público, e as fundações podem ser de direito público ou privado. Assim, nem todas as entidades administrativas são pessoas jurídicas de direito privado. A assertiva está errada.
70 – D	Vejamos a análise das assertivas: I. "Entidade estatal" opõe-se ao conceito de "órgão público" justamente por deter personalidade jurídica própria. A assertiva está correta. II. A assertiva expõe de modo acertado o conceito de "órgão público", em especial sua característica de ser desprovido de personalidade jurídica. A assertiva está, assim, correta. III. Ao transferir a titularidade de determinada competência a autarquias e fundações públicas, a União faz uso da descentralização. A assertiva está errada. IV. Órgão público não possui personalidade jurídica. A assertiva está errada. V. A vontade de um órgão público, desprovido de personalidade jurídica própria, coincide com a do Estado. A assertiva está correta.
71 Errado	As fundações públicas são entidades pertencentes à Administração Pública Indireta. A questão está errada.
72 – E	O Estado, com vistas ao desenvolvimento de suas atividades administrativas, atua por si mesmo, cria órgãos despersonalizados para desempenhar sias atividades (desconcentração) ou, ainda, cria entidades jurídicas, de direito público ou privado, para o mesmo fim (descentralização). Existe, ainda, a opção de transferir tais atividades a particulares, mediante contratos ou concessões.
73 – C	Vejamos os comentários às alternativas: a) Na desconcentração, há hierarquia entre a Administração central e o órgão público. Já na descentralização, a hierarquia é substituída pelo controle finalístico ou tutela administrativa. A alternativa está errada. b) Na desconcentração, os órgãos públicos criados são desprovidos de personalidade jurídica. A alternativa está errada. c) A atuação da Administração Pública se dá de forma centralizada quando não há a delegação de atividades para a Administração Indireta. Assim, mesmo quando há desconcentração, falamos que a Administração Pública (Direta) age de forma centralizada. A alternativa está correta. d) Quando uma pessoa política ou uma entidade da administração indireta distribui competências no âmbito da própria estrutura, está ocorrendo uma desconcentração. A alternativa está errada. e) A alternativa refere-se à desconcentração (e não à descentralização). Está, assim, errada.

QUESTÃO	COMENTÁRIO
74 Errado	A questão expõe de modo equivocado (trocado) as relações entre as ideias centrais e os conceitos envolvidos. O modo correto seria: • concentração e centralização: distribuição de atribuições da periferia para o centro; • desconcentração e descentralização: distribuição de atribuições do centro para a periferia. A questão está errada.
75 Errado	A primeira sentença da assertiva está correta. A desconcentração, como vimos, refere-se à criação de órgãos (despersonalizados juridicamente) inerentes a uma determinada pessoa jurídica. Assim, falamos em (des)concentração tanto na Administração Direta quanto na Indireta. A questão está, assim, errada.
76 Errado	Como vimos, as empresas públicas detêm personalidade jurídica de direito privado. A questão está errada.
77 Certo	Veja o que nos traz o inciso I do art. 109 da Constituição Federal de 1988: Art. 109. Aos *juízes federais* compete processar e julgar: I – as causas em que a União, **entidade autárquica** ou *empresa pública federal* forem interessadas na condição de autoras, rés, assistentes ou oponentes, exceto as de falência, as de acidentes de trabalho e as sujeitas à Justiça Eleitoral e à Justiça do Trabalho; Desta forma, a questão está correta.
78 Certo	Trata-se de uma causa na qual uma empresa pública é interessada na condição de ré. Como vimos no inciso I do art. 109 da Constituição Federal de 1988 (veja questão anterior), o foro competente para tal hipótese realmente é a Justiça Federal. A questão está correta.
79 – B	Seguem os comentários às alternativas: a) As agências reguladoras integram a administração indireta. A assertiva está errada. b) A alternativa espelha a informação constante de nosso quadro-resumo. Está, portanto, correta. c) O erro está em dizer que as agências reguladoras e executivas são categorias da administração indireta. As agências reguladoras fazem parte da categoria autarquia, enquanto as agências executivas são autarquias, fundações ou órgãos da administração direta que celebram contrato de gestão com o ente político ao qual se encontram vinculadas. Eis que a alternativa está errada. d) Não há nenhuma vedação na CF/88 em relação à criação de autarquias pelos Municípios. A alternativa está errada. e) Não existe subordinação/hierarquia entre as entidades administrativas e as políticas. O que existe é a <u>vinculação</u> entre elas, um controle finalístico.
80 Errado	Como vimos, não há hierarquia neste caso, mas apenas uma tutela administrativa, ou um controle finalístico. A questão está errada.

QUESTÃO	COMENTÁRIO
81 Certo	Uma autarquia é um ente autônomo, que carrega consigo parcela da incumbência estatal. A fim de perpetuar sua autonomia, não pode estar hierarquicamente subordinada ao órgão ou à entidade estatal a que se vincula. Pode haver tão somente uma vinculação administrativa, exercida mediante um controle finalístico. A questão está correta.
82 Errado	O início da personalidade de uma autarquia dá-se com o início da vigência da lei que a instituiu. O registro do estatuto em cartório marca o início da personalidade jurídica das fundações públicas, sociedades de economia mista e empresas públicas. A questão está errada.
83 Errado	Neste caso, aplica-se o chamado Princípio da Simetria das Formas, segundo o qual a forma de nascimento dos institutos jurídicos deve ser o mesmo de sua extinção. Como as autarquias são criadas por lei específica, sua extinção carece do mesmo tipo de norma. A assertiva está, portanto, errada.
84 Errado	A autarquia, um dos tipos de entidade da Administração Pública Indireta brasileira, possui personalidade de direito público interno (este é o erro da questão), e sua criação realmente depende de lei específica. Com relação a esta última característica, veja o que nos ensina o inciso XIX do art. 37 da Constituição Federal de 1988: *Art. 37, XIX – **somente por lei específica poderá ser criada autarquia** e **autorizada** a instituição de empresa pública, de sociedade de economia mista e de fundação, cabendo à lei complementar, neste último caso, definir as áreas de sua atuação;* A questão está, portanto, errada.
85 Certo	Já vimos que, mediante lei específica, é autorizada a instituição de empresa pública. Em complemento, traz-se à baila o art. 173 da Constituição Federal de 1988: *Art. 173. Ressalvados os casos previstos nesta Constituição, a exploração direta de atividade econômica pelo Estado só será permitida quando necessária aos imperativos da segurança nacional ou a relevante interesse coletivo, conforme definidos em lei.* *§ 1º A lei estabelecerá o estatuto jurídico da empresa pública, da sociedade de economia mista e de suas subsidiárias que explorem atividade econômica de produção ou comercialização de bens ou de prestação de serviços [...]* A questão está, assim, correta.
86 – B	A questão cobra aplicação direta da legislação, inerente a consórcios públicos: Lei nº 11.107/95, Art. 6º, § 1º O consórcio público com personalidade jurídica de direito público integra a administração indireta de todos os entes da Federação consorciados.

QUESTÃO	COMENTÁRIO
87 Errado	Nunca é demais recorrermos ao inciso II do art. 5º do Decreto-Lei nº 200/67: *III – Sociedade de Economia Mista – a entidade dotada de personalidade jurídica de direito privado, criada por lei para a exploração de atividade econômica, sob a forma de sociedade anônima, cujas ações com direito a voto pertençam em sua maioria à União ou à entidade da Administração Indireta.* Vemos que há obrigatoriedade de as Sociedades de Economia Mista restringirem-se à forma de Sociedade Anônima (S/A). A questão está errada.
88 Certo	A assertiva está correta, sendo cobrado o mesmo conteúdo da questão anterior.
89 Errado	Como vimos, empresas públicas não são criadas por lei, mas têm a sua criação autorizada por lei específica. Ainda, tais entidades podem assumir qualquer forma jurídica, não se restringindo apenas a S/A. A questão está, assim, errada.
90 Errado	Dois são os erros da afirmativa. Primeiramente, as fundações públicas são entidades integrantes da administração indireta (e não da direta). Ademais, suas áreas de atuação são definidas mediante lei complementar (inciso XIX do art. 37 da CF/88).
91 – E	Vejamos a análise das assertivas: a) Apenas o setor privado pode realizar o que não está juridicamente proibido. Por força do Princípio da Legalidade, à Administração Pública só cabe a atuação dentro do estritamente previsto em lei. A assertiva está errada. b) Na verdade, não podemos dizer que a gestão pública (ou privada) é criada. "Gestão", nesse caso, é uma sistemática própria de administração. Ainda sim, se considerarmos que a banca está se referindo a "entidades públicas e privadas", ainda assim teríamos que considerar exemplos como órgãos públicos e entidades da administração indireta (por exemplo, autarquias), que não são criados mediante contratos. A assertiva está errada. c) A existência de um órgão público não está condicionada à sua eficiência. Caso o Tribunal de Contas da União, por exemplo, seja caracterizado com práticas de gestão ineficientes (excessivamente burocráticas, por exemplo), isso não será motivo para a sua extinção. A assertiva está errada. d) Ao falarmos de racionalidade, na realidade, estamos discutindo os fatores que motivam o indivíduo / a organização à ação. Assim, seguindo os ensinamentos de Weber, há dois tipos de racionalidade: • Racionalidade instrumental = diz respeito ao cálculo da melhor relação custo-benefício para o atingimento de determinado fim. As organizações públicas no modelo burocrático, por exemplo, eram regidas unicamente pela racionalidade instrumental. Para a racionalidade instrumental, vale a máxima de Maquiavel: "os fins justificam os meios"; • Racionalidade substantiva = diz respeito aos valores sociais e morais / éticos da comunidade, que privilegiam aspectos como cooperação, compreensão entre as pessoas e preocupação com o bem estar.

Capítulo 5 | Administração Pública: conceito, princípios e organização

QUESTÃO	COMENTÁRIO
91 – E	Na realidade contemporânea, há uma intensa discussão em prol da consideração dos aspectos sociais, morais, e de gestão de pessoas dentro das organizações, sejam elas públicas e privadas. Assim, as decisões não mais são tomadas com base na racionalidade instrumental, mas passa a haver uma ponderação entre as racionalidades instrumental e substantiva para a definição da melhor linha de ação. Com esse entendimento, a assertiva está errada. e) Como vimos, a necessidade de prestação de contas aos cidadãos é um ponto de convergência entre a gestão pública e a privada. A assertiva está correta.
92 – B	Vejamos os comentários às alternativas: a) O gestor público usualmente não está sujeito à competitividade do mercado (as exceções seriam empresas públicas e sociedades de economia mista, voltadas à exploração de atividades no mercado). O gestor público, em geral, está sujeito tão somente à observância aos princípios constitucionais que regem a administração pública. A alternativa está errada. b) Em atendimento ao Princípio da Finalidade, o gestor público efetivamente deve prestar serviços à comunidade em prol do bem comum. Já o gestor público submete-se à sua atuação no mercado, visando ao lucro, auferido mediante a comercialização de produtos e serviços. A alternativa está correta. c) As características listadas nesta alternativa referem-se ao gestor público, e não ao privado. Está, assim, errada. d) Não é o gestor público, mas sim o privado que visa à sobrevivência e ao retorno do investimento feito. A alternativa está errada. e) Não é o gestor privado, mas sim o público que é dependente dos contribuintes. O gestor privado obtém seus recursos financeiros do lucro auferido do mercado, e não do pagamento de impostos dos contribuintes. A alternativa está errada.
93 – E	Neste ponto, devemos estar familiarizados com as distintas aplicações do Princípio da Legalidade. No setor público, em obediência a este Princípio, somente se pode realizar o estritamente previsto em Lei. Assim, a questão está errada.
94 – D	Vejamos os comentários às alternativas: I. Tributo não é a fonte exclusiva (= única) de receita do Governo. Como exemplos de outras fontes, podemos citar a receita patrimonial (aluguéis pelo uso de imóveis cedidos a terceiros), multas, juros de mora, indenizações, operações de crédito, alienação (venda) de bens etc. A assertiva está errada. II. A assertiva retrata apropriadamente a realidade de pagamento dos clientes / cidadãos aos setores privado e público. Mesmo que um cidadão tenha plano de saúde particular, seus impostos irão prover os recursos necessários ao SUS. A afirmativa está correta.

QUESTÃO	COMENTÁRIO
94 – D	III. Realmente as empresas usualmente operam em um ambiente competitivo. Com relação aos governos, há situações em que não operam em monopólios. Veja, por exemplo, a indústria bancária brasileira. O Banco do Brasil (entidade da Administração Pública Indireta) compete com uma séria de bancos privados. A assertiva está errada. IV. Uma redação mais apropriada da assertiva seria: "O governo é controlado também por meio das eleições; já as empresas privadas são controladas também pelo mercado". O fato é que o governo é controlado por outros fatores além das eleições (ações populares, denúncias da mídia, ações de ONGs etc.). Já as empresas privadas podem também ser controladas pelo próprio governo, no caso da atuação de Agências Reguladoras (ANATEL, ANAC etc.). De qualquer forma, isso não torna a afirmativa errada. Ela pode estar incompleta, mas está, no mérito, correta. V. A assertiva espelha o correto entendimento sobre o Princípio da Legalidade, já estudado anteriormente. Está, assim, correta.
95 – D	Vejamos os comentários às alternativas: a) Esta alternativa espelha a aplicação do Princípio da Legalidade ao setor privado. Está, assim, errada. b) Ao admitirmos que a alternativa "b" está correta, estaríamos falando o absurdo que o setor privado é mais ágil porque é imoral. A alternativa está errada. c) Não há sentido nesta alternativa. A eficiência econômica é plenamente compatível com o princípio da equidade (igualdade). A alternativa está errada. d) Agora sim temos uma aplicação adequada do Princípio da Legalidade ao setor público. Note que a restrição ao estritamente previsto em leis pode sim ser um obstáculo à agilidade da gestão. As compras públicas, por exemplo, ao seguirem a regra de licitação (por força da Lei nº 8.666/1993), tornam-se usualmente morosas. A alternativa está correta. e) A ênfase na avaliação de desempenho com base nos resultados é fator que favorece a eficácia da gestão. A alternativa está errada.

CAPÍTULO 6
Apanhado Histórico da Administração Pública Brasileira e as Reformas Administrativas

A organização, as reformas e a modernização da Administração Pública são eminentemente fenômenos sociais. Nesse sentido, para sua melhor compreensão, é essencial o estudo de aspectos da História do Brasil. Só assim teremos um entendimento mais profundo dos aspectos administrativos que marcaram os dois últimos séculos da gestão pública brasileira.

Com esse intuito, procederemos a um apanhado histórico, iniciando-se com a chegada dos portugueses às nossas terras.

1. Um Breve Apanhado da História do Brasil – de 1500 a 1808

Apesar de o Brasil ter sido habitado por povos indígenas desde os tempos mais remotos, tradicionalmente associa-se a história brasileira ao período da chegada dos portugueses até os dias atuais.

Assim, há, basicamente, quatro grandes períodos segundo os quais a História do Brasil é dividida:

Descobrimento do Brasil	Início da Colonização		Independência do Brasil	Proclamação da República	
1500	1531		1822	1889	HOJE
Período pré-Colonial	Período Colonial		Período Imperial	Período Republicano	

Falaremos, inicialmente, um pouco sobre os Períodos Pré-Colonial e Colonial:

1.1. Período Pré-Colonial

Denomina-se Período Pré-Colonial aquele compreendido entre a chegada, no Brasil, da esquadra de Pedro Álvares Cabral (1500), e o primeiro esforço efetivo de povoamento e colonização do território nacional (1531, com a chegada da expedição de Martim Afonso de Sousa).

Nesse Período, **o Brasil ocupou um espaço tão somente secundário na economia de Portugal**, por dois motivos principais: o comércio português com as Índias era a prioridade daquela metrópole, bem como não foram achados metais preciosos em solo brasileiro, neste primeiro momento (metais preciosos só foram encontrados e explorados intensivamente ao final do século XVII).

Cabe ressaltar que nessa época era vigente o Tratado de Tordesilhas, o qual demarcava os limites de exploração de terras entre Portugal e Espanha, sendo que a faixa mais próxima ao litoral brasileiro ficou sob a tutela portuguesa, conforme disposição da figura ao lado.

Nestas três décadas, apenas o comércio incipiente de pau-brasil (madeira empregada na tintura de tecidos europeus) foi uma atividade econômica merecedora de nota. A falta de presença portuguesa em solo brasileiro implicou, contudo, o crescimento de incursões francesas e espanholas, trazendo instabilidade e insegurança no domínio de Portugal sobre o recém "descoberto" território.

Tratado de Tordesilhas

Fonte: http://www.infoescola.com/historia/tratado-de-tordesilhas/

Dessa maneira, o receio de perda das terras para incursores, associado ao declínio do comércio com as Índias, fez com que Portugal intensificasse seus esforços de colonização. Assim, D. João III, em 1530, organizou uma expedição (já mencionada acima, liderada por Martim Afonso de Sousa), com três objetivos principais:

- combater traficantes franceses;
- procurar metais preciosos, rumando ao interior, em direção ao Rio da Prata, e
- estabelecer núcleos de povoamento no litoral (eis que, em 1532, é fundada São Vicente, a primeira vila da América portuguesa).

Era dada a largada para o Período Colonial.

1.2. Período Colonial

O assim chamado Período Colonial perdurou aproximadamente três séculos, durante os quais muitas das raízes culturais e práticas sociais ainda hoje vigentes foram implantadas e desenvolvidas no Brasil.

Em **termos administrativos**, no intuito de minimizar o risco de invasões por potências europeias rivais, Portugal lançou mão de um artifício administrativo de descentralização: **as capitanias hereditárias**, criadas em 1534. Quinze lotes de terra foram entregues a membros da corte, de confiança do rei. Este foi o **primeiro sistema administrativo implantado no Brasil**, sendo fortemente baseado no patrimonialismo da Coroa portuguesa.

No entanto, tal sistema administrativo descentralizado não se mostrou satisfatório. A falta de interesse dos donatários (encarregados dos lotes de terra), aliada à distância excessiva da metrópole e aos ataques de indígenas culminou no fracasso desta tentativa inicial de institucionalização do sistema de capitanias. As exceções foram as capitanias de Pernambuco e de São Vicente (esta perdurou até meados do século XVIII), graças a investimentos e à renda proveniente da cana-de-açúcar (carro chefe da economia da colônia durante os séculos XVI e XVII).

Dessa forma, em 1548, ante a necessidade de estabelecimento de um governo com maior

As Capitanias Hereditárias

Fonte: http://www.mundovestibular.com.br/articles/6635/1/Capitanias-
-Hereditarias/Paacutegina1.html

centralização administrativa, instituiu-se o **Governo-Geral**, que, de certo modo, vigorou até a chegada da família real ao Rio de Janeiro (1808). A tentativa de **centralização** fica clara em 1549, quando é criada a cidade de Salvador, considerada a primeira capital do Brasil Colônia.

Os fins do Governo-Geral eram, basicamente, **centralizar a política e a administração da colônia**, apoiando e provendo maior segurança às capitanias. A ampliação da colonização mediante a criação de novas vilas, a promoção do plantio da cana-de-açúcar, a defesa das áreas litorâneas e a gerência de questões jurídicas, entre outras, eram tarefas do governador--geral.

Em termos locais, a administração dava-se mediante a instituição de Câmaras Municipais, órgãos políticos compostos por ricos proprietários que definiam os rumos políticos das vilas e das cidades. Tratava-se, uma vez mais, pelo regime patrimonialista, com centro decisório localizado, em última instância, na metrópole portuguesa.

Como traços do Governo-Geral que ainda se mostram presentes na administração pública brasileira, podemos citar:
- existência de uma elite econômica associada e dependente do Estado;
- presença dominante do Estado na economia;
- estabelecimento de um "capitalismo protegido" = a propriedade é privada e a gestão é semiestatal, havendo proteção contra concorrência externa e controle dos preços.

Em **termos econômicos**, o engenho de açúcar foi o pilar da economia colonial até o século XVII. O modelo social que se consolidou em torno do engenho foi o da família patriarcal, com o senhor do engenho detendo um poder econômico e moral sobre as demais camadas da pirâmide social. Havia grande disparidade social, seja em termos de gênero (as mulheres eram desprovidas de qualquer participação política), ou de raça (escravos tratados em condições subumanas).

Nos séculos XVI e XVII, os bandeirantes lançaram-se à exploração do interior do Brasil, seja em busca de índios, de escravos fugitivos ou até mesmo de metais preciosos. Tal iniciativa implicou a ampliação das fronteiras para além do disposto no Tratado de Tordesilhas.

No século XVIII, houve a exploração intensiva de minas de ouro (principalmente na região de Minas Gerais, Goiás e Mato Grosso), atividade que sobrepujou o comércio de açúcar, que já se encontrava em declínio. O núcleo econômico do Brasil, antigamente no nordeste açucareiro, migra para a região sudeste, observando-se significativo desenvolvimento de cidades, geração de empregos e crescimento econômico.

A fim de garantir um maior lucro advindo da exploração do ouro, Portugal passou a cobrar com rigor impostos e taxas sobre a atividade aurífera. Vinte por cento de todo o ouro encontrado no Brasil pertencia à metrópole, e tal cobrança era efetuada diretamente nas casas de fundição – era o quinto. Nesse contexto, sob o comando do Marquês de Pombal (Secretário de Estado do rei D. José I), em 1763 houve a mudança da capital para o Rio de Janeiro, numa medida para aumentar o poder de regulação sobre os lucros da mineração e para garantir que o ouro fosse remetido a Portugal com a devida celeridade.

A chamada **Era Pombalina**, referente aos quase 30 anos em que o Marquês de Pombal permaneceu à frente da administração de Portugal, correspondeu a um período de impulso administrativo e comercial à colônia brasileira. Não só a mudança de capital remonta à sua gestão, mas também incentivos às indústrias agrícolas, a extinção das capitanias hereditárias (agora chamadas de capitanias gerais) e a criação de Juntas de Justiça nas comarcas (sede das capitanias), favorecendo o crescimento das vilas. É a partir da administração do Marquês de Pombal que o paternalismo típico do absolutismo tradicional vai sendo, pouco a pouco, substituído pelo racionalismo do despotismo esclarecido.

No início do século XIX a história política e administrativa brasileira estava prestes a tomar novos rumos. O contexto europeu à época era marcado pelo domínio de Napoleão Bonaparte, que se tornara imperador francês, em 1804. A grande opositora à supremacia francesa era a Inglaterra, favorecida por sua posição geográfica insular, por seu poderio naval e por sua força econômica.

A estratégia de Napoleão era atingir o comércio inglês, decretando o fechamento de todos os portos europeus continentais a embarcações daquele país, em uma ação denominada Bloqueio Continental. O intuito era o enfraquecimento da economia britânica, ao mesmo tempo em que garantiria o monopólio do mercado consumidor europeu com relação ao escoamento de seus produtos manufaturados.

No entanto, Portugal possuía uma aliança econômica com a Inglaterra, da qual era extremamente dependente. Ainda, sendo um reino decadente já no século XIX, a metrópole portuguesa não tinha condições de fazer frente à expansão francesa. A saída encontrada (e apoiada pelos ingleses) foi a transferência da corte para o Brasil, que passou a ser a sede do reino. Estamos em 1808, ano que pode ser remetido ao início da construção do Estado nacional e da Administração Pública brasileira.

Apenas a título de síntese, apresentam-se as **principais características da administração pública brasileira do Período Colonial**:
- centralização (Governo-Geral);
- ausência de diferenciação de funções;
- formalismo e prescrição das ações em regulamentos (apesar destes serem confusos, contraditórios e desrespeitados);
- lentidão e morosidade na comunicação entre a metrópole e a colônia, criando um vazio de autoridade legal;
- corrupção generalizada e arbitrariedade dos governantes.

2. A Administração Pública entre os Anos 1808 e 1822

O ano de 1808 marcou a chegada da corte portuguesa ao Brasil. Juntamente com um efetivo que variou de 5 a 10 mil pessoas, D. João VI instalou-se no Rio de Janeiro, despejando muitos moradores locais para a instalação de funcionários do governo.

Há, assim, uma "injeção adicional de patrimonialismo" no contexto da gestão da colônia brasileira: a fim de compensar os súditos da corte que o acompanhara, D. João VI criou uma série de cargos e honrarias. Houve a criação do Museu Nacional, da Biblioteca Real, do Observatório Astronômico, do Arquivo Militar, do Banco do Brasil e de diversas outras instituições destinadas à melhor estruturação do governo no Brasil, bem como à retribuição de favores aos membros da corte fiel ao rei.

A estruturação da Administração Pública no Brasil é mais significativa a partir de 1815, quando o Brasil é elevado à categoria de Reino Unido a Portugal e Algarves. Criam-se, então Ministérios como os da Guerra, da Fazenda, do Interior, da Marinha, bem como a Junta Geral do Comércio.

O governo de D. João VI foi marcado não só pela criação de um sem--número de instituições administrativas, mas também pelo reforço de uma elite parasitária da vitalidade econômica brasileira. As despesas para gastos pessoais de membros da corte cresciam exponencialmente, e eram alimentadas pelo aumento de impostos sobre as atividades econômicas também em expansão. Era uma época de corrupção e peculato,[1] nas palavras de Lima (1996):

> [a] época de d. João VI estava contudo destinada a ser na história brasileira, **pelo que diz respeito à administração**, uma era de muita <u>corrupção e peculato</u>, e, quanto aos costumes privados, uma era de muita depravação e frouxidão, alimentadas pela escravidão e pela ociosidade (LIMA, 1996, p. 84).

Com a derrota de Napoleão em 1817, o povo português passou a exigir o retorno da família real a Portugal. Em 1820, com a Revolução do Porto, os vitoriosos demandaram a volta de D. João VI e a aprovação de uma constituição. Pressionado, D. João VI retorna a Portugal em abril de 1821, deixando em seu lugar seu filho, D. Pedro I, como príncipe regente.

IMPORTANTE!
- 1808 → desembarque da Coroa portuguesa no Rio de Janeiro = marco para a construção do Estado brasileiro;
- 1808 – 1822 → criação do aparato administrativo no Brasil (bastante semelhante ao de Portugal), necessário à afirmação da soberania e ao funcionamento do autogoverno.

3. A Administração Pública Durante o Período Imperial (1822–1889)

Após a tentativa dos portugueses retomarem o pacto colonial, o Brasil torna-se independente de Portugal em 1822. Iniciava-se o Período do Brasil-Império, que perduraria até 1889 e que é dividido em **Primeiro** e **Segundo Reinado**.

3.1. O Primeiro Reinado (1822–1831)

O Primeiro Reinado corresponde ao período em que D. Pedro I governou o Brasil como Imperador (1822–1831). Trata-se de uma época de transição, na qual focos remanescentes de resistência portuguesa foram combatidos em um primeiro momento e que as propostas liberais da nova elite de senhores de terra (burguesia rural) chocavam-se com o absolutismo do Imperador.

---

1 **Peculato** = Delito praticado pelo funcionário público que, tendo, em razão do cargo, a posse de dinheiro, valor, ou qualquer outro móvel, público ou particular, deles se apropria, ou os desvia, em proveito próprio ou alheio, ou que, embora não tenha posse desses bens, os subtrai ou concorre para que sejam subtraídos, usando das facilidades que seu cargo proporciona. (fonte: Dicionário Aurélio).

Como ferramenta essencial à consolidação da independência brasileira **outorgou-se, em 1824, a primeira Constituição do Brasil**, cuja vigência estendeu-se até 1889. Em um contexto de grande embate entre liberais (que defendiam uma maior autonomia das províncias e a limitação do poder do Imperador) e conservadores (que defendiam a centralização política sob o poder do Império), D. Pedro I outorgou um texto que tinha caraterísticas de ambas as vertentes.

Talvez as características de maior destaque daquele texto constitucional sejam o estabelecimento de um Poder Executivo fortemente centralizado e a criação do **Poder Moderador**, exercido exclusivamente pela figura do Imperador (com o auxílio de seu Conselho de Estado, em caráter meramente consultivo), que ficava encarregado de vigiar os demais Poderes (Legislativo, Executivo e Judiciário) e, se julgado oportuno, anular suas decisões. O Imperador exercia também a chefia do **Poder Executivo**, sendo auxiliado, nesse caso, por seus ministros de Estado.

Forças políticas liberais das províncias do Nordeste rebelaram-se contra a Constituição, dado o excesso de poderes atribuído ao soberano, em um movimento denominado Confederação do Equador, que fora severamente reprimido.

Finalmente, em 1831, ante a necessidade de assumir o trono português, bem como com a imagem desgastada por crises econômicas, pela perda da Província da Cisplatina e por seu constante apoio a burocratas e a militares do setor português (em detrimento dos liberais brasileiros), D. Pedro I renunciou ao Império Brasileiro, em favor de seu primogênito, Pedro de Alcântara, então com apenas 5 anos.

3.2. O Período Regencial (1831-1840)

Mediante a previsão constitucional de que, na hipótese de não haver descendente real apto a governar o Império, o Brasil seria comandado por uma regência de três autoridades, iniciou-se a **o Período Regencial**, com duração de 1831 a 1840. Em termos político-administrativos, merece destaque a limitação do Poder Moderador para o regente que, por exemplo, não mais poderia destituir a Câmara dos Deputados.

3.3. O Segundo Reinado (1840–1889)

Com a antecipação da maioridade de D. Pedro II (o "Golpe da Maioridade"), inicia-se o período denominado Segundo Reinado, que se estende até 1889, com a instauração da República.

Na década inicial (1840–1850), o País passou por uma séria de redefinições internas, que deram a base para um período de expansão nas décadas seguintes. Houve a repressão a movimentos rebeldes e separatistas, o reordenamento do ambiente político (agora em bases bipartidárias – Partidos Liberal e Conservador), o estabelecimento de práticas parlamentaristas (baseadas no modelo britânico) e a reorganização da economia – agora impulsionada pela expansão da cafeicultura – e a normalização do comércio exterior.

Em termos político-administrativos, ressalta-se a concretização do **parlamentarismo** em 1847, quando D. Pedro II criou o cargo de Primeiro--Ministro (ou Presidente do Conselho de Ministros). Com essa medida, o imperador passou a atuar à frente apenas do Poder Moderador, deixando o Poder Executivo sob o encargo do Presidente do Conselho de Ministros (Chefe de Estado).

Uma vez escolhido pelo imperador, o Primeiro-Ministro era responsável por formar ao ministério e submetê-lo à Câmara dos Deputados (Parlamento). O imperador agia como árbitro em eventuais embates entre o Primeiro-Ministro e o Parlamento, dissolvendo a Câmara dos Deputados ou demitindo o gabinete ministerial, conforme o caso.

Assim como nos períodos anteriores, o poder econômico estava nas mãos da elite agrária, agora formada pelos cafeicultores do oeste paulista. Desta forma, dando continuidade ao patrimonialismo na gestão pública, o imperador aliava-se a essa elite, tomando por base a troca de favores: recebia o apoio e os recursos necessários para governar, retribuindo com a implantação da infraestrutura necessária à melhor exploração da atividade econômica agrária: construção de ferrovias, aquisição de maquinários etc. **Esta é a lógica oligárquica-patrimonialista que vigorou durante todo o Império.**

Tal dinâmica possibilitou uma fase de prosperidade ao Brasil, sendo que o grande impulso econômico do final do Império (a partir de 1870) deveu--se à efetiva consolidação do café como principal produto nacional para exportação. O acúmulo de capitais, aliado à intensificação da urbanização e ao decorrente surgimento de um mercado interno ainda incipiente favoreceu a instalação de unidades industriais voltadas à produção de bens de consumo popular.

Apesar do significativo desenvolvimento econômico, as transformações sociais da época colocaram em cheque o sustentáculo do Império: o trabalho escravo. Acatando a fortes pressões internas e externas, a abolição da escravatura (1888) e a decorrente institucionalização do trabalho assalariado implicou a perda da aliança entre os barões do café e o Imperador, já que aqueles exigiam uma indenização por parte do Império, que nunca foi paga. Neste ponto, a elite econômica agrária passa a apoiar a causa republicana, já popular entre militares e religiosos, e apoiada pela opinião pública. Eis que, finalmente, em 1889, o Marechal Deodoro da Fonseca proclama a República, depondo D. Pedro II de seu trono.

4. O Período Republicano

Denomina-se Período Republicano o intervalo da história brasileira que se inicia na Proclamação da República (1889) e se estende até os dias atuais. É dividido em cinco "subperíodos", delimitados em função de acontecimentos políticos de relevância, ocorridos ao longo do século passado.

O esquema abaixo[2] traz a linha cronológica do Período Republicano Brasileiro:

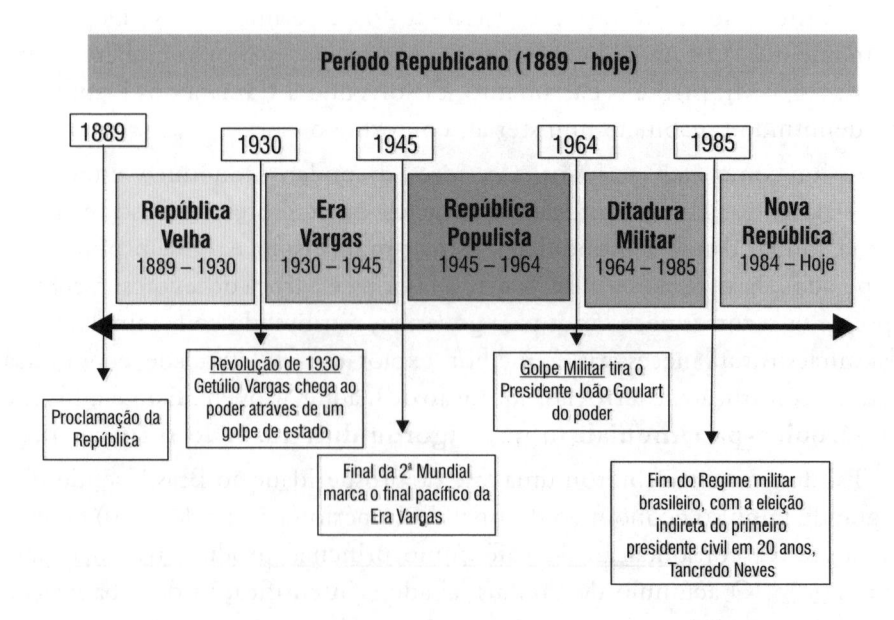

Período Republicano (1889 – hoje)

1889	1930	1945	1964	1985
República Velha 1889 – 1930	Era Vargas 1930 – 1945	República Populista 1945 – 1964	Ditadura Militar 1964 – 1985	Nova República 1984 – Hoje

- Proclamação da República
- Revolução de 1930 Getúlio Vargas chega ao poder atráves de um golpe de estado
- Final da 2ª Mundial marca o final pacífico da Era Vargas
- Golpe Militar tira o Presidente João Goulart do poder
- Fim do Regime militar brasileiro, com a eleição indireta do primeiro presidente civil em 20 anos, Tancredo Neves

---

2 Fonte: <http://www.centrodeatividades.com/2011/09/linha-do-tempo-periodo-republicano.html>.

4.1. A República Velha (1889-1930)

Segundo Costa (2008), a proclamação da República (primeiro golpe militar da história brasileira) não alterou profundamente as estruturas socioeconômicas do Brasil Imperial. O que houve foi a maior concentração na economia agrícola de exportação, fortalecendo-se a cafeicultura paulista, ao passo que as antigas elites cariocas e nordestinas perdiam poder.

A presença dos militares no poder, após o golpe de 1889, teve vida breve, resistindo até 1894, com a eleição de Prudente de Morais. Nessa ocasião, a oligarquia cafeeira retorna ao poder, trazendo novamente à tona a aliança já vista no Segundo Império entre o estamento burocrático-aristocrático e a oligarquia cafeeira.

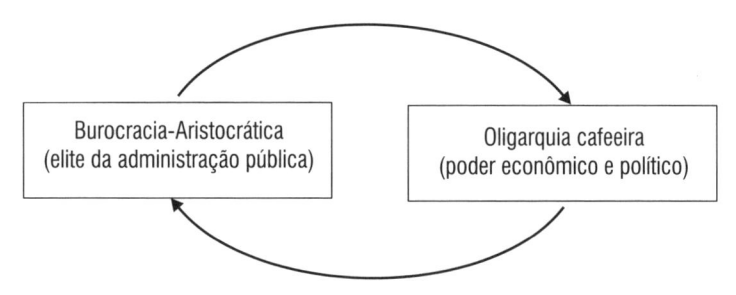

```
  Burocracia-Aristocrática          Oligarquia cafeeira
  (elite da administração pública)  (poder econômico e político)
```

Assim, os senhores de terra (os "barões do café") ocupavam-se da economia, ao passo que uma <u>classe burocrática</u> (cujos membros, muitas vezes, possuíam laços de parentesco ao patriarcado rural) cuidava da administração do Estado. Este estamento burocrático governava com ampla autonomia, "apropriando-se do excedente econômico no seio do próprio Estado, e não diretamente através da atividade econômica" (BRESSER-PEREIRA, 2001, p. 5).

É importante dispensarmos um olhar mais detido na classe burocrática brasileira na época da República Velha. Parcela considerável deste estamento era composta por representantes da ordem escravocrata (recém-extinta), agora absorvidos pelo emprego público. Contudo, há de se ter em mente a formação de uma **elite patrimonialista** que vivia das rendas do Estado ao invés das rendas da terra. Era composta por letrados e juristas, sendo que, com o tempo, o saber jurídico formal é transformado em instrumento de poder.

A **Constituição Federal de 1891**, instituidora do federalismo, foi responsável por prover maior **descentralização política** a um Estado que fora altamente centralizado na época do Império. Tal fato implicou o aumento do poder dos governadores e das oligarquias locais, configurando uma situação contraditória: os governadores passaram a deter mais poder em relação à União, mas passaram, usualmente, a depender da figura do "coronel local". Esse sistema ficou conhecido como "política dos governadores", e foi responsável pela alternância, na presidência da República, de representantes de São Paulo e de Minas Gerais: eis a política do café com leite. Vejamos a descrição que Costa (2008, p. 838 e 840) faz desse quadro:

> *A República federalista, com estados politicamente autônomos, consagrou um novo pacto político que acomodava os interesses das elites econômicas do Centro--Sul e do resto do país. O governo federal ocupava-se de assegurar a defesa e a estabilidade e proteger os interesses da agricultura exportadora através do câmbio e da política de estoques, com reduzida interferência nos assuntos "internos" dos demais estados. Lá vicejavam os mandões locais, grandes proprietários de terra e senhores do voto de cabresto, e as grandes oligarquias, que controlavam as eleições e os governos estaduais e asseguravam as maiorias que apoiavam o governo federal.* **A política dos governadores garantia a alternância na presidência da República de representantes de São Paulo e Minas Gerais.** *Esse sistema era marcado pela instabilidade dos governos estaduais passíveis de serem derrubados e substituídos em função da emergência de novas oligarquias.*

No entanto, esse modelo excessivamente patrimonialista / clientelista, com base na oligarquia rural associada à burocracia-aristocrática de administradores públicos, dava sinais de cansaço ao final da década de 1920. Mudanças conjunturais demandavam por reformas na administração. **Os principais fatores que culminaram no declínio do modelo patrimonialista e no surgimento do modelo burocrático são assim listados**:

- **Expansão industrial**, tornando desejável um modelo administrativo com regras claras, objetivas e racionais, e não mais baseado em trocas de favores;
- Insatisfação dos militares, que exigiam a ordem e progresso enunciados na bandeira republicana;
- Necessidade de combate à corrupção e ao nepotismo;
- Necessidade de organização da administração pública brasileira a fim de alavancar o desenvolvimento nacional;
- A eleição do paulista Júlio Prestes para suceder o também paulista Washington Luís (derrotando o gaúcho Getúlio Vargas) desencadeou o rompimento do pacto com Minas Gerais e com as demais oligarquias estaduais.

Assim, sucede a chamada **Revolução (ou Golpe) de 1930**, um movimento armado, liderado pelos estados de Minas Gerais, Rio Grande do Sul e Paraíba, depondo o presidente da República Washington Luís e a posse do presidente eleito Júlio Prestes. Era o fim da República Velha e o início da **Era Vargas**, correspondente à **reforma burocrática da administração pública**.

Vejamos como as características da República Velha foram abordadas em concurso:

Q1. (ESAF / CVM / 2011) No Brasil, a Primeira República (1889-1930), também conhecida como República Velha, caracterizou-se por:

a) eleições fiscalizadas pela justiça eleitoral;

b) amplo domínio das oligarquias;

c) voto direto, secreto e universal;

d) universalização do acesso ao ensino primário;

e) economia diversificada e autárquica.

Como vimos, no período de 1889 a 1930, o Brasil foi amplamente dominado pelas oligarquias (em geral, uma elite agrícola, baseada na exploração cafeeira). Nesse sentido, a alternativa B está correta.

Com relação às demais alternativas, cabe a menção de que o voto na Primeira República era censitário (comprometendo a alternativa C), mas as eleições eram verdadeiras farsas (comprometendo a alternativa A). A economia, conforme exposto anteriormente, não era diversificada, mas fundamentalmente baseada na exportação do café (comprometendo a alternativa E). Por fim, se o acesso ao ensino primário, até os dias de hoje, não é universal, podemos dizer que também não o era no início do século passado (o que compromete a alternativa D).

Resposta: B.

Q2. (CESPE / MTE / 2008) O Estado oligárquico, no Brasil, é identificado com a República Velha, e caracteriza-se pela associação entre as instituições políticas tradicionais e as entidades da sociedade civil mobilizadas em torno dos segmentos mais pobres e desprotegidos da população, por meio de fortes redes de proteção social.

Realmente o Estado oligárquico é identificado com a República Velha, no Brasil. Contudo, não há de se falar em associação, à época, entre instituições políticas tradicionais e entidades da sociedade civil em prol de segmentos mais pobres. Não havia ênfase em políticas sociais no Estado patrimonialista. O governante não agia em benefício dos segmentos sociais mais desprovidos, mas sim mediante o seu próprio interesse.

Com a crise mundial da década de 30 (causada, grosso modo, pela quebra da Bolsa de Nova Iorque, em 1929, seguida de um período conhecido como Grande Depressão), concebeu-se o modelo de um Estado como provedor das demandas sociais de sua população. Trata-se do Estado do Bem-Estar Social (Welfare State),

A questão está errada.

Q3. (CESPE / MPS / 2010) O Estado oligárquico, modelo adotado no século passado, no Brasil, antes do primeiro governo Vargas, atribuía pouca importância às políticas sociais, o que fortaleceu o papel de instituições religiosas, voltadas para o atendimento das populações mais pobres e desprotegidas.

Vejamos a elucidação que Escorsim (2008) traz sobre este tópico:

> No alvorecer do século XX, o Brasil manteve como característica de sua formação sócio-histórica o conservadorismo de uma sociedade elitista no acesso às riquezas sociais e sua acumulação, garantida por uma oligarquia latifundiária que detinha os poderes político e econômico. [...]
>
> Desde o século XVIII, a filantropia e a assistência social associavam-se intimamente às práticas de caridade no Brasil. Dependiam de iniciativas voluntárias e isoladas de auxílio aos pobres e desvalidos da "sorte". **Estas iniciativas partiam das instituições religiosas** que, sob o prisma da herança moral cristã, dispensavam seus cuidados, oferecendo abrigos, roupas e alimentos, em especial às crianças abandonadas, aos velhos e doentes em geral. É mais do que reconhecido o papel de organizações como as Santas Casas de Misericórdia no país como também atividades desenvolvidas por várias ordens religiosas.
>
> **Foi apenas no governo de Getúlio Vargas que se criou o Conselho Nacional de Serviço Social** [...]. Em 1942, foi criada a Legião Brasileira de Assistência – LBA, sob a forte influência das primeiras damas, uma vez que a Sra. Darcy Vargas foi sua primeira presidenta. Estas senhoras deram capilaridade à assistência social em todo o território nacional [...]

Nesse sentido, vemos que a assertiva está correta.

4.2. A Era Vargas (1930–1945)

O governo de Getúlio Vargas inicia em um momento de forte crise econômica mundial, em decorrência da quebra da Bolsa de Nova Iorque em 1929. Para o Brasil, uma das principais consequências da crise foi a queda do consumo do café nacional – carro chefe de nossa economia ainda agrária – pelo mercado externo. Outra consequência foi a relativa impossibilidade de o Brasil comprar produtos industrializados de outroa países, dada a inexistência de saldo suficiente em nossa balança comercial.

A solução foi a centralização econômica e o fechamento de nosso mercado, criando-se uma política de valorização do café. Ademais, uma vez que os produtos industrializados não mais viriam do mercado externo, houve o fomento expressivo da industrialização. Neste cenário, a década de 1930 é considerada como a passagem do Brasil agrário para o Brasil industrial, com a decorrente ascenção da burguesia industrial nos campos econômico e político.

O importante é termos em mente que o Governo Vargas lançou-se de maneira franca ao projeto desenvolvimentista, envidando esforços não só criação das bases para a industrialização (infraestrutura diversa, tal como transportes, energia elétrica, provisão de aço etc.), mas também na capacidade de coordenação de decisões econômicas. **Não mais havia espaço para as velhas estruturas do Estado Oligárquico de outrora, impregnadas pelo patrimonialismo e pelo clientelismo.** Era o momento de se reformar o Estado, o Governo e a Administração Pública.

Nesse sentido, o governo de Getúlio Vargas iniciou mudanças que tinham duas vertentes principais, assim assinaladas por Lima Júnior (1998):

- *estabelecer mecanismos de controle da crise econômica, resultante dos efeitos da Grande Depressão, iniciada em 1929, e subsidiariamente promover uma alavancagem industrial;*

- **promover a racionalização burocrática do serviço público**, *por meio da padronização, normatização e implantação de mecanismos de controle, notadamente nas áreas de pessoal, material e finanças.*

Para nosso estudo, é de interesse a reforma administrativa que se seguiu, podendo-se considerar como marco inicial a **criação do Departamento Administrativo do Serviço Público (DASP)**, em 1936.[3] No ano seguinte (1937), Getúlio Vargas protagoniza um golpe de Estado, dando início a um governo centralizador, anticomunista e autoritário que ficou conhecido como Estado Novo que durou até 1945. Neste período, o DASP firmou-se como órgão central responsável pela condução da reforma administrativa. As principais realizações do DASP podem ser assim relacionadas:

- ingresso no serviço público por concurso;
- racionalização geral de métodos;
- instituição de critérios gerais e uniformes de classificação de cargos;
- organização e aperfeiçoamento das administrações de pessoal e orçamentária;
- padronização das compras estatais.

---

3 **A reforma burocrática** na administração estatal brasileira inicia-se, na realidade em **1936**, sob a liderança de Getúlio Vargas. Naquele ano, criou-se o Conselho Federal do Serviço Público Civil, consolidado, dois anos depois, no Departamento Administrativo do Serviço Público (Dasp).

Trata-se de medidas baseadas na Teoria da Burocracia de Max Weber, tendo na racionalidade dos métodos e no controle dos meios a linha de ação principal.

Paludo (2012) reforça que a atuação do Estado burocrático brasileiro deu-se em três frentes, a saber:

- criação de órgãos formuladores de políticas públicas capazes de promover a integração entre Governo e sociedade;
- expansão de órgãos permanentes (ministérios, órgãos de regulação e controle);
- expansão das atividades empresariais do Estado (empresas públicas, sociedades de economia mista, fundações etc.).

Tais esforços revelam o **início da institucionalização da administração indireta no Brasil**, a despeito deste termo só surgir a partir do Decreto-Lei nº 200/67. Por fim, cabe registrar que foi durante o Estado Novo que se viram as primeiras tentativas de instauração do Estado de Bem-Estar Social no Brasil. Na realidade, vigorou neste período a noção de um Estado forte, intervencionista na economia do País e provedor das necessidades sociais. Tal noção só veio a perder força com o modelo gerencial, que apregoa um Estado que assuma o papel de regulador (por meio das agências reguladoras), e não de efetivo protagonista em atividades econômicas.

Q4. (CESPE / TCU / 2013) No Brasil, o estado de bem-estar social (welfare state) surgiu a partir de decisões autárquicas, com caráter predominantemente político.

Entende-se por welfare state a "mobilização em larga escala do aparelho de Estado em uma sociedade capitalista, a fim de executar medidas orientadas diretamente ao bem-estar de sua população" (MEDEIROS, 2001, p. 6).

No que concerne à temática do desenvolvimento de um Welfare State no Brasil, Silva (2007), tomando por base Medeiros (2001) e Barcellos (1983), traz a seguinte síntese:

> Sob o Governo Getúlio Vargas, a década de 30 é caracterizada pela estratégia deliberada de aumentar o papel do Estado na regulação da economia e da política nacionais como meio de fomento ao desenvolvimento. As medidas de centralização das ações estatais adotadas, a partir da década de 30 buscavam propiciar a integração da economia nacional e regulamentar os fatores de produção, a fim de fornecer as condições necessárias para o desenvolvimento da indústria.
>
> As políticas sociais no período anterior à Revolução, de 1930, eram fragmentadas e emergencialistas. Os conflitos entre capital e trabalho eram regulados por legislação esparsa e tratados basicamente pelo aparato policial; questões de saúde pública eram tratadas pelas autoridades locais, não havendo por parte do Governo central um programa de ação no sentido de atendê-las; a educação era atendida por uma rede escolar muito reduzida, de caráter elitista e acadêmico; as reformas da época (escola nova) ocorriam regionalmente e de forma parcial; a previdência era

predominantemente privada, organizada por empresas e categorias profissionais e a questão habitacional não era considerada objeto de política pública.

É a partir de 1930 que se verifica a constituição de um Welfare State no Brasil. As circunstâncias do surgimento e desenvolvimento do Welfare State no País, no entanto, são diferentes daquelas observadas nos países europeus e norte-americanos – não só pela posição diferenciada do Brasil na economia mundial, mas também por suas peculiaridades históricas –, e as políticas sociais implementadas são eivadas de um profundo caráter conservador.

[...]

O caráter redistributivo do Welfare State, por sua vez, foi limitado, de um lado, pela falta de autonomia da burocracia, pois os funcionários públicos constituíam um grupo comprometido com o Governo que, por sua vez, era resistente à promoção de gastos sociais progressivos em detrimento de seus interesses corporativos; por outro lado, a combinação de autoritarismo com forte segmentação no mercado de trabalho limitou a capacidade de os movimentos de trabalhadores influenciarem positivamente a sistematização de programas generalizados a toda a população e sem caráter populista.

No Brasil, portanto, **o Welfare State surge a partir de decisões autárquicas e com caráter predominantemente político***. De acordo com a perspectiva corporativista dos grupos no poder, nesse período predominava um ideal de sociedade harmônica em que os antagonismos entre classes eram encarados como nocivos ao bem comum representado pelo Estado.*

Desta forma, vemos que a assertiva está correta.

A queda de Getúlio Vargas do poder deu-se em 1945, muito em decorrência da pressão de lideranças militares recém-saídas da II Guerra Mundial, onde lutaram contra regimes totalitários. Como afirma Costa (2008, p. 847), "parecia contraditório que os militares Brasileiros voltassem da Europa para dar suporte à ditadura".

IMPORTANTE!
Apesar dos esforços do DASP, na realidade, a administração pública não chegou a adotar uma política consistente de recursos humanos na época do Estado Novo. O patrimonialismo, embora combatido pela Reforma Burocrática, ainda se fazia presente, impossibilitando a implantação de um modelo que espelhasse a burocracia clássica weberiana. De toda sorte, é essencial a compreensão de que a **Reforma Administrativa do Estado Novo representa o primeiro esforço sistemático de superação do patrimonialismo**.

4.3. A República Populista (1945-1964)

Eleito em 1945, toma posse o presidente Dutra, ex-Ministro da Guerra de Getúlio Vargas, realizando um governo conservador marcado pelo retorno de velhos componentes patrimonialistas e clientelistas. Nas palavras de Bresser-Pereira (2001, p. 13):

> Vargas foi deposto em outubro de 1945, fazendo com que faltasse à Reforma Burocrática de 1938 o respaldo que o regime autoritário lhe conferia. No novo regime democrático o DASP perdeu grande parte de suas atribuições Nos cinco anos seguintes, a reforma administrativa seria conduzida como uma ação governamental rotineira e sem importância, enquanto práticas clientelistas ganhavam novo alento dentro do Estado brasileiro.

Getúlio Vargas retorna ao poder em 1951, após sua eleição como presidente da República em outubro de 1950. Segue-se um período de novas tentativas de retomada do ímpeto inicial da Reforma Burocrática, que se estende de 1951 a 1963. No entanto, conforme salienta Bresser-Pereira (2001, p. 13), "os esforços no sentido de completar a implantação de uma administração pública burocrática no país não chegaram a ter impacto efetivo sobre a administração". Os motivos para tanto reúnem não só o patrimonialismo sempre presente, mas também o fato de as forças desenvolvimentistas passarem a se opor ao excesso de formalismo burocrático, visto como incompatível com a necessidade de crescimento do Brasil. Esta tendência seria observada não só no governo de Juscelino Kubitscek (1956 – 60), mas também durante o regime militar (1964 – 84).

Em face das disfunções burocráticas inerentes à administração pública em meados do século passado, **o Governo Kubitschek, marcado por sua "administração para o desenvolvimento", expande sobremaneira a Administração Indireta**, sendo esta dotada de maior flexibilidade e de uma gestão moderna e tecnocrática. Cria-se, assim, **uma cisão (ou dicotomia) entre Administração Direta e Indireta**: construíram-se "ilhas de excelência" em estruturas da administração pública (indireta) voltadas ao desenvolvimento, ao passo que o núcleo central da administração deteriorava-se.

Ciente do engessamento burocrático vigente na década de 1960, o Presidente João Goulart criou a **Comissão Amaral Peixoto**, com o objetivo de coordenar grupos de estudo a fim de apresentar um novo projeto de reforma administrativa. Contudo, tal reforma só viria a ocorrer no depois do golpe de Estado de 1964, já sob o regime militar.

4.4. A Ditadura Militar (1964–1985)

Com o Golpe de Estado de 1964, inicia-se um período de cerca de vinte anos de um regime autoritário modernizador, burocrático-capitalista.

A partir da forte centralização política do regime militar, dá-se continuidade à tentativa de desburocratização, com vistas a tornar a administração pública mais eficiente. Assim, por meio da **Reforma Administrativa de 1967**, normatizada pelo **Decreto-Lei nº 200 de 1967**, considerado por Costa (2008) "o mais sistemático e ambicioso empreendimento para a reforma da administração federal". Dentre os principais preceitos do Decreto-Lei nº 200/67, citam-se:

Principais Preceitos do Decreto-Lei nº 200/67

- a administração pública deve ser guiada pelos princípios do planejamento, da coordenação, da **descentralização**, da delegação de competência e do controle;
- estabelecimento da distinção entre Administração Direta e Indireta;
- expansão das empresas estatais, de órgãos independentes (fundações) e semi-independentes (autarquias);
- fixação da estrutura do Poder Executivo federal;
- fortalecimento e flexibilização do sistema de mérito;
- esboço dos sistemas de atividades auxiliares (pessoal, orçamento, administração financeira, contabilidade, auditoria e serviços gerais);
- definição das bases do controle interno e externo;
- indicação das diretrizes gerais para um novo plano de classificação de cargos, e
- estabelecimento de normas de aquisição e contratação de bens e serviços.

Este conteúdo já foi cobrado em concursos:

Q5. (ESAF / MPOG / 2008) A partir de 1964, a reforma administrativa fez parte da agenda governamental do regime militar com grande recorrência. Uma das peças centrais nas iniciativas de reforma administrativa brasileira foi o Decreto-Lei nº 200, de 25/02/1967, que inclui todos os princípios norteadores abaixo, exceto:

a) reagrupamento de departamentos, divisões e serviços de planejamento na Secretaria de Planejamento da Presidência da República, com amplos poderes, superiores aos de qualquer outro ministério;

b) expansão das empresas estatais, de órgãos independentes (fundações) e semi-independentes (autarquias);

c) fortalecimento e expansão do sistema de mérito;

d) planejamento, descentralização, delegação de autoridade, coordenação e controle;
e) diretrizes gerais para um novo plano de classificação de cargos.

As alternativas "b", "c", "d" e "e" constam do quadro apresentado anteriormente. Estão, dessa maneira, corretas.

A alternativa "a", em contrapartida, mostra uma ação que revela um caráter eminemtemente centralizador, o que contraria a intenção do Decreto-Lei nº 200/67. Veja, por exemplo, o que nos traz o art. 10 da citada norma:

> Art. 10. A execução das atividades da Administração Federal deverá ser **amplamente descentralizada**.
> § 1º A descentralização será posta em prática em três planos principais:
> a) dentro dos quadros da Administração Federal, distinguindo-se claramente o nível de direção do de execução;
> b) da Administração Federal para a das unidades federadas, quando estejam devidamente aparelhadas e mediante convênio;
> c) da Administração Federal para a órbita privada, mediante contratos ou concessões.

Assim, a alternativa A está errada.

Resposta: A.

Para Bresser-Pereira (2001), o Decreto-Lei nº 200/67 era o prenúncio das reformas gerenciais que ocorreriam em alguns países desenvolvidos a partir dos anos 80 e, no Brasil, a partir de 1995.

> **IMPORTANTE!**
> - O aspecto mais importante da Reforma Desenvolvimentista de 1967 foi **a efetiva descentralização administrativa para a Administração Indireta**, já iniciada na década de 60. Assim, a dicotomia entre a Administração Indireta (ágil e flexível) e a Administração Direta (mais engessada) é acentuada.
> - Com a possibilidade de contratação direta de pessoal (sem concurso) na Administração Indireta, práticas clientelistas e patrimonialistas voltam à baila;
> - A elite burocrática (agora chamados de "tecnocratas") agora se encontrava na Administração Indireta, enfraquecendo o núcleo estratégico do Estado.

Em termos de organização, durante o período militar, o planejamento da administração pública era estruturado da seguinte forma:

- SEPLAN (Secretaria de Planejamento) = agência central do planejamento;

- DASP (Departamento Administrativo do Setor Público) = com sua atuação diminuída com relação ao passado, agora era voltado apenas à área de RH;
- SEMOR (Subsecretaria de Modernização e Reforma Administrativa do Ministério do Planejameto) = **agência responsável pela condução das reformas**.

Durante a década de 1970, a SEMOR promoveu revisões periódicas da estrutura organizacional existente, bem como examinou projetos encaminhados por outros órgãos públicos, visando à instituição de novas agências. Ainda, a SEMOR dedicou atenção especial ao desenvolvimento de recursos humanos para o sistema de planejamento.

Em 1979, Hélio Beltrão assume o recém-criado Ministério da Desburocratização, criado no governo de Figueiredo. A nova proposta era **direcionar as ações administrativas para o atendimento aos cidadãos, reformando a burocracia no sentido da administração pública gerencial**. Seu **Programa Nacional de Desburocratização**, em um primeiro momento, destinou-se apenas à simplificação de procedimentos. No entanto, a partir do início da década de 1980, teve por objetivo as ações de **desestatização**, por meio de privatizações. Neste contexto, o governo estaria restrito ao controle, atuando tão somente no apoio e fomento.

> **IMPORTANTE!**
> O Programa Nacional de Desburocratização foi pioneiro em seu caráter social e político. Havia não só o foco no enxugamento da máquina estatal, mas também no atendimento ao cidadão, não mais visto como mero súdito do Estado.

A opção pela desestatização pode ser entendida como uma forma de conter a expansão da Administração Pública Indireta, que havia sido sobremaneira estimulada pelo Decreto-Lei nº 200/67. Eis a visão de Wahrlich (1984, p. 57):

> (...) a necessidade de um programa de desestatização indica que na questão da organização para o desenvolvimento, a administração pública brasileira ultrapassou suas metas e chegou a hora de corrigir a disfunção existente, para atender à opção constitucional do país por uma economia de mercado.

Q6. (ESAF / CGU / 2006) Complete a frase com a opção correta.

O principal objetivo do Programa Nacional de Desburocratização instituído em 1979 era:

a) descentralizar a administração pública federal por meio da criação de autarquias;

b) privatizar o setor produtivo nas mãos do Estado;

c) aumentar a participação do cidadão na definição do orçamento público;

d) dinamizar e simplificar o funcionamento da administração pública federal;

e) criar entes para atender diretamente o usuário de serviços públicos.

Como vimos, de modo geral, o Programa Nacional de Desburocratização teve por objetivo a simplificação e a dinamização do funcionamento da administração pública federal, cujo engessamento foi agravado nos governos militares antecedentes. Assim, a alternativa "D" está correta.

Resposta: D.

4.5. A Nova República (1984 – hoje)

4.5.1. Tentativas de reformas no período 1985-1990

Com o término do Governo Militar, José Sarney assume a presidência da República em 1985, marcando o retorno do Brasil ao regime democrático.

O novo governo herdava, à época, um aparato administrativo ainda marcado pela centralização política na figura da União, pelo ingresso de funcionários sem concurso público (com práticas patrimonialistas) e pelo enfraquecimento do núcleo estratégico do Estado.

Com o intuito de modernizar a Administração Federal, Sarney extingue o DASP em 1985, criando, em seu lugar, a **SEDAP – Secretaria de Administração Pública da Presidência da República**. As metas, nesse momento, eram o estabelecimento de uma nova política de RH, a racionalização da estrutura administrativa e a contenção de gastos públicos. Da mesma forma, houve a descentralização política, conferindo-se maior autonomia aos estados e aos municípios.

Contudo, mesmo que na superfície o País estivesse vivenciando uma "euforia democrática", na realidade havia uma crise política, econômica e fiscal sem precedentes em nossa história. Com o advento do Plano Cruzado, o Brasil vivenciou um ano de falsa prosperidade, mergulhando, em seguida, em um período de hiperinflação.

Em contrapartida, enquanto o País descentralizava-se no plano político, no plano administrativo havia a centralização, por intermédio da Constituição Federal de 1988, denotando um significativo retorno aos ideais burocráticos de 1936. Para Bresser-Pereira (2001), este retrocesso burocrático resultou da crença equivocada de que a flexibilização da administração pública trazida pelo Decreto-Lei nº 200/1967 seria o cerne da crise do Estado. Dessa forma, a soma de uma burocracia fortalecida pela CF/88 com a profunda crise econômica implicou o desprestígio da administração pública brasileira, até meados da década de 1990.

O esquema abaixo evidencia as diferenças em termos administrativos e políticos dos contextos do Decreto-Lei nº 200/67 e da Constituição Federal de 1988:

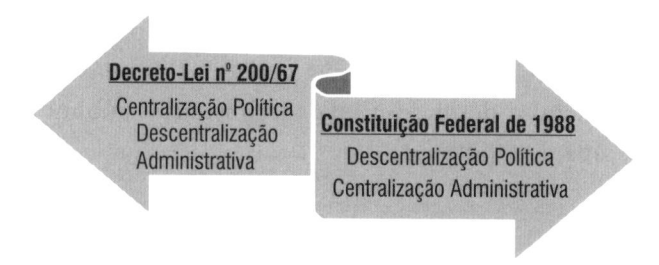

Decreto-Lei nº 200/67
Centralização Política
Descentralização Administrativa

Constituição Federal de 1988
Descentralização Política
Centralização Administrativa

Importante salientar que a Constituição Federal de 1988, em termos administrativos, implicou um **retrocesso burocrático**. Nas palavras de Costa (2008):

> [...] a Carta de 1988, no anseio de reduzir as disparidades entre a administração central e a descentralizada, acabou por eliminar a flexibilidade com que contava a administração indireta que, apesar de casos de ineficiência e abusos localizados em termos de remuneração, constituía o setor dinâmico da administração pública.

Vejamos as principais mudanças que a Constituição Federal de 1988 trouxe no que concerne à administração e aos serviços públicos:

Principais Inovações da CF/88 para a Administração Pública
- Extensão à Administração Indireta de procedimentos de controle aplicáveis anteriormente apenas à Administração Direta, implicando **perda de flexibilidade**.
- Ampliação das competências dos órgãos de controle, tanto interno quanto externo.
- Aplicação de um regime jurídico único (RJU) a todos os servidores, transformando milhares de empregados celetistas em estatutários e **onerando significativamente a gestão da previdência** dos servidores públicos.
- Instituição de plano de carreira para servidores das administrações direta e indireta.
- Exigência de autorização do Poder Legislativo para a criação, transformação e extinção de órgãos e entidades, bem como para a criação de cargos, empregos e funções públicas **(perda de autonomia do Poder Executivo)**.

Como vemos, a Administração Pública tornou-se mais burocrática, rígida e centralizada por meio das regras da CF/88. Ainda, se, por um lado, os mecanismos da Carta de 1988 favorecem o controle das atividades da administração pública, o modelo burocrático estabelecido ainda dificulta a transparência das informações (fato que está sendo remediado na atualidade, mediante a Lei de Acesso à Informação).

Em síntese: a CF/88 leva a um significativo **retrocesso burocrático**, motivado por duas **causas principais**: a reação contra o clientelismo ora vigente e o cerceamento da autonomia da Administração Indireta.

Para Bresser-Pereira (2001), este retrocesso burocrático resultou da crença equivocada de que a flexibilização da administração pública trazida pelo Decreto-Lei nº 200/1967 seria o cerne da crise do Estado. Dessa forma, a soma de uma burocracia fortalecida pela CF/88 com a profunda crise econômica implicou o desprestígio da administração pública brasileira, até meados da década de 1990.

4.5.2. Reforma no governo Collor

A despeito da curta duração do governo de Fernando Collor de Mello (1990-92), os impactos sobre a administração pública foram profundos.

Trata-se de um governo conturbado, repleto de medidas radicais e desencontradas, tendo por cerne uma **postura neoliberal do Estado mínimo.**

A Reforma Administrativa conduzida no governo Collor teve por foco principal o enxugamento da máquina estatal, por meio da privatização de empresas estatais, aliada à abertura da economia. Houve, assim, o que Costa (2008) chama de "desmantelamento do setor público", promovendo-se a desestatização e extinguindo-se ainda órgãos e ministérios, bem como se demitindo aproximadamente 112 mil funcionários públicos.

O fato é que não houve um plano formal bem definido para a reforma de Collor. Tampouco houve algum tipo de balizamento conceitual. No entanto, cabe a ressalva de que **os primeiros passos rumo à Reforma Gerencial** foram dados no governo Collor, ainda que de forma errática e desestruturada.

Concluído o processo de *impeachment*, Itamar Franco assume a presidência da República em dezembro de 1992. Conduz, até 1994, um governo conservador, recompondo o salário do funcionalismo, deteriorado na gestão de seu antecessor.

4.5.3. A Reforma Gerencial no governo de Fernando Henrique Cardoso

Foi no governo de Fernando Henrique Cardoso (FHC) que a Reforma Administrativa passou a ser tema central no país.

Por um lado, estava presente o firme propósito de que **o Estado deveria coordenar e regular a economia**, tendo por objetivo a reintegração competitiva do país na economia mundial. Por outro lado, urgiam as pressões pelo atendimento às demandas sociais, o que demandava a existência de um **Estado gerencial forte e atuante**.

As implicações para a gestão eram lógicas: **era necessária a modernização da Administração Pública**, a fim de dar suporte à atuação estatal. A ideia era a manutenção de um forte núcleo estratégico, ao passo que um programa de privatizações e a delegação de ações a organizações descentralizadas ou até mesmo não governamentais seriam efetivadas.

A fim de dar o devido suporte à citada Reforma, criou-se, em 1995, o Ministério da Administração e Reforma do Estado (MARE), nomeando-se o ministro Bresser-Pereira a fim de levar a cabo as ações necessárias. Bresser-Pereira, no mesmo ano, elabora o **Plano Diretor de Reforma do Aparelho do Estado (Pdrae)**, tomando por base a análise das reformas ocorridas em outros países (em especial Inglaterra), bem como o livro *Reinventando o Governo*[4] (obra de David Osborn e Ted Gaebler).

Para Costa (2008), o Pdrae partia da premissa de que a crise latinoamericana do final do século XX era essencialmente uma crise de Estado. Para aquele documento, o governo brasileiro não carecia de governabilidade, visto que contava com legitimidade democrática e apoio na sociedade civil. Havia sim a carência de governança, ou seja, de capacidade de implementação de políticas públicas, devido à rigidez e à ineficiência da máquina administrativa. Com esse intuito, o Pdrae assinalava ser necessário:

---

4 A obra *Reinventando o Governo:* como o espírito empreendedor está transformando o setor público, publicada em 1998, retrata a experiência ocorrida no Estado de Minnesota (EUA), devido a uma gestão inovadora promovida pelo prefeito e vice-prefeito da cidade de Saint Paul.

- reformar o aparelho do Estado, aumentando a sua governança, ou seja, a sua capacidade de implementação de políticas públicas de forma eficiente;
- inovar instrumentos de política social, proporcionando maior abrangência e promovendo melhor qualidade para os serviços sociais;
- **proceder a um ajuste fiscal;**
- efetivar reformas econômicas orientadas ao mercado, de forma que houvesse a manutenção de condições para o enfrentamento da competição internacional.

No Pdrae, os problemas na administração pública foram agrupados em três dimensões interrelacionadas:

PROBLEMAS NA ADMINISTRAÇÃO PÚBLICA (PDRAE)	
DIMENSÃO	DISCRIMINAÇÃO
Institucional-legal	Referem-se a óbices de ordem legal e/ou institucional para fins da consecução de maior eficiência da administração pública brasileira.
Cultural	Trata-se da coexistência de valores patrimonialistas e burocráticos com os novos ideais gerencialistas a serem implantados.
Gestão	São problemas relativos às práticas administrativas.

Ainda no âmbito do Pdrae, é relevante o registro de que houve a identificação de 4 (quatro) segmentos de organização do Estado, divididos em função de suas responsabilidades principais:

SEGMENTOS DE ORGANIZAÇÃO DO ESTADO (PDRAE)	
SEGMENTO	ATUAÇÃO
Núcleo estratégico	Definição de políticas públicas e de normas legais, bem como a cobrança de seus cumprimentos. É constituído pela cúpula dos três Poderes e pelo Ministério Público.
Atividades Exclusivas	Prestação de serviços que só o Estado pode executar: cobrança de impostos, previdência social básica, fiscalizações em geral, subsídio à educação etc.
Atividades Não Exclusivas	Atuação do Estado em conjunto com outras organizações públicas não estatais e privadas: hospitais, universidades, centros de pesquisa etc.
Produção de bens e serviços para o mercado	São atividades econômicas, que visam ao lucro, e que permanecem sob a tutela do Estado.

Contando com o respaldo do então presidente Fernando Henrique, a proposta de reforma gerencial acabou por ganhar o apoio de políticos e intelectuais. Foi aprovada e teve como marco central a **Emenda Constitucional nº 19, de 1998.**

O esquema abaixo traz as **principais características do modelo de administração gerencial**:

- Orientação para a obtenção de resultados.
- Foco no cidadão, entendido como cliente / usuário último da administração pública.
- Descentralização administrativa (delegação de autoridade), priorizando os resultados e o seu controle (efetuado através de contratos de gestão).
- Descentralização política, transferindo-se recursos e atribuições para os níveis políticos regionais e locais.
- Fortalecimento e aumento da autonomia da burocracia estatal, organizada em carreiras de Estado, passando a formular e a gerir, juntamente com políticos e demais membros da sociedade, as políticas públicas.
- Terceirização de atividades auxiliares e de apoio, que passam a ser licitadas competitivamente no mercado.

É importante ressaltar que no modelo gerencial não mais vigora a ideia neoliberal do "Estado mínimo". Em contrapartida, o Estado também não assume o papel de executor de tarefas. Sua atribuição é mais no sentido de **controle**, de **regulação** e de **estímulo** da economia e de ações sociais.

O Ministério da Administração e Reforma do Estado (MARE) foi extinto em 1998, e suas funções foram incorporadas pelo Ministério do Planejamento, Orçamento e Gestão (MPOG). Com essa nova estruturação, integrou-se os instrumentos governamentais de planejamento, orçamento e gestão, facilitando a implementação da reforma. Nesse sentido, **o Plano Plurianual (PPA)** é o instrumento que traz as diretrizes para a gestão por resultados do Estado, com orientação para o longo prazo.

Q7. (CESPE / TRE – ES / 2011) Após a reforma ocorrida na década de 90 do século XX, o Estado brasileiro superou o paradigma burocrático, adotando, com êxito, o modelo gerencial.

IMPORTANTE! Não há um "modelo puro" de administração vigente no Brasil. O que existe é um misto dos três modelos estudados.

Ainda hoje convivemos com práticas burocráticas, bem como com patrimonialistas.

A questão está errada.

4.5.4. A continuidade da Reforma no governo Lula

Luiz Inácio Lula da Silva chega à presidência da República em 2003, permanecendo no cargo por oito anos. Conforme destaca Paludo (2012), Lula assume o País em um momento em que a dívida pública chegava a níveis extremos, bem como a desigualdade social apresentava-se como uma das maiores no mundo.

Com esse cenário, as principais ações do Governo Lula podem ser sintetizadas no quadro abaixo:

AÇÕES DO GOVERNO LULA	
ÁREA	ATUAÇÃO
Econômica	• Contenção de gastos públicos, evitando o reajuste de salários de servidores públicos e adiando investimentos gerais (em especial nos dois primeiros anos do governo).
Social	• Lançamento (ou continuidade) de programas voltados à transferência de rendas às classes mais pobres (como o Programa Bolsa Família, por exemplo).
Gestão Pública	• Aumento da governança pública (= capacidade de governar, de implementar políticas públicas), por meio da minimização do "déficit institucional" (= espaços vazios onde o governo deveria atuar e não estava atuando). • Instituição do Programa Gespública (Decreto nº 5.378/2005), com o objetivo de promover a excelência no exercício da gestão pública, impactando na melhoria da qualidade dos serviços públicos prestados ao cidadão.
Investimentos	• A evolução dos projetos de investimento no governo Lula culminou, em 2007, no Programa de Aceleração do Crescimento (PAC), destinado a promover o crescimento econômico, o aumento do nível de emprego e a melhora das condições de vida da população. Com a ampliação do montante inicialmente previsto para o PAC, o governo, em 2010, lança o PAC2.

4.5.5. O governo Dilma Rousseff (2011-2016)

Em análise de Faganello (2017)[5], o governo Dilma Rousseff de certa forma dá continuidade ao do seu antecessor, expandindo as estruturas ministeriais no campo social e adotando postura híbrida que se associa, mas não se confunde totalmente com o modelo gerencial: o **gerencialismo social**. Conforme leciona Faganello (2017, p. 85-86)

---
5 FAGANELLO, C. P. Balanço do gerencialismo: análise da influência do modelo de administração pública gerencial no período de 1995 a 2017 no Brasil. *Dissertação de Mestrado*. Universidade Federal do Rio Grande do Sul, 2017.

O que esses governos fizeram, no âmbito da Administração Pública, foi a inibição de algumas práticas da primeira e da segunda geração do Gerencialismo, mas seguiram com o modelo de transferência de serviços públicos para o setor privado através das organizações não governamentais (ongs), da política de cooperações e de algumas figuras jurídicas, como é o caso dos consórcios, o que não impede que sejam reconhecidos os avanços que tiveram na esfera social.

Esses governos avançaram muito em relação aos dois governos do ex-presidente Fernando Henrique Cardoso através do incentivo à prática dos Conselhos nas mais diferentes áreas e da promoção de várias Conferências (que o governo Fernando Henrique não fazia), conforme dados do IPEA, <u>mas não alteraram a dinâmica gerencial de prevalência da lógica do privado sobre o público, não mudaram os responsáveis pela tomada de decisão e não desconcentraram a produção legislativa</u>. (destaque deste autor)

Questões de Concursos

1. (CESPE / EBSERH / 2018) Acerca da evolução da Administração Pública no Brasil após 1930, julgue o item a seguir.

    O surgimento do capitalismo e da democracia estabeleceu uma distinção clara entre *res publica* e bens privados.

2. (CESPE / SEEDF / 2017) A centralização constitui um dos princípios fundamentais da administração pública burocrática clássica; a descentralização, por sua vez, constitui elemento básico para um modelo de administração pública gerencial.

3. (CESPE / EBSERH / 2018) O Departamento Administrativo do Serviço Público (DASP), criado no Governo Getúlio Vargas, demarcou o início das práticas de desburocratização do Estado brasileiro.

4. (CESPE / EBSERH / 2018) O Plano Diretor da Reforma do Aparelho do Estado, lançado em 1995, objetivava transferir para o setor privado os serviços não exclusivos, por meio de um programa de publicização.

5. (CESPE / TRE – BA / 2010) A época em que predominava o patrimonialismo no Brasil corresponde a um período de alta centralização político-administrativa no país.

6. (FCC / TRE – CE / 2012) A criação do DASP em 1938, com a definição da política de recursos humanos, de compra de materiais e finanças e a centralização e reorganização da administração pública federal, marca de forma inequívoca a passagem da forma de administração pública patrimonialista para a estruturação da máquina administrativa do Brasil na forma:
    a) burocrática;
    b) gerencial;
    c) estratégica;
    d) da nova gestão pública;
    e) funcional.

7. (CESPE / TRE – ES / 2011) A instituição, em 1936, do Departamento de Administração do Serviço Público (Dasp) teve como objetivo principal suprimir o modelo patrimonialista de gestão.

8. (FCC / MPE – SE / 2009) A Reforma Administrativa de 1967, implementada pelo Decreto-Lei federal nº 200:
   a) priorizou a atuação do Estado no fomento e regulamentação dos setores produtivos e a sua retirada como prestador direto de serviços públicos;
   b) cerceou a autonomia das entidades integrantes da Administração indireta, submetendo-as às mesmas regras previstas para a Administração direta, como licitações e concurso público;
   c) retomou o processo de centralização da atuação administrativa;
   d) introduziu mecanismos de parceria com instituições privadas sem fins lucrativos;
   e) desencadeou um movimento de descentralização da atuação estatal, com a transferência de atividades a autarquias, fundações, empresas públicas e sociedades de economia mista.

9. (FCC / TRE – CE / 2012) A administração pública gerencial constitui um avanço e afirma-se que deve ser permeável a maior participação dos agentes privados e/ou das organizações da sociedade civil e deslocar a ênfase dos procedimentos (meios) para os resultados (fins), em que o beneficiário seja o cidadão. Esse deslocamento de foco caracteriza o paradigma na gestão pública, conhecido como:
   a) burocrático;
   b) do cliente;
   c) do acionista;
   d) do processo;
   e) estratégico.

10. (FGV / CGE – MA / 2014) Por meio do paradigma pós-burocrático foi possível identificar algumas vantagens da burocracia como:
    a) a meritocracia;
    b) a rigidez;
    c) a resistência a mudanças;
    d) o apego às regras;
    e) o formalismo.

11. (CESPE / MPE – PI / 2012) A reforma do Estado brasileiro rumo à administração gerencial baseou-se no modelo britânico de reforma, em que as ilusões românticas do liberalismo foram deixadas de lado em favor do pragmatismo.

12. (ESAF / MPOG / 2009) Em nosso país, o processo que permeia a formação do Estado nacional e da administração pública se revela pelas seguintes constatações, exceto:

   a) a administração colonial se caracterizou pela centralização, formalismo e morosidade, decorrentes, em grande parte, do vazio de autoridade no imenso território;

   b) a partir da administração pombalina, pouco a pouco, o empirismo paternalista do absolutismo tradicional foi sendo substituído pelo racionalismo típico do despotismo esclarecido;

   c) a transferência da corte portuguesa, em 1808, e a consequente elevação do Brasil a parte integrante do Reino Unido de Portugal constituíram as bases do Estado nacional, com todo o aparato necessário à afirmação da soberania e ao funcionamento do autogoverno;

   d) a partir da Revolução de 1930, o Brasil passou a empreender um continuado processo de modernização das estruturas e processos do aparelho do Estado;

   e) a República Velha, ao promover grandes alterações na estrutura do governo, lançou a economia rumo à industrialização e a administração pública rumo à burocracia weberiana.

13. (ESAF / MPOG / 2010) A análise da evolução da administração pública brasileira, a partir dos anos 1930, permite concluir acertadamente que:

   a) com o Estado Novo e a criação do DASP, a admissão ao serviço público passou a ser feita exclusivamente por meio de concurso público, sendo descontinuadas as práticas do clientelismo e da indicação por apadrinhamento;

   b) a reforma trazida pelo Decreto-Lei nº 200/67 propugnou[6] pela descentralização funcional do aparelho do Estado mediante delegação de autoridade aos órgãos da administração indireta para a consecução de muitas das funções e metas do governo;

   c) a partir de meados do século XX, com o desenvolvimentismo, deu-se a ampliação e a consolidação da administração direta, principal gestora das políticas públicas implementadas pela administração indireta;

   d) a partir dos anos 1980, dadas a falência do estado do bem-estar social, a crise fiscal e a redemocratização, as reformas do aparelho do Estado passaram a seguir uma estratégia única e homogênea;

   e) os "50 Anos em 5" e a construção de Brasília, no período JK, representaram a pedra fundamental do que viria a ser a adoção do gerencialismo no serviço público.

14. (ESAF / MTE / 2010) Sobre as experiências de reformas administrativas em nosso país, é correto afirmar:

   a) a implantação do DASP e a expedição do Decreto-Lei nº 200/67 são exemplos de processos democráticos de reformismo baseados no debate, na negociação e em um modelo decisório menos concentrador;

   b) ainda que o formalismo e a rigidez burocrática sejam atacados como males, alguns alicerces do modelo weberiano podem constituir uma alavanca para a modernização, a exemplo da meritocracia e da clara distinção entre o público e o privado;

---

6 Propugnar = defender com veemência.

c) o caráter "neoliberal" do Plano Diretor da Reforma do Aparelho do Estado foi a mola propulsora de seu amplo sucesso e da irrestrita adesão pelo corporativismo estatal;

d) já nos anos 1980, o Programa Nacional de Desburocratização propunha uma engenharia institucional capaz de estabelecer um espaço público não estatal, com a incorporação das Organizações Sociais;

e) desde os anos 1990, a agenda da gestão pública tem sido continuamente enriquecida, sendo hoje mais importante que as agendas fiscal ou econômica.

15. (ESAF / CGU / 2012) Acerca das experiências de reforma da máquina pública havidas em nosso país, é correto afirmar que:

a) ao contrário da proposta bresseriana, as principais experiências de reforma anteriores – o modelo daspiano e o Decreto-Lei nº 200 – deram-se em um ambiente democrático, baseado no debate e na negociação, a despeito de um processo decisório mais concentrador;

b) originariamente pensadas desde a edição do Plano de Metas, as parcerias público-privadas (PPPs) não se constituem, por isso mesmo, uma inovação do atual modelo administrativo, apesar de seu grande sucesso e proliferação nos níveis federal e subnacionais;

c) o melhor exemplo de um bem sucedido resultado da Reforma Bresser é o caso das agências regulatórias, montadas de forma homogênea calcada na visão mais geral do modelo regulador, condição básica ao que viria a substituir o padrão varguista de intervenção estatal;

d) mesmo sem atingir todos os seus objetivos, a proposta bresseriana de reforma deu causa a um "choque cultural", tendo se espraiado pelos governos subnacionais no qual, facilmente, percebe-se a sua influência na atuação dos gestores públicos e em uma série de inovações governamentais;

e) a atual proposta de reforma, também calcada na gestão por resultados – porém não mais tachada de "neoliberal" –, aposta seu sucesso em duas frentes: a quebra da estabilidade, com o reforço do emprego público, e a redução da administração indireta, com o aprofundamento das privatizações.

16. (CESPE / TRE – BA / 2010) A reforma administrativa de 1937 conseguiu organizar a estrutura administrativa do Estado brasileiro, de forma diminuir a burocracia do país.

17. (FCC / BAHIAGÁS / 2010) Na administração do Estado moderno, reforma administrativa burocrática trata-se:
a) da orientação da transição do Estado burocrático para o Estado gerencial;
b) do processo de transição do Estado patrimonial para o Estado burocrático weberiano;
c) da gestão do processo de transição da Administração Pública tradicionalista para o Estado gerencial patrimonial;
d) do processo de transição do Estado burocrático weberiano para o Estado patrimonial;
e) da reforma da gestão pública orientando o conjunto de atividades destinadas à execução de obras e serviços, comissionados ao governo para o interesse da sociedade.

18. (ESAF / AFRFB / 2010) O estudo das experiências de reformas administrativas havidas em nosso país permite concluir, acertadamente, que:

    a) a retórica da reforma dos anos 1930 avançou do ponto de vista dos princípios políticos que a orientaram, a saber: participação, *accountability* e controle social;

    b) a tentativa de modernização do aparelho de Estado, especialmente a da década de 1960, teve como consequência o fortalecimento da administração direta, em detrimento da administração indireta;

    c) o sentido weberiano do termo, o Brasil nunca chegou a ter um modelo de burocracia pública consolidada;

    d) ao contrário de outros países, o modelo de nova gestão pública, adotado a partir dos anos 1990, possuiu inspiração autóctone e em nada se valeu das experiências britânica e estadunidense;

    e) a partir da década de 1990, caminhamos rumo a uma nova administração pública, de caráter gerencialista, visando consolidar o ideário keynesiano e o estado do bem-estar social.

19. (ESAF / CGU / 2008) Apesar da heterogeneidade de situações que caracterizam a administração pública brasileira nos diferentes níveis de governo, a União tem promovido reformas em sua estrutura para fazer face aos processos de industrialização e à crise fiscal do Estado. A modernização da administração pública por meio do uso de instrumentos próprios da gestão de empresas privadas, a criação de uma administração indireta com procedimentos próprios de contratação e gestão de funcionários e de processos de compras públicas são características presentes........

    Selecione a opção que completa corretamente a frase acima:

    a) na criação do DASP.

    b) na criação de Agências Reguladoras.

    c) na formação do Estado brasileiro.

    d) nas ações implementadas a partir do Decreto-Lei nº 200.

    e) no alinhamento ao Estado mínimo.

20. (CESPE / TJ – AL / 2012) Considerando a evolução da administração pública no Brasil, as grandes reformas administrativas do Estado, ocorridas após o ano de 1930, foram denominadas:

    a) liberal e neoliberal;

    b) monárquica, republicana e democrática;

    c) patrimonialista, burocrática e gerencial;

    d) republicana, burocrática e democrática;

    e) burocrática e gerencial.

21. (ESAF / MPOG / 2009) Considerando a evolução da administração pública em nosso país, bem como as suas experiências de reforma, é correto afirmar que:
    a) ao privilegiar o usuário do serviço público, o Programa Nacional de Desburocratização marcou pelo ineditismo, já que nenhum outro antes dele fora dotado de caráter social e político;
    b) a reforma administrativa de 1967 reduziu o fosso que separava as burocracias instaladas nas administrações direta e indireta, garantindo a profissionalização do serviço público em toda a sua extensão;
    c) a reforma dos anos 1990 visava, como um de seus objetivos, fortalecer o Estado de modo a torná-lo responsável direto pelo desenvolvimento econômico e social;
    d) a reforma burocrática de 1936 apoiou-se, conceitualmente, em três dimensões: formas de propriedade, tipos de administração pública e níveis de atuação do Estado;
    e) com a República Velha, deu-se a primeira experiência radical de reforma administrativa, em resposta às mudanças econômicas e sociais que levavam o país rumo à industrialização.

22. (CESPE / TRE – ES / 2011) Entre os anos 1950 e 1960, o modelo de gestão administrativa proposto estava voltado para o desenvolvimento, especialmente para a expansão do poder de intervenção do Estado na vida econômica e social do país.

23. (CESPE / TCU / 2008) Na reforma administrativa promovida pelo regime militar, que teve como referência o Decreto-lei nº 200/1967, adotou-se uma estratégia de centralização, da qual decorreu uma contração da intervenção estatal, associada à consolidação de uma tecnocracia de importância estratégica no âmbito da administração direta.

24. (ESAF / ISS-RJ / 2010) No Brasil, o modelo de administração burocrática:
    a) atinge seu ápice ao final da década de 1950, com a instalação do Ministério da Desburocratização;
    b) emerge nos anos 1930, sendo seu grande marco a criação do DASP;
    c) permanece arraigado, em sua forma weberiana, até nossos dias, sendo esta a razão da falência do modelo gerencial;
    d) deve-se mais à política do café com leite que ao início do processo de industrialização;
    e) foi completamente substituído pelo modelo gerencial implantado ao final do século XX.

25. (CESPE / MPS / 2010) A reforma administrativa materializada pelo Decreto-Lei nº 200/1967 é associada à primeira experiência de implementação da administração gerencial no país. Adotada em pleno período ditatorial, reforçou a centralização funcional e promoveu a criação das carreiras da administração pública de alto nível.

26. (ESAF / MPOG / 2010) Acerca dos modelos de gestão patrimonialista, burocrática e gerencial, no contexto brasileiro, é correto afirmar:

   a) cada um deles constituiu-se, a seu tempo, em movimento administrativo autônomo, imune a injunções políticas, econômicas e culturais;

   b) com a burocracia, o patrimonialismo inicia sua derrocada, sendo finalmente extinto com a implantação do gerencialismo;

   c) o caráter neoliberal da burocracia é uma das principais causas de sua falência;

   d) fruto de nossa opção tardia pela forma republicana de governo, o patrimonialismo é um fenômeno administrativo sem paralelo em outros países;

   e) com o gerencialismo, a ordem administrativa se reestrutura, porém sem abolir o patrimonialismo e a burocracia que, a seu modo e com nova roupagem, continuam existindo.

27. (ESAF / ANA / 2009) Considerando o marco teórico adotado pelo Plano Diretor para a Reforma do Aparelho do Estado, é correto afirmar:

   a) com a expansão da administração indireta, o momento iniciado pela Constituição de 1988 indica um processo de descentralização administrativa;

   b) ao Núcleo Estratégico do Estado cabe desenvolver as atividades em que o "poder de Estado", ou seja, o poder de legislar e tributar, é exercido;

   c) a forma de administração burocrática é completamente indesejada, sendo sua aplicação proibida, qualquer que seja a circunstância;

   d) por tentar superar a rigidez burocrática, a reforma iniciada pelo Decreto-Lei nº 200/1967 se constitui em um primeiro momento da administração pública gerencial em nosso país;

   e) os conceitos de publicização e privatização se equivalem, podendo ser adotados de maneira indistinta.

28. (FCC / TCE – RO / 2010) A Reforma do Aparelho do Estado, proposta pelo Ministério da Administração Federal e Reforma do Estado (MARE), implantada nos anos 90, diferenciou-se da reforma proposta pelo Decreto-Lei nº 200, de 1967 ao:

   a) recuperar a capacidade de planejamento, coordenação e regulação do aparelho de Estado federal sobre a administração indireta e fundacional;

   b) priorizar a eficiência e a flexibilização da gestão pública e fortalecer a posteriori os sistemas de controle da atividade administrativa;

   c) aprofundar a participação direta do Estado nos diversos setores da sociedade e da economia;

   d) propor a substituição do modelo burocrático pela administração gerencial, com foco no cidadão, reforçando os sistemas de controles *a priori*;

   e) enfatizar o fortalecimento do núcleo estratégico do Estado, ampliando e fortalecendo os sistemas centralizados de controle de processos.

29. (FCC / MPE – SE / 2009) O conceito de "publicização", idealizado pela Reforma do Aparelho do Estado, significa:

   a) a transferência compulsória ao poder público de atividades originalmente de responsabilidade do Estado, como saúde e educação;

   b) a estatização de atividades estratégicas;

   c) a transferência de atividades antes desempenhadas por entes públicos, especialmente na área social, a entidades privadas sem fins lucrativos;

   d) a ampliação da atuação direta do Estado na área social e a redução da sua atuação em setores produtivos;

   e) o movimento de ampliação das informações à sociedade acerca da atuação da Administração.

30. (FCC / Prefeitura de São Paulo / 2007) É correto apontar entre as motivações para o movimento de Reforma do Estado, levado a efeito na esfera federal pelo Ministério da Administração Federal e Reforma do Estado:

   a) o ideário neoliberal, que propõe a retirada do Estado de diversos setores da sociedade, reduzindo-se seu papel de prestador direto de serviços públicos e de agente de fomento da atividade econômica;

   b) a intenção de ampliar a intervenção do Estado no domínio econômico, dada a crescente demanda da sociedade por bens e serviços públicos, do que resultou a profissionalização e a ampliação do Aparelho do Estado;

   c) a crise fiscal, caracterizada pela crescente perda de crédito por parte do Estado e pelo esgotamento da poupança pública, o que ensejou a privatização em larga escala de empresas estatais exploradoras de atividade econômica e prestadoras de serviço público;

   d) o esgotamento do modelo de Estado prestador direto de serviços públicos, enfatizando-se a privatização de empresas estatais, desonerando o Estado da responsabilidade pela disponibilização de tais serviços aos usuários;

   e) a necessidade de implementação de uma política de ajuste fiscal, como consequência do cumprimento de obrigações com organismos internacionais, implicando redução do Aparelho do Estado, bem como do setor público não estatal, em função do esgotamento das fontes de financiamento.

31. (CESPE / TRE – RJ / 2012) A implantação do Departamento Administrativo de Serviço Público (DASP) foi uma ação típica da administração pública voltada para o paradigma pós-burocrático.

Gabarito Comentado

QUESTÃO	COMENTÁRIO
1 Certo	A questão é, ao menos, um pouco problemática. O preâmbulo do enunciado remete à Administração Pública no Brasil, após 1930. Mas a assertiva remete ao "surgimento do capitalismo e da democracia". Temos que contextualizar que, ao que se infere, trata-se do surgimento de tais fenômenos sociais e econômicos <u>no Brasil</u>. Até 1930 – o primeiro governo Getúlio Vargas – o Brasil apresenta-se como um país pré-capitalista com relações semifeudais, fortemente baseado na economia agrária cafeeira. A política de industrialização (âmago do capitalismo industrial, por óbvio) é levada a cabo, de forma pioneira, no governo de Vargas. Da mesma sorte, o início da democracia brasileira é remetido à revolução de 1930, em face do término da República Velha com a derrubada do então presidente Washington Luís. O capitalismo industrial suscita o protagonismo econômico do segundo setor, que passa a se descolar do Estado, trazendo novos contornos aos conceitos de bens privados e bens de produção. A democracia, por sua vez, impinge a mitigação do autoritarismo do "príncipe" (governante), promovendo a devida segregação entre as coisas privadas e as coisas públicas (*res publica*). Ante o exposto, a afirmativa proposta está correta.
2 Certo	Uma das distinções entre os modelos citados no enunciado, de fato, foi a vertente da descentralização trazida pelo gerencialismo. No Brasil, por exemplo, a Reforma Desenvolvimentista de 1967 – prenúncio do gerencialismo que ocorreria a partir da década de 1990 – trouxe, em um primeiro esforço de rompimento com o modelo burocrático, a descentralização administrativa para a Administração indireta. A assertiva está correta.
3 Errado	A reforma daspiana, como vimos, marcou o início da burocratização do Estado brasileiro. Item errado.
4 Errado	A publicização, preconizada seminalmente no PDRAE, constitui-se em iniciativa de transferência serviços estatais não exclusivos para organizações sem fins lucrativos oriundas da sociedade civil (o "setor público não estatal"). A descentralização, na publicização, ocorre para as chamadas organizações sociais. Assim, a assertiva está errada.

QUESTÃO	COMENTÁRIO
5 Errado	Como vimos, a partir do final do século XIX, favorecida pela Constituição de 1891, houve significativa descentralização política no Brasil. Ainda, à mesma época, o poder político e a atuação dos coronéis (oligarquia cafeeira) também respondia por significativa descentralização administrativa. A questão está, assim, errada.
6 – A	A criação do Dasp em 1938 é um marco da reforma administrativa burocrática brasileira. Foi um esforço institucionalizado a fim de superar as práticas patrimonialistas vigentes. A intenção era substituir a arbitrariedade por práticas racionais e regidas por regras bem estruturadas. Resposta: A.
7 Certo	A assertiva espelha o entendimento correto, em termos da suplantação do modelo patrimonialista pelo burocrático, mediante a instituição do Dasp. A questão está, assim, correta.
8 – E	Vejamos os comentários às alternativas. a) A Reforma Administrativa de 1967 não priorizou a <u>retirada</u> do Estado como prestador direto de serviços públicos. Houve tão somente um grande avanço no sentido da descentralização administrativa. Muitos serviços foram (e são) mantidos como prestados diretamente pelo Estado. A alternativa está errada. b) Não houve cerceamento da autonomia das entidades integrantes da Administração Indireta, mas sim o oposto: tais entidades ganharam autonomia, em obediência ao princípio da descentralização trazido pelo Decreto nº 200. A alternativa está errada. c) Uma vez mais, devemos frisar que a Reforma Administrativa de 1967 foi um grande avanço no sentido da descentralização administrativa. A alternativa está errada. d) O sistema de parceria inerente à Reforma Administrativa de 1967 deu-se com instituições privadas com fins lucrativos, em especial nas sociedades de economia mista (tipo de entidade da Administração Indireta). As parcerias estatais com entidades sem fins lucrativos tornam-se mais frequentes apenas a partir da década de 1990, com o surgimento em série de tais entidades (como ONGs, por exemplo) nesse período. A alternativa está errada. e) A alternativa espelha de maneira apropriada o movimento de descentralização administrativa desencadeado pela Reforma de 1967. Está, assim, correta. Resposta: E.
9 – B	Na Administração Pública gerencial, passa-se a visar aos resultados, em detrimento do excesso de controle dos meios, típico do modelo burocrático. O usuário dos serviços públicos, neste contexto, passa a ser visto como usuário, **ou cliente**, sendo este o principal deslocamento de foco com relação aos modelos administrativos anteriores – eis o paradigma (ou modelo) do cliente. Resposta: B.

QUESTÃO	COMENTÁRIO
10 – A	Deve-se ter em mente que o modelo gerencial (pós-burocrático) não se constitui em ruptura total com o modelo burocrático. A oposição dá-se com relação às disfunções burocráticas. Assim, a rigidez, a resistência a mudanças, o apego (exagerado) a regras e o formalismo exacerbado são vistos como aspectos negativos no paradigma gerencial. No entanto, a meritocracia perpetua-se como aspecto positivo, bem como a estruturação de carreiras, por exemplo. Resposta: A.
11 Certo	A reforma gerencial teve por cerne o **Plano Diretor de Reforma do Aparelho do Estado (Pdrae)**, que, por sua vez, tomou por base a análise das reformas ocorridas em outros países (**em especial Inglaterra**), bem como o livro *Reinventando o Governo* (obra de David Osborn e Ted Gaebler). Neste modelo, a ideia neoliberal (Estado Mínimo) foi substituída pelo conceito de um Estado pragmático, marcado pelo **controle**, pela **regulação** e pelo **estímulo** da economia e de ações sociais. Veremos mais detalhes sobre o modelo gerencial da Administração Pública no próximo Capítulo. A questão está certa.
12 – C	Vejamos os comentários às alternativas: a) Como vimos, as principais características da administração colonial foram a centralização (com os Governos Gerais), o formalismo (apesar de as regras serem usualmente desrespeitadas), a morosidade entre outras. Tais características decorrem da transplantação para a colônia das instituições existentes na metrópole, associada ao vazio de autoridade e de obediência no imenso território. A assertiva está correta. b) A chamada Era Pombalina, referente aos quase 30 anos em que o Marquês de Pombal permaneceu à frente da administração de Portugal, correspondeu a um período de impulso administrativo e comercial à colônia brasileira. Trata-se da semente da burocracia no Brasil, em um processo no qual o paternalismo típico do absolutismo tradicional vai sendo, pouco a pouco, substituído pelo racionalismo do despotismo esclarecido. A alternativa está correta. c) Como vimos neste Capítulo, o desembarque da Coroa portuguesa no Rio de Janeiro é considerado o marco para a construção do Estado brasileiro. Nos anos seguintes (1808 a 1822), criou-se o aparato administrativo no Brasil, necessário à afirmação da soberania e ao funcionamento do autogoverno. A alternativa está correta. d) Há, basicamente, 3 (três) Reformas Administrativas de destaque na história brasileira: a Reforma Burocrática (ou "daspiana", em 1936); a Reforma promovida pelo Decreto-Lei nº 200/67 e, por fim, a Reforma Gerencial do Pdrae (1995). Foi a partir da Reforma Burocrática que a elite agrária mostra-se enfraquecida, havendo a passagem do Brasil agrário para o Brasil industrial. A evolução foi ora sistemática (com planos efetivos conduzindo as reformas), ora assistemática (como no governo Collor, por exemplo). Mas o fato é que as estruturas e os aparelhos estatais estão continuamente sendo modernizados. A alternativa está correta. e) Não foi na República Velha (1889–1930) que se deram passos rumo à burocracia weberiana. Tal fato deu-se apenas no Estado Novo (1937–1945). A alternativa está errada.

QUESTÃO	COMENTÁRIO
13 – B	Vejamos os comentários às alternativas: a) As práticas patrimonialistas / clientelistas nunca foram efetivamente descontinuadas na administração pública brasileira. Na época do DASP, apesar de o patrimonialismo ter sido combatido pela Reforma Burocrática, práticas do clientelismo fizeram-se presentes. A alternativa está errada. b) O Decreto-Lei nº 200/67 primou pela descentralização da administração, inclusive instituindo a chamada Administração Indireta. A alternativa está correta. c) Durante o desenvolvimentismo (ou a "administração para o desenvolvimento") conduzido durante o governo de Juscelino Kubitschek, há a expansão significativa da Administração Indireta, sendo esta dotada de maior flexibilidade e de uma gestão moderna e tecnocrática. Criou-se, assim, uma cisão entre Administração Direta e Indireta: construíram-se "ilhas de excelência" em estruturas da administração pública (indireta) voltadas ao desenvolvimento, ao passo que o núcleo central da administração deteriorava-se. A alternativa está, portanto, errada. d) Após o fim do regime militar, seguiram-se os governos de José Sarney e de Fernando Collor de Mello. Fato que fica evidente no governo deste último é a total falta de plano para a reforma administrativa do Estado. Foram medidas heterogêneas e arbitrárias, cujo resultado foi catastrófico: o desmantelamento do aparato administrativo estatal. A alternativa está errada. e) A pedra fundamental para a adoção do gerencialismo no serviço público, conforme Bresser-Pereira (2001), é o Decreto-Lei nº 200/67. A alternativa está errada.
14 – B	Vejamos os comentários às alternativas: a) Tanto a implantação do DASP quanto a expedição do Decreto-Lei nº 200/67 foram efetuadas em regimes autoritários: a primeira deu-se durante o Estado Novo, e a última, no governo militar. Não foram exemplos de processos democráticos de reforma. A alternativa está errada. b) A alternativa espelha o correto entendimento sobre os benefícios da burocracia weberiana. A Teoria da Burocracia busca a eficiência administrativa. Os problemas (vistos ao longo do século XX no Brasil) são decorrentes de disfunções da burocracia. A alternativa está correta. c) O Pdrae não gozou de "irrestrita adesão pelo corporativismo estatal". Houve um esforço considerável do ministro Bresser-Pereira, que contava com o respaldo do presidente FHC. Mesmo assim, não houve consenso e nem a referida "irrestrita adesão". A alternativa está errada. d) O novo modelo de gestão que propunha uma engenharia institucional capaz de estabelecer um espaço público não estatal é oriundo da Reforma Bresser. As organizações sociais (OS) e as organizações da sociedade civil de interesse público (OSCIP) são herdeiras desta Reforma. A alternativa está errada. e) Não há de se falar que a agenda da gestão pública é mais importante do que as agendas fiscal ou econômica. Há, inclusive, autores que analisam que há um negligenciamento da gestão pública, ao passo que a agenda econômica mostra-se aquecida. A alternativa está errada.

QUESTÃO	COMENTÁRIO
15 – D	Vejamos os comentários às alternativas: a) A reforma "daspiana" (criação do DASP) deu-se em 1938, durante um período ditatorial conhecido como Estado Novo (que duraria até 1945). Da mesma forma, a reforma promovida pelo Decreto-Lei nº 200/67 deu-se em pleno regime militar. Ambos os períodos não são, assim, democráticos. A alternativa está errada. b) O **Plano de Metas** foi um programa de industrialização e modernização inserido no governo de Juscelino Kubitschek (1956-61). A **Parceria Público-Privada (PPP)**, por sua vez, é uma criação da Inglaterra, concebida durante o governo de Margaret Thatcher no início dos anos 90. As PPPs são contratos, de longo prazo de duração, firmados entre a Administração Pública e a iniciativa privada, com vistas à implementação ou gestão de obras e serviços públicos. Neste caso, o parceiro privado assume a responsabilidade pelo financiamento, investimento e exploração do serviço, havendo o subsídio estatal para a obtenção de recursos no mercado financeiro. As PPPs foram trazidas ao Brasil apenas em 2005, no governo Lula. A alternativa está, portanto, errada. c) Vejamos a análise que Abrucio (2007) faz sobre a condução da Reforma Bresser: *O melhor exemplo de um tema que escapou ao alcance da reforma Bresser foi o das agências regulatórias, montadas de forma completamente fragmentada e sem uma visão mais geral do modelo regulador que substituiria o padrão varguista de intervenção estatal. O fracasso desta estratégia ficou claro, por exemplo, no episódio do "apagão", que teve grande relação com a gênese mal resolvida do marco regulatório no setor elétrico.* Assim, a alternativa está errada. d) Uma vez mais, a alternativa está baseada no texto de Abrucio (2007), do qual recomendo a leitura (está disponível no *link http://www.scielo.br/scielo.php?script=sci_arttext&pid=S0034-76122007000700005*). Vejamos: *Bresser se apoiou numa ideia mobilizadora: a de uma administração voltada para resultados, **ou modelo gerencial**, como era chamado à época. A despeito de muitas mudanças institucionais requeridas para se chegar a este paradigma não terem sido feitas, **houve um "choque cultural"**. Os conceitos subjacentes a esta visão foram espalhados por todo o país e, observando as ações de vários governos subnacionais, percebe-se facilmente a influência destas ideias na atuação de gestores públicos e numa série de inovações governamentais nos últimos anos.* Assim, a alternativa está correta. e) Muito provavelmente essa assertiva seja referente ao governo Lula (apesar de não fazer expressa alusão). A quebra da estabilidade e o aprofundamento das privatizações não estão na agenda de reformas do citado governo. A alternativa está errada.

QUESTÃO	COMENTÁRIO
16 Errado	A reforma administrativa de 1937 teve por objetivo modernizar a administração pública, impingindo práticas burocráticas weberianas. O resultado seria a minimização de práticas patrimonialistas. A afirmativa está errada.
17 – B	A reforma administrativa burocrática (ou "daspiana", no caso brasileiro) refere-se à modernização do aparato administrativo estatal na década de 1930, quando teve início o processo de transição do Estado patrimonial para o Estado burocrático weberiano.
18 – C	Vejamos os comentários às alternativas: a) Participação, *accountability* (= necessidade de membros de um órgão administrativo prestarem contas a instâncias de controle e à sociedade) e controle social são princípios relacionados ao modelo gerencial de gestão, e não ao burocrático (este trazido pela Reforma da década de 1930). A alternativa está errada. b) A tentativa de modernização do aparelho do Estado na década de 1960 teve como consequência o fortalecimento da Administração Indireta, em detrimento da Direta. A assertiva está errada. c) O Brasil, na realidade, nunca teve um "modelo puro" de administração vigente. No caso do modelo burocrático, cuja tentativa de instauração deu-se a partir da década de 1930, esteve sempre impregnado de práticas patrimonialistas e clientelistas. A alternativa está correta. d) O modelo da nova gestão pública teve influência estrangeira, em especial no governo inglês de Margareth Thatcher, primeira-ministra britânica, no início da década de 1980. A alternativa está errada. e) Realmente, a partir de 1990 há progressos rumo a uma administração gerencialista, observando-se, ainda, a consolidação do estado do bem-estar social. No entanto, a alternativa está contaminada com um erro. O Estado, hoje em dia, mostra-se mais próximo ao modelo neoliberal (apesar de não ser neoliberal em sua essência, já que não vigora mais o ideal de "Estado Mínimo"). O "ideário keynesiano" (teoria desenvolvida pelo economista John Keynes) opõe-se ao neoliberalismo, pregando a efetiva intervenção do Estado na economia, complementando as deficiências do mercado. A alternativa está errada.
19 – D	O enunciado da questão faz referência a um passo dado pela Administração Pública brasileira rumo à administração gerencial, dado à adoção de "instrumentos próprios da gestão de empresas privadas". Neste passo, segundo o enunciado, criou-se a administração indireta, espelhando procedimentos próprios de contratação e gestão de funcionários e de processos de aquisições e contratações públicas. Trata-se, como vimos, da reforma promovida a partir do Decreto-Lei nº 200/67. Importante salientar que a criação das Agências Reguladoras insere-se no âmbito da Reforma Gerencial promovida a partir do Pdrae. É quando o Estado passa a deixar de ser visto como controlador, planejador, produtor e árbitro dos conflitos dos quais era parte, a fim de assumir o papel de um Estado regulador, que se limita a impor marcos referenciais, a promover a direção descentralizada e a fomentar a concorrência, que as Agências Reguladoras passam a ser necessárias. E, assim, cria-se a ANEEL (1996), para, logo depois, surgirem a ANATEL e a ANP e, mais tarde, a ANVISA (1999), ANS (2000), ANA (2000), ANTT (2001) e ANTAQ (2001).

QUESTÃO	COMENTÁRIO
20 – E	As grandes reformas administrativas do Estado, após 1930, foram a reforma "daspiana" (**burocrática**) e a reforma **gerencial** (iniciada com os preceitos do Decreto-Lei nº 200/1967 e sedimentada com o PDRAE, em 1995).
21 – A	Vejamos os comentários às alternativas: a) Realmente o Programa Nacional de Desburocratização, conduzido em 1979, foi pioneiro em sua concepção social e política. Os focos eram não só o enxugamento da máquina estatal, mas também o atendimento às demandas sociais dos cidadãos. A alternativa está correta. b) A Reforma Administrativa de 1967, ao privilegiar a administração indireta em detrimento da direta, provocou uma cisão (ou "aumentou o fosso") entre elas. A alternativa está errada. c) A Reforma da década de 1990, revestida de certo aspecto neoliberal, visava a posicionar o Estado como agente regulador / fiscalizador, e não como responsável direto pelo desenvolvimento econômico e social. A alternativa está errada. d) Foi na Reforma Gerencial de 1995, concebida pelo Pdrae, que o modelo conceitual encontra-se apoiado nas dimensões formas de propriedade (especificamente pública estatal e pública não estatal), tipos de administração pública e níveis de atuação do Estado. A Reforma Burocrática de 1936 tem por base o modelo weberiano, marcado pela racionalidade, pela impessoalidade e pelo controle dos processos. A alternativa está errada. e) A alternativa, na realidade, refere-se à Reforma Burocrática da década de 1930, concebida na Era Vargas. Está, portanto, errada.
22 Certo	A questão aborda um interstício compreendido na República Populista, caracterizada, em parte, pelo governo de Juscelino Kubitschek (1956–1960), marcado por sua "administração para o desenvolvimento". A questão está correta.
23 Errado	A reforma administrativa do Estado preconizada pelo Decreto-Lei nº 200/67 adotou como um de seus princípios a descentralização administrativa. No período militar, a centralização foi referente a aspectos de poder (político). Veja o art. 10 da citada norma, transcrito na seção 4.4. deste Capítulo.
24 – B	Vejamos os comentários às alternativas: a) O Ministério da Desburocratização foi criado em 1979, em uma época que a burocracia na administração pública brasileira mostrava-se profundamente disfuncional. A alternativa está errada. b) A alternativa está de acordo com o que vimos no capítulo. Encontra-se, assim, correta. c) Realmente o modelo de administração burocrática permanece arraigado na gestão pública atual, mesclando-se a práticas ainda patrimonialistas e gerenciais. No entanto, o Estado, atualmente, esforça-se a fim de dar continuidade à implantação do modelo gerencial de administração, ora vigente. Além disso, o modelo burocrático implantado no Brasil nunca espelhou o ideal weberiano. A alternativa está errada.

QUESTÃO	COMENTÁRIO
24 – B	d) O fator motivador principal para a implantação de um modelo de administração burocrática no Brasil é a expansão industrial da década de 1930, tornando desejável um modelo administrativo com regras claras, objetivas e racionais, e não mais baseado em trocas de favores. Ademais, foi a crise na política do café com leite (e não a política em si) que deu margem a uma situação de governo favorável à implantação da burocracia. A alternativa está, portanto, errada. e) Não há um modelo administrativo "puro" no Brasil. Hoje convivemos com um "misto" de facetas dos modelos patrimonialista, burocrático e gerencial. A alternativa está errada.
25 Errado	Apesar de a primeira parte do enunciado estar correta, a afirmativa peca ao afirmar que o Decreto-Lei nº 200/67 reforçou a centralização funcional. O que houvem na realidade, foi o fortalecimento da descentralização administrativa.
26 – E	Vejamos os comentários às alternativas: a) Não há como separar os modelos de gestão pública das conjunturas econômica, política e cultural. A Reforma Burocrática, por exemplo, ocorreu motivada pela industrialização em expansão, bem como pela crise na política do café com leite. A Reforma Gerencial, por sua vez, foi motivada por uma forte crise econômica e fiscal, bem como um contexto social e cultural que via a gestão pública como ineficiente. A alternativa está errada. b) O patrimonialismo não foi extinto da administração pública brasileira. Hoje convive com um misto de administração gerencial e burocrática. A assertiva está errada. c) O neoliberalismo ("Estado Mínimo") é uma corrente que, ao ser aplicado na administração, afasta-se do modelo burocrático de gestão. Inclusive, no caso brasileiro, iniciativas neoliberalistas levadas a cabo no início da década de 1990 implicaram o desfazimento do aparelhamento estatal (excesso de privatizações, por exemplo), indo de encontro ao sistema burocrático vigente na época. A alternativa está errada. d) O patrimonialismo é um fenômeno presente em todo mundo, sendo muito comum na América Latina, por exemplo. A alternativa está errada. e) Este é o entendimento correto, já exposto neste capítulo, sobre a "mistura" de modelos de gestão hoje presente no Brasil. A alternativa está correta.
27 – D	Vejamos os comentários às alternativas: a) A Constituição Federal de 1988 é marcada pela centralização administrativa (e pela descentralização política). A assertiva está errada. b) Como vimos, o poder de tributar, de acordo com o Pdrae, é inerente ao setor de Atividades Exclusivas (ver quadro apresentado neste capítulo). A assertiva está errada. c) Não há o abandono das práticas burocráticas. Para Bresser-Pereira, há qualidade na administração burocrática, em especial a sua segurança e efetividade. Assim, para aquele autor, a administração burocrática deve se fazer presente no Núcleo Estratégico, as práticas burocráticas devem diminuir gradualmente, até serem praticamente imperceptíveis no setor de empresas estatais. A alternativa está errada.

QUESTÃO	COMENTÁRIO
27 – D	d) O Decreto-Lei nº 200/67 é entendido como o marco inicial da administração pública gerencial no Brasil. A alternativa está certa. e) Publicização é a transferência de serviços não exclusivos do Estado para o setor público não estatal (por exemplo, para Organizações Sociais). Já na privatização, há a efetiva transferência de serviços para o mercado. São, assim, conceitos distintos. A alternativa está errada.
28 – B	Tanto a reforma preconizada pelo O Decreto-Lei nº 200/67, quanto a inerente ao PDRAE (1995) defenderam a descentralização administrativa como medida de eficiência à máquina do Estado. No entanto, foi na reforma proposta pelo MARE que as práticas do modelo gerencial tiveram grande expressão, em especial a consideração da eficiência como princípio administrativo, bem como o controle de resultados (*a posteriori*), ao invés do controle *a priori* do modelo burocrático.
29 – C	Publicização é a transferência de serviços não exclusivos do Estado para o setor público não estatal, sem fins lucrativos (por exemplo, para Organizações Sociais).
30 – C	Vejamos os comentários às alternativas: a) Na seção 4.5.3. deste Capítulo vimos que *"no modelo gerencial não mais vigora a ideia neoliberal do "Estado mínimo". Em contrapartida, o Estado também não assume o papel de executor de tarefas. Sua atribuição é mais no sentido de controle, de regulação e de estímulo da economia e de ações sociais"*. Assim, a alternativa está errada. b) Na reforma promovida pelo MARE, não houve a motivação de ampliar a intervenção do Estado no domínio econômico. A alternativa está errada. c) A crise fiscal efetivamente figurou entre as motivações para o PDRAE. A crise fiscal teve, na realidade, suas origens ainda na década de 1970, com as crises do petróleo. Seguiu-se uma década em que o aparelhamento estatal observou um "inchaço", tornando mais profundas as práticas disfuncionais burocráticas. A alternativa está correta. d) O novo modelo proposto não destituía do Estado a responsabilidade do Estado pela disponibilização de serviços públicos aos usuários. A proposta era a mudança do papel de executor direto para o de fiscalizador / regulamentador. A alternativa está errada. e) A necessidade de implementação de uma política de ajuste fiscal não implicava a redução do setor público não estatal. Ao contrário: o enxugamento ao aparato estatal implicava a necessidade de, por exemplo, firmar contratos de gestão com organizações sem fins lucrativos. A alternativa está errada.
31 Errado	A implantação do Departamento Administrativo do Serviço Público (DASP), em plena Era Vargas, está alinhada com o paradigma burocrático (e não pós-burocrático) então vigente.

CAPÍTULO 7
Modelos Teóricos da Administração Pública: patrimonialista, bucrocrático e gerencial

Após havermos estudado, no Capítulo anterior, os principais aspectos históricos que circundaram as reformas administrativas no Brasil, o próximo passo é nos aprofundarmos na compreensão dos principais traços inerentes aos modelos de gestão patrimonialista, burocrático e gerencial.

Em especial no que concerne à administração pública gerencial, iremos nos familiarizar com um movimento chamado de Nova Gestão Pública (*New Public Management*), que serviu de fundamento às ideias da reforma administrativa do Estado de 1995.

No último século, o Estado brasileiro observou uma evolução acelerada em seus modelos de gestão. Rumou-se de um Estado oligárquico[1] e patrimonial, no início do século XX, para um Estado gerencial, no final do século XX e início do XXI.

Logicamente, esta evolução em termos administrativos não veio só, mas foi acompanhada de alterações significativas em termos políticos e econômicos. A política de elites típica do início do século passado progrediu em direção a uma democracia de sociedade civil, ao mesmo tempo em que economia agrícola mercantil de outrora deu lugar a uma economia capitalista globalizada.

A literatura da área identifica três "estágios" (ou modelos) de evolução administrativa do Estado brasileiro, assim dispostos em ordem cronológica: o **patrimonialista**, o **burocrático** e o **gerencial**.

Desde já, ressalta-se que tais estágios não são observados de modo estanque, ou seja, sem a influência ou, até mesmo, a coexistência de traços de modelos anteriores. Dessa forma, a despeito de atualmente estar em vigor

---
[1] **Oligarquia** é uma forma de governo na qual o poder político está concentrado em um pequeno número de pessoas, usualmente constantes de famílias que detêm o poder e que o passam ao longo de gerações.

o Estado gerencial, é possível a identificação de práticas típicas do modelo burocrático e, até mesmo, patrimonialista. Eis que entre organizações e até mesmo dentro de uma mesma organização, não raramente encontram-se diferentes graus de penetração dos diversos modelos organizacionais (SECCHI, 2009).

O quadro a seguir traz uma síntese da evolução do Estado brasileiro, estratificada em termos políticos, econômicos e de modelos de gestão (adaptado de Bresser-Pereira, 2001).

EVOLUÇÃO DO ESTADO BRASILEIRO			
ASPECTO	1822[2]-1930	1930-1985/1995	1985/1995 – ...
Política	Oligárquica	Autoritária	Democrática (1985)
Economia	Agrícola-mercantil	Capitalista Industrial	Capitalismo Pós-Industrial
Modelo de Gestão	Patrimonialista	Burocrático	Gerencial (1995)

Nas próximas seções, veremos com detalhes os modelos de gestão aqui mencionados.

1. O modelo administrativo patrimonialista

A noção de "patrimonialismo", nos moldes daquilo que hoje estudamos, é remetida ao sociólogo alemão Max Weber, ao se referir a uma suposta ação parasitária do Estado e de sua elite sobre a sociedade. Trata-se, assim, de um tipo específico de dominação entre a autoridade política e o povo, sendo normal a apropriação da coisa pública pelo governante como se sua fosse (WEBER, 2004).

Historicamente, as raízes patrimonialistas brasileiras remontam ao período do Brasil Colônia, em especial devido à influência de Portugal no período medieval, onde não havia sequer a noção de "soberania popular", e onde havia o gasto indistinto das rendas pessoais e do governo, pelo monarca.

No entanto, para nós, é de interesse restringir o período a partir do momento em que o Brasil torna-se independente de Portugal (1822) e, dessa forma, passa a contar com uma administração própria. Nessa ótica,

---

2 Em geral, adota-se a o ano de 1822 como marco inicial da análise de um modelo de gestão típico do Estado brasileiro, tendo em vista ser este o ano da independência do Brasil. No entanto, as características patrimonialistas remontam desde o início da colonização, como estudamos no Capítulo 5.

podemos afirmar que o modelo gestão patrimonialista do Estado vigora desde a independência até década de 1930.

À época do Brasil-Império, em continuidade a uma política portuguesa de séculos, formou-se uma elite essencialmente patrimonialista, que vivia da renda do Estado ao invés da renda da terra. Eram juristas e letrados, muitas vezes ligados às famílias dos proprietários dos latifúndios, mas, antes de tudo, eram sustentados pelo Estado.

No entanto, o fato era que essa elite política patrimonialista brasileira não possuía poder suficiente para governar sozinha. Como salienta Bresser-Pereira (2001), havia uma aliança entre o estamento (= camada) patrimonialista com a burguesia mercantil dos senhores de terra – burguesia esta que, no decorrer do século XIX, transformou-se de uma oligarquia de senhores de engenho para uma oligarquia cafeeira paulista. Houve, assim, durante o Império, um **Estado Patrimonial Mercantil**, sendo que a autonomia da elite patrimonialista imperial com relação aos proprietários de terra foi conquistada aos poucos, tendo por base o desenvolvimento do saber jurídico formal, transformado em ferramenta de trabalho e em instrumento de poder.

Seguindo os passos de Faoro (2001), falaremos um pouco da realidade brasileira por volta de 1900. Nessa época, o Brasil contava com uma aristocracia decadente que se via desprovida das rendas da terra (em especial pelo declínio do ciclo do café). A camada social dominante era, na realidade, formada por políticos patrimonialistas, que tiravam sua renda do patrimônio do Estado, alimentado pelos impostos da burguesia mercantil. Veja como Bresser-Pereira (2001) analisa este quadro:

> Este estamento [a **aristocracia brasileira** por volta de 1900] não é mais senhorial, porque não deriva sua renda da terra, **mas é patrimonial**, porque a deriva do patrimônio do Estado, que em parte se confunde com o patrimônio de cada um de seus membros. O Estado arrecada impostos das classes, particularmente da burguesia mercantil, que são usados para sustentar o estamento dominante e o grande corpo de funcionários de nível médio a ele ligados por laços de toda ordem. (BRESSER-PEREIRA, 2001, p. 4)

Dessa forma, trata-se de uma realidade na qual uma elite política letrada e conservadora manda de forma autoritária. Preenchendo esta elite, há uma camada de funcionários públicos cujos cargos eram denominados sinecuras[3] ou prebendas, sendo que o **nepotismo**, a **corrupção** e a **troca de favores** (= **clientelismo**) era a regra geral.

O foco das ações estatais, nessa época, era o **atendimento às demandas da elite**, de modo que as necessidades da população eram relegadas a

---
3 Sinecura (ou prebenda) significa um emprego rendoso e de pouco ou nenhum trabalho.

segundo plano. O cargo público era entendido, assim, como uma mera extensão da esfera privada dos governantes, que exerciam suas atribuições com a mais ampla liberdade.

O esquema abaixo traz as **principais características do modelo de administração patrimonialista**:

- Ausência de divisão entre propriedade pública e propriedade privada;
- Nepotismo, corrupção, troca de favores (= clientelismo) e personalismo (= sociedade baseada em relações pessoais, e não contratuais);
- Arbitrariedade das decisões;
- "Endeusamento" do soberano (Chefe do Executivo);
- Descaso pelas demandas sociais;
- Desorganização administrativa do Estado e inexistência de carreiras administrativas.

Q1. (CESPE / TJ – AL / 2012) Assinale a opção que corresponde ao modelo de administração pública cujo clientelismo é característica predominante:
a) Neoliberal;
b) Patrimonial;
c) Ditatorial;
d) Democrático;
e) Gerencial.

Denomina-se **clientelismo** a prática política de troca de favores. De um lado, o agente do Estado oferece benefícios públicos, tais como isenções fiscais, empregos e cargos públicos etc. e, por outro, o beneficiário retribui com apoio político (voto) ou, por vezes, com dinheiro.

Tendo em vista que há a oferta de benefícios públicos em prol de interesses particulares, trata-se de uma prática em que a *blica* ("coisa pública") é confundida com a *res principis* (coisa do soberano), inerente ao modelo patrimonialista de gestão.

Resposta: B.

Q2. (CESPE / PRF / 2012) Entre os traços inerentes à administração patrimonialista estão o nepotismo e a corrupção.

Apenas para reforçar o conteúdo sumarizado no quadro anterior, referente às características centrais do modelo patrimonialista de gestão...

A questão está correta.

Q3. (CESPE / TJ – RO / 2012) As características da administração pública patrimonialista incluem:

a) gestão por resultados, poder racional-legal e tecnicismo;
b) nepotismo, clientelismo e não separação entre público e privado;
c) não separação entre público e privado, tecnicismo e paternalismo;
d) poder racional-legal, hierarquia funcional e formalismo;
e) paternalismo, patrimonialismo e formalismo.

Como vimos, as seguintes características, mencionadas nas alternativas são inerentes ao patrimonialismo:

- não separação entre público e privado;
- clientelismo;
- nepotismo.

Assim, a alternativa B está correta. Cabe a menção de que paternalismo (forma de relação em que aspectos personalistas sobrepujam aspectos contratuais) também é intrínseco ao patrimonialismo

Poder racional-legal, hierarquia funcional, formalismo e tecnicismo são aspectos próprios do modelo de ação burocrática, como veremos mais adiante.

Por fim, gestão por resultados é o cerne do modelo gerencial.

Q4. (CESPE / PRF / 2012) No Estado patrimonialista, caracterizado pela interseção entre os patrimônios público e privado, os bens e serviços públicos também constituem patrimônio do governante.

Trata-se da indistinção entre a *res principis* (coisa privada, do governante) e a *res publica* (patrimônio público), marca central do patrimonialismo.

A questão está correta.

Q5. (CESPE / ANAC / 2012) De acordo com o modelo patrimonialista, o gestor público deve ter autonomia para gerir os recursos humanos, materiais e financeiros colocados à sua disposição, a fim de que os objetivos contratados e a finalidade pública sejam atingidos.

O atingimento da finalidade pública não era prioritário no modelo patrimonialista de gestão, no qual havia descaso pelas demandas sociais.

A questão está errada.

O Período de Transição

A Primeira República (também conhecida como República Velha) foi marcada como um período de transição. Trata-se do período compreendido entre a Proclamação da República (1889) e o Golpe Militar de 1930.

Conforme nos ensina Bresser-Pereira (2001), a Proclamação da República tinha a pretensão de ser uma revolução da classe média. No entanto, o regime militar do início da República teve vida curta – apenas durante os governos de Deodoro da Fonseca e de Floriano Peixoto. Logo em seguida, com a eleição, em 1894, de Prudente de Morais, retorna ao poder a oligarquia cafeeira, mas agora associada ao estamento militar.

O golpe militar de 1889 foi, na realidade, uma iniciativa elitista. O regime continuou oligárquico e as eleições, fraudulentas. Há estatísticas de que o eleitorado subira de um para dois por cento da população com a República.

Em síntese: a estrutura econômica e a de poder pouco mudou na Primeira República. Pelo contrário, a oligarquia teve suas características acentuadas. Nas palavras de Bresser-Pereira (2001, p. 8 e 9):

> [...] com o estabelecimento da Federação na Constituição de 1891, e a decorrente descentralização política de um Estado que no Império fora altamente centralizado, o poder dos governadores e das oligarquias locais aumentara ao invés de diminuir. Surge a política dos governadores, que definiria os rumos políticos do país até 1930. Mas o aumento do poder dos governadores era contraditório: se de um lado tinham mais poder em relação à União, tinham menos em relação aos coronéis locais, dos quais passavam a depender.

Este quadro implicava a insatisfação dos militares, que demandavam a ordem e o progresso inerentes à bandeira republicana. Da mesma forma, havia a indignação por parte dos liberais, que clamavam por democracia. Eis que os movimentos militares da década de 1920 (em especial a Coluna Prestes) desembocam na Revolução de 1930, responsável por colocar fim à República Velha e, consequentemente, à hegemonia da oligarquia cafeeira brasileira.

A Revolução de 1930 impediu a posse do presidente eleito Júlio Prestes, sendo que Getúlio Vargas assumiu a chefia do Governo Provisório por um período que duraria 15 anos. Dava-se início à consolidação de um Estado autoritário e burocrático inserido em uma sociedade em que o capitalismo industrial torna-se, enfim, dominante.

2. O Modelo Administrativo Burocrático

A reforma burocrática na administração estatal brasileira inicia-se de fato em 1936, sob a liderança de Getúlio Vargas. Naquele ano, criou-se o Conselho Federal do Serviço Público Civil, consolidado, dois anos depois, no Departamento Administrativo do Serviço Público (DASP), criado no início do Estado Novo pelo Decreto-Lei nº 579, de 1938.

Eram competências do D.A.S.P.:

> Decreto-Lei nº 579/1938, Art. 2º Compete ao D. A. S. P.:
>
> a) o estudo pormenorizado das repartições, departamentos e estabelecimentos públicos, com o fim de determinar, **do ponto de vista da economia e eficiência**, as modificações a serem feitas na organização dos serviços públicos, sua distribuição e agrupamentos, dotações orçamentárias, condições e processos de trabalho, relações de uns com os outros e com o público;
>
> b) **organizar anualmente**, de acordo com as instruções do Presidente da República, **a proposta orçamentária** a ser enviada por este à Câmara dos Deputados;
>
> c) **fiscalizar**, por delegação do Presidente da República e na conformidade das suas instruções, **a execução orçamentária**;
>
> d) **selecionar os candidatos aos cargos públicos federais**, excetuados os das Secretarias da Câmara dos Deputados e do Conselho Federal e os do magistério e da magistratura;
>
> e) promover a readaptação e o aperfeiçoamento dos funcionários civis da União;
>
> f) estudar e fixar os padrões e especificações do material para uso nos serviços públicos;
>
> g) auxiliar o Presidente da República no exame dos projetos de lei submetidos à sanção;
>
> h) inspecionar os serviços públicos;
>
> i) apresentar anualmente ao Presidente da República relatório pormenorizado dos trabalhos realizados e em andamento.

Q6. (CESPE / TRE – ES / 2011) A instituição, em 1936, do Departamento de Administração do Serviço Público (DASP) teve como objetivo suprimir o modelo patrimonialista de gestão.

Um dos intuitos da instauração do sistema burocrático na administração brasileira é o combate da corrupção e do nepotismo inerentes ao modelo anterior. Há, dessa forma, o foco em controles e em procedimentos racionais, salientando-se a impessoalidade, o formalismo, a hierarquia funcional, a profissionalização do servidor e a noção de uma carreira pública, bem como a preocupação em ampliar o acesso ao Estado e organizar a composição política com novos e emergentes atores sociais.

A questão, assim, está correta.

Basicamente, houve quatro fases inerentes ao modelo burocrático na administração brasileira, representadas no quadro abaixo:

O MODELO BUROCRÁTICO NA ADMINISTRAÇÃO BRASILEIRA	
FASE	CARACTERÍSTICAS
O Modelo Clássico	• Período: 1936–1945 (até o fim do Estado Novo / deposição de Getúlio Vargas); • Ênfase na reforma dos meios, tendo no D.A.S.P. o órgão central responsável pela implantação de uma burocracia clássica weberiana no País.
A volta do clientelismo	• Período: 1945–1951 • Com a perda do autoritarismo inerente ao regime do Estado Novo, o D.A.S.P. acaba por perder muito de suas atribuições. Há o retorno de práticas clientelistas e de velhos componentes patrimonialistas.
Tentativa de retomada do ímpeto inicial	• Período: 1951–1963 • Com a volta de Getúlio Vargas ao poder (1951-1954), inicia-se uma tentativa de retomada ao ímpeto inicial de completar a implantação de uma administração pública democrática. No entanto, não só as forças atrasadas no patrimonialismo eram obstáculos à reforma burocrática, mas também as "novas" forças comprometidas com o desenvolvimento econômico opunham-se ao formalismo burocrático.
Regime Militar e a Reforma Desenvolvimentista de 1967	• Período: 1964–1985 • Implanta-se um regime autoritário modernizador, burocrático-capitalista; • Procede-se à **Reforma Administrativa de 1967**, materializada no Decreto-Lei nº 200. Trata-se de uma primeira tentativa de superação da rigidez burocrática, inaugurando práticas gerencialistas – em especial a descentralização para a Administração Indireta. Introduz, dessa forma, o chamado **paradigma pós-burocrático**, marcado por uma gama de práticas contrárias à burocracia: descentralização, flexibilidade, busca por resultados e orientação para o cidadão.

O esquema abaixo traz as **principais características do modelo de administração burocrático**:

- Impessoalidade e racionalidade na administração pública;
- Especialização da administração pública e decorrente profissionalização dos funcionários;
- Meritocracia (observância de critérios racionais de competência técnica para contratação e promoção de pessoal);
- Padronização de rotinas e de procedimentos (falta de flexibilidade);
- Divisão do trabalho é racional;
- Estado é centralizador e a hierarquia é baseada na autoridade;
- Foco nas rotinas e no controle dos meios, e não no cliente (cidadão).

Q7. (CESPE / MTE / 2008) No Estado patrimonial, a gestão política se confunde com os interesses particulares, ao passo que, no modelo burocrático, prevalece a especialização das funções, e a escolha dos candidatos aos cargos e às funções públicas é pautada pela confiança pessoal.

O enunciado peca ao afirmar que, no modelo burocrático, a escolha dos candidatos aos cargos e às funções públicas é pautada pela confiança pessoal. Como vimos, o modelo burocrático defende a meritocracia, detendo foco à competência técnica para fins de seleção de pessoal.

A questão está errada.

Q8. (ESAF / CGU / 2008) Considerando a diferenciação conceitual para fins didáticos dos modelos patrimonialista, burocrático e gerencial da administração pública no Brasil, selecione a opção que conceitua corretamente o modelo burocrático de gestão.

a) Estado centralizador, onipotente, intervencionista e espoliado por uma elite que enriquece e garante privilégios por meio de exclusão da maior parte da sociedade.

b) Estado centralizador, profissional e impessoal que busca a incorporação de atores sociais emergentes e estabelece normas e regras de funcionamento.

c) Estado desconcentrado que privilegia a delegação de competências para os municípios e foca o controle social de suas ações.

d) Estado coordenador de políticas públicas nas três esferas da federação, visando à desburocratização dos processos governamentais.

e) Estado descentralizado que tem como foco de suas ações o contribuinte, que é visto como cliente dos serviços públicos.

Vejamos os comentários às alternativas:

a) Na realidade, esta assertiva lista algumas dos "defeitos" do modelo burocrático no Brasil (onipotência estatal, enriquecimento indiscriminado da elite etc.), e não características deste modelo. A assertiva está errada;

b) A assertiva lista características que estão de acordo com a teoria vista anteriormente. Está, portanto, correta;

c) O Estado Burocrático é centralizado. A assertiva está errada;

d) Não faz sentido citar o intuito à desburocratização em um modelo burocrático. A afirmativa está errada;

e) Mais uma vez, o Estado Burocrático é centralizado. Ainda, não há foco no cliente (contribuinte). A afirmativa está errada.

Resposta: B.

Q9. (CESPE / ANAC / 2012) **O governo autoritário de Vargas investiu na modernização da máquina administrativa do Estado por meio da difusão dos paradigmas burocráticos de Max Weber.**

Os ideais burocráticos weberianos são a principal fonte conceitual da reforma daspiana, que almejou a modernização da máquina administrativa estatal, visando a mitigar as práticas clientelistas do estado patrimonialista, segundo as quais as "coisas do governante" (= *res principis*) não eram separadas das coisas do povo (*res pública*).

A questão está certa.

Q10. (CESPE / ANAC / 2012) **A administração pública burocrática representou uma tentativa de substituição das práticas patrimonialistas, originárias das monarquias absolutistas, em que inexistia clara distinção entre a *res publica* e a *res privada*.**

O enunciado espelha o que talvez tenha sido o principal motivador da implantação do modelo burocrático na gestão pública brasileira: a substituição do modelo patrimonialista então vigente.

A questão está correta.

Q11. (CESPE / TJ – RO / 2012 – adaptada) **A *res pública* e a *res privada* são indistintas no modelo burocrático de administração pública.**

Como vimos, a indistinção entre a *res publica* e a *res privada* é típica do modelo patrimonialista de gestão (e não burocrático).

A questão está errada.

Q12. (FUNIVERSA / EMBRATUR / 2011) Segundo o Prof. Renato Aldarvis, até 1936, a administração pública brasileira foi, por herança do Império, eminentemente patrimonialista. Entretanto, com a reforma promovida por Maurício Nabuco[4], foram substituídas as deletéreas práticas por uma burocracia pública. Entre os benefícios trazidos pela burocracia, pode-se apontar:

a) a profissionalização da administração;

b) a eliminação do nepotismo;

c) o foco dirigido para o usuário do serviço público;

d) a transparência do processo de análise do desempenho funcional;

e) o desenvolvimento de estratégias de longo prazo.

Como vimos, a burocracia trouxe a especialização da administração pública e decorrente profissionalização dos funcionários. Assim, a alternativa "a" está correta.

Com relação às alternativas "c", "d" e "e", trata-se de características do modelo mais atual de administração pública (o gerencial), conforme veremos na próxima seção. Já a eliminação do nepotismo (alternativa "b") não foi completa com a reforma burocrática – e nem com a gerencial – sendo uma prática vigente até os dias atuais.

Resposta: A.

3. O modelo administrativo gerencial (ou pós-burocrático)

A Reforma Administrativa de 1995 é tida como o marco da implantação do modelo gerencial no Brasil, implicando uma mudança de paradigma na administração pública, a partir da qual práticas como a descentralização administrativa, a orientação para resultados e o foco no cidadão-cliente foram implementadas.

Neste momento, iremos, preliminarmente, estudar um movimento chamado de **Nova Gestão Pública (ou *New Public* Management)**, que serviu de base para diversas reformas administrativas ocorridas no final do século passado, em nível mundial e que, no âmbito do Brasil, serviu de fundamento às ideias da Reforma Gerencial de 1995.

---

4 Maurício Nabuco foi um embaixador que, em 1933, recebeu a incumbência, por parte de Getúlio Vargas, de estudar a reforma da administração pública.

3.1. Base teórica do modelo gerencial: a Nova Gestão Pública

A Nova Gestão Pública (NGP) ou a *New Public Management* (NPM) é um movimento surgido no final da década de 1970 e início da década de 1980, em países capitalistas desenvolvidos, como reflexo da necessidade de mudança do modelo de atuação do Estado, colocado cada vez mais em xeque desde as crises do petróleo de 1973 e 1979.

Para Abrucio (1998), a crise dos Estados apresentava três dimensões, discriminadas no quadro abaixo:

CRISE DOS ESTADOS NO FINAL DA DÉCADA DE 1970	
DIMENSÃO	**DISCRIMINAÇÃO**
Econômica	• A economia da época era marcada pelo modelo *keynesiano* (em conformidade com a teoria desenvolvida pelo economista John Keynes), caraterizado pela intervenção estatal na economia. • Havia baixas taxas de crescimento, em decorrência dos problemas econômicos oriundos da crise do petróleo. • Havia escassez de recursos, o que acarretou uma crise fiscal. Assim, os governos viram-se incapazes de financiarem seus déficits. O resultado foi o corte de investimentos pelos Estados, enfraquecendo a capacidade de implementação de políticas públicas. • Além da perda da capacidade de investimento, com a globalização e com o aumento do poder financeiro empresarial, houve "perda de parcela significativa dos Estados nacionais de ditar políticas macroeconômicas" (ABRUCIO, 1998, p. 176).
Social	• A crise econômica descrita acima comprometeu os investimentos na área social. Assim, não mais via o consenso social que sustentara o Estado do Bem-Estar Social (*Welfare State*).
Administrativa	• A crise financeira do Estado, aliada à perda de poder de atuação (econômico e social), trouxe reflexos negativos na qualidade dos serviços prestados: **o modelo burocrático weberiano disfuncional então vigente passou a ser visto como ultrapassado, lento, desprovido de transparência e incompatível com os anseios dos cidadãos.**

As críticas ao modelo burocrático intensificavam-se ao passo que a crise financeira dos Estados agravava-se. Era necessária uma resposta em termos de mudança do modelo de gestão vigente.

A resposta veio a partir de 1979/1980, quando os conservadores chegam ao poder, em especial nas figuras de Margareth Thatcher (do Partido Trabalhista, na Grã-Bretanha) e de Ronald Reagan (do Partido Republicano, nos Estados Unidos). A proposição inicial do chamado *new public management* (NPM) partia do pressuposto de que **práticas administrativas típicas do setor privado poderiam ser aplicadas no setor público.**

Os Estados foram acusados de serem responsáveis pelas crises econômicas, sociais e administrativas que enfrentavam. Desta forma, em **um primeiro momento, o NPM adotou as ideias do neoliberalismo** (ou do "Estado Mínimo"), sendo que algumas economias foram amplamente desregulamentadas e o aparelhamento estatal, desmantelado – afinal, o Estado era visto como vilão. Tal medida foi revista em momento posterior, ao se perceber que a resposta havia sido inadequada. Assim, **o NPM passou a defender o papel do Estado como regulador e controlador (e não pleno executor), com ações voltadas à satisfação do cidadão-usuário**.

Um dos primeiros passos do NPM rumo à administração pública gerencial foi o desenvolvimento de ferramentas de gestão do orçamento, vinculando-se as finanças públicas mais a objetivos almejados do que a regras rígidas do serviço estatal.

Os conceitos fundamentais da nova gestão pública são assim apresentados por Armstrong (1998):

Características fundamentais da Nova Gestão Pública

- Redução de custos e busca de maior transparência na alocação de recursos.
- Divisão das organizações burocráticas tradicionais em agências separadas, cuja relação com o Estado dá-se por meio de contratos.
- Separação entre comprador e fornecedor dos serviços públicos.
- Introdução de mecanismos gerenciais de mercado (ou privados), no setor público.
- Introdução de sistemas de gestão por desempenho.
- Mudança nas políticas de pessoal, alterando a condição de estabilidade de emprego e estabelecendo critérios de desempenho, fomentando, ainda, a criatividade.
- Descentralização da decisão e horizontalização de estruturas.
- Aumento da ênfase na qualidade do serviço e na busca pela satisfação do consumidor (cidadão-cliente).
- Mudança da concepção de interesse público, que deixa de ser a afirmação do poder estatal (administração burocrática) e passa a ser o atendimento a demandas agregadas dos indivíduos, ou seja, da coletividade.

O fato é que, na percepção da época, a "Nova Gestão Pública ficou em evidência porque a Administração Pública Burocrática havia exaurido suas possibilidades" (BRESSER-PEREIRA, 2009, p. 211).

Q13. (CESPE / TJ – AL / 2012) O papel do governo, de acordo com a nova gestão pública, é consolidar as demandas da sociedade estruturando e implementando políticas com foco em objetivos políticos predefinidos, por meio de uma estrutura descentralizada.

De acordo com os preceitos da Nova Gestão Pública, as políticas não devem ter como foco "objetivos políticos predefinidos", mas sim as demandas sociais efetivas, e a decorrente satisfação do consumidor. Tais objetivos, ainda, não devem ser predefinidos, mas sim estruturados de acordo com a conjuntura em pauta.

A questão está errada.

A literatura que aborda o NPM usualmente faz referência ao caso da Grã-Bretanha, não só por ter sido um esforço pioneiro na mudança do modelo gerencial, mas também pelo sucesso e pela uniformidade na implantação do NPM.[5] Ao longo das décadas de 1980 e 1990, surgiram **três estágios** (ou visões) da Nova Administração Pública: **o gerencialismo puro (ou *managerialism*), o *consumerism* e o *Public Service Orientation* (PSO)**. Há, no entanto, um núcleo comum entre estes estágios, sendo que tais visões são, por vezes, intercambiáveis. A seguir veremos detalhes sobre estes estágios:

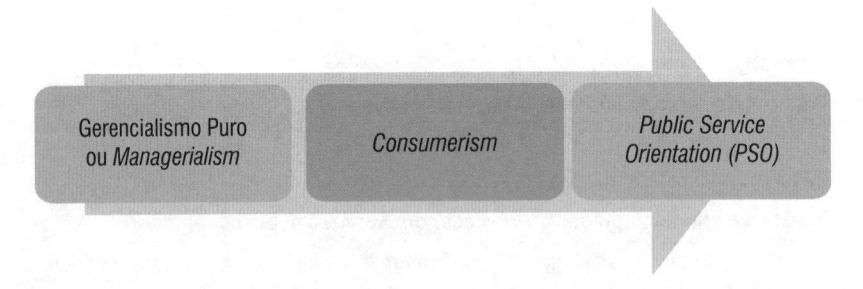

| Gerencialismo Puro ou *Managerialism* | *Consumerism* | *Public Service Orientation* (PSO) |

3.1.1. O Gerencialismo Puro ou *Managerialism*

O ponto central do gerencialismo puro é a **busca pela eficiência**, identificando-se com os ideais neoliberais. Visa-se à redução dos custos do setor público e ao aumento de sua produtividade, reduzindo-se a máquina

---

[5] Os Estados Unidos, por serem formados por Estados Federados autônomos, apresentam uma significativa descentralização administrativa, dificultando sobremaneira a implantação de um modelo único de gerencialismo. O mesmo não ocorreu com a Grã-Bretanha, cujas condições políticas favoreciam a adoção dos ideais da Nova Administração Pública.

governamental por meio da privatização de estatais e da modificação da estrutura (organização) das atividades.

As especificidades do gerencialismo puro são arroladas a seguir:

> **Especificidades do Gerencialismo Puro**
> - **Foco na eficiência** (e não na efetividade, ou seja, no impacto que o serviço público terá sobre o cidadão). O usuário do serviço público é visto como mero financiador do sistema;
> - **O modelo de gestão do setor privado pode ser diretamente implantado no setor público**. Não há a consideração de que as especificidades do setor público podem dificultar, por exemplo, a mensuração da eficiência e a avaliação do desempenho;
> - **Há separação (independência) entre política e administração**, de modo que seria possível implantar um modelo de gestão gerencial independentemente do contexto político existente. No entanto, o desenvolvimento do modelo gerencial na Grã-Bretanha somente logrou êxito devido a um forte apoio político dos conservadores para o avanço da reforma.

Os conceitos desse estágio do NPM foram empregados, com maior ou menor intensidade, por todos os governos que realizaram reformas administrativas nas últimas décadas. Contudo, algumas das especificidades sofreram mudanças, descritas no estágio a seguir.

3.1.2. O *Consumerism*

O gerencialismo puro, a partir da segunda metade da década de 1980, passou a sofrer críticas relacionadas à ênfase restrita à eficiência, sem dispensar maior atenção aos impactos dos serviços públicos aos cidadãos (efetividade). Assim, surge o *consumerism*, a segunda onda do NPM, que passa a focar o usuário do serviço público como **cliente-cidadão.**

As especificidades do *consumerism* são arroladas a seguir:

> **Especificidades do *Consumerism***
> - **Foco na perspectiva do cliente-cidadão (ou cliente-usuário)**. O usuário do serviço público não é mais visto como mero financiador do sistema, mas sim como o propósito de se prestar o serviço pelo Estado. Assim, a redução de custos pelo Estado está subordinada à consecução da satisfação pelo cliente. Da mesma forma, ocorre a **descentralização administrativa e política**, de forma a alocar a gestão mais próxima ao cidadão, possibilitando uma melhor avaliação e fiscalização.

- **Introdução da perspectiva da qualidade**, em parte devido à difusão da gestão da qualidade total[6] no setor privado. Com a adoção do referencial da qualidade, evitava-se incorrer na perda do nível dos serviços em virtude de uma eventual redução de custos do Estado.

- Surge o **planejamento estratégico** aplicável às organizações públicas, bem como se incentiva um **modelo contratual** no serviço público (seja entre organizações públicas e privadas ou entre as próprias organizações públicas).

Q14. (FCC / TRE – CE / 2012) A busca por prestação de serviços de qualidade para o cidadão na gestão pública flexibilizada como estratégia para alcançar a satisfação do consumidor, em que o cidadão deixa de ser visto como mero financiador do sistema, por meio de pagamento de impostos, e passa a ser a razão de existir dos serviços públicos, caracterizou o estágio da administração pública conhecido por:

a) modelo racional-legal;

b) gerencialismo puro;

c) consumeirismo;

d) patrimonialismo;

e) empreendedorismo.

A questão faz alusão ao *consumeirism* (ou "consumeirismo"), um estágio conceitual inserido na Nova Gestão Pública (NGP) no qual atribui-se ao cidadão o efetivo papel de cliente dos serviços públicos, abandonando-se o caráter de mero financiador do aparelho estatal.

Resposta: C.

No sentido de priorizar o consumidor, o governo inglês lançou o programa **Citizen's Charter**, que "consiste na implantação de programas de avaliação de desempenho organizacional de acordo com dados recolhidos junto aos consumidores" (ABRUCIO, 1997, p. 22). Assim, o consumidor passa a manifestar-se acerca de suas necessidades, a partir das quais o Estado molda as políticas públicas mais adequadas.

O *consumerism* recebeu críticas, em especial pelo fato de a relação entre o prestador do serviço público com seu "consumidor" ser mais complexa do que a relação existente no mercado (setor privado). Há, por exemplo,

---

6 A Gestão da Qualidade Total – GQT (ou Total Quality Management) é uma filosofia administrativa que defende a a aplicação da qualidade em todas as atividades feitas na organização, em todas as suas áreas e níveis (compras, finanças, vendas, área jurídica etc., e não somente no setor de produção). Concebida na década de 1970, teve grande difusão na década seguinte, como uma resposta das empresas norte-americanas à invasão em seus mercados de produtos japoneses de alta qualidade.

serviços que devem ser prestados pelo Estado e que não podem ser delegados (saúde, educação, previdência etc.), e que não oferecem ao "consumidor" a possibilidade de escolha, como ocorreria no âmbito do mercado.

Dessa forma, o conceito de "consumidor" passou a ser substituído pelo de "cidadão", no estágio descrito a seguir.

3.1.3. *Public Service Orientation* (PSO)

Trata-se do estágio mais atual do *New Public Management* (NPM), ainda vigente. Surge a partir do início da década de 1990, não só na Grã-Bretanha e nos Estados Unidos, mas também em vários outros países da Europa.

Nessa visão, o conceito de "consumidor" é substituído pelo de "cidadão", tendo em vista que cidadania implica direitos e deveres, e não só a liberdade de escolha de serviços públicos.

As especificidades do *Public Service Orientation* (PSO) são arroladas a seguir:

Especificidades do *Public Service Orientation (PSO)*

- **Substituição do conceito de cliente/consumidor pelo de cidadão.** Não há mais o caráter de passividade do cliente, conforme retratado no *consumerism*. A cidadania pressupõe a participação ativa (do cidadão) na escolha dos dirigentes, na formação das políticas públicas, na avaliação dos serviços públicos, bem como na exigência da prestação de contas (= *accountability*) dos órgãos administrativos à sociedade.
- **Busca pela equidade**, ou seja, pela observância da isonomia no tratamento dos administrados (um dos fundamentos da Administração Pública). Esta perspectiva visa a minimizar uma das falhas do *consumerism*, que peca a não responder efetivamente quem são os consumidores ou os clientes. Assim, haveria a possibilidade, no *consumerism*, daqueles que se organizarem melhor serem mais bem atendidos pelo Estado. Este tratamento desigual é combativo na PSO.
- **Resgate dos ideais de transparência, de participação política e de bem comum** como forma de evitar práticas patrimonialistas e clientelistas.

Salienta-se que a PSO é uma visão vigente, ainda em formação, que torna evidente que para se reformar o Estado é fundamental alinhar um novo modelo organizacional para o setor público com o exercício da cidadania.

O quadro abaixo traz uma síntese dos três estágios do NPM:

	GERENCIALISMO PURO (*Managerialism*)	*CONSUMERISM*	*PUBLIC SERVICE ORIENTATION (PSO)*
Focos / Objetivos	Eficiência / redução de custos (economia).	Qualidade / planejamento estratégico / modelo contratual.	Cidadania, equidade, transparência, *accountability*.
Visão sobre o usuário do serviço público	Financiador do setor público.	Cliente (ou consumidor) do serviço prestado.	Cidadão (com direitos e deveres).
Descentralização	Forma de se obter maior eficiência.	Descentralização administrativa e política, como forma de aproximar os prestadores de serviços aos consumidores.	Forma de promover a participação política, bem como de implementar políticas públicas.

Relembra-se apenas que **estes estágios não são contraditórios entre si**. São, na realidade, visões muitas vezes complementares, que retratam a evolução das ideias que fundamentam a administração pública gerencial.

Q15. (ESAF / MTE / 2006) O modelo gerencial de administração pública pode ser identificado como gerencial puro, *consumerism*, e *public service orientation*, cada um com focos distintos. Indique a opção que indica corretamente o público alvo das ações do modelo *consumerism*.

a) O cliente consumidor.

b) O contribuinte.

c) O cidadão.

d) O cidadão-usuário.

e) O usuário contribuinte.

Como vimos, no *consumerism*, a visão que se tem sobre o usuário do serviço público é a de consumidor (ou cliente) do serviço prestado. Dessa forma, a alternativa A está correta.

Quanto às demais alternativas, temos que a visão do usuário do serviço público como mero financiador (ou contribuinte) é inerente ao gerencialismo puro (ou *managerialism*). As alternativas B e E, dessa forma, referem-se a este estágio.

Já a visão do usuário como cidadão é típico da *public servisse orientation*. Estamos falando das alternativas C e D.

Resposta: A.

Q16. (ESAF / ANA / 2009) Sobre o tema "administração pública gerencial", é correto afirmar:

a) O *consumerism* e o *public service oriented* são visões completamente antagônicas da administração pública gerencial.

b) No Brasil, a adoção do gerencialismo na administração pública visa à efetiva implantação de um modelo burocrático weberiano, objetivo que nenhuma reforma administrativa logrou alcançar.

c) A primeira experiência de administração pública gerencial, em nosso país, remonta ao século passado, sendo seu marco a criação do DASP, por Getúlio Vargas, em 1936.

d) Tal como originalmente promulgada, em outubro de 1988, a Constituição Federal contemplava todos os preceitos do gerencialismo, não necessitando, para tanto, sofrer qualquer alteração posterior.

e) Uma das principais críticas que se faz ao *consumerism* decorre do fato de o modelo não identificar, adequadamente, quem são os seus clientes, já que o conceito de 'consumidor' não equivale ao de 'cidadão'.

Vejamos os comentários às alternativas:
   a) Os três estágios do *New Public Management* (ou Nova Administração Pública) não são antagônicos entre si: são, por vezes, complementares, denotando uma evolução sobre as ideias que fundamentam o modelo de administração gerencial. A alternativa está errada.
   b) No Brasil, a tentativa de adoção do gerencialismo na administração pública visou a superar o caráter disfuncional do modelo burocrático de Weber. Os pressupostos da administração gerencial são distintos do modelo weberiano: o foco é o controle dos resultados, e não o controle do processo. A alternativa está errada.
   c) A criação do DASP é o marco da Reforma Burocrática, afastando a administração pública brasileira de um modelo anterior que era puramente patrimonialista. A primeira experiência da administração pública gerencial é usualmente referenciada como a Reforma Desenvolvimentista de 1967. A alternativa está errada.
   d) A Administração Pública brasileira tornou-se mais burocrática, rígida e centralizada por meio das regras insculpidas na CF/88. Trata-se do retrocesso burocrático, que vem sendo remediado por uma série de ações posteriores (a Lei de Acesso à Informação, por exemplo, pode ser considerada uma medida que visa a combater a falta de transparência inerente ao modelo burocrático ora estabelecido). A alternativa está errada.
   e) A alternativa espelha de forma apropriada uma das principais críticas ao *consumerism*. Assim, um grupo mais bem organizado, que faça uma pressão maior sobre o setor público, seria mais bem atendido, na ótica do *consumerism*. Isso é combatido na perspectiva da equidade, inerente à *public servisse orientation*. A alternativa está correta.

Resposta: E.

3.2. Aspectos gerais do modelo gerencial no Brasil

Após uma conturbada transição, marcada pelo movimento das "Diretas Já", o Brasil retorna ao regime democrático em 1985. Há, nesse momento, uma recuperação do poder pelos governadores dos estados, bem como o surgimento dos prefeitos municipais como atores políticos relevantes.

Essa descentralização de poder foi, na realidade, fruto de uma crise fiscal e política que assolava o País. Havia a demanda da sociedade civil por maior autonomia dos estados e municípios, com vistas a melhor gerir os interesses públicos. No entanto, o cenário econômico não poderia ter se concretizado mais desfavorável: o fracasso do Plano Cruzado e profunda crise fiscal nos anos 1988 e 1989 culminou no mergulho do País na hiperinflação do início da década de 1990.

Em contrapartida, enquanto o País descentralizava-se no plano político, no plano administrativo havia a centralização, por intermédio da Constituição Federal de 1988, denotando um significativo retorno aos ideais burocráticos de 1936. Para Bresser-Pereira (2001), este retrocesso burocrático resultou da crença equivocada de que a flexibilização da administração pública trazida pelo Decreto-Lei nº 200/1967 seria o cerne da crise do Estado. Dessa forma, a soma de uma burocracia fortalecida pela CF/88 com a profunda crise econômica implicou o desprestígio da administração pública brasileira, até meados da década de 1990.

Após esforços pouco eficazes nos governo Collor (1990-1992) e Itamar Franco (1992-1994), foi no governo de Fernando Henrique Cardoso que a Reforma Administrativa passou a ser tema central no País.

A fim de dar o devido suporte à citada Reforma, criou-se, em 1995, o Ministério da Administração e Reforma do Estado (MARE), nomeando-se o ministro Bresser-Pereira a fim de levar a cabo as ações necessárias. Bresser-Pereira, no mesmo ano, elabora o **Plano Diretor de Reforma do Aparelho do Estado (Pdrae)**, tomando por base a análise das reformas ocorridas em outros países (em especial Inglaterra), bem como o livro *Reinventando o Governo*[7] (obra de David Osborn e Ted Gaebler).

Contando com o respaldo do então presidente Fernando Henrique, a proposta acabou por ganhar o apoio de políticos e intelectuais. Foi aprovada e teve como marco central a Emenda Constitucional nº 19, de 1998.

---

7 A obra *Reinventando o Governo: como o espírito empreendedor está transformando o setor público*, publicada em 1998, retrata a experiência ocorrida no Estado de Minnesota (EUA), devido a uma gestão inovadora promovida pelo prefeito e vice--prefeito da cidade de Saint Paul.

No **modelo de administração pública gerencial**, prioriza-se a **eficiência** na atuação administrativa (aliás, foi a própria EC nº 19/98 que inseriu o Princípio da Eficiência como norteador da atividade administrativa, conforme consta do *caput* do art. 37 da CF/88). Aspectos como a qualidade dos serviços ao cidadão, a redução de custos e a descentralização administrativa passam a tomar forma como objetivos da gestão estatal. Ainda, muito da linguagem e das ferramentas típicas da administração privada foram trazidas para o âmbito da administração pública.

O esquema abaixo, já visto no Capítulo 5, traz as **principais características do modelo de administração gerencial**:

- Orientação para a obtenção de resultados;
- Foco no cidadão, entendido como cliente / usuário último da administração pública;
- Descentralização administrativa (delegação de autoridade), priorizando os resultados e o seu controle (efetuado através de contratos de gestão);
- Descentralização política, transferindo-se recursos e atribuições para os níveis políticos regionais e locais;
- Fortalecimento e aumento da autonomia da burocracia estatal, organizada em carreiras de Estado, passando a formular e a gerir, juntamente com políticos e demais membros da sociedade, as políticas públicas;
- Terceirização de atividades auxiliares e de apoio, que passam a ser licitadas competitivamente no mercado.

Por fim, é importante salientar que **não há um "modelo puro" de administração vigente no Brasil**. O que existe é um misto dos modelos ora estudados. Ainda há traços significativos do patrimonialismo, sendo a corrupção, o clientelismo e a confusão entre o público e o privado manchetes corriqueiras em nossos jornais.

Da mesma forma, o modelo de administração gerencial está apoiado no burocrático, do qual conserva alguns de seus princípios fundamentais: **admissão por mérito (concurso público)**, planos de cargos e salários, treinamento sistemático, estruturação hierárquica. A inovação deu-se, mais propriamente, na adoção do controle voltado aos resultados (e não aos procedimentos) e na nova visão que elege o cidadão como cliente dos serviços da administração pública.

Q17. (FCC / TRE – SP / 2012) A administração pública pós-burocrática está apoiada, em parte, na administração pública burocrática, da qual conserva, embora flexibilizado, o princípio fundamental:

a) da admissão segundo critérios de mérito;
b) da descentralização dos processos de decisão;
c) do estímulo financeiro ao exercício da criatividade;
d) da redução das estruturas hierárquicas;
e) da delegação de autonomia aos servidores.

Essa questão pode ser respondida tendo por base o seguinte trecho do Plano Diretor da Reforma do Aparelho do Estado (1995, p. 16).

> A administração pública gerencial constitui um avanço e até um certo ponto um rompimento com a administração pública burocrática. Isto não significa, entretanto, que negue todos os seus princípios. Pelo contrário, **a administração pública gerencial está apoiada na anterior, da qual conserva, embora flexibilizando, alguns dos seus princípios fundamentais, como a admissão segundo rígidos critérios de mérito**, a existência de um sistema estruturado e universal de remuneração, as carreiras, a avaliação constante de desempenho, o treinamento sistemático. A diferença fundamental está na forma de controle, que deixa de basear-se nos processos para concentrar-se nos resultados, e não na rigorosa profissionalização da administração pública, que continua um princípio fundamental. (grifos nossos)

De acordo como trecho destacado acima, vemos que a alternativa "a" está correta.

As demais alternativas espelham características do modelo gerencial, não encontrados no burocrático.

Resposta: A.

Q18. (CESPE / ANAC / 2012) A administração pública gerencial produziu avanços para a gestão do Estado, tendo sido marcada pelo rompimento com princípios da administração pública burocrática e pela adoção da administração por objetivos.

Como vimos na questão anterior, o rompimento da administração pública gerencial com os princípios da gestão burocrática não foi absoluto. Houve, sim, a conservação de alguns princípios fundamentais, que foram flexibilizados.

A questão está errada.

Capítulo 7 | Modelos Teóricos da Administração Pública: patrimonialista, bucrocrático e gerencial 341

Q19. (CESPE / TCU / 2007) Para a administração pública gerencial, ao contrário do que ocorre na administração pública burocrática, a flexibilização de procedimentos e a alteração da forma de controle implicam redução da importância e, em alguns casos, o próprio abandono de princípios tradicionais, tais como a admissão segundo critérios de mérito, a existência de organização em carreira e sistemas estruturados de remuneração.

Com base no mesmo excerto do Plano Diretor da Reforma do Aparelho do Estado registrado nos comentários da questão anterior, nota-se que aspectos segundo critérios de mérito, existência de organização em carreira e sistemas estruturados de remuneração não sofreram redução de importância no modelo gerencial.

A questão está, assim, errada.

Q20. (ESAF / MPOG / 2009) Acerca do modelo de administração pública gerencial, é correto afirmar que:

a) admite o nepotismo como forma alternativa de captação de recursos humanos;

b) sua principal diferença em relação à administração burocrática reside na forma de controle, que deixa de se basear nos processos para se concentrar nos resultados;

c) nega todos os princípios da administração pública patrimonialista e da administração pública burocrática;

d) orientada, predominantemente, pelo poder racional legal;

e) caracteriza-se pela profissionalização, ideia de carreira, hierarquia funcional, impessoalidade e formalismo.

Vejamos os comentários às alternativas:

a) Na administração gerencial, a forma de captação de recursos humanos é formal, nos moldes básicos do modelo burocrático – via concurso público. A assertiva está errada.

b) A forma de controle é, realmente, o ponto chave na diferença entre os modelos gerencial e burocrático. Passa-se a visar à aferição dos resultados, ao invés do controle rígido dos procedimentos. A alternativa está correta.

c) Como vimos, a administração gerencial baseia-se em muitos pontos básicos do modelo burocrático. A alternativa está errada.

d) O modelo que se orienta, predominantemente, pelo poder racional legal é o burocrático. A alternativa está errada.

e) Os aspectos elencados pela alternativa são inerentes, mais uma vez, ao modelo burocrático. A assertiva está, portanto, errada.

Resposta: B.

Questões de Concursos

1. (CESPE / TCE – PA / 2016) Os princípios da administração pública gerencial, surgida no fim do século XX, incluem o combate ao nepotismo e à corrupção, por meio do controle rígido dos processos organizacionais e dos procedimentos operacionais, modo mais seguro de combatê-los.

2. (CONSULPLAN / TRE – MG / 2013) Atualmente, é possível identificar pelo menos três formas de administração do Estado brasileiro: a administração patrimonialista, a administração pública burocrática e a administração pública gerencial ou pós-burocrática. Esta última decorre de novas tarefas atribuídas ao Poder Público no Estado Social, decorrentes da Constituição de 1988, entre elas a prestação de diversos serviços públicos, como educação e saúde; regulação de atividades passíveis de externalidades, como a vigilância sanitária e a proteção ao meio ambiente, as diferentes políticas sociais voltadas ao combate às desigualdades. Essas novas tarefas requerem uma maior eficiência da máquina pública com características que considerem seus custos e uma administração menos hierárquica e mais flexível, tendo por objetivo a melhoria da qualidade dos serviços prestados ao cidadão. Em relação às características mais relevantes da administração pública gerencial, analise.
   I. Sistemas de gestão e controle centrados em resultados e procedimentos.
   II. Menor autonomia gerencial do administrador público.
   III. Avaliação e divulgação de efeitos e/ou produtos e resultados tornam-se chaves para identificar políticas e serviços públicos mais efetivos.
   IV. Estruturas de poder mais centralizadas e hierárquicas, permitindo maior rapidez e economia na prestação de serviços e a participação dos usuários.
   V. Contratualização de resultados a serem alcançados com explicitação mais clara de aportes para sua realização.
   VI. Incentivos ao desempenho superior, inclusive financeiro.
   VII. Criação de novas figuras institucionais para a realização de serviços que não configuram atividades exclusivas de Estado, com PPP (Parcerias Público-Privadas), Organizações Sociais e Oscips (Organização da Sociedade Civil de Interesse Público) que podem estabelecer parcerias com o Poder Público.
   Estão corretas apenas as afirmativas:
   a) II, V e VII;
   b) II, VI e VII;

c) III, IV, V e VII;
d) III, V, VI e VII;
e) I, II, IV, V e VI.

3. (FCC / DPE – SP / 2015) Os seguintes modelos gerenciais têm como principais características:
   a) Modelo Gerencial - Gerencialismo Puro
      Características - Efetividade e qualidade dos serviços;
   b) Modelo Gerencial – *Consumerism*
      Características - Economia e eficiência;
   c) Modelo Gerencial - *Consumerism*
      Características - *Accountability* e equidade;
   d) Modelo Gerencial - *Public Service Orientation*
      Características - Efetividade e qualidade dos serviços públicos;
   e) Modelo Gerencial - *Public Service Orientation*
      Características - *Accountability* e equidade.

4. (CESPE / TCE – PE / 2018) Com a reforma do Estado brasileiro, o Estado deixou de ser responsável direto pelo desenvolvimento econômico e social e tornou-se o seu regulador e promotor.

5. (CESPE / STM / 2018) Métricas explícitas de desempenho, controle de resultados e administração de recompensas são características associadas ao paradigma burocrático.

6. (CESPE / EBSERH / 2018) A administração pública burocrática é autorreferente, ao passo que a administração gerencial é orientada para o cidadão.

7. (CESPE / EBSERH / 2018) Como forma de repreender a corrupção e o nepotismo, que são características do modelo patrimonialista, a administração pública burocrática está embasada na presença de normas e rigidez de procedimentos.

8. (CESPE / TRE – BA / 2010) A época em que predominava o patrimonialismo no Brasil corresponde a um período de alta centralização político-administrativa no país.

9. (FUNIVERSA / MTur / 2010) O modelo de administração pública em que o aparelho do Estado funciona como uma extensão do poder do soberano, e os seus auxiliares, servidores, possuem *status* de nobreza real é a administração pública:

    a) gerencial;
    b) burocrática;
    c) patrimonialista;
    d) liberal;
    e) orçamentária.

10. (CESPE / CADE / 2014) A fim de combater o nepotismo e a corrupção patrimonialista, o Estado burocrático orientava-se pelas ideias de profissionalização, flexibilização dos processos, impessoalidade e gestão participativa.

11. (CESPE / TRE – ES / 2011) Após a reforma ocorrida na década de 90 do século XX, o Estado brasileiro superou o paradigma burocrático, adotando, com êxito, o modelo gerencial.

12. (CESPE / TJ – RO / 2012 – adaptada) A descentralização das decisões e funções do Estado consiste em um dos pressupostos do modelo de administração pública gerencial.

13. (FUNIVERSA / EMBRATUR / 2011) O modelo da administração pública gerencial, cuja difusão é, em geral, associada aos governos de Margareth Thatcher, na Grã-Bretanha, e de Ronald Reagan, nos Estados Unidos, apresenta como uma de suas características a:

    a) centralização das funções e das decisões do Estado;
    b) concentração de autoridade e responsabilidade;
    c) rigidez na adoção e no cumprimento de normas e procedimentos;
    d) autonomia na gestão de recursos humanos, materiais e financeiros;
    e) alta especialização.

14. (ESAF / CGU / 2004) Ao longo de sua história, a administração pública assume formatos diferentes, sendo os mais característicos o patrimonialista, o burocrático e o gerencial. Assinale a opção que indica corretamente a descrição das características da Administração Pública feita no texto a seguir.

    O governo caracteriza-se pela interpermeabilidade dos patrimônios público e privado, o nepotismo e o clientelismo. A partir dos processos de democratização, institui-se uma administração que usa, como instrumentos, os princípios de um serviço público profissional e de um sistema administrativo impessoal, formal e racional.

    a) patrimonialista e gerencial;
    b) patrimonialista e burocrático;
    c) burocrático e gerencial;
    d) patrimonialista, burocrático e gerencial;
    e) burocrático

15. (CESPE / TRE – ES / 2011) O gestor público que se pauta pelo modelo patrimonialista age de acordo com o princípio que preconiza ser o Estado aparelho que funciona em prol da sociedade.

16. (CESPE / MPS / 2010) Raymundo Faoro, em sua clássica obra Os Donos do Poder, ao confrontar o Estado patrimonial com o feudal, já se referia ao sistema patrimonial como aquele que, ao contrário dos direitos, dos privilégios e das obrigações fixamente determinados do feudalismo, prende os servidores em uma rede patriarcal, na qual eles representam a extensão da casa do soberano.

17. (ESAF / CGU / 2006) Complete a frase a seguir com a opção correta.

    O .... é uma forma da administração pública que se caracteriza pela privatização do Estado, pela interpermeabilidade dos patrimônios público e privado. O príncipe não faz clara distinção entre patrimônio público e seus bens privados.
    a) modelo patrimonialista;
    b) modelo burocrático;
    c) modelo gerencial;
    d) modelo racional-legal;
    e) modelo estruturalista.

18. (ESAF / ANA / 2009) Com a chegada da família real portuguesa, em 1808, o Brasil foi, em muito, beneficiado por D. João VI. Sobre a forma de administração pública vigente naquele período, pode-se afirmar corretamente que a coroa portuguesa exerceu uma administração pública:
    a) burocrática, pois, a despeito das inovações trazidas por D. João VI, ainda assim o aparelho do Estado funcionava como mera extensão do poder do soberano, não havendo diferenciação entre a *res publica* e a *res principis*;
    b) gerencial, com foco na racionalização e na qualidade dos serviços públicos prestados e tendo por objetivo primordial o desenvolvimento econômico e social de sua então colônia;
    c) patrimonialista, pois, a despeito das inovações trazidas por D. João VI, ainda assim o aparelho do Estado funcionava como mera extensão do poder do soberano, não havendo diferenciação entre a *res publica* e a *res principis*;
    d) burocrática, com foco na racionalização e na qualidade dos serviços públicos prestados e tendo por objetivo primordial o desenvolvimento econômico e social de sua então colônia;
    e) patrimonialista, uma vez que, a fim de combater a corrupção, centrou suas ações na profissionalização e na hierarquia funcional dos quadros do aparelho do Estado, dotando-o de inúmeros controles administrativos.

19. (ESAF / MPOG / 2002) A administração pública burocrática surgiu no século XIX em substituição às formas patrimonialistas de administrar o Estado. Indique qual das informações a seguir define as diferenças entre estas duas abordagens.

   a) No patrimonialismo não existe uma definição clara entre patrimônio público e bens privados, com a proliferação do nepotismo e da corrupção enquanto a burocracia é uma instituição administrativa que usa os princípios da racionalidade, impessoalidade e formalidade em um serviço público profissional.

   b) No patrimonialismo os governantes consideram-se donos do Estado e o administram como sua propriedade, sendo Weber um dos seus defensores. A administração pública burocrática surgiu como uma resposta ao aumento da complexidade do Estado e à necessidade de organização das forças armadas.

   c) No patrimonialismo a administração pública era um instrumento para garantir os direitos de propriedade, já a administração pública burocrática estabeleceu uma definição clara entre res publica e bens privados.

   d) No patrimonialismo a administração pública é governada pela preservação e desenvolvimento do patrimônio do Estado, sem se preocupar com a defesa dos direitos civis e sociais. A administração burocrática está ligada ao conceito do Estado de Bem-Estar Social, combatendo o nepotismo e a corrupção.

   e) No patrimonialismo a autoridade é exclusivamente hereditária, gerando corrupção e ineficiência, enquanto a estratégia adotada pela administração pública burocrática – o controle formalista dos procedimentos – garante uma melhor utilização dos recursos públicos.

20. (ESAF / MPOG / 2008) Os tipos primários de dominação tradicional são os casos em que falta um quadro administrativo pessoal do senhor. Quando esse quadro administrativo puramente pessoal do senhor surge, a dominação tradicional tende ao patrimonialismo, a partir de cujas características formulou-se o modelo de administração patrimonialista. Examine os enunciados a seguir, sobre tal modelo de administração, e marque a resposta correta.

   1. O modelo de administração patrimonialista caracteriza-se pela ausência de salários ou prebendas, vivendo os "servidores" em camaradagem com o senhor a partir de meios obtidos de fontes mecânicas.

   2. Entre as fontes de sustento dos "servidores" no modelo de administração patrimonialista incluem-se tanto a apropriação individual privada de bens e oportunidades quanto a degeneração do direito a taxas não regulamentado.

   3. O modelo caracteriza-se pela ausência de uma clara demarcação entre as esferas pública e privada e entre política e administração; e pelo amplo espaço à arbitrariedade material e vontade puramente pessoal do senhor.

   4. Os "servidores" não possuem formação profissional especializada, mas, por serem selecionados segundo critérios de dependência doméstica e pessoal, obedecem a formas específicas de hierarquia patrimonial.

a) Estão corretos os enunciados 2, 3 e 4.
b) Estão corretos os enunciados 1, 2 e 3.
c) Estão corretos somente os enunciados 2 e 3.
d) Estão corretos somente os enunciados 1 e 3.
e) Todos os enunciados estão corretos.

21. (ESAF / STN / 2008) Para Max Weber, burocracia é a organização eficiente por excelência. Ele destaca que este modelo possui características que lhe são próprias e inúmeras vantagens em relação a outras formas. Entretanto, suas disfunções fazem com que o conceito popular seja exatamente o inverso. Analise as opções a seguir e marque a resposta correta.

   I. A burocracia é baseada em características que têm como consequência a previsibilidade do comportamento humano e a padronização do desempenho dos participantes, cujo objetivo final é a máxima eficiência da organização.

   II. Weber viu inúmeras vantagens que justificam o avanço da burocracia sobre as demais formas de associação.

   III. A burocracia apresenta disfunções que têm como consequência a previsibilidade do funcionamento da organização.

   IV. Weber entendia que as características da burocracia contribuíam, em parte, para a segurança dos processos organizacionais.

   a) Estão corretos os enunciados I, III e IV.
   b) Estão corretos os enunciados II, III e IV.
   c) Estão corretos somente os enunciados I e III.
   d) Estão corretos somente os enunciados I e II.
   e) Todos os enunciados estão corretos.

22. (ESAF / Processo Seletivo Simplificado / 2008) O movimento denominado New Public Management (NPM), que vem sendo traduzido como Nova Gestão Pública, Nova Gerência Pública (NGP) ou, ainda, Nova Administração Pública (NAP), segundo Barzelay, é, antes de tudo, (...) um diálogo profissional sobre a estrutura, a gestão e o controle da administração pública envolvendo a comunidade acadêmica e funcionários. Sobre as diversas visões da administração pública gerencial, são corretos todos os enunciados, exceto:

   a) o modelo gerencial puro tem como perspectiva central o foco na economia e na eficiência: é o "fazer mais com menos", ou seja, a maximização dos resultados a serem obtidos com a aplicação dos recursos públicos;

   b) o modelo gerencial público implica o fortalecimento do conceito de consciência de custos, já que o cidadão, como contribuinte, quer ver o recurso arrecadado ser aplicado eficientemente;

c) o *"Public Service Oriented"* (PSO) está baseado na noção de equidade e cidadania, de resgate do conceito de esfera pública e de ampliação do dever social de prestação de contas (*accountability*);

d) o *"consumerism"* introduziu uma importante inovação no campo da gestão: a descentralização, valorizada como meio de implementação de políticas públicas com qualidade;

e) o *"consumerism"* tem como foco a flexibilidade de gestão, a qualidade dos serviços e a prioridade às demandas do consumidor: é o "fazer melhor", olhando o cidadão como cliente.

23. (ESAF / MPOG / 2009) Podendo ser identificada como uma perspectiva inovadora de compreensão, análise e abordagem dos problemas da administração pública, com base no empirismo e na aplicação de valores de eficácia e eficiência em seu funcionamento, a Nova Gestão Pública propõe um modelo administrativo dotado das seguintes características, exceto:

a) Direcionamento estratégico.

b) Limitação da estabilidade de servidores e regimes temporários de emprego.

c) Maior foco nos procedimentos e menor foco nos produtos e resultados.

d) Desempenho crescente e pagamento por desempenho / produtividade.

e) Transparência e cobrança de resultados (*accountability*).

24. (ESAF / MTE / 2010) As seguintes afirmações espelham entendimentos corretos sobre a Nova Gestão Pública (NGP), exceto:

a) NGP é um movimento cuja origem remonta às mudanças havidas nas administrações públicas de alguns países a partir da década de 1970, principalmente nos Estados Unidos e na Inglaterra.

b) O consumerismo consiste em uma reorientação do gerencialismo puro, mais voltada à racionalização e tendo como ponto central a satisfação das necessidades dos cidadãos, consumidores de serviços públicos.

c) A NGP nasceu gerencialista nos anos 1980, tendo sido fortemente inspirada nas reformas minimalistas e na proposta de aplicação da tecnologia de gestão empresarial ao Estado.

d) Nos anos 1990, o *Public Service Oriented* resgatou os conceitos de transparência, dever social de prestação de contas, participação política, equidade e justiça, introduzindo novas ideias ao modelo gerencial puro.

e) Desde o início, a experiência brasileira em NGP aponta para uma forte retomada do estado do bem-estar social e do desenvolvimentismo burocrático, ideal reforçado pela recente crise do mercado financeiro internacional.

25. (ESAF / MPOG / 2005) A descentralização foi tema presente nas reformas britânica e norte-americana, que buscaram estruturar um modelo pós-burocrático de administração pública. Julgue as sentenças relativas aos objetivos da descentralização nos diferentes modelos.

   I. O objetivo da descentralização no *public service orientation* estava em estabelecer uma interface entre os cidadãos e a administração pública de modo a fazer valer os direitos democráticos de participação, equidade e justiça.

   II. O *consumerism* fazia uso da descentralização não só administrativa, mas também política, que tinha entre seus objetivos a delegação de autoridade, para aproximar os usuários dos serviços públicos de modo a facilitar sua fiscalização.

   III. A descentralização não fazia parte do escopo de reforma do gerencialismo puro, visto que sua principal preocupação estava na diminuição de custos do setor público e, sendo a descentralização um processo dispendioso, não foi utilizada nesse modelo.

   IV. A tradição de descentralização em estados federativos, nos EUA, favoreceu a implementação do *managerialism*, resultando em um sucesso maior que no governo centralizado de Margareth Thatcher, na Grã-Bretanha.

   Estão corretas:
   a) As afirmativas I, III e IV.
   b) As afirmativas I e II.
   c) As afirmativas I e IV.
   d) As afirmativas II e IV.
   e) As afirmativas III e IV.

26. (ESAF / MPOG / 2005) Julgue as sentenças a respeito de certos modelos da administração pública gerencial:

   I. O *managerialism*, apesar de ter sido criado nos EUA – "berço das grandes inovações da administração privada", obteve maior sucesso na Grã-Bretanha, onde encontrou um sistema político mais favorável a sua aplicação.

   II. O *public service orientation* procurou incorporar temas do republicanismo e da democracia, expressos principalmente em um ideal de participação política, transparência, justiça e *accountability* – elementos quase inexistentes no *managerialism e consumerism*.

   III. Um dos objetivos do *consumerism* era o de introduzir a perspectiva de qualidade na administração pública, utilizando-se de uma delegação e descentralização política com o objetivo de possibilitar a fiscalização dos serviços públicos pela sociedade.

   IV. O programa *Citizen's Chart*, desenvolvido na Inglaterra, tinha como estratégia seu direcionamento às necessidades do público demandante, podendo ser considerado um modelo puro de gerencialismo britânico.

Estão corretas:

a) Apenas as afirmativas I e II.
b) Apenas as afirmativas I, II e III.
c) Apenas as afirmativas II, III e IV.
d) Apenas as afirmativas II e IV.
e) Apenas as afirmativas III e IV.

27. (FCC / TCE – PR / 2011) Sobre a Nova Gestão Pública e a identificação de seu modus operandi, considere as afirmativas abaixo:

   I. A profissionalização da administração, em qualquer esfera do Estado, com a aplicação de modelos de gestão estritamente na forma e no conteúdo, como os utilizados na esfera privada.

   II. Uma descentralização do Estado, com a passagem de funções, transferência de atividades e responsabilidades para outros níveis de governo, chegando até o âmbito municipal.

   III. O enfoque privilegiado nos processos organizacionais, superando o enfoque centrado em funções e departamentos.

   IV. O fortalecimento da visão empreendedora, explicada pelo necessário personalismo na condução de ações para obtenção de resultados.

   V. A parceria público-privada é desenvolvida com a descentralização de serviços públicos não essenciais para a sociedade civil organizada.

   Está correto o que se afirma apenas em:

   a) I, IV e V;
   b) I, III e V;
   c) II, III e IV;
   d) II e III;
   e) II, IV e V.

28. (FCC / PGE – RJ / 2009) O novo paradigma gerencial adotado pela Administração Pública enfatiza o lugar central do cidadão como cliente dos serviços públicos. Em relação à diferença entre o cliente-cidadão e o consumidor de serviços privados é correto afirmar que:

   a) o cliente-cidadão consome serviços públicos apenas mediante um contrato formal com os órgãos públicos;

   b) os dois são equivalentes, pois ambos consomem serviços mediante o pagamento de taxas;

   c) o cliente só assume a condição de cidadão quando utiliza serviços exclusivamente fornecidos pela Administração Pública;

d) o consumidor de serviços privados pode reclamar da qualidade do atendimento nos órgãos autorizados, enquanto o cidadão só pode agir por meio do voto;

e) o cliente-cidadão consome serviços públicos na condição de portador de direitos e deveres, por meio dos quais pode avaliar e até mesmo elaborar políticas públicas.

29. (FCC / TCE – PR / 2011) Ao relacionar os diversos modelos teóricos de Administração Pública é correto afirmar:

    a) Os modelos, em seu desenvolvimento, culminam no gerencial, sem que suas formas antecessoras deixem de existir inteiramente.

    b) O modelo gerencial pressupõe o foco central no controle, formalização de processos e no empenho periférico em resultados.

    c) O modelo burocrático supera o patrimonial em uma época em que o enfoque neoliberal pressupõe o fortalecimento do Estado perante a coisa privada.

    d) As maiores diferenças entre o modelo gerencial e o burocrático na administração pública estão relacionadas ao profissionalismo e à impessoalidade.

    e) O modelo patrimonialista ressalta o poder da administração pública na gestão de seus órgãos, tendo por finalidade o bem comum.

30. (ESAF / MPOG / 2003) O século XIX marca o surgimento de uma administração pública burocrática em substituição às formas patrimonialistas de administrar o Estado. O chamado "patrimonialismo" significa a incapacidade ou relutância do governante em distinguir entre o patrimônio público e seus bens privados.

    Assinale a opção que indica corretamente as características da administração pública burocrática.

    a) Serviço público profissional, flexibilidade organizacional e nepotismo.

    b) Serviço público profissional e um sistema administrativo fruto de um arranjo político, formal e racional.

    c) Serviço público profissional e um sistema administrativo impessoal, formal e racional.

    d) Serviço público fruto de um arranjo entre as forças políticas e um sistema administrativo seletivo de acordo com os diversos grupos de sustentação da base de governo.

    e) Serviço público orientado para o consumidor, ênfase nos resultados em detrimento dos métodos e flexibilidade organizacional.

31. (ESAF / Receita Federal / 2009) Considerando os modelos teóricos de Administração Pública, é incorreto afirmar que, em nosso país:

    a) O maior trunfo do gerencialismo foi fazer com que o modelo burocrático incorporasse valores de eficiência, eficácia e competitividade.

b) O patrimonialismo pré-burocrático ainda sobrevive, por meio das evidências de nepotismo, gerontocracia e designações para cargos públicos baseadas na lealdade política.

c) A abordagem gerencial foi claramente inspirada na teoria administrativa moderna, trazendo, para os administradores públicos, a linguagem e as ferramentas da administração privada.

d) O Núcleo Estratégico do Estado, a prevalência do modelo burocrático se justifica pela segurança que ele proporciona.

e) Tal como acontece com o modelo burocrático, o modelo gerencial adotado também se preocupa com a função controle.

32. (ESAF / SUSEP / 2010) Uma adequada compreensão do processo evolutivo da administração pública brasileira nos revela que:

a) O patrimonialismo se extingue com o fim da dominação portuguesa, sendo o reinado de D. Pedro II o ponto de partida para a implantação do modelo burocrático.

b) Em um ambiente onde impera o gerencialismo, não há espaço para o modelo burocrático.

c) A implantação do modelo gerencial, em fins do século passado, consolida o caráter burocrático-weberiano do aparelho do Estado, notadamente na administração direta.

d) De certa forma, patrimonialismo, burocracia e gerencialismo convivem em nossa administração contemporânea.

e) A importância do modelo gerencial se expande a partir do momento em que a administração direta se robustece, nos anos 1950, em paralelo à crescente industrialização do país.

33. (CESPE /TRE – ES / 2011) O modelo de Estado gerencial é importante para que se alcancem a efetividade e a eficiência na oferta de serviços públicos, independentemente da função social do Estado.

Gabarito Comentado

QUESTÃO	COMENTÁRIO
1 Errado	O combate ao nepotismo e à corrupção, por meio de controle rígido dos meios (processos e procedimentos) é traço do modelo burocrático de gestão. A assertiva está errada.
2 – D	Passemos à análise das assertivas. I. A administração pública gerencial tem por foco os resultados, e não os procedimentos. Assertiva errada. II. A administração pública gerencial prima pela maior (e não menor) autonomia do administrador público. A assertiva está errada. III. De fato, o foco em resultados, típico da administração pública gerencial, revela-se na avaliação e divulgação, em termos de efetividade, de ações inerentes às políticas públicas. A assertiva está correta. IV. No modelo gerencial, as estruturas são mais descentralizadas, a fim de prover a devida agilidade à gestão. A assertiva está errada. V. A contratualização de resultados, inclusive com a conformação de novos atores na seara pública (organizações sociais, organizações da sociedade civil de interesse público, parcerias público-privadas etc.) é traço marcante na administração gerencial. São regidos por contratos, tais como termos de parceria, contratos de gestão etc. A assertiva está correta. VI. Sendo essa uma prática inerente ao setor privado, foi absorvida, dentro dos limites da atuação pública, no modelo gerencial, a fim de promover a adequada alavanca ao desempenho. A assertiva está correta. VII. Assertiva correta, conforme comentário à assertiva V. Resposta: D.
3 – E	As associações corretas seriam: • Gerencialismo Puro – economia e eficiência • *Consumerism* – efetividade e qualidade dos serviços • *Public Service Orientation* – *accountability* e equidade. Resposta: E.
4 Certo	A questão versa sobre o excerto do próprio PDRAE: *[a] reforma do Estado deve ser entendida dentro do contexto da redefinição do papel do Estado, que deixa de ser o responsável direto pelo desenvolvimento econômico e social pela via da produção de bens e serviços, para fortalecer-se na função de promotor e regulador desse desenvolvimento (BRASIL, MARE,1995, p. 12).* Item correto.

QUESTÃO	COMENTÁRIO
5 Errado	Tais características, inerentes a resultados (medição, controle e recompensas em face de um resultado alcançado), são próprias do modelo gerencial público. O paradigma burocrático, em contrapartida, visa ao controle de procedimentos, e não de resultados. A assertiva está errada.
6 Certo	A questão cobra o seguinte excerto da obra de Bresser-Pereira e Spink (2006): *Enquanto a administração pública burocrática é autorreferente, a administração pública gerencial é orientada para o cidadão. Como observa Barzelay (1992:8), "a agência burocrática concentra-se em suas próprias necessidades e perspectivas, a agência orientada para o consumidor concentra-se nas necessidades e perspectivas do consumidor".* Item correto.
7 Certo	A assertiva espelha adequadamente o âmago do modelo burocrático: o foco em procedimentos como forma de mitigar a arbitrariedade patrimonialista. Item correto.
8 Errado	O patrimonialismo vigorou, no Brasil, desde o Período Colonial, passando pelo Império e chegando à República Velha (foram cerca de quatro séculos!). Assim, vários foram os modelos político-administrativos que vigoraram ao longo desse período. Houve, inicialmente, o sistema das Capitanias Hereditárias, marcado por uma descentralização político-administrativa. Em seguida, a metrópole (Portugal) envidou esforços à centralização administrativa, por meio do Governo Geral. Contudo, ao chegarmos ao século XIX e início do XX, era sensível a descentralização política devido à ação dos barões do café, que atuavam como "coronéis" em suas localidades. Assim, a assertiva está errada.
9 – C	A indistinção entre a *res publica* e a *res principis* é o traço central da Administração Pública patrimonialista. Resposta: C.
10 Errado	Das características citadas, apenas a profissionalização e a impessoalidade são inerentes ao modelo burocrático de gestão. A flexibilização dos processos e a gestão participativa são traços do modelo gerencial, concebido em momento posterior ao burocrático. A assertiva está errada.
11 Errado	Não houve a "superação" do modelo burocrático. Este modelo ainda vigora, coexistindo com o gerencial e, (infelizmente), com o patrimonialista. A questão está errada.
12 Certo	Ao passo que a administração burocrática era marcada pela centralização das funções do Estado, é o modelo gerencial que inova ao apregoar a descentralização. A questão está correta.

QUESTÃO	COMENTÁRIO
13 – D	Uma das características centrais do modelo gerencial de administração pública é a descentralização administrativa, culminando na autonomia – principalmente da Administração indireta – na gestão de recursos humanos, materiais e financeiros. Assim, a alternativa "d" está certa. Com relação às demais alternativas, cabe a menção de que houve a descentralização (e não centralização) administrativa e política, invalidando as alternativas "a" e "b". No mais, a alta especialização e a rigidez procedimental são aspectos inerentes ao modelo burocrático de gestão. Resposta: D.
14 Certo	O texto apresentado pela questão pode ser dividido em dois excertos: • "*O governo caracteriza-se pela interpermeabilidade dos patrimônios público e privado, o nepotismo e o clientelismo.*": Trata-se de características do modelo de administração patrimonialista, conforme vimos neste Capítulo; • "*... uma administração que usa, como instrumentos, os princípios de um serviço público profissional e de um sistema administrativo impessoal, formal e racional.*" : O profissionalismo do serviço público, bem como o formalismo, a impessoalidade e a racionalidade são atributos típicos do modelo de administração burocrático. Desta forma, a alternativa B está correta.
15 Errado	O modelo patrimonialista de gestão é pautado pelo princípio segundo o qual o Estado age como um aparelho que funciona em prol de interesses privados do soberano. As demandas sociais são, assim, relegadas a segundo plano. A questão está errada.
16 Certo	O enunciado retrata de modo apropriado a indefinição de fronteiras (pública e privada) típica do modelo patrimonial. Eis o sentido da comparação com a gestão pública como se fosse "uma extensão da casa do soberano". Raymundo Faoro é considerado, juntamente com Sérgio Buarque de Holanda, um dos principais autores que analisam, sob a ótica cultural, o patrimonialismo.
17 – A	O propósito desta questão é apenas reforçar o conteúdo já visto. O modelo administrativo marcado pela indistinção dos patrimônios público e privado é o patrimonialista.
18 – C	Até a década de 1930, predominou no Brasil o modelo de administração patrimonialista, cujas origens remontam à época de Portugal medieval. Com esse entendimento, as alternativas A, B e D seriam, de início, descartadas. Como vimos, o patrimonialismo é marcado pela indistinção, pelo soberano, entre a coisa privada (*res principis*) e a coisa pública (*res publica*). Eis que a alternativa C está correta. A alternativa E mostra-se equivocada, tendo em vista que se refere, na verdade, ao modelo administrativo burocrático, e não patrimonialista.
19 – A	Vejamos os comentários às alternativas: a) A alternativa espelha de modo apropriado as características principais dos modelos patrimonialista e burocrático. Está, portanto, correta.

QUESTÃO	COMENTÁRIO
19 – A	b) Há dois erros nesta alternativa. Primeiramente, Weber é defensor do modelo de administração burocrática, e não patrimonialista. Da mesma forma, foi o modelo gerencial (e não o burocrático) que surgiu como resposta ao aumento da complexidade do Estado. A assertiva está errada. c) Apenas a primeira parte da alternativa está errada. Devemos ter em mente que a burocracia surge como uma resposta às arbitrariedades dos soberanos (absolutistas, usualmente) patrimonialistas. Visa a impor normas impessoais, protegendo a liberdade individual e o direito de propriedade privada, fatores que eram de grande interesse da camada capitalista industrial em ascensão. Dessa forma, a alternativa está errada. d) Primeiramente, o patrimonialismo age de modo parasitário com relação ao patrimônio do Estado. Não visa, assim, à "preservação" e ao "desenvolvimento" estatal. Da mesma forma, como veremos com mais detalhe ao longo desta obra, o modelo burocrático, devido à sua ineficiência disfuncional, comprometeu muito do desempenho satisfatório do Estado do Bem-Estar Social. A afirmativa está errada. e) A autoridade, no modelo patrimonialista, não é exclusivamente hereditária. A alternativa está errada.
20 – C	Passemos à análise das assertivas: 1) Como vimos na exposição teórica, a administração patrimonial caracteriza-se pela existência de cargos que são, na realidade, sinecuras ou prebendas, ou seja, são ocupações rendosas e de pouco ou nenhum trabalho. A assertiva está errada. 2) No patrimonialismo, com a indistinção das esferas pública e privada, os "servidores" agiam de forma arbitrária, apropriando-se de tributos coletados junto à coletividade ou de demais bens e oportunidades oriundas do Estado. A assertiva está correta. 3) Esta, como vimos, é a principal característica do patrimonialismo: a ausência de uma clara demarcação entre as esferas pública e privada (e entre política e administração). O patrimônio pessoal do governante é misturado com o estatal, como se apenas um fossem. A afirmativa está, assim, correta. 4) Apesar de ter havido alguma polêmica acerca desta assertiva, o correto é que a noção de hierarquia é algo inerente ao modelo burocrático. Com esse entendimento, a assertiva está errada.
21 – D	Vejamos os comentários às assertivas: I. A assertiva elenca, de forma apropriada, características inerentes à burocracia. Note que, na concepção de Weber, o modelo burocrático é dotado de capacidade de máxima eficiência. A afirmativa está correta. II. A precisão, o rigor, o formalismo procedimental e a racionalidade do modelo burocrático são características que, na concepção de Weber, justificariam o avanço da burocracia sobre todas as formas organizacionais. A afirmativa está correta.

QUESTÃO	COMENTÁRIO
21 – D	III. A previsibilidade do funcionamento da organização não é uma disfunção da burocracia. Ao contrário, a previsibilidade é uma das condições sobre as quais é apoiado o modelo burocrático, pautado no controle de processos de rotina. A assertiva está errada. IV. Nada melhor do que recorrer a Weber para a melhor discussão desta alternativa: *"A razão decisiva do avanço da organização burocrática sempre foi sua superioridade puramente técnica sobre qualquer outra forma. A relação entre um mecanismo burocrático plenamente desenvolvido e as outras formas é análoga a relação entre uma máquina e métodos não mecânicos de produção de bens.* **Precisão, rapidez, univocidade, conhecimento da documentação, continuidade, discrição, uniformidade, subordinação rigorosa, diminuição de atritos e custos materiais e pessoais** *alcançam o ótimo numa administração rigorosamente burocrática". (WEBER, 2004, p. 212).* Os atributos destacados em negrito, no trecho acima, podem ser associados à segurança (= minimização de falhas) dos processos organizacionais. O erro da alternativa está, tão somente, pela inclusão da expressão "em parte". A burocracia efetivamente contribui para a segurança dos processos organizacionais.
22 – D	Vejamos os comentários às alternativas: a) O gerencialismo puro realmente focava a redução de custos e a eficiência. Trata-se de um momento inicial na Nova Gestão Pública, em que o Estado tinha de dar uma resposta aos contribuintes insatisfeitos com uma máquina governamental cara e ineficiente, típica do modelo (disfuncional) burocrático. A alternativa está correta. b) Trata-se do entendimento já exposto no comentário anterior. A Nova Gestão Pública vem trazer uma quebra de paradigma com relação ao modelo administrativo burocrático justamente por focar na eficiência da gestão, justificando os impostos pagos pelos contribuintes. A alternativa está correta. c) Todas as características citadas nesta alternativa estão de acordo com o que vimos para a Public Service Orientation (PSO). A alternativa está, portanto, correta. d) A descentralização não foi uma inovação trazida pelo consumerism. Como vimos, o managerialism já pregava a descentralização como forma mais eficiente de se prestarem os serviços públicos. Ainda, a visão da descentralização como forma meio de implementação de políticas públicas é inerente à PSO. A alternativa está errada. e) Todas as características citadas nesta alternativa estão de acordo com o que vimos para o consumerism. A alternativa está, portanto, correta.

QUESTÃO	COMENTÁRIO
23 – C	Vejamos as características da Nova Gestão Pública que são listadas por Martins (2005): *"De maneira geral, [a **Nova Gestão Pública**] propõe uma gestão pública dotada das seguintes **características**:* • *Caráter estratégico ou orientado por resultado do processo decisório;* • *Descentralização;* • *Flexibilidade;* • ***Desempenho crescente e pagamento por desempenho / produtividade;*** • *Competitividade interna e externa;* • ***Direcionamento estratégico;*** • ***Transparência e cobrança de resultados (accountability);*** • *Padrões diferenciados de delegação e discricionariedade decisória;* • *Separação da política de sua gestão;* • *Desenvolvimento de habilidades gerenciais;* • *Terceirização;* • ***Limitação da estabilidade de servidores e regimes temporários de emprego**, e* • *Estruturas diferenciadas."* Vemos que as alternativas "a", "b", "d" e "e" estão transcritas (e destacadas em negrito) no trecho acima. Desta forma, estão corretas. Já a alternativa "c" revela uma característica contrária ao modelo gerencial preconizado pela Nova Gestão Pública: não se almeja o foco nos procedimentos, mas sim nos resultados. Apenas para relembrarmos, o modelo de administração marcado pelo foco nos procedimentos é o burocrático. Assim, a alternativa "c" está errada.
24 – E	Vejamos os comentários às alternativas: a) A alternativa retrata, de forma apropriada, o contexto de surgimento da NGP. Como vimos, a década de 1970 foi marcada por uma forte crise econômica e fiscal (decorrente da crise do petróleo) e administrativa. Esta (a crise administrativa) era decorrente de um modelo burocrático extremamente disfuncional, carecendo-se de mudanças a fim de justificar aos contribuintes a necessidade de pagarem seus impostos. Inicialmente, a mudança deu-se nos governos de Thatcher (Grã-Bretanha) e Reagan (E.U.A.), no final da década de 1970 e início da de 1980. A alternativa está correta. b) Como vimos, o consumerism é marcado por especificidades como a inclusão do planejamento estratégico e do modelo contratual de administração, bem como da perspectiva da qualidade dos serviços públicos, o que converge no sentido da racionalização da gestão pública. Ainda, neste estágio da NGP, o usuário do serviço público é visto como cliente-consumidor, havendo a preocupação central do Estado em prover sua satisfação. A alternativa está correta. c) Esta alternativa é a transcrição de um trecho do texto de Marini e Martins (2004) – Um governo matricial: estruturas em rede para geração de resultados de desenvolvimento. Como vimos, o início da NGP foi marcado por ideais neoliberais, propondo a existência de um Estado minimalista, no qual a tecnologia poderia favorecer a consecução da eficiência inexistente no modelo burocrático disfuncional vigente à época. A alternativa está correta.

QUESTÃO	COMENTÁRIO
24 – E	d) Os conceitos arrolados na assertiva estão efetivamente relacionados à PSO. Desta forma, a alternativa está correta. e) No caso Brasileiro, ao falarmos de Nova Gestão Pública, devemos nos ater à realidade da década de 1990, a partir das iniciativas neoliberais do governo Collor, seguindo-se o pilar da Reforma Gerencial: o Pdrae, em 1995. Não houve uma retomada do estado do bem-estar social, e nem do desenvolvimentismo burocrático. Ao contrário: visou-se a um Estado de menores proporções, favorecendo-se a descentralização, a privatização e a terceirização, e relegando ao Estado as atividades de controle dos resultados. A alternativa está errada.
25 – B	Vejamos a análise das assertivas: I. Uma vez mais a banca cobra o conhecimento acerca das especificidades da PSO. Lembre-se: visão do usuário do serviço público como cidadão, tratamento isonômico (equidade), *accountability*, transparência e justiça social mediante participação democrática são conceitos inerentes à PSO. A assertiva está correta. II. No consumerism, defendia-se a descentralização administrativa e política, como forma de aproximar os prestadores de serviços aos consumidores, seja para a otimização do sistema público per si ou para a fiscalização pelos clientes. A assertiva está correta. III. A descentralização é defendida em todos os estágios da Nova Gestão Pública. No managerialism, a descentralização é vista unicamente como uma forma de se obter mais eficiência. A assertiva está errada. IV. Os Estados Unidos, por ser um país formado por Estados Federados autônomos, apresentam uma significativa descentralização administrativa, dificultando sobremaneira a implantação de um modelo único de gerencialismo. O mesmo não ocorreu com a Grã-Bretanha, cujas condições políticas favoreciam a adoção dos ideais da Nova Administração Pública. A assertiva está, portanto, errada.
26 – B	Vejamos a análise das assertivas: I. Realmente, a maior parte da teoria por trás do managerialism veio dos Estados Unidos. O conceito embrionário do gerencialismo remonta ao final do século XIX, quando Woodrow Wilson (futuro presidente dos E.U.A., entre 1912 e 1921) publicou a obra *The Study of Administration*. No entanto, apesar desta maior tradição no debate gerencialista, as condições políticas estadunidenses não se mostraram favoráveis à sua implantação, seja devido à grande descentralização (autonomia dos entes federados) ou pela força considerável da classe burocrata ao longo do século XX. A assertiva está correta. II. Os atributos listados na afirmativa (participação política, transparência, justiça, *accountability*) são efetivamente inerentes à PSO, e nos estágios anteriores eram características praticamente ausentes do debate acerca do modelo gerencial. A assertiva está correta.

QUESTÃO	COMENTÁRIO
26 – B	III. O consumerism visou à inserção, da Administração Pública, da perspectiva da qualidade, bem como à descentralização administrativa e política, possibilitando melhores aproveitamento, avaliação e fiscalização dos serviços públicos pelos clientes (consumidores). A assertiva está correta. IV. O *Citizen's Charter*, desenvolvido na Inglaterra, é o programa mais importante no âmbito do consumerism, a partir do qual as necessidades recolhidas junto aos consumidores passam a moldar os serviços públicos oferecidos. Não é, portanto, uma iniciativa inserida no estágio do gerencialismo puro. A assertiva está errada.
27 – D	Vejamos a análise das assertivas: I. Apesar de a Nova Gestão Pública pregar a aproximação do modo de administração do setor público ao do setor privado, não há de se falar em uma adoção "estrita" das ferramentas de gestão privada. Lembre-se: o Princípio da Legalidade possui aplicações distintas se considerarmos as esferas pública e privada. Assim, há ferramentas gerenciais do setor privado (por exemplo, na área de compras) que não podem ser aplicadas no setor público, por força de lei. A assertiva está errada. II. Como vimos, uma das caraterísticas da NGP é a descentralização / desconcentração do Estado, havendo a transferência de responsabilidades entre as esferas da federação. A assertiva está correta. III. Pense a Nova Gestão Pública como um esforço de ultrapassar as disfunções do modelo burocrático. Nesse contexto, a gestão por processos surge como uma ferramenta poderosa, capaz de flexibilizar a rigidez da estrutura organizacional funcional, típica das organizações burocráticas. A afirmativa está correta. IV. A visão empreendedora do Estado é ponto chave na Nova Gestão Pública. Contudo, não podemos esquecer o Princípio da Impessoalidade que rege a Administração Pública. Não cabe, neste contexto, falar em "personalismo". A afirmativa está errada. V. As Parcerias Público-Privadas são contratos de concessão de serviços públicos não essenciais, firmados entre o Primeiro Setor (Estado) e o Segundo (entidades privadas do mercado), permitindo substituir o investimento de recursos públicos por particulares. Não se trata de entidades do Terceiro Setor (ou a "sociedade civil organizada") – instituições sem fins econômicos tais como as ONGs. A assertiva está errada.
28 – E	Vejamos os comentários às alternativas: a) Não é necessário um contrato formal para que o cliente-cidadão faça jus ao consumo de serviços públicos. Muitos destes serviços são direitos sociais, cujo direito de acesso é assim resguardado pela Constituição Federal de 1988: *Art. 6º São direitos sociais a educação, a saúde, a alimentação, o trabalho, a moradia, o lazer, a segurança, a previdência social, a proteção à maternidade e à infância, a assistência aos desamparados, na forma desta Constituição.*

QUESTÃO	COMENTÁRIO
28 – E	Assim, a afirmativa está errada. b) A noção de cliente-cidadão transcende a de mero consumidor de serviços privados. Há uma séria de conceitos que são inerentes ao "cliente-cidadão": coletividade, responsabilidade social, isonomia no tratamento dispensado pelo Estado etc. A assertiva está errada. c) A noção de cidadão independe da efetiva utilização de serviços públicos. Está mais associada a direitos (em especial políticos) e à deveres perante a coletividade. A alternativa está errada. d) Há outros modos, que não o voto, para que o cliente-cidadão reclame dos serviços públicos. Ações públicas, reclamações junto a ouvidorias, protocolo de processos demandando ações perante serviços de baixa qualidade, respaldo junto ao Código de Defesa do Consumidor etc. A alternativa está errada. e) Vimos que a Public Service Orientation (PSO) preconiza a visão do cidadão como portador de direitos e deveres, bem como capaz da implementação de políticas públicas. A assertiva está correta.
29 – A	Vejamos os comentários às alternativas: a) Como vimos na seção 3.2. deste Capítulo, não há um "modelo puro" de administração vigente no Brasil. O que existe é um misto dos modelos gerencialista, burocrático e patrimonialista. A alternativa está correta. b) A alternativa traz características do modelo burocrático, e não do gerencial. Está, portanto, errada. c) A corrente liberal (ou, mais recentemente, neoliberal) não se harmoniza com as características do modelo burocrático de gestão. Neste modelo, o Estado age como centralizador, impingindo rígida hierarquia de autoridade. A alternativa está errada. d) Não há distinção significativa, entre os modelos burocrático e pós-burocrático (gerencial), com relação aos quesitos profissionalismo e impessoalidade. A alternativa está errada. e) O modelo patrimonialista não se caracteriza pela busca do bem comum, mas sim pelo descaso com relação às demandas sociais. Não há um limite bem definido entre as esferas pública e a privada. A alternativa está errada.
30 – C	Vejamos os comentários às alternativas: a) Flexibilidade organizacional é típica do gerencialismo. Nepotismo, do patrimonialismo. A alternativa está errada. b) Um sistema administrativo fruto de um "arranjo político" é característica do patrimonialismo. A alternativa está errada. c) Tais atributos efetivamente são inerentes ao sistema burocrático. A alternativa está correta. d) Um sistema administrativo fruto de um "arranjo político" é característica do patrimonialismo. Ainda, o sistema administrativo na burocracia não é seletivo, e sim pautado na padronização e na universalidade de procedimentos. A alternativa está errada. e) Tais atributos são inerentes ao modelo gerencial. A alternativa está errada.

QUESTÃO	COMENTÁRIO
31 – A	Vejamos os comentários às alternativas: a) Há uma inversão de lógica nesta alternativa. Na realidade, não foi o modelo burocrático que incorporou traços do gerencial, e sim o contrário (o modelo gerencial manteve traços basilares do burocrático). Dessa forma, a assertiva está errada. b) Os aspectos salientados na afirmativa realmente referem-se a traços do patrimonialismo que sobrevivem até os dias atuais. Cabe o esclarecimento de que gerontocracia é a liderança oligárquica composta por membros mais velhos do que a maior parte da população adulta. A alternativa está correta. c) Como vimos, o modelo gerencial efetivamente trouxe para o contexto da administração pública muito da linguagem e das ferramentas típicas da administração privada. A alternativa está correta. d) Esta alternativa foi alvo de uma série de recursos, não acatados pela ESAF. Na realidade, o Pdrae realmente defende a manutenção da administração burocrática no núcleo estratégico do estado, em conjunto com a gerencial: *[...] no núcleo estratégico, em que o essencial é a correção das decisões tomadas e o princípio administrativo fundamental é o da efetividade, entendido como a capacidade de ver obedecidas e implementadas com segurança as decisões tomadas, é mais adequado que haja um misto de administração burocrática e gerencial.* Note que não há a expressa menção à "prevalência" de um modelo sobre o outro, mas sim de um misto entre eles. De qualquer forma, a banca considerou como correta esta alternativa. e) Logicamente ambos os modelos (burocrático e gerencial) preocupam-se com a função controle. A diferença reside no fato de o modelo burocrático visar ao controle dos procedimentos, ao passo que o gerencial almeja o controle dos resultados. A alternativa está correta.
32 – D	Vejamos os comentários às alternativas: a) No Brasil, o patrimonialismo foi o modelo administrativo dominante até 1936. A oligarquia cafeeira associada ao estamento estatal de juristas e letrados aproveitava-se do Estado a fim de promover vantagens pessoais. A alternativa está errada. b) Como vimos na questão anterior, alguns princípios basilares da administração burocrática permanecem na administração pública gerencial. Impessoalidade, treinamento sistemático, avaliação de desempenho, hierarquia entre outros são exemplos. A afirmativa está errada. c) A implantação do modelo gerencial, na realidade, corresponde a uma contraposição do caráter burocrático-weberiano do modelo anterior, reduzindo custos e primando pela eficiência na gestão. A afirmativa está errada. d) Como vimos, a realidade brasileira é a convivência de modelos distintos de administração, sendo que os anteriores (patrimonialismo e burocrático) apenas apresentam nova roupagem. A assertiva está correta. e) A expansão do modelo gerencial, no Brasil, dá-se na década de 1990. A alternativa está errada.
33 Errado	O modelo gerencial do Estado prioriza a função social, focando, em sua concepção mais atual, aspectos tais como cidadania, equidade, transparência e *accountability*. A questão está errada.

CAPÍTULO 8
Gestão Pública Empreendedora: a administração por resultados

Uma das facetas inerentes ao modelo gerencial na administração pública é a capacidade de empreender.

Trata-se de uma ação complexa, intimamente relacionada à manutenção do exercício da inovação – competência que, no setor público, usualmente vê-se confrontada com desafios tais como a cultura organizacional.

Neste Capítulo, estudaremos a relação entre o empreendedorismo e a gestão pública, situados em um contexto no qual vigora o modelo gerencial. Iniciaremos com uma das tarefas mais desafiadoras desta obra: traçar um apanhado geral do conceito de empreendedorismo.

1. O conceito de empreendedorismo

Definir empreendedorismo não é tarefa das mais simples. Trata-se de um conceito de múltiplas dimensões, cujo estudo remonta do século XVIII, havendo ênfase em sua abordagem ao longo do século XX.

Apesar de o empreendedorismo ter sido estudado por uma série de ramos do conhecimento (psicologia, sociologia, pedagogia, administração etc.), foi no âmbito da teoria econômica que este conceito obteve maior destaque inicial.

O termo "empreendedor", na língua portuguesa, é uma adaptação da expressão inglesa *"entrepreneur"* que, por sua vez, provém do verbo francês *"entreprendre"*.[1] Esta expressão surge originalmente ainda no século XII, sendo empregada para designar aquele que se lança a brigas ou a disputas militares. Já no século XVII o termo passou a ser utilizado para designar o responsável por coordenar uma ação militar.

---

1 *"Entre"* = recíproca, mútua + *"prehendre"* = tomar, utilizar, empregar.

Somente a partir de meados do século XVII houve uma ampliação do conceito, passando a "incluir os contratados que se encarregavam de construções para militares: estradas, pontes, portos e fortificações etc. Naquela época, economistas franceses também empregavam a expressão para descrever pessoas que corriam riscos e suportavam incertezas a fim de realizar inovações" (CUNNINGHAM; LISCHERON, 1991, p. 50).

A primeira referência na literatura econômica ao termo "empreendedor" remonta de 1755, na obra póstuma *Ensaio Geral da Natureza do Comércio*,[2] de autoria do banqueiro franco-irlandês Richard Cantillon. Para este autor, o empreendedor é o indivíduo que se lança a satisfazer uma demanda incerta no mercado, admitindo-se o risco como inerente às suas atividades em busca de retorno financeiro. De forma mais concreta, Cantillon considerava empreendedor o indivíduo que comprava matéria-prima por preços módicos[3] e a vendia já como produto acabado ou semiacabado, por um valor maior.

No início do século XIX, o economista francês Jean-Baptiste Say surgiu como pioneiro a expor algumas das bases do conceito de empreendedorismo, sendo, por este motivo considerado por Filion (1999) o "pai do empreendedorismo".

Para Say, o empreendedor era um agente fundamental de transformações econômicas e sociais. Um aspecto que irá permanecer ao longo da teoria econômica é a análise de Jean-Baptiste Say de o empreendedor não necessariamente ser o detentor do capital (separação das figuras do empreendedor e do capitalista), mas sim aquele que assume riscos e busca a inovação.

Apesar desses estudos iniciais, a projeção do empreendedorismo como um campo específico de estudo só foi efetivada por meio do trabalho do economista austríaco **Joseph Schumpeter**, na primeira metade do século XX. Para Schumpeter, o empreendedorismo está intimamente relacionado à capacidade de inovação. Em suas palavras:

> "A essência do **empreendedorismo** está na percepção e no aproveitamento das novas oportunidades no âmbito dos negócios (...) sempre tem a ver com criar uma nova forma de uso dos recursos nacionais, em que eles sejam deslocados de seu emprego tradicional e sujeitos a novas combinações." (SCHUMPETER, 1982, p. 57)

Joseph Schumpeter
Fonte: http://pages.uoregon.edu/dapope/363jun7.htm

---

2 *Essai sur la Nature du Commerce em Général*, no original.
3 Módico = modesto, barato.

Na visão de Schumpeter, o **empreendedorismo** não só está associado à **inovação**, como também possui papel fundamental como propulsão do desenvolvimento econômico. Apesar de sua visão estar voltada ao setor privado, é pertinente termos uma visão mais acurada de traços da visão schumpeteriana. É o que veremos a seguir.

1.1. Empreendedorismo, Inovação e a "Destruição Criadora"

Para Schumpeter, empreendedor é o agente que combina recursos de forma inovadora, promovendo assim o crescimento econômico. Aquele economista, voltado à análise do setor privado, lista cinco casos possíveis de inovação no mercado:

- introdução de um novo bem (ou de uma nova qualidade do bem) ainda não familiar aos consumidores;
- introdução de um novo método de produção (inovação de processo);
- abertura de novo mercado, em que o produto de determinada indústria[4] não tivera acesso antes;
- domínio ou usufruto de nova fonte de oferta de matérias-primas ou de bens semimanufaturados; e
- reorganização de uma indústria, com a decorrente trustificação[5] ou ruptura de uma posição de monopólio.

Há, na visão de Schumpeter (1984), uma **estreita relação entre empreendedorismo, inovação e capitalismo**. Para este autor (1984, p. 112), a inovação é a força motriz que impinge um caráter evolutivo à máquina capitalista, sendo decorrente de "novos bens de consumo, novos métodos de produção ou transporte, dos novos mercados, das novas formas de organização industrial que a empresa capitalista cria". Merecedora de destaque é a visão de que na concorrência atrelada à inovação repousa o cerne do processo de **"destruição criadora"**, denominação empregada por Schumpeter (1984) ao referir-se à contínua revolução da estrutura econômica, na qual novas combinações substituem antigas, e posições de mercado (oligopolistas ou monopolistas) não detém caráter permanente "devido às incessantes atividades tecnológicas realizadas por outras firmas" (GONÇALVES, 1984, p. 106).

Ok...mas qual a razão das empresas empreenderem (inovarem)?

Empresas empreendem para, por meio da inovação, tornarem-se mais competitivas. A razão para tanto, no setor privado, não poderia ser

---
4 **Indústria**, em análise econômica, corresponde a um determinado nicho de atividades econômicas conduzidas no mercado. Por exemplo: à indústria de aço, correspondem as empresas produtoras, fornecedoras de matéria-prima, e até mesmo a regulamentação governamental.
5 **Trustificação** = formação de monopólio.

mais objetiva: **lucro**. Schumpeter (1984) destaca a busca por lucros extraordinários como a razão pela concorrência, em uma dinâmica na qual firmas almejam a obtenção de vantagens competitivas ao se diferenciarem umas das outras em termos tecnológicos ou de mercado. A mesma linha de raciocínio é defendida por Penrose (2006), para quem o motor da inovação é a antecipação de uma situação de maior lucro por empresários, usando seus recursos de modo mais eficiente.

Logicamente, ao falarmos de organizações públicas, a motivação do empreendedorismo não será o lucro, mas sim a prestação de um serviço mais eficiente à sociedade, por simples atendimento a um Princípio Constitucional. Contudo, alguns dos pilares do empreendedorismo aqui discutidos permanecem os mesmos, em especial a busca pela inovação.

Muitas são as maneiras de se conceituar inovação. Para os propósitos de nosso estudo, considera-se a definição oferecida pela Organização para a Cooperação e Desenvolvimento Econômico (OCDE) e registrada no Manual de Oslo:

> *[Inovação é]* "a implementação de um produto (bens ou serviços) novo ou significativamente melhorado, ou um processo, ou um novo método de marketing, ou um novo método organizacional nas práticas de negócio, na organização do local de trabalho ou nas relações externas" (OCDE, 2005, p. 55).

Uma vez entendido o empreendedor como o "agente da inovação", há de se registrar as facetas que o empreendedorismo assume quando exercido nas diversas organizações. Vejamos o esquema a seguir:

- **"Startups Companies"** = criação de novas empesas
- **Intraempreendedorismo** (ou empreendedorismo corporativo) = aplicado a empresas já estruturadas, buscando a inovação com vistas à sobrevivência e ao lucro.
- **Empreendedorismo Social** = inerente às organizações do terceiro setor (ONGs etc.) que fazem com dinheiro privado parcela do que caberia ao setor público. Neste caso, o empreendedorismo não visa ao lucro, mas sim à transformação social.
- **Empreemdedorismo Público** = é um caso especial do intraempreendedorismo, aplicado às organizações públicas, visando à consecução de maior eficiência e efetividade.

Nesse ponto, estamos aptos a abordarmos o empreendedorismo no setor público.

2. O Empreendedorismo no Setor Público

Diversos são os autores que defendem a visão do empreendedorismo como um conceito amplo, passível de ser transposto para o setor público. Nesse sentido, eis a avaliação de Drucker (1987, p. 245):

> **As instituições de serviços públicos, tais como órgãos governamentais**, sindicatos trabalhistas, igrejas, universidades, escolas, hospitais, organizações comunitárias e beneficentes, associações profissionais e comerciais, e semelhantes **precisam ser tão inovadoras e empreendedoras como qualquer negócio**.

Logicamente, ao fazer esta transposição, as especificidades da esfera pública devem ser consideradas, moldando a ação de empreender de acordo com as características inerentes à gestão governamental.

A gestão pública empreendedora não visa à maximização do lucro, em contradição à gestão privada. O intuito é a promoção da eficiência e a melhoria da prestação de serviços públicos, sendo o empreendedorismo entendido como um processo de criação de valor para os cidadãos (MORRIS; JONES, 1999).

Uma vez entendido o empreendimento como um esforço no sentido de inovar, a criatividade na combinação dos recursos (de acordo com a concepção de Schumpeter) passa a ser uma das principais competências do empreendedor. No entanto, o exercício da criatividade, no setor público, é limitado pela estrita observância dos preceitos legais, em obediência do Princípio da Legalidade. De forma geral, são três os fatores que dificultam a plenitude o empreendedorismo no setor público, evidenciados no quadro a seguir:

BARREIRAS AO EMPREENDEDORISMO NO SETOR PÚBLICO	
BARREIRA	**DESCRIÇÃO**
O Princípio da Legalidade	Ao setor público, só cabe a execução daquilo estritamente previsto em normas legais. Desta forma, a inovação inerente ao empreendedorismo é mais cerceada, se comparada com a realidade da iniciativa privada.
Limitação de recursos	Empreender e inovar consomem recursos, sejam eles de pessoal ou financeiros. Tendo em vista que a limitação orçamentária e de funcionários públicos é a realidade em muitos órgãos públicos, os escassos recursos acabam por serem consumidos em atividades operacionais, não restando disponibilidade para seu emprego em atividades empreendedoras.

BARREIRAS AO EMPREENDEDORISMO NO SETOR PÚBLICO	
BARREIRA	**DESCRIÇÃO**
Cultura organizacional	A cultura organizacional não é algo que se muda facilmente, ou em curto espaço de tempo. Há usualmente uma inércia cultural, que se perpetua e que somente é gradualmente transformada. No caso brasileiro, o serviço público foi marcado por uma cultura (disfuncionalmente) burocrática na maior parte do século XX (cerca de 6 décadas), sendo que ainda há traços severos de práticas excessivamente burocráticas nos dias de hoje. Estruturar uma cultura gerencial empreendedora, voltada a resultados, é um esforço conduzido na administração pública do Brasil desde meados da década de 1990, e que ainda carece de avanços.

De forma mais específica, Mulgan e Albury (2013)[6] identificam sete fatores que agem como impeditivos à inovação/empreendedorismo no setor público:

Barreira	Descrição
Pressões para a entrega e fardos administrativos	No setor público, a maioria de gestores e de profissionais dispõe de pouco tempo para se dedicar à inovação na prestação de serviços que culmine em celeridade ou redução de custos. A parcela majoritária de seus esforços é gasta em lidar com a pressão cotidiana da condução de suas organizações, na prestação de serviços e na prestação de contas.
Orçamentos e planejamento de curto prazo	O fracionamento das metas de inovação no diminuto horizonte temporal de um ano – interstício de vigência do orçamento público – acaba por retirar a devida importância dos esforços. Uma requisição de se obter uma minimização de 2% ou 3% no custo ao longo de um ano soa menos relevante do que obter melhora de 30% nos indicadores de eficiência em dez anos.
Poucas recompensas e incentivos à inovação	Ao passo que os governos incrementaram incentivos à inovação no setor privado, com medidas tais como proteção de marcas, benefícios fiscais às atividades de pesquisa e desenvolvimento etc., na esfera pública resiste a tradição de mais penalidades por falhas em inovação do que de recompensas pelo êxito.
Cultura de aversão ao risco	No setor estatal, há a obrigação de se prover um padrão aceitável em serviços públicos, manter a continuidade de sua prestação e assegurar-se do recolhimento de tributos. Tais atividades centrais induzem a uma cultura de aversão ao risco, acentuada ao se considerar o fato de que o fracasso em uma empreitada de alto risco acarreta dano público aos envolvidos.
Baixas habilidades em gestão de riscos e de mudança	No setor público, em que pese a oportunidade e a motivação necessárias à inovação por vezes estarem presentes, há uma relativa escassez de habilidades em mudança e em gestão de riscos, ameaçando o processo de inovação.

6 MULGAN, G.; ALBURY, D. *Innovation in the Public Sector.* London: Cabinet Office Strategy Unit, 2013.

Barreira	Descrição
Relutância de se extinguirem organizações ou programas ineficientes/ ineficazes	As organizações públicas, diferentemente das empresas privadas, dificilmente deixarão de existir como consequência de não serem inovadoras. Ainda assim, novos programas públicos continuam sendo lançados, com padrões mais elevados que os anteriores, mas as funções anteriores que apresentavam falhas raramente são extintas. Ademais, inovações que evidenciam problemas em estágios de teste são usualmente abandonadas precocemente, apesar de a perseverança poder resultar em benefícios.
Tecnologias que restringem arranjos culturais ou organizacionais	Por vezes, a despeito de a tecnologia necessária à inovação estar disponível, no setor público falta o alinhamento entre a cultura organizacional, sistemas, métodos e processos de gestão, impedindo a incorporação da tecnologia às práticas.

Vejamos uma interessante questão cobrada em concurso:

Q1. **(CESPE / ANATEL / 2006)** Devido ao princípio administrativo da legalidade, o qual estabelece que ao gestor público compete fazer o que a lei determina, a inovação é uma característica indesejada na administração pública.

O atendimento ao Princípio da Legalidade é um obstáculo ao uso indiscriminado da criatividade do gestor público. No entanto, não são raras as oportunidades de o gestor atuar com certa liberdade dentro de margens definidas em lei – eis a discricionariedade. É dentro dessa janela de atuação que se deve buscar a inovação, sendo a criatividade e o empreendedorismo, nesse caso, uma das competências mais desejadas no administrador público. O fato é que a administração pública empreendedora busca, a todo instante, inovar – seja no desenho de seus processos, no uso de TICs, na elaboração de ferramentas subsidiárias à sua atuação, em maneiras de prover uma *accountability* eficaz etc.

A assertiva está, portanto, errada.

Historicamente, o empreendedorismo no setor público, nos moldes de sua concepção mais atual, toma forma em diversos países a partir da década de 1980, motivado por diversos fatores, entre os quais merecem destaque:

- **crise fiscal dos Estados;**
- desenvolvimento de novas técnicas gerenciais e de formas de organização;
- maior complexidade das relações sociais, demandando um novo papel ao Estado;
- **ascensão de valores neoliberais ("Estado-Mínimo").**

Dos fatores listados, os destacados em negrito tiveram influência preponderante, levando o modelo de gestão burocrático então vigente a severas críticas, dada sua morosidade, ineficiência, e foco excessivo nos processos de trabalho.

Com esse contexto, surge o Gerencialismo, cujos pilares são dois modelos pós burocráticos: o New Public Management e a Gestão Empreendedora.

No que concerne à **Gestão Empreendedora**, diversos são os autores (SECCHI, 2009; PALUDO, 2012, entre outros) que avaliam a obra *Reinventando o Governo: como o espírito empreendedor está transformando o setor público*, de Osborne e Gaebler (1992), **como o marco teórico principal do governo empreendedor**. A ESAF já cobrou isso no concurso para a CGU, em 2008:

Q2. (ESAF / CGU / 2008) O movimento que incorporou à gestão pública características como a competição na prestação dos serviços, a perspectiva empreendedora, a descentralização, o foco em resultados e a orientação para o mercado é denominado:

a) Patrimonialista.

b) Governança Corporativa.

c) Reinventando o Governo.

d) Administração Pública Societal.

e) Pós-Burocrático.

A relevância do livro *Reinventando o Governo* é tanta que, nos Estados Unidos, **iniciou-se um movimento** rumo à gestão pública empreendedora que levou o mesmo nome da obra de Osborne e Gaebler.

As ideias deste livro foram aplicadas com grande intensidade nos Estados Unidos, em especial no programa de governo do Partido Democrático nas eleições presidenciais de 1992 e, posteriormente, no programa *National Performance Review*, durante a gestão Clinton (presidente) – Gore (vice).

Fonte: http://renatopedrosa.blogspot.com.br/2011/12/caros-leitores-venho-aqui-recomendar.html

Osborne e Gaebler (1992) sintetizaram em 10 mandamentos as orientações para transformar um governo disfuncionalmente burocrático em um governo empreendedor. Vejamos o quadro a seguir:

MANDAMENTOS DA GESTÃO EMPREENDEDORA	
MANDAMENTO	DESCRIÇÃO
1. Governo Catalisador	O governo não deve assumir, sozinho, a competência para a implementação de políticas públicas, mas sim harmonizar a ação de diferentes agentes sociais na solução de problemas coletivos. Assim, o governo passa a coordenar uma série de esforços, e não mais se mostra restrito à simples execução.
2. Governo que pertence à comunidade	Deve-se transmitir responsabilidades aos cidadãos, ao invés de simplesmente servi-los. As comunidades, uma vez estando mais próximas aos problemas, devem atuar proativamente na tomada de decisão.
3. Governo competitivo	A competição (entre órgãos públicos, e entre entidades públicas e privadas) deve ser fomentada, como maneira de promover a qualidade na prestação dos serviços públicos.
4. Governo orientado por missões	O governo (e seus órgãos) deve ser orientado conforme sua missão, e não se ater obsessivamente à normas e regras formais.
5. Governo de resultado	A atuação governamental deve ser norteada por seus objetivos estratégicos. Deve-se minimizar o excesso de controle em recursos (*inputs*) e pautar-se pelos resultados almejados (*outputs*).
6. Governo orientado ao cliente	O governo deve valorizar os cidadãos como seus clientes, abandonando as práticas da burocracia disfuncional, e passando a adotar técnicas e ferramentas de qualidade, bem como promovendo a transparência na gestão (*accountability*).
7. Governo empreendedor	O governo deve criar novas maneiras de ampliar seus ganhos financeiros e vincular sua dotação orçamentária a resultados almejados perante a sociedade, bem como ampliar o leque de serviços públicos remunerados.
8. Governo preventivo	Deve-se evitar a simples postura reativa, passando-se a planejar estrategicamente, como forma de prevenção e preparo perante cenários futuros.
9. Governo descentralizado	A descentralização deve ser vista como uma forma não só de responder mais rapidamente às demandas sociais, mas também de promover maiores motivação aos funcionários públicos e capacidade de inovação. Logicamente, a descentralização e a maior autonomia conferida aos órgãos e aos servidores públicos demandam maior responsabilização e controle.
10. Governo orientado para o mercado	O governo deve ingressar na lógica competitiva do mercado, atuando não só como agente regulatório, mas também conduzindo atividades econômicas, adotando princípios de gestão de negócios e investindo recursos em aplicações de risco.

Assim, retornando à questão proposta, a resposta correta é a alternativa C.

Q3. (CESPE / TSE / 2007 – adaptada) Empreendedorismo governamental significa a capacidade de promover a sintonia entre os governos e as novas condições socioeconômicas, políticas e culturais.

Uma das marcas do empreendedorismo governamental é a busca pela gestão participativa voltada a programas e projetos. É um dos exemplos que ilustra uma nova postura do setor público a fim de se coadunar com condições socioeconômicas, políticas e até mesmo culturais que, há algumas décadas, eram inéditas.

Assim, a alternativa está correta.

O conceito de empreendedorismo governamental é apresentado de forma mais completa na próxima questão.

Q4. (FCC / TRE – CE / 2012) O incentivo a se desenvolver a capacidade de promover a sintonia entre os governos e as novas condições socioeconômicas, políticas e culturais, em que a competição inter-regional, ou interurbana apresenta-se, entre outras, por meio de investimentos em infraestrutura social, que seria responsável por criar centros de inovação e alianças entre esferas de poder de elites políticas locais procurando garantir os recursos necessários para a realização de todos os investimentos necessários, é conhecido como:

a) empreendedorismo governamental;

b) *accountability*, equidade e justiça;

c) novas lideranças;

d) competências essenciais;

e) gestão de conflitos.

Apenas para reforçar a o conceito ora trabalhado. Trata-se do *empreendedorismo governamental* – alternativa "a".

3. Gestão Pública Empreendedora no Brasil

Conforme elucida Mello (2006), a reforma gerencial observada no Brasil a partir de meados da década de 1990 passa, a partir de 2000, a receber a denominação **Gestão Empreendedora.**

Em consonância com o abordado nos Capítulos anteriores, no Brasil, os primeiros esforços rumo à implantação de uma gestão pública empreendedora têm como marco central a publicação do Plano Diretor de Reforma do Aparelho do Estado (Pdrae), elaborado pelo então ministro

Bresser-Pereira, em 1995. Aliás, o próprio Pdrae teve como fundamento teórico principal a obra *Reinventando o Governo*, de David Osborne e Ted Gaebler, mencionada na seção anterior.

Em 2000, o Ministério do Planejamento, Orçamento e Gestão, por intermédio de sua Secretaria de Gestão, publicou um documento de nome *Gestão Pública Empreendedora*[7] que, de forma geral, expõe orientações para a implantação do empreendedorismo no setor público federal.

O trecho abaixo, extraído daquele documento (p. 11), traz uma ideia clara do processo de mudança pretendido com a gestão empreendedora:

> A primeira mudança [na gestão] consiste em **deslocar o foco da preocupação de obedecer regras** em compartimentos estanques – ministério, secretarias, departamentos e respectivos programas – **e estabelecer o processo inverso. Primeiro, identificar objetivamente o que precisa ser feito e, depois, subordinar a organização, a estruturação, a normatização, o conhecimento, a qualificação e o arranjo de pessoas em equipes à busca do resultado**. Este é um ponto importante de mudança da qualidade gerencial.
>
> **Empreender significa obter resultados**. <u>**Gestão empreendedora significa gestão voltada para resultados**</u>. Pressupõe agilidade, dinamismo, flexibilidade e assim por diante, mas sua conexão filosófico-conceitual alinha-se com o que está descrito no plano de reforma do Estado.

ATENÇÃO!

As **principais características da Gestão Pública Empreendedora, no Brasil**, podem ser assim apresentadas:

- oposição às práticas burocráticas;
- gestão por resultados;
- **busca por parcerias** (inclusive na formulação de políticas públicas) **e pelo trabalho em rede** (coordenação de esforços);
- **autonomia da gestão e responsabilização**;
- **foco no cidadão-cliente**;
- promoção da **transparência e do controle social** (*accountability*);
- estímulo ao **diálogo público** (um conceito mais amplo do que o controle social, já que implica o estabelecimento de uma via de mão dupla);
- desenvolvimento da **gestão da informação e da avaliação** (*"não há mudança de padrão gerencial, nem transparência e melhoria do diálogo público sem boas informações. É preciso prestar contas e, para isso, saber o que está acontecendo"*).

---

7 Disponível em: <http://empreende.org.br/pdf/Estado/Gestão%20pública%empreendedora.pdf>.

De forma mais concreta, é possível afirmar que o Brasil vem adotando postura empreendedora (PALUDO, 2012), especialmente no que diz respeito à busca por resultados em termos de infraestrutura e crescimento econômico. Tal realidade pode ser verificada pelo apanhado cronológico dos principais Planos Plurianuais conduzidos nas últimas duas décadas:

PLANOS PLURIANUAIS BRASILEIROS		
PLANO	PERÍODO	DESCRIÇÃO
Brasil em Ação	1996-1999	Trata-se de uma iniciativa inserida no governo de Fernando Henrique Cardoso, com o intuito de priorizar 42[8] empreendimentos voltados para a promoção do desenvolvimento sustentável do País e estrategicamente escolhidos pela capacidade de induzir novos investimentos produtivos e reduzir desigualdades regionais e sociais. Há o entendimento geral de que este Programa foi o embrião para o Programa de Aceleração de Crescimento (PAC).
Avança Brasil	2000-2003	No Avança Brasil, adotou-se um novo conceito de programa, segundo o qual as ações e os recursos do Governo são organizados de acordo com os objetivos a serem atingidos (gestão por resultados). Contudo, para Martins (2001), o Programa Avança Brasil teve uma baixa importância estratégica, devido à pouca adesão de atores econômicos públicos e privados, bem como à limitações metodológicas inerentes aos programas constantes do Plano.
Plano Gestão Pública para um Brasil de Todos	2004-2007	Este PPA contemplou os seguintes macro objetivos: • crescimento com geração de trabalho, emprego e renda, ambientalmente sustentável e redutor das desigualdades regionais; • inclusão social e redução das desigualdades sociais; • promoção e expansão da cidadania e fortalecimento da democracia.
Desenvolvimento com Inclusão Social e Educação de Qualidade	2008-2011	Este PPA fundamentou-se em três pilares principais: política assistencialista (transferindo rendas com condicionalidades), o Plano de Desenvolvimento e Educação (PDE) e o **Programa de Aceleração do Crescimento (PAC)**. Com relação ao PAC, há de se frisar que se trata da mais expressiva ação de empreendimento em infraestrutura já conduzida pelo Governo brasileiro.

---

8 Em 1999 houve a ampliação para 58 empreendimentos.

PLANOS PLURIANUAIS BRASILEIROS		
PLANO	**PERÍODO**	**DESCRIÇÃO**
Mais Brasil	2012–2015	Dá-se continuidade ao PAC (agora chamado de PAC 2), bem como institui-se plano assistencialista denominado Plano Brasil sem Miséria (PBSM). Entre os objetivos contemplados no PAC 2, citam-se: redução do déficit habitacional (Programa Minha Casa, Minha Vida), universalização do acesso à água e à energia elétrica (Programa Água e Luz para Todos), incremento da oferta de serviços básicos à população e garantia da presença do Estado (Programa Comunidade Cidadã) etc.
Desenvolvimento, Produtividade e Inclusão Social	2016–2019	Reforça-se o caráter estratégico do PPA, estruturando-o em uma dimensão estratégica, contendo uma visão de futuro e um conjunto de eixos e diretrizes estratégicas. Ainda, qualifica-se o conteúdo dos programas temáticos, que passam a mais bem expressar as escolhas estratégicas para cada área.

Questões de Concursos

1. (CESPE / STM / 2018) O empreendedorismo governamental possui como foco a ação empresarial com o propósito de geração de lucros para a Administração Pública, a exemplo da exploração de atividades comerciais pelas empresas estatais.

2. (CESPE / STM / 2018) O empreendedorismo governamental, lançado na década de 90 do século passado, se voltava à redução da burocracia e à promoção de competição, inclusive nos serviços públicos.

3. (CESPE / DPU / 2016) A gestão pública empreendedora fundamenta-se no aumento da produtividade e do rendimento das empresas públicas, de modo a gerar maior receita para o Estado.

4. (FCC / TRE – SP / 2012) Dentre as diversas práticas desenvolvidas pelas abordagens pós-burocráticas, aquela que mais estimula o empreendedorismo governamental é:
    a) a descentralização da autoridade;
    b) a transferência do controle das atividades à comunidade;
    c) orientar-se por objetivos, e não por regras e regulamentos;
    d) dar preferência exclusiva às soluções de mercado;
    e) investir mais na prevenção dos problemas do que na sua correção.

5. (CESPE / SUFRAMA / 2014) O Estado empreendedor é aquele que assume o controle da economia do país e administra as empresas públicas para gerar riqueza.

6. (CETRO / TCM – SP / 2006) O empreendedorismo envolve necessariamente riscos e recompensas. Assim sendo, pode-se afirmar que empreendedorismo envolve um ou mais dos itens infracitados.
    I. Empreender significa iniciar um negócio, organizar os recursos necessários e assumir riscos e recompensas.
    II. O crescente estímulo ao empreendedorismo deve-se ao fato de que é possível conviver emprego com negócio próprio.
    III. Adquirir uma franquia possibilita ao empreendedor gerir o negócio de outrem, aliado ao alto risco do empreendimento.

IV. Quando nasce no indivíduo o espírito empreendedor, o planejamento passa a assumir papel secundário.

V. O sucesso do empreendedor está em integrar suas próprias habilidades e experiências com as necessidades do mercado.

Com base na análise das proposições anteriores, pode-se afirmar que:

a) apenas estão corretos os itens I e V;

b) estão corretos todos os itens;

c) apenas estão corretos os itens II e IV;

d) apenas estão corretos os itens I, IV e V;

e) apenas estão corretos os itens III, IV e V.

7. (CESPE / CNJ / 2013) Empreender, para o governo, significa mobilizar competências individuais e organizacionais para provocar inovações e mudanças tecnológicas nos sistemas informatizados nos modelos de gestão exceto nas políticas públicas.

8. (ESAF / SMF – RJ / 2010) Em um contexto de gestão empreendedora, é incorreto afirmar que a administração fiscal deve:

a) coletar tributos visando atender, com maior eficácia, o bem comum;

b) dotar princípios de gestão de negócios, como a proatividade e o controle por objetivos e metas;

c) ser gerenciada como uma empresa que visa maximizar o lucro, aqui medido sob a forma de arrecadação;

d) submeter seus resultados a avaliações feitas pela sociedade;

e) incorporar novas tecnologias, facilitando e estimulando a troca de informações com o cidadão-cliente.

9. (FCC / MPE – AP / 2012) As chamadas organizações públicas enfrentam limites para a atuação empreendedora e pontos de resistência à ação inovadora que, na maioria das vezes, impõe-se de fora para dentro e por pessoas estranhas ao ambiente organizacional. Nesse sentido, o empreendedorismo, como meio de atuação do gestor público, depara-se com fatores que devem ser combatidos para alcançar patamares mais altos de qualidade na prestação de serviços públicos.

Os fatores que devem ser combatidos são:

a) hierarquia excessiva, paternalismo, burocracia e inflexibilidade;

b) crescimento da área pública, terceirização em áreas meio, patrimonialismo e baixa adesão ao e-gov;

c) hierarquia excessiva, patamares elevados de gratificação por resultados, patrimonialismo e inflexibilidade;

d) crescimento da área pública, descontinuidade, burocracia e flexibilidade;

e) hierarquia excessiva, crescimento da área pública, patrimonialismo e baixa adesão ao e-gov.

10. (ESAF / AFRFB / 2009) No âmbito da administração pública, o empreendedorismo pressupõe a incorporação dos seguintes comportamentos, exceto:

   a) participação dos cidadãos nos momentos de tomada de decisão;

   b) substituição do foco no controle dos inputs pelo controle dos outputs e seus impactos;

   c) criação de mecanismos de competição dentro das organizações públicas e entre organizações públicas e privadas;

   d) adoção de uma postura reativa, em detrimento da proativa, e elaboração de planejamento estratégico, de modo a antever problemas potenciais;

   e) aumento de ganhos por meio de aplicações financeiras e ampliação da prestação de serviços remunerados.

11. (ESAF / AFT – MTE / 2010) A aplicação do empreendedorismo, no âmbito da Administração Pública, implica saber que:

   a) normas rígidas e exaustivas são o melhor suporte para a tomada de decisão em ambientes complexos sob constante mudança;

   b) não se deve estimular a competição entre entidades prestadoras de serviços públicos semelhantes;

   c) administração por resultados perde espaço para a supervisão hierárquica e para a realização de auditorias de gestão;

   d) quanto maior a autonomia conferida a servidores públicos, novas formas de controle ou responsabilização devem ser adotadas;

   e) tal como ocorre na iniciativa privada, incentivos econômicos são o principal fator motivacional de gerentes e chefes.

12. (FCC / TRE – CE / 2012) A busca pela capacidade de promover a sintonia entre os governos e as novas condições socioeconômicas, políticas e culturais, em que a competição inter-regional, ou interurbana configura-se, entre outras, através de construção por meio de parcerias com empresas de ambientes urbanos dotados de opções de consumo turístico-cultural, centro de convenções, estádios ou parques esportivos, hotéis de lazer, marinas, centros culturais urbanos, bem como investimentos objetivando prover a cidade com aeroportos e sistema de comunicações modernos, centros bancários e financeiros, centros de treinamento, escolas de negócios e informática e distritos industriais com tecnologia de ponta, são características de:

   a) Novas lideranças.

   b) *Public Service Orientation*.

   c) Competências essenciais.

   d) Empreendedorismo governamental.

   e) Gestão patrimonialista.

13. (ESAF / AFTN / 1996) São muitos os teóricos da administração e os administradores públicos que defendem a necessidade de se proceder a uma "reinvenção" dos governos. Para eles, as atuais estruturas governamentais estão fortemente abaladas pelas inovações tecnológicas, pelo ritmo intenso das mudanças pelo surgimento de uma economia global "pós-industrial" e de uma sociedade baseada no conhecimento e na informação. Neste novo contexto, a máquina administrativa rígida e hierarquizada, estruturada por setores e assentada em burocracias complexas e extensivas, passa a enfrentar grandes e incontornáveis dificuldades. A saída estaria, então, na adoção, pelos governos, da perspectiva do empreendedorismo governamental, capaz de promover a sintonia entre os governos e as novas condições socioeconômicas, políticas e culturais. Indique a opção que apresenta com maior clareza e precisão a ideia de governo empreendedor.

    a) O governo empreendedor define-se por buscar a incorporação de práticas e posturas empresariais, utilizando-se do poder de alavancagem das obras públicas, sobretudo no terreno da construção civil e da infraestrutura urbana.

    b) O governo empreendedor caracteriza-se pela adoção de novas formas de utilização de seus recursos, de modo a maximizar a produtividade e a eficiência, buscando, ao mesmo tempo, organizar sistemas participativos descentralizados com base na mobilização de setores comunitários.

    c) O governo empreendedor caracteriza-se pela determinação com que torna suas decisões, concentra-se na administração criteriosa do dinheiro público e busca opor, às demandas e pressões da sociedade, um conjunto de políticas e programas racionalmente concebidos.

    d) O governo empreendedor distingue-se por não temer assumir riscos, busca a maximização dos recursos públicos a qualquer preço e apoia-se firmemente na geração de receitas financeiras.

    e) O governo empreendedor caracteriza-se pela preocupação em responder com rapidez às demandas da sociedade, mas procura sempre moderar suas iniciativas de investimento, para não colidir a dinâmica e os interesses do mundo dos negócios privados.

14. (CESPE / TRE – BA / 2010 – adaptada) A construção de uma área de lazer destinada à promoção de atividades turísticas e culturais por meio de parcerias com empresas privadas é um exemplo de empreendedorismo governamental, pois promove a integração entre o governo e determinado grupo social.

15. (CESPE / TRE – BA / 2010 – adaptada) Em um município, o seu gestor público, depois de dois anos de governo, firmou alianças entre esferas de poder de elites políticas locais, de modo a garantir recursos necessários para a realização de determinados projetos urbanos.

    Com base nessa situação hipotética, julgue o item a seguir, acerca do empreendedorismo governamental:

    Se o referido gestor público foi capaz de atrair o poder político local para atuar conjunta e permanentemente com vistas à realização de determinados projetos urbanos, então ele apresentou capacidade de empreendedorismo governamental.

16. (FCC / PGE – RJ / 2009 – adaptada) No Brasil, os sistemas de avaliação de desempenho na gestão pública ainda são incipientes. A gestão por resultados poderia ser priorizada pela iniciativa de adotar princípios, tais como: tratar o cidadão como cliente, controle por objetivos e metas ou governo por parcerias.

17. (CESPE / TRE – ES / 2011) De acordo com a visão empreendedora da gestão pública pautada em pressupostos da administração pública gerencial, os resultados da ação do Estado só serão considerados bons se atenderem às necessidades do cidadão--cliente.

18. (CESPE / TRE – MA / 2009 – adaptada) O empreendedorismo na gestão pública caracteriza-se pela elaboração de políticas públicas que atendam prioritariamente às necessidades dos grupos de interesses, mesmo que divergentes das demandas e pressões da sociedade, pois tais grupos possibilitam maior repercussão em face do processo de sucessão eleitoral.

19. (ESAF / SMF – RJ / 2010) Em um contexto de gestão empreendedora, é incorreto afirmar que a administração fiscal deve:

    a) coletar tributos visando atender, com maior eficácia, o bem comum;

    b) adotar princípios de gestão de negócios, como a proatividade e o controle por objetivos e metas;

    c) ser gerenciada como uma empresa que visa maximizar o lucro, aqui medido sob a forma de arrecadação;

    d) submeter seus resultados a avaliações feitas pela sociedade;

    e) incorporar novas tecnologias, facilitando e estimulando a troca de informações com o cidadão-cliente.

Gabarito Comentado

QUESTÃO	COMENTÁRIO
1 Errado	Como vimos, a gestão pública empreendedora não visa à maximização do lucro, em contradição à gestão privada. O intuito é a promoção da eficiência e a melhoria da prestação de serviços públicos, sendo o empreendedorismo entendido como um processo de criação de valor para os cidadãos. A assertiva está errada.
2 Certo	A questão aborda, adequadamente, dois aspectos, a saber: (i) a temporalidade do empreendedorismo governamental, cujo marco teórico principal é a obra de Osborne e Gaebler – *Reinventando o Governo* – de 1992; e (ii) a promoção da competição (entre órgãos públicos e entre entidades públicas e privadas) afigura-se como um dos mandamentos da gestão pública empreendedora. Item correto.
3 Errado	Trata-se de questão considerada errada pela banca, em especial pela sua incompletude. A gestão pública empreendedora não visa a gerar receita para o Estado como fim último, mas sim como modo de ampliar seus ganhos orçamentários e, dessa forma, passar a ser dotada de maior potencialidade a fim de satisfazer os cidadãos. A questão está errada (mas caberia um recurso, em minha visão).
4 – C	Com relação à gestão empreendedora, vejamos o que nos traz o Plano Diretor da Reforma do Aparelho do Estado (1995, p. 11): A primeira mudança [na gestão] **consiste em deslocar o foco da preocupação de obedecer regras** em compartimentos estanques – ministério, secretarias, departamentos e respectivos programas – **e estabelecer o processo inverso. Primeiro, identificar objetivamente o que precisa ser feito e, depois, subordinar a organização, a estruturação, a normatização, o conhecimento, a qualificação e o arranjo de pessoas em equipes à busca do resultado.** Este é um ponto importante de mudança da qualidade gerencial. Assim, é a orientação por objetivos, e não por regras e regulamentos, que atua como principal motriz ao empreendedorismo no modelo de gestão pós-burocrático. Resposta: C.
5 Errado	A assertiva contraria as características de "governo catalisador" e "governo descentralizado". A afirmativa está errada.
6 – A	Passemos à análise das proposições. I. A proposição espelha, de forma apropriada, traços centrais ao conceito de empreendedorismo. Está correta. II. É inerente ao empreendedor a gestão de negócio próprio, no qual tenha autonomia para atuar como agente de inovação. A assertiva está errada.

QUESTÃO	COMENTÁRIO
6 – A	III. Ao adquirir uma franquia, o franqueado passa a gerir seu próprio negócio, contando muitas vezes com o apoio em termos de infraestrutura e passando a explorar a marca da empresa. Para tanto, paga *royalties* ao franqueador. Tais medidas de apoio do franqueador (infraestrutura, padronização de métodos, treinamento, disponibilização da marca) minimizam o risco de sucesso. A proposição está, assim, errada. IV. O planejamento é o alicerce do empreendedor, provendo a melhor maneira de se combinarem os recursos disponíveis. A proposição está errada. V. Parte do sucesso do empreendedor, realmente, está na integração de suas competências com as necessidades mercadológicas, possibilitando a percepção e o aproveitamento das novas oportunidades no âmbito dos negócios. Soma-se a isso a disponibilidade de recursos. A proposição está correta. Resposta: A.
7 Errado	A questão contém, ao menos, dois erros centrais. Primeiramente, empreender não se restringe a inovações e a mudanças em termos de sistemas informatizados. A inovação, cerne do empreendedorismo, dá-se nos mais diversos sentidos: em termos tecnológicos, de processo, de desenvolvimento de produtos, de prestação de serviços. O outro erro diz respeito à afirmação de que às políticas públicas não cabe inovação. Sendo tais políticas o papel principal do Estado, é exatamente nelas que o empreendedorismo se faz mais necessário. A questão está errada.
8 – C	Vejamos os comentários às alternativas: a) Todas as ações efetuadas pela administração pública, em atendimento ao Princípio da Finalidade, visam ao interesse comum. Dessa forma, o mesmo ocorre com a gestão fiscal, em especial com a aplicação dos tributos coletados. A alternativa está correta. b) A alternativa traz duas características vistas no quadro "Mandamentos da Gestão Empreendedora": o governo orientado para o mercado ("adotar princípios de gestão de negócios") e governo de resultado (proatividade e controle por objetivos e metas"). Assim, a alternativa está correta. c) Esta alternativa acaba por contradizer o já comentado na alternativa "a". A gestão pública não deve almejar a maximização do lucro (ou da arrecadação por si só). O intuito é a consecução do bem comum, sendo os recursos arrecadados por meio de tributos apenas um meio para alcançar-se este fim. A alternativa está, portanto, errada. d) Uma vez que o governo empreendedor é voltado ao cliente (cidadão), é mandatório o controle social e a accountability. A alternativa está correta. e) As tecnologias de informação e comunicação (TICs) são ferramentas essenciais ao governo empreendedor, tendo em vista que promovem maior qualidade no exercício de suas atribuições, bem como capacidade de interação com a sociedade. A alternativa está correta.

QUESTÃO	COMENTÁRIO
9 – A	Em termos culturais e de práticas organizacionais, a gestão pública empreendedora enfrenta o desafio de superar resquícios dos modelos administrativos patrimonialista e burocrático. Assim, o personalismo inerente às relações paternalista (típico do modelo patrimonialista), bem como hierarquia excessiva e inflexibilidade (características da burocracia disfuncional) são exemplos de óbices ao empreendedorismo público – eis que a alternativa "a" está correta. Com relação às demais alternativas, "crescimento da área pública", "patamares elevados de gratificação por resultados" e "flexibilidade" não são fatores a serem combatidos. Ademais, a adesão ao e-gov dá-se de forma significativamente crescente.
10 – D	Passemos à análise das alternativas: a) Tendo em vista que o "governo pertence à comunidade" (veja quadro anterior "Mandamentos da Gestão Empreendedora"), deve-se envolver o cidadão na responsabilidade da tomada de decisão relativa a assuntos de interesse da sociedade. A alternativa está correta. b) A alternativa apresenta a caraterística do governo de resultado, a espinha dorsal da gestão empreendedora. Está, assim, correta. c) Como vimos, na gestão empreendedora, a competição (entre órgãos públicos, e entre entidades públicas e privados) deve ser fomentada, como maneira de promover a qualidade na prestação dos serviços públicos. A alternativa está correta. d) Apenas a primeira parte da assertiva está incorreta. O governo empreendedor deve assumir uma postura proativa, antevendo cenários futuros. Trata-se da característica "governo preventivo", vista no quadro exposto anteriormente. A alternativa está errada. e) A assertiva espelha de forma apropriada o mandamento "governo empreendedor", conforme Osborne e Gaebler (1992). A alternativa está, portanto, correta.
11 – D	Vejamos os comentários às alternativas: a) Ambientes complexos sob constante mudança demandam flexibilidade da gestão. Nesse sentido, a gestão empreendedora vem a contrapor-se ao modelo burocrático, passando a focar o resultado, e não a ater-se excessivamente à rigidez das normas que regem o processo. A alternativa está errada. b) Como vimos, na gestão pública empreendedora, a competição (entre órgãos públicos, e entre entidades públicas e privados) deve ser fomentada, como maneira de promover a qualidade na prestação dos serviços públicos. A alternativa está errada. c) De acordo com o modelo empreendedor, a gestão pública volta-se a resultados, perdendo espaço a excessiva supervisão hierárquica e à rigidez de normas que permeiam os processos (disfunções burocráticas). A alternativa está, portanto, errada.

QUESTÃO	COMENTÁRIO
11 – D	d) O empreendedorismo no setor público implica maior descentralização e autonomia conferida a órgãos e a servidores públicos. Contudo, ao passo que se confere a autonomia, a responsabilização e o controle devem ser fortalecidos, como forma de garantir a busca pelo interesse comum. A assertiva está correta. e) A concepção de que o incentivo econômico é o principal motivador de um colaborador está ultrapassada desde os estudos de Frederick Herzberg, ainda no século passado, que culminaram na chamada Teoria dos Fatores. Salários e outros incentivos econômicos são entendidos como fatores que impedem a desmotivação do funcionário – mas não o motivam. Como fatores motivadores, citam-se o reconhecimento, a maior responsabilidade e demais aspectos que atuam junto aos sentimentos de crescimento individual. Assim, a alternativa está errada.
12 – D	A questão expõe uma situação na qual o Poder Público se mostra catalisador de esforços (parcerias), orientando-se por missões e resultados, bem como empreendendo no sentido de ampliar o leque de serviços públicos a serem remunerados. Trata-se de uma prática típica do empreendedorismo governamental.
13 – B	Vejamos os comentários às alternativas: a) "Poder de alavancagem" é uma expressão empregada na área de finanças para designar situações capazes de aumentar muito a rentabilidade de determinado investimento. Ora, o Estado, ao lançar-se a obras públicas voltadas à construção civil e à infraestrutura urbana não visa à sua alavancagem financeira, mas sim ao atendimento às demandas sociais e à consecução do interesse público. Assim, a alternativa está errada. b) Todas as características citadas na assertiva estão de acordo com o que vimos acerca do governo público empreendedor. Trata-se de um governo voltado para resultados, descentralizado e pertencente à comunidade. A alternativa está correta. c) O erro da alternativa está apenas em sua parte final. O governo público empreendedor não concebe políticas e programas a fim de se opor às demandas sociais: ao contrário, trata-se de um programa pertencente à comunidade, integralmente voltado às demandas de seu cliente (cidadão). A alternativa está errada. d) O governo público empreendedor, apesar de buscar a maximização de seus recursos, não o faz "a qualquer preço". Há características básicas do governo empreendedor que não podem ser deixadas de lado: gestão por resultados, atenção ao cliente etc. A alternativa está errada. e) Como vimos, o governo público empreendedor é orientado para o mercado, devendo atuar não só como agente regulatório, mas também conduzindo atividades econômicas, adotando princípios de gestão de negócios e investindo recursos em aplicações de risco. A alternativa está errada.

QUESTÃO	COMENTÁRIO
14 Certo	Ao integrar a comunidade em projetos de interesse público, o governo assume uma postura empreendedora. Há a congregação de esforços, o envolvimento social, e a orientação ao cliente-cidadão.
15 Certo	Na situação hipotética em análise, nota-se a observância dos mandamentos "Governo catalisador" e "Governo que pertence à comunidade" (ver seção 2 deste Capítulo), inseridos em um contexto de empreendedorismo governamental.
16 Certo	A assertiva resume as ações fundamentais que dão base à implantação da eficaz gestão por resultados, inerente a um governo público empreendedor: • focar o usuário do serviço público como cidadão-cliente; • definir metas e objetivos e controlá-los por meio de indicadores, e • buscar parcerias, em geral com o setor privado. A assertiva está correta.
17 Certo	Considero esta questão bastante relevante. A "Gestão Pública Empreendedora" é uma postura do governo, inserida no modelo de administração gerencial do Estado. Dessa forma, prevalece o foco no cidadão-cliente, priorizando-se a persecução dos resultados em detrimento do formalismo e da rigidez nos métodos. Sem que, ao final, sejam agregados valores à comunidade, não ocorre o exercício do empreendedorismo público.
18 Errado	A gestão pública empreendedora é, em si, uma gestão para resultados. Em se tratando do setor público, há de se observar o Princípio da Finalidade, que orienta os esforços do Estado para fins da consecução do interesse público. Não há, pois, em se falar de atendimento a demandas de grupos de interesse, ainda mais se divergirem das necessidades da comunidade. A assertiva está errada.
19 – C	As alternativas "a", "b", "d" e "e" apresentam características que se alinham com os preceitos do empreendedorismo governamental: atendimento do bem comum com maior eficácia, controle por metas, promoção da *accountability* e do governo eletrônico como subsidiário à transparência. Já a alternativa "c" peca ao afirmar que a administração fiscal se presta a maximizar o lucro como fim em si mesmo, ou seja, apenas sob a forma de arrecadação. A administração fiscal deve prover o melhor custo-benefício em termos de resultados de interesse público. Aliás, a consecução do bem comum, com maior eficiência, é o "lucro" na esfera pública.

CAPÍTULO 9
Noções de Políticas Públicas

Guardando relevância no bojo da Administração Pública, tomada em seu sentido amplo, esta obra não pode prescindir da abordagem das políticas públicas. Em um contexto no qual a reforma do Estado e a participação da sociedade civil na gestão pública assumem contornos proeminentes, faz-se necessário o conhecimento acerca de processos de formulação e de implementação de políticas, de construção de agendas, bem como de avaliação de programas e projetos. Eis o que veremos neste Capítulo.

1. O Conceito de Políticas Públicas

Em esforço de revisão de literatura, Souza (2006)[1] traz um apanhado de definições do conceito de políticas públicas, conforme diversos pesquisadores. Vejamos o quadro a seguir, construído com base no texto daquela autora:

CONCEITO DE POLÍTICA PÚBLICA	
AUTOR	DEFINIÇÃO
Mead (1995)	Trata-se de um campo dentro do estudo da política que analisa o governo à luz de grandes questões públicas.
Lynn (1980)	Conjunto de ações do governo que irão produzir efeitos específicos.
Peters (1986)	Soma das atividades dos governos, que agem diretamente ou através de delegação, e que influenciam a vida dos cidadãos.
Dye (1984)	Aquilo que o governo resolve fazer ou não fazer.
Teixeira (2002)	Políticas públicas são diretrizes, princípios norteadores de ação do poder público; regras e procedimentos para as relações entre poder público e sociedade, mediações entre atores da sociedade e do Estado.

[1] SOUZA, C. Políticas Públicas: uma revisão de literatura. *Sociologias*, ano 8, n. 16, p. 20-45, 2006.

A despeito desse apanhado de definições, diversos são os autores que apontam o conceito de Laswell (1951), um dos grandes fundadores do campo de estudos das políticas públicas. Segundo esse autor, no que tange à definição, às decisões e às análises sobre política pública, devem se dedicar a responder às questões: *quem ganha o quê, por que e que diferença faz.*

Tomando por ponto de partida as definições acima arroladas, podemos depreender alguns elementos centrais ao conceito de **políticas públicas**:

- uma política pública é elaborada e implementada pelo Poder Público;
- as políticas públicas surgem como resposta aos problemas sociais. Refletem, assim, soluções às necessidades da vida coletiva, em termos de educação, segurança, saúde etc.

As políticas públicas (= *policies*) são os *outputs* resultantes da atividade política (= *politics*) do Estado.

Q1. (CESPE / EBC / 2011) Em inglês, usam-se os termos *polity*, *politics* e *policy* para caracterizar as três dimensões da política. Eles se referem, respectivamente, às instituições políticas, aos processos políticos e aos conteúdos da política. *Policy* é adotado para designar as políticas públicas (*public policy*).

Acerca da distinção entre os conceitos apresentados pelo enunciado, veja o que nos ensina Frey (2000, p. 216-217):

> [...] a literatura sobre "policy analysis" diferencia três dimensões da política. Para a ilustração dessas dimensões tem-se adotado na ciência política o emprego dos conceitos em inglês de "**polity**" para denominar as instituições políticas, "**politics**" para os processos políticos e, por fim, "**policy**" para os conteúdos da política:
> - a dimensão institucional "**polity**" se refere à ordem do sistema político, delineada pelo sistema jurídico, e à estrutura institucional do sistema político-administrativo;
> - no quadro da dimensão processual "**politics**", tem-se em vista o processo político, frequentemente de caráter conflituoso, no que diz respeito à imposição de objetivos, aos conteúdos e às decisões de distribuição;
> - a dimensão material "**policy**" refere-se aos conteúdos concretos, isto é, à configuração dos programas políticos, aos problemas técnicos e ao conteúdo material das decisões políticas.

Como vemos, a assertiva emprega de forma adequada os conceitos, estando, assim, certa.

Q2. (CESPE / SGA – AC / 2006) Política pública é sinônimo de decisão política: ambas envolvem a alocação imperativa de valores e recursos.

Veja a distinção que a Professora Maria das Graças Rua faz acerca dos conceitos apresentados na questão:

> [...] é necessário distinguir entre política pública e decisão política. Uma **política pública** geralmente envolve mais do que uma decisão e requer diversas ações estrategicamente selecionadas para implementar as decisões tomadas. Já uma **decisão política** corresponde a uma escolha dentre um leque de alternativas, conforme a hierarquia das preferências dos atores envolvidos, expressando – em maior ou menor grau – uma certa adequação entre os fins pretendidos e os meios disponíveis. Assim, embora uma política pública implique decisão política, nem toda decisão política chega a constituir uma política pública. Um exemplo encontrase na emenda constitucional para reeleição presidencial. Tratase de uma decisão, mas não de uma política pública. Já a privatização de estatais ou a reforma agrária são políticas públicas.

Desse modo, a questão está errada.

Na próxima seção, estudaremos aspectos do processo de desenvolvimento e implementação das políticas públicas.

2. Processo de Formulação e Desenvolvimento de Políticas Públicas

De modo geral, a dinâmica inerente às políticas públicas dá-se de modo cíclico, comportando quatro subprocessos, assim representados:

A seguir, veremos cada um desses processos com maiores detalhes.

2.1. Construção da agenda (*agenda-setting*)

"**Agenda**" é aqui entendida como o conjunto de problemas sociais que, por serem julgados merecedores relevantes pelo Governo, passam a demandar sua atenção (e a das demais pessoas ligadas ao Governo).

A pergunta central, neste primeiro processo que envolve a gestão das políticas públicas, é a seguinte: "Como uma ideia se insere no conjunto de preocupações dos formuladores de políticas, transformando-se em uma política pública?" (CAPELLA, 2005, p. 1).

Dois são os modelos que se prestam a elucidar o processo de construção da agenda e que são discutidos de forma mais recorrente na literatura da área: o modelo de Múltiplos Fluxos (*Multiple Streams Model*), concebido por John Kingdon (2003) e o modelo de Equilíbrio Pontuado (*Punctuated Equilibrium Model*), de Baumgartner e Jones (2003), sobre os quais discorreremos a seguir.

O modelo de Múltiplos Fluxos (*Multiple Streams Model*)

Na concepção deste modelo, uma determinada questão (ou problema social) é inserida na agenda do Governo quando estão presentes três fatores principais. Para Kingdon (2003), há **três fluxos decisórios**, que caminham de forma relativamente independente, e que, em momentos críticos, **convergem**, resultando na inclusão de determinada demanda na agenda:

- **Fluxo dos problemas (*problems stream*)**: trata-se do conjunto de problemas sociais sobre os quais os formuladores de políticas acreditam que devam fazer algo a respeito. Nesse escopo, há a diferenciação dos conceitos de questão e de problema. Ao passo que questão se remete a uma situação social percebida (mas em relação a qual não há necessariamente uma ação de contrapartida), esta questão só se configura como problema quando é julgada como merecedora de ação por parte do Governo. Desta forma, "*a ocorrência de eventos ou crises pode suscitar a emergência de problemas ou assuntos, não sendo suficiente, contudo, para impelir a entrada de um assunto na agenda*"[2]. O que irá impelir, inicialmente, a inserção de um problema social na agenda do Governo é um evento percebido como relevante e com relação ao qual há atenção do Estado;

---

2 Trata-se de enunciado cobrado pelo Cespe na prova para o TCU, em 2013. A assertiva, logicamente, está correta.

- **Fluxo das soluções (*policies stream*)**: também conhecido como fluxo das alternativas (ou, ainda, fluxo das propostas), refere-se ao conjunto de soluções formuladas por especialistas, acadêmicos, funcionários públicos, analistas entre outros e que se mostram disponíveis de adoção para determinado problema. Importante salientar que, para Kingdon (2003), nem sempre as ideias geradas neste fluxo estão relacionadas a problemas específicos. Em suas palavras: "*as pessoas não necessariamente resolvem problemas. [...] Em vez disso, elas geralmente criam soluções e, então, procuram problemas para os quais possam apresentar suas soluções*". Ainda, na lógica deste fluxo, busca-se um consenso entre os atores sociais com base na difusão de ideias;
- **Fluxo político (*political stream*)**: diferentemente da lógica do fluxo das soluções, no fluxo político busca-se um "consenso" com base em um processo de barganha e de negociação política. Trata-se de um fluxo sensível à opinião pública (ou "humor nacional", nas palavras de Klingdon) e à pressão das forças políticas organizadas. Destaque é provido ao alto escalão do Governo (Presidente da República, Ministros etc.).

Quando há a convergência desses três fluxos (fenômeno que Klingdon denomina *coupling*), de acordo com o modelo em análise, as propostas de soluções aproximam-se dos problemas, sendo ainda respaldadas pelo apoio político, e ocorre a construção/alteração da agenda.

O modelo de Equilíbrio Pontuado[3] (*Punctuated Equilibrium Model*)

O modelo de Equilíbrio Pontuado visa a explicar a dinâmica na construção das agendas, em especial os períodos de grande estabilidade que são seguidos por rápidas mudanças na inclusão de políticas públicas na agenda governamental. Nas palavras de Baumgartner e Jones (1999, p. 97):

> *A teoria do equilíbrio pontuado* procura explicar uma observação simples: os processos políticos são muitas vezes guiados por uma lógica de estabilidade e incrementalismo, mas às vezes produzem também mudanças em grande escala.

---

[3] O nome do modelo é em decorrência da Teoria do Equilíbrio Pontuado, uma teoria voltada à explicação da evolução das espécies, sugerida por Stephen Gould e Niles Eldredge, na década de 1970. De acordo com essa teoria, nem toda a evolução é lenta e gradual, podendo ocorrer mudanças de forma rápida em determinados períodos geológicos, com extinções de espécies em pequenas populações e substituição destas espécies por outras.

As mudanças em grande escala nas agendas, de acordo com este modelo, devem-se àquilo que os autores denominam _feedback_ positivo, ou seja, há ocasiões em que algumas questões se tornam importantes e atraem outras questões, difundindo-se em um efeito cascata. A popularidade e a relevância destas questões podem implicar alterações significativas na agenda.

A adoção de políticas públicas ao longo do tempo em uma agenda é assim caracterizada por Baumgartner e Jones (1993, p. 17):

> *Tal difusão de políticas pode ser descrita como uma curva de crescimento, ou uma curva em forma de S. No início, a adoção da política é lenta e depois muito rápida e novamente lenta à medida que o ponto de saturação é atingido. Durante a primeira fase, enquanto as ideias são testadas e descartadas, a adoção pode ser bastante lenta. Em seguida, enquanto as ideias se difundem rapidamente, inicia-se para alguns programas uma fase de reação positiva. Por fim, restabelece-se a reação negativa no ponto de saturação.*

A mudança drástica ocorre quando uma determinada questão rompe as barreiras marginais dos subsistemas políticos, ascendendo ao chamado macrossistema político, suscitando a elaboração de novas ideologias e de novos arranjos institucionais. São os chamados **momentos críticos**. As novas ideias e instituições, quando legitimadas, vigoram por determinado tempo, criando um novo patamar de equilíbrio.

2.2. Formulação de políticas públicas

A partir do momento em que determinada demanda social passa a ser prioridade para o Governo, inicia-se o processo de formulação de políticas públicas. Nesse instante, buscam-se alternativas que traduzam a melhor linha de ação para a satisfação do problema em pauta. Três são os modos de se pensar e formular tais soluções, passíveis de serem assim sumarizados, conforme leciona a Professora Maria das Graças Rua:

MODOS DE FORMULAÇÃO DE POLÍTICAS PÚBLICAS	
MODO	**DESCRIÇÃO**
Incremental	• Soluções são buscadas de maneira gradual, sem a introdução de grandes modificações ou a causa de rupturas. As alternativas são analisadas e a escolhida é aquela que <u>assegura o melhor acordo entre os interesses envolvidos</u> (e não aquela que maximiza os objetivos dos tomadores de decisão). • Há o reconhecimento de que há limites na racionalidade, sendo impossível o pleno conhecimento e processamento das informações envolvidas na formulação de uma política pública. • Neste modo, há a constatação de que, por mais adequada tecnicamente que seja uma alternativa, a tomada de decisão envolve relações de poder. Uma solução tecnicamente perfeita pode se revelar politicamente inviável. • O incrementalismo pode ser um modo adequado na adoção de políticas públicas com alto potencial de conflito, ou com relação às quais há uma limitação de recursos e de conhecimento. • Neste modo de formulação de políticas públicas, as <u>decisões são mais ágeis e rápidas</u>, justamente por visarem à minimização de conflitos e por não implicarem alterações bruscas com relação ao *status* atual. • **Desvantagem**: usualmente, mostra-se pouco compatível com as necessidades de mudança, apresentando um viés demasiadamente conservador.
Racional – compreensivo	• Parte-se do princípio que é possível conhecer o problema social de tal forma que se possa tomar decisões de grande impacto. • A tomada de decisão é mais lenta, se comparada ao modo incremental. Deve-se conduzir, previamente, uma análise abrangente e detalhada de cada alternativa e de suas consequências. • Privilegia o lado técnico das alternativas, e confere grande importância às informações que balizam a tomada de decisão. • **Desvantagem**: confere pouca importância às relações políticas que legitimam a adoção de determinada política pública.
Mixed-scanning	• Trata-se de uma junção dos modos anteriores. • Preliminarmente, conduz-se uma análise abrangente e detalhada das alternativas e de suas consequências, nos moldes do modelo racional-compreensivo. As decisões "macro" tomadas são denominadas <u>estruturantes</u>. • Em seguida, as decisões estruturantes, geralmente orientadas ao longo prazo, são complementadas por decisões incrementais, que tornem sua execução possível. Tais decisões são ditas <u>ordinárias</u>.

Q3. **(CESPE / SGA – AC / 2006)** O chamado modelo de escolha racional (ou modelo racional-compreensivo) preconiza uma análise detalhada e abrangente das alternativas de política pública, garantindo mais agilidade e eficácia ao processo decisório, sem desconsiderar potenciais conflitos de interesse e poder entre os atores.

O modelo racional-compreensivo, justamente por preconizar uma análise detalhada a abrangente das alternativas em termos de formulação de políticas públicas, é mais moroso (lento) se comparado ao modelo incremental.

A questão está errada.

Ainda no que concerne à formulação das políticas públicas, quatro são os tipos de impacto que podem causar em seus beneficiários (sociedade). Estamos falando das **políticas distributivas, redistributivas, regulatórias e constitutivas**, conforme tipologia de ampla difusão elaborada por Lowi (1972):

- **Políticas distributivas**: consistem na distribuição de recursos a determinados segmentos da sociedade ou a regiões específicas e, em geral, demandam de controle social por meio de conselhos ou de outras formas de participação popular. Não implica custos diretos (ou diretamente percebidos) à parcela da sociedade não beneficiada. O grau de conflito na arena inerente às políticas distributivas é baixo, tendo em vista que usualmente beneficiam um grande número de destinatários, em escala relativamente pequena. Proporcionam, ainda, relações de clientelismo e de troca de favores. Ex.: políticas de assistência em casos de emergências (enchentes, chuvas), oferta de remédios pela rede pública etc.

- **Políticas redistributivas:** têm o intuito de redistribuírem renda e direitos, por meio do deslocamento de recursos das camadas mais privilegiadas financeiramente para as menos (ou economicamente ativas para as inativas). Impõem perdas concretas para determinados grupos sociais e ganhos incertos para outros. Tendo em vista que envolvem o deslocamento consciente de recursos entre camadas sociais e grupos da comunidade, a arena típica das políticas redistributivas é repleta de conflitos. Ex.: reforma agrária, isenção ou diminuição de impostos para camadas sociais menos abastadas, Bolsa-Família etc.

- **Políticas regulatórias:** voltam-se à normatização para o funcionamento de serviços públicos ou para a oferta de recursos públicos. São concretizadas por meio de decretos, portarias, ordens e proibições. As normas produzidas podem tratar a comunidade de forma isonômica ou, por vezes, atender interesses mais restritos. Ex.: políticas de uso do solo, plano diretor urbano, reforma tributária, além da regulamentação de atividades econômicas, tais como telecomunicações, aviação civil, distribuição energética etc.

- **Políticas constitutivas (ou estruturadoras):** destinam-se à definição das "regras do jogo" político, em termos de estrutura e modo de acesso ao poder, bem como as formas de negociação política. Ex.: reforma política, definição de sistema de governo, definição do sistema eleitoral etc.

Q4. **(CESPE / EBC / 2011)** O sistema previdenciário brasileiro não constitui caso de política redistributiva, uma vez que aqueles que contribuem receberão benefícios reduzidos no futuro.

Os sistemas previdenciários, de modo geral, são exemplos clássicos de políticas públicas redistributivas. No caso brasileiro, veja o esclarecimento que um estudo do próprio Ministério da Previdência Social[4] nos traz:

> *Falar sobre Previdência Social é, ao mesmo tempo, apaixonante e desafiador. Apaixonante porque a tarefa primeira da Previdência é gerar proteção social, usando para tanto a argamassa da solidariedade. A Previdência tem base em um pacto social e político entre todas as gerações de uma determinada sociedade, pelo que, certamente, pode-se dizer que ela é o grande sistema de solidariedade social das sociedades modernas. Os trabalhadores ativos, que geram a renda do país em determinado momento, compartilham com a geração dos trabalhadores aposentados, bem como com pessoas da mesma geração fragilizadas (viúvas/viúvos, doentes, inválidos etc.) uma parcela dessa renda gerada. Esse compartilhamento pode ocorrer por meio de contribuições ou impostos, ou uma combinação de ambos. Não importa se o sistema previdenciário é público ou privado, financiado em repartição ou capitalização, **o fato é que essa redistribuição de renda sempre ocorre da geração ativa para a geração passiva**.*

Como vemos, a questão está errada.

Q5. **(CESPE / EBC / 2011)** Exemplo de função regulatória no domínio econômico é a atuação do Banco Central (BC) na regulação da estabilidade da moeda; o BC pode comprar e vender divisas e ampliar ou reduzir os depósitos compulsórios das instituições financeiras.

O Banco Central do Brasil é uma autarquia integrante do Sistema Financeiro Nacional, vinculada ao Ministério da Fazenda, cuja missão é "assegurar a estabilidade do poder de compra da moeda, por meio do controle da inflação, e um sistema financeiro sólido e eficiente".

O enunciado da questão parece ter sido baseado no texto do Prof. Marcos Souto,[5] acerca da função regulatória do Estado:

---

4 Disponível em: <http://www.previdenciasocial.gov.br/arquivos/office/3_100202-164641-248.pdf>.
5 Disponível em: <http://www.direitopublico.com.br/pdf_11/DIALOGO-JURIDICO-11-FEVEREIRO-2002-MARCOS-JURUENA.pdf>.

*Cabe destacar, no entanto, que a **função regulatória**, como parcela da atividade administrativa de intervenção no domínio econômico, sempre existiu; cite-se o exemplo do <u>Banco Central, na regulação da estabilidade da moeda, comprando e vendendo divisas, ampliando ou reduzindo os depósitos compulsórios das instituições financeiras</u>, da utilização de tributos reguladores, como o IOF (para retirada de moeda de circulação), os impostos sobre comércio exterior para estimular ou desestimular as operações de exportação e importação de bens, a progressividade dos impostos sobre propriedades improdutivas, para forçar uma utilização socialmente aceita, e, ainda, o emprego de estoques reguladores da produção agrícola, adquiridos pelo Poder Público na safra, quando a oferta é maior (e o preço poderia cair, desestimulando a produção) e vendendo na entressafra (quando a oferta é menor e poderia inviabilizar o acesso ao consumo de gêneros essenciais à alimentação).*

A assertiva está correta.

2.3. A tomada de decisão e os modelos de implementação de políticas públicas

Conforme leciona Rua (1998, p. 257), a implementação pode ser compreendida como o "conjunto de ações realizadas por grupos ou indivíduo de natureza pública ou privada, as quais são direcionadas para a consecução de objetivos estabelecidos mediante decisões anteriores quanto a políticas".

Há 3 (três) abordagens em termos de concepção do modo como uma política é implementada. Vejamos o quadro a seguir, construído com base em Rua e Romanini (2013):

MODELOS DE IMPLEMENTAÇÃO DE POLÍTICAS PÚBLICAS	
MODELO	DESCRIÇÃO
Top – Down (de cima para baixo)	• Também conhecido como <u>implementação programada</u>, concebe que a implementação é iniciada com uma decisão do governo centralizado, sendo os implementadores a própria burocracia pública, que são os principais atores instituídos pelo Poder Público para atuar na execução da política pública. • A importância está na definição dos objetivos e na tomada de decisão inicial: a implementação está em segundo plano, sendo uma atividade meramente operacional. • De acordo com este modelo, não se pressupõem impactos significativos oriundos das ações da burocracia (da parcela administrativa do Estado), dado que a concebe como despolitizada. A implementação, assim, detém natureza técnica, operacional e de natureza apenas executiva, e não deliberativa.

MODELOS DE IMPLEMENTAÇÃO DE POLÍTICAS PÚBLICAS	
MODELO	DESCRIÇÃO
Bottom – up (de baixo para cima)	• Surge como crítica à abordagem *top-down*, em decorrência da constatação que os objetivos traçados no modelo anterior raramente eram implementados em sua concepção original. • A implementação não mais é vista como mera execução despolitizada das decisões da cúpula política, mas sim um conjunto de estratégias criadas pela burocracia com o fim de resolução de problemas cotidianos; • Os burocratas, em seu âmbito local, são vistos como os principais atores na entrega dos produtos de uma política pública (os serviços públicos). • Presume-se que a implementação resulte das ações de atores inseridos em uma área temática de política pública, os quais agem para solucionar problemas de seus cotidianos. Ao passo que tais ações logrem êxito, gradualmente caminham para patamares mais elevados na estrutura hierárquica governamental, até se transformarem em uma política pública. • Com essa lógica, a tomada de decisões não antecede a implementação de uma política pública. Descarta-se nessa abordagem, portanto, o conceito de ciclo de políticas públicas.
Modelos Híbridos	• O intuito é a superação das lacunas dos dois modelos anteriores. • Concebem a implementação como situacional, não admitindo a existência do ciclo de políticas públicas como uma sequência de fases estanques e bem delineadas.

2.4. Avaliação de programas e projetos constantes das políticas públicas

Tipos de avaliação

Avaliar uma política pública pressupõe que haja a definição prévia de critérios e padrões, havendo um monitoramento por meio de indicadores.

Conforme salienta Cavalcanti (2008)[6], a literatura voltada a categorizar os tipos de avaliação das políticas públicas é vasta e complexa. No entanto, a autora, com base nos estudos de Lubambo e Araújo (2003), apresenta a seguinte taxonomia:

---

6 Disponível em: <http://www.socialiris.org/antigo/imagem/boletim/arq48975df171def.pdf>.

TIPOS DE AVALIAÇÃO	
CONFORME O AGENTE QUE AVALIA	
TIPO	DESCRIÇÃO
Externa	• Realizada por especialistas de fora da instituição responsável pela condução do programa/projeto. • <u>Vantagens</u>: maior imparcialidade e objetividade. • <u>Desvantagens</u>: difícil acesso aos dados e provável posição defensiva daqueles que terão seu trabalho avaliado.
Interna	• Realizada por especialistas da própria instituição responsável pela condução do programa/projeto. • <u>Vantagens</u>: eliminação da resistência natural ao avaliador externo. • <u>Desvantagens</u>: perda de objetividade, dado que os que avaliam podem estar envolvidos na própria formulação e execução dos programas/projetos.
Participativa	• Prevê a participação de beneficiários dos programas/projetos, que fornecem suas opiniões e percepções.
CONFORME A NATUREZA DA AVALIAÇÃO	
TIPO	DESCRIÇÃO
Formativa ou de processo	• A investigação é centrada no **funcionamento** do programa/projeto (mecanismos, processos, etapas etc.), bem como nas **estratégias** empregadas para o alcance dos resultados. • **O foco está nos processos, e não nos resultados**, sendo esta avaliação intimamente relacionada à implementação de uma política pública, possibilitando correções de rumos, quando necessários. • Não se preocupa, nesta avaliação, com a efetividade, mas sim com a eficiência na alocação de recursos e com o cumprimento do cronograma, por exemplo. • É uma avaliação inerente aos atores incumbidos dos aspectos técnicos das políticas.
Somativa ou de resultado (ou de impacto)	• Refere-se à análise e à produção de informações sobre a implementação e etapas posteriores, sendo efetuada quando o programa está sendo executado há algum tempo ou após sua conclusão, para fins de análise de efetividade (há autores que não distinguem a avaliação somativa da *ex post*). • É uma avaliação referente aos interesses dos políticos, que desejam uma noção em termos de atingimento dos macro-objetivos.

CONFORME O MOMENTO DE REALIZAÇÃO DA AVALIAÇÃO	
TIPO	DESCRIÇÃO
Ex ante	• Realizada anteriormente ao início do programa/projeto, no intuito de verificar sua **viabilidade** (principalmente política, institucional e com relação ao custo-benefício). • Este tipo de avaliação visa a dar suporte à decisão de implementar ou não o programa/projeto. • O elemento central da avaliação *ex-ante* é o diagnóstico, que auxiliará na alocação dos recursos disponíveis de acordo com os objetivos propostos.
Ex post	• Destina-se a investigar em que medida o programa/projeto atingiu os **resultados** esperados por seus formuladores. • Neste tipo, a avaliação assume um caráter somativo[7], dado que possibilita uma visão geral em termos de seus impactos. • Julga-se, com base nessa avaliação, se o programa/projeto deve continuar ou não (caso ele esteja em execução), com base nos resultados obtidos até o momento. Caso o programa/projeto já tenha sido concluído, os frutos da avaliação referem-se à pertinência de se repetir (ou não) a experiência em outras iniciativas.

Análise custo-benefício e análise custo-efetividade

Tanto a análise custo-benefício quanto a análise custo-efetividade consistem em "técnicas analíticas formais para comparar as consequências negativas e positivas de usos alternativos de recursos" (WARNER; LUCE, 1982). Referem-se, pois, a esforços de avaliação econômica de alternativas, comparando programas, projetos ou atividades quanto a custos e impactos. De forma geral, podemos esquematizar da seguinte forma as questões as quais estas técnicas pretendem responder:

Análise Custo-Benefício	Análise Custo-Efetividade
Os **benefícios** auferidos com o programa/projeto/atividade são superiores aos custos envolvidos? A análise dos custos é usualmente feita em unidades monetárias.	• O programa/projeto/ atividade é capaz de atender a **demanda social**? • O **impacto** almejado está acontecendo? • A análise dos impactos raramente é feita em unidades monetárias.

Q6. (CESPE / EBC / 2011) A análise de impactos de uma política pública focaliza os efeitos da legislação, do plano, do programa ou do projeto sobre seu público-alvo, estabelecendo relação de causalidade entre a política e as alterações nas condições econômicas e sociais.

---

[7] O intuito principal de uma avaliação somativa é analisar a efetividade de um programa/projeto.

Ao se analisarem os impactos (ou os resultados) de uma política pública, verifica-se sua efetividade em termos de efeitos causados nas condições econômicas e sociais. Nesse sentido, traz-se à baila os ensinamentos de Weyrich (2007, p. 12)[8]:

> *A avaliação de impacto* é aquela que focaliza os efeitos ou impactos produzidos sobre a sociedade e, portanto, para além dos beneficiários diretos da intervenção pública, *avaliando-se sua efetividade social*. Dois pressupostos orientam a avaliação de impacto. O primeiro reconhece propósitos de mudança social na política em análise e, neste caso, faz sentido estruturar a investigação para mensurar seus impactos. O segundo pressuposto é o que estrutura a análise com base em uma <u>relação causal entre a política ou programa e a mudança social provocada</u>. Pode-se constatar empiricamente mudanças, proceder à sua diferenciação, à sua quantificação etc. Contudo, para se analisar o impacto dessas mudanças, é preciso estabelecer a relação causa-efeito entre estas e a ação pública realizada por meio da política. Em suma, não basta constatar a ocorrência da mudança; é preciso provar que foi causada pelo programa.

Ante o exposto, a questão está certa.

Q7. (CESPE / EBC / 2011) Na avaliação de políticas públicas, são aceitos como métodos válidos tanto os quantitativos quanto os qualitativos.

Não só os métodos qualitativos são considerados válidos, como também há autores, como Bezerra (2006, p. 361 e 367)[9] que, ao analisar a construção de modelos avaliativos pelo Tribunal de Contas da União, faz a seguinte afirmação:

> *É importante observar que a avaliação de programas públicos deve acompanhar o grau de desenvolvimento alcançado pelos programas objetos do estudo avaliativo. Nesse ponto é necessário que se verifique não apenas as transformações* **quantitativas***, mas também as* **qualitativas***. O progresso material há de vir acompanhado do progresso das pessoas como cidadãs. Os trabalhos avaliativos conduzidos pelo TCU precisam, portanto, observar esses dois aspectos. E mais: a avaliação das ações governamentais há de ter uma abrangência que contenha em seu bojo a análise da própria participação social.*
>
> *(...)*
>
> *Um* **bom instrumento avaliativo** *não se aplica apenas à* **dimensão objetiva***, mas também – e talvez principalmente – à* **dimensão subjetiva***. Apesar da maior carência metodológica,* **a ênfase há de residir na avaliação qualitativa***. A esse respeito, pode-se fazer um paralelo com a previsão constitucional, outorgada ao TCU, de realizar fiscalizações quanto aos aspectos da legalidade, legitimidade e economicidade: a dimensão objetiva mais se aproximaria do aspecto da legalidade e economicidade, enquanto a dimensão subjetiva se vincularia mais à legitimidade.*

A questão está correta.

---

8 Disponível em: <http://www2.camara.leg.br/responsabilidade-social/edulegislativa/educacao-legislativa-1/posgraduacao/arquivos/publicacoes/banco-de-monografias/op-1a-edicao/MrcioLuizWeyrichmonografiacur soOP1ed.pdf>.
9 Disponível em: <http://portal2.tcu.gov.br/portal/pls/portal/docs/2053230.PDF>.

Registre-se que a coleta de informações qualitativas e quantitativas afetas a políticas públicas exigem métodos específicos.

No que concerne às informações **qualitativas**, seguem os principais métodos:

- **observação de campo**: há a observação do pesquisador (= indivíduo que está mapeando o processo), sem que ocorra sua participação no processo;
- **abordagem etnográfica**: trata-se de postura de pesquisa própria à antropologia social, na qual o pesquisador toma parte ou se insere no processo, de forma a mais bem compreendê-lo;
- **entrevistas** em profundidade com os principais atores dos processos;
- aplicação de **questionários**, condução de **reuniões** e realização de *workshops* com os principais atores dos processos em análise;
- **pesquisa de** normas e de outros **documentos** que servem de base ao processo.

Já no que concerne às informações **quantitativas**, as informações podem ser coletadas por questionários com escalas pré-concebidas (*survey*) ou mediante dados brutos, advindos de fontes oficiais, tais como taxas de alfabetização, gastos com aparelhamento das Forças Armadas etc.

Q8. (FGV / DPE – RJ / 2014) Além dos objetivos relacionados à eficiência e eficácia dos processos de gestão pública, a avaliação de políticas é decisiva para o processo de aprendizagem institucional e também contribuiria para a busca e a obtenção de ganhos das ações governamentais em termos de satisfação dos usuários e de legitimidade social e política. Por essas e outras razões, tem sido ressaltada a sua importância, pois:

a) o reconhecimento formal da avaliação de políticas, no Brasil, se traduz em processos de avaliação sistemáticos e consistentes que subsidiam a gestão pública;

b) os processos de avaliação de políticas vêm se tornando crescentemente institucionalizados no contexto da administração pública brasileira;

c) no plano do discurso, produz automaticamente a apropriação dos processos de avaliação como ferramentas de gestão, sem percebê-los como um dever;

d) isso exige o empenho das estruturas político-governamentais na adoção da avaliação como prática aleatória nas suas ações;

e) representam um potente instrumento de gestão na medida em que são utilizados durante determinados ciclos da gestão.

Vejamos a análise das alternativas.

a) A despeito de os processos de avaliação de políticas públicas no Brasil demonstrarem incremento de respaldo institucional, Hartz e Pouvorville (1998) fazem a seguinte análise:

*No Brasil, a importância da avaliação das políticas públicas é reconhecida em documentos oficiais e científicos, mas esse reconhecimento formal ainda **não** se traduz em processos de avaliação sistemáticos e consistentes que subsidiem a gestão pública.*

A alternativa está errada.

b) Efetivamente, evidencia-se um crescimento institucional dos processos de avaliação de políticas públicas no Brasil. Tal fato é abordado na análise de Trevisan e Van Bellen (2008):

As últimas décadas têm registrado o ressurgimento e crescimento do campo de conhecimento das políticas públicas, em especial no Brasil. Esse novo fôlego deve--se em grande parte às alterações históricas, políticas e econômicas vivenciadas pela sociedade, e encaradas pelos governos como desafios, que se traduziram em modificações sobre a forma de compreender, formular e avaliar as próprias políticas.

Nesse veio, conforme levantado pela literatura em avaliação de políticas públicas, a função de avaliação sofreu deslocamentos teórico-discursivos, tomando-se como ponto de partida a década de 1960. Nesse período, a ênfase política sobre a avaliação concentrou-se no fornecimento de informação para os gerentes de programas públicos, de forma a garantir feedbacks para correções de rumo. Na década de 1980, a avaliação pende para a função de (re)alocação, ou seja, buscava-se eficiência na alocação de recursos com base em critérios racionais do processo orçamentário.

A década de 1990 marca a última fase evidenciada pela literatura, na qual o deslocamento teórico-discursivo é fortemente marcado pelo questionamento do papel do Estado, aliado à influência da nova administração pública. A avaliação assume a função de legitimação, ao mesmo tempo em que são exigidos resultados da administração e das políticas públicas.

Inovações e refinamentos teóricos em relação a metodologias de avaliação acompanharam e acompanham de perto as concepções e funções das políticas públicas. Nesse sentido, os esforços de pesquisa na avaliação de políticas apontam para uma maior estruturação e sistematização dos programas [...].

A alternativa está correta.

c) Eis a análise de Maria das Graças Rua:

*Esse consenso [em termos de reconhecimento da importância da avaliação das políticas públicas no Brasil em documentos oficiais e científicos] no plano do discurso, **não** produz automaticamente a apropriação dos processos de avaliação* *como ferramentas de gestão, pois frequentemente a tendência é percebê-los como um dever, ou até mesmo como uma ameaça, impostos pelo governo federal ou por organismos financiadores internacionais.*

A alternativa está errada.

    d) A avaliação não deve ser prática "aleatória", mas sim constante, perene. A alternativa está errada.

    e) A avaliação deve recair sobre todas as etapas do ciclo de gestão. A alternativa está errada.

Resposta: B.

3. As Políticas Públicas no Estado Brasileiro Contemporâneo: Arranjos Institucionais

Ao se falar de políticas públicas no Estado brasileiro, devemos discorrer sobre a descentralização e a democracia, bem como a participação da sociedade civil na gestão dessas políticas.

3.1. A descentralização política e a democracia na Federação brasileira

A autonomia dos governos estaduais e municipais (além do Distrito Federal), assim resguardada pela Constituição, implica a possibilidade de que tais esferas adotem uma agenda de políticas públicas independente da agenda construída pelo Poder Executivo Federal. É o que leciona Arretche (2004, p. 20):

> *As relações verticais na Federação brasileira – do governo federal com Estados e Municípios e dos governos estaduais com seus respectivos Municípios – são caracterizadas pela independência, pois Estados e Municípios são entes federativos autônomos. Em tese, as garantias constitucionais do Estado federativo permitem que os governos locais estabeleçam sua própria agenda na área social.*

De acordo com Affonso (1995), o Brasil é um país onde **o termo *Federação* tem sido associado à ideia de descentralização**. Para esse autor, na história brasileira, **descentralização confunde-se com redemocratização**, tendo em vista que ao longo das décadas de 1960 e 1970, o Governo Federal identificou-se com a centralização – fiscal e política – e com o autoritarismo.

A Constituição Federal de 1988 deu ênfase ao processo de descentralização política, sem, no entanto, instrumentalizar este processo de mecanismos eficazes de coordenação das esferas governamentais. Para Cunha (2004, p. 11), "no período posterior a 1988, ao contrário de relações cooperativas e solidárias entre os entes federados, o que se observou foi um intenso processo de competição horizontal e vertical [entre governos]".

O fato é que a descentralização política, nos moldes atualmente vigentes no Brasil, acarreta óbices à oferta e implementação satisfatória de políticas públicas. Abruccio (2010) lista **5 (cinco) aspectos centrais entre federalismo e políticas que carecem de melhor equacionamento**. São eles:

1) Fortalecimento das condições de governança democrática no plano subnacional.
Neste ponto, é essencial a modernização da burocracia de Estados e Municípios, bem como a democratização do poder local.

2) Criação de mecanismos que favoreçam a cooperação entre os níveis de governo.
Figuras como os Consórcios já têm atuado neste sentido, mas é preciso atuar também no plano das políticas públicas que não tenham formas de coordenação bem definidas – o que ocorre na maior parte dos casos. A despeito da definição de um federalismo mais cooperativo no âmbito das competências constitucionais, o federalismo brasileiro na prática é muito compartimentalizado e pouco entrelaçado, o que atrapalha as políticas públicas, tanto em termos de eficiência como de responsabilização.

*3) Repensar os marcos políticos territoriais do país, reformulando as formas de governança regional. Em destaque, deve-se **reformar a governança metropolitana e a macrorregional**, que estão em crise desde o final da década de 1980. Atuar neste "front" significa desmistificar a ideologia municipalista, segundo a qual os Municípios devem ser a unidade básica da provisão e planejamento dos serviços públicos.*

*4) **Os papéis de coordenação e indução do Governo Federal e dos Estados precisam ter uma melhor definição**. Políticas nacionais não são antinômicas[10] em relação à descentralização, de modo que setores como Segurança Pública e Políticas Urbanas necessitam de forte atuação da União. Na mesma linha de raciocínio, os governos estaduais têm de encontrar o seu nicho de atuação, pois a indefinição de suas funções é um dos maiores problemas do federalismo brasileiro.*

*5) Por fim, uma tarefa urgente diz respeito aos **fóruns federativos**. Isto é, as instituições que congregam os atores intergovernamentais devem ser reforçadas, em prol da democratização e maior efetividade de suas ações. Neles podem ser decididos os principais dilemas de coordenação federativa das políticas públicas.*

---

10 = contraditórias, incompatíveis.

Em que pese o federalismo brasileiro, em termos de cooperação para fins de execução de políticas públicas, ser compartimentalizado, o fato é que se vê um aspecto centralizador e pouco autônomo dos entes federados. Eis o cenário mais acurado: há centralização (em especial, em aspectos orçamentários e tributários), com carência de interlocução e de cooperação entre Estados e Municípios para a execução das políticas públicas.

3.2. Participação da sociedade civil nas políticas públicas

O Estado Democrático de Direito, ora vigente no Brasil, confere ao cidadão os direitos de liberdade e de representação contra eventuais abusos do Poder Público.

A partir da década de 1980, com a supressão do regime autoritário então predominante, a participação cidadã é resgatada como modo de robustecer os ditames democráticos. Tomava forma, assim, a descentralização de poder e a fomentação da participação popular nos negócios do Estado, ao mesmo tempo em que crescia a demanda da sociedade para o atendimento de suas necessidades (PARENTE, 2008)[11].

A seguir, apresenta-se um sumário dos principais atores e fenômenos sociais que, a partir do início da década de 1980[12], mostraram-se como motrizes da participação popular nas políticas públicas[13].

ATORES E FENÔMENOS SOCIAIS E SEUS IMPACTOS NAS POLÍTICAS PÚBLICAS	
ATOR / FENÔMENO	DESCRIÇÃO
Movimento pelas "Diretas Já"	• Realizado em 1984, foi um marco em termos de participação popular brasileira. Apesar da derrota do movimento (já que as eleições diretas para presidente só ocorreram em 1989), a mobilização para a discussão dos rumos do País mostrou-se emblemática na luta pela construção da cidadania brasileira. • A institucionalidade democrática passou a vigorar nas diversas pautas de discussão das instâncias sociais.

---

11 Disponível em: <http://portal2.tcu.gov.br/portal/pls/portal/docs/2054994.PDF>.
12 As experiências em termos de participação popular como mecanismo de pressão em políticas públicas não são recentes. Ainda na década de 1960, experiências como os centros populares de cultura, ligados à União Nacional dos Estudantes, reivindicavam maior participação popular nas definições de políticas públicas.
13 Quadro elaborado com base em Maranhão e Teixeira (2006).

ATORES E FENÔMENOS SOCIAIS E SEUS IMPACTOS NAS POLÍTICAS PÚBLICAS	
ATOR / FENÔMENO	DESCRIÇÃO
Convocação para a nova Constituinte	• Por ocasião da convocação para a nova Constituinte, em 1986, consolidaram-se inúmeros fóruns de debates, no intuito de legitimar institucionalmente a participação popular. • O movimento "Participação Popular Constituinte" foi o responsável pela aprovação de emendas populares, bem como por suscitar uma grande diversidade de arranjos de movimentos sociais.
Movimento dos Trabalhadores Rurais Sem Terra (MST)	• Trata-se de um dos principais movimentos sociais brasileiros, voltado às ações diretas de ocupações e à organização de campanhas e marchas, no intuito de consolidar um projeto de desenvolvimento popular para o País. • O pleito principal do Movimento é a reforma agrária. • Atualmente, está presente na parcela majoritária dos Estados brasileiros, e seu foco de ação foi ampliado, na busca de um projeto de maior escopo para o Brasil.
Central Única dos Trabalhadores (CUT)	• A CUT, criada em 1983, ao congregar uma série de sindicatos, mostrou-se um importante ator social na defesa das categorias de trabalhadores que era representante. • Mais recentemente, a CUT vem envidando esforços em três grandes frentes: o fortalecimento de um Sistema Público de Emprego, a educação profissional e a política educacional pública de qualidade.
Redes e Fóruns	• A partir da década de 1990, observou-se uma "proliferação de articulações temáticas em torno de fóruns e redes, cuja atuação não se remete diretamente para as relações entre Estado e sociedade, mas que se estabelece entre os atores sociais, com objetivos de fortalecer seu desenvolvimento autônomo e sua capacidade de intervenção política" (TEIXEIRA; DAGNINO; SILVA, 2002). • Entre os atores sociais que se inserem nessas iniciativas, temos: ONGs, movimentos sociais, associações de classe, segmentos universitários, sindicatos e diversas outras organizações populares.

Q9. (CESPE / MDS / 2006) Modelos de gestão participativa tencionam a forma de gestão burocrática e demandam, para seu efetivo funcionamento, alterações na forma de se dirigirem organizações públicas e de se gerenciarem seus recursos e procedimentos.

Em termos históricos, apenas recentemente o Brasil vem vivendo o seu processo de redemocratização, tendo saído de um regime militar há cerca de três décadas. O marco desta redemocratização é a própria Constituição Federal de 1988 (a "Constituição Cidadã"), que, entre outros aspectos, robusteceu o caráter social e representativo, pregando a expansão dos temas da cidadania e da democracia. Ademais, a CF/88 consagrou alguns princípios da participação direta da sociedade civil como modo de favorecer a democracia.

A redemocratização e a conjuntura política e social do período pós-militar impingiu a necessidade de um novo desenho do aparelho administrativo do Estado, tendo a **descentralização** como norte, ampliando, assim, as possibilidades de participação nas ações do governo (ALBUQUERQUE, 2003)[14]. Nesse sentido, traz-se à baile a contribuição de Arretche (1996, p. 44):

> *O debate sobre a reforma do Estado tem certamente na **descentralização** um de seus pontos centrais. Ao longo dos últimos anos, correntes de orientação política têm articulado positivamente propostas de descentralização com diversas expectativas de superação de problemas identificados no Estado e nos sistemas políticos nacionais. Na década de oitenta, ocorreram reformas descentralizadoras em vários países com estratégias distintas, sendo as mais conhecidas a desconcentração, a delegação, a transferência de atribuições e a privatização ou desregulação.*

A fim de bem institucionalizarem as práticas de gestão por resultados na Administração Pública, em especial na implementação das políticas governamentais, diversos Estados (inclusive o brasileiro) têm adotado duas linhas de ação principais:

Contratualização: Administração passa a ser uma "coleção de contratos", seja interna (contratos de gestão) ou externamente (segundo e terceiro setor).

Publicização: conceito mais amplo, referente à formação de alianças estratégicas entre Estado e sociedade.

Como nos ensinam Marques e Pereira (2011)[15], com o processo de redemocratização nacional, setores da sociedade civil ingressam no cenário político, ampliando-se os espaços de interação e de discussão, bem como as iniciativas de descentralização do Estado na condução de políticas públicas com maior autonomia de Municípios. De acordo com os autores em pauta, os principais espaços que suscitam a participação popular são assim ilustrados:

> *Entre os principais espaços de promoção da participação arrolam-se fóruns de discussão, conferências, **Conselhos Gestores de Políticas Públicas, Orçamentos Participativos**, dentre outros, que cumprem a função de absorver as demandas originadas na esfera pública pelos atores da sociedade civil no que se refere ao debate de questões precípuas do ponto de vista da própria sociedade ao servirem como momento de deliberação, de formulação de opinião pública, de aumento do padrão de associativismo e de aperfeiçoamento do sistema democrático* (MARQUES; PEREIRA, 2011, p. 2).

---

14 ALBUQUERQUE, A. O papel dos Conselhos na Administração Pública: democratização na gestão, fiscalização e responsabilização. *Revista Milton Campos*, v. 10, 2003.
15 MARQUES, M. S.; PEREIRA, P. H. M. Sociedade Civil e Participação: A Influência das Ongs na Democracia Brasileira. *Anais do Seminário Nacional da Pós-Graduação em Ciências Sociais* – UFES, v. 1, n. 1, 2011.

A participação da sociedade civil na gestão pública torna necessária maior flexibilidade nos modelos administrativos, causando certa tensão nas práticas burocráticas ainda vigentes e demandando inovação em processos e na cultura organizacional do setor. A questão proposta está, assim, correta.

Nas próximas seções, estudaremos novas conformações institucionais que subjazem a gestão de políticas públicas, na lógica do Estado empreendedor.

3.2.1. Conselhos Gestores de Políticas Públicas

A estrutura de controle, no Brasil, é composta por três segmentos: controle <u>interno</u>, <u>externo</u> e <u>social</u>, assim ilustrados[16]:

```
                    Controle Social
         Conselhos municipais

                    Controle Externo
         Congresso Nacional
         Assembleias Legislativas
         Câmara Legislativa do DF
         Câmaras Municipais

         Tribunal de Contas da União
         Tribunais de Contas Estaduais
         Tribunal de Contas do DF
         Tribunais de Contas Municipais

                    Controle Interno
         CGU e unidades de controle interno do Governo Federal
         Unidades de controle interno dos governos estaduais
         Unidades de controle interno do DF
         Unidades de controle interno dos governos municipais
```

No que concerne ao <u>controle externo</u>, órgãos do Poder Legislativo são auxiliados pelos Tribunais de Contas das respectivas esferas da Federação, de modo a bem fiscalizarem a aplicação dos recursos.

Contudo, o diagrama "só se completa com uma parcela do controle muito importante: o controle exercido pela própria sociedade, por meio dos conselhos – o chamado **controle social**" (TCU, 2013, p. 26). Este

---
[16] Esquema constante da publicação *Orientações para Conselhos da Área de Assistência Social*, 3ª ed., 2013, de autoria do TCU. Disponível em: <http://portal2.tcu.gov.br/portal/pls/portal/docs/2532685.PDF>.

controle auxilia os Tribunais de Contas e os órgãos de controle interno a fiscalizar a aplicação dos recursos públicos.

No que concerne às políticas de assistência social, por exemplo, a participação da população, não só na formulação dessas políticas, mas também no controle, é prevista pelo art. 204 de nossa Carta Magna:

> Art. 204. As ações governamentais na área da assistência social serão realizadas com recursos do orçamento da seguridade social, previstos no art. 195, além de outras fontes, e organizadas com base nas seguintes diretrizes:
> I – descentralização político-administrativa, cabendo a coordenação e as normas gerais à esfera federal e a coordenação e a execução dos respectivos programas às esferas estadual e municipal, bem como a entidades beneficentes e de assistência social;
> II – *participação da população, por meio de organizações representativas, na formulação das políticas e no controle das ações em todos os níveis.*

No intuito de sedimentarmos nossos estudos sobre os Conselhos de Gestão, bem como de salientarmos o papel de participação e controle social, veremos alguns aspectos próprios aos *Conselhos Municipais de Assistência Social* (CMAS), conforme abordagem do Tribunal de Contas da União[17]. A partir do estudo de um caso concreto, pretende-se tornar mais sólida sua capacidade de julgamento das assertivas propostas pelas bancas, sobre este tópico.

CONSELHOS MUNICIPAIS DE ASSISTÊNCIA SOCIAL (CMAS)

O que são?

São instâncias municipais, de existência prevista na Lei nº 8.742/93 e instituídas por meio de lei específica que estabelece a composição, o conjunto de atribuições e o modo de exercer as competências.

A quem se vinculam?

À Secretaria Municipal de Assistência ou órgão equivalente.

Como é sua composição?

A composição é paritária, com igual percentual de representantes governamentais e da sociedade civil:

---

[17] Os esquemas adiante inseridos constam da publicação *Orientações para Conselhos da Área de Assistência Social*, 3ª ed., 2013, de autoria do TCU. Disponível em: <http://portal2.tcu.gov.br/portal/ pls/portal/docs/2532685.PDF>.

Representantes governamentais

50%

Órgãos ou instituições das áreas de saúde, educação, trabalho e emprego, fazenda e habitação.

Representantes da sociedade civil

50%

São eleitos entre representantes dos usuários ou de organização de usuários da assistência social, de entidades e organizações de assistência social e de entidades de trabalhadores do setor. Cabe ao Ministério Público fiscalizar o processo de escolha desses representantes.

Conselho Municipal de Assistência Social

Independentemente do número de conselheiros, ou da origem das representações, essa paridade deve ser respeitada, para garantir a participação das organizações sociais e populares no processo de formulação, decisão e controle das políticas sociais.

Quais as atribuições do CMAS?

Entre as diversas atribuições, podemos ressaltar:

Em termos de formulação das políticas

- <u>definir os programas de assistência social</u> *(ações integradas e complementares com objetivos, tempo e área de abrangência definidos para qualificar, incentivar e melhorar os benefícios e os serviços assistenciais);*
- <u>definir os critérios e prazos para concessão dos benefícios eventuais</u> *(provisões suplementares e provisórias prestadas aos cidadãos e às famílias em virtude de nascimento, morte, situações de vulnerabilidade temporária e de calamidade pública);*
- *zelar pela implementação e pela efetivação do Sistema Único de Assistência Social (SUAS).*

Em termos de controle social

- *acompanhar e controlar a execução da política municipal de assistência social;*
- *apreciar o relatório anual de gestão que comprove a execução das ações com recursos federais descentralizados para o Fundo Municipal de Assistência Social;*
- *inscrever e fiscalizar as entidades e organizações de assistência social no âmbito municipal, independentemente do recebimento ou não de recursos públicos.*

Q10. (CESPE / SECONT – ES / 2009) É possível ao gestor público instituir um conselho de gestão voltado para a área de habitação.

De modo sucinto, Gohn (2001, p. 7) apresenta a seguinte definição de Conselhos Gestores de Políticas Públicas:

> São canais de participação que articulam representantes da população e membros do poder público estatal em práticas que dizem respeito à gestão de bens públicos.

Os Conselhos são criados por lei e regidos por regulamento próprio. A lei instituidora de um Conselho define suas atribuições, que podem estar inseridas em três categorias principais, a saber: <u>consultivas</u>, <u>deliberativas</u> e/ou <u>de controle</u>. A mesma lei define a composição do Conselho[18] e a duração de mandatos dos conselheiros.

Um exemplo, em termos de base legal, é o Conselho de Saúde, cujo respaldo inicial é encontrado no próprio texto constitucional:

> Art. 198. **As ações e serviços públicos de saúde** integram uma rede regionalizada e hierarquizada e constituem um sistema único, organizado de acordo com as seguintes diretrizes:
>
> [...]
>
> *III – participação da comunidade.*

Maiores detalhes normativos são providos pela Lei nº 8.142/90, que dispõe sobre a participação da comunidade na gestão do Sistema Único de Saúde (SUS). Vejamos o que nos traz o seu art. 1º:

> *Art. 1º O Sistema Único de Saúde (SUS) [...] contará,* **em cada esfera de governo** *[...] com as seguintes instâncias colegiadas:*
>
> *I – a Conferência de Saúde; e*
>
> *II – o Conselho de Saúde.*
>
> *§ 2º O* **Conselho de Saúde***, em caráter permanente e deliberativo, órgão colegiado composto por <u>representantes do governo</u>, <u>prestadores de serviço, profissionais de saúde</u> e <u>usuários</u>, atua na <u>formulação de estratégias</u> e no <u>controle da execução da política de saúde</u> na instância correspondente, inclusive nos aspectos econômicos e financeiros, cujas decisões serão homologadas pelo chefe do Poder legalmente constituído em cada esfera do governo.*

Cada Estado ou Município possui lei própria que cria o seu conselho de saúde. A Lei nº 9.120, de 1993, de Santa Catarina, cria o Conselho de Saúde para aquele Estado:

> *Art. 1º Fica criado o* **Conselho Estadual de Saúde***, integrante da estrutura básica da Secretaria de Estado da Saúde, em caráter permanente e deliberativo, fundamentando-se como Órgão Colegiado composto de representantes:*

---

[18] A composição de um Conselho obedece ao princípio da paridade, ou seja, insere em seu quadro representantes em pares, sendo equivalentes os números de representantes da sociedade civil e do Estado.

I – do Governo do estado de Santa Catarina;

II – dos prestadores de serviços de saúde;

III – dos profissionais da saúde e

IV – dos usuários.

Apenas a título de ilustração, veja alguns exemplos de Conselhos Municipais e suas respectivas responsabilidades[19]:

CONSELHOS E SUAS RESPONSABILIDADES	
Conselho	**Responsabilidades**
Conselho de Alimentação Escolar	• Controla o dinheiro para a merenda. Parte da verba vem do Governo Federal. A outra parte vem da prefeitura. • Verifica se o que a prefeitura comprou está chegando nas escolas. • Analisa a qualidade da merenda comprada. • Olha se os alimentos estão bem guardados e conservados.
Conselho Municipal de Saúde	• Controla o dinheiro da saúde. • Acompanha as verbas que chegam pelo Sistema Único de Saúde (SUS) e os repasses de programas federais. • Participa da elaboração das metas para a saúde. • Controla a execução das ações na saúde. • Deve se reunir pelo menos uma vez por mês.
Conselho de Controle Social do Bolsa-Família	• Controla os recursos do Programa. • Verifica se as famílias do Programa atendem aos critérios para fazer parte. • Verifica se o Programa atende com qualidade às famílias que realmente precisam. • Contribui para a manutenção do Cadastro Único.
Conselho do Fundef[20]	• Acompanha e controla a aplicação dos recursos, quanto chegou e como está sendo gasto. A maior parte da verba do Fundef (60%) é para pagar os salários dos professores que lecionam no ensino fundamental. O restante é para pagar funcionários da escola e para comprar equipamentos escolares (mesas, cadeiras, quadros-negros etc.). • Supervisiona anualmente o Censo da Educação. • Controla também a aplicação dos recursos do programa Recomeço (Educação de Jovens e Adultos) e comunica ao FNDE a ocorrência de irregularidades.
Conselho de Assistência Social	• Acompanha a chegada do dinheiro e a aplicação da verba para os programas de assistência social. Os programas são voltados para as crianças (creches), idosos, portadores de deficiências físicas. • O conselho aprova o plano de assistência social feito pela prefeitura.

---

19 Quadro construído com base nas informações constantes do Portal de Transparência do Governo Federal.
20 Fundef = Fundo de Manutenção e Desenvolvimento do Ensino Fundamental e de Valorização do Magistério.

Veja o que o Portal da Transparência do Governo Federal, mantido pelo Ministério da Transparência, Fiscalização e Controle (antigamente denominado Controladoria-Geral da União), explana acerca dos *Conselhos Gestores de Políticas Públicas*:

> O controle social pode ser feito individualmente, por qualquer cidadão, ou por um grupo de pessoas. Os **conselhos gestores de políticas públicas** são canais efetivos de participação, que permitem estabelecer uma sociedade na qual a cidadania deixe de ser apenas um direito, mas uma realidade. A importância dos conselhos está no seu papel de fortalecimento da participação democrática da população na formulação e implementação de políticas públicas.
>
> **Os conselhos são espaços públicos de composição plural e paritária entre Estado e sociedade civil, de natureza deliberativa e consultiva, cuja função é formular e controlar a execução das políticas públicas setoriais**. Os conselhos são o principal canal de participação popular encontrada **nas três instâncias de governo (federal, estadual e municipal)**.
>
> Os conselhos devem ser compostos por um número par de conselheiros, sendo que, para cada conselheiro representante do Estado, haverá um representante da sociedade civil (exemplo: se um conselho tiver 14 conselheiros, sete serão representantes do Estado e sete representarão a sociedade civil). Mas há exceções à regra da paridade dos conselhos, tais como na saúde e na segurança alimentar. Os conselhos de saúde, por exemplo, são compostos por 25% de representantes de entidades governamentais, 25% de representantes de entidades não governamentais e 50% de usuários dos serviços de saúde do SUS.

Neste momento, estamos aptos a retornar à questão proposta:

> "É possível ao gestor público instituir um conselho de gestão voltado para a área de habitação".

A habitação é um tema que se insere obrigatoriamente na agenda de políticas públicas das três esferas de governo. Assim, é passível de haver um conselho de gestão dedicado ao assunto. No Brasil, há um sem-número de Conselhos Municipais e Estaduais de Habitação.

A questão está correta.

3.2.2. Orçamento Participativo

Outro instrumento da participação da sociedade civil na gestão pública é o chamado **orçamento participativo**, cujo processo de elaboração pressupõe a atuação mais direta do cidadão na decisão dos investimentos públicos (CAVALCANTE, 2007)[21].

O orçamento participativo consiste em um modelo de gestão baseado na efetiva participação da população nas discussões que envolvem a elaboração

---

21 CAVALCANTE, P. L. *Revista de Políticas Públicas e Gestão Governamental*, v. 6, n. 2, p. 11 – 28, 2007.

da peça orçamentária, predominantemente no âmbito municipal (no Brasil, é vigente também no **Distrito Federal**). A inovação é que a população não só define as demandas sociais que carecem de investimento do Poder Público, mas também definem as **prioridades** deste investimento.

Veja o que o Portal da Transparência do Governo Federal, mantido pela Controladoria-Geral da União, explana acerca do Orçamento Participativo:

> O orçamento participativo é um importante instrumento de complementação da democracia representativa, pois permite que o cidadão debata e defina os destinos de uma cidade. Nele, **a população decide as prioridades de investimentos em obras e serviços a serem realizados a cada ano, com os recursos do orçamento da prefeitura.** Além disso, ele estimula o exercício da cidadania, o compromisso da população com o bem público e a **corresponsabilização entre governo e sociedade sobre a gestão da cidade.**

A dinâmica do mecanismo do orçamento participativo segue, em geral, a seguinte lógica[22]:

(i) divisão da localidade (geralmente um Município) em distritos ou regiões que, por sua vez, são subdivididas em sub-regiões (núcleos de bairros próximos);

(ii) definição de fóruns temáticos, tais como saúde e assistência social, educação, cultura e lazer, desenvolvimento econômico etc.;

(iii) realização de plenárias (assembleias) nessas sub-regiões, visando à coleta de demandas locais e à escolha dos representantes dessas sub-regiões (delegados ou conselheiros);

(iv) os delegados ou conselheiros eleitos nessas assembleias participam de um Fórum Regional, que congrega representantes das demais sub-regiões. Nesse fórum, definem-se uma ordem de prioridades a serem encaminhadas ao Fórum Municipal, bem como são escolhidos os representantes das regiões;

(v) o Fórum Municipal é o fecho do processo participativo, ao fim do qual é elaborado o Orçamento Participativo, posteriormente encaminhado à Câmara de Vereadores (Legislativo Municipal). O órgão central do Orçamento Participativo é chamado de Comissão Coordenadora do Orçamento Participativo (CCOP), responsável pela implementação da metodologia a ser seguida e pela compilação do resultado final. Sobre esta comissão, o seguinte conteúdo já foi cobrado em concurso:

---

22 Há variações acerca dos modelos de orçamento participativo levados a cabo nos Municípios brasileiros. O modelo retratado refere-se ao conduzido em Porto Alegre ainda no final da década de 1980, uma das cidades pioneiras no uso desse instrumento de participação popular.

Q11. (CESPE / SECONT – ES / 2009) Para instituir uma comissão coordenadora do orçamento participativo (CCOP), é necessária a representação de integrantes dos Poderes Executivo e Legislativo e da comunidade.

Eis os três tipos de representantes que devem fazer parte da CCOP:
- integrantes do Poder Executivo: setores de planejamento, finanças e gabinete do prefeito, usualmente;
- integrantes do Poder Legislativo: vereadores;
- comunidade (delegados).

A questão está certa.

3.2.3. Demais parcerias entre governo e sociedade

Cabe ainda a menção às parcerias do Poder Público com as demais entidades privadas sem fins lucrativos no Brasil. O quadro a seguir traz uma síntese de tais entidades[23]:

RELAÇÃO GOVERNO – ENTIDADES PRIVADAS SEM FINS LUCRATIVOS	
Entidade	Relação com o Governo
Entidades Religiosas	Atuam na prestação de serviços de utilidade pública em diversas áreas sociais, especialmente ante a fragilidade da ação estatal frente às demandas de educação, saúde e assistência social.
Organizações Não Governamentais (ONGs)	As organizações não governamentais (ONGs) e outras formas de organização da sociedade civil surgem com maior significância a partir do final da década de 1980, vindo a substituir os movimentos sociais populares que haviam se destacado em meados da mesma década (GOHN, 2005). Atuam nas mais diversas frentes, usualmente vinculadas à luta pelos direitos civis e à democratização da sociedade.
Fundações e Institutos Empresariais	Trata-se de um modelo jurídico comumente utilizado pelas empresas privadas no intuito de investirem na área social, muitas vezes na área de pesquisa científica e tecnológica ou no desenvolvimento social. Há inúmeros exemplos, tais como as fundações instituídas pelos bancos Itaú, Bradesco ou pelas empresas Natura, Nestlé, entre outras.

---

23 Quadro compilado a partir de GRAEF, A.; SALGADO, V. As relações do Poder Público com as Entidades Privadas sem fins lucrativos no Brasil. In: BRASIL (Ministério do Planejamento), *Relações de Parceria entre Poder Público e Entes de Cooperação e Colaboração no Brasil*, 2010.

RELAÇÃO GOVERNO – ENTIDADES PRIVADAS SEM FINS LUCRATIVOS	
Entidade	Relação com o Governo
Sociedades Esportivas e Culturais	Há, ainda, entidades tais como escolas de samba e clubes de futebol, que, apesar de pertencentes ao Terceiro Setor[24], vinculam-se ao mesmo tempo ao apoio da atividade empresarial e à dependência do Poder Público, que subsidia tais associações e delas recebe contribuições em termos de desenvolvimento de atividades sociais e esportivas, bem como de fomento econômico na construção civil, no comércio e no turismo.

4. Corrupção e Políticas Públicas

A corrupção, definida pelo Banco Mundial como o abuso de Poder Público para o benefício privado, é prática recorrente em termos globais, e, no Brasil, assume dimensões que colocam em xeque a segurança institucional da sociedade.

No caso do Brasil, a corrupção possui profundos traços culturais, o que nos remete, para fins de estudo, à obrigatoriedade de familiarização com suas origens étnicas.

Recorrendo-se, inicialmente, à identificação das raízes etnológicas formadoras da cultura brasileira, verifica-se o seu caráter tripartido, com influências indígenas sul-americanas, portuguesas e da África negra. Tal é a análise de Motta e Caldas (1997), que ressaltam o hibridismo precoce da sociedade brasileira:

> Híbrida desde o início, a sociedade brasileira logo incorporou o traço português da miscigenação. Sem a existência de restrições de raças e devido à escassez de mulheres brancas, nosso colonizador logo se misturou à índia recém-batizada, transformando-a em mãe e esposa das primeiras famílias brasileiras. Com o início da escravidão, misturou-se ao negro, completando o chamado "triângulo racial" (MOTTA; CALDAS, 1997, p. 41).

A esses três vetores dominantes, esses autores somam a presença de imigrantes europeus (não portugueses) e orientais (japoneses e árabes), observada em especial a partir de meados do século XIX.

Apesar dessa miscigenação de raças e culturas, Holanda (1995) destaca a preponderância da matriz portuguesa, à qual foram incorporados traços culturais dos demais elementos do triângulo racial, povos subjugados pelos

---

[24] O chamado Primeiro Setor é composto pelo Estado, ao passo que o Segundo Setor é formado por empresas privadas, e o Terceiro Setor, por entidades privadas sem fins lucrativos.

colonizadores. Para o autor, de Portugal "nos veio a forma atual de nossa cultura, o resto foi matéria que se sujeitou bem ou mal a essa forma" (HOLANDA, 1995, p. 40).

Dessa forma, é oportuno um olhar mais detido sobre os elementos sociais e culturais advindos do período colonial que, apesar de corresponder a três dos cinco séculos desde a chegada dos portugueses ao Brasil, representou um momento histórico ímpar na formação das instituições de base da sociedade brasileira (HOLANDA, 1995) e cuja herança social, cultural e econômica perpetuou-se aos séculos subsequentes. Em especial, é de nosso interesse os traços que possam estar associados às práticas de corrupção hoje vigentes.

Primeiramente, a adoção do modelo da grande lavoura, nos moldes do observado no período colonial, implicou o surgimento de uma gama de atributos inerentes às relações sociais que se arraigaram à cultura brasileira. Por um lado, o núcleo da natureza semifeudal dos engenhos de cana-de-açúcar era a família patriarcal, centralizadora do poder na figura do senhor de engenho. De outro lado, havia o escravo, oprimido e marginalizado socialmente.

Ante esse contexto histórico, justifica-se a análise de Freitas (1997, p. 46) de que as relações sociais no Brasil "surgem com base na força de trabalho escravo, ordenado e reprimido, separado e calado, gerando uma estratificação social e rígida hierarquização de seus atores, estabelecendo uma distância quase infinita entre senhores e escravos".

O declínio da grande lavoura e a ascensão dos centros urbanos observados ao longo do século XIX demandaram aos senhores de engenho a busca por uma nova ocupação. Passaram a fazer parte do Estado, sendo que a vida política brasileira passou a ser reflexo das relações patriarcais de outrora. Eis que "a família patriarcal fornece, assim, o grande modelo por onde se hão de calcar, na vida política, as relações entre governantes e governados, entre monarcas e súditos" (HOLANDA, 1995, p. 85), e que impingem à cultura brasileira uma significativa desigualdade de acesso ao poder.

A expansão do quadro familiar patriarcal foi também responsável por propagar a relevância atribuída a vínculos pessoais e emotivos em detrimento a relações impessoais ou a interesses comunitários. O grupo, nessa ótica personalista, passa a ser uma extensão da família, e o comportamento interpessoal passa a ser marcado, segundo Holanda (1995, p. 147), por "expressões legítimas de um fundo emotivo extremamente rico e transbordante". Refuta-se uma postura pautada no ritualismo e na polidez, ao passo que se valorizam a proximidade, a franqueza e a expansão para com o outro.

O **personalismo**, assim caracterizado, faz com que o indivíduo apele para relações pessoais e para a intimidade quando deparado com leis ou com situações universais e homogêneas que ignoram sua personalidade. Ao se sintetizarem o personalismo e a concentração de poder, surge o chamado paternalismo (BARROS; PRATES, 1996), assim referenciado por DaMatta (1986):

> [...] No nosso sistema tão fortemente marcado pelo trabalho escravo, as relações entre patrões e empregados ficaram definitivamente confundidas. [...] O patrão, num sistema escravocrata, é mais que um explorador do trabalho, sendo dono e até mesmo responsável moral pelo escravo. [...] isso embebeu de tal modo as nossas concepções de trabalho e suas relações que até hoje misturamos uma relação puramente econômica com laços pessoais de simpatia e amizade [...] (DAMATTA, 1986, p. 22).

Outra vertente da inadequação da prática social às regras universais (ou ao mundo constitucional e jurídico) é o "**jeitinho**" (DAMATTA, 1986), um artifício suavizador das normas impessoais que regem as relações pessoais, um conciliador entre o personalismo e o legalismo. O profissional do "jeitinho", diz DaMatta (1986), é o chamado malandro, hábil na navegação social marcada pela flexibilidade e pela adaptabilidade, sem incorrer, no entanto, à alteração do *status quo*. Eis que o "jeitinho" acaba por agir como um mecanismo de controle social, dado que acarreta o não questionamento da ordem estabelecida.

Também com raízes coloniais, vêm à baila o **espírito aventureiro** e a aversão ao trabalho manual, aspectos que remontam aos traços dos povos ibéricos e que impactam as práticas sociais brasileiras contemporâneas. Holanda (1995) avalia que os ibéricos apresentam, de modo geral, características do ideal de vida aventureiro, em detrimento do semeador, ou seja, valoriza-se o resultado ao invés do processo de sua consecução, os grandes projetos, a audácia.

A decorrência dessa postura é a busca pela extração do máximo de benefícios com o mínimo de contrapartidas, fato observado em atividades econômicas do período colonial, tais como a exploração impiedosa da terra (HOLANDA, 1995), o esgotamento de garimpos e o saque e a captura típicos dos bandeirantes paulistas (PRADO JÚNIOR, 1994). Ao mesmo tempo, o trabalho manual e metódico é desvalorizado, relegado à classe escrava, formando-se uma classe dominante que empreende com pouco esforço físico. Essa tendência de interpretação e de divisão do trabalho viria a ser consolidada no capitalismo industrial, com a derradeira cisão entre quem empreende de modo aventureiro e quem faz.

Feito esse apanhado histórico, somam-se aos traços culturais de um povo outros fatores que promovem a incidência de corrupção, sumarizados no quadro abaixo:

FATORES QUE PROMOVEM A INCIDÊNCIA DE CORRUPÇÃO	
Fator	Descrição
Desigualdade social	A corrupção, nesse caso, age como um mecanismo paralelo de distribuição de renda, suplantando uma função que o Estado desempenha precariamente.
Descentralização estatal	A descentralização do governo pode levar a mais corrupção se houver competição de práticas corruptas pelos diversos entes da Federação.
Lentidão das atividades estatais	A morosidade em determinadas atividades estatais pode suscitar maior índice de corrupção. É o caso, segundo Hunt (2005), de andamento de processos judiciários, por exemplo. A propina surge para agilizar os trâmites. O mesmo é aplicável com relação às demais **ineficiências** da atividade estatal.
Abordagem individualizada	Para Hunt (2005), há maior índice de corrupção em setores nos quais o agente do Estado possui alto poder associado à abordagem de campo individualizada, como é o caso da polícia.
Impunidade	A impunidade dos agentes corruptos tem, historicamente, mitigado o senso de cerceamento à corrupção.
Patrimonialismo e busca pelo poder	A perpetuação no poder exige dos governantes, em uma democracia, assegurar que lograrão êxito nas eleições. Assim, buscam financiamentos privados em suas campanhas, e o empresariado passa a prover esses financiamentos no intuito da obtenção de vantagens diretas (contratos com a Administração Pública, benefícios de exploração econômica etc.) ou indiretas (direitos cruzados advindos de edição de normas, por exemplo). Ademais, a busca incessante de recursos financeiros por partidos políticos é usualmente efetuada mediante o pagamento de contribuições de setores da sociedade interessados na atuação do governo em determinada pasta. Eis a lógica do "loteamento de cargos" e a disputa, por exemplo, pela chefia de ministérios e secretarias.
Falta de transparência	A falta de transparência nas atividades estatais, e, em especial, com seus funcionários e com os segundo e terceiro setores, compromete as ações de fiscalização.

Em contrapartida, como fator chave que promova a qualidade da política pública, mitigando a corrupção, tem-se o **aprofundamento da democracia**, com o incremento da transparência e da *accountability*, bem como das <u>punições</u> às condutas ímprobas que comprometam a qualidade das políticas públicas. Pode-se, ainda, citar os atos de fiscalização, marcados pelo <u>rígido controle</u> e pelo acompanhamento de <u>indicadores de desempenho</u>.

Q12. (ESAF / CGU / 2012) O estudo sobre a chamada economia política da corrupção tem avançado bastante ao longo dos últimos anos. Centenas de trabalhos importantes foram produzidos sobre o tema, muitos deles fazendo uso de analogias advindas da microeconomia, mais especificamente da chamada economia da informação.

Desses trabalhos surgiu uma série de recomendações para a melhoria da qualidade do governo e redução dos níveis de corrupção nos Estados contemporâneos. Entre as principais contribuições do estudo da economia política da corrupção, podem-se destacar as seguintes proposições.

1. No contexto de assimetria informacional, a estrutura de incentivos prevista nos contratos entre agente e principal pode ser mais efetiva como instrumento de coibir a corrupção do que a fiscalização realizada por auditores independentes.

2. A alta rentabilidade da busca de privilégios por parte dos "caçadores de renda" (*rent-seekers*) contribui para o desenvolvimento econômico, pois apesar da sua imagem negativa, ela gera renda e oportunidades de emprego para algumas das pessoas mais talentosas do país.

3. O incentivo à corrupção é diretamente proporcional aos custos transacionais envolvidos no relacionamento entre agente e principal.

4. O tamanho do governo está inversamente relacionado à sua qualidade.

É correto o que se afirma em:

a) 1, 2, 3, 4;

b) 1, 4;

c) 2, 3;

d) 2, 4;

e) 1, 3.

Primeiramente, cabem alguns esclarecimentos acerca da chamada Teoria da Agência.

A assim chamada **Teoria da Agência** volta-se ao estudo dos conflitos e dos custos resultantes da separação entre propriedade e uso do capital em uma organização. Em outras palavras, o foco está na relação entre os interesses dos acionistas (proprietários) e dos gestores organizacionais.

Para Jensen e Meckling (1976), a **relação de agência** pode ser assim definida:

> *Relação de agência (ou relação agente-principal) é um contrato onde uma ou mais pessoas (principal) empregam outra pessoa (o agente) para realizar algum serviço ou trabalho em seu favor, envolvendo a delegação de alguma autoridade de decisão para o agente.*

Dessa forma, em uma relação de agência, pressupondo-se que tanto o agente quanto o principal irão atuar em prol de seus próprios interesses, há de se considerar a grande probabilidade de que os gestores possam atuar em desarmonia em relação aos interesses dos acionistas. Nas palavras de Mendes (2001, p. 15):

> *[A Teoria da Agência]* apresenta-se como um arcabouço teórico voltado para análise das relações entre participantes de sistemas em que a propriedade e o controle de capital são destinados a figuras distintas, dando espaço à formação de conflitos resultantes da existência de interesses diferenciados entre os indivíduos.

Em nosso caso, o agente é usualmente o Estado, que se vale do setor privado – ou de seus próprios funcionários para a realização de determinado serviço a ser favor.

Feita essa exposição, seguem os comentários às assertivas:

1. No contexto de assimetria informacional, a estrutura de incentivos prevista nos contratos entre agente e principal pode ser mais efetiva como instrumento de coibir a corrupção do que a fiscalização realizada por auditores independentes.

Vejamos o seguinte excerto de Hernandes (2011)[25]:

> No modelo, o principal (governo) delega tarefas aos seus funcionários (agentes), que as executam estando sujeitos a propostas de suborno pelos influenciados pela tarefa. O problema da corrupção surge da diferença da função utilidade do principal e do agente. Enquanto o governo busca o ótimo social, o funcionário busca o ótimo privado, que, muito provavelmente, diverge do ótimo anterior. Dado que as informações são assimétricas – o agente conhece muito mais suas ações do que o principal –, o resultado é uma prática fora do ótimo social.

Destarte, conclui-se que uma maior transparência na estrutura de incentivos entre agente e principal, na seara de atuação estatal, é passível de fomentar a mitigação da corrupção em momento anterior à prática do ato de improbidade. Assim, promove maior eficácia do que um controle *ex post*, promovido por auditoria.

A assertiva está correta.

2. A alta rentabilidade da busca de privilégios por parte dos "caçadores de renda" (rent- seekers) contribui para o desenvolvimento econômico, pois apesar da sua imagem negativa, ela gera renda e oportunidades de emprego para algumas das pessoas mais talentosas do país.

Vejamos, nesse sentido, o seguinte excerto, de Vieira (2011):

> A principal escola de análise econômica dedicada ao estudo do setor público, a public choice, entende a corrupção como o resultado da busca, pelos agentes, de rendas monopolistas concedidas pelo Estado (rent-seeking) (JAIN, 2001). A busca de benefícios como a proteção, títulos, licenças ou outros direitos faria com que agentes ou grupos promovessem a corrupção como uma forma complementar – ou substituta – a outras estratégias de rent-seeking, como o lobby, a captura de burocratas ou a simples pressão de grupos de interesse (TULLOCK, 1987).

---
25 Disponível em: <http://www.cgu.gov.br/Publicacoes/controle-social/arquivos/6-concurso-monografias-2011.pdf>.

Dessa forma, na realidade, o *rent-seeking* promove a corrupção, e não o desenvolvimento econômico. A assertiva está errada.

3. *O incentivo à corrupção é diretamente proporcional aos custos transacionais envolvidos no relacionamento entre agente e principal.*

Vejamos o seguinte excerto de Vieira (2011):

> Da mesma forma que as transações legais do Estado, é factível supor que as transações corruptas também imporão custos aos seus agentes, decorrentes do comportamento oportunista. Como destaca Lambsdorff (2002), na realidade os custos de transação dos acordos corruptos são ainda maiores, pois necessitam do sigilo para se desenvolverem. Segundo o autor, os principais custos de transação dos acordos corruptos podem ser classificados em: a) ex ante: os custos de realização do contrato (na busca de informações, parceiros e na determinação dos termos do contrato); b) ex post: os custos de garantia do contrato (enforcement) e dos direitos de propriedade adquiridos após sua realização (LAMBSDORFF, 2002, p. 223). Os custos do tipo ex ante são necessários para iniciar o contrato – estão ligados à busca de informações e ao desenho do contrato que deve ocorrer em absoluto sigilo. Os ex post impõem-se para garantir a transação corrupta, preservando seus ganhos e a impunidade dos contratantes. A natureza ilegal da transação corrupta impede que as partes recorram ao poder jurisdicional do Estado, pois nenhuma Corte garantirá tais contratos ou direitos de propriedade. Por essa razão, seus mecanismos de governança, necessariamente de ordem privada, deverão suprir completamente a falta de sanções legais (LAMBSDORFF, 2002).

Assim, quanto maior o custo de transação de uma atividade entre agente e principal (incerteza, riscos envolvidos que podem culminar em extinção da relação etc.), maior é o incentivo à prática de corrupção, passível de perpetuar a relação.

A assertiva está correta.

4. *O Tamanho do Governo Está Inversamente Relacionado à sua Qualidade*

Não se pode afirmar que o incremento do tamanho do Governo (estruturalmente ou em termos econômicos) comprometa a qualidade de sua atuação. O problema repousa na qualidade da execução de suas políticas públicas, que pode, inclusive, ser favorecida por um orçamento a maior inerente a um Governo de maior dimensão. A assertiva está errada.

Resposta: E.

Questões de Concursos

1. (VUNESP / APPGG SP / 2015) A avaliação *ex ante* das políticas públicas visa a:
   a) dar suporte ao planejamento e projetar inovações socialmente eficazes;
   b) informar decisores na formulação da situação problema a ser alvo do plano;
   c) medir a relação custo/efetividade;
   d) mensurar os objetivos principais dos programas e os valores futuros resultantes da sua implementação;
   e) informar decisões de implementação e servir ao diagnóstico custo/benefício.

2. (CESPE / DPU / 2016) A formulação de políticas públicas deve ser compreendida como o processo por meio do qual os governos traduzem seus propósitos em programas e ações, que produzirão os resultados ou as mudanças desejadas no mundo real.

3. (CESPE / DPU / 2016) Na formulação e na implementação de políticas públicas, aspectos de ordem objetiva como, por exemplo, a alocação de recursos, as disputas políticas e a disponibilidade de equipamentos e serviços públicos são fortemente influenciadas por questões teóricas como as concepções de sujeito social, cidadania e inclusão social em disputa.

4. (CESPE / DPU / 2016) Nos países de frágil tradição democrática, as políticas públicas deveriam ser globais, em três sentidos: a) por dizerem respeito ao Estado, e não apenas ao governo; b) por não deverem se restringir ao período de um único governo; e c) por necessariamente contarem, em sua elaboração, com a participação do Judiciário.

5. (CESPE / TRE – PE / 2017) A formulação e o desenvolvimento de políticas públicas seguem etapas sequenciais no chamado ciclo de políticas públicas. Nesse ciclo, uma tarefa típica da etapa de construção de agendas consiste em:
   a) organizar as demandas sociais;
   b) realizar estudo técnico de soluções para um problema público;
   c) construir alianças políticas;
   d) julgar os efeitos previstos para uma política pública;
   e) designar atores responsáveis pela execução de tarefas intermediárias para a implementação de um programa público.

6. (FGV / DPE – RJ / 2014) A formulação da Agenda de Políticas Públicas muda com o tempo. Se o custo dos serviços médicos é um item importante na agenda, por exemplo, as autoridades envolvidas podem considerar seriamente uma variedade de alternativas relacionadas àquele problema, como a regulamentação direta dos custos hospitalares, a introdução de incentivos ao sistema para estimular a regulação de mercado, o pagamento dos custos dos consumidores por meio de um abrangente seguro de saúde nacional, decretar os seguros parciais para casos de catástrofes, a nacionalização do sistema em um esquema de medicina socializada, ou nada fazer a respeito do assunto. A Agenda na formulação de Políticas Públicas pode ser considerada como:

   a) a pauta de uma reunião, onde assuntos são pré-determinados e levados a uma análise crítica pelas autoridades e sociedade civil;

   b) o tipo de plano que as autoridades desejam que seja adotado, mesmo que possuam intenções veladas;

   c) o objetivo no qual as políticas públicas devem focar, dado que será a razão de todo o programa de governo, independentemente das mudanças que a sociedade possa sofrer;

   d) a ferramenta que possibilitará, ao governo, determinar as ações que, durante toda a sua gestão, deverão nortear os Poderes Legislativo, Executivo e Judiciário.

   e) um alvo, em dado momento, de séria atenção, tanto da parte das autoridades governamentais como de pessoas fora do governo, mas estreitamente associadas às autoridades.

7. (CESPE / TRE – PI / 2016) A teoria do equilíbrio pontuado, um dos modelos de avaliação de políticas públicas que é fundamentado no fluxo de problemas, no fluxo de soluções e no fluxo político, visa à compreensão da formação da agenda governamental.

8. (CESPE / TRE – PI / 2016) Entende-se por políticas públicas um conjunto de decisões e ações destinadas à resolução de demandas sociais; por isso, essas demandas sempre alcançam a agenda governamental das autoridades públicas decisórias.

9. (FGV / DPE – RJ / 2014) Os modelos de elaboração de Políticas Públicas que aspiram à generalidade desconsideram o fato de que diferentes ambientes sociais, que configuram a situação em que é feita a escolha da política, aparentemente levam os tomadores de decisão a fazer opções significativamente distintas. Deste modo, para que haja adequabilidade de um modelo teórico, deve-se levar em conta que:

   a) não existe diferença entre a busca de um modelo para os países desenvolvidos e os países em desenvolvimento;

   b) o analista deve vincular-se com rigidez a um modelo em particular, não devendo, necessariamente, ter que observar os aspectos do ambiente em estudo;

   c) nem sempre há necessidade de identificar e estruturar os aspectos da política a ser analisada;

d) esse modelo deve estar ligado às metas fixadas e como produto da participação das massas;

e) na elaboração de políticas, as percepções e os interesses dos atores individuais estão presentes em todos os estágios.

10. (CESPE / TCE – SC / 2016) O método de formulação de políticas públicas denominado racional-compreensivo parte do pressuposto de que, considerando-se as preferências mais relevantes da sociedade, a intervenção por meio de políticas públicas deve fundamentar-se em ampla análise prévia dos problemas sociais.

11. (VUNESP / APPGG SP / 2015) Nos países recém-redemocratizados, que apresentam processos institucionais incompletos, as dinâmicas dos processos políticos que incidem sobre políticas públicas são comprometidas:

    a) pelo caráter representativo do sistema político;

    b) pela gestão compartilhada e interinstitucional;

    c) pela intermediação de interesses por instituições informais, como o clientelismo, o fisiologismo e a corrupção;

    d) pelo papel desprivilegiado do chefe do Executivo no processo decisório;

    e) pela fluidez institucional e pela ausência de padrões de comportamento dos distintos atores envolvidos.

12. (VUNESP / APPGG SP / 2015) Há, atualmente, novos arranjos institucionais em operação no Governo Federal brasileiro, definidos como o conjunto de regras, mecanismos e processos que determinam como se coordenam os atores e interesses na implementação de uma política específica. A respeito desses novos arranjos institucionais, assinale a alternativa correta.

    a) Os novos arranjos têm tido sucesso em institucionalizar: práticas participativas, a dimensão territorial das políticas e mecanismos de formulação e implementação intersetoriais.

    b) Os novos arranjos institucionais são voltados a introduzir, na gestão pública brasileira, os princípios do *New Public Management*.

    c) A análise dos novos arranjos institucionais demonstra que tem havido uma homogeneidade nas políticas conduzidas pelo Governo Federal no Brasil, buscando reduzir a desigualdade entre Municípios.

    d) Há uma grande heterogeneidade nos novos arranjos institucionais, que tentam incorporar questões como intersetorialidade, participação social e relações federativas.

    e) Os novos arranjos institucionais têm avançado em dimensões como aumento da eficiência e corte de custos das políticas públicas brasileiras.

13. (CESPE / EBC / 2011) Decisões e análises acerca de políticas públicas implicam responder às seguintes perguntas: quem ganha o quê, por quê e que diferença faz.

14. (CESPE / TCE – AC / 2009) As políticas públicas, no processo de construção do Estado moderno, são instrumentos de materialização da intervenção da sociedade no Estado, expressando as dimensões de poder, estabelecendo os limites, o conteúdo e os mecanismos dessa intervenção.

15. (CESPE / TCE – AC / 2009) A construção das políticas públicas tem como alicerces o regime político nacional, a política estatal e a realidade nacional, com suas necessidades sociais, em uma dimensão interna do Estado.

16. (CESPE / SGA – AC / 2006) O modelo incremental reconhece os limites da racionalidade técnica e busca adotar alternativas de modo gradual, assegurando acordos entre os interesses envolvidos.

17. (CESPE / SGA – AC / 2006) Uma das críticas ao modelo incremental diz respeito a seu viés conservador, que tende a dificultar a adoção de políticas inovadoras.

18. (CESPE / SGA – AC / 2006) Os modelos racional e incremental podem ser combinados num modelo misto, que diferencia dois processos decisórios: um relativo a questões estruturantes e outro relativo a questões de caráter ordinário.

19. (CESPE / EBC / 2011) Políticas distributivas geram impactos mais particulares do que universais, ao privilegiarem certos grupos sociais ou regiões, em detrimento do todo.

20. (CESPE / EBC / 2011) Políticas de caráter distributivo distribuem custos e não geram vantagens.

21. (CESPE / EBC / 2011) As políticas redistributivas têm como objetivo o desvio e o deslocamento consciente de recursos financeiros, direitos ou outros valores entre camadas sociais e grupos da sociedade.

22. (CESPE / EBC / 2011) Políticas públicas redistributivas baseiam-se em oportunidades o mais possível equânimes de acesso à educação, emprego e sistema de saúde, no entanto, exclui-se de tais políticas a redistribuição de renda.

23. (CESPE / EBC / 2011) Políticas regulatórias trabalham com ordens e proibições, decretos e portarias.

24. (CESPE / EBC / 2011) Em qualquer situação, para se implementar determinada decisão por meio de uma política pública, requer-se uma única ação estrategicamente selecionada.

25. (CESPE / SGA – AC / 2006) A implementação não sofre a influência de conflitos de interesse, característicos da fase de formulação das políticas públicas.

26. (CESPE / SGA – AC / 2006) A implementação de uma política pública está imune a influências decorrentes de conflitos de poder no interior da agência implementadora.

27. (CESPE / SGA – AC / 2006) A avaliação *ex ante* é um tipo de avaliação de implementação, utilizado para aferir o grau de satisfação dos usuários da política pública.

28. (CESPE / AUGE – MG / 2008) A avaliação de resultados, de natureza *ex ante*, visa aferir a efetividade do programa ou projeto avaliado.

29. (CESPE / AUGE – MG / 2008) A avaliação *ex ante* busca aferir os eventos já ocorridos e tomar decisões baseadas nestas informações, enquanto a avaliação *ex post* visa orientar o planejamento do programa ou projeto objeto da avaliação, de forma a antecipar restrições e respectivas providências a serem tomadas.

30. (CESPE / CAPES / 2012) No processo de avaliação de políticas públicas, podem-se definir diferentes atores sociais, entre eles os políticos e os técnicos. O interesse dos políticos refere-se aos grandes objetivos; o dos técnicos está ligado a um tipo de racionalidade centrada nos procedimentos.

31. (CESPE / SGA – AC / 2006) Na avaliação de uma política pública não se pode utilizar métodos qualitativos, uma vez que eles não permitem a mensuração de impactos.

32. (CESPE / TCU / 2013) As avaliações de processo e de impacto abrangem o cálculo do custo-benefício e o do custo-efetividade de determinada política.

33. (CESPE / TCU / 2013) A avaliação de uma política pública compreende a definição de critérios, indicadores e padrões.

34. (CESPE / EBC / 2011) Para avaliar uma política pública, o analista deve basear sua análise em opções valorativas pessoais, assim, poderá levar em consideração as dificuldades de casos concretos.

35. (CESPE / EBC / 2011 – adaptada) No que concerne às políticas públicas, o controle social refere-se ao controle da sociedade, ou de setores organizados da sociedade, sobre as ações do Poder Judiciário, conforme previsto na Constituição Federal.

36. (CESPE / EBC / 2011) Por meio da participação social possibilita-se que a sociedade civil intervenha na tomada de decisão administrativa e, dessa forma, oriente a administração na adoção de medidas que atendam ao interesse público.

37. (CESPE / EBC / 2011) Os conselhos participativos apresentam em sua composição grande predominância de atores governamentais, o que evidencia pouca participação social e denota que não há conselhos paritários no Brasil.

38. (CESPE / MTE / 2008) O Conselho de Gestão Fiscal (CGF), nos termos da Lei de Responsabilidade Fiscal (LRF), ao institucionalizar a participação da sociedade civil na avaliação da gestão fiscal, constitui espaço de interseção entre o aparelho administrativo estatal e o público não estatal, como um instrumento de controle social do Estado.

39. (CESPE / SECONT – ES / 2009) Os conselhos de gestão estão inseridos na estrutura do Poder Executivo e são subordinados à secretaria pertinente ao tema ou área de que tratam.

40. (CESPE / MPS / 2010) Uma das vantagens apontadas com a adoção do orçamento participativo é a sua maior legitimidade, com a substituição do Poder Legislativo pela participação direta da comunidade nas decisões sobre a alocação das dotações.

41. (CESPE / TCU / 2008) Entre as maiores restrições apontadas em relação ao chamado orçamento participativo, destacam-se a pouca legitimidade, haja vista a perda de participação do Poder Legislativo, e a maior flexibilidade na programação dos investimentos.

42. (CESPE / MC / 2013) Um Estado nordestino que ainda não teve experiência de utilização do orçamento participativo pode se basear no exemplo adotado pelo Governo Federal, que foi o primeiro a empregar essa prática de gestão orçamentária no país.

43. (CESPE / TCE – RN / 2009) O orçamento participativo, que apresenta vantagens inegáveis do ponto de vista da alocação de recursos segundo as demandas sociais existentes, não é utilizado no âmbito do Governo Federal.

44. (UFF / UFF / 2009) O excesso de regras e de exigências para a realização de atividades é uma das disfunções da burocracia, que colabora com o surgimento:
    a) das "panelinhas" com colegas;
    b) do nepotismo;
    c) da corrupção;
    d) da coerção;
    e) do descaso.

45. (CESPE / CNJ / 2013) A administração pública burocrática é orientada para a racionalidade absoluta e prevê o controle rígido dos processos e procedimentos como o meio mais seguro para evitar o nepotismo e a corrupção.

46. (CESPE / ANS / 2005) A LRF procura gerar o máximo de transparência das contas públicas, com vistas à redução dos atos de corrupção.

47. (CESPE / TRE – ES / 2011) Enquanto o modelo burocrático utiliza o controle rígido para combater a corrupção, o modelo pós-burocrático adota meios como indicadores de desempenho e controle de resultados.

Gabarito Comentado

QUESTÃO	COMENTÁRIO
1 – E	Vejamos a análise às alternativas. a) A avaliação *ex ante* não se presta a projetar inovações, mas sim a tecer um diagnóstico robusto, a fim de subsidiar o processo de tomada de decisão. Alternativa errada. b) A avaliação se dá em uma política, e não na formulação da situação problema. Alternativa errada. c) A avaliação *ex ante*, como vimos, volta-se ao custo-benefício, e não ao custo-efetividade. Alternativa errada. d) A avaliação *ex ante* não detém como escopo a mensuração de valores <u>futuros</u> resultantes da implementação de uma política. Alternativa errada. e) A alternativa coaduna-se com o que vimos na parte teórica do Capítulo (subsídios ao processo decisório e aspectos de custo-benefício). Alternativa correta. Resposta: E.
2 Certo	A questão retrata a definição de Souza (2003, p. 13) sobre políticas públicas: *Campo do conhecimento que busca, ao mesmo tempo, "colocar o governo em ação" e/ou analisar essa ação (variável independente) e, quando necessário, propor mudanças no rumo ou curso dessas ações e ou entender por que e como as ações tomaram certo rumo em lugar de outro (variável dependente). Em outras palavras, <u>o processo de formulação de política pública é aquele através do qual os governos traduzem seus propósitos em programas e ações, que produzirão resultados ou as mudanças desejadas no mundo real</u>.* Item correto.
3 Certo	A questão é baseada no texto de Mello, Avelar e Maroja (2012)*. O principal excerto do artigo, tomado por base na questão, segue transcrito: *[...] como destacam Sampaio e Araújo Jr. (2006), "a política em si caracteriza-se como o diálogo entre sua formulação e sua implementação, ou seja, a interação entre o que se propõe executar e o que se realmente executa" (p. 341). A formulação de políticas públicas deve ser compreendida, então, nos termos de Souza, como o processo por meio do qual "os governos traduzem seus propósitos em programas e ações, que produzirão resultados ou as mudanças desejadas no mundo real" (2003b, p. 13), possuindo impactos no curto prazo, mas tendo como horizonte temporal primordial o longo prazo. Os maiores entraves à compreensão dos impactos das políticas públicas sobre a vida das pessoas está na dificuldade de elaboração e/ou acesso a indicadores de sua efetividade, ou seja, em que medida os objetivos e metas que orientaram sua formulação têm sido alcançados.*

QUESTÃO	COMENTÁRIO
3 Certo	*Daí a necessidade permanente de avaliação e, quando necessário, reformulação das ações previstas, de maneira a viabilizar a efetiva implementação das políticas, com uma explícita definição de prazos, atores responsáveis e recursos necessários, num cenário social marcado por disputas ideológicas e escassez financeira. Ainda deve ser ressaltado que uma cisão entre formulação e implementação de políticas públicas tende a conferir a estas um caráter fragmentado, centralizado, antidemocrático, ineficaz e com resultados falhos (OLIVEIRA, 2006), o que significa insistir na necessidade permanente de diálogo e atuação conjunta de formuladoras/es e implementadoras/es de políticas públicas. Como aponta Souza (2003a), é imprescindível identificar as variáveis que influenciam na determinação dos resultados das políticas públicas, ou seja, do governo/Estado em ação.* *Por outro lado, nos países de frágil tradição democrática, mas não só nesses, um dos principais desafios para as gestoras/es é a formulação de políticas públicas capazes de assegurar desenvolvimento econômico e promover a inclusão social de grandes parcelas marginalizadas da população (SOUZA, 2003b). Nesse contexto, as políticas públicas deveriam ser globais, em três sentidos: a) por dizerem respeito ao Estado, e não apenas ao governo; b) por não deverem se restringir ao período de um único governo; e c) por necessariamente contarem, em sua elaboração, com a participação do conjunto da sociedade civil, incluindo ONGs, empresas, igrejas, academia, mídia, etc. (OBSERVATÓRIO, 2004), constituindo aquilo que Frey (2000) chama de policy network. Nessa perspectiva, "o objetivo de toda política pública é a consagração do Estado de Direito, a democracia e a extensão do gozo dos direitos humanos civis, culturais, econômicos, políticos e sociais" (OBSERVATÓRIO, 2004, p. 10, tradução nossa).* *Não se pode esquecer, também, que, na formulação e na implementação de políticas públicas, como destacam Sampaio e Araújo Jr. (2006), aspectos de ordem objetiva (alocação de recursos, disputas políticas e disponibilidade de equipamentos e serviços públicos, por exemplo) são fortemente influenciados por questões teóricas, ainda que não explicitamente enunciadas, como as concepções de sujeito social, cidadania e inclusão social em disputa. Por outro lado, ainda nos termos de Sampaio e Araújo Jr. (2006), "as políticas são públicas porque têm interesses públicos e fins públicos, podendo ou não ser subsidiadas ou implementadas pelo poder estatal" (p. 336), o que significa dizer que grupos sociais e organizações da sociedade civil podem se responsabilizar pela execução de políticas públicas, especialmente quando também participem de sua formulação, sob supervisão de órgãos governamentais. No caso do movimento feminista, por exemplo, há muito se reivindica não só a formulação de políticas públicas de gênero e/ou voltadas para as mulheres, mas também a participação de representantes do movimento em sua formulação, implementação e controle (BANDEIRA, 2005; FARAH, 2004).* Com base no trecho destacado, vemos que a questão está correta. * Disponível em: <http://www.scielo.br/scielo.php?script=sci_arttext&pid =S0102-69922012000200005>.

QUESTÃO	COMENTÁRIO
4 Errado	De acordo com o excerto transcrito nos comentários à questão anterior, o correto seria dizer, no que tange ao item "c": "por necessariamente contarem, em sua elaboração, com a participação do conjunto da sociedade civil, incluindo ONGs, empresas, igrejas, academia, mídia, etc. (OBSERVATÓRIO, 2004), constituindo aquilo que Frey (2000) chama de *policy network*". Item errado.
5 – A	Na construção da agenda de políticas públicas, as demandas sociais devem ser prioritariamente organizadas, para que então haja a devida priorização e identificação das que são merecedoras de esforços de formulação e implementação posterior de projetos e programas públicos. Resposta: A.
6 Certo	"**Agenda**" é aqui entendida como o conjunto de problemas sociais que, por serem julgados relevantes pelo Governo, em determinado momento, passam a demandar sua atenção (e a das demais pessoas ligadas ao Governo). Dessa forma, a alternativa E está correta.
7 Errado	O modelo descrito na assertiva é o de múltiplos fluxos, e não o relativo à teoria do equilíbrio pontuado. Item errado.
8 Errado	Nem todas as demandas sociais alcançam a agenda de políticas públicas. Tais demandas devem ser entendidas como prioritárias pelos definidores das agendas, em consonância com os modelos de múltiplo fluxos – ou de equilíbrio pontuado – apresentados neste Capítulo. Item errado.
9 – E	Trata-se de questão que faz emergir uma verdade bastante relevante. De fato, todo modelo parte de determinada premissa, o que é justificado frente à impossibilidade de considerar, de uma só vez, todas as variáveis existentes em determinado sistema. Quanto mais generalista o sistema, mais as peculiaridades de cada situação estarão sendo ignoradas. Logicamente, o ideal é considerar o ambiente em que a política pública será implementada, bem como os atores e os interesses envolvidos. Feitas essas considerações iniciais, passemos à análise das alternativas: a) a busca por um modelo de política pública em um país desenvolvido irá seguir caminhos bastante diversos da busca em um país subdesenvolvido. Seja em políticas de saúde, de distribuição de renda, de educação... em virtude de realidades distintas, os modelos também serão distintos. A alternativa está errada; b) o analista deve ser flexível, customizando determinado modelo à realidade vigente em seu ambiente. A alternativa está errada; c) um modelo teórico irá sempre carecer da identificação de diversos aspectos ambientais vigentes, de modo que a política pública possa ser apropriadamente estruturada. A alternativa está errada; d) nem toda política pública é produto da participação das massas. A despeito dos avanços em termos de participação popular na elaboração de políticas públicas, o fato é que muitas iniciativas são fruto de negociação de setores privilegiados da sociedade. A alternativa está, dessa forma, errada;

QUESTÃO	COMENTÁRIO
9 – E	e) a alternativa espelha adequadamente a presença dos interesses dos *stakeholders* em todos os estágios da adequação de um modelo teórico de formulação de política pública. A afirmativa está correta. Resposta: E.
10 Certo	O método racional-compreensivo, como vimos, "parte do princípio de que é possível conhecer o problema social por meio de ampla análise, de tal forma que se possa tomar decisões de grande impacto. A tomada de decisão é mais lenta, se comparada ao modo incremental. Deve-se conduzir, previamente, uma análise abrangente e detalhada de cada alternativa e de suas consequências". Assim, a assertiva está correta.
11 – C	A fragilidade/desvirtuamento institucional, típico de países recém-democratizados, suscita vícios generalizados no processo de gestão de políticas públicas. Como exemplos, podemos citar a falta de representatividade fática do sistema político (alternativa "a"), a mitigação do potencial de gestão compartilhada, pautando-se por ruídos e conflitos interinstitucionais (alternativas "b" e "e"). Ademais, o chefe do Poder Executivo, não raramente, é o detentor do bastião do processo decisório político (alternativa "d"). A celeuma (= problema) reside, de fato, na informalidade da intermediação de interesses, com traços marcantes de corrupção, clientelismo, personalismo, fisiologismo e patrimonialismo. Resposta: C.
12 – D	Em termos da atuação dos novos arranjos institucionais, podemos fazer a seguinte síntese: • promovem ações que primam pela participação social e pelo aspecto contratual entre Estado e terceiro setor; • há significativa heterogeneidade das políticas públicas desenvolvidas pelos novos arranjos; • os novos arranjos tendem a primar pela eficácia, não se traduzindo, necessariamente, em aumento de eficiência ou corte de custos; • os novos arranjos não visam a introduzir os preceitos do NPM, mas sim em suplantar as suas deficiências. Cabe, por fim, a menção acerca da insipiência dos novos arranjos em tocar a problemática da dimensão territorial das políticas públicas, conforme ilustrado no seguinte excerto, de Abrúcio e Sano (2013, p. 177): *No que se refere à lógica de desenvolvimento regional contra a desigualdade, o país tem experiências esparsas que não abarcam todo o fenômeno, além de não ter uma estratégia clara para atacar este problema. Em relação à lógica social de parceria público-privada, são poucas as experiências no Brasil, e é essencial envolver mais a sociedade nesta questão, seja porque tais parcerias potencializam a accountability, seja porque é fundamental criar na população uma consciência da dimensão territorial das políticas públicas, algo raro atualmente.* Resposta: D.

QUESTÃO	COMENTÁRIO
13 Certo	A questão aborda a conceituação seminal de Laswell (1951), vista no início do Capítulo. Está, dessa forma, correta.
14 Errado	As políticas públicas são instrumentos de intervenção do Estado na sociedade (e não o contrário), com vistas ao atendimento a determinada demanda social entendida como relevante. A questão está errada.
15 Errado	As políticas públicas, alicerçadas na atividade política do Estado, visam a atender demandas sociais entendidas como relevantes. Trata-se, contudo, de uma ação inerente à dimensão externa do Estado, que o conecta diretamente com a sociedade. A questão está errada.
16 Certo	Ambas as assertivas estão de acordo com as características do modelo incremental, vistas no Capítulo. As questões estão certas.
17 Certo	Ambas as assertivas estão de acordo com as características do modelo incremental, vistas no Capítulo. As questões estão certas.
18 Certo	A assertiva está de acordo com as características do modelo *mixed-scanning*, visto no Capítulo. A questão está certa.
19 Certo	É exatamente isso. Há o foco, nas políticas distributivas, em públicos específicos (determinados segmentos da sociedade ou regiões próprias). A questão está certa.
20 Errado	Políticas distributivas geram vantagens a públicos específicos, não implicando custos diretos (ou ostensivamente percebidos) ao público não beneficiado. A questão está errada.
21 Certo	O conceito de políticas redistributivas, apresentado na assertiva, está de acordo com o visto no Capítulo. A questão está correta.
22 Errado	O sistema previdenciário é um exemplo de política pública redistributiva de renda, que ocorre de uma geração economicamente ativa para outra inativa. A questão está errada.
23 Certo	Apenas para reforçar a teoria apresentada no Capítulo. A questão está certa.
24 Errado	A implementação de uma política pública envolve um conjunto de ações, logicamente concatenadas, que visem à consecução de um objetivo mais amplo. A uma decisão, em termos de políticas públicas, é inerente um grau de complexidade que torna impraticável a adoção de apenas uma única ação. A questão está errada.

QUESTÃO	COMENTÁRIO
25 e 26 Errado	Conflitos de interesses são inerentes às diversas arenas de políticas públicas, em todas as fases de seus ciclos. Estende-se da construção da agenda até os resultados em termos de avaliação. Ainda, os conflitos de poder são suscetíveis de ocorrer tanto em relação aos atores do ambiente externo à agência implementadora, quanto a seu cenário intraorganizacional. Ambas as questões estão erradas.
27 Errado	O grau de satisfação dos usuários é um indicador a ser obtido após (ou durante) a execução de uma política pública. A avaliação *ex ante* visa a verificar a viabilidade da implementação da política. A questão está errada.
28 Errado	A avaliação de resultados (ou somativa) possui natureza *ex post*. A questão está errada.
29 Errado	Os intuitos das avaliações *ex ante* e *ex post* estão invertidos na questão que está, dessa forma, errada.
30 Certo	A questão aborda, de forma indireta, tipos distintos de avaliação. A avaliação de processo, como vimos, presta-se mais aos interesses e às competências dos técnicos. A de resultado, aos dos políticos que almejam informações em termos da consecução dos macro-objetivos. A assertiva está correta.
31 Errado	Com fundamento nos comentários à Q7, apresentada no Capítulo, vemos que a assertiva está errada.
32 Errado	Os cálculos do custo-benefício e do custo-efetividade visam à análise dos impactos de determinada política social, seja cotejando-a com os custos envolvidos, seja analisando sua potencialidade no atendimento de determinada demanda social. Desta forma, a avaliação de processo (ou formativa) não abrange tais análises, sendo o foco, para esta, restrito aos processos, e não aos resultados. Assim, a assertiva está errada.
33 Certo	Como vimos, avaliar uma política pública pressupõe que haja a definição prévia de critérios e padrões, havendo um monitoramento por meio de indicadores. A questão está correta.
34 Errado	O uso de instrumentos de análise e de avaliação vem justamente minimizar eventuais opções pessoais dos analistas, de modo a basear as futuras decisões em efetivos resultados de pesquisa. A Professora Marta Arretche, em um estudo denominado *Tendências no Estudo sobre Avaliação*, faz a seguinte análise: *É certo que qualquer forma de avaliação envolve necessariamente um julgamento, vale dizer, trata-se precipuamente de atribuir um valor, uma medida de aprovação ou desaprovação a uma política ou programa público particular, de analisá-la a partir de uma certa concepção de justiça (explícita ou implícita). Neste sentido, não existe possibilidade de que qualquer modalidade de avaliação ou de análise de políticas públicas*

QUESTÃO	COMENTÁRIO
34 Errado	*possa ser apenas instrumental, técnica ou neutra. Nesta perspectiva, qualquer linha de abordagem das políticas públicas supõe, de parte do analista, um conjunto de princípios cuja demonstração é, no limite, impossível, dado que corresponde a **opções valorativas pessoais**. Neste sentido, <u>o uso adequado dos instrumentos de análise e avaliação são fundamentais para que não se confunda opções pessoais com resultados de pesquisa</u>.* Como vemos, a questão está errada.
35 Errado	De modo geral, o controle social recai sobre o uso dos recursos públicos, não se restringindo às ações do Poder Judiciário. Veja o seguinte excerto extraído do Portal da Transparência, alusivo ao controle social: *As ideias de **participação e controle social** estão intimamente relacionadas: <u>por meio da participação na gestão pública, os cidadãos podem intervir na tomada da decisão administrativa, orientando a Administração para que adote medidas que realmente atendam ao interesse público e, ao mesmo tempo, podem exercer controle sobre a ação do Estado,</u> **exigindo que o gestor público preste contas de sua atuação.*** *A participação contínua da sociedade na gestão pública é um direito assegurado pela Constituição Federal, permitindo que os cidadãos não só participem da formulação das políticas públicas, mas, também, **fiscalizem de forma permanente a aplicação dos recursos públicos**.* *Assim, o cidadão tem o direito não só de escolher, de quatro em quatro anos, seus representantes, mas também de acompanhar de perto, durante todo o mandato, como esse poder delegado está sendo exercido, supervisionando e avaliando a tomada das decisões administrativas.* *É de fundamental importância que cada cidadão assuma essa tarefa de participar de gestão pública e de exercer o controle social do gasto do dinheiro público. [...]* *Com a ajuda da sociedade, **será mais fácil controlar os gastos do Governo Federal em todo Brasil e garantir, assim, a correta aplicação dos recursos públicos**.* A questão está, assim, errada.
36 Certo	O enunciado espelha, quase de forma idêntica, a parcela grifada do excerto apresentado nos comentários à questão anterior. A questão está certa.
37 Errado	Os conselhos participativos são espaços públicos de composição plural e <u>paritária</u> entre Estado e sociedade civil, de natureza deliberativa e consultiva, cuja função é formular e controlar a execução das políticas públicas setoriais. A questão está errada.

QUESTÃO	COMENTÁRIO
38 Certo	O Conselho de Gestão Fiscal é assim previsto pela Lei Complementar nº 101/2000: *Art. 67. O acompanhamento e a avaliação, de forma permanente, da política e da operacionalidade da gestão fiscal serão realizados por **conselho de gestão fiscal**, constituído por representantes de todos os Poderes e esferas de Governo, do Ministério Público **e de entidades técnicas representativas da sociedade**, visando a:* *I – harmonização e coordenação entre os entes da Federação;* *II – disseminação de práticas que resultem em maior eficiência na alocação e execução do gasto público, na arrecadação de receitas, no controle do endividamento e na transparência da gestão fiscal;* *III – adoção de normas de consolidação das contas públicas, padronização das prestações de contas e dos relatórios e demonstrativos de gestão fiscal de que trata esta Lei Complementar, normas e padrões mais simples para os pequenos Municípios, bem como outros, necessários ao controle social;* *IV – divulgação de análises, estudos e diagnósticos.* Trata-se, como vemos, de um conselho de gestão, congregando representantes do Estado e da sociedade civil, consubstanciando instrumento de participação e de controle social. A questão está correta.
39 Errado	Embora os conselhos de gestão estejam efetivamente ligados à estrutura do Poder Executivo, **não se subordinam** a ele. Em outras palavras: são autônomos em suas decisões. A assertiva está errada.
40 Errado	O Poder Legislativo não é substituído na sistemática do orçamento participativo. O Projeto de Lei Orçamentária Anual é encaminhado normalmente às Câmaras dos Vereadores, que deverá proceder à análise e eventuais ajustes. A diferença é que este projeto é elaborado mediante a participação direta da população (ou de seus representantes regionais). A questão está errada.
41 Errado	Não há perda de participação do Poder Legislativo, de acordo com a sistemática do orçamento participativo, conforme vimos na questão anterior. No mais, podemos listar os seguintes atributos do orçamento participativo: • maior legitimidade (visto nascer diretamente da manifestação dos cidadãos); • menor flexibilidade (a peça orçamentária obtida ao final do processo participativo é fruto de uma decisão compartilhada, o que acaba por conferir certa rigidez ao orçamento). A questão está, portanto, errada.
42 Errado	O primeiro orçamento participativo no Brasil foi levado a cabo na cidade de Pelotas (RS), sendo logo em seguida transposto a Porto Alegre, ainda em 1989. A questão está errada.

QUESTÃO	COMENTÁRIO
43 Certo	A questão retrata de modo apropriado duas facetas do orçamento participativo: sua harmonia com as demandas sociais (e com as prioridades elencadas pela população) e a inaplicabilidade desta técnica em âmbito federal. A assertiva está correta.
44 – C	Trata-se de disfunção da burocracia que impinge ineficiência ao Estado, favorecendo o personalismo como modo de navegação social e as práticas de corrupção. Resposta: C.
45 Certo	O modelo de administração pública burocrático, baseado nos preceitos weberianos, visa a mitigar o personalismo inerente ao modelo patrimonialista anterior, preconizando o controle e o formalismo processual como formas de ação. No entanto, no Brasil, foi apenas mesclado com o modelo anterior, bem como viu-se, historicamente, desvirtuado, culminando em práticas disfuncionais. De toda forma, a assertiva está correta.
46 Certo	A questão apresenta, de modo adequado, exemplo de fomento à transparência como modo de redução da corrupção. A assertiva está correta.
47 Certo	A assertiva aborda a mudança de concepção entre os modelos burocrático e pós-burocrático (gerencial) no que concerne ao cerceamento da corrupção. Este último modelo passa a forçar o controle, o acompanhamento do desempenho e a transparência na gestão. A questão está correta.

CAPÍTULO 10
Ciclo de Gestão do Governo Federal, Orçamento Público e Parâmetros da Política Fiscal: a prática da gestão por resultados

De forma geral, podemos dizer que o planejamento e a execução orçamentária constituem as tarefas básicas do Estado. Na vigência de um modelo gerencial, pautado pelo empreendedorismo público e pela gestão por resultados, o orçamento público passa a ser revestido de importância singular, tendo em vista seu caráter instrumental em prol da implementação de políticas públicas.

Neste Capítulo, abordaremos o Ciclo de Gestão do Governo Federal, bem como aspectos gerais do orçamento público, com o intuito de nos familiarizarmos com as práticas formais que promovem racionalidade e método à gestão por resultados.

1. O Conceito de Ciclo de Gestão do Governo Federal

O **Ciclo de Gestão do Governo Federal**, também conhecido por **Ciclo de Planejamento e Orçamento Federal**, refere-se às etapas necessárias para a efetiva implementação de políticas públicas pelo Estado.

De forma geral, é possível afirmar que a implementação de políticas públicas visa, em última instância, a alcançar um estágio de solução de problemas sociais. Com esse entendimento, é possível afirmar que o Governo adota uma metodologia que se aproxima do ciclo PDCA (*plan-do-check-act* = planejar – executar – comparar – tomar providências) na condução de seu ciclo de gestão.

O esquema a seguir apresenta as etapas do Ciclo de Gestão do Governo Federal, dispostas de acordo com a lógica do PDCA:

- Planejamento
- Programação
- Orçamentação

PLAN

- Execução orçamentária

DO

ACT

- Revisão dos Programas

CHECK

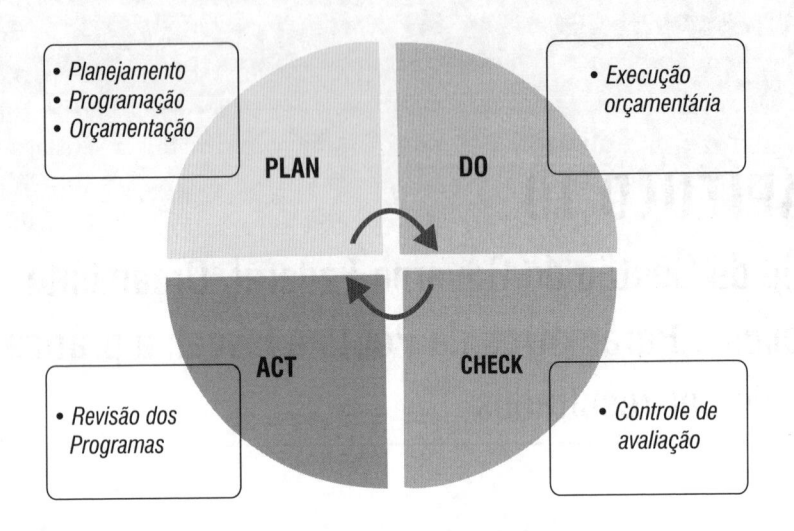

- Controle de avaliação

ATENÇÃO!
O Ciclo de Gestão refere-se a um conceito (um pouco) mais amplo do que o Ciclo Orçamentário. Apesar das atividades centrais serem as mesmas, o Ciclo de Gestão também contempla o diagnóstico inicial acerca dos problemas sociais, bem como a revisão de planos de médio e longo prazo (Plano Plurianual – PPA e Lei de Diretrizes Orçamentárias – LDO) ao longo e especialmente ao final de sua execução, visando ao aperfeiçoamento da gestão.

Antes de ingressarmos nas etapas do ciclo de gestão, é recomendável termos uma noção dos instrumentos de planejamento orçamentário, conforme previsão constitucional.

2. Orçamento Público e os instrumentos de planejamento orçamentário

Usualmente, o termo "orçamento" é utilizado no dia a dia como sinônimo da realização de uma pesquisa de preços, em geral no que diz respeito a um serviço. Assim, dizemos: "o orçamento do reparo da máquina de lavar ficou em R$ 400,00", ou "peguei três orçamentos para a reforma da cozinha".

Também é comum o uso da expressão "orçamento" para referir-se ao balanço entre receitas e despesas de determinada unidade familiar. Nesse sentido, fala-se em um "orçamento familiar apertado", por exemplo.

No entanto, o conceito de **Orçamento Público** é bem mais abrangente.

Por ser – como o próprio nome diz – público, refere-se ao planejamento e ao controle da utilização de recursos públicos, voltados à satisfação dos interesses públicos. Apesar de esse fato poder ser avaliado como óbvio, é exatamente a preocupação com o atendimento às necessidades da comunidade que faz a distinção entre o orçamento privado (de uma empresa particular, por exemplo) e público. Vejamos o quadro abaixo:

ORÇAMENTO PÚBLICO	ORÇAMENTO PRIVADO
O objetivo é a satisfação das necessidades coletivas (despesas) por meio de receitas que poderão cobri-las. Há a busca pelo equilíbrio entre receitas e despesas.	O objetivo é a obtenção de lucros mediante o excesso de receitas sobre as despesas.

Dessa forma, temos que o Orçamento Público é um instrumento de planejamento do Estado. É através dele que o Poder Público fixa as despesas que pretende realizar em determinado período, com base nas receitas que espera captar nesse mesmo interstício (= intervalo de tempo). Uma das definições mais correntes de Orçamento Público é a apresentada por Kohama (2000):

Orçamento Público (sentido geral) = é o meio pelo qual o Poder Público fixa as despesas que pretende realizar em um determinado período com base nas receitas que espera receber nesse mesmo período, que é de geralmente um ano.

As despesas, assim fixadas pelo Estado, nada mais são do que os objetivos que a Administração Pública pretende alcançar, bem como os meios para que isso ocorra. Nesse sentido, há de se ver o Orçamento Público como um caminho pelo qual as diversas políticas públicas do governo são implementadas.

O modo pelo qual há a fixação de receitas e a previsão de despesas é por força de lei ordinária – a Lei Orçamentária Anual (LOA) – de iniciativa do Poder Executivo. Dessa forma, é comum a apresentação de um conceito mais objetivo (ou estrito) de Orçamento Público:

Orçamento Público (estrito) = é a lei de iniciativa do Poder Executivo (aprovada pelo Poder Legislativo) que estima receitas e fixa despesas para um determinado exercício financeiro.[1]

---

[1] Exercício Financeiro = período em que ocorrem as operações contábeis dos entes públicos. No Brasil, o exercício financeiro coincide com o ano civil, ou seja, vai de 1º de janeiro a 31 de dezembro.

Apesar da definição acima fazer referência a apenas à LOA, é importante termos em mente que o planejamento orçamentário brasileiro atualmente é feito em 3 (três) etapas complementares e harmônicas entre si, sobre as quais discorreremos com maior profundidade posteriormente:

- Plano Plurianual (PPA) – é uma lei;
- Lei de Diretrizes Orçamentárias (LDO); e
- Lei Orçamentária Anual (LOA).

Todos os instrumentos acima são <u>leis ordinárias de iniciativa privativa do Poder Executivo</u>.

A estrutura necessária à elaboração, implementação e controle do orçamento público é chamada de **Sistema Orçamentário**, assim definido pela Secretaria do Tesouro Nacional (STN):[2]

> ***Sistema Orçamentário****: **Estrutura** composta pelas organizações, recursos humanos, informações, tecnologia, **regras e procedimentos**, necessários ao cumprimento das funções definidas no processo orçamentário.*

Assim, os órgãos públicos envolvidos na elaboração, avaliação e sanção do orçamento, as regras e procedimentos inerentes ao ciclo orçamentário, as normas definidas para a alocação dos recursos (classificações orçamentárias), bem como todo o aparato de pessoal e sistemas informatizados utilizados (SIAFI, por exemplo) fazem parte do Sistema Orçamentário.

Para Sanches (1997), o orçamento público é um instrumento de múltiplas dimensões, assim listadas:

- **dimensão política** → o orçamento público visa, em última instância, à efetivação de uma política pública definida pelo Estado;
- **dimensão econômica e financeira** → há a disposição de recursos financeiros ante as necessidades públicas;
- **dimensão gerencial** → o orçamento público acarreta a necessidade de condução das atividades administrativas de planejamento, gestão (implementação) e controle.

É a dimensão gerencial que define o tipo (ou modelo) de orçamento empregado. Em outras palavras, o modo como se dá o planejamento, a implementação e o controle do orçamento define o modelo orçamentário empregado, que, no Brasil, observou a seguinte evolução:[3]

---

[2] Fonte: Glossário do Tesouro Nacional. Disponível em: <http://www.tesouro.fazenda.gov.br/servicos/glossario/glossario_s.asp>.
[3] Há outros tipos (ou modelos) de orçamento, não representados no esquema. Foram representados apenas os entendidos como principais.

ORÇAMENTO TRADICIONAL
- Há apenas a fixaçaõ da despesas e a previsão das receitas;
- Não há nenhuma espécie de planejamento das ações de governo;
- Também conhecido por Orçamento Clássico.

⟶

ORÇAMENTO DE DESEMPENHO
- Inícia-se a preocupação com os resultados dos gastos;
- Não é um Orçamento--Programa, pois Falta a vinculação ao Sistema de Planejamento do Estado.
- Também conhecido por Orçamento por Realizações, ou Orçamento Funcional

⟶

ORÇAMENTO--PROGRAMA
- Trata-se de um plano de trabalho intimamente ligado ao Sistema de Planejamento do Estado e aos objetivos que o governo pretende alcançar.
- O Orçamento-Programa viabiliza as ações governamentais, fazendo a ligação entre o orçamento e o planejamento do Estado.
- Introduzido no Brasil a partir da Lei nº 4.320/64.

Há uma parcela de estudiosos que considera que o embrião do orçamento público remonta da Inglaterra medieval quando, em 1215, houve a primeira limitação formal, por parte do Conselho Comum (espécie de Parlamento) à liberdade de tributar da monarquia.

Nos séculos XVII a XIX, uma série de avanços com relação ao planejamento e às normas reguladoras do orçamento foi observada na Inglaterra e na França, dentre as quais merecem destaque a separação das finanças da Coroa e do Reino (Estado), a estruturação de um sistema de controle orçamentário (prestação de contas) e a institucionalização de um instrumento para a previsão de receitas e fixação de despesas.[4]

O fato é que, até o início do século XX, a grande preocupação do orçamento público era restrita à estipulação das despesas e à estimação das receitas. Nessa concepção de **Orçamento Tradicional (ou Clássico)**, o foco estava no controle dos insumos, e não nos resultados. Tratava-se de uma ferramenta típica do Estado Liberal (ou Mínimo) que, ao passo que não concebia o a expansão de gastos em políticas sociais, preocupava-se com o equilíbrio financeiro e a neutralidade de suas ações.

Podemos dizer que o Orçamento Tradicional não era, em si, um instrumento de gestão, mas sim artefato de controle dos gastos estatais. As etapas de planejamento (programação) e de execução orçamentária eram relegadas a segundo plano.

Contudo, uma vez superado o conceito de Estado Mínimo nas teorias econômicas clássicas (especialmente após a queda da bolsa de Nova Iorque, em 1929), passa a vigorar o Estado Social, demandando um incremento

---
[4] Para uma maior aprofundamento nas principais contribuições históricas atinentes ao orçamento público, recomendo ler o artigo **Origens do Orçamento**, disponível em <http://www2.camara.gov.br/atividade-legislativa/orcamentobrasil/cidadao/entenda/cursopo/origens.html>.

substancial dos gastos públicos a fim de sustentar as políticas de bem-estar social. Nesse novo contexto, o Orçamento Tradicional não mais atendia às pretensões do Estado, que passou a dar ênfase às realizações sociais, aliadas à eficiência e à economia dos gastos.

Assim, em meados do século passado, o orçamento passou a constituir efetivamente um instrumento de gestão, agora focando os resultados a serem atingidos pela atuação estatal. Eis o que a literatura da área denomina Orçamento Moderno (ou Contemporâneo), definido da seguinte forma por Manvel (1944):

> *O orçamento [moderno] é um plano que expressa em termos de dinheiro, para um período de tempo definido, o programa de operações e os meios de financiamento desse programa.*

Podemos, dessa forma, entender o Orçamento Moderno como uma evolução do Tradicional, passando-se a contemplar os produtos das políticas públicas e seus impactos na comunidade. Nesta concepção, há vários tipos de orçamento moderno, que variam em função da orientação principal adotada. Por exemplo, o Orçamento de Desempenho volta-se à instrumentalização da ação gerencial; o Sistema de Planejamento, Programação e Orçamento (PPBS) orienta-se ao planejamento; o Orçamento Base Zero, por sua vez, volta-se às avaliações dos resultados do orçamento em curso (SILVEIRA, 2007).

Q1. **(CESPE / EBC / 2011)** O tipo de orçamento utilizado no Brasil, atualmente, é o tradicional, em que as ações do governo organizam-se sob a forma de programas, com o objetivo de proporcionar maior racionalidade e eficiência à administração pública.

O tipo de orçamento atualmente utilizado no Brasil é o "Orçamento-Programa" (ou Moderno), que prevê despesas de acordo com os programas de governo, proporcionando maior racionalidade e eficiência à administração pública.

A afirmativa, assim, está errada.

2.1. O Plano Plurianual

O **Plano Plurianual (PPA)** é assim definido pelo § 1º do art. 165 da CF/88:

> § 1º – A lei que instituir o plano plurianual estabelecerá, de forma regionalizada, as **diretrizes**, **objetivos** e **metas** da administração pública

> federal para as despesas de capital e outras delas decorrentes e para as relativas aos programas de duração continuada.

As **diretrizes** são as orientações em nível macro definidas pelo governo. Um exemplo seria o *"Aprimoramento dos serviços postais"*.

Os **objetivos** – sempre mensuráveis por indicadores – descrevem a finalidade de um programa. Um exemplo de objetivo ligado à diretriz acima seria *"Garantir e ampliar o acesso e a qualidade dos serviços postais prestados à população"*.

Por fim, as **metas** são operações que contribuem para a consecução dos objetivos. Uma vez mais com relação aos exemplos acima, uma das metas seria a *"adequação da infraestrutura de atendimento dos Correios"*.

O PPA é um instrumento de planejamento de longo prazo, referente a um período de 4 (quatro) anos. Inicia-se no segundo ano de mandato do Chefe do Poder Executivo e tem sua vigência até o final do primeiro ano do mandato do Chefe do Poder Executivo subsequente.

Seguindo as macro orientações do PPA, a cada ano é elaborada a Lei Orçamentária Anual (LOA). Mas quem faz a interligação do que está previsto no PPA (orientações em nível estratégico) com as previsões de receita e fixação de despesas da LOA (orientações em nível operacional)? Eis o papel da Lei de Diretrizes Orçamentárias.

2.2. A Lei de Diretrizes Orçamentárias

A **Lei de Diretrizes Orçamentárias** é assim definida pelo § 2º do art. 165 da CF/88:

> § 2º – A lei de diretrizes orçamentárias compreenderá as **metas** e **prioridades** da administração pública federal, incluindo as despesas de capital para o exercício financeiro subsequente, **orientará a elaboração da lei orçamentária anual**, disporá sobre as alterações na legislação tributária e estabelecerá a política de aplicação das agências financeiras oficiais de fomento.

O projeto da LDO deverá ser aprovado pelo Congresso Nacional até o dia 17 de julho de cada ano, data de início do primeiro recesso do período das atividades legislativas:

> Art. 57. O Congresso Nacional reunir-se-á, anualmente, na Capital Federal, de 2 de fevereiro a 17 de julho e de 1º de agosto a 22 de dezembro.
>
> § 2º – A sessão legislativa não será interrompida sem a aprovação do projeto de lei de diretrizes orçamentárias.

A Lei de Responsabilidade Fiscal lista as principais disposições da LDO:

> Art. 4º A lei de diretrizes orçamentárias atenderá o disposto no § 2º do art. 165 da Constituição e:
>
> I – disporá também sobre:
>
> a) **equilíbrio entre receitas e despesas**;
>
> b) critérios e forma de limitação de empenho [...];
>
> c) (Vetado)
>
> d) (Vetado)
>
> e) normas relativas ao controle de custos e à avaliação dos resultados dos programas financiados com recursos dos orçamentos;
>
> f) demais condições e exigências para transferências de recursos a entidades públicas e privadas;
>
> II - (Vetado)
>
> III - (Vetado)

Q2. (CESPE / TRE – RJ / 2012) O equilíbrio entre receitas e despesas é um dos assuntos que deve dispor a lei de diretrizes orçamentárias.

O equilíbrio entre receitas e despesas (alínea "a" do art. 4º, inciso I, da LRF, destacada acima) é realmente um dos assuntos inerentes à LDO, conforme transcrição anterior da LRF.

A questão está correta.

Há de se ressaltar, ainda, que, entre os **anexos da LDO**, dois são merecedores de destaque, conforme disposto no quadro a seguir:

ANEXOS DA LDO	
Anexo de Metas Fiscais	Estabelece metas anuais, em valores correntes e constantes, relativas a receitas, despesas, resultados nominal e primário e montante da dívida pública, para o exercício a que se referirem e para os dois seguintes.
Anexo de Riscos Fiscais	Avalia os passivos contingentes e outros riscos capazes de afetar as contas públicas, informando as providências a serem tomadas, caso se concretizem.

As próximas questões irão se ater a aspectos intrínsecos da **LDO**, das **normas legais aplicáveis** e, logicamente, das **diretrizes orçamentárias** de forma ampla.

Q3. (CESPE / DETRAN – ES / 2010) A obrigação de elaborar leis de diretrizes orçamentárias foi instituída pela Lei de Responsabilidade Fiscal.

A obrigação da elaboração da LDO (e dos demais instrumentos orçamentários) está insculpida no próprio texto constitucional, em especial no inciso II do art. 48 e no § 2º do art. 165 (este último, transcrito acima):

> Art. 48. Cabe ao Congresso Nacional, com a sanção do Presidente da República, não exigida esta para o especificado nos arts. 49, 51 e 52, dispor sobre todas as matérias de competência da União, especialmente sobre:

> II – plano plurianual, **diretrizes orçamentárias**, orçamento anual, operações de crédito, dívida pública e emissões de curso forçado;

A assim chamada Lei de Responsabilidade Fiscal é a Lei Complementar nº 101, de 4 de maio de 2000.

Com relação à questão, vemos que está errada.

Q4. (CESPE / CNJ / 2013) De acordo com a LDO, na condição de se verificar, ao final do semestre, que a realização da receita não comportará o cumprimento das metas de resultado primário, o Poder Executivo promoverá, por ato próprio, limitações no empenho e na movimentação financeira dos três Poderes.

Resultado primário é, simplesmente, a diferença entre as receitas e as despesas primárias, e serve como indicador se a arrecadação dos entes federativos é capaz de suportar suas despesas, excluindo-se do cálculo a despesa com juros.

Há uma preocupação, espelhada na Lei de Responsabilidade Fiscal, de se acompanhar a arrecadação, e verificar se os gastos planejados são possíveis de ser realizados. No entanto, a periodicidade de verificação é bimestral (e não semestral):

> LRF, Art. 9º Se verificado, **ao final de um bimestre**, que a realização da receita poderá não comportar o cumprimento das metas de resultado primário ou nominal estabelecidas no Anexo de Metas Fiscais, os Poderes e o Ministério Público promoverão, por ato próprio e nos montantes necessários, nos trinta dias subsequentes, limitação de empenho e movimentação financeira, segundo os critérios fixados pela lei de diretrizes orçamentárias.

A questão está errada.

Q5. (CESPE / TJ – ES / 2011) As diretrizes orçamentárias no Brasil são regidas por lei própria, sendo modificada a cada ano, sujeita a prazos e ritos peculiares, de acordo com as circunstâncias e interesses da administração federal.

Primeiramente, as diretrizes orçamentárias no Brasil realmente são regidas por lei própria: a LDO. A vigência desta lei é anual, o que justifica a afirmação, do enunciado, sobre sua modificação a cada ano[5].

No que concerne a prazos e ritos peculiares, devemos ter em mente que a todo o processo orçamentário é inerente um rito peculiar. Mais adiante, estudaremos as características próprias deste ciclo.

Por fim, tanto a LDO quanto a LOA, em periodicidade anual, moldam-se às circunstâncias e aos interesses da Administração Federal, traduzidos na obtenção de recursos e na definição dos gastos capazes de embasarem a execução das políticas públicas.

A questão está correta.

2.3. A Lei Orçamentária Anual

Por fim, a **Lei Orçamentária Anual (LOA)** é o instrumento executório do orçamento público. Neste instrumento, há a previsão de receitas e a fixação de despesas, não sendo uma norma impositiva, mas sim autorizativa (ou seja, não há a obrigação de se efetuar as despesas fixadas, apenas a autorização prévia para tanto). Deve ser compatível com o PPA e com a LDO e contém três orçamentos: o orçamento fiscal, o de investimentos e o da seguridade social.

---
5 Em uma ótica mais purista, a LDO não é "modificada" a cada ano, mas anualmente publica-se uma nova LDO, ok?

Q6. (ESAF / AFT − MTE / 2010) Sobre o ciclo de gestão do governo federal, é correto afirmar:
   a) Por razões de interesse público, é facultada ao Congresso Nacional a inclusão, no projeto de Lei Orçamentária Anual, de programação de despesa incompatível com o Plano Plurianual.
   b) A iniciativa das leis de orçamento anual do Legislativo e do Judiciário é competência privativa dos chefes dos respectivos Poderes.
   c) Nos casos em que houver reeleição de Presidente da República, presume-se prorrogada por mais quatro anos a vigência do Plano Plurianual.
   d) A execução da Lei Orçamentária Anual possui caráter impositivo para as áreas de defesa, diplomacia e fiscalização.
   e) A despeito de sua importância, o Plano Plurianual, a Lei de Diretrizes Orçamentárias e a Lei Orçamentária Anual são meras leis ordinárias.

Vejamos os comentários às alternativas:
   a) O Projeto da Lei Orçamentária Anual, uma vez consolidado pelo Poder Executivo, é encaminhado para apreciação pelo Congresso Nacional. Em suas Casas Legislativas (Câmara dos Deputados e Senado Federal), é possível que o Projeto da LOA receba emendas que devem, no entanto, obedecer ao preconizado no § 3º do art. 166 da CF/88:

   § 3º − As emendas ao projeto de lei do orçamento anual ou aos projetos que o modifiquem somente podem ser aprovadas caso:

   I − sejam compatíveis com o plano plurianual e com a lei de diretrizes orçamentárias;

Assim, a alternativa está errada.
   b) Há apenas uma Lei Orçamentária − LOA, que, a exemplo dos outros instrumentos de planejamento orçamentário (PPA e LDO), é de iniciativa privativa do Chefe do Poder Executivo. A alternativa está errada.
   c) Não há prorrogação do PPA. Sua vigência é restrita a quatro anos, horizonte temporal considerado para fins de planejamento estratégico do Estado. Por exemplo, o governo Lula (2004 − 2011), durante o qual houve a reeleição do Presidente da República, contou normalmente com dois Planos Plurianuais durante sua vigência. A alternativa está errada.
   d) Como vimos, a LOA não possui caráter impositivo, mas tão somente autorizativo, independente da área do governo. A alternativa está errada.
   e) Os três instrumentos de planejamento orçamentário (PPA, LDO e LOA) são efetivamente leis ordinárias de iniciativa privativa do Poder Executivo. A alternativa está correta.

Resposta: E.

3. As Etapas do Ciclo de Gestão Pública

Vejamos com mais detalhes as etapas[6] do Ciclo de Gestão:

1ª ETAPA: PLANEJAMENTO

Nesta etapa identificam-se as necessidades sociais que carecem de atuação do Estado, bem como se elaboram estratégias para o desenvolvimento nacional de uma política pública. São definidas as áreas que são merecedoras de investimento, os objetivos estratégicos e as metas a serem alcançadas.

2ª ETAPA: PROGRAMAÇÃO

Uma vez definidos os objetivos estratégicos, passa-se à organização das ações do governo, de acordo com a gestão por resultados. Assim, elaboram-se programas, com o intuito de articularem estas ações governamentais (orçamentárias e não orçamentárias) que devem convergir para a solução de determinado problema social. O resultado final da programação é o Plano Plurianual – PPA.

No Brasil, observou-se a evolução do tipo de orçamento público empregado, de modo que hoje é adotado o chamado **orçamento-programa**. É importante sabermos que o programa é o elemento central que integra o planejamento e o orçamento na gestão pública.

A noção de orçamento-programa está intimamente relacionada à ideia de planejamento, materializada no Plano Plurianual (PPA) – um instrumento de planejamento de nível estratégico, elaborado para longo prazo (4 anos). Leva em consideração, portanto, os objetivos que o Estado pretende alcançar em determinado período.

Para melhor entendermos o orçamento-programa, é essencial a compreensão do conceito de programa:

> **Programa** = instrumento de organização da atuação governamental que articula um conjunto de ações que convergem para um determinado objetivo comum (a solução de um problema ou outra demanda social), **mensurado por indicadores constituídos no plano**.

Cada Programa é composto por uma série de Ações que, por sua vez, subdividem-se em atividades, projetos ou operações especiais, conforme o efeito desejado em sua implementação. Vejamos o esquema a seguir:

---

[6] Não há, na literatura, um entendimento pacífico quanto à nomenclatura e ao quantitativo exato das etapas do Ciclo de Gestão do Governo Federal. Contudo, o importante é termos a ciência de sua adequação ao ciclo PDCA.

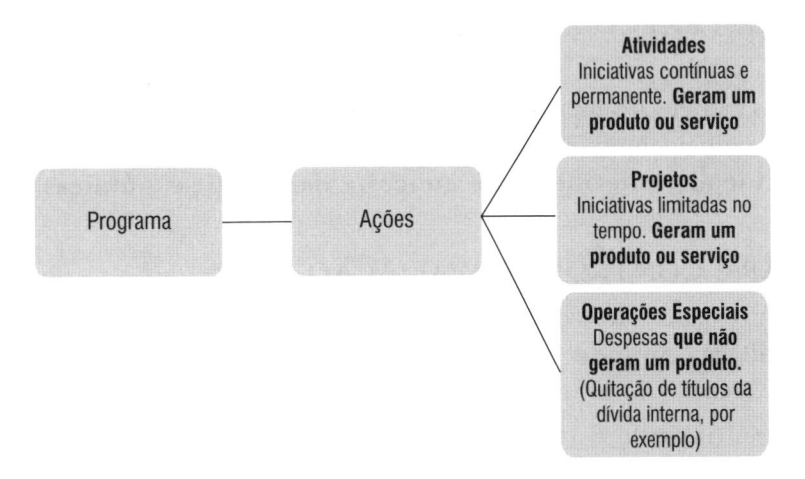

```
Programa ──→ Ações ──┬──→ Atividades
                     │     Iniciativas contínuas e
                     │     permanente. Geram um
                     │     produto ou serviço
                     │
                     ├──→ Projetos
                     │     Iniciativas limitadas no
                     │     tempo. Geram um
                     │     produto ou serviço
                     │
                     └──→ Operações Especiais
                           Despesas que não
                           geram um produto.
                           (Quitação de títulos da
                           dívida interna, por
                           exemplo)
```

Tomemos o seguinte exemplo, relativo a um programa constante do Plano Plurianual que tem por objetivo o bom desempenho das funções institucionais do Senado Federal:

Programa: 0551 – Atuação Legislativa do Senado Federal		
Objetivo		Representar a federação, fiscalizar e controlar os atos dos agentes do poder público e desempenhar as demais.
AÇÕES	Projeto	Construção do Anexo III (note que está limitado no tempo. Uma vez construído, o projeto chega ao fim).
	Atividade	Provimento de Auxílio-Alimentação aos servidores e empregados (é uma atividade permanente e contínua).
	Operação Especial	Criação de cargos, reestruturação de carreiras e revisão de remuneração (não gera, em si, um produto para a sociedade).

3ª ETAPA: ORÇAMENTAÇÃO

Uma vez efetuada a programação, aqui entendida como um planejamento em nível estratégico – consolidado no PPA – o próximo passo é traçar as ações em nível tático e operacional para a efetiva implementação das políticas públicas. Assim, nesta etapa os recursos orçamentários (R$) são alocados conforme os objetivos estratégicos, agora desdobrados em metas a serem alcançadas em determinado período de tempo – usualmente um ano. O resultado final da orçamentação é a Lei Orçamentária Anual – LOA.

4ª ETAPA: EXECUÇÃO ORÇAMENTÁRIA

Trata-se da efetiva percepção de receitas e efetivação das despesas previstas na Lei Orçamentária Anual (LOA), durante o exercício financeiro (que é coincidente com o ano civil). Nesta etapa, ocorre a **efetiva operacionalização objetiva e concreta das políticas públicas**.

5ª ETAPA: CONTROLE E AVALIAÇÃO

As atividades de controle e avaliação das ações de governo são desenvolvidas em todas as etapas do ciclo orçamentário (antes, durante e após a execução do orçamento).

Há três **tipos de fiscalização** da execução orçamentária:

- **Controle Interno** = efetuado internamente por cada Poder e (também internamente) pelo Ministério Público, a fim de apoiar o controle externo. No âmbito do Poder Executivo, este controle é exercido pela Controladoria-Geral da União (CGU).
- **Controle Externo** = de competência do Poder Legislativo, auxiliado pelos Tribunais de Contas.
- **Controle da CMPOF** = este controle tem como base legal o inciso II do § 1º do art. 166 da CF/88:

> § 1º – Caberá a uma Comissão mista permanente de Senadores e Deputados:
>
> I – examinar e emitir parecer sobre os projetos referidos neste artigo (PPA, PLDO e PLOA) e sobre as contas apresentadas anualmente pelo Presidente da República;
>
> II – examinar e emitir parecer sobre os planos e programas nacionais, regionais e setoriais previstos nesta Constituição **e exercer o acompanhamento e a fiscalização orçamentária** (...)

6ª ETAPA: REVISÃO

Finalmente, esta etapa tem por objetivo efetuar ajustes e reformulação de planos (em especial do PPA) e programas, tendo por base os insumos levantados na etapa anterior.

Q7. (ESAF / AFRFB / 2009) A compreensão adequada do ciclo de gestão do governo federal implica saber que:

a) no último ano de um mandato presidencial qualquer, à lei de diretrizes orçamentárias compete balizar a elaboração do projeto de lei do plano plurianual subsequente.
b) a função controle precede à execução orçamentária.
c) a não aprovação do projeto de lei de diretrizes orçamentárias impede o recesso parlamentar.
d) a votação do plano plurianual segue o rito de lei complementar.
e) com o lançamento do Programa de Aceleração do Crescimento (PAC), o orçamento de investimento das empresas estatais passou a integrar o plano plurianual.

Passemos à análise das alternativas:
a) A lógica entre os instrumentos é a seguinte: o PPA é o plano estratégico, de nível mais amplo. A LOA, por sua vez, é o instrumento mais operacional, que delimita as ações concretas passíveis de serem tomadas pelos gestores públicos ao lidarem com recursos orçamentários na implementação de políticas públicas. E quem faz a ligação entre o PPA e a LOA? Este é justamente o papel desempenhado pela LDO. Assim, não há de se falar que a LDO irá balizar o PPA – é justamente o contrário. A alternativa está errada.
b) Como vimos, a etapa (ou função) controle (e avaliação) é posterior à etapa de execução orçamentária. A alternativa está errada.
c) Por força do § 2º do art. 35 do Ato das Disposições Constitucionais Transitórias (ADCT), o projeto da LDO deverá ser encaminhado ao Congresso Nacional até 8 (oito) meses e meio antes do encerramento financeiro. Nas Casas Legislativas, o projeto é votado, e deverá ser devolvido ao Poder Executivo para sanção até o encerramento do primeiro período da sessão legislativa (17 de julho). Sem esta ação, a sessão legislativa não poderá ser interrompida:

CF/88, Art. 57. O Congresso Nacional reunir-se-á, anualmente, na Capital Federal, de 2 de fevereiro a 17 de julho e de 1º de agosto a 22 de dezembro.

§ 2º – A sessão legislativa não será interrompida sem a aprovação do projeto de lei de diretrizes orçamentárias.

A alternativa está, portanto, correta.
d) Sendo o PPA uma lei ordinária, sua votação não segue o rito de lei complementar. Tanto o PPA, quanto a LDO e a LOA são apreciados pelo Congresso Nacional, na forma do regimento comum (art. 166, CF/88). A alternativa está errada.
e) Esta alternativa parece ser mais difícil do que realmente é. Os orçamentos fiscal, de investimento e da seguridade social estão incluídos na LOA, e não no PPA:

Art. 165, § 5º – A **lei orçamentária anual compreenderá**:

I – o **orçamento fiscal** referente aos Poderes da União, seus fundos, órgãos e entidades da administração direta e indireta, inclusive fundações instituídas e mantidas pelo Poder Público;

II – o **orçamento de investimento** das empresas em que a União, direta ou indiretamente, detenha a maioria do capital social com direito a voto;

III – o **orçamento da seguridade social**, abrangendo todas as entidades e órgãos a ela vinculados, da administração direta ou indireta, bem como os fundos e fundações instituídos e mantidos pelo Poder Público.

Dessa forma, a alternativa está errada.

Resposta: C.

4. Parâmetros da Política Fiscal

O governo, em suas diversas esferas (federal, estadual e municipal), desempenha um papel essencial na economia de uma nação. Atuando como um agente econômico de peso dentro do sistema, o Estado age sobre determinadas variáveis econômicas (taxas de juros, tributação, gastos, repasse de verbas, nível de produção, inflação etc.), sempre visando ao bem da comunidade.

Os diversos modos de atuação do Estado no papel de agente econômico são chamados de **políticas econômicas.** Tais políticas, segundo Cleto e Dezordi (2002), podem ser divididas em três grandes grupos, conforme disposto no quadro a seguir:

TIPOS DE POLÍTICAS ECONÔMICAS	
POLÍTICA	CARACTERÍSTICAS
Política Monetária	Atuação do Governo no controle da oferta de moeda na economia (= controle da liquidez). No Brasil, o Comitê de Política Monetária (Copom), eleva ou reduz a taxa de juros, diminuindo ou aumentando (respectivamente) a oferta monetária e agindo sobre a disponibilidade de crédito. Maior oferta monetária implica uma economia mais aquecida (maior consumo), mas que é mais suscetível à inflação. A redução da oferta, por sua vez, tem por objetivo a estabilidade dos preços na economia.
Política Cambial	Atuação do Governo na determinação da taxa de câmbio, agindo sobre a oferta/demanda de moeda estrangeira (particularmente do dólar) no País. No Brasil, o Banco Central atua sobre a taxa de câmbio nos casos em que um eventual desequilíbrio possa comprometer determinados objetivos da política econômica.

TIPOS DE POLÍTICAS ECONÔMICAS	
POLÍTICA	CARACTERÍSTICAS
Política Fiscal (ou Orçamental)	Atuação do Governo na arrecadação de tributos e na estruturação dos gastos provenientes dessas fontes de arrecadação. Tem por objetivo alcançar objetivos sociais amplos, tais como a execução de políticas públicas, o estímulo da produção, a minimização da taxa de desemprego, o financiamento do déficit público, a redução das desigualdades sociais etc. A Política Fiscal age sobre a renda disponível que os indivíduos poderão destinar ao consumo e à poupança.

Por ora, iremos nos ater à **Política Fiscal**. Seu estudo é fundamentado no conhecimento de regras de elaboração e de gestão do orçamento público, assunto já introduzido neste Capítulo.

Sendo a Política Fiscal um assunto vasto e repleto de peculiaridades, optou-se pela didática de trabalhar este tópico por meio de questões. É o que faremos a seguir.

Q8. (ACEP / BNB / 2006 – adaptada) Em relação à política fiscal, julgue as assertivas abaixo:
   I. Procura estimular ou desestimular as despesas de consumo e de investimentos por parte das empresas e das pessoas, influenciando as taxas de juros e a disponibilidade de crédito.
   II. Funciona diretamente sobre as rendas, mediante a tributação e os gastos públicos.
   III. Por política fiscal, entende-se a atuação do Banco Central para definir as condições de liquidez da economia.
   Estão corretas:
   a) Apenas III.
   b) Apenas II.
   c) Apenas I e III.
   d) Apenas II e III.
   e) Todas as assertivas estão corretas.

   Eis a análise das assertivas:
   I. A política que age sobre as taxas de juros e a disponibilidade de crédito é a monetária, conforme vimos no quadro acima. A assertiva está errada.
   II. A política fiscal age sobre a disponibilidade de renda dos indivíduos, acelerando ou freando a economia. Os mecanismos de controle que o Governo dispõe para tanto são a tributação e os gastos públicos. A assertiva está correta.
   III. A definição das condições de liquidez da economia é tarefa inerente à Política Monetária. A assertiva está errada.
   Resposta: B.

Q9. (FGV / BADESC / 2010 – adaptada) Com relação aos efeitos da política fiscal, julgue a afirmativa a seguir.

Uma política fiscal contracionista diminui a relação entre o montante da dívida pública e o PIB e também ajuda no combate à inflação.

De acordo com o seu **tipo**, a política fiscal pode ser expansionista ou contracionista.

Os objetivos e o modo de atuação do Estado em cada um desses tipos são sintetizados no quadro abaixo:

	POLÍTICA FISCAL	
	EXPANSIONISTA	CONTRACIONISTA
Objetivo	Aumento da atividade econômica, em geral em tempos de crise.	Retração da atividade econômica, em geral visando ao controle da inflação.
Modo de atuação do Estado	Aumento dos gastos públicos e/ou redução da tributação.	Redução dos gastos públicos e/ou aumento da tributação.
Efeito	Aumento do déficit orçamentário.	Redução do déficit orçamentário.

A dívida pública de um país é a soma de sua dívida interna e externa. De modo geral, pode-se considerar a dívida pública como um resultado histórico de empréstimos realizados pelo Estado, a fim de financiar suas atividades.

Prometo que não irei ingressar com profundidade no âmbito da macroeconomia. No entanto, a explicação a seguir é essencial para sedimentarmos a dinâmica dos conceitos apresentados.

De modo geral, o Estado busca o aquecimento da economia de seu mercado. Nesse sentido, adota uma política fiscal expansionista, diminuindo a carga tributária ou ampliando os gastos públicos (salários de servidores públicos, investimentos em obras etc.) e, consequentemente, aumentando a renda do indivíduo em curto prazo. Eis a **lógica da política fiscal expansionista**:

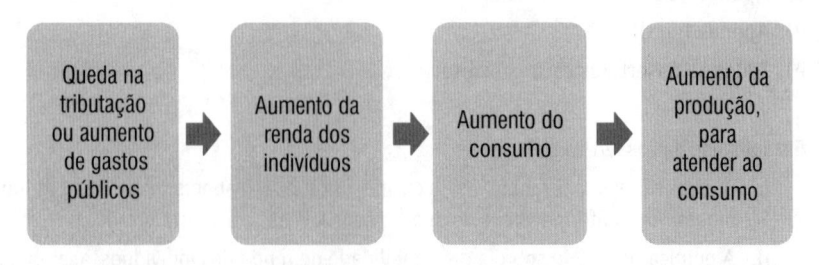

Queda na tributação ou aumento de gastos públicos ➡ Aumento da renda dos indivíduos ➡ Aumento do consumo ➡ Aumento da produção, para atender ao consumo

No entanto, a queda na tributação ou o aumento dos gastos públicos pode implicar uma situação em que o Estado gasta mais do que arrecada – é o chamado déficit público. Os modos de financiamento desse déficit público pelo Estado são, basicamente, através de emissão de moeda ou de venda de títulos da dívida pública ao setor privado. Ambas as linhas de ação podem ter impactos negativos na economia:

- Emissão de moeda → absorção dessa quantidade adicional de moedas pela sociedade → aumento de preços → queda do poder de compra → INFLAÇÃO!
- Venda de títulos da dívida → aumento da taxa de juros → desestímulo a investimentos + aumento do juros da dívida pública

O importante é sabermos que uma política fiscal expansionista pode trazer resultados negativos à economia, ok?

Assim, para combater a inflação, diminuir a taxa de juros ou, simplesmente, reduzir o déficit público, o Estado pode optar por uma política fiscal contracionista, cuja lógica é assim ilustrada:

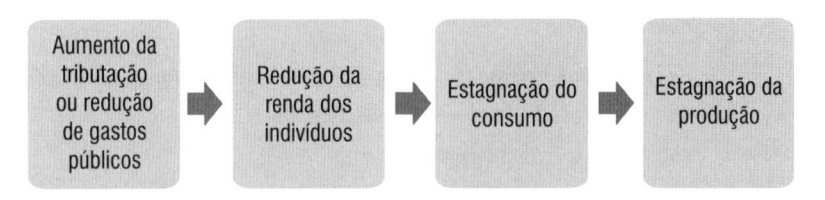

Aumento da tributação ou redução de gastos públicos ▶ Redução da renda dos indivíduos ▶ Estagnação do consumo ▶ Estagnação da produção

A adoção de uma política fiscal contracionista apresenta, entre seus benefícios, a redução da inflação e a busca pelo superávit público (= situação na qual o Estado arrecada mais do que gasta). Com o consequente acúmulo de divisas ($$), torna-se possível honrar os compromissos da dívida pública, e não somente pagar os seus juros. Nesse sentido, há a diminuição da relação entre o montante da dívida pública e o PIB do país.

Dessa maneira, a assertiva está correta.

Q10. (FGV / Senado Federal / 2008) O art. 163 da Constituição brasileira determina a edição de lei para regulamentar os gastos públicos, denominada de lei de responsabilidade fiscal que alguns autores indicam como influência de países unitários, como a Nova Zelândia. A lei em foco tem natureza de lei:

a) regulamentar;
b) complementar;
c) delegada;
d) reforçada;
e) provisória.

Não há como se falar em Política Fiscal no Brasil sem considerarmos o papel desempenhado pela Lei Complementar nº 101/2000, usualmente conhecida como Lei de Responsabilidade Fiscal – LRF.

Trata-se de uma Lei Complementar, ou seja, é uma lei prevista na Constituição Federal com a finalidade de regrar matéria específica. A matéria, no caso, é o conteúdo do Título VI da CF/88 (mais especificamente de seu Capítulo II, que trata das normas gerais de finanças públicas a serem observadas pelos três níveis de governo: federal, estadual e municipal). Eis o disposto em seu art. 1º:

> Art. 1º Esta **Lei Complementar** estabelece normas de finanças públicas voltadas para a responsabilidade na gestão fiscal, com amparo no Capítulo II do Título VI da Constituição.

Entre os dispositivos constitucionais que fazem a expressa previsão da necessidade dessa Lei Complementar, podemos citar o art. 163:

> Art. 163. **Lei complementar** disporá sobre:
>
> I – finanças públicas;
>
> II – dívida pública externa e interna, incluída a das autarquias, fundações e demais entidades controladas pelo Poder Público;
>
> III – concessão de garantias pelas entidades públicas;
>
> IV – emissão e resgate de títulos da dívida pública;
>
> V – fiscalização financeira da administração pública direta e indireta;
>
> VI – operações de câmbio realizadas por órgãos e entidades da União, dos Estados, do Distrito Federal e dos Municípios;
>
> VII – compatibilização das funções das instituições oficiais de crédito da União, resguardadas as características e condições operacionais plenas das voltadas ao desenvolvimento regional.

A LRF vem também atender o art. 169 da CF/88, que determina o estabelecimento de limites para as despesas com pessoal ativo e inativo da União por meio de lei complementar.

Com relação à questão proposta, temos, assim, que a alternativa B está correta.

Q11. **(FGV / MINC / 2006)** Assinale a alternativa que contenha órgão ou entidade que não esteja abrangida pela Lei de Responsabilidade Fiscal:

a) Tribunal de Contas da União.

b) Sociedade de Economia Mista da União que só receba recursos do governo para participação acionária.

c) Empresa Pública da União que só receba recursos públicos para pagamento de suas despesas de custeio.

d) Ministério Público dos Estados.

e) Ministério Público dos Municípios.

Capítulo 10 | Ciclo de Gestão do Governo Federal, Orçamento Público e Parâmetros da Política Fiscal: a prática da gestão por resultados

A **aplicabilidade** das disposições **da Lei de Responsabilidade Fiscal** pode ser assim sintetizada (conforme §§ 1º e 2º do art. 1º e art. 2º da LRF):

- **Esferas da Federação**: União, Estados, Distrito Federal e Municípios;
- **Poderes**: Executivo, Legislativo (considerados também os Tribunais de Contas), Judiciário e Ministério Público;
- **Entes administrativos**: administração direta, fundos, autarquias, fundações e empresas estatais dependentes.

No que diz respeito às empresas estatais dependentes, o inciso III do art. 2º da LRF nos traz o seguinte esclarecimento:

> Art. 2º Para os efeitos desta Lei Complementar, entende-se como:
>
> III – **empresa estatal dependente**: empresa controlada que receba do ente controlador recursos financeiros para pagamento de despesas com pessoal ou de custeio em geral ou de capital, excluídos, no último caso, aqueles provenientes de aumento de participação acionária;

A empresa controlada, ainda segundo a LRF, é a sociedade cuja maioria do capital social com direito a voto pertença, direta ou indiretamente, a ente da Federação.

Dessa forma, com base no inciso acima, vemos que uma empresa pertencente à administração indireta que só receba recursos do governo para participação acionária não está submetido à LRF. É o caso da Sociedade de Economia Mista, conforme descrito na alternativa B da questão proposta.

Resposta: B.

Q12. (ESAF / ANA / 2009) Segundo a Lei de Responsabilidade Fiscal, o Anexo de Metas Fiscais, em que serão estabelecidas metas anuais, em valores correntes e constantes, relativas a receitas, despesas, resultados nominal e primário e montante da dívida pública, para o exercício a que se referirem e para os dois seguintes, deverá integrar o:

a) Relatório de Gestão Fiscal.
b) Relatório Resumido de Execução Orçamentária.
c) Projeto da Lei do Plano Plurianual.
d) Projeto da Lei de Diretrizes Orçamentárias.
e) Projeto da Lei Orçamentária Anual.

As metas fiscais, em última instância, constituem o próprio esqueleto da Política Fiscal do governo.

Tais metas estão contidas em um anexo específico da **Lei de Diretrizes Orçamentárias (LDO)**, conforme exigência do art. 4º da LRF:

> Art. 4º A lei de diretrizes orçamentárias atenderá o disposto no § 2º do art. 165 da Constituição e:
>
> I – disporá também sobre:
>
> a) equilíbrio entre receitas e despesas;
>
> b) critérios e forma de limitação de empenho (...)
>
> e) normas relativas ao controle de custos e à avaliação dos resultados dos programas financiados com recursos dos orçamentos;

f) demais condições e exigências para transferências de recursos a entidades públicas e privadas;

§ 1º Integrará o projeto de lei de diretrizes orçamentárias **Anexo de Metas Fiscais**, *em que serão estabelecidas metas anuais, em valores correntes e constantes, relativas a receitas, despesas, resultados nominal e primário e montante da dívida pública, para o exercício a que se referirem e para os dois seguintes.*

Segue um dos trechos do Anexo de Metas Fiscais da Lei nº 13.473/2017 (a LDO que orienta a elaboração da LOA 2019).

O objetivo primordial da **política fiscal do governo** *é promover a* **gestão equilibrada dos recursos públicos** *de forma a assegurar a manutenção da estabilidade econômica, o crescimento sustentado e prover adequadamente o acesso aos serviços públicos. Para isso, atuando em linha com as políticas monetária, creditícia e cambial, o governo procura criar as condições futuras necessárias para a* **queda gradual do endividamento público líquido e bruto em relação ao PIB e a melhora do perfil da dívida pública.** *Nesse sentido, são estabelecidas anualmente metas de resultado primário no intento de garantir as condições econômicas necessárias para a manutenção do crescimento sustentado, o que inclui a sustentabilidade intertemporal da dívida pública. As metas fiscais consideram a realidade fiscal, as regras legais existentes e as medidas orientadas pela busca da consolidação fiscal, aqui fixadas como prioridade de médio prazo da Administração Pública. Ressalte-se que o resultado fiscal nominal e o estoque da dívida do setor público apresentados são indicativos, pois são impactados por fatores fora do controle direto do governo, como, por exemplo, a taxa de câmbio.*

Note que a sobriedade da política fiscal defendida no Anexo de Metas Fiscais da LDO – equilíbrio da gestão de recursos públicos, queda da dívida pública, redução da taxa de juros – alinha-se com a frequência histórica de anúncios do Governo sobre sua intenção de mitigação de gastos, aspecto com realce desde a gestão do então Ministro da Fazenda Guido Mantega. Trata-se de uma clara política fiscal contracionista.[7]

A fim de evitarmos "pegadinhas" da banca, há de se ressaltar que a **LDO** também contém outro anexo voltado à Política Fiscal: o **Anexo de Riscos Fiscais**, assim discriminado na LRF:

Corte de R$ 55 bi no Orçamento favorece queda do juro, diz Mantega

Fonte: http://www.agorams.com.br/jornal/2012/02/governo-anuncia-corte-de-r55-bi-no-orcamento-de-2012/

Art. 4º, § 3º A lei de diretrizes orçamentárias conterá **Anexo de Riscos Fiscais**, *onde serão avaliados os passivos contingentes e outros riscos capazes de afetar as contas públicas, informando as providências a serem tomadas, caso se concretizem.*

Com relação à questão proposta, vemos que a alternativa D está correta.

---

7 Imagem extraída do site <http://www.agorams.com.br/jornal/>. Acesso em 16.02.

Q13. (FGV / MINC / 2006) Assinale a alternativa que completa corretamente a definição de receita corrente líquida transcrita segundo a Lei de Responsabilidade Fiscal. "Receita Corrente Líquida: somatório das receitas tributárias, de contribuições, patrimoniais, industriais, agropecuárias, de serviços, transferências correntes e outras receitas também correntes deduzidos..."

a) na União, nos Estados e nos Municípios, os valores da contribuição para os fundos de previdência complementar de suas respectivas estatais.

b) nos Estados e nos Municípios, os valores recebidos da União a título de transferências constitucionais.

c) na União, nos Estados e nos Municípios, os valores da contribuição para o custeio do seu sistema de previdência e assistência social.

d) na União, nos Estados e nos Municípios, os valores recebidos de suas respectivas Sociedades de Economia Mista a título de dividendos.

e) na União, nos Estados e nos Municípios, os valores das receitas auferidas no mês de referência da apuração.

A relevância desta questão dá-se ao frisar o conceito mais importante na operacionalização da LRF, no que diz respeito ao atendimento dos limites legais: a **Receita Corrente Líquida (RCL)**.

A RCL é o parâmetro sobre o qual incidem percentuais de limites de despesa. Assim, por exemplo, o limite máximo de despesa total com pessoal, em cada período de apuração e em cada ente da federação, é de 50% da RCL.

A definição de Receita Corrente Líquida é estabelecida no inciso IV do art. 2º da LRF:

Art. 2º Para os efeitos desta Lei Complementar, entende-se como:

IV – receita corrente líquida: somatório das receitas tributárias, de contribuições, patrimoniais, industriais, agropecuárias, de serviços, transferências correntes e outras receitas também correntes, deduzidos:

a) na União, os valores transferidos aos Estados e Municípios por determinação constitucional ou legal (...);

b) nos Estados, as parcelas entregues aos Municípios por determinação constitucional;

c) na União, nos Estados e nos Municípios, a contribuição dos servidores para o custeio do seu sistema de previdência e assistência social (...)

§ 3º A receita corrente líquida será apurada somando-se as receitas arrecadadas no mês em referência e nos onze anteriores, excluídas as duplicidades.

Veja que a intenção do legislador foi definir como Receita Corrente Líquida o montante ($$) efetivamente disponível para a realização de despesas com pessoal, gastos com serviços de terceiros, pagamento de dívidas etc. Assim, se a União efetua transferências constitucionais a Estados e Municípios, a Receita Corrente Líquida da União deve ser subtraída desses valores.

Com relação à questão, a alternativa C espelha a alínea "c" do inciso IV do art. 2º da LRF, estando, assim, correta.

Q14. (FCC / TCE – SP / 2005) Cumprindo determinação constitucional, a Lei de Responsabilidade Fiscal (Lei Complementar nº 101/2000) dispõe que a despesa total com pessoal, em cada período de apuração e em cada ente da Federação, não poderá exceder os percentuais da receita corrente líquida, a seguir discriminados:

a) União, Estados e Municípios: 50%.

b) Município e Estados: 50% e União: 60%.

c) União: 50% e Estados e Municípios: 60%.

d) União, Estados e Municípios: 60%.

e) União: 40%, Estados: 50% e Municípios: 60%.

Vimos que a Política Fiscal pode agir sobre duas variáveis: arrecadação de impostos e gastos governamentais. Atendo-se aos gastos governamentais, a LRF impõe limites a despesas públicas, tendo como base de cálculo a Receita Corrente Líquida (RCL), conforme vimos na questão anterior.

O art. 169 da CF/88 demanda que Lei Complementar estipule limites de gastos com pessoal, no setor público:

> Art. 169. A despesa com pessoal ativo e inativo da União, dos Estados, do Distrito Federal e dos Municípios não poderá exceder os limites estabelecidos em lei complementar.

A preocupação constitucional com a limitação de despesas de pessoal é justificada por ser este gasto o principal item de despesa de todo o setor público brasileiro. Assim, a LRF, ao estipular os limites deste tipo de gasto, na realidade possibilita que o administrador público cumpra seu objetivo social: proporcionar bem estar à população, a partir dos recursos arrecadados em forma de tributos. Se todo o recurso fosse despendido com pessoal, a atuação do administrador público em prol da sociedade seria inviável.

Dessa forma, os limites com despesa de pessoal são assim determinados pelo art. 19 da LRF:

> Art. 19. Para os fins do disposto no caput do art. 169 da Constituição, **a despesa total** com pessoal, em cada período de apuração e em cada ente da Federação, **não poderá exceder** os percentuais da receita corrente líquida, a seguir discriminados:
>
> I – União: 50% (cinquenta por cento);
>
> II – Estados: 60% (sessenta por cento);
>
> III – Municípios: 60% (sessenta por cento).

Assim, a alternativa C da questão está correta.

Detalhando-se os percentuais listados acima, o art. 20 da LRF estipula a seguinte repartição dos limites de despesas com pessoal, por Poder e esfera da Federação:

LIMITES DE DESPESA COM PESSOAL

Esfera	% da RCL	Repartição da % da RCL
União	50%	Judiciário: 6%; MPU: 0,60%; Legislativo e Tribunal de Contas: 2,50%; Executivo: 40,90%
Estado	60%	Judiciário: 6%; MPE: 2%; Legislativo e Tribunal de Contas: 3%; Executivo: 49%
Município	60%	Legislativo e Tribunal de Contas: 6%; Executivo: 54%

Q15. (CESPE / PGE – AL / 2009) O município que exceder 95% do limite estabelecido na LRF para realizar despesas com pessoal pode:

a) conceder vantagem ou reajuste que não seja derivada de sentença judicial e de revisão geral;

b) pagar indenização por demissão de servidores ou empregados;

c) promover a alteração de estrutura de carreira que implique aumento de despesa;

d) prover cargo público que não seja para repor o decorrente de aposentadoria ou falecimento de servidores das áreas de educação, saúde e segurança;

e) criar cargo, emprego ou função.

A fiscalização da gestão fiscal é realizada internamente pelo sistema de controle interno de cada Poder e do Ministério Público, bem como externamente, pelo Poder Legislativo, com o auxílio dos Tribunais de Contas.

Um dos focos principais do controle é justamente a despesa com pessoal, dado a relevância que este gasto possui para a gestão fiscal. Assim, quando a despesa com pessoal ultrapassar 90% do limite definido no art. 20 da LRF, os Tribunais de Contas alertarão os Poderes ou órgãos das quais a despesa é originária. Este percentual (**90%**) é o **limite de alerta**.

Internamente, a verificação do cumprimento dos limites de despesa com pessoal é feita quadrimestralmente. Ao exceder 95% do limite de gasto, há uma série de vedações ao Poder ou ao órgão que tiver incorrido no excesso:

> LRF, Art. 22, Parágrafo Único – Parágrafo único. Se a despesa total com pessoal exceder a **95%** (noventa e cinco por cento) do limite, **são vedados** ao Poder ou órgão referido no art. 20 que houver incorrido no excesso:
>
> I – concessão de vantagem, aumento, reajuste ou adequação de remuneração a qualquer título, salvo os derivados de sentença judicial ou de determinação legal ou contratual, ressalvada a revisão prevista no inciso X do art. 37 da Constituição (revisão geral anual);
>
> II – criação de cargo, emprego ou função;
>
> III – alteração de estrutura de carreira que implique aumento de despesa;
>
> IV – provimento de cargo público, admissão ou contratação de pessoal a qualquer título, ressalvada a reposição decorrente de aposentadoria ou falecimento de servidores das áreas de educação, saúde e segurança;
>
> V – contratação de hora extra (...)

Das alternativas da questão proposta, apenas a B não esbarra em uma das proibições listadas acima.

Há de se mencionar, ainda, que este limite de 95% da despesa com pessoal é chamado de **limite prudencial**.

Resposta: B.

Q16. (ESAF / SMF – RJ / 2010) A respeito do orçamento público no Brasil e os aspectos relacionados aos parâmetros da política fiscal, é correto afirmar, **exceto**:

a) a limitação de empenhos é um dos mecanismos de controle da política fiscal e visa ao cumprimento da meta de resultado primário;

b) a política orçamentária tem como um dos seus objetivos a redução das desigualdades sociais;

c) o estabelecimento de uma programação financeira e do cronograma mensal de desembolso é uma das exigências da política fiscal atualmente praticada no Brasil;

d) os recursos legalmente vinculados constituem-se em importante instrumento da política fiscal, uma vez que só podem ser aplicados naqueles objetos para os quais ocorreu a vinculação;

e) o resultado primário caracteriza-se por indicar a necessidade ou não de financiamento do setor público por terceiros.

Vejamos os comentários às alternativas:

a) **Resultado Primário** é a diferença entre receitas e despesas, excluindo-se do cálculo tudo o que se refere lançamentos financeiros (juros, operações de crédito, empréstimos etc.).

O Anexo de Metas Fiscais, constante da LDO, estabelece a meta de resultado primário para o ano seguinte ao de sua elaboração. Para 2012, eis a meta de resultado primário:

> *Para 2012, a meta de superávit primário está fixada em R$ 139,8 bilhões para o setor público não financeiro, equivalentes a 3,10% do PIB (...)*

Logicamente, o Governo não pode esperar o final do exercício para só então verificar se atingiu a meta fiscal desejada. O acompanhamento é feito durante todo o exercício, a fim de corrigir eventuais problemas na condução da política fiscal. Ao ser identificado que a receita arrecadada pode implicar o não cumprimento da meta fiscal, lança-se mão da **limitação de empenho**, conforme normatizada pelo art. 9º da LRF:

> *Art. 9º Se verificado, ao final de um bimestre, que a realização da receita poderá não comportar o cumprimento das metas de resultado primário ou nominal estabelecidas no Anexo de Metas Fiscais, os Poderes e o Ministério Público promoverão, por ato próprio e nos montantes necessários,* **nos trinta dias subsequentes, limitação de empenho e movimentação financeira**, *segundo os critérios fixados pela lei de diretrizes orçamentárias.*
>
> *§ 1º No caso de restabelecimento da receita prevista, ainda que parcial, a recomposição das dotações cujos empenhos foram limitados dar-se-á de forma proporcional às reduções efetivadas.*

A alternativa está correta.

b) Irei transcrever conteúdo já abordado neste Capítulo: [Política Fiscal ou Orçamentária] *"Tem por objetivo alcançar objetivos sociais amplos, tais como a execução de políticas públicas, o estímulo da produção, a minimização da taxa de desemprego, o financiamento do déficit público, a redução das desigualdades sociais etc."* A alternativa está, portanto, correta.

c) A exigência de programação financeira e de um cronograma mensal de desembolso é previsto no art. 8º da LRF:

> *Art. 8º Até trinta dias após a publicação dos orçamentos, nos termos em que dispuser a lei de diretrizes orçamentárias (...),* **o Poder Executivo** *estabelecerá a programação financeira e o cronograma de execução mensal de desembolso.*

O objetivo é prover o gestor público de informações que possibilitem a busca pelo equilíbrio das contas públicas. Para bem ilustrar o exposto, a tabela abaixo apresenta o cronograma de desembolso, por mês, de uma cidade do estado de Minas Gerais (1º semestre de 2010):

CRONOGRAMA MENSAL DE DESEMBOLSO 2010

Art. 8º Lei Complementar nº 101/2000

DESPESAS	ORÇADO	JANEIRO	FEVEREIRO	MARÇO	ABRIL	MAIO	JUNHO	SUBTOTAL
PESSOAL E ENCARGOS	R$ 11.227.957,00	R$ 863.689,00	R$ 863.689,00	R$ 863.689,00	R$ 863.689,00	R$ 863.689,00	R$ 863.689,00	R$ 5.182.134,00
JUROS E ENCARGOS DA DÍVIDA	R$ 243.500,00	R$ 20.291,67	R$ 20.291,67	R$ 20.291,67	R$ 20.291,67	R$ 20.291,67	R$ 20.291,67	R$ 121.750,02
OUTRAS DESPESAS CORRENTES	R$ 9.062.336,00	R$ 755.194,67	R$ 755.194,67	R$ 755.194,67	R$ 755.194,67	R$ 755.194,67	R$ 755.194,67	R$ 4.531.168,02
INVESTIMENTOS	R$ 2.317.947,00	R$ 193.162,25	R$ 193.162,25	R$ 193.162,25	R$ 193.162,25	R$ 193.162,25	R$ 193.162,25	R$ 1.158.973,50
AMORTIZAÇÃO DA DÍVIDA	R$ 43.260,00	R$ 3.605,00	R$ 3.605,00	R$ 3.605,00	R$ 3.605,00	R$ 3.605,00	R$ 3.605,00	R$ 21.630,00
RESERVA DE CONTINGÊNCIA	R$ 10.000,00	R$ –	R$ –	R$ –	R$ –	R$ –	R$ –	R$ 10.000,00
	R$ 22.905.000,00	R$ 1.835.942,58	R$ 1.835.942,58	R$ 1.835.942,58	R$ 1.835.942,58	R$ 1.835.942,58	R$ 1.835.942,58	R$ 11.025.655,54

A alternativa está correta.

d) A vinculação de recursos a determinado fim é de suma importância à consecução dos objetivos da Política Fiscal, dado que permite o atingimento das metas sociais vislumbradas quando da confecção do orçamento público. Tal exigência é dada pelo Parágrafo Único do art. 8º da LRF:

Parágrafo único. Os recursos legalmente vinculados a finalidade específica serão utilizados exclusivamente para atender ao objeto de sua vinculação, ainda que em exercício diverso daquele em que ocorrer o ingresso.

A alternativa está correta.

e) O resultado primário é um indicador da política fiscal. Como vimos, para efeito de seu cálculo, são desconsiderados lançamentos financeiros, tais como juros a pagar/receber, correção monetária e cambial etc. Por outro lado, o **resultado nominal** é um conceito mais amplo, abrangendo o de resultado primário. Contempla os lançamentos financeiros ignorados pelo anterior. Assim, é possível uma situação em que é observado déficit fiscal (na concepção do resultado primário), mas que, com correção monetária e juros a receber, chega-se a um resultado nominal superavitário, não havendo a necessidade de financiamento.

Assim, é o resultado nominal (e não o primário) que indica a existência de necessidade de financiamento do setor público.

A alternativa está errada.

Resposta: E.

Q17. (CESPE / TCE – PE / 2004) A Constituição Federal não admite que se contratem operações de crédito em volume que exceda os investimentos.

A parte final de nossa abordagem sobre a Política Fiscal diz respeito à contratação de operações de crédito pelo Poder Público.

Houve a preocupação do legislador constitucional em evitar o endividamento do Estado, orientando no sentido de que não se deve recorrer a endividamento público a fim de custear despesas correntes (custeio / manutenção), ou seja, de custear despesas que não se traduzem diretamente para a aquisição ou formação de um bem de capital (investimentos, amortização da dívida ou inversões financeiras). A previsão constitucional é dada pelo inciso III do art. 167:

Art. 167. ***São vedados****:*

*III – **a realização de operações de créditos que excedam o montante das despesas de capital**, ressalvadas as autorizadas mediante créditos suplementares ou especiais com finalidade precisa, aprovados pelo Poder Legislativo por maioria absoluta;*

Esta norma é mais conhecida como **Regra de Ouro**, e tem por objetivo evitar o financiamento de despesas correntes via operações de crédito. Despesas correntes não aumentam a capacidade produtiva do Estado. Assim, tomar um empréstimo para efetuar uma despesa corrente seria algo semelhante a pagarmos os juros de uma dívida com terceiros mediante nosso cheque especial: trata-se de uma situação insustentável.

Apesar de, em regra, receitas de operações de crédito não poderem ser aplicadas em despesas correntes, há exceções. No entanto, tais despesas correntes devem ser adicionadas às de capital para fins de apuração do limite da Regra de Ouro.

A questão proposta faz menção à impossibilidade de contratação de operações de crédito que superem os investimentos. Ora, investimentos são apenas um dos grupos de despesa inseridos no leque das despesas de capital. Há também as inversões financeiras e as amortizações da dívida.

A questão está, portanto, errada.

4.1. O Novo Regime Fiscal

A Emenda Constitucional nº 95, de 15 de dezembro de 2016, veio a instituir o que se chama de Novo Regime Fiscal. Trata-se da inserção, no Ato das Disposições Constitucionais Transitórias (ADCT), de dispositivos que implementam regime de limite de gastos do Governo Federal (arts. 106 a 114), que vigorará por 20 anos, ou seja, até 2036.

O intuito do Novo Regime Fiscal é o de constitucionalizar a busca de resultados primários positivos, ou seja, alusivos apenas às despesas primárias[8]. Incide sobre os Orçamentos Fiscal e da Seguridade Social da União (ou seja, não concerne aos Estados e aos Municípios), e abarca o seguinte conjunto de órgãos tomados em consideração para fins de cômputo dos limites individualizados:

- Órgãos e entidades do Poder Executivo;
- Poder Judiciário: Supremo Tribunal Federal, Superior Tribunal de Justiça, Conselho Nacional de Justiça, Justiça do Trabalho, Justiça Federal, Justiça Militar da União, Justiça Eleitoral, Justiça do Distrito Federal e Territórios;
- Poder Legislativo: Senado Federal, Câmara dos Deputados, Tribunal de Contas da União;
- Ministério Público da União (bem como o Conselho Nacional do Ministério Público);
- Defensoria Pública da União.

---

8 Despesa primária, ou despesa não financeira, é aquela que exclui os juros da dívida pública (despesa nominal). A despesa primária é a que efetivamente se dispõe para a execução de uma política pública.

A soma desses quinze limites individualizados corresponde ao teto de gastos primários da União. A partir de 2018[9], o limite individualizado, esclarece Macêdo (2017)[10], será atualizado pela <u>inflação medida pelo IPCA acumulado de 12 meses</u>. É apenas a partir do décimo exercício de vigência do Novo Regime Fiscal (ou seja, 2026) que o Presidente da República poderá propor projeto de lei complementar para alteração do método de correção dos limites de despesas primárias.

Em adição (e em especial), <u>estão sujeitos ao controle de reajuste pelo IPCA</u> imposto pelo Novo Regime Fiscal (arts. 110 e 111 do ADCT):

- montantes <u>mínimos</u> aplicados em ações e em serviços públicos de saúde;
- montantes <u>mínimos</u> aplicados em manutenção e desenvolvimento do ensino; e
- programações decorrentes de emendas de execução impositiva.

Ressalte-se que, na realidade, o Novo Regime Fiscal não impõe um teto de gastos para saúde e educação, mas sim um <u>piso</u>. Contudo, a limitação das despesas primárias e o vulto de gastos previdenciários no Brasil, quando associados, implicam o cerceamento de gastos com as duas primeiras políticas citadas.

No caso de <u>descumprimento do limite individualizado</u>, há uma série de vedações impostas ao Poder Executivo ou ao órgão descumpridor, assim dispostos:

> Art. 109. No caso de descumprimento de limite individualizado, aplicam-se, até o final do exercício de retorno das despesas aos respectivos limites, ao Poder Executivo ou a órgão elencado nos incisos II a V do *caput* do art. 107 deste Ato das Disposições Constitucionais Transitórias que o descumpriu, sem prejuízo de outras medidas, as seguintes vedações:
>
> I – concessão, a qualquer título, de vantagem, aumento, reajuste ou adequação de remuneração de membros de Poder ou de órgão, de servidores e empregados públicos e militares, exceto dos derivados de sentença judicial transitada em

---

9 Para 2017, a correção com relação a 2016 foi equivalente ao percentual de 7,2%.
10 MACÊDO, M. F. *Orçamento em discussão:* efeitos do novo regime fiscal. Senado Federal, Consultoria de Orçamentos, Fiscalização e Controle, 2017.

julgado ou de determinação legal decorrente de atos anteriores à entrada em vigor desta Emenda Constitucional;

II – criação de cargo, emprego ou função que implique aumento de despesa;

III – alteração de estrutura de carreira que implique aumento de despesa;

IV – admissão ou contratação de pessoal, a qualquer título, ressalvadas as reposições de cargos de chefia e de direção que não acarretem aumento de despesa e aquelas decorrentes de vacâncias de cargos efetivos ou vitalícios;

V – realização de concurso público, exceto para as reposições de vacâncias previstas no inciso IV;

VI – criação ou majoração de auxílios, vantagens, bônus, abonos, verbas de representação ou benefícios de qualquer natureza em favor de membros de Poder, do Ministério Público ou da Defensoria Pública e de servidores e empregados públicos e militares;

VII – criação de despesa obrigatória; e

VIII – adoção de medida que implique reajuste de despesa obrigatória acima da variação da inflação, observada a preservação do poder aquisitivo referida no inciso IV do *caput* do art. 7º da Constituição Federal.

§ 1º As vedações previstas nos incisos I, III e VI do *caput*, quando descumprido qualquer dos limites individualizados dos órgãos elencados nos incisos II, III e IV do *caput* do art. 107 deste Ato das Disposições Constitucionais Transitórias, aplicam-se ao conjunto dos órgãos referidos em cada inciso.

Esse conteúdo já foi cobrado em concurso:

Q18. (CESPE / STJ / 2018) Se o Senado Federal ultrapassar o limite individualizado de despesas definido pelo novo regime fiscal, a Câmara dos Deputados ficará proibida de promover alteração na estrutura de suas carreiras que implique aumento de despesa até o final do exercício em que as despesas do Senado Federal retornarem aos respectivos limites.

A questão cobra, justamente, conhecimento acerca do § 1º do art. 109 do ADCT da CF/88. Para fins de criação de cargo, emprego ou função que implique aumento de despesa (inciso III), o cômputo dá-se ao conjunto de órgãos arrolados no art. 109 do mesmo ADCT, ou seja, aos órgãos do Poder Legislativo Federal.

Dessa forma, a questão está correta.

O Novo Regime Fiscal, como vemos, não preconiza o corte de gastos públicos, mas sim um regramento que mitiga o ritmo de majoração das despesas governamentais da União. Importante salientar que a LDO deve fazer constar os limites individualizados da despesa primária, ao passo que, na efetiva execução orçamentária, emprega-se o IPCA real.

Questões de Concursos

1. (IESES / TJ – MA / 2016) A Proposta de Emenda Constitucional – PEC nº 241, também conhecida como PEC do Teto, foi aprovada pela Câmara de Deputados e encontra-se em análise pelo Senado Federal. Assinale qual das alternativas a seguir apresentadas, é correta.
   a) A partir da aprovação desta PEC está proibida a realização de concursos públicos.
   b) Esta PEC impõe limite de gastos, também, para os governos estaduais e municipais.
   c) Para cada exercício será fixado limite individualizado para a despesa primária total, dentre outros, do Poder Executivo e do Poder Legislativo.
   d) Os limites introduzidos pelo Novo Regime Fiscal desta PEC implicarão em obrigações de pagamento futuro pela União.

2. (ESAF / DNIT / 2013) De acordo com a Constituição Federal, o principal objetivo da Lei de Diretrizes Orçamentárias é:
   a) orientar as unidades orçamentárias e administrativas na formulação do seu planejamento anual e na elaboração da proposta orçamentária, bem como estabelecer as metas a serem alcançadas no exercício subsequente;
   b) estabelecer as diretrizes, prioridades e metas para a organização das entidades com vistas à definição da proposta orçamentária anual a ser enviada ao Congresso Nacional;
   c) criar as condições necessárias ao estabelecimento de um sistema de planejamento integrado com vistas à elaboração e aprovação do orçamento;
   d) estabelecer as metas de despesas correntes e de capital para o exercício seguinte, as prioridades da administração e orientar a elaboração da proposta orçamentária;
   e) estabelecer as metas e prioridades da Administração Pública Federal, incluindo as despesas de capital para o exercício financeiro subsequente e orientar a elaboração da lei orçamentária.

3. (FGV / TJ – AM / 2013) Os instrumentos de planejamento utilizados na Administração Pública são definidos como: Plano Plurianual (PPA); Lei de Diretrizes Orçamentárias (LDO); Lei de Orçamento Anual (LOA).
   A esse respeito, leia o fragmento a seguir.
   "A lei _____ compreenderá _____ e prioridades da administração pública federal, incluindo as _____ de capital para o exercício financeiro subsequente, orientará a

elaboração da lei orçamentária anual, disporá sobre as alterações na legislação _____ e estabelecerá a política de aplicação das agências financeiras oficiais de fomento."

Assinale a alternativa que completa corretamente as lacunas do fragmento acima:

a) de diretrizes orçamentárias – as metas – despesas – tributária;

b) de orçamento Anual – as metas – receitas – orçamentária;

c) do Plano Plurianual – as metas – despesas – orçamentária;

d) diretrizes orçamentárias – as metas – receitas – orçamentária;

e) diretrizes orçamentárias – as metas – despesas – tributária.

4. (FGV / DPE-RJ / 2014) Processo de Aprovação de Orçamento

"A presidente Dilma Rousseff sancionou com vários vetos o projeto da Lei de Diretrizes Orçamentárias (LDO) da União para 2014, na virada da quinta para esta sexta-feira. Nenhum deles, entretanto, atingiu o artigo 52, que torna obrigatória a execução orçamentária e financeira, de forma equitativa, da programação de despesas incluídas no orçamento por emendas parlamentares individuais.

A LDO resultante da sanção parcial foi publicada em edição extra do 'Diário Oficial da União' que circula hoje com data de ontem. Ao converter o projeto na Lei 12.919/2013 preservando a regra do 'orçamento impositivo', a presidente cumpriu acordo firmado com o Congresso para viabilizar politicamente a aprovação da lei orçamentária de 2014, concluída na madrugada do último dia 18.

O Congresso só aprovou a proposta para a LDO de 2014 em novembro passado, quando o orçamento do ano que vem já estava em fase avançada de tramitação. Um dos motivos da demora foi a polêmica em torno da regra do orçamento impositivo, que também é objeto de uma Proposta de Emenda Constitucional (PEC)."

(<http://www.valor.com.br/politica/3381006/dou-publica-ldo-2014-vetos-de-dilma-nao-atingem-orcamento-impositivo>)

Considerando as circunstâncias envolvendo o trâmite da Lei Orçamentária Anual (LOA) de 2014 relatadas no texto "Processo de Aprovação de Orçamento", é correto afirmar que a sua elaboração foi orientada pela:

a) disponibilidade na pauta de votações do Congresso Nacional em 2013;

b) Lei de Diretrizes Orçamentárias (LDO) de 2014;

c) Lei de Responsabilidade Fiscal (LRF) de 2001;

d) aprovação da regra relativa ao "orçamento impositivo" para 2014;

e) lei que instituiu o Plano Plurianual para o período 2011-2014.

5. (FGV / CGE – MA / 2014) As condições e as exigências para transferências de recursos a entidades públicas e privadas são estabelecidas pelo seguinte instrumento legal:

a) Lei Orçamentária Anual;

b) Lei de Diretrizes Orçamentárias;
c) Lei do Plano Plurianual;
d) Lei do Plano Diretor;
e) Lei de Acesso a Informação.

6. (ESAF / CGU / 2012) Assinale a opção que indica matéria que, segundo dispõe a Constituição Federal, não é objeto da Lei de Diretrizes Orçamentárias – LDO.
   a) Diretrizes para a elaboração dos orçamentos.
   b) Estabelecimento da política de aplicação das agências financeiras de fomento.
   c) Regras para alteração da legislação tributária.
   d) Orientação relacionada aos gastos com transferências a terceiros.
   e) Prioridades da Administração Pública Federal.

7. (ESAF / CVM / 2010 – adaptada) À vista de tantas vinculações constitucionais, pode-se afirmar que a lei orçamentária possui caráter impositivo.

8. (ESAF / MPOG / 2008) O Plano Plurianual, a Lei de Diretrizes Orçamentárias e a Lei do Orçamento Anual são componentes básicos do planejamento governamental. Identifique a única opção incorreta no que diz respeito ao planejamento governamental.
   a) O planejamento governamental estratégico tem como documento básico o Plano Plurianual.
   b) A Lei Orçamentária Anual compreende o orçamento fiscal e, ainda, o orçamento das autoridades monetárias e das empresas financeiras de economia mista.
   c) O planejamento governamental operacional tem como instrumentos a Lei de Diretrizes Orçamentárias e a Lei do Orçamento.
   d) A Lei de Diretrizes Orçamentárias compreende o conjunto de metas e prioridades da Administração Pública Federal, incluindo as despesas de capital para o exercício financeiro subsequente.
   e) A Lei Orçamentária Anual – LOA – é o orçamento propriamente dito e possui a denominação de LOA por ser a consignada pela Constituição Federal.

9. (FGV / MINC / 2006) O Plano Plurianual é um dos principais instrumentos de planejamento governamental instituído pela Constituição Federal de 1988 que, em seu art. 165, prevê como principal finalidade:
   a) Estabelecer as diretrizes, objetivos e metas do Governo para as despesas de capital e outras decorrentes delas e para as relativas a programas de duração continuada.
   b) Estabelecer as metas e prioridades da administração pública, incluindo as despesas de capital para o exercício financeiro subsequente.

c) Estabelecer a política de aplicação das agências financeiras oficiais de fomento e os investimentos das despesas estatais para o período do mndato do governante.

d) Estabelecer o equilíbrio entre receitas e despesas, de modo a não comprometer as metas do resultado primário e do superávit financeiro, previamente determinadas.

e) Estabelecer os propósitos, objetivos e metas que o Governo deseja alcançar, identificando os custos dos programas propostos para a consecução dos objetivos de longo e médio prazos.

10. (UFBA / UFBA / 2009 – adaptada) Com base no esquema abaixo, julgue a assertiva a seguir:

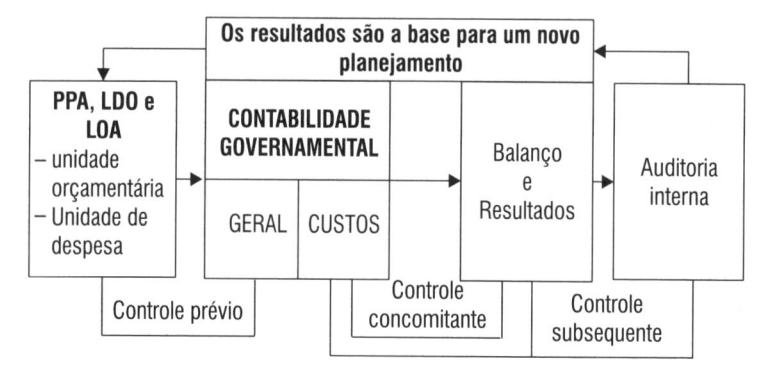

```
                    Os resultados são a base para um novo
                              planejamento
    ┌─────────────┐  ┌─────────────────┐  ┌──────────┐  ┌──────────┐
    │  PPA, LDO e │  │  CONTABILIDADE  │  │  Balanço │  │ Auditoria│
    │     LOA     │  │  GOVERNAMENTAL  │→ │     e    │→ │  interna │
    │  - unidade  │→ ├────────┬────────┤  │ Resultados│ │          │
    │ orçamentária│  │ GERAL  │ CUSTOS │  │          │  │          │
    │ - Unidade de│  │        │        │  │          │  │          │
    │    despesa  │  │        │        │  │          │  │          │
    └─────────────┘  └────────┴────────┘  └──────────┘  └──────────┘
       Controle          Controle             Controle
        prévio          concomitante         subsequente
```

O ciclo de gestão é alimentado por informações dos resultados observados e registrados nos balanços e demonstrações de resultado.

11. (ESAF / CGU / 2006) Para o Governo operacionalizar o processo de alocação de recursos da gestão pública ele se utiliza do ciclo da gestão, que se divide em etapas. A etapa em que os atos e fatos são praticados na Administração Pública para implementação da ação governamental, e na qual ocorre o processo de operacionalização objetiva e concreta de uma política pública denomina-se:

a) planejamento;

b) execução;

c) programação;

d) orçamentação;

e) controle.

12. (FGV / BADESC / 2010) As alternativas a seguir apresentam características do orçamento-programa, à exceção de uma. Assinale-a.

a) O orçamento-programa aloca recursos para a consecução de objetivos e metas.

b) O orçamento-programa adota, como principal critério de classificação, o funcional--programático.

c) O orçamento-programa usa sistematicamente indicadores e padrões de medidas de desempenho.

d) A estrutura do orçamento-programa é voltada para os aspectos administrativos e de planejamento.

e) A elaboração do orçamento-programa considera as necessidades financeiras das unidades organizacionais.

13. (CESPE / Correios / 2011) A garantia de equilíbrio nas contas mediante o cumprimento de metas de resultados entre receitas e despesas, com limites e condições para a renúncia de receita e para a geração de despesas, é um dos principais objetivos da Lei de Responsabilidade Fiscal.

14. (FCC / MPU / 2007) De acordo com a Lei de Responsabilidade Fiscal, se a despesa total com pessoal de um Estado da Federação ultrapassar o limite de .....I..... da sua receita corrente líquida, o percentual excedente terá de ser eliminado nos .....II..... seguintes, sendo pelo menos .....III..... no primeiro subsequente.

    Preenchem correta e respectivamente as lacunas I, II e III acima:

    a) 50%; dois trimestres; um quarto;

    b) 50%; três trimestres; um terço;

    c) 60%; dois quadrimestres; um terço;

    d) 60%; três quadrimestres; um quarto;

    e) 60%; dois semestres; um quarto.

15. (FGV / Senado Federal / 2008) Sobre a Lei de Responsabilidade Fiscal e suas Emendas, não é correto afirmar que:

    a) Nas despesas de pessoal, incluem-se, entre outros, despesas com inativos e pensionistas, reformas e pensões.

    b) O limite com gastos de pessoal nas diferentes esferas de governo é de 50% das respectivas Receitas Correntes Líquidas.

    c) A Lei de Responsabilidade Fiscal não revoga a Lei nº 4.320 de 1964, já que esta última não tem como foco a gestão fiscal.

    d) No que diz respeito aos gastos públicos com educação e saúde, foram estabelecidos, respectivamente, valores mínimos de gastos nacionais anuais por aluno, de acordo como o nível de ensino, e um percentual de 15% da receita de impostos e transferências a ser atingido pelos Municípios.

e) A referida lei proíbe o socorro às instituições do Sistema Financeiro Nacional, prevendo, porém, a criação de fundos para a cobertura destas instituições em situação de insolvência.

16. (CESPE / CNJ / 2013) A elaboração do orçamento compreende o estabelecimento de plano de médio prazo (quatro anos) ou PPA; lei orientadora ou lei de diretrizes orçamentárias (LDO); e orçamento propriamente dito ou LOA.

17. (CESPE / CNJ / 2013) O PPA é adotado como referência para a elaboração dos demais planos previstos na Constituição Federal, a fim de garantir a coerência do planejamento orçamentário.

18. (CESPE / TRE- RJ / 2012) O anexo de metas fiscais integra a lei orçamentária anual, compreendendo, entre outras informações, a margem de expansão das despesas obrigatórias de caráter continuado.

Gabarito Comentado

QUESTÃO	COMENTÁRIO
1 – C	Vejamos os comentários às alternativas. a) Não há tal vedação. Há, sim, a vedação da realização de concursos públicos, de acordo com o inc. IV do art. 109 do ADCT, apenas para o caso de descumprimento do limite individualizado, ressalvando-se, ainda, a hipótese de reposição das vacâncias de cargos efetivos ou vitalícios. Alternativa errada. b) A PEC (agora já emenda constitucional) incide sobre os Orçamentos Fiscal e da Seguridade Social da União, não alcançando os orçamentos estaduais e municipais. A alternativa está errada. c) Alternativa correta, em consonância com o art. 107 do ADCT da CF/88. d) O inc. I do art. 112 do ADCT preconiza que as disposições introduzidas pelo Novo Regime Fiscal não constituirão obrigação de pagamento futuro pela União ou direitos de outrem sobre o erário. Alternativa errada. Resposta: C.
2 – E	A **Lei de Diretrizes Orçamentárias** é assim definida pelo § 2º do art. 165 da CF/88: § 2º A *lei de diretrizes orçamentárias* compreenderá as **metas e prioridades** da administração pública federal, incluindo as despesas de capital para o exercício financeiro subsequente, **orientará a elaboração da lei orçamentária anual**, disporá sobre as *alterações na legislação tributária* e estabelecerá a política de aplicação das agências financeiras oficiais de fomento. Com base nesse dispositivo, vemos que a alternativa "e" está correta. Resposta: E.
3 – A	Trata-se de cobrança literal do § 2º do art. 165 da CF/88: § 2º A *lei de diretrizes orçamentárias* compreenderá *as metas e prioridades da administração pública federal, incluindo as **despesas de capital** para o exercício financeiro subsequente, orientará a elaboração da lei orçamentária anual, disporá sobre as alterações na legislação **tributária** e estabelecerá a política de aplicação das agências financeiras oficiais de fomento.* Resposta: A.

QUESTÃO	COMENTÁRIO
4 – B	Uma vez mais, recorremos ao § 2º do art. 165 da CF/88: § 2º A *lei de diretrizes orçamentárias* compreenderá as **metas** e **prioridades** da administração pública federal, incluindo as despesas de capital para o exercício financeiro subsequente, *orientará a elaboração da lei orçamentária anual*, disporá sobre as alterações na legislação tributária e estabelecerá a política de aplicação das agências financeiras oficiais de fomento. Dessa forma, a elaboração da LOA 2014 foi orientada pela LDO do mesmo ano. Resposta: B.
5 – B	Conforme alínea "f" do art. 4º da LRF, as condições e as exigências para transferências de recursos a entidades públicas e privadas é disposição inerente à LDO. Resposta: B.
6 – D	Tendo por base o disposto no § 2º do art. 165 da CF/88, apenas a orientação relacionada aos gastos com transferências a terceiros (alternativa "d") não é objeto da LDO. Resposta: D.
7 Errada	Na Lei Orçamentária Anual, há a previsão de receitas e a fixação de despesas, não sendo uma norma impositiva, mas sim autorizativa (ou seja, não há a obrigação de se efetuar as despesas fixadas, apenas a autorização prévia para tanto). Deve ser compatível com o PPA e com a LDO e contém três orçamentos: o orçamento **fiscal**, o de **investimentos** e o da **seguridade social**. A questão está errada.
8 – B	Vejamos os comentários às alternativas: a) O Plano Plurianual (PPA) é o instrumento de planejamento orçamentário governamental voltado para o longo prazo (horizonte temporal de quatro anos). Nele estão consolidados os objetivos estratégicos, desmembrados em programas. Trata-se, portanto, do documento básico atinente ao planejamento estratégico governamental. A alternativa está correta. b) A LOA contém os orçamentos fiscal, de investimento e da seguridade social (CF/88, art. 165, § 5º). A alternativa, assim, não se mostra de acordo com o normatizado na Constituição. O orçamento de investimento de empresas públicas, por exemplo, não está contemplado na assertiva. Com esse entendimento, a alternativa está errada. c) Uma vez entendido o PPA como o instrumento orçamentário voltado para o longo prazo, a ele é atribuído o caráter de planejamento na esfera estratégica. Assim, o planejamento nas esferas tática e operacional são relegados à LDO e à LOA, apresentando horizonte temporal restrito a um exercício financeiro. A alternativa está correta. d) Como vimos, o § 2º do art. 165 da CF/88 traz a seguinte redação:

QUESTÃO	COMENTÁRIO
8 – B	§ 2º – *A lei de diretrizes orçamentárias compreenderá as **metas e prioridades** da administração pública federal, **incluindo as despesas de capital para o exercício financeiro subsequente** (...)* Assim, a alternativa está correta. e) O § 5º do art. 165 da CF/88 traz a designação "Lei Orçamentária Anual". A alternativa está correta.
9 – A	Há diversas questões em concursos que, como esta, cobram a literalidade de um dispositivo legal. No caso, é necessário o conhecimento do conteúdo do § 1º do art. 165 da CF/88. Recomendo o seguinte esquema: • Diretrizes, objetivos e metas (DOM) → PPA; • Metas e Prioridades (MP) → LDO. Das alternativas, apenas a letra "a" apresenta o citado parágrafo constitucional de forma correta.
10 Certo	O esquema apresentado pela questão é, na realidade, uma adaptação do ciclo PDCA à realidade dos instrumentos orçamentários. Os balanços e as demonstrações de resultado são instrumentos contábeis que se destinam a apurar a formação do resultado líquido em determinado período. O controle a avaliação feitos com base nessas informações – sejam eles concomitantes ou subsequentes – geram *feedback* que devem ser utilizados na revisão dos planos e dos programas. Assim, a assertiva está certa.
11 – B	O "núcleo" do ciclo de gestão é a efetiva implementação – ou execução – das políticas públicas. É nesta etapa que se dá a operacionalização objetiva e concreta da iniciativa anteriormente planejada, programada e orçada. Ainda, somente durante ou após a execução, é que o controle se torna possível.
12 – E	Vejamos os comentários às alternativas: a) O orçamento-programa efetivamente aloca recursos para a consecução de objetivos e metas do Estado. Ainda, sendo o orçamento-programa materializado, em última instância, no PPA, podemos nos remeter ao que a CF/88 estipula para essa lei: *Art. 165, § 1º A lei que instituir o **plano plurianual** estabelecerá, de forma regionalizada, as **diretrizes, objetivos e metas** da administração pública federal para as despesas de capital e outras delas decorrentes e para as relativas aos programas de duração continuada.* A alternativa está, portanto, correta. b) A classificação funcional-programática, relativa ao orçamento-programa, refere-se à codificação das iniciativas de atuação do governo, para fins de sistematização do orçamento.

QUESTÃO	COMENTÁRIO
12 – E	As funções representam o maior nível de agregação das iniciativas do governo, desdobrando-se em **subfunções** e programas, pelos quais se estabelecem produtos finais, que concorrem à solução dos problemas da sociedade. Podem desdobrar-se em subprogramas quando necessário para maior especificação dos produtos finais. Programas e/ou subprogramas desdobram-se em projetos e atividades, que possibilitam alcançar seus produtos e objetivos. Subprodutos e Subatividades constituem-se no menor nível de desagregação da ação do governo, com destinação de recursos na Lei Orçamentária. O código da classificação funcional-programática compõe-se de treze algarismos distribuídos, conforme o exemplo abaixo: | 01 | 031 | 0551| 7122 | AÇÃO: **Construção do Anexo III** PROGRAMA: **Atuação Legislativa do Senado Federal** SUBFUNÇÃO: **Ação Legislativa** FUNÇÃO: **Legislativa** A alternativa está correta. c) Para cada projeto e atividade constante do PPA, há um indicador associado. Assim, por exemplo, no caso da construção do Anexo III do Senado Federal, conforme citado anteriormente, o indicador é a porcentagem de execução física da obra. A alternativa está correta. d) Esta alternativa está de acordo com o que vimos neste Capítulo. Aliás, retrata exatamente aquilo a que o orçamento-programa propõe-se: fazer a ligação entre o Sistema de Planejamento Estatal e aspectos administrativos que sistematizam a alocação dos gastos e a previsão das receitas. A alternativa está correta. e) As necessidades financeiras das unidades organizacionais eram o foco do orçamento tradicional, no qual havia apenas a previsão das receitas e a fixação das despesas. O que o orçamento-programa considera é o resultado pretendido, em termos de atendimento ao planejamento do Estado. Note que há um equívoco conceitual na questão. A alternativa está, assim, errada.
13 Certo	Vimos que o principal objetivo da LRF, conforme disposto em seu art. 1º, é estabelecer "normas de finanças públicas voltadas para a responsabilidade na gestão fiscal". Agora, o que se entende por "responsabilidade na gestão fiscal"? Esta pergunta é respondida no § 1º do mesmo artigo da LRF: *§ 1º A responsabilidade na gestão fiscal pressupõe a ação planejada e transparente, em que se previnem riscos e corrigem desvios capazes de afetar o **equilíbrio das contas públicas**, mediante o cumprimento de metas de resultados entre receitas e despesas e a obediência a limites e condições no que tange a renúncia de receita, geração de despesas com pessoal, da seguridade social e outras, dívidas consolidada e mobiliária, operações de crédito, inclusive por antecipação de receita, concessão de garantia e inscrição em Restos a Pagar.*

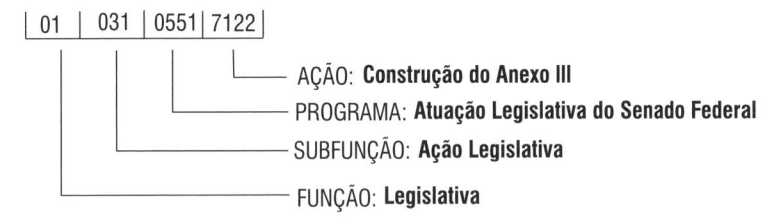

QUESTÃO	COMENTÁRIO
13 Certo	Veja que a LRF traz uma noção que extrapola a do equilíbrio do orçamento. Não se trata de planejar uma situação na qual as despesas fixadas são iguais às receitas previstas. Trata-se de "gastar apenas o que se arrecada", sem que haja a necessidade de recorrer à operações de crédito, contribuindo para a diminuição da dívida pública. Com base no trecho destacado, vemos que a assertiva está certa.
14 – C	Vimos que a LRF estabelece limites com despesas de pessoal. Ok, mas e nos casos em que houver a extrapolação destes limites? A resposta nos é dada pelo art. 23 da LRF: *Art. 23. Se a despesa total com pessoal, do Poder ou órgão referido no art. 20, ultrapassar os limites definidos no mesmo artigo, sem prejuízo das medidas previstas no art. 22, o percentual excedente terá de ser eliminado nos **dois quadrimestres** seguintes, sendo pelo menos **um terço** no primeiro, adotando-se, entre outras, as providências previstas nos §§ 3º e 4º do art. 169 da Constituição.* As providências previstas no art. 169 da CF/88 são as que seguem: • redução em pelo menor 20% das despesas com cargos em comissão e funções de confiança; • exoneração dos servidores não estáveis; • exoneração dos servidores estáveis (apenas se as medidas anteriores não surtirem o efeito desejado). Com relação à questão proposta, com base nos trechos destacados em negrito no art. 23 da LRF, bem como se sabendo que o limite com despesa de pessoal concedido pela mesma Lei ao Estado é de 60% da RCL, vemos que a alternativa C está correta.
15 – B	Vejamos os comentários às alternativas: a) De acordo com o art. 18 da LRF, entendem-se como **despesas de pessoal**: *Art. 18. (...) o somatório dos gastos do ente da Federação com os ativos, os inativos e os pensionistas, relativos a mandatos eletivos, cargos, funções ou empregos, civis, militares e de membros de Poder, com quaisquer espécies remuneratórias, tais como vencimentos e vantagens, fixas e variáveis, subsídios, proventos da aposentadoria, reformas e pensões, inclusive adicionais, gratificações, horas extras e vantagens pessoais de qualquer natureza, bem como encargos sociais e contribuições recolhidas pelo ente às entidades de previdência.* Dado o exposto, a alternativa está correta. b) Vimos que os limites com despesas de pessoal nas esferas estadual e municipal são fixados em 60% da RCL. A alternativa está errada. c) De fato, a LRF não revoga a Lei nº 4.320/64. Conforme Nascimento e Debus (2001), os objetivos das duas legislações são claramente distintos: enquanto a Lei nº 4320/64 estabelece as regras gerais para a elaboração e o controle dos orçamentos e balanços, a LRF estabelece normas de finanças públicas voltadas para a gestão fiscal. A alternativa, portanto, está correta.

QUESTÃO	COMENTÁRIO
15 – B	d) A regulamentação de gastos mínimos com educação e saúde é, na realidade, prevista no próprio texto constitucional. No que diz respeito aos **gastos com educação**, o art. 212 da CF/88 faz a seguinte fixação percentual de investimento, por esfera federativa: *Art. 212. A União aplicará, anualmente, nunca menos de dezoito, e os **Estados**, o **Distrito Federal** e os **Municípios** vinte e cinco por cento, no mínimo, da receita resultante de impostos, compreendida a proveniente de transferências, na manutenção e desenvolvimento do ensino.* São definidos gastos anuais por aluno, de acordo com modalidades e tipos de ensino. No Distrito Federal, por exemplo, a Portaria Interministerial (MEC / MF) nº 1.809/2011 estima o valor anual de R$ 3.401,91, por aluno, relativo à creche integral na Educação Infantil. Já com relação aos **gastos com saúde**, o art. 198 faz menção à necessidade de Lei Complementar definir os percentuais mínimos das despesas, por esfera federativa. Esta lei foi recentemente promulgada – trata-se da Lei Complementar nº 141/2012, que fixa ao Município o percentual de 15% de sua receita de impostos e de transferências constitucionais. Assim, a alternativa está correta. e) o Sistema Financeiro Nacional refere-se ao conjunto de instituições que regulamentam, executam e fiscalizam a política monetária (circulação de moeda e operações de crédito). Dentre essas instituições, podemos citar o Banco Central do Brasil, o Conselho Monetário Nacional e a Comissão de Valores Mobiliários. A LRF restringe a destinação de recursos públicos para socorrer tanto instituições privadas quanto as constantes do Sistema Financeiro Nacional. Em ambos os casos, tal destinação só será autorizada mediante lei específica. No entanto, a fim de prevenir uma situação de risco financeiro destas instituições, poderão ser criados fundos específicos. Eis o conteúdo do art. 28 da LRF: *Art. 28. Salvo mediante **lei específica**, não poderão ser utilizados recursos públicos, inclusive de operações de crédito, para socorrer instituições do Sistema Financeiro Nacional, ainda que mediante a concessão de empréstimos de recuperação ou financiamentos para mudança de controle acionário.* *§ 1º A prevenção de insolvência[11] e outros riscos ficará a cargo de **fundos**, e outros mecanismos, constituídos pelas instituições do Sistema Financeiro Nacional, na forma da lei.* A alternativa está correta.

---

11 Insolvência = situação na qual o devedor não consegue pagar o que deve.

16 Certo	A questão lista de forma acertada os instrumentos orçamentários, estudados neste capítulo.
17 Certo	Podemos dizer que o PPA é um planejamento orçamentário em nível estratégico. A partir de suas macro-orientações, estabelecem-se as metas e prioridades (LDO) e o planejamento operacional (LOA). A questão está correta.
18 Errado	Como vimos, o anexo de metas fiscais integra a LDO, e não a LOA. Com esse entendimento, a questão está errada. De qualquer forma, é pertinente sabermos o conteúdo do anexo de metas fiscais, assim delimitado pela LRF: *Art. 4º, § 2º O Anexo [de Metas Fiscais] conterá, ainda:* *I – avaliação do cumprimento das metas relativas ao ano anterior;* *II – demonstrativo das metas anuais, instruído com memória e metodologia de cálculo que justifiquem os resultados pretendidos, comparando-as com as fixadas nos três exercícios anteriores, e evidenciando a consistência delas com as premissas e os objetivos da política econômica nacional;* *III – evolução do patrimônio líquido, também nos últimos três exercícios, destacando a origem e a aplicação dos recursos obtidos com a alienação de ativos;* *IV – avaliação da situação financeira e atuarial:* *a) dos regimes geral de previdência social e próprio dos servidores públicos e do Fundo de Amparo ao Trabalhador;* *b) dos demais fundos públicos e programas estatais de natureza atuarial;* *V – demonstrativo da estimativa e compensação da renúncia de receita e da margem de expansão das despesas obrigatórias de caráter continuado.*

CAPÍTULO 11
Governabilidade, Governança e *Accountability*

Neste Capítulo, estudaremos os conceitos e as principais características de governabilidade, governança e *accountability*, bastante em voga no cenário contemporâneo nacional, seja em decorrência da discussão acerca da capacidade gerencial do Estado, ou devido à busca da sociedade por maior transparência e fiscalização da gestão pública.

Nas próximas páginas, o conceito de Governança Corporativa – com contornos distintos da Governança do Estado – será da mesma forma apresentado. Trata-se de sistema de gestão inerente à esfera privada, que garante o alinhamento da atuação empresarial com o interesse da corporação.

Apesar de os citados conceitos apresentarem origens remotas[1], é somente a partir do final do século passado que a discussão em torno desses temas passa a ganhar força na agenda acadêmica e política. Iniciaremos pela governabilidade, na próxima seção.

1. Governabilidade

O primeiro atributo que um Estado deve ter para governar é uma **capacidade política** (= relacionada a poder) para exercer esse governo. Os súditos do Estado só irão conferir a ele tal capacidade se o virem como **legítimo**, ou seja, se for reconhecido por todos os cidadãos e demais entidades sociais como dotado de competência para definir os objetivos e as diretrizes gerais que irão reger a coletividade.

Em outras palavras, um governo possui governabilidade quando se apresenta com uma base social que lhe confira a capacidade política de exercer suas atribuições.

---

[1] Os conceitos de governabilidade e de governança existem, de forma embrionária, desde o surgimento dos Estados modernos, no final do século XIX. Já o conceito de *accountability*, muito associado ao de controle externo, possui origem ainda mais distante: remonta aos séculos XVII e XVIII, especialmente estruturado por pensadores como Locke e Montesquieu.

A fim de sedimentar este conceito, vejamos três definições citadas de forma recorrente na literatura da área:

"[...] governabilidade é uma capacidade política de governar derivada da relação de legitimidade do Estado e do seu governo com a sociedade" (BRESSER-PEREIRA; SPINK, 1998, p. 33).

Governabilidade é o somatório das condições sistêmicas nas quais se edifica um projeto de Estado e de sociedade (adaptado de Eli Diniz)

"Em uma definição genérica, podemos dizer que a governabilidade refere-se às próprias condições substantivas / materiais[2] de exercício do poder e de legitimidade do Estado e do seu governo derivadas diante da sociedade civil e do mercado." (ARAÚJO, 2002, p. 6).

Logicamente, um governo que não agir visando ao bem da sociedade perderá, com o tempo, a sua legitimidade. Desta forma, vemos que a governabilidade é um atributo dinâmico, podendo variar no tempo, sendo que sua manutenção depende da capacidade do Governo em adotar políticas públicas que agreguem os múltiplos interesses dispersos na sociedade e os façam convergir numa direção comum.

O esquema a seguir sintetiza o mecanismo da governabilidade:

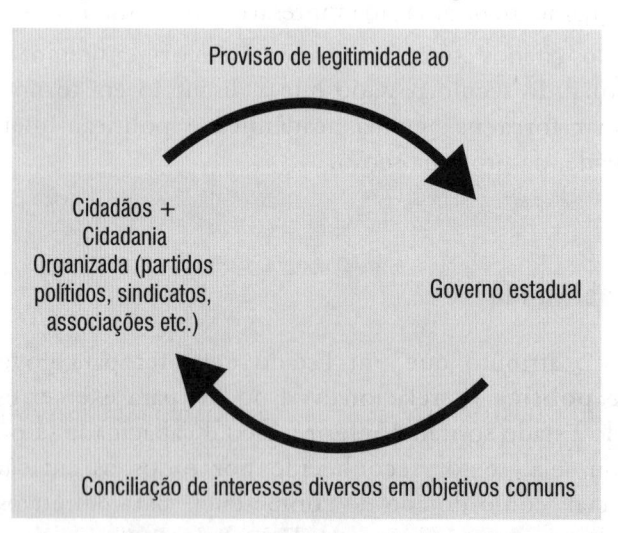

Paludo (2012) identifica duas **estratégias** de os governos **aumentarem a sua legitimidade**, ganhando, assim, governabilidade: o **clientelismo** e o **corporativismo**. Trata-se de modos de articulação em alianças políticas e em pactos sociais, cujas características são sintetizadas no quadro abaixo:

---

2 Condições substantivas ou materiais da ação estatal dizem respeito ao conteúdo dessa ação. Já as condições adjetivas ou instrumentais referem-se à forma como a ação é realizada.

ESTRATÉGIAS PARA INCREMENTO DA LEGITIMIDADE DO ESTADO	
ESTRATÉGIA	DISCRIMINAÇÃO
Clientelismo	Refere-se à troca de benefícios entre a classe política do Estado e setores da sociedade: enquanto a primeira oferece empregos, benefícios fiscais etc., a última retribui com apoio político, usualmente na forma de votos. Apresenta raízes profundas nas práticas sociais brasileiras, sendo o *modus operandi* típico do Estado Patrimonialista, com vestígios que perduram até os dias de hoje.
Corporativismo	Refere-se à uma prática de organização social que se baseia na atuação de entidades representativas de grupos inseridos na sociedade. Estamos falando de sindicatos e associações que passam a deter o monopólio de representação de sua categoria, junto ao Estado. Um apoio de um sindicato ao Governo, por exemplo, significa o apoio de toda uma categoria de trabalhadores, implicando o incremento de legitimidade estatal. O corporativismo pode se dar de duas formas: • **Corporativismo estatal** → o Estado cria as entidades representativas, muitas vezes escolhendo os interlocutores. Era o modelo típico da Era Vargas. • **Neocorporativismo** → o Estado concede o reconhecimento institucional a entidades privadas (não criadas pelo Estado), passando a conferir-lhes o monopólio de representação das categorias a que se referem.

Q1. **(CESPE / INSS / 2008)** Um aspecto importante para dar seguimento à reforma do Estado é a existência de governabilidade, conceito que descreve as condições sistêmicas de exercício do poder em um sistema político. Desse modo, é correto afirmar que uma nação é governável quando oferece aos seus representantes as circunstâncias necessárias para o tranquilo desempenho de suas funções.

Governabilidade é a base social e política que confere aos representantes do povo (em um sistema democrático) a efetiva capacidade de governar. Sem governabilidade, a capacidade de implementação de políticas públicas estaria seriamente comprometida.

O enunciado apresenta com propriedade este conceito – apesar de, sendo a governabilidade um atributo dinâmico, raras são as ocasiões em que se observa um "tranquilo desempenho" no desempenho das funções do governo.

De toda sorte, a afirmativa está correta.

Q2. **(CESPE / TCU / 2008)** O clientelismo e o corporativismo são padrões institucionalizados de relações que estruturam os laços entre sociedade e Estado no Brasil. O clientelismo, que faz parte da tradição política secular brasileira, está associado ao patrimonialismo e ao fisiologismo[3]. O corporativismo emergiu nos anos 30, sob o governo de Getúlio Vargas. Essas características passaram, então, a inter-relacionar-se, e constituem instrumentos de legitimação política.

O enunciado apresenta de modo adequado as estratégias para o incremento da legitimidade do Estado (e de sua atuação política), conforme registrado no quadro anterior.

Dessa forma, a questão está correta.

---

3 Fisiologismo = Atitude ou prática (de políticos, funcionários públicos, etc.) caracterizada pela busca de ganhos ou vantagens pessoais, em lugar de ter em vista o interesse público. (dicionário Aurélio).

Q3. (CESPE / TCE – AC / 2009) O neocorporativismo significa a integração da classe trabalhadora organizada ao Estado capitalista, buscando incrementar o crescimento econômico e, ainda, assegurar a harmonia em face do conflito de classe, combinado a um sistema de bem-estar social. Diferentemente do corporativismo estatal, associações não possuem autonomia, não são capazes de penetrar no Estado.

Preliminarmente, vejamos a definição de neocorporativismo, segundo Schmitter (1989, p. 94):

> [Neocorporativismo é] um sistema de representação de interesses no qual as unidades constituídas são organizadas em torno de um número limitado de categorias singulares, compulsórias e não competitivas, organizadas hierarquicamente, reconhecidas e licenciadas pelo Estado, representando o monopólio dentro de suas categorias em troca da observação de certos controles ou na seleção dos líderes e articulação com as demandas". [...] o neocorporativismo representa um arranjo institucional ligando interesses organizados associativamente com as estruturas decisionais do Estado."

No que concerne à questão proposta, identifica-se o equívoco em termos da suposta inexistência de autonomia e de afastamento do Estado nas entidades neocorporativas. Ao contrário: o neocorporativismo comporta associações autônomas (até mesmo porque não são nem criadas pelo Estado), bem como tais associações detêm, por vezes, um significativo poder político, com capacidade de influência no Estado. Inclusive, as câmaras setoriais, instituídas em 1991, sob o governo Collor, representaram um caminho institucionalizado para fins de negociação e definição de políticas – muitas vezes na área industrial – conferindo maior legitimidade à atuação do Estado.

Deste modo, a questão está errada.

2. A Governança

Nesta seção, serão estudados os conceitos de Governança Pública e Corporativa.

2.1. Governança pública

Ao passo que a governabilidade se relaciona à capacidade política de se governar, a **governança pública** é alusiva à **capacidade de decisão e de efetiva implementação das políticas públicas**. Abrange, pois, os atributos estruturais, gerenciais, financeiros e técnicos do Estado, bem como a capacidade de relação do setor público e privado para fins de implementação das políticas públicas.

Analogamente à nossa abordagem sobre a governabilidade, sedimentaremos a noção acerca do conceito de governança mediante a apresentação de definições citadas de forma recorrente na literatura da área:

*"[...] **governança** é a capacidade financeira e administrativa, em sentido amplo, de um governo implementar políticas."* (BRESSER-PEREIRA; SPINK, 1998, p. 33)

*"[...][**governança**] é um modelo horizontal de relação entre atores públicos e privados no processo de elaboração de políticas públicas"* (SECCHI, 2009, p. 358)

*"[...] **governança** pode ser entendida como [...] os aspectos adjetivos / instrumentais da governabilidade. Em geral, entende-se a **governança** como a **capacidade que um determinado governo tem para formular e implementar suas políticas**. Esta capacidade pode ser decomposta analiticamente em financeira, gerencial e técnica, todas importantes para a consecução das metas coletivas que compõem o programa de um determinado governo, legitimado pelas urnas."* (ARAÚJO, 2002, p. 6)

Desta forma, vemos que a **governança** possui um caráter voltado ao lado operacional do Governo, ou seja, relaciona-se ao seu modo de atuação frente às demandas sociais.

Há uma **estreita relação entre governabilidade e governança**. Trata-se de conceitos de certa forma complementares, que são distinguidos apenas para fins didáticos, e que agem com mútua sinergia.[4]

O fato é que a governança carece de um Estado legítimo, com ampla capacidade política, para ser eficiente e eficaz. É a governabilidade, assim, que provê a base política necessária à governança, sendo que esta, se bem exercida, fortalece a legitimidade do Governo e aumenta sua legitimidade. Esta relação mútua é ilustrada no esquema abaixo:

Nessa visão, conforme salienta Bresser-Pereira (1998), **sem governabilidade plena é impossível obter uma governança satisfatória**. No entanto, apenas a governabilidade não garante que a

---
4 Sinergia = ação coordenada de fatores que contribuem para a consecução de determinado fim.

governança seja eficaz. Para aquele autor, a **governança pode ser muito deficiente mesmo em situações satisfatórias de governabilidade, como é o caso do Brasil.**

O quadro abaixo sintetiza os aspectos principais que distinguem os conceitos de governabilidade e governança:

	GOVERNABILIDADE	GOVERNANÇA
Definição	Condições substantivas / materiais de exercício do poder e de legitimidade do Estado e do seu governo derivadas da relação com a sociedade civil e com o mercado.	Aspectos adjetivos / instrumentais da governabilidade.
Fonte	Cidadãos + Cidadania organizada (partidos políticos, associações, entidades de classe, empresariado etc.).	Capacidade estrutural, financeira, gerencial e técnica do Estado. As capacidades gerenciais e técnicas são providas pelos próprios agentes públicos.

IMPORTANTE!
A ESAF, com base em texto de autoria de Alcindo Gonçalves, considera que a **governança possui caráter mais amplo do que a governabilidade.** Tal afirmativa é justificada apenas ante o fato de a governança extrapolar aspectos gerenciais da esfera pública, englobando recursos financeiros, capacidades técnicas e estruturais.

Q4. (CESPE / EBC / 2011) Governança e governabilidade são conceitos distintos, contudo fortemente relacionados, até mesmo, complementares. O primeiro refere-se às condições substantivas de exercício do poder e de legitimidade do Estado; o segundo representa os aspectos instrumentais do exercício do poder, ou seja, a capacidade do Estado de formular e implementar políticas públicas.

O enunciado apresenta, equivocadamente, conceitos trocados. Sabe-se que:
- Governabilidade: condições substantivas de exercício do poder e de legitimidade do Estado;
- Governança: aspectos instrumentais do exercício do poder, ou seja, a capacidade do Estado de formular e implementar políticas públicas.

Assim, a afirmativa está errada.

Há de se frisar que o entendimento atual do conceito de **governança** implica, necessariamente, considerar **o trabalho conjunto entre o Estado e sociedade civil na definição e posterior execução das**

políticas públicas. Neste bojo, governança atrela-se à dinâmica de redes organizacionais inerentes ao próprio setor público e / ou estabelecidas entre os setores público e privado, à análise de *stakeholders* e ao diálogo com organizações privadas e sem fins lucrativos. Isso permite apresentarmos, ainda, uma definição adicional de governança:

> *[governança é]* uma nova geração de reformas administrativas e de Estado, que têm como objeto a ação conjunta, levada a efeito de forma eficaz, transparente e compartilhada, pelo Estado, pelas empresas e pela sociedade civil, visando uma solução inovadora dos problemas sociais e criando possibilidades e chances de um desenvolvimento futuro sustentável para todos os participantes. (LÖFFLER, 2001, p. 212)

Neste contexto, vejamos a questão a seguir.

Q5. (ESAF / CGU / 2012) O surgimento de um conceito como o de governança supõe uma mudança na forma de atuar do poder público.

Assinale abaixo com que tipo de ações esta mudança está relacionada.

a) Ações que garantam, por parte do poder público, com amplo respaldo popular.

b) A definição de políticas públicas universais.

c) Modificar as relações entre o Estado e a Sociedade Civil para dividir as responsabilidades na execução das políticas públicas.

d) Ações que permitam governar de forma cooperativa, com instituições públicas e não públicas, participando e cooperando na definição e execução das políticas públicas.

e) Ações que garantam o controle dos processos políticos, por parte do poder público, com medidas periódicas de prestação de contas aos cidadãos.

Passemos à análise das alternativas:

a) Ações públicas que garantam amplo respaldo popular, a despeito de favorecerem o incremento da governabilidade, podem não estar inseridas no cerne da governança. Ações demagógicas, de grande apelo popular (distribuir ingressos gratuitos para a Copa do Mundo de Futebol, por exemplo), podem não estar relacionadas à efetiva implementação de políticas públicas (governança). A alternativa está errada.

b) Não só políticas públicas universais têm relação com a governança. Uma eventual política pública voltada a um segmento da sociedade (por exemplo, uma política pública assistencialista) pode vir ao encontro de uma governança efetiva. A alternativa está errada.

c) A modificação das relações entre o Estado e a Sociedade Civil, no conceito contemporâneo de governança, visam não só à divisão das responsabilidades na execução das políticas públicas, mas também na sua elaboração. A alternativa está errada (incompleta).

d) Agora sim a alternativa espelha o entendimento completo. Almeja-se, no novo enfoque à governança, promover um debate democrático acerca da definição das políticas públicas, visando à cooperação entre o Estado, a Sociedade Civil e a iniciativa provada na elaboração e na execução das políticas públicas. A alternativa está correta.

e) A efetiva governança não pode prescindir da participação popular no controle dos processos políticos. Ademais, a prestação regular de contas aos cidadãos relaciona-se ao conceito de *accountability*, que veremos na próxima seção. A alternativa está errada.

Resposta: D.

Q6. (CESPE / TCU / 2011) Governança trata do aperfeiçoamento dos conflitos de interesses presentes em determinada sociedade quando se trata de defender interesses.

A conciliação de interesses sociais pelo Governo visa ao incremento de sua legitimidade. O Governo, nesse sentido, esforça-se na articulação política e em pactos sociais, fazendo uso de estratégias tais como o clientelismo e o (neo)corporativismo. Somente quando os conflitos de interesses são bem equalizados na arena sociopolítica, é que o Governo passa a contar com a governabilidade (e não com a governança) necessária para a implementação satisfatória de suas políticas públicas.

A questão está errada.

2.2. Governança Corporativa e Auditoria Interna

2.2.1. O conceito de governança corporativa

Segundo o Instituto Brasileiro de Governança Corporativa (IBGC)[5], "*na primeira metade dos anos 90, em um movimento iniciado principalmente nos Estados Unidos, acionistas despertaram para a necessidade de novas regras que os protegessem dos abusos da diretoria executiva das empresas, da inércia de conselhos de administração inoperantes e das omissões das auditorias externas*".

Nesse contexto, eis que surge a **Governança Corporativa**, com o intuito de superar o **conflito de agência**, originário da separação entre a propriedade e a gestão empresarial.

Ainda de acordo com o IBGC:

> *Nesta situação [de conflito de agência], o proprietário (acionista) delega a um agente especializado (executivo) o poder de decisão sobre sua propriedade. No entanto, os interesses do gestor nem sempre estarão alinhados com os do proprietário, resultando em um conflito de agência ou conflito agente-principal.*

---

5 Disponível em: <http://www.ibgc.org.br/Secao.aspx?CodSecao=18>.

A boa governança proporciona aos proprietários (acionistas) a monitoração da direção executiva da organização, em prol da consecução dos objetivos estratégicos.

Trabalharemos, a partir da seguinte questão, o conceito de Governança Corporativa.

Q7. (ESAF / CGU / 2012) Segundo o Instituto Brasileiro de Governança Corporativa – IBGC, governança corporativa é o sistema pelo qual as organizações são dirigidas, monitoradas e incentivadas, envolvendo os relacionamentos entre proprietários, Conselho de Administração, Diretoria e órgãos de controle. Nesse contexto, também aponta o IBGC os seguintes princípios básicos de governança corporativa, todos passíveis de aproveitamento no âmbito do setor público, exceto:

a) equidade;
b) responsabilidade corporativa;
c) legalidade e legitimidade;
d) transparência;
e) prestação de contas.

O Instituto Brasileiro de Governança Corporativa (IBGC) é uma organização sem fins lucrativos, fundada em 1995[6] com o objetivo de colaborar com a qualidade da alta gestão das organizações brasileiras.

IBGC | Instituto Brasileiro de Governança Corporativa

Atualmente, o IBGC é reconhecido nacional e internacionalmente como referência na difusão das melhores práticas de governança na América Latina.

Neste ponto, é fundamental a apresentação do conceito de **Governança Corporativa**, de acordo com o citado instituto:

> **Governança Corporativa** *é o sistema pelo qual as organizações são dirigidas, monitoradas e incentivadas, envolvendo as práticas e os relacionamentos entre proprietários, conselho de administração [conselho fiscal], [conselho de família] diretoria e órgãos de controle. As boas práticas de Governança Corporativa convertem princípios em recomendações objetivas, alinhando interesses com a finalidade de preservar e otimizar o valor da organização, facilitando seu acesso ao capital e contribuindo para a sua longevidade.*

Outro conceito é assim apresentado:

> **Governança Corporativa** *é o conjunto de processos, costumes, políticas, leis, regulamentos e instituições que regulam a maneira como uma empresa é dirigida, administrada ou controlada.*

---

6 Originalmente, o referido instituto denominou-se Instituto Brasileiro de Conselheiros de Administração (IBCA), tendo seu nome alterado para Instituto Brasileiro de Governança Corporativa em 1999.

A preocupação da **governança corporativa**, segundo o IBGC, *"é criar um conjunto eficiente de mecanismos, tanto de **incentivos** quanto de **monitoramento**, a fim de assegurar que o comportamento dos administradores esteja sempre alinhado com o melhor interesse da empresa"*.

Nossos estudos serão norteados, em grande medida, pelo Código das Melhores Práticas de Governança Corporativa[7], publicação do próprio IBGC.

2.2.2. Os princípios básicos da governança corporativa

De acordo com o Código das Melhores Práticas de Governança Corporativa (IBGC, 2015), há 4 (quatro) princípios básicos de Governança Corporativa[8]:

PRINCÍPIOS BÁSICOS DE GOVERNANÇA CORPORATIVA	
PRINCÍPIO	**DEFINIÇÃO**
Transparência	Mais do que a obrigação de informar é o desejo de disponibilizar para as partes interessadas as informações que sejam de seu interesse e não apenas aquelas impostas por disposições de leis ou regulamentos. A adequada transparência resulta em um clima de confiança, tanto internamente quanto nas relações da empresa com terceiros. Não deve restringir-se ao desempenho econômico-financeiro, contemplando também os demais fatores (inclusive intangíveis) que norteiam a ação gerencial e que conduzem à criação de valor.
Equidade	Caracteriza-se pelo tratamento justo de todos os sócios e demais partes interessadas (*stakeholders*). Atitudes ou políticas discriminatórias, sob qualquer pretexto, são totalmente inaceitáveis.
Prestação de contas (*accountability*)	Os agentes de governança (sócios, administradores, conselheiros fiscais e auditores) devem prestar contas de sua atuação, assumindo integralmente as consequências de seus atos e omissões.
Responsabilidade corporativa	Os agentes de governança devem zelar pela sustentabilidade das organizações, visando à sua longevidade, incorporando considerações de ordem social e ambiental na definição dos negócios e operações.

Todos os princípios listados são passíveis de transposição para a realidade das organizações públicas. Ainda, retomando a questão proposta, vemos que os princípios da legitimidade e da legalidade não são contemplados como princípios básicos de Governança Corporativa.

Resposta: C.

---

7 Disponível em: <http://www.ibgc.org.br/Download.aspx?Ref=Codigos&CodCodigo=47>.
8 Quadro elaborado com base no Código de Melhores Práticas de Governança Corporativa.

Q8. (ESAF / SUSEP / 2010) Entre as principais características da boa governança, indique a opção que não faz parte deste contexto.
a) Participação e transparência.
b) Estado de direito e responsabilidade.
c) Orientação por consenso e prestação de contas (accountability).
d) Efetividade e eficiência.
e) Garantir de forma complementar as operações da seguradora.

De acordo com Calame e Talmant (2001), as principais características da boa governança corporativa são:
- participação: refere-se à liberdade de associação e de expressão, bem como à organização da sociedade civil na relação com as organizações;
- Estado de direito: garante a base legal aplicada a todos os atores sociais (inclusive organizações) inseridos em determinado Estado. Estipula as "regras do jogo";
- transparência: obrigação e próprio desejo da Administração em informar as ações organizacionais, gerando, em contrapartida, confiança nas relações empresariais, sejam elas internas ou com terceiros;
- responsabilidade: os processos devem ser desenhados para responder a demanda dos clientes (*shareholders*);
- orientação por consenso: deve-se buscar um consenso sobre qual o melhor caminho a ser seguido, o que torna complexo o processo decisório;
- igualdade e inclusividade: a boa governança deve considerar as demandas de todos os grupos afetados por suas ações (*stakeholders*);
- efetividade e eficiência: a boa governança deve promover o melhor uso dos recursos à disposição da organização (relação custo X benefício), ao mesmo tempo em que gera resultados que impactam positivamente seus cenários;
- prestação de contas (*accountability*): as instituições devem ser fiscalizadas por todas as partes afetadas por suas atividades.

Na questão, apenas a alternativa "e" não se insere como característica de boa governança.
Resposta: E.

2.2.3. Elementos do sistema de governança corporativa

Q9. (ESAF / MF / 2013) "A governança corporativa é um conjunto de princípios, propósitos, processos e práticas que rege o sistema de poder e os mecanismos de gestão das empresas" (Rossetti e Andrade, 2012) e abrange:
I. propósitos dos proprietários;

II. sistema de controle e de fiscalização das ações dos gestores;

III. maximização do retorno total dos proprietários – conselho – direção.

Assinale a opção correta.
a) Apenas I está correta.
b) Apenas I e III estão corretas.
c) Apenas II e III estão corretas.
d) Nenhuma está correta.
e) Todas estão corretas.

O Código das Melhores Práticas de Governança Corporativa (IBGC, 2015) apresenta o seguinte esquema alusivo ao sistema de governança corporativo:

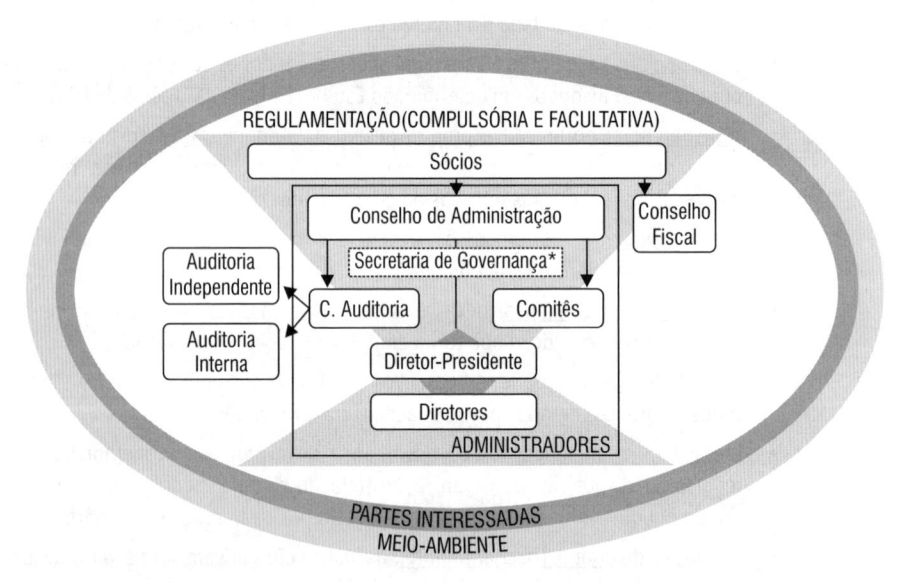

[Diagrama: REGULAMENTAÇÃO (COMPULSÓRIA E FACULTATIVA) — Sócios; Conselho de Administração; Conselho Fiscal; Auditoria Independente; Secretaria de Governança*; C. Auditoria; Comitês; Auditoria Interna; Diretor-Presidente; Diretores; ADMINISTRADORES; PARTES INTERESSADAS; MEIO-AMBIENTE]

Com base nesse esquema, podemos traçar as seguintes análises:
- no sistema de governança corporativa, estão contemplados os propósitos e as inter-relações tanto dos proprietários (ou sócios) e dos administradores (neles incluídos tanto o Conselho de Administração quanto a diretoria executiva). Lembre-se que tais partes são as responsáveis pelo conflito de agência, sobre o qual discorremos anteriormente (a assertiva I está correta);
- ao se propor a solucionar o conflito de agência, o sistema de governança corporativa lida com a tentativa de maximização de retorno dos principais atores envolvidos: proprietários, conselho de administração e direção (a assertiva III está correta);
- além dos proprietários e dos administradores, o sistema de governança contempla os elementos responsáveis pela monitoração (a assertiva II está correta).

Resposta: E.

Ainda de acordo com o citado Código, podemos definir da seguinte forma os principais elementos do sistema de governança corporativa:

ELEMENTOS DO SISTEMA DE GOVERNANÇA CORPORATIVA[9]	
ELEMENTO	DEFINIÇÃO
Proprietários (sócios)	Cada sócio é um proprietário da organização, na proporção de sua participação no capital social. O direito de voto deve ser assegurado a todos os sócios. Assim, cada ação ou quota deve assegurar o direito a um voto. Este princípio deve valer para todos os tipos de organização. A vinculação proporcional entre direito de voto e participação no capital favorece o alinhamento de interesses entre todos os sócios.
Conselho de Administração	O **Conselho de Administração**, órgão colegiado encarregado do processo de decisão de uma organização em relação ao seu direcionamento estratégico, **é o principal componente do sistema de governança**. Seu papel é ser o elo entre a propriedade e a gestão para orientar e supervisionar a relação desta última com as demais partes interessadas. O Conselho recebe poderes dos sócios e presta contas a eles.
Diretor-presidente	O diretor-presidente é responsável pela gestão da organização e coordenação da Diretoria. Ele atua como elo entre a Diretoria e o Conselho de Administração. É o responsável ainda pela execução das diretrizes fixadas pelo Conselho de Administração e deve prestar contas a este órgão. Seu dever de lealdade é para com a organização.
Diretores	Cada um dos diretores é pessoalmente responsável por suas atribuições na gestão. Deve prestar contas ao diretor-presidente e, sempre que solicitado, ao Conselho de Administração, aos sócios e demais envolvidos, com a anuência do diretor-presidente. Obs.: O diretor-presidente, em conjunto com os outros diretores e demais áreas da companhia, é responsável pela elaboração e implementação de todos os processos operacionais e financeiros, após aprovação do Conselho de Administração. O conceito de segregação de funções deve permear todos os processos.
Auditoria Independente	Toda organização deve ter suas demonstrações financeiras auditadas por auditor externo independente. Sua atribuição básica é verificar se as demonstrações financeiras refletem adequadamente a realidade da sociedade.

---

9 Tabela elaborada com base no Código das Melhores Práticas de Governança Corporativa (IBGC, 2015).

ELEMENTOS DO SISTEMA DE GOVERNANÇA CORPORATIVA	
ELEMENTO	DEFINIÇÃO
Conselho Fiscal	O Conselho Fiscal é parte integrante do sistema de governança das organizações brasileiras. Conforme o estatuto, pode ser permanente ou não. Sua instalação, no segundo caso, dar-se-á por meio do pedido de algum sócio ou grupo de sócios. Seus principais objetivos são: • fiscalizar, por qualquer de seus membros, os atos dos administradores e verificar o cumprimento dos seus deveres legais e estatutários; • opinar sobre o relatório anual da Administração [...]; • opinar sobre as propostas dos órgãos da Administração, a serem submetidas à Assembleia Geral, relativas a modificação do capital social, emissão de debêntures ou bônus de subscrição, planos de investimento ou orçamentos de capital, distribuição de dividendos, transformação, incorporação, fusão ou cisão; • denunciar, por qualquer de seus membros, aos órgãos de Administração e, se estes não tomarem as providências necessárias para a proteção dos interesses da companhia, à Assembleia Geral, os erros, fraudes ou crimes que descobrir, além de sugerir providências úteis à companhia; • analisar, ao menos trimestralmente, o balancete e demais demonstrações financeiras elaboradas periodicamente pela companhia; • examinar as demonstrações financeiras do exercício social e sobre elas opinar.
Conselho de Família	Organizações familiares devem considerar a implementação de um Conselho de Família, grupo formado para discussão de assuntos familiares e alinhamento das expectativas dos seus componentes em relação à organização.

Para fins de concurso, o foco precípuo recai sobre a **auditoria interna**, cujo fundamento e práticas correlatas são assim sintetizadas pelo IBGC (2015):

Fundamento

Tem a responsabilidade de monitorar, avaliar e realizar recomendações visando a aperfeiçoar os controles internos e as normas e procedimentos estabelecidos pelos administradores. As organizações devem possuir uma função de auditoria interna, própria ou terceirizada. A diretoria e, particularmente, o diretor-presidente também são diretamente beneficiados pela melhoria do ambiente de controles decorrente de uma atuação ativa da auditoria interna.

Práticas

a) O trabalho da auditoria interna deve estar alinhado com a estratégia da organização e baseado na matriz de riscos.

b) Cabe á auditoria interna atuar proativamente no monitoramento da conformidade dos agentes de governaça às normas aplicáveis e na recomendação do aperfeiçoamento de controles, regras e procedimentos, em consonância com as melhores práticas de mercado. Deve reportar-se ao conselho de administração, com apoio do comitê de auditoria, se existente (vide 4.1).

c) Em caso de terceirização dessa atividade, os serviços de auditoria interna não devem ser exercidas pela mesma empresa que presta serviços de auditoria independente. Porém, os auditores internos podem colaborar, na extensão necessária, com os auditores externos, especialmente na identificação e realização de propostas de melhorias nos controles internos da organização.

Ainda sobre a auditoria interna, registram-se as seguintes <u>características principais:</u>

- é realizada continuamente, visando a aprimorar a gestão, de forma geral;
- volta-se não só a aspectos contábeis, mas a atos de gestão como um todo. No caso de demonstrações contábeis, quem opina sobre elas é a auditoria externa;
- não emite pareceres, mas sim recomendações à(s) unidade(s) auditada(s);
- pode ser terceirizada, não podendo ser realizado pela mesma empresa que realiza a auditoria independente;
- serve de apoio ao aprimoramento da gestão, afastando-se do papel de identificação e de perseguição a culpados;
- é independente.

2.2.4. A Lei *Sarbanes-Oxley*

Segundo Pereira (2007), ao término de 2001, grandes corporações como a Enron Corporation e Arthur Andersen surpreenderam (negativamente) a sociedade, com a notícia de que seus lucros vultosos dos últimos anos eram fruto de fraudes contabilistas e fiscais[10].

Tendo esta ocorrência por pano de fundo, decorrente de projeto dos senadores estadunidenses Michael Oxley e Paul Sarbanes, em 2002 o congresso norte-americano

---
10 A Enron Corporation era uma companhia do ramo de energia, situada no Texas/EUA, com operações em escala que a colocava entre as líderes no mundo do ramo. Com faturamento anual em torno de R$ 100 bilhões, em 2001 vieram à tona diversas denúncias de fraudes contabilistas e fiscais. A empresa pediu concordata no mesmo ano, arrastando consigo a encarregada de sua auditoria, dando início ao calvário da Arthur Andersen.

promulgou a **Lei Sarbanes-Oxley**[11] (usualmente referida simplesmente por **SOX** ou, ainda, **Sarbox**). Trata-se de norma que obriga todas as empresas de capital aberto (com ações negociadas na Bolsa dos Estados Unidos) a seguirem rigorosamente certas determinações.

Para Pereira (2007, p. 9), "a Lei Sarbanes-Oxley nada mais é do que um conjunto de normas éticas, sendo traduzidas numa rígida política de Governança Corporativa, com a intenção de evitar novas fraudes contábeis no mundo corporativo". Ainda, a SOX, ao robustecer a Governança Corporativa dos Estados Unidos, **passa a prover a confiança necessária ao ingresso de investimentos** de empresas não só estadunidenses, mas também estrangeiras naquele país.

Os principais pontos da Lei Sarbanes-Oxley podem ser assim sumarizados:
- obrigação de as empresas reestruturarem seus processos, de modo a incrementar os controles, a segurança e a transparência na condução dos negócios, na administração financeira e nas escriturações contábeis;
- previsão de criação, nas empresas, de mecanismos de auditoria confiáveis, com regras para a institucionalização de comitês de supervisão de atividades e operações (usualmente com membros independentes);
- responsabilização dos diretores executivos e financeiros pelo estabelecimento e monitoramento da eficácia dos controles internos;
- maior regulamentação das modalidades de contratação de auditorias legais;
- gestão de conflitos de interesses.

Retomando a questão proposta, após a apresentação da SOX, podemos inferir que está correta.

2.2.5. Governança corporativa e gestão de riscos

Etimologicamente, o termo "risco" é oriundo da expressão latina *risicu* ou *riscu*, com o significado de <u>ousar</u> (IBGC, 2007). Envolve efeitos positivos ou negativos que suscitam desvios em termos de uma dimensão de desempenho almejada.

O quadro abaixo traz objetivo cotejamento entre os conceitos de risco, incerteza e ignorância.

---

11 Sarbanes-Oxley Act, no original.

Distinções conceituais básicas entre risco, incerteza e ignorância.

RISCO	INCERTEZA	IGNORÂNCIA
Evento futuro identificado, ao qual é possível associar uma probabilidade de ocorrência.	Evento futuro identificado, ao qual **não** é possível associar uma probabilidade de ocorrência.	Evento futuro que, no momento da análise, não pode sequer ser identificado, muito menos quantificado.

Fonte: elaborado pelo autor, com base em Faber, Manstetten e Proops (1996).

Ainda no que concerne à aposição do substrato básico conceitual de risco, pertinente é a transcrição da definição insculpida na norma internacional ISO 31000, de tradução para o português pela Associação Brasileira de Normas Técnicas (ABNT). Nesse documento, a explanação é acompanhada de cinco notas explicativas, ora transcritas:

Risco

Efeito da incerteza nos objetivos

NOTA 1 Um efeito é um desvio em relação ao esperado – positivo e/ou negativo.

NOTA 2 Os objetivos podem ter diferentes aspectos (tais como metas financeiras, de saúde e segurança e ambientais) e podem aplicar-se em diferentes níveis (tais como estratégico, em toda a organização, de projeto, de produto e de processo).

NOTA 3 O risco é muitas vezes caracterizado pela referência aos eventos potenciais e às consequências, ou uma combinação destes.

NOTA 4 O risco é muitas vezes expresso em termos de uma combinação de consequências de um evento (incluindo mudanças nas circunstâncias) e a probabilidade de ocorrência associada.

NOTA 5 A incerteza é o estado, mesmo que parcial, da deficiência das informações relacionadas a um evento, sua compreensão, seu conhecimento, sua consequência ou sua probabilidade (ABNT, 2009, p. 1).

A distinção entre risco e problema (*issue*), por sua vez, é tocada pelo Guia PMBOK (PMI, 2013), voltado ao gerenciamento de projetos. Ao passo que o **risco** se refere a uma condição incerta que, "se ocorrer, provocará um efeito positivo ou negativo em um ou mais objetivos" (PMI, 2013, p. 310), o **problema** alude a uma situação real e concreta que se faz presente na execução do projeto, restando, pois, descaracterizada a incerteza.

Malgrado tais fronteiras conceituais, a distinção entre problema e risco é pertinente quando falamos de projetos, ou de empreitadas específicas. No entanto, ao abordarmos a gestão de processos em sentido lato, a diferença deve ser vista de maneira parcimoniosa. Ilustra-se: o preenchimento insatisfatório de termos de referência, caso seja recorrente em uma organização, constitui-se problema histórico relativo ao processo de aquisições públicas. Ao mesmo tempo, há riscos (probabilidades e impactos) de que tal falha venha a ocorrer em processos vindouros. Dessarte, deve ser contemplado quando da abordagem de gestão de riscos.

Risco, desse modo, "envolve a quantificação e a qualificação da incerteza" (probabilidades), e das consequências "tanto no que diz respeito às perdas quanto aos ganhos" (impactos) (IBGC, 2017, p. 11). Historicamente, sua abordagem corporativa denota relação intrínseca com aspectos financeiros, de sorte que "a relação risco-retorno indica que, quanto maior o nível de risco aceito, maior o retorno esperado dos investimentos" (IBGC, 2017, p. 15). Cabe a menção de que um risco pode ter impactos <u>negativos</u> ou <u>positivos</u> no objetivo proposto.

No que concerne à gestão de riscos, mostra-se pertinente, ainda, a conceituação de **apetite ao risco**, referindo-se ao nível de risco que a organização está disposta a aceitar na busca e na realização de sua missão.

2.2.5.1. Modelo de implementação da gestão de riscos

Não há um modelo único de implementação da gestão de riscos em organizações. De modo geral, as empresas e os órgãos públicos têm adotado modelos similares aos apresentados pelos materiais de referência na temática, em especial a ISO 31.000 e o ERM COSO.

Nesse âmbito, o sistema de gestão de riscos corresponde a um processo composto por quatro etapas, assim ilustrado:

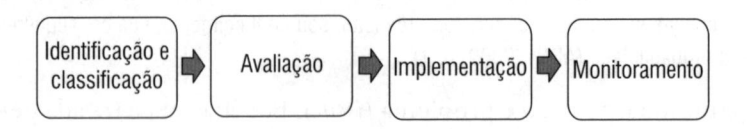

Identificação e classificação ➡ Avaliação ➡ Implementação ➡ Monitoramento

O quadro a seguir, construído com base em IBGC (2017), traz uma compilação dessas etapas.

1. Identificação e classificação dos riscos	Trata-se da definição do conjunto de eventos, externos ou internos, que podem impactar (positiva ou negativamente) os objetivos estratégicos da organização, inclusive os relacionados aos ativos intangíveis. O processo de identificação e análise geral de riscos deve ser monitorado e continuamente aprimorado para identificar os riscos eventualmente não conhecidos, seja por ignorância, seja pela falta de atribuição de probabilidade (incerteza), vulnerabilidade ou velocidade. Este processo deve ampliar o conhecimento da exposição a riscos. Não há um tipo de classificação de riscos que seja consensual, exaustivo ou definitivo e aplicável a todas as organizações; a classificação deve ser desenvolvida de acordo com as características de cada organização, contemplando as particularidades da sua indústria, mercado e setor de atuação.
2. Avaliação e tratamento dos riscos	Para se definir qual tratamento será dado a determinado risco, o primeiro passo consiste em determinar o seu efeito potencial, ou seja, o grau de exposição da organização àquele risco e a capacidade e o preparo para administrá-lo. Esse grau considera pelo menos três aspectos: a probabilidade de ocorrência, a vulnerabilidade e o seu impacto (em geral medido pelo impacto no desempenho econômico-financeiro, na imagem da organização e em fatores sociais, ambientais, de conformidade e estratégicos). Deve-se incorporar também à análise o impacto intangível. Na avaliação de riscos, constrói-se a matriz de riscos. Os riscos priorizados devem ser **tratados**.
3. Implementação	O gerenciamento dos riscos de um determinado processo é uma atividade a ser atribuída aos gestores desse processo, inclusive com a aplicação de modelos de mercado. Cabe à gestão de riscos corporativa integrar e orientar os vários esforços, em consonância com os objetivos estabelecidos pela administração, e avaliar a necessidade de estabelecer um comitê executivo de gestão de riscos.
4. Monitoramento	O monitoramento é feito com base em duas medidas principais: a) definição de medidas de desempenho; e b) preparação de relatórios periódicos de riscos e de controle.

Há estratégias previstas, tanto pelo IBGC quanto pelo PMBOK (ou por outros materiais de referência), nas hipóteses de riscos positivos e negativos, conforme sumarizados a seguir. Tais estratégias consubstanciam a etapa de **tratamento dos riscos**.

ESTRATÉGIAS PARA RISCOS NEGATIVOS (Tratamento de riscos)

ESTRATÉGIA	DESCRIÇÃO
Eliminar	A eliminação ou prevenção de riscos visa a **remover totalmente a ameaça**.
'Transferir	A transferência de riscos exige a mudança de alguns ou de todos os impactos negativos de ameaça, juntamente com a responsabilidade da resposta, para um terceiro. **Transferir o risco simplesmente passa a responsabilidade pelo gerenciamento para outra parte, mas não o elimina.** Transferir a responsabilidade pelo risco é mais eficaz ao lidar com a exposição a riscos financeiros. A transferência de riscos quase sempre envolve o pagamento de um prêmio à parte que está assumindo o risco. As ferramentas de transferência podem ser bastante variadas e incluem, entre outras, o uso de seguros, seguros-desempenho, garantias, fianças etc. Podem ser usados contratos para transferir a responsabilidade de determinados riscos para outra parte.
Mitigar	A mitigação de riscos **implica a redução da probabilidade e/ou do impacto de um evento de risco adverso para dentro de limites aceitáveis**. Adotar uma ação antecipada para reduzir a probabilidade e/ou o impacto de um risco em geral é mais eficaz do que tentar reparar o dano depois de o risco ter ocorrido. Adotar processos menos complexos, fazer mais testes ou escolher um fornecedor mais estável são exemplos de ações de mitigação.
Aceitar[12]	Essa estratégia é adotada porque raramente é possível eliminar todas as ameaças. Pode ser passiva ou ativa. A **aceitação passiva** não requer nenhuma ação exceto documentar a estratégia, deixando que a equipe trate dos riscos quando eles ocorrerem. A estratégia de **aceitação ativa** mais comum é estabelecer uma reserva para contingências, incluindo tempo, dinheiro ou recursos para lidar com os riscos.

ESTRATÉGIAS PARA RISCOS POSITIVOS (Tratamento de riscos)

ESTRATÉGIA	DESCRIÇÃO
Explorar	Essa estratégia pode ser selecionada para riscos com impactos positivos quando a organização deseja garantir que a oportunidade seja concretizada. Procura eliminar a incerteza associada com um determinado risco positivo, garantindo que a oportunidade realmente aconteça. Exemplos de respostas de exploração direta incluem designar os recursos mais talentosos da organização no intuito de reduzir o tempo de conclusão ou para proporcionar um custo mais baixo do que foi originalmente planejado.
Compartilhar	Compartilhar um risco positivo envolve a alocação integral ou parcial da propriedade a um terceiro que tenha mais capacidade de capturar a oportunidade para benefício da empreitada. Exemplos de ações de compartilhamento incluem a formação de parcerias de compartilhamentos de riscos, equipes, empresas para fins especiais ou *joint ventures*, as quais podem ser estabelecidas com a finalidade expressa de aproveitar a oportunidade de modo que todas as partes se beneficiem das suas ações.

---

12 A estratégia de "aceitar" pode ser também empregada para riscos positivos.

ESTRATÉGIAS PARA RISCOS POSITIVOS (Tratamento de riscos)	
ESTRATÉGIA	**DESCRIÇÃO**
Melhorar	Essa estratégia é usada para **aumentar a probabilidade e/ou os impactos positivos de uma oportunidade**. Identificar e maximizar os principais impulsionadores desses riscos de impacto positivo podem aumentar a probabilidade de ocorrência. Exemplo de melhoramento de oportunidades é o acréscimo de mais recursos a uma atividade para terminar mais cedo.
Aceitar	Aceitar uma oportunidade é desejar aproveitá-la caso ocorra, mas não a perseguir ativamente.

3. *Accountability*

O termo *accountability* não pode ser traduzido com precisão para a língua portuguesa. Logicamente, isso não implica a incapacidade de definição precisa do conceito a que se refere.

De forma geral, **accountability** refere-se ao **dever do agente público de prestar contas aos cidadãos**. Conforme mencionado anteriormente, as origens do desenvolvimento deste conceito são remotas, podendo ser relacionadas ao momento em que as sociedades passam a conceber a existência da atividade de "controle externo" (em países como Inglaterra, França e Espanha, no final da Idade Média, já havia "embriões" de Cortes de Contas). Foi justamente a ideia de controle externo que se consolidou em um dos primeiros mecanismos de limitação de poder do governante.

A preocupação com a limitação do poder do soberano é espelhada de forma mais evoluída na Teoria da Separação dos Poderes (Executivo, Legislativo e Judiciário), concebida por Montesquieu no século XVIII. Segundo esta teoria, a própria distribuição de funções entre os Poderes age como cerceador da autoridade: um mesmo ente não pode legislar, executar a lei e julgar os eventuais desvios da norma. Eis a base do constitucionalismo.

Contudo, foi somente a partir das décadas de 1980 e 1990 que a *accountability* entrou de vez na agenda das sociedades recém-saídas dos governos militares, a exemplo da grande maioria dos países da América Latina. A (re)democratização, no final do século passado, implicou a necessidade do aumento da cobrança dos governantes por parte dos cidadãos. É o que foi defendido, por exemplo, pelo Ministério da Administração Federal e Reforma do Estado (MARE), em 1997, em um contexto de plena implantação dos ideais da Nova Gestão Pública:

*"Sem dúvida **um objetivo** intermediário fundamental **em qualquer regime democrático é aumentar a** "responsabilização"(**accountability**) dos governantes. Os políticos devem estar permanentemente prestando contas aos cidadãos. Quanto mais clara for responsabilidade do político perante os cidadãos, e a cobrança destes em relação ao governante, mais democrático será o regime."* (Caderno Mare nº 1, 1997, p. 49)

Após uma extensa análise dos principais autores que abordam a *accountability* (O'Donnel, Schedler, Mainwaring), Mota (2006, p. 58) nos apresenta duas definições abrangentes deste conceito:

Accountability consiste na relação obrigacional legal que determina que quem recebeu um encargo público deve prestar esclarecimentos de seus atos, motivando-os, e se apurada alguma irregularidade, estará sujeito à sanção.

Accountability é um mecanismo de **controle de poder** com a natureza jurídica de uma relação obrigacional objetiva extra-contratual (isto é, legal) que coage os agentes encarregados da administração dos interesses públicos a explicar seus atos discricionários, tornando públicas as suas motivações, quando provocados institucionalmente, sob pena de punição legal.

Mota (2006) chama atenção a dois aspectos essenciais desta última definição. Primeiramente, o que determina se o sujeito está ou não submetido à necessidade de prestar contas de seus atos é o fato de administrar interesses públicos. Outro aspecto diz respeito à sanção: se for apurado abuso de poder ou desvio de finalidade, haverá aplicação de penalidade.

Tanto Schedler quanto Mainwaring listam **3 (três) dimensões da accountability**, dispostas no quadro a seguir:

DIMENSÕES DA *ACCOUNTABILITY*	
DIMENSÃO	**DISCRIMINAÇÃO**
Informação / Transparência	Também conhecida como "*answerability*", é a mera disponibilização de informações à sociedade e às demais instâncias de controle.
Explicação / Justificação	Também conhecida por "*responsiveness*" (ou responsividade), envolve pedidos de explicação sobre os atos. Há, nesta dimensão, uma obrigação legal e institucional de fornecer informações e responder a questionamentos.
Sanção / Coerção / Punição	Também conhecida por "*enforcement*", refere-se à capacidade, também legal e institucional, de serem aplicadas penalidades nos casos de serem identificadas irregularidades, ou de as informações não serem fornecidas. As instituições de *accountability* podem deter alto ou baixo poder de *enforcement*, de acordo com os exemplos abaixo: • Alto poder de *enforcement*: tribunais de contas, órgãos de auditoria (CGU etc), agências reguladoras, comissões parlamentares, conselhos administrativos etc.; • Baixo poder de *enforcement*: organizações da sociedade civil, imprensa etc.

Ademais, há autores que fazem classificações de tipos de *accountability*. As mais relevantes – *accountability* vertical, horizontal e societal – são apresentadas no quadro abaixo:

TIPOS DE *ACCOUNTABILITY*	
TIPO	**DISCRIMINAÇÃO**
Horizontal	É a prestação de contas efetuada **exclusivamente em nível de Governo**, podendo ser entre os Poderes (sistema de freios e contrapesos), ou entre órgãos, por meio de tribunais de contas, Ministério Público, agências reguladoras e demais órgãos de controle. Trata-se de uma ação entre iguais (ambos o fiscalizado e o fiscalizador são da esfera pública). A *accountability* horizontal é, de certa maneira, uma forma de controle burocrático, efetuado entre organizações que mantêm entre si relações pouco flexíveis, estabelecidas em normas legais.
Vertical	Refere-se aos processos de prestação de contas **entre o Governo e os cidadãos**. Há, assim, uma relação entre atores (governo e cidadão) que estão em patamares distintos, o que justifica o nome "vertical". Os principais mecanismos de controle que dispõem os cidadãos são o voto eleitoral e a ação popular.[13]
Societal (ou social)	Trata-se de um controle e uma fiscalização de agentes públicos por parte de **grupos da sociedade civil**. Diferentemente da *accountability* vertical, os mecanismos de controle são os movimentos sociais (influenciando a agenda política do Governo) e as denúncias, protagonizadas por entidades como ONGs, sindicatos, associações diversas ou a imprensa. (há autores que inserem este tipo de *accountability* na categoria vertical). Os agentes da *accountability* societal não possuem, contudo, o poder legal para aplicarem sanções contra transgressões de agentes públicos.

No Brasil, atualmente, há uma **situação de fraca *accountability*** (FURTADO, 2012). Há carência de organização e de consciência por parte da sociedade e dos cidadãos no seu papel de fiscalizador.

Contudo, há de se registrar que **recentemente houve progressos significativos em prol da consecução da primeira dimensão da *accountability* – transparência**. Houve maciços investimentos do Governo com vistas à disponibilização de informações em portais da Internet. Outro grande progresso refere-se à entrada em vigência da Lei nº 12.527/2011 (mais conhecida como **Lei de Acesso à Informação**), que abrange a Administração Direta e Indireta das três esferas da federação, bem como a criação da **Comissão Nacional da Verdade**, que visa a

---

13 Ação popular é o direito do cidadão, assim normatizado pelo inc. LXXIII do art. 5º da CF/88:
LXXIII – qualquer cidadão é parte legítima para propor **ação popular** que vise a anular ato lesivo ao patrimônio público ou de entidade de que o Estado participe, à moralidade administrativa, ao meio ambiente e ao patrimônio histórico e cultural, ficando o autor, salvo comprovada má-fé, isento de custas judiciais e do ônus da sucumbência;

investigar violações dos direitos humanos, ocorridas no Brasil, entre 1946 e 1988.

Q10. (FCC / BAHIAGÁS / 2010) *Accountability* é:
a) A relação de legitimidade e autoridade do Estado e do seu governo com a sociedade.
b) O reconhecimento que tem uma ordem política, dependente das crenças e das opiniões subjetivas, e seus princípios são justificações do direito de mandar.
c) O conjunto de mecanismos e procedimentos que levam os decisores governamentais a prestarem contas dos resultados de suas ações, garantindo-se maior transparência e a exposição das políticas públicas.
d) A capacidade do governo de representar os interesses de suas próprias instituições.
e) A aquisição e centralização de poder do setor público na administração das agências, por meio dos princípios de governança corporativa do setor privado.

Accountability refere-se ao dever de os agentes públicos prestarem contas aos cidadãos. Em se tratando de decisores governamentais (agentes políticos), maior transparência e controle na gestão garantem maior exposição e democratização das políticas públicas.

Assim, a alternativa C está correta.

Em interessante trabalho, a pesquisadora da Universidade do Colorado Linda deLeon analisa as facetas da *accountability* em organizações que se distinguem quanto à clareza e seus objetivos e dos meios disponíveis para sua consecução. A taxonomia (= classificação em categorias) é assim ilustrada:

		OBJETIVOS	
		Claro	Ambiguo ou em conflito
MEIOS	Certos	Hierarquia	Pluralismo Competitivo
	Incertos	Comunidade	Anarquia

Elaborado com base em DELEON (1997)

- **Hierarquia** → neste tipo de estrutura organizacional, os objetivos e os meios para sua consecução são claros e conhecidos. Neste caso, a *accountability* pode assumir o significado de prestação de contas do subordinado com relação a seu superior, havendo, neste contexto, uma supervisão estrita. A prestação de contas dá-se tanto com relação aos objetivos quanto ao processo para sua realização.

- **Pluralismo Competitivo** → este tipo de estrutura organizacional forma-se quando os objetivos são opostos ou ambíguos, mas é possível a determinação dos meios para a consecução de quaiquer metas definidas. É o caso, por exemplo, de partidos políticos que entram em embate devido a objetivos divergentes. Neste caso, a *accountability* dá-se sobre os processos (que são conhecidos) e não sobre os resultados (que ainda não são).
- **Comunidade** → nesta estrutura, as metas são conhecidas, mas há incerteza quanto aos meios para sua consecução. A *accountabiity*, neste contexto, dá-se sobre os resultados, sendo que o agente público deverá prestar contas acerca da motivação de suas ações ao longo do curso, em especial se houve a observância a determinados princípios.
- **Anarquia** → finalmente, esta estrutura é típica das situações em que os objetivos são conflituosos ou ambíguos e os meios são incertos. Assim, uma prestação de contas dá-se tão somente com base na postura do agente, em termos de comprometimento com o interesse público e com os demais membros da organização, evitando que uma postura equivocada no presente gere uma retaliação de outros agentes no futuro.

Q11. (ESAF / CGU / 2012) A expressão *accountability* é associada geralmente a prestação de contas, no entanto ela pode assumir outros significados, conforme Linda deLeon. Indique qual dos significados abaixo é correto.

a) No ambiente hierárquico a *accountability* está relacionada a regras e procedimentos e o trabalho dos supervisores é monitorar os comportamentos dos subordinados, recompensando o certo e corrigindo o que estiver errado.

b) No pluralismo competitivo a *accountability* é ampla, contando com a integridade e a probidade do profissional encarregado de fazer o trabalho.

c) No ambiente anárquico (não hierarquizados), a *accountability* está relacionada com a inexistência de incentivos para que cada parte se abstenha de prejudicar os demais por medo de retaliação.

d) Nas comunidades a *accountability* refere-se às regras formais. É permitido e mesmo esperado que, a fim de ganhar, os participantes do jogo façam tudo, contando que não seja explicitamente proibido.

e) No ambiente anárquico (não hierarquizados), não há *accountability*.

Passemos à análise das alternativas:

a) No ambiente hierárquico, valem as práticas preconizadas no modelo burocrático de Max Weber, corretamente espelhadas na alternativa que, desta forma, está certa.

b) No pluralismo competitivo, a *accountability* é fundamentada nos processos, que são conhecidos. A alternativa está errada.

c) No ambiente anárquico, a *accountability* relaciona-se com a efetiva existência de incentivos para que se evite que uma postura indesejada no presente gere uma retaliação no futuro. A alternativa está, portanto, errada.

d) Nas comunidades, a *accountability* irá se voltar às ações do agente, que deve se pautar por determinados princípios. Em se tratando de um órgãos público, há de se observar o Princípio da Legalidade, que restringe as práticas do agente ao estritamente previsto em lei. A alternativa está errada.

e) No modelo anárquico, a *accountability* remete-se ao comprometimento do agente com os demais membros da organização (e com o interesse público, no caso de agente estatal). A alternativa está errada.

Resposta: A.

3.1. *Accountability* e o conceito de Governo Aberto

Como fechamento deste Capítulo, cabe a apresentação de um conceito bastante inovador, que vem tomando força na presente década. Trata-se do chamado **Governo Aberto**, da seguinte forma definido:

> Governo Aberto é um conjunto de iniciativas articuladas de transparência, participação, inovação e integridade nas políticas públicas[14].

Relevante, para fins de nossos estudos, é a compreensão dos princípios inerentes ao governo aberto, apresentados na figura abaixo[15]:

---

14 Disponível em: <http://saopauloaberta.prefeitura.sp.gov.br/index.php/institucional>.
15 Fonte: sítio da Prefeitura de São Paulo na internet.

Capítulo 11 | Governabilidade, Governança e *Accountability*

GOVERNO ABERTO

Um jeito novo de pensar como o PODER PÚBLICO faz as coisas

01 TECNOLOGIA
Dá para usar a tecnologia para melhorar a vida das pessoas

02 PARTICIPAÇÃO
Dá para fazer de um jeito que as pessoas participem mais, sejam mais ATIVAS nas decisões do governo

03 TRANSPARÊNCIA
De um jeito mais transparente, que todo mundo saiba o que rola de todos os lados

04 INTEGRIDADE
Com tudo isso, dá para prevenir e combater a corrupção, pois TODOS fazem parte e são fiscais com direitos e deveres

Tais princípios, de acordo com a Parceria para Governo Aberto (OGP) – iniciativa internacional, lançada em 2011, que pretende difundir e incentivar globalmente práticas governamentais relacionadas à transparência dos governos, ao acesso à informação pública e à participação social – são assim arrolados, de acordo com a Declaração de Governo Aberto:

> Ampliar o acesso a novas tecnologias para fins de abertura e prestação de contas. As novas tecnologias oferecem oportunidades para a troca de informações, participação pública e colaboração. Pretendemos dominar tais tecnologias para tornar públicas as informações a fim de possibilitar sua compreensão pelo povo sobre as atividades de seu governo e para influenciar decisões. Comprometemo-nos a criar espaços online acessíveis e seguros como plataformas para prestar serviços, cativar o público e compartilhar informações e ideias. Reconhecemos que o acesso igualitário e fácil à tecnologia representa um desafio e comprometemo-nos a buscar conectividade crescente online e móvel, enquanto também identificamos e promovemos o uso de mecanismos alternativos para participação cívica.

Comprometemo-nos a atrair a sociedade civil e a comunidade empresarial para que identifiquem práticas eficazes e abordagens inovadoras para alavancar novas tecnologias que capacitem as pessoas e fomentem transparência no governo. Reconhecemos também que o crescente acesso à tecnologia implica o apoio à capacidade do governo e dos cidadãos de utilizá-la. Comprometemo-nos a apoiar e a desenvolver o uso de inovações tecnológicas tanto por funcionários públicos como por cidadãos. Entendemos também que a tecnologia representa um complemento para informações claras, acessíveis e úteis, não um substituto.

Apoiar a participação cívica. Prezamos a participação pública de todos, igual e indiscriminadamente, no processo de tomada de decisões e formulação de políticas. A participação pública, incluindo-se integralmente a das mulheres, aumenta a eficácia dos governos, que se beneficia do conhecimento e ideias das pessoas e de sua capacidade de fiscalização. Comprometemo-nos a tornar a formulação de políticas e a tomada de decisões mais transparente, criando e usando canais para requisitar a opinião pública e aprofundando a participação pública na elaboração, monitoramento e avaliação das atividades governamentais. Comprometemo-nos a proteger a capacidade das organizações sem fins lucrativos e da sociedade civil de operar de forma coerente com nosso comprometimento à liberdade de expressão, associação e opinião. Comprometemo-nos a criar mecanismos para permitir maior colaboração entre os governos e as organizações e empresas da sociedade civil.

Aumentar a disponibilidade de informações sobre as atividades governamentais. Os governos coletam e retêm informações em nome das pessoas e os cidadãos têm o direito de buscar informações sobre atividades governamentais. Comprometemo-nos a promover o acesso crescente a informações e divulgação de atividades governamentais em todos os níveis de governo. Comprometemo-nos a intensificar nossos esforços de coletar e publicar sistematicamente dados sobre os gastos e o desempenho governamentais relativos a serviços e atividades essenciais. Comprometemo-nos a fornecer informações valiosas de maneira proativa, entre as quais dados básicos, de forma oportuna, em formatos fáceis de localizar, compreender e utilizar, e que ficilitem a reutilização. Comprometemo-nos a disponibilizar o acesso a soluções eficazes quando as informações ou seus registros correspondentes sejam incorretamente negados, inclusive através de fiscalização eficaz do processo de recurso. Reconhecemos a importância de normas transparentes para promover o acesso da sociedade civil às informações públicas, bem como para facilitar a interoperabilidade dos sistemas de informação. Comprometemo-nos a pedir a opinião pública para identificar as informações que lhes sejam de maior valia e prometemos levar tal opinião à maxima consideração.

Implementar os mais altos padrões de integridade profissional por todas as nossas administrações. O governo que presta contas exige altos padrões éticos e códigos de conduta para seus funcionários públicos. Comprometemo-nos a ter políticas, mecanismos e práticas fortes contra a corrupção, garantindo a transparência na gestão do dinheio público e das aquisições públicas e fortalecendo o Estado de Direito. Comprometemo-nos a manter ou a instituir um sistema jurídico para tornar públicas as informações sobre rendimentos e bens de altos funcionários públicos. Comprometemo-nos a promulgar e implementar leis de proteção a autores de denúncias. Comprometemo-nos

> a disponibilizar ao público informações relativas às atividades e à eficácia de nossas organizações de prevenção e aplicação da lei em matérias referentes à corrupção, bem como procedimentos para recorrer a tais organizações, respeitando a confidencialidade de informações específicas de segurança pública. Comprometemo-nos a intensificar os elementos dissuasivos contra subornos e outras formas de corrupção nos setores público e privado, bem como a compartilhar informações e conhecimento.

Q12. (VUNESP / APPGG – SP / 2015) Governo aberto é entendido como conjunto de ações articuladas de transparência, participação, inovação e integridade nas políticas públicas e:
a) prega que as decisões públicas devem ser realizadas por canais virtuais;
b) tornou-se obrigatório a partir da Lei de Acesso à Informação (Lei nº 12.527/2011);
c) o princípio da integridade diz respeito à ética no uso e na gestão dos dados governamentais;
d) suas ações dizem respeito à disponibilização de informações e não à prestação de serviços;
e) incentiva investimento em tecnologia para promover participação, consulta a informações e acesso a serviços.

De acordo com os princípios expostos anteriormente, vemos que a alternativa E está correta.

À luz do desenvolvimento da democracia participativa, destaca-se, ainda, a **ouvidoria**, entendida como um canal de atendimento oferecido pela Administração Pública ao cidadão, utilizado com os seguintes objetivos:
- registro de reclamações e reinvindicações;
- garantia de acesso à informação e de transparência na gestão pública;
- fomento à participação cidadã na elaboração de políticas públicas;
- efetuar a mediação de conflitos entre os cidadãos e a esfera pública.

O *Ombudsman* – ou ouvidor – é o servidor público responsável por zelar pelas demandas diretas dos cidadãos, sendo incumbido de receber, analisar e prover o devido encaminhamento das reclamações e sugestões recebidas pelo público, bem como por respondê-las diretamente.

O papel da ouvidoria no Brasil é da mesma sorte bem registrado no seguinte excerto[16]:

> No Brasil, a ouvidoria é mais que um simples escritório do ouvidor, é também a instituição, órgão, unidade administrativa ou serviço que recebe, registra, conduz internamente e responde os pedidos de informação, solicitações, reclamações, sugestões, elogios

---
16 Disponível em: <http://www2.anac.gov.br/arquivos/pdf/notaTecnica01.pdf>.

e denúncias, no âmbito das organizações, com o intuito de aprimorar ou corrigir os serviços prestados.

A Ouvidoria visa estabelecer um relacionamento direto, aburocrático, entre o cidadão e o ente público, propiciando a identificação de necessidades, distorções, erros e ilegalidades na administração. Atua no pós-atendimento e em âmbito administrativo.

Nos mesmos lindes, faz-se a devida distinção entre as transparências ativa e passiva, caracterizadas em função da iniciativa em publicar ou demandar as informações de interesse público. Vejamos:

<u>Transparência ativa</u> = iniciativa do órgão ou entidade pública de dar divulgação a informações de interesse geral ou coletivo, **ainda que não tenha sido expressamente solicitada**.

<u>Transparência passiva</u> = dá-se quando algum órgão ou ente público é demandado pela sociedade a prestar informações que sejam de interesse geral ou coletivo, desde que não sejam resguardadas por sigilo.

Questões de Concursos

1. (CESPE / EBSERH / 2018) Os problemas de governabilidade decorrem do excesso de democracia e do peso exagerado das demandas sociais.

2. (CESPE / CGM João Pessoa / 2018) Governança no setor público é um tema inovador que foi introduzido no Brasil, a partir de 2007, após a harmonização internacional contábil.

3. (FCC / TCE – PI / 2014) A auditoria interna:
   a) emite parecer;
   b) opina sobre as demonstrações contábeis;
   c) emite recomendações à entidade auditada;
   d) é exercida por profissional independente;
   e) é realizada de forma contínua.

4. (CONSULPLAN / TSE / 2012) O Planejamento em auditoria consiste na determinação antecipada dos procedimentos a serem aplicados. Em relação ao Planejamento do Trabalho de Auditoria Interna, é correto afirmar que:
   a) compreende os exames preliminares das áreas, atividades, produtos e processos, para definir a amplitude e a época do trabalho a ser realizado de acordo com as diretrizes estabelecidas pela administração da entidade;
   b) não considera como os fatores relevantes na execução dos trabalhos, o conhecimento detalhado da política e dos instrumentos de gestão de riscos da entidade, das atividades operacionais e dos sistemas contábil e de controles internos;
   c) documenta os programas de trabalho informalmente preparados, detalhando-se o que for necessário para complicar os procedimentos que serão aplicados, em termos de natureza, oportunidade, extensão, equipe técnica e uso de especialistas;
   d) objetiva estabelecer de forma detalhada todas as etapas a serem desenvolvidas no trabalho anual de auditoria, definido pela experiência do auditor em empresas semelhantes à empresa auditada.

5. (CONSULPLAN / TRE – MG / 2013) Desde meados do século XX, a complexidade crescente das organizações e os decorrentes riscos crescentes para a emissão de parecer de auditoria independente provocou, na maioria dos países, a valorização dos chamados sistemas de controle interno, que são processos que, em geral, apresentam em sua estrutura áreas de auditoria interna, com a função de avaliar a adequação do sistema. Em relação à função de auditoria interna e considerando a sua aplicação ao setor público, é correto afirmar que:

a) o fato de a auditoria interna estar dispensada de seguir normas gerais de auditoria permite que a sua abordagem seja assistemática e, também, disciplinada em conformidade com o contexto de criticidade da organização;

b) pode ser considerado procedimento de rotina das unidades de auditoria interna, após exames de auditoria, realizar reunião de discussão das conclusões e recomendações com os próprios gestores auditados antes da emissão do relatório final;

c) a característica de independência não é atributo esperado para a auditoria interna, dado que as atividades são executadas por empregados da própria organização, que estão permanentemente em relação contínua e direta com a alta e média direção;

d) atualmente, com o objetivo de combater a corrupção e a fraude, o gerenciamento de riscos nas organizações públicas, como forma de diminuir os impactos sobre os resultados para as políticas públicas, está sendo tratado como competência exclusiva da área de auditoria interna;

e) no caso da Administração Pública, a característica "interna" implica, necessariamente, que a atividade de auditoria interna deve ser executada por empregados da organização e que os relatórios devem ser divulgados no âmbito das organizações, sem divulgação externa, de forma a minimizar ao máximo a relação com as possíveis auditorias externas.

6. (VUNESP / APPGG – SP / 2015) Uma ideia de *accountability*, comumente aceita e genérica, é a que se refere ao controle e à fiscalização dos agentes públicos que têm a obrigação de prestar contas sobre o uso adequado dos recursos e o cumprimento de suas promessas.

Assinale a alternativa que contém um instrumento relativo ao *accountability* vertical.

a) Fiscalização de Tribunais de Contas.

b) Controle do Ministério Público.

c) Controle da Ouvidoria Pública.

d) Monitoramento de Agência Governamental.

e) Mecanismos de consulta pública.

7. (FGV / TRT 12ª Região / 2017) As entidades da Administração Pública devem divulgar uma série de informações consideradas de interesse da sociedade acerca da condução das atividades públicas e outras que podem ser requisitadas individualmente por pessoas ou entidades representativas.

    São requisitos para o exercício da denominada transparência passiva:

    a) divulgação de informações voluntárias;

    b) existência de serviço de informações ao cidadão;

    c) existência de página eletrônica oficial do ente;

    d) informação disponível de forma imediata;

    e) restrição à informação de caráter pessoal.

8. (CESPE / TCE – PE / 2017) Em um Estado de Direito, a *accountability* vertical ou democrática, entendida como a que ocorre entre os diversos níveis de poder e sujeita à possibilidade de controle mútuo, é profícua no fortalecimento de ações contra a corrupção.

9. (FCC / Copergás – PE / 2016) Um dos aspectos inerentes ao conceito de Accountability, aplicável no âmbito da Administração pública refere-se à:

    a) contabilidade;

    b) finanças;

    c) orçamento;

    d) redução de custos;

    e) responsabilização dos agentes públicos.

10. (VUNESP / APPGG – SP / 2015) É correto afirmar que a *accountability*:

    a) pode ser definida como o grau com o qual os cidadãos podem monitorar e avaliar as ações das organizações;

    b) destina-se a avaliar as ações do Poder Executivo nas três esferas de governo, ou seja, Municípios, Estados e Governo Federal;

    c) pode ser vista de forma bidimensional, sendo que a *accountability* vertical pressupõe uma ação entre desiguais, enquanto a *accountability* horizontal é a relação entre os iguais e, portanto, dos *checks and balances*;

    d) é voltada a avaliar organizações de todos os Poderes, mas seus processos são de responsabilidade dos órgãos de controle;

    e) vertical destaca, como principais integrantes, as eleições, a atuação da mídia e dos órgãos de controle sobre as prestações de contas. Já na *accountability* horizontal, estão presentes as reivindicações sociais e a atuação no Judiciário.

11. (CESPE / TCE – PE / 2017) Acerca do conceito de *accountability* aplicado à Administração Pública, julgue o próximo item.

    Trata-se de um mecanismo institucional por meio do qual os governantes são constrangidos a responder, ininterruptamente, por seus atos ou omissões à sociedade.

12. (CESPE / TCE – PR / 2016) A transparência na gestão pública inclui a divulgação de informações relativas a despesas de viagens pagas a servidores públicos, inclusive a colaboradores eventuais, em viagens no interesse da administração.

13. (FGV / DPE – RJ / 2014) Governança e governabilidade são constructos que regem a construção e a operação do Estado contemporâneo, mas se diferenciam em aspectos fundamentais. Governança e governabilidade estão relacionadas, respectivamente a:

    a) reforma do aparelho de Estado e Reforma do Estado;

    b) parcerias público-privadas e accountability;

    c) prestação de contas e *empowerment*;

    d) governo físico e governo eletrônico;

    e) efetividade e eficiência.

14. (FCC / EPP – SP / 2009) Governança e governabilidade são conceitos imbricados, porém não coincidentes, a respeito dos quais é correto afirmar que:

    a) a crise de governabilidade está relacionada com a ideia de reforma do aparelho do Estado, enquanto a crise de governança com a ideia de reforma do próprio Estado;

    b) correspondem, ambos, às condições políticas para a atuação administrativa, porém governança é um conceito mais amplo, que engloba também o papel do Estado de regulação da atividade econômica;

    c) governança diz respeito aos pré-requisitos institucionais para a otimização do desempenho administrativo, enquanto governabilidade diz respeito às condições políticas em que se efetivam as ações administrativas, tais como legitimidade e credibilidade;

    d) governabilidade é a forma como o aparelho estatal implementa as políticas públicas definidas pelo Governo e governança, por seu turno, corresponde ao alinhamento dessa atuação com as condições políticas vigentes;

    e) correspondem, ambos, à forma de atuação do Estado e da Administração para a consecução dos objetivos públicos, sendo governança, contudo, um conceito mais restrito, na medida em não diz respeito ao denominado aparelho administrativo.

15. (CESPE / TCU / 2013) Resultante da relação de legitimidade do Estado e do seu governo com a sociedade, a governança implica a capacidade governamental de realizar políticas e a promoção da *accountability*.

Capítulo 11 | Governabilidade, Governança e *Accountability* 519

16. (ESAF / SUSEP / 2010 – adaptada) Governança Corporativa é o conjunto de processos, costumes, políticas, leis, regulamentos e instituições que regulam a maneira como uma empresa é dirigida, administrada ou controlada.

17. (ESAF / SUSEP / 2010 – adaptada) No que diz respeito à governança corporativa, são *stakeholders*: os acionistas, segurados, corretores e beneficiários.

18. (ESAF / SUSEP / 2001 – adaptada) Tem havido um renovado interesse no assunto Governança Corporativa desde 2001, particularmente devido aos espetaculares colapsos de grandes corporações norte-americanas como a Enron Corporation e Worldcom, levando o governo federal norte-americano, em 2002, a aprovar a Lei *Sarbanes-Oxley*, com o propósito de restaurar a confiança do público em geral na governança corporativa.

19. (ESAF / CGU / 2008) No final da década de 1990, empresas como Enron, Tyco, HealthSouth e WorldCom entraram em processo de falência em decorrência de graves escândalos contábeis, gerando uma forte crise no mercado de capitais norte-americano. Por causa disso, em julho de 2002, entrou em vigor dispositivo legal que, visando melhorias em governança corporativa, definiu novos controles para as operações de negócio e processos relacionados aos relatórios financeiros, afetando não só o comportamento das organizações, em especial as de capital aberto cujos papéis circulam pelos principais mercados financeiros mundiais, mas também as práticas internacionais de auditoria interna até então vigentes. Trata-se, aqui, da(s):
    a) Lei de Responsabilidade Fiscal;
    b) Lei Sarbanes-Oxley;
    c) Lei Barack-Obama;
    d) Lei das Sociedades por Ações;
    e) Normas da INTOSAI.

20. (FGV / DPE – RJ / 2014) A noção de *accountability* configura-se como um dos pilares fundamentais da boa governança contemporânea, conforme declara o Banco Mundial em seu site. Apesar dessa crescente importância, ainda não existe uma palavra em português que traduza exatamente seu significado, mas é reconhecido que a *accountability* envolve, como aspectos principais de sua definição:
    a) equilíbrio fiscal do governo e desempenho das políticas sociais;
    b) contabilização de ativos intangíveis e dos bens imateriais da sociedade;
    c) gestão das competências e conhecimento do quadro de servidores;
    d) prestação de contas e responsabilização da Administração Pública;
    e) governo eletrônico e utilização de redes sociais.

21. (CESPE / Correios / 2011) A prestação de contas é dever do administrador público e de qualquer pessoa que seja responsável por bens e valores públicos, a fim de que se atenda o interesse da coletividade e, consequentemente, o bem comum.

22. (CESPE / ANAC / 2012) O modelo gerencial compreende a implementação de conceitos como o de *accountability* na Administração Pública.

23. (CESPE / ABIN / 2010) Do ponto de vista da estrutura, a notícia se define, no jornalismo moderno, como o relato de uma série de acontecimentos a partir do fato mais importante ou interessante. Com relação a esse assunto, julgue o item a seguir:

24. (CESPE / MPU / 2010) O ato de prestar contas ao público por meio da mídia, e não apenas por meio da forma contábil, tem incorporado o princípio de *accountability* às estratégias de comunicação organizacional.

25. (CESPE / MPS / 2010 – adaptada) Das mudanças trazidas pelo modelo gerencial da administração pública, ressalta-se a preocupação com a chamada *accountability*, que reflete uma evolução da ótica do usuário do serviço, de cliente/consumidor para cidadão, e que se compatibiliza melhor com a descentralização dos serviços públicos.

26. (CESPE / TCU / 2008) A governabilidade diz respeito às condições sistêmicas e institucionais sob as quais se dá o exercício do poder, tais como as características do sistema político, a forma de governo, as relações entre os poderes e o sistema de intermediação de interesses.

27. (CESPE / TCE – AC / 2009) O clientelismo se manifesta pelos processos de troca de favores, que determinam também uma forma de relação das lideranças partidárias com suas bases. No entanto, o clientelismo não pode ser categorizado como um instrumento de legitimação política.

28. (CESPE / TCE – AC / 2009) O corporativismo estatal é um instrumento de legitimação política embasado na representação de grupos funcionais produtivos e pela adoção de uma estrutura de associações, diretamente vinculada ao Estado, no entanto não depende dele para autorização e reconhecimento.

29. (CESPE / MDS / 2006) O termo governabilidade está associado às condições políticas de gestão do Estado, enquanto governança refere-se às condições administrativas de gestão do aparelho estatal.

30. (CESPE / TC – DF / 2012) O fato de o governador de uma unidade federativa, incluso o DF, perder sua legitimidade democrática lhe acarreta a perda da governança.

31. (CESPE / TCU / 2011) Entre outros aspectos, a governança trata das condições sistêmicas sob as quais se dá o exercício de poder em determinada sociedade.

32. (CESPE / SERPRO / 2008) As demandas recorrentes por políticas públicas são aquelas não resolvidas ou mal resolvidas. Quando se acumulam sem uma solução satisfatória, dependendo de sua duração e gravidade, podem levar a crises de governabilidade que, no limite, chegam a provocar rupturas institucionais.

33. (CESPE / INSS / 2008) Visando-se ao fortalecimento da regulação coordenada pelo Estado, é importante reforçar a governança, que diz respeito à maneira pela qual o poder é exercido no gerenciamento dos recursos sociais e econômicos de um país, e que engloba, desse modo, as técnicas de governo.

34. (ESAF / MTE / 2010) Assinale a opção correta.
    a) As eleições e o voto são mecanismos de *accountability* horizontal.
    b) Uma alta demanda social por *accountability* afeta, negativamente, a capacidade de governança.
    c) Sem legitimidade, não há como se falar em governabilidade.
    d) Instâncias responsáveis pela fiscalização das prestações de contas contribuem para o desempenho da *accountability* vertical.
    e) Uma boa governabilidade garante uma boa governança.

35. (ESAF / SEFAZ – SP / 2009) Considerado fundamental à governança no setor público, o processo pelo qual as entidades públicas e seus responsáveis devem prestar contas dos resultados obtidos, em função das responsabilidades que lhes foram atribuídas por delegação de poder, denomina-se:
    a) Transparência.
    b) Integridade.
    c) Equidade.
    d) Responsabilidade Fiscal.
    e) *Accountability*.

36. (ESAF / AFRFB / 2009) Sobre o tema 'governabilidade, governança e *accountability*', assinale a opção incorreta.

   a) A *accountability* visa a fortalecer o controle social e político, em detrimento do controle burocrático.

   b) Governança pode ser entendida como um modelo horizontal de relação entre atores públicos e privados no processo de elaboração de políticas públicas.

   c) O conceito de governança possui um caráter mais amplo que o conceito de governabilidade.

   d) As parcerias público-privadas (PPPs) constituem um exemplo de coordenação de atores estatais e não estatais, típico da governança.

   e) A governabilidade refere-se mais à dimensão estatal do exercício do poder.

37. (ESAF / CGU / 2004) Assinale como verdadeira (V) ou falsa (F) as definições sobre a Governabilidade, relacionadas a seguir:

   I. ( ) A governabilidade refere-se às próprias condições substantivas / materiais de exercício do poder e de legitimidade do Estado e do seu governo, derivadas da sua postura diante da sociedade civil e do mercado.

   II. ( ) A governabilidade é a autoridade política do Estado em si, entendida como a habilidade que este tem para agregar os múltiplos interesses dispersos pela sociedade e apresentar-lhes um objetivo comum.

   III.( ) A fonte e a origem da governabilidade são as leis e o poder legislativo, pois é ele que garante a estabilidade política do Estado, por representar todas as unidades da Federação e os diversos segmentos da sociedade.

   IV. ( ) A fonte da governabilidade são os agentes públicos ou servidores do Estado que possibilitam a formulação / implementação correta das políticas públicas.

   V. ( ) A governabilidade é o apoio obtido pelo Estado às suas políticas e à sua capacidade de articular alianças e coalizões para viabilizar o projeto de Estado e sociedade a ser implementado.

   Escolha a opção correta:

   a) V, F, V, V, F;
   b) F, V, F, V, V;
   c) V, V, F, F, V;
   d) V, F, V, F, F;
   e) F, F, V, F, V.

38. (ESAF / CGU / 2004) O desafio do Estado brasileiro pressupõe uma tarefa de transformação que exige a redefinição de seus papéis, funções e mecanismos de funcionamento interno. Este processo impõe novas exigências à sociedade como um todo. Assinale a opção correta entre as seguintes afirmações sobre governança.

    a) A governança consiste na própria autoridade política ou legitimidade possuída pelo Estado para apresentar à sociedade civil e ao mercado um amplo projeto para determinada nação.

    b) A governança é composta das condições sistêmicas nas quais se edifica um projeto de Estado e sociedade.

    c) A governança visa não apenas superar a crise do Estado e do seu aparelho, mas também cooperar na superação do atual quadro social persistente em nosso país.

    d) As principais fontes e origens da governança são os cidadãos e a cidadania organizada.

    e) A governança é a capacidade que um determinado governo tem para formular e implementar as suas políticas, ou seja, os aspectos adjetivos/instrumentais da governabilidade.

39. (ESAF / ANA / 2009) Sobra *accountability*, analise as afirmações que se seguem e selecione a opção que melhor representa o resultado de sua análise:

    ( ) A *accountability* diz respeito à capacidade que os constituintes têm de impor sanções aos governantes, notadamente reconduzindo ao cargo aqueles que se desincumbem[17] bem de sua missão e destituindo os que possuem desempenho insatisfatório;

    ( ) A *accountability* inclui a prestação de contas dos detentores de mandato e o veredicto popular sobre essa prestação de contas;

    ( ) A *accountability* depende de mecanismos institucionais, sobretudo da existência de eleições competitivas periódicas.

    a) C, C, C.

    b) C, C, E.

    c) C, E, E.

    d) E, E, E.

    e) E, C, E.

40. (FCC / TCE – PR / 2011) Considere as afirmativas:

    I. A *Accountability* horizontal requer a institucionalização de poderes para aplicação de sanções legais em atos verificados como nocivos à gestão pública.

    II. A *Accountability* relaciona-se ao princípio da publicidade.

---

17 Desincumbir = executar, desempenhar, cumprir.

III. A Governança tem um sentido amplo, denotando articulação entre Estado e sociedade.

IV. A Governabilidade denota um conjunto essencial de atributos de um governo a fim de executar sua gestão.

V. Há relação direta e proporcional entre a percepção dos cidadãos na avaliação positiva de governantes agirem em função do interesse coletivo e a maior *accountability* do governo.

No âmbito da esfera pública, está correto o que se afirma em:

a) I, II, III e V, apenas;

b) II, III, IV e V, apenas;

c) II, III e IV, apenas;

d) I, II, III, IV e V;

e) I, III, IV e V, apenas.

41. (ESAF / CGU / 2008) No debate sobre a *accountability*, diversos autores reconhecem a existência, nas poliarquias contemporâneas, de mecanismos de controle externos aos poderes Executivo, Legislativo ou Judiciário. Examine os enunciados a seguir sobre a *accountability* societal e depois marque a resposta correta.

1. A *accountability* societal é um mecanismo de controle não eleitoral que emprega ferramentas institucionais e não institucionais.

2. A *accountability* societal se baseia na ação de múltiplas associações de cidadãos, movimentos sociais ou mídia.

3. O objetivo da *accountability* societal é expor erros e falhas dos governos, trazer novas questões para a agenda pública e influenciar decisões políticas a serem implementadas por órgãos públicos.

4. Os agentes da *accountability* societal têm o direito e o poder legal, além da capacidade institucional para aplicar sanções legais contra as transgressões dos agentes públicos.

a) Todos os enunciados estão corretos.

b) Todos os enunciados estão incorretos.

c) Somente o enunciado de número 1 está incorreto.

d) Somente o enunciado de número 4 está incorreto.

e) Somente os enunciados 2 e 3 estão incorretos.

42. (FCC / MPE – SE / 2009) O conceito de *accountability* liga-se a:

a) Prestação de contas da Administração e dos funcionários públicos perante a sociedade.

b) Mecanismos contemporâneos de elaboração das contas públicas.

c) Formas de elaboração do orçamento público pautadas pela responsabilidade fiscal.

d) Sistema gerencial de controle dos gastos públicos.

e) Metodologia gerencial norteamericana que inspirou a Reforma Administrativa implementada nos anos 90 pelo Ministério da Administração Federal e Reforma do Estado (MARE).

43. (CESPE / TRE – BA / 2011) O conceito de *accountability* implica a transparência das ações e práticas governamentais que passam a ter mais visibilidade e ser do conhecimento das pessoas em geral, portanto, representa ferramenta de combate à corrupção.

44. (FCC / TRT 1ª Região / 2013) O conceito de *accountability*, que passou a ser bastante difundido no âmbito da Gestão de Resultados na produção de serviços públicos, corresponde a:

    a) Métrica específica para apuração dos resultados obtidos com a atuação pública, de acordo com indicadores de desempenho e performance.

    b) Obrigação dos governantes de prestar contas de sua atuação aos administrados, envolvendo as dimensões de conformidade e de desempenho.

    c) Sistema de avaliação interna para aferir a atuação do agente público, que objetiva a produção do melhor resultado com o menor dispêndio de recursos públicos.

    d) Avaliação, pelas instâncias superiores da Administração, de acordo com parâmetros estabelecidos a priori, dos resultados obtidos com programas e ações públicas.

    e) Forma de implementação de remuneração por resultados, de acordo com indicadores e metas claramente estabelecidos e voltados à melhoria dos serviços oferecidos ao usuário.

45. (CESPE / TCDF / 2012 – adaptada) *Mudanças na organização pública Alfa estão sendo implementadas para propiciar o alcance de resultados, seguindo modelos adotados por organizações privadas. A Alfa também facilitará o acesso do cidadão aos seus atos, resultados, processos, custos operacionais e administrativos por meio de portal na Internet, o que elevará suas despesas com investimentos em TI.*

    Com respeito a essa situação hipotética, julgue o seguinte item:

    Infere-se da situação apresentada que a Alfa está se alinhando com os pressupostos da *accountability*.

Gabarito Comentado

QUESTÃO	COMENTÁRIO
1 Errado	Problemas de governabilidade decorrem da carência de base social capaz de conferir ao governo a legitimidade necessária à sua atuação enquanto agente político. Isso não decorre de democracia, ao contrário: a democracia, haja vista consubstanciar regime político em que a soberania é exercida pelo povo, seria capaz de conferir maiores níveis de legitimidade mediante o sufrágio universal (direito de votar e de ser votado). Item errado.
2 Errado	Muito embora a discussão acerca do conceito de governança pública, em termos mais atuais, tenha ocorrido no âmbito do Banco Mundial e da OCDE, no Brasil, sua introdução é usualmente remetida à reforma gerencial, sendo tratada de modo quase seminal no Plano Diretor de Reforma do Aparelho do Estado (PDRAE), de 1995. A assertiva, assim, está errada.
3 – C	A auditoria interna não emite parecer, mas sim recomendações à entidade auditada. Ainda, é realizada de forma constante, não sendo exercida, como regra, por profissional independente. Ademais, cabe à auditoria externa emitir opinião sobre demonstrações contábeis. Resposta: C.
4 – A	Passemos à análise das alternativas. a) Trata-se da alternativa correta. O planejamento em auditoria envolve, necessariamente, o exame preliminar do objeto a ser auditado. b) Por óbvio, os elementos arrolados na alternativa são relevantes no planejamento de uma auditoria. A alternativa está errada. c) Na realidade, o planejamento deve ser documentado e os programas de trabalho formalmente preparados, detalhando-se o que for necessário à compreensão dos procedimentos que serão aplicados. A alternativa está errada. d) Não há detalhamento intensivo no planejamento. Ademais, o planejamento é feito para cada auditoria, e não apenas no que concerne a um cronograma anual de auditoria. A alternativa está errada. Resposta: A.

QUESTÃO	COMENTÁRIO
5 – B	Passemos à análise das alternativas. a) Há dois erros na alternativa: a auditoria interna não está dispensada de seguir normas gerais de auditoria, e a abordagem não é assistemática. Item errado. b) Devemos entender que hoje a auditoria interna se afasta do papel de "caça às bruxas", para o de apoio ao aprimoramento da gestão. Assim, é de praxe que as recomendações sejam discutidas previamente com os gestores auditados, para fins de verificação de sua exequibilidade e, inclusive, de eventuais aperfeiçoamentos nessas próprias recomendações antes da emissão do relatório final. A alternativa está correta. c) A auditoria interna deve primar por sua independência interna. Em geral, hierarquicamente, fica associada à autoridade máxima do órgão. A alternativa está errada. d) A gestão de riscos é competência tanto da área de auditoria interna quanto da chamada "administração ativa", ou seja, da área de gestão executiva. A alternativa está errada. e) Há dois erros na alternativa: não necessariamente a auditoria interna é realizada por empregados da organização: no caso do Poder Executivo, por exemplo, a auditoria interna é realizada pela CGU. Ademais, há previsão de publicação de relatório de auditoria interna em diversas normas, tal como a Portaria nº 2.546/2010 da CGU. O que se suprime da publicação são as informações protegidas por sigilo. Resposta: B.
6 – E	As alternativas "a" a "d" arrolam órgãos e entidades que, em nível de governo, protagonizam o devido controle burocrático, tornando possível a prestação de contas mediante uma ação entre iguais: trata-se, pois, de *accountability* horizontal. A alternativa "e", por sua vez, traz iniciativa de exercício da participação do cidadão no monitoramento, avaliação, e no debate em prol da legitimação da ação governamental. É, assim, uma ação entre desiguais, exemplo de *accountability* vertical. Resposta: E.
7 – B	Transparência ativa, como vimos, refere-se à iniciativa do órgão ou entidade pública de dar divulgação a informações de interesse geral ou coletivo, ainda que não tenha sido expressamente solicitada. Assim, a divulgação de informações voluntárias (alternativa "a") e a disponibilização de informação de forma imediata ("d"), inclusive mediante a página eletrônica do ente na internet ("c"), observando-se, por óbvio, a restrição à informação de caráter pessoal ("e") relacionam-se ao modelo de transparência ativa. Já a existência de serviço de informações ao cidadão ("b") tem por intuito a prévia recepção de demandas de informação por parte da sociedade. Insere-se, destarte, no escopo da transparência passiva. Resposta: B.

QUESTÃO	COMENTÁRIO
8 Errado	A *accountability* que ocorre entre os poderes, com possibilidade de controle mútuo (*checks and balances*) é a horizontal. A assertiva está errada.
9 – E	Trata-se da dimensão de "*enforcement*", referente à possibilidade de responsabilização de agentes públicos – mediante a aplicação de penalidades – nas hipóteses de serem identificadas irregularidades, ou de as informações solicitadas não serem fornecidas. Resposta: E.
10 – C	Passemos à análise das alternativas. a) e b) *accountability* não se restringe à avaliação de ações organizacionais (ou dos Poderes, nas esferas federativas). Alude, sim, ao dever do agente público em prestar contas à sociedade, justificando seus atos e sofrendo sanções na hipótese de constatados vícios (a *accountability* parte, assim, do gestor público). Ademais, não se restringe ao Poder Executivo. As alternativas estão erradas. c) Alternativa correta, espelhando apropriadamente os conceitos de *accountability* horizontal e vertical, conforme vistos na parte teórica do Capítulo. d) os processos de *accountability* são de responsabilidade da organização gestora de recursos, que, na execução administrativa, é obrigada a prestar contas à sociedade. Alternativa errada. e) Atuação de órgãos de controle constitui exemplo de *accountability* horizontal. A mídia e as reivindicações sociais, por sua vez, inserem-se na societal. A alternativa está errada. Resposta: C.
11 Certo	É isso mesmo. A expressão "constrangido", no caso, remete a "compelido", "forçado", "obrigado". E é justamente a isso que os mecanismos de *accountability* se prestam: a institucionalizar a prestação de contas dos agentes públicos à sociedade. A assertiva está correta.
12 Certo	A divulgação de gastos do governo é prática que se coaduna (que se harmoniza) com os preceitos da *accountability*. Como exemplo, o Portal da Transparência lista todas as despesas do Poder Executivo, inclusive via suprimento de fundos. Item correto.
13 – A	A **governança**, como vimos, refere-se aos aspectos instrumentais do exercício do poder, visando à implementação de políticas públicas. Sendo instrumental, é diretamente relacionada ao aparelho estatal. É o que dispõe, por exemplo, o PDRAE (1995): *Neste sentido, são inadiáveis: [...] (5) a reforma do **aparelho do Estado**, com vistas a aumentar sua "**governança**", ou seja, sua capacidade de implementar de forma eficiente políticas públicas.* Já a **governabilidade** é referente às condições substantivas de exercício de poder e legitimidade do Estado. Não possui o caráter instrumental da governança, sendo, pois, alusiva à própria reforma do Estado.

QUESTÃO	COMENTÁRIO
13 – A	Por fim, vejamos a análise de Araújo (2002, p. 7): *Todos os autores destacam também a relação orgânica existente entre a temática governabilidade/governança e a da reforma do Estado e do seu aparelho, sendo as primeiras entendidas em geral como partes de um contexto mais amplo da segunda. A **governança** relaciona-se de forma mais direta com a **reforma do aparelho**, dado que o seu caráter é na essência <u>instrumental</u> (financeiro, administrativo e técnico) [...] e que o grande objetivo da chamada reforma gerencial é aprimorá-la como capacidade de melhor formulação/implementação das políticas públicas.* *Já a **governabilidade** relaciona-se de forma mais direta com a **reforma do Estado**, vista também como a redefinição das relações Estado-sociedade, Estado-mercado e entre os Poderes ou funções do Estado (Executivo, Legislativo, Judiciário). O sistema político-partidário, a forma de governo e o mecanismo de intermediação de interesses dominante em uma sociedade (pluralista, corporativo, classista), dentre outros, constituem os principais fatores da reforma com os quais a governabilidade mantém uma relação mais estreita.* Resposta: A.
14 – C	Passemos à análise das alternativas: a) a governança liga-se ao aparelho do Estado, ao passo que a governabilidade remete ao próprio Estado, ou aos aspectos políticos deste. A alternativa está errada; b) apenas o conceito de governabilidade corresponde às condições políticas para a atuação administrativa. A alternativa está, assim, errada; c) de fato, enquanto a governança diz respeito a pré-requisitos institucionais (financeiros, gerenciais, técnicos), governabilidade refere-se ao substrato político que dá esteio à governança. A alternativa está correta; d) o modo como o aparelho estatal implementa políticas públicas refere-se à governança. A alternativa está errada; e) como vimos, há previsão, no texto de Alcindo Gonçalves, de ser a governança conceito mais amplo. Ademais, tal construto diz respeito ao aparelho administrativo. A alternativa está errada. Resposta: C.
15 Errado	O que resulta da relação de legitimidade do Estado e do seu governo com a sociedade é a governabilidade, fornecendo o substrato necessário para a implementação de políticas públicas. Nas palavras de Jardim (2001): *A capacidade política de governar ou **governabilidade** <u>derivaria da relação de legitimidade do Estado e do seu governo com a sociedade</u>, enquanto que governança seria a capacidade financeira e administrativa em sentido amplo de um governo de implementar políticas.* Desta maneira, a questão está errada.

QUESTÃO	COMENTÁRIO
16 Certo	A assertiva é a exata transcrição da segunda definição de Governança Corporativa, apresentada neste Capítulo. A questão está correta.
17 Certo	De acordo com o Código das Melhores Práticas de Governança Corporativa, eis a definição de *stakeholders* ou partes interessadas: *Partes interessadas são indivíduos ou entidades que assumem algum tipo de risco, direto ou indireto, relacionado à atividade da organização. São elas, além dos sócios, os empregados, clientes, fornecedores, credores, governo, comunidades do entorno das unidades operacionais, entre outras. O diretor-presidente e os demais diretores devem garantir um relacionamento transparente e de longo prazo com as partes interessadas e definir a estratégia de comunicação com esses públicos.* Há de se considerar que a questão foi aplicada no âmbito do concurso para a Superintendência de Seguros Privados (Susep), para candidatos de certa maneira familiarizados com a dinâmica de seguros. Todos os atores mencionados no enunciado assumem algum risco ou são afetados pelas atividades da organização. Dessa forma, a assertiva está correta.
18 Certo	A assertiva apresenta adequadamente o contexto de aprovação da Lei *Sarbanes-Oxley*, visto no Capítulo. Está, assim, correta.
19 – B	Como vimos, trata-se da Lei *Sarbanes-Oxley* (SOX), que visou, em última instância, a solidificar a governança corporativa das organizações de capital aberto, restituindo a confiança aos investidores. Resposta: B.
20 Certo	A noção de *accountability* relaciona-se, como vimos, à prestação de contas e responsabilização da Administração Pública. Assim, a alternativa D está correta.
21 Certo	O enunciado, mais do que revelar uma relação obrigacional inerente à *accountability*, traz um dever preconizado pelo parágrafo único do art. 70 da Constituição Federal de 1988: *Art. 70. [...]* *Parágrafo único. Prestará contas qualquer pessoa física ou jurídica, pública ou privada, que utilize, arrecade, guarde, gerencie ou administre dinheiros, bens e valores públicos ou pelos quais a União responda, ou que, em nome desta, assuma obrigações de natureza pecuniária.* A questão está correta.
22 Certo	Martins (2005) lista como uma das características centrais da Nova Gestão Pública a transparência e a prestação de contas. Ainda, em sua concepção mais atual (*Public Service Orientation*), arrolam-se como objetivos a cidadania, a equidade, a transparência e a accountability. A questao está certa.

Capítulo 11 | Governabilidade, Governança e *Accountability*

QUESTÃO	COMENTÁRIO
23 Certo	A notícia (ou a comunicação) institucional é uma ferramente de emprego recorrente na prática da *accountability* pelas diversas organizações, em especial no que concerne à dimensão informação/transparência (*answerability*). A assertiva está, assim, correta.
24 Certo	O fato de a *answerability* dever ser provida não só na forma contábil (por exemplo, disponibilização dos gastos mensais de um órgão público), mas também com relação a outros elementos (atividades-meio e fim realizadas, de modo geral – veiculadas por meio de recursos midiáticos – TV, internet, rádio), impinge a necessidade de a *accountability* ser considerada como variável no planejamento estratégico da área de comunicação organizacional. A questão está correta.
25 Certo	A preocupação com a *accountability* é mais proeminente na *Public Service Orientation*, o estágio mais avançado da Nova Gestão Pública. Nesta visão, há a substituição do conceito de cliente/consumidor (típico do *consumerism*) pelo de cidadão, que passa a assumir uma postura proativa na participação social e nas demandas pela prestação de contas do Estado. Tal cenário harmoniza-se com a descentralização administrativa, provendo a necessária proximidade dos prestadores de serviços públicos aos cidadãos. A questão está correta.
26 Certo	As "condições sistêmicas e institucionais" sob as quais se dá o exercício do poder (sistema político, forma de governo etc.) são justamente as condições substantivas que consubstanciam o conceito de governabilidade.
27 Errado	O clientelismo realmente se manifesta pelas relações personalistas, com a decorrente troca de favores entre a classe política estatal e setores favorecidos da sociedade. No entanto, a assertiva peca ao afirmar que o clientelismo não é instrumento de legitimação política: em conjunto com o corporativismo, o clientelismo é uma das principais estratégicas, no Brasil, para o incremento da legitimidade do Estado. A questão está errada.
28 Errado	No corporativismo "clássico", é o Estado quem cria as entidades representativas. Já no neocorporativismo, o Estado concede o reconhecimento institucional a entidades privadas. Em ambos os casos, o Estado detém a prerrogativa de autorização ou de reconhecimento. A assertiva está, portanto, errada.
29 Certo	Falou em condições **políticas** de gestão? Então está se referindo à legitimidade da atuação do Estado. Falou em legitimidade... então o conceito envolvido é o de governabilidade. Já as condições **administrativas** da gestão do Estado são alusivas às próprias condições adjetivas ou instrumentais da governabilidade, ou seja, referem-se à forma como a ação é realizada. Trata-se, assim, do conceito de governança. A questão está correta.

QUESTÃO	COMENTÁRIO
30 – ANULADA	A intenção da banca, salvo melhor juízo, era que o(a) candidato(a) associasse de modo imediato a legitimidade à governabilidade. Assim, a perda de legitimidade implicaria, de modo direto, a perda da governabilidade (e não da governança). Deste modo, o gabarito preliminar foi dado como se a assertiva estivesse errada. Contudo, como vimos, é a governabilidade que provê a base política necessária à governança. Decorre disso que a perda de legitimidade, uma vez que compromete a governabilidade, irá também impactar negativamente a governança. Como resultado final, a banca anulou a questão (apesar de, com base em literatura da área, poder ter apenas alterado o gabarito para "certa").
31 Errado	Note como a definição de governabilidade (e não de governança) de elaboração da Professora Eli Diniz, é cobrada de modo recorrente em concursos. A questão está errada.
32 Certo	Demandas recorrentes por políticas públicas que permanecem não atendidas podem implicar a insatisfação generalizada da população. É o que vemos, atualmente, nas ruas, nas diversas manifestações que ocorrem desde julho de 2013. As demandas, no caso do Brasil, são as mais diversas: saúde, educação, segurança entre outras. Em um limite, o Estado pode se ver sem a legitimidade necessária para embasar suas ações. Neste caso, pode haver uma ruptura institucional que, em determinadas situações, pode chegar até mesmo a um Golpe de Estado. Seguramente, uma das crises de governabilidade – seguida de ruptura institucional – mais famosas da história tenha sido a Revolução Francesa, culminando na derrocada da monarquia naquele país. Ante o exposto, vemos que a questão está correta.
33 Certo	As fontes da governança são as capacidades estrutural, financeira, gerencial e **técnica** do Estado. Com a adequada gestão deste ferramental, é possível ao Governo elaborar e implementar políticas públicas, exercendo, pois, a sua governança. A questão está correta.
34 – C	Vejamos os comentários às alternativas: a) As eleições e o voto (na verdade o mais correto seria a menção ao voto eleitoral) são mecanismos de *accountability* vertical, já que pressupõe o relacionamento entre desiguais (o cidadão e o Governo). A alternativa está errada. b) Esta alternativa carece de uma análise mais aprofundada. Uma maior demanda social por *accountability* exige que o gestor público atue com maior transparência, motivando seus atos e respondendo aos questionamentos da sociedade, sendo penalizado quando assim julgado apropriado. Tais ações conferem maior legitimidade à gestão. Como vimos, ao ganhar legitimidade, incorre-se em aumento de governabilidade que, por sua vez oferece a base política necessária à governança. Com esse raciocínio, vemos que a alternativa está errada. c) Relembrando a definição elaborada por Bresser-Pereira e Spink (1998), "[...] governabilidade é uma capacidade política de governar derivada da relação de legitimidade do Estado e do seu governo com a sociedade". Desta forma, realmente, sem legitimidade não há como se falar em governabilidade. A alternativa está correta.

QUESTÃO	COMENTÁRIO
34 – C	d) Uma vez entendido que as instâncias responsáveis pela fiscalização das prestações de contas pertencem à esfera pública, estamos falando de *accountability* horizontal. A alternativa está errada. e) Uma boa governabilidade é condição fundamental – mas não suficiente – para a consecução de uma boa governança. Autores analisam o Brasil, por exemplo, como dotado de boa governabilidade, mas governança deficiente. A alternativa está errada.
35 – E	A prestação de contas das entidades públicas e de seus responsáveis (ou seja, daqueles que administram os interesses públicos) é justamente o conceito de *accountability*. No entanto, cabe uma observação adicional sobre a questão. Note que, para a ESAF, **a *accountability* é considerada fundamental à governança do setor público.**
36 – A	Seguem-se os comentários às alternativas: a) Realmente, a *accountability* visa a fortalecer o controle social e político. No entanto, não há dano do controle burocrático – ao contrário, ele é mantido no contexto da *accountability* horizontal, como vimos previamente. A alternativa está errada. b) A alternativa é baseada na definição de Secchi (2009, p. 358) apresentada neste Capítulo. Desta forma, está correta. c) Esta alternativa foi baseada em texto de Gonçalves (2005, p. 3), cujo texto é transcrito abaixo: *Já a **governança tem um caráter mais amplo [do que a governabilidade]**. Pode englobar dimensões presentes na governabilidade, mas vai além. [...] "o conceito (de governança) não se restringe, contudo, aos aspectos gerenciais e administrativos do Estado, tampouco ao funcionamento eficaz do aparelho de Estado". Dessa forma, a governança refere-se a "padrões de articulação e cooperação entre atores sociais e políticos e arranjos institucionais que coordenam e regulam transações dentro e através das fronteiras do sistema econômico", incluindo-se aí "não apenas os mecanismos tradicionais de agregação e articulação de interesses, tais como os partidos políticos e grupos de pressão, como também redes sociais informais (de fornecedores, famílias, gerentes), hierarquias e associações de diversos tipos." (GONÇALVES, 2005, p. 3).* Eis que a alternativa está correta. d) Esta alternativa apresenta um exemplo (as PPPs) da relação entre atores públicos e privados na implementação de políticas públicas, convergindo para a definição de Secchi (2009, p. 358), revista na alternativa B. A assertiva está correta. e) A governabilidade refere-se, por assim dizer, à <u>faceta política (= relativa ao poder) do Estado</u>, que provê a base necessária para o exercício do governo. Assim, a assertiva está correta.

QUESTÃO	COMENTÁRIO
37 – C	Vejamos os comentários às assertivas: I. Esta é a definição de Araújo (2002, p. 6), já vista neste Capítulo. A assertiva é verdadeira. II. A manutenção de uma boa governabilidade depende da capacidade do Governo em adotar políticas públicas que agreguem os múltiplos interesses dispersos na sociedade e os façam convergir numa direção comum. A assertiva é verdadeira. III. e IV. As fontes da governabilidade são os cidadãos e a cidadania organizada (partidos políticos, associações, entidades de classe, empresariado etc.). Ambas as assertivas são falsas. V. A assertiva sintetiza os componentes do conceito de governabilidade: apoio dos cidadãos + capacidade política. A assertiva é verdadeira.
38 – E	Vejamos os comentários às alternativas: a) "Autoridade política" e "legitimidade" são características inerentes à governabilidade (e não à governança). A alternativa está errada. b) Esta é a definição de governabilidade (e não de governança) conforme Eli Diniz, também transcrita previamente neste Capítulo. As "condições sistêmicas" são alusivas aos diversos fatores que conferem legitimidade ao Estado, bem como à sua capacidade política. A alternativa está errada. c) A alternativa foi baseada no texto de Araújo (2006, p. 12), mais especificamente no trecho abaixo: *Caio Marini[18] já enfatiza o papel da **governabilidade** vista como uma premissa ou postulado fundamental para a implementação das reformas, com o objetivo não apenas de superar a crise do Estado e do seu aparelho, mas também de cooperar na sublevação do atual quadro social persistente em nosso país.* Desta forma, a alternativa está errada, visto que se trata da governabilidade (e não da governança). d) As fontes indicadas na alternativa são referentes à governabilidade. A assertiva está, portanto, errada. e) Finalmente, esta alternativa espelha de forma adequada a definição de governança, nos moldes do visto neste Capítulo. A alternativa está correta.

---

18 Trata-se de um autor, analisado por Araújo (2006).

QUESTÃO	COMENTÁRIO
39 – A	A primeira e a segunda assertivas abordam algumas das dimensões da *accountability* – notadamente a explicação/justificação ("prestação de contas") e a sanção. Estão ambas corretas. A última assertiva afirma que a *accountability* depende de mecanismos institucionais para ser eficaz. Uma análise mais aprofundada careceria de abordagem na Teoria Institucionalista, o que fugiria do escopo desta obra. No entanto, devemos apenas ter em mente que instituição é tudo aquilo que é reconhecido como legítimo pela sociedade. Assim, há práticas institucionalizadas socialmente: o voto eleitoral é um exemplo, sendo um mecanismo de controle inserido na *accountability* vertical. Em outras palavras, a *accountability* deve ser efetuada por mecanismos de disponibilização de informações (transparência), de responsividade (prestação de contas) e de sanção institucionalizados na sociedade. A assertiva está, também, correta. No entanto, cabe a ressalva de que a *accountability* societal emprega mecanismos tanto institucionais (ações legais, participação em instâncias de monitoramento etc.) quanto não institucionais (denúncias na mídia etc.), fato que não foi considerado pela banca na questão.
40 – D	Seguem os comentários às assertivas: I. A despeito de contar com algumas críticas, vejamos a definição que O'Donnel traz acerca de *accountability* horizontal: *A accountability horizontal (...) consiste na existência de órgãos do Estado com poder e capacidade, legal e de fato, para realizar ações, tanto de monitoramento de rotina **quanto de imposição de sanções criminais ou de impeachment**, em relação a omissões ilegais exercidas por outros órgãos ou agentes do Estado.* (O'DONNEL, 1999 apud MOTA, 2006, p. 37 – 38) (negrito deste autor) Com esse entendimento, a assertiva está correta. II. Uma das dimensões da *accountability* refere-se justamente à informação / transparência, constituindo-se da mera disponibilização de informações à sociedade e às demais instâncias de controle. Se a observância do princípio da publicidade, tal dimensão estaria seguramente comprometida. A assertiva está correta. III. Governança é a capacidade que um determinado governo possui de implementar políticas públicas, o que, sob certa ótica, pode denotar o resultado da articulação e do diálogo entre a sociedade e o Estado. A assertiva, nesta acepção, está correta. IV. Governabilidade constitui-se nas condições substantivas para o exercício do poder, servindo de substrato para o governo bem executar sua gestão. A assertiva está correta. V. Quanto maior a *accountability* do governo, mais democrático é o regime político, e mais positivamente sensibilizada será a percepção dos cidadãos quando evidenciada a gestão em prol do interesse público. A assertiva está, portanto, correta.

41 – D	Segue a análise das assertivas: 1. A *accountability* societal realmente é um mecanismo de controle não eleitoral (o voto eleitoral é uma ferramenta da *accountability* vertical. Ainda, conforme vimos na questão anterior, a *accountability* societal emprega mecanismos tanto institucionais (ações legais, participação em instâncias de monitoramento etc.) quanto não institucionais (denúncias na mídia etc.). A assertiva está correta. 2. A assertiva lista grupos da sociedade civil, que são efetivamente os protagonistas da *accountability* societal. A assertiva está correta. 3. Vimos que, na *accountability* societal, os mecanismos de controle são os movimentos sociais (influenciando a agenda política do Governo) e as denúncias, protagonizadas por entidades como ONGs, sindicatos, associações diversas ou a imprensa. A assertiva está correta. 4. Os agentes da *accountability* societal não possuem o poder legal para aplicarem sanções. As sanções dão-se de modo "indireto", como na forma de denúncias. A assertiva está errada.
42 – A	*Accountability* refere-se ao dever da esfera pública (Administração e agentes) de prestar contas aos cidadãos.
43 Certo	Uma das dimensões da *accountability* implica justamente a transparência das ações e práticas governamentais, como forma a cercear e esclarecer a atuação dos dirigentes públicos, mitigando eventuais ações de improbidade.
44 – B	O conceito de *accountability* remete-se, necessariamente, à prestação de contas. A questão traz à baila duas dimensões da *accountability* (e do exercício da auditoria), assim trabalhadas por Gomes (2002): **conformidade** (atrelada à legalidade) e **desempenho** (atrelada à consecução dos objetivos propostos), entendidas como complementares. Assim, a alternativa B está correta.
45 – C	Na situação hipotética exposta, denota-se o empenho da organização pública Alfa em prover transparência (*answerability* – uma das dimensões da *accountability*) atinente a seus atos, resultados, processos e custos operacionais e administrativos por meio da divulgação em portal da Internet. Trata-se de uma medida usual do setor público, no qual o Governo Eletrônico (a ser estudado no próximo Capítulo) presta-se aos propósitos da *accountability*.

CAPÍTULO 12
Governo Eletrônico (ou Digital) e Transparência

No Capítulo anterior, foi estudada a *accountability*, uma relação obrigacional inerente àquele que administra os interesses públicos de prestar contas de seus atos.

Neste Capítulo, abordaremos uma forma de modernização da atuação governamental que muito se relaciona com a *accountability*, contribuindo para a promoção de uma gestão pública mais transparente e eficiente. Estamos falando do **Governo Eletrônico**, cujo conceito é discutido a seguir.

1. Governo eletrônico ou digital: um conceito em evolução

As expressões "governo eletrônico", bem como os termos equivalentes *"e-government"*, *"e-gov"*, "governo digital" etc. passam a ser utilizadas com maior frequência após a disseminação e consolidação da ideia de comércio eletrônico (*e-commerce*), no início da década de 1990.

O conceito de **governo eletrônico**, em concepção próxima ao que vemos atualmente, surge no final da mesma década, sendo rapidamente associado ao uso das tecnologias da informação e comunicação (TICs) nos diversos níveis de governo (DINIZ et al., 2009). Trata-se de um esforço institucionalizado a partir do *boom* da Internet, sendo uma ferramenta em contínua evolução, gradualmente associada ao ganho de eficiência governamental, e à transparência / *accountability*.

O conceito de **Governo Eletrônico**, conforme salienta Joia (2002), por ser ainda emergente e extremamente abrangente, é de difícil detalhamento. Ao longo dos anos, tem havido uma "expansão" deste conceito, de forma que, se em um momento inicial falava-se apenas no uso, pelo Estado, de ferramentas diversas via Internet, hoje o conceito expandiu-se a ponto da UNESCO (2005) falar em governança eletrônica.

Assim, passaremos a discutir este conceito a partir de quatro definições, listadas a seguir:

> *Governo eletrônico* é um conceito emergente que objetiva fornecer ou tornar disponível informações, serviços ou produtos, através de meio eletrônico, a partir ou através de órgãos públicos, a qualquer momento, local ou cidadão, de modo a agregar valor a todos os stakeholders envolvidos com a esfera pública.

> *Governo eletrônico* é definido como o uso das Tecnologias da Informação e Comunicação (TICs), em particular a Internet, como ferramenta para a consecução de um governo melhor.

> O *governo eletrônico* não deve ser visto apenas por meio da disponibilização de serviços online, mas, também, pela vasta gama de possibilidades de interação e participação entre governo e sociedade e pelo compromisso de transparência por parte dos governos. Em outras palavras, as TICs contêm um enorme potencial democrático, desde que haja definição política no sentido a participação popular e transparência (PINHO, 2008, p. 475).

> Podemos definir *governo eletrônico* como as ações de governo direcionadas a disponibilizar informações e serviços à sociedade e novos canais de relacionamento direto entre governo e cidadãos, mediante o uso de recursos da Tecnologia da Informação e Comunicação, em especial a internet.

Com base nessas definições, podemos destacar **três objetivos principais do Governo Eletrônico:**

- Oferecer serviços aos cidadãos, contribuindo para o aumento da eficiência governamental;
- Disponibilizar informações aos cidadãos, agindo como um canal de prestação de contas da esfera governamental (promoção da *accountability*);
- Melhoria do processo democrático, ao passo que possibilita e incentiva a participação popular em processos políticos.

O fato é que **há uma íntima relação entre governo eletrônico e a Reforma Gerencial do Estado (ou, ainda, o *New Public Management*)**. As inovações em tecnologias da informação e comunicação, veiculadas via Internet, passaram a ser empregadas pelos governos como forma de tornarem possíveis as mudanças propostas pela Nova Gestão Pública.

A Nova Gestão Pública teve por linha mestra o aumento da eficiência na Administração Pública, orientando-se por medidas como a maior transparência na alocação dos recursos, a gestão por resultados, a adoção de práticas de mercado (do setor privado) e a ênfase na qualidade do serviço e na busca pela satisfação do cidadão-cliente. Estes objetivos trazidos pela Nova Gestão Pública demandavam o desenvolvimento de uma nova maneira de interação entre o governo e os cidadãos, entre o governo e as empresas privadas e entre as próprias esferas governamentais.

Eis o contexto em que as ferramentas de TIC são inseridas na Reforma Gerencial: elas passam a ser empregadas para facilitar o cumprimento do papel do Estado, nesse novo modelo.

Importante frisar que **governo eletrônico, em sentido amplo**, não se restringe à disponibilização de serviços automação de processos, com uso intensivo da Internet. Devemos ter em mente só se fala em governo eletrônico quando há o uso estratégico das TICs como elemento viabilizador do modelo de gestão gerencial. Nesse sentido, vejamos o que nos dizem Diniz et al. (2009, p. 27):

__Governo eletrônico__ não se restringe à simples automação dos processos e disponibilização de serviços públicos por meio de serviços online na internet [...], mas na mudança da maneira como o governo, pelo uso da TIC, atinge os seus objetivos para cumprimento do papel do Estado. Isso inclui a melhoria dos processos da administração pública, aumento da eficiência, melhor governança, elaboração e monitoramento das políticas públicas, integração entre governos, e democracia eletrônica, representada pelo aumento da transparência, da participação democrática e accountability dos governos.

Fique atento!

A **governança** refere-se ao exercício da capacidade política e administrativa do Estado na formulação e implementação de políticas públicas. Este conceito abrange (entre outras coisas), portanto, a articulação dos interesses dos cidadãos e o exercício de seus direitos e deveres.

Quando a governança é desempenhada via ferramentas de TIC, temos o que a UNESCO (2005) chama de e-**governança (ou governança eletrônica)**:

E-governança pode ser entendida como o exercício da governança por meio eletrônico, de modo a promover um processo eficiente, célere e transparente de disseminação de informações ao público e a outras agências, e para desempenhar atividades administrativas governamentais. (UNESCO, 2005, tradução do autor).

Para a UNESCO (2005), o conceito de e-governança é mais amplo do que o de governo eletrônico, justamente por considerar uma mudança no modo como os cidadãos relacionam-se com o governo e entre si.

Há de se frisar, contudo, que o conceito mais atual de governo eletrônico, ao considerar aspectos como eficiência, *accountability* e democracia, aproxima-se muito da definição vista da e-governança. **Assim, governo eletrônico, em sentido amplo, converge para o conceito de e-governança.**

Atualmente, no âmbito do Governo Federal brasileiro, tem-se adotado a terminologia governo digital, em detrimento de governo eletrônico. Tal se deve, em especial, ao Decreto n° 8.638/2016, que institui a chamada **Política de Governança Digital** no âmbito dos órgãos e das entidades da Administração Pública federal direta, autárquica e fundacional.

Na próxima seção, veremos os campos de uso do governo eletrônico, bem como as possíveis relações que o governo mantém e que são passíveis de "sustentadas" pelo governo eletrônico.

2. A aplicação do governo eletrônico

De modo geral, podemos pensar o governo eletrônico como uma forma de otimizar as relações mantidas entre o Governo e outros atores sociais (ou *stakeholders*, conforme visto anteriormente). Assim, um modo de se analisar a aplicação do governo eletrônico é a partir do **foco nas relações** passíveis de se tornarem mais eficientes pelo uso do *e-gov*. Vejamos o quadro abaixo:

RELAÇÕES OTIMIZADAS PELO GOVERNO ELETRÔNICO	
RELAÇÃO	DISCRIMINAÇÃO
Governo – Governo (G2G)[1]	São as relações entre governos federais, estaduais e municipais, além das relações entre órgãos dos três Poderes, com vistas à coordenação e cooperação entre segmentos do Governo.
Governo – Cidadão (G2C)	Contempla a interação entre o governo e o cidadão, seja na prestação de serviços pelo Estado, na disponibilização de informações ou no estabelecimento de canais para a participação da sociedade em iniciativas democráticas.
Governo – Negócio (ou Governo – Mercado) (G2B)	Trata-se, eminentemente, das relações entre o governo e seus fornecedores. O governo eletrônico é amplamente utilizado nessa relação, seja na divulgação das compras governamentais, na condução de licitações na modalidade pregão (na forma eletrônica), no cadastramento de fornecedores (SICAF) etc.
Governo – agente público (G2E)	Contempla a interação entre o governo e funcionários / servidores públicos, em especial no que diz respeito à disponibilização de informações e à prestação de serviços. Neste caso, muitas vezes o canal de comunicação é via rede interna do próprio órgão em que está lotado o agente público (usualmente chamada de "intranet").

Os objetivos das aplicações do governo eletrônico são sintetizados da seguinte forma por Prado et al. (2011, p. 7):

---

[1] Estas siglas são empregadas na literatura especializada sobre o *e-gov*, tendo por base os termos na língua inglesa. (G2C = govern to citizen / G2B = govern to business / G2E = govern to employee / G2G = govern to govern).

	G2C	G2B
Externo	**Objetivo:** prover serviços satisfatórios aos cidadãos para aprimorar o relacionamento entre governo e os cidadãos	**Objetivo:** prover melhores serviços às organizações pela redução de custos de transação e eliminação de dados redundantes
	G2E	G2G
Interno	**Objetivo:** melhorar a eficiência e a eficácia da administração governamental	**Objetivo:** promover a colaboração e a cooperação entre os diferentes níveis de governo e as localizações físicas diversas
	Indivíduos	**Organizações**

Este conhecimento já caiu em concursos:

Q1. (FCC / TCE / 2008) O Portal do Tribunal de Contas do Ceará na Internet é um exemplo de governo eletrônico (E-Gov), por provocar transformações profundas nos relacionamentos. Os relacionamentos mantidos pelo Tribunal com os cidadãos e com os demais órgãos governamentais denominam-se, respectivamente,

a) G2G e G2B;

b) G2B e C2G;

c) G2C e G2G;

d) B2G e C2G;

e) C2G e G2B.

Esta é uma questão relativamente simples, que cobra do candidato o conhecimento das siglas que se referem aos tipos de relacionamento suportados pelo e-gov.

O relacionamento do tribunal (governo) com os cidadãos é do tipo G2C (*govern to citizen*).

Já o relacionamento do tribunal (governo) com outros órgãos governamentais (governo) é do tipo G2G (*govern to govern*).

Resposta: C.

Em óptica complementar, ao aproximarmos o conceito de governo eletrônico (em sentido amplo) da definição de e-governança, mostra-se pertinente, ainda, observarmos a categorização que a UNESCO (2005) faz dos possíveis <u>campos de uso das TICs pelo setor público</u>, conforme disposto no quadro a seguir:

CAMPOS DE USO DAS TICs PELO SETOR PÚBLICO	
CAMPO	**DISCRIMINAÇÃO**
Serviços Públicos Eletrônicos (*e-services*)	Trata-se da prestação de serviços aos cidadãos, utilizando-se ferramentas de TIC por meio de canais digitais de acesso. Como exemplos, teríamos: consulta à situação de CPF / CNPJ, inscrição em concursos públicos, consulta à normas legais, busca de informações sobre serviços públicos de educação etc.
Administração Pública Eletrônica (*e-administration*)	Relaciona-se à melhoria dos processos internos governamentais, por meio da utilização das TICs na automatização e na informatização de processos. Este é o campo mais antigo na prática do setor público brasileiro. Exemplos de iniciativas de Administração Pública Eletrônica seriam: suporte digital à definição da agenda política, automatização de processos internos em órgãos públicos (TCU, STJ entre outros), integração de políticas públicas entre esferas federativas e entre Poderes, desenvolvimento de sistemas informatizados diversos (sistemas de gestão de pessoas, de pagamento de pessoal, de compras etc.).
Democracia Eletrônica (*e-democracy*)	Relaciona-se ao ganho, possibilitado pelo uso das TICs, na participação da sociedade nos processos democráticos e de tomada de decisão do governo. Este campo transcende a *accountabiliy*, contemplando a implementação da participação ativa do cidadão na elaboração, no acompanhamento e no controle das políticas públicas. Exemplos de inciativas de e-democracia são a discussão, em comunidades virtuais formadas pela Câmara dos Deputados, de temas referente a projetos lei em tramitação, bem como a definição, via o *site* daquele órgão, de tópicos a serem debatidos com os deputados federais.

Como podemos ver, as possibilidades de uso das TICs pelo setor público são vastas e estão em constante evolução, pelo simples fato da tecnologia e da sociedade também encontrarem-se em constante evolução. Por exemplo: a noção que hoje temos da democracia eletrônica era no mínimo incipiente na década de 1990, quando houve o *boom* inicial do governo eletrônico.

Mas o uso da tecnologia da informação pelo governo não é algo novo. Remonta, na realidade, de meados do século passado. No caso do Brasil, o emprego é mais sentido a partir da década de 1970. A seguir, veremos como se deu o desenvolvimento do uso de ferramentas de TIC no setor público brasileiro.

3. A Evolução do Uso das TICs no Setor Público Brasileiro

As tecnologias da informação têm sido empregadas por organizações públicas ao redor do mundo desde a década de 1950. Num primeiro momento, as aplicações de TI foram desenvolvidas para o uso restrito de poucos funcionários públicos. Contudo, nas décadas seguintes, as operações governamentais envolveram-se gradualmente com sistemas informatizados, "até o ponto de depender de TI como uma ferramenta fundamental para a execução de suas funções" (DIAS, 2008, p. 48).

No Brasil, a informatização do setor público teve início na década de 1970, em esforços paralelos à inserção de tecnologias da informação pelo setor privado nacional. Os primeiros esforços nesse sentido deram-se na área de finanças públicas, visando a um controle mais eficiente na gestão das receitas e despesas governamentais.

Diniz (2005) faz uma segmentação em fases acerca **da evolução do uso da tecnologia da informação na gestão pública brasileira**. Tomando por base a contribuição dessa autora, veremos a seguir como as ferramentas de TI foram gradualmente inseridas na gestão pública, moldando o que hoje entendemos por governo eletrônico, em sentido amplo.

1ª Fase: A Gestão Interna (1970 a 1992)

Esta fase inicial foi marcada pelo foco na gestão interna, com o desenvolvimento de aplicações voltadas, essencialmente, à eficiência de processos administrativos financeiros. A atenção estava voltada à automação e ao controle da arrecadação tributária e das despesas públicas, em especial a folha de pagamento. Neste período, houve destaque da atuação das Secretarias de Fazenda junto a empresas públicas detentoras do monopólio de serviços de TI junto ao setor público, na definição do modelo da gestão de informação, que perdura, grosso modo, até os dias atuais.

Para Diniz (2005), a iniciativa mais simbólica e de maior expressão dessa primeira fase é a implementação da Declaração de Imposto de Renda por meios eletrônicos, um esforço da Receita Federal, órgão do Ministério da Fazenda. O processo eletrônico da declaração automatizou uma série de cálculos, bem como tornou menos complexa uma série de regras de dedução de impostos e de declaração de bens. Ao final do preenchimento pelo contribuinte, muito das inconsistências eram apontadas e resolvidas. À época, o conteúdo da declaração era armazenado em um disquete, a ser entregue pessoalmente na rede bancária ou na própria Receita Federal do Brasil.

Apesar de serem evidentes as vantagens para os contribuintes, mais relevantes são os benefícios decorrentes aos processos internos da administração pública. A informatização do imposto de renda colocou um fim na necessidade de digitação dos dados de milhões de declarações pelos servidores públicos da Receita Federal. Os resultados foram a redução de erros, a maior celeridade de processamento, e a menor necessidade de recursos humanos.

2ª Fase: Serviços e Informações ao Cidadão (1993 a 1999)

A década de 1990 traz, na visão de Diniz (2005), duas "revoluções" no que diz respeito à informatização do governo brasileiro: a disseminação da **microcomputação** e a publicação do **Código de Defesa do Consumidor – CDC** (Lei nº 8.078/90).

No campo da tecnologia, a **microcomputação** possibilitou acesso facilitado às ferramentas de tecnologia da informação, tendo em vista que o computador tornou-se "pessoal". O desenvolvimento de equipamentos menores, mais potentes e mais baratos implicou a institucionalização definitiva da informática como instrumento de trabalho na esfera pública.

Já no campo comportamental, o **Código de Defesa de Consumidor** acarretou uma maior atenção pela sociedade nos direitos do cidadão. Em consonância com os princípios da Nova Gestão Pública, o indivíduo passa então a ser entendido como consumidor-cliente, havendo, pois, esforços do Estado no sentido de aproximar os serviços públicos dos cidadãos.

O resultado dessas "revoluções" foi a adoção de uma política de oferta de serviços públicos mediados pelas tecnologias da informação. Criam-se os SACs[2] (Serviços de Atendimento aos Cidadãos), que reúnem em um único estabelecimento os mais diversos serviços públicos (confecção de documentos pessoais diversos, licenciamentos de veículos, requerimento para seguro-desemprego etc.). Nesta fase, a prestação de serviços ao cidadão é feita, em grande parte, pessoalmente ou via telefone.

3ª Fase: Serviços e Informações Via Internet (2000 – hoje)

Esta fase encontra-se, até os dias de hoje, em expansão, tendo em vista que as inovações no âmbito da Internet são cada vez mais recorrentes.

---

2 Um exemplo de sucesso de SAC, em constante evolução, é o Poupatempo, no Estado de São Paulo.

Foi por meio da Internet que a houve a consolidação daquilo que hoje é o conceito de governo eletrônico. O maior acesso digital, a capacidade crescente dos microcomputadores e as novas tecnologias da Internet foram fatores centrais que contribuíram para o crescimento de portais de órgãos públicos, responsáveis não só pela oferta de serviços diversos aos cidadãos, mas também pela prestação de contas junto à sociedade.

A necessidade de prestação de contas e de transparência da gestão (*accountability*) passou a ser uma exigência legal, por força da **Lei de Responsabilidade Fiscal – LRF (Lei Complementar nº 101/2000)**:

> Art. 48. São instrumentos de transparência da gestão fiscal, aos quais será **dada ampla divulgação, inclusive em meios eletrônicos de acesso público**: os planos, orçamentos e leis de diretrizes orçamentárias; as prestações de contas e o respectivo parecer prévio; o Relatório Resumido da Execução Orçamentária e o Relatório de Gestão Fiscal; e as versões simplificadas desses documentos.
>
> Parágrafo único. A transparência será assegurada também mediante
>
> [...]
>
> II – liberação ao pleno conhecimento e acompanhamento da sociedade, em tempo real, de informações pormenorizadas sobre a execução orçamentária e financeira, **em meios eletrônicos de acesso público**; [...]

No Brasil, o marco inicial para a implantação do Governo Eletrônico é o ano de 2000, quando, por meio do **Decreto Presidencial nº 3/2000**, criou-se um Grupo de Trabalho Interministerial *"para examinar e propor políticas, diretrizes e normas relacionadas com as novas formas eletrônicas de interação"*.

O trabalho deste Grupo de Trabalho em Tecnologia da Informação (GTTI) foi incorporado ao Programa Sociedade da Informação, coordenado pelo Ministério da Ciência e Tecnologia, e concentrou esforços em três linhas principais:

- Universalização dos serviços;
- Governo ao alcance de todos, e
- Infraestrutura avançada.

Ao final dos trabalhos do GTTI, por meio do Decreto Presidencial de 18 de outubro de 2000, criou-se o **Comitê Executivo do Governo Eletrônico (CEGE)**, "com o objetivo de formular políticas, estabelecer diretrizes, coordenar e articular as ações de implantação do Governo Eletrônico, voltado para a prestação de serviços e informações ao cidadão".

A partir desse momento, a década passada viu uma série de progressos na institucionalização do governo eletrônico pelo setor público brasileiro. O quadro abaixo traz uma síntese dos principais fatos que marcaram a implantação do governo eletrônico nos últimos anos.

PRINCIPAIS FATOS EM PROL DO GOVERNO ELETRÔNICO (2000-hoje)	
ANO	FATO
2000	• Criação de um grupo de trabalho interministerial (GTTI), destinado a discutir as diretrizes nacionais inerentes às "novas formas eletrônicas de interação". É o marco inicial do governo eletrônico brasileiro; • Criação do **Comitê Executivo do Governo Eletrônico**, voltado à implantação do Governo Eletrônico no Brasil. (atualmente, a presidente do CEGE é a Ministra-Chefe da Casa Civil da Presidência da República, Gleisi Hoffmann)
2002	A Secretaria de Logística e Tecnologia da Informação (SLTI) do Ministério do Planejamento, Orçamento e Gestão (MPOG), com a colaboração de membros do CEGE, publica um documento de avaliação dos 02 anos de Governo Eletrônico, traçando um diagnóstico que serviu de base para desenvolvimentos futuros.
2003	Por meio do Decreto de 29 de outubro, são instituídos 8 (oito) **comitês técnicos** do CEGE, que passam a ser supervisionados pela SLTI. Os comitês são os que seguem: • Implementação do *Software* Livre; • Inclusão Digital; • Integração de Sistemas; • Sistemas Legados[3] e Licenças de *Software*; • Gestão de Sítios e Serviços *On-Line*; • Infraestrutura de Rede; • Governo para Governo (G2G); • Gestão de Conhecimentos e Informação Estratégica.

---

3 **Sistemas Legados** são sistemas informatizados que, a despeito de serem bastante antigos (muitas vezes utilizando bancos de dados obsoletos), fornecem serviços essenciais aos órgãos.

PRINCIPAIS FATOS EM PROL DO GOVERNO ELETRÔNICO (2000-hoje)	
ANO	FATO
2004	É criado o **Departamento de Governo Eletrônico**, por meio do Decreto nº 5.134/2004. Trata-se de um órgão que compõe a estrutura da SLTI / MPOG e que conta com as seguintes atribuições: *I – coordenar e articular a implantação de ações unificadas e integradas de governo eletrônico;* *II – coordenar as atividades relacionadas à integração da prestação de serviços públicos por meios eletrônicos na Administração Federal;* *III – normatizar o desenvolvimento de ações de governo eletrônico na Administração Federal; e* *IV – sistematizar e disseminar informações relacionadas às ações de governo eletrônico da Administração Federal.*
2005	• Lançamento do Modelo de Acessibilidade de Governo Eletrônico (e-MAG), que normatiza a acessibilidade nos portais e sítios eletrônicos da administração pública para o uso dos portadores de necessidades especiais, garantido-lhes pleno acesso aos recursos disponíveis; • Publicação do Decreto nº 5.450/2005, tornando obrigatório o uso do pregão, na forma eletrônica, para a aquisição e contratação de bens e serviços comuns.
2006	• Surge o **Portal de Inclusão Digital**,[4] voltado a disseminar ações voltadas à população carente, reunindo informações sobre diversos programas de inclusão digital.
2008	• Surgem os **padrões Brasil e-gov** (recomendações de boas práticas agrupadas em formato de cartilhas), com o intuito de aprimorar a comunicação e o fornecimento de informações e de serviços prestados por meios eletrônicos pelos órgãos do Governo Federal; • Lançamento do **Portal de Convênios** para a realização, via Internet, de convênios e contratos de repasse entre a União e estados/municípios. Estabelece-se, assim, um novo tipo de relação entre a Administração Pública Federal e os demais entes federativos.
2010	A SLTI, em atendimento aos princípios das **compras sustentáveis**, publica a Instrução Normativa nº 01 de 2010, que recomenda aos órgãos públicos a aquisição de computadores menos poluentes ao meio ambiente.
2012	Entra em vigor a Lei de Acesso à Informação (Lei nº 12.527/2011). Entre seus dispositivos, destacamos o conteúdo de seu art. 8º: *"Art. 8º É dever dos órgãos e entidades públicas **promover**, independentemente de requerimentos, **a divulgação em local de fácil acesso**, no âmbito de suas competências, **de informações de interesse coletivo ou geral** por eles produzidas ou custodiadas.* *[...]*

---

4 Disponível em: <http://www.inclusaodigital.gov.br/>.

PRINCIPAIS FATOS EM PROL DO GOVERNO ELETRÔNICO (2000-hoje)	
ANO	FATO
2012	*§ 2º Para cumprimento do disposto no caput, os órgãos e entidades públicas deverão utilizar todos os meios e instrumentos legítimos de que dispuserem, <u>sendo obrigatória a divulgação em sítios oficiais da rede mundial de computadores (internet)</u>.* *§ 3º Os sítios de que trata o § 2º deverão, na forma de regulamento, atender, entre outros, aos seguintes requisitos:* *I – conter ferramenta de pesquisa de conteúdo que permita o acesso à informação de forma objetiva, transparente, clara e em linguagem de fácil compreensão;* *II – possibilitar a gravação de relatórios em diversos formatos eletrônicos, inclusive abertos e não proprietários, tais como planilhas e texto, de modo a facilitar a análise das informações;* *III – possibilitar o acesso automatizado por sistemas externos em formatos abertos, estruturados e legíveis por máquina;* *IV – divulgar em detalhes os formatos utilizados para estruturação da informação;* *V – garantir a autenticidade e a integridade das informações disponíveis para acesso;* *VI – manter atualizadas as informações disponíveis para acesso;* *VII – indicar local e instruções que permitam ao interessado comunicar-se, por via eletrônica ou telefônica, com o órgão ou entidade detentora do sítio; e* *VIII – adotar as medidas necessárias para garantir a acessibilidade de conteúdo para pessoas com deficiência [...]"* Como vemos, com a vigência da **Lei de Acesso à Informação**, <u>acentua-se a relação entre governo eletrônico e transparência da ação estatal</u>, sendo a Internet o canal preferencial de informação e de interação com a sociedade.
2013	Publicado o Decreto nº 8.135/2013, que dispõe sobre as <u>comunicações de dados da Administração Pública federal direta, autárquica e fundacional</u>. De acordo com a norma, tais comunicações deverão ser realizadas por redes de telecomunicações e serviços de tecnologia da informação fornecidos por órgãos ou entidades da Administração Pública federal, incluindo empresas públicas e sociedades de economia mista da União e suas subsidiárias.
2014	Entra em vigor a Lei nº 12.965/2014, conhecida como **Marco Civil da Internet**. Trata-se da norma que traz diretrizes da atuação estatal em prol do desenvolvimento da internet no Brasil, bem como prevê direitos/garantias e deveres para os usuários da rede mundial de computadores.
2015	O ano é marcado pela edição de dois decretos, assim arrolados: • Decreto nº 8.414/2015, que institui o Programa Bem Mais Simples Brasil, com a finalidade de simplificar e agilizar a prestação dos serviços públicos e de melhorar o ambiente de negócios e a eficiência da gestão pública. Um de seus objetivos é a integração dos sistemas de informação pelos órgãos públicos para oferta de serviços públicos;

PRINCIPAIS FATOS EM PROL DO GOVERNO ELETRÔNICO (2000-hoje)	
ANO	FATO
2015	• Decreto nº 8.539/2015, que dispõe sobre o uso do meio eletrônico para a realização do processo administrativo no âmbito dos órgãos e das entidades da Administração Pública federal direta, autárquica e fundacional.
2016	Há duas ações de maior relevância: • Publicação do Decreto nº 8.638/2016, que institui a **Política de Governança Digital** no âmbito dos órgãos e das entidades da Administração Pública federal direta, autárquica e fundacional. Como decorrência, o Ministério do Planejamento, Desenvolvimento e Gestão lança a **Estratégia de Governança Digital 2016 - 2019**[5], com o propósito de "orientar e integrar as iniciativas de transformação digital dos órgãos e entidades do Poder Executivo Federal, por meio da expansão do acesso às informações governamentais, da melhoria dos serviços públicos digitais e da ampliação da participação social"; • Entra em vigor o Decreto nº 8.777/2016, que institui a Política de Dados Abertos do Poder Executivo federal.
2017	Publicado o Decreto nº 9.094/2017, que versa sobre a simplificação dos serviços públicos.
2018	Publicado o Decreto nº 9.319/2018, que institui o Sistema Nacional para a Transformação Digital e estabelece a estrutura de governança para a implantação da Estratégia Brasileira para a Transformação Digital. O intuito, em apertada síntese, é o incremento da competitividade e da produtividade da economia brasileira, por meio de ações para impulsionar a digitalização de processos produtivos em um horizonte de quatro anos.

Uma vez feito um apanhado histórico do emprego das tecnologias da informação e comunicação no setor público nacional, resta, por fim, analisarmos quais as diretrizes atuais inerentes à política de governo eletrônico no Brasil. É o que veremos na próxima seção.

4. Diretrizes Gerais de Implantação e Operação do Governo Eletrônico no Brasil

Atualmente, o Ministério do Planejamento, Desenvolvimento, e Gestão lista 7 (sete) diretrizes gerais de implantação e de operação do Governo Eletrônico, que são seguidas no âmbito dos Comitês Técnicos do CEGE.

De forma geral, **as diretrizes atuam em três frentes fundamentais**, a saber:

---

5   Disponível em: <https://www.governodigital.gov.br/EGD/documentos/revisao-da-estrategia-de-governanca-digital-2015-2019.pdf>. O documento foi revisado em maio de 2018.

- Junto ao cidadão;
- Na melhoria da gestão interna do governo;
- Na integração com parceiros e fornecedores.

As diretrizes, abordadas a seguir, devem ser entendidas como orientações para todas as ações de governo eletrônico, gestão do conhecimento e gestão da tecnologia da informação em toda a Administração Pública Federal.

1) Promoção da Cidadania

Trata-se de uma visão de acordo com a *Public Service Orientation* (PSO), marcada pela substituição da visão do cliente / consumidor pelo de **cidadão**. Assim, o governo eletrônico incorpora a promoção da participação do cidadão e do controle social (*accountability*), bem como a prestação de serviços como direito social.

2) Inclusão Digital

A inclusão digital é entendida como um direito inerente à cidadania e, dessa forma, objeto de políticas públicas. Dois aspectos são merecedores de destaque nessa diretriz:

- A inclusão digital não deve contemplar apenas indivíduos, mas também organizações da sociedade civil, visando à formação de práticas políticas diferenciadas;
- A inclusão digital não deve ser vista apenas como um modo de se ampliar o quantitativo de usuários dos serviços públicos por meio de canais informatizados, mas sim "como estratégia para construção e afirmação de novos direitos e consolidação de outros pela facilitação de acesso a eles"[6].

3) Opção pelo *Software* Livre

***Software* livre** é o aplicativo de computador que permite ao usuário conhecer seu código-fonte (as "linhas de programação"), possibilitando a liberdade não só de execução do programa, mas também de estudo, cópia, modificação e até mesmo a distribuição das versões modificadas.

---

6 Fonte: <http://www.governoeletronico.gov.br/o-gov.br/principios>. Acesso em: 23.01.2013.

Devemos ter em mente que a opção tecnológica do Governo Federal é a utilização do *software* livre. Tal medida é justificada não por aspectos econômicos, mas sim pela maior possibilidade de geração de conhecimento, seja mediante o maior entendimento da estrutura dos aplicativos e ao favorecimento do desenvolvimento do *software* nacional.

4) Gestão do conhecimento como instrumento de política pública

As políticas de Governo Eletrônico devem servir de base para a **gestão de conhecimento**, entendida como "um conjunto de processos sistematizados, articulados e intencionais, capazes de assegurar a habilidade de criar, coletar, organizar, transferir e compartilhar conhecimentos estratégicos"[7].

Estes conhecimentos estratégicos podem subsidiar a tomada de decisão e a gestão de políticas públicas. Além disso, nesse processo, o cidadão é incluído como potencial produtor de conhecimento coletivo.

5) Racionalização do uso de recursos

O Governo Eletrônico não deve implicar aumento de gastos do governo federal na prestação de serviços e em tecnologia da informação. Deve-se procurar, a todo instante, a racionalização do uso de recursos, em especial através do compartilhamento de mão de obra, de equipamentos, e das ações de desenvolvimento e operacionalização de soluções entre órgãos públicos.

6) Integração de políticas, sistemas, padrões e normas

A efetiva implantação de iniciativas de Governo Eletrônico depende de fundamentação normativa e de padronização de métodos.

7) Integração das ações de Governo Eletrônico com outros níveis de governo e com outros Poderes

A divisão do Estado brasileiro em esferas da federação e a divisão dos Poderes (Executivo, Legislativo e Judiciário) não podem ser obstáculos à efetiva implantação do Governo Eletrônico. Deve-se buscar a integração de ações, formando-se uma rede que envolva todo o setor público.

---

7 Fonte: <http://www.governoeletronico.gov.br/o-gov.br/principios>. Acesso em: 23.01.2013.

Questões de Concursos

1. (CESPE / TCE – SC / 2016) A governança eletrônica por meio das redes sociais, apesar de proporcionar maior participação dos cidadãos nas atividades públicas, pouco auxilia a população na solução e atendimento de demandas locais.

2. (CESPE / TRE – PI / 2016) As ações do governo eletrônico, relacionadas especialmente ao e-governança, e-democracia e e-governo, embora favoreçam a transparência, limitam a participação do cidadão e o fortalecimento da cidadania.

3. (CESPE / SUFRAMA / 2014) A adoção do governo eletrônico no Brasil é resultado das transformações do papel do Estado e da busca por mecanismos de transparência e controle social.

4. (CESPE / MEC / 2015) A política de governo eletrônico brasileira (e-GOV) segue um conjunto de diretrizes que atuam em três frentes. 1) junto ao cidadão; 2) na melhoria da gestão interna; e 3) na integração com parceiros e fornecedores.

5. (CESPE / CADE / 2014) Vinculado apenas às tecnologias da informação, o governo eletrônico permite o controle e o acompanhamento dos atos de governo.

6. (CESPE / CADE / 2014) Processos redesenhados com a implantação de instrumentos de governo eletrônico comumente geram maiores recursos e ampliação de serviços, o que proporciona maior integração e maior possibilidade de acesso às decisões governamentais.

7. (CESPE / TCE – SC / 2016) O uso de tecnologias da informação, que possibilita a elevação da eficiência administrativa e a melhoria tanto dos serviços internos como daqueles prestados ao cidadão, deu origem ao chamado governo eletrônico.

8. (CESPE / TCU / 2013) O governo eletrônico associa-se ao conceito de *accountability*, por proporcionar transparência aos atos do governo e publicidade às informações governamentais.

9. (ESAF / AFT – MTE / 2010) Sobre o tema "governo eletrônico e transparência", é correto afirmar:
   a) Para uma maior transparência dos governos, é necessário que as informações estejam disponíveis em linguagem acessível, para entendimento do público em geral.
   b) Em regiões com altos índices de exclusão digital, é justificável a pouca transparência dos governos locais.
   c) Como instrumento efetivo para uma melhor governança, a simples implementação do governo eletrônico garante maior eficiência e transparência.
   d) Quanto maior é a oferta de serviços on-line disponibilizados ao cidadão, maior é a transparência dos atos públicos.
   e) A dimensão tecnológica é mais importante que a político-institucional para definir em que medida um governo eletrônico pode ser mais ou menos transparente.

10. (ESAF / AFRFB / 2009) Sob o ponto de vista do cidadão, podemos afirmar que os seguintes mecanismos, todos acessíveis pela Internet, são mantidos pelo governo federal como instrumentos de transparência, exceto:
    a) ComprasNet.
    b) IAFI.
    c) Portal Brasil.
    d) Portal da Transparência.
    e) Portal de Convênios.

11. (FCC / TRE – AL / 2010) De acordo com o Decreto Federal nº 5.482 de 30 de junho de 2005, que dispõe sobre a divulgação de dados e informações pelos órgãos e entidades da administração pública federal, por meio da Rede Mundial de Computadores – Internet, o órgão responsável pela gestão do Portal da Transparência é:
    a) o Tribunal de Contas da União;
    b) o Senado Federal;
    c) a Controladoria Geral da União;
    d) a Câmara dos Deputados;
    e) a Secretaria do Tesouro Nacional.

12. (ESAF / ANA / 2009) Desde o ano passado, o governo federal disponibiliza informações oficiais sobre a celebração, a liberação de recursos, o acompanhamento da execução e a prestação de contas de convênios, contratos de repasse e termos de parceria, via Internet, por meio de página específica denominada:
    a) Portal dos Convênios.
    b) SIAFI – Convênios.
    c) Portas Abertas.
    d) Portal da Moralidade.
    e) Transparência – Brasil.

13. (ESAF / AFT – MTE / 2006) Seleciona a opção incorreta:
    a) Um dos objetivos da Tecnologia da Informação é dar maior transparência às ações do Estado por meio da divulgação de dados.
    b) A Tecnologia da Informação é uma ferramenta de modernização da gestão tanto pública como privada.
    c) A Tecnologia da Informação conta hoje com avanços das tecnologias da comunicação, possibilitando o desenvolvimento de ferramentas conjuntas.
    d) A Tecnologia da Informação conta com *mainframes* cada vez mais potentes que permitem o acesso direto ao usuário-cidadão.
    e) Internet, intranet, infovias, correio eletrônico, educação online são algumas Tecnologias de Informação usadas pela administração.

14. (ESAF / AFT – MTE / 2006) A unificação da informática com a comunicação oportunizaram[8] o uso de internet no setor público. Indique se as frases a seguir são falsas (F) ou verdadeiras (V) e assinale a opção correta.
    I. Através da internet, a administração pública disponibiliza dados e relatórios, dando possibilidade aos cidadãos de decidirem sobre ações do governo.
    II. A internet possibilita a divulgação de informações para os cidadãos sobre campanhas, procedimentos administrativos, entre outros.
    III. O uso eficiente da internet possibilita a modernização dos órgãos públicos, promovendo maior profissionalismo.
    IV. Através da internet, o setor público pode ofertar serviços ao cidadão e disponibilizar dados que permitem o controle externo.
    Selecione a opção correta:
    a) somente I e II são falsas;
    b) somente II e IV são verdadeiras;
    c) somente a IV é verdadeira;
    d) somente a I é falsa;
    e) somente a III e IV são falsas.

15. (ESAF / AFRFB / 2003) Julgue as sentenças sobre contribuições do governo eletrônico para as organizações públicas e para a cidadania.
    I. Ouvidorias efetivas devem proporcionar uma comunicação em duplo sentido.
    II. Os instrumentos de consulta e audiência públicas não impõem o controle do aproveitamento de críticas e sugestões.

---

8 O erro de concordância foi da banca... o correto seria "A unificação da informática com a comunicação oportunizou..."

III. A transparência não se limita à disponibilização de informações e divulgação de atos e fatos por meio eletrônico.

IV. A inclusão digital está relacionada à posse de computadores capazes de acessar, por meio da Internet, *websites* de informações e serviços públicos.

A quantidade de itens certos é igual a:

a) 0;

b) 1;

c) 2;

d) 3;

e) 4.

16. (FCC / MPE – AP / 2012) Pode-se esperar que bons serviços públicos possibilitem a melhoria da qualidade de vida das pessoas e sejam sustentáveis. Essa promoção de bem-estar coletivo deve ser a missão da administração pública, e isso deve ser buscado tanto em termos econômicos, como sociais e ambientais. Um elemento chave para a interação com o cidadão é o governo eletrônico, que é um instrumento facilitador do controle civil sobre ações da administração pública e de atos de seus gestores, sejam políticos ou administradores. Outros benefícios gerados pelo governo eletrônico são:

    a) Disponibilidade de atendimento on-line e de uso de comunicação instantânea (chats) para atender questões dos cidadãos em quaisquer órgãos e esferas.

    b) Inclusão digital, já que legalmente os órgãos públicos federais possuem equipamentos informáticos e acessórios para atender necessidades de seus cidadãos.

    c) Melhor acompanhamento de performance profissional, visto que o uso de câmeras de vídeo aliada à informática, permite acompanhar o trabalho de servidores.

    d) Facilidade no acesso de informações e ampliação de canal de comunicação via internet.

    e) Realização de todo tipo de compras de produtos e serviços, por meio de mecanismo de licitação, o pregão eletrônico.

17. (ESAF / AFRF / 2002) Julgue os itens relativos às implementações do governo eletrônico:

    I. Utilização intensiva de tecnologia de comunicações e informação na administração pública.

    II. Estabelecimento de canais de acesso com o público em geral e segmentos beneficiários específicos.

    III. Apoio e fomento à indústria na área de tecnologia de comunicações e informação.

    IV. Programas de redução da exclusão digital, popularização de equipamentos e do acesso.

    V. Disponibilização de informações e prestação de serviços por meio da internet.

A quantidade de itens corretos é igual a:
a) 1;
b) 2;
c) 3;
d) 4;
e) 5.

18. (CESPE / TRE – MA / 2009) Os diversos sistemas do governo federal, que funcionavam isoladamente, passaram a trabalhar de forma integrada, delineando nova forma de governo-rede, agregando benefícios como maior confiabilidade das informações e redução de custos. Do ponto de vista da administração, por exemplo, o Sistema Integrado de Administração de Serviços Gerais (SIASG) atua como ferramenta de apoio para atividades de gestão de materiais, licitações, contratos e fornecedores. Acerca da tecnologia de informação, da gestão de redes e da comunicação na gestão pública, assinale a opção correta.

a) Os avanços na tecnologia da informação produzem profundos impactos na administração pública. Apesar de a reforma gerencial proporcionar mais informações e melhor qualidade aos dirigentes públicos, a transparência pública não contribui para garantir caráter mais democrático e orientado para a consolidação da cidadania.

b) Considerando que a informação é sempre imperfeita, pois sofre influência dos editoriais, de pressões e interesses que caracterizam as sociedades, a comunicação pela Internet possibilita maior interação quanto às políticas, aos projetos e às medidas adotadas pelo governo, apesar de não poder ser considerada como um instrumento de comunicação institucional deste.

c) Ainda que a rede do governo ofereça acesso a informações sobre as políticas, os projetos e as ações governamentais, bem como sobre a tramitação de demandas dirigidas aos órgãos públicos ou de interesse do cidadão, falta a ela a integração necessária com os sistemas administrativos informatizados dos variados órgãos, limitando o acesso dos cidadãos às informações, principalmente quanto aos gastos governamentais.

d) O aumento das tecnologias de informação no setor público tem gerado maior nível de burocratização dos serviços de gestão governamental, pois demanda atualizações frequentes dos dados daquelas organizações que lidam com o governo.

e) O uso das tecnologias de informação e comunicação promove avanços significativos na gestão da informação pelo serviço público, o que possibilita a redução dos custos, o aperfeiçoamento dos processos e a capacitação para prestar serviços e informações de melhor qualidade, promovendo a transparência das ações governamentais.

19. (FCC / TCE – PR / 2011) O e-gov, enquanto uma modalidade de ação governamental, é:
    a) Um instrumento exclusivo dos poderes executivos em qualquer esfera pública.
    b) Uma ferramenta de TI – Tecnologia de Informação – que tem como demanda central a troca de informações internas, no âmbito da administração pública.
    c) Uma ação governamental que permite acesso a qualquer cidadão e a troca de informações entre Estado e fornecedores.
    d) Um programa governamental que se materializa por meio de portais de acesso de órgãos do governo federal.
    e) Um instrumento de ação que auxilia a inclusão digital de cidadãos, sendo um programa de fomento exclusivo da indústria tecnológica e de modernização da educação.

20. (CESPE / STM / 2011) As iniciativas de e-gov (governo eletrônico) têm se mostrado insuficientes no que se refere ao fornecimento de acesso de maior qualidade às informações e serviços à população.

Gabarito Comentado

QUESTÃO	COMENTÁRIO
1 Errado	De acordo com Frey (2000), ao analisar a e-governança, "as TIC podem ser um catalisador não apenas para mudar o foco dos serviços públicos para uma maneira de prestar serviços que seja mais dirigida ao povo, com maior qualidade, mais personalizada, holística, efetiva e criativa; mas também oferece possibilidades para sustentar novos modos de criação de <u>redes sociais</u> e políticas e novas formas de participação democrática". Destarte, resta patente a catalisação do atendimento às demandas sociais mediante a governança eletrônica promovida pelas redes sociais. Item errado.
2 Errado	Como vimos, as ações de governo eletrônico, em especial sua primeira diretriz, visam à promoção da cidadania, incorporando a promoção da participação do cidadão e do controle social (*accountability*), bem como a prestação de serviços como direito social. Item errado.
3 Certo	A partir da década passada, em especial, e mediante a atuação do Grupo de Trabalho em Tecnologia da Informação (GTTI), fica evidente a consolidação do governo eletrônico em prol não só da prestação de serviços, mas também de informações à sociedade em termos gerais. A assertiva está correta.
4 Certo	É o que vimos na parte teórica do Capítulo: "De forma geral, as diretrizes (do e-gov) atuam em três frentes fundamentais, a saber: • junto ao cidadão; • na melhoria da gestão interna do governo; • na integração com parceiros e fornecedores". Item correto.
5 Errado	O governo eletrônico vincula-se não só às tecnologias da informação, mas também às de comunicação (TICs). Item errado.
6 Certo	Eis a análise de autoria de Vaz (2008)[9]: *Processos redesenhados, com implantação de instrumentos de governo eletrônico, podem gerar além de maiores recursos e ampliação dos serviços, uma maior transparência que proporcionará maior integração e ao mesmo tempo maior possibilidade de acesso as decisões governamentais.* Item correto.

---

9 Citado por Vieira e Santos. Disponível em: <http://livrozilla.com/doc/1375586/governo-eletr%C3%B4nico--a-busca-por-um-governo-mais-transpare...>.

QUESTÃO	COMENTÁRIO
7 Certo	Item correto, tratando-se de assertiva conceitual ampla que espelha o visto na parte teórica deste Capítulo.
8 Certo	Uma vez mais, frisa-se o papel do governo eletrônico em prol da *answerability*, promovendo a transparência dos atos e das informações do governo em relação aos cidadãos. A questão está correta.
9 – A	Vejamos os comentários às alternativas: a) Devemos entender a transparência como um processo de comunicação, com o emissor sendo o governo e o receptor, o cidadão. O canal de comunicação, no caso do Governo Eletrônico, usualmente é a Internet. A comunicação só será eficaz se a mensagem for entendida pelo cidadão: eis a necessidade de a linguagem ser acessível. A alternativa está correta. b) Em nenhum local é justificável a pouca transparência dos governos locais. Enquanto a inclusão digital não é satisfatória, modos de divulgação alternativos devem ser encontrados para a consecução de uma transparência satisfatória: jornais, rádio, afixação de atas e informativos em repartições públicas etc. A alternativa está errada. c) A simples implementação do governo eletrônico não é garantia de maior eficiência e transparência na atuação do Estado. Uma realidade de exclusão digital, por exemplo, comprometerá o êxito dos propósitos do governo eletrônico. A alternativa está errada. d) Transparência não pode ser medida por quantidade de serviços on-line. Há de se analisar a qualidade dos serviços prestados e o efetivo uso destes serviços pelos cidadãos. A alternativa está, assim, errada. e) A dimensão tecnológica é responsável por prover o canal de comunicação e as ferramentas necessárias para a disseminação de informações e para a prestação de serviços on-line. Isso, por si só, não define a eficiência da transparência. Há de se pensar em que grau os cidadãos estão incluídos digitalmente, bem como na qualidade do que esta sendo oferecido à sociedade, de modo a promover a cidadania. Estamos falando da dimensão político-institucional que rege as diretrizes do Governo Eletrônico. A alternativa está errada.
10 – B	Passemos à análise das alternativas: a) **ComprasNet**: é o portal de compras do Governo Federal. Disponível no endereço http://www.comprasnet.gov.br, disponibiliza à sociedade (empresas e cidadãos) informações acerca de todas as licitações conduzidas pelo governo, bem como possibilita às empresas cadastradas no Sistema de Cadastramento Unificado de Fornecedores (SICAF) participar de pregões eletrônicos. De forma simplificada, podemos dizer que o Comprasnet é o portal que faz a comunicação e a operacionalização das compras governamentais junto à sociedade, sendo um mecanismo de transparência dos gastos públicos. A alternativa está correta. b) **SIAFI (Sistema Integrado de Administração Financeira do Governo Federal)**: foi implantado em 1987, com o objetivo de possibilitar o controle e acompanhamento dos gastos públicos no âmbito federal.

QUESTÃO	COMENTÁRIO
10 – B	Até 1986, o Governo Federal convivia com uma série de problemas de natureza administrativa que dificultavam a adequada gestão de recursos públicos. Entre estes problemas, destacamos os principais, listados no endereço eletrônico http://www.tesouro.fazenda.gov.br/siafi/index_conheca_siafi.asp: **PRINCIPAIS PROBLEMAS DO GOVERNO FEDERAL, ANTERIORES À IMPLANTAÇÃO DO SIAFI** 1. Emprego de métodos rudimentares de trabalho: controles das disponibilidades orçamentárias e financeiras eram exercidos sobre registros manuais! 2. Falta de informações gerenciais sobre os gastos públicos 3. Inconsistência de dados em função da diversidade de fontes de informação, já que não havia uma ferramenta central para controle de gastos públicos 4. Defasagem na escrituração contábil de, pelo menos, 45 dias entre o encerramento do mês e o levantamento das demonstrações orçamentárias, financeiras e patrimoniais, inviabilizando o uso das informações para fins gerenciais O primeiro passo para a solução destes problemas foi dado com a criação da Secretaria do Tesouro Nacional (STN), ainda em 1986, a fim de auxiliar o Ministério da Fazenda. Uma vez criada, a STN desenvolveu, em conjunto com o SERPRO, o Sistema Integrado de Administração Financeira do Governo Federal (SIAFI), implantando-o já em janeiro de 1987. Em síntese, o SIAFI tem por propósito a execução, o acompanhamento e o controle dos gastos públicos execução, o acompanhamento e o controle dos gastos públicos. Para tanto, deve abranger todas as etapas da receita e despesa pública: registro do orçamento de todas as unidades gestoras, emissão de demonstrações contábeis mês a mês, além de eventuais procedimentos específicos na abertura e no encerramento do exercício. Trata-se, assim, de um sistema interno do Governo Federal: o cidadão não tem acesso a ele. Assim, poderíamos considerar o SIAFI como uma iniciativa de Governo Eletrônico G2G (governo para governo), mas não uma ferramenta de transparência junto à sociedade. A alternativa está errada. c) **Portal Brasil**: disponível no endereço http://www.brasil.gov.br, o Portal Brasil é um projeto cujo desenvolvimento teve início em 2007, sendo hoje um *site* que apresenta informações sobre legislação, cultura e cidadania para todos os cidadãos. Na realidade, o Portal reúne em um único lugar muitos dos serviços públicos que estão dispersos em outras páginas governamentais. Veja um extrato retirado do próprio Portal: *"Para os brasileiros, o Portal Brasil reúne em uma única plataforma informações que fortalecem a **inclusão social, ampliação da cidadania e acesso a serviços e informação**. Acesso facilitado aos **serviços públicos e maior participação da sociedade na gestão deste ambiente** fazem do Portal Brasil uma nova ferramenta que disponibiliza ao cidadão todas as informações relevantes sobre o Estado já existentes nos sites dos Ministérios, agências de notícias e demais órgãos do governo federal.*

QUESTÃO	COMENTÁRIO
	Mais que uma mídia provedora de informações, o Portal Brasil é um canal de relacionamento que busca reunir em um único ambiente informações e serviços que hoje estão dispersos em diversos ambientes externos".
10 – B	Como vemos, trata-se de um instrumento de transparência. A alternativa está correta. d) **Portal da Transparência**: disponível no endereço http://portaldatransparencia.gov.br, é talvez o portal de transparência governamental mais conhecido. Mantido pela Controladoria-Geral da União (órgão de controle interno do Poder Executivo federal), o portal disponibiliza informações diversas sobre receitas e despesas governamentais, bem como convênios, sanções a empresas e, mais atualmente, as remunerações dos servidores públicos federais. A alternativa está correta. e) **Portal de Convênios**: disponível no endereço https://www.convenios.gov.br, trata-se de uma página na Internet destinada à operacionalização do SICONV – Sistema de Gestão de Convênios e Contratos de Repasse, um sistema que registra a celebração, a liberação de recursos ($$), o acompanhamento da execução e a prestação de contas de convênios, contratos de repasse e termos de parceria. A alternativa está correta.
11 – C	O órgão responsável pela gestão do Portal Transparência (www.transparencia.gov.br) é a Controladoria-Geral da União. Tal é a disposição do § 1º ao art. 1º do Decreto nº 5.482/2005: *Art. 1º O Portal da Transparência do Poder Executivo Federal, sítio eletrônico à disposição na Rede Mundial de Computadores – Internet, tem por finalidade veicular dados e informações detalhados sobre a execução orçamentária e financeira da União, compreendendo, entre outros, os seguintes procedimentos:* *(...)* *§ 1º **A Controladoria-Geral da União**, como órgão central do Sistema de Controle Interno do Poder Executivo Federal, fica incumbida da gestão do Portal da Transparência.*
12 – A	O **Portal dos Convênios** é a interface que operacionaliza o SICONV, possibilitando o acompanhamento da execução e a prestação de contas de convênios, contratos de repasse e termos de parceria. Assim, a alternativa A está correta. Com relação às demais alternativas, já vimos a que se destinam o SIAFI e o Portal da Transparência. Apesar de a banca não deixar claro, é pertinente o registro de que "Transparência Brasil" é uma organização independente e autônoma, formada por representantes de várias ONGs, que visa ao combate à corrupção. No mesmo sentido, "Portas abertas" é uma ONG internacional que atua em prol de causas cristãs. A menção ao "Portal da moralidade", salvo melhor juízo, teve a intenção de apenas confundir o candidato.

QUESTÃO	COMENTÁRIO
13 – D	Vejamos os comentários às alternativas: a) Considero a redação desta alternativa um pouco confusa. A Tecnologia da Informação é uma ferramenta, que pode ser usada para diversas finalidades. O uso que o Governo Eletrônico faz da Tecnologia da Informação visa a uma maior eficiência e transparência da ação estatal (veja o caso do Portal da Transparência, mantido pela CGU). De todo modo, a banca considerou esta alternativa correta. b) A Tecnologia da Informação (TI) pode ser empregada como uma ferramenta de modernização da gestão. Em geral, o setor privado, por ser obrigado a menores trâmites burocráticos na aquisição e desenvolvimento de softwares, bem como por ser movido pela competitividade no mercado, possui uma dinâmica de inovação de sua tecnologia de informação mais intensa do que o setor público. Contudo, esforços estatais recentes têm focado no uso da TI como fator primordial na consecução dos objetivos estratégicos dos órgãos públicos. A alternativa está correta. c) A Tecnologia da Informação (TI) deve ser entendida como uma área do conhecimento voltada para a criação, armazenagem e operacionalização da informação em geral, usualmente por meio de banco de dados. Em especial com o advento da Internet, a informação e a comunicação tornaram-se indissociáveis. Assim, não mais de fala em TI, mas sim em TIC (Tecnologia da Informação e Comunicação). Portais na Internet que reúnem a operacionalização e a consulta a banco de dados, a criação e a participação da sociedade em comunidades virtuais, fóruns e contatos via correio eletrônico são exemplos de ferramentas conjuntas de informação e comunicação. A alternativa está correta. d) *Mainframes* são computadores de grande porte, capazes de processarem múltiplos sistemas operacionais. São utilizados para a realização de tarefas que manipulam quantidades imensas de informações oriundas de bases de dados (processamentos de cartões de crédito, gestão de contas bancárias, negociações mercantis e processamentos de seguro social são usualmente executados por mainframes). No entanto, o mainframe não possibilita o acesso direto do usuário: trata-se de um componente principal da infraestrutura de TI de uma organização. Quando verificamos nossas contas bancárias via Internet, não estamos acessando o mainframe da instituição bancária. Há algumas camadas de hardware e software intermediárias entre o mainframe e o usuário final. A alternativa está errada. e) Todas as ferramentas citadas na alternativa são efetivamente exemplos de TI empregadas pela administração pública (infovias são linhas digitais por onde trafegam dados de redes eletrônicas). A alternativa está correta.
14 – D	A Internet, no âmbito do Governo Eletrônico, é essencialmente um canal de comunicação entre a Administração Pública e os cidadãos. Inicialmente, a comunicação foi quase que "unilateral", figurando como emissor o Governo. Assim, o uso da Internet era para a disseminação de informações (até mesmo por exigência da LRF, como vimos neste Capítulo), sendo que gradualmente serviços passaram a ser oferecidos aos cidadãos e às empresas (obtenção de certidões, inscrição em concursos públicos, pagamento de multas e impostos etc.).

QUESTÃO	COMENTÁRIO
14 – D	Com esse entendimento, vemos que as assertivas II, III e IV estão corretas. A assertiva I, por sua vez, carece de uma análise mais aprofundada. A primeira parte ("Através da internet, a administração pública disponibiliza dados e relatórios...") está correta, conforme discutimos anteriormente ao abordarmos o Portal da Transparência, por exemplo. Contudo, a segunda parte ("...*dando possibilidade aos cidadãos de decidirem sobre ações do governo*") não espelha com exatidão a realidade social da atualidade. É bem verdade que, desde a elaboração da questão (2006) até os dias de hoje, a democracia eletrônica (e-democracy) apresentou uma significativa evolução. Contudo, estamos ainda distantes de ter uma pauta de ações de governo decididas pelos cidadãos. Assim, a assertiva I está errada.
15 – D	Passemos à análise das assertivas: I. Ouvidorias públicas são serviços disponibilizados por órgãos públicos com a finalidade de receber e encaminhar sugestões, reclamações e eventuais denúncias feitas por cidadãos. Trata-se de um serviço especializado no auxílio ao cidadão em suas relações com o Estado. Logicamente, para o atendimento ao cidadão ser eficiente, não basta que a comunicação seja unilateral: há de se acolher os questionamentos / reclamações da sociedade, provendo todo o *feedback* demandado. A assertiva está correta. II. O resultado de uma audiência pública, a exemplo de outros instrumentos de consulta da sociedade, não tem caráter vinculativo na ação da administração pública. A audiência pública é uma atividade de natureza consultiva, compondo um instrumento de diálogo com a comunidade na busca de soluções para as demandas sociais. Trata-se de uma reunião presencial, com o intuito de se produzirem atos legítimos, tendo em vista que os argumentos colhidos podem servir de base à decisão futura adotada (mas não necessariamente serão). Assim, realmente não há de se falar em controle das críticas e das sugestões aventadas em uma audiência pública. A assertiva está correta. III. Apenas a disponibilização de informações e a divulgação de atos e fatos por meio eletrônico não implicam a consecução de uma gestão transparente. Como vimos, entre outros fatores, a linguagem deve ser acessível aos cidadãos, bem como há de se buscar a inclusão digital da sociedade. A assertiva está correta. IV. A inclusão digital não está associada, necessariamente, à posse de equipamentos de informática pela população, mas sim à disponibilização de acesso a computadores, especialmente com vistas à utilização da Internet. Assim, tratando-se de uma política pública (e de uma diretriz do Governo Eletrônico), a inclusão digital tem mais a ver com a inauguração de telecentros, oferecendo acesso gratuito à Internet e às ferramentas de informática. A assertiva está errada.

QUESTÃO	COMENTÁRIO
16 – D	Passemos aos comentários às alternativas: a) A depeito de ser um serviço pertinente, ainda não se conta com a disponibilidade de atendimento *on-line* e de uso de *chats* voltado aos cidadãos em quaisquer órgãos e esferas da federação. A alternativa está errada. b) A inclusão digital implica a efetivação de políticas públicas junto aos cidadãos e à sociedade civil. A disseminação de recursos de TI deve-se dar nas instituições sociais, e não restringi-los à oferta por órgãos públicos federais. A alternativa está errada. c) O emprego de recursos de TI, conforme preconizado no governo eletrônico, dá-se internamente no âmbito da administração pública para fins de melhoria de processos. Não se presta, contudo, como subsídio à avaliação de desempenho, nos moldes do descrito na alternativa que, dessa forma, está errada. d) A alternativa espelha, de forma apropriada, o uso de recursos de TIC como subsidiário à efetivação da *accountability* (ou, ainda, de uma de suas dimensões: a transparência). A alternativa está, portanto, correta. e) A modalidade pregão é obrigatória (segundo o Decreto nº 5.450/2005) apenas para os bens e serviços comuns, ou seja, para aqueles que possam ser definidos objetivamente por meio de especificações usuais de mercado. A alternativa está errada.
17 – E	Todas as assertivas retratam, de modo apropriado, diretrizes e ações governamentais que vêm sendo tomadas nos últimos anos em prol da implementação do Governo Eletrônico. O uso intensivo das TICs, a adoção de canais de comunicação com os cidadãos e com segmentos beneficiários específicos (empresas, ONGs, demais organizações da sociedade civil etc.), o apoio à indústria de informática (direitos de preferência em licitações etc.), programas de inclusão digital, desenvolvimento de portais, entre outros, são inciativas que visam à institucionalização do e-gov no Brasil.
18 – E	Vejamos os comentários às alternativas: a) A transparência pública, também conhecida como *answerability*, é uma das dimensões da *accountability*. A falta de transparência impõe obstáculos significativos ao controle social e de órgãos externos, afastando-se do ideal democrático de participação popular. A alternativa está errada. b) A comunicação pela Internet é efetivamente empregada como instrumento de comunicação institucional de diversos órgãos públicos. Há, inclusive, agências oficiais de notícias de órgãos públicos (por exemplo, no Congresso Nacional), que se manifestam institucionalmente via os sites desses órgãos. A alternativa está errada.

QUESTÃO	COMENTÁRIO
18 – E	c) Por previsão da Lei de Responsabilidade Fiscal, muito dos esforços iniciais no âmbito do Governo Eletrônico eram voltados à ampla divulgação, inclusive em meios eletrônicos de acesso público, de receitas e despesas públicas, além de aspectos orçamentários. Assim, hoje chegamos a um patamar em que há facilidade de acesso aos gastos governamentais (no Portal da Transparência, Comprasnet etc.). A alternativa está errada. d) A "informatização" do setor público é aliada de peso da maior eficiência governamental, afastando-o de disfunções burocráticas. O uso de TICs possibilita maior rapidez no processamento de dados, bem como melhor oferta aos cidadãos de serviços e de informações oriundas da administração pública. A alternativa está errada. e) A alternativa espelha de forma apropriada muitos dos benefícios advindos da aplicação das TICs no setor público. Está, portanto, correta.
19 – C	Seguem os comentários às alternativas: a) O governo eletrônico (e-gov) é uma iniciativa de todos os Poderes, em todas as esferas da Federação. A alternativa está errada. b) Não há de se falar que a demanda central do e-gov é a troca de informações internas, no âmbito da administração pública (G2G). Se formos considerar o aspecto da transparência, devemos salientar a relação do governo com os cidadãos (G2C) ou com fornecedores (G2B). A alternativa está errada. c) A alternativa retrata a diretriz de inclusão digital, inerente ao governo eletrônico brasileiro. Está, portanto, correta. d) A materialização do e-gov dá-se por meio de Portais de órgãos públicos de todas as esferas da Federação (e não somente a federal). A alternativa está errada. e) Não há restrição, no e-gov, ao fomento de indústrias de TIC voltadas à educação. A alternativa está errada.
20 Errado	A despeito de a afirmativa deter certo grau de subjetividade em seu julgamento, a análise da evolução do governo eletrônico no Brasil permite asseverar que, hoje, efetivamente é oferecida à população acesso de maior qualidade às informações públicas. Exemplo robusto é o Portal Transparência do Governo Federal, gerido pela Controladoria-Geral da União, mediante o qual é provido amplo acesso a informações de receitas e despesas públicas, além de convênios realizados e empresas sancionadas pela esfera pública.

CAPÍTULO 13
A Qualidade e a busca pela Excelência na Administração Pública

Ainda concernente ao modelo gerencial de administração do Estado, a implantação de programas de qualidade vem se mostrando uma forte tendência do governo brasileiro desde o final do século passado. O intuito é a promoção e a estruturação de valores da gestão empreendedora, por resultados tendo por foco a prestação de serviços cidadão-cliente do modo mais eficiente e eficaz possível.

Neste Capítulo, abordaremos o conceito de qualidade, sua evolução histórica e os programas de qualidade implantados da gestão pública brasileira.

1. Qualidade: Conceito e Evolução Histórica

Usamos o termo "qualidade" nas mais diversas situações. Desejamos qualidade de vida, queremos estudar por materiais de qualidade, buscamos alimentos de qualidade, para nos mantermos saudáveis.

Estando a busca por qualidade tão arraigada em nossas vidas, é de se esperar que este conceito seja ao menos intuitivo à sociedade. De forma geral, é possível afirmar que a qualidade é um atributo intimamente relacionado com a satisfação do cliente, sem nos esquecermos de que satisfação é uma resultante emocional, que varia de indivíduo para indivíduo.

O quadro a seguir apresenta uma compilação de definições do conceito de qualidade, segundo autores entendidos como clássicos (ou, como são chamados, "gurus") nessa área.

| AUTORES CLÁSSICOS SOBRE QUALIDADE ||
AUTOR	DEFINIÇÃO DE QUALIDADE
William Edwards **Deming**	Grau previsível de uniformidade e confiabilidade a baixo custo, estando adequado ao mercado. (enfoque no valor agregado + fabricação)
Joseph M. Juran e Frank M. **Gryna**	Adequação ao uso (desempenho do produto + ausência de deficiências) (enfoque no produto + no usuário)
Armand **Feigenbaum**	Todas as características de marketing, projeto, manufatura e manutenção do produto e do serviço, através das quais um produto ou serviço irá satisfazer as expectativas do cliente final. (enfoque no usuário final)
Philip **Crosby**	Conformidade [do produto ou serviço] com suas especificações técnicas. (enfoque na fabricação)
Kaoru **Ishikawa**	Percepção e satisfação das necessidades do mercado; adequação ao uso dos produtos e homogeneidade (baixa variabilidade) dos resultados do processo. (enfoques múltiplos)

Para Garvin (2002), os diversos conceitos de qualidade podem ser agrupados em **cinco categorias distintas**, de acordo com o enfoque predominante. São elas:

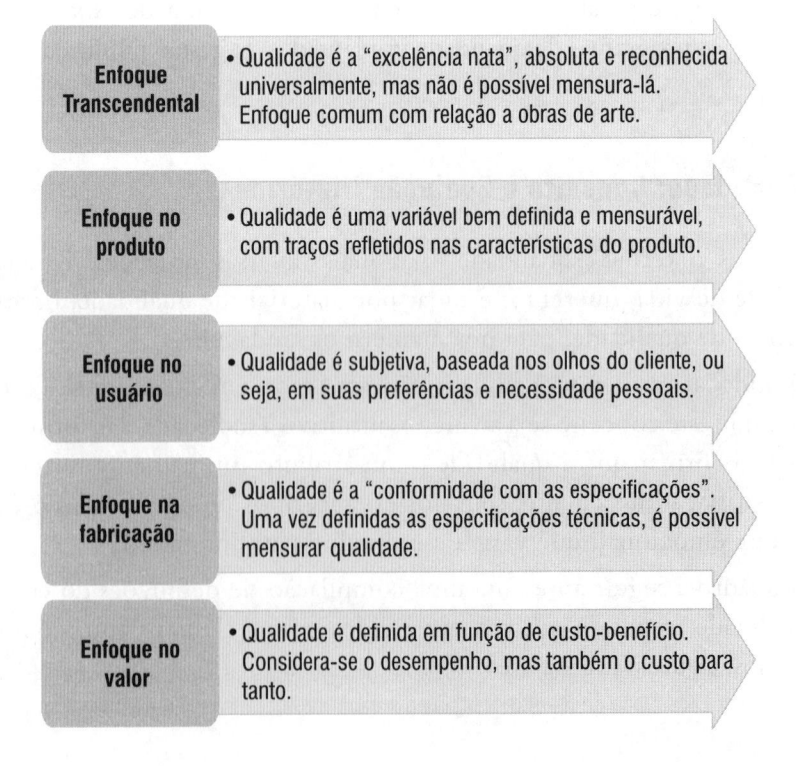

Enfoque Transcendental
- Qualidade é a "excelência nata", absoluta e reconhecida universalmente, mas não é possível mensura-lá. Enfoque comum com relação a obras de arte.

Enfoque no produto
- Qualidade é uma variável bem definida e mensurável, com traços refletidos nas características do produto.

Enfoque no usuário
- Qualidade é subjetiva, baseada nos olhos do cliente, ou seja, em suas preferências e necessidade pessoais.

Enfoque na fabricação
- Qualidade é a "conformidade com as especificações". Uma vez definidas as especificações técnicas, é possível mensurar qualidade.

Enfoque no valor
- Qualidade é definida em função de custo-benefício. Considera-se o desempenho, mas também o custo para tanto.

Em termos históricos, o foco da busca por qualidade nas organizações remonta, de forma mais significativa, da Revolução Industrial, a partir da qual o crescimento exponencial da produção demandou uma preocupação com as características daquilo que se produzia. Afinal, a má conformidade de produtos finais com aquilo que fora projetado seria traduzida em prejuízo. Assim, num primeiro momento, o controle de qualidade era feito por inspeções dos produtos, em unidades administrativas voltadas unicamente a este fim.

No entanto, o controle de qualidade evoluiu significativamente ao longo do século XX. Garvin (2002) identifica **quatro distintas "eras da qualidade":**

ERAS DA QUALIDADE (GARVIN, 2002)
1ª ERA DA INSPEÇÃO
No início do século XX, vigorando nas fábricas a Administração Científica de Taylor, a eficiência organizacional era refletida na produção em massa. Nesta época eram raríssimas as empresas que apresentavam um departamento voltado para o controle de qualidade. Ao invés disso, havia inspetores específicos, espalhados pelos diversos setores de produção, que faziam suas verificações unicamente no que diz respeito aos produtos (e não ao processo, por exemplo). Somente após a Primeira Guerra o controle de qualidade passa a ser um setor independente nas organizações, mas sua tarefa permanece voltada à inspeção, identificando, quantificando e substituindo os produtos defeituosos e sancionando os "culpados".
2ª ERA DO CONTROLE ESTATÍSTICO
Com o crescimento da produção, o modelo baseado na inspeção passa a assumir custos operacionais insuportáveis. No entanto, na década de 30, vislumbrou-se uma solução, ao lidar-se com problemas de controle de qualidade na empresa norte-americana *Bell Telephone*. A alternativa era aplicar princípios estatísticos, reconhecendo-se que uma variação dos atributos de um produto com relação às suas especificações era algo inerente aos processos industriais. Bastava definir limites estatísticos para essas variações. Chega-se à Segunda Guerra e novos procedimentos estatísticos são desenvolvidos, em especial testes de amostragem em indústrias de armamentos. Houve melhora do controle de qualidade, que refletiu na gestão: passa-se a utilizar ações corretivas nas causas dos problemas de qualidade (mão de obra, equipamentos, matéria prima etc.).
3ª ERA DA GARANTIA DA QUALIDADE
Após a Segunda Guerra Mundial, os bens para a sociedade civil eram muito escassos, já que por anos os investimentos foram efetuados em sua maior parte na indústria bélica. Assim, visando a suprir uma sociedade carente de bens e serviços, as empresas aceleravam sua produção, no intuito de garantir uma fatia maior do mercado. Com toda essa pressa, a qualidade era negligenciada. A carência por um controle efetivo de qualidade, somada ao grande desenvolvimento tecnológico e industrial das décadas de 50 e 60, trouxeram à tona uma série de novas abordagens sobre a qualidade, transcendendo a produção fabril e alcançando a gestão em si: houve a quantificação dos custos de prevenção de defeito, bem como a expansão da prevenção para as atividades de projeto de produto e do processo.

ERAS DA QUALIDADE (GARVIN, 2002)
4ª ERA DA GESTÃO DA QUALIDADE TOTAL
Este período iniciou-se a partir da década de 70, como uma resposta das empresas norte-americanas à invasão em seus mercados de produtos japoneses de alta qualidade. Esta Era engloba as características dos três períodos anteriores, defendendo, ainda, a aplicação da qualidade em todas as atividades feitas na organização, em todas as suas áreas e níveis (compras, finanças, vendas, área jurídica etc., e não somente no setor de produção). A preocupação com a qualidade torna-se estratégica, **preocupando-se sobremaneira com a satisfação do cliente**. Nesta Era, sistemas informatizados são aplicados para a medição de indicadores de desempenho pautados na busca pela qualidade, segundo metodologias específicas (p. ex. *Balanced Scorecard*).

Q1. (IADES / CFA / 2010) De acordo com Garvin, a qualidade evoluiu em etapas por quatro períodos distintos, tendo foco diferenciado em cada um desses períodos. No primeiro período o foco era a inspeção; em seguida, o controle estatístico da qualidade; a terceira fase tinha por foco a garantia da qualidade; e, por último, o período atual que prioriza a gestão estratégica da qualidade. O que representa a terceira fase da qualidade, de acordo com Garvin?

a) A garantia da qualidade representa o período em que a qualidade, até então uma disciplina restrita e baseada na produção fabril, passa a ter aplicações mais amplas para o gerenciamento.

b) O levantamento de dados e informações para mensurar a previsibilidade dos erros no ambiente de manufaturas visando a sua redução.

c) Foi a fase de introdução da gestão de sistemas de *software* para medir a evolução dos padrões de controle e desempenho através da metodologia *Balanced Scorecard*.

d) Satisfação do cliente e a revolução dos costumes tornam-se fatores preponderantes para garantir a qualidade dos produtos e serviços oferecidos.

Nesta questão, a banca exige do candidato o conhecimento das características principais das eras da qualidade, segundo Garvin (2002). O enunciado restringe-se à terceira era, ou seja, a Era da Garantia da Qualidade.

Seguem os comentários às alternativas:

a) Nas eras anteriores (inspeção e controle estatístico), a preocupação com a qualidade era voltada ao ambiente das fábricas. Somente após a Segunda Guerra Mundial, na chamada Era da Garantia da Qualidade, houve a extrapolação para outras áreas da gestão. A alternativa está correta.

b) A mensuração da previsibilidade (= probabilidade) de erros, restringindo-se ao ambiente de manufaturas, é inerente à Era do Controle Estatístico. A assertiva está errada.

c e d) Como vimos no quadro anterior, tanto a introdução de sistemas informatizados para aferir indicadores de desempenho quanto a preocupação da satisfação do cliente como norteador da qualidade são características da Era da Gestão da Qualidade Total. Ambas as alternativas estão erradas.

Resposta: A.

Q2. (CESPE / INPI / 2013) A era da qualidade total caracterizou-se pelo abandono do conceito de qualidade do produto ou serviço, substituído pelo foco no cliente.

A era da qualidade total prima pela aplicação da qualidade em todas as atividades organizacionais. Não houve, logicamente, o abandono do conceito de qualidade do produto ou serviço.

A questão está errada.

Q3. (CESPE / INPI / 2013) Antes da criação do método da garantia da qualidade, não havia a preocupação com o controle da qualidade dos produtos ofertados pelos fornecedores, o que prejudicou a difusão da filosofia da qualidade total.

Como vimos, anteriormente à Era da Garantia da Qualidade, a preocupação com a qualidade dos produtos já era presente, sendo feita inicialmente com base em inspeções e, em momento posterior, em controle estatístico.

A questão está errada.

Q4. (CESPE / INPI / 2013) A escola da qualidade, surgida no século passado, mais especificamente na década de 1920, abandonada por certo período até ser recentemente retomada, pautou-se, em seu início, por uma concepção de qualidade associada à ideia de controle e de inspeção de produtos e serviços, com base em um controle amostral estatístico.

As rotinas de qualidade próprias da década de 1920 eram caracterizadas pela inspeção. Somente a partir da década de 1930 (e, mais intensivamente, com a proximidade da Segunda Guerra Mundial), o controle amostral estatístico aplicado à qualidade torna-se prática usual.

A questão está errada.

Após essa discussão prévia sobre o conceito de qualidade, é hora de apresentar uma definição atual que possa guiar nosso estudo.

Uma definição satisfatória de qualidade é apresentada pela *American Society for Quality*[1] (= Sociedade Americana para a Qualidade, ASQ), uma comunidade global fundada em 1946 e voltada aos estudos e à pesquisa sobre a implementação de sistemas de qualidade em organizações:

---
[1] Definição apresentada no periódico *Quality Progress*, 1992, de publicação da ASQ.

Qualidade = termo subjetivo, para o qual cada pessoa, ou setor [da organização], tem a sua própria definição. Em sua utilização técnica, a qualidade pode ter dois significados:

1. As características de um produto ou serviço que dão suporte à sua habilidade em satisfazer requisitos especificados, necessidades implícitas ou declaradas [explícitas];

2. Um produto ou serviço livre de deficiências.

Alguns pontos desta definição merecem destaque:

a) a qualidade é sempre referente a um produto ou serviço;

b) a definição de qualidade é sempre pessoal (varia de indivíduo para indivíduo), já que está relacionada à satisfação de suas necessidades. No entanto, já que estamos lidando com organizações voltadas à satisfação das necessidades de seus clientes (inúmeros indivíduos), há de se fazer uso do conceito de qualidade em sua utilização técnica, capaz de englobar as "variações individuais";

c) dois são os significados de qualidade:

   i. **qualidade técnica** = atendimento àquilo que foi especificado, estando o produto ou o serviço livre de deficiências. Uma lâmpada 60W não pode apresentar potência maior ou menor da especificada. Da mesma forma, após a realização de limpeza de um espaço físico, não deve haver acúmulo de poeira.

   ii. **qualidade humana** = satisfação das necessidades implícitas e explícitas do cliente. Um exemplo seria um indivíduo cujo celular não está funcionando bem. Sua necessidade explícita (declarada) é a aquisição de um novo celular. Ao entrar em uma loja para efetuar a compra, depara-se com outro celular, muito mais avançado tecnologicamente, com recursos que o indivíduo desconhece. No entanto, o maior potencial de prestação de serviços do novo aparelho é uma necessidade implícita, ainda não percebida pelo cliente.

2. A Gestão da Qualidade Total

Como vimos, a Gestão da Qualidade Total corresponde à 4ª Era da Qualidade, conforme taxonomia de Garvin (2002). Para Coltro (1996, p. 4):

Qualidade total é uma forma de ação administrativa, que coloca a qualidade dos produtos ou serviços como o principal foco para todas as atividades da empresa.

Em continuidade, ainda de acordo com Coltro (1996, p. 4):

> ***Gestão da Qualidade Total*** *é a concretização da qualidade total, na gestão de todos os recursos organizacionais, bem como no relacionamento entre as pessoas envolvidas na empresa. Esta ação consolida-se através de um agrupamento de ideias e técnicas voltadas a um aumento da competitividade da empresa, principalmente no que diz respeito à melhoria de produtos e de processos.*

Em harmonia com a definição de Coltro (1996), traz-se à baila a análise de Mears (1993, p. 12):

> *A **Gestão da Qualidade Total** é um sistema permanente e de longo prazo, voltado para o alcance da satisfação do cliente[2] através de um processo de melhoria contínua dos produtos e serviços gerados pela empresa. [...] uma gestão pela qualidade total que efetivamente tenha controle sobre a qualidade tem como necessidade a participação de todos os membros da empresa, incluindo gerentes, supervisores, trabalhadores e seus executivos, na busca do objetivo de melhoria contínua.*

Relevante assinalar que, consoante a sistemática da Gestão da Qualidade Total, o cliente exerce papel de protagonismo, ditando os parâmetros de qualidade desejados (ou seja, isso não é mais definido unilateralmente pela organização). Este aspecto foi cobrado da seguinte forma em concurso:

Q5. (CESPE / STJ / 2018) Excelência é uma medida de desempenho associada à qualidade de um serviço e, no âmbito do serviço público, se refere ao nível máximo de desempenho que se pode alcançar.

Conforme o exposto anteriormente, a assertiva está correta.

A **Gestão da Qualidade Total** mostrou-se fortemente baseada nos **Princípios de Qualidade idealizados por Deming**, assim sumarizados[3]:

1º Princípio: Criar constância de propósito: trata-se de conseguir a melhoria do produto e do serviço, com o objetivo de se tomar competitivo, manter-se no negócio, e criar empregos.

2º Princípio: Adotar nova filosofia: refere-se a encontrar uma nova era econômica. Os gestores nas organizações empresariais devem estar conscientes desse desafio, devem aprender as suas responsabilidades e assumir a liderança da mudança.

---

2 Cliente interno e externo.
3 Disponível em: <https://dspace.uevora.pt/rdpc/bitstream/10174/5171/1/A%20Filosofia%20de% 20Deming %20e%20 a%20Gest%C3%A3o%20da%20Qualidade%20Total%20no%20Ensino%20 Superior%20Portugu%C3%AAs_final.pdf>.

3º Princípio: Acabar com a dependência com relação à inspeção: significa eliminar a necessidade de inspeção em massa, incorporando a qualidade no produto em primeiro lugar.

4º Princípio: Minimizar o custo total: é acabar com a prática de fazer negócios com base nos preços e procurar ter um único fornecedor para cada produto, estabelecendo uma relação duradoura de lealdade e confiança.

5º Princípio: Melhorar o sistema: é melhorar constante e continuamente o sistema de produção e serviço, para melhorar a qualidade e a produtividade e, assim, reduzir continuamente os custos.

6º Princípio: Instituir a formação: Todos os elementos da instituição deveriam conhecer, desde o início, quais as suas funções e o papel que desempenham na instituição, de modo a sentirem-se parte de uma equipe e terem orgulho na sua atividade profissional. A formação desempenha um papel essencial na melhoria da qualidade e nela deverão ser sempre transmitidas as necessidades dos clientes.

7º Princípio: Adotar e instituir a liderança: é o modo como a supervisão deveria ajudar as pessoas, as máquinas e aparelhos a realizarem um melhor trabalho.

8º Princípio: Acabar com o medo: deve-se acabar com o medo, para que cada um possa trabalhar com eficácia para a empresa ou de forma eficaz para o sistema de ensino, criando-se um ambiente que encoraje as pessoas a falarem abertamente.

9º Princípio: Eliminar as barreiras entre os departamentos: significa que todos os elementos da instituição devem trabalhar em equipe.

10º Princípio: Eliminar *slogans*, exortações e metas: nas organizações, devem-se eliminar *slogans*, exortações e metas dirigidos à mão de obra para pedir zero defeitos ou novos níveis de produtividade. Tais exortações só criam adversidades, já que a maior parte das causas de baixa qualidade e baixa produtividade encontra-se no sistema, fora da alçada dos operários.

11º Princípio: Eliminar as quotas de trabalho: trata-se de eliminar os *standards* de trabalho na linha de produção, mediante a gestão por objetivos puramente quantitativos, substituindo-os por liderança.

12º Princípio: Promover o orgulho pelo trabalho: deve-se tentar remover as barreiras que privam o trabalhador do direito de ter orgulho do seu trabalho.

13º Princípio: Automelhoria: trata-se de instituir um vigoroso programa de educação e desenvolvimento de pessoal.

14º Princípio: A transformação é tarefa de todos: significa que se deve colocar todas as pessoas da empresa a trabalhar para conseguir a transformação. O envolvimento de todos é um elemento essencial na definição e implementação de um serviço de qualidade.

Q6. (CESGRANRIO / CHESF / 2012) Uma empresa de serviços deseja aplicar os Princípios de Deming referentes à qualidade para melhorar sua produtividade.

Para tanto, a empresa incentivou a(o):

a) constância de propósitos para a melhoria do serviço, objetivando, desse modo, tornar-se competitiva e manter-se em atividade;

b) prática da inspeção em massa, introduzindo a qualidade no serviço, desde o seu primeiro estágio;

c) avaliação anual de desempenho e de mérito, bem como a avaliação da administração por objetivos;

d) adoção de metas para a mão de obra, as quais exijam nível zero de falhas, estabelecendo, assim, novos níveis de produtividade;

e) processo de administração por objetivos numéricos e o processo de administração por cifras.

Vejamos, de forma objetiva, os comentários às alternativas:

a) trata-se do 1º Princípio de Deming, abordado de forma apropriada. A alternativa está correta;

b) contraria o 3º Princípio de Deming. A alternativa está errada;

c) contraria o 10º Princípio de Deming. A alternativa está errada;

d) contraria o 11º Princípio de Deming. A alternativa está errada;

e) contraria o 12º Princípio de Deming. A alternativa está errada;

Resposta: A.

3. A Implantação de um Programa de Qualidade

O objetivo na implantação de um Programa de Qualidade, de forma geral, corresponde à obtenção de produtos e serviços com atributos que sejam capazes de ampliar a satisfação dos clientes.

Dentre os **aspectos gerais** que devem ser considerados na implantação de um Programa de Qualidade, podemos citar:

- foco nos clientes internos e nos usuários (clientes externos), visando à sua satisfação e à sua fidelização à organização. Este é considerado o princípio central da gestão da qualidade;
- foco na eficiência,[4] ou seja, em empregar os recursos com a melhor relação custo-benefício. Em outras palavras, objetiva-se a eliminação de desperdícios.
- melhoria contínua dos processos, através de ciclos de qualidade (como o PDCA, por exemplo);
- não aceitação de erros, tomando-se constantemente medidas para minimizá-los;
- atendimento às demandas específicas dos clientes (customização, sempre que possível);
- comprometimento expresso e ativo da cúpula da organização no Programa de Qualidade, bem como participação de toda a equipe envolvida. Não deve haver delegação do papel central ocupado pela direção da organização na gestão de qualidade. Somente a partir dessa medida é que haverá o engajamento de todas as áreas e colaboradores envolvidos.

Q7. (ESAF / AFT – MTE / 2006) Indique a opção que completa corretamente a frase a seguir:

Os programas de qualidade têm como foco as necessidades dos ...., buscam a maior .... dos processos, evitando .... Caracterizam-se pela .... e ....

a) clientes internos e externos da organização / eficiência / desperdícios. / participação de toda a equipe / melhoria contínua.

b) fornecedores / efetividade / a repetição de tarefas. / horizontalização das estruturas organizacionais / mudanças drásticas.

c) acionistas / eficiência / desperdícios. / subordinação às decisões da diretoria / melhoria contínua.

d) clientes internos da organização / eficácia / horizontalização das tarefas. / mudança fundamental dos processos / melhoria contínua.

e) *stakeholders* / efetividade / a repetição de tarefas. / busca de padrões de desempenho / mudanças fundamentais.

---

4 Um processo é **eficiente** quando apresenta uma relação ótima do custo-benefício envolvido. Um processo é **eficaz** quando, simplesmente, atinge o objetivo final esperado. Por fim, um processo é **efetivo** quando provoca os impactos desejados no ambiente.

Como vimos, quando da implantação de um programa de qualidade, devem ser considerados os clientes internos e externos ou, em última instância, os *stakeholders*[5] da organização. Não se deve restringir a apenas os fornecedores ou acionistas, por exemplo. Assim, logo na primeira análise, poderíamos descartar as alternativas "b", "c" e "d".

Ainda, o que se busca mediante um programa de qualidade é a maior eficiência nos processos. É o que se pretende quando falamos em "eliminação de desperdícios", ou em "melhoria contínua". Já com essa análise, eliminaríamos a alternativa "e", e chegaríamos à conclusão que a alternativa "a" está correta.

Apenas para complementar a resolução, devemos ter em mente que a repetição de tarefas, os desperdícios, a perda de tempo, entre outros fatores, devem ser evitados a todo custo. Da mesma forma, deve-se buscar a o envolvimento de todos (com especial comprometimento da cúpula organizacional). Por vezes isso pode ser obtido por meio da horizontalização das estruturas organizacionais, promovendo uma gestão menos centralizada, e mais participativa.

Resposta: A.

Q8. (FGV / CAERN / 2010) Os itens a seguir correspondem a aspectos (princípios) que habitualmente são considerados na implantação de um programa de qualidade, À EXCEÇÃO DE UM. Assinale-o:

a) satisfação do cliente;

b) gerência de processos;

c) inconstância de propósitos;

d) melhoria contínua;

e) não aceitação de erros.

Conforme teoria exposta anteriormente, apenas a alternativa "c" (inconstância de propósitos) não se insere dentre os princípios de implantação de um Programa de Qualidade.

No que diz respeito à alternativa "b", a gerência (ou gestão) de processos é a política organizacional por meio da qual a melhoria contínua dos processos é perseguida. Desta forma, esta alternativa está correta.

Resposta: C.

4. A Gestão da Qualidade na Administração Pública brasileira

Podemos listar cinco iniciativas formais principais, datadas do final do século passado, responsáveis pela implantação de programas de qualidade na Administração Pública brasileira. São elas:

---

5 *Stakeholders* = todos aqueles que, direta ou indiretamente, afetam ou são afetados pelas atividades de determinada organização. São os funcionários, fornecedores, acionistas, o Estado (dado o seu caráter normativo) etc.

- Programa Nacional de Desburocratização (1979)
- Programa Brasileiro de Qualidade e Produtividade (PBQP – 1990);
- Programa de Qualidade e Participação na Administração Pública (QPAP – 1996);
- Programa de Qualidade no Serviço Público (PQSP – 1999), e
- Programa Nacional de Gestão Pública e Desburocratização (GesPública – 2005).

Em apertada síntese, todos os programas visavam à consecução do nível máximo de desempenho e de qualidade percebido pelo cidadão, em estágio que transcende a mera conformidade, aproximando-se do conceito de excelência.

4.1. Programa Nacional de Desburocratização

O Programa Nacional de Desburocratização, instituído pelo Decreto nº 83.740, de 18 de julho de 1979, surge em um contexto de retomada dos ideais insculpidos no Decreto-Lei nº 200/1967, em especial a descentralização administrativa como modo de prover maior agilidade a uma administração marcada por práticas burocráticas disfuncionais.

Sobre o citado Programa, é pertinente o registro da análise de Carneiro (1982):

> Os primeiros anos da Reforma Administrativa de 1967 foram desburocratizantes, no sentido que o termo viria a adquirir anos mais tarde: a ênfase na descentralização administrativa, na delegação de competência e no reforço da autonomia das entidades da administração indireta, em particular das empresas estatais. Vale uma consulta à primeira parte do Decreto-Lei no 200 onde se encontram os princípios norteadores da reforma. No entanto, o recrudescimento do regime militar, em 1969, comprometeu principalmente a meta da descentralização administrativa. Isto porque, dentro da lógica autoritária, não era aceitável que, em nome da eficiência técnica da administração, o poder central deixasse de controlar todas as instâncias decisórias do Estado.
>
> Chegamos, assim, em 1979, à criação do **Programa Nacional de Desburocratização**, na época em que se iniciou o processo programado de extinção do regime militar. Tornou-se, então, possível retomar a reforma administrativa, dentro de uma perspectiva de descentralização e – esta a grande novidade – com ênfase especial no interesse do cidadão como usuário dos serviços públicos. Pela primeira vez o governo federal,

por meio do Programa de Desburocratização, passou a tratar a questão da reforma, não mais como uma proposição voluntarista do próprio Estado, mas como condição essencial do processo de redemocratização. (CARNEIRO, 1982) (negrito por este autor)

Relevante, ainda, é a consignação dos objetivos do Programa Nacional de Desburocratização, conforme consta do art. 3º do Decreto nº 83.740/79:

> Art. 3º – O programa terá por objetivo:
>
> a) construir para a melhoria do atendimento dos usuários do serviço público;
>
> b) reduzir a interferência do Governo na atividade do cidadão e do empresário e abreviar a solução dos casos em que essa interferência é necessária, mediante a descentralização das decisões, a simplificação do trabalho administrativo e a eliminação de formalidades e exigências cujo custo econômico ou social seja superior ao risco;
>
> c) agilizar a execução dos programas federais para assegurar o cumprimento dos objetivos prioritários do Governo;
>
> d) substituir, sempre que praticável, o controle prévio pelo eficiente acompanhamento da execução e pelo reforço da fiscalização dirigida, para a identificação e correção dos eventuais desvios, fraudes e abusos;
>
> e) intensificar a execução dos trabalhos da Reforma Administrativa de que trata o Decreto-Lei nº 200, de 25 de fevereiro de 1967, especialmente os referidos no Título XIII;
>
> f) fortalecer o sistema de livre empresa, favorecendo a empresa pequena e média, que constituerm a matriz do sistema, e consolidando a grande empresa privada nacional, para que ela se capacite, quando for o caso, a receber encargos e atribuições que se encontram hoje sob a responsabilidade de empresas do Estado;
>
> g) impedir o crescimento desnecessário da máquina administrativa federal, mediante o estímulo à execução indireta, utilizando-se, sempre que

praticável, o contrato com empresas privadas capacitadas e o convênio com órgãos estaduais e municipais;

h) velar pelo cumprimento da política de contenção da criação indiscriminada de empresas públicas, promovendo o equacionamento dos casos em que for possível e recomendável a transferência do controle para o setor privado, respeitada a orientação do Governo na matéria.

Entre os frutos do Programa Nacional de Desburocratização, contabiliza-se o Estatuto da Microempresa e os juizados de pequenas causas, posteriormente transformados em juizados especiais.

Ao final da década de 1980, o Programa perdeu força, dando lugar a novas iniciativas da Administração Pública. A disposição temporal das iniciativas subsequentes, bem como seus focos principais são apresentados pelo Documento de Referência do GesPública (2008/2009, p. 7) da seguinte forma:

1990...	1996...	2000...	2005
Sub Programa da Qualidade e Produtividade Pública	QPAP Programa da Qualidade e Participação na Administração	PQSP Programa da Qualidade no Serviço Público	Programa Nacional de Gestão Pública e Desburo-cratização
Gestão de processos	Sistema de gestão	Gestão do atendimento ao cidadão	Gestão por resultados, orientada ao cidadão

Tais iniciativas, conforme salienta o Documento de Referência do GesPública (2008/2009), **não representam rupturas, mas sim incrementos importantes na relação entre qualidade e o exercício da atividade pública**.

A seguir, falaremos sobre as características principais de cada um desses Programas.

4.2. Programa Brasileiro de Qualidade e Produtividade (PBQP – 1990)

De forma geral, o marco inicial a partir do qual se discute formalmente a implantação de um programa de qualidade na administração pública brasileira é o início da década de 1990.

Em 1990, durante o governo Collor, a Secretaria de Ciência e Tecnologia da Presidência da República, em conjunto com o Departamento da Indústria e Comércio (DIC) do Ministério da Economia, Fazenda e Planejamento,[6] lançou o **Programa Brasileiro de Qualidade e Produtividade (PBQP)**, com o objetivo de apoiar a modernização de empresas brasileiras que necessitavam de suporte frente a recente abertura econômica e a forte concorrência estrangeira. Desta maneira, o PBQP voltava-se, primordialmente, à iniciativa privada, tendo desempenhado progressos de destaque em pequenas e micro empresas.

Contudo, no âmbito do PBQP, criou-se, em 1991, o **Subprograma de Qualidade e Produtividade na Administração Pública**, com o intuito de implantar programas de qualidade em órgãos públicos. Nesse momento inicial, o foco foi a **melhoria de processos**, bem como o uso intensivo de ferramentas de qualidade, de forma a tornar as organizações públicas menos (disfuncionalmente) burocráticas e mais voltadas ao atendimento às demandas sociais.

Ainda em conformidade com um dos subprogramas do PBQP, que preconizava a instituição de prêmios destinados ao reconhecimento das contribuições em prol da qualidade e da produtividade, criou-se, em outubro de 1991, a **Fundação Nacional da Qualidade**, uma entidade privada, sem fins lucrativos, cujo objetivo era a coordenação do recém-instituído **Prêmio Nacional de Qualidade**. Inicialmente voltado ao setor privado, a premiação voltada ao setor público foi instituída a partir de 1998.

> **ATENÇÃO!**
>
> O **Programa Brasileiro de Qualidade e Produtividade (PBQP)** foi pioneiro ao destacar a qualidade na administração pública como importante instrumento para a eficiência do aparelho estatal. No entanto, conforme ressaltado no Caderno MARE nº 4 (p. 11), havia "total desvinculação das diretrizes da reforma da estrutura organizacional e administrativa implantada no Governo da época com o PBQP". De qualquer forma, "o saldo alcançado pelos esforços de sensibilizar as organizações públicas [para a importância da implantação de programas de qualidade] foi positivo".

---

6 Trata-se da denominação dada ao Ministério da Fazenda durante o Governo Collor (1990 a 1992).

4.3. Programa de Qualidade e Participação na Administração Pública (QPAP – 1996)

Em 1995, formaliza-se o Plano Diretor da Reforma do Aparelho do Estado (Pdrae), entendido como marco principal da Reforma Gerencial. Inserido no âmbito do Pdrae, em 1996 é instituído o **Programa de Qualidade e Participação na Administração Pública**, contemplando dois objetivos gerais:

- *Contribuir para a melhoria da qualidade dos serviços públicos, por meio da institucionalização dos seus princípios, com ênfase na participação dos servidores;*

- *Apoiar o processo de mudança de uma cultura burocrática para a cultura gerencial, fortalecendo a delegação, o atendimento ao cidadão, a racionalidade no modo de fazer, a definição clara de objetivos, a motivação dos servidores e o controle dos resultados.*[7]

O Programa de Qualidade e Participação na Administração Pública (QPAP) cumpriu a função **de principal instrumento para a mudança de uma cultura burocrática para gerencial**. Para tanto, enfatizava dois aspectos:

- **Qualidade**: contava com uma dimensão formal, referente à competência para produzir e aplicar métodos, técnicas e ferramentas de qualidade, e com uma dimensão política, referente à competência para projetar e realizar organizações públicas que atendam às necessidades dos clientes-cidadãos.

- **Participação**: representava o envolvimento de todos os servidores – independentemente do nível, cargo ou função – com a melhoria do serviço público, havendo compromisso de cooperação entre gerentes e gerenciados com vistas à busca de solução de problemas, ao aperfeiçoamento contínuo e à satisfação dos clientes-cidadãos.

> **ATENÇÃO!**
> O **Programa de Qualidade e Participação na Administração Pública (QPAP)** promoveu uma mudança cultural no **sistema de gestão**, passando a dar base à Reforma Gerencial. Entre os novos valores estabelecidos pelo QPAP, citam-se: participação, reconhecimento do potencial do servidor e de sua importância no processo produtivo, igualdade de oportunidades e a opção pela cidadania. A qualidade é inserida, como forma de promover o melhor atendimento ao cliente-cidadão. Para tanto, seguem-se **8 (oito) princípios**:

---

7 Fonte: Programa da Qualidade e Participação na Administração Pública, Caderno MARE nº 4, 1997, p. 16.

- satisfação do cliente;
- envolvimento de todos os servidores (com a qualidade);
- gestão participativa dos funcionários (disseminação de informações e cooperação);
- gerência de processos;
- valorização do servidor público;
- constância de propósitos (objetivos de longo prazo);
- melhoria contínua; e
- não aceitação de erros.

Q9. (ESAF / CGU / 2006) O Programa de Qualidade e Participação da Administração Pública instituído no âmbito da Reforma do Estado de 1995 tem como princípios:

I. Avaliação e premiação das melhores práticas.

II. Gestão participativa dos funcionários.

III. Gestão participativa dos clientes.

IV. Gerência por processos.

V. Identificação dos clientes.

VI. Descentralização das ações.

Selecione a opção que indica corretamente princípios desse Programa:

a) I e II;

b) I e III;

c) III e IV;

d) V e VI;

e) II e IV

Trata-se de uma questão um pouco "decoreba". Exige do candidato o conhecimento dos princípios do QPAP, listados anteriormente.

Das assertivas, apenas II e IV são, efetivamente, princípios daquele Programa (há uma diferença conceitual entre gestão DE processos e gestão POR processos, não considerada pela banca nesta questão).

Assim, a alternativa E está correta.

4.4. Programa de Qualidade no Serviço Público (PQSP – 1999)

Em 1999, no âmbito do Ministério do Planejamento, Orçamento e Gestão (MPOG), é criado o Programa de Qualidade no Serviço Público (1999).

De modo geral, é possível a seguinte interpretação resumida: o **PBQP** (voltado ao setor público) visava à melhoria da gestão de processos, revelando um foco preponderantemente interno, ou seja, restrito às fronteiras operacionais da administração pública. Já o **QPAP**, ao promover uma mudança cultural no sistema de gestão, contemplava tanto o foco interno quanto o externo (inerente à relação da administração pública com a sociedade).

Ao chegarmos ao **Programa de Qualidade no Serviço Público (PQSP)**, decorrida uma década desde a primeira iniciativa formal de implementação de um programa de qualidade na administração pública, a atenção volta-se principalmente para o cidadão-usuário (foco externo).

Os objetivos gerais do PQSP eram:

- *apoiar as organizações públicas no processo de transformação gerencial, com ênfase na produção de resultados positivos para a sociedade, na otimização dos custos operacionais, na motivação e na participação dos servidores, na delegação de atribuições, na racionalidade do modo de fazer, na definição clara de objetivos e no controle de resultados;*
- *promover o controle social.*

> **ATENÇÃO!**
> Com o **Programa de Qualidade no Serviço Público (PQSP)**, há um novo enfoque na promoção de qualidade do atendimento ao cidadão. O cidadão, nessa ótica, passa a ser considerado como parte interessada e essencial à boa gestão pública. São instituídos projetos de avaliação da satisfação dos usuários dos serviços públicos, padrões de atendimento ao cidadão e fomento à criação de unidades integradas de atendimento. Neste caso, **o principal indicador do PQSP é o nível de satisfação dos usuários** ao utilizarem os serviços públicos.

Q10. (FCC / TRT 11ª Região / 2012) O principal indicador utilizado pelo Programa de Qualidade no Serviço Público para medir o sucesso das organizações públicas que aderiram ao Programa é o índice de:

a) satisfação dos usuários;

b) absenteísmo dos servidores;

c) produtividade da média;

d) execução orçamentária;

e) efetividade.

Como vimos, o principal indicador do PQSP é o nível de satisfação dos usuários. A alternativa A está correta.

Resposta: A.

4.5. Programa Nacional de Gestão Pública e Desburocratização (GesPública – 2005)

O Programa Nacional de Gestão Pública e Desburocratização (GesPública) é entendido como o resultado da evolução dos programas anteriores. Instituído pelo Decreto nº 5.378/2005, trata-se de uma <u>política pública</u> que visa a apoiar órgãos e entidades, <u>das três esferas da federação</u>, na melhoria de sua capacidade **de produzir resultados** efetivos para a sociedade.

É merecedor de destaque o art. 2º do citado Decreto, que contempla os <u>objetivos gerais do GesPública</u>:

> Art. 2º O GESPÚBLICA deverá contemplar a formulação e implementação de medidas integradas em agenda de transformações da gestão, necessárias à promoção dos resultados preconizados no plano plurianual, à consolidação da administração pública profissional voltada ao interesse do cidadão e à aplicação de instrumentos e abordagens gerenciais, que objetivem:
>
> I – **eliminar o déficit institucional**, visando ao integral atendimento das competências constitucionais do Poder Executivo Federal;
>
> II – **promover a governança**, aumentando a capacidade de formulação, implementação e avaliação das políticas públicas;
>
> III – **promover a eficiência**, por meio de melhor aproveitamento dos recursos, relativamente aos resultados da ação pública;
>
> IV – **assegurar a eficácia e efetividade da ação governamental**, promovendo a adequação entre meios, ações, impactos e resultados; e
>
> V – **promover a gestão democrática, participativa, transparente e ética**.

As características principais do GesPública são assim listadas pelo Documento de Referência (2008/2009 e 2014):

PRINCIPAIS CARACTERÍSTICAS DO GESPÚBLICA	
Característica	Discriminação
Trata-se de uma política de gestão essencialmente pública	*O GesPública é <u>uma política</u> formulada a partir da premissa de que a gestão de órgãos e entidades públicos pode e deve ser excelente e ser comparada com padrões internacionais de qualidade em gestão, <u>mas não pode nem deve deixar de ser pública</u>. A qualidade da gestão pública tem que <u>ser orientada para o cidadão</u>, e desenvolver-se dentro do espaço constitucional demarcado pelos princípios da impessoalidade, da legalidade, da moralidade, da publicidade e da eficiência.*
A política de gestão é **focada em resultados para o cidadão**	*Sair do serviço à burocracia e **colocar a gestão pública a serviço do resultado dirigido ao cidadão** tem sido o grande desafio do GesPública. Entenda-se por <u>resultado</u> para o setor público o <u>atendimento total ou parcial das demandas da sociedade</u> traduzidas pelos governos em políticas públicas. Neste sentido, a eficiência e a eficácia serão tão positivas quanto a capacidade que terão de produzir mais e melhores resultados para o cidadão (impacto na melhoria da qualidade de vida e na geração do bem comum).*
A política de gestão é **federativa**	*A base conceitual e os instrumentos do GesPública não estão limitados a um objeto específico a ser gerenciado (saúde, educação, previdência, saneamento, tributação, fiscalização etc.). **Aplicam-se a toda administração pública em todos os poderes e esferas de governo**. Essa generalidade na aplicação, assim como a estratégia do Programa de formar uma rede de organizações e pessoas voluntárias – a Rede Nacional de Gestão Pública – fez com que, pouco a pouco, o GesPública recebesse demandas de órgãos e entidades públicos não pertencentes ao Poder Executivo Federal.*

Fonte: adaptado do Documento de Referência do GesPública (2008/2009 e 2014).

IMPORTANTE!!
O GesPública, criado em 2005, **foi** mais recentemente **revogado** pelo Poder Executivo federal, mediante o Decreto nº 9.094, de 17 de julho de 2017[8], que dispõe sobre a simplificação do atendimento prestado aos usuários de serviços públicos, entre outras medidas. Ainda assim, o GesPública remanesce como arcabouço conceitual e pragmático sobre indicadores de desempenho no setor público, bem como sobre gestão de qualidade, consubstanciando matéria de foco dos certames públicos.

---

8 Em seu art. 25, esse Decreto revoga o Decreto nº 5.378/2005, então criador do GesPública.

4.5.1. O Modelo de Excelência em Gestão Pública e os Critérios para a Avaliação da Gestão Pública

O **Programa Nacional de Gestão Pública e Desburocratização (GesPública)** é marcado pela gestão por resultados, voltada ao cidadão. Toma por base um modelo de gestão próprio, denominado **Modelo de Excelência em Gestão Pública (MEGP)**, cujos pilares, por sua vez, são não só **fundamentos constitucionais**, como também os **fundamentos da excelência gerencial contemporânea**, sumarizados nos quadros a seguir[9]:

FUNDAMENTOS CONSTITUCIONAIS DO MEGP	
Fundamento	Descrição
Legalidade	Representa a supremacia da dimensão política (legislativa) sobre a dimensão técnica (executiva e judicante). Em decorrência do princípio da legalidade, somente a lei pode delegar competências e poderes à Administração Pública e aos seus agentes públicos [...]. A Administração Publica não tem liberdade nem vontade que não as concedidas e determinadas pela Constituição e pela lei e, nesse caso, são matérias de sua discrição apenas as estratégias, mecanismos e instrumentos a serem adotados na aplicação da lei, no objetivo de conseguir os seus plenos efeitos, na forma mais eficiente possível.
Princípio da Separação dos Poderes	O Estado brasileiro é dotado de poder uno e soberano, atribuído ao povo e em seu nome exercido (CF, art. 1º). No entanto, para garantir a Ordem Democrática, a Constituição prevê a sua tripartição, a fim de que as funções políticas, judicantes e executivas sejam exercidas por instâncias e agentes diversos, de forma independente, ainda que harmônica. (CF, art. 2º). Essa segregação de poderes deve ser observada no processo do arranjo institucional das estruturas do aparelho do Estado, em todos os níveis organizacionais, de forma que a mesma instituição ou o mesmo agente público não acumule competências ou poderes de formulação, de julgamento e de execução, em sua área de atuação.
Orientação fundamental à consecução dos objetivos da República Federativa do Brasil	A principal finalidade da Administração Pública é alcançar os objetivos fundamentais da República Federativa do Brasil – de construir uma sociedade livre, justa e solidária; garantir o desenvolvimento nacional; erradicar a pobreza e a marginalização; reduzir as desigualdades e promover o bem de todos, sem preconceitos (CF, art. 3º). Esses objetivos devem orientar toda a sua atuação.

---

9 Quadros construídos com base no "Modelo de Excelência em Gestão Pública", Brasília, MPOG, 2014.

FUNDAMENTOS CONSTITUCIONAIS DO MEGP	
Fundamento	Descrição
Princípio da centralidade dos direitos individuais e sociais	As atividades estatais na área de provimento dos direitos sociais exigem estruturas e processos ágeis e flexíveis; permeáveis a mecanismos de gestão de resultados e controle social; e abertos a mecanismos de articulação e colaboração com a sociedade civil sem fins lucrativos.
Princípio da descentralização federativa	A descentralização federativa implica compartilhamento de responsabilidades entre as três esferas de governo na execução das políticas públicas. No arranjo institucional das estruturas do Poder Executivo e na prospecção de seus processos finalísticos e de apoio, a orientação constitucional à descentralização federativa implica buscar a revisão das competências e das estruturas organizacionais dos órgãos e entidades da Administração direta e indireta com o objetivo de verificar se não existem competências que estejam sendo desempenhadas pela esfera federal que não deveriam ser transferidas para as esferas estaduais e municipais.
Princípio da participação social na governança das instituições	A Constituição Federal prevê o hibridismo de práticas representativas e participativas, quando essa dispõe que todo o poder emana do povo, que o exerce por meio de seus representantes (democracia representativa) ou diretamente (por meio de uma democracia participativa). É necessário o fortalecimento da participação social nos processos de formulação, acompanhamento, avaliação e controle de políticas públicas, especialmente, nas áreas de prestação de serviços sociais diretos à população.
Funcionamento em rede. Parceria com a sociedade civil.	Constitui clara orientação constitucional [...] que trata da Ordem Social, o estabelecimento de parcerias entre o Estado e a Sociedade Civil, por meio da ação articulada, complementar ou concorrente, no provimento de serviços de interesse social. É importante fortalecer as relações de cooperação, dentro de um espírito de confiança mútua entre os agentes estatais e privados.
Os princípios da Administração Pública brasileira	Legalidade (citada anteriormente), impessoalidade, moralidade, publicidade e eficiência (CF/88, art. 37).

No que concerne aos fundamentos da gestão pública contemporânea, o MEGP contempla 11 (onze) pilares, a saber:

FUNDAMENTOS DA GESTÃO PÚBLICA CONTEMPORÂNEA INERENTES AO MEGP	
Fundamento	Descrição
Pensamento Sistêmico	Entendimento das relações de interdependência entre os diversos componentes de uma organização, bem como entre a organização e o ambiente externo, com foco na sociedade.
Aprendizado Organizacional	Busca contínua e alcance de novos patamares de conhecimento, individuais e coletivos, por meio da percepção, reflexão, avaliação e compartilhamento de informações e experiências.
Cultura da Inovação	Promoção de um ambiente favorável à criatividade, à experimentação e à implementação de novas ideias que possam gerar um diferencial para a atuação da organização.
Liderança e constância de propósitos	A liderança é o elemento promotor da gestão, responsável pela orientação, estímulo e comprometimento para o alcance e melhoria dos resultados organizacionais e deve atuar de forma aberta, democrática, inspiradora e motivadora das pessoas, visando ao desenvolvimento da cultura da excelência, a promoção de relações de qualidade e à proteção do interesse público. É exercida pela alta administração, entendida como o mais alto nível gerencial e de assessoria da organização.
Orientação por processos e informações	Compreensão e segmentação do conjunto das atividades e processos da organização que agreguem valor para as partes interessadas, sendo que a tomada de decisões e a execução de ações devem ter como base a medição e análise do desempenho, levando em consideração as informações disponíveis.
Visão de futuro	Indica o rumo de uma organização e a constância de propósitos que a mantém nesse rumo. Está diretamente relacionada à capacidade de estabelecer um estado futuro desejado que garanta coerência ao processo decisório e que permita à organização antecipar-se às necessidades e expectativas dos cidadãos e da sociedade. Inclui, também, a compreensão dos fatores externos que afetam a organização com o objetivo de gerenciar seu impacto na sociedade.
Geração de valor	Alcance de resultados consistentes, assegurando o aumento de valor tangível e intangível de forma sustentada para todas as partes interessadas.
Comprometimento com as pessoas	Estabelecimento de relações com as pessoas, criando condições de melhoria da qualidade nas relações de trabalho, para que elas se realizem profissional e humanamente, maximizando seu desempenho por meio do comprometimento, de oportunidade para desenvolver competências e de empreender, com incentivo e reconhecimento.

FUNDAMENTOS DA GESTÃO PÚBLICA CONTEMPORÂNEA INERENTES AO MEGP	
Fundamento	Descrição
Foco no cidadão e na sociedade	Direcionamento das ações públicas para atender, regular e continuamente, as necessidades dos cidadãos e da sociedade, na condição de sujeitos de direitos, beneficiários dos serviços públicos e destinatários da ação decorrente do poder de Estado exercido pelos órgãos e entidades públicos.
Desenvolvimento de parcerias	Desenvolvimento de atividades conjuntamente com outras organizações com objetivos específicos comuns, buscando o pleno uso das suas competências complementares para desenvolver sinergias.
Gestão participativa	Estilo de gestão que determina uma atitude gerencial da alta administração que busque o máximo de cooperação das pessoas, reconhecendo a capacidade e o potencial diferenciado de cada um e harmonizando os interesses individuais e coletivos, a fim de conseguir a sinergia das equipes de trabalho.

O MEGP, de acordo com o documento de referência do GesPública (BRASIL, 2009, p. 29), é *"a representação de um sistema gerencial constituído de oito partes integradas, que orientam a adoção de práticas de excelência em gestão com a finalidade de levar as organizações públicas brasileiras a atingir padrões elevados de desempenho e de excelência em gestão".*

Importante é a noção de que as oito dimensões integradas e interativas que compõem o MEGP foram adotadas como critérios para a avaliação da gestão pública:

> Para efeito de avaliação da gestão pública, as oito partes do Modelo de Excelência em Gestão Pública foram transformadas em **Critérios para Avaliação da Gestão Pública**. A esses critérios foram incorporados referenciais de excelência (alíneas) a partir dos quais a organização pública pode implementar ciclos contínuos de avaliação e melhoria de sua gestão.

A representação gráfica do MEGP, de acordo com o citado documento de referência, é assim ilustrada:

Capítulo 13 | A Qualidade e a busca pela Excelência na Administração Pública

Sistema de Gestão Pública

- Bloco I
  - 3. Público-alvo
  - 1. Governança
  - 2. Estratégia e planos
  - 4. Interesse público e cidadania
- Bloco II
  - 6. Pessoas
  - 7. Processos
- Bloco III
  - 8. Resultados
- 5. Informação e conhecimento
- Bloco IV

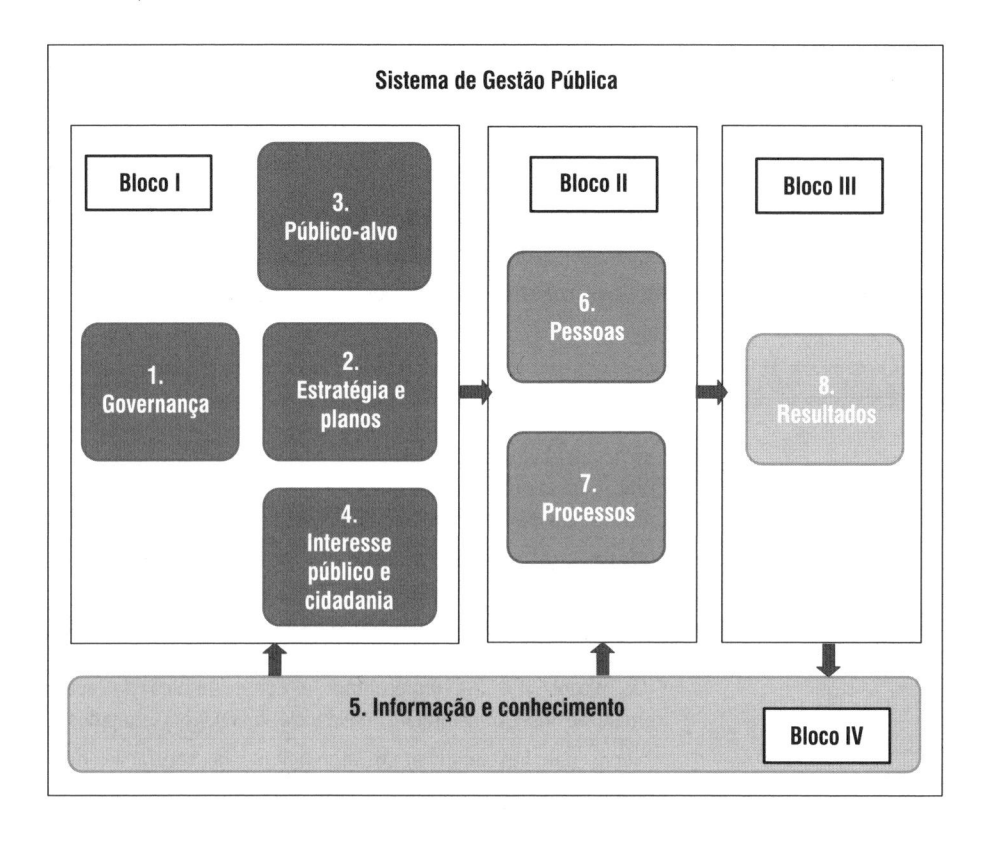

Q11. (CESPE / ANP / 2013) O modelo de excelência em gestão pública é uma política formulada a partir da premissa de que uma organização pública deve ser excelente, nos mesmos moldes aplicados na iniciativa privada.

Vejamos o seguinte excerto do documento de referência do GesPública (BRASIL, 2014, p. 10):

O ponto de partida da construção do Modelo de Excelência em Gestão Pública repousa sobre a **premissa de que a Administração Pública tem que ser excelente, conciliando esse imperativo com os princípios que deve obedecer, os conceitos e a linguagem que caracterizam a natureza pública das organizações e que impactam na sua gestão**. A esse respeito, há diversas características próprias da Administração Pública que merecem ser consideradas [...].

Assim, uma organização pública, na concepção do MEGP, deve ser excelente, sem deixar de ser pública. Não se pode buscar os mesmos moldes aplicados na iniciativa privada, ante a própria natureza do setor público.

A assertiva está errada.

Q12. (CESPE / ANAC / 2012) O modelo de excelência em gestão pública é composto por critérios que, juntos, compõem um sistema gerencial para organizações do setor público. Os critérios usualmente aceitos incluem estratégias e planos, informação e processos.

Os critérios relacionados no enunciado (estratégias, planos, informações e processos) realmente fazem parte do MEGP, e podem ser visualizados no esquema acima.

A questão está correta.

O **Modelo de Excelência em Gestão Pública,** representado no esquema anterior, contém 4 (quatro) blocos passíveis de serem assim analisados pelo documento de referência do GesPública:

MEGP E OS CRITÉRIOS DE AVALIAÇÃO DA GESTÃO PÚBLICA	
1º bloco – Planejamento	"Por meio da liderança forte da alta administração, que focaliza as necessidades dos cidadãos-usuários, os serviços, produtos e processos são planejados conforme os recursos disponíveis, para melhor atender esse conjunto de necessidades".
2º bloco – Execução do Planejamento	"Nesse espaço, concretizam-se as ações que transformam objetivos e metas em resultados. São as pessoas, capacitadas e motivadas, que efetuam esses processos e fazem com que cada um deles produza os resultados esperados". [Os blocos 1 e 2] "representam o centro prático da ação organizacional e transformam finalidade e objetivos em resultados".
3º bloco – Controle (Resultados)	"Serve para acompanhar o atendimento à satisfação dos destinatários dos serviços e da ação do Estado, o orçamento e as finanças, a gestão das pessoas, a gestão de suprimento e das parcerias institucionais, bem como o desempenho dos serviços/produtos e dos processos organizacionais." "Representa o controle, pois apenas pelos resultados produzidos pela organização é possível analisar a qualidade do sistema de gestão e o nível de desempenho institucional".
4º bloco – Inteligência da Organização (Informações e Conhecimento)	"Nesse bloco, são processados e avaliados os dados e os fatos da organização (internos) e aqueles provenientes do ambiente (externos), que não estão sob seu controle direto, mas, de alguma forma, podem influenciar o seu desempenho. Esse bloco dá à organização a capacidade de corrigir ou melhorar suas práticas de gestão e, consequentemente, seu desempenho". "Representa a inteligência da organização. Este bloco dá ao órgão/entidade capacidade de corrigir, melhorar ou inovar suas práticas de gestão e, consequentemente, seu desempenho".

Cada um dos oito critérios é desdobrado em itens, aos quais são atribuídas pontuações máximas no chamado **Instrumento para Avaliação da Gestão Pública**, assim dispostos:

Critérios e Itens		Pontuação
1	**Governanças**	**110**
	1.1 – Sistema de governo	40
	1.2 – Sistema de liderança	30
	1.3 – Análise do desempenho institucional público	40
2	**Estratégias e Planos**	**80**
	2.1 – Formulação da estratégia	40
	2.2 – Implementação da estratégia	40
3	**Público-alvo**	**50**
	3.1 – Imagem e conhecimento mútuo	15
	3.2 – Relacionamento com o público-alvo	15
	3.3 – Gestão do atendimento do público-alvo	20
4	**Interesse público e cidadania**	**70**
	4.1 – Interesse público	20
	4.2 – Regime administrativo	30
	4.3 – Participação e controle social	20
5	**Informação e conhecimento**	**60**
	5.1 – Gestão da informação	35
	5.2 – Gestão do conhecimento	25
6	**Pessoas**	**60**
	6.1 – Sistema de trabalho	20
	6.2 – Desenvolvimento profissional	20
	6.3 – Qualidade de vida	20
7	**Processos**	**120**
	7.1 – Gestão dos processos finalísticos	40
	7.2 – Gestão de parcerias com entidades civis	15
	7.3 – Gestão financeira, de suprimento e de outros processos-meios de suporte à estratégia	50
	7.4 – Gestão do patrimônio público	15
8	**Resultados**	**450**
	8.1 – Resultados da atividade finalística, atendimento ao público-alvo, interesse público e cidadania	250
	8.2 – Resultados relativos às parcerias com entidades civis	40
	8.3 – Resultados relativos à gestão de pessoas	40
	8.4 – Resultados relativos à gestão orçamentária e financeira, de suprimentos e patrimonial	80
	8.5 – Resultados relativos à gestão de processos-meios de suporte à estratégia	40
		1000

FONTE: Instrumento para Avaliação da Gestão Pública – 2014, p. 14

Por derradeiro, abordaremos as definições constitutivas das dimensões que compõem o MEGP, segmentadas em blocos:

DIMENSÕES DO MEGP	
Dimensão	Descrição
Bloco 1 – Planejamento	
1. Governança	Governança pode ser entendida como o exercício de autoridade, controle, gerenciamento e poder de governo. É a maneira pela qual o poder é exercício no gerenciamento dos recursos econômicos, políticos e sociais para o desenvolvimento do país. Está, portanto, relacionada à capacidade de implementação das políticas públicas, em seus aspectos políticos, técnicos, financeiros e gerenciais.
2. Estratégias e planos	Uma gestão pública de excelência deve contemplar processos formais de formulação e implementação da estratégia, fundamentados no exercício de pensar o futuro e integrados ao processo decisório. A estratégia deve atender aos objetivos e dispor de metas e planos articulados, para as unidades internas. Deve ser formulada a partir da prospecção dos resultados institucionais que se espera alcançar, considerados os recursos internos e externos; assim como os fatores intervenientes, especialmente aqueles que possam representar riscos ou oportunidades ao desempenho organizacional.
3. Público-alvo	Esta dimensão refere-se às práticas gerenciais direcionadas ao relacionamento do órgão/entidade com a sociedade e abrange a imagem institucional, o conhecimento que a sociedade tem do órgão ou entidade e a maneira como se relaciona com a sociedade e induz sua participação.
4. Interesse Público e Cidadania	A Dimensão Interesse Público e Cidadania diz respeito à observância do interesse público e ao regime administrativo e à participação e controle social.
Bloco 4 – Informação e Conhecimento	
5. Informação e Conhecimento	Representa a capacidade de gestão das informações e do conhecimento, especialmente a implementação de processos gerenciais que contribuam diretamente para a seleção, coleta, armazenamento, utilização, atualização e disponibilização sistemática de informações atualizadas, precisas e seguras aos usuários internos e externos, com o apoio da tecnologia da informação.
Bloco 2 – Execução do Planejamento	
6. Pessoas	A excelência da gestão pública pressupõe sistemas de trabalho estruturados, que considerem as competências, os requisitos técnicos, tecnológicos e logísticos necessários para a execução dos processos institucionais, de forma a cumprir as finalidades do órgão ou entidade. Inclui as adequadas estruturação e alocação de cargos efetivos, funções e cargos em comissão; os padrões remuneratórios e a alocação interna. São particularmente relevantes os investimentos em adequado dimensionamento da força de trabalho; em gestão de competências institucionais e profissionais; e na estruturação de sistemas de remuneração e de gestão do desempenho sintonizados com os paradigmas do gerenciamento por resultados.

DIMENSÕES DO MEGP	
Dimensão	**Descrição**
7. Processos	A Gestão pública de excelência exige processos finalísticos e de apoio adequadamente estruturados, a partir da estratégia institucional, com base nos recursos disponíveis, nos requisitos dos públicos-alvos e nas possibilidades e limitações jurídico-legais.
8. Resultados	De nada adianta o investimento nas sete primeiras dimensões se esse investimento não gerar os resultados esperados para a sociedade, o mercado e o próprio setor público. A Gestão orientada para Resultados é considerada uma poderosa ferramenta metodológica de monitoramento e avaliação das ações dos governos em sistemas políticos democráticos. Avaliar os resultados obtidos nas ações de governo, respeitando as dimensões de eficiência, eficácia e efetividade, permite aos agentes políticos estabelecer correções nos rumos dos seus processos de trabalho, como também propicia oportunidades de desenvolver estratégias de acompanhamento aos cidadãos.

Q13. (FCC / TCE – GO / 2009) No modelo de excelência em gestão pública:

a) a ausência de um enfoque sistêmico da gestão é uma de suas principais deficiências pois é composto por sete critérios organizados em quatro grandes blocos;

b) um dos critérios avaliados é a liderança, parte constitutiva do bloco de planejamento, e que no item formulação de estratégias analisa como a organização participa da formulação das políticas públicas na sua área de atuação;

c) o bloco pessoas e processos representa a execução do planejamento e serve para acompanhar a própria execução e o atendimento da satisfação dos destinatários dos serviços públicos;

d) o bloco de resultados, composto apenas pelo critério de mesmo nome, analisa como o desempenho da organização evoluiu quanto à satisfação dos cidadãos e à melhoria dos seus processos organizacionais;

e) o item gestão de processos de apoio analisa como é feita a gestão dos projetos de serviços e produtos, destacando-se o tempo de ciclo dos projetos e as transferências de lições aprendidas anteriormente.

Vejamos os comentários às alternativas.

a) Uma das qualidades do MEGP é justamente o enfoque sistêmico. Contempla não só planejamento, execução e controle, mas também adiciona um diagnóstico interno e externo (no bloco "inteligência da organização") a fim de possibilitar a melhoria contínua em termos de qualidade dos serviços. A alternativa está errada.

b) A "formulação de estratégias" é um item inerente ao critério "Estratégia e Planos", e não à "Liderança" (alterado para "Governança" em 2014). Por esse motivo, a assertiva está errada.

c) O acompanhamento da execução e o atendimento da satisfação dos destinatários dos serviços públicos são representados no 3º bloco – Controle (Resultados). A alternativa está errada.

d) A alternativa espelha de modo acertado o critério inerente ao 3º bloco, exposto na tabela anterior. Está, portanto, correta.

e) Na realidade, a alternativa refere-se ao critério "Informações e Conhecimento". Está, portanto, errada.

Resposta: D

Q14. (CESPE / TRE – BA / 2010) O modelo de excelência na gestão, tanto no setor público quanto no privado, possui intrínseca relação com a capacidade gerencial de aferir resultados. A democratização das informações de interesse da sociedade e a prestação de contas dos atos de governo são também fatores primordiais a serem observados na adoção desse modelo.

Entre os fundamentos do GesPública – baseado no Modelo de Excelência em Gestão Pública (MEGP) – dois são diretamente relacionados ao enunciado. Trata-se da **gestão participativa** ("democratização das informações de interesse da sociedade") e do **controle social** ("prestação de contas").

A questão está correta.

Q15. (CESPE / ANP / 2013) O modelo de excelência em gestão pública é uma política formulada a partir da premissa de que uma organização pública deve ser excelente, nos mesmos moldes aplicados na iniciativa privada.

O MEGP preconiza a excelência nos serviços públicos, mas traz consigo a noção exata de que há particularidades intrínsecas ao setor público que impedem a moldagem exata à iniciativa privada. Nesse sentido, veja o seguinte excerto do Documento de Referência do GesPública:

*O MEGP foi concebido a partir da premissa segundo a qual é preciso ser excelente **sem deixar de ser público**.*

Esse modelo está, portanto, alicerçado em fundamentos próprios da gestão de excelência contemporânea e condicionado aos princípios constitucionais próprios da natureza pública das organizações. Esses fundamentos e princípios constitucionais, juntos, definem o que se entende hoje por excelência em gestão pública.

Desta maneira, a questão está errada.

4.6. O Decreto nº 9.094/2017 e a busca pela excelência ao usuário dos serviços públicos

O Decreto nº 9.094, de 17 de julho de 2017 – de aplicação no âmbito do Poder Executivo federal, veio a normatizar a simplificação do atendimento prestado aos usuários de serviços públicos (pessoas físicas e jurídicas, de direito público e privado), primando-se pela melhor eficiência na interface com o cidadão. Da mesma sorte, o dispositivo infralegal instituiu a Carta de Serviços ao Usuário[10], cujo intuito é "por objetivo informar aos usuários dos serviços prestados pelo órgão ou pela entidade do Poder Executivo federal as formas de acesso a esses serviços e os compromissos e padrões de qualidade do atendimento ao público".

Em apertada síntese, o Decreto vem a sumarizar medidas para se desvencilhar da disfuncionalidade burocrática arraigada no cotidiano do atendimento de órgãos e entidades públicas ao cidadão. Vislumbra-se, assim, que a norma vem a propor uma espécie de programa de qualidade e de excelência no serviço público, sob a bandeira da já citada "simplificação". Entre suas principais medidas, arrolam-se:

- salvo disposição legal em contrário, os órgãos e as entidades do Poder Executivo federal que necessitarem de documentos comprobatórios da regularidade da situação de usuários dos serviços públicos, de atestados, de certidões ou de outros documentos comprobatórios que constem em base de dados oficial da Administração Pública federal deverão obtê-los diretamente do órgão ou da entidade responsável pela base de dados (art. 2º);
- no atendimento aos usuários dos serviços públicos, os órgãos e as entidades do Poder Executivo federal observarão a padronização de formulários e documentos congêneres (art. 5º, inc. II);
- para complementar informações ou solicitar esclarecimentos, a comunicação entre o órgão ou a entidade do Poder Executivo federal e o interessado poderá ser feita por qualquer meio, preferencialmente eletrônico (art. 8º);
- exceto se existir dúvida fundada quanto à autenticidade ou previsão legal, fica dispensado o reconhecimento de firma e a autenticação de cópia dos documentos expedidos no País e destinados a fazer prova junto a órgãos e entidades do Poder Executivo federal (art. 9º);

---

[10] A Carta de Serviços ao Usuário vem a substituir a então denominada Carta de Serviços ao Cidadão, que fora instituída pelo agora revogado Decreto nº 6.932/2011.

- os órgãos e as entidades do Poder Executivo federal deverão utilizar ferramenta de pesquisa de satisfação dos usuários dos seus serviços, constante do Portal de Serviços do Governo federal, e do Sistema de Ouvidoria do Poder Executivo federal, e utilizar os dados como subsídio relevante para reorientar e ajustar a prestação dos serviços (art. 20).

Sobre esse decreto, vejamos a seguinte questão:

Q16. (CESPE / STM / 2018) Com base nas disposições do Decreto nº 9.094/2017, julgue o seguinte item.

Carta de Serviços ao Usuário deve ser elaborada por órgãos e entidades do Poder Executivo federal que prestem atendimento a usuários de serviços públicos, ainda que indiretamente.

A questão cobra conhecimento acerca do art. 11 do Decreto:

> Art. 11. Os órgãos e as entidades do Poder Executivo federal que prestam atendimento aos usuários dos serviços públicos, direta ou indiretamente, deverão elaborar e divulgar Carta de Serviços ao Usuário, no âmbito de sua esfera de competência.

A assertiva está correta.

5. A Fundação Nacional da Qualidade (FNQ) e seu modelo de gestão

Com cerca de 25 anos de existência, a **Fundação Nacional da Qualidade** é uma instituição brasileira, sem fins lucrativos, voltada ao estudo, ao fomento e à disseminação de práticas em termos de excelência na gestão das organizações.

Criada em 11 de outubro de 1991, trata-se de uma iniciativa conjunta de organizações privadas e públicas, inicialmente concebida para administrar o Prêmio Nacional da Qualidade. Ao longo do tempo, o escopo de atuação da FNQ tornou-se abrangente, buscando parcerias com entidades internacionais, e envidando esforços em prol da consolidação de seu **Modelo de Excelência da Gestão® (MEG®)**.

Para fins de nosso estudo, é de grande interesse os fundamentos e os critérios que dão forma ao **Modelo de Excelência da Gestão® (MEG®)**.

O Modelo de Excelência da Gestão® é baseado em 8 (oito) **fundamentos de excelência**, que espelham, segundo a FNQ, práticas encontradas em organizações de elevado desempenho. O quadro a seguir apresenta tais fundamentos:

FUNDAMENTOS DA EXCELÊNCIA DA FNQ	
Fundamentos	**Descrição**
Pensamento Sistêmico	Compreensão e tratamento das relações de interdependência e seus efeitos entre os diversos componentes que formam a organização, bem como entre estes e o ambiente com o qual interagem.
Aprendizado organizacional e inovação	Busca e alcance de novos patamares de competência para a organização e sua força de trabalho, por meio da percepção, reflexão, avaliação e compartilhamento de conhecimentos, promovendo um ambiente favorável à criatividade, experimentação e implementação de novas ideias capazes de gerar ganhos sustentáveis para as partes interessadas.
Liderança transformadora	Atuação dos líderes de forma ética, inspiradora, exemplar e comprometida com a excelência, compreendendo os cenários e tendências prováveis do ambiente e dos possíveis efeitos sobre a organização e suas partes interessadas, no curto e longo prazos – mobilizando as pessoas em torno de valores, princípios e objetivos da organização; explorando as potencialidades das culturas presentes; preparando líderes e pessoas; e interagindo com as partes interessadas.
Compromisso com as partes interessadas	Estabelecimento de pactos com as partes interessadas e suas inter-relações com as estratégias e processos, em uma perspectiva de curto e longo prazos.
Adaptabilidade	Flexibilidade e capacidade de mudança em tempo hábil, frente a novas demandas das partes interessadas e alterações no contexto.
Desenvolvimento sustentável	Compromisso da organização em responder pelos impactos de suas decisões e atividades, na sociedade e no meio ambiente, e de contribuir para a melhoria das condições de vida, tanto atuais quanto para as gerações futuras, por meio de um comportamento ético e transparente.
Orientação por processos	Reconhecimento de que a organização é um conjunto de processos, que precisam ser entendidos de ponta a ponta e considerados na definição das estruturas: organizacional, de trabalho e de gestão. Os processos devem ser gerenciados visando à busca da eficiência e da eficácia nas atividades, de forma a agregar valor para a organização e as partes interessadas
Geração de valor	Alcance de resultados econômicos, sociais e ambientais, bem como de resultados dos processos que os potencializam, em níveis de excelência e que atendam às necessidades e expectativas as partes interessadas.

A representação diagramática do MEG, na atualidade, é baseada no Tangram (uma espécie de quebra-cabeças geométrico chinês, composto por sete peças), e é assim disposta:

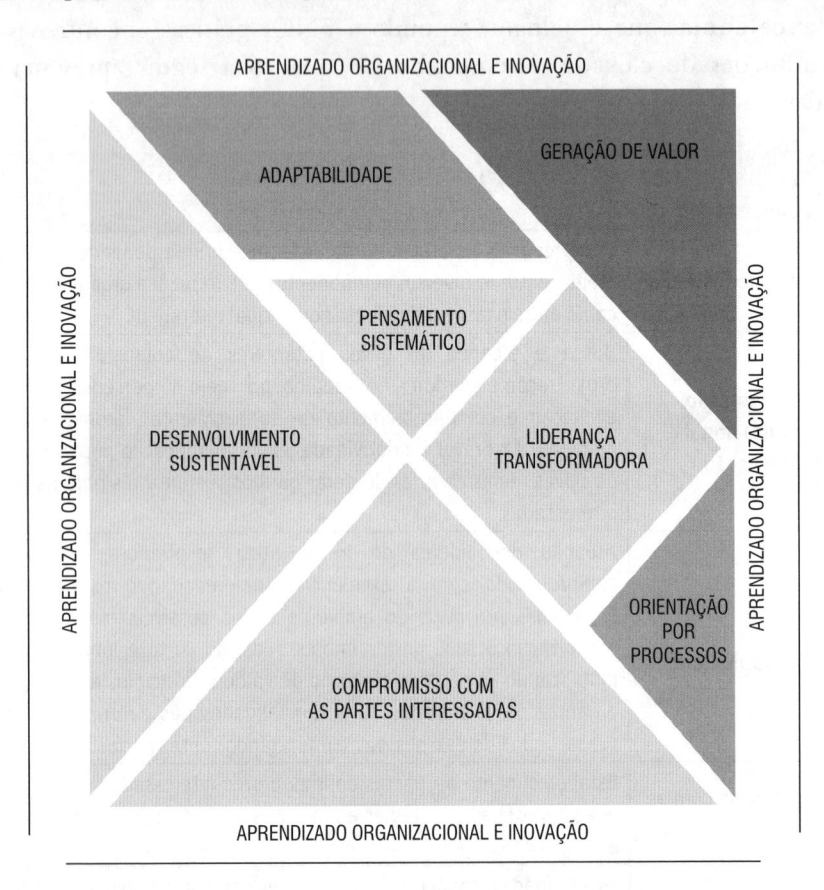

```
                    APRENDIZADO ORGANIZACIONAL E INOVAÇÃO

                                                    GERAÇÃO DE VALOR
                    ADAPTABILIDADE

A                                                                            A
P                                                                            P
R                           PENSAMENTO                                       R
E                           SISTEMÁTICO                                      E
N                                                                            N
D                                                                            D
I                                                                            I
Z       DESENVOLVIMENTO              LIDERANÇA                               Z
A         SUSTENTÁVEL              TRANSFORMADORA                            A
D                                                                            D
O                                                                            O
...                                                                          ...

                                                    ORIENTAÇÃO
                                                        POR
                                                    PROCESSOS
                    COMPROMISSO COM
                    AS PARTES INTERESSADAS

                    APRENDIZADO ORGANIZACIONAL E INOVAÇÃO
```

Note que, de acordo com diagrama do MEG, o fundamento *aprendizado organizacional e inovação* é o único que se apresenta de forma transversal com relação aos demais, permeando toda a gestão das organizações.

Q17. (CESPE / ANP / 2013) O modelo de excelência da gestão da Fundação Nacional da Qualidade permite que os vários elementos de uma organização sejam avaliados individualmente.

O Modelo de Excelência da Gestão da FNQ, baseado nos fundamentos e nos critérios vistos anteriormente, permite uma avaliação conjunta dos elementos organizacionais, em especial pela sua concepção de que há relações de interdependência entre eles (ver o conceito de Pensamento Sistêmico, no quadro anterior).

Nas palavras da publicação do FNQ:

> *O Modelo estabelece uma orientação integrada e interdependente para gerir uma organização. Considera que os vários elementos da organização e as partes interessadas interagem de forma harmônica e balanceada nas estratégias e resultados. Assim, o MEG permite que os vários elementos de uma organização possam ser implementados e avaliados **em conjunto**, de forma interdependente e complementar.*

Com esse entendimento, a assertiva está errada.

Q18. (CESPE / TJ – AC / 2012 – atualizada) O modelo de excelência gerencial (MEG) proposto pela Fundação Nacional de Qualidade apoia-se no PDCL (*plan, do, check, learn*), importante ferramenta de melhoria contínua proveniente da escola da qualidade.

O MEG, de fato, está baseado na lógica do PDCL. Vejamos o seguinte excerto do próprio MEG, em sua última atualização:

A base conceitual do Modelo de Excelência da Gestão® (MEG) incorpora o ciclo PDCL – do inglês: *Plan* (planejar), *Do* (realizar), *Check* (verificar), *Learn* (aprender), como sugerido no Diagrama do Ciclo da Gestão abaixo:

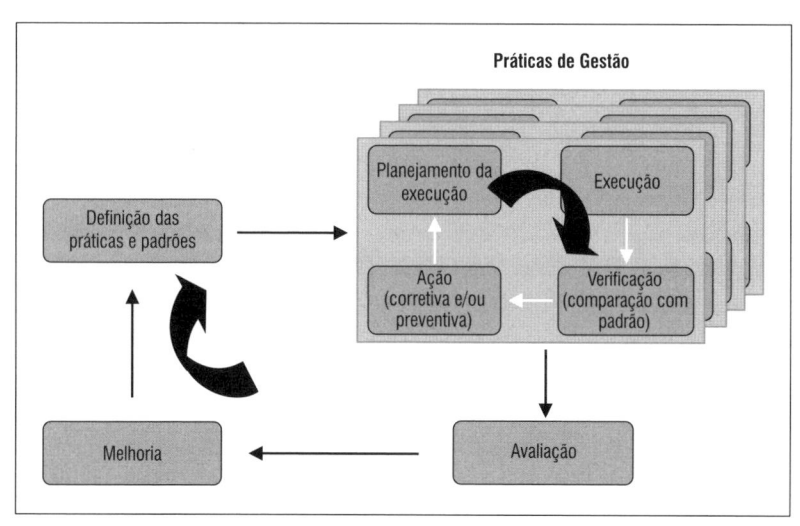

O Diagrama considera, em seu movimento, que a definição das práticas de gestão e de seus padrões gerenciais está presente na organização de forma sistemática. As práticas, com abrangência adequada ao perfil da organização, são sistematicamente implementadas e executadas a partir de um planejamento, e verificadas quanto ao cumprimento dos padrões planejados, promovendo ações corretivas ou preventivas.

Os resultados da aplicação das práticas são então avaliados, suscitando a implementação de melhorias quanto às práticas adotadas ou quanto aos seus padrões gerenciais, e promovendo, assim, o aprendizado e a integração do sistema gerencial.

As setas [curvas] indicam a aplicação do "single loop" e "double loop". Estes são conceitos de aprendizado por circuito simples (Single Loop Learning) e duplo (Double Loop Learning), segundo Argyris e Schön, 1978. O aprendizado no circuito simples seria aquele que gera uma pequena melhoria, sem, contudo, afetar necessariamente os resultados de uma organização. Já no circuito duplo é o momento em que se busca o aprendizado organizacional.

A assertiva, ante o exposto, está correta.

Q19. (CESPE / TJ – AC / 2012) O programa de excelência gerencial, voltado para organizações interessadas em implementar ou que já implementam o modelo de excelência gerencial (MEG), é fundamentado em três etapas – sensibilização, acompanhamento e medição do impacto.

O Programa de Excelência da Gestão visa a implementar uma metodologia de autoavaliação e de capacitação com base no MEG. É realizado pela FNQ, em conjunto com suas organizações parceiras.

Este Programa possui 5 (cinco) etapas, assim representadas pelo sítio da FNQ na internet:

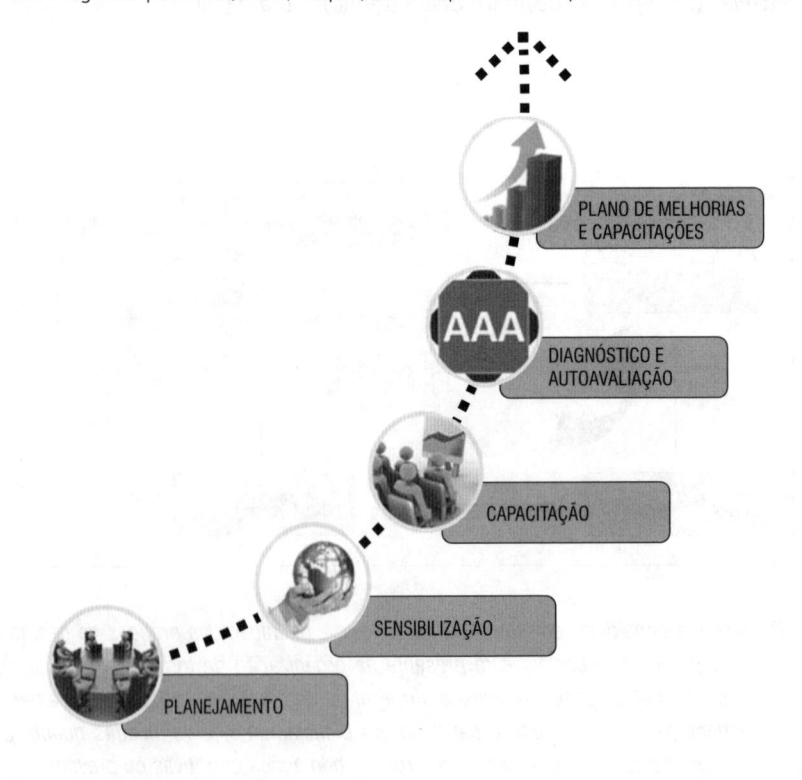

- PLANO DE MELHORIAS E CAPACITAÇÕES
- DIAGNÓSTICO E AUTOAVALIAÇÃO
- CAPACITAÇÃO
- SENSIBILIZAÇÃO
- PLANEJAMENTO

A questão, assim, está errada.

Questões de Concursos

1. (CESPE / EBSERH / 2018) Em sua concepção inicial, no início do século XX, o objetivo da gestão da qualidade era garantir a uniformidade e, em sua concepção contemporânea, ele se refere ao atendimento das expectativas dos clientes.

2. (CESPE / EBSERH / 2018) Na gestão da qualidade, destaca-se a técnica da qualidade total, que admite que a qualidade de um serviço seja estabelecida pela organização e garantida para o cliente em todas as suas interações, seja antes, seja após a prestação do serviço.

3. (CESPE / EBSERH / 2018) As ideias de Feigenbaum, responsável pelo conceito de TQC (*total quality control*), corroboravam a concepção geral de que qualidade não consiste apenas em controle de produção ou em mecanismos de inspeção: ela é, além disso, uniformidade de produção, visando à satisfação do cliente.

4. (CESPE / EBSERH / 2018) Deming definiu quatorze pontos cruciais para a gestão da qualidade total, sendo possível destacar entre eles o forte apelo para a inspeção em massa.

5. (CESPE / SEEDF / 2017) Cunhado por Juran e Gryna, o conceito segundo o qual qualidade é adequação ao uso é amplamente difundido e bem aceito entre os profissionais da gestão da qualidade.

6. (CESPE / STM / 2018) Excelência nos serviços públicos é uma premissa associada à gestão da qualidade, que a admite como o nível mínimo de qualidade aceito pelo cliente.

7. (CESPE / EBSERH / 2018) Na gestão da qualidade, o nível máximo de desempenho possível é conhecido como atendimento de conformidade.

8. (CESPE / STM / 2018) Com base nas disposições do Decreto nº 9.094/2017, julgue o seguinte item.

    O decreto em questão estabelece normas para o atendimento aos usuários dos serviços públicos, que são entendidos como cidadãos, ou seja, somente as pessoas físicas de direito privado.

9. (CESPE / EBSERH / 2018) A premiação de uma empresa pela Fundação Nacional de Qualidade reconhece uma atuação pautada em fundamentos de excelência em gestão que gere valor para a sociedade.

10. (CESPE / EBSERH / 2018) Aspectos relativos à liderança, pessoas e resultados fazem parte dos critérios de excelência que servem para mensurar o nível de administração de uma organização concorrente ao Prêmio Nacional de Gestão Pública.

11. (CESPE / TRF 1ª Região / 2017) Responsabilidade social, geração de valor e cultura da inovação são fundamentos da gestão pública cuja meta é a excelência nos serviços públicos, com foco no cidadão e na sociedade.

12. (CESPE / Correios / 2011) As ações de qualidade desenvolvidas com o intuito de assegurar a satisfação dos clientes devem-se limitar aos processos problemáticos das organizações.

13. (CESGRANRIO / PETROBRAS / 2014 – adaptada) A qualidade é um objetivo de desempenho que, caso não atendido, pode gerar custos para as empresas.
    São exemplos de custos gerados pela falta de qualidade nos processos de uma empresa:
    a) treinamento, manutenção preventiva e inspeção de produto;
    b) teste de matéria-prima, rotatividade de pessoal e comprometimento da imagem;
    c) retrabalho, desperdício de matéria-prima e treinamento;
    d) processamento de devoluções, desperdício de matéria-prima e comprometimento da imagem;
    e) mensuração e teste de matéria-prima, inspeção de produto e retrabalho.

14. (FCC / TRT 14ª Região / 2014) A busca por excelência ou qualidade total nos serviços privados ou públicos é constante e trazem alguns princípios de Deming que estabelecem:
    I. colocar todos da empresa para trabalhar de modo a realizar a transformação. A transformação é tarefa de todos;
    II. evitar uma constância de propósito de aperfeiçoamento do produto e do serviço, a fim de torná-los competitivos, perpetuá-los no mercado e gerar empregos;
    III. eliminar o medo;
    IV. insistir na ideia de um único fornecedor para cada item, desenvolvendo relacionamentos duradouros, calcados na qualidade e na confiança, com isso reduzindo o custo total.

Está correto o que se afirma APENAS em:

a) I e II;
b) I, II e IV;
c) I, III e IV;
d) I e IV;
e) II e III.

15. (CESPE / MPU / 2013) O método de gestão da qualidade proposto por Deming caracteriza-se pela ênfase na administração por objetivos, promovida por meio de *slogans* que fomentam o zero-defeito e de quotas numéricas para o incremento de produtividade.

16. (CESPE / MI / 2013) Segundo Deming, um dos principais autores da escola da qualidade, a inspeção em massa constitui requisito que subsidia o trabalho dos departamentos de controle da qualidade.

17. (FCC / TJ – AP / 2009) Dentre os princípios de Deming, aquele que afeta diretamente a qualidade nas organizações é:

a) tornar mais claras as diferenças entre os departamentos, pois, os colaboradores dos setores de pesquisa, projetos, vendas, compras ou produção devem trabalhar em equipes altamente especializadas;
b) terceirizar os programas de educação e aperfeiçoamento para o pessoal de nível gerencial;
c) eliminar a necessidade de inspeção em massa, priorizando a internalização da qualidade do produto;
d) focalizar a atenção dos supervisores para a produtividade em primeiro lugar;
e) colocar toda alta direção da empresa para supervisionar o trabalho de seus subordinados de modo a realizar a transformação necessária.

18. (FCC / DPE – SP / 2010) Com relação à qualidade e à produtividade nas organizações, considere as afirmativas abaixo.

I. A produtividade só é obtida se os processos tiverem qualidade em seus insumos e operações, pois de nada adianta qualidade sem produtividade.

II. A Qualidade Total é muito abrangente e se dedica a estudar a satisfação dos clientes externos e os clientes internos.

III. A produtividade não deve ser entendida somente como razão entre resultados e recursos, mas sim de uma forma mais ampla, levando em conta todas as variáveis existentes nos processos, focando nas necessidades de todas as partes interessadas no negócio e buscando melhorias e resultados relevantes para todos.

IV. No início da era industrial, a preocupação dos gestores estava voltada para os volumes de produção. Com o aumento da competitividade surgiu a medição da produtividade, que até a Segunda Guerra Mundial era entendida como razão entre o volume produzido e o tempo gasto para esta produção.

V. Uma das formas mais abrangentes de se definir produtividade, atualmente, é como sendo razão entre a saída, ou o resultado final, de um processo e a entrada, que representa os recursos necessários à obtenção da saída.

Está correto o que se afirma em:

a) I, II, III, IV e V;

b) III, IV e V, apenas;

c) II, III e IV, apenas;

d) I, II e III, apenas;

e) I, II, III e IV, apenas.

19. (CESPE / ANATEL / 2014) Os objetivos do GESPÚBLICA incluem a eliminação do déficit institucional, a promoção da governança de políticas públicas, da eficácia e da efetividade da ação governamental bem como a promoção da gestão democrática, participativa e transparente.

20. (CESPE / ANATEL / 2014) O GESPÚBLICA visa fixar parâmetros e critérios para avaliação e melhoria da qualidade da gestão pública na Administração Pública federal exclusivamente relativa ao Poder Executivo federal, isto é, não se aplica aos níveis estadual e municipal nem aos Poderes Legislativo e Judiciário.

21. (FCC / TRT 4ª Região / 2011) O princípio central da qualidade nos serviços públicos é:

a) O foco nos clientes e nos usuários, identificando suas satisfações e insatisfações.

b) A definição de diretrizes estratégicas tendo como objetivo a elevação da produtividade.

c) A motivação constante dos funcionários através da ampliação das tarefas.

d) A atribuição de maior responsabilidade e liberdade de opinião para os funcionários.

e) A racionalização dos processos decisórios, visando a redução de custos.

22. (FCC / TRT 11ª Região / 2012) Uma gestão pública voltada para a excelência deve:

a) estar focada em resultados e orientada para o cidadão;

b) concentrar seus recursos nos serviços mais rentáveis;

c) priorizar, acima de tudo, a racionalização dos gastos;

d) pautar-se apenas no cumprimento das regras formais;

e) enfatizar as demandas dos setores mais necessitados.

23. (FCC / TCE-SP / 2008) Inclui-se como princípio central da gestão da qualidade:

    a) Redução dos níveis hierárquicos visando à racionalização dos processos decisórios e, assim, à elevação gradual da qualidade de produtos e serviços.

    b) Esforço sistemático de tradução de diretrizes estratégicas em objetivos e medidas tangíveis, visando à elevação da produtividade e da qualidade de produtos e serviços de uma empresa.

    c) Elevação da motivação do funcionário por meio da ampliação das tarefas, da sua variedade e das condições ambientais, visando ao aumento da qualidade do trabalho em uma empresa ou organização.

    d) Melhoria da qualidade do trabalho dentro da empresa por meio da atribuição de maior responsabilidade e liberdade de opinião para os funcionários e reuniões sistemáticas que resultem em medidas inovadoras.

    e) Foco nos clientes e usuários, identificando suas satisfações e insatisfações, visando manter a fidelidade destes aos produtos e serviços fornecidos pela empresa.

24. (ESAF / ENAP / 2006) Indique a opção que apresenta um princípio que não está relacionado com programas de qualidade:

    a) Fazer produtos sem defeitos de fabricação.

    b) Atender às necessidades específicas do cliente.

    c) Redesenhar de forma radical os processos.

    d) Eliminar desperdícios.

    e) Planejar e manter um processo de aprimoramento contínuo e gradual.

25. (IADES / Conselho Federal de Administração / 2010) A implementação de sistemas de qualidade em uma organização só é possível com o engajamento de todas as áreas e pessoas envolvidas. Para o sucesso na implementação é fundamental:

    a) Reuniões diárias dos comitês de gestão da qualidade e rotinas de avaliação sobre a evolução do projeto.

    b) Reutilizar-se de processos e planejamentos feitos por grupos dirigentes que participaram da constituição da organização.

    c) O comprometimento expresso e ativo do corpo de direção da organização.

    d) A participação efetiva das comissões de trabalhadores e o acompanhamento de representantes sindicais.

26. (IADES / GDF SEAP / 2011) As organizações atuais não podem estar satisfeitas apenas com o fato de que seus processos produzem resultados dentro dos limites de variabilidade predefinidos, ou seja, de que seus processos estejam "sob controle". É necessário um questionamento constante e a busca pela redução dos limites da

variabilidade em si. Assinale a alternativa incorreta sobre o tema esforços de melhoria de qualidade.

a) Os processos de melhoria contínua contribuem para, gradualmente, reduzir os limites de variabilidade dos processos.

b) Os projetos de melhoria visam a saltos qualitativos de níveis de qualidade.

c) O comprometimento para a melhoria da qualidade na prestação dos serviços pela organização vai além da mera alocação de recursos, passando inclusive por definições claras das prioridades negociais.

d) A alta direção da organização deve delegar o papel de formadora de opinião e difusor dos conceitos-chave para a área de T&D (Treinamento e Desenvolvimento), que é a responsável por elaborar a estratégia organizacional para a melhoria na qualidade da gestão.

e) Pressões de curto prazo tendem a ocupar mais e mais esforço gerencial em detrimento dos esforços de melhoria de qualidade.

27. (FGV / POTIGÁS / 2006) No Brasil, a primeira proposta formal de qualidade para o setor público, criada em 1990, denomina-se Sub-Programa da Qualidade e Produtividade na Administração Pública, enfatizando a gestão de processos. A ele seguiram o Programa da Qualidade e Participação na Administração Pública (QPAP – 1996) e o Programa de Qualidade no Setor Público (PQSP – 2000). Finalmente, em 2005 o Governo Federal lançou o GESPÚBLICA, direcionando para gestão por resultados orientada para o cidadão. Esse programa também recebe o nome de:

a) Programa de Qualidade no Serviço Público.

b) Programa de Qualidade no Setor Público.

c) Gestão de Qualidade na Administração Pública.

d) Programa Nacional de Gestão Pública e Desburocratização.

e) Programa Nacional de Qualidade e Produtividade na Administração.

28. (FCC/MPE – AP/2012) Um fato que vem sendo observado nas reformas administrativas governamentais em todo o mundo é o de que o foco nos resultados é necessário, mas não suficiente. Nesse sentido, a Qualidade como modelo de transformação e aperfeiçoamento organizacional tem sido largamente utilizada na administração pública. Em termos históricos, no caso brasileiro, isso fez com que se planejasse um Programa de Qualidade, dando sustentação às reformas que se iniciaram ainda no século passado.

a) Programa de Qualidade e Participação, que indica uma preocupação do governo em envolver, em cada nível, os colaboradores que prestam efetivamente o serviço público.

b) Programa de Qualidade e Criatividade, que denota o esforço governamental em privilegiar esforços e iniciativas empreendedoras, canalizando inovações à área pública.

c) Programa de Desenvolvimento e Qualidade, que representa um esforço concentrado do governo federal em alinhar seus órgãos de primeira linha aos ditames da Qualidade Total.

d) Programa de Qualidade e Produtividade, que na perspectiva gerencial de desenvolvimento de uma gestão pública moderna, centra recursos e esforços na capacitação de pessoal.

e) Programa de Aperfeiçoamento da Qualidade, que se pauta em captar, avaliar, premiar e implantar projetos ou ideias reveladas por servidores que sirvam à efetividade da área pública.

29. (FCC / TCM – CE / 2010) O pressuposto central da excelência no serviço público é a:

a) Garantia de um atendimento impessoal e padronizado a todos os cidadãos.

b) Obrigação de participação direta dos cidadãos nas decisões em todos os âmbitos da administração pública.

c) Atenção prioritária ao cidadão e à sociedade na condição de usuários de serviços públicos.

d) Publicação de toda a legislação e dos procedimentos que envolvem os atos da administração pública.

e) Redução dos gastos e a racionalização dos serviços em todos os âmbitos da administração pública.

30. (FCC / Prefeitura de São Paulo / 2007) O Programa Nacional de Desburocratização, implantado no início dos anos 80, idealizado pelo Ministro Hélio Beltrão, caracterizou-se:

a) Pela retomada dos conceitos contidos no Decreto-Lei nº 200, de 1967, buscando, assim, a atuação administrativa centralizada, sem, no entanto, deixar de lado a dimensão política do governo.

b) Pela diminuição do peso das instituições burocráticas no serviço público, procurando retomar alguns procedimentos tradicionais da rotina administrativa, não necessariamente alinhados com a eficiência.

c) Pela implementação por meio de uma sólida base parlamentar de apoio, o que lhe forneceu condições inéditas de sustentabilidade.

d) Por focalizar o usuário do serviço público e divulgar amplamente seus princípios norteadores, concentrando-se na produção de mudanças no comportamento e na atuação da burocracia pública.

e) Pela introdução, no setor público, de alguns estilos gerenciais baseados nos modelos e princípios administrativos do setor privado, conseguindo, assim, a ampla adesão de empresas estatais e dos principais grupos financeiros do País.

31. (FCC / TST / 2012) Sistema de liderança, qualidade de vida, processos orçamentários e financeiros, e resultados relativos à sociedade estão relacionados, respectivamente, aos seguintes critérios de avaliação da gestão pública:

a) governança, motivação, econômicos-orçamentários e socioambientais;

b) liderança, pessoas, processos e resultados;

c) governança, socioambientais, finanças e orçamento, e responsabilidade social;

d) liderança, motivação, finanças e orçamento, e desenvolvimento social;

e) liderança, colaboradores, processos econômicos e socioambientais.

Gabarito Comentado

QUESTÃO	COMENTÁRIO
1 Certo	A assertiva concerne (adequadamente) à primeira e à quarta eras da qualidade, denominadas, respectivamente, Era da Inspeção (vigente à luz dos preceitos da Administração Científica) e Era da Qualidade Total (que se volta, de fato, à preocupação com a satisfação do cliente). Item correto.
2 Errado	Na Gestão da Qualidade Total, os parâmetros que regem a qualidade do serviço são estabelecidos pelos clientes, e não mais unilateralmente pela organização. Dessa forma, a assertiva está errada.
3 Certo	Como vimos, para Armand Feigenbaum, o conceito de qualidade envolve todas as características de marketing, projeto, manufatura e manutenção do produto e do serviço, através das quais um produto ou serviço irá satisfazer as expectativas do cliente final. Na busca pela qualidade, para esse autor, devem ser considerados os custos que culminam em um preço final (enfoque no usuário final). Nesses termos, a assertiva está correta.
4 Errado	De acordo com o 3º Princípio de Deming, deve-se acabar com a dependência com relação à inspeção, eliminando-se a necessidade de inspeção em massa e incorporando a qualidade no produto em primeiro lugar. A assertiva está errada.
5 Certo	A assertiva refere-se ao conceito de qualidade enquanto adequação, ao uso – desempenho do produto aliado à ausência de deficiências, mantendo-se o enfoque no usuário – desenvolvido seminalmente por Juran e Gryna. Os profissionais foram autores conjuntos das quatro primeiras edições do *Juran's Quality Control Handbook*, obra com profunda influência na evolução do pensamento sobre qualidade. Item correto.
6 Errado	A excelência, enquanto nível de desempenho de um serviço, responde pelo nível máximo de qualidade percebido pelo cliente, transcendendo o mero aspecto de conformidade. A assertiva está errada.
7 Errado	Na gestão da qualidade, o nível máximo de desempenho (percebido pelos clientes) é denominado <u>excelência</u>. A assertiva está errada.
8 Errado	De acordo com o parágrafo único do art. 1º da norma, usuários dos serviços públicos são as pessoas físicas e jurídicas, de direito público ou privado, diretamente atendidas por serviço público. A assertiva está errada.
9 Certo	A FNQ confere o Prêmio Nacional da Qualidade, cuja avaliação dá-se em função dos fundamentos da excelência do MEG. Como vimos, dois fundamentos tangenciam os interesses da sociedade. São eles: o desenvolvimento sustentável e a geração de valor. Desse modo, a questão está correta.

QUESTÃO	COMENTÁRIO
10 Certo	O Prêmio Nacional da Gestão Pública, criado em 1998, visa a reconhecer as organizações públicas que demonstrem elevado desempenho institucional com qualidade de gestão. Esse Prêmio toma por base o Modelo de Excelência da Gestão Pública (MEGP). Entre os critérios de excelência considerados, citam-se: • governança (que amplia o conceito de liderança); • público-alvo; • estratégia e planos; • interesse público e cidadania; • pessoas; • processos; • resultados. A assertiva está correta.
11 Certo	A assertiva toca, adequadamente, em fundamentos da gestão pública contemporânea inerentes ao Modelo de Excelência em Gestão Pública (MEGP), quais sejam: • foco no cidadão e na sociedade; • comprometimento com as pessoas; • geração de valor; • cultura da inovação. Item correto.
12 Errado	Em harmonia com a acepção mais atual de qualidade nas organizações, a fim de se assegurar a satisfação dos clientes, as ações de qualidade devem ser aplicadas em todos os processos organizacionais. Com essa política, será possível obter a sinergia necessária à melhor *performance* da organização, culminando no atendimento pleno ao cliente. A questão está errada.
13 Certo	As atividades de treinamento, manutenção preventiva, inspeção de produto, mensuração e teste de matéria-prima podem ser entendidas como investimentos da empresa, haja vista haver um benefício almejado. Já as atividades de rotatividade de pessoal, comprometimento da imagem, retrabalho, processamento de devoluções e desperdício de matéria-prima são meras consequências negativas da falta de qualidade dos processos de uma organização, a elas não correspondendo benefícios imediatos. Assim, a alternativa D está correta.
14 – C	Passemos à análise das assertivas. I. Trata-se do 14º Princípio de Deming, visto neste Capítulo. A assertiva está correta. II. De acordo com o 1º Princípio de Deming, deve-se <u>criar</u> constância de propósito, e não evitá-la. A assertiva está errada. III. Trata-se do 8º Princípio de Deming, visto neste Capítulo. A assertiva está correta. IV. Trata-se do 4º Princípio de Deming, visto neste Capítulo. A assertiva está correta. Resposta: C.

QUESTÃO	COMENTÁRIO
15 Errado	Os princípios de Deming defendem a eliminação de *slogans*, exortações e metas, bem como as quotas numéricas de trabalho. A questão está errada.
16 Errado	Eis o 3º Princípio de Deming: *3º Princípio: Acabar com a dependência com relação à inspeção:* significa eliminar a necessidade de inspeção em massa, incorporando a qualidade no produto em primeiro lugar. Dessa forma, a questão está errada.
17 – C	Passemos à análise das alternativas: a) contraria o 9º Princípio de Deming. A alternativa está errada; b) contraria o 13º Princípio de Deming. A alternativa está errada; c) trata-se do 3º Princípio de Deming, abordado de forma apropriada. A alternativa está correta; d) contraria o 11º Princípio de Deming, que defende a instituição de liderança em detrimento de objetivos puramente quantitativos. A alternativa está errada; e) contraria o 14º Princípio de Deming, haja vista que a transformação deve passar a ser tarefa de todos, a ser perseguida como postura pessoal, e não mediante a supervisão do escalão superior. A alternativa está errada. Resposta: C.
18 – A	Vejamos a análise das assertivas. I, III e V. Produtividade, numa acepção acurada, é um conceito próximo ao de eficiência. O que se deseja, na mensuração e posterior análise de eventuais indicadores de produtividade, é avaliar o esforço ou os recursos empregados na geração de produtos e serviços *versus* o próprio benefício de tais produtos e serviços. A obtenção de qualidade sem a devida produtividade pode ser traduzida como a eficácia sem eficiência, ou seja, uma situação que foge da ideal, harmonizando-se com a análise da afirmativa I. Em outra acepção (mais ampla), a produtividade contempla os diversos elementos processuais, focando--se em todos os *stakeholders*, com foco no resultado final, conforme espelhado nas afirmativas III e V. As assertivas estão corretas. II. A Qualidade Total, como vimos na definição de Mears (1993), abrange toda a organização, devendo sensibilizar todos os seus membros, visando à melhoria contínua de processos, produtos e serviços a fim de bem satisfazer os clientes (internos e externos). A assertiva está correta. IV. A assertiva está de acordo com as Eras de Qualidade, segundo análise de Garvin (2002). Está, assim, correta. Resposta: A.
19 Certo	A questão está correta, de acordo com os objetivos gerais do GesPública, transcritos no Capítulo.

QUESTÃO	COMENTÁRIO
20 Errado	Não há restrição da participação no GESPÚBLICA apenas ao Poder Executivo Federal. Nesse contexto, traz-se à baila os arts. 4º e 5º do Decreto nº 5.378/2005: *Art. 5º A participação dos órgãos e entidades da administração pública no GESPÚBLICA dar-se-á mediante adesão ou convocação.* *§ 1º Considera-se adesão para os efeitos deste Decreto o engajamento voluntário do órgão ou entidade da administração pública no alcance da finalidade do GESPÚBLICA, que, por meio da autoavaliação contínua, obtenha validação dos resultados da sua gestão.* *§ 2º Considera-se convocação a assinatura por órgão ou entidade da administração pública direta, autárquica ou fundacional, em decorrência da legislação aplicável, de contrato de gestão ou desempenho, ou o engajamento no GESPÚBLICA, por solicitação do Ministro de Estado do Planejamento, Orçamento e Gestão, em decorrência do exercício de competências vinculadas a programas prioritários, definidos pelo Presidente da República.* *Art. 6º Poderão participar, voluntariamente, das ações do GESPÚBLICA pessoas e organizações, públicas ou privadas.* A questão está errada.
21 – A	Todas as alternativas espelham princípios (ou medidas) a serem contempladas na gestão da qualidade aplicada aos serviços públicos. No entanto, podemos definir como princípio central o foco nos clientes e nos usuários (ou no cliente-cidadão). O "estado da arte" da gestão pública é a ótica da administração por resultados, que toma como cerne as demandas da sociedade. Dessa forma, a alternativa A está correta.
22 – A	A excelência da gestão pública só é obtida quando esta se volta para resultados, orientando-se às demandas do cidadão-cliente. A alternativa A está correta.
23 – E	O princípio central da gestão da qualidade, como vimos, é a manutenção do foco nos clientes e usuários (ou cidadãos). Assim, a alternativa "e" está correta. Comentários às demais alternativas: a) reduzir ou ampliar níveis hierárquicos ou, em outras palavras, descentralizar ou centralizar, são opções de política de gestão que possuem prós e contras. Não se relacionam, diretamente, com as diretrizes da gestão de qualidade. A alternativa está errada. b) esta medida certamente está inserida na política de gestão de qualidade organizacional. Mas uma vez que as diretrizes são elaboradas tendo-se como ponto de partida o foco no cliente, a alternativa não corresponde ao princípio central da gestão de qualidade. A assertiva está errada. c) e d) um funcionário motivado é essencial para a gestão de qualidade. No entanto, sua motivação só será plenamente utilizada se houver diretrizes que, por sua vez, são elaboradas a partir do foco no cliente. Ainda, a ampliação genérica de tarefas (alternativa c) pode não gerar motivação, bem como são as melhorias contínuas e não os saltos inovadores (alternativa d) que estão mais relacionadas à gestão de qualidade. As alternativas estão erradas.

QUESTÃO	COMENTÁRIO
24 – C	As alternativas "a", "b", "d", e "e" espelham, de forma apropriada, características inerentes a Programas de Qualidade. Já a alternativa "c" – o redesenho radical de processos – refere-se a uma ferramenta de melhoria de processos chamada de reengenharia. Tal método não é usualmente empregado em Programas de Qualidade, justamente por seu caráter radical de mudança drástica das rotinas de trabalho.
25 – C	Para o sucesso da implementação de sistemas de qualidade é imprescindível a participação ativa do corpo diretor da organização. A alternativa "c" está correta. Seguem os comentários às demais alternativas: a) a periodicidade diária(!) das reuniões de acompanhamento não é fundamental para o sucesso da implantação. Aliás, com reuniões diárias, pouco ou nada irá ser percebido como evolução, dado o curto espaço de tempo entre encontros. A alternativa está errada. b) A melhoria implica a evolução de rotinas anteriores. Não faz sentido a reutilização de práticas passadas. A afirmativa está errada. d) Gestão de qualidade e políticas trabalhistas são coisas distintas. A alternativa está errada.
26 – D	A exemplo da questão anterior, frisa-se o papel da cúpula da organização como elemento central da implementação da política de qualidade de gestão. Nesse sentido, não cabe à direção da organização a delegação dessa função, visto que é a cúpula a responsável pela elaboração da estratégia organizacional para a melhoria da qualidade da gestão. Dessa forma, a alternativa "d" está errada. As demais alternativas estão corretas. Vale ressaltar que as alternativas "a" e "b" mostram a distinção entre os conceitos de processo e projeto: • **Processo** = é contínuo, sem horizonte de tempo definido. Assim, os esforços diários na evolução das rotinas são processos, almejando-se sempre resultados graduais; • **Projeto** = é um esforço com horizonte temporal definido, que almeja a consecução de determinado objetivo. Com o sucesso de um projeto, há um salto (e não uma evolução gradual) de qualidade.
27 – D	Apesar de as datas, no enunciado, não estarem 100% corretas, é muito apropriada a revisão feita. O GesPública, como vimos, é um nome alternativo para o Programa Nacional de Gestão Pública e Desburocratização.
28 – A	A questão faz alusão ao Programa de Qualidade e Participação na Administração Pública (QPAP), inserido no âmbito do Pdrae e instituído em 1996 (alternativa "a". As demais alternativas fazem alusão a programas cujas nomenclaturas estão equivocadas.
29 – C	O pressuposto central no Modelo de Excelência em Gestão Pública (MEGP), inerente ao Programa Nacional de Gestão Pública e Desburocratização (GesPública) é o **foco no cidadão e na sociedade**.

QUESTÃO	COMENTÁRIO
30 – C	O Programa Nacional de Desburocratização, instituído pelo Decreto nº 83.740/1979, objetivou a retomada de preceitoso do Decreto-Lei nº 200/67. Nesse sentido, vejamos os comentários às alternativas: a) a busca dava-se pela atuação administrativa <u>descentralizada</u>. A alternativa está errada. b) o intuito do Programa Nacional de Desburocratização era, numa visão macro, alinhar a atuação administrativa do setor público com a eficiência da gestão. A alternativa está errada. c) situando-se ainda no contexto do Governo Militar, não se pode afirmar que a base parlamentar de apoio, antes disso, era frágil. A alternativa está, assim, errada. d) a alternativa espelha, de forma apropriada, o mote central do Programa Nacional de Desburocratização, estudado na seção 3.1. deste Capítulo. Está, portanto, correta. e) No Programa em pauta, não houve a disseminação "de alguns estilos gerenciais baseados nos modelos e princípios administrativos do setor privado". A alternativa está errada.
31 – B	De acordo com o quadro "Critérios e Itens", apresentado na seção 3.5.1 deste Capítulo, a respectiva relação entre os itens citados no enunciado e os respectivos critérios é representada pela alternativa B: • sistema de liderança = liderança • qualidade de vida = pessoas • processos orçamentários e financeiros = processos • resultados relativos à sociedade estão = resultados

CAPÍTULO 14
A Gestão Estratégica e as Novas Tecnologias Gerenciais e Organizacionais Aplicadas ao Setor Público

O modelo gerencial de Administração do Estado trouxe o entendimento que práticas organizacionais inerentes ao setor privado poderiam ser transpostas para o setor público, em prol da consecução de maior eficiência na consecução do bem comum.

Neste Capítulo, dando continuidade lógica ao estudo da busca pela qualidade na esfera pública, iremos nos familiarizar com as especificidades da gestão estratégica, bem como de ferramentas administrativas que lhe são subsidiárias.

Para fins introdutórios, de sorte a bem harmonizar a abordagem da estratégia organizacional com os processos administrativos e a estrutura das firmas, traz-se à baila o conceito de **arquitetura organizacional.**

Denomina-se **arquitetura organizacional** a maneira como é estruturado e modelado o espaço da organização, de modo a promover a consecução de seus objetivos. Nas palavras de Araújo (2001):

> **Arquitetura organizacional** é uma abordagem que prima pela adequação entre as várias vertentes organizacionais que influenciam no seu desempenho. Essa tecnologia visa à harmonia dos principais elementos da empresa, esperando com isso construir uma organização mais forte.

Trata-se de um conceito amplo, resultado da compatibilização de 3 (três) elementos precípuos:

```
        Estratégia
       ↗         ↖
Processos      Estrutura
administrativos → organizacional
```

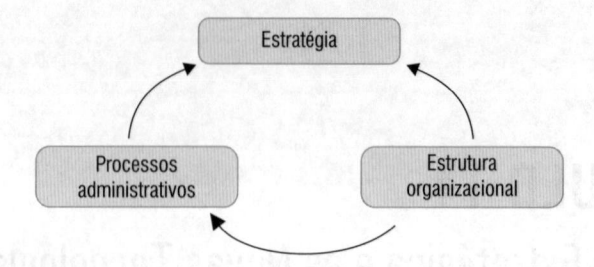

De fato, a estrutura organizacional é um dos resultados da estratégia traçada pela empresa, provendo a racionalidade necessária para o exercício dos processos administrativos. Tais processos, em última instância, irão promover o avanço da organização consoante o norte determinado por sua própria estratégia.

A concepção de uma arquitetura satisfatória permite à organização adequar-se ao seu meio de atuação, promovendo-se a necessária flexibilidade frente à dinâmica do mercado. É nesse sentido que se justifica o termo "arquitetura" aqui aplicado: da mesma maneira que na arquitetura física, refere-se à transformação do meio às necessidades organizacionais, buscando-se harmonia entre uma série de variáveis.

Uma arquitetura organizacional eficiente irá prover o desejado equilíbrio entre divisão do trabalho, cultura organizacional, conjuntura econômica, política e social e estratégia estabelecida. De modo mais específico, Nadler et al. (1994) identificam **duas perspectivas que devem estar presentes na arquitetura organizacional**:

- binômio arquitetura – estratégia → determina como a arquitetura adotada irá permitir à organização realizar sua estratégia;
- binômio arquitetura – cultura → determina a harmonização entre a arquitetura o os indivíduos que fazem parte da organização.

Araújo (2007), ao discorrer sobre a arquitetura, lista sete características principais que devem estar equilibradas, quando da criação ou da reestruturação da organização, com vistas à consecução de alta *performance*. São os **Sete Cs**, assim arrolados:

- confiança: convicção de que os integrantes da empresa têm capacidade de arquitetar e implantar uma nova organização que será bem-sucedida nos confrontos com os desafios do futuro, por disporem das competências necessárias para tanto;

- conexão: estabelecimento de pontes entre a visão corporativa e a efetiva realidade da organização, promovendo a implementação dos avanços necessários para converter a visão de futuro em realidade;
- comunicação: relacionamento interconectado entre a organização e seus *stakeholders*;
- cocriação: envolvimento de todos os *stakeholders* na elaboração das diretrizes da organização;
- compromisso: dedicação de toda a organização a seus propósitos, reafirmando os valores necessários a concretizá-los;
- celebração e correção de rota: trata-se de cultivo de sinergia, quando da consecução dos resultados almejados, bem como das correções necessárias, a partir do *feedback* obtido;
- cuidado: fomento de uma atmosfera de zelo para com os interesses dos *stakeholders*.

Eis o panorama no qual é inserida a abordagem da Gestão Estratégica, efetuada neste Capítulo.

1. Contextualização da Gestão Estratégica na Administração Pública Brasileira

Preliminarmente, é essencial situarmos a relação entre a Gestão (ou Administração) Estratégica e a realidade da Administração Pública brasileira.

Os preceitos da administração estratégica surgem ainda na década de 1960, tendo por alvo organizações inseridas na iniciativa privada. Contudo, com a modernização da administração pública preconizada no modelo gerencial, a partir da década de 1980 (e no Brasil a partir de 1995) a Administração Estratégica foi inserida nas práticas de gestão da esfera pública, como um modo de consecução de maior eficiência.

Desde o final do século passado, o Governo brasileiro vem adotando instrumentos de gestão voltados ao longo prazo, especialmente no que diz respeito à busca por resultados em termos de infraestrutura e crescimento econômico. Tais esforços têm sido espelhados nos **planos plurianuais (PPAs),** verificando-se uma mudança significativa da administração pública em termos estratégicos, sendo o empreendedorismo e a gestão por resultados traços característicos dessa evolução.

Somando-se aos esforços gerais do Governo, a partir do início da década de 2000, a maioria das organizações públicas brasileiras iniciou a prática de elaboração de seus **planejamentos estratégicos**. O intuito era a definição das direções a serem seguidas por estas organizações, com vistas a alcançarem objetivos definidos em longo prazo.

Uma vez concluídos os planejamentos estratégicos, os órgãos públicos lançaram-se à implementação das ações planejadas. Atualmente, diversas são as organizações estatais que se encontram no término do primeiro ciclo de gestão estratégica, ou no início do segundo. No atual contexto, a Administração Estratégica está amplamente difundida na Administração Pública do Brasil, o que justifica a cobrança recorrente deste tópico em certames.

2. O Conceito de Estratégia e as Características Básicas da Administração e Planejamento Estratégico

Apesar de a literatura da área não ser pacífica quanto à elucidação do conceito estratégia, para fins de nossos estudos, podemos adotar a definição proposta por Whittington, Scholes e Johnson (2011, p. 25):

> *Estratégia* é a <u>orientação</u> e o <u>alcance</u> de uma organização <u>a longo prazo</u>, que conquista <u>vantagens</u> num <u>ambiente inconstante</u> por meio da configuração de <u>recursos</u> e <u>competências</u> com o intuito de atender às <u>expectativas dos stakeholders</u>.

Trata-se de expressão de origem grega, derivada de "*strategos*", traduzida como "general no comando de tropas", ou, simplesmente, a "arte do general" (STEINER; MEINER, 1977).

Para Mintzberg e Quinn (1991), a estratégia já era considerada uma habilidade administrativa cerca de 450 a.C., remetendo-se a competências gerenciais (liderança, oratória, poder etc.).

Mintzberg (1988) afirma que a noção de estratégia aceita e empregada na década de 1960 é pautada na concepção de *A Arte da Guerra*, de Sun Tzu, escrito há 2.400 anos. Estratégia, nessa obra, tinha por alicerce as ações de operações e movimentos de um exército em face de seu inimigo.

Quando passamos à discussão sobre o modo de definição, implantação e controle da estratégia de uma organização, ingressamos em um processo denominado **administração estratégica** (ou, para alguns autores, **planejamento estratégico**), assim definido por Kotler (1975):

> *O **Planejamento Estratégico** é uma metodologia gerencial que permite estabelecer a direção a ser seguida pela Organização, visando maior grau de interação com o ambiente.*

O planejamento estratégico é uma metodologia introduzida por Igor Ansoff em 1965, por meio de sua obra *"Estratégia Corporativa"*, que deu origem à chamada Escola do Planejamento Estratégico. O intuito era atender a empresas que enfrentavam problemas de redução de competitividade e diminuição de produtividade, e que se mostravam insatisfeitas com as técnicas até então utilizadas – como controle financeiro e orçamento a longo prazo (ANSOFF, 1988).

As técnicas preconizadas pela Escola do Planejamento Estratégico inovaram ao levarem em consideração o aumento da complexidade do ambiente corporativo e as turbulências do mercado. Ao admitir que o futuro provavelmente não será a repetição do passado (dada a constante mutação do ambiente da organização), estabelece-se a diferença entre planejamento estratégico e planejamento a longo prazo:

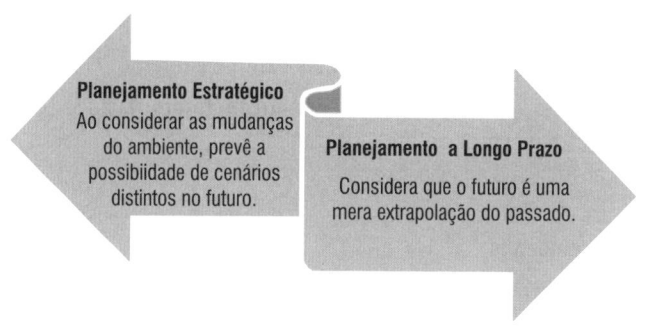

Planejamento Estratégico
Ao considerar as mudanças do ambiente, prevê a possibilidade de cenários distintos no futuro.

Planejamento a Longo Prazo
Considera que o futuro é uma mera extrapolação do passado.

O excerto abaixo, de autoria de Meirelles (1995), traz um apanhado acerca da evolução histórica que culminou na Administração Estratégica:

> Cronologicamente, a Administração Estratégica evoluiu do **planejamento financeiro**, materializado no orçamento, para o **planejamento de longo prazo**, passando desse para o **planejamento estratégico**. Este último foi incorporado pela **Administração Estratégica**, que uniu, em um mesmo processo, planejamento e administração, adicionando-lhes a preocupação com sua implementação e com o planejamento de potencialidades.

Q1. (ESAF / SUSEP / 2010) Um planejamento é estratégico quando se dá ênfase ao aspecto:
a) de longo prazo dos objetivos e à análise global do cenário;
b) de prazo emergencial dos objetivos e à análise global do cenário;
c) de longo prazo dos objetivos e à análise da situação passada;
d) de médio prazo dos objetivos e à análise da situação atual;
e) de urgência dos objetivos e à análise da situação futura.

As principais características do planejamento estratégico – e, logicamente, da gestão estratégica – podem ser assim arroladas:

- **orienta-se para o longo prazo** (usualmente o horizonte estratégico gira em torno de quatro anos);
- **é sistêmico**, ou seja, abrange toda a organização (todos os recursos, visando a obter sinergia[1] das potencialidades organizacionais, exigindo o envolvimento não só da alta direção, mas sim de todos os colaboradores);
- relaciona-se à **adaptação da organização a um ambiente mutável**. Para tanto, não basta a análise isolada de situações passadas, presentes ou futuras: há de se considerar uma **análise global de cenário**;
- o foco é dado em **resultados concretos (tangíveis)**, que devem ser atingidos em longo prazo;
- é definido pela **cúpula organizacional**;
- é uma forma de **aprendizagem organizacional**, ao promover uma postura de constante adaptação ao ambiente;
- considera **elementos dos ambientes externo e interno**;
- demanda o desenvolvimento de **visão de futuro**, criando-se e analisando-se cenários hipotéticos de situações futuras, as quais a organização almeja atingir, o que possibilita a antecipação de ações;
- exige a elaboração e o acompanhamento da implementação por meio de **indicadores de desempenho**;
- é elaborado com foco na análise de cenários futuros, e do contexto de mercado;
- requer atenção ao cliente;
- é **dinâmico** e **contínuo**.

Considerando-se os aspectos destacados, vemos que a alternativa A está correta.

Resposta: A.

Q2. (CESPE / ANCINE / 2006) Gestão estratégica compreende o modo de gerir uma organização com foco em resultados tangíveis, muito bem estruturados e predeterminados. Na prática, é planejar estrategicamente os passos da organização, definindo metas e objetivos, antevendo de certa forma o futuro, de modo a se prevenir e poder aplicar o quanto antes as ações corretivas necessárias.

A questão arrola de modo correto algumas das características da gestão estratégica: foco em resultados tangíveis, visão de futuro e antecipação de ações.

A assertiva está correta.

---

[1] Há sinergia quando todos os elementos de um conjunto esforçam-se em uma mesma direção, visando a alcançar um determinado objetivo comum. Neste caso, o resultado da ação coordenada é maior do que a simples soma dos esforços individuais.

Q3. (CESPE / CBM – DF / 2011) O planejamento estratégico não deve ser considerado instrumento passivo, simples resposta às oportunidades e ameaças apresentadas pelo ambiente externo, mas ferramenta gerencial ativa, adaptando contínua e ativamente a organização para fazer face às demandas de um ambiente em mudança.

Uma vez mais, a questão apresenta de forma apropriada características do planejamento estratégico. A questão está correta.

Antes de nos aprofundarmos no estudo da Administração Estratégica, é essencial fazermos uma distinção muito cobrada em concursos. Levando-se em conta critérios como orientação temporal, abrangência dentro da organização e elaboração, há de se diferenciar o planejamento estratégico dos planejamentos tático e operacional.

O **planejamento tático** visa a **objetivos táticos** e orienta-se ao médio prazo. Usualmente é de autoria da gerência intermediária, e, abrange um segmento da organização (por exemplo, um departamento). É o planejamento tático que, muitas vezes, faz a ligação entre as diretrizes estratégicas e as ações operacionais.

Já o **planejamento operacional** visa a **objetivos operacionais** e é voltado ao curto prazo. É de autoria da gerência operacional, e abrange uma partição específica da organização (por exemplo, uma seção dentro de um departamento).

O quadro a seguir traz uma síntese das principais características que dintinguem os citados planejamentos:

PLANEJAMENTO	ORIENTAÇÃO	ABRANGÊNCIA	AUTORIA
Estratégico	Longo prazo	Toda a organização	Cúpula organizacional
Tático	Médio prazo	Departamento	Gerência intermediária
Operacional	Curto prazo	Unidade dentro de um departamento	Gerência operacional

Importante frisar que os planejamentos tático e operacional – bem como os objetivos nestes níveis – devem se harmonizar com o planejamento estratégico (e com os seus objetivos). No entanto, o grau de detalhamento do planejamento estratégico é, por si, insuficiente para nortear a ação em nível operacional. **O plano estratégico deve ser desdobrado** nos níveis tático e operacional e os planos destes dois últimos níveis, estes sim, deverão ter os detalhamentos necessários para a execução micro e meso na organização.

3. As Escolas de Planejamento Estratégico

Uma importante fonte bibliográfica sobre a Administração Estratégica é o livro *Safari de Estratégia – um Roteiro pela Selva do Planejamento Estratégico*, de autoria de Mintzberg, Ahlstrand e Lampel (2000).

Nessa obra, os autores **dividem o pensamento sobre gestão estratégica em 10 escolas**, definidas de acordo com o modo como concebem a formulação da estratégia organizacional. Ainda, essas 10 escolas são divididas em três categorias (prescritivas, descritivas e integrativa), conforme o foco predominante.

Fonte: http://www.bookdepository.co.uk/Strategy-Safari-Henry-Mintzberg/9780743270571

CATEGORIAS	ESCOLAS DE PLANEJAMENTO ESTRATÉGICO
Prescritivas (Como deve ser formulada a estratégia? – modo "ideal")	• Escola do *Design* • Escola do Planejamento • Escola do Posicionamento
Descritivas (Como efetivamente é formulada a estratégia? – modo "real")	• Escola Empreendedora • Escola Cognitiva • Escola de Aprendizado • Escola do Poder • Escola Cultural • Escola Ambiental
Integrativa (Integra os conceitos dos demais modelos)	• Escola de Configuração

Grosso modo, a principal diferença entre as escolas de planejamento estratégico reside em suas <u>distintas visões sobre o processo de formulação de estratégias</u>. Tais aspectos são salientados no quadro abaixo:

Escola	Visão sobre o processo de formulação da estratégia
PRESCRITIVAS	
Design	A formulação da estratégia é um **processo de concepção** da organização, sendo que o <u>controle permanece nas mãos de executivo-chefe da organização</u>, que atua de **forma simples** e, muitas vezes, informal (ANNUNCIAÇÃO, 2011). Apenas após o pleno desenvolvimento das estratégias é que ocorrem suas implementações. A análise das ameaças e oportunidades do ambiente externo, bem como dos pontos fortes e fracos internos à organização (modelo SWOT) é a representação típica da Escola do *Design*.

Escola	Visão sobre o processo de formulação da estratégia
Planejamento	A formulação da estratégia é um **processo controlado, consciente e formal da organização**. Há, assim, uma série de etapas envolvidas, apoiadas por técnicas bem definidas e por *checklists*.
Posicionamento	A formulação da estratégia é um **processo analítico**, cujo intuito é definir uma posição da organização no mercado. O marco dessa Escola é o livro *Estratégia Competitiva*, de Michael Porter, que vem a definir estratégias genéricas (diferenciação, liderança de custo e foco), bem como as cinco forças competitivas em uma indústria (= setor do mercado) a para uma empresa assumir uma posição de vantagem no mercado. Nesse caso, as estratégias são genéricas e existem, *a priori*, já definidas, cabendo apenas a análise mercadológica adequada.
DESCRITIVAS	
Empreendedora	A formulação da estratégia é um **processo de inovação**, tendo por norte uma precisa **visão de futuro**. Há ênfase, nesta escola, na excessiva dependência do papel desempenhado pelo líder organizacional como impulsionador do planejamento estratégico.
Cognitiva	**A formulação da estratégica é um processo cognitivo** (= relacionado ao conhecimento). Assim, há de se bem conhecer a mente do estrategista a fim de bem compreender o mecanismo de formação das estratégias.
Aprendizado	A formulação da estratégia é um **processo emergente de aprendizado** ao longo do tempo. Assim, as etapas de formulação e de implementação são simultâneas e indistinguíveis.
Poder	A formulação da estratégia é um **processo de negociação**, sendo a influência política essencial a fim de estruturar uma estratégia favorável a alguns interesses.
Cultural	A formulação da estratégia é um **processo coletivo**, marcado pela interação social, baseado em crenças e valores comuns compartilhados pelo grupo organizacional.
Ambiental	A formulação da estratégia é um **processo reativo** às forças do ambiente externo.
INTEGRATIVA	
Configuração	A formulação da estratégia é um **processo de transformação**. Em certo momento da vida organizacional, a estratégia organizacional irá espelhar a configuração momentânea de sua estrutura. Esta configuração irá ser mantida por um período de estabilidade, até que haja uma transformação e a nova configuração irá demandar a formulação de novas estratégias.

4. As Etapas da Administração Estratégica

Não há consenso entre os diversos autores sobre o número de etapas a serem observadas no planejamento estratégico. De modo geral, podemos nos guiar pelo seguinte quadro, que apresenta as etapas básicas a serem cumpridas na administração estratégica:

ETAPAS DO PLANEJAMENTO ESTRATÉGICO	
ETAPA	DESCRIÇÃO
Definição da missão, dos valores e da visão de futuro da organização	• A **missão** é a própria razão de existir da organização, o seu propósito fundamental. Exemplo: a missão da RFB é *"exercer a administração tributária e aduaneira com justiça fiscal e respeito ao cidadão, em benefício da sociedade"*. • Os **valores** são os atributos que estruturam a cultura organizacional, bem como suas práticas. Exemplo: os valores da RFB são: *"respeito ao cidadão, integridade, lealdade com a instituição, legalidade, profissionalismo e transparência"*. • A **visão de futuro** é um estágio desejado, o qual a organização pretende alcançar ao término de determinado prazo. Exemplo: a visão de futuro da RFB é *"ser uma instituição de excelência em administração tributária e aduaneira, referência nacional e internacional"*.
Diagnóstico	Trata-se da **análise interna e externa à organização**. Uma das ferramentas passíveis de serem empregadas nesta etapa é a análise SWOT. Almeja-se identificar os pontos fortes e fracos da organização, bem como as ameaças e oportunidades apresentadas pelo ambiente. Uma das principais tarefas a ser executada nesta etapa é a análise dos *stakeholders*, ou seja, dos atores sociais que influenciam ou que são influenciados pelas ações organizacionais.
Identificação dos fatores críticos de sucesso	Trata-se de uma etapa intermediária inserida entre o diagnóstico e a formulação dos objetivos, que consiste em evidenciar as questões fundamentais que precisam ser satisfeitas para que haja êxito no cumprimento da missão organizacional.
Definição de objetivos	Nesta etapa, a missão da organização é desdobrada em objetivos estratégicos específicos, que passam a ser perseguidos simultaneamente, muitas vezes obedecendo a critérios de prioridade. Todos os objetivos devem ser concretos e mensuráveis. Assim, a cada objetivo é relacionado um indicador, ou seja, um critério de mensuração. Nessa etapa, produz-se o principal produto do planejamento estratégico: o plano.
Implantação e execução do plano estratégico[2]	Com o plano estabelecido, resta a formulação das estratégias para sua implantação. Nesta etapa, são formulados e conduzidos projetos e programas com vistas à consecução dos objetivos definidos previamente.
Avaliação estratégica	Trata-se de um procedimento de controle, de forma a assegurar que a estratégia elaborada, bem como sua implantação e execução estão convergindo para que a organização atinja sua visão de futuro. O monitoramento é feito, usualmente, mediante indicadores.[3] Caso sejam identificados desvios, ações corretivas devem ser tomadas.

---

2 Uma vez que o planejamento estratégico também envolve as etapas de implantação, execução e controle, hoje em dia é mais comum utilizar-se a expressão **Gestão Estratégica**.
3 **Indicador** é um parâmetro, ou valor derivado de parâmetros, que aponta e fornece informações sobre o estado de um fenômeno, com uma extensão significativa.

Q4. (ESAF / SUSEP / 2010 – adaptada) O alcance de resultados positivos na implementação de planejamento estratégico, principalmente na administração pública, depende das condições e formas para a sua concretização. Destacam-se as abaixo listadas, com exceção de:

a) Forma de envolvimento exclusivamente da alta direção, em especial do processo de sensibilização.

b) Demonstração de vontade política para a implementação.

c) A existência de mecanismos que monitoram tanto o plano quanto os elementos contextuais que lhe deram origem.

d) Capacidade de percepção das condições que sustentam e condicionam a viabilidade das ações planejadas.

e) Nível de consciência das potencialidades e debilidades que o grupo que planeja possui.

Vejamos os comentários às alternativas:

a) O planejamento estratégico é sistêmico, ou seja, abrange toda a organização, demandando o envolvimento de todos os colaboradores, e não só da alta direção. A alternativa está errada.

b) Sem a demonstração de vontade política ("política" = relacionado a poder) da cúpula organizacional, torna-se inviável a implementação do planejamento estratégico. A alternativa está correta.

c) Sem indicadores, o acompanhamento da implementação do planejamento estratégico não é possível. Ademais, parte-se da máxima de que "aquilo que não se mede, não se pode administrar". A alternativa está correta.

d) Esta alternativa espelha o que se pretende mediante a etapa de diagnóstico, vista anteriormente. Está, assim, correta.

e) Da mesma forma, esta alternativa também se refere a um dos produtos do diganóstico (no caso, alusivo ao ambiente interno). A alternativa está correta.

Resposta: A.

Q5. (CESPE / ANP / 2013) No planejamento estratégico, a missão proporciona o referencial para o qual devem convergir todas as ações da organização.

A afirmativa apresenta, de forma correta, a relevância conferida à missão da organização, no contexto do planejamento estratégico.

A questão está correta.

Diversas são as questões do CESPE que cobram a centralidade da missão não só no planejamento estratégico, mas até mesmo como a razão de ser das organizações. Vejamos outra questão.

Q6. (CESPE / TJ – AL / 2012 – adaptada) A definição do motivo central do planejamento estratégico, que representa a razão de ser da organização, é o que se denomina missão organizacional.

O enunciado está correto.

Q7. (CESPE / ANP / 2013) A visão de futuro desenvolvida no planejamento estratégico deve ser composta por um enunciado genérico, que seja aplicável a qualquer organização.

A visão de futuro traduz uma situação única a cada organização. Refere-se a um estágio no qual a organização almeja encontrar-se em longo prazo. Logicamente, não se trata de um "enunciado genérico".

A assertiva está errada.

5. Tecnologias Gerenciais Aplicadas à Gestão Estratégica

Há uma série de ferramentas de planejamento – também referidas como "novas tecnologias gerenciais" – que auxiliam a implantação e condução da Gestão Estratégica (ou de um Programa de Qualidade) em uma organização. Estas ferramentas são as mais variadas: vão desde métodos de trabalho a procedimentos que auxiliam alguma etapa específica da implantação (como o diagnóstico ou a definição de prioridades, por exemplo).

Veremos, a seguir, as principais dentre tais ferramentas, agrupadas por categorias definidas de acordo com seus propósitos.

5.1. Ferramentas de Diagnóstico

5.1.1. *Benchmarking*

Denomina-se *benchmarking* a prática de determinada empresa / órgão ir ao mercado a fim de identificar as melhores práticas organizacionais, para depois compará-las com aquilo que é feito em sua rotina.

Trata-se de uma atividade de pesquisa, um procedimento de investigação, capaz de angariar informações valiosas, atinentes a oportunidades de melhorias e a identificação de ameaças externas (por exemplo, a identificação que um concorrente está desenvolvendo determinada tecnologia). Gariba Junior (2005) oferece uma ótima conceituação sobre *benchmarking:*

> **Benchmarking** é um procedimento de pesquisa, contínuo e sistemático, pelo qual se realizam comparações entre organizações, objetos ou atividades, criando-se um padrão de referência. A técnica de benchmarking visa, portanto, à procura de pontos de referência que comparem o desempenho com a concorrência, com o objetivo de melhorar o rendimento naquele aspecto que se quer medir. O benchmarking sugere um processo estruturado de identificação daquilo que se deseja aperfeiçoar, um processo de investigação de oportunidades de melhoria interna e um processo de aprendizagem, uma vez que não se trata de aplicar nada diretamente, mas sim adaptaras melhores práticas do processo à mentalidade e cultura da própria empresa. (GARIBA JUNIOR, 2005)

As principais características do *benchmarking*, enquanto instrumento de diagnóstico, são apresentadas a seguir:

- capaz de angariar informações valiosas, atinentes a **oportunidades** de melhorias e à identificação de **ameaças** externas, bem como de **forças** e **fraquezas** internas à organização;
- é uma rotina **razoavelmente rápida e pouco onerosa**;
- pode ser aplicado em qualquer processo organizacional (vendas, produção etc.), e produz melhores resultados quando implementado na organização de forma sistêmica.

Os tipos de *benchmarking* são da seguinte forma apresentados por Spendolini (1993):

Tipo	Definição	Vantagens	Desvantagens
Competitivo	Concorrentes diretos vendendo para uma mesma base de clientes	• Informações relevantes para os resultados de negócios • Tecnologias/práticas comparáveis • Histórico da coleta de informações	• Dificuldades de coleta de dados • Questões éticas • Atitudes antagônicas
Interno	Atividades similares em diferentes locais, departamentos, unidades operacionais, países, etc.	• Dados quase sempre fáceis de coletar • Bons resultados para companhias diversificadas com práticas já excelentes	• Foco limitado • Visão tendenciosa (interna)

Funcional (genérico)	Organizações reconhecidas como tendo os mais avançados produtos, serviços ou precessos	• Alto potencial para descobrir práticas inovadoras • Tecnologias/práticas de fácil transferência • Desenvolvimento de redes de contatos profissionais • Acesso a bancos de dados relevantes • Resultados estimulantes	• Dificuldades na transferência de práticas para ambientes diferentes • Algumas informações não podem ser transferidas • Consome bastante tempo

Fonte: adaptado de Spendolini, 1993.

5.1.2. Diagrama de Ishikawa

O Diagrama de Ishikawa, também conhecido como Diagrama de Causa e Efeito ou Diagrama Espinha de Peixe, é uma ferramenta gráfica que objetiva a identificação das causas que possam estar contribuindo para a existência de determinado problema.

Essa ferramenta, construída com a aparência de uma espinha de peixe, foi utilizada pela primeira vez em meados do século passado pelo professor Kaoru Ishikawa, da Universidade de Tóquio, a fim de sumarizar as opiniões de engenheiros de uma fábrica ao discutirem problemas de qualidade.

As categorias "originais" das causas dos problemas são "Máquinas", "Mão de obra", "Materiais" e "Métodos de Trabalho". No entanto, nada impede que novas categorias sejam criadas por quem aplica o método (como o exemplo da figura ao lado).

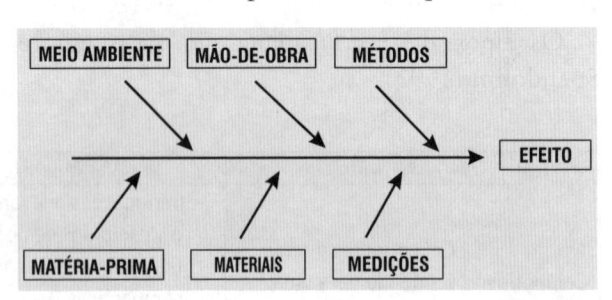

5.1.3. Análise SWOT (ou Análise FOFA)

A análise SWOT é uma ferramenta de diagnóstico dos ambientes interno e externo da organização. É usualmente empregada em processos de planejamento estratégico, com a finalidade de avaliar os aspectos positivos e negativos que regem a posição atual da organização e que podem impactar em situações (ou **cenários**) futuros.

A sigla S.W.O.T é uma abreviação dos termos em inglês "*S*trengths", "*W*eaknesses", "*O*pportunities", "*T*hreats" (= Forças, Fraquezas, Oportunidades, Ameaças). Apesar de mais raro, no Brasil por vezes essa ferramenta é referida como análise F.O.F.A (forças, oportunidades, fraquezas, ameaças).

Importante sabermos que **as forças e as fraquezas referem-se ao ambiente interno da organização**. A existência de funcionários altamente motivados pode ser citada como uma força, por exemplo. Já a indisponibilidade de recursos de tecnologia de informação (TI) modernos seria uma fraqueza.

Já as ameaças e as oportunidades referem-se ao ambiente externo. No caso de órgãos públicos, a constatação de uma tendência favorável da população em avaliar determinada política pública, por exemplo, pode ser entendida como uma oportunidade. Já a falta de previsão orçamentária para suas ações, na Lei Orçamentária Anual, seria um exemplo de ameaça.

A figura ao lado[4] é um esquema ilustrativo da composição da análise SWOT.

Um exemplo da aplicação da análise SWOT em uma organização privada pode ser assim ilustrado:

---

4 Fonte: Disponível em: <http://www.pensandogrande.com.br/tag/analise-swot/>. Acesso em: 03.08.2012.

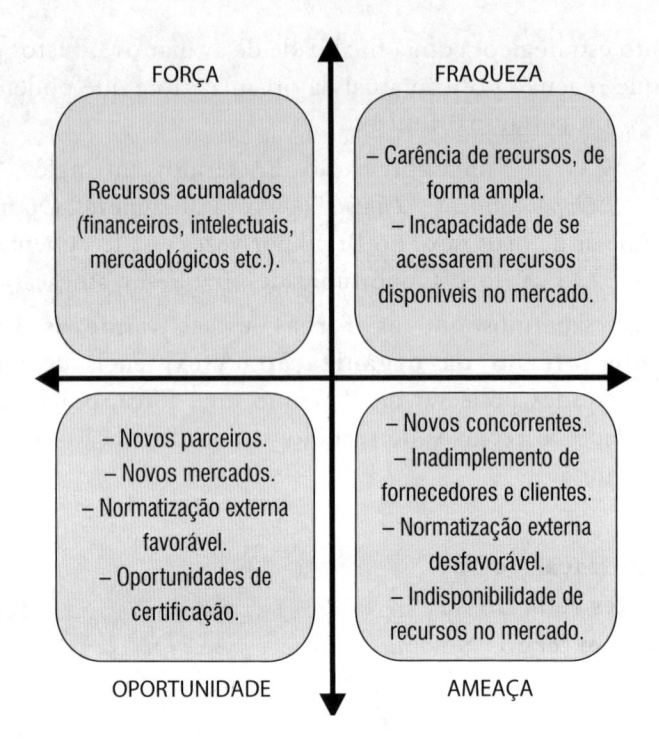

```
                    FORÇA                          FRAQUEZA

        ┌─────────────────────┐         ┌─────────────────────┐
        │                     │         │ – Carência de recursos, de │
        │ Recursos acumalados │         │    forma ampla.     │
        │(financeiros, intelectuais,│   │ – Incapacidade de se │
        │  mercadológicos etc.).│       │  acessarem recursos │
        │                     │         │ disponíveis no mercado. │
        └─────────────────────┘         └─────────────────────┘

        ┌─────────────────────┐         ┌─────────────────────┐
        │ – Novos parceiros.  │         │ – Novos concorrentes. │
        │ – Novos mercados.   │         │ – Inadimplemento de │
        │ – Normatização externa│       │ fornecedores e clientes.│
        │    favorável.       │         │ – Normatização externa │
        │ – Oportunidades de  │         │    desfavorável.    │
        │    certificação.    │         │ – Indisponibilidade de │
        │                     │         │  recursos no mercado. │
        └─────────────────────┘         └─────────────────────┘

                OPORTUNIDADE                      AMEAÇA
```

Esse conhecimento já foi cobrado em concursos:

Q8. (ESAF / AFT – MTE / 2010) Nos casos em que um gestor público, visando ao planejamento estratégico de sua organização, necessite realizar uma análise de cenário com base nas forças e fraquezas oriundas do ambiente interno, bem como das oportunidades e ameaças oriundas do ambiente externo, é aconselhável que o faça valendo-se da seguinte ferramenta:

a) *Balanced Scorecard.*

b) Reengenharia.

c) Análise SWOT.

d) Pesquisa Operacional.

e) ISO 9000.

A ferramenta que se presta à análise de cenário, evidenciando os pontos fortes e fracos do ambiente interno, bem como as oportunidades e as ameaças oriundas do ambiente externo é a análise SWOT. Assim, a alternativa C está correta.

Vejamos os comentários às demais alternativas:

a) o *Balanced Scorecard* (BSC) é uma técnica que visa à integração e balanceamento de todos os principais níveis de desempenho existentes em uma empresa.

b) A Reengenharia é uma técnica que visa a uma mudança radical e drástica dos processos organizacionais, com objetivo de sua melhoria.

d) Pesquisa Operacional, também conhecida como Investigação Operacional, é um ramo da matemática aplicada que, por meio de algoritmos e modelos estatísticos, auxilia a tomada de decisão.

e) ISO é uma sigla referente à *International Organization for Standardization* (="Organização Internacional para Padronização). É responsável pela designação de normas técnicas diversas que consolidam modelos de gestão. Há várias "famílias" de normas ISO, assim exemplificadas:

- ISO 9000 → são alusivas à gestão de qualidade.
- ISO 14000 → são alusivas à gestão ambiental.
- ISO 26000 → são alusivas à responsabilidade social.
- ISO 31000 → são alusivas à gestão de risco.

Resposta: C.

A combinação de forças, fraquezas, oportunidades em uma organização suscita a adoção de algumas **estratégias genéricas**, a seguir abordadas.

TIPO DE ESTRATÉGIA	COMBINAÇÃO	DESCRIÇÃO	ESTRATÉGIA CONCRETA
Sobrevivência (Problemas)	FRAQUEZA + AMEAÇA	Nessa estratégia, não restam opções à empresa, a não ser envidar esforços para não permanecer em atividade.	• **Redução de custos** (geral); • **Desinvestimento** (em linhas de produtos que deixam de ser interessantes); • **Liquidação de negócios** (no limite!)
Manutenção (Vulnerabilidade)	FORÇA + AMEAÇA	Em virtude dos pontos fortes acumulados, o gestor envida esforços para manter sua posição conquistada.	• **Estabilidade**: busca de manutenção e de equilíbrio; • **Especialização**: investe-se em uma única expansão de produtos (há mais de um produto). • **Nicho**: dedicação a um único produto ou a um mercado exclusivo.

TIPO DE ESTRATÉGIA	COMBINAÇÃO	DESCRIÇÃO	ESTRATÉGIA CONCRETA
Crescimento (restrição)	FRAQUEZA + OPORTUNIDADE	Ambiente oferece condições favoráveis para crescimento em vendas, lucros e participação no mercado.	• Inovação; • *Joint venture*: associação de empresas; • Expansão: incremento dos negócios da empresa no ramo de mercado já atuante.
Desenvolvimento (Alavancagem)	FORÇA + OPORTUNIDADE	O desenvolvimento se dá de duas formas: **novos mercados e clientes** / novas tecnologias.	• Desenvolvimento de mercado: leva-se o produto a novos mercados; • Desenvolvimento de produtos / serviços; • Desenvolvimento financeiro / de capacidades: fusão ou associação de empresas; • Diversificação.

5.2. Ferramentas de Definição de Prioridades

5.2.1. Matriz GUT

A matriz GUT é uma ferramenta que auxilia na tomada de decisão e na resolução de problemas, definindo os problemas que são mais críticos para a organização e que, dessa forma, devem ter as ações de solução prorizadas.

Para cada problema identificado, leva-se em conta sua gravidade, urgência e tendência, assim definidas:

- Gravidade: impacto do problema sobre as coisas, pessoas, resultados, processos ou organizações e efeitos que surgirão em longo prazo, caso o problema não seja resolvido;
- Urgência: relação com o tempo disponível ou necessário para resolver o problema;
- Tendência: potencial de crescimento do problema, avaliação da tendência de crescimento, perpetuação, redução ou desaparecimento do problema.

Com relação a cada problema, é atribuída uma nota para cada quesito, de acordo com a matriz abaixo:

NOTA	Gravidade	Urgência	Tendência
5	Extremamente Grave	Extremamente urgente	Agravamento é imediato
4	Muito Grave	Muito urgente	Vai piorar em curto prazo
3	Grave	Urgente	Vai piorar em médio prazo
2	Pouco Grave	Pouco urgente	Vai piorar em longo prazo
1	Sem gravidade	Sem urgência	Sem tendência de piorar

Após feita a pontuação, obtém-se um *score* geral para o problema, por meio do produto G x U x T. Os problemas com maiores *scores* deverão ser priorizados.

5.2.2. Diagrama de Pareto

O Diagrama de Pareto, também conhecido como Curva ABC, Curva 80-20 ou, ainda, Curva 70-30, é um recurso gráfico empregado para fins de determinação de elementos responsáveis pelo maior percentual dos efeitos observados.

De acordo com Gonçalves (2007), a utilização da Curva ABC foi fundamentada com base nos estudos realizados por Vilfredo Pareto (1842-1923), economista e sociólogo italiano que pesquisava a distribuição de renda entre as populações. Seu achado, nesse sentido, foi a existência de uma lei geral de má distribuição de renda em que uma pequena parcela da população era responsável por uma grande porcentagem da renda, restando, logicamente, uma pequena porcentagem da renda a ser absorvida por uma parcela considerável da população.

Transpondo a lógica para o controle de qualidade, o chamado Princípio de Pareto afirma que uma pequena porcentagem de causas é responsável por uma proporção significativa de problemas. De acordo com esse Princípio, os percentuais aproximados (e não fixos) são os relacionados abaixo:

CLASSE	% dos Problemas	% das Causas
A	80 %	20 %
B	15 %	30 %
C	5 %	50 %

Resta ao administrator identificar as causas que acarretam a maior porcentagem de problemas (causas inseridas na Classe A), racionalizando seus esforços a fim de combatê-las.

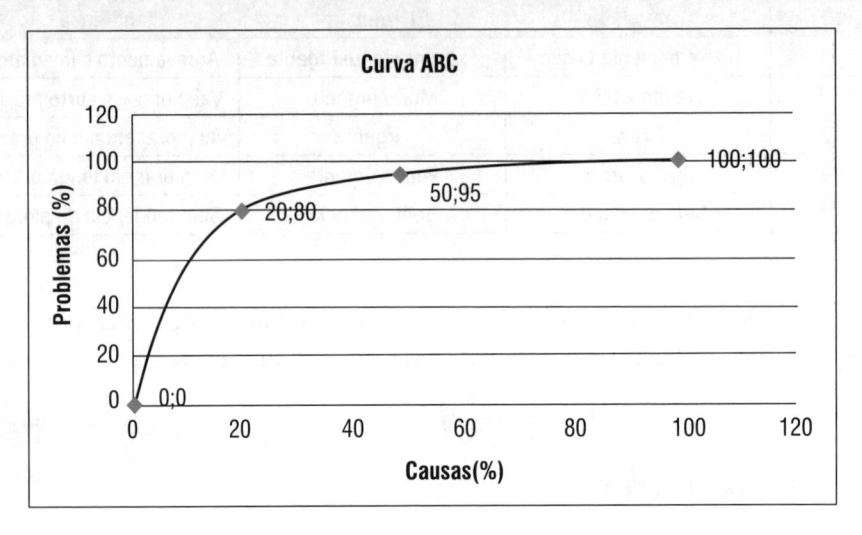

Curva ABC

(Gráfico: eixo Y "Problemas (%)" de 0 a 120; eixo X "Causas(%)" de 0 a 120. Pontos: 0;0, 20;80, 50;95, 100;100)

5.3. Ferramentas de definição do plano de ação

5.3.1. *Brainstorming*

O *Brainstorming* (= "tempestade cerebral") é uma das mais famosas técnicas de geração de ideias. É utilizada quando se deseja gerar e refinar as linhas de ação a serem tomadas sobre determinado assunto, especialmente quando as causas de um problema são difíceis de identificar, dificultando a definição das direções a serem tomadas.

Envolve a participação espontânea de todos os participantes em um grupo, gerando-se um clima de envolvimento e motivação capaz de suscitar o surgimento de soluções criativas e inovadoras para certo problema. Durante o processo, não deve haver hierarquia entre os participantes que, por sua vez, deverão demonstrar capacidade de síntese de suas ideias.

Uma sessão de *brainstorming* pode ser estruturada (cada indivíduo deve dar uma ideia a cada rodada), ou não estruturada (as ideias são dadas conforme surgem nas mentes dos indivíduos).

5.3.2. 5W2H (ou 4Q1POC)

Trata-se de uma ferramenta que auxilia na definição das características de determinado processo. É uma técnica a ser utilizada após o diagnóstico de determinada situação, tendo-se já definido a linha de ação a ser tomada. Basicamente, trata-se de um plano de ação, estabelecendo-se procedimentos padronizados com relação a um processo.

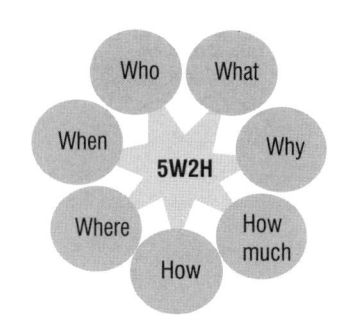

Fonte: http://www.supravizio.com/Noticias/ArtMID/619/ArticleID/54/Mapeando-atividades-agilizando-processos-5W2H.aspx

A sigla da técnica é referente às iniciais de questões na língua inglesa (5W2H) ou portuguesa (4Q1POC), alusivas às informações necessárias para a definição das tarefas e dos responsáveis por ela. Veja o quadro a seguir:

5W2H – Plano de Ação	
What? (o Que?)	Qual a ação a ser desenvolvida?
Who? (Quem?)	Quem é o responsável pela ação?
When? (Quando?)	Quando a ação será realizada?
Where? (Onde?)	Qual a abrangência da ação?
Why? (Por quê?)	Por que a ação foi definida? (resultados esperados)
How? (Como?)	Como implementar a ação? (definição dos passos)
How much? (Quanto?)	Quanto custará esta implementação?

5.4. Filosofias e metodologias de melhoria de processos

5.4.1. O Ciclo PDCA

O Ciclo PDCA é uma ferramenta que visa a acompanhar todas as fases da implementação de um programa de qualidade.

Também conhecido por Ciclo de Shewhart ou Ciclo de Deming, foi idealizado por Walter Shewhart, ainda na primeira metade do século passado, e implementado por William Deming no Japão, na década de 50, durante o pós-guerra.

O PDCA é um ciclo de quatro estágios (*plan-do-check-act* = planejar-executar-comparar-tomar providências), pelos quais se deve passar para ir de uma situação de confrontamento à solução de determinado problema. O esquema a seguir sintetiza a lógica do PDCA.

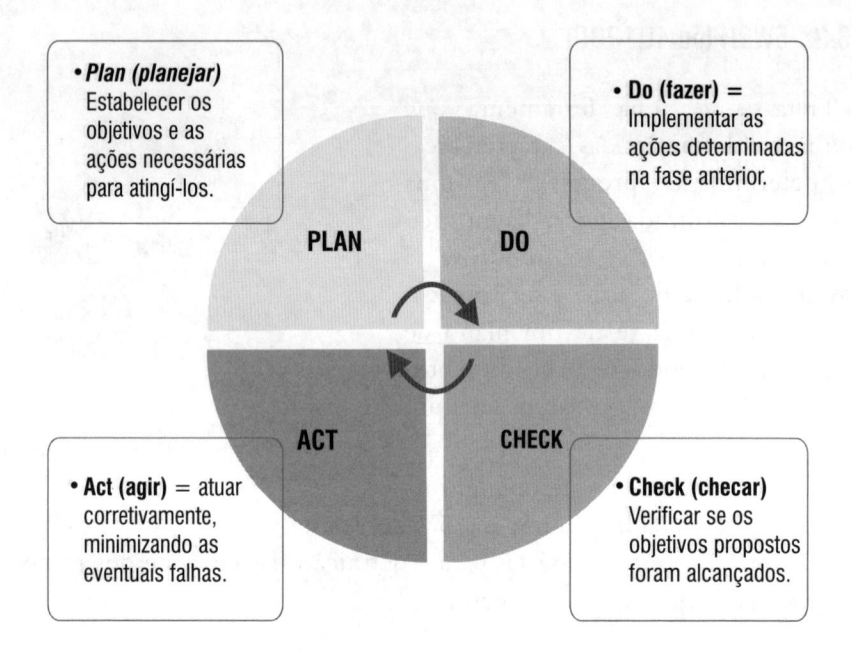

- **Plan (planejar)** Estabelecer os objetivos e as ações necessárias para atingí-los.
- **Do (fazer)** = Implementar as ações determinadas na fase anterior.
- **Act (agir)** = atuar corretivamente, minimizando as eventuais falhas.
- **Check (checar)** Verificar se os objetivos propostos foram alcançados.

5.4.2. O Seis Sigma

O *Seis Sigma* é uma metodologia inicialmente desenvolvida pela Motorola a fim de evitar falhas em seus produtos. De modo geral, é composta por 5 (cinco) etapas, que se harmonizam, de certa maneira, com o ciclo PDCA. As etapas são assim discriminadas:

- definição de objetivos;
- mensuração de características essenciais à qualidade;
- analisar as opções possíveis em termos de concepção do projeto;
- detalhar o desenho do projeto, otimizando-o;
- verificar o projeto, em como seu desempenho.

Nas palavras de Maximiano (2007, p. 80), o Seis Sigma é uma "metodologia de redução radical de desperdícios por meio da eliminação de produtos defeituosos". É exatamente dessa maneira que a ferramenta foi cobrada pelo CESPE.

Q9. (CESPE / TRE – RJ / 2012) A ferramenta de gestão da qualidade denominada 6 Sigma prevê a redução radical de desperdícios por meio da eliminação de produtos defeituosos.

A questão é uma transcrição do entendimento de Maximiano (2007), registrado acima. Está, portanto, correta.

5.4.3. A Melhoria Contínua (*kaizen*), o Programa 5S e o *Lean Manufacturing*

Kaizen é uma expressão japonesa, usualmente traduzida como "mudança para melhor" ou "aprimoramento contínuo".

Trata-se da essência da administração japonesa, caracterizada pela Gestão da Qualidade Total (aplicação de controle de qualidade em todas as áreas da organização).

Podemos dizer que o *kaizen* é uma filosofia de administração, a qual engloba métodos como o PDCA. Surge no Japão, a partir da década de 1950, sob a influência de práticas de negócios norte-americanas, trazidas por autores de renome como Deming e Juran.

Dessa forma, conforme a filosofia do *kaizen*, não basta o resultado de um processo ser satisfatório (eficácia): há de se obter a excelência em todas as etapas intermediárias do processo, em todos os aspectos possíveis (eficiência).

A evolução da organização dá-se, segundo o *kaizen*, mediante processos já existentes, de modo gradual (incremental), com baixo risco. A melhoria dá-se de baixo para cima, ou seja, parte-se de características específicas de processos que, somadas, implicam significativa melhora de toda a organização. Todo colaborador deve estar envolvido na filosofia do *kaizen*.

Inserida na filosofia do *kaizen,* há programas específicos, como o **5 S**, que visam à obtenção de harmonia no local de trabalho:

	O "5 S"
Seiton	Manter o ambiente organizado, evitando perda de tempo na procura de recursos necessários ao trabalho.
Seiri	Somente o que for estritamente necessário ao trabalho deve permanecer disponível. O restante deve ser guardado ou descartado.
Seiso	Manter o ambiente limpo.
Seiketsu	Trata-se de um senso individual de higiene, tanto física quanto espiritual.
Shitsuke	Manutenção da disciplina na prática dos 4 princípios anteriores.

Da mesma sorte, valendo-se da filosofia do *Kaizen*, traz-se à baila a sistemática denominada **Lean Manufacturing** – ou **manufatura enxuta (ou, ainda, Sistema Toyota de Produção)** – um modelo de gestão em processos produtivos pautado pela ampla eliminação de desperdícios, sejam eles o excesso de estoque, o excessivo tempo de produção, ou até mesmo os produtos eventualmente defeituosos.

Guardando proximidade com relação à filosofia do *Just in Time*, a *Lean Manufacturing* distingue-se por não só visar à eliminação de atividades desnecessárias, mas também por preservar e por desenvolver aquelas que **agregam valor diretamente ao cliente**.

5.4.4. A Reengenharia

A Reengenharia distingue-se do *kaizen* por propor uma mudança radical (e não gradual) nos processos, no intuito de a organização situar-se em um patamar de qualidade mais elevado.

A partir de um diagnóstico prévio, estabelecem-se as alterações a serem implementadas, sempre implicando guinadas drásticas com relação às rotinas anteriores. Nesse caso, o risco é maior, e a implantação das novas práticas é dada a partir da cúpula da organização (de cima para baixo).

Para Stair e Reynolds (2002, p. 39), podemos definir a **reengenharia** como o "redesenho de processos, readequando-se não só os processos organizacionais, mas também as estruturas organizacionais, os sistemas de informação e os valores organizacionais, objetivando uma guinada nos resultados dos negócios da organização".

Os objetivos estendem-se desde a redução de custos, a redução do tempo de execução e a melhoria da qualidade dos serviços e produtos.

O quadro a seguir apresenta uma comparação entre a reengenharia e os processos de melhoria contínua:

	MELHORIA CONTÍNUA (*KAIZEN*)	**REENGENHARIA**
Mudança	Estrutural / cultural	Estrutural
Abordagem	Gradual (incremental)	Radical
Risco	Baixo	Alto
Âmbito	Limitado (funcional)	Amplo (interfuncional)
Início	Processo já existente	Estaca zero
Participação	de baixo para cima (*bottom up*)	de cima para baixo (*top down*)

Adaptado de BALLESTERO; ESMERALDA, 2001.

5.5. Ferramenta de planejamento e gestão: o *Balanced Scorecard*

O ***balanced scorecard***[5] (BSC) é um sistema de planejamento e gestão empregado de forma intensiva nas organizações, sejam elas públicas ou privadas.

Concebido na década de 1990 pelos doutores Robert Kaplan (*Harvard Business School*) e David Norton, o BSC evolui de sua concepção inicial de um simples método de medida de desempenho para um robusto sistema de planejamento e gestão estratégico. Seu desenvolvimento original foi motivado pela crença de que a consideração de indicadores que não os financeiros poderia prover aos gestores uma visão mais "balanceada" sobre a *performance* organizacional.

Segundo os próprios Kaplan e Norton (1999), *Balanced Scorecard* é uma técnica que visa à integração e balanceamento de todos os principais níveis de desempenho existentes em uma empresa, desde os financeiros até os relativos a processos internos, estabelecendo objetivos de qualidade – indicadores – para funções relevantes dentro da organização, ou seja, desdobrando setorialmente estes indicadores em metas claramente definidas. Assim, a visão e a estratégia de determinada organização é traduzida em metas tangíveis.

De forma geral, podemos definir o *Balanced Scorecard* como um sistema de gestão estratégica caracterizado pela **disposição de objetivos estratégicos em perspectivas que se relacionam em uma cadeia de relações de causa e efeito. Como a cada objetivo está obrigatoriamente atrelado**

---
5 Uma tradução livre seria: "painel de pontuação balanceada".

um indicador, existe a possibilidade de se manter um acompanhamento periódico da implantação e da execução da estratégia, sob diversas perspectivas.

De acordo com a metodologia do BSC, os objetivos estratégicos são segmentados em 4 (quatro) perspectivas, dispostas em níveis, na seguinte ordem (do nível mais elevado para o menos):

- **Perspectiva Financeira**: avalia, essencialmente, a lucratividade da estratégia. Os indicadores inseridos nesta perspectiva indicarão se a implantação e execução da estratégia organizacional estão contribuindo para a melhora dos ganhos financeiros. Estando esta perspectiva no nível mais elevado, todos os objetivos das demais perspectivas deverão estar dispostos em relações causa-efeito que irão convergir no favorecimento do lucro empresarial.

  Obviamente, em um âmbito público não lucrativo, esta perspectiva não é um objetivo, mas sim uma limitação de recursos. Para um órgão público, o que interesse é o cumprimento do interesse comum, espelhado na perspectiva do cidadão (ou do cliente).

- **Perspectiva do Cliente**: identifica os fatores importantes na concepção dos clientes. Dentre as variáveis relacionadas, geralmente constam tempo, qualidade, desempenho e serviço. O indicador básico no setor público é o nível de satisfação do cidadão.

  Seguramente, esta perspectiva sobe de nível se comparado ao BSC aplicado a uma empresa privada. Em órgãos públicos, esta perspectiva usualmente espelha objetivos como fortalecer a imagem da instituição perante a sociedade e cumprir o objetivo social a que se propõe o órgão.

- **Perspectiva dos Processos Internos**: os processos internos são as diversas atividades empreendidas dentro da organização, envolvendo, grosso modo, os processos operacionais e de inovação.

- **Perspectiva do Aprendizado e Crescimento**: oferece a base para a consecução dos objetivos das demais perspectivas, partindo-se da administração de 3 elementos: pessoas, tecnologia e cultura organizacional.

A apresentação dos objetivos estratégicos divididos em suas respectivas perspectivas consolida o **mapa estratégico**, o principal produto final do BSC.

As **principais diferenças entre o BSC no setor privado e no setor público** dizem respeito às seguintes perspectivas:

	SETOR PRIVADO	SETOR PÚBLICO
Perspectiva Financeira	Contêm os objetivos de maior nível da organização. Afinal, o objetivo principal de uma organização pública é auferir lucro.	Deve ser entendida como uma limitação (no caso de os recursos orçamentários serem escassos) ou como um catalisador da consecução do bem comum (caso haja plenitude de recursos). Esta perspectiva desce de nível, se comparada com o setor privado.
Perspectiva do cliente	Somente se os clientes estiverem satisfeitos, a empresa obterá lucro.	Cabe ao órgão público determinar o seu cliente (usualmente o cidadão) e verificar o melhor modo de servi-lo, a fim de cumprir sua missão. Esta perspectiva sobe de nível, se comparada com o setor privado.

Por fim, apenas a título de ilustração, segue abaixo o mapa estratégico[6] do Tribunal Regional do Trabalho da 1ª Região, para o horizonte estratégico[7] de 2010 a 2014.

---

6 Fonte: <www.tr1.jus.br>.
7 **Horizonte estratégico** é o interstício ao qual o planejamento estratégico refere-se. Usualmente gira em torno de 3 a 5 anos, apesar de não haver uma delimitação rígida.

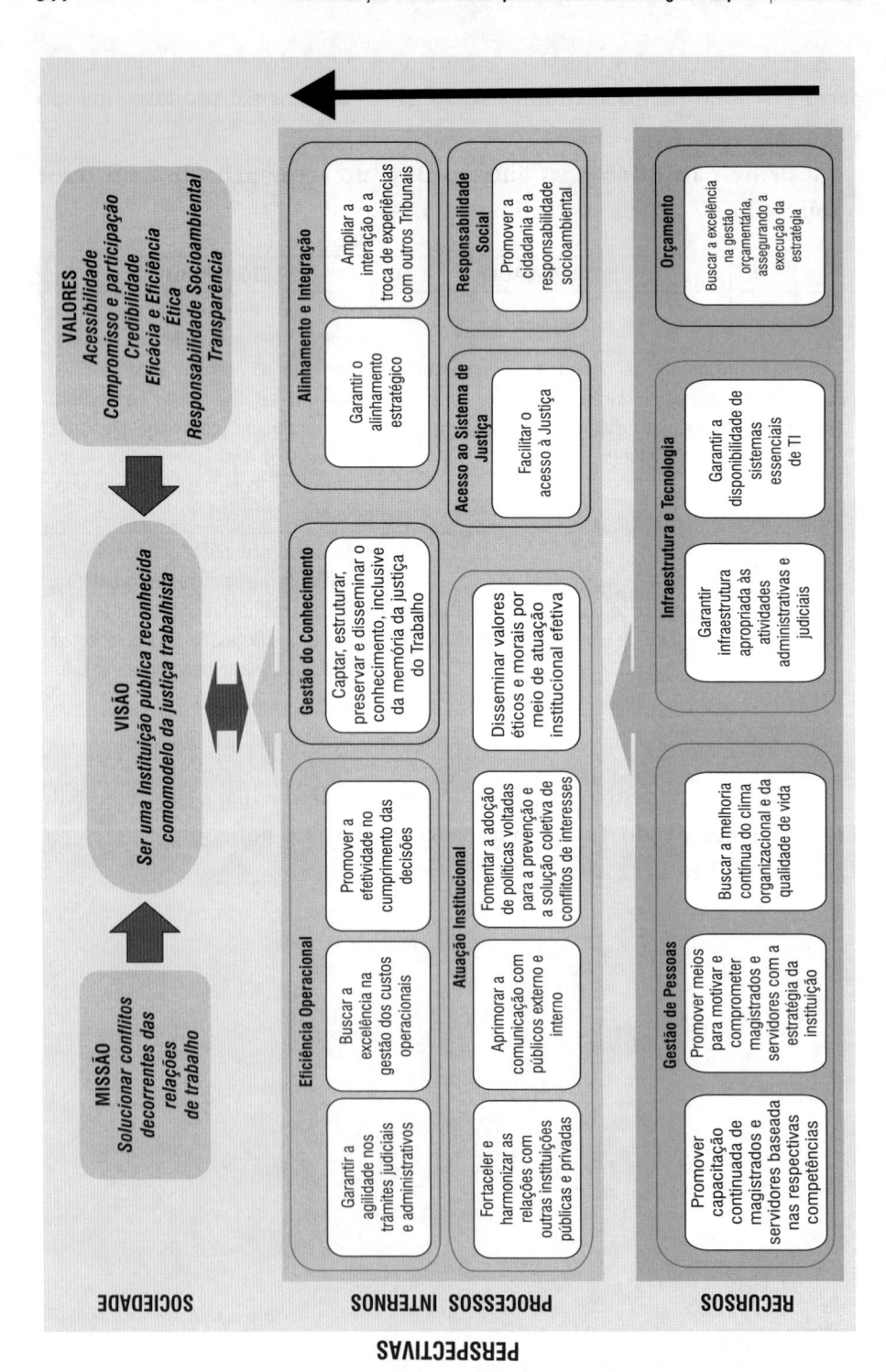

MISSÃO
Solucionar conflitos decorrentes das relações de trabalho

VISÃO
Ser uma Instituição pública reconhecida como modelo da justiça trabalhista

VALORES
Acessibilidade
Compromisso e participação
Credibilidade
Eficácia e Eficiência
Ética
Responsabilidade Socioambiental
Transparência

PERSPECTIVAS

SOCIEDADE

- **Alinhamento e Integração**
  - Garantir o alinhamento estratégico
  - Ampliar a interação e a troca de experiências com outros Tribunais
- **Responsabilidade Social**
  - Promover a cidadania e a responsabilidade socioambiental
- **Acesso ao Sistema de Justiça**
  - Facilitar o acesso à Justiça

PROCESSOS INTERNOS

- **Eficiência Operacional**
  - Garantir a agilidade nos trâmites judiciais e administrativos
  - Buscar a excelência na gestão dos custos operacionais
  - Promover a efetividade no cumprimento das decisões
- **Atuação Institucional**
  - Fortalecer e harmonizar as relações com outras instituições públicas e privadas
  - Aprimorar a comunicação com públicos externo e interno
  - Fomentar a adoção de políticas voltadas para a prevenção e a solução coletiva de conflitos de interesses
- **Gestão do Conhecimento**
  - Captar, estruturar, preservar e disseminar o conhecimento, inclusive da memória da justiça do Trabalho
  - Disseminar valores éticos e morais por meio de atuação institucional efetiva

RECURSOS

- **Gestão de Pessoas**
  - Promover capacitação continuada de magistrados e servidores baseada nas respectivas competências
  - Promover meios para motivar e comprometer magistrados e servidores com a estratégia da instituição
  - Buscar a melhoria contínua do clima organizacional e da qualidade de vida
- **Infraestrutura e Tecnologia**
  - Garantir infraestrutura apropriada as atividades administrativas e judiciais
  - Garantir a disponibilidade de sistemas essenciais de TI
- **Orçamento**
  - Buscar a excelência na gestão orçamentária, assegurando a execução da estratégia

Q10. (CESPE / ANATEL / 2012) O BSC (*balanced score card*) — uma ferramenta de apoio à gestão estratégica organizacional pública ou privada — permite acompanhar e medir o desempenho mediante quatro perspectivas gerais: financeira, interna, clientes e aprendizagem e crescimento.

A assertiva espelha de forma apropriada o conteúdo acerca do BSC. Está, assim, correta.

Q11. (CESPE / Telebras / 2013) Uma das dificuldades do Balanced Scorecard (BSC) refere-se à ampliação do número de indicadores, dada a subjetividade dos indicadores não financeiros.

Entre as dificuldades do BSC, podemos citar:
- escolha dos objetivos que compõem cada perspectiva. Ante a multiplicidade de variáveis nas organizações, selecionar apenas algumas delas para que constituam objetivos pode ser uma tarefa árdua;
- escolha de objetivos entre perspectivas que realmente apresentem uma relação de causa e efeito;
- falta de consideração, no modelo do BSC, de fatores ambientais imprevisíveis, que podem afetar a definição e a consecução dos objetivos;
- definição de indicadores relacionados aos diversos objetivos, nas várias perspectivas. Em geral no que concerne às metas qualitativas/subjetivas ("fortalecer as relações institucionais", por exemplo), tipica das perspectivas não financeiras, a dificuldade na definição e na ampliação dos indicadores é ainda maior.

Ante o exposto, infere-se que a questão está correta.

Q12. (FCC / TRT 13ª Região / 2014) De acordo com os mentores do Balanced Scorecard - BSC, Robert Kaplan e David Norton, desempenham papel crítico na construção do BSC:

I. o arquiteto, correspondente a um alto executivo da organização designado para a construção do BSC e pela sua inclusão no sistema gerencial;

II. o comunicador, que tem a responsabilidade de conquistar o apoio e a adesão de todos os membros da organização quanto ao novo sistema gerencial a ser implementado;

III. os capacitadores, designados para moldar as ações de rotina decorrentes do novo sistema gerencial.

Está correto o que consta APENAS em:

a) I;

b) I e II;

c) II;

d) I e III;

e) II e III.

Kaplan e Norton (1997, p. 300-301) identificam 3 (três) papeis críticos a serem desempenhados nas fases de construção e de incorporação do BSC como um sistema de gestão estratégico. São eles:

- arquiteto: responsável pelo processo de construção inicial do BSC, introduzindo este ferramental no sistema de gestão. Tal pessoa deve ser capaz de instruir a equipe executiva, guiando a tradução de estratégia em objetivos específicos e indicadores, evitando posturas defensivas dos demais colaboradores. Como a implantação do BSC usualmente demanda uma mudança significativa da organização, exigindo elevado compromisso da equipe executiva, é desejável que arquiteto seja membro da cúpula organizacional;

- comunicador: responsável por angariar a compreensão e o suporte dos membros organizacionais, em todos os níveis hierárquicos. Este papel é incumbido de conduzir uma campanha de *marketing* interno, motivando os demais colaboradores a prover o devido *feedback*;

- agente de mudança: deve reportar-se diretamente ao executivo principal (CEO), moldando cotidianamente o uso do novo sistema de gestão. O agente de mudança auxilia os gestores a redefinirem seus papéis, como requerido pelo novo sistema.

Com relação às assertivas propostas, vemos que não há o papel de "capacitador". Assim, a alternativa B está correta.

Surge ainda na Segunda Guerra Mundial, quando a Força Aérea estadunidense

5.6. Construção e análise de cenários

A construção e a análise de cenários, no contexto da gestão estratégica, refere-se a um conjunto de técnicas de antecipação das possíveis alternativas das conjunturas futuras inerentes a uma organização (características externas e internas), de modo a possibilitar as possíveis linhas de ação, em termos de planejamento, capazes da consecução da visão de futuro.

Surge ainda na Segunda Guerra Mundial, quando a Força Aérea estadunidense envidava esforços em imaginar o que seus opositores poderiam fazer e, a partir desses cenários, preparava estratégias alternativas.

Identificam-se duas abordagens principais na construção de cenários, assim sumarizadas:

- abordagem projetiva: em um cenário projetivo, o futuro é visto como continuação das tendências passadas e analisado como único e certo.
- abordagem prospectiva: analisam-se não só as tendências passadas, mas também as possíveis rupturas. Assim, o usual é a existência de cenários prospectivos (no plural), representativos das diversas hipóteses de situações futuras.

O quadro a seguir traz uma compilação das principais técnicas de construção de cenários:

TÉCNICAS DE CONSTRUÇÃO DE CENÁRIOS		
Projetiva	Análise de séries temporais	Trata-se de um método eminentemente **quantitativo**. Parte-se da ideia de que o comportamento futuro das variáveis pode ser explicado a partir de seus comportamentos quantitativos do passado. Em geral, a progressão de vendas, por exemplo, é feita pela análise de séries temporais, mediante a qual são identificadas as tendências e a sazonalidade de seu comportamento.
Prospectiva	Método Delphi	Trata-se de um método eminentemente **qualitativo**. É utilizado quando não se dispõe de dados quantitativos passados capazes de embasar a identificação de uma tendência evolutiva, ou quando há rupturas sociais, tecnológicas ou políticas, a partir das quais novos estudos são necessários. Veja a explicação que Lima, Silva e Gomes (2009) fazem sobre esse método: *O fundamento do método se caracteriza por ser intuitivo e interativo. Implicando a constituição de um grupo de especialistas em determinada área do conhecimento, os quais respondem a uma série de questões cujos resultados são analisados, calculando--se a média, a mediana e a média das juntas, isto é, a média entre o primeiro e o terceiro quartil em um conjunto de dados. O resumo dos resultados é comunicado aos componentes do grupo que respondem novamente ao questionário. As interações se sucedem de tal maneira até que um consenso ou quase consenso seja obtido. As interações do método são denominadas rodadas ou rounds.*
	Impactos cruzados	Trata-se de um método baseado no conceito de que a ocorrência ou não ocorrência de um possível evento pode afetar a probabilidade de ocorrência de outro(s) evento(s).

6. O Processo Decisório no Contexto Organizacional

Ao nos voltarmos à gestão estratégica, o processo decisório passa a assumir maior proeminência, em virtude de sua centralidade nas diversas etapas da conformação e da execução do plano.

Assim, nesta seção, estudaremos aspectos conceituais da decisão, bem como implicações para o exercício da administração.

6.1. O conceito de decisão

A palavra *"decisão"*, conforme nos ensinam Pereira e Fonseca (1997) é formada pelo prefixo latino *"de"* (= parar, interromper) que antecede o radical *"caedere"* (= cortar, talhar, cindir). Tomados em conjunto esses elementos, depreende-se que o termo "decisão" significa "parar de cortar" ou, ainda, "deixar fluir", referindo-se a uma ação que torna capaz de haver continuidade no processo organizacional, após a escolha de um caminho específico ou de um modo de atuação a ser observado.

O conceito de decisão, levando-se em consideração o contexto organizacional, pode ser assim explicitado:

> **Decisão** *é a escolha entre alternativas ou possibilidades, efetuada quando o gestor se depara com uma situação-problema, visando à sua solução ou ao aproveitamento de oportunidades, em prol da maior eficiência organizacional* (CASSARO, 1999; MAXIMIANO, 2004).

Ou, ainda:

> **Decisão** é o processo de análise e escolha entre as alternativas possíveis de cursos de ação que a pessoa (o gestor) deverá seguir (CHIAVENATO, 2010).

O **processo decisório**, por sua vez, é assim conceituado:

> *O processo de tomada de decisão pode ser definido como o conjunto de ações e fatores dinâmicos que têm início com a identificação de um problema desencadeador de uma ação e termina com a escolha específica de uma determinada ação* (MINTZBERG; RAISINGHANI; THÉORÊT, 1976).

O **processo decisório** é por vezes entendido como o ato de administrar em si (SIMON, 1972). Ao estudar o modo como o gestor lida com o seu ambiente, delineando situações passíveis de serem moldadas e melhoradas por meio de sua interferência, vem ao encontro da melhor compreensão do trabalho gerencial e do desenvolvimento do trabalho do administrador.

A racionalidade, no processo decisório, reside na escolha dos meios (estratégia) para o alcance de determinados fins (objetivos). Trata-se do mecanismo que impele o homem à ação. O que o tomador de decisão quer? O que o motiva? Qual a lógica que subjaz sua ação?

Relevante ao processo decisório é a noção de racionalidade limitada, conceito central aos estudos de Herbert Simon, e assim explicado por Chiavenato (2010):

> *[...] as pessoas comportam-se racionalmente apenas em função daqueles aspectos da situação que conseguem perceber e tomar conhecimento (cognição). Os demais aspectos da situação que não são percebidos ou não são conhecidos pelas pessoas – embora existam na realidade – não interferem em suas decisões. A esse fenômeno dá-se o nome de **racionalidade limitada: as pessoas tomam decisões racionais (adequação meios-fins) apenas em relação aos aspectos da situação que conseguem perceber e interpretar.***

6.2. Os tipos de decisão

Nesta seção, a discussão será conduzida à luz da seguinte taxonomia afeta às decisões:

Quanto à rotinização e compreensão	Quanto ao nível hierárquico e alcance	Quanto ao grau de participação no processo	Quanto ao resultado almejado
• Programadas • Não Programadas	• Estratégias • Táticas • Operacionais	• Individuais • Coletivas	• Satisfatórias • Otimizadas • Maximizadas

De modo geral, a literatura da área é pacífica em apontar dois tipos principais de decisão, moldados de acordo com as especificidades da situação-problema a ser enfrentada. Falamos, então, das decisões, **programadas (estruturadas)** e das **não programadas (não estruturadas)**, assim descritas:

- **decisões programadas (estruturadas)**: são inerentes aos "problemas que são bem compreendidos, altamente estruturados, rotineiros e repetitivos e que se prestam aos procedimentos e regras sistemáticos. Assim, estas decisões são sempre semelhantes"

(MORITZ; PEREIRA, 2006, p. 81). O processo de pagamento de uma fatura a um fornecedor é possivelmente um bom exemplo de decisão programada. Trata-se de uma ação rotineira, na qual as variáveis são usualmente bem conhecidas, havendo muitos precedentes na organização,

- **decisões não programadas (não estruturadas)**: "destinam-se àqueles problemas que não são bem compreendidos, carecem de estruturação, tendem a ser singulares e não se prestam aos procedimentos sistêmicos ou rotineiros" (MORITZ; PEREIRA, 2006, p. 81). Em geral, há um caráter de ineditismo que reveste as decisões não estruturadas ou, ainda, de rara ocorrência, havendo, assim, uma lacuna de precedentes que possam servir de base para estas decisões. Em geral, as decisões não programadas demandam uma maior capacidade de análise e de posicionamento do gestor. Como exemplos, podemos citar as decisões afetas à fusão de empresas, à definição de objetivos estratégicos, à busca por alternativas de financiamento etc.

Q13. (CESPE / TJ – RO / 2012) A decisão tomada corriqueiramente sobre assuntos inéditos e não programados caracteriza-se como uma tomada de decisão:
a) de nível operacional;
b) de nível tático;
c) equivocada;
d) sem *feedback*;
e) de nível estratégico.

Decisões sobre assuntos caracterizados pelo ineditismo e pela incerteza são usualmente afetos à cúpula organizacional, responsável pelo processo decisório em nível estratégico.
Resposta: E.

Há, ainda, outro tipo de categorização dos tipos de decisão. Trata-se das decisões estratégicas, administrativas e operacionais, definidas em função do nível hierárquico envolvido e do grau de afetação à organização:

- **decisões estratégicas**: são as decisões tomadas essencialmente pela cúpula organizacional, afetando toda a organização. Geralmente visam à consecução de objetivos definidos em longo prazo. São marcadas, usualmente, pela incerteza, aproximando-se de definições não programadas;

- **decisões táticas (ou administrativas)**: normalmente tomadas no nível de gestores intermediários na organização, referem-se aos meios que dão o suporte necessário às decisões estratégicas, provendo a ligação necessária entre o estratégico e o operacional;
- **Decisões operacionais**: tomadas, comumente, no nível dos grupos operacionais de trabalho, destinam-se a lidar com problemas de rotina, visando à execução de atividades.

A figura abaixo, elaborada por Maximiano (2000)[8], sintetiza o envolvimento dos níveis hierárquicos da organização com estes três tipos de decisão. Note que, quanto mais elevado o nível hierárquico, maior o envolvimento com as decisões estratégicas, e menos esforços são dedicados às decisões operacionais. Já no nível hierárquico mais baixo, as decisões operacionais são majoritárias, e as estratégicas são mínimas.

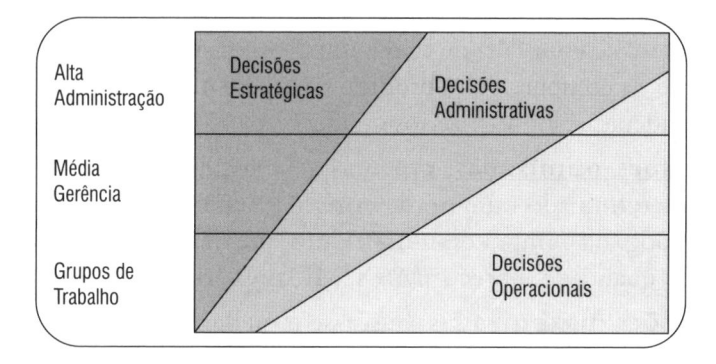

Em função do grau de participação das pessoas no processo, as decisões podem ainda ser classificadas em **individuais** ou **coletivas**:
- **decisões individuais**: são tomadas pelo gerente, sem a participação efetiva do grupo por ele gerenciado. Podem ser **unilaterais**, quando a decisão é tomada sem nenhuma consulta (geralmente em face de situações de emergência), ou **consultiva**, quando há falta de informações ou significativo grau de incerteza (mas a decisão em si é tomada apenas pelo gerente);
- **Decisões coletivas**: são tomadas pelo grupo. Podem ser de duas formas: com e sem a participação do gerente. Neste último caso, a decisão participativa é inerente a grupos ou equipes autogeridas, com relação às quais houve delegação da tomada de decisão.

---

8 MAXIMIANO, A. C. A. *Introdução à Administração*, 5ª ed. São Paulo: Editora Atlas, 2000.

As decisões coletivas podem ser ainda de dois tipos, conforme lecionam Rocha, Rocha e Duran:

- decisão democrática: é passada aos membros do grupo autonomia e autoridade para que eles mesmos façam a escolha, ou seja, tomem as decisões. A decisão normalmente é tomada por voto da maioria;
- decisão consensual: a decisão é tomada por todos e, mesmo que alguém discorde ou ache que alguma alternativa seria melhor do que a escolhida, todos concordam em apoiar a decisão do grupo. Sobre esse modelo, é importante observar que as decisões consensuais em geral exigem maior tempo para que se chegue a essa "posição central" e comum a todos.

Por fim, as decisões podem ser classificadas de acordo com o resultado almejado. Trata-se das decisões **satisfatórias**, **otimizadas** e **maximizadas**:

- **decisões satisfatórias**: são decisões tomadas sem que todo o contexto seja considerado, aceitando-se "a primeira solução que aparece". Pode ser motivada por falta de tempo ou de informação, por exemplo. Seria o caso da compra de um produto com base unicamente no preço, sem a ponderação sobre critérios de qualidade (MAXIMIANO, 2000);
- **decisões otimizadas**: procura-se uma solução média, que atenda um determinado número de critérios. Seria o caso, por exemplo, da decisão pela compra de um produto que demonstre certo equilíbrio entre qualidade e preço (MAXIMIANO, 2000);
- **decisões maximizadas**: busca-se o melhor resultado possível, com o melhor custo-benefício. É o caso da compra do melhor produto, pelo menor preço (MAXIMIANO, 2000).

Maximiano (2000) traz a seguinte sumarização dos tipos de decisão:

Programadas	Aplicam-se a problemas repetitivos.
Não programadas	Aplicam-se a problemas que não são familiares.
Estratégicas	Escolhem objetivos para a organização.
Administrativas	Colocam decisões estratégicas em prática.
Operacionais	Definem meios e recursos.
Individuais	São tomadas unilateralmente.
Coletivas	São tomadas em grupo.
Satisfatórias	Qualquer alternativa serve.
Maximizadas	Procuram o melhor resultado possível.
Otimizadas	Equilibram vantagens e desvantagens de diversas alternativas.

6.3. Análise e solução de problemas

As etapas do processo decisório, que servem de base às técnicas de análise e de solução de problemas, de acordo com Uris (1989), podem ser assim concatenadas:

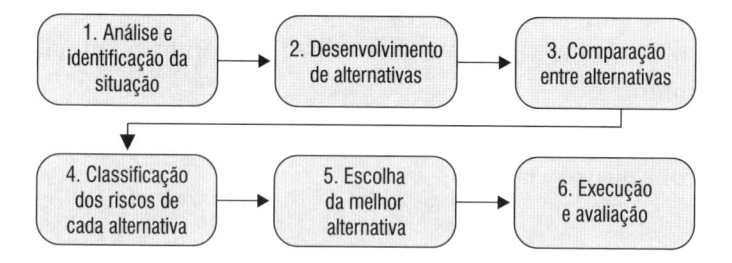

```
1. Análise e identificação da situação → 2. Desenvolvimento de alternativas → 3. Comparação entre alternativas
                                                                                      ↓
4. Classificação dos riscos de cada alternativa → 5. Escolha da melhor alternativa → 6. Execução e avaliação
```

Vejamos as principais características dessas etapas:

- **análise e identificação da situação**: trata-se de uma fase inicial de diagnóstico, aplicada no que concerne às variáveis inseridas nos ambientes interno e externo da organização e que guardam relação com a situação-problema em estudo. Nesta etapa, oportunidades, ameaças, fraquezas e pontos fortes são identificados;
- **desenvolvimento de alternativas**: a partir do diagnóstico da etapa anterior, parte-se para o esboço de hipóteses acerca das linhas de ação passíveis de serem tomadas. Nem sempre um problema terá alternativas para sua solução. Neste caso, considera-se que está, por si só, resolvido, pelo menos momentaneamente, já que há uma limitação do processo de decisão;
- **comparação entre as alternativas**: as vantagens e as desvantagens de cada linha de ação são levantadas e, posteriormente, procede-se à comparação entre elas, visando à obtenção de uma visão mais acurada das consequências que poderão advir;
- **classificação dos riscos de cada alternativa**: trata-se de avaliar o grau de risco inerente a cada uma das linhas de ação já levantadas. Há de se ponderar acerca dos riscos sempre tendo como pano de fundo os objetivos a serem atingidos: por vezes grandes objetivos envolvem caminhos de grande risco;

- **escolha da melhor alternativa**: trata-se da decisão em si, em sentido estrito. De posse de todo o diagnóstico, das vantagens e das desvantagens das alternativas, bem como dos riscos envolvidos, é possível a escolha da linha de ação derradeira a ser tomada;
- **execução e avaliação**: uma vez feita a opção por determinada alternativa, procede-se à sua execução, mantendo-se, contudo, um monitoramento constante, a fim de se efetuarem eventuais correções de rumo.

De modo análogo, Maximiano (2000) adota um modelo de processo decisório com quatro etapas:

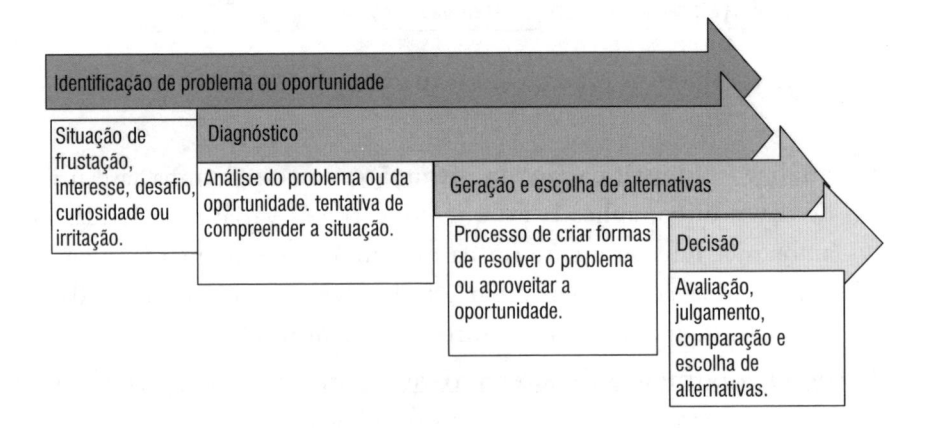

Identificação de problema ou oportunidade			
Situação de frustação, interesse, desafio, curiosidade ou irritação.	Diagnóstico		
	Análise do problema ou da oportunidade. tentativa de compreender a situação.	Geração e escolha de alternativas	
		Processo de criar formas de resolver o problema ou aproveitar a oportunidade.	Decisão
			Avaliação, julgamento, comparação e escolha de alternativas.

6.4. Os modelos racional e intuitivo do processo decisório

Para Maximiano (2000), a depender da quantidade de informação e de opinião envolvida na tomada de decisão, o processo decisório pode tender a ser racional ou intuitivo.

O quadro a seguir traz uma comparação entre esses dois modelos:

MODELOS DO PROCESSO DECISÓRIO	
RACIONAL	INTUITIVO
Foco na informação (tida como, *a priori*, perfeita).	Foco na opinião.
Baseia-se totalmente em informações, e não em sentimentos.	Baseia-se na opinião, na percepção e na sensibilidade do tomador de decisão.

MODELOS DO PROCESSO DECISÓRIO	
RACIONAL	**INTUITIVO**
Pressupõe-se a ordenação lógica do processo decisório, seguindo-se todas suas etapas (identificação do problema – diagnóstico – análise de alternativas – decisão).	Pode haver a formulação de conclusões apressadas, havendo a supressão de etapas no processo decisório (por exemplo, ir diretamente da identificação do problema à decisão, sem passar pelo diagnóstico).
Impossível o tomador de decisão adotar um comportamento totalmente racional, haja vista ser impraticável a obtenção (e a compreensão) de todas as informações em jogo.	Quanto maior a disponibilidade de informações de conteúdo técnico, menos apropriado é o comportamento intuitivo.

6.5. Estilos decisórios

De acordo com Driver et al. (1990), a depender das alternativas vislumbradas e do grau de uso da informação durante o processo decisório, estabelecem-se os estilos decisórios ilustrados no esquema a seguir:

		Uso da Informação	
		Satisfatório	Maximizado
Alternativas	Unifoco	Decisivo	Hierárquico
			Sistêmico
	Multifoco	Flexível	Integrativo

Estilo	Descrição
Decisivo	Trabalha com uma alternativa e usa pouca informação. Orientado por resultado. Pouco planejamento, privilegia a conversa e busca ação direta, não respeitando hierarquias.
Flexível	Trabalha com mais de uma alternativa, mas usa pouca informação. É criativo e decide com base no consenso do grupo. Prefere a intuição ao planejamento.
Hierárquico	Busca uma única alternativa possível, e usa muita informação. É detalhista e centralizador, podendo inibir a criatividade (privilegia a burocracia).
Integrativo	Usa muita informação e gera maior número de alternativas possíveis (cenários). Valoriza a criatividade e a exploração, e as decisões são morosas e participativas.
Sistêmico	Combina traços dos estilos anteriores. É, ao mesmo tempo, centralizador e estimula a trazerem dados informais subsidiários. Planeja para o curto prazo, ao mesmo tempo em que o conjunto das decisões convergem para o longo prazo.

6.6. Fatores que afetam a decisão

Dentre os fatores que afetam a decisão, podemos fazer o seguinte arrolamento, em consonância com os apontamentos de Bispo e Cazarini (1998):

FATORES QUE AFETAM A DECISÃO	
FATOR	DESCRIÇÃO
Cultura do(s) decisor(es)	A cultura do(s) decisor(es), entendida como o somatório de conhecimentos, de valores, de experiências que carregam, pode implicar interpretações muito particulares. O mesmo cenário, interpretado por gestores com culturas distintas, pode ser também compreendido de forma distinta. Cabe aqui o adendo de que não só a cultura do decisor, mas também a própria cultura organizacional afetam a decisão, ao moldar a integralidade das práticas de gestão. Nesse sentido, pode haver, inclusive, culturas organizacionais centralizadoras ou descentralizadoras no processo decisório. Neste último caso, ao se ampliar o sistema decisório nas bases estruturais da organização, conferindo autonomia a indivíduos e a grupos de trabalho, traz-se à baila o conceito de *empowerment*.
Quantidade de informações	A quantidade de informações acerca da situação-problema constitui-se no insumo necessário a um bom diagnóstico e, consequentemente, a uma tomada de decisão mais robusta e fundamentada.
Qualidade das informações disponíveis	De nada adianta um quantitativo significativo de informações disponíveis, se sua qualidade for questionável. Informações de má qualidade (equivocadas, parciais, desatualizadas etc.) podem comprometer a própria tomada de decisão.
Tempo disponível para a decisão	O intervalo disponível de tempo para a tomada de decisão é fator preponderante para que o processo decisório detenha maior ou menor qualidade. Um tempo escasso pode, por exemplo, comprometer as etapas de diagnóstico e análise.
Fator emocional envolvido na decisão	Processos decisórios caracterizados por forte carga emocional dos gestores envolvidos podem carecer da racionalidade inerente a uma tomada de decisão satisfatória. O *stress* inerente ao processo decisório pode implicar incapacidade de efetuação de um diagnóstico mais acurado, além de cercear a capacidade de análise.
Conflitos e Pressão dos *stakeholders* envolvidos	Um processo decisório pode sofrer pressões (internas ou externas) dos atores diretamente envolvidos. Clientes, acionistas, fornecedores, governo, opinião pública, imprensa... A depender do quadro formado pelo posicionamento destes elementos, o processo decisório pode ser seriamente afetado.
Racionalidade limitada dos indivíduos	A grande quantidade de informações que é usualmente disponível atualmente contrasta com a **limitação da racionalidade** dos indivíduos. Há, de acordo com Simon (1965), uma capacidade limitada de processamento, pelos indivíduos, de todas as facetas inerentes à situação-problema. Para Simon (1965), é impossível que o indivíduo conheça todas as alternativas de que dispõem, ou, ainda, todas as consequências que possam advir.

Relevante é salientar os aspectos inerentes ao Modelo da Racionalidade Limitada de Simon (1965), decorrente do último fator mencionado no quadro acima. De acordo com essa visão, **as decisões tomadas em uma organização são satisfatórias, mas não são ótimas.**

O papel do administrador, assim, limita-se à análise das informações que lhe são apresentadas, levando-se em consideração de que todas as linhas de ação, todas as consequências e todos os dados existentes não serão aventados em tempo oportuno, dado a uma limitação cognitiva dos atores sociais. **A racionalidade na tomada de decisão é, assim, intencional e limitada.**

Q14. (ESAF / STN / 2013) Ao levar em conta o processo decisório, sabemos que todo gestor pode incorrer em determinadas armadilhas ocultas na tomada de decisão.

A Coluna I descreve algumas dessas armadilhas, enquanto a Coluna II traz algumas situações concretas envolvendo tais armadilhas.

Correlacione as Colunas I e II e assinale a opção que expresse a sequência correta para a Coluna II.

COLUNA I	COLUNA II
(1) Armadilha da âncora	( ) Você é o dirigente de uma próspera empresa de médio porte que tenta decidir se suspende ou não a tão planejada ampliação da fábrica. Há tempos você receia que a empresa não seja capaz de sustentar o rápido ritmo de crescimento das exportações. Mas antes de engavetar o projeto, você resolve ligar para outro presidente de uma empresa similar, que recentemente cancelou a construção de uma nova fábrica, para saber os seus motivos. O executivo faz uma bela defesa da tese de que a cotação do dólar está prestes a cair consideravelmente em relação a outras moedas. Diante disso você toma tal conversa como fator decisivo e arquiva o projeto de expansão.
(2) Armadilha do custo irrecuperável	( ) O *marketing*, ao tentar projetar as vendas de um produto para o ano seguinte, muitas vezes parte do exame do volume de vendas registradas nos anos anteriores.
(3) Armadilha da evidência confirmadora	( ) No passado, você entrevistou e contratou um empregado para a sua empresa contrariamente à orientação do seu departamento de gestão de pessoas. Com o passar do tempo, ele demonstra não possuir as competências comportamentais necessárias para o exercício do cargo. A despeito disso, você teima em não demiti-lo em função das críticas que receberia pela contratação ocorrida outrora

a) 1, 3, 2.
b) 3, 2, 1.
c) 2, 1, 3.
d) 1, 2, 3.
e) 2, 3, 1.

A literatura da área chama atenção para a existência de "armadilhas ocultas" inerentes ao processo decisório, atuando como causadoras de más decisões. É a que se refere Shimizu (2001), ao asseverar que "as armadilhas ocultas que acompanham o processo de decisão podem causar erros na formulação e estruturação do problema, e também na escolha da alternativa correta".

As principais armadilhas do processo decisório são arroladas no quadro a seguir, elaborado a partir de Robbins (2005):

ARMADILHAS NO PROCESSO DECISÓRIO	
ARMADILHA	DESCRIÇÃO
Armadilha da âncora	Ao considerar uma decisão, a mente dá peso desproporcionado à primeira informação que recebe. Ou, ainda, refere-se ao apego demasiado no "histórico passado", projetando-a equivocadamente para o futuro.
Armadilha do *status quo*	Trata-se da decisão contaminada por preconceitos e vieses dos agentes, que almejam a perpetuação de seus *status* na organização. Relaciona-se a decisões que convergem para a acomodação.
Armadilha de custos irrecuperável (ou afundado)	Apega-se a uma decisão anterior, mesmo quando evidenciado que ela foi um erro. Um exemplo seria o estudante que continua a cursar determinada faculdade, mesmo tomando consciência de que não possui vocação para o curso. A justificativa para tanto seria as críticas que seriam suscitadas, ou a esperança de que uma solução surja espontaneamente, por exemplo. Investe-se em uma "causa perdida"
Armadilha de confirmação da evidência (ou da evidência confirmadora)	Refere-se à seleção tendenciosa e intencional de argumentos capazes de embasaram determinada decisão, evitando-se os argumentos que a contradizem.
Armadilha do excesso de confiança	Trata-se da tendência dos tomadores de decisão de serem excessivamente confiantes em suas previsões e estimativas, mesmo sem fundamento para tanto.

Com relação às situações da coluna II, vejamos:
- a consideração da opinião do presidente de uma empresa similar como fator preponderante é exemplo de seleção intencional e tendenciosa de argumentos

capazes de embasaram determinada decisão. Trata-se da armadilha da evidência confirmadora (3);

- a projeção do histórico passado como cenário a ser repetido no futuro pode revelar-se como armadilha da âncora (1);
- o apego à decisão passada (contratação do funcionário, e sua manutenção na empresa, a despeito de seu desempenho) é exemplo de investimento em "causa perdida". Trata-se da armadilha do custo irrecuperável (2).

A questão foi anulada pela banca, por não apresentar a sequência 3 – 1 – 2.

7. Indicadores de Desempenho Organizacional

"Não se pode gerenciar aquilo que não se pode medir." Mais do que uma frase de efeito de Kaplan e Norton (1997), a mensuração das ações organizacionais, em seus mais diversos aspectos, é hoje uma atividade central do monitoramento e do controle do desempenho de uma empresa.

A preocupação com o uso de indicadores, apesar de remontar desde a década de 1920, surge com expressiva força na década de 1990, em parte devido ao impulso oferecido pelas tecnologias da informação e comunicação (TICs) então em franco desenvolvimento.

A palavra "indicador" é derivada da expressão latina *indicare*, que, por sua vez significa "tornar patente; demonstrar, revelar, denotar, expor". Trata-se de uma ferramenta para a correta aferição de determinado fenômeno.

De modo geral, podemos um indicador é uma medida quantitativa (um número) atribuído a determinado objeto. Eis a definição provida pela Organização para a Cooperação e Desenvolvimento Econômico (OECD, 1993):[9]

> *Indicador* é um parâmetro, ou valor derivado de parâmetros que apontam e fornecem informações sobre o estado de um fenômeno, com uma extensão significativa.

- Em termos organizacionais, **os indicadores são definidos ainda durante a fase de planejamento**;
- Em um ciclo PDCA, após a definição dos indicadores no planejamento, **é na fase de controle que as medidas são tomadas**, procedendo-se à comparação com as metas estipuladas e, caso necessário, seguem-se as medidas corretivas.

---

[9] A OCDE é uma organização internacional, criada em 1961, destinada ao intercâmbio de informações entre os seus países representantes, com vistas a potencializar o crescimento econômico e o desenvolvimento de seus membros.

Q15. (CESPE / TCU / 2008) Indicador é uma função que permite que se obtenham informações sobre características, atributos e resultados de um produto, processo ou sistema ao longo do tempo.

O enunciado expõe de forma correta o conceito de indicador. Note que, por meio do acompanhamento de indicadores, podemos ter uma noção da *performance* de determinado objeto ao longo do tempo.

Resposta: certa.

Em termos organizacionais, o objeto pode ser dos mais variados tipos, contemplando desde aspectos de diagnóstico interno ou externo, de processos conduzidos pela empresa, de produtividade, financeiros etc.

Como exemplos de indicadores, podemos citar: taxa de sucesso (ou de fracasso) em determinado empreendimento, tempo de tramitação de processos, lucro da empresa, índices variados etc.

Entre **os objetivos visados ao utilizarmos indicadores**, podemos citar:

- ✓ possibilitar a melhoria contínua dos processos, passando a contar com índices históricos de acompanhamento que possibilitam a aferição da evolução ao longo do tempo;
- ✓ mais bem gerenciar a evolução com vistas à consecução de objetivos estratégicos, que, em geral, são desdobrados em uma série de objetivos intermediários. Os passos rumo aos objetivos são, via de regra, mensurados por indicadores;
- ✓ prover informações gerenciais inerentes aos mais diversos fenômenos intra (dentro) e inter (entre) organizacionais, de forma a subsidiar a tomada de decisão.

7.1. Variáveis componentes dos indicadores

Conforme salientado por documento produzido pelo Tribunal de Contas da União (TCU, 2000, p. 10), "os indicadores quase sempre são compostos por variáveis provenientes de um dos seguintes grupos: **custo, tempo, quantidade e qualidade**".

Tais variáveis podem ser vistas de acordo com 4 (quatro dimensões):

✓ economicidade (mede o custo dos recursos alocados para determinada atividade);

✓ eficiência (mede relações entre a quantidade de produto / serviço e custo dos insumos envolvidos);

✓ eficácia (mede aspectos do produto ou serviço final, em termos de alcance de metas), ou

✓ efetividade (mede os impactos dos produtos / serviços em determinado aspecto do ambiente organizacional).

Q16. (FCC / TRT 9ª Região / 2010) O indicador de desempenho que afere os impactos gerados pelos produtos e serviços, processos ou projetos de um determinado sistema (organização, programa, política pública, rede) no beneficiário final é denominado indicador de:
a) efetividade;
b) eficiência;
c) eficácia;
d) economicidade;
e) excelência.

O enunciado da questão cobra, na realidade, o conceito referente ao impacto de algo no ambiente. No caso específico, estamos falando sobre como diversas ações organizacionais (processos, prdutos, projetos, serviços) podem impactar o cliente final (o principal *stakeholder*).

Estamos falando do conceito de efetividade. Não confunda com os conceitos de "eficácia" (= cumprir a missão) e de "eficiência" (fazer as coisas com o melhor custo-benefício).

Resposta: A.

Q17. (CESPE / TCU / 2008) Índice é o valor numérico do indicador em um determinado momento.

Em complemento às variáveis apontadas pelo citado documento produzido pelo TCU, o Guia Referencial para Medição de Desempenho e Manual para Construção de Indicadores do GesPública (2009) arrola os seguintes componentes básicos de um indicador:

- **Medida**: grandeza qualitativa ou quantitativa que permite classificar as características, resultados e consequências dos produtos, processos ou sistemas;
- **Fórmula**: padrão matemático que expressa a forma de realização do cálculo;
- **Índice** (número): valor de um indicador em determinado momento;

- **Padrão de comparação**: índice arbitrário e aceitável para uma avaliação comparativa de padrão de cumprimento; e
- **Meta**: índice (número) orientado por um indicador em relação a um padrão de comparação a ser alcançado durante certo período.

Conforme a definição de índice, destacada acima, vemos que a questão está correta.

7.2. Tipos de indicadores de desempenho

Há, basicamente, duas tipologias de indicadores de desempenho, assim sumarizadas:
- **Tipologia 1**: toma por base a cadeia de valor e os 6Es do desempenho, conforme modelo do GesPública[10];
- **Tipologia 2**: toma por base a lógica empresarial, em sentido lato.

Tipologia 1: Indicadores com base no GesPública

O modelo para construção de indicadores do GesPública utiliza como base o conceito de **cadeia de valor**, entendido como ações ou processo necessário para gerar ou entregar produtos ou serviços ao beneficiário. Sobre essa cadeia de valor, o modelo do GesPública identifica 6 (seis) categorias de indicadores – conforme mencionado no enunciado, dividindo-as nas dimensões resultado e esforço. Vejamos o seguinte excerto do Manual para Construção de Indicadores do GesPública:

> (...) existem múltiplos aspectos nas dimensões de esforço e do resultado que devem ser considerados em um modelo para a medição de desempenho.
>
> Nesse sentido, foi utilizado como metamodelo uma concepção de cadeia de valor que identifica seis dimensões do desempenho, permitindo que se identifique em cada dimensão distintos objetos de mensuração, oriente a modelagem de indicadores (sem prejuízo de se identificarem, em alguns casos, indicadores já consagrados) e permita a construção de painéis de acompanhamento da gestão. O metamodelo preconiza assim regras básicas para construção de modelos específicos de mensuração de desempenho.
>
> O metamodelo, portanto, permite às instituições (re)pensarem os seus conceitos de desempenho com base na metodologia da cadeia de valor, com alguns aprimoramentos. (...)

---

10 A despeito de o decreto que instituiu o GesPública ter sido revogado pelo recente Decreto nº 9.094/2017, o fato é que o GesPública, seus documentos de referência e demais artefatos relacionados permanecem, como vimos, como repositório de conhecimento e de gestão nos dias atuais, sendo passíveis de cobrança no certame.

O modelo da Cadeia de Valor e os 6Es do Desempenho permite a construção das definições específicas de desempenho para cada organização de modo a explicitar as **dimensões dos resultados** (mais a montante da cadeia de valor) e dos **esforços** (mais a jusante da cadeia de valor), além de sugerir o necessário alinhamento entre ambas as perspectivas. Em síntese, o modelo mensura o que se deve realizar para se produzir um resultado significativo no futuro.

O modelo da Cadeia de Valor e dos 6Es do Desempenho constitui-se das dimensões de esforço e de resultado desdobradas em outras dimensões do desempenho. **As dimensões de esforço são economicidade, execução e excelência; e as dimensões de resultado são eficiência, eficácia e efetividade".**

Tal modelo é assim representado:

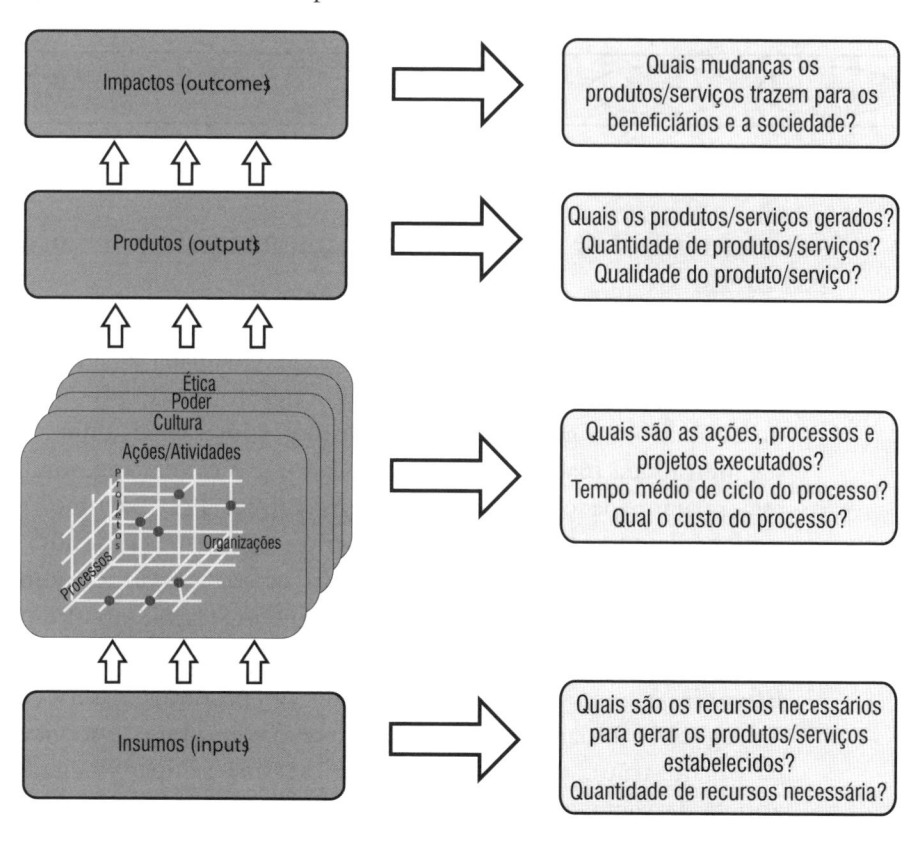

Impactos (outcomes)	Quais mudanças os produtos/serviços trazem para os beneficiários e a sociedade?
Produtos (outputs)	Quais os produtos/serviços gerados? Quantidade de produtos/serviços? Qualidade do produto/serviço?
Ética / Poder / Cultura / Ações/Atividades / Processos / Organizações	Quais são as ações, processos e projetos executados? Tempo médio de ciclo do processo? Qual o custo do processo?
Insumos (inputs)	Quais são os recursos necessários para gerar os produtos/serviços estabelecidos? Quantidade de recursos necessária?

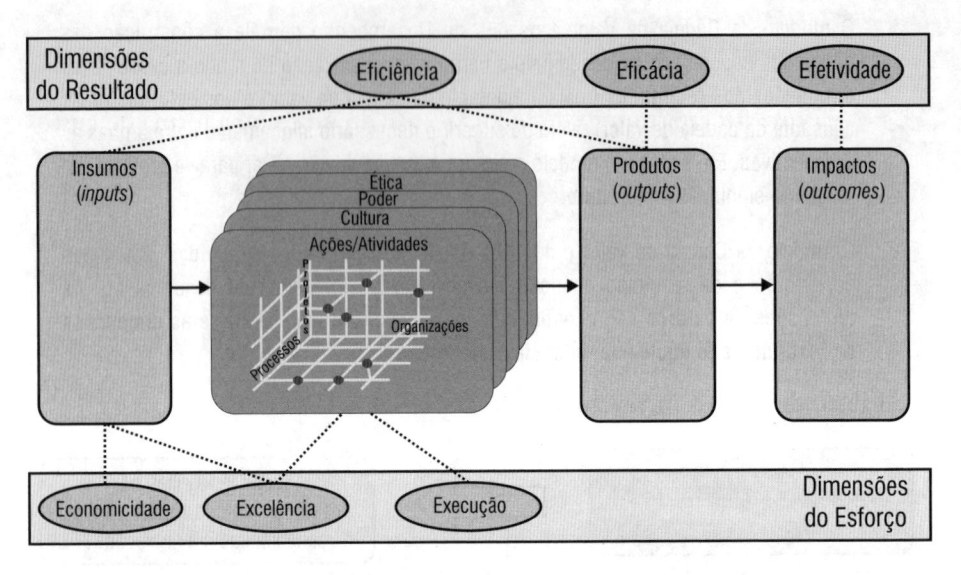

[Diagrama: Dimensões do Resultado (Eficiência, Eficácia, Efetividade) — fluxo Insumos (inputs) → Ações/Atividades (Ética, Poder, Cultura, Processos, Organizações) → Produtos (outputs) → Impactos (outcomes); Dimensões do Esforço (Economicidade, Excelência, Execução).]

Fonte: Martins & Marini. Guia de Governança para Resultados, 2010.

- Categorias básicas de indicadores de desempenho – **Dimensão de Resultado**[11]
    - **Efetividade** são os impactos gerados pelos produtos/serviços, processos ou projetos. A efetividade está vinculada ao grau de satisfação ou ainda no valor agregado, a transformação produzida no contexto em geral. Esta classe de indicadores, mais difícil de ser mensurada (dada a natureza dos dados e o caráter temporal), está relacionada com a missão da instituição. Por exemplo, se uma campanha de vacinação realmente imunizar e diminuir a incidência de determinada doença entre as crianças, a campanha foi efetiva. Indicadores de efetividade podem ser encontrados na dimensão estratégica do Plano Plurianual (PPA);
    - **Eficácia** é a quantidade e qualidade de produtos e serviços entregues ao usuário(beneficiário direto dos produtos e serviços da organização). Por exemplo, se, na mesma campanha citada, a meta de vacinação é imunizar 100.000 crianças e este número foi alcançado ou superado, a campanha foi eficaz. Indicadores de eficácia podem ser definidos a partir da Carta de Serviços do órgão;

---

11 Conforme preconizado pelo GesPública.

- **Eficiência** é a relação entre os produtos/serviços gerados (outputs) com os insumos utilizados, relacionando o que foi entregue e o que foi consumido de recursos, usualmente sob a forma de custos ou produtividade. Por exemplo: uma campanha de vacinação é mais eficiente quanto menor for o custo, ou seja quanto menor for o custo da campanha, mantendo-se os objetivos propostos. Indicadores de eficiência podem ser encontrados na Carta de Serviços com seus elementos de custos e em informações de sistemas estruturantes do Governo, como o SIAFI;
- Categorias básicas de indicadores de desempenho – **Dimensões de Esforço**
  - **Execução** refere-se à realização dos processos, projetos e planos de ação conforme estabelecidos. Indicadores de execução podem ser encontrados no monitoramento das ações do PPA;
  - **Excelência** é a conformidade a critérios e padrões de qualidade/ excelência para a realização dos processos, atividades e projetos na busca da melhor execução e economicidade; sendo um elemento transversal. Indicadores e padrões de excelência podem ser encontrados no Instrumento de Avaliação da Gestão Pública (IAGP); e
  - **Economicidade** está alinhada ao conceito de obtenção e uso de recursos com o menor ônus possível, dentro dos requisitos e da quantidade exigidas pelo *input*, gerindo adequadamente os recursos financeiros e físicos. Indicadores de economicidade podem ser encontrados nas unidades de suprimentos.

O quadro a seguir apresenta subdimensões desses indicadores, de forma a sedimentarmos nosso aprendizado:

Dimensão	Subdimensão
Efetividade	- Impacto final = resultado na sociedade. Ex.: IDH - Impacto intermediário = resultado no beneficiário direto. Ex.: taxa de mortalidade infantil. - **Satisfação de clientes.**
Eficácia	- Quantidade / volume (**capacidade**) = nível de oferta de bens e serviços. Ex.: número de habitações construídas. - **Qualidade do produto / serviço.** Ex.: durabilidade. - Acessibilidade e equidade = capacidade de disponibilizar bens e serviços equitativamente a todos os segmentos da sociedade.

Dimensão	Subdimensão
Eficiência	• Custo-efetividade = relação entre insumos para a prestação de um serviço ou a elaboração de um produto e a efetividade. • Produtividade = nível de produção/recursos utilizados. • Tempo = entre o início e a conclusão de programa, processo ou projeto. • Custo-benefício = qualidade do gasto.
Execução	• **Execução financeira e execução física** = refere-se ao acompanhamento cronológico das entregas e da execução orçamentária prevista.
Excelência	• Conformidade em relação a padrões de excelência gerencial.
Economicidade	• Quantidade de recursos = nível de oferta e disponibilidade de produto ou serviço gerado por fornecedor. • Qualidade dos recursos = adequação entre as características dos produtos e serviços adquiridos e os requisitos organizacionais. • Cobertura = nível de abrangência de um insumo crítico para a execução de programas, processos ou projetos (insumo que requer alta disponibilidade).

Tipologia 2: Indicadores com base na prática empresarial

Nessa vertente, há dois tipos de indicadores:

- **indicador de tendência** (leading indicator): mede aspectos que indicam se a organização está no caminho certo para alcançar seus objetivos. Assim, esse indicador indica, por si, a estratégia adotada para alcançar os objetivos estratégicos.

- **Indicador de resultado ou de ocorrência** (lagging indicator): mede o desempenho final de certo processo.

7.3. Atributos de indicadores de desempenho

De modo geral, os atributos de um bom indicador de desempenho podem ser assim arrolados:

ATRIBUTOS DE INDICADORES DE DESEMPENHO	
ATRIBUTO	DESCRIÇÃO
Relevância (ou importância)	O indicador deve fornecer dados essenciais acerca de seu objeto. Sendo uma fonte de informações gerenciais que servirão de base para a tomada de decisão, os indicadores devem se voltar à mensuração de fenômenos que efetivamente impactam no desempenho organizacional, evitando o fornecimento de elementos secundários ou redundantes.

ATRIBUTOS DE INDICADORES DE DESEMPENHO	
ATRIBUTO	DESCRIÇÃO
Simplicidade (ou clareza)	O indicador deve primar pela simplicidade e pela facilidade de sua compreensão. As variáveis com as quais o indicador lida devem ser conhecidas e compreendidas pelo público interessado, possibilitando, ainda, a **uniformidade** em termos de sua compreensão.
Objetividade / subjetividade	Uma vez garantida a facilidade de análise do indicador, é possível obter-se uma interpretação imediata de seu conteúdo (obtetividade). Contudo, ao mesmo tempo, as informações providas pelo indicador são capazes de suscitar juízos de valor, levando a uma interpretação que extrapola a mera informação quantitativa imedita (subjetividade).
Perenidade (ou estabilidade)	O método de obtenção do indicador deve ser perpetuado ao longo do tempo, sem significativas alterações, de modo a possibilitar o estudo de séries históricas.
Validade	O indicador deve prover um alto grau de proximidade entre o conceito em pauta e a medida em si. Assim, caso seja desejável medir o desempenho na área de saúde pública, um indicador válido seria a taxa de mortalidade infantil. Um indicador de validade questionável seria o número de cidadãos que procuram os postos de saúde (será que isso realmente retrata o desempenho da saúde pública? Talvez não).
Consistência (ou representatividade/ confiabilidade)	O indicador deve refletir com precisão a realidade do fenômeno, sendo construído a partir de dados obtidos na fonte correta, trabalhando-se com a amostra populacional apropriada, e contemplando o método apropriado de cálculo.
Custo-efetividade	A construção de um indicador e o processo de mensuração em si é um processo que detém um custo operacional a ser considerado. Assim, é essencial que se pondere entre os benefícios gerados a partir das informações geradas pelo indicador e o ônus da mensuração em si.
Sensibilidade	Diz respeito à capacidade de um indicador refletir mudanças, caso a conjuntura social no qual o processo mensurado está inserido sofra alteração. Um indicador é dito sensível quando reflete mudanças decorrentes de intervenções.
Desagregação	Refere-se à capacidade de um indicador de avaliar diferentes estratos e localidades, a fim de estabelecer ações acuradas e promover a compreensão da diversidade do fenômeno de interesse.
Rastreabilidade	Refere-se à facilidade de se identificar a origem dos dados que foram coletados.

Q18. (FGV / Fiocruz / 2010) Um indicador de desempenho de processo, levando-se em conta os propósitos para os quais é concebido, deve incorporar os seguintes atributos:

a) relevância, perenidade, complexidade, consistência e objetividade/subjetividade;
b) relevância, perenidade, complexidade, consistência e objetividade/subjetividade;
c) relevância, permanentes transformações, complexidade, consistência e objetividade/subjetividade;
d) relevância, perenidade, simplicidade, consistência e objetividade/subjetividade;
e) relevância, perenidade, complexidade, consistência e objetividade/subjetividade.

Com base no quadro anterior, que lista os atributos de um bom indicador de desempenho, vemos que apenas a alternativa "d" está correta.

Com relação às demais alternativas, nota-se que "complexidade" e "permanentes transformações" são características indesejáveis em um indicador. Ainda, veja que as alternativas "b" e "e" são idênticas.

Resposta: D.

7.4. Componentes básicos de um indicador

Um indicador é composto de 5 (cinco) elementos, a seguir relacionados:

- **Medida**: grandeza qualitativa ou quantitativa que permite classificar as características, resultados e consequências dos produtos, processos ou sistemas;
- **Fórmula**: padrão matemático que expressa à forma de realização do cálculo;
- **Índice** (número): **valor de um indicador em determinado momento**;
- **Padrão de comparação**: índice arbitrário e aceitável para uma avaliação comparativa de padrão de cumprimento; e
- **Meta**: índice (número) orientado por um indicador em relação a um padrão de comparação a ser alcançado durante certo período.

8. Adoção de estratégias competitivas: a teoria de Michael Porter

O maior desafio de uma empresa privada pode ser resumido, em apertada síntese, na consecução de lucro. Não obstante, em ótica mais acurada, há algumas facetas que subjazem esse desafio, e que são merecedoras da devida abordagem.

Primeiramente, ume organização do segundo setor compete com as demais organizações de seu mercado. E, para que alcance o almejado lucro, deve ter êxito nessa competição. Assim, podemos dizer, agora em visão mais adequada, que o desafio organizacional é a obtenção de **vantagem competitiva** em sua indústria[12].

Michael Porter, professor da Harvard Business School e expoente no estudo de estratégias de competitividade, associa o conceito de valor à vantagem competitiva:

> A **vantagem competitiva** surge fundamentalmente do **valor** que uma empresa consegue criar para seus compradores e que ultrapassa o custo de fabricação pela empresa (PORTER, 1985, p. 3).

> Em termos competitivos, **valor** é o montante que os compradores estão dispostos a pagar por aquilo que a empresa lhes oferece. O valor é medido pela receita total, reflexo do preço que o produto de uma empresa impõe e as unidades que ela pode vender... Criar valor para os compradores que exceda o custo disto é a meta de qualquer estratégia genérica (PORTER, 1985, p. 38).

Destarte, a estratégia surge com vistas à obtenção de um posicionamento único à organização, mediante a criação de valor, e que garanta vantagem competitiva. Ainda, a vantagem competitiva deve perdurar no tempo. O principal desafio da estratégia, nesses moldes, é que ela garanta a devida **vantagem competitiva sustentável** à organização, nas diversas conformações de mercado e ao longo de todos os estágios de maturidade da empresa.

No entanto, um percentual muito reduzido de empresas consegue, de fato, gozar de vantagem competitiva sustentável. A falha em competir com sucesso implica, ao longo do tempo, o declínio organizacional, conforme os seguintes estágios de maturidade[13].

Nascimento	Crescimento	Maturidade	Declínio	Morte
• Processos simples / empreendedor/ foco em nicho específico	• Divisão de responsabilidade e autoridade	• Diversificação e descentralização	• Reformulação estrutural / busca por financiamento	• Liquidação / falência

---

12 O termo **indústria** é aqui empregado em sua acepção econômica, aludindo a seu mercado específico de atuação, congregando as tecnologias, as expertises, e os concorrentes.
13 Nem todas as organizações assumem todas as facetas retratadas nesse esquema genérico.

A transformação estratégica surge, assim, para dotar a organização da capacidade empreendedora e inovativa inerentes a seu estágio pioneiro. Trata-se da desejada reflexibilização, no intuito de garantir a perpetuação da vantagem competitiva sustentável.

Pioneira	Expansão	Regulamentação	Burocratização	Reflexibilização
• Processos simples / espírito empreendedor	• Intensificação de operações e aumento de participantes	• Definição formal de processos de trabalho	• Divisão de trabalho / cadeia de comando / pouca flexibilidade	• Readaptação à flexibilidade e reencontro com a capacidade inovadora.

A mudança implica a adoção da estratégia competitiva mais adequada à empresa, em sua indústria, de sorte a garantir a vantagem competitiva sustentável.

Um dos principais modelos atinentes à gestão de mudança remonta a 1940, de autoria de **Kurt Lewin**. O modelo de Lewin é representado por três fases pelas quais passa uma organização durante a mudança:

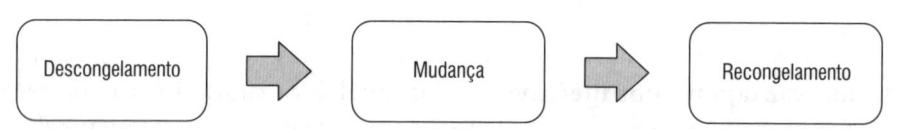

Descongelamento → Mudança → Recongelamento

No **descongelamento**, há o rompimento do estado estável inicial, questionando-se o *status quo* então estabelecido. Em seguida, na etapa de **mudança** em si, o *status quo* é modificado por novas práticas, valores, paradigmas etc. Por fim, no **recongelamento**, há a institucionalização da mudança, que segue consolidada em novo conteúdo cultural. A consolidação da mudança, nessa última fase, dá-se usualmente mediante reforços positivos (recompensas), reforçando as novas práticas.

Outra abordagem de destaque concerne ao modelo proposto por **Fischer**, composto de quatro etapas:

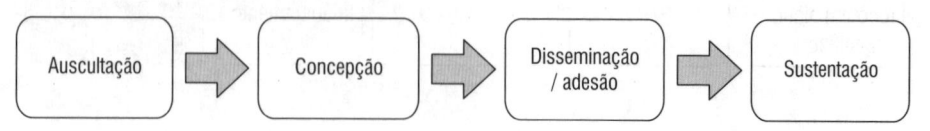

Auscultação → Concepção → Disseminação / adesão → Sustentação

Na **auscultação**, ocorre o diagnóstico, mapeando-se as aptidões atuais e os fatores de resistência e favorecimento à mudança. Segue-se a **concepção**, etapa em que se busca a construção de uma forma exequível de se conceber e implementar a(s) mudança(s) pretendida(s). Um grupo de mobilização é formado, responsável pela elaboração de um plano de mudança. Na etapa de **disseminação/adesão**, o conteúdo elaborado anteriormente é difundido na organização, visando-se ao aperfeiçoamento das ideias originais, bem como à adesão dos demais atores organizacionais. Os novos valores/práticas passam a ser internalizados pelos demais colaboradores. Por fim, na **sustentação**, as ações de mudança são monitoradas e avaliadas, visando ao contínuo aperfeiçoamento processual e à revitalização de compromissos com vistas à efetiva mudança.

Relevante assinalar que a cultura organizacional assume papel de destaque na gestão para a mudança. Stahl e Bounds (1991) entendem que mudanças organizacionais são, na realidade, transformações culturais, visto que a mudança só será efetiva se os sistemas organizacionais mais efetivos se mantiverem alterados, mesmo que seus implantadores e maiores defensores não estiverem mais atuantes na organização. Neste caso – em que práticas inovadoras passam a fazer parte da identidade da organização, diz-se que a mudança passa a estar incorporada à nova cultura organizacional.

Nesse sentido, a partir da década de 1980, há um crescente interesse das cúpulas organizacionais na consideração da cultura como chave para a implantação bem-sucedida de inovações. As situações exemplificadas abaixo são ilustrações de iniciativas que demandam a consideração da cultura organizacional como fator chave de sucesso:

- inovações de práticas sedimentadas há muito tempo na organização;
- processos de aquisição, fusão, incorporação ou internacionalização de empresas, as quais envolvem mais de uma cultura organizacional (e até mesmo nacional);
- situações diversas em organizações de forte cultura, usualmente resistente a mudanças.

No bojo dos estudos acerca da mudança em prol da melhor vantagem competitiva, indispensável o estudo objetivo do **modelo das cinco forças competitivas** e as **estratégias competitivas genéricas de Porter**.

8.1. O Modelo das Cinco Forças Competitivas

O chamado <u>Modelo das Cinco Forças Competitivas</u>, de autoria de Michael Porter (1985), refere-se a uma ferramenta analítica que visa a caracterizar uma indústria, sob a ótica da competitividade. De modo geral, os traços centrais inerentes ao modelo são os que seguem:

- a estratégia competitiva deve surgir de uma compreensão sofisticada da concorrência de uma indústria;
- considera os ambientes interno e externo;
- auxilia a definição da estratégia com vistas à consecução de vantagem competitiva.

O esquema[14] a seguir apresenta o modelo em análise:

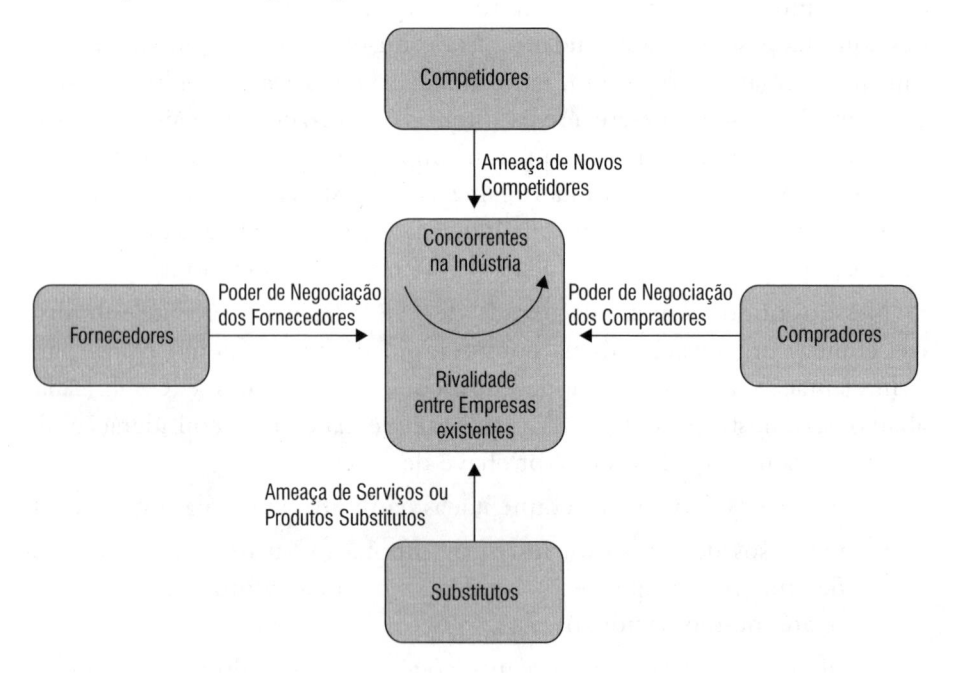

```
                    ┌──────────────┐
                    │ Competidores │
                    └──────┬───────┘
                           │ Ameaça de Novos
                           ▼ Competidores
                    ┌──────────────┐
                    │ Concorrentes │
                    │ na Indústria │
┌─────────────┐ Poder de Negociação      Poder de Negociação  ┌────────────┐
│ Fornecedores├─── dos Fornecedores ───►  ◄─── dos Compradores ─┤ Compradores│
└─────────────┘                                                └────────────┘
                    │  Rivalidade  │
                    │ entre Empresas│
                    │  existentes  │
                    └──────▲───────┘
                           │ Ameaça de Serviços ou
                           │ Produtos Substitutos
                    ┌──────┴───────┐
                    │  Substitutos │
                    └──────────────┘
```

---

14 Fonte: <http://www.revistaespacios.com/a12v33n08/14-01.jpg>.

Os quadros a seguir trazem a descrição de cada uma das forças do modelo.

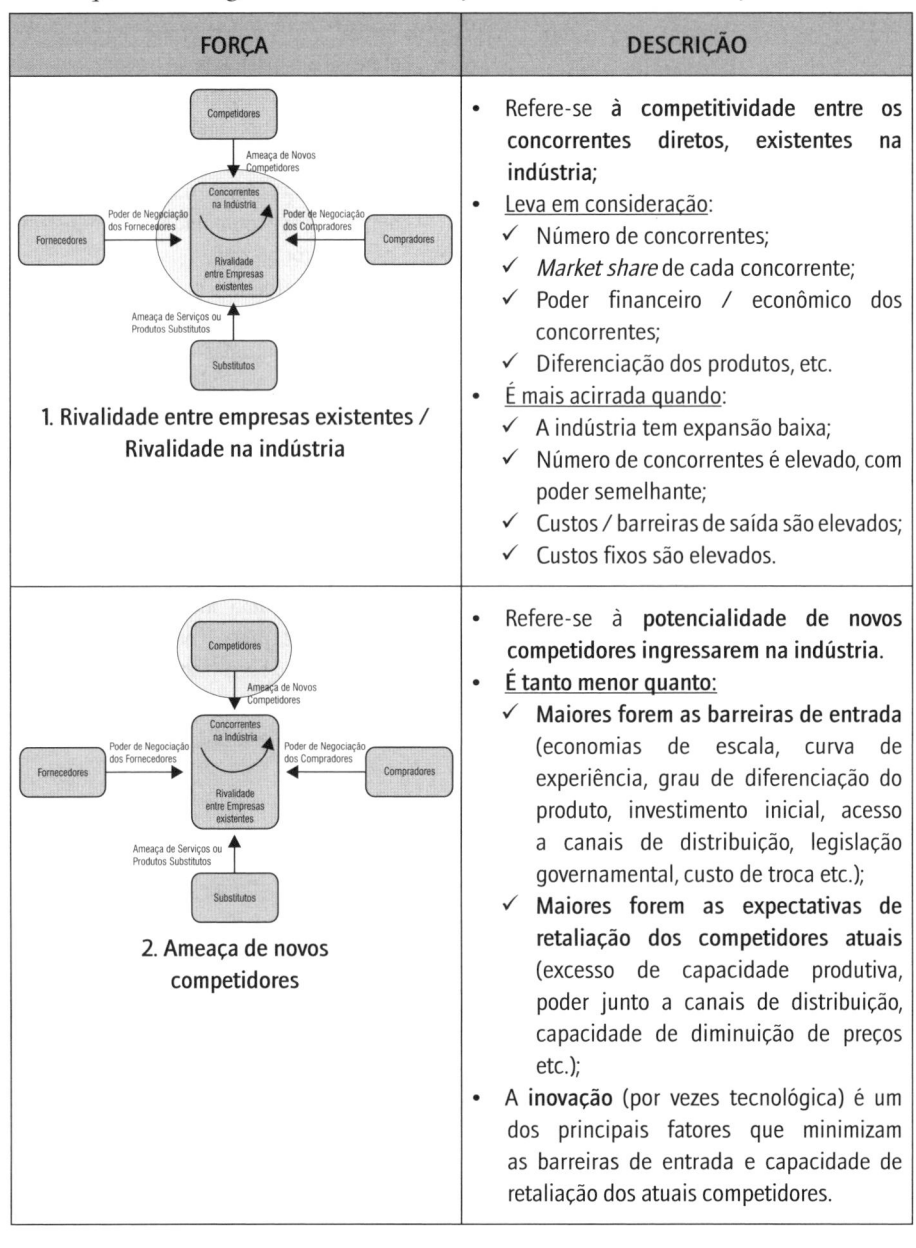

FORÇA	DESCRIÇÃO

1. Rivalidade entre empresas existentes / Rivalidade na indústria	• Refere-se à **competitividade entre os concorrentes diretos, existentes na indústria**;
	• Leva em consideração:
	  ✓ Número de concorrentes;
	  ✓ *Market share* de cada concorrente;
	  ✓ Poder financeiro / econômico dos concorrentes;
	  ✓ Diferenciação dos produtos, etc.
	• É mais acirrada quando:
	  ✓ A indústria tem expansão baixa;
	  ✓ Número de concorrentes é elevado, com poder semelhante;
	  ✓ Custos / barreiras de saída são elevados;
	  ✓ Custos fixos são elevados.

2. Ameaça de novos competidores	• Refere-se à **potencialidade de novos competidores ingressarem na indústria**.
	• É tanto menor quanto:
	  ✓ **Maiores forem as barreiras de entrada** (economias de escala, curva de experiência, grau de diferenciação do produto, investimento inicial, acesso a canais de distribuição, legislação governamental, custo de troca etc.);
	  ✓ **Maiores forem as expectativas de retaliação dos competidores atuais** (excesso de capacidade produtiva, poder junto a canais de distribuição, capacidade de diminuição de preços etc.);
	• A **inovação** (por vezes tecnológica) é um dos principais fatores que minimizam as barreiras de entrada e capacidade de retaliação dos atuais competidores.

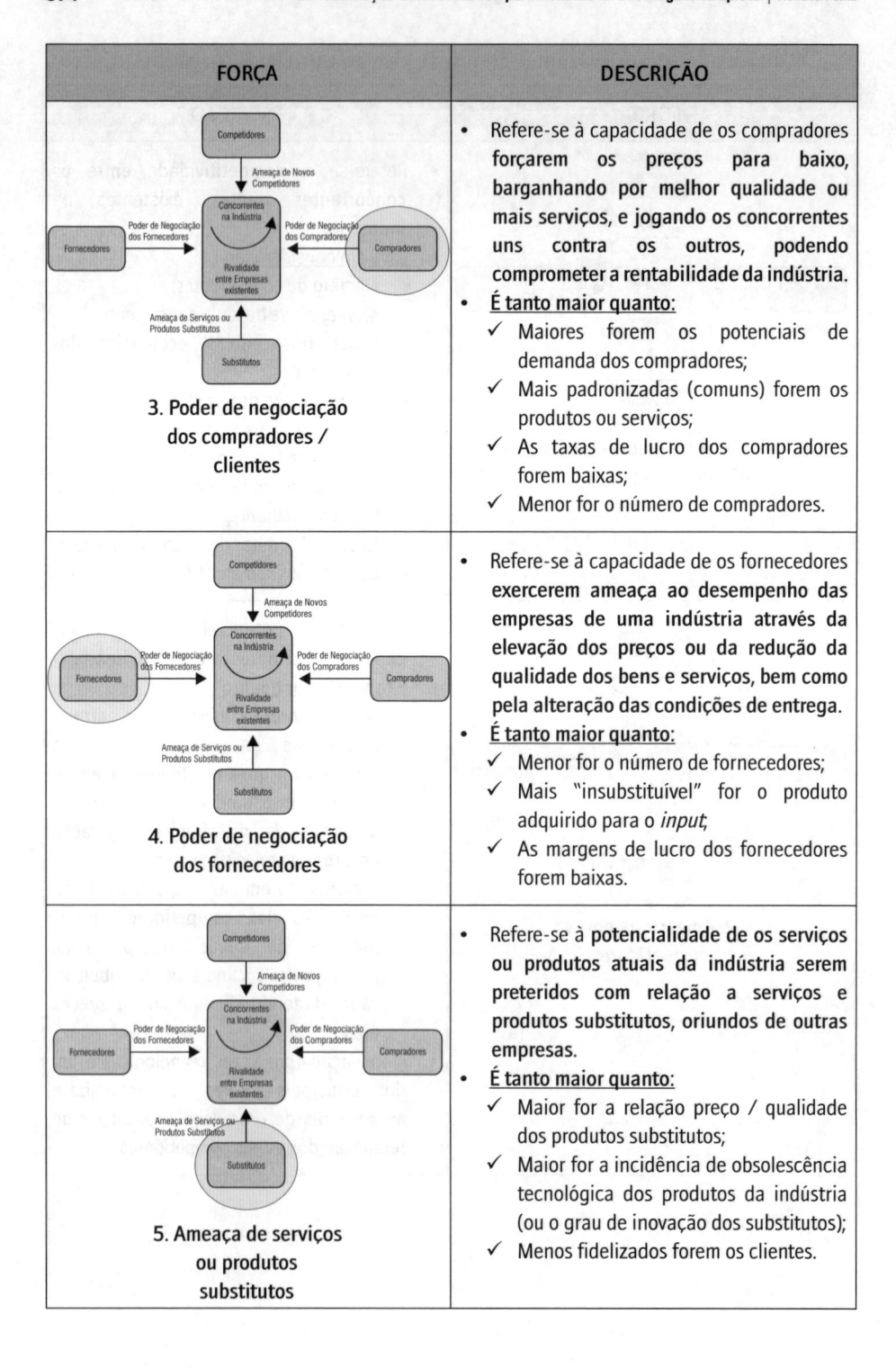

FORÇA	DESCRIÇÃO
3. Poder de negociação dos compradores / clientes	• Refere-se à capacidade de os compradores forçarem os preços para baixo, barganhando por melhor qualidade ou mais serviços, e jogando os concorrentes uns contra os outros, podendo comprometer a rentabilidade da indústria. • É tanto maior quanto: ✓ Maiores forem os potenciais de demanda dos compradores; ✓ Mais padronizadas (comuns) forem os produtos ou serviços; ✓ As taxas de lucro dos compradores forem baixas; ✓ Menor for o número de compradores.
4. Poder de negociação dos fornecedores	• Refere-se à capacidade de os fornecedores exercerem ameaça ao desempenho das empresas de uma indústria através da elevação dos preços ou da redução da qualidade dos bens e serviços, bem como pela alteração das condições de entrega. • É tanto maior quanto: ✓ Menor for o número de fornecedores; ✓ Mais "insubstituível" for o produto adquirido para o *input*; ✓ As margens de lucro dos fornecedores forem baixas.
5. Ameaça de serviços ou produtos substitutos	• Refere-se à **potencialidade de os serviços ou produtos atuais da indústria serem preteridos com relação a serviços e produtos substitutos, oriundos de outras empresas**. • É tanto maior quanto: ✓ Maior for a relação preço / qualidade dos produtos substitutos; ✓ Maior for a incidência de obsolescência tecnológica dos produtos da indústria (ou o grau de inovação dos substitutos); ✓ Menos fidelizados forem os clientes.

8.2. As Estratégias Competitivas Genéricas

Para Porter (1986), o posicionamento de uma empresa na indústria determina se sua rentabilidade está acima ou abaixo da média das demais firmas da indústria. Se a empresa consegue um desempenho acima da média em longo prazo, passa a gozar de vantagem competitiva sustentável.

As estratégias genéricas resultam da habilidade de uma empresa lidar com as cinco forças competitivas melhor do que seus rivais, protagonizando sucessivas transformações estratégicas ao longo do tempo. O esquema a seguir, de autoria de Porter (1985), ilustra tais estratégias:

		Vantagem Competitiva	
		Custo Mais Baixo	Diferenciação
Escopo Competitivo	Alvo Amplo	1. Liderança de Custo	2. Diferenciação
	Alvo Estreito	3A. Enfoque no Custo	3B. Enfoque na Diferenciação

Os quadros a seguir trazem a descrição de cada uma das estratégias.

ESTRATÉGIA	DESCRIÇÃO
1. Liderança de Custo (Total)	• A empresa **busca o menor custo** entre os seus concorrentes, usualmente considerando a oferta de grandes volumes a preço baixo; • De acordo com Porter (1986): • *"Sua posição de custos proporciona à empresa uma defesa contra a rivalidade dos concorrentes, pois seus custos mais baixos significam que a empresa ainda pode gerar retornos após seus concorrentes terem investido seus lucros para combater a rivalidade.* • *Uma posição de baixo custo defende a empresa contra compradores poderosos, pois os compradores podem exercer seu poder apenas para reduzir os preços até o nível do próximo concorrente mais eficiente.*

ESTRATÉGIA	DESCRIÇÃO
1. Liderança de Custo (Total)	• O baixo custo proporciona uma **defesa contra os fornedores**, oferecendo mais flexibilidade para lidar com os aumentos de custros. • Os fatores que levam a uma posição de baixo custo normalmente proporcionam **barreiras substanciais à entrada** em termos de economias de escala ou vantagens de custo. • Finalmente, uma posição de baixo custo normalmente coloca a empresa em uma **posição favorável com relação aos substitutos** relativos a seus concorrentes no setor. Assim, uma posição de baixo custo protege a empresa de todas as cinco forças competitivas (...)"
2. Diferenciação	• A empresa busca **oferecer algo singular**, tal como atendimento personalizado (*premium*), qualidade diferenciada etc. **O foco é nas características do produto ou serviço**; • A estratégia de diferenciação procura atender um menor número de clientes de forma personalizada, **inviabilizando a conquista de grandes parcelas de mercado**; • Cria-se **barreira de entrada** na forma de fidelização dos clientes; • **O poder de barganha dos clientes diminui** ao passo que os produtos e serviços são ímpares, não havendo similares no mercado. Ainda, **a clientela é menos sensível ao preço**, e sim à qualidade ou diferenciais do produto ou serviço; • As empresas que adotam tal estratégia incorrem, naturalmente, em **custos maiores**: usam matéria-prima de melhor qualidade, investem mais em pesquisa, em atendimento ao cliente, em capacitação interna etc. Mas, ao mesmo tempo, possuem margens de lucro maiores.
3. Enfoque Vantagem Competitiva Custo Mais Baixo / Diferenciação Alvo Amplo: 1. Liderança de Custo / 2. Diferenciação Alvo Estreito: 3A. Enfoque no Custo / 3B. Enfoque na Diferenciação	• A diferença do **enfoque** com relação às duas estratégias anteriores reside no **foco a um nicho específico de mercado** (necessidades específicas ou mercado geográfico restrito); • Ao passo que a diferenciação e a liderança de custos total almejam atingir todos os potenciais compradores do setor, o **enfoque direciona seus esforços a um segmento específico de consumidor dentro so setor**; • Aplica-se, na estratégia do enfoque, uma abordagem de liderança de custo ou de diferenciação em um ambiente competitivo estrito dentro de um setor mais amplo.

Por derradeiro, uma síntese, de autoria do próprio Michael Porter, é assim consignada:

Estratégia Genérica			
Força da Indústria	Liderança em custo	Diferenciação	Enfoque
Novos entrantes	Capacidade de reduzir preços em retaliação e potenciais entrantes	Lealdade do consumidor pode desencorajar potenciais entrantes	Foco otimiza o desenvolvimento de competências essenciais que podem agir como barreiras de entrada
Poder dos Consumidores	Capacidade de oferecer preços reduzidos para consumidores com alto poder de barganha	Consumidores têm menor poder de barganha devido a poucas alternativas de produtos	Consumidores têm menor poder de barganha devido a poucas alternativas de produtos
Poder dos Fornecedores	Maior flexibilidade diante da ocorrência de aumentos de insumos	Consumidores são menos sensíveis a repasses de preço	Fornecedores são fortes devido ao baixo volume, mas foco em diferenciação facilita repasses no aumento de preços
Ameaça de Substitutos	Uso de preço baixo para defesa contra substitutos	Consumidores se tornam leais a produtos diferenciados, reduzindo a ameaça de substitutos	Produtos especializados são mais difíceis de substituir
Rivalidade Interna	Melhor capacidade de Competir por preço	Lealdade à marca afasta consumidores das rivais	Rivais não conseguem atender as necessidades dos consumidores

Fonte: Porter (1980).

Questões de Concursos

1. (CESPE / TRT 8ª Região / 2016) Na concepção de uma estratégia organizacional, é importante considerar os elementos do ambiente externo – tecnologia, valores da sociedade, demografia, legislação e condições econômicas –, bem como os elementos do ambiente interno – estrutura interna, cultura organizacional e competências.

2. (CESPE / TRE – PI / 2016) Em uma organização, as metas operacionais e departamentais são estabelecidas, de forma exclusiva, respectivamente, para pessoas/equipes e departamentos/divisões.

3. (CESPE / TRE – PI / 2016) Os planos estratégicos representam as etapas de ação, pelas quais uma organização tem intenção de alcançar as metas estratégicas em um espaço de tempo definido.

4. (CESPE / TRT 8ª Região / 2016) Os planos operacionais correspondem à tradução e à interpretação das decisões estratégicas e são realizados nos níveis intermediários de uma instituição.

5. (CESPE / FUNPRESP JUD / 2016) O planejamento tático de uma organização é um processo de desdobramento do plano estratégico, que determina áreas funcionais e define ações especializadas.

6. (CESPE / SEEDF / 2017) Pensar estrategicamente significa tomar decisões e agir para formular e implementar estratégias que proporcionarão competitividade às organizações frente aos seus ambientes.

7. (CESPE / TRF 1ª Região / 2017) Nas unidades de trabalho dos tribunais, a elaboração do planejamento tático inclui o detalhamento analítico das atividades a serem executadas no curto prazo.

8. (CESPE / TRT 8ª Região / 2016) No planejamento estratégico, a análise interna pode ser dispensada quando são estáveis aspectos como perfil da força de trabalho, estrutura e processos de trabalho, semelhantemente ao que ocorre nas organizações públicas.

9. (CESPE / TCE – PA / 2016) Controles orçamentários realizados nos níveis intermediários da organização para monitorar e controlar as despesas de várias unidades no decorrer de um exercício anual são considerados controles táticos.

10. (CESPE / TCE – PR / 2016) Os planos financeiros elaborados para médio prazo, que englobam a captação e a aplicação de recursos para operações de departamentos da organização, são característicos do planejamento estratégico.

11. (CESPE / TRT 8ª Região / 2016) A elaboração de uma estratégia organizacional é responsabilidade da alta liderança das organizações, cujas decisões, em termos de objetivos, metas e resultados, são utilizadas em seguida como referenciais de desempenho pelos demais gestores e trabalhadores.

12. (CESPE / TRT 8ª Região / 2016) O planejamento estratégico, para ser eficaz, deve possuir conteúdo detalhado e analítico, e a amplitude de sua abrangência deve ser orientada para cada unidade organizacional.

13. (CESPE / TCE – SC / 2016) O processo de planejamento estratégico de uma organização é complexo e, geralmente, estático, pois as variáveis balizadoras da estratégia, após serem definidas, devem permanecer inalteradas, a fim de evitar que a cultura organizacional se torne caótica.

14. (CESPE / STM / 2018) Planejamentos estratégicos consideram a relação da organização com o ambiente em que ela atua, enquanto planejamentos operacionais se concentram em metas intraorganizacionais.

15. (CESPE / STM / 2018) O planejamento estratégico é uma forma de planejamento com foco no curto prazo e que prioriza temas de maior relevância no âmbito das organizações.

16. (FGV / IBGE / 2016) No livro *Safári de Estratégia*, Mintzberg et al. (2000) apresenta a perspectiva de 10 escolas de pensamento sobre formulação de estratégia. Essas escolas foram divididas em três agrupamentos em função de sua natureza. É correto afirmar que:
    a) as escolas prescritivas estão mais preocupadas em como as estratégias são, de fato, formuladas;
    b) as escolas descritivas estão mais preocupadas em como as estratégias devem ser formuladas;
    c) a escola do grupo configuração está mais preocupada em como as estratégias devem ser comunicadas;

d) as escolas prescritivas estão mais preocupadas em como as estratégias devem ser formuladas;

e) a escola do grupo configuração está mais preocupada em como as estratégias geram os resultados pretendidos.

17. (CESPE / EBSERH / 2018) No planejamento estratégico, a entidade define ou revê a sua missão – situação em que ela pretende estar em um período de tempo definido –, sua visão – propósito de ela existir e seu papel na sociedade – e os seus valores – princípios que delineiam as suas decisões.

18. (CESPE / STJ / 2018) O processo até se chegar à estratégia é predominantemente quantitativo, embasado no estabelecimento detalhado de dados.

19. (CESPE / MEC / 2015) O *benchmarking* é um recurso indicado às empresas na avaliação dos investimentos em sua infraestrutura de tecnologia da informação.

20. (CESPE / TCE – RN / 2015) A matriz SWOT, como ferramenta de análise do macroambiente da organização, visa ao reconhecimento de oportunidades e ameaças pelas quais as organizações têm pouca ou nenhuma capacidade de intervenção.

21. (CESPE / MPOG / 2015) Segundo a matriz SWOT, a incerteza diante da execução de um projeto afeta particularmente o seu planejamento, o que se relaciona a oportunidades ou ameaças; já a complexidade do projeto afeta particularmente seu controle e se refere a pontos fortes ou pontos fracos de uma empresa em relação ao projeto considerado.

22. (CESPE / TCE – SC / 2016) A matriz SWOT é uma ferramenta que possibilita ao gestor criar análises de cenário e embasar o planejamento estratégico da organização, além de auxiliá-lo na verificação da posição estratégica da empresa, posição essa que, segundo a matriz SWOT, pode ser classificada em manutenção, sobrevivência, crescimento ou desenvolvimento.

23. (CESPE / SEEDF / 2017) *Lean manufacturing* e *kaizen* são exemplos de ferramentas de gestão da qualidade aplicadas para o aperfeiçoamento de organizações e preveem a realização de diagnósticos e implementação de melhorias.

24. (CESPE / STM / 2018) As dimensões que constituem a ferramenta BSC (*balanced scorecard*) incluem a mensuração da aprendizagem organizacional, que permite gerar indicadores sobre os fatores críticos de sucesso para a organização.

25. (CESPE / STM / 2018) *Balanced scorecard* é um sistema de medição de desempenho que se baseia em quatro perspectivas de análise complementares: finanças, processos internos, clientes, e aprendizado e inovações (ou crescimento).

26. (CESPE / TCE – PE / 2017) É desaconselhada a aplicação do BSC (*balanced scorecard*) na Administração Pública, pois o objetivo da organização que utilize essa ferramenta é o lucro.

27. (CESPE / STM / 2018) Decisões do tipo não programadas, também chamadas de problemas intratáveis, devem ser deixadas a cargo de subordinados, uma vez que a liderança organizacional não dispõe de tempo necessário para a solução desse tipo de problema.

28. (FCC / TRT 24ª Região / 2017) A teoria sustentada por Herbert Simon para explicar o processo decisório no âmbito das organizações, aponta, entre outros aspectos, dois tipos de decisões:
    a) as previsíveis, que refletem o comportamento padrão da organização; e as inovadoras, tomadas em um ambiente de mudança comportamental;
    b) as autocráticas, tomadas pelo gestor sem participação dos envolvidos; e as participativas, decorrentes de processo de construção coletiva;
    c) as consensuais, que refletem o consenso na organização; e as individuais, tomadas pelo responsável pela solução de um problema isolado;
    d) as programadas, tomadas por meio de um conjunto de normas preestabelecidas; e as não programadas, que não comportam soluções padronizadas;
    e) as autônomas, construídas dentro da própria organização; e as consultivas, que envolvem a participação de agentes externos à organização.

29. (CESPE / DPU / 2016) As organizações modernas têm se utilizado de princípios de coliderança em que as funções de liderar são divididas pelos vários membros da equipe ou da organização para dar maior celeridade e responsabilidade ao processo decisório.

30. (CESPE / TCE – SC / 2016) Normalmente, o tomador de decisões que adota o estilo integrativo utiliza poucas informações no processo decisório. Por esse motivo, ele pretere a criatividade e prioriza a avaliação dessas informações de maneira crítica, detalhada e centralizada.

31. (CETRO / AMAZUL / 2015) Segundo Michael Porter, em seu livro *Estratégia Competitiva*, qualquer setor, seja nacional ou internacional, que produz um serviço ou um produto, é "manipulado" por cinco forças competitivas, sendo elas: concorrentes, novos

entrantes, produtos substitutos, fornecedores e clientes. Desta forma, é necessário que o empresário esteja atento a estas forças para garantir o sucesso de seu negócio, principalmente com a ameaça de um novo entrante que pode ser facilitada quando:

a) as economias de escala são altas;

b) o capital necessário é alto;

c) os custos de troca são baixos;

d) os direitos de propriedade intelectual são restritos;

e) o acesso a subsídios do governo é difícil.

32. (CESPE / EBSERH / 2018) A liberação para comercializar produtos importados no mercado nacional rompe a barreira à entrada de concorrentes, identificada como uma das forças do modelo de Porter.

33. (ESAF / MF / 2013) Sobre planejamento estratégico, é correto afirmar:

( ) é um processo sistêmico, dinâmico e contínuo;

( ) é embasado essencialmente nos problemas e desafios da organização;

( ) é um processo de determinação de objetivos estratégicos da organização.

a) C – C – E.

b) C – E – C.

c) E – C – E.

d) C – C – C.

e) E – E – E.

34. (ESAF / DNIT / 2013) Planejamento é uma ferramenta importante na condução das organizações. Sobre esse tema, indique a opção correta.

a) O plano tático estabelece missão, produtos e serviços oferecidos pela organização.

b) O planejamento estratégico alcança apenas os níveis institucional e gerencial, não contemplando orientações para o nível operacional.

c) O planejamento tático abrange toda a organização, definindo a sua relação com o seu ambiente.

d) O plano operacional traduz o plano estratégico em ações especializadas, como marketing, operações e outros.

e) Planejamento operacional define atividades e recursos que possibilitam a realização de objetivos estratégicos ou funcionais.

35. (FCC / TRT 13ª Região / 2014) Entre as etapas do planejamento estratégico de uma instituição se inclui o diagnóstico institucional que contempla as análises interna e

externa. Uma das formas de realizar essas análises é elaborando uma Matriz SWOT, que identifica:

a) as probabilidades de ocorrência de eventos positivos e negativos;

b) a missão, visão e valores da instituição;

c) as oportunidades e ameaças externas, e as forças e fraquezas da instituição;

d) as competências disponíveis na instituição e aquelas que devem ser desenvolvidas;

e) os objetivos e metas a serem perseguidos e os correspondentes indicadores de resultado.

36. (CESPE / ANP / 2013) Considere que um fornecedor internacional indique a possibilidade de não cumprir o contrato de fornecimento de equipamentos celebrado com uma empresa de petróleo. Nesse sentido, essa situação deve ser considerada, pela equipe de planejamento da referida empresa, como um exemplo de ameaça.

37. (FCC / TRT 9ª Região / 2010) A análise estratégica da organização envolve:

I. a análise do ambiente externo, que amplia a sensibilidade do conjunto de pessoas, tornando-as aptas a implementar estratégias antecipatórias alinhadas com as principais tendências e demandas;

II. a análise do ambiente externo, que possibilita a alavancagem de oportunidades, pontos fortes e fracos e a prevenção contra as ameaças emergentes;

III. a análise do ambiente interno, baseado na avaliação do desempenho da organização frente à sua missão e objetivos, forças e fraquezas, políticas governamentais e concorrência;

IV. a análise das características internas da organização, identificando e hierarquizando os seus pontos fortes e fracos;

V. a análise do ambiente interno segundo uma avaliação de caráter organizacional, baseando-se nos conceitos de desempenho da instituição em relação ao cumprimento da missão, efetividade, eficácia, eficiência e humanização.

É correto o que consta apenas em:

a) II e V;

b) I, II e III;

c) III, IV e V;

d) III e IV;

e) I, IV e V.

38. (CESPE / INPI / 2013) A matriz GUT pode auxiliar a melhoria de um processo mediante a aplicação de três variáveis: gravidade, urgência e tendência.

** O seguinte enunciado é válido para as questões 39 e 40. **

(CESPE / SAD – PE / 2010 – adaptada) Uma das grandes dificuldades dos gestores, nas iniciativas privada e pública, é a utilização de ferramentas administrativas para a gestão estratégica de organizações. A respeito da matriz GUT, julgue as questões a seguir:

39. A matriz GUT preconiza o uso de pesos em sua estrutura para direcionar as prioridades a serem abordadas.

40. A tendência constitui a variável de menor peso na ferramenta GUT. A justificativa é que é sempre possível calcular a velocidade com que determinado risco aumenta.

41. (CESPE / ANATEL / 2012) Considere que determinada organização necessite solucionar um tipo de reclamação de usuários motivada por diversas causas e que, por limitação de recursos, a organização pretenda solucionar as causas mais relevantes. Nessa situação, o diagrama de Pareto seria uma ferramenta útil para a priorização das causas mais relevantes.

42. (CESPE / TJ – AL / 2012) O princípio proposto pelo economista Vilfredo Pareto é uma técnica de priorização para as organizações, pois revela que, comumente, 5% das causas respondem por 95% dos efeitos.

43. (ESAF / MF / 2013 – adaptada) O *Brainstorming* é uma técnica de gerar ideias criativas.

44. (FCC / TRE – PI / 2002) Usar eventos passados para fazer prognósticos sobre consequências ou tendências futuras é um processo denominado:

    a) certeza;

    b) risco;

    c) incerteza;

    d) turbulência;

    e) previsão.

45. (CESPE / INPI / 2013) O método Delfos e a análise de séries temporais constituem métodos de prospecção de futuro que se baseiam na premissa de que o futuro é continuação do passado.

46. (CESPE / SERPRO / 2013) Ao elaborar e analisar os cenários vinculados a sua organização, a equipe de planejamento estratégico deverá, primeiramente, identificar e focalizar um tema. Em seguida, ela terá de identificar as variáveis que permitam explicar os desdobramentos dos eventos futuros.

47. (CESPE / SERPRO / 2013) Elaboração e análise de cenários pressupõem criações de representações de futuro que garantam previsibilidade e evitem que o gestor conviva com incertezas e ambiguidades.

48. (CESPE / ANCINE / 2012) O P do ciclo PDCA significa planejar, desenvolver e estudar os resultados gerados pelos processos.

49. (ESAF / DNIT / 2013) Sobre o Ciclo PDCA, assinale a opção correta.
    a) É um ciclo que orienta a implantação de novas ideias, mas não serve para a solução de problemas.
    b) É um ciclo utilizado na solução de problemas, porém somente se adequa a questões quantitativas.
    c) É uma forma de agir que serve tanto para implantação de novas ideias como para solução de problemas.
    d) É um modelo gerencial utilizado para monitorar o desempenho dos níveis operacionais, mas não serve para avaliar alcance de objetivos.
    e) É uma atividade cíclica de avaliação de resultados usada para selecionar objetivos organizacionais.

50. (CESPE / EBC / 2011) *Kaizen*, palavra de origem japonesa que significa melhoria contínua, é utilizada, no âmbito do estudo das organizações, para designar a redução de desperdícios.

51. (CONSULPLAN / Prefeitura de Resende / 2010) O processo decisório compreende a decisão propriamente dita. Decisão é uma escolha entre possibilidades para solucionar problemas. Os principais tipos de decisões tomadas pelos gestores são as decisões programadas e as decisões não programadas. Em relação às decisões não programadas, pode-se afirmar que:
    a) devem ser tomadas pelos consultores externos à organização quando solicitados;
    b) não é necessária a realização de um diagnóstico, a criação de alternativas e a escolha de um curso de ação considerado original;
    c) dependem exclusivamente da reação dos liderados em relação ao superior, quando envolve o estabelecimento de um procedimento padrão;
    d) são tomadas para solucionar problemas que as soluções padronizadas não são suficientes para resolver;
    e) devem ser tomadas por escalões de níveis mais baixos na organização.

52. (FCC / BAHIAGÁS / 2010) Nas organizações, as decisões rotineiras e as decisões causadas por variáveis diversas são denominadas, respectivamente:
    a) contínuas e de informações gerenciais;
    b) de apoio a decisões e não estruturadas;
    c) estruturadas e de apoio a decisões;
    d) recorrentes e de informações gerenciais;
    e) estruturadas e não estruturadas.

53. (CESPE / ANTT / 2013) Um dos principais objetivos do processo decisório é incrementar constantemente a base de decisões programadas das organizações para economizar tempo e energia intelectual e evitar o desgaste de resolver problemas que já contam com solução definida.

54. (ESAF / ATRFB / 2012) Selecione a opção que melhor representa o conjunto das afirmações, considerando C para afirmativa correta e E para afirmativa errada.
    I. As decisões programadas são tomadas em condições em que os dados são repetitivos, o ambiente é estático e existe um alto grau de certeza, logo, baseadas em julgamentos pessoais.
    II. As decisões não programadas constituem novidades e tendem a ser tomadas dentro de regras altamente testadas e rígidas.
    III. À medida que alguém ascende na hierarquia organizacional, a sua capacidade de tomar decisões não programadas se torna mais necessária.
    a) E – E – C.
    b) C – E – E.
    c) C – C – E.
    d) C – E – C.
    e) E – C – E.

55. (FCC / MANAUSPREV / 2015) O processo de tomada de decisões, seja no âmbito organizacional ou pessoal, normalmente é complexo e produz efeitos. A sequência que garante a eficácia e a racionalidade do processo decisório é:
    a) o diagnóstico; a identificação do problema ou oportunidade; escolha da alternativa; implantação e avaliação da decisão;
    b) o diagnóstico; identificação do problema ou oportunidade; escolha da alternativa; avaliação da decisão e geração de alternativas;
    c) a identificação do problema ou oportunidade; geração de alternativas; escolha da alternativa; implantação e avaliação da decisão;
    d) a identificação do problema; geração de alternativas; diagnóstico; avaliação da decisão e escolha da alternativa;
    e) a identificação do problema ou oportunidade; diagnóstico; geração de alternativas; escolha da alternativa e avaliação da decisão.

56. (ESAF / RECEITA FEDERAL / 2009) Uma adequada compreensão do tema "processo decisório" implica ter como corretas as seguintes afirmações, exceto:
   a) um problema cuja solução não dispõe de alternativas já está, por si só, resolvido;
   b) mesmo a melhor decisão pode acarretar um resultado desastroso;
   c) o processo racional de tomada de decisão não exclui o uso da subjetividade;
   d) a tomada de decisão em equipe é preferível à tomada de decisão individual;
   e) um único problema pode ser percebido de formas diferentes por diferentes indivíduos.

57. (CESPE / TCU / 2013) O uso de indicadores de desempenho permite realizar mensuração direta dos resultados e gerir o desempenho, o que contribui para a melhoria contínua dos processos organizacionais.

58. (ESAF / ANA / 2009) Considere a seguinte definição: Indicadores são desenvolvidos e utilizados pelos gerentes visando atingir metas organizacionais. Analise as afirmativas que se seguem e selecione a opção que melhor representa o resultado de sua análise:
   ( ) uma das razões para que muitas empresas sejam incapazes de gerenciar a sua manutenção é a falta de indicadores de desempenho adequados;
   ( ) a principal função dos indicadores de desempenho é indicar oportunidades de melhora dentro das organizações;
   ( ) medidas de desempenho devem ser utilizadas para apontar pontos fracos dos processos organizacionais.
   a) C, C, C.
   b) C, C, E.
   c) C, E, E.
   d) E, E, E.
   e) E, C, E.

59. (ESAF / RFB / 2012) Selecione a opção que melhor representa o conjunto das afirmações, considerando C para afirmativa correta e E para afirmativa errada.
   I. Validade, confiabilidade e complexidade são consideradas propriedades essenciais de um indicador de desempenho.
   II. A sensibilidade é a capacidade que um indicador possui de nunca refletir as mudanças decorrentes das intervenções.
   III. Os indicadores são usados distintamente nos níveis estratégicos organizacionais e os indicadores de processos, em geral, ocupam os níveis operacionais.
   a) E – E – C.
   b) C – E – E.
   c) C – C – E.
   d) C – E – C.
   e) E – C – E.

60. (CESGRANRIO / IBGE / 2009) Projeção para curto prazo, envolvendo cada tarefa isoladamente, e procupação com o alcance de metas específicas são características do planejamento:
    a) tático;
    b) temporário;
    c) operacional;
    d) estratégico;
    e) macro-orientado.

61. (FCC / DNOCS / 2010) O planejamento estratégico deve definir os rumos do negócio e responder às perguntas: qual é o nosso negócio? Onde se quer chegar? Como a empresa está para chegar à situação desejada?
    PORQUE
    seu propósito geral é assegurar o desenvolvimento de curto e médio prazo da organização e intervir nos seus pontos fortes e fracos e nas variáveis externas.
    É correto afirmar que:
    a) as duas afirmativas são falsas;
    b) a primeira afirmativa é falsa e a segunda verdadeira;
    c) a primeira afirmativa é verdadeira e a segunda é falsa;
    d) as duas afirmativas são verdadeiras e a segunda justifica a primeira;
    e) as duas afirmativas são verdadeiras e a segunda não justifica a primeira.

62. (CESPE / CNPQ / 2011) No que se refere à formação da estratégia, a Escola do Planejamento pode ser representada pelo modelo SWOT.

63. (FCC / AL – SP / 2010) Com relação às escolas de planejamento estratégico, considere as afirmativas abaixo:
    I. A escola de posicionamento entende a formação da estratégia como a obtenção do ajuste essencial entre as forças e as fraquezas internas da empresa com as ameaças e oportunidades extenas de seu ambiente.
    II. A escola de *design* adota a visão de que estratégia se reduz a posições genéricas selecionadas por meio de análises formalizadas das situações da indústria, tais como as avaliações utilizando o modelo das cinco forças competitivas.
    III. Na perspectiva da escola empreendedora, o líder mantém o controle sobre a implementação da própria visão formulada de todo o processo estratégico. Portanto, a estratégia estaria resumida a um processo visionário do líder.
    IV. A escola cognitiva estuda as estratégias que se desenvolvem na mente das pessoas, a fim de categorizar os processos mentais em estruturas, modelos, mapas, conceitos e esquemas.

V. A escola ambiental coloca a estratégia como um processo reativo, ou seja, a organização é considerada um ente passivo que consome seu tempo, reagindo a um ambiente que estabelece a ordem a ser seguida.

Está correto o que se afirma APENAS em:

a) I, II, III e IV;

b) I e V;

c) II e III;

d) II, III e IV;

e) III, IV e V.

64. (FCC / TST / 2012) Considere as seguintes assertivas sobre componentes da gestão estratégica:

I. Visão pode ser definida como a percepção de necessidades encontradas no mercado e os métodos segundo os quais uma organização pode atendê-los.

II. Missão pode ser definida como a razão de ser de uma organização.

III. Valores básicos e missão fazem parte de uma ideologia central emanada de uma visão corporativa.

Está correto o que se afirma em:

a) I, II e III;

b) I e II, apenas;

c) I e III, apenas;

d) II e III, apenas;

e) II, apenas.

65. (ESAF / MPOG / 2010) Sobre o tema "planejamento estratégico", é correto afirmar:

a) A análise das ameaças e oportunidades do ambiente externo da organização é mais importante que a análise dos pontos fracos e fortes de seu ambiente interno.

b) É um processo que abrange a organização de forma sistêmica, compreendendo todas as suas potencialidades e capacidades.

c) Os conceitos de missão e visão se equivalem, podendo um substituir o outro.

d) Conta, atualmente, com uma metodologia padronizada para aplicação nas diversas organizações, sejam elas públicas ou privadas.

e) Uma vez iniciado, pode ser revisto apenas de ano em ano, desde que tais revisões tenham sido previstas em sua formatação original.

66. (CESPE / TJ – AL / 2012) O *benchmarking* é uma ferramenta criada com intuito de replicar os procedimentos de um concorrente para aprimorar o processo produtivo e, por isso, deve ser utilizado em organizações que atuam no mesmo ramo de negócios.

67. (CESPE / EBC / 2011) O diagrama de causa e efeito (diagrama de Ishikawa) é uma ferramenta que visa definir o conjunto de causas responsável por um ou mais efeitos.

68. (FCC / BAHIAGÁS / 2010) O diagrama Ishikawa é uma ferramenta importante para o gestor no processo de tomada de decisão, porque:
    a) categoriza o processo decisório primário e de apoio da organização relacionando-os a máquinas, mão de obra, materiais e métodos de trabalho;
    b) identifica, organiza e apresenta de modo estruturado o fluxo das informações de toda organização necessárias às decisões do gestor;
    c) define as atividades coordenadas que envolvem pessoas, procedimentos, recursos e tecnologia;
    d) identifica, organiza e apresenta de modo estruturado a causa do problema e seu efeito, relacionando-os a máquinas, mão de obra, materiais e métodos de trabalho;
    e) relaciona causa e efeito com o ciclo PDCA permitindo a gestão do processo decisório da organização.

69. (ESAF / MPOG / 2010) Sabendo que poucas causas levam à maioria dos problemas, bem como que a identificação da causa básica de um problema deve ser feita de acordo com uma sequência de procedimentos lógicos, baseada em fatos e dados, o recurso gráfico utilizado para estabelecer uma ordenação nas causas de perdas que devem ser saneadas denomina-se:
    a) Diagrama de Pareto;
    b) Diagrama de Ishikawa;
    c) Funcionograma;
    d) Histograma;
    e) Fluxograma.

70. (CESPE / TRE – ES / 2011) Uma das técnicas utilizadas no processo de tomada de decisão é o *brainstorming* não estruturado, que facilita e propicia a participação espontânea dos mais tímidos nas discussões, sem que seja necessário pressioná-los a interagir.

71. (FCC / TCE-SP / 2008) O conceito japonês *Kaizen* é a base filosófica para diversas técnicas atuais de qualidade na administração contemporânea. Sintetiza corretamente os princípios do *Kaizen*:
    a) Preocupação contínua com a elaboração de padrões de excelência para medir produtos, serviços ou processos com relação aos concorrentes mais fortes.

b) Preocupação constante com a atribuição de mais poder e autonomia aos trabalhadores, visando partilhar responsabilidades com relação à produtividade da empresa.

c) Abordagem sistêmica do processo de aprendizagem voltada ao aperfeiçoamento contínuo da inovação dentro da empresa.

d) Preocupação contínua com o aperfeiçoamento tanto de produtos e serviços como dos procedimentos e hábitos de executivos e trabalhadores na empresa.

e) Foco no cliente, suas necessidades e preferências, e a preocupação sistemática com a redução dos desperdícios e a agregação de valor aos produtos e serviços.

72. (ESAF / AFT – MTE / 2006) Indique a opção que corresponde corretamente à frase a seguir:

"*É o repensar fundamental e a reestruturação radical dos processos empresariais que visam alcançar drásticas melhorias em indicadores críticos de desempenho.*"

a) Trata-se da definição de processos de qualidade.

b) Trata-se de princípios que norteiam a busca de maior eficácia.

c) Trata-se da definição de reengenharia.

d) Trata-se de características de um processo de responsabilidade social.

e) Trata-se da definição de produtividade.

73. (CESPE / Correios / 2011) O processo de reengenharia organizacional resulta em mudanças internas, de baixo para cima, nas estruturas organizacionais.

74. (FCC / TRE – AC / 2010) A matriz GUT é uma ferramenta utilizada para:

a) verificar o treinamento e conhecimento do pessoal;

b) analisar o grau técnico e único de pessoal;

c) análise das priorizações na empresa;

d) comparar e garantir a agilidade nos trâmites processuais e administrativos;

e) analisar os resultados projetados com os resultados obtidos.

75. (ESAF / CGU / 2012) Considerando uma importante ferramenta de gestão estratégica, o *Balanced Scorecard* busca a maximização dos resultados com base nas seguintes perspectivas, exceto:

a) Concorrência e tecnologia.

b) Financeira.

c) Clientes.

d) Processos internos.

e) Aprendizado e crescimento.

76. (FCC / TRT 23ª Região / 2011) Como recurso para a implantação do planejamento estratégico, o *Balanced Scorecard*:

    a) procura subordinar as missões de cada funcionário aos objetivos estratégicos dos membros da direção da organização;

    b) foca o equilíbrio entre objetivos estratégicos pessoais e as metas gerais da organização;

    c) implica a criação de uma série de indicadores de desempenho voltados para a realização dos objetivos estratégicos da organização;

    d) define os objetivos táticos da organização com base na avaliação mútua de todos os funcionários, os parceiros e os clientes;

    e) desenvolve o equilíbrio entre as habilidades e os comportamentos dos funcionários necessários a um bom clima organizacional.

77. (CESPE / TRE – BA / 2010) O BSC (balanced business scorecard), elaborado e analisado sob o molde de projetos e suas subetapas integradas, é uma tecnologia gerencial que reúne medições com base em indicadores financeiros e contábeis, possibilitando acompanhar os resultados das ações de governo em uma perspectiva de valor econômico agregado, com foco nas reduções de custo e no aumento do mix de receita pública.

78. (CESPE / CNJ / 2013) As relações de causa e efeito, presentes nas medições do BSC, possibilitam o entendimento de como os indicadores não financeiros direcionam os indicadores financeiros na organização.

79. (CESPE / TJ – AL / 2012) Para a efetiva implementação do *balanced scorecard*, é necessário que se estabeleçam estratégias para a organização, pois sem estratégia não há direcionamento organizacional.

80. (CESPE / MPE – PI / 2012) BSC (*balanced scorecard*) é uma ferramenta de apoio ao planejamento operacional, visto que seus fundamentos são balizados em um sistema de indicadores[15].

81. (CESPE / MS / 2010) O BSC é voltado fundamentalmente para os aspectos financeiros, tais como balanço, fluxo de caixa, índices etc.

82. (CESPE / ANAC / 2012) A definição de indicadores de desempenho para fins de monitoramento poderá ser suprimida na implementação de um modelo de gestão de resultados.

---

15 A mesma questão foi cobrada na prova do MPS, de 2010, também de elaboração do CESPE.

83. (FCC / SEFAZ SP / 2009) Um exemplo de indicador de produtividade é:

    a) o número de solicitações de reparos pelo número total de unidades entregues;

    b) a porcentagem de funcionários com formação de nível superior, em relação ao total;

    c) a porcentagem de clientes que reclamaram, ou não, quando da entrega do produto;

    d) o índice de retrabalho em relação ao total produzido em um determinado processo industrial;

    e) o número de homens/hora para uma unidade de serviço executado.

84. (CESPE / TRE – ES / 2011) Diminuir em 15% o volume de processos atrasados até o final de 2011 caracteriza-se, tecnicamente, como exemplo de indicador estratégico.

Gabarito Comentado

QUESTÃO	COMENTÁRIO
1 Certo	De acordo com o que vimos anteriormente no Capítulo. Logicamente, a questão apresenta um rol meramente exemplificativo dos fatores. A assertiva está correta.
2 Errado	As metas operacionais, de forma geral, são estabelecidas para unidades que compõem o nível de estrutura intermediário da organização. Seriam as divisões (ou coordenações) que integram um departamento. Item errado.
3 Certo	A assertiva espelha, apropriadamente, o conteúdo visto na parte teórica do Capítulo. Item correto.
4 Errado	Eis a correlação adequada: Planos operacionais → nível operacional. Nível intermediário → plano tático. A questão está errada.
5 Certo	Item correto. Aborda adequadamente o desdobramento que se faz necessário ao plano estratégico, quando da concepção do plano tático, que se destina a nível intermediário (áreas funcionais = departamentos, especializados em funções específicas, tais como marketing, vendas, produção etc.).
6 Certo	A assertiva está correta, salientando algumas das variáveis inerentes à estratégia, em especial a tomada de decisão em prol da consecução de vantagem competitiva.
7 Errado	A questão refere-se, na realidade, ao planejamento operacional (detalhamento analítico + curto prazo). Item errado.
8 Errado	No planejamento estratégico, a análise dos fatores internos à organização NUNCA pode ser dispensada (assim como a dos fatores externos). A afirmativa está errada.
9 Certo	Os controles citados no enunciado referem-se ao nível intermediário da organização. São, assim, táticos. Item correto.
10 Errado	Tais planos são materializações do planejamento tático. Note: ... "médio prazo"... "operações de departamentos"... A questão está errada.
11 Errado	De fato, a elaboração da estratégia é responsabilidade da alta liderança (cúpula). No entanto, neste nível, <u>os objetivos são gerais e os planos, genéricos, sendo insuficientes para servirem de referenciais de desempenho. Os objetivos e os planos estratégicos devem ser desdobrados em níveis mais concretos (tático e operacional) para, aí sim, atuarem como referenciais de desempenho.</u> A afirmativa está, assim, errada.

QUESTÃO	COMENTÁRIO
12 Errado	No nível do planejamento estratégico, o conteúdo e os objetivos são mais genéricos e amplos, sendo orientados à organização como um todo (ótica sistêmica), e não para cada unidade que a compõe. A assertiva está errada.
13 Errado	O processo de planejamento estratégico não é estático, mas sim dinâmico, merecendo ser revisto quando as contingências assim determinarem. A assertiva está errada.
14 Certo	A distinção entre os planejamentos estratégicos e operacionais inclui a consideração acerca do ambiente: as oportunidades e ameaças são abarcadas apenas pelo primeiro, no intuito de se bem delinear a melhor linha de ação mercadológica. A assertiva está correta.
15 Errado	O foco do planejamento estratégico é o longo prazo. Item errado.
16 – D	Nas palavras dos autores da obra *Safári de Estratégia*: "As três primeiras escolas são de natureza prescritiva – **mais preocupadas em como as estratégias devem ser formuladas do que em como elas necessariamente se formam**" (MINTZBERG; AHLSTRAND; LAMPEL, 2010, p. 21). Resposta: D.
17 Errado	Os conceitos de missão e de visão de futuro estão trocados na assertiva. Item errado.
18 Errado	O processo é predominantemente qualitativo, ponderando-se aspectos internos e externos em ótica, por vezes, subjetiva (tal como ocorre na análise SWOT). A assertiva está errada.
19 Certo	O enunciado descreve uma ação de diagnóstico. Será que investimos muito ou pouco na infraestrutura de TI? O *benchmarking* pode revelar o percentual de investimento no mercado, de sorte a verificarmos se adotamos as melhores práticas. Item correto.
20 Certo	As variáveis inseridas no ambiente externo da organização gozam, de fato, com menor capacidade de intervenção e de controle por parte da organização. A assertiva está certa.
21 Certo	Questão um pouco discutível, mas boa para vermos o entendimento da banca: – oportunidades e ameaças: relacionadas à incerteza, considerada de forma principal na fase de planejamento; – forças e fraquezas: relacionadas à complexidade (no caso), sendo considerada na fase de controle. Item correto.

QUESTÃO	COMENTÁRIO
22 Certo	A assertiva está correta, conforme se vislumbra no seguinte esquema elaborado por Oliveira (1999): 		ANÁLISE INTERNA	
	PREDOMINÂNCIA DE	
	PONTOS FRACOS	PONTOS FORTES
ANÁLISE EXTERNA — PREDOMINÂNCIA DE — AMEAÇAS	Sobrevivência	Manutenção
ANÁLISE EXTERNA — PREDOMINÂNCIA DE — OPORTUNIDADES	Crescimento	Desenvolvimento	 Fonte: OLIVEIRA, 1999.
23 Certo	*Lean manufacturing* (manufatura enxuta), *kaizen*, Programa 5S, *Just in Time*, entre outros, são filosofias ou ferramentas de gestão que visam, em última instância, à melhoria da gestão, seja mediante a minimização de desperdícios ou a agregação de valor ao cliente. Para tanto, valem-se de diagnósticos e, por vezes, de ciclos PDCA. A assertiva está correta.
24 Certo	A perspectiva basilar do BSC denomina-se "aprendizado e crescimento". Os objetivos nela inscritos – fatores críticos de sucesso à estratégia organizacional – devem ser associados a indicadores, conforme preconiza a própria lógica do BSC. A assertiva está correta.
25 Certo	A questão aborda adequadamente a concepção de BSC, de acordo com Kaplan e Norton. Cabe a menção de que o BSC não se limita a ser um sistema de medição de desempenho, mas se apresenta como uma ferramenta mais ampla de gestão estratégica, por preconizar o estabelecimento de objetivos concatenados em relações causa e efeito. Ainda assim, a assertiva está correta.
26 Errado	O BSC, como vimos neste Capítulo, é tão somente adaptado à realidade pública, sendo o seu uso, nessas condições, recomendável. A perspectiva financeira vai para a base do BSC, passando a compor uma perspectiva orçamentária. E a perspectiva do cliente – agora cidadão – sobe de nível. A assertiva está errada.

QUESTÃO	COMENTÁRIO
27 Errado	O caráter de ineditismo das decisões não programadas demanda, em geral, maior capacidade de análise e de posicionamento do gestor. Dessa forma, são usualmente de tutela da cúpula/liderança organizacional. Já as decisões programadas ou estruturadas, por serem rotineiras e repetitivas, evidenciam-se passíveis de delegação aos subordinados. A assertiva está errada.
28 – D	A racionalidade limitada, conceito central aos estudos de Herbert Simon no que concerne ao processo decisório, suscita a existência de distintos graus de compreensão sobre as situações-problemas. Assim, fala-se de decisões programadas (ou estruturadas) e não programadas. Resposta: D.
29 Errado	Em um contexto em que rege a coliderança, a delegação de competências tornará o processo decisório, inevitavelmente, mais moroso. Item errado.
30 Errado	Item errado (muita informação, com criatividade). 			
		Uso da Informação	
		Satisfatório	Maximizado
	Alternativas — Unifoco	Decisivo	Hierárquico
			Sistêmico
	Multifoco	Flexível	Integrativo

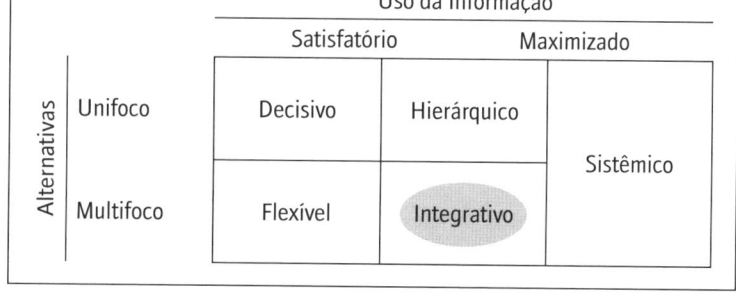

Figura 1 – Estilos de decisão (Driver et. al., 1990, p. 11)

31 – C	A alternativa "c" é a única que retrata uma situação facilitadora para novos entrantes. Uma hipótese de custo de troca baixo é a inexistência de multas quando da rescisão contratual, entre compradores e fornecedores. Nessas condições, a troca de parceiros comerciais encontra menos barreiras significativas. Resposta: C.
32 Certo	A questão refere-se à ameaça de novos competidores, uma das forças do modelo de Porter. A mitigação das barreiras de entrada na indústria pode se dar via inovação dos novos entrantes, melhores acessos a canais de distribuição, pelos novos competidores ou, como menciona a assertiva, por meio de alteração em legislação que passa a ser menos protecionista. Item correto.
33 – D	De modo geral, podemos caracterizar o processo de planejamento estratégico da seguinte forma: • é sistêmico, pois envolve a totalidade da organização; • é dinâmico, pois deve responder às contingências em atividade que envolvem a organização;

QUESTÃO	COMENTÁRIO
33 – D	• é contínuo, pois se insere em uma lógica de melhoria contínua, atuando em ciclos P – D – C – A, a serem vistos mais adiante; • toma por ponto de partida o diagnóstico da situação atual da organização, verificando seus problemas e os desafios em prol da consecução dos objetivos almejados; • visa à determinação (e ao delineamento dos caminhos necessários para o atingimento) dos objetivos estratégicos da organização. Com base nessas características, vemos que todas as assertivas estão corretas. Resposta: D.
34 – E	Passemos à análise das alternativas. a) A missão e os produtos e serviços oferecidos pela organização são inerentes à esfera estratégica. A alternativa está errada. b) O planejamento estratégico abrange a totalidade da organização, orientando múltiplos níveis (logicamente com níveis de detalhamento apropriados a um nível macro). A questão está errada. c) A alternativa refere-se, na realidade, ao planejamento estratégico (e não ao tático). Está, assim, errada. d) A alternativa refere-se ao desdobramento do plano estratégico em nível de departamento: trata-se do planejamento tático. Está, portanto, errada. e) É a alternativa correta, abordando o papel do planejamento operacional como meio da consecução, em nível micro, dos objetivos táticos e estratégicos. Resposta: E.
35 – C	Como vimos, a análise (ou matriz) SWOT identifica as oportunidades e ameaças do ambiente externo, e as forças e fraquezas internas da instituição. Resposta: C.
36 Certo	Estando o fornecedor internacional além das fronteiras da citada empresa de petróleo, há de se considerar possíveis influências ou impactos negativos como ameaças. A questão está correta.
37 – E	Passemos à análise das assertivas. I. A análise do ambiente externo, de fato, possibilita a identificação das oportunidades no mercado, antecipando-se com relação a eventuais tendências e demandas a serem concretizadas. A assertiva está correta. II. Pontos fortes e fracos não são alvo da análise do ambiente externo, mas sim do interno. A assertiva está errada. III. A análise da concorrência e de políticas governamentais não é contemplada em um diagnóstico interno, mas sim externo. Assim, a assertiva está errada. IV e V. Trata-se dos pontos principais a serem diagnosticados na análise interna. Ambas as assertivas estão corretas. Resposta: E.
38 Certo	Trata-se de questão simples, que reforça o conceito de matriz GUT trabalhado no Capítulo. A questão está correta.

QUESTÃO	COMENTÁRIO
39 Certo	A matriz GUT preconiza a atribuição de pesos (ou de notas) para os quesitos gravidade, urgência e tendência alusivos a um determinado problema identificado. A questão está correta.
40 Errado	Todas as três variáveis são graduadas no intervalo de 1 a 5. A depender do caso, a tendência pode chegar a apresentar maior ponderação que as demais. A assertiva está, assim, errada.
41 Certo	Sempre que tivermos que priorizar problemas a fim de aplicarmos nossos recursos para suas soluções, a ferramenta própria do Princípio de Pareto é aplicável. A questão está correta.
42 Errado	De acordo com os percentuais próprios do Princípio de Pareto, 20% das causas respondem por 80 % dos problemas. A questão está errada.
43 Certo	A assertiva espelha de modo apropriado o propósito do *brainstorming*. A questão está certa.
44 – E	Tomando-se por exemplo a análise de séries temporais, ao analisar eventos passados a fim de delimitar tendências futuras, está sendo empregada uma técnica de previsão. Resposta: E.
45 Errado	Apenas a análise de séries temporais parte dessa premissa. Como vimos, o uso do método Delfos é favorável em duas situações: quando não se dispõem de dados quantitativos passados, ou quando há uma ruptura significativa com o passado, tornando inviáveis prospecções quantitativas futuras. A questão está errada.
46 Certo	A questão apresenta de modo apropriado alguns dos preceitos do método de elaboração e análise de cenários. A assertiva está correta.
47 Errado	O único acerto do enunciado é a afirmativa de que a elaboração e análise de cenários pressupõem criações de representações de futuro. De modo algum tais cenários evitam que o gestor conviva com incertezas e ambiguidades: uma melhor redação seria "... e proporcionam um melhor convívio do gestor com as incertezas e ambiguidades". Toda a situação futura é incerta por natureza. A questão está errada.
48 Errado	"P" é alusivo ao planejamento. "D", ao desenvolvimento e execução das ações planejadas. "C", ao estudo dos resultados, confrontando-os com os padrões estabelecidos no planejamento. E "A", à atuação corretiva, quando necessário. A questão está errada.
49 Certo	Como vimos, o ciclo PDCA presta-se tanto à implantação de novas ideias quanto à solução de problemas. Assim, a alternativa C está correta.

QUESTÃO	COMENTÁRIO
50 Certo	A <u>eliminação de desperdícios</u> por meio do aprimoramento contínuo dos diversos processos organizacionais é o cerne do *Kaizen*. Sob certa acepção, tais conceitos coincidem. A questão está correta.
51 – D	Seguem os comentários às alternativas. a) Decisões não são tomadas por órgãos de consultoria, que se limitam à prestação de assessoramento. A alternativa está errada. b) As etapas de diagnóstico, criação de alternativas e escolha de curso de ação são afetas a todos os tipos de decisão. A alternativa está errada. c) Decisões não estruturadas demandam uma análise prévia mais acurada por parte do gestor. Não se limitam, pois, à mera reação dos liderados. A alternativa está errada. d) A alternativa retrata de forma apropriada o conceito de decisão não estruturada. Está, assim, correta. e) Em geral, as decisões não programadas demandam ação a nível estratégico, inerente à cúpula organizacional. A alternativa está errada. Resposta: D
52 – E	Trata-se, como vimos, das decisões estruturadas (ou programadas) e das não estruturadas (ou não programadas). Resposta: E.
53 Certo	Quanto maior for a *expertise* de uma organização referente ao rol de decisões programadas, menos moroso e custoso será o seu processo decisório. Assim, repensar problemas que já contam com decisão definida mediante situações análogas anteriores constitui-se, efetivamente, em desperdício de recursos. A assertiva está correta.
54 – A	Passemos à análise das assertivas. I. As decisões programadas, como vimos, são inerentes a situações repetitivas com alto grau de certeza. Dessa forma, não tomam por base julgamentos pessoais, mas sim rotinas preestabelecidas na organização. A afirmativa está errada. II. As decisões não programadas, justamente por se aproximarem do ineditismo e da singularidade, afastam-se de procedimentos sistêmicos ou rotineiros. Dessa forma, não há como inseri-las em regras rígidas, já que carecem de flexibilidade e ponderação caso a caso. A afirmativa está errada. III. A ascensão hierárquica, em uma organização, traz a necessidade da tomada de decisões estratégicas, nas quais o grau de incerteza e de ineditismo de conjunturas é recorrente. Dessa forma, as decisões não programadas são mais comuns. Da mesma sorte, aos níveis hierárquicos mais baixos são relacionadas as decisões programadas, repetitivas e estruturadas. A afirmativa está certa. Resposta: A.

QUESTÃO	COMENTÁRIO
55 – E	A questão cobra o conhecimento acerca das etapas do processo decisório, de acordo com Maximiano (2000). Com base no esquema anterior, vemos que a alternativa "e" está correta. Resposta: E.
56 – D	Passemos à análise das alternativas. a) No caso de não serem aventadas alternativas para a solução de um problema, considera-se que, ao menos momentaneamente, ele está resolvido. Há uma limitação do processo decisório, que impede ações adicionais por parte do gestor. A alternativa está correta. b) Há sempre um grau de incerteza inerente ao processo decisório. Por mais robustas que tenham sido as etapas intrínsecas à decisão, o resultado não pode ser 100% previsível. A alternativa está correta. c) De acordo com a visão da racionalidade limitada, não é possível ao agente possuir todas as informações pertinentes e nem ao menos processá-las. Assim, lança-se mão da subjetividade como artifício complementar à linha de ação racional. A alternativa está correta. d) Em situações de crise, por exemplo, ou de extrema urgência, por vezes é preferível a tomada de decisão individual, dado que não há tempo para a construção de um diálogo democrático em equipe. As decisões autocráticas (impostas por um indivíduo) são especialmente aplicáveis em situações emergenciais. A alternativa está, portanto, errada. e) Trata-se de uma decorrência da cultura do decisor. A cultura molda uma "lente" individual, pela qual cada ator social vê o mundo com características próprias. A alternativa está correta. Resposta: D.
57 Errado	A medição direta dos resultados, mediante o uso de indicadores de desempenho, nem sempre é possível. Nesse sentido, veja o que nos traz a Portaria-SEGECEX nº 33/2010 do Tribunal de Contas da União, ao discutir as potencialidades e as limitações dos indicadores de desempenho: *Adicionalmente, nem sempre os ID representam medição direta do desempenho, mesmo que de um único de seus aspectos. Um exemplo de medição direta de eficácia do ensino fundamental seria "número de alunos matriculados no ensino fundamental". No entanto, também se usam ID para se concluir sobre aspectos mais amplos do desempenho, como a efetividade, quando a métrica não faz a medição direta. Por exemplo, usa-se o "índice de repetência" como um dos fatores a serem considerados na formação de opinião sobre a efetividade do ensino fundamental, que é o que se desejaria medir diretamente. No caso de medição indireta, é necessário que fiquem claros os pressupostos em que se baseia o uso do indicador. O nexo entre o indicador e o fenômeno que se deseja medir deve estar fundamentado em conhecimento técnico-científico aceito.* Dessa forma, a questão está errada.

QUESTÃO	COMENTÁRIO
58 – A	Passemos à análise das assertivas. 1ª afirmativa: Partindo-se do pressuposto que "não se pode administrar o que não se pode medir", a carência de indicadores de desempenho adequador pode ser considerada como fator de geração de incapacidade de gestão. A assertiva está correta. 2ª e 3ª afirmativas: Ao manter o acompanhamento sobre a *performance* de determinado processo, traça-se um diagnóstico contundente dos pontos fortes e fracos de gestão, evidenciando-se, assim, as oportunidades de melhoria. As assertivas estão corretas. Resposta: A.
59 – A	Passemos à análise das assertivas. I. Um indicador de desempenho deve primar pela simplicidade (ou clareza) e não pela complexidade. A assertiva está errada. II. A afirmativa está errada, haja vista que um indicador é dito sensível quando reflete as mudanças decorrentes das intervenções. III. Logicamente, há indicadores que se prestam às dimensões estratégica, tática e operacional de uma organização. Em termos operacionais, merecem destaque os indicadores de processo (que se voltam à aferição de *performance* de processos em horizonte temporal de curto prazo, usualmente referente ao "chão de fábrica"). A assertiva está correta. Resposta: A.
60 – C	Nas questões para concursos, devemos ter em mente apenas três níveis de planejamento: estratégico, tático e operacional. Falou "curto prazo"? Então a menção é acerca do planejamento operacional.
61 – C	A primeira afirmativa refere-se às etapas de definição da missão, visão de futuro e diagnóstico, todas inerentes ao planejamento estratégico. Está, assim, correta. Já a segunda afirmativa peca ao afirmar que o planejamento estratégico visa ao curto e médio prazo. Como sabemos, o este tipo de planejamento tem por foco o longo prazo. Assim, está errada.
62 Errado	Como vimos, é a Escola do Design que tem no modelo de diagnóstico SWOT sua representação típica.
63 – E	Vejamos a análise das assertivas: I. A escola que toma por referência o diagnóstico e o ajuste das forças e fraquezas internas à organização, bem como das oportunidades e ameaças do ambiente externo (matriz SWOT) é a Escola de Design. A assertiva está errada. II. A escola que se baseia em análises das situações da indústria, tais como o modelo das cinco forças competitivas de Porter é a Escola de Posicionamento. A assertiva está errada. As demais assertivas estão condizentes com o quadro teórico exposto sobre as Escolas de Planejamento Estratégico.

QUESTÃO	COMENTÁRIO
64 – A	A **missão** é a própria razão de existir da organização, o seu propósito fundamental. Exemplo: a missão da RFB é *"exercer a administração tributária e aduaneira com justiça fiscal e respeito ao cidadão, em benefício da sociedade"*. Os **valores** são os atributos que estruturam a cultura organizacional, bem como suas práticas. Exemplo: os valores da RFB são: *"respeito ao cidadão, integridade, lealdade com a instituição, legalidade, profissionalismo e transparência"*. A **visão de futuro** é um estágio desejado, o qual a organização pretende alcançar ao término de determinado prazo. Exemplo: a visão de futuro da RFB é *"ser uma instituição de excelência em administração tributária e aduaneira, referência nacional e internacional"*. Desta forma, todos os itens apresentados na questão estão corretos.
65 – B	Vejamos os comentários às alternativas: a) Não há de se falar em hierarquia de importância entre as análises dos ambientes interno e externo à organização. Ambas são igualmente essenciais. A alternativa está errada. b) Como vimos, o caráter sistêmico é inerente ao planejamento estratégico. A alternativa está correta. c) Missão e visão são conceitos distintos. A alternativa está errada. d) Não há uma padronização rígida na metodologia do planejamento estratégico. Ademais, há sempre a necessidade de adaptação dos mecanismos ao transpô--los à esfera pública (como veremos com o BSC, a seguir). A alternativa está errada. e) Há sempre a possibilidade de revisão do plano estratégico. Uma vez percebido pela organização que o plano não está sendo suficiente para a consecução das metas, não há de se esperar um ano para sua revisão. A alternativa está errada.
66 Errado	O *benchmarking* é uma pesquisa de práticas no mercado. Não podemos dizer que visa à replicação obrigatória, e, muito menos, que deve restringir-se a organizações do mesmo ramo de negócios: práticas do Departamento de Compras, ou de Pessoas, podem ser comparadas entre empresas de ramos distintos. A questão está errada.
67 Certo	É exatamente esse o propósito do Diagrama de Ishikawa. A questão está correta.
68 – D	O diagrama de Ishikawa, também conhecido como Diagrama Causa e Efeito, estrutura as causas de determinado problema. As categorias de causas originais (Máquinas, Mão de Obra, Materiais e Métodos de Trabalho) podem ser adaptadas para os mais diversos contextos. De qualquer forma, a alternativa D está correta. Seguem os comentários às demais alternativas: a) e b) o Diagrama de Ishikawa categoriza as causas de determinado problema, e não o processo decisório (a) e nem o fluxo de informações (b). As alternativas estão erradas.

QUESTÃO	COMENTÁRIO
68 – D	c) a alternativa refere-se à definição de processos organizacionais. Não há relação com o Diagrama de Ishikawa. A assertiva está errada. e) Não há relação direta entre o Diagrama de Ishikawa e o ciclo PDCA. As informações colhidas no Diagrama de Ishikawa podem ou não serem utilizadas no planejamento de ações para a melhoria da qualidade. A alternativa está errada.
69 – A	A ferramenta gráfica que parte do pressuposto que poucas causas levam à maioria dos problemas e visa identificá-las por meio de sequências de procedimentos lógicos é o Diagrama de Pareto (ou curva ABC). A alternativa A está correta. Vejamos os comentários às demais alternativas: b) O Diagrama de Ishikawa é uma ferramenta gráfica que objetiva a identificação das causas que possam estar contribuindo para a existência de determinado problema. Não parte do pressuposto que poucas causas levam à maioria dos problemas; c) Funcionograma é um instrumento gráfico que detalha a estrutura organizacional listando-se as principais atividades desempenhadas por cada órgão. É também conhecido como organograma funcional; d) Histograma é um gráfico estatístico que representa a distribuição frequências de uma séria de medições; e) Fluxograma é uma representação gráfica de um processo.
70 Errado	No *brainstorming* não estruturado, corre-se o risco de os indivíduos mais extrovertidos dominarem a exposição de ideias, ao passo que os introvertidos (tímidos) permaneceriam calados. É o *brainstorming* estruturado que propicia a participação dos mais tímidos, dado que sua participação é demandada a cada rodada. A questão está errada.
71 – D	Uma expressão chave que bem sintetiza a filosofia do *kaizen* é o aperfeiçoamento gradual, em todas as áreas organizacionais: no produto, nos processos, nas condutas pessoais, no ambiente físico de trabalho. A única alternativa que interpreta o *kaizen* nesse mesmo sentido é a "d". Na questão proposta, há aspectos de outras alternativas que estão, de certa forma, inseridas na filosofia do *kaizen*, como a busca de redução dos desperdícios, por exemplo. Mas não apresentam a síntese dos princípios do *kaizen*, que é a melhoria contínua e incremental.
72 – C	A reestruturação radical dos processos de trabalho em uma organização refere-se à definição de reengenharia.
73 Errado	A reengenharia organizacional é um processo estabelecido de cima para baixo (*top down*). A questão está errada.
74 – C	A matriz GUT (Gravidade – Urgência – Tendência) é uma ferramenta de análise que visa a identificar os problemas que são mais críticos para a organização e que, dessa forma, devem ter as ações de solução priorizadas.
75 – A	Das alternativas listadas, apenas "Concorrência e tecnologia" não corresponde a uma das perspectivas do Balanced Scorecard. Assim, a alternativa "a" está errada.

QUESTÃO	COMENTÁRIO
76 – C	O BSC é fundamentado na disposição de objetivos estratégicos em perspectivas que se relacionam em uma cadeia de <u>relações de causa e efeito</u>. Cada objetivo está obrigatoriamente atrelado um <u>indicador de desempenho organizacional.</u>
77 Errado	O BSC, quando aplicado ao setor público, sofre uma modificação em termos de escalonamento de suas perspectivas clássicas. A perspectiva financeira desce de nível, se comparado ao BSC inerente ao setor privado. Assim, não há o foco no valor econômico agregado e nem no incremento do mix de receita pública. O foco é dado na perspectiva do cliente que, em geral, é a própria sociedade.
78 Certo	A metodologia do BSC aplicada ao setor privado aloca a perspectiva financeira como a de maior nível, tendo em vista que, grosso modo, o objetivo macro de uma empresa é a geração de lucro. As demais perspectivas são alocadas em níveis descendentes, sendo que cada perspectiva concorre para a consecução dos objetivos do nível superior. Assim, os objetivos arrolados na perspectiva "Aprendizado e Crescimento", caso atendidos, favorecem a consecução dos objetivos inerentes à perspectiva dos Processos Internos. Esta lógica segue, até que os objetivos da Perspectiva Financeira sejam contemplados. Tendo em vista que os objetivos frente o desempenho organizacional são acompanhados por indicadores, pelo BSC estabelece-se uma lógica de como os indicadores não financeiros (ou seja, os indicadores próprios de aprendizado e crescimento, de processos internos e do cliente) regem os indicadores financeiros da organização. A questão está certa.
79 Certo	Devemos ter em mente que o BSC parte da lógica da disposição dos objetivos estratégicos em perspectivas que se associam em uma relação de causa e efeito. Sem estratégia, não há a definição dos objetivos estratégicos da organização. Sem tais objetivos, não há BSC. A questão está, assim, correta.
80 Errado	O BSC é uma ferramenta de apoio ao planejamento estratégico, voltado ao longo prazo, e não ao operacional. A questão está errada.
81 Errado	Apesar de a perspectiva de mais alto nível do BSC ser a financeira, na realidade trata-se de uma metodologia que prima por "balancear" os objetivos estratégicos nas quatro perspectivas vistas anteriormente. Todas as perspectivas detêm igual ponderação, não se podendo afirmar que há foco do BSC em alguma delas. O que há é o estabelecimento de relações de causa e efeito. A questão está errada.
82 Errado	Lembre-se da máxima de Kaplan e Norton: "não se pode gerenciar o que não se pode medir". Desse modo, na implementação de um modelo de gestão de resultados, não se pode prescindir da definição de indicadores de desempenho organizacional.

QUESTÃO	COMENTÁRIO
83 – E	Vejamos os comentários às alternativas: a, c e d) Trata-se de um indicador de qualidade. Há foco no produto final, em especial quanto à sua adequação aos padrões desejados. Estos falando, neste caso, de uma aferição de eficácia do produto. As alternativas "c" e "d" também apresentam uma aferição da qualidade de um produto final, seja a partir da satisfação do cliente (letra "c") ou de uma medida de eficácia (letra "d") Todas as alternativas estão erradas. b) Neste caso, não estamos falando de um indicador de <u>desempenho</u> propriamente dito. A alternativa dá um exemplo de um indicador <u>demográfico</u>, inerente a um aspecto da componente humana da organização. Está, assim, errada. e) O indicador de produtividade afere características referentes à eficiência do desempenho organizacional, ou seja, dos recursos empregados *versus* o produto / serviço obtido. O número de homens / hora é uma medida do quanto de recurso de pessoal foi dispendido a fim da prestação da unidade do serviço. A alternativa está correta.
84 Errado	Diminuir em 15% o volume de processos atrasados, até o final de 2011, constitui-se em objetivo. Considerando-se, ainda, que o certame era de 2011, e a meta é alusiva ao mesmo ano, poder-se-ia inferir que se trata de um objetivo tático. Indicador é um parâmetro que serve de monitoramento com relação a determinado fenômeno. Um exemplo de indicador, relativo ao objetivo apresentado pela questão, seria a simples aferição do número de processos que se encontram em atraso. A questão está errada.

CAPÍTULO 15
Gestão por Processos e Gestão de Projetos

Ainda sob o rastro do modelo gerencial de Administração do Estado, o entendimento de que práticas organizacionais inerentes ao setor privado podem ser transpostas para o setor público trouxe a pertinência de se desenvolver gestões mais refinadas e com método consagrados no mercado, voltadas a processos e a projetos em órgãos públicos.

Neste Capítulo, iremos nos familiarizar com os principais conceitos inerentes à gestão por processos e de projetos, atividades hoje corriqueiras no setor público brasileiro.

1. Gestão por Processos

A gestão por processos, no âmbito da Administração Pública, tem sido responsável por esforços significativos rumo à modernização das organizações.

Ao dispensar foco aos processos organizacionais, passa-se a obter uma visão geral das atividades conduzidas nos órgãos públicos, de modo a identificar eventuais entraves ou estrangulamentos que inibam uma administração eficiente.

Nas próximas seções, veremos os principais tópicos referentes à Gestão por Processos, remetendo-nos aos órgãos públicos brasileiros, sempre que possível.

1.1. O conceito de processo

Visando a uma sólida compreensão do conceito de processo organizacional, apresentaremos três definições, em ordem crescente de completude.

Uma definição preliminar de processo é assim apresentada pelo Ministério do Planejamento, Desenvolvimento e Gestão – MPDG (BRASIL, 2009a).

> ***Processo*** *é um conjunto de recursos e atividades inter-relacionadas ou interativas que transformam insumos (entradas) em serviços / produtos (saídas). Esses processos são geralmente planejados e realizados para agregar valor.*

Tal definição prima por sua característica estritamente operacional, vendo o processo como um mero fluxo de atividades, por meio do qual se agrega valor a um produto ou serviço. Em termos de organizações públicas, é recomendável a ampliação da compreensão do processo organizacional, agora abarcando o seu compromisso em atender as necessidades do cidadão cliente (BRASIL, 2009b).

> *[**Processo** é um] conjunto de decisões que transformam insumos em valores gerados ao cliente / cidadão.*

Por fim, uma terceira definição é assim apresentada por Palvarini (2011):

> *[**Processo** é um] conjunto integrado e sincrônico de insumos, infraestruturas, regras e transformações, que adiciona valor às pessoas que fazem uso dos produtos e/ou serviços gerados.*

Cabe ainda a menção à definição de processo apresentada pelo Guia CBOK, uma das principais referências no assunto.

> ***Processo*** *é uma agregação de atividades e comportamentos executados por humanos ou máquinas para alcançar um ou mais resultados.*

Nesse bojo, o Guia CBOK apresenta, ainda, o conceito de processo de negócio:

> ***Processo de negócio*** *é um trabalho que entrega valor para os clientes ou apoia/gerencia outros processos.*

Algumas observações complementam a definição acima:

- Os **insumos** são modificados ou consumidos ao longo do processo, ao passo que as **infraestruturas** agem como os meios de transformação dos insumos. Para fins didáticos, podemos fazer uso do exemplo de um processo produtivo: ao passo que as matérias primas seriam insumos, as máquinas que agem sobre a matéria prima ao longo do processo seriam (parte da) infraestrutura.
- A transformação dos insumos só ocorre na presença da infraestrutura necessária e de referências que normatizem essa transformação (regras). A falta de um dos elementos nas entradas compromete o processo como um todo.
- A agregação de valor que se dá no processo de transformação transcende o mero aspecto econômico, sendo mais bem avaliada quando consideramos os usuários – ou os cidadãos-clientes – dos processos.
- Um processo é uma **atividade contínua**, inserida na rotina da vida de uma organização. Não é, assim, limitado no tempo, mas perpetua-se (é repetido) continuamente.

O conceito de processo já foi cobrado em concursos:

Q1. (FCC / TRF 2ª Região / 2012) É o conjunto integrado e sincrônico de insumos, infraestruturas, regras e transformações, que adiciona valor às pessoas que fazem uso dos produtos e/ou serviços gerados:

a) processo;

b) diretriz organizacional;

c) política empresarial;

d) estratégia;

e) missão.

O enunciado da questão é a transcrição da definição de processo, segundo Palvarini (2011).

Uma representação conceitual de processo organizacional, segundo a definição em pauta, pode ser assim ilustrada:

```
┌──────────────┐     ┌──────────────┐     ┌──────────┐     ┌──────────────┐
│ Infraestrutura│ ──▶ │ Transformação│ ──▶ │ Produtos/│ ──▶ │ Percepção do │
│   Insumos    │     │              │     │ serviços │     │    cliente   │
│    Regras    │     │              │     │          │     │              │
└──────────────┘     └──────────────┘     └──────────┘     └──────────────┘
     Entradas          Agregação             Saídas
                       de valor
```

Resposta: A.

1.2. A gestão por processos

A **gestão por processos** é uma abordagem administrativa que visa a olhar a organização de forma integrada, tendo por foco os processos que são nela conduzidos.

Na abordagem tradicional, por assim dizer, cada área cuida de seus processos específicos, cabendo a observação de que muitas das tarefas conduzidas pelas unidades administrativas dentro da organização são, na realidade, subprocessos. Assim, por exemplo, em um processo de compras, especificar aquilo que se deseja adquirir é um subprocesso sob a responsabilidade da área solicitante. Já a estimativa de preços é outro subprocesso, agora sob a tutela da área de orçamentação. A licitação – no caso de órgãos públicos, é ainda outro subprocesso, em geral conduzido pelas Comissões Permanentes de Licitação.

Assim, tradicionalmente, cada área focaria seu subprocesso específico, desejando um aumento de *performance* limitado à sua responsabilidade. Muitas vezes, perde-se a visão do todo, havendo uma significativa limitação da integração entre os setores envolvidos no processo global. Nesse caso, falamos de gestão **de** processos,[1] uma sistemática pouco integrativa, segmentada, mas na qual os sub(processos) permanecem controlados pelos responsáveis setoriais.

A gestão **por** processos transcende esta ótica segmentada da visão tradicional. Leva-se em consideração, agora, a visão sistêmica (global) do processo, bem como a influência existente entre os diversos processos (por exemplo, um processo de compras e outro da área de finanças), além da ação exercida pelo próprio ambiente externo da organização.

As **principais características da gestão por processos** podem ser assim listadas:

- **Visão sistêmica** da organização, por meio dos processos nela conduzidos. Passa-se a deter uma concepção **horizontal** da organização (visto que os processos perpassam diversos setores e níveis hierárquicos), ao contrário da visão vertical da abordagem tradicional.
- **Elevado nível de integração** entre as áreas envolvidas em um determinado processo, com a melhor compreensão da cadeia de valor da organização.
- **Processos de negócio** devem ser gerenciados em um ciclo contínuo para manter sua integridade e permitir a transformação.
- **Foco no usuário** (cliente) do processo.
- A partir da identificação das necessidades do cliente, busca-se **maximizar o valor agregado** no processo, investindo qualitativamente em suas principais variáveis.
- Busca por melhorias no processo global, identificando-se eventuais falhas (redundâncias, estrangulamentos, retrabalho, excesso de trâmites etc.).
- Emprego de **indicadores de desempenho**, e
- Há quatro **pilares**: valores, crenças, liderança e cultura.

---

1 A despeito dessa distinção conceitual entre gestão de processos e gestão por processos, ainda é usual que bancas de concurso usem ambas as designações indiferentemente.

Os predicados da gestão por processos – em especial o nível de integração e o foco no usuário – são assim mencionados por Ramos (2011):

> "...a orientação por processos possibilita que a organização seja vista, não como um conjunto de departamentos estanques, mas sim, como um fluxo contínuo de atividades encadeadas que começam e terminam no cliente."

Q2. (FGV / Fiocruz / 2010) Focalizando a Gestão por Processos e suas características específicas, assinale a alternativa incorreta:

a) Foco no usuário.

b) Ênfase em agregar valor.

c) Visão compartimentada.

d) Utiliza parâmetros de avaliação de desempenho.

e) Elevado nível de integração.

Das alternativas apresentadas, apenas a "visão compartimentada" não se alinha com o preconizado pela gestão por processos. Como vimos, o intuito é a obtenção da visão sistêmica, abordando-se os processos em sua totalidade, de modo a viabilizar diagnósticos mais precisos e ações de melhoria mais efetivas.

Resposta: C.

A expressão, na língua inglesa, para a gestão por processos é **Business Process Management** (= "gestão de processo de negócio"), usualmente referida pelas iniciais BPM. Em sua concepção, o BPM (ou a gestão por processos) vê os processos como recursos estratégicos da organização, os quais demandam a necessidade de constante otimização. Os passos para a implantação da gestão por processos serão vistos na próxima seção.

De acordo com o Guia CBOK, eis a definição de BPM:

Gerenciamento de Processos de Negócio (BPM – Business Process Management) é uma disciplina gerencial que integra estratégias e objetivos de uma organização com expectativas e necessidades de clientes, por meio do foco em processos ponta a ponta[2]. BPM engloba estratégias, objetivos, cultura, estruturas organizacionais, papeis, políticas, métodos e tecnologias para analisar, desenhar, implementar, gerenciar desempenho, transformar e estabelecer a governança de processos.

---

2 Um processo é dito "**ponta a ponta**" quando considera, de forma ampla, a transversalidade de diversas áreas distintas de uma estrutura organizacional. Quanto mais transversal for o processo, perpassando pelas mais variadas áreas até chegar ao cliente final, mais "ponta a ponta" ele será.

Q3. (CESPE / TRT 10ª Região / 2013) Um dos principais objetivos da gestão de processos é investir qualitativamente em suas variáveis (pessoal, material, método e máquina) com o objetivo de reduzir a entropia do sistema.

Entropia é um conceito inerente à disciplina Termodinâmica, mas usualmente é transposto aos estudos organizacionais como medida da desordem de um sistema. Quanto maior a entropia, mais desorganizado ou mais caótico é determinado sistema. Assim, as organizações sempre devem buscar uma entropia negativa, o que concorre para sua integração e consequente melhora de performance. A gestão de processos, ao investir qualitativamente em suas principais variáveis, presta-se justamente a garantir uma baixa entropia no sistema.

A questão está correta.

1.3. A implantação da gestão por processos (BPM)

Conforme salienta Paludo (2012), não há unanimidade, entre os autores da área, sobre a quantidade e a nomenclatura das etapas envolvidas na implantação da gestão por processos. De modo geral, o que se deve esperar é que a organização passe a gerenciar seus processos de modo a obter a melhoria contínua de sua execução.

Contudo, existe a possibilidade de se recorrer a um dos principais "manuais" sobre a gestão por processos, de reconhecimento internacional no mercado – o Guia para o Corpo Comum de Conhecimento[3] sobre BPM, ou, simplesmente, **Guia CBOK**. Trata-se de uma publicação da *Association of Business Process Management Professionals* (ABPMP), uma instituição internacional sem fins lucrativos, com sede nos Estados Unidos, dedicada à promoção dos conceitos e das práticas do BPM (da gestão por processos).

O Guia CBOK 3.0 possui 10 Capítulos. Com exceção do inicial (Introdução), os seguintes Capítulos 2 a 10 tratam das áreas de conhecimento do BPM. São, dessa forma, **9 (nove) áreas de conhecimento**, assim discriminadas, com base naquele Guia:

Área de conhecimento	Discriminação
Gerenciamento de Processos de Negócio	A área de conhecimento de Gerenciamento de Processos de Negócio se concentra nos conceitos essenciais de BPM, tais como definições principais, processos ponta a ponta, valor ao cliente e natureza do trabalho interfuncional.

---

3 Em inglês, *Common Body of Knowledge (CBOK)*

Área de conhecimento	Discriminação
Modelagem de Processos	A área de conhecimento de Modelagem de Processos fornece uma compreensão da finalidade e dos benefícios da modelagem de processos, uma discussão dos tipos e usos dos modelos de processos, técnicas, ferramentas e padrões de modelagem.
Análise de Processos	Envolve uma compreensão dos processos de negócio, incluindo a eficiência e eficácia dos processos. São exploradas a finalidade e as atividades de análise de processos.
Desenho de Processos	Essa área de conhecimento explora os papéis, técnicas de desenho de processos e princípios de um bom projeto, juntamente com a exploração de padrões comuns de desenho e considerações sobre a conformidade, liderança executiva e alinhamento estratégico.
Gerenciamento de Desempenho de Processos	O Gerenciamento de Desempenho de Processos é o monitoramento formal, planejado da execução do processo e o rastreamento dos resultados para determinar a eficácia e eficiência do processo.
Transformação de Processos	Aborda mudanças em processos. As mudanças em processos são discutidas no contexto de um ciclo de vida do processo de negócio. Várias metodologias de melhoria, redesenho e reengenharia de processos são exploradas, juntamente com tarefas associadas à implementação da mudança.
Organização do Gerenciamento de Processos	Trata papéis, responsabilidades e a estrutura de reportes para prover suporte a organizações orientadas a processos.
Gerenciamento Corporativo de Processos	O Gerenciamento de Processos Corporativos é conduzido pela necessidade de maximizar os resultados dos processos de negócio consistentes com estratégias organizacionais bem definidas e com as metas funcionais baseadas em tais estratégias.
Tecnologias de BPM	Discute-se uma ampla gama de tecnologias disponíveis para prover suporte ao planejamento, desenho, a análise, operação e monitoramento dos processos de negócio.

Ademais, é importante salientar que, de acordo com o Guia CBOK, há **três tipos de processos nas organizações**, segregados de acordo com suas finalidades:

Fonte: http://www.abpmp.org/

TIPOS DE PROCESSOS ORGANIZACIONAIS	
Processos Primários (ou processos-chave)	Também chamados de **processos de negócio ou de processos finalísticos**, representam as atividades essenciais da organização, e agregam valor diretamente ao cliente. Assim, de modo geral, tais processos traduzem-se na relação da organização com seu ambiente, onde se encontram os principais *stakeholders*. O Guia CBOK traz os seguintes exemplos de processos primários: logística de entrada, operações, logística de saída, marketing e vendas, além de serviços pós-venda, desenvolvimento de visão e estratégia, desenho de produtos e serviços etc.
Processos Secundários (ou de apoio/suporte)	São processos que dão suporte aos processos primários (assim, são também chamados de **processos de suporte ou de apoio**). Voltam-se, geralmente, a aspectos como infraestrutura e recursos requeridos pelos processos primários. Geralmente, produzem resultados imperceptíveis ao cliente externo, mas são essenciais para a gestão efetiva do negócio.
Processos de Gerenciamento (ou gerenciais)	São processos que controlam e medem o desempenho das atividades. Referem-se a subsídios em termos de informação e de decisão. **Não agregam valor diretamente ao cliente, mas garantem a operação efetiva e eficiente da organização, possibilitando que os ajustes necessários sejam tomados.**

Q4. (ESAF / ATRF / 2012 – adaptada) Processos de suporte são aqueles que aumentam a capacidade da organização de realizar os seus processos primários ou finalísticos.

A assertiva espelha de forma apropriada a intuito dos processos de suporte (ou secundários). Está, assim, correta.

De acordo com o Guia CBOK, a prática da gestão por processos assemelha-se a um **ciclo de vida contínuo**, rumando ao aperfeiçoamento dos processos, e que conta com seis atividades integradas, assim listadas:

- planejamento;
- análise;
- desenho e modelagem;
- implementação;
- monitoramento; e
- refinamento.

Ciclo: Planejamento → Análise → Desenho → Implementação → Monitoramento e Controle → Refinamento → Planejamento

Veremos, a seguir, cada uma dessas atividades com maiores detalhes.

1.3.1. Planejamento

Nesta etapa, os processos organizacionais são alinhados estrategicamente, de modo a convergir para a consecução dos objetivos estratégicos de longo prazo, tendo sempre por foco o atendimento das demandas do cliente. Trata-se, em síntese, de um esforço inicial, no intuito de estabelecer o rumo que deverá ser aplicado aos processos organizacionais.

No planejamento, são feitas as seguintes definições:
- identificação dos processos existentes, de seus componentes e de seus pontos críticos;
- identificação dos papeis e responsabilidades organizacionais associados ao gerenciamento por processos;
- verificação dos inter-relacionamentos entre os processos da organização;
- definição de metodologias de condução e de gestão por processos;
- definição de equipes, prazos, recursos necessários etc.; e
- alinhamento dos processos com os objetivos estratégicos.

1.3.2. Análise

Uma vez estabelecidos os objetivos estratégicos e vislumbradas as necessidades de alinhamento dos processos organizacionais com tais objetivos (planejamento), parte-se para um diagnóstico amplo da situação dos processos já existentes.

Na etapa de análise, objetiva-se entender os processos organizacionais existentes no contexto das metas e dos objetivos desejados.

Nesta etapa, são consideradas as seguintes informações, a fim de melhor compreensão dos processos:

- identificação de todos os *stakeholders*[4] associados aos processos;
- tendências de mudanças nos ambientes interno e externo;
- dados oriundos de indicadores de desempenho;
- identificação de oportunidades de melhoria nos processos.

As técnicas para análise e mapeamento de processos são as mais variadas, podendo as principais ser assim relacionadas:

- **observação de campo**: há a observação do pesquisador (= indivíduo que está mapeando o processo), sem que ocorra sua participação no processo;
- **abordagem etnográfica**: trata-se de postura de pesquisa própria à antropologia social, na qual o pesquisador toma parte ou se insere no processo, de forma a melhor compreendê-lo;
- **entrevistas** em profundidade com os principais atores dos processos;
- aplicação de **questionários**, condução de **reuniões** e realização de *workshops* com os principais atores dos processos em análise;
- **pesquisa de** normas e de outros **documentos** que servem de base ao processo.

Q5. (CESPE / CNJ / 2013) Estudos etnográficos podem ser utilizados como uma das técnicas de análise de processo.

Imagine que você, como analista de processos organizacionais, deseja mapear um processo de compras em sua organização. Em uma abordagem etnográfica, a postura requerida é a de efetivamente trabalhar no setor de compras da organização por um determinado período, de forma a bem compreender o processo, tornando possível retratá-lo de forma acurada. Esta é a técnica intrínseca à etnografia, à qual a questão faz referência.

A afirmativa está correta.

---

4 "*Stakeholders*" são todos aqueles que, direta ou indiretamente, afetam ou são afetados pelas atividades da organização. São os clientes, os acionistas, a cúpula organizacional, os fornecedores, a imprensa, os financiadores etc.

Muito da análise dos processos é atinente à **coleta e ao tratamento de informações**. De acordo como Guia CBOK, a informação gerada a partir da análise de processos inclui:

- a compreensão da estratégia, metas e objetivos da organização;
- o ambiente de negócio e o contexto do processo;
- uma visão do processo na perspectiva interfuncional;
- as entradas e saídas do processo, incluindo fornecedores e clientes;
- métricas de desempenho que podem ser usadas para monitorar o processo;
- resumo das oportunidades identificadas para aumentar a eficiência e a eficácia.

De modo geral, há 3 (três) papéis principais na equipe de análise, assim apresentados pelo Guia CBOK:

Papel	Responsabilidade
Gerente do projeto de análise	• Decide com as partes interessadas a profundidade e o escopo da análise e como o processo será analisado • Gerencia o projeto de análise e facilita o avanço dos trabalhos • Ajuda o grupo na aplicação das técnicas analíticas escolhidas
Analista de processos	• Coleta informações, elabora modelos e realiza análise • Providencia documentação e reportes para partes interessadas
Especialista	• Provê *insights* nos processos de negócio • Provê *insights* na infraestrutura técnica e de negócio que provê suporte ao processo

As informações coletadas devem ser trabalhadas para que possam agregar valor nessa etapa de diagnóstico. Nesse sentido, há de se considerar o que Malin (2006) denomina **ciclo de vida da informação:**

> O termo *"ciclo de vida da informação"* representa os estágios através dos quais a informação passa, tipicamente caracterizados como criação ou coleção, processamento, arquivamento, disseminação e distribuição e uso da informação.

O ciclo de vida de informação, conforme afirmam Maia e Cunha (2009), varia de empresa para empresa, em função de variáveis tais como área de atuação, porte e tipo de segmento. Contudo, de modo geral, a gestão do ciclo de vida da informação comporta as seguintes etapas:

Origem ⇒ Transformação ⇒ Destino

- **Origem**: trata-se do levantamento das necessidades e dos requisitos de informação necessários à organização, bem como da coleta das informações alusivas ao processo (seja mediante pesquisa, entrevistas, *workshops* estruturados, conferências via *web*, observação, análises de vídeo, interações com clientes etc.).
- **Transformação**: a transformação abrange uma séria de subprocessos, responsáveis pela boa gestão da informação coletada. Trabalha-se, segundo Maia e Cunha (2009), com a organização, formatação, estruturação, análise, apresentação e reprodução da informação, focando a melhor acessibilidade aos usuários.
- **Destino**: trata-se do encaminhamento da informação ao responsável pela análise, podendo ocorrer o seu armazenamento para reuso em momento futuro. Caso a informação torne-se obsoleta ou sem valor, o destino será o seu descarte.

1.3.3. Desenho e modelagem

Concluído o diagnóstico geral, parte-se para a especificação e para a representação do processo na forma como é atualmente realizado, bem como na configuração almejada pela organização, após implementadas as melhorias. Estamos falando na criação de especificações para a melhoria de processos (desenho), bem como da representação do processo existente e do proposto (modelagem).

De acordo com o CBOK (*apud* BRASIL, 2011), temos as seguintes definições:

> *[Desenho do processo consiste na] "criação de especificações para processos de negócio novos ou modificados dentro do contexto dos objetivos de negócio, objetivos de desempenho de processo, fluxo de trabalho, aplicações de negócio, plataformas tecnológicas, recursos de dados, controles financeiros e operacionais, e integração com outros processos internos e externos".*
>
> *[Modelagem de processo de negócio é] "um conjunto de atividades envolvidas na criação de representações de um processo de negócio existente ou proposto". Note que a modelagem é aplicada aos processos atuais, bem como às propostas de melhoria. A representação do processo dá-se em diagramas denominados fluxogramas, elaborados, usualmente, de acordo com uma simbologia específica e predeterminada, denominada BPMN (Business Process Model and Notation).*

Pertinente, ainda, é a apresentação dos conceitos-chave de modelagem de processos, assim extraídos do Guia CBOK:

MODELAGEM DE PROCESSOS – CONCEITOS-CHAVE
1. Modelos de processo são representações simplificadas de alguma atividade de negócios
2. Um modelo de processo serve como meio de comunicar diversos aspectos diferentes de um processo de negócio
3. Modelos de processo são utilizados para documentar, analisar ou desenhar um modelo de negócios
4. Modelos de processo são úteis como uma documentação, um meio para comunicação e alinhamento, desenho e requisitos, ou um meio para analisar aspectos de processo, treinamento e explicação
5. Diferentes níveis ou perspectivas de processos de negócio são expressos pelos modelos que mostram diferentes escopos e níveis de detalhe para diferentes públicos e finalidades
6. Existem muitos estilos diferentes de notação de modelagem de processos e modos para desenvolver modelos de processo

Q6. (CESPE / DETRAN ES / 2010) A gestão de um processo deve contemplar a sua modelagem, etapa em que é descrita a situação futura ou ideal do processo.

A modelagem é uma etapa que consiste na representação do processo em três situações possíveis:
- O processo atualmente na organização (na língua inglesa, emprega-se a expressão "*as is*" – " como é");
- O processo concebido em uma situação ideal (na língua inglesa, emprega-se a expressão "*should be*" – "deve ser"), e
- O processo como será implementado (na língua inglesa, emprega-se a expressão "*to be*" – "a ser" implantado).

A questão refere-se à modelagem na concepção "*should be*". Está, portanto, correta.

O Guia CBOK traz, ainda, a distinção entre os conceitos de **diagrama**, **mapa** e **modelo** diferenciados em decorrência de seus propósitos e de suas aplicações. Vejamos:

Diagrama ⇒ Mapa ⇒ Modelo

- **Diagrama**: retrata os principais elementos do fluxo de um processo, mas omite detalhes menores de entendimento dos fluxos de trabalho. Um diagrama de processo ajuda rapidamente a identificar as principais atividades do processo.

- **Mapa**: fornece uma visão abrangente dos principais componentes do processo e apresenta <u>maior precisão</u> do que um diagrama. Tenderá a agregar maior detalhe acerca do processo e de alguns dos relacionamentos mais importantes com outros elementos, tais como atores, eventos e resultados.

- **Modelo**: implica a representação de um determinado estado do negócio (atual ou futuro) e dos respectivos recursos envolvidos, tais como pessoas, informação, instalações, automação, finanças e insumos. Como é utilizado para representar com <u>maior precisão</u> o funcionamento daquilo que está sendo modelado, requer mais dados acerca do processo e dos fatores que afetam seu comportamento.

Q7. (CESPE / ANTAQ / 2014) De acordo com a hierarquia organizacional, as atividades desdobram-se em processos, que, por sua vez, geram tarefas ou operações.

Um processo é subdividido em subprocessos, que, segundo o Guia CBOK, devem ser realizados por uma ou mais atividades (fluxos de trabalho) inscritas em funções de negócio (áreas funcionais). As atividades, por sua vez, são passíveis de decomposição em tarefas e, ainda, em cenários de realização dessas tarefas e seus respectivos passos.

Há 5 (cinco) níveis segundo os quais um modelo de processo pode ser **decomposto**. São eles, de acordo com o Guia CBOK:

- Nível 1: fornece uma visão do processo que pode ser interfuncional e ponta a ponta. Um processo de negócio primário pode ser também denominado **macroprocesso**, a depender de sua relevância e de seus componentes;
- Nível 2: subprocessos decompõem o processo por afinidade, objetivo ou resultado desejado;
- Nível 3: ocorre o inter-relacionamento com as áreas funcionais (funções de negócio) onde o trabalho é efetivamente realizado;
- Nível 4: os subprocessos conectam-se às atividades que são executadas;
- Nível 5: as atividades são decompostas em tarefas necessárias para gerar a saída ou o resultado desejado (no nível de tarefas é possível obter informações para atribuir regras às especificações).

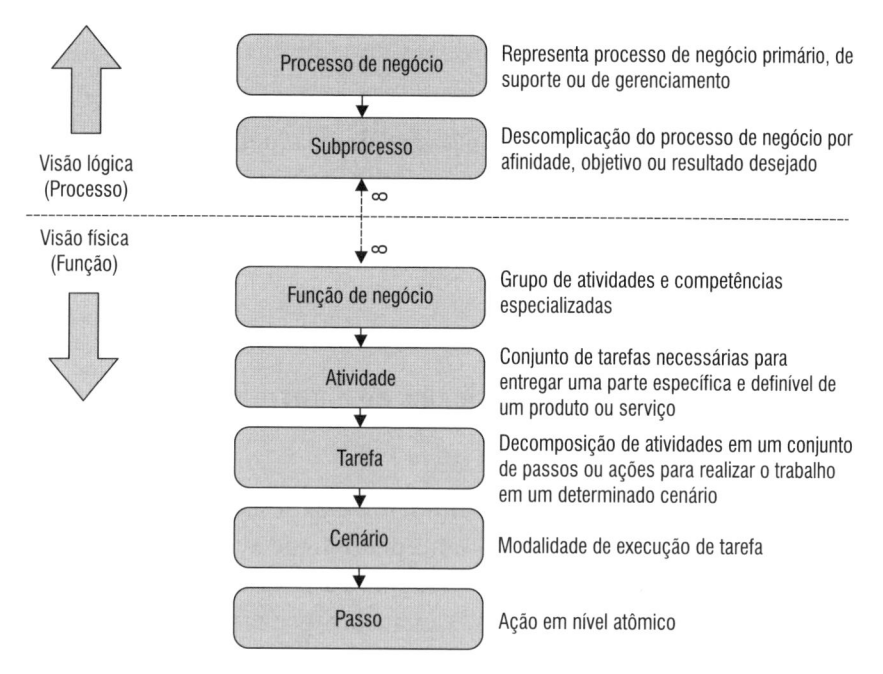

Capítulo 15 | Gestão por Processos e Gestão de Projetos

Visão lógica (Processo)

- **Processo de negócio** — Representa processo de negócio primário, de suporte ou de gerenciamento
- **Subprocesso** — Descomplicação do processo de negócio por afinidade, objetivo ou resultado desejado

Visão física (Função)

- **Função de negócio** — Grupo de atividades e competências especializadas
- **Atividade** — Conjunto de tarefas necessárias para entregar uma parte específica e definível de um produto ou serviço
- **Tarefa** — Decomposição de atividades em um conjunto de passos ou ações para realizar o trabalho em um determinado cenário
- **Cenário** — Modalidade de execução de tarefa
- **Passo** — Ação em nível atômico

Dessa maneira, no que diz respeito à questão proposta, o correto seria afirmar que os processos desdobram-se em atividades que, por sua vez, geram tarefas.

A questão está errada.

1.3.4. Implementação

O Guia CBOK define a **implementação** como a fase que tem por objetivo colocar em prática o desenho aprovado do processo de negócio na forma dos procedimentos e fluxos de trabalho documentados e testados na fase anterior.

São, ainda, elaboradas políticas e normas que deem o suporte para a execução dos processos novos ou revistos.

1.3.5. Monitoramento

Trata-se do acompanhamento / controle dos processos implementados, de modo a fornecer subsídios para os gestores atuarem a fim de garantir o desempenho satisfatório das atividades organizacionais.

De acordo com o Guia CBOK, visa-se a avaliar o processo através de métricas (= indicadores) relacionadas às metas e ao valor para a organização.

1.3.6. Refinamento

Trata-se do resultado decorrente do monitoramento do desempenho do processo. Com base nos dados levantados naquela atividade, seguem-se ações visando à melhoria, ao redesenho ou à reengenharia (alteração drástica do processo).

O intuito é a garantia da otimização e da melhoria contínua dos processos.

2. Noções de Estatística Aplicada ao Controle e à Melhoria de Processos

Estatística é uma ciência de cunho matemático, voltada à análise de representações quantitativas. Lida com a previsão de eventos probabilísticos, com a definição de modelos preditivos, e com a identificação de relações entre variáveis. Em termos mais simples: a estatística presta-se à análise de dados empíricos, observáveis em um mundo real, definindo, prioritariamente, probabilidades e relações de causa e feito entre eventos.

Há uma série de ferramentas estatísticas que subsidiam a gestão de processos. Tais ferramentas estatísticas visam a prover o controle e a melhoria de processos, de forma que detêm íntima relação com as ferramentas de qualidade. A seguir, apresentamos as principais destas ferramentas, com base na exposição de Werkema (2006).

FERRAMENTA PARA A DEFINIÇÃO DE METAS

- **Amostragem e Análise Multivariada**

As metas, em termos de processos, usualmente são impostas pela necessidade dos clientes. Eis que técnicas estatísticas em termos de seleção e definição de amostras para pesquisas de mercado, bem como procedimentos de análise multivariada[5] são essenciais para que o planejamento tenha por base um conjunto de dados representativo e tratados de forma correta.

---

[5] Análise multivariada é um termo que se refere a um conjunto de técnicas voltadas à análise simultânea de medidas múltiplas de um determinado fenômeno.

FERRAMENTA PARA A DEFINIÇÃO DE PRIORIDADES

Trata-se da Curva ABC, ou Gráfico de Pareto, estudada no Capítulo 12 desta obra.

FERRAMENTA PARA IDENTIFICAÇÃO E ANÁLISE DE PROBLEMAS

- **Folha de verificação**

Folha de verificação é um formulário no qual se registram aspectos do comportamento de determinado fenômeno, em especial frequências de ocorrências de determinados fatores, tais como defeitos, ou desvios em relação a um padrão de qualidade.

As folhas de verificação podem ser dos mais variados tipos. Alguns exemplos são ilustrados a seguir:

FOLHA DE VERIFICAÇÃO PARA CONTROLE DA MEDIDA DE DETERMINADO PRODUTO

Especificação	Desvio	Verificações																				Frequência
						5					10					15					20	
	−7																					
	−6																					
	−5																					
	−4	X																				1
	−3	X	X	X																		3
	−2	X	X	X	X	X	X															6
	−1	X	X	X	X	X	X	X	X	X												9
8.300		X	X	X	X	X	X	X	X	X	X	X										11
	1	X	X	X	X	X	X	X	X													8
	2	X	X	X	X	X	X	X														7
	3	X	X	X																		3
	4	X	X																			2
	5	X																				1
	6																					
	7																					
																		Total				51

FOLHA DE VERIFICAÇÃO PARA CLASSIFICAÇÃO DE PRODUTOS DEFEITUOSOS			
Produto: Lente			
Estágio de Fabricação: Inspeção Final			
Tipo de defeito: Arranhão, Trinca, Revestimento Inadequado, Muito Grosso ou Muito Fino, Não Acabado.			
Total inspecionado: 1200			
Data: 06/02/2011			
Seção: CQ			
Inspetor: Pedro Inácio			
Observação: NA			
Defeito	Contagem		Sub-total
Arranhão	++++ ++++ II		12
Trinca	++++ ++++ ++++ ++++ ++++ ++++ ++++ ++++ I		41
Revestimento Inadequado	++++ ++++ ++++ ++++ ++++ ++++ ++++ ++++ ++++ ++++ ++++		55
Muito Grosso ou Muito Fino	++++ ++++ I		11
Não Acabado	++++		5
Outros	III		3
	Total		127
Total Rejeitado	++++ ++++ ++++ ++++ ++++ ++++ ++++ ++++ ++++ ++++ ++++ ++++ ++++ ++++ ++++ ++++ ++++ ++++		90

Q8. (CESPE / ANP / 2013) Com relação às ferramentas da gestão da qualidade, as folhas de verificação são ferramentas que questionam o processo e são relevantes para alcançar a qualidade.

Por meio das folhas de verificação, almeja-se prover dados para responder questões do tipo: como se dá o comportamento do processo? Qual a frequência e os tipos dos defeitos observados? Há desvios com relação ao comportamento esperado do processo? Esses desvios são significativos?

Por meio dos dados coletados, pode-se tomar medidas preventivas ou corretivas julgadas pertinentes, de modo a alcançar melhor qualidade no desempenho processual.

A questão está correta.

- **Carta (ou Gráfico) de Controle (ou de Tendência)**

Cartas de controle são gráficos, nos quais são previamente determinados o comportamento ideal (ou médio) do processo, bem como limites superior e inferior aceitáveis (de acordo com determinado critério, tais como tempo requerido para a conclusão do processo, recursos consumidos, defeitos encontrados etc.).

A carta de controle permite verificar se o comportamento de um processo é previsível, bem como se é mantido dentro dos padrões aceitáveis. A distância dos limites (máximo e mínimo) dá-se em função de **desvios--padrões** dos dados que culminaram na média processual. Desvio-padrão é uma medida de dispersão dos dados de uma amostra, e dá uma informação em termos da variabilidade de um processo. Assim, por exemplo, podemos dizer que a média de defeitos identificados, em um mês, na confecção de uma peça, é da ordem de 20 (vinte), com um desvio de mais ou menos 2 (dois). Este desvio salienta que grande parte da amostra estudada está compreendida entre 18 (= 20 − 2) e 22 (20 + 2).

Q9. (CESPE / TJ – RR / 2012) O desvio padrão, importante ferramenta de controle estatístico, permite calcular a variabilidade de um processo, ou seja, se os resultados estão mais ou menos concentrados ou dispersos entre si.

O exemplo anterior torna claro o papel do desvio-padrão: prover uma informação em termos da variabilidade (ou variância) de um processo, identificando a concentração ou dispersão dos dados coletados.

A questão está correta.

Um exemplo de carta de controle[6] é apresentado a seguir, relativo à produção de determinada peça, por exemplo. No gráfico, os limites máximo e mínimo referem-se a restrições em termos de garantia de qualidade, e os limites superior e inferior, a exigências contratuais relativas à venda da peça.

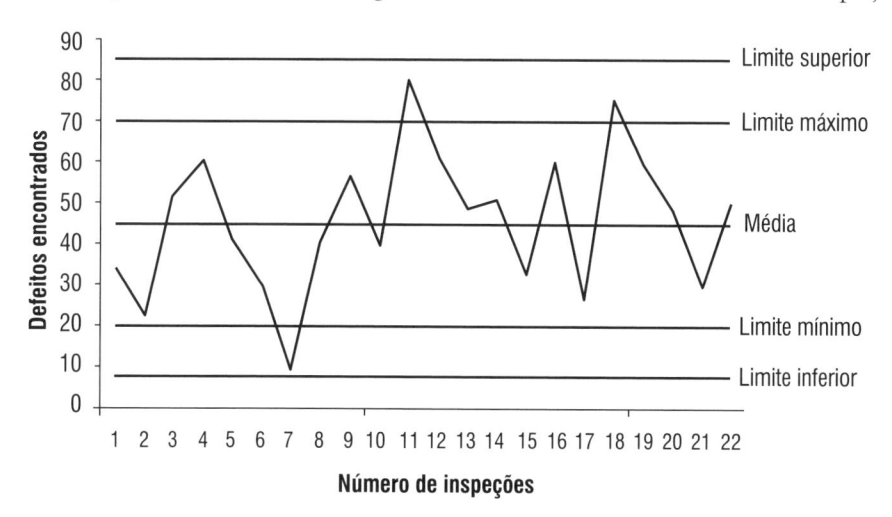

---

6 Font: http://www.fabiocruz.com/pmbok%C2%AE/planejando-passo-4/. Acesso em 02.01.2014.

Q10. (CESPE / TJ – AC / 2012) Na análise de um processo a partir de uma carta de tendência, o gestor deve considerar como importantes todas as variações de dados.

Apenas as variações que ultrapassem os limites máximo ou mínimo devem ser consideradas como relevantes em termos de demandarem medidas do gestor.

A questão está errada.

- **Diagrama de Dispersão (análise de regressão)**

Diagramas de dispersão são ferramentas gráficas que servem de auxílio para a verificação da relação entre duas variáveis.

Um diagrama de dispersão voltado à análise do comportamento de um processo é construído plotando-se dados que correlacionam duas de suas variáveis em um plano cartesiano. Em geral, visa-se a elucidar se as variáveis guardam uma relação de causa e efeito. Veja o exemplo a seguir.

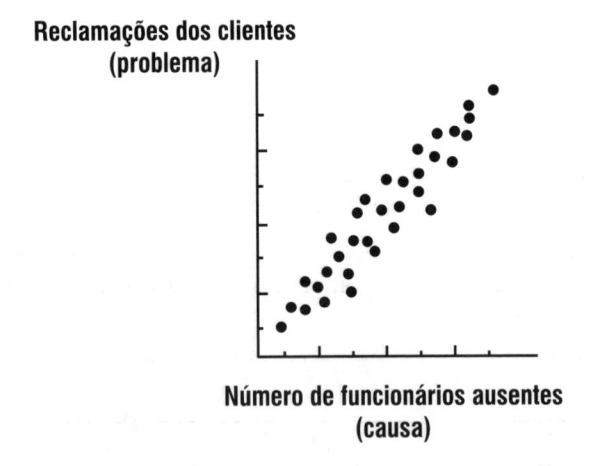

Neste exemplo, quanto maior o número de funcionários ausentes, maior a reclamação dos clientes. Diz-se, então, que tais variáveis guardam uma correlação positiva[7].

A partir de um gráfico de dispersão em que seja identificada uma correlação positiva ou negativa, é possível aplicarmos uma técnica de análise de regressão. A mais comum é a regressão linear (também conhecida como **método dos mínimos quadrados**), segundo a qual obtém-se a equação de uma reta que melhor se adapte aos pontos dispersos. Este equação passa a ser a "lei" da relação entre as variáveis em estudo.

---
7 A correlação, em um diagrama de dispersão, pode ainda ser negativa ou neutra.

Reclamações dos clientes (problema)

$y = ax + b$

Número de funcionários ausentes (causa)

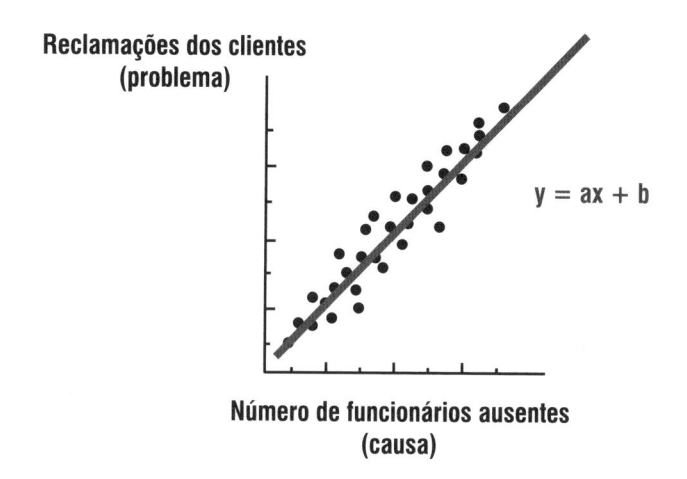

3. Técnicas e metodologias de construção de fluxogramas em processos

De acordo com o Guia CBOK, eis a definição apresentada para o conceito de fluxograma:

Fluxograma = um tipo de diagrama que representa graficamente uma sequência de eventos, passos de um procedimento e/ou decisões.

O intuito de se empregarem fluxogramas na representação de um processo é facilitar o entendimento rápido de seu fluxo. Tais diagramas são construídos a partir de um conjunto simples de símbolos para operações, decisões e outros elementos de processo.

Os símbolos mais comuns passíveis de serem empregados em um fluxograma são assim listados pelo Guia CBOK:

- *símbolos de início e fim;*
- *setas provenientes de um símbolo e terminando em outro, indicando que o controle passa de um símbolo para o próximo;*
- *passos de processamento representados como retângulos;*
- *entradas e saídas;*
- *condição de decisão, representada como losango, geralmente contendo sim/não ou verdadeiro/falso.*

Há, contudo, uma série de formas convencionais padronizadas para o desenho de um fluxograma. A um determinado conjunto de símbolos padronizados, com regras de aplicação bem definidas e que se constituem em parâmetros para a construção de um fluxograma, denomina-se **notação**, assim definida pelo Guia CBOK:

Notação *é um conjunto padronizado de símbolos e regras que determinam o significado desses símbolos.*

Há uma série de padrões de notação de processos de trabalho. O quadro a seguir, extraído do Guia CBOK, apresenta as principais dessas notações.

Notação	Descrição
BPMN (*Business Process Model and Notation*)	Padrão criado pelo *Object Management Group*, útil para apresentar um modelo para públicos-alvo diferentes
Fluxograma	Originalmente aprovado como um padrão ANSI (*American National Standards Institute*), inclui um conjunto simples e limitado de símbolos não padronizados; facilita entendimento rápido do fluxo de um processo
EPC (*Event-driven Process Chain*)	Desenvolvido como parte da estrutura de trabalho ARIS, considera eventos como "gatilhos para" ou "resultados de" uma etapa do processo; útil para modelar conjuntos complexos de processos
UML (*Unified Modeling Language*)	Mantido pelo *Object Management Group*, consiste em um conjunto-padrão de notações técnicas de diagramação orientado à descrição de requisitos de sistemas de informação
IDEF (*Integrated Definition Language*)	Padrão da *Federal Information Processing Standard* dos EUA que destaca entradas, saídas, mecanismos, controles de processo e relação dos níveis de detalhe do processo superior e inferior; ponto de partida para uma visão corporativa da organização
Value Stream Mapping	Do *Lean Manufacturing*, consiste em um conjunto intuitivo de símbolos usado para mostrar a eficiência de processos por meio do mapeamento de uso de recursos e elementos de tempo

O ***Business Process Model and Notation*** (Notação e Modelagem de Processo de Trabalho – BPMN) é um padrão de notação criado pela *Business Process Management Institute* (BPMI) e que, ao longo dos anos, consolidou-se como padrão internacional de linguagem no mapeamento e na modelagem de processos. Dada esta relevância (e as cobranças usuais da banca em suas questões), iremos, em seguida, nos aprofundar nas técnicas e metodologias de construção de fluxogramas conforme esta notação.

De fato, um fluxograma – ou um diagrama de processo de trabalho – constitui-se em uma sequência lógica de **eventos**, **atividades** e controles de ponto de convergência/divergência de fluxo (***gateways***). A seguir, veremos com maiores detalhes os símbolos representativos desses elementos[8].

---

[8] Conteúdo desenvolvido com base na produção de Patricia Armond de Almeida, disponível em: <http://portal2.tcu.gov.br/portal/page/portal/TCU/comunidades/gestao_processos_trab/curso_mapeamento_processos_trab/Curso%20Mapeamento%20BPMN%20Bizagi%20-%20aula%202_v%202013.pdf>. As imagens foram extraídas desse arquivo.

Evento

Um evento é um determinado acontecimento em um processo, indicando seu início, seu fim ou algum acontecimento intermediário (espera entre atividades, envio de mensagem, conexão entre partes de um processo).

Há 3 (três) formas básicas de evento, assim representadas:

○	**Eventos de Início**: indicam o início de um processo. Ao ler um mapa de processo, comece por ele!
◎	**Eventos de Intermediários**: ocorrem durante o transcurso de um processo, ou seja, entre o início e o fim.
●	**Eventos de Fim**: indicam onde um processo é finalizado.

Os <u>eventos de início e intermediários</u> podem ser mais bem especificados, representando com maior exatidão os fatos que dão início ou que ocorrem durante o processo. Vejamos as principais variações:

- Evento de início:

○	**Genérico** Não especifica nenhem comprotamento particular para iniciar o processo.
✉	**Mensagem** Especifica que um processo inicia quando uma mensagem é recebida de outro participante.
🕐	**Timer** Indica que um processo inicia a cada ciclo de tempo ou em uma data/hora específica.

- Evento intermediário:

◎	**Genérico** • Indica algo que ocorre ou pode ocorrer dentro do processo; • Só pode ser utilizado dentro da sequência do fluxo; • Também pode ser utilizado para representar os diferentes estados do processo.

	Mensagem
✉ (escuro) ✉ (claro)	• Indica que uma mensagem pode ser enviada ou recebida; • Utiliza o ícone escuro se a mensagem for enviada pelo processo; • Utiliza o ícone claro se a mensagem for recebida pelo processo. O processo não continua até que a mensagem seja recebida.
🕐	**Timer** • Indica uma espera dentro do processo, ou seja, uma demora; • Este tipo de evento pode ser utilizado dentro do fluxo de sequência do processo, indicando uma espera entre as atividades; • O tempo indicado pode ser em minutos, horas, dias etc. ou pode ser uma data determinada.
➡	**Enlace** • Permite conectar duas seções do processo, ou seja, atua como conector entre "páginas" de um diagrama.

Atividade

Uma atividade corresponde à execução de determinada tarefa na organização, inerente ao processo mapeado. É representada por um retângulo, no fluxograma.

[Atividade]

Da mesma forma que observado nos eventos, a representação das atividades pode ser mais bem especificada, acrescentando-se, mediante a variação na simbologia, informações relevantes sem tornar a descrição da atividade longa.

Vejamos os principais tipos de atividade na notação BPMN:

Tarefa simples	**simples**: utilizada de forma genérica
Tarefa de usuário	**de usuário**: tarefa realizada por um usuário com ajuda de um sistema ou software
Tarefa de serviço	**de serviço ou automática**: realizada por um sistema sem intervenção humana
Tarefa de Envio	**de envio**: realizada para o envio de informações

Gateway

Os pontos de convergência ou divergência nos fluxos de processos de trabalho são controlados mediante os chamados *gateways*, representados, na notação BPMN, por losangos. São, eminentemente, pontos de decisão no fluxo processual.

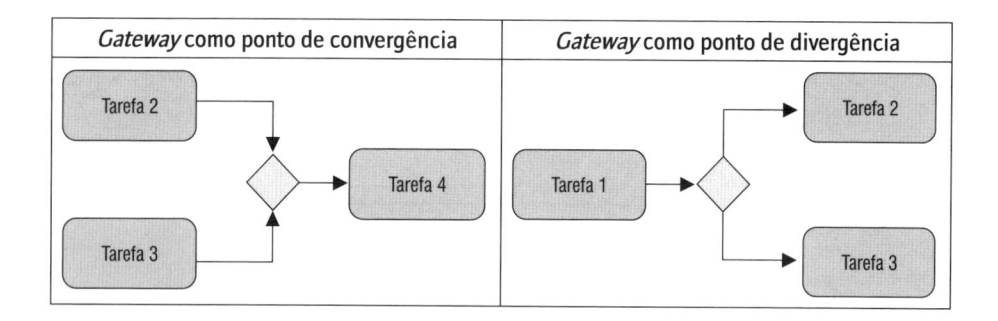

Gateway como ponto de convergência	*Gateway* como ponto de divergência
Tarefa 2, Tarefa 3 → ◇ → Tarefa 4	Tarefa 1 → ◇ → Tarefa 2, Tarefa 3

Os principais tipos de *gateways* são assim representados:

Símbolo	Significado	Descrição
⊗ ou ◇	*Gateway* Exclusivo	Trata-se de um ponto de decisão no qual apenas um caminho, dentre os possíveis, pode ser escolhido.
⊕	*Gateway* Paralelo	Os caminhos que efluem do *gateway* devem ser tomados concomitantemente, referindo-se a atividades a serem executadas em paralelo.
◈	*Gateway* Inclusivo	A depender da escolha inerente a este *gateway*, mais de um caminho pode ser ativado.

Além desses elementos principais, o BPMN prevê alguns artifícios de modo a possibilitar uma representação menos complexa do fluxograma. Nesse contexto, há de se ressaltar a figura do **subprocesso**, utilizado para representar um processo específico, inserido em um processo mais amplo.

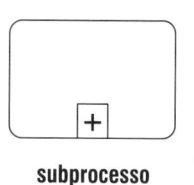

subprocesso

O esquema a seguir apresenta a situação de inserção de um subprocesso em um fluxograma:

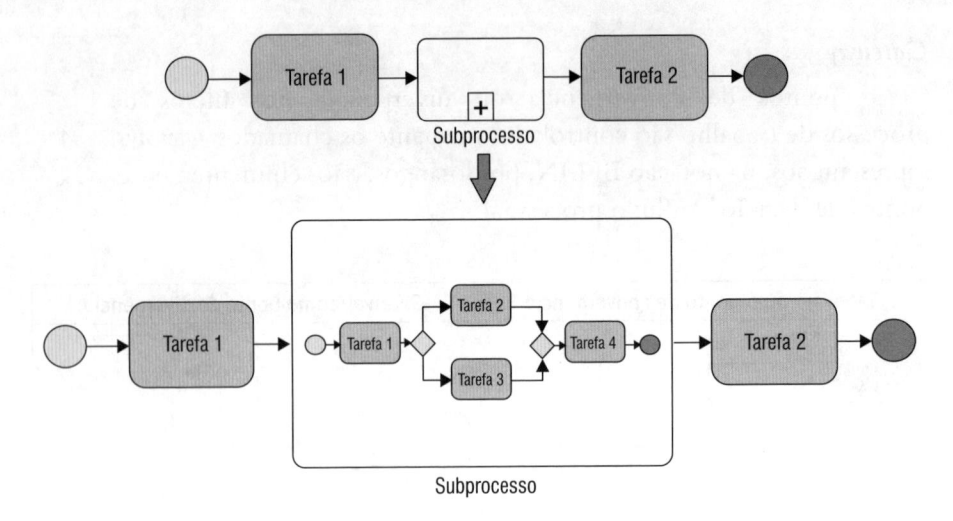

Uma vez conhecidos os principais símbolos que compõem um fluxograma, na notação BPMN, há de se abordar as chamadas *swimlanes* (= raias de natação, em tradução livre), utilizadas para organizar o processo em um diagrama, possibilitando, ainda, a atribuição de sua execução a papéis específicos.

Swimlanes

Entre as chamadas <u>*swimlanes*</u>, dois elementos são de nosso interesse: *pool* e *lane*.

- <u>**Pool**</u> (= piscina)

É a delimitação espacial em um fluxograma, em cujos limites está determinado processo. Representa um participante em um processo. Um participante pode ser uma entidade de negócio ou pode ser um papel. A uma *pool*, pode-se associar o nome de um processo (p. ex., "processo de admissão de pessoal), ou de uma organização, por exemplo.

Um processo jamais cruza as fronteiras de uma *pool*.

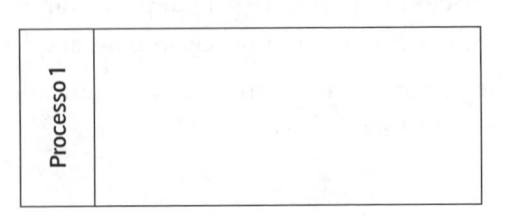

- **_Lane_** (= raia)

São as subdivisões de uma *pool*, usualmente utilizadas para delimitar os papéis envolvidos diretamente na execução de determinado processo.

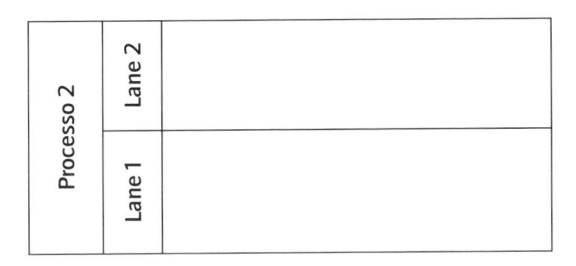

Se a *pool* é uma organização (um "macropapel"), uma *lane* pode ser um dos departamentos dessa organização, ok?

O fluxo processual, logicamente, pode cruzar as fronteiras de uma *lane*.

Q11. (FCC / TRT 5ª Região / 2013) A notação BPMN é rica em elementos de representação, o que torna possível modelar processos mais complexos. Para representar uma divisão de fluxo (como em uma exceção) ou junções de fluxo, utiliza-se:

a) seta com ponta vazia, que é chamada ponteiro;

b) hexágono, que é chamado conector;

c) losango, que é chamado de *gateway*;

d) paralelogramo, que é chamado conector;

e) círculo, que é chamado concentrador.

A divisão ou junção de fluxo (ou convergência/divergência de fluxo, como citamos anteriormente), na notação BPMN, é representada por um losango *(gateway)*.

Resposta: C.

Q12. (FCC / TRT 13ª Região / 2014) Considere as figuras abaixo, que fazem parte da notação BPMN.

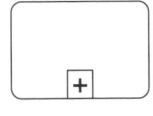

Figura A    Figura B

As figuras A e B, em diagramas que utilizam a notação BPMN, representam, respectivamente:

a) processo e *gateway* paralelo;

b) subprocesso e *gateway* inclusivo;

c) atividade e *gateway* exclusivo;

d) atividade e *gateway* padrão;

e) subprocesso por evento e *gateway* inclusivo.

Como vimos, os símbolos referem-se, respectivamente, a subprocesso (Figura A) e a *gateway* inclusivo.

Resposta: B.

Q13. (FGV / DPE – RJ / 2014) Ao analisar um dos processos relacionados a projetos de software da organização em que trabalha, você se depara com o fragmento de processo, modelado utilizando a notação BPMN, apresentado abaixo.

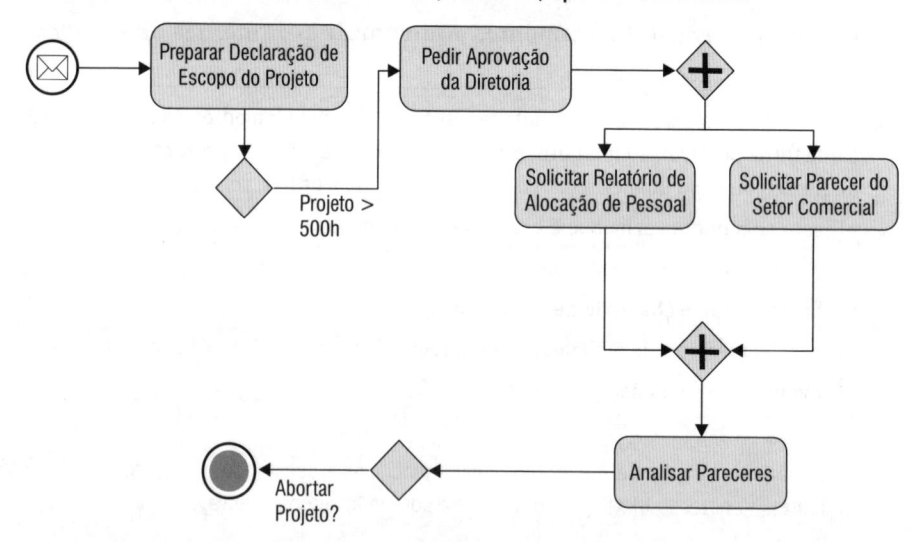

O diagrama não está completo ou usando todo o formalismo da notação. Contudo, é correto afirmar que:

a) o pedido de preparação da declaração de escopo para um novo projeto é feito por e-mail;

b) apenas uma das atividades "Solicitar Relatório de Alocação de Pessoal" e "Solicitar Parecer do Setor Comercial" pode ser executada ao mesmo tempo;

c) ambas as atividades "Solicitar Relatório de Alocação de Pessoal" e "Solicitar Parecer do Setor Comercial" precisam ser executadas e terminadas para que a atividade "Analisar Pareceres" possa ser executada;

d) ambas as atividades "Solicitar Relatório de Alocação de Pessoal" e "Solicitar Parecer do Setor Comercial" precisam ser executadas, mas não precisam estar terminadas, para que a atividade "Analisar Pareceres" possa ser executada;

e) a preparação da declaração de escopo para um novo projeto é de responsabilidade da diretoria da empresa.

Passemos à análise das alternativas.

a) O símbolo de "evento de início de mensagem" indica que o processo é iniciado quando uma determinada mensagem é recebida. Contudo, a notação não indica o suporte dessa mensagem: pode ser um telefonema, um e-mail, um ofício etc. A alternativa está errada.

b, c e d) Essas três alternativas abordam a lógica do chamado *gateway* paralelo. Como vimos, os caminhos que efluem do *gateway* paralelo devem ser tomados concomitantemente, referindo-se a atividades a serem executadas em paralelo. Ademais, o fluxo só irá adiante quando as atividades em paralelo forem concluídas. Veja o exemplo a seguir:

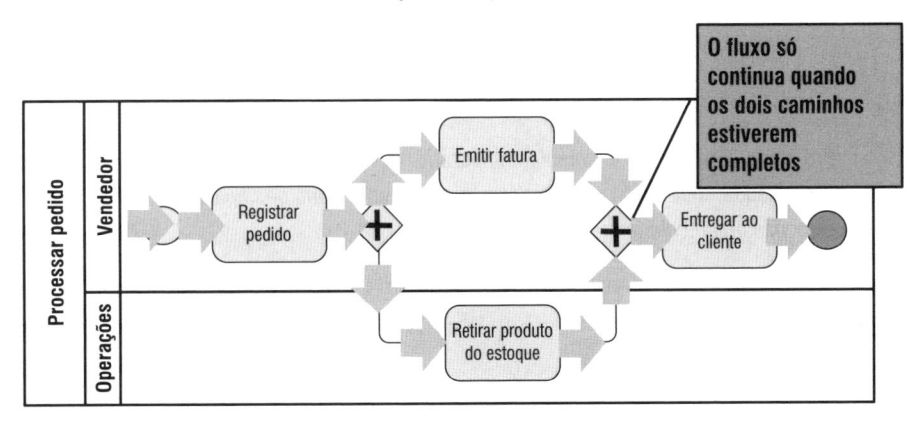

Desta forma, infere-se que a alternativa C está correta (e as alternativas B e D, erradas).

e) Não há, no fluxograma apresentado na questão, *pools* e *lanes*. Assim – em especial pela falta de *lanes* – não é possível determinar os papéis responsáveis pelas atividades. A alternativa está errada.

Resposta: C.

4. Gestão de Projetos

A gestão de projetos é uma das práticas mais recorrentes das organizações deste século. Os projetos são hoje vistos como uma forma de alavancar o desempenho organizacional, visando à consecução de vantagem competitiva – ou, no caso de órgãos públicos, ao incremento da eficiência.

Diferentemente da abordagem rígida e mecanicista derivada da área da engenharia, os projetos passaram a ser geridos de forma mais flexível, em uma dinâmica que considera as eventuais mudanças nos ambientes interno e externo.

Como disciplina, a Gestão de Projetos toma forma a partir da década de 1960, impulsionada pelos projetos de exploração e pesquisa espacial (MOURA, 2007), bem como o êxito do Projeto Polaris, que culminou na construção de submarinos atômicos para a Marinha dos Estados Unidos.

A seguir, veremos as principais características da gestão de projetos na atualidade.

4.1. O conceito de projeto

Uma definição sucinta de projeto é assim apresentada por Maximiano (2002, p. 26):

> *[Projeto* é um] *empreendimento temporário de atividade com início, meio e fim programados, que tem por objetivo fornecer um produto singular e dentro das restrições orçamentárias.*

Um dos conceitos de projeto mais citados na literatura nacional da área é o apresentado por Prochnow e Schaffer (1999) que, por sua vez, recorrem ao conceito da ONU (1984):

> *Projeto é um empreendimento planejado que consiste num conjunto de atividades inter-relacionadas e coordenadas, com o fim de alcançar objetivos específicos dentro dos limites e de um período de tempo dados.*

Uma das instituições de maior renome internacional na gestão de projetos é o *Project Management Institute*[9] (PMI), uma organização estadunidense, fundada em 1969, que conta hoje com duas iniciativas principais: as certificações em gerenciamento de projetos (as mais

Fonte: http://www.pmi.org/

---
9 Em português, Instituto de Gerenciamento de Projetos.

relevantes são *Project Management Professional – PMP* e *Certified Associate in Project Management – CAPM)* e a publicação de padrões globais de gerenciamento de projetos – o *Project Management Body of Knowledge*, conhecido como **Guia PMBOK**.

Atualmente na sexta edição, o Guia PMBOK traz a seguinte definição de projeto:

> Um **projeto** é um esforço temporário empreendido para criar um produto, serviço ou um resultado único.

Os tópicos a seguir – em geral comentados pelas definições acima – ressaltam as principais características dos projetos:

- Diferentemente de um processo – que possui natureza continua, sendo repetido de modo permanente, **um projeto é limitado no tempo**, ou seja, possui um início e um fim definidos (**temporalidade**).
- O projeto visa à consecução de um **objetivo específico predefinido** (**objetividade / especificidade**).
- O produto ou serviço gerado ao final do projeto (caso haja êxito) é exclusivo, ou seja, é singular se comparado aos já existentes / ofertados pela organização. Esta é a razão, em última instância, de se estruturarem projetos (**exclusividade / singularidade**).
- O projeto é conduzido dentro de **restrições de recursos** – sejam eles orçamentários ou de pessoal, havendo, ainda, **incertezas** diversas em seu ciclo de vida, em especial durante as fases de iniciação e de planejamento.
- Um projeto, ao buscar a inovação, traduz-se em uma das hipóteses de **ações de melhoria** na organização. Para Chermont (2001), "ações de melhoria significam a obtenção de níveis de desempenho ainda não alcançados e promovem a sustentação da organização em um mercado cada vez mais exigente". Indubitavelmente, contudo, há outras ações de melhoria inerentes às organizações, como a própria gestão por processos, por exemplo.
- O projeto possui uma **natureza progressiva**, sendo desenvolvido em etapas, de forma incremental. Apesar dessa evolução gradual do projeto, sua abrangência (ou escopo) deve ser definida desde o início, mantendo-se, sempre que possível, constante até o término do projeto.

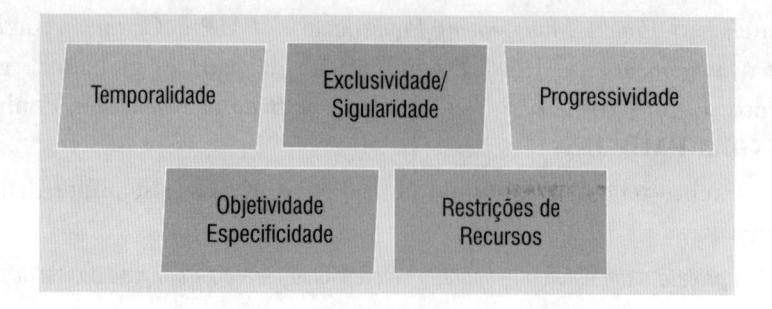

```
┌─────────────────┐  ┌─────────────────┐  ┌─────────────────┐
│  Temporalidade  │  │  Exclusividade/ │  │ Progressividade │
│                 │  │   Sigularidade  │  │                 │
└─────────────────┘  └─────────────────┘  └─────────────────┘

       ┌─────────────────┐  ┌─────────────────┐
       │   Objetividade  │  │   Restrições de │
       │  Especificidade │  │     Recursos    │
       └─────────────────┘  └─────────────────┘
```

Q14. (FCC / TRT 24ª Região / 2011) Segundo Schaffer Prochonw, projeto é um empreendimento planejado que consiste em um conjunto de atividades interrelacionadas e coordenadas, sendo uma de suas características a:

a) integralidade;

b) continuidade;

c) generalidade;

d) exclusividade;

e) imperatividade.

Primeiramente, cabe a ressalva de que a banca confundiu o nome do autor. Na realidade, são dois autores: Miriam Prochnow e Wigold Schaffer....

De qualquer modo, das alternativas acima, a exclusividade (ou singularidade) do produto ou do serviço gerado ao final do projeto é uma de suas características.

Com relação às demais alternativas, temos que (a) integralidade e (e) imperatividade não se aplicam a um projeto. Ainda, um projeto não é contínuo (b), mas sim limitado no tempo, e nem genérico (c), mas sim específico.

Resposta: D.

Q15. (FCC / TCE – PR / 2011) O ecossistema de gerenciamento de projetos está inserido em um contexto mais amplo, regido pelo gerenciamento de programas e de:

a) competências;

b) atividades;

c) processos;

d) propostas;

e) portfólios.

Vejamos dois conceitos importantes apresentados pelo PMBOK.

- **Programa**: é um grupo de projetos relacionados, gerenciado de modo coordenado para a obtenção de benefícios e controle que não estariam disponíveis se eles fossem gerenciados individualmente.

- **Portfólio**: refere-se a um conjunto de projetos ou programas e outros trabalhos, agrupados para facilitar o gerenciamento eficaz desse trabalho a fim de atingir os objetivos estratégicos de negócios.

Tais conceitos podem ser esclarecidos mediante as seguintes colocações:

- um programa é um conjunto de projetos que guardam uma relação entre si. Um programa voltado à melhora da logística em uma organização, por exemplo, pode ser formado por um projeto na área de transporte, por outro na de compras e por outro na área de gestão de estoques;
- portfólios podem ser apresentados em vários níveis. Em seu nível mais macro, o gerente de portfólio de projetos de uma organização lida com todos os projetos existentes (e não só com os relacionados entre si).

Com base em tais conceitos, o PMBOK traz a seguinte ilustração explicativa:

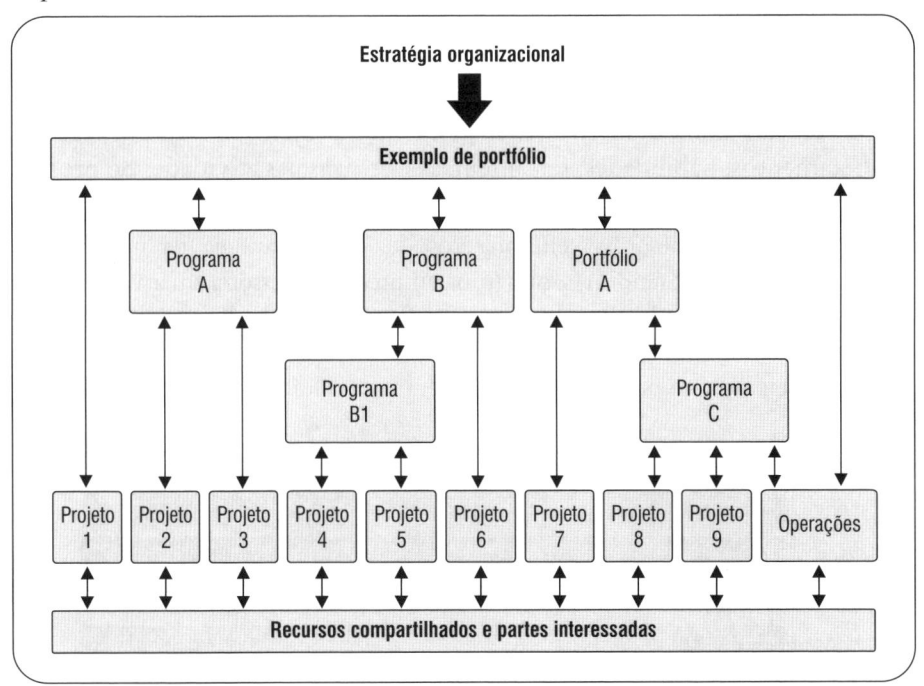

Recorrendo-se ao PMBOK, 6ª edição, p. 11:

O uso de técnicas, ferramentas e processos de gerenciamento de projetos fornece uma base sólida para as organizações atingirem suas metas e objetivos. Um projeto pode ser gerenciado em três cenários distintos: como projeto autônomo (fora de um portfólio ou programa), dentro de um programa ou dentro de um portfólio. Os gerentes de projeto interagem com gerentes de portfólio e programa quando um projeto pertence a um programa ou portfólio. Por exemplo, vários projetos podem ser necessários para atingir um conjunto de metas e objetivos de uma organização. Em situações assim, os projetos podem ser agrupados em um único programa. Um programa é definido como um grupo de projetos, programas subsidiários e atividades de programa relacionados, gerenciados de modo coordenado visando a obtenção de benefícios que não estariam disponíveis se eles fossem gerenciados individualmente. Os programas não são projetos de grande porte. Um projeto muito grande pode ser chamado de megaprojeto. Como diretriz, os megaprojetos custam USD 1 bilhão ou mais, afetam 1 milhão de pessoas ou mais, e são executados por anos.

Algumas organizações podem empregar o uso de um portfólio de projetos para efetivamente gerenciar vários programas e projetos em andamento num determinado momento. Um portfólio é definido como projetos, programas, portfólios subsidiários e operações gerenciados em grupo para alcançar objetivos estratégicos.

Com base nesse excerto, vemos que a alternativa "e" está correta.

Resposta: E.

4.2. A gestão de projetos

De acordo com o PMBOK, a gestão de projetos é "a aplicação de conhecimentos, habilidades, ferramentas e técnicas nas atividades do projeto com o objetivo de atender os [seus] requisitos".

O histórico de pesquisas em projetos de TI (tecnologia da informação) conduzidas pelo The Standish Group (uma empresa de assessoria em investimentos em TI) mostra um dado alarmante: em 2010, apenas 37% dos projetos naquela área tinham sucesso. 42% dos projetos sofriam atrasos significativos ou, ainda, geravam prejuízos, ao passo que 21% não eram concluídos.

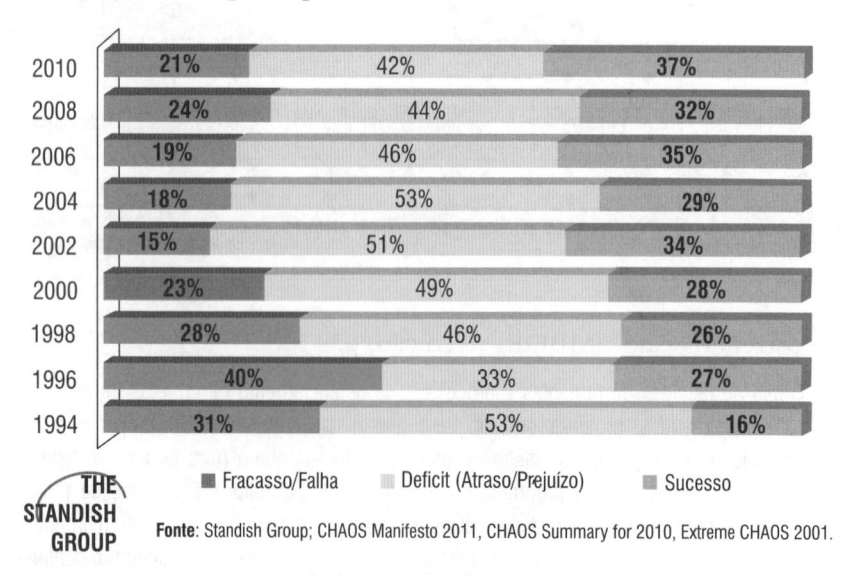

Ano	Fracasso/Falha	Deficit (Atraso/Prejuízo)	Sucesso
2010	21%	42%	37%
2008	24%	44%	32%
2006	19%	46%	35%
2004	18%	53%	29%
2002	15%	51%	34%
2000	23%	49%	28%
1998	28%	46%	26%
1996	40%	33%	27%
1994	31%	53%	16%

Fonte: Standish Group; CHAOS Manifesto 2011, CHAOS Summary for 2010, Extreme CHAOS 2001.

Taxas de desempenho de Projetos de TI.

Ante esse quadro preocupante, a gestão de projetos visa a prover o necessário planejamento e a estrutura essencial para que os projetos sejam concluídos no prazo previsto, dentro dos custos estimados, entregando um produto ou serviço com a qualidade requerida de forma a impactar positivamente o cliente-usuário.

O principal responsável pelo sucesso de um projeto é o **Gerente de Projeto**. Sua responsabilidade é a de entregar os produtos definidos no <u>escopo</u> do projeto, no <u>prazo</u>, determinado, ao <u>custo</u> autorizado e com a <u>qualidade</u> requerida. **Estes quatro fatores (escopo, prazo, custo e qualidade) são os determinantes para o objetivo de um projeto.**

Logicamente, essa responsabilidade é compartilhada com outros atores / áreas na organização, conforme podemos verificar no esquema a seguir.

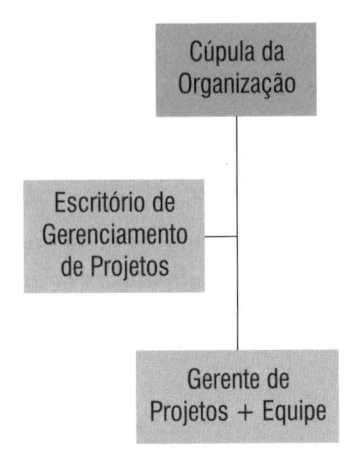

A **Cúpula da Organização** (alta direção) é responsável pela tomada de decisão, em especial no que concerne à autorização para a condução de um projeto. Também atua como <u>patrocinador</u> do projeto, proporcionando a estrutura política para sua execução.

O **Escritório de Gerenciamento de Projetos** (ou, de acordo com a nomenclatura do PMI, o *Project Management Office – PMO*), é uma área na organização responsável por prover o embasamento metodológico na condução de projetos. Atua como órgão de *staff*, emitindo relatórios gerenciais sobre a execução de projetos, bem como provendo os treinamentos necessários nessa área.

Por fim, o **Gerente de Projetos**, aliado à sua equipe, é o principal responsável pela execução do projeto, atuando em todas as suas fases.

De acordo com o PMBOK, as partes interessadas na gestão de projetos incluem:

- <u>clientes/usuários</u>: *pessoas ou organizações que usarão o produto, serviço ou resultado do projeto. Os clientes/usuários podem ser internos e/ou externos em relação à organização executora. Podem existir também várias camadas de clientes. Em algumas áreas de aplicação, os termos clientes e usuários são sinônimos; enquanto em outras, clientes se referem à entidade que adquire o produto do projeto e usuários são os que o utilizarão diretamente;*
- <u>patrocinador</u>: *a pessoa ou o grupo que fornece os recursos financeiros, em dinheiro ou espécie, para o projeto. Quando um projeto é concebido pela*

primeira vez, o patrocinador o defende. Isso inclui servir de porta-voz para os níveis gerenciais mais elevados, buscando obter o apoio de toda a organização e promover os benefícios que o projeto trará. O patrocinador conduz o projeto através do processo de comprometimento ou seleção até a autorização formal e desempenha um papel significativo no desenvolvimento do escopo inicial e do termo de abertura;

- gerentes de portfólios/comitê de análise de portfólios: os gerentes de portfólios são responsáveis pela governança de alto nível de um conjunto de projetos ou programas, que podem ou não ser interdependentes. Os comitês de análise de portfólios são geralmente constituídos por executivos da organização que atuam como um painel de seleção de projetos. Eles analisam cada projeto de acordo com o retorno sobre o investimento, o seu valor, os riscos associados à adoção do projeto e outros atributos;

- gerentes de programas: são responsáveis pelo gerenciamento de projetos relacionados de forma coordenada visando a obter benefícios e controle não disponíveis no gerenciamento individual. Os gerentes de programas interagem com cada gerente de projetos para fornecer apoio e orientação em projetos individuais;

- escritório de projetos: um escritório de projetos (Project Management Office – PMO) é um corpo ou entidade organizacional à qual são atribuídas várias responsabilidades relacionadas ao gerenciamento centralizado e coordenado dos projetos sob seu domínio. As responsabilidades de um PMO podem variar desde o fornecimento de funções de apoio ao gerenciamento de projetos até a responsabilidade real pelo gerenciamento direto de um projeto. O PMO pode ser uma parte interessada se ele tiver responsabilidade direta pelo resultado do projeto;

- gerentes de projetos: são designados pela organização executora para atingir os objetivos do projeto. Este é um papel conspícuo[10] com grandes desafios, de grandes responsabilidades e com prioridades mutáveis. Ele requer flexibilidade, bom senso, liderança forte e habilidades de negociação, além de um conhecimento sólido das práticas de gerenciamento de projetos;

- equipe do projeto: é composta pelo gerente do projeto, pela equipe de gerenciamento do projeto e por outros membros que executam o trabalho mas não estão necessariamente envolvidos com o gerenciamento do projeto;

- gerentes funcionais: são pessoas-chave que desempenham uma função gerencial dentro de uma área administrativa ou funcional do negócio, como recursos humanos, finanças, contabilidade ou aquisição. Eles têm o seu próprio pessoal permanente para executar o trabalho contínuo e têm uma diretiva clara para

---

10 Conspícuo = notável, iminente.

gerenciar todas as tarefas dentro de sua área de responsabilidade funcional. O gerente funcional pode fornecer consultoria sobre determinado assunto ou serviços ao projeto;

- *gerentes de operações:* são indivíduos que têm uma função gerencial em uma área de negócio principal, como pesquisa e desenvolvimento, design, fabricação, aprovisionamento, teste ou manutenção. Diferentemente dos gerentes funcionais, estes gerentes lidam diretamente com a produção e manutenção dos produtos ou serviços vendíveis à empresa;

- *fornecedores/parceiros comerciais:* são empresas externas que assinam um contrato para fornecimento de componentes ou serviços necessários ao projeto. Os parceiros comerciais fornecem consultoria especializada ou preenchem um papel específico, como instalação, personalização, treinamento ou suporte.

De acordo com o PMBOK, os gerentes de projetos e os PMOs (escritórios de projetos) buscam objetivos diferentes, e, dessa forma, orientam-se por requisitos distintos. As diferenças são sumarizadas no quadro a seguir:

Gerente de Projetos	Escritório de Projetos
Concentra-se nos objetivos especificados no projeto	Gerencia as principais mudanças do escopo do programa que podem ser vistas como possíveis oportunidades para melhor alcançar os objetivos de negócio
Controla os recursos atribuídos ao projeto para atender da melhor forma possível aos objetivos do projeto	Otimiza o uso dos recursos organizacionais compartilhados entre todos os projetos
Gerencia as restrições (escopo, cronograma, custo, qualidade etc.) dos projetos individuais	Gerencia as metodologias, padrões, o risco/oportunidade global e as interdependências entre os projetos no nível da empresa

Q16. (FCC / TST / 2012) A sistematização de conhecimentos e padrões em administração de projetos seguem preceitos de entidade internacional, mundialmente conhecida, que criou algumas referências usuais aos que lidam ou estudam gestão de projetos. Com base nessa sistematização e seus termos, considere as seguintes assertivas sobre gestão de projetos.

I. Um PMO coordena atividades pautadas no PMBOK do PMI.

II. O PMI constitui a base do conhecimento em gerenciamento de projetos do PMO.

III. O PMO tem entre seus objetivos o de formular padrões profissionais de gestão de projetos.

Está correto o que se afirma APENAS em:

a) I;

b) II;

c) III;

d) I e II;

e) I e III.

Para responder esta questão, devemos ter em mente que:

- **PMI**, ou *Project Management Institute*, é uma organização que visa a difundir conhecimentos acerca da gestão de projetos, promovendo certificações e publicando o Guia PMBOK;
- **PMBOK**, ou *Project Management Body of Knowledge*, é um guia que visa a padronizar o conhecimento acerca da gestão de projetos;
- **PMO**, ou *Project Management Office*, é uma área na organização, também conhecida por Escritório de Gerenciamento de Projetos, responsável por prover a metodologia na condução dos projetos organizacionais.

Com base nessas colocações, podemos analisar as assertivas:

I. Em outras palavras, a assertiva diz que o Escritório de Gerenciamento de Projetos coordena as atividades (de gestão de projetos, na organização) com base no Guia PMBOK, emitido pelo PMI. Está, assim, correta.

II. A base do conhecimento é o PMBOK, e não o PMI. A assertiva está errada.

III. Quem formula padrões profissionais (certificações) é o PMI. A assertiva está errada.

Reposta: A.

No que concerne à **gestão de projetos** propriamente dita, e com base em Keeling (2002), é possível efetuar a listagem dos seguintes atributos:

ATRIBUTOS DA GESTÃO DE PROJETOS	
ATRIBUTO	DEFINIÇÃO
Simplicidade de propósito	As metas e os objetivos dos projetos devem ser facilmente compreendidos
Clareza de propósito e de escopo	O projeto deve primar pela capacidade de ser descrito de forma clara e em poucos termos: objetivos, escopo (abrangência), recursos etc.
Facilidade de medição	O projeto deve ser passível de avaliação e de acompanhamento durante sua execução, comparando-o com metas preestabelecidas.
Flexibilidade de emprego	À gestão de um projeto deve ser possível o emprego de especialistas por períodos limitados, sem prejudicar as atribuições usuais de longo prazo desses profissionais.
Visam à mudança	Conforme sintetizado por Dinsmore e Silveira Neto (2004), projetos são motores de mudanças, visando a um produto final exclusivo e inovador.

Q17. (CESPE / ANP / 2013) A sequência de atividades programadas com o compromisso de fornecer um resultado que produza mudança é um exemplo de processo, pois há encadeamento lógico entre as diferentes etapas de produção.

Um processo é uma atividade repetida continuamente, não limitada no tempo. Não visa à mudança (ou à inovação), mas sim a agregar valor a um insumo. A efetiva inovação é inerente a um projeto.

Um exemplo usual e esclarecedor, nesse sentido, é o seguinte:
- o desenho inovador de um automóvel é um projeto;
- a fabricação deste automóvel, em momento posterior, é um processo.

Assim, vemos que a questão está errada.

5. Principais Características dos Modelos de Gestão de Projetos

De acordo com Allemand (2012), três são os modelos (ou padrões) de gerenciamento de projetos que se tornaram mais conhecidos nos últimos anos. São eles:

- **PRINCE 2** (*Projects in a Controlled Environment*);
- **ABNT NBR ISO 10006** – Sistemas de Gestão de Qualidade (Diretrizes para a gestão de qualidade em empreendimentos);
- **PMBOK** (*Project Management Body of Knowledge*).

A seguir, veremos as principais características de cada um desses modelos:

PRINCE 2 (*Projects in a Controlled Environment*)

O modelo de gerenciamento de projetos PRINCE (*Projects in a Controlled Environment*[11]) foi desenvolvido, originariamente, como uma norma do governo britânico para a gestão de projetos de tecnologia da informação (TI). Sua evolução – o PRINCE 2 – é de concepção da Agência Central de Telecomunicações e Computação do Governo Britânico (CCTA).

Este modelo tem sido adotado como um padrão de gerenciamento de projetos no Reino Unido. **As principais características** deste modelo, conforme consta de seu *site* oficial (<http://www.prince2.com>), são:

- foco na **justificativa do negócio**;
- definição da **estrutura organizacional** para a equipe de gestão de projetos;

---
11 "*Projetos em um ambiente controlado*", em tradução livre.

- abordagem de **planejamento baseada em produto**;
- **ênfase na divisão do projeto** em estágios gerenciáveis e controláveis;
- **flexibilidade** a ser aplicada a um nível adequado ao projeto.

ABNT NBR ISO 10006

Trata-se de uma norma nacional elaborada pela Associação Brasileira de Normas Técnicas (ABNT). Versa, basicamente, sobre a relação entre os princípios/práticas de **gestão de qualidade** e o gerenciamento de projetos.

Em termos gerais, a norma fornece **diretrizes** sobre as questões de qualidade que impactam os projetos, sejam eles de diversas complexidades, portes ou tamanhos. Conforme registra Stanleigh (2005), o objetivo da ABNT NBR ISO 10006 é *criar e manter a qualidade em projetos através de um processo sistemático que garanta que*:

- *as necessidades explícitas e implícitas dos clientes sejam entendidas e avaliadas;*
- *as necessidades das partes interessadas sejam entendidas e avaliadas;*
- *as políticas de qualidade da organização sejam incorporadas no gerenciamento de projetos.*

PMBOK

O Guia PMBOK (*Project Management Body of Knowledge*[12]) é um documento elaborado pelo *Project Management Institute* (PMI) que descreve o conjunto de práticas inerentes à profissão do gestor de projetos.

A metodologia apresentada pelo Guia PMBOK é bastante abrangente, sendo aplicável a qualquer tipo de projeto. Por ser o modelo mais difundido mundialmente na atualidade, será mais aprofundado na próxima seção, na qual será estudado o ciclo de vida de um projeto.

Por ora, somente no intuito de sedimentarmos conceitos fundamentais da gestão de projetos, é conveniente a apresentação dos seguintes quadros comparativos dos modelos ISO 10006 e PMBOK, elaborados por Stanleigh (2005):

---

12 "Corpo (ou conjunto) de Conhecimentos em Gerenciamento de Projetos", em tradução livre.

ISO 10006 X Guia PMBOK		
	ISO 10006 declara...	PMBOK declara...
Conceito de Projeto	O que é um projeto? – 3.5 Processo único, consistindo de um grupo de atividades coordenadas e contoladas com datas para início e término, empreendido para alcance de um objetivo conforme requisitos específicos, incluindo limitações de tempo, custo e recursos.	Seção 1.2 Um projeto é um esforço temporário empreendido para criar um produto, serviço ou resultado exclusivo.
Características de um projeto	Caracteristicas de um projeto – 4.1 – Único, fases não repetitivas consistindo de processos e atividades. – Com certo grau de risco e incerteza. – Deve entregar resultado com a qualidade especificada (mínima) dentro de determinados parâmetros. – Com datas de início e término planejadas, dentro de limites específicos de custo e recurso. – Pode ter longa duração e estar sujeito a mudanças de origem interna e externa ao longo do tempo.	Seção 1.2 – Realizado por pessoas. – Restringido por recursos limitados. – Planejado, executado e controlado.
Plano de qualidade X projeto	O que é um Plano de qualidade? – 4.2.3 – Documento que específica os procedimentos e recursos associados a serem aplicados por quem e quando para um projeto, produto, processo ou contrato específico.	Seção 8.1 – Identifica que padrões de qualidade são relevantes para o projeto e determina como satisfazê-los. – Descreve como a equipe de gerenciamento do projeto implementará a política de qualidade da organização executora.

ISO 10006 X Guia PMBOK		
	ISO 10006 declara...	PMBOK declara...
Foco no cliente ou no *stakeholder* (parte interessada)	Foco no cliente – 5.2.2 As organizações dependem de seus clientes e, portanto, devem entender as necessidades atuais e futuras dos clientes, devem atender os requisitos dos clientes e se esforçarem para superar as expectativas dos clientes.	Pessoas interessadas no projeto – 2.2 Partes interessadas no projeto são pessoas e organizações ativamente envolvidas no projeto ou cujos interesses podem ser afetados como resultado da execução ou do término do projeto. Eles podem também exercer influência sobre os objetivos e resultados do projeto. A equipe de gerenciamento do projeto precisa identificar as partes interessadas, determinar suas necessidades e expectativas e, na medida do possível, gerenciar sua influência em relação aos requisitos para garantir um projeto bem-sucedido.

Q18. (CESPE / CNJ / 2013) O esclarecimento das expectativas ou requisitos do cliente caracteriza uma etapa importante da gestão de projetos, pois a consulta aos *stakeholders* ajuda a clarificar os entregáveis.

O foco eminentemente no cliente (conforme é inerente ao modelo da ISO 10006) ou nos *stakeholders* (conforme preconiza o PMBOK) é essencial para garantir o êxito do projeto.

O cliente, em si, constitui a razão de ser do projeto: o produto exclusivo entregue ao final deverá satisfazer suas necessidades. Já os *stakeholders*, por constituírem partes que podem influenciar o andamento do projeto (podem ser acionistas, fornecedores, os próprios clientes, atores dos setores público ou privado, imprensa, consultorias externas etc.), detêm poder de influência à boa condução do projeto, o que demanda a necessidade de o gestor de projetos diagnosticar suas expectativas.

A questão, sob ótica pessoal, restringe o conceito de *stakeholder*, remetendo-o ao de cliente (o que não estaria propriamente correto). O enunciado, nesta acepção, não se mostra bem estruturado ou redigido. Vejo que houve a preocupação, do CESPE, em cobrar o conteúdo do tópico *"Pessoas interessadas no projeto"*, do PMBOK, conforme disposto na última linha do quadro anterior.

A banca considerou o gabarito desta questão como correto, servindo de base para conhecermos um pouco de sua tendência.

5.1. Áreas do conhecimento no Gerenciamento de Projetos, de acordo com o PMBOK

Cabe, ainda, uma familiarização com as **áreas do conhecimento na gestão de projetos**, que nada mais são do que os tipos de processos conduzidos durante o ciclo de vida de um projeto, categorizados em termos de objetivos específicos comuns.

As dez áreas do conhecimento de gerenciamento de projetos, bem como seus objetivos, podem ser assim relacionadas, de acordo com o PMBOK (6ª edição):

ÁREAS DO CONHECIMENTO	
CATEGORIA	OBJETIVO
Gerenciamento da integração do projeto	Inclui os processos e as atividades necessárias para identificar, definir, combinar, unificar e coordenar os vários processos e atividades de gerenciamento de projetos nos Grupos de Processos de Gerenciamento de Projetos.
Gerenciamento de Escopo do projeto	Inclui os processos necessários para assegurar que o projeto contemple todo o trabalho necessário, e apenas o necessário, para que este termine com sucesso.
Gerenciamento do cronograma[13] do projeto	Inclui os processos necessários para gerenciar o término pontual do projeto.
Gerenciamento dos custos do projeto	Inclui os processos envolvidos em planejamento, estimativas, orçamentos, financiamentos, gerenciamento e controle dos custos, de modo que o projeto possa ser terminado dentro do orçamento aprovado.
Gerenciamento da qualidade do projeto	Inclui os processos para incorporação da política de qualidade da organização com relação ao planejamento, gerenciamento e controle dos requisitos de qualidade do projeto e do produto para atender as expectativas das partes interessadas.
Gerenciamento dos Recursos do projeto	Inclui os processos para identificar, adquirir e gerenciar os recursos necessários para a conclusão bem-sucedida do projeto.
Gerenciamento das Comunicações do projeto	Inclui os processos necessários para assegurar que as informações do projeto sejam planejadas, coletadas, criadas, distribuídas, armazenadas, recuperadas, gerenciadas, controladas, monitoradas e finalmente organizadas de maneira oportuna e apropriada.
Gerenciamento de Riscos do projeto	Inclui os processos de condução de planejamento, identificação e análise de gerenciamento de risco, planejamento de resposta, implementação de resposta e monitoramento de risco em um projeto.

---

[13] Na versão anterior do PMOK, chamava-se "Gerenciamento do tempo do projeto".

ÁREAS DO CONHECIMENTO	
CATEGORIA	OBJETIVO
Gerenciamento de aquisições do projeto	Inclui os processos necessários para comprar ou adquirir produtos, serviços ou resultados externos à equipe do projeto.
Gerenciamento das Partes Interessadas do projeto	Inclui os processos exigidos para identificar as pessoas, grupos ou organizações que podem impactar ou serem impactados pelo projeto, analisar as expectativas das partes interessadas e seu impacto no projeto, e desenvolver estratégias de gerenciamento apropriadas para o seu engajamento eficaz nas decisões e execução do projeto.

Ainda de acordo com o PMBOK, podemos fazer a seguinte segmentação:

ÁREAS DO CONHECIMENTO	
CATEGORIA	PROCESSOS
Gerenciamento da integração do projeto	• Desenvolver o Termo de Abertura do projeto. • Desenvolver o plano de gerenciamento do projeto. • Orientar e gerenciar o trabalho do projeto. • Gerenciar o conhecimento do projeto. • Monitorar e controlar o trabalho do projeto. • Realizar o Controle Integrado de Mudanças. • Encerrar o projeto ou a fase.
Gerenciamento do Escopo do projeto	• Planejar o gerenciamento do escopo. • Coletar os requisitos. • Definir o escopo. • Criar a EAP. • Verificar o escopo. • Controlar o escopo.
Gerenciamento do cronograma do projeto	• Planejar o gerenciamento do cronograma. • Definir as atividades. • Sequenciar as atividades. • Estimar as durações das atividades. • Desenvolver o cronograma. • Controlar o cronograma.
Gerenciamento dos custos do projeto	• Planejar o gerenciamento dos custos. • Estimar os custos. • Determinar o orçamento. • Controlar os custos.
Gerenciamento da qualidade do projeto	• Planejar o gerenciamento da qualidade. • Gerenciar a qualidade. • Controlar a qualidade.

ÁREAS DO CONHECIMENTO	
CATEGORIA	**PROCESSOS**
Gerenciamento dos recursos do projeto	• Planejar o gerenciamento dos recursos. • Estimar os recursos das atividades. • Adquirir recursos. • Desenvolver a equipe. • Gerenciar a equipe. • Controlar os recursos.
Gerenciamento das Comunicações do projeto	• Planejar o gerenciamento das comunicações. • Gerenciar as comunicações. • Monitorar as comunicações.
Gerenciamento dos Riscos do projeto	• Planejar o gerenciamento de riscos. • Identificar os riscos. • Realizar a análise qualitativa dos riscos. • Realizar a análise quantitativa dos riscos. • Planejar as respostas a riscos. • Implementar respostas a riscos. • Monitorar os riscos.
Gerenciamento das aquisições do projeto	• Planejar o gerenciamento das aquisições. • Conduzir as aquisições. • Controlar as aquisições.
Gerenciamento das partes interessadas do projeto	• Identificar as partes interessadas. • Planejar o gerenciamento das partes interessadas. • Gerenciar o engajamento das partes interessadas. • Monitorar o engajamento das partes interessadas.

Todos os processos listados no quadro acima possuem entradas, ferramentas e técnicas aplicáveis e saídas. Por vezes, a banca pode cobrar tais informações. O melhor custo-benefício, em termos de estudo, é familiarizar-se com tais informações conforme tenha havido a cobrança em certame, haja vista a recorrência de foco nos mesmos processos.

5.2. O ciclo de vida de um projeto

Preliminarmente, devemos compreender que um projeto é composto por processos, que são repetidos de forma recorrente para cada projeto.

Para o Guia PMBOK, todos os projetos podem ser mapeados de acordo com a seguinte estrutura genérica de ciclo de vida:

- início do projeto;
- organização e preparação;
- execução do trabalho do projeto; e
- encerramento do projeto.

A estrutura genérica do ciclo de vida de um projeto, bem como os níveis de custo e de pessoal empregado são representados na figura a seguir, apresentada pelo PMBOK:

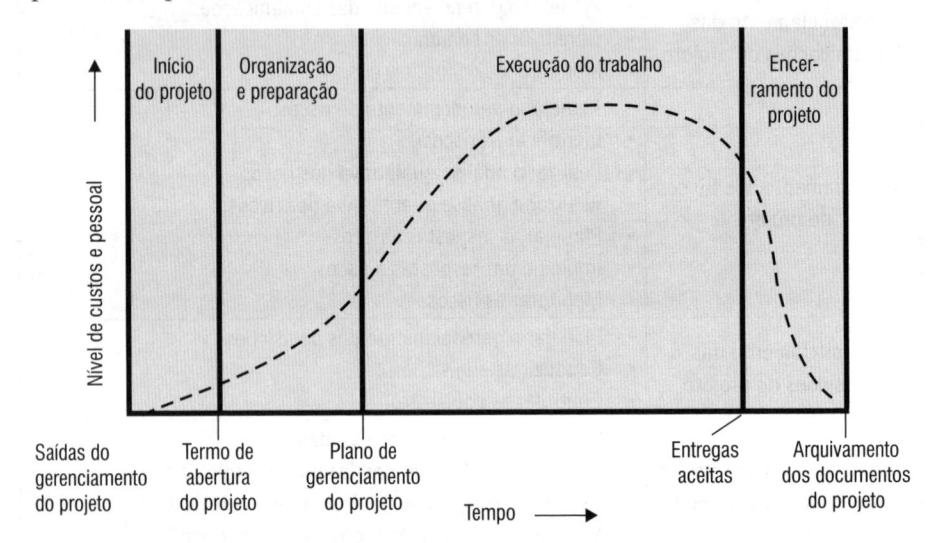

De acordo com o PMBOK, os processos inerentes a um projeto podem ser classificados em uma de duas categorias principais:

- *processos de gerenciamento de projetos*: garantem o fluxo eficaz do projeto ao longo de sua existência;
- *processos orientados a produtos*: especificam e criam o produto de um projeto

Ademais, para o Guia PMBOK, os **processos envolvidos em um projeto** descrevem, organizam e completam o trabalho do projeto, e podem ser agrupados em cinco **grupos**, **etapas** ou **fases principais**:

- iniciação;
- planejamento;
- execução;
- controle / monitoramento e
- conclusão / encerramento.

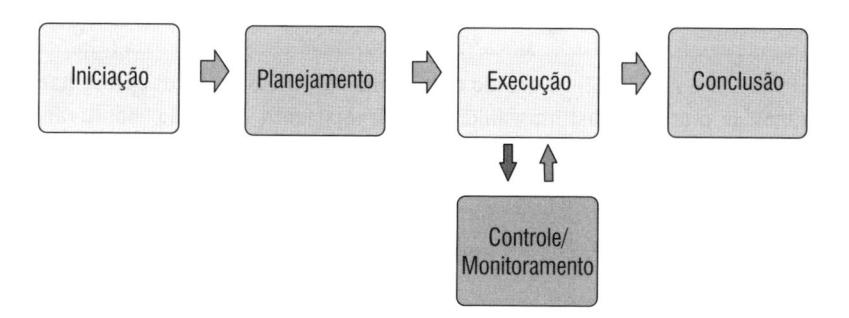

Capítulo 15 | Gestão por Processos e Gestão de Projetos

De acordo com o PMBOK, eis a ilustração acerca do ciclo de vida, dos grupos de processos e das áreas de conhecimento:

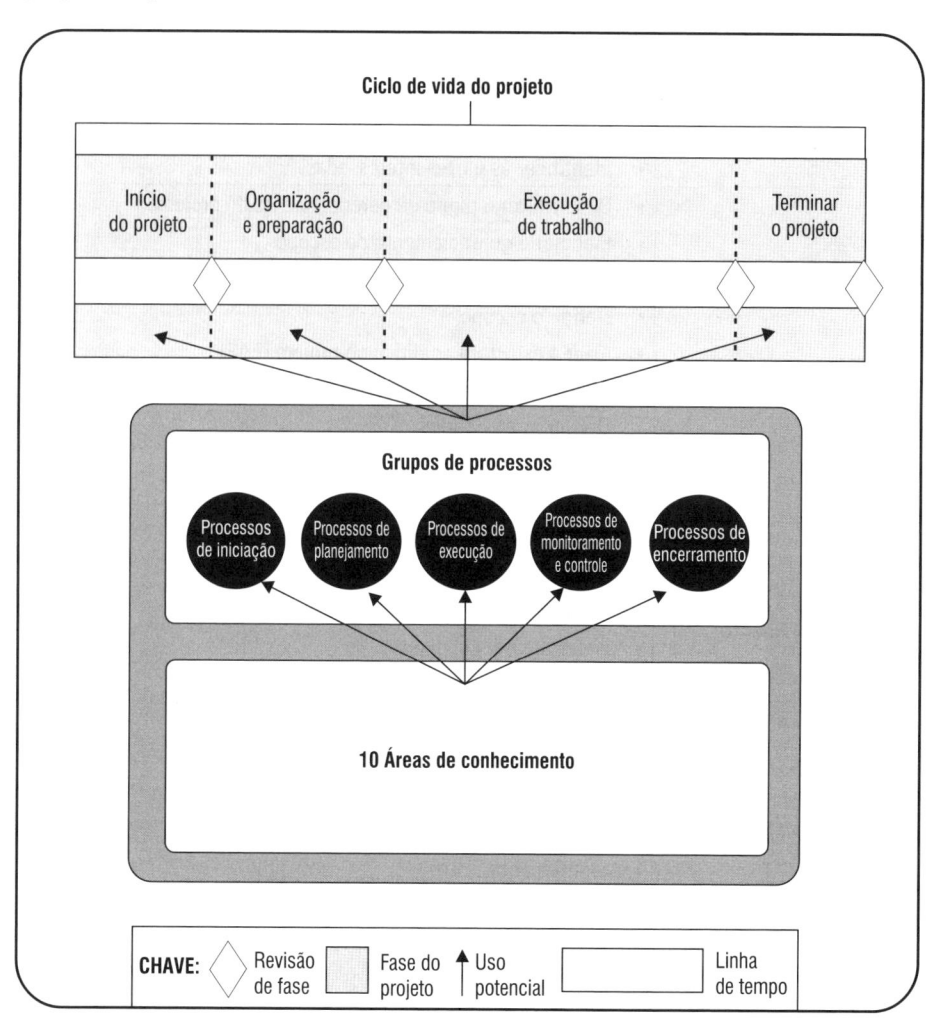

Q19. (CESPE / TJ – AC / 2012) De acordo com o Guia PMBOK, os projetos apresentam cinco grupos de processos distintos: iniciação, planejamento, execução, monitoramento e controle e encerramento.

A questão lista, de forma apropriada, os cinco grupos de processos que formam o ciclo de vida de um projeto, de acordo com o Guia PMBOK.
A assertiva está correta.

A seguir, veremos com maiores detalhes cada uma dessas etapas (ou grupos de processo). De antemão, cabe o registro dos processos inscritos em cada um desses grupos de processo:

GRUPO DE PROCESSO	PROCESSOS
Iniciação	• Desenvolver o termo de abertura do projeto. • Identificar as partes interessadas.
Planejamento	• Desenvolver o plano de gerenciamento do projeto. • Planejar o gerenciamento do escopo. • Coletar os requisitos. • Definir o escopo. • Criar a estrutura analítica do projeto (EAP). • Planejar o gerenciamento do cronograma. • Definir as atividades. • Sequenciar as atividades. • Estimar as durações das atividades. • Desenvolver o cronograma. • Planejar o gerenciamento dos custos. • Estimar os custos. • Determinar o orçamento. • Planejar o gerenciamento da qualidade. • Planejar o gerenciamento dos recursos. • Estimar os recursos das atividades. • Planejar o gerenciamento das comunicações. • Planejar o gerenciamento dos riscos. • Identificar os riscos. • Realizar a análise qualitativa dos riscos. • Realizar a análise quantitativa dos riscos. • Planejar respostas aos riscos. • Planejar o gerenciamento das aquisições. • Planejar o engajamento das partes interessadas

GRUPO DE PROCESSO	PROCESSOS
Execução	• Orientar e gerenciar o trabalho do projeto. • Gerenciar o conhecimento do projeto. • Gerenciar a qualidade. • Adquirir recursos. • Desenvolver a equipe. • Gerenciar a equipe. • Gerenciar as comunicações. • Implementar respostas aos riscos. • Conduzir as aquisições. • Gerenciar o engajamento das partes interessadas.
Monitoramento e controle	• Monitorar e controlar o trabalho do projeto. • Realizar o controle integrado de mudanças. • Validar o escopo. • Controlar o escopo. • Controlar o cronograma. • Controlar os custos. • Controlar a qualidade. • Controlar os recursos. • Monitorar as comunicações. • Controlar as aquisições. • Monitorar o engajamento das partes interessadas.
Encerramento	• Encerrar o projeto ou fase.

5.2.1. Iniciação

Na fase de iniciação, há a identificação da necessidade da obtenção de um produto ou serviço singular na organização, que venha fazer frente a um problema ou desafio real. E outras palavras, deve-se decidir se um projeto deve (ou não) ser iniciado, por meio de um **estudo de viabilidade do projeto**.

Feita esta identificação, parte-se para a definição preliminar do projeto, incluindo um escopo inicial, os pré-requisitos para sua condução e as demais informações necessários com vistas à sua autorização.

O documento típico da iniciação é o **Termo de Abertura do Projeto**, constituindo-se no marco de sua inauguração, assim definido pelo PMBOK:

> **Termo de Abertura do Projeto** é um documento publicado pelo iniciador ou patrocinador do projeto que autoriza formalmente a existência de um projeto e concede ao gerente de projetos a autoridade para aplicar os recursos organizacionais nas atividades do projeto.

Q20. (CESPE / TRT 10ª Região / 2013) Critérios técnicos de seleção de projetos tais como a disponibilidade de capital e de matérias-primas e a competência gerencial permitem que a exequibilidade do projeto seja determinada em relação aos objetivos propostos.

Disponibilidade de capital, de matérias-primas e competência gerencial são exemplos de recursos (financeiros, materiais e intelectuais) que efetivamente devem ser ponderados quando do estudo de viabilidade do projeto, ou seja, quando da análise se o projeto é exequível frente aos objetivos propostos.

A questão está certa.

5.2.2. Planejamento

Trata-se da fase mais crítica na condução de um projeto. Um planejamento mal feito irá comprometer o êxito dos esforços envolvidos.

No planejamento, em geral, procedem-se às seguintes ações, que estarão incluídas no **Plano do Projeto**:

- Detalhamento do escopo do projeto.
- Estimativa de prazos (elaboração de cronogramas).
- Estimativa de recursos necessários.
- Montagem da equipe do projeto.
- Definição de responsabilidades.
- Identificação dos *stakeholders* e elaboração de um plano de comunicação, responsável por facilitar as eventuais mudanças advindas do produto ou serviço final entregue pelo projeto.
- Identificação e planejamento da gestão de riscos.

Q21. (CESPE / ANP / 2013) Necessidades e objetivos maldefinidos são exemplos de problemas comuns na gestão de projetos.

Necessidades (em termos de recursos ou das próprias demandas organizacionais) e objetivos maldefinidos seguramente irão comprometer o planejamento de um projeto. Tais carências são comuns na gestão de projetos, bem como os arrolados a seguir:

- prazos definidos sem fundamentação;
- responsabilidades indefinidas (em geral, por carência de recursos de pessoal);
- escopo maldelineado, acarretando sua mudança ao longo do tempo;

- excesso de complexidade no projeto, seja em termos técnicos ou relacional (em termos de interesses envolvidos e de relacionamento ou comportamento de pessoas);
- etc.

A assertiva está correta.

Q22. (CESPE / CNJ / 2013) Quando a complexidade técnica e a relacional são elevadas, as dificuldades e os riscos são maiores, podendo dificultar a execução do projeto.

Guimarães (2012) apresenta uma categorização de projetos em termos de sua dificuldade de execução. Veja o esquema a seguir:

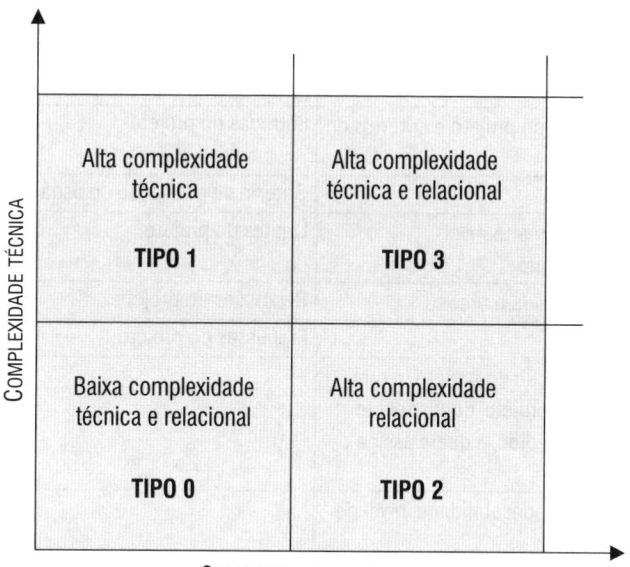

	Alta complexidade técnica **TIPO 1**	Alta complexidade técnica e relacional **TIPO 3**
COMPLEXIDADE TÉCNICA	Baixa complexidade técnica e relacional **TIPO 0**	Alta complexidade relacional **TIPO 2**

COMPLEXIDADE RELACIONAL

- **Projetos Tipo 0**: de baixa complexidade técnica e relacional, referem-se a mudanças simples e normais na vida de uma organização, muitas vezes sem que haja a formalização sob a forma de um projeto estruturado;
- **Projetos Tipo 1**: complexos tecnicamente, mas não sujeitos a dificuldades de relacionamentos e de comportamentos dos indivíduos;
- **Projetos Tipo 2**: de baixa complexidade técnica, mas com relacionamentos interpessoais problemáticos;
- **Projetos Tipo 3**: são os projetos de elevada complexidade técnica e relacional, implicando riscos significativos à execução satisfatória do projeto.

A questão refere-se, de forma apropriada, ao *Projeto Tipo 3*. A assertiva está, assim, correta.

Os principais documentos gerados na fase de planejamento são:
- Declaração de escopo → descrição do que faz parte (e, logicamente, do que está fora) do projeto. Este documento lista o(s) objetivo(s) do projeto, o trabalho que será realizado e os produtos e serviços que serão entregues quando de sua conclusão.
- O quadro a seguir, extraído do PMBOK, traz uma comparação entre os elementos que devem constar do Termo de Abertura e da Declaração de Escopo:

Termo de abertura	Declaração do escopo
Propósito do projeto ou justificativa	Descrição do escopo do produto (progressivamente elaborada)
Objetivos mensuráveis do projeto e critérios de sucesso relacionados	Entregas do projeto
Requisitos de alto nível	Critério de aceitação do usuário
Descrição do projeto em alto nível, características do produto	Limites do projeto
Resumo do cronograma de marcos	Restrições do projeto
Resumo do orçamento	Premissas do projeto
Requisitos para aprovação do projeto (o que constitui o sucesso do projeto, quem decide se o projeto é bem-sucedido, e quem assina o projeto)	
Gerente do projeto, responsabilidade, nível de autoridade designados	
Nome e responsabilidade da(s) pessoa(s) autorizando o termo de abertura do projeto	

- Estrutura Analítica do Projeto (EAP) → o EAP é um diagrama, na forma de uma disposição hierárquica, que apresenta as atividades e as tarefas que serão necessárias para a consecução dos objetivos do projeto, sendo essencial para a elaboração do cronograma. O esquema abaixo mostra uma representação típica de uma EAP:

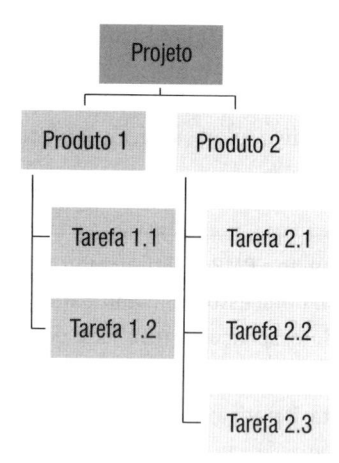

```
                    Projeto
                   ┌───┴───┐
              Produto 1   Produto 2
                 │           │
              Tarefa 1.1  Tarefa 2.1
                 │           │
              Tarefa 1.2  Tarefa 2.2
                             │
                          Tarefa 2.3
```

Reforçando o conceito, eis a definição de EAP provida pelo PMBOK:

*A **EAP** é uma decomposição hierárquica orientada à entrega do trabalho a ser executado pela equipe para atingir os objetivos do projeto e criar as entregas requisitadas, com cada nível descendente da EAP representando uma definição gradualmente mais detalhada do trabalho do projeto.*

Q23. (CESPE / TJ – RR / 2012) A estrutura analítica de um projeto (EAP) detalha as atividades e tarefas que o compõem e consiste em insumo fundamental para a criação de um cronograma.

A questão foi proposta apenas para reforçar a teoria exposta acima. Está, assim, correta.

Q24. (CESPE / ANP / 2013) Assim que a estrutura analítica do projeto é determinada, pode-se elaborar a sua declaração e o seu detalhamento.

A Estrutura Analítica do Projeto é o próprio detalhamento da Declaração do Escopo do projeto. Assim, podemos dizer que a Declaração antecede a EAP, sendo cada nível que compõe esta estrutura, em si, um detalhamento gradual e hierárquico do trabalho a ser desenvolvido.

A questão está, dessa forma, errada.

5.2.3. Execução

Nesta etapa, os recursos orçamentários, materiais e de pessoal são coordenados de acordo com o planejamento efetuado na fase anterior, de forma a bem executar o projeto.

Q25. (ESAF / DNIT / 2013) Segundo o PMBoK 4.0, quando os projetos têm várias fases, estas são parte, em geral, de um processo projetado para garantir um controle adequado do projeto e obter o produto, serviço ou resultado desejado. Os três tipos básicos de relações entre as fases são:

a) sequencial, sobreposta, iterativa;

b) intercalada, fortuita, direcional;

c) aleatória, casual, complementar;

d) imutável, apartada, linear;

e) transitória, interposta, hierárquica.

Na execução do projeto, pode haver mais de um subproduto (ou "entrega") importante. Nesse caso, diz-se que o projeto está segmentado em **fases**.

De acordo com o PMBOK, **fases de um projeto** são *parte, em geral, de um processo sequencial projetado para garantir um controle adequado do projeto e obter o produto, serviço ou resultado desejado.*

Apesar de, usualmente, as fases serem estabelecidas de forma sequencial, o PMBOK reconhece que nem sempre isso é possível, apresentando, dessa forma, **3 (três tipos básicos de relações entre fases)**:

- **sequencial**: uma fase só é iniciada depois que a anterior terminar;
- **sobreposta**: a fase tem início antes do término da anterior. As fases sobrepostas podem aumentar o risco e resultar em retrabalho caso uma fase subsequente progrida antes que as informações precisas sejam disponibilizadas pela fase anterior;
- **iterativa**: apenas uma fase está planejada a qualquer momento, sendo que o planejamento da próxima é feito à medida que o trabalho avança na fase atual ou nas entregas. É uma abordagem útil em ambientes incertos e indefinidos.

Com base na exposição acima, a alternativa "a" está correta.

Resposta: A.

5.2.4. Monitoramento / Controle

Esta etapa compreende os processos que visam a aferir se a execução está se dando conforme planejado. Há controle no que tange às despesas, ao cumprimento do cronograma, aos riscos envolvidos, às qualidades dos produtos / serviços.

A depender dos achados do monitoramento, eventuais ações corretivas são tomadas.

5.2.5. Conclusão / Encerramento

Esta etapa visa a encerrar o projeto de modo ordenado, após a verificação do atendimento do produto ou serviço gerado aos critérios desejados.

Uma vez entendido que se pode proceder à finalização do projeto, gera-se o **Termo de Encerramento do Projeto**, a fim de formalizar sua conclusão.

6. Controle do cronograma em projetos (Redes de precedência, folgas, caminho crítico)

O gerenciamento do tempo do projeto, de acordo com o PMBOK, contempla 6 (seis) processos:

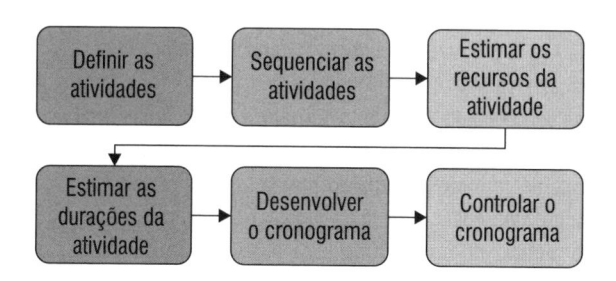

- Definir as atividades: identificação das ações específicas a serem realizadas para produzir as entregas do projeto.
- Sequenciar as atividades: identificação e documentação dos relacionamentos entre as atividades do projeto.
- Estimar os recursos da atividade: estimativa dos tipos e quantidades de material, pessoas, equipamentos ou suprimentos que serão necessários para realizar cada atividade.

- Estimar as durações da atividade: estimativa do número de períodos de trabalho que serão necessários para terminar as atividades específicas com os recursos estimados.

- Desenvolver o cronograma: análise das sequências das atividades, suas durações, recursos necessários e restrições do cronograma, visando a criar o cronograma do projeto, e

- Controlar o cronograma: monitoramento do andamento do projeto para atualização do seu progresso e gerenciamento das mudanças feitas na linha de base do cronograma.

Caso haja atrasos passíveis de afetar o desempenho geral do projeto, pode ser pertinente atualizar a linha de base do cronograma para refletir as expectativas realísticas.

Entre as técnicas para o desenvolvimento do cronograma, é mister destacar o **Método do Caminho Crítico**, assim descrito pelo PMBOK:

> O método do caminho crítico é usado para estimar a duração mínima do projeto e determinar o grau de flexibilidade nos caminhos lógicos da rede dentro do modelo de cronograma.
>
> Essa técnica de análise de rede do cronograma calcula as datas de início mais cedo, término mais cedo, início mais tarde e término mais tarde de todas as atividades sem considerar quaisquer limitações de recursos, por meio da realização de uma análise de caminhos de ida e de volta através da rede do cronograma, conforme mostrado na Figura 6-16.
>
> Nesse exemplo, o caminho mais longo inclui as atividades A, C e D e, portanto, a sequência de A-C-D é o caminho crítico. O caminho crítico é a sequência de atividades que representa o caminho mais longo de um projeto, que determina a sua menor duração possível. O caminho mais longo tem a menor folga total – geralmente zero. As datas resultantes de início e término mais cedo e início e término mais tarde não são necessariamente o cronograma do projeto, mas sim uma indicação dos períodos de tempo dentro dos quais a atividade poderia ser executada, usando os parâmetros inseridos no modelo do cronograma para durações de atividades, relações lógicas, antecipações, esperas, e outras restrições conhecidas.
>
> O método do caminho crítico é usado para calcular os caminhos críticos e a quantidade total de folga livre ou de flexibilidade do cronograma nos caminhos lógicos da rede dentro do modelo de cronograma. Em qualquer caminho de rede, a folga total ou flexibilidade do cronograma é medida pela quantidade de tempo que uma atividade pode ser atrasada ou estendida a partir da sua data de início mais cedo sem atrasar a data de término do projeto ou violar uma restrição do cronograma.

Um caminho crítico é normalmente caracterizado por uma folga total igual a zero no caminho crítico. Quando implementados com sequenciamento do método do diagrama de precedência, os caminhos críticos podem ter uma folga total positiva, igual a zero ou negativa, dependendo das restrições aplicadas.

A folga total positiva é causada quando o caminho de volta é calculado a partir de uma restrição do cronograma que é mais tarde que a data de término mais cedo que foi calculada durante o cálculo do caminho de ida.

A folga total negativa é causada quando uma restrição nas datas mais tarde é violada pela duração e lógica. A análise de folga negativa é uma técnica que ajuda a encontrar possíveis formas aceleradas de colocar um cronograma atrasado de volta aos trilhos.

As redes do cronograma podem ter múltiplos caminhos quase críticos. Muitos pacotes de software permitem que o usuário defina os parâmetros usados para determinar o(s) caminho(s) crítico(s). Ajustes às durações da atividade (quando mais recursos ou menos escopo podem ser providenciados), relações lógicas (quando as relações forem arbitradas no início), antecipações e esperas, ou outras restrições do cronograma podem ser necessários para produzir caminhos de rede com folga total zero ou positiva. Uma vez que a folga total e a folga livre tenham sido calculadas, a folga livre é a quantidade de tempo que uma atividade do cronograma pode ser atrasada sem atrasar a data de início mais cedo de qualquer atividade sucessora, ou violar uma restrição do cronograma. Por exemplo, a folga livre para a Atividade B na Figura 6-16 é de cinco dias.

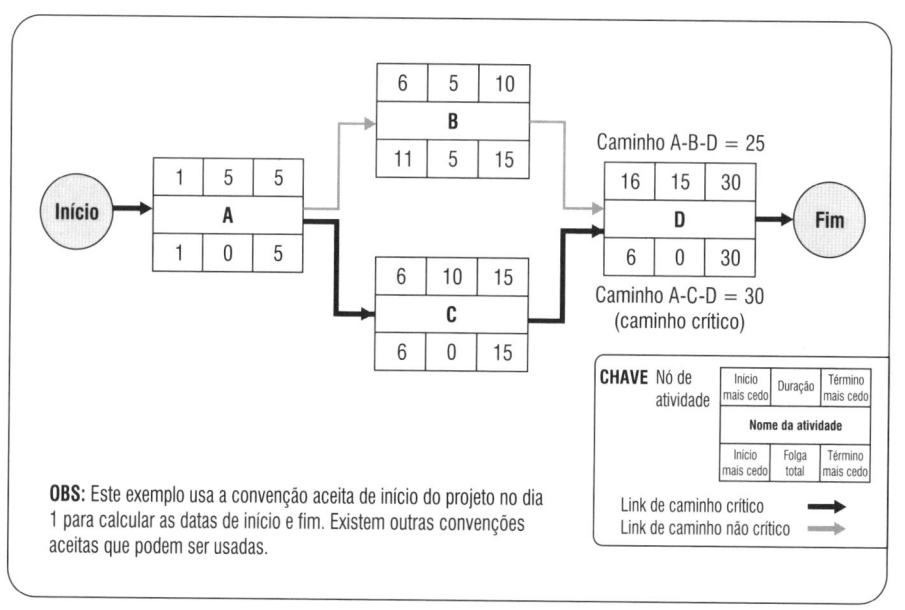

OBS: Este exemplo usa a convenção aceita de início do projeto no dia 1 para calcular as datas de início e fim. Existem outras convenções aceitas que podem ser usadas.

Para a construção de um diagrama de rede do cronograma de projeto, na lógica do Método do Caminho Crítico, emprega-se o chamado Método do Diagrama de Precedência (MDP), assim definido pelo PMBOK:

> *Método do Diagrama de Precedência (MDP) é uma técnica de diagramação de rede do cronograma onde as atividades do cronograma são representadas por caixas (nós). As atividades do cronograma são graficamente ligadas por um ou mais relacionamentos lógicos para demonstrar a sequência em que as atividades devem ser realizadas.*

Q25. (FCC / SEFAZ – SP / 2013) Um dos processos de gerenciamento do tempo do projeto é o que permite desenvolver o cronograma do projeto. Uma das técnicas utilizadas no desenvolvimento do cronograma é a que permite mostrar o caminho crítico no diagrama de redes. A figura a seguir mostra um fragmento de um diagrama de redes.

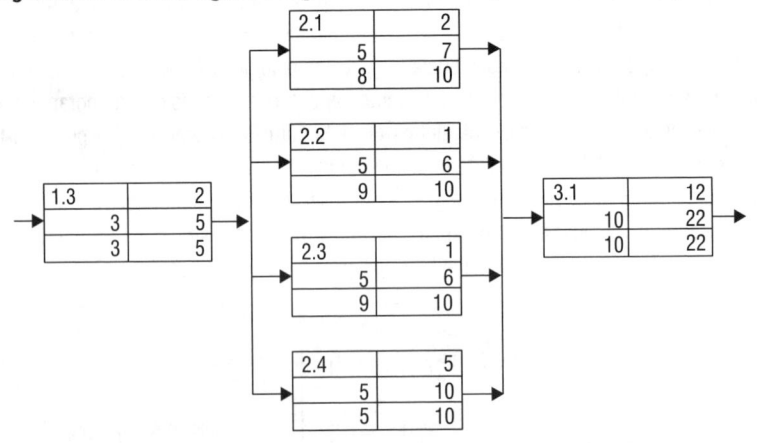

Legenda:

Número da atividade	Duração
Primeira data de início	Primeira data de término
Última data de início	Última data de término

Considere que as datas de início e término de cada atividade referem-se à quantidade de dias passados desde o início do projeto. Por exemplo, a última data de término da atividade 3.1 será 22 dias após o início do projeto.

No fragmento de diagrama de redes apresentado, o caminho crítico passa pelas atividades:

a) 1.3, 2.2 e 3.1.
b) 1.3, 2.4 e 3.1.
c) 1.3, 2.1 e 3.1.
d) 3.1, 2.3 e 1.3.
e) 1.3, 2.1 e 2.4.

Como vimos, no Método do Caminho Crítico, consideram-se as datas resultantes de início e término mais cedo e início e término mais tarde.

O processo segue o fluxo da esqueda para a direita. Assim, a primeira atividade é a 1.3.

Já com relação à atividade central, devemos analisar as datas de início e término. Assim, comparando as atividades 2.1 a 2.4, encontramos:

- primeira data de início mais cedo: 5;
- última data de início mais cedo: 5;
- primeira data de término mais tarde: 10;
- última data de término mais tarde: 10.

A atividade com essas características é a 2.4. Após isso, o fluxo segue para a atividade 3.1.

Resposta: B.

Q26. (ESAF / ANA / 2009) Considere a tabela do Diagrama de Rede de um projeto composto por atividades término-início abaixo:

Atividade	Predecessora	Início mais cedo	Início mais tarde	Duração
A	início	1	1	5
B	A	6	6	5
C	A	6	8	3
D	B e C	11	11	2
E	D	13	13	4
F	D	13	16	1
G	E e F	17	17	1
fim	G			

Analise as afirmativas que se seguem e selecione a opção que representa a conclusão de sua análise:

( ) O caminho crítico do diagrama de Rede é representado pelas atividades A-B-D-E-G;

( ) A folga total das atividades A, B, C e E é igual a zero;

( ) O tempo total do projeto, do início ao fim, é de 17 dias;

( ) A folga das atividades pode ser obtida pela diferença: fim mais tarde menos o fim mais cedo.

a) C, C, C, E.
b) E, C, E, C.
c) C, E, C, C.
d) E, E, E, E.
e) E, C, C, C.

Primeiramente, com base na relação de predecessão, constante da tabela, podemos traçar o seguinte esquema, a ser lido da esquerda para a direita:

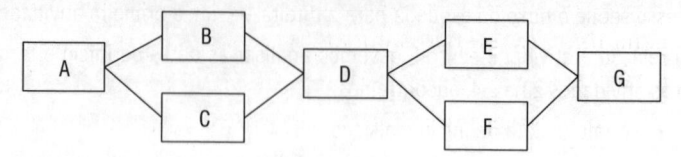

```
      B
   ↗    ↘        E
 A         D  ↗    ↘
   ↘    ↗        ↘    G
      C          F  ↗
```

Em seguida, devemos ter em mente que no Método do Caminho Crítico, consideram-se as datas resultantes de início e término mais cedo e início e término mais tarde. Ou seja, é o caminho cuja soma da duração das atividades é a maior possível.

A questão não nos apresenta as datas de término, mas apenas as de início e a duração – o que possibilita a determinação das datas de término. Assim, o caminho crítico é assim destacado:

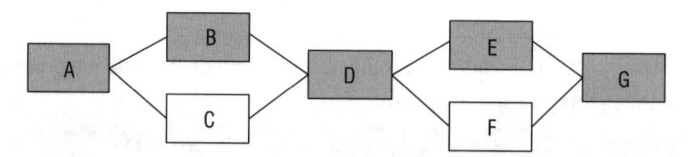

O tempo total do projeto é a soma da duração de suas atividades, ou seja: 5 + 5 + 2 + 4 + 1 = 17 dias.

A folga pode ser medida pela diferença positiva entre as datas de término mais tarde e mais cedo, ou entre as datas de início mais tarde e mais cedo. Para as atividades A, B, D, E, e G, a folga é igual a zero. Para C, a folga é 2 (8 - 6). Para F, 3 (16 - 13).

Com base no exposto, vemos que a alternativa C está correta.

7. Orçamentação e gestão de custos em projetos

De acordo com o PMBOK, são quatro os processos de gerenciamento de custos de um projeto, a saber:

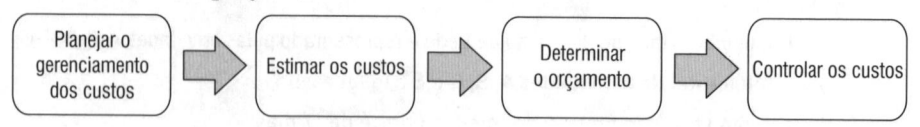

Planejar o gerenciamento dos custos → Estimar os custos → Determinar o orçamento → Controlar os custos

- Planejar o gerenciamento dos custos → definição de como os custos do projeto serão estimados, orçados, gerenciados e controlados;
- Estimar os custos → desenvolvimento de uma estimativa de custos para a conclusão das atividades do projeto;
- Determinar o orçamento → agregação dos custos estimados na etapa anterior, referentes a atividades ou a pacotes de trabalho, a fim de estabelecer a linha de base autorizada dos custos;

- Controlar os custos → monitoramento do andamento do projeto para atualização do seu orçamento e gerenciamento das mudanças feitas na linha de base dos custos.

O controle de custos, de acordo com o PMBOK, é realizado mediante o que se chama de **gerenciamento do valor agregado (GVA)**, que integra as linhas bases de escopo, de custos e do cronograma, a fim de formar a linha base do desempenho do projeto. Para cada iniciativa, o GVA monitora três dimensões chave, a saber[14]:

- **Valor planejado.** Valor planejado (VP) é o orçamento autorizado designado ao trabalho agendado. O valor planejado (VP) é o orçamento autorizado designado para o trabalho a ser executado para uma atividade ou componente da estrutura analítica do projeto. Esse orçamento é designado por fase no decorrer de todo o projeto mas, em um determinado momento, o valor planejado define o trabalho físico que deveria ter sido executado. O total do VP algumas vezes é chamado de linha de base de medição do desempenho (PMB sigla em inglês). O valor total planejado para o projeto também é conhecido como orçamento no término (ONT).

- **Valor agregado.** Valor agregado (VA) é a medida do trabalho executado expressa em termos do orçamento autorizado para tal trabalho. É o orçamento associado ao trabalho autorizado que foi concluído. O VA sendo medido deve estar relacionado à linha de base de medição do desempenho (PMB em inglês), e o VA medido não pode ser maior que o orçamento VP autorizado para um componente. O VA é frequentemente usado para calcular a percentagem concluída de um projeto. Os critérios de medição do progresso devem ser estabelecidos para cada componente de EAP para medir o trabalho em andamento. OS gerentes de projeto monitoram o VA, tanto em incrementos para determinar a situação corrente, e de forma acumulativa para determinar as tendências de desempenho a longo prazo.

- **Custo real.** Custo real (CR) é custo realizado incorrido no trabalho executado de uma atividade, durante um ́período específico. É o custo total incorrido ma execução do trabalho que o VA mediu. O CR deve corresponder em definição ao que foi orçado para o VP e medido no VA (por exemplo, somente horas diretas, somente custos diretos, ou todos os custos inclusive os indiretos). O CR não terá limite superior; tudo o que for gasto para atingir o VA será medido.

---

14 Excerto extraído do PMOK, 6ª edição.

Tendências atuais, contudo, incluem a expansão do GVA para a inclusão do conceito de **prazo agregado (PA)**, assim explicado pelo PMBOK:

> PA é uma extensão da teoria e prática de GVA. A teoria do prazo agregado substitui as medidas da variação de prazos usadas no tradicional GVA (valor agregado – valor planejado) com PA e o tempo real (TR). Usando a equação alternativa para calcular a variação de prazos, PA-TR, se a quantidade de prazo agregado for maior que zero, o cronograma do projeto será considerado adiantado. Em outras palavras, o projeto ganhou mais do que o planejado em determinado ponto no tempo. O índice de desempenho de prazos (IDP) usando métricas de prazo agregado é PA/TR. Isto indica a eficiência com a qual o trabalho está sendo realizado. A teoria do prazo agregado também fornece fórmulas para prever a data de conclusão do projeto usando prazo agregado, tempo real e duração estimada.

Questões de Concursos

1. (CONSULPLAN / TRF 2ª Região / 2017 - adaptada) Gestão de Processos ou Business Process Management (BPM) é o alinhamento dos objetivos estratégicos da organização, projetando e implementando arquiteturas de processos, estabelecendo sistemas de medidas dos processos que alinham com os objetivos da organização, e educar e organizar os administradores para que possam administrar efetivamente os processos.

2. (CESPE / MJ / 2013) Na organização gerida por processos, todas as tarefas são executadas sob rígida supervisão hierárquica, a fim de se obter altos índices de produtividade.

3. (CONSULPLAN / TRF 2ª Região / 2017 - adaptada) No Gerenciamento do Processo devem ser coletados dados dos resultados obtidos e compará-los com os objetivos preestabelecidos. Se os objetivos não foram atingidos a contento, devem ser implementadas ações para determinar as causas dos desvios e implementadas as devidas correções.

4. (CESPE / STM / 2018) Caracterizada por ser uma estrutura de gestão verticalizada, a gestão por processos foca as funções específicas de cada departamento de uma organização e sua participação nas tarefas.

5. (CESPE / STM / 2018) Um processo corresponde a uma sequência de tarefas, planejadas ou não, executadas em uma organização sob a condução de um gestor.

6. (CESPE / SEEDF / 2017) Processos de gestão e processos de apoio são dois dos três tipos em que se classificam os processos de negócios.

7. (CESPE / SEEDF / 2017) Gerenciamento de Processos de Negócio — ou *Business Process Management* (BPM), como é conhecido internacionalmente — é um método cuja utilidade limita-se ao mapeamento e à modelagem de processos de negócios.

8. (FCC / TRT 5ª Região / 2013) De acordo com o guia PMBoK, os projetos variam em tamanho e complexidade e, independentemente se são grandes ou pequenos, simples ou complexos, todos os projetos podem ser mapeados para a seguinte estrutura de ciclo de vida:

   a) Início do projeto; Organização e preparação; Execução do trabalho do projeto e Encerramento do projeto;

   b) Análise de requisitos; Projeto; Implementação; Testes; Integração e Manutenção;

   c) Concepção; Elaboração; Construção e Transição;

   d) Definição do escopo do sistema; Elaboração da arquitetura; Desenvolvimento e Implantação;

   e) Custo do projeto; Tempo do projeto; Qualidade do projeto e Escopo do projeto.

9. (CESPE / TCE ES / 2012) Na etapa do ciclo de vida de um projeto que está prestes a ser concluído, as mudanças tendem a ser mais onerosas.

10. (CONSULPLAN / TRF 2ª Região / 2017 - atualizada) Sobre o controle de custos no PMBOK 6, o custo realizado incorrido no trabalho executado de uma atividade, durante um período específico, corresponde ao:

    a) custo real;

    b) custo total;

    c) custo agregado;

    d) valor planejado.

11. (CONSULPLAN / TRE – MG / 2013 - atualizada) O gerenciamento moderno de projetos se refere à aplicação de conhecimentos, habilidades, ferramentas e técnicas, tendo por objetivo controlar o custo, desenvolver uma programação de atividades, alocar e adquirir recursos e gerenciar os riscos envolvidos em um projeto. Como resultados têm-se produtos melhores e serviços rápidos, que respondem melhor à pressão do mercado por uma maior eficiência. O gerenciamento de projetos, em geral, é detalhado em processos caracterizados em 5 grupos de processos e 10 áreas de conhecimento em gestão. São algumas das áreas de conhecimento em gestão:

    a) controle, escopo, tempo, qualidade e riscos;

    b) integração, tempo, qualidade, partes interessadas;

    c) execução, custos, qualidade, recursos humanos e comunicação;

    d) planejamento, integração, escopo, custos, comunicação e fornecimento de bens e serviços;

    e) encerramento, integração, qualidade, recursos humanos e fornecimento de bens e serviços.

12. (CESPE / TJ – SE / 2014) O PMO (*Project Management Office*) gerencia metodologias, padrões, riscos/oportunidades, métricas e interdependências entre os projetos no nível da organização, ao passo que o gerente de projetos gerencia as restrições (escopo, cronograma, custo, qualidade e outras) do projeto individualmente.

13. (CESPE / Telebras / 2013) O processo reúne um conjunto de atividades que são desenvolvidas temporariamente e com características únicas e exclusivas para cada momento em que são desempenhadas.

14. (CESPE / ANTAQ / 2014) Qualquer atividade que utilize recursos para transformar entradas em saídas pode ser caracterizada como processo.

15. (CESPE / ANTAQ / 2014) A gestão por processos é utilizada nas organizações públicas como uma solução de integração organizacional capaz de melhorar a qualidade dos serviços públicos prestados.

16. (CESPE / ICMBio / 2014) A estrutura utilizada na gestão de processos é a verticalizada, ao contrário da gestão tradicional, que trabalha com estruturas horizontalizadas.

17. (CESPE / ICMBio / 2014) Nas organizações, é possível que um mesmo processo mobilize as áreas de marketing, de finanças, de gestão de pessoas e de produção.

18. (CESPE / STF / 2013) A premissa da gestão de processos é a manutenção dos limites das áreas funcionais como parâmetro para a delimitação de cada processo proposto, o que garante que o escopo de cada processo se atenha à sua área de origem.

19. (CESPE / ANTT / 2013) Os quatro pilares fundamentais da gestão de processo de negócio (*business process management*) são: valores, crenças, liderança e cultura.

20. (CESPE / ICMBio / 2014) Nas organizações públicas, os processos de atendimento ao cidadão são considerados de apoio.

21. (FCC / TRT 2ª Região / 2014) Davenport e Gonçalves afirmam que, para a organização adotar o ponto de vista do cliente, deve usar a abordagem de processo, o qual necessita ser projetado para satisfazer ao cliente.

Correlacione corretamente as afirmativas abaixo, que tratam da Gestão por Processos:

A	Processos-chave ou primários	I	Voltados à Administração de Recursos
B	Processos de apoio ou de suporte	II	Centrados nos gerentes e nas suas relações de medição e ajustes
C	Processos Gerenciais	III	Voltados ao atendimento a clientes, representam a relação da empresa com o meio externo

Está correta a correlação que consta em:

a) A-II B-III C-I;

b) A-III B-I C-II;

c) A-II B-I C-III;

d) A-I B-III C-II;

e) A-III B-II C-I.

22. (CESPE / TCE – RO / 2013) Atualmente, o BPMN (Business Process Management Notation) é a principal linguagem para representação e diagramação dos processos de negócio das organizações.

23. (CESPE / ANS / 2013 – adaptada) No mapeamento/modelagem de processos em que se utilizam diagramas com atividade na flecha, o *System Dynamics* poderá ser utilizado para aplicar uma notação diferente.

24. (CESPE / ANTT / 2013) O objetivo da modelagem de um processo é a criação de uma representação fidedigna do conjunto de atividades de um processo, o que inviabiliza a aplicação heurística dos modelos.

25. (CESPE / ANTT / 2013) Por meio da modelagem de nível operacional, detalha-se o processo de negócio, descrevendo-se até mesmo detalhes de implementação física de processos.

26. (CESPE / ANAC / 2012) A representação de uma decisão no mapeamento de um processo é feita por um losango.

27. (FCC / AL – PE / 2014) Considere o seguinte diagrama:

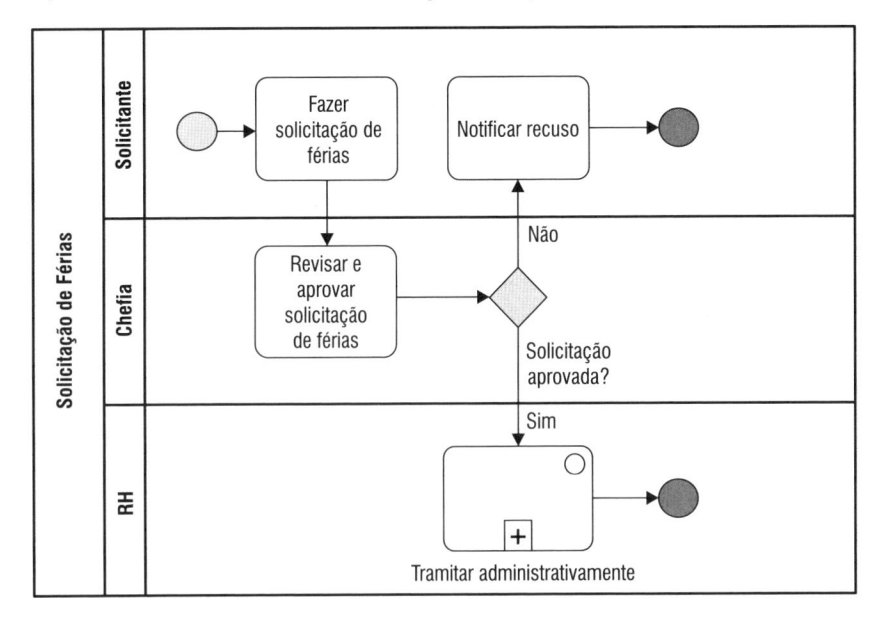

[Diagrama BPMN: Solicitação de Férias com raias Solicitante, Chefia e RH. Solicitante: Fazer solicitação de férias → Notificar recuso. Chefia: Revisar e aprovar solicitação de férias → Solicitação aprovada? (Não/Sim). RH: Tramitar administrativamente.]

De acordo com a notação BPMN, podem ser identificados no diagrama:

I. círculos;

II. retângulos com cantos arredondados;

III. losango;

IV. setas;

V. retângulos com nomes escritos na vertical à esquerda;

que correspondem, correta e respectivamente, a:

a) estados – eventos – decisões – fluxos de mensagens – processos;

b) eventos – processos – *gateway* – *workflows* – *pools*;

c) eventos – atividades – *gateway* – fluxos de sequência – *pools*;

d) *triggers* – processos – conexões – *workflows* – atividades;

e) estados – *workflows* – decisões – fluxos de mensagens – atividades.

28. (CESPE / ANS / 2013) A organização que pretenda se estruturar para a gestão de projetos a partir de uma metodologia prescritiva poderá se basear no PRINCE2.

29. (CESPE / ANTAQ / 2014) Ao ocorrerem muitas mudanças no termo de abertura de um projeto, o gerente do projeto tem a responsabilidade primária de decidir se tais mudanças são necessárias ou não.

30. (CESGRANRIO / EPE / 2014) A estrutura analítica de um projeto deve conter a:
    a) análise dos custos realizados no projeto;
    b) decomposição das entregas do projeto;
    c) definição da estrutura das equipes de projeto;
    d) verificação dos prazos do projeto;
    e) validação dos resultados do projeto.

31. (CESPE / ANTAQ / 2014) O gerente do projeto pode usar o dicionário da Estrutura Analítica do Projeto (EAP) para garantir que os membros da equipe saibam claramente o que deve ser feito em cada pacote de trabalho[15].

32. (FCC / TRE – PE / 2011) A gestão por processos de uma organização, para cumprir seus objetivos estratégicos, tem como característica a:
    a) organização em unidades funcionais verticais;
    b) interfuncionalidade e a transformação de insumos em serviços, como o objetivo de agregar valor ao cidadão/cliente;
    c) sincronia em unidades funcionais verticais em insumos, infraestruturas e regras, com o objetivo de agregar valor interno;
    d) estrutura baseada na hierarquia funcional e departamental, com objetivo de agregar valor ao cidadão/cliente;
    e) interfuncionalidade e a sincronia dos insumos e infraestrutura das unidades verticais, exclusivamente.

33. (CESPE / TCE – ES / 2012) O foco no processo, a promoção de uma visão sistêmica da organização e a melhor compreensão da cadeia de valor da organização caracterizam a gestão por processos.

34. (CESPE / TRE – MS / 2013) A gestão de processos:
    a) tem como foco a alta gerência;
    b) possibilita uma visão mais ampla e horizontal do negócio;
    c) dificulta o balanceamento do uso dos recursos;
    d) impede o envolvimento dos funcionários de todos os níveis;
    e) privilegia a visão funcional da organização.

---

15 Pacote de trabalho = uma entrega ou componente do trabalho do projeto no nível mais baixo de cada ramo da estrutura analítica do projeto.

35. (FCC / TRF 2ª Região / 2012) Define-se como a representação gráfica que permite a fácil visualização dos passos de um processo, sua sequência lógica e de encadeamento de atividades e decisões, bem como permite a realização de análise crítica para detecção de falhas e de oportunidades de melhorias:
    a) Poka Yoke.
    b) Organograma.
    c) Histograma.
    d) Fluxograma
    e) Método dos 4Ms.

36. (CESPE / STM / 2004) Como técnica exclusiva da administração empresarial, a análise e a melhoria de processos não se aplicam aos objetivos dos sistemas de administração pública.

37. (FCC / TRF 2ª Região / 2012) Criação de especificações para processos de negócios novos ou modificados dentro do contexto dos objetivos de negócio, de desempenho de processo, fluxo de trabalho, aplicações de negócio, plataformas tecnológicas, recursos de dados, controles financeiros e operacionais e integração com outros processos internos e externos:
    a) análise do processo;
    b) desenho do processo;
    c) implementação do processo;
    d) gerenciamento do processo;
    e) refinamento do processo.

38. (CESPE / TRE-RJ / 2012) A gestão por processos é o principal modelo de gestão administrativa utilizada nos tribunais do país justamente devido seu objeto de trabalho, os processos.

39. (FCC / TRF 1ª Região / 2011) Na fase de iniciação de um projeto, antes de tudo, deve-se:
    a) decidir se um projeto deve ser iniciado, entre vários possíveis;
    b) definir as atividades necessárias para desenvolvimento do produto a ser entregue;
    c) detalhar o escopo e os requisitos básicos do projeto;
    d) elaborar detalhadamente as informações sobre o projeto;
    e) escolher as pessoas certas para a implantação e avaliação do projeto.

40. (FCC / TRE – PE / 2011) José Karisma, gestor de projetos da instituição pública ELEGE e sua equipe, traçou, em seu plano de gestão estratégica para o período 2011-2013, o projeto Gestão de Processos com o objetivo de estruturar o Escritório de Processos da instituição. Nessa fase de gestão do projeto, definiu que está incluso no projeto a definição de metodologia de gestão de processos, capacitação da equipe e a contratação de consultoria especializada para auxiliar tecnicamente o desenvolvimento dos trabalhos, facilitando a implantação das etapas de mapeamento e melhorias, identificação dos itens e medidas de controle e padronização dos seus principais processos de trabalho. Pela metodologia PMBOK (*Project Management Body of Knowledge*), esta fase trata do Gerenciamento:

   a) do Escopo do projeto;
   b) da Integração do projeto;
   c) da Qualidade do projeto;
   d) dos Riscos do projeto;
   e) das Aquisições do projeto.

41. (FCC / TRF 2ª Região / 2012) São características do ciclo de vida do projeto:

   I. Início do projeto; organização e preparação; execução do trabalho do projeto e encerramento do projeto.
   II. Os níveis de custo e de pessoal são baixos no início, atingem um valor máximo na fase de execução e caem na fase de finalização do projeto.
   III. A influência das partes interessadas, os riscos e as incertezas são maiores durante o início do projeto, reduzindo-se ao longo de sua vida.
   IV. Os custos das mudanças e correções de erros diminuem conforme o projeto se aproxima do término.

   É correto o que consta APENAS em:
   a) I e II;
   b) II, III e IV;
   c) I, II e III;
   d) III e IV;
   e) I, III e IV.

42. (FCC / TST / 2012) A gestão de projetos proporciona a possibilidade de ação e de controles úteis ao gerenciamento de políticas públicas. Na gestão de projetos:

   a) escopo, tempo, custos e qualidade são os principais determinantes para o objetivo de um projeto, seja na esfera pública ou privada;
   b) um projeto na área pública consiste na harmonização entre tempo e dinheiro, mais que em materiais e competências humanas;
   c) os processos de monitoramento e controle ocorrem até o início da fase de encerramento de um projeto, no âmbito da administração pública e da privada;

d) comunicações e riscos são os insumos para produzir o trabalho necessário à consecução de projetos em qualquer esfera da Administração pública;

e) há um esforço perene empreendido para criar produtos, serviços ou resultados na gestão de entidades governamentais e empresas.

43. (CESPE / TJ – AC / 2012) De acordo com as práticas usuais em gerenciamento de projetos, a elaboração do termo de abertura, documento que oficializa o início de um projeto, compete ao grupo de processo de planejamento.

44. (CESPE / TJ – AC / 2012) De acordo com a estrutura analítica do projeto (EAP), divide-se o escopo do projeto em partes menores e mais gerenciáveis, no intuito de facilitar a gestão.

45. (CESPE / SERPRO / 2008) A declaração de escopo do projeto, dos principais documentos de projetos, contempla a autorização formal para início do projeto, que trabalhos deverão ser realizados e quais entregas deverão ser feitas.

Gabarito Comentado

QUESTÃO	COMENTÁRIO
1 Certo	A assertiva reproduz a definição de BPM de acordo com Harmon (2004). Item correto.
2 Errado	De acordo com o CBOK, a estruturação funcional, marcada pela supervisão hierárquica, pode permitir produtividade das partes pela especialização da tarefa, mas dificulta a compreensão do todo. A gestão de processos, por sua vez, permite o incremento da produtividade de maneira sistêmica, havendo a geração de valor por meio do gerenciamento horizontal em uma "visão notadamente interfuncional ponta a ponta". A afirmativa está errada.
3 Cero	Item correto, relatando atividade a ser exercida na etapa de refinamento processual.
4 Errado	A gestão por processos provê, como vimos, uma ótica <u>horizontalizada</u> dos ritos de trabalho, inerente à sua visão sistêmica. Para tanto, a estrutura por processos, em termos de departamentalização, há de ser, da mesma sorte, horizontal, com melhores fluxos de comunicação. A assertiva está errada.
5 Errado	A gestão por processos, de acordo com o Guia CBOK, é efetuada observando-se um ciclo de vida contínuo, iniciado pelo planejamento. Deste modo, há vício em se falar que um processo possa não ser planejado. Item errado.
6 Certo	Os três tipos de processos, de acordo com o CBOK, são processos primários (ou processos-chave), processos secundários (ou de apoio/suporte) e processos gerenciais (ou de gestão). A assertiva está correta.
7 Errado	De acordo com o Guia CBOK, o BPM não se restringe ao mapeamento e à modelagem. Envolve "estratégias, objetivos, cultura, estruturas organizacionais, papéis, políticas, métodos e tecnologias para analisar, desenhar, gerenciar desempenho, transformar e estabelecer a governança de processos". A assertiva, destarte, está errada.
8 – A	Para o Guia PMBOK, todos os projetos podem ser mapeados de acordo com a seguinte estrutura genérica de <u>ciclo de vida</u>: • início do projeto; • organização e preparação; • execução do trabalho do projeto; e • encerramento do projeto. Resposta: A.

QUESTÃO	COMENTÁRIO
9 Certo	No decorrer do curso de um projeto, há possibilidades concretas de mudança. Conforme alerta o Guia PMBOK, devido ao potencial de mudança, o plano de gerenciamento do projeto é iterativo e passa por uma elaboração progressiva no decorrer do ciclo de vida do projeto. A elaboração progressiva envolve melhoria contínua e detalhamento de um plano conforme informações mais detalhadas e específicas e estimativas mais exatas tornam-se disponíveis. Isto é, conforme o projeto evolui, a equipe de gerenciamento poderá gerenciar com um nível maior de detalhes. Destarte, mudanças ocorridas durante o ciclo de vida de um projeto tornam necessária a revisão de um ou mais processos de planejamento e, possivelmente, alguns processos de iniciação. De acordo com o PMBOK, este detalhamento progressivo do plano de gerenciamento do projeto com frequência é denominado "planejamento por ondas sucessivas", indicando que o planejamento e a documentação são processos iterativos e contínuos. De modo geral, as mudanças, na condução de um projeto, voltam-se a(o): • escopo do projeto; • cronograma; ... e decorrem de alterações no: • orçamento; • demais recursos (pessoal, material etc.). O processo de avaliação de todas as solicitações de mudanças é denominado "Realizar o controle integrado de mudanças – inscrito no grupo de processos de monitoramento e controle". Quanto mais adiantado está o projeto com relação ao seu ciclo de vida, mais onerosas são as eventuais mudanças. Uma mudança de escopo, ao término da fase de execução, por exemplo, pode colocar em xeque os esforços realizados até então, implicando retrabalho e necessidade de novo planejamento. Eis o motivo pelo qual quanto mais um projeto aproxima-se de sua fase final de execução, menos suscetível estará à influência dos *stakeholders*, evitando assim mudanças onerosas. Veja o diagrama constante do PMBOK: Desse modo, podemos inferir que a questão está correta.

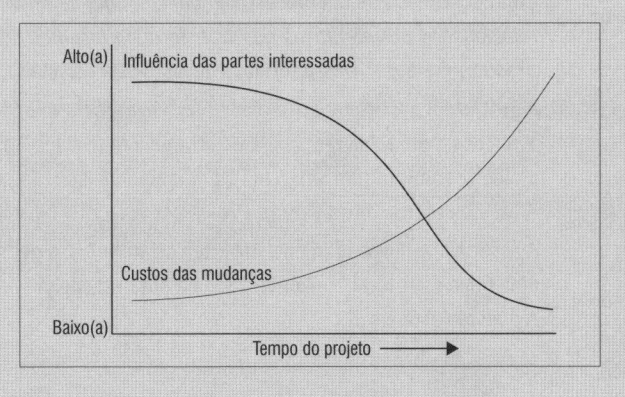

QUESTÃO	COMENTÁRIO
10 – A	Trata-se do custo real, como vimos na exposição prévia do Capítulo Resposta: A.
11 – B	Como vimos, as 10 áreas de conhecimento são relativas ao gerenciamento do(a): • **integração do projeto;** • escopo do projeto; • **tempo;** • custos; • **qualidade;** • recursos humanos; • comunicações; • riscos; • aquisições, e • **partes interessadas.** Resposta: B.
12 Certo	Conforme vimos, um **escritório de projetos** (*Project Management Office* – **PMO)** é um corpo ou entidade organizacional ao qual são atribuídas várias responsabilidades no gerenciamento centralizado e coordenado dos projetos sob seu domínio. Com base no quadro apresentado na parte teórica do Capítulo, que arrola as atribuições do gerente de projetos e do escritório de projetos, infere-se que a questão está correta.
13 Errado	O enunciado apresenta a definição de projeto (e não de processo). Processos são atividades contínuas e, por essa razão, seus produtos não são inéditos ou singulares na organização. (A exclusividade/singularidade é uma característica dos projetos). A questão está errada.
14 Certo	Trata-se de questão que gerou muita dúvida aos candidatos, em especial pelo emprego do termo "qualquer". Contudo, vimos que um processo é *"um conjunto de recursos e atividades inter-relacionadas ou interativas que transformam insumos (entradas) em serviços/produtos (saídas)"*. Dessa forma, a questão está correta.
15 Certo	A gestão por processos, ao buscar a maximização do valor agregado, perseguindo avanços no processo global e obedecendo a gestão cíclica, segue uma lógica de melhoria contínua, em um ciclo PDCA, inerente à adequada gestão da qualidade. A assertiva está correta.
16 Errado	A assertiva, equivocadamente, inverteu os atributos: a gestão de processos provê uma ótica estrutural horizontalizada da organização. A questão está errada.

QUESTÃO	COMENTÁRIO
17 Certo	A questão aborda o traço de transversalidade dos processos, que não "respeitam" os limites das unidades administrativas, perpassando-os. Um mesmo processo de incremento da produção organizacional pode, por exemplo, englobar mobilizações de marketing (esforços de publicidade para assegurar o escoamento da produção), de finanças (busca de crédito para o investimento interno) e de gestão de pessoas (recrutamento e seleção de novos colaboradores). A assertiva está correta.
18 Errado	Na gestão de processos, como vimos, não há tal manutenção dos limites das áreas funcionais. Os processos, sendo transversais, perpassam tais fronteiras, por vezes englobando diversas áreas. A afirmativa, assim, está errada.
19 Certo	A Gestão de Processos de Negócio (= *Business Process Management*) efetivamente tem por pilares os valores, as crenças, a liderança e a cultura que vigoram na organização em que é aplicada. Veja o que nos traz o Guia CBOK: *A prática do BPM é definida por um conjunto de valores, crenças, liderança e cultura que formam os alicerces do ambiente no qual uma organização opera. Influenciam e guiam o comportamento e a estrutura da organização. [...] Tais valores, crenças, cultura e estilos de liderança determinam o sucesso ou fracasso da organização sob as perspectivas organizacional e financeira.* *BPM se concentra em processos de negócio ponta a ponta que fornecem valor aos clientes. Um compromisso com o valor do processo e do cliente é o alicerce da prática de BPM. Como pedra angular, uma discussão sobre valores, crenças, liderança e cultura que sustentam e habilitam BPM é tecida nas áreas de conhecimento contidas neste Guia para o BPM CBOK®.* A questão está certa.
20 Errado	Sendo o cidadão a razão de existir da organização pública, processos que visam a seu atendimento são categorizados como finalísticos. A questão está errada.
21 Certo	Apenas para reforçar o conteúdo do quadro anterior, alusivo à taxonomia dos processos organizacionais. A alternativa B apresenta as correlações acertadas.
22 Certo	A questão está correta, abordando a relevância do BPMN na diagramação dos processos de negócio. Em complemento, cabe a transcrição do CBOK: *Business Process Model and Notation é um padrão criado pela Business Process Management Initiativa (BPMI) [...] A aceitação do BPMN tem crescido sob várias perspectivas com sua inclusão nas principais ferramentas de modelagem. Essa notação apresenta um conjunto robusto de símbolos para modelagem de diferentes aspectos de processos de negócio. Como na maioria das notações, os símbolos descrevem relacionamentos claramente definidos, tais como fluxo de atividades e ordem de precedência.*

QUESTÃO	COMENTÁRIO
23 Certo	A questão é baseada no CBOK: *Mais que apenas uma **notação diferente, modelos de dinâmica de sistemas são diagramas "atividade na seta"** em vez de diagramas "atividades na caixa" como em outras notações. Modelos de dinâmica de sistemas são especialmente úteis no desenvolvimento de modelos dinâmicos de ciclo de vida que focam o desempenho geral de sistemas e o impacto de mudar variáveis-chave que afetam o desempenho geral. São mais frequentemente usados para modelar uma organização completa ou linha de negócio em vez de modelos de fluxo de trabalho de baixo nível.* A questão está, portanto, correta.
24 Errado	O objetivo da modelagem de um processo é, de forma objetiva, a obtenção de um modelo. Nesse sentido, veja o que nos diz o Guia CBOK: *"**Modelo**" é uma representação **simplificada** que suporta o estudo e desenho de algum aspecto de algo, conceito ou atividade. Modelos podem ser matemáticos, gráficos, físicos ou narrativos na sua forma ou alguma combinação desses elementos. Os modelos possuem ampla série de aplicações, que incluem: organização (estruturação), **heurística (descoberta, aprendizado)**, previsões (predições), medição (quantificação), explanação (ensino, demonstração), verificação (experimentação, validação) e controle (restrição, objetivos).* Como vemos, a questão está errada.
25 Certo	Uma vez mais, recorremos ao Guia CBOK: *"**Processo**", nesse contexto [de modelagem] significa um processo de negócio e pode ser expresso em vários níveis de detalhe, desde uma visão contextual altamente abstrata mostrando o processo dentro de seu ambiente, até **uma visão operacional interna detalhada** que pode ser simulada para avaliar várias características de seu desempenho ou comportamento.* De modo mais objetivo, eis as características do modelo de nível operacional, segundo o Guia CBOK: *Modelos de nível operacional descrevem como o modelo de negócio é realizado. Esses são modelos detalhados mapeados até atividade, tarefa e detalhes de nível procedural, e descrevem **detalhes de implementação física** de processos operacionais"* Com base nesses excertos, vemos que a assertiva está correta.
26 Certo	A assertiva, a exemplo da questão anterior, aborda o conceito de *gateway*, empregado na convergência/divergência do fluxo processual, à qual é subjacente uma decisão a ser tomada. A afirmativa está correta.

QUESTÃO	COMENTÁRIO
27 – C	Podemos traçar a seguinte relação: • círculos → eventos; • retângulos com cantos arredondados → atividades; • losango → *gateway*; • setas → fluxos de sequência; • retângulos com nomes escritos na vertical à esquerda → *pools* (subdivididos em *lanes*). Assim, a alternativa C está correta.
28 Certo	Importante sabermos que, ao passo que o PMBOK apresenta um conjunto de boas práticas na gestão de projetos, o PRINCE 2 vai de certa forma além, constituindo-se em uma metodologia que efetivamente prescreve as ferramentas e as técnicas a serem empregadas na gerência de projetos em uma organização. O PMBOK e o PRINCE 2 são, nesta visão, complementares, e não concorrentes. A questão está correta.
29 Errado	Até que o termo de abertura seja efetivamente formalizado e autorizado, não houve a designação do gerente do projeto[16]. A responsabilidade primária para a análise de eventuais mudanças em minutas de termo de abertura é de quem o autoriza: o patrocinador ou outra pessoa que autorize o termo de abertura. A questão está errada.
30 Certo	De acordo com a definição anterior, a EAP é a representação de uma decomposição hierárquica orientada às entregas do projeto. Dessa maneira, a alternativa B está correta.
31 Certo	De acordo com o PMBOK, eis a definição de **dicionário da estrutura analítica do projeto (EAP)**: *É um documento que descreve cada componente da estrutura analítica do projeto (EAP). Para cada componente da EAP, o dicionário da EAP inclui uma breve definição do escopo ou declaração do trabalho, entrega(s) definida(s), uma lista de atividades associadas e uma lista de marcos. Outras informações podem incluir: organização responsável, datas de início e de conclusão, recursos necessários, uma estimativa de custos, número de cobrança, informações do contrato, requisitos de qualidade e referências técnicas para facilitar o desempenho do trabalho.* **Fornece descrições mais detalhadas dos componentes da EAP, inclusive dos pacotes de trabalho e das contas de controle**[17]. Com base nos destaques acima, vemos que a questão está correta.

---

[16] Apesar disso, o PMBOK salienta que a identificação de um gerente de projetos deve ocorrer, preferencialmente, enquanto o termo de abertura está sendo desenvolvido, e sempre antes do planejamento.
[17] Conta de controle = ponto de controle do gerenciamento onde escopo, custo e cronograma são integrados e comparados ao valor agregado para uma medição de desempenho.

QUESTÃO	COMENTÁRIO
32 – B	Vejamos os comentários às alternativas: a) A organização em unidades funcionais verticais, ou seja, em setores departamentalizados que guardam estritas relações hierárquicas entre si, é característica de intrínseca da organização por funções. Tal modo de gestão distingue-se da organização por processos justamente por focar tão somente as atividades conduzidas em determinado departamento / coordenação / seção da empresa, sendo a especialização na tarefa sua característica preponderante. Já a gestão por processos preconiza a visão sistêmica, focando-se o cliente e agindo-se – com base em múltiplos conhecimentos – no processo como um todo. A alternativa está errada. b) A alternativa peca por referir-se a processos como destinados (unicamente) a serviços. Não podemos esquecer que há processos que se voltam à oferta de produtos a seus clientes. De qualquer forma, a gestão por processos demanda a interfuncionalidade (maior integração) das áreas envolvidas, bem como à agregação de valor ao cliente-usuário. A alternativa pode ser considerada correta. c) A sincronia, na gestão por processos, está no emprego de insumos, infraestrutura e regras, e não em "unidades funcionais verticais de insumos", o que não faz sentido. Ainda, o intuito é agregar valor ao cliente, e não restringir-se ao ambiente interno. A alternativa está errada. d) A estrutura, na gestão por processos, está centrada na departamentalização por processos, e não na funcional. A assertiva está errada. e) Não há, na gestão por processos, sincronia "exclusiva" entre o emprego de insumos e infraestrutura "das unidades verticais". Há de se considerar as regras que dão base à transformação dos insumos, bem como frisar a presença de "unidades verticais", na gestão por processos, não faz sentido. A alternativa está errada.
33 Certo	As características apresentadas na assertiva estão de acordo com o exposto na seção 1.2. deste Capítulo, no que concerne aos aspectos principais da gestão por processos.
34 – B	Passemos à análise das alternativas: a) O foco da gestão por processos é o cliente, e não a alta gerência. A alternativa está errada. b) A gestão por processos permite uma visão não segmentada por área dentro da organização. A visão "mais ampla e horizontal" – ou, em outras palavras, sistêmica – é conferida quando do conhecimento da integralidade dos processos de negócio que, muitas vezes, são transversais dentro da organização (ou seja, abarcam diversas áreas / departamentos). A alternativa está correta. c) A visão sistêmica, inerente à gestão por processos, possibilita que os recursos sejam mais bem empregados ao longo dos processos de negócio. A alternativa está errada. d) Na gestão por processos, todos os funcionários são envolvidos. A alternativa está errada. e) A gestão por processos privilegia a visão sistêmica – e não a funcional, ou seja, segmentada por área específica. A alternativa está, assim, errada.

QUESTÃO	COMENTÁRIO
35 – D	Vejamos os comentários às alternativas: a) Poka Yoke é um dispositivo aplicado em processos produtivos, com o intuito de evitar defeitos no produto final. Trata-se de um conceito inserido no contexto do Sistema Toyota de Produção. Não se relaciona com a representação de um processo. A alternativa está errada. b) Organograma é a representação gráfica da estrutura organizacional. Não se relaciona com processos em si, mas sim com a forma como o trabalho é dividido em uma empresa / órgão público. A alternativa está errada. c) Histograma é um gráfico estatístico que representa as frequências de determinada medida ou evento. A alternativa está errada. d) Fluxograma é a representação gráfica de um processo, sendo utilizado para melhor compreensão e incremento da capacidade de análise acerca de melhorias. A alternativa está correta. e) O Método dos 4M's é um procedimento de análise em que são levantados os aspectos de método, máquinas, mão de obra, matéria prima que podem acarretar problemas em um processo produtivo. Uma vez mais, não se relaciona com a representação de um processo. A alternativa está errada.
36 Errado	Inserido em um contexto no qual vigora o modelo gerencial de administração do Estado, a gestão por processos é mais uma metodologia típica do setor privado que passa a ser absorvida pelo setor público. A assertiva está errada.
37 – B	O enunciado da questão é a transcrição da definição de desenho do processo, segundo o Guia CBOK. Guarde a seguinte relação: **desenho do processo → criação de especificações.**
38 Errado	Gestão por processos não se refere à tramitação, condução e decisões sobre um processo administrativo ou judicial, e sim sobre o modo de administração voltada ao processo organizacional. Caso a análise e instrução de processos judiciais seja efetivada de modo estanque entre as áreas do órgão, sem que haja uma visão sistêmica e uma preocupação constante com aplicação equilibrada dos recursos necessários, é provável que a gestão seja a funcional – burocrática.
39 – A	Na iniciação, há a decisão acerca da pertinência de se envidar esforços em um determinado projeto. Assim, a alternativa A está correta. As demais alternativas listas ações a serem tomadas na fase subsequente – planejamento.
40 – A	Na realidade, o enunciado não aborda uma fase propriamente dita, mas sim uma tarefa incluída na fase de planejamento. A expressão chave no enunciado é "...*definiu que está incluso no projeto...*". Ao definir o que está incluso em um projeto (e, consequentemente, o que não está), estamos delimitando o seu **escopo**.

QUESTÃO	COMENTÁRIO
41 – C	Vejamos os comentários às alternativas: I. "Organização e preparação", conforme consta da assertiva, refere-se à etapa de planejamento. Há de se mencionar que a etapa de controle não foi citada. De qualquer forma, não se pode negar que as fases mencionadas são efetivamente características do ciclo de vida do projeto. Com esse entendimento, a afirmativa está correta. II. As fases de iniciação e de planejamento, por serem prévias ao esforço central do projeto, demandam menos recursos orçamentários e de pessoal que as fases de execução e controle. A assertiva está correta. III. A banca considerou esta assertiva correta. Realmente os riscos e as incertezas decrescem ao longo da vida de um projeto. A influência das partes interessadas, contudo, pode permanecer constante ao longo de sua condução, o que tornaria a questão passível de recurso. De qualquer modo, é fundamental termos ciência da "jurisprudência" da banca. IV. Uma mudança de escopo, por exemplo, ao final da vida de um projeto certamente implicará um significativo retrabalho – acentuando os custos envolvidos no projeto. Mudanças no início, por não acarretarem retrabalho, são menos onerosas. A assertiva está errada.
42 – A	Passemos à análise das alternativas: a) A alternativa apresenta de forma apropriada os principais determinantes de um projeto (público ou privado). Está, assim, correta b) A harmonização deve se dar entre todos os fatores listados na assertiva, de forma equilibrada. A alternativa está errada. c) Os processos de monitoramento e controle estão intimamente relacionados à etapa de **execução** do projeto. Nas fases de iniciação e de planejamento, o controle ainda não toma lugar. Assim, não há de se falar que o monitoramento estará presente em todas as fases do projeto, com a exceção do encerramento. Com esse entendimento, a alternativa está errada. d) Riscos não são insumos. A alternativa está errada. e) Sendo projeto, por definição, um empreendimento temporário, não há de se falar em esforço "perene" (= contínuo, permanente). A alternativa está errada.
43 Errado	O Termo de Abertura é um documento cuja elaboração é inerente ao grupo de processos de iniciação. A questão está errada.
44 Certo	Ao falarmos em estrutura "analítica", estamos nos referindo às partes que a compõem. "Análise", nesta acepção, contrapõe-se à "síntese", ou seja, à junção das partes em um todo. A EAP visa a representar o projeto em parcelas menores que se associam com sinergia, de forma a promover a consecução do resultado exclusivo almejado ao final. A questão está correta.
45 Errado	O enunciado peca ao incluir a autorização formal para início do projeto como constante da Declaração de Escopo. Como vimos, esta autorização é dada pelo Termo de Abertura do Projeto. A questão está errada.

CAPÍTULO 16
Gestão de Pessoas no Setor Público: aspectos comportamentais e normativos

O estudo da Gestão de Pessoas em uma obra de tão amplo escopo como esta é, por si só, um grande desafio. Trata-se de um assunto amplo e com diversas vertentes: esgotá-lo em algumas páginas seria um intuito em vão.

No entanto, vislumbra-se que a abordagem apropriada e coerente com os tópicos mais recorrentemente cobrados em certames é passível de prover uma robustez nos fundamentos básicos da disciplina.

Com esse pressuposto, por ora, a Gestão de Pessoas será estudada sob dois enfoques principais, que nortearão a segmentação deste Capítulo:

- **Aspectos Sociais e Comportamentais**: trata-se de aspectos de gestão voltadas ao indivíduo. Nesse leque, estudaremos as relações interpessoais, o trabalho em equipe, a gestão de conflitos etc. Relembro que os tópicos Liderança e Motivação foram abordados no Capítulo 1;
- **Aspectos Normativos**: trata-se de aspectos conceituais de agente público, bem como as especificidades regulamentares aplicadas aos servidores e empregados públicos, aos servidores temporários e aos terceirizados.

1. Aspectos sociais e comportamentais

1.1. As relações indivíduo – organização: o equilíbrio organizacional

O capital intelectual provido pelos colaboradores[1] é um dos recursos estratégicos mais importantes de uma organização. Tal fato exige, por parte das organizações, a assunção de uma postura proativa no mercado

---
1 Há uma série de termos que se referem a pessoas em uma organização. Como exemplos, podemos citar: *empregados, colaboradores, funcionários, indivíduos* etc.

de trabalho, visando ao recrutamento e à seleção dos indivíduos mais preparados, bem como o desenvolvimento interno de competências e a retenção desta força de trabalho capacitada.

Dizemos que uma empresa ou órgão/entidade pública atingiu o **equilíbrio organizacional** no momento em que passa a deter êxito em prover incentivos adequados a seus colaboradores, mantendo-os motivados o suficiente para continuarem a fazer contribuições à organização. Esta dinâmica (incentivos X contribuições) é o que garante a sobrevivência organizacional, mediante o desempenho de suas funções com a devida eficiência, culminando na consecução dos seus objetivos.

Sendo o equilíbrio organizacional condicionado à interação satisfatória entre pessoas e organizações, mediante a troca de **incentivos** e **contribuições**, é pertinente que tomemos ciência da definição destes conceitos, conforme apresentado por Chiavenato (2009):

CONCEITOS CENTRAIS AO EQUILÍBRIO ORGANIZACIONAL	
CONCEITO	DEFINIÇÃO
Incentivo (aliciente)	Trata-se de uma espécie de "pagamento" efetuado pela organização a seus participantes (salários, prêmios e bônus, benefícios sociais, condições adequadas de trabalho, segurança no emprego, reconhecimento, suporte organizacional, gastos em capacitação dos funcionários etc.). O valor individual dado a cada incentivo é subjetivo, tendo em vista que varia de indivíduo para indivíduo. Os incentivos são também chamados de *alicientes, induzimentos* ou, ainda, *recompensas*.
Contribuição	Refere-se ao esforço que o participante efetua em prol da organização ao qual se vincula (trabalho, estudo, capacitação, assiduidade, pontualidade, zelo por um bom ambiente profissional etc.). O valor de utilidade conferido à contribuição varia de organização para organização.

Q1. (CESPE / MPE – PI / 2012) O equilíbrio organizacional pode ser alcançado mediante a troca de contribuições e incentivos na relação entre as pessoas e as empresas. Nessa troca, as pessoas colaboram para facilitar o alcance dos objetivos organizacionais, e as empresas fornecem para esses colaboradores os incentivos que proporcionam a realização de seus objetivos pessoais.

A questão apresenta, de forma apropriada, a dinâmica de intercâmbio entre contribuições e incentivos, cerne do equlíbrio organizacional, conforme o esquema a seguir:

```
           Incentivo
          ⌒──→
  ┌──────────┐  ┌──────────┐
  │Organização│  │ Indivíduo│
  └──────────┘  └──────────┘
          ←──⌒
          Contribuição
```

A questão está correta.

Q2. (CESPE / ANCINE / 2012) A reciprocidade organizacional preconiza que a interação entre indivíduos e organizações baseia-se em uma relação de troca em que as pessoas entregam seus desempenhos e contribuições e as organizações oferecem condições adequadas de trabalho e de suporte organizacional.

O intercâmbio entre contribuições individuais e incentivos organizacionais é chamado de reciprocidade organizacional. Há <u>equilíbrio organizacional</u> quando a reciprocidade é satisfatória, para ambas as partes.

A questão aborda de modo acertado a dinâmica da reciprocidade. Cabe a menção, contudo, de que nem todos os incentivos organizacionais foram mencionados no enunciado, mas tão somente as condições adequadas de trabalho e suporte organizacional.

De toda a sorte, a questão está correta.

Q3. (CESPE / AGU / 2010) O gerente consegue o equilíbrio organizacional, no que tange à gestão de pessoas, quando existe proporcionalidade entre os benefícios ofertados pela organização e os custos pessoais desembolsados.

Primeiramente, cabe esclarecer que "custos pessoais desembolsados" referem-se às contribuições individuais, ou seja, aos esforços empreendidos pelos colaboradores em prol dos objetivos da organização.

Tendo esclarecido este ponto, vemos que a questão aborda corretamente o conceito de equilíbrio organizacional.

A assertiva está certa.

Q4. (CESPE / MPOG / 2013) A motivação de servidores pressupõe a compatibilidade entre as necessidades do indivíduo e as metas da organização.

A questão salienta um importante aspecto da reciprocidade: o equilíbrio organizacional é pressuposto para a motivação no trabalho!

A assertiva está correta.

Q5. **(CESPE / ANS / 2013) A gestão de pessoas nas organizações deve priorizar a realização dos objetivos individuais dos empregados e, em seguida, orientar esforços para o alcance dos objetivos organizacionais.**

Em prol da consecução de um equilíbrio organizacional satisfatório, os interesses de ambas as partes envolvidas (indivíduo e organização) hão de ser priorizados.

A questão está errada.

Q6. **(CESPE / ABIN / 2010) O investimento de uma organização na capacitação de seus empregados, com objetivo de obter desempenho exemplar no trabalho, caracteriza situação de reciprocidade organizacional.**

Trata-se de uma situação em que há um incentivo da organização (gasto com capacitação de empregados), na expectativa de haver a contribuição correspondente dos colaboradores (desempenho exemplar), típica da reciprocidade organizacional.

A afirmativa está, assim, correta.

Q7. **(CESPE / MPOG / 2013) Caso um servidor perceba desequilíbrio entre resultado e insumo, ocorrerá tensão, em relação a outras pessoas da organização, que o motivará ao trabalho.**

A inexistência da reciprocidade organizacional – em especial quando o resultado atingido pelo servidor for interpretado por ele como superior ao insumo por ele percebido – é fator de desmotivação no trabalho.

A questão está errada.

Q8. **(CESPE / ANS / 2013) Na reciprocidade entre pessoas e organizações, a existência de condições adequadas de trabalho favorece a motivação e o desempenho no trabalho, o que facilita a atuação da liderança em busca dos resultados organizacionais.**

A questão exemplifica uma situação almejada na consecução de um equilíbrio organizacional satisfatório. A organização oferece condições adequadas de trabalho, angariando, com isso, maior motivação e desempenho otimizado, bem como uma atuação facilitada da liderança organizacional.

A questão está, assim, certa.

1.2. Características individuais e as relações humanas

Muito da aptidão individual do colaborador em vivenciar relações interpessoais saudáveis decorre de sua personalidade.

Conceituar personalidade não é tarefa das mais simples. Para fins de nosso estudo, uma ótima definição é apresentada por D'ANDREA (1972)

> **Personalidade** é a resultante psicofísica da interação da hereditariedade com o meio, manifestada através do comportamento, cujas características são peculiares a cada pessoa.

Dois são os pontos de atenção que devemos ter com relação a esse conceito:

- não podemos estabelecer os limites da personalidade de um indivíduo. Não podemos, por assim dizer, visualizá-la, ou termos contato direto com ela. A personalidade é "interna" à pessoa. É por meio do comportamento que temos acesso à personalidade do indivíduo.

- a personalidade, assim manifestada pelo comportamento, é resultado de três componentes: características biológicas do indivíduo (que o acompanham durante todo o processo de socialização), características culturais do meio (que moldam os valores e as práticas aceitos na comunidade) e os fatores sociais (da interação interpessoal).

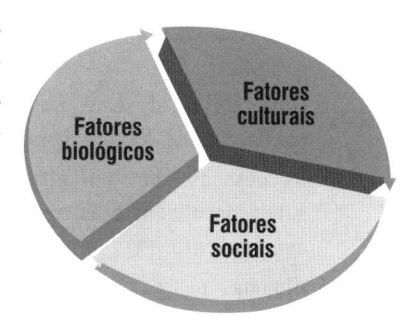

Sigmund Freud, fundador da psicanálise, estratifica a personalidade em três camadas, a saber:

- o **id** = fonte fundamental da personalidade, ligada aos instintos básicos fisiológicos. O id funciona como mecanismo de busca da satisfação e da auto-preservação.

- o **ego** = age como um regulador entre os impulsos gerados pelo id e a realidade externa. É o ego que faz o diálogo entre o id e o superego.

- o **superego** = estrutura que representa os padrões éticos culturais e sociais do indivíduo, estabelecendo e norteando as opções entre o bem e o mal.

Acho muito difícil que este conteúdo específico seja cobrado em um certame. Mas nos ajuda a frisar que a personalidade do indivíduo (formada por fatores biológicos, culturais e sociais) é fator preponderante no estabelecimento das relações humanas, OK?

Uma vez esclarecido que na personalidade está o cerne da aptidão do indivíduo em bem (ou mal) relacionar-se, podemos listar algumas de suas características que vão ao encontro de um ambiente organizacional saudável:

- empatia;
- postura profissional participativa;
- capacidade de comunicação;
- cortesia;
- respeito à individualidade do outro.

Q9. (IADES / GDF-SEAP / 2011) Características de personalidade influenciam as relações humanas nas organizações. A personalidade refere-se aos padrões de comportamento persistentes e duráveis de um indivíduo, expressados numa grande variedade de situações. Assinale a alternativa correta em relação ao tema.

a) Os traços associados ao fator introversão incluem ser sociável, agregado, assertivo e ativo.

b) Uma pessoa afável é amigável e cooperativa. Ela possui traços de cortesia, confiabilidade, flexibilidade e tolerância.

c) As pessoas que tem alta abertura para a experiência possuem intelectos subdesenvolvidos e os traços associados a esse fatos incluem a introspecção e acanhamento.

d) Algumas pessoas têm disposição para arriscar em situações de perigo para conseguir emoções. Pessoas com esse perfil são danosas para as organizações.

e) Pessoas com alto grau de conscientização tendem a procrastinar as tarefas complexas com regularidade, distribuindo-as aos outros membros do grupo.

Seguem os comentários:

a) Uma personalidade introvertida é marcada pelo direcionamento interno das emoções, pensamentos e ações do indivíduo. Retraimento social, pensar antes de agir, retenção de emoções e descrição social são algumas dentre as várias características da introspecção. A alternativa estaria correta se mencionasse "fator extroversão". A alternativa está, portanto, errada.

b) A primeira coisa a dizer é que a banca considerou esta alternativa como correta. Em visão pessoal, nem sempre uma pessoa afável é flexível. A afabilidade tem a ver com a cortesia e a polidez. Mas, é sempre bom sabermos a interpretação da banca.

c) A alternativa é contraditória em si mesma. Pessoas com alta abertura para a experiência são extrovertidas por natureza – e isso, de forma alguma, está relacionado ao subdesenvolvimento do intelecto. A afirmativa está errada.

d) Com a exceção de um perfil patológico, todos os demais podem ser benéficos às organizações. Esse, aliás, é o papel da gestão de competências. Alguém que arrisca em uma situação de perigo pode ser essencial na superação de uma crise. A alternativa está errada.

e) "Procrastinar" significa adiar, delongar uma certa ação. Alguém com alto grau de conscientização não adia suas tarefas, e nem as distribui a quem não de direito. A alternativa está errada.

Resposta: B.

1.3. Evolução Histórica da Área de Gestão de Pessoas

Ao abordarmos as principais **características e objetivos** da Gestão de Pessoas, é inevitável traçarmos o apanhado histórico-evolutivo de sua concepção. De modo geral, autores da área convergem na identificação de 4 (quatro) fases principais que marcam a evolução da Gestão de Pessoas nas organizações, conforme salientadas no esquema a seguir[2]:

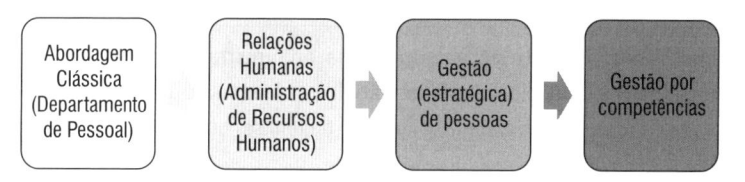

Abordagem Clássica (Departamento de Pessoal) → Relações Humanas (Administração de Recursos Humanos) → Gestão (estratégica) de pessoas → Gestão por competências

Nas próximas páginas, veremos os aspectos centrais de cada uma dessas fases.

Abordagem Clássica (Departamento de Pessoal)

Há duas correntes de destaque na assim chamada *Abordagem Clássica da Administração*, vigente no final do século XIX e início do XX: a *Administração Científica*, de Frederick Taylor, e a *Teoria Clássica*, de Henry Fayol.

Apesar de divergentes em vários aspectos, tais correntes compartilharam como objetivo central prover uma base metodológica para que a **organização** fosse a mais **eficiente** possível. Dessa forma, concebeu-se a organização como um sistema racional de regras e de autoridade, havendo foco no papel do gerente e na estrutura (Fayol) ou nas medidas necessárias para a otimização do tempo despendido na produção (Taylor).

---

[2] Há autores que, de certo modo, consideram a Gestão por Competências como uma fase inserida na Gestão Estratégica de Pessoas. Na presente exposição, alinho-me a Fischer (2002).

Nesta ótica, os funcionários eram geridos tendo por foco apenas o aumento de eficiência na produção[3]. Surgem os **Departamentos de Pessoal**, voltados, eminentemente, aos seguintes objetivos:

- **seleção** de trabalhadores para trabalhos cientificamente concebidos (tempos e movimentos);
- controle de assiduidade e de pontualidade, bem como demais atendimentos aos procedimentos legais e às rotinas burocráticas;
- **remuneração** vinculada à produtividade, com salário-base estabelecido pelos sindicatos. As recompensas eram econômicas;
- foco na eficiência de custos e no aumento de produtividade.

Eis que nessa etapa inicial da evolução da Gestão de Pessoas, aspectos comportamentais e psicológicos dos indivíduos eram negligenciados. A eficiência era entendida como simples decorrência da atuação do funcionário no ambiente fabril, mediante a execução de um trabalho operacional e rotineiro.

Q10. (CESPE / ANAC / 2012) De acordo com a administração científica, corrente que contribuiu para a consolidação da gestão de pessoas nas organizações, todo servidor tem necessidades sociais e econômicas que devem ser supridas pelas organizações de trabalho.

As necessidades sociais não são consideradas na Administração Científica. O incentivo organizacional é puramente econômico, dirigido a um funcionário entendido como uma engrenagem na máquina organizacional.

A questão está errada.

Relações Humanas (Administração de Recursos Humanos)

Com a difusão da chamada Teoria (ou Escola) de Relações Humanas, oriunda das experiências de Hawthorne, conduzidas por Elton Mayo entre 1927 e 1933, passou-se a considerar os **aspectos comportamentais** dos indivíduos como essenciais à gestão de pessoas nas organizações.

O modelo de estruturação da gestão de pessoas inerente a esta etapa estendeu-se até meados da década de 1960. Por volta da década de 1950,

---

3 Segundo a Abordagem Clássica (em especial a Administração Científica de Taylor), a organização é usualmente vista como uma máquina. Os indivíduos eram, assim, apenas insumos a serem empregados nessa "máquina".

o foco no comportamento humano afirma-se de modo definitivo no âmbito das teorias organizacionais, formando a denominada **Administração de Recursos Humanos** (tradicional).

O papel dos gerentes de linha[4] passa a deter grande relevância nesta etapa, tendo em vista que passam a ser vistos como a ferramenta institucional de relação entre os funcionários e a organização.

Os objetivos da **Administração de Recursos Humanos**, consoante esta nova visão, podem ser assim sintetizados:

- **seleção** de funcionários com aptidão para as tarefas a serem desempenhadas e, principalmente, que demonstrassem nível satisfatório de interação social e de bom convívio com os colegas de trabalho;
- a **competência essencial** é a capacidade de relacionamento do indivíduo com os demais empregados. Competências técnicas ficam em segundo plano;
- **recompensas** não econômicas detêm papel de destaque, tendo em vista a concepção da gestão de pessoas como ferramenta para o incremento de satisfação no trabalho, bem como o fato de que a satisfação não necessariamente está vinculada à remuneração monetária;
- **foco** no comportamento dos indivíduos, bem como nas relações informais (organização) e políticas existentes na organização, visando à satisfação do colaborador.

Q11. (CESPE / MPE – PI / 2012) A existência da organização informal e do poder dos grupos sobre a produtividade dos indivíduos representa o principal impacto da administração científica na gestão de pessoas.

A consideração das relações informais, bem como as interações políticas entre grupos e indivíduos organizacionais, é traço característico da abordagem comportamental própria da Administração de Recursos Humanos.

A questão está errada.

---

4 "Gerente de Linha" é o que possui responsabilidade linear direta sobre seus subordinados. Diferencia-se do "Gerente de *staff*", que detém a função de assessoria.

Gestão (estratégica) de pessoas

O Modelo de Gestão Estratégica de Pessoas surge ainda na década de 1960, sendo intensificado na década de 1980, até meados de 1990. Neste sentido, é pertinente a transcrição da análise de Tonelli, Lacombe e Caldas (2002, p. 70):

> [...] até os anos 1960, a gestão das organizações se pautou pelas abordagens prescritas pelas escolas clássicas e de relações humanas. Dentro desse contexto de crescimento, de produção e consumo em massa, as organizações crescem em tamanho e em complexidade, internacionalizam-se, implantando filiais e subsidiárias em outros países e tornando imprescindível a profissionalização da administração de pessoas.

O fato é que até então os modelos e as teorias voltados à gestão dos indivíduos nas organizações eram restritos aos seus aspectos internos. Em especial com o desenvolvimento da Teoria Geral dos Sistemas, as organizações passaram a ser vistas como sistemas abertos, imersas em um ambiente incerto e por vezes turbulento.

O elemento humano, neste contexto, é considerado como imprescindível à sobrevivência e ao crescimento organizacional. Desenvolve-se, então, uma gestão de pessoas em alinhamento com as políticas estratégicas das empresas, frente aos fatores ambientais.

Os principais objetivos da gestão estratégica de pessoas são assim sumarizados:

- **seleção** de pessoas com perfil social e técnico adequado ao cargo. A seleção passa a ter critérios quantificáveis, sendo usualmente baseada em entrevistas planejadas em função da análise e do desenho do cargo;
- há **recompensas** não econômicas e econômicas, sendo que incentivos pecuniários ($$) flexíveis são conferidos a indivíduos que atinjam as metas organizacionais (bônus);
- **foco** no alinhamento das diversas práticas de gestão de pessoas (recrutamento, seleção, treinamento, desenvolvimento, avaliação de desempenho, plano de carreira etc.) com as políticas estratégicas da organização, visando a prover uma capacidade de sobrevivência e de crescimento em longo prazo. Entende-se que as práticas de RH atuam como facilitadoras na consecução dos objetivos organizacionais.

Schikmann (2010, p. 18-19) arrola as premissas (ou aspectos) a serem considerados na definição da política para a gestão estratégica de pessoas:

- a definição de critérios para o recrutamento de pessoal, baseado nas competências necessárias à organização;
- o estabelecimento de uma estratégia de desenvolvimento profissional e pessoal que possibilite o aprimoramento contínuo do quadro de pessoal;
- a estruturação da avaliação do desempenho que permita, além da vinculação à progressão do funcionário, a identificação das necessidades de capacitação;
- a definição de critérios para a criação de carreiras que estimulem o desenvolvimento profissional e o desempenho;
- o estabelecimento de uma estratégia de realocação e de redistribuição de funcionários que seja compatível com os perfis e quantitativos necessários à organização.

Neste contexto, a gestão de pessoas passa a ter um papel estratégico, tendo como objetivo principal suprir, manter e desenvolver as pessoas com as competências necessárias ao alcance dos objetivos organizacionais.

Para desempenhar este papel, os principais mecanismos e **instrumentos da gestão de pessoas**, segundo Schikmann (2010) são:

- o planejamento de recursos humanos;
- a gestão de competências;
- a capacitação continuada com base em competências; e
- a avaliação de desempenho e de competências.

Q12. (CESPE / ABIN / 2010) Uma organização deve adotar a perspectiva estratégica da gestão de pessoas caso tenha como objetivos a minimização de seus custos com mão de obra e a potencialização de seus resultados com planejamento de curto prazo.

O que motiva uma organização a adotar a perspectiva estratégica da gestão de pessoas é o entendimento que suprir, manter e desenvolver as pessoas com as competências necessárias à organização, auxiliará no alcance dos objetivos organizacionais.

Portanto, o item está errado.

Neste ponto, relevante fazer explanação que irá prover um sólido embasamento na resolução de questões. Podemos ver a gestão estratégica de pessoas de maneira estrita, como uma fase própria que antecede a gestão por competências (FISCHER, 2002). Ou, de outro modo, podemos entender a gestão estratégica de pessoas de forma ampla, como uma nova forma de conceber o elemento humano em sua dinâmica organizacional, em paradigma no qual a gestão por competências se insere. Ambos os *insights* estão corretos.

Na visão mais ampla sobre a gestão estratégica de pessoas, podemos defini-la da seguinte forma:

Gestão estratégica de pessoas é o alinhamento das competências individuais (conhecimentos, habilidades e atitudes) com a estratégia organizacional (missão, valores, objetivos estratégicos, planos etc.). O intuito é <u>aumentar a vantagem competitiva sustentável</u> da organização.

Gestão por competências

O Conceito de Competência

Desde o final do século passado, o conceito de competência foi retomado com grande ênfase na gestão de organizações. Nesse contexto, o termo "competência" pode referir-se tanto ao indivíduo quanto à organização em si (as *core competences*[5]).

O termo **competência** provém do vocábulo latino *competentia*, significando "proporção", "justa relação", remetendo-se à faculdade que determinada pessoa ou entidade detém para apreciar o lidar com determinado assunto. Historicamente, surge no século XV, empregado para designar a faculdade que tribunais possuíam para analisar fatos ou pronunciar julgados. Apenas no século XVIII observa-se a ampliação do significado original, passando a ser aplicado ao nível individual, "designando a capacidade devida ao saber e à experiência" (DIAS, 2010, p. 74).

Diversos são os autores (FLEURY; FLEURY, 2001; LANA; FERREIRA, 2007, entre outros) que avaliam o artigo *Testing for Competence rather than for Intelligence*[6], de David McClelland, publicado em 1973, como o marco inicial do debate sobre competência entre psicólogos e administradores nos Estados Unidos. Nas décadas subsequentes, este construto foi trabalhado por uma série de autores, com visões que caminhavam de uma ótica

---

5 São as competências centrais da organização.
6 Uma tradução livre seria: "Testando-se para Competência ao invés de para Inteligência".

comportamental (típica da linha de pesquisa estadunidense) a uma visão de aprendizado frente às demandas organizacionais (inerente à linha francesa).

O quadro abaixo traz um apanhado de definições do conceito de competência, salientando-se distintas óticas sobre sua operacionalidade:

O CONCEITO DE COMPETÊNCIA	
AUTORES	**DEFINIÇÃO**
Boyatizis (1982)	Aspecto verdadeiro ligado à natureza humana. São **comportamentos observáveis** que determinam, em grande parte, o retorno da organização.
Le Boterf (1997)	Competência é **assumir responsabilidades** frente a **situações de trabalho** complexas buscando lidar com eventos inéditos, surpreendentes, de natureza singular. É um **saber agir** responsável e que é reconhecido pelos outros. Implica saber como mobilizar, integrar e transferir os conhecimentos, recursos e habilidades, num contexto profissional determinado.
Zariffian (1999)	Inteligência **prática** para situações que se apoiam sobre os **conhecimentos adquiridos**.
Fleury e Fleury (2001)	A noção de competência associa-se a verbos como: saber agir, mobilizar recursos, integrar saberes múltiplos e complexos, saber aprender, saber engajar-se, assumir responsabilidades, ter visão estratégica. As competências devem agregar **valor econômico à organização e valor social ao indivíduo**.

Fonte: elaborado com base em Holanda et al. (2008)

De modo geral, as definições convergem nos seguintes aspectos:
- as competências são observadas em um **contexto profissional**;
- o resultado é a **ação** frente a determinada situação exposta pelo contexto da organização. Quanto mais desafiadora a situação (inédita, complexa), mais desenvolvidas deverão ser as competências em jogo;
- o **retorno financeiro** de uma organização é dado (também) **em função das competências das quais dispõe**.

A despeito das diversidades conceituais afetas ao construto em análise, são recorrentes os registros, na literatura especializada, de que **competências podem ser entendidas como conjuntos de capacidades humanas, dispostas em três categorias ou dimensões interdependentes**:

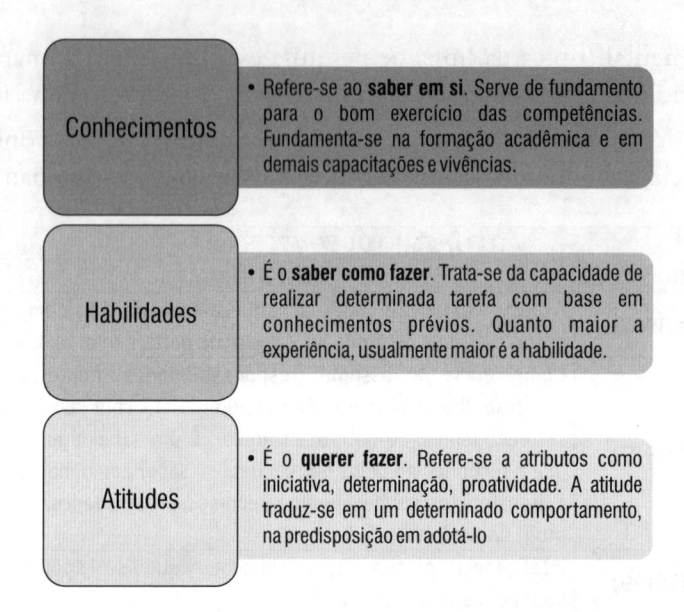

- **Conhecimentos**: Refere-se ao **saber em si**. Serve de fundamento para o bom exercício das competências. Fundamenta-se na formação acadêmica e em demais capacitações e vivências.

- **Habilidades**: É o **saber como fazer**. Trata-se da capacidade de realizar determinada tarefa com base em conhecimentos prévios. Quanto maior a experiência, usualmente maior é a habilidade.

- **Atitudes**: É o **querer fazer**. Refere-se a atributos como iniciativa, determinação, proatividade. A atitude traduz-se em um determinado comportamento, na predisposição em adotá-lo

As competências podem ser inerentes ao indivíduo ou à organização em si. A seguir, veremos esta particularidade que, em uma visão ampla, dá base à **gestão por competências**.

A Competência Individual

Fleury e Fleury (2001), ao analisarem a obra de Le Boterf (1995), registram que esse autor situa a competência individual como formada por três eixos, assim discriminados:

- **Pessoa** → trata-se da biografia, do histórico de socialização, da cultura, personalidade do indivíduo. Poder-se-ia correlacionar estes traços com a **atitude** que irá moldar a competência individual;
- **Formação educacional** → refere-se à aprendizagem acadêmica obtida, culminando em determinado grau de conhecimento teórico específico e de desenvolvimento intelectual. Irá compor os **conhecimentos**, nas competências do indivíduo;
- **Experiência profissional** → trata-se do conhecimento prático gerado a partir do histórico de trabalho do indivíduo. Denota maior relação com as **habilidades** do ator social e, sem segundo plano, com seus **conhecimentos**.

A competência individual emerge, segundo Roldão (2003), quando, perante uma situação, o ator social mostra-se capaz de mobilizar adequadamente diversos conhecimentos prévios, selecionando-os e integrando-os de forma adequada à situação-problema em questão.

Deste modo, podemos adotar a seguinte definição de competência individual:

Competência do indivíduo é o conjunto de conhecimentos, habilidades e atitudes *de que determinado ator organizacional dispõe e que é empregado para a consecução dos objetivos organizacionais.*

Pertinente é, ainda, a menção ao seguinte conceito, que alia as competências do indivíduo e o seu desempenho profissional:

Competências [individuais] representam combinações sinergéticas de conhecimentos, habilidades e atitudes, *expressas pelo desempenho profissional, dentro de determinado contexto organizacional* (DURAND, 2000; NISEMBAUM, 2000).

A Competência Organizacional

Ao extrapolarmos o conceito de competência individual para o nível organizacional, tratamos de gerir o nexo entre os comportamentos dos colaboradores e os objetivos estratégicos compartilhados.

Nesta ótica, sendo a organização composta por um conjunto de indivíduos unidos para a realização de tarefas, onde as características dos colaboradores devem ser combinadas da forma mais eficiente possível, "introduz-se a noção da empresa como uma carteira de competências" (FLEURY; FLEURY, 2001, p. 189).

Dentre as competências organizacionais, sobressai-se a seguinte taxonomia (MILLS et al., 2002; NISEMBAUM, 2000):

- **Competências básicas** → referem-se às competências necessárias ao funcionamento ordinário da organização, mas que não a distingue com relação aos concorrentes;
- **Competências essenciais** → são as competências centrais e mais relevantes à organização, fundamentais para a consecução dos objetivos estratégicos. Sô também conhecidas por *core competencies*;
- **Competências distintivas** → são as competências que são percebidas pelos clientes como o diferencial positivo da organização. Estas competências, no setor privado, proveem vantagem competitiva.

A Gestão por Competências

Partindo-se do pressuposto de que determinadas competências podem implicar o atingimento de metas estratégicas, ou a obtenção de vantagens competitivas, a **gestão por competências** passa a se revestir das características de um **modelo de gestão organizacional**.

O modelo de gestão que dá forma à gestão por competências é, na realidade, um processo contínuo, destinado à **captação** e ao **desenvolvimento** de competências necessárias à consecução dos objetivos organizacionais (BRUNO-FARIA; BRANDÃO, 2003, p. 38).

Um típico modelo de gestão por competências é retratado por Bruno-Faria e Brandão (2003), e pode ser sintetizado na observância das seguintes etapas:
- formulação da estratégia da organização, bem como definição da missão, da visão de futuro e dos seus macrobjetivos;
- identificação das competências organizacionais necessárias à consecução dos objetivos estratégicos;
- definição de indicadores de desempenho corporativo;
- realização de diagnóstico das competências profissionais existentes, identificando-se uma eventual lacuna (ou *gap*) entre as competências organizacionais necessárias à consecução dos objetivos estratégicos e aquelas disponíveis na atualidade;
- o diagnóstico realizado na etapa anterior subsidia as decisões em termos de captação (recrutamento externo) ou desenvolvimento (treinamento e capacitação) de competências;
- por fim, formulam-se planos operacionais e de gestão e definem-se os respectivos indicadores de desempenho e de remuneração dos indivíduos e das equipes.

O modelo organizacional acima descrito pode ser assim representado[7]:

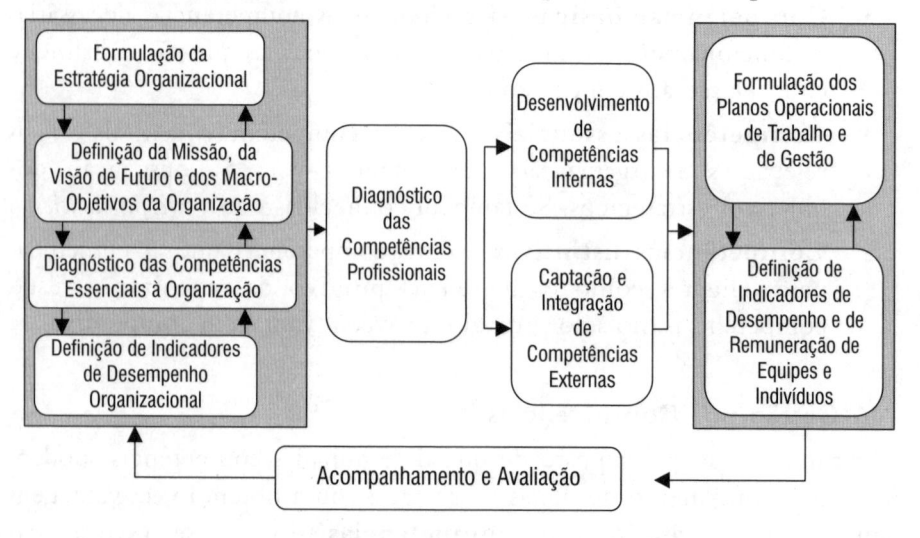

---

7 Fonte: BRUNO-FARIA; BRANDÃO, 2003, p. 38.

Vejamos como a gestão por competências é abordada em concursos:

Q13. (CESPE / MPU / 2013) O modelo de gestão estratégica com base em competências é considerado uma prática cuja finalidade é melhorar o desempenho global da organização por meio do incremento do desempenho individual dos empregados.

Como vimos, a gestão com base em competências é, em si, um modelo de administração organizacional que visa a prover o suporte à consecução das metas estratégicas, por meio do incremento de seu desempenho global. Uma das linhas de ação, abordada na questão, é o desenvolvimento de competências internas, mediante a qual há a melhora dos desempenhos individuais. Outra linha de ação é a captação de novas competências no mercado.

A questão está correta.

Q14. (FCC / TRE – PE / 2011) Gestão por competências é um modelo de gestão utilizado pelas organizações, visando a orientar os esforços dos gestores de pessoas no planejamento, captação, desenvolvimento e avaliação das competências organizacionais e humanas necessárias à consecução dos seus objetivos. Analise o gráfico e os itens I a IV abaixo.

IDENTIFICAÇÃO DO *GAP* (LACUNA) DE COMPETÊNCIAS

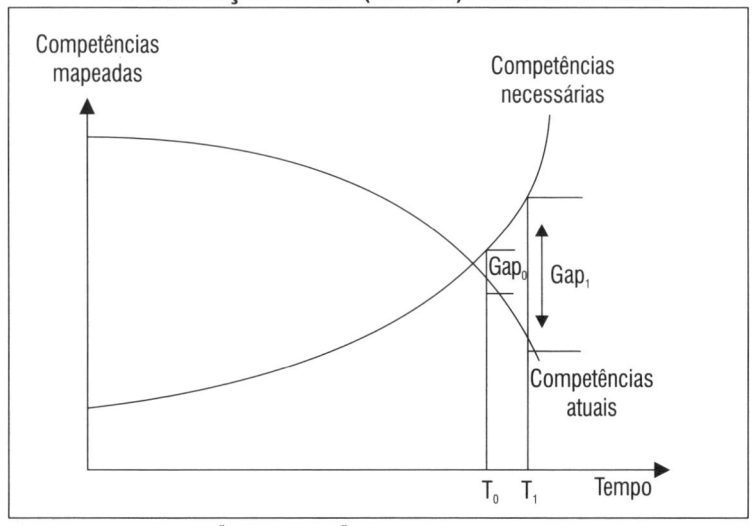

(LENAGA, *apud* BRANDÃO e GUIMARÃES (2001), com adaptações. In: CARBONE, P. P.; BRANDÃO, H. P.; LEITE, J. B. D.; VILHENA, R. M. P. **Gestão por Competências e Gestão do Conhecimento. Série Gestão de Pessoas. FGV Editora. p. 52)**

I. A identificação do gap (lacuna) de competências permite aos gestores de pessoas otimizarem as ações de captação e desenvolvimento de competências, maximizando-se a lacuna.

II. O gap, na ausência de ações de captação ou desenvolvimento por parte da organização, tende a crescer.

III. A complexidade do ambiente no qual as organizações estão inseridas faz com que sejam exigidas novas competências, o que tende a elevar a curva representativa das competências necessárias para a concretização da estratégia organizacional.

IV. A curva que representa as competências atuais disponíveis na organização tende ao declínio, se as competências tornarem-se obsoletas no tempo; por isso, as ações de captação e desenvolvimento dever ser constantes.

De acordo com os dados fornecidos, é correto o que consta APENAS em:

a) I e IV;

b) I, II e III;

c) I e II;

d) III e IV;

e) II, III e IV.

Vejamos a análise das assertivas:

I. As iniciativas de desenvolvimento interno de competências ou de captação visam à minimização da lacuna. A assertiva está errada.

II. Tendo em vista que as competências necessárias são dinâmicas, alterando-se com o passar do tempo, na ausência de desenvolvimento/captação o *gap* certamente irá crescer, conforme tendência evidenciada no gráfico. A assertiva está correta.

III. Quanto mais complexo e mutável for o ambiente externo, maior dinamismo será imposto nas competências necessárias. A assertiva está, assim, correta.

IV. A obsolescência é uma característica natural das competências organizacionais, inseridas em um ambiente dinâmico. Eis a relevância das chamadas "organizações de aprendizagem" ou "organizações que aprendem". A assertiva está correta.

Resposta: E.

Q15. (CESPE / EBC / 2011) A gestão por competências, cuja adoção, na administração pública, não visa ao alcance dos objetivos da instituição, é conceituada como a gestão da capacitação orientada para o desenvolvimento do conjunto de conhecimentos, habilidades e atitudes necessários ao desempenho das funções dos servidores.

Ao falarmos de gestão por competências na administração pública brasileira, vale a menção ao Decreto nº 5.707, de 23 de fevereiro de 2006, que instituiu a política e as diretrizes para o desenvolvimento de pessoal da administração pública federal direta, autárquica e fundacional.

Para o citado normativo, eis a definição de **gestão por competência**:

> Art. 2º Para os fins deste Decreto, entende-se por:
>
> [...]
>
> II – **gestão por competência**: gestão da capacitação orientada para o desenvolvimento do conjunto de conhecimentos, habilidades e atitudes necessárias ao desempenho das funções dos servidores, **visando ao alcance dos objetivos da instituição**;

Nota-se, pois, que, na administração pública, similarmente ao observado na iniciativa privada, a gestão por competências visa à consecução dos objetivos institucionais.

A assertiva está errada.

1.4. Gestão de Pessoas como Responsabilidade de Linha e Função de *Staff*

Em uma organização, é sua cúpula quem possui a maior responsabilidade pela gestão das pessoas, pois é quem decide as diretrizes, as políticas e as estratégias organizacionais.

Em nível departamental, o chefe de cada área é o responsável pela gestão das pessoas de sua unidade.

Esta responsabilidade das chefias pela gestão de pessoas chama-se **responsabilidade de linha**. A linha gerencial é a principal gestora de pessoas.

A área de recursos humanos ou gestão de pessoas tem função de assessorar a linha gerencial, ou seja, uma **função de *staff***. Segundo Chiavenato (2009, p. 121), *"o staff de RH assessora o desenvolvimento de diretrizes na solução de problemas específicos de pessoal, o suprimento de dados que possibilitarão decisões ao chefe de linha e a execução de serviços especializados, devidamente solicitados"*.

Assim, dizemos que a atividade de gestão de pessoas é **responsabilidade (ou atividade) de linha e função de *staff***, mas a área de gestão de pessoas tem apenas função de *staff*. Cuidado para não confundir os conceitos!

Q16. (CESPE / TST / 2008) A administração de recursos humanos é uma atividade de linha e uma função de estafe.

É exatamente isso. A gestão de pessoas (ou administração de recursos humanos) é responsabilidade de cada chefia (linha), sendo a área de gestão de pessoas um órgão de assessoria (*staff*).

A questão está correta.

Q17. (CESPE / INCA / 2010) Em razão da sua função de estafe, o órgão de ARH deve receber dos órgãos de linha as informações relevantes sobre o pessoal lotado em cada uma das unidades da organização.

Pelo contrário, é o órgão de ARH (Administração de Recursos Humanos) que deve manter os dados sobre todas as pessoas da organização, fornecendo a cada área (chefia) as informações necessárias à tomada de decisão (função de *staff*).

A questão, portanto, está errada.

Q18. (CESPE / TJ-AL / 2012) Em uma organização, é função das equipes dos departamentos ou unidades de RH ou de gestão de pessoas:

a) informar as expectativas e os planos da organização a suas áreas de negócio;

b) assessorar gestores ou ocupantes de cargos de chefia na solução de problemas específicos de pessoal;

c) decidir sobre a dinâmica e os objetivos da organização e dos recursos disponíveis ou necessários;

d) tomar decisões acerca de novas admissões, promoções, avaliações e outras medidas relacionadas a pessoal;

e) alocar pessoas com base no planejamento e no dimensionamento do trabalho em setores específicos da organização.

Vamos analisar item por item, para identificar se são responsabilidades de linha (chefia de cada área da organização) ou função de *staff* (área de gestão de pessoas).

A alternativa "a" menciona os planos e as expectativas de cada área da organização. Esta atividade compete à gerência de cada área, portanto, é uma responsabilidade de linha.

As decisões finais sobre as admissões, promoções e avaliações, descritas no item "d", são sempre responsabilidade de linha (chefia), à área de gestão de pessoas cabe subsidiar as gerências de informações necessárias à tomada de decisão, bem como a execução das ações decorrentes dessas decisões, como realizar um processo de seleção, efetivar uma contratação, formalizar uma promoção ou compilar dados e realizar análises de avaliações.

Já as alternativas "c" e "e" não cabem nem aos gestores de área, nem à área de recursos propriamente dita. Geralmente são decisões da alta cúpula (presidência ou conselho administrativo) da organização, sendo, ainda, a alternativa "e" uma política da organização.

A alternativa "b" traz exatamente a descrição da função de *staff* da área de gestão de pessoas: "assessorar gestores ou ocupantes de cargos de chefia na solução de problemas específicos de pessoal". Desta forma, é a alternativa correta.

Resposta: B.

1.5. Atribuições da Área de Gestão de Pessoas: processos básicos e suas atividades

A área de gestão de pessoas, como função de *staff*, tem como atribuições diversos processos em relação às pessoas, os quais subsidiam a tomada de decisão dos gestores de todas as áreas.

Segundo Chiavenato (2009), os **cinco processos básicos na gestão de pessoas** são: provisão, aplicação, manutenção, desenvolvimento e monitoração.

PROCESSO	OBJETIVO	ATIVIDADES ENVOLVIDAS
Provisão	Quem irá trabalhar na organização	Pesquisa de mercado de RH; recrutamento de pessoas; seleção de pessoas
Aplicação	O que as pessoas farão na organização	Integração e pessoas; desenho de cargos; descrição e análise de cargos; avaliação de desempenho
Manutenção	Como manter as pessoas trabalhando na organização	Remuneração e compensação; benefícios e serviços sociais; higiene e segurança no trabalho; relações sindicais
Desenvolvimento	Como preparar e desenvolver as pessoas	Treinamento; desenvolvimento organizacional
Monitoração	Como saber o que são e o que fazem as pessoas	Banco de dados/sistemas de informação; controles, frequência e produtividade; balanço social

Fonte: Chiavenato (2009, p. 122).

Os processos e atividades (atribuições) de responsabilidade da área de gestão de pessoas **interdependentes**, todavia, não precisam ser executados em sequência, nem a alteração de um processo necessariamente implica a alteração de outros.

Segundo Chiavenato, os cinco processos juntos formam um "*processo global e dinâmico*", e são **contingenciais** (situacionais), variando de acordo com a organização e os fatores ambientais, organizacionais, humanos, tecnológicos entre outros.

Q19. (CESPE / MPE-PI / 2012) Os processos de gestão de pessoas incluem recrutamento e seleção, desenvolvimento e recompensas, desenho e descrição de cargos e avaliação de desempenho.

Os processos de gestão de pessoas envolvem, fundamentalmente, as atividades descritas no quadro acima. Dependendo da organização e do contexto, podem ser atribuídos outros processos e atividades à área.

O item está correto.

Q20. (CESPE / CNJ /2013) A aplicação, um processo básico na gestão de pessoas, refere-se ao recrutamento de pessoas e à seleção e à pesquisa de mercado de recursos humanos.

A aplicação, segundo Chiavenato, é realmente um processo básico na gestão de pessoas. Todavia, refere-se à integração de pessoas, ao desenho, descrição e análise de cargos e à avaliação de desempenho.

Ainda, a seleção e o recrutamento de pessoas, bem como a pesquisa de mercado de recursos humanos, são atividades do processo básico de provisão.

Desta forma, a questão está errada.

1.5.1. Recrutamento e seleção de pessoas

O recrutamento e a seleção são atividades do processo básico **provisão** de gestão de pessoas, inerente à faceta planejamento de pessoal

Ao passo que o **recrutamento** tem como objetivo atrair candidatos potencialmente qualificados para os cargos da organização, a **seleção** é o processo que leva à tomada de decisão de qual dos candidatos recrutados ocupará determinado cargo, buscando aquele de maior potencial de adequação e de desempenho com relação ao cargo.

Segundo Chiavenato (2009), o recrutamento e a seleção são fases de um mesmo processo: a **introdução de recursos humanos na organização**. A seguir, estudaremos tais atividades com maiores detalhes.

1.5.1.1. Recrutamento

Recrutamento é um conjunto de técnicas e procedimentos que visa a atrair candidatos potencialmente qualificados e capazes de ocupar cargos dentro da organização (Chiavenato, 2009, p. 154).

O recrutamento é a forma pela qual a organização divulga e oferece ao mercado de RH os cargos que estão vagos (ou a vagar) em sua estrutura.

Segundo Chiavenato (2009), o recrutamento nasce das necessidades presentes e futuras de recursos humanos da organização. A partir dessas necessidades, são pesquisadas e escolhidas as fontes (onde buscar as pessoas) potenciais para se obter uma quantidade suficiente de candidatos com o perfil e com as competências necessárias ao cargo a ser preenchido.

Podemos organizar o recrutamento em três etapas:

Pesquisa interna das necessidades	O que a organização precisa em termos de pessoas necessárias para a tarefa organizacional.
Pesquisa externa do mercado	O que o mercado de RH pode oferecer.
Definição de técnicas de recrutamento a utilizar	Quais as técnicas de recrutamento a serem aplicadas de acordo com as necessidades e as políticas da organização.

Fonte: adaptado de Chiavenato (2009, p. 154-155).

A pesquisa interna das necessidades deve considerar a carência de pessoal em curto, médio e longo prazos, identificando as necessidades imediatas e projetando as necessidades futuras de acordo com o crescimento e desenvolvimento esperado ao longo do tempo.

A participação da área de gestão de pessoas nesta etapa pode ser muito minimizada, dependendo do modelo de **planejamento de pessoal** adotado pela organização, pois geralmente cada área avalia suas próprias necessidades.

É pertinente a familiarização com os cinco principais modelos de planejamento de pessoal.

- *Modelo baseado na procura do produto ou serviço*: a produtividade, a tecnologia, a disponibilidade interna e externa de recursos financeiros e a disponibilidade de pessoas na organização são variáveis que influenciam a quantidade de pessoas necessárias à organização, e desconsidera os fatores imprevisíveis como a estratégia dos concorrentes, greves, falta de matéria-prima, comportamento do mercado de clientes etc. Foco no nível operacional.

- *Modelo baseado em segmentos de cargos*: são feitas projeções (por meio de dados históricos) de necessidade de pessoal de acordo com os fatores de crescimento planejados para cada área, ou por segmentos/famílias de cargos que apresentam maiores oscilações. Geralmente é utilizado por empresas de grande porte. Foco no nível operacional.

- *Modelo de substituição de postos-chave*: é um esquema/mapa de substituições para os cargos-chaves da organização (quem substitui quem). Este modelo permite verificar os postos que não possuem substitutos e o nível de preparo dos potenciais substitutos, permitindo a tomada de decisão sobre uma promoção ou uma nova contratação em cada caso de vacância. Pode ser utilizado para todos os níveis da organização, incluindo os estratégicos.

- *Modelo baseado no fluxo de pessoal*: é a projeção das necessidades de pessoal com base em dados históricos de fluxos de entrada e saída de pessoas. Apesar de ser um modelo conservador, facilita a compreensão das consequências de contingenciamentos, de políticas de promoção, e é útil na análise de carreiras.

- *Modelo do planejamento integrado*: é o mais amplo e abrangente, pois considera os fatores volume de produção planejado, mudanças tecnológicas que alterem a produtividade do pessoal, condições de oferta e procura no mercado e comportamento da clientela, e o planejamento de carreiras dentro da organização.

A **pesquisa externa de mercado** é feita em duas etapas: a segmentação do mercado de RH e a localização das fontes de recrutamento:

Segmentação do mercado de RH	Localização das fontes de recrutamento
• Decomposição do mercado, de acordo com os interesses da organização, em diferentes segmentos ou em classes de candidatos com características definidas, para analisá-lo e abordá-lo de maneira específica.	• Mapeamento das fontes de recrutamento, permitindo: aumentar o rendimento do processo de recrutamento (proporção candidato/ candidatos triados para a seleção e candidatos/admitidos); maior rapidez e eficácia do processo; menores custos operacionais.

Fonte: Chiavenato (2009, p. 158 e 159) adaptado.

Realizadas as pesquisas interna e externa, a organização terá os subsídios para escolher os meios e as técnicas de recrutamento mais adequados à sua necessidade.

Ainda, o processo de recrutamento é uma função de *staff*, entretanto, é necessário o *start* (a decisão) de linha (gestores) para o início do processo. O papel dos gestores é o encaminhamento do documento de **requisição de pessoal (ou de empregado)**, que dá início a todo o processo de recrutamento.

A partir da requisição de pessoal, o órgão de gestão de pessoas, fundamentado na pesquisa interna e externa de mercado, adotará os meios de recrutamento mais adequados a cada situação.

Os meios de recrutamento são os nichos nos quais a área de gestão de pessoas irá buscar os potenciais candidatos:

Recrutamento Interno	Recrutamento Externo	Recrutamento Misto
• Busca de candidatos dentro da própria organização. • Geralmente dá início a outro processo de recrutamento e seleção, para preencher a vaga do colaborador movimentado.	• Busca de candidatos no mercado (fora da organização)	• Utilização dos recrutamentos interno e externo (complementam-se).

O **recrutamento interno** é a movimentação das pessoas já inseridas na organização para vagas em aberto. Segundo Chiavenato (2009), o recrutamento interno pode envolver:

- transferências de pessoal (movimentação horizontal);
- promoções de pessoal (movimentação vertical);
- transferências com promoções de pessoal (movimentação diagonal);
- programas de desenvolvimento de pessoal;
- planos de encarreiramento (carreiras) de pessoal.

O recrutamento interno exige uma maior integração e coordenação entre a unidade de gestão de pessoas e as demais áreas da organização, para assegurar que não haja prejuízo nas áreas de origem dos colaboradores movimentados e que todo o processo seja executado de forma transparente.

Por sua vez, **o recrutamento externo** demanda que o órgão de gestão de pessoas utilize-se de várias técnicas de recrutamento, tais como:

- arquivos de currículos entregues por candidatos espontâneos;
- indicação de candidatos pelos colaboradores da organização;
- cartazes na porta ou em murais da própria organização;
- contatos com sindicatos e associações (vantagem de economia de custos);
- contatos / convênios com universidades, escolas e associações estudantis (para vagas que exigem menor experiência), bem como a realização de palestras e conferências em universidades e escolas;
- contato com outras empresas que atuam no mesmo mercado (visando à cooperação mútua);

- anúncios em jornais e revistas;
- recrutamento *on-line*, através da internet, em *sites* especializados na divulgação de vagas e/ou identificação de candidatos com o perfil desejado, além das redes sociais profissionais etc.;
- agências de recrutamento (custo elevado, mas trazem bons resultados em relação a tempo, rendimento e, geralmente, qualidade dos candidatos);
- *headhunter* (caçador de talentos – são profissionais especializados em recrutamento de executivos; técnica cara, mas que traz bons resultados para cargos que exigem candidatos com experiências específicas e executivos de alto nível; o conceito está migrando para *head-building*, gerador de talentos, e utiliza-se de outras técnicas como *coaching* e *mentoring*).

No mais, pode haver a necessidade de viagens para recrutamento em localidades distintas da sede da organização.

Por fim, o **recrutamento misto** pode se dar mediante a execução de um recrutamento interno, seguido de um externo necessário para suprir o deslocamento do colaborador; ou pode-se utilizar ambos os recrutamentos no intuito de atrair candidatos para um mesmo processo seletivo, ou seja, tanto os candidatos internos como os externos passarão pelo mesmo processo de seleção para disputar uma determinada vaga. Neste último caso, a organização consegue unir as vantagens de ambos os recrutamentos, que veremos a seguir.

No que diz respeito ao tópico de recrutamento, para fins de nossa prova, as vantagens e as desvantagens dos meios de recrutamento é o conteúdo mais importante, pela quantidade de questões que historicamente são apresentadas nos certames. Desta forma, o quadro apresentado abaixo permite uma comparação entre as principais vantagens e desvantagens dos meios de recrutamento interno e externo.

	Recrutamento Interno	Recrutamento Externo
Vantagens	- mais econômico (não gera custos com divulgação); - mais rápido; - maior índice de validade e de segurança (os candidatos são conhecidos pela empresa); - fonte de motivação para os colaboradores (valorização do capital humano interno); - aproveita os investimentos da organização em treinamento de pessoal; - desenvolve um sadio espírito de competição entre o pessoal.	- traz "sangue-novo", novas formas de pensar e novas experiências à organização; - renova e enriquece os recursos humanos da organização; - aproveita investimentos em treinamento e desenvolvimento de pessoal realizados por outras organizações ou pelos próprios candidatos.
Desvantagens	- exigência de que novos funcionários tenham potencial de desenvolvimento para serem promovidos; - pode gerar conflito de interesses (entre áreas e entre as chefias); - aplicado incorretamente, pode levar ao Princípio de Laurence Peter, ou da incompetência (quando o colaborador competente em seu cargo é promovido repetidas vezes até que ocupe um cargo no qual demonstre incompetência para a função); - quando aplicado continuamente, pode levar os funcionários a um bitolamento às políticas e diretrizes da organização (dificuldade das pessoas raciocinarem de forma diferente da cultura da organização); - risco de descapitalização da organização (quando um colaborador sênior é substituído por um colaborador aprendiz, com perfil, conhecimentos, capacidades e competências inferiores ao encontrado no mercado externo).	- é mais demorado; - é mais caro e exige inversões e despesas imediatas; - em princípio, é menos seguro (desconhecimento em relação ao real perfil e potencial dos candidatos); - pode provocar barreiras internas (frustração do pessoal interno em relação ao seu crescimento profissional); - geralmente afeta a política salarial da empresa e influencia as faixas salariais internas, principalmente quando a oferta e a procura de recursos humanos estão em desequilíbrio.

Fonte: adaptado de Chiavenato (2009).

1.5.1.2. Seleção

No que concerne ao recrutamento, estudamos a forma como a organização atrai/busca pessoas com perfil para as vagas que estão disponíveis.

O processo de **seleção**, por sua vez, consiste na triagem das pessoas recrutadas, culminando com a decisão de qual a pessoa com maior potencial de bem desempenhar o cargo a ser preenchido.

Segundo Chiavenato (2009), os objetivos do recrutamento e seleção são:

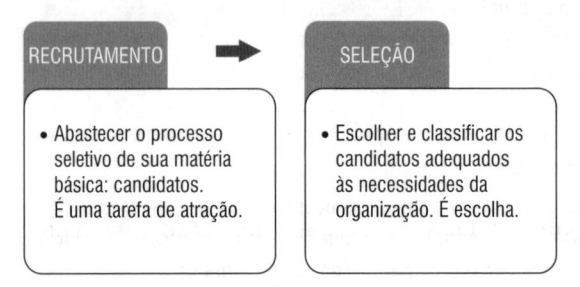

RECRUTAMENTO ➡ SELEÇÃO

- Abastecer o processo seletivo de sua matéria básica: candidatos. É uma tarefa de atração.
- Escolher e classificar os candidatos adequados às necessidades da organização. É escolha.

Os critérios de seleção baseiam-se nas exigências e especificações do cargo a ser preenchido, e podem obtidos das seguintes formas:

Descrição e análise do cargo
- Levantamento dos aspectos intrínsecos (conteúdo do cargo) e extrínsecos (requisitos que o cargo exige de seu ocupante ou fatores de especificação) do cargo.

Aplicação da técnica de incidentes críticos
- Registro, feito pelo gestor, dos fatos e comportamentos dos ocupantes do cargo que produziram melhor ou pior desempenho.
- Identifica as características desejáveis e indesejáveis com relação aos candidatos

Requisição do empregado
- Verificação dos dados a respeito dos requisitos e características que o candidato deverá possuir, registrados no documento de requisição do empregado.
- Utilizado quando a organização não possui a descrição de análise do cargo.

Análise do cargo no mercado
- Utilizada para atividades (cargos) novas na organização, verifica-se em outras organizações o conteúdo, os requisitos e as características dos ocupantes de cargos com atividades compatíveis às que serão exercidas.

Hipótese de trabalho	• Previsão aproximada do conteúdo do cargo e sua exigibilidade (requisitos e características) em relação ao ocupante. • Utilizada como último recurso, se não for possível aplicar nenhuma das formas anteriores.
Competências individuais	• Competências que a organização exige do candidato para ocupar determinada posição.

Fonte: adaptado de Chiavenato (2009, p. 177-178).

Mais recentemente, as organizações vêm utilizando as competências individuais como critério de escolha dos candidatos, em detrimento do cargo e sua descrição.

Assim, ao invés de escolher pessoas com determinados conhecimentos e experiências, o processo de seleção vem se preocupando em identificar um diagnóstico e um prognóstico das pessoas a respeito de suas capacidades para aprender uma tarefa (tempo de aprendizagem) e da maneira de realizá-la após aprendida (nível de execução).

De qualquer forma, a seleção será sempre um **processo de comparação** (entre diversos candidatos), seguido de um **processo de decisão** (escolha do candidato a ser contratado).

Como **processo de comparação**, é executada pela área de gestão de pessoas (função de *staff*) e tem como variáveis os critérios da organização e o perfil das características dos candidatos. Os critérios da organização, como já vimos, podem ser os requisitos para o cargo (análise e descrição de cargo) ou as competências individuais necessárias à organização. Já o perfil dos candidatos pode ser aferido por técnicas de seleção.

Neste processo de comparação, os candidatos que possuem o perfil aquém do necessário ao cargo ou à organização são reprovados; os que atingem exatamente as necessidades do cargo ou da organização são aprovados; e os que superam essas necessidades, geralmente, também são reprovados. Na realidade, existe uma margem para menos e para mais nesta comparação, pois é muito difícil ter um candidato que atinge exatamente as necessidades do cargo ou da organização, sem lacunas nem excessos no perfil.

Após o crivo feito pelo processo de comparação, a área de gestão de pessoas apresenta ao requisitante (gestor) os candidatos aprovados em ordem de classificação.

Não cabe à área de gestão de pessoas a decisão final sobre a contratação; o **processo de decisão** é de responsabilidade do gestor (responsabilidade de linha), que deve aprovar ou reprovar cada candidato.

Há três 3 (três) situações possíveis para o processo de decisão, de acordo com a quantidade de candidatos aprovados e de vagas:

Colocação	Seleção	Classificação
• Um candidato para uma vaga.	• Vários candidatos para uma vaga.	• Vários candidatos para várias vagas.

Essas três formas de decisão sobre os candidatos são chamadas **modelos**.

O **modelo de colocação** minimiza sobremaneira as opções para o gestor, ou seja, a tendência é a de aceitação do candidato.

No **modelo de seleção**, o gestor deve aprovar o candidato que julgar mais bem atender às necessidades do cargo e/ou da organização, bem como reprovar os demais.

Já o **modelo de classificação** é mais complexo: cada candidato é comparado com cada vaga em aberto. É entendido como um modelo superior aos demais, pois proporciona melhor aproveitamento dos candidatos, maior eficiência dos processos (abrange todas as vagas a serem preenchidas) e redução de custos (evita duplicidade de despesas).

Técnicas de Seleção

Após **a entrevista de triagem** (mais superficial, que serve apenas para separar os candidatos que seguirão adiante pelo processo seletivo daqueles candidatos que não apresentam as mínimas condições desejadas), segue-se a seleção em si. As diversas técnicas de seleção podem ser classificadas, segundo Chiavenato (2009), em cinco grupos:

- **Entrevistas de Seleção**

É a mais utilizada e permite um contato pessoal entre o gestor (entrevistador) e o candidato (entrevistado), embora careça de base científica e seja subjetiva e imprecisa.

Constitui-se em um processo de comunicação, portanto, está sujeito a ruídos (omissão, distorção, sobrecarga e barreiras). Para superar essas dificuldades, é necessário um adequado treinamento dos entrevistadores e a construção do processo de entrevista.

Segundo Chiavenato (2009, p. 181), os <u>principais aspectos a serem abordados no treinamento dos entrevistadores</u> são:

- *examinar seus preconceitos pessoais e dar-lhes o devido desconto;*
- *evitar perguntas do tipo "armadilha";*
- *ouvir atentamente o entrevistado e demonstrar interesse por ele;*
- *fazer perguntas que proporcionem respostas narrativas;*
- *evitar emitir opiniões pessoais;*
- *encorajar o entrevistado a fazer perguntas sobre a organização e o emprego;*
- *evitar a tendência de classificar globalmente o candidato (efeito halo ou de generalização) como apenas bom, regular ou péssimo;*
- *evitar tomar muitas anotações e registros durante a entrevista para poder dedicar-se mais atentamente ao candidato e não às anotações.*

A construção do processo de entrevista permitirá maior ou menor liberdade do entrevistador, e pode ser adaptada às suas habilidades.

As entrevistas podem ser classificadas das seguintes formas:

Entrevista totalmente padronizada	Estruturada (fechada ou direta), possui um roteiro de sequência das atividades e das questões preestabelecido.
Entrevista padronizada apenas quanto às perguntas	Listagem das questões/assuntos a serem abordados; o entrevistador tem liberdade na ordem de questionamento.
Entrevista diretiva	Não especifica as questões a serem feitas, mas sim as respostas ou as informações que se desejam.
Entrevista não diretiva (não estruturada)	A sequência e orientação ficam a cargo do entrevistador, não há a predefinição de questões, assuntos, informações a serem requeridas.

- **<u>Provas ou Testes de Conhecimentos ou de Capacidades</u>**

Os conhecimentos e as habilidades obtidos na prática podem ser aferidos por meio de testes, como provas orais, provas escritas, provas de realização (digitação, por exemplo).

- **<u>Testes Psicométricos / Aptidões</u>**

Buscam identificar as aptidões e os padrões de comportamento dos candidatos.

São utilizados para prever o comportamento em determinadas situações de trabalho.

É indicado que cada candidato responda a uma bateria de testes psicológicos, para avaliar diferentes aptidões.

- **Testes de Personalidade (Psicológicos)**

Analisam os traços de personalidade (característica marcante), advindos do caráter ou do temperamento da pessoa.

Podem ser genéricos, quando apontam uma síntese global dos traços de personalidade (psicodiagnósticos), ou específicos, quando buscam identificar um traço específico de personalidade.

A aplicação e interpretação devem ser feitas apenas com a participação de um psicólogo.

- **Técnicas de Simulação** (psicodrama ou dramatização *role-playing*)

Dão ênfase à exposição do candidato a uma atividade em grupo, e constituem-se em dinâmicas de grupo.

Permitem analisar e diagnosticar o esquema de comportamento do candidato em uma ação social.

1.5.2. Relacionamento interpessoal e trabalho em equipe

"O Homem é um ser social." Essa afirmação, cuja autoria é remetida a Aristóteles, reflete a realidade da interação do indivíduo em sua comunidade: desde o nascimento os grupos sociais fazem parte da existência humana.

Família, vizinhos, amigos, colegas de escola, de cursinho, de trabalho. Apesar de haver exceções, a regra é que o ser humano tome parte de diversos grupos sociais, que apresentam valores culturais específicos, premiando e sancionando seus componentes de acordo com seus comportamentos.

No que diz respeito à organização do trabalho, a formação de grupos é extremanente conveniente. Se bem coordenados, os esforços individuais somados podem alcançar objetivos que não seriam atingidos individualmente no mesmo espaço de tempo.

Mas nem todo grupo de trabalho apresenta o mesmo desempenho. As variáveis responsáveis por isso são inúmeras, já que o elemento central nos grupos de trabalho – o indivíduo – é uma variável muito complexa.

Dificuldades de comunicação, conflitos, desconhecimento técnico, entre outros, podem comprometer a *performance* de um grupo.

O primeiro passo em nosso estudo diz respeito justamente a um olhar mais atento às características do grupo: falaremos inicialmente sobre seus estágios de formação.

1.5.2.1. Os estágios de formação do grupo

Segundo Robbins (2006), são cinco os estágios de formação de um grupo:

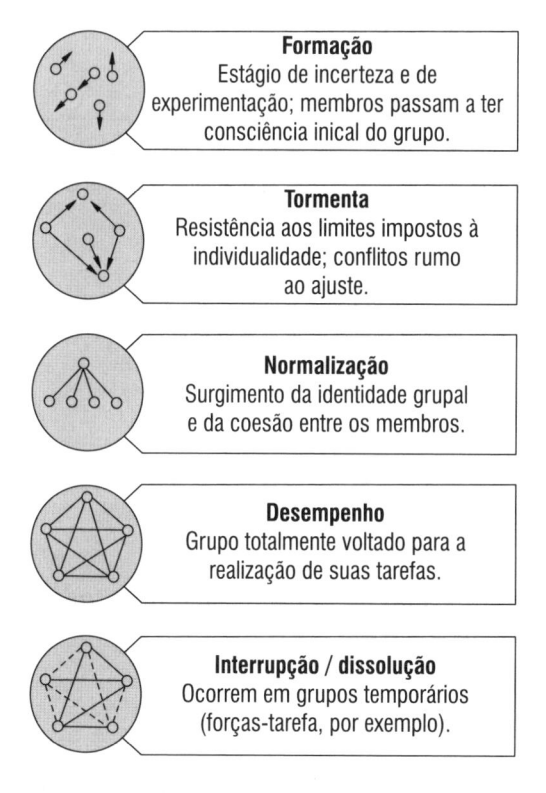

Formação
Estágio de incerteza e de experimentação; membros passam a ter consciência inical do grupo.

Tormenta
Resistência aos limites impostos à individualidade; conflitos rumo ao ajuste.

Normalização
Surgimento da identidade grupal e da coesão entre os membros.

Desempenho
Grupo totalmente voltado para a realização de suas tarefas.

Interrupção / dissolução
Ocorrem em grupos temporários (forças-tarefa, por exemplo).

Logicamente, nem todos os grupos passarão por todos esses estágios. Um grupo permanente, por exemplo, não será dissolvido. Da mesma forma, um grupo que, desde o início, demonstrar grande afinidade, não passará pela fase da tormenta, já que as resistências individuais não tomarão forma.

** o seguinte enunciado é válido para as questões Q21 e Q22 **

(CESPE / TCU / 2008) Uma organização necessitava criar uma área para atender novas demandas decorrentes da revisão de sua missão. Para tanto, contratou dez funcionários para comporem um grupo de trabalho. Essas pessoas nunca trabalharam juntas nem prestaram anteriormente serviços nessa organização.

Acerca do comportamento que esse grupo pode apresentar, segundo as teorias sobre grupos, julgue os próximos itens.

Q21. Durante o amadurecimento do grupo, poderá ocorrer uma fase de grande turbulência.

Conforme vimos no esquema anterior, durante a formação de um grupo, ele pode passar por uma fase de grande turbulência, durante a qual as resistências aos limites impostos às individualidades de seus membros devem ser minimizados. Esta é a fase da tormenta.

O enunciado está correto.

Q22. Por terem formado um grupo novo e não se conhecerem, os citados funcionários certamente entrarão em turbulência, sendo que será necessária a intervenção da gerência para a superação dessa situação.

A existência da fase da tormenta não é uma regra durante a formação do grupo. Como dissemos, um grupo cujos membros apresentam uma forte coesão inicial não apresentará conflitos na sua formação.

O enunciado está errado.

1.5.2.2. Equipe *versus* Grupo de Trabalho

Toda equipe é um grupo de trabalho, mas nem todo grupo de trabalho é uma equipe.

Vejamos as definições:

Grupo de trabalho é:

- pequena associação ou reunião de pessoas ligadas para um **fim comum**, que realiza uma ou mais tarefas dentro do contexto da organização;
- grupo cujos membros interagem basicamente para partilhar informações e tomar decisões, para mutuamente se ajudarem no desempenho em sua área de responsabilidade;
- pessoas que interagem umas com as outras, são psicologicamente conscientes umas das outras e se percebem como grupo.

Equipe é:

- um pequeno número de pessoas com **habilidades complementares**, que se comprometem com um **propósito comum** e com abordagem e **metas de um dado desempenho**, pelo qual **se consideram mutuamente responsáveis** (KATZENBACH; SMITH, 1999);

- um grupo de pessoas **interdependentes** em relação a informações, recursos e habilidades, que busca combinar seus esforços para alcançar **um objetivo comum** (THOMPSON, 2000);

- grupo cujos esforços individuais resultam em um desempenho que é <u>maior que a soma das contribuições de cada um dos indivíduos</u> (esta propriedade é chamada de **sinergia**) (ROBBINS, 2001).

Como bem nos esclarece Clutterbuck (2008), não se fala de equipe de acionistas de uma empresa ou de equipe de adeptos a um determinado *hobby*. O compartilhamento de um interesse comum e até mesmo o empreendimento de esforços para a consecução de um determinado objetivo (uma passeata para aumento de salários) pode até exigir uma certa dose de colaboração e planejamento, mas não há uma base de interação contínua de apoio mútuo que justifique a denominação de equipe.

Clutterbuck (2008) ressalta as principais características do conceito de equipe:

- **Habilidades complementares**: favorecem a criação de mais valor quando são aproveitadas as diversas formas de talento e conhecimento.
- **Compromisso com propósito comum**: exige-se uma noção comum de direção. Sem um propósito comum, as prioridades e intenções individuais dominarão o que as pessoas fazem, e haverá pouca coordenação de esforços.
- **Compromisso com metas de desempenho**: também é necessário para assegurar que todos compreendam da mesma maneira quais deverão ser os resultados do seu trabalho.
- **Responsabilidade mútua**: há um senso de responsabilidade que envolve a interação entre os indivíduos da equipe.

	GRUPO	EQUIPE
Objetivos	Comuns (não específicos)	Comuns e compartilhados (específicos e claros a todos os membros)
Interesses	Predomínio de interesses individuais	Predomina o interesse coletivo, a afinidade e a interdependência, no intuito de se alcançarem melhores resultados

	GRUPO	EQUIPE
Liderança	Centralizada	Há uma liderança situacional (ou compartilhada)
Habilidades	São variadas e aleatórias, já que os esforços não são complementares	São complementares
Sinergia	Neutra (ou negativa)	Positiva
Responsabilidade	Individual	Mútua

Q23. (CESGRANRIO / PETROBRAS / 2011) Embora equipes sejam grupos de pessoas, os conceitos de equipe e grupo não são intercambiáveis. A respeito das diferenças entre conceitos, analise as afirmativas a seguir.

I. Equipes contam com líderes fortes que foram designados para a função.

II. Equipes entregam produtos do trabalho coletivo de seus componentes.

III. Grupos discutem, decidem e compartilham trabalho.

Está correto APENAS o que se afirma em:

a) I;

b) II;

c) III;

d) I e II;

e) I e III.

Seguem os comentários às afirmativas:

I. Equipes não são caracterizadas por uma liderança forte ou centralizada. A liderança, neste caso, é situacional ou, por vezes, compartilhada com o grupo. Ainda, para Clutterbuck (2008), o estilo da liderança deveria ser negociado entre o líder e os membros da equipe. A afirmativa está errada.

II. Os indivíduos de um grupo de trabalho desenvolvem trabalhos individuais, não complementares e, por vezes, em paralelo (ao mesmo tempo). Os componentes de uma equipe, em contrapartida, não desenvolvem trabalhos individuais, mas sim compartilhados, em que cada esforço individual é somado aos esforços do restante da equipe. O resultado final é um trabalho coletivo. A afirmativa está certa.

III. O processo de comunicação de um grupo não é amplamente desenvolvido. Ainda, o trabalho não é compartilhado, mas sim individualizado. Logicamente, há um fim comum que une o grupo, mas este objetivo não é alcançado mediante a combinação de habilidades complementares. Assim, não podemos afirmar que, em um grupo, o trabalho é compartilhado. A afirmativa está errada.

Resposta: B.

1.5.2.3. Tipos de Equipe

As equipes podem ser classificadas de várias formas, de acordo com diversos critérios. A seguir apresentamos suas principais classificações:

TIPOS DE EQUIPE	
DE ACORDO COM SUA AUTONOMIA	
Liderada por gerente	Um gerente decide quais as metas e como a equipe será estruturada, além de efetuar a ligação da equipe com o contexto organizacional (= justificativa da formação da equipe) e realizar a supervisão de seu desempenho.
Autogerenciadas	O gerente apenas define as metas, liga a equipe com o contexto e faz a supervisão, mas a estrutura da equipe é definida por seus integrantes.
Autônomas	O gerente apenas fornece recursos e faz ligação da equipe com o contexto organizacional, ao passo que seus integrantes definem a estrutura e os objetivos da equipe.
Autogovernadas	Neste caso, até mesmo a ligação com o contexto fica a cargo da equipe. (é o caso das diretorias nas empresas, que definem não só o que fazer, mas também a razão de fazê-lo).
DE ACORDO COM SUA FORMAÇÃO	
Funcional	Formada por funcionários de mesmo nível hierárquico, dentro de um mesmo setor da organização.
Multifuncional	Formada por funcionários de mesmo nível hierárquico, mas de diferentes setores da organização, que se agregam para a realização de uma tarefa.
Virtual	Os membros, que se encontram fisicamente dispersos, utilizam recursos de tecnologia de formação e comunicação (TIC) para coordenarem suas atividades.
DE ACORDO COM SUA TEMPORALIDADE	
Permanentes	São equipes responsáveis por assumir aspectos da rotina organizacional, detendo, assim, caráter permanente.
Forças-tarefa	São equipes temporárias, formadas com o objetivo de resolver determinados problemas específicos.
DE ACORDO COM SEU DESEMPENHO	
Equipe de elevado desempenho	Os membros estão profundamente comprometidos com crescimento pessoal de cada um e com o sucesso individual e dos demais. Há estímulo às opiniões divergentes, bem como a equipe não se intimida frente aos riscos. Esta equipe supera o desempenho de outras e ultrapassa todas as expectativas.

Q24. (FCC / AL-SP / 2010) A equipe de trabalho formada para resolver determinados assuntos ou problemas específicos, em bases temporárias, denomina-se:

a) comissão;

b) equipe funcional;

c) força-tarefa;

d) equipe de comando;

e) *coaching*.

Conforme exposto no quadro acima, a força-tarefa é uma equipe temporária, designada para lidar com um problema específico.

Originariamente, o termo "força-tarefa" (*task force*) é uma expressão militar, inicialmente utilizado pela Marinha dos Estados Unidos para denominar uma unidade militar temporária criada para realizar uma missão pré-determinada.

A alternativa C está correta.

1.5.2.4. Tamanho do grupo *versus* desempenho

Em 1913, o engenheiro agrônomo francês Maximilien Ringelmann conduziu uma experiência com seus estudos que visava a elucidar se o tamanho de um grupo poderia influenciar no desempenho de seus indivíduos.

O chamado Experimento de Ringelmann consistiu em fazer com que os estudantes puxassem uma corda, individualmente e depois em grupos de diferentes tamanhos, sendo que a tração na corda era medida em cada uma dessas situações. Constatou-se que, com o aumento do tamanho do grupo, os indivíduos tendiam a fazer menos força.

Em 1974 esse experimento foi replicado por Ingham, Levinger, Graves e Peckam, que fizeram uma pequena modificação. Os indivíduos também puxavam a corda de olhos vendados, acreditando que faziam parte de um grupo, quando, na verdade, desempenhavam a tarefa sozinhos. Os resultados foram praticamente idênticos à experiência original. A essa tendência denominou-se **folga social**, assim definida:

> **Folga social** = tendência que os indivíduos possuem de se esforçarem menos ao trabalharem em grupos do que fariam se estivessem sozinhas.

As causas da folga social são assim identificadas por Robbins (2006):
- dispersão de responsabilidades;
- percepção de que os demais membros do grupo não estão fazendo sua parte justa.

Q25. (CESGRANRIO / BACEN / 2010) Cada vez mais, o trabalho em equipe tem sido implementado nas organizações brasileiras como uma forma de aumentar a sua produtividade e o seu desempenho. No entanto, a menor pressão da organização sobre o desempenho individual e a diluição das responsabilidades podem gerar, no grupo de trabalho, um fenômeno conhecido como:

a) pensamento grupal;

b) folga social;

c) coesão;

d) conformidade;

e) autonomia.

O enunciado refere-se à folga social, um aspecto que merece a atenção na condução das equipes.

No intuito de minimizarem os efeitos da folga social, os gerentes / líderes de equipe devem assegurar meios de aferição dos esforços individuais. Da mesma forma, quanto maior for o sentimento de coesão do grupo, menor será a ocorrência deste fenômeno.

A alternativa B está correta.

1.5.3. Os conflitos e sua gestão no ambiente organizacional

O **conflito** é uma realidade nas relações humanas de forma geral, não o sendo diferente nas organizações.

Dean Pruitt & Jeffrey Rubin (1996) consideram que o conflito é uma divergência de interesses percebida ou uma crença de que as aspirações atuais das partes não podem ser alcançadas simultaneamente. Há, <u>assim, em um momento inicial, a</u> incompatibilidade de objetivos entre as partes.

Outra definição de conflito nos é apresentada por De Dreu e Weingart (2002):

> **Conflito** é a divergência de perspectivas, percebida como geradora de tensão por pelo menos uma das partes envolvidas numa determinada interação.

Segundo Chiavenato (2009) há **três condições que predispõem (ou que antecedem) ao conflito**, em virtude da situação de tensão que cria entre os membros e os grupos organizacionais. São elas:

- **Diferenciação de atividades** → quanto maior a divisão de trabalho em uma organização, maior é a quantidade de áreas especializadas, que passam a criar subculturas organizacionais próprias, com maneiras específicas de pensar e agir. Como decorrência, pode surgir um ambiente com interesses distintos e por vezes antagônicos, gerando conflitos.

- **Recursos compartilhados** → as organizações convivem, logicamente, com recursos (financeiros, de material, de pessoal etc.) limitados. Se uma área demanda o aumento de seus recursos, o atendimento desse pleito muitas vezes se dá com o sacrifício de outra área, suscitando conflitos internos.

- **Atividades interdependentes** → a interdependência surge quando uma equie não pode realizar o seu trabalho sem que outra equipe realize o seu. Com o aumento do grau de interdependência, surgem, ao mesmo tempo, oportunidades de cooperação e de conflito entre as equipes.

Tendo essas condições antecedentes como pano de fundo, sempre que uma das partes perceber que há **incompatibilidade de objetivos**, ou que há a **oportunidade de interferência**, ela passará a assumir uma postura de conflito com relação à(s) outra(s) parte(s).

1.5.3.1. Como gerenciar conflitos?

Uma vez evidenciada a situação de conflito, cabe ao administrador optar pelo estilo de condução que traga, ao final do processo, os resultados mais positivos à organização. Dentre **as técnicas (ou estilos) de gestão de conflitos**, a literatura da área usualmente faz a seguinte categorização, levando-se em conta os critérios de **assertividade** (tentativa de satisfação dos interesses do próprio grupo) e de **cooperação** (consideração dos interesses das outras partes):

TÉCNICAS / ESTILOS DE GESTÃO DE CONFLITOS	
Técnica / Estilo	Descrição
1. Acomodação ou Suavização (ou abrandamento)	O intuito principal é a **busca de harmonia entre as partes**. Os pontos menores de discordância são resolvidos, e as discussões voltadas aos problemas maiores são postergadas. Há, por vezes, a negação da existência do conflito ou de sua relevância para a organização. É um estilo marcado pela cooperação.
2. Evitação ou Abstenção (ou afastamento)	Trata-se de uma postura de **fuga do conflito**. Busca-se outra saída ou, ainda, visa-se a ganhar tempo, de modo que as forças que permeiam o conflito em potencial tornem-se mais fracas. É um estilo não assertivo e não cooperativo.
3. Competição ou Dominação	Trata-se de uma postura de **alta combatividade**, aplicável em uma situação na qual se vislumbra que o interesse de um grupo é antagônico (e incompatível) com o interesse da outra parte. É um estilo assertivo por excelência.
4. Compromisso ou Transigência (ou concessão mútua)	Neste estilo, **o administrador faz concessões significativas à outra parte**, aceitando, ao final, ganhos e perdas na negociação. Nenhuma das partes ficará plenamente satisfeita quando empregarem o estilo de compromisso. É um estilo tanto assertivo quanto cooperativo (em menor grau do que no estilo de colaboração).
5. Colaboração	Trata-se de uma postura que demanda elevada capacidade de negociação, empregado quando os interesses de ambas as partes são relevantes e **podem ser combinados** (sem concessões significativas) para a construção de uma solução mais ampla, visando ao compromisso e ao consenso dos envolvidos. Há elevado grau de assertividade e de cooperação.

A essas técnicas, Robbins (2002) soma ainda as que seguem:

TÉCNICAS / ESTILOS DE GESTÃO DE CONFLITOS	
Técnica / Estilo	Descrição
1. Expansão de recursos	Quando o conflito é causado pela disputa ante a escassez de recursos, a expansão de sua disponibilidade pode ser uma técnica (usualmente empregada por uma terceira parte) na resolução do conflito.
2. Comando autoritário	A administração (gestão da organização) faz uso de sua autoridade formal para resolver o conflito (assumindo o papel de árbitro), e depois comunica a decisão às partes em disputa.
3. Alteração de variáveis humanas	Emprego de técnicas de gestão de pessoas (treinamentos e capacitações), de modo a alterar comportamentos e atitudes das partes conflitantes.
4. Alteração de variáveis estruturais	Mudanças na estrutura formal da organização, bem como nos padrões de interação e comunicação entre as partes conflitantes.

Vejamos como este assunto é cobrado em concursos:

Q26. (FCC / TRF 2ª Região / 2012) É a técnica de administrar conflitos organizacionais que enfatiza alcançar a harmonia entre os contendores, inclui tratamento superficial do problema, rejeição de sua importância para a organização ou até mesmo de sua existência:

a) afastamento;
b) abrandamento;
c) confronto;
d) dominação;
e) intervenção do poder.

A técnica de gestão de conflitos que visa à manutenção da harmonia entre as partes, tratando apenas as partes menores do problema ou, por vezes, negando sua existência e relevância para a organização é a acomodação (ou suavização ou abrandamento).

Resposta: B.

Q27. (CESPE / MPOG / 2013) O emprego de autoridade formal é uma estratégia adequada para a resolução de conflitos.

A assertiva faz alusão à técnica "Comando autoritário", constante do quadro anterior.
Está, portanto, correta.

Q28. (CESPE / MPOG / 2013) No gerenciamento dos conflitos, devem-se definir as metas de forma partilhada, estabelecendo-se as metas que podem ser atingidas sem a cooperação das partes envolvidas no conflito.

A questão pode ser remetida às técnicas/estilos de gestão de conflitos que detêm viés de cooperação (compromisso e colaboração, em especial). Nesses casos, devem ser estabelecidas metas que podem ser atingidas com (e não "sem", como diz o enunciado) a cooperação das partes.

Deste modo, a assertiva está errada.

Q29. (CESPE / Telebras / 2013) Considere que, em virtude de duas equipes de trabalho disputarem a posse de uma mesma impressora, a autoridade superior tenha realizado a compra de uma segunda impressora, encerrando, assim, o conflito. Nessa situação, o conflito foi solucionado mediante o emprego da estratégia do tipo compensação específica.

A solução do conflito, neste caso, valeu-se da técnica expansão de recursos, na concepção de Robbins (2002).

A questão está errada.

Q30. (CESPE / CNJ / 2013) Quando, em uma organização, o gestor organizacional procura satisfazer os interesses das duas partes em conflito, ele está adotando o denominado estilo acomodação do gerenciamento de conflito.

Ao envidar esforços para que as partes envolvidas em um conflito possam ter os seus interesses resguardados, o gestor pode agir fomentando o estilo colaboração (ou, até mesmo, a expansão dos recursos disponíveis, se for o caso).

Na acomodação, não há a satisfação do interesse de ambas as partes: o cerne do conflito é apenas postergado.

A questão está errada.

1.5.3.2. Resultados decorrentes de conflitos

Ao falarmos de conflitos, é natural termos em mente os resultados destrutivos que podem ser originados. Frustração de membros organizacionais, hostilidade e ansiedade bem como bloqueios à cooperação seriam alguns exemplos de **resultados potencialmente destrutivos**.

Contudo, em interessante análise, Chiavenato (2009, p. 361) traz o seguinte raciocínio:

> "Todo **conflito** tem em seu bojo **forças construtivas** que levam à inovação e mudança e **forças destrutivas** que levam ao desgaste e à oposição. Todavia, a ausência de conflitos significa acomodação, apatia e estagnação, pois o conflito existe porque existem pontos de vista e interesses diferentes que normalmente se chocam. Assim, sob certo ponto de vista, a existência de conflitos significa a existência de dinamismo e de forças vitais que se chocam."

Neste contexto, mostra-se pertinente salientar a existência de três visões distintas acerca do conflito, conforme leciona Robbins (2002). São elas:

- **Escola Tradicional** = é a abordagem mais antiga, segundo a qual todo o conflito é danoso e deve ser evitado. Tal ótica preponderou durante as décadas de 1930 e 1940;
- **Escola de Relações Humanas** = assume-se que o confito é uma consequência natural da dinâmica dos grupos nas organizações, podendo chegar a deter um efeito positivo. Vigorou do final da década de 1940 até meados da década de 1970;
- **Escola Interacionista** = trata-se da abordagem mais recente, segundo a qual um nível mínimo e constante de conflito é indispensável para o desempenho eficaz do grupo (um grupo desprovido de conflitos tende a tornar-se apático).

Entre os **resultados potencialmente construtivos dos conflitos, podemos citar**: aumento da coesão grupal, criação de um ambiente propício à inovação e estímulo à motivação dos indivíduos.

Q31. (CESPE / ANATEL / 2012) De acordo com a visão interacionista, nem todos os conflitos são prejudiciais a uma organização, havendo aqueles que proporcionam a consecução dos objetivos e o melhoramento do desempenho da equipe.

A questão está correta, apresentando de modo acertado a visão contemporânea sobre os conflitos, inerente à Escola Interacionista.

Q32. (CESPE / TJ – ES / 2011) Atualmente, conforme demonstram as pesquisas, altos níveis de conflito são considerados funcionais, em especial os de relacionamento, visto que estimulam a discussão de ideias, contribuindo, assim, para o desenvolvimento do trabalho em equipe.

A despeito de o conflito possuir em seu bojo forças construtivas e destrutivas, não se pode afirmar que possa ser considerado organizacionalmente funcional. Ainda, caso o nível de conflito seja exagerado (conforme pontua o enunciado), as forças destrutivas possuem maior probabilidade de prevalecer, gerando perda de rendimento das equipes e desgaste interpessoal.

A questão está errada.

1.5.4. Avaliação de desempenho individual

A gestão de desempenho individual inclui a definição do desempenho esperado, a forma de monitoramento deste desempenho, a avaliação do desempenho individual e a redefinição do desempenho esperado.

A avaliação de desempenho individual é feita por meio de diversos métodos de avaliação de desempenho, foco desta parte de nosso Capítulo, e é uma atividade do **processo de aplicação da gestão de pessoas**.

> **Avaliação do desempenho** é uma apreciação sistemática do desempenho de cada pessoa no cargo e o seu potencial de desenvolvimento futuro. Toda avaliação é um processo para estimular ou julgar o valor, a excelência, as qualidades de alguma pessoa (CHIAVENATO, 2009, p. 247).

Dentro das organizações, a avaliação dos indivíduos pode receber outros nomes como avaliação de mérito, avaliação de eficiência funcional, entre outros. Independentemente do nome que se dá à avaliação dos funcionários ou o método utilizado, há algumas **premissas para uma adequada (boa) gestão do desempenho das pessoas** (CHIAVENATO, 2009):

PREMISSAS PARA UMA BOA AVALIAÇÃO DE DESEMPENHO
Assegurar um clima de trabalho de respeito e confiança entre as pessoas.
Encorajar as pessoas a assumirem responsabilidades e definirem metas de trabalho.
Desenvolver um estilo de administração que seja democrático, participativo e consultivo.
Criar um propósito de direção, futuro e melhoria contínua entre as pessoas.
Gerar uma expectativa permanente de aprendizagem, inovação, desenvolvimento pessoal e profissional.
Transformar a avaliação do desempenho de um sistema julgamental e arbitrário para um processo de diagnóstico de oportunidades de crescimento para o avaliado e para a organização.

QUEM É O RESPONSÁVEL PELA AVALIAÇÃO?

A responsabilidade pela avaliação de desempenho depende da política da empresa e do método de avaliação utilizado, podendo ser de responsabilidade do gestor, da própria pessoa (participativa), da área de RH, de uma comissão específica, de seus pares, de empresa especializada (terceirizada) ou mesmo de todos os envolvidos nas atividades do funcionário.

De qualquer forma, há alguns vícios que devem ser evitados pelo(s) avaliador(es), os chamados **erros de avaliação**:

ERROS DE AVALIAÇÃO	
Erro (Vício)	Descrição
Efeito Halo	Há, por parte do avaliador, uma valorização positiva de determinado fator ou item de avaliação de desempenho, e a replicação dessa valorização para os demais itens, gerando uma tendência em avaliar positivamente todos os itens.
Efeito Horn	Ao contrário do efeito halo, há uma tendência em avaliar negativamente todos os itens.
Tendência Central	O avaliador evita notas altas ou baixas, mantendo a avaliação com pontuações médias.
Erro de Recenticidade	Considera-se (recorda-se) na avaliação apenas os acontecimentos recentes.
Erro Constante (de precisão ou de complacência)	Ocorre quando o avaliador segue um padrão pessoal muito rigoroso ou complacente. A diferença em relação aos efeitos halo e Horn é que no erro constante todos os avaliados recebem notas altas ou todos recebem notas baixas.
Erro de Semelhança	O avaliador é mais favorável aos que se parecem (física ou comportamentalmente) com ele próprio.

ERROS DE AVALIAÇÃO	
Erro (Vício)	Descrição
Erro de Primeira Impressão	Ocorre quando o avaliador se prende às impressões iniciais ("rótulos") em relação ao avaliado.
Erro de Fadiga	Realizar várias avaliações de desempenho seguidamente pode refletir em baixa da qualidade do trabalho do avaliador.
Incompreensão de Significado dos Fatores de Avaliação	Interpretações inadequadas dos fatores a serem avaliados causam distorções nas avaliações. Um manual com a descrição de cada um dos fatores ou itens a serem avaliados pode resolver estas situações.

Métodos de Avaliação de Desempenho

Há várias metodologias para se aferir o desempenho das pessoas nas organizações. Essas metodologias são divididas em abordagens comparativas e abordagens absolutas.

As **abordagens comparativas** determinam que pessoas são melhores que outras em determinado fator (aspecto), entretanto não determinam o quanto são melhores que as outras. Ou seja, essas metodologias não quantificam em valores absolutos o desempenho de cada pessoa. As metodologias com abordagem comparativa são:

- **Classificação**: *ranking* do melhor ao pior desempenho;
- **Comparação aos Pares**: a comparação entre os desempenhos é feita 2 a 2, não sendo estabelecido um *ranking*;
- **Distribuição Forçada (Escolha Forçada ou Escolha dirigida)**: são dadas frases (categorias descritivas) pré-prontas para que sejam escolhidas as que se assemelham ao desempenho do avaliado. É uma metodologia de fácil aplicação para o avaliador.

Já nas metodologias com **abordagem absoluta**, há padrões exatos de medição para cada fator a ser analisado. As metodologias com essa abordagem são:

- **Escalas Gráficas**: formulário onde cada fator/dimensão é mensurado de acordo com uma escala numérica ou conceitual, atribuindo-se notas para cada dimensão (usualmente de 1 a 5). Apesar de ser um método de fácil aplicação e permitir uma visão integrada, pode ser muito generalista (não permite adaptar o formulário ao avaliado);
- **Incidentes Críticos**: são registradas as situações críticas de sucesso (pontos fortes) e fracassos (pontos fracos) durante um período, e é avaliado o desempenho do indivíduo por meio das situações registradas, reforçando os pontos positivos e mitigando os negativos.

Trata-se de um método de fácil montagem e de fácil utilização. É uma ótima ferramenta para desenvolvimento de pessoas e para a disponibilização *feedback*, apesar de ser de difícil utilização para a tomada de decisões (possui apenas informações qualitativas). De toda sorte, esse método possibilita a identificação de aspectos desejáveis e indesejáveis no exercício de um cargo, provendo um norte para a futura seleção de pessoas;

- **Escala de Classificação com Base no Comportamento**: é realizada a coleta de descrições do comportamento observável e, posteriormente, cada comportamento é avaliado e julgado (bom/mau comportamento). Esta escala de classificação é feita com base apenas nos comportamentos críticos;
- **Avaliação por Objetivos (APO)**: subordinados e supervisores determinam objetivos relativos a cada tarefa do subordinado, a cada aferição é avaliado o cumprimento ou não destes objetivos. Essa metodologia é de difícil comparação e análise por área, pois como os objetivos de cada pessoa são diferentes não há como transformá-los em dados para análise em conjunto.

Há ainda duas formas de avaliação de desempenho, nas quais podem ser utilizadas as metodologias acima, ou uma mistura delas:

Pesquisa de Campo: tem sua base em entrevistas de um especialista em avaliação (geralmente pessoa de fora da organização) com o gestor (superior imediato) para avaliar o desempenho de seus subordinados. A pesquisa de campo possui quatro fases:

- avaliação inicial do subordinado (desempenhos satisfeitos, que excedem a expectativa e que deixam a desejar);
- análise suplementar (perguntas do especialista para o avaliador para aprofundar questões levantadas na avaliação inicial);
- planejamento, proposição de um plano de ação para o avaliado (aconselhamento, readaptação, treinamento, desligamento, promoção...);
- acompanhamento *(fair play* – verificação do desempenho ao longo do tempo).

Avaliação 360° (em rede, de múltiplas fontes ou feedback 360): a pessoa é avaliada não só por representantes de todos os grupos que têm relação, direta ou indiretamente, com seu trabalho (pares, superior, subordinados, pessoas de outras áreas, direção, clientes e fornecedores), mas também é avaliada por si mesma (autoavaliação). Essa avaliação proporciona condições para que o indivíduo se ajuste às várias e diferentes demandas de seu trabalho. Administrativamente é muito complexo e demorado, e o *feedback* (de vários direcionado a um) pode intimidar o avaliado.

Geralmente não há um único método de avaliação utilizado nas organizações. É mais comum ver um *mix* desses métodos, adequando-se à necessidade e aos recursos da organização.

1.6. Cultura e clima organizacional

1.6.1. O conceito de cultura

Um dos erros mais comuns ao se falar de cultura é confundi-la com o nível educacional de um indivíduo. O indivíduo mais "culto", por assim dizer, seria aquele que teve acesso às melhores escolas, que estudou mais, que fala mais idiomas etc.

O fato é que cultura, na acepção social, não se restringe à educação formal do agente, evidenciando-se conceito multidimensional que impinge olhar mais detido.

Uma das primeiras tentativas de elaboração de uma definição científica de cultura, consoante análise de Crespi (1997), corresponde ao esforço do etnólogo americano Edward Tylor, para quem cultura é "o conjunto de elementos que inclui conhecimentos, crenças, arte, moral, leis, costumes e todos os outros hábitos e aptidões adquiridos pelo homem enquanto membro de uma sociedade" (TYLOR, 1903, p. 1).

Apesar de essa definição haver predominado por décadas, em meados do século XX, como resultado da crescente maturidade das ciências sociais, observou-se uma multiplicação de definições de cultura.

Em 1952, os antropólogos estadunidenses Kroeber e Kluckholn (1952) inventariaram 164 definições distintas desse construto, sintetizando-as em seis categorias, de acordo com o aspecto principal enfatizado: (i) enumeração de conteúdo, usualmente influenciada pela definição de Tylor (1903); (ii) herança social ou tradição; (iii) normas ao comportamento humano; (iv) aprendizagem, hábito ou outros aspectos psicológicos; (v) definições estruturais, com ênfase na padronização ou organização da cultura; e (vi) cultura vista como um produto, artefato, ideia ou símbolo. Para os citados antropólogos, cultura é referida como "uma abstração do comportamento concreto, mas não é, em si própria, comportamento" (1952, p. 155).

O fato é que cultura não se confunde com comportamento, mas a estrutura de significados socialmente estabelecidos que a constitui influencia a ação dos atores sociais. Essa visão normativa é apresentada por Geertz (1989, p. 64), que propõe que "a cultura deve ser vista como um conjunto de mecanismos de controle – planos, receitas, regras, instituições – para governar o comportamento".

Dentre as pesquisas conduzidas no último século sobre cultura, é merecedora de destaque a conduzida pelo psicólogo holandês Geert Hofstede, entre 1967 e 1973, em especial pela abrangência de seu método. Com o objetivo de identificar as dimensões das culturas nacionais responsáveis por diferenciar indivíduos ou grupos de diferentes nações, Hofstede aplicou 117 mil questionários em 66 subsidiárias da empresa IBM, procedendo ao tratamento dos dados, num primeiro instante, para 40 dessas localidades.

Hofstede (2003, p. 19) define cultura como a **"programação coletiva da mente que distingue os membros de um grupo ou categoria de pessoas em face de outro"**. Como nos explica esse autor, a referência da cultura como uma espécie de programação mental é advinda da analogia com a forma como os computadores são programados, desempenhando a cultura, nessa visão, o papel de um *software* da mente.

Para esse autor, o *software* da mente – "padrões de pensamento, de sentimentos e de ação potencial" (2003, p. 18) – é produzido no ambiente social em que a pessoa cresce e adquire suas experiências, atribuindo-se peso significativo ao decurso da infância, quando o indivíduo se mostra mais suscetível à aprendizagem e à assimilação.

No entanto, Hofstede (2003) esclarece que isso não significa que as pessoas sejam programadas da mesma maneira que os computadores, sendo a expressão "programação mental" a que faz uso uma indicação das "reações mais prováveis e compreensíveis em função do passado de cada um" (2003, p. 18). Evita-se, assim, uma ótica determinista, dado que o indivíduo teria a capacidade de desviar-se de seus programas mentais, reagindo com criatividade e ineditismo.

Cultura, na análise de Hofstede (2003) é um fenômeno coletivo, visto ser, ao menos em parte, repartida por indivíduos que se inserem no mesmo ambiente social onde é adquirida. Dessa sorte, toma-se por certo que a cultura é adquirida, e não herdada, correspondendo ao nível intermediário das programações mentais humanas, representadas na figura abaixo:

```
                    PERSONALIDADE
   Específico ao indivíduo    Herdado e Aprendido
   ......................................................
   Específico ao grupo ou    CULTURA    Aprendido
         categoria
   ......................................................
      Universal                          Herdado
                  NATUREZA HUMANA
```

Ao passo que, para Hofstede (2003), a natureza humana é herdada por meio dos genes, é a cultura a responsável por moldar o ferramental universal de sentimentos e de capacidades do Homem, dotando-o de um comportamento inerente a um grupo ou categoria. Ao mesclarem-se a herança genética, a influência da programação coletiva (cultura) e as experiências pessoais, toma forma a personalidade do ator social, um "conjunto único de programas mentais que não partilha com nenhum outro ser humano" (HOFSTEDE, 2003, p. 20).

A capacidade de estudo da cultura relaciona-se às suas formas de manifestação. Para Hofstede (2003), há quatro **níveis de manifestação de uma cultura**, agrupadas por esse autor em camadas, dispostas radialmente das menos para as mais visíveis dentro de uma sociedade, conforme representado na figura a seguir.

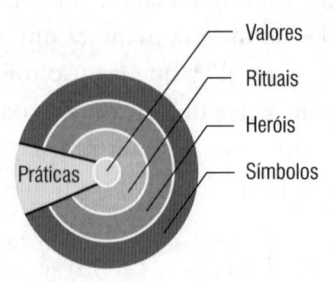

```
                    ┌─ Valores
                    ├─ Rituais
                    ├─ Heróis
        Práticas    └─ Símbolos
```

- **Símbolos** → conforme representados na camada mais superficial, referem-se aos diversos artefatos – objetos, figuras, gestos, palavras etc. – que são apenas reconhecidos por aqueles que partilham a cultura na qual são originados.

- **Heróis** → são indivíduos (reais ou imaginários) que congregam características altamente valorizadas numa cultura específica e, por conseguinte, servem de modelos de comportamento.
- **Rituais** → já numa camada mais interna representam-se os rituais, que, segundo Hofstede (2003, p. 23), são "atividades coletivas, tecnicamente supérfluas, [realizadas] para atingir fins desejados, mas consideradas como essenciais numa determinada cultura".
- **Valores** → finalmente, o núcleo da cultura é formado por valores, definidos por Hofstede (2003, p. 23) como "a tendência para se preferir um certo estado de coisas face a outro". Trata-se de um sentimento orientado, frequentemente inconsciente e raramente discutido.

As três camadas mais superficiais – símbolos, rituais e heróis – são agrupadas pelo autor em pauta sob o termo **práticas**, por serem visíveis aos observadores externos. Nesse sentido, o significado cultural reside na forma como essas práticas são interpretadas pelos que pertencem à cultura.

1.6.2. Cultura organizacional

Um dos autores mais proeminentes no estudo da cultura organizacional é o pesquisador suíço – mas radicado nos Estados Unidos – Edgar Schein, que, desta sorte, norteará nossos estudos.

O estudo da cultura organizacional ganha força a partir da década de 1980, como forma de prover um ferramental fundamental à gestão eficiente das organizações. Para Schein (2009), a compreensão da cultura organizacional é parte comum do próprio processo de administração, portanto seu estudo é inerente ao processo de gestão.

Schein traz a seguinte definição de cultura organizacional:

[**Cultura organizacional**] é o padrão de premissas básicas que um determinado grupo inventou, descobriu ou desenvolveu no processo de aprender a resolver seus problemas de **adaptação externa** e de **integração interna** e que funcionaram suficientemente bem a ponto de serem consideradas válidas e, por isso, de serem ensinadas a novos membros do grupo como a maneira correta de perceber, pensar e sentir em relação a estes problemas (SCHEIN, 2009, p. 16).

Seguem alguns comentários acerca desta definição:

- a cultura organizacional, sendo um "padrão de premissas básicas", age como um substrato que rege (ou que norteia) a ação dos atores organizacionais;
- a cultura organizacional é formada ao longo do tempo, tomando forma a partir de esforços de adaptação com relação ao ambiente externo e de integração entre os elementos internos da organização, desenvolvendo, assim, uma identidade coletiva que permeia as relações de trabalho.

Alinhando-se com a definição de Schein (2009), podemos listar algumas definições adicionais de cultura organizacional, arroladas no quadro a seguir:

CULTURA ORGANIZACIONAL	
AUTOR	CONCEITO
Chiavenato (1999)	Sistema de significados compartilhados por todos os membros [de uma organização] e que distingue uma organização das demais. A cultura organizacional é construída ao longo do tempo e passa a impregnar todas as práticas, constituindo um complexo de representações mentais e um sistema coerente de significados que une todos os membros em torno dos mesmos objetivos e dos mesmos modos de agir.
Luz (2003)	Conjunto de atributos físicos e psicossociais de uma organização que caracteriza o seu modo de ser e determina a sua identidade. É o conjunto de crenças, valores, costumes, tradições, sentimentos e comportamentos experimentados pelos membros de uma organização.
Pettigrew (1996)	Sistema de significados aceitos pública e coletivamente por um dado grupo num dado tempo. Esse sistema de termos, formas, categorias e imagens interpreta para as pessoas as suas próprias situações.

1.6.2.1. Níveis de manifestação da cultura organizacional

A fim de prover ferramentas para uma melhor análise da cultura organizacional, Schein (2009) propõe três níveis de manifestação desta cultura, assim relacionados:

NÍVEL	DESCRIÇÃO
Artefatos visíveis	O ambiente construído, arquitetura, *layout*, vestuário, padrões de comportamento visíveis, documentos, símbolos, *slogans*. Este nível de análise, segundo Schein, é muito enganador porque os dados são fáceis de obter, mas difíceis de interpretar. É possível descrever como um grupo constrói o seu ambiente e quais são os padrões de comportamento discerníveis entre os seus membros, mas frequentemente não se consegue compreender a lógica subjacente ao comportamento do grupo

NÍVEL	DESCRIÇÃO
Crenças e valores compartilhados	Os valores identificados geralmente **representam** apenas **os valores manifestos da cultura**, ou melhor, são idealizações ou racionalizações, e as razões subjacentes que geraram determinado comportamento permanecem inconscientes.
Pressupostos Básicos (inconscientes)	São **pressupostos que determinam como os membros de um grupo percebem, pensam e sentem**. Na medida em que certos valores compartilhados pelo grupo levam a determinados comportamentos e estes se mostram adequados para solucionar problemas, o valor é gradualmente transformado em um pressuposto inconsciente.

1.6.2.2. Elementos da cultura organizacional

Relevante, ainda, para nosso estudo é tomarmos ciência dos diferentes **elementos que compõem a cultura organizacional**, ainda de acordo com o autor em análise. São eles:

ELEMENTO	DESCRIÇÃO
Valores, crenças e pressupostos	Formam o **núcleo da cultura organizacional**, explicitando o que é entendido como correto pela organização, em termos de obtenção de sucesso.
Ritos, rituais e cerimônias	**Atividades planejadas** com consequências práticas, tornando a cultura mais coesa. Perpetuam, no dia a dia, os valores.
Histórias e mitos	**Narrativas** de eventos ocorridos que informam sobre a organização (histórias) ou estórias consistentes com os valores organizacionais, porém sem sustentação nos fatos (mitos).
Tabus	Orientam os atores organizacionais acerca do que não é permitido, **demarcando a área de proibições**.
Heróis	**Personagens** que contribuíram (ou que contribuem) para o crescimento e sustentação da organização.
Normas	**Regulamentam o comportamento esperado**, aceito pela organização.
Processo de comunicação	Transmissão e circulação de informação dentro da organização, compreendendo todo tipo de comunicação, seja formal ou informal. De acordo com Moura (2011), "uma forma de comunicação não verbal é dada pelos artefatos visíveis da organização, seu ambiente físico, a maneira de vestir das pessoas etc. Dessa forma, a comunicação passa a ser um fator de interação entre indivíduos, de reconhecimento e de informação que contribui para o sucesso do processo produtivo e, consequentemente, para o esforço de competitividade do sistema".

Inseridas nestes elementos / níveis de manifestação, Schein (2009), num esforço complementar em dissecar o conceito de cultura organizacional, apresenta categorias referentes aos modos como a cultura de uma organização pode ser manifestada. Vejamos o quadro abaixo:

MANIFESTAÇÕES DA CULTURA ORGANIZACIONAL	
MANIFESTAÇÃO	O QUE É
Regularidades comportamentais observáveis quando as pessoas interagem	A linguagem utilizada, as tradições e os costumes que evoluem, os rituais empregados em uma extensa variedade de situações.
Normas do grupo	Os padrões implícitos e os valores que evoluem em grupos de trabalho.
Valores expostos	Os princípios e valores articulados e publicamente anunciados, que o grupo proclama estar tentando atingir, tais como qualidade do produto ou liderança em preço.
Filosofia formal	Os princípios ideológicos e as políticas que guiam as ações do grupo em relação aos acionistas, clientes e outros *stakeholders*.
Regras do jogo	As regras implícitas para ser bem-sucedido na organização, os *macetes* que um recém-chegado deve aprender para ser aceito pelo grupo, o *jeito que nós fazemos as coisas por aqui*.
Clima	O sentimento que é gerado num grupo pelo *layout* físico e o modo que os membros da organização interagem uns com os outros, com clientes ou estranhos.
Habilidades incorporadas	As competências especiais que os membros do grupo demonstram ao realizar determinadas tarefas e a habilidade de fazer coisas, que são passadas de geração para geração sem necessariamente estarem articuladas por escrito.
Habilidades de pensamento, modelos mentais e/ou paradigmas linguísticos	As estruturas cognitivas compartilhadas que guiam as percepções, pensamentos e linguagem usados pelos membros de um grupo e são aprendidas pelos novos membros no processo de socialização inicial.
Significados compartilhados	O entendimento tácito que emerge quando os membros do grupo interagem.
Metáforas ou símbolos integrativos	As ideias, sentimentos e as imagens que os grupos desenvolvem para se caracterizar, que pode ser ou não apreciado conscientemente, mas estão incorporados em edifícios, *layout* dos escritórios e outros artefatos materiais do grupo.

1.6.3. Clima organizacional

De modo objetivo, quando relacionamos as variáveis *cultura organizacional* e *tendência de comportamento dos indivíduos na organização*, falamos de **clima organizacional**. Abrange os sentimentos dos colaboradores para com a organização – sejam eles positivos, negativos ou neutros, formando um índice de satisfação dos funcionários.

A despeito de alguns autores tratarem os conceitos de cultura organizacional e de clima organizacional como sinônimos, Veloso et al. (2007) tecem o seguinte esclarecimento:

- Clima organizacional reflete um momento na vida da organização, passível de alteração mediante ações de curto prazo. Por exemplo, a mudança de dirigentes de uma empresa pode implicar uma mudança imediata de clima organizacional.
- Cultura organizacional é um conceito mais denso, menos dinâmico, que carece de um tempo maior para a absorção de mudanças. Como ilustração, podemos afirmar que a Administração Pública brasileira (obviamente com algumas distinções internas) possui uma cultura organizacional comum, marcada pela sua trajetória desde o Período Colonial, e que não é alterada simplesmente pela alteração de dirigentes.

Clima organizacional trata, pois, de um conceito abrangente, que se relaciona majoritariamente à **motivação** dos atores organizacionais.

De acordo com o entendimento de Chiavenato (1994, p. 53), "o clima organizacional é favorável quando proporciona satisfação das necessidades pessoais dos participantes, produzindo elevação do moral interno. É desfavorável quando proporciona frustração daquelas necessidades".

Feita esta introdução, podemos apresentar as seguintes definições de **clima organizacional**:

- **Clima organizacional** é um conjunto de valores ou atitudes que afetam a maneira pela qual as pessoas se relacionam umas com as outras, tais como sinceridade, padrões de autoridade, relações sociais etc. (BENNIS, 1996).
- **Clima organizacional** é um conjunto de causas que interferem no ambiente de trabalho. As causas podem variar de acordo com os níveis culturais, de comunicação, econômicos e psicológicos dos indivíduos (OLIVEIRA; CAMPELLO, 2008).

Em robusta análise, Taglioco e Araújo (2007) listam quatro dimensões que compõem o clima organizacional, a saber:

- **resistência à mudança;**
- **estresse;**
- **liderança, e**
- **motivação.**

Diz-se que o clima organizacional é marcado por uma situação de **estresse** quando a capacidade ou a necessidade do(s) indivíduo(s) não é equivalente às exigências do trabalho, suscitando reações físicas e/ou psicológicas desfavoráveis.

Um clima organizacional marcado pelo estresse no trabalho implica perda de produtividade e geração de conflitos.

Pertinente, ainda, é a elucidação traçada por Taglioco e Araújo (2007, p. 3) acerca de fatores que podem suscitar o estresse no trabalho:

> A **falta de clareza nas regras, normas e tarefas** que o trabalhador deve desempenhar assim como os **ambientes insalubres**, **a falta de ferramentas adequadas**, podem ser fatores determinantes de estresse. Os agentes estressores ocupacionais variam de acordo com as atividades, podendo ser de natureza física, química, biológica, psicológica e social. No trabalho, **atividades sem grande importância**, **sem significado ou aquelas onde não há razão aparente do por que está sendo feito** podem ser extremamente estressantes. As **tarefas altamente repetitivas ou desinteressantes** também podem produzir estresse. Essas **situações de carência de solicitações ou a sensação de falta de significado para as coisas** podem ser altamente estressantes também. (negrito deste autor)

2. Aspectos Normativos

2.1. A Gestão dos Agentes Públicos

O tema ora apresentado (gestão de pessoas), tem a maior parte da literatura voltada ao contexto das organizações privadas, que visam ao lucro e à consecução de vantagem competitiva sustentável.

Todavia, não podemos deixar de ter uma análise mais detalhada para as organizações públicas, foco recorrente em certames. Com este cuidado, veremos algumas questões que nos permitirão contextualizar e refletir sobre a gestão de pessoas no setor público.

Antes, vamos nos familiarizar com o assunto lendo o trecho do livro "Gestão de Pessoas: bases teóricas e experiências no setor público", da ENAP, no qual Schikmann (2009, p. 17 e 18) analisa de forma objetiva a situação atual da gestão de pessoas no setor público brasileiro:

> Em muitas das organizações públicas brasileiras, as áreas que cuidam da gestão de pessoal ainda se dedicam principalmente às atividades relacionadas à folha de pagamento, benefícios da aposentadoria e afins, proposição de leis, regras e regulamentos, além de desenvolver algumas ações pontuais e emergenciais de treinamento e capacitação.
>
> A forma de atuação das áreas é geralmente reativa, respondendo quando acionadas pelas demandas das outras áreas da organização e funcionários, indicando que elas não possuem o controle dos assuntos que estariam afetos à sua responsabilidade.
>
> O foco nessas demandas prioriza as questões emergenciais, relegando a segundo plano as atividades estratégicas como o estabelecimento de objetivos e metas alinhados com as definições da organização, o planejamento de ações e a definição de políticas como, por exemplo, a de contratação, capacitação e remuneração de pessoal, entre outras.
>
> Além disso, muitas organizações públicas ainda não vinculam a realização do trabalho com o adequado desempenho, e este, por sua vez, está desvinculado dos mecanismos de remuneração. O fato de haver pouca ou nenhuma ênfase no desempenho, no resultado e nos critérios de mérito é refletido pela falta de mecanismos para o desenvolvimento profissional contínuo e permanente e pelo pouco estímulo à rotação de funções.
>
> Cabe salientar também que, embora não exista um conjunto de regras que possa ser denominado efetivamente de "política de gestão de pessoas", as normas e definições existentes, principalmente aquelas constantes nos planos de cargos, podem suscitar a acomodação dos funcionários. Entre elas se destacam a utilização do tempo de serviço como critério prioritário para a progressão e a utilização da gratificação como forma improvisada de compensação à impossibilidade de aumento salarial.
>
> A descrição de cargos, da forma como é realizada, limita o escopo de atuação dos funcionários, desestimulando a multifuncionalidade e a visão sistêmica, e configura com frequência os desvios de função que são muito comuns nos diversos órgãos públicos em todos os âmbitos.
>
> O recrutamento e a seleção realizados por concursos têm foco baseado em cargos e, não, em competências. A forma genérica como os cargos são descritos possibilita a alocação das pessoas em áreas com características muito diferentes, mas, de fato, não supre as reais necessidades em relação às competências necessárias para a realização de suas atividades típicas.
>
> As características aqui descritas correspondem ao perfil de uma área denominada de 'departamento de pessoal', que realiza a administração de pessoal. Mesmo

considerando as iniciativas adotadas por diversas organizações públicas brasileiras no sentido de transformar os 'departamentos de pessoal' em autênticas unidades de gestão de pessoas, esse novo perfil de gestão estratégica precisa ser consolidado com a efetiva realização de suas atividades típicas.

Nota-se que em muitos casos, embora a estrutura organizacional tenha sido modificada, incluindo áreas que realizam atividades típicas de gestão de pessoas, na prática esses campos não têm funcionado em plenitude, com a abrangência e profundidade necessárias.

A substituição da administração de pessoal pela gestão de pessoas implica a implementação de mudanças que no seu conjunto constituirão o que denominamos de gestão estratégica de pessoas.

Com o texto acima, já conseguimos identificar os desafios específicos da gestão de pessoas no setor público, a dificuldade em implantar ações que valorizem os servidores que melhor desempenham suas competências, e a resistência à inovação que por vezes esbarra nas questões legais.

Q33. (CESPE / ABIN / 2010) Em organizações públicas, as responsabilidades de gestão de pessoas não são compartilhadas entre as unidades, ficando sob responsabilidade, apenas, da área de gestão de pessoas.

Há tarefas específicas, tanto em organizações públicas quanto privadas, que competem à responsabilidade de linha, ou seja, cabem aos gestores diretos sobre seus subordinados. Como exemplo, temos a avaliação de desempenho, levada a cabo pela chefia imediata.

Desta forma, o enunciado está errado.

Q34. (CESPE / TRT – 10ª Região / 2013) As funções administrativas características da gestão de pessoas nas organizações públicas incluem a realização de rotinas típicas de departamento de pessoal e a elaboração de políticas de desenvolvimento e de gestão de desempenho de pessoas.

Conforme vimos no texto de Schikmann (2009), as funções administrativas características da gestão de pessoas nas organizações públicas acabam por se restringir à realização de rotinas típicas de departamento de pessoal.

Entretanto, a elaboração de políticas de desenvolvimento e de gestão de desempenho não são práticas da gestão de pessoas do setor público, mas sim constituem desafios a serem trabalhados, usualmente pela área de gestão estratégica ou de projetos organizacionais.

Portanto, a questão está errada.

Em 2006, o Decreto nº 5.707 instituiu a **Política Nacional de Desenvolvimento de Pessoal** a ser implantada pelos órgãos da Administração Pública Federal direta, autárquica e fundacional.

Apesar de não ser de escopo explícito em nosso Edital, vamos ser prevenidos e verificar os principais pontos deste decreto, como as finalidades, as diretrizes e os instrumentos da Política Nacional de Desenvolvimento de Pessoal:

Finalidades (art. 1º)

I - melhoria da eficiência, eficácia e qualidade dos serviços públicos prestados ao cidadão;

II - desenvolvimento permanente do servidor público;

III - adequação das competências requeridas dos servidores aos objetivos das instituições, tendo como referência o plano plurianual;

IV - divulgação e gerenciamento das ações de capacitação; e

V - racionalização e efetividade dos gastos com capacitação.

Diretrizes (art. 3º)

I - incentivar e apoiar o servidor público em suas iniciativas de capacitação voltadas para o desenvolvimento das competências institucionais e individuais;

II - assegurar o acesso dos servidores a eventos de capacitação interna ou externamente ao seu local de trabalho;

III - promover a capacitação gerencial do servidor e sua qualificação para o exercício de atividades de direção e assessoramento;

IV - incentivar e apoiar as iniciativas de capacitação promovidas pelas próprias instituições, mediante o aproveitamento de habilidades e conhecimentos de servidores de seu próprio quadro de pessoal;

V - estimular a participação do servidor em ações de educação continuada, entendida como a oferta regular de cursos para o aprimoramento profissional, ao longo de sua vida funcional;

VI - incentivar a inclusão das atividades de capacitação como requisito para a promoção funcional do servidor nas carreiras da administração pública federal direta, autárquica e fundacional, e assegurar a ele a participação nessas atividades;

VII - considerar o resultado das ações de capacitação e a mensuração do desempenho do servidor complementares entre si;

VIII - oferecer oportunidades de requalificação aos servidores redistribuídos;

IX - oferecer e garantir cursos introdutórios ou de formação, respeitadas as normas específicas aplicáveis a cada carreira ou cargo, aos servidores que ingressarem no setor público, inclusive àqueles sem vínculo efetivo com a administração pública;

X - avaliar permanentemente os resultados das ações de capacitação;

XI - elaborar o plano anual de capacitação da instituição, compreendendo as definições dos temas e as metodologias de capacitação a serem implementadas;

XII - promover entre os servidores ampla divulgação das oportunidades de capacitação; e

XIII - priorizar, no caso de eventos externos de aprendizagem, os cursos ofertados pelas escolas de governo, favorecendo a articulação entre elas e visando à construção de sistema de escolas de governo da União, a ser coordenado pela Escola Nacional de Administração Pública – ENAP.

Instrumentos (art. 5º):

I – plano anual de capacitação;

II – relatório de execução do plano anual de capacitação; e

III – sistema de gestão por competência.

Q35. (CESPE / INPI / 2013) A respeito do Decreto nº 5.707/2006, que institui a política e as diretrizes para o desenvolvimento de pessoal da administração pública federal direta, autárquica e fundacional, julgue os itens consecutivos.

É finalidade da política nacional de desenvolvimento de pessoal o ajustamento das competências dos servidores aos objetivos dos órgãos e das entidades da administração pública, em consonância com o plano plurianual.

As questões sobre a Política Nacional de Desenvolvimento de Pessoas não exigem grandes interpretações. Com os quadros acima, se esta política for abordada, a solução deve ser de aplicação direta do decreto.

A questão, conforme o art. 1º da citada norma, está correta.

> III – adequação das competências requeridas dos servidores aos objetivos das instituições, tendo como referência o plano plurianual;

Q36. (CESPE / INPI / 2013) A respeito do Decreto nº 5.707/2006, que institui a política e as diretrizes para o desenvolvimento de pessoal da administração pública federal direta, autárquica e fundacional, julgue os itens consecutivos.

Entre as diretrizes previstas na referida política constam a articulação das atividades de capacitação com a promoção do servidor nas carreiras da administração pública federal e a complementaridade entre o resultado das ações de capacitação e a mensuração do desempenho do servidor.

As diretrizes da Política Nacional de Desenvolvimento de Pessoal estão descritas no art. 3º do decreto em estudo.

A questão está correta e aborda os incisos VI e VII:

> VI – incentivar a inclusão das atividades de capacitação como requisito para a promoção funcional do servidor nas carreiras da administração pública federal direta, autárquica e fundacional, e assegurar a ele a participação nessas atividades;

> VII – considerar o resultado das ações de capacitação e a mensuração do desempenho do servidor complementares entre si;

Nas próximas páginas, iremos nos debruçar sobre os aspectos normativos que regem a gestão de pessoas no serviço público. Começaremos pelo próprio conceito de agente público.

2.1.1. O conceito de agente público

Inicialmente, é essencial situarmos o conceito de agente público no contexto da atuação estatal. Nesse sentido, Motta e Douglas (2002) ao discorrerem sobre a organização do Estado, identificam **os seguintes três elementos dos órgãos públicos:**

- **Competência ou atribuição**: trata-se da missão (= tarefa e propósito que justificam a existência do órgão) a ser cumprida.
- **Repartição**: é o conjunto de meios materiais que possibilitam ao órgão o cumprimento de sua missão.
- **Agente público**: é o ser humano que atua no órgão.

Dessa forma, as funções estatais (legislar, administrar e julgar) são exercidas por órgãos e entidades, que, por sua vez, são integradas por pessoas físicas denominadas agentes públicos (COUTO, 2010).

Ao pensarmos em agentes públicos, devemos considerar todas as pessoas que, das mais diversas formas, são incumbidas da atividade do Estado. É o que preceitua Cretella Júnior (2002, p. 414):

> "Daremos o nome de **agentes públicos** a todas as pessoas físicas que participam, de maneira permanente, temporária ou acidental, da atividade do Estado, seja por atos jurídicos, seja por atos de natureza técnica e material."

Ainda em termos de definição do conceito de agente público, há de se mencionar o conteúdo do art. 2º da Lei nº 8.429/2002 (Lei de Improbidade Administrativa):

> Art. 2º Reputa-se **agente público,** para os efeitos desta lei, todo aquele que exerce, ainda que transitoriamente ou sem remuneração, por eleição, nomeação, designação, contratação ou qualquer outra forma de investidura ou vínculo, mandato, cargo, emprego ou função nas entidades mencionadas no artigo anterior.[8]

Q37. (CESPE / ANS / 2013) Agente público é aquele que exerce emprego ou função pública mediante remuneração.

---

8 As entidades mencionadas são as pertencentes à Administração Direta e Indireta de qualquer um dos Poderes da União, dos Estados, do Distrito Federal, dos Municípios, de empresa incorporada ao patrimônio público ou de entidade para cuja criação ou custeio o erário haja concorrido ou concorra com mais de cinquenta por cento do patrimônio ou da receita anual.

Agente público é a designação genérica que abrange uma série de subtipos, como veremos mais adiante. Não necessariamente são remunerados, como, por exemplo, é o caso dos agentes honoríficos.

A questão está errada.

Por fim, nunca é demais recorrermos a Hely Lopes Meirelles, segundo o qual agentes públicos são todas as pessoas físicas incumbidas, definitiva ou transitoriamente, do exercício de alguma função estatal. Para este jurista, "órgão [público], função e cargo são criações abstratas da lei; agente [público] é a pessoa humana, real, que infunde vida, vontade e ação a essas abstrações legais".

2.1.2. Os tipos (ou espécies) de agentes públicos

Conforme vimos na seção anterior, o termo agente público é demasiadamente abrangente, abarcando uma série de categorias sob um único nome.

Entre as tipologias (=classificações) dos agentes públicos, a mais cobrada em concursos é a proposta por Hely Lopes Meirelles. Para este autor, **os agentes públicos são gênero e repartem-se em cinco espécies**, a saber:

- Agentes políticos;
- Agentes honoríficos;
- Agentes delegados;
- Agentes credenciados; e
- Agentes administrativos.

Há, ainda, subcategorias inseridas na espécie *agente administrativo* (servidores públicos, empregados públicos e temporários).

A seguir, veremos com maiores detalhes cada uma das espécies de agente público.

Agentes políticos

Ainda recorrendo-se a Hely Lopes Meirelles, agentes políticos são **"os componentes do Governo nos seus primeiros escalões, investidos em cargos, funções, mandatos ou comissões, por nomeação, eleição, designação ou delegação para o exercício de atribuições constitucionais"**.

De forma mais taxativa, Bandeira de Mello (2004) traz a seguinte listagem de cargos cujos ocupantes são agentes políticos:

> **Agentes políticos** são os titulares dos cargos estruturais à organização política do País, ou seja, ocupantes dos que integram o arcabouço constitucional do Estado, o esquema fundamental do Poder. Daí que se constituem nos formadores da vontade superior do Estado. São agentes políticos apenas o Presidente da República, os Governadores, Prefeitos e respectivos vices, os auxiliares imediatos dos Chefes de Executivo, isto é, Ministros e Secretários das diversas Pastas, bem como os Senadores, Deputados federais e estaduais e os Vereadores.

Em complemento aos cargos citados acima, podem ser considerados agentes políticos os ministros dos Tribunais de Contas, do Ministério Público e os Magistrados.

Os agentes políticos são os responsáveis por estabelecer as diretrizes do Estado. Gozam de liberdade funcional (não se sujeitam ao controle hierárquico), ficando resguardados de responsabilização civil por eventuais erros de atuação (a não ser nos casos de má-fé ou abuso de poder).

Q38. (CESPE / ANS / 2013) Um secretário estadual de educação é considerado um agente político.

Um secretário estadual é um agente político, podendo estar à frente de diversas pastas: educação, saúde, transporte etc.

A questão está correta.

Q39. (CESPE / MPU / 2013) Os ministros de Estado são considerados agentes políticos, dado que integram os mais altos escalões do poder público.

Apenas para reforçar a teoria...

A assertiva está correta.

Agentes honoríficos

Agentes honoríficos são os cidadãos convocados, designados ou nomeados pelo Estado para cumprir objetivos cívicos, sem que necessariamente gozem de retribuição pecuniária ($$).

Tais agentes exercem apenas momentaneamente uma função pública. Não há, assim, a geração de um vínculo empregatício, nem a obrigação de natureza trabalhista ou previdenciária entre o prestador e o tomador dos serviços. Somente para fins penais é que os agentes honoríficos são equiparados a funcionários públicos quanto aos crimes relacionados com o exercício da função.

Como **exemplos** de **agentes honoríficos**, podemos citar os mesários nas eleições e os jurados, bem como os membros do Conselho Tutelar.

Agentes delegados

Agentes delegados são os particulares (pessoas físicas ou jurídicas) a quem o Estado delega a execução de determinadas atividades, sejam elas obras ou serviços públicos. Segundo Hely Lopes Meirelles, tais agentes exercem suas atribuições *"em seu próprio nome, por sua conta e risco, mas segundo as normas do Estado e sob a permanente fiscalização do delegante"*.

A responsabilidade dos agentes delegados no exercício de suas funções consta do § 6º do art. 37 da CF/88:

> Art. 37, § 6º – As pessoas jurídicas de direito público e as de direito privado prestadoras de serviços públicos responderão pelos danos que seus agentes, nessa qualidade, causarem a terceiros, assegurado o direito de regresso contra o responsável nos casos de dolo ou culpa.

Como **exemplos** de **agentes delegados**, podemos citar os leiloeiros, os tradutores e intérpretes públicos, os concessionários e permissionários de obras e serviços públicos etc.

Agentes credenciados

Agentes credenciados, segundo Hely Lopes Meirelles (2001, p. 76), *"são os que recebem a incumbência da Administração para representá-la em determinado ato ou praticar certa atividade específica, mediante remuneração do Poder Público credenciante"* (ou habilitante).

Agentes administrativos

Agentes administrativos são aqueles que se encontram vinculados ao Estado por meio de relações profissionais, sujeitando-se à hierarquia funcional e ao regime jurídico inerente ao cargo, ao emprego ou à função pública que exercem.

Uma vez estando sujeitos ao controle hierárquico, não gozam da liberdade funcional inerente aos agentes políticos, agindo tão somente no plano administrativo.

Eis a definição que Hely Lopes Meirelles (2001, p. 74) faz acerca dos agentes administrativos:

> *[Agentes administrativos]* São todos aqueles que se vinculam ao Estado ou às suas entidades autárquicas e fundacionais por relações profissionais, sujeitos à hierarquia funcional e ao regime jurídico determinado pela entidade estatal a que servem. São investidos a título de emprego e com retribuição pecuniária, em regra por nomeação, e excepcionalmente por contrato de trabalho [...]

Os agentes administrativos constituem a massa majoritária de prestadores de serviços da Administração Pública. Importante ressaltar que entre os agentes administrativos *"incluem-se, também, os dirigentes de empresas estatais (não os seus empregados), como representantes da Administração Indireta do Estado, os quais, nomeados ou eleitos, passam a ter vinculação funcional com órgãos públicos da Administração Direta, controladores da entidade"*.

Os agentes administrativos são divididos em três subgrupos, conforme ilustrado no esquema a seguir:

```
                         ┌─ Servidores Públicos (estatutários)
    Agentes Administrativos ─┼─ Empregados Públicos
                         └─ Servidores Temporários
```

✓ **Servidores Públicos (estatutários)**

"Servidor público"[9] (em sentido restrito) é o termo utilizado para designar os indivíduos que prestam serviços, com vínculo empregatício, à Administração Pública Direta, às autarquias e às fundações com personalidade de direito pública. Há uma relação de trabalho (entre estes indivíduos e o Estado) de natureza profissional e caráter não eventual, sob o vínculo de dependência mútua.

---
9 A CF/88, em seu Capítulo VII, emprega a expressão "Servidor Público", distinguindo-se da Constituição anterior, que utilizava a expressão "funcionário público".

Um servidor público pode encontrar-se em uma das seguintes situações:

- Ser ocupante de **cargo público efetivo** (admissão mediante concurso público);
- Ser ocupante de **cargo em comissão.**

Independentemente de o servidor público ser efetivo ou comissionado, estará sujeito ao regime de trabalho estatutário, o qual se caracteriza pela submissão às disposições do Estado, aceitas por ocasião da investidura no cargo. No caso dos comissionados, o regime de trabalho é dito "estatutário peculiar", em virtude da inaplicabilidade de algumas regras – tais como a estabilidade no cargo.

✓ Empregados Públicos

"Empregado Público" é a expressão utilizada para designar o indivíduo ocupante de **emprego público** (e não de cargo público) na Administração Direta (no caso do desempenho de funções não sujeitas ao regime estatutário) e Indireta.

Os empregados públicos estão sujeitos ao regime típico da Consolidação das Leis de Trabalho (**CLT**), sendo, por essa razão, também referidos por "celetistas". Não gozam, portanto, da prerrogativa (= privilégio) da estabilidade, bem como se enquadram no regime geral da previdência social.

✓ Servidores Temporários

Os servidores temporários (ou empregados temporários) são os indivíduos contratados pela Administração Pública a fim de exercerem funções temporárias para atender necessidade de excepcional interesse público.

A contratação temporária pela Administração Pública só pode ser efetuada com previsão legal. É o normatizado pelo inciso IX do art. 37 da CF/88:

> Art. 37, inc. IX – a lei estabelecerá os casos de contratação por tempo determinado para atender a necessidade temporária de excepcional interesse público;

No caso, a norma a que o inciso acima faz alusão é a Lei nº 8.745/93, que acaba por submeter os servidores temporários ao chamado **regime**

jurídico administrativo especial. Ainda, a citada lei que traz a seguinte lista das necessidades temporárias de excepcional interesse público:

> Art. 2º Considera-se necessidade temporária de excepcional interesse público:
>
> I – assistência a situações de calamidade pública;
>
> II – assistência a emergências em saúde pública;
>
> III – realização de recenseamentos e outras pesquisas de natureza estatística efetuadas pela Fundação Instituto Brasileiro de Geografia e Estatística – IBGE;
>
> IV – admissão de professor substituto e professor visitante;
>
> V – admissão de professor e pesquisador visitante estrangeiro;
>
> (etc).

O servidor temporário não ocupa nem cargo e nem emprego público: ele apenas exerce uma **função pública**.

Para fins didáticos, as especificidades inerentes às espécies de agentes públicos serão trabalhadas nas próximas questões.

Q40. (FCC / TRT – 6ª Região / 2012) A Constituição Federal previu, em seu art. 37, inciso IX, a possibilidade de contratação por tempo determinado, para atender a necessidade temporária de excepcional interesse público, nos termos da lei. Partindo-se do pressuposto de que não foi realizado concurso público para a contratação de servidores temporários, é correto afirmar que os admitidos:

a) ocupam cargo efetivo;

b) ocupam emprego;

c) ocupam emprego temporário;

d) desempenham função;

e) desempenham função estatutária.

O quadro adiante traz uma síntese comparativa entre os regimes de trabalho, as formas de acesso e os modos de investidura entre os servidores públicos (em sentido estrito), empregados públicos e servidores temporários:

	Servidor Público (sentido estrito)		Empregado Público	Servidor Temporário
	Servidor efetivo	Servidor comissionado		
Regime de Trabalho	Estatutário (submissão dos servidores às disposições estatais, aceitas no momento da investidura no cargo efetivo)	Estatutário – com peculiaridades (não há estabilidade)	Conforme previsto na Consolidação das Leis do Trabalho (CLT) – o empregado público é "celetista"	Regido pela Lei nº 8.745/93
Forma de acesso	Concurso público de provas ou provas e títulos	Livre nomeação e exoneração, independente de concurso público	Concurso público de provas ou provas e títulos	Processo seletivo simplificado (no caso de calamidade pública, não há seleção)
Investidura	Em cargo público	Em cargo público	Em emprego público	Não ocupa nem cargo e nem emprego público, mas apenas exerce **função pública**

Como podemos perceber, os servidores temporários prescindem, para sua admissão, de concurso público (há apenas um processo seletivo simplificado, se for o caso), bem como apenas exercem função pública (e não função pública "estatutária").

Assim, a alternativa "d" está correta.

Resposta: D.

Q41. (CESPE / TJ – RR / 2012) Os empregados públicos, embora sujeitos à legislação trabalhista, submetem-se às normas constitucionais referentes a concurso público e à acumulação remunerada de cargos públicos.

Há, na realidade, três afirmativas no enunciado acima, cuja análise é a que se segue:

- *Os empregados públicos sujeitam-se à legislação trabalhista*
    - → Os empregados públicos são celetistas (regidos pela Consolidação das Leis do Trabalho – CLT). A afirmativa está correta.

- *Os empregados públicos submetem-se às normas constitucionais referentes a concurso público*
    → A exigência de concurso público para empregados e servidores públicos é uma decorrência do inciso II do art. 37 da CF/88:

    II – a investidura em cargo ou emprego público depende de aprovação prévia em concurso público de provas ou de provas e títulos, de acordo com a natureza e a complexidade do cargo ou emprego, na forma prevista em lei, ressalvadas as nomeações para cargo em comissão declarado em lei de livre nomeação e exoneração.

    Assim, a afirmativa está correta.

- *Os empregados públicos submetem-se às normas constitucionais referentes à acumulação remunerada de cargos públicos.*
    → Há, como regra geral, a vedação da acumulação remunerada de cargos públicos (inerentes a servidores públicos, em sentido estrito). Tal vedação é estendida a empregos e funções públicas, conforme preconizado nos incisos XVI e XVII do art. 37 da CF/88:

    XVI – é vedada a acumulação remunerada de cargos públicos, exceto, quando houver compatibilidade de horários [...]:

    a) a de dois cargos de professor;

    b) a de um cargo de professor com outro técnico ou científico;

    c) a de dois cargos ou empregos privativos de profissionais de saúde, com profissões regulamentadas;

    XVII – a proibição de acumular estende-se a empregos e funções e abrange autarquias, fundações, empresas públicas, sociedades de economia mista, suas subsidiárias, e sociedades controladas, direta ou indiretamente, pelo poder público;

    Assim, uma vez mais, a afirmativa está correta.

    Resposta: certa.

Q42. (CESPE / TJ – AL / 2012) Com relação às espécies e à classificação dos agentes públicos, bem como a cargo, emprego e função pública, assinale a opção correta.

a) Os servidores temporários são admitidos no serviço público para desempenhar, por tempo determinado, atividades de natureza técnica especializada, mediante regime jurídico especial disciplinado em lei.

b) Os cargos, empregos e funções públicas são acessíveis aos brasileiros e estrangeiros que preencham os requisitos estabelecidos em lei, sendo-lhes assegurada isonomia de condições para o ingresso.

c) Admite-se a extinção pelo presidente da República, independentemente de autorização legislativa, mediante decreto autônomo, de funções e cargos públicos que estejam vagos.

d) A designação agente público restringe-se à pessoa física que, após se submeter a concurso de prova ou de provas e títulos, passa a prestar serviços ao Estado e às pessoas jurídicas da administração indireta.

e) Os empregados públicos são contratados sob o regime da legislação trabalhista, não se submetendo, portanto, às regras constitucionais relativas à acumulação de cargos e vencimentos.

Vejamos as análises das alternativas:

a) Os servidores temporários são admitidos pela Administração Pública para, por tempo determinado, atender <u>necessidade de excepcional interesse público</u>. O fato principal é a excepcionalidade do interesse público, e não a demanda pelo desempenho de atividades de natureza técnica especializada. Neste último caso, estamos falando dos servidores comissionados. A alternativa está errada.

b) Primeiramente, vejamos o conteúdo do inciso I do art. 37 da CF/88:

I – os cargos, empregos e funções públicas são acessíveis aos brasileiros que preencham os requisitos estabelecidos em lei, assim como aos estrangeiros, na forma da lei;

Até o momento não foi publicado o diploma legal ao qual o inciso acima faz alusão, sendo a norma de eficácia limitada. Assim, por exemplo, continua vigendo o § 6º do art. 243 da Lei nº 8.112/90:

§ 6º Os empregos dos servidores estrangeiros com estabilidade no serviço público, enquanto não adquirirem a nacionalidade brasileira, passarão a integrar tabela em extinção, do respectivo órgão ou entidade, sem prejuízo dos direitos inerentes aos planos de carreira aos quais se encontrem vinculados os empregos.

De modo geral, não há isonomia entre brasileiros e estrangeiros com vistas ao ingresso em cargos / empregos / funções públicas. Em geral, os editais exigem, como condição para investidura no cargo, a comprovação da condição de nacionalidade brasileira (ou portuguesa, estando amparado pelos critérios de reciprocidade entre os países). A alternativa, portanto, está errada.

c) A extinção de funções e cargos públicos, quando vagos, é uma competência privativa do Presidente da República, conforme consta do inciso VI do art. 84 da CF/88:

Art. 84. **Compete privativamente ao Presidente da República***:*

VI – dispor, **mediante decreto***, sobre:*

a) organização e funcionamento da administração federal, <u>quando **não** *implicar aumento de despesa nem criação ou extinção de órgãos públicos</u>;*

b) **extinção de funções ou cargos públicos, quando vagos***;*

Cabe apenas a observação de que decreto autônomo é aquele que trata de matéria não regulada em lei (como é o caso da criação e extinção de órgãos públicos, pelo Presidente da República). Já os chamados decretos regulamentares visam a complementar matéria já regulada em lei. A aletrativa está correta.

d) Agente público é uma designação genérica, que abarca várias espécies. Agentes políticos, servidores comissionados e servidores temporários, por exemplo, não se submetem a concurso público de provas ou de provas e títulos. A alternativa está errada.

e) Os empregados públicos, apesar de serem celetistas, são alcançados por normas constitucionais que regem a Administração Pública. Uma delas é a proibição de acumulação de cargos e vencimentos, conforme preconizado no inciso XVII do art. 37 da CF/88 (veja a questão 3). A alternativa está errada.

Resposta: C.

Q43. (ESAF / CGU / 2012) Acerca da contratação temporária, assinale a alternativa incorreta.

a) O regime de previdência aplicável aos contratados temporários é o Regime Geral da Previdência Social – RGPS.

b) A discussão da relação de emprego entre o contratado temporário e a Administração Pública deve se dar na justiça comum.

c) Nem sempre é exigido processo seletivo simplificado prévio para a efetivação da contratação temporária.

d) O requisito da temporariedade deve estar presente na situação de necessidade pública e não na atividade para a qual se contrata.

e) O regime jurídico dos servidores contratados por tempo determinado é o trabalhista.

Vejamos os comentários às alternativas:

a) Regime Geral de Previdência Social (RGPS) é o sistema de planos e benefícios concedidos pela Previdência Social, conforme normatizado pela Lei nº 8.213/91. São regidos pelo RGPS os servidores comissionados, os empregados públicos e os servidores temporários.

Para os servidores públicos ocupantes de cargo efetivo, vigorou até meados desta década o Regime Próprio de Previdência Social (RPPS), marcado pela igualdade entre o valor da aposentadoria e a remuneração integral do servidor ativo. Atualmente, está vigendo o Regime de Previdência Complementar, instituído pela Lei nº 12.618/2012, cuja adesão é de caráter facultativo.

A alternativa está correta.

b) No Brasil, quanto à matéria em julgamento, os órgãos judiciários são classificados em comuns e especiais, podendo ser assim discriminados:

- Órgãos da justiça comum: tribunais e juízes estaduais e federais;
- Órgãos da justiça especial: tribunais das áreas do trabalho, eleitoral e militar.

Os foros para a solução de litígios trabalhistas, por categoria de agente administrativo, são esquematizados no quadro a seguir:

Capítulo 16 | Gestão de Pessoas no Setor Público: aspectos comportamentais e normativos

	Servidor Público (sentido estrito)		Empregado Público	Servidor Temporário
	Servidor efetivo	Servidor comissionado		
Fórum para a solução de litígios trabalhistas	Justiça comum	Justiça comum	Justiça do trabalho	Justiça comum

Assim, a alternativa está correta.

c) A regra geral para a contratação temporária é o processo seletivo simplificado (PSS). Contudo, o § 1º do art. 3º da Lei nº 8.745/93:

Art. 3º O recrutamento do pessoal a ser contratado, nos termos desta Lei, será feito mediante processo seletivo simplificado sujeito a ampla divulgação, inclusive através do Diário Oficial da União, prescindindo de concurso público.

§ 1º A contratação para atender às necessidades decorrentes de calamidade pública, de emergência ambiental e de emergências em saúde pública prescindirá de processo seletivo.

A alternativa está correta.

d) A contratação de servidores temporários dá-se para *"atender a **necessidade temporária** de excepcional interesse público"*. Dessa forma, o atributo da temporariedade está efetivamente vinculado à necessidade pública. A alternativa está correta.

e) Como vimos, os servidores temporários submetem-se ao chamado regime jurídico especial, conforme normatizado pela Lei nº 8.745/1993. Não são estatutários e nem celetistas (trabalhistas). A alternativa está errada.

Resposta: E.

Q44. (ESAF / CVM / 2010) Acerca do teto remuneratório dos agentes públicos, previsto na Constituição da República, é correto afirmar:

a) A remuneração e o subsídio dos ocupantes de cargos, funções e empregos públicos da administração direta, autárquica e fundacional, dos membros de qualquer dos Poderes da União, dos Estados, do Distrito Federal e dos Municípios, não poderão exceder o subsídio mensal, em espécie, dos Ministros do Supremo Tribunal Federal, não se aplicando essa regra aos subsídios dos detentores de mandato eletivo.

b) Os Estados e o Distrito Federal podem fixar, em seu âmbito, mediante emenda às respectivas Constituições e Lei Orgânica, como teto único, o subsídio mensal dos Desembargadores do respectivo Tribunal de Justiça.

c) Estão sujeitas ao redutor do teto remuneratório as parcelas de caráter indenizatório previstas em lei.

d) O teto remuneratório não se aplica aos empregados de sociedade de economia mista que recebe recursos da União para pagamento de despesas de pessoal e de custeio em geral.

e) O teto remuneratório não se aplica ao montante resultante da adição de proventos de inatividade com remuneração de cargo em comissão declarado em lei de livre nomeação e exoneração, e de cargo eletivo.

O teto remuneratório dos agentes públicos é normatizado pelo inciso XI do art. 37 da CF/88:

> *XI – a remuneração e o subsídio dos ocupantes de cargos, funções e empregos públicos da administração direta, autárquica e fundacional, dos membros de qualquer dos Poderes da União, dos Estados, do Distrito Federal e dos Municípios, dos detentores de mandato eletivo e dos demais agentes políticos e os proventos, pensões ou outra espécie remuneratória, percebidos cumulativamente ou não, incluídas as vantagens pessoais ou de qualquer outra natureza, não poderão exceder o subsídio mensal, em espécie, dos Ministros do Supremo Tribunal Federal, aplicando-se como limite, nos Municípios, o subsídio do Prefeito, e nos Estados e no Distrito Federal, o subsídio mensal do Governador no âmbito do Poder Executivo, o subsídio dos Deputados Estaduais e Distritais no âmbito do Poder Legislativo e o subsídio dos Desembargadores do Tribunal de Justiça, limitado a noventa inteiros e vinte e cinco centésimos por cento do subsídio mensal, em espécie, dos Ministros do Supremo Tribunal Federal, no âmbito do Poder Judiciário, aplicável este limite aos membros do Ministério Público, aos Procuradores e aos Defensores Públicos;*

Com base neste inciso, vejamos os comentários às alternativas:

a) Os detentores de mandato eletivo estão inseridos na regra da observância do limite remuneratório do subsídio mensal dos ministros do STF. A alternativa está errada.

b) A faculdade dos Estados e do Distrito Federal em fixar, em seu âmbito, como limite único, o subsídio mensal dos desembargadores dos TJs está contemplada no § 12 do mesmo art. 37 da CF/88:

> *§ 12. Para os fins do disposto no inciso XI do caput deste artigo, fica facultado aos Estados e ao Distrito Federal fixar, em seu âmbito, mediante emenda às respectivas Constituições e Lei Orgânica, como limite único, o subsídio mensal dos Desembargadores do respectivo Tribunal de Justiça, limitado a noventa inteiros e vinte e cinco centésimos por cento do subsídio mensal dos Ministros do Supremo Tribunal Federal, não se aplicando o disposto neste parágrafo aos subsídios dos Deputados Estaduais e Distritais e dos Vereadores.*

A alternativa está correta.

c) As parcelas de caráter indenizatório previstas em lei não são computadas para efeitos do limite de remuneração previsto no inciso XI do art. 37. É o que nos traz o § 11 do mesmo artigo:

§ 11. Não serão computadas, para efeito dos limites remuneratórios de que trata o inciso XI do caput deste artigo, as parcelas de caráter indenizatório previstas em lei

A alternativa está, assim, errada.

d) O teto remuneratório **é aplicado** aos empregados das sociedades de economia mista que recebem recursos da União para pagamento de despesas de pessoal e de custeio em geral. A alternativa está errada.

e) A soma dos proventos da inatividade também está sujeita à observância do teto remuneratório. É o normatizado pelo § 11 do art. 40 da CF/88:

*§ 11. **Aplica-se o limite fixado no art. 37, XI, à soma total dos proventos de inatividade**, inclusive quando decorrentes da acumulação de cargos ou empregos públicos, bem como de outras atividades sujeitas à contribuição para o regime geral de previdência social, e ao montante resultante da adição de proventos de inatividade com remuneração de cargo acumulável na forma desta Constituição, cargo em comissão declarado em lei de livre nomeação e exoneração, e de cargo eletivo.*

A alternativa está errada.

Resposta: B.

Q45. (ESAF / MPOG / 2010) A respeito do gênero agentes públicos, podem-se encontrar pelo menos duas espécies, quais sejam: aqueles que ocupam cargo público e aqueles que detêm emprego público.

Assinale (1) para as características abaixo presentes nas duas espécies de agentes públicos.

Assinale (2) para as características abaixo presentes apenas no regime que rege os ocupantes de cargo público.

Assinale (3) para as características abaixo encontradas na disciplina jurídica dos detentores de emprego público.

Estabelecida a correlação, assinale a opção que contenha a resposta correta.

( ) Carteira de Trabalho e Previdência Social.

( ) Estágio Probatório.

( ) Acesso mediante concurso público.

( ) FGTS.

( ) Estabilidade.

a) 2 / 2 / 1 / 3 / 3.

b) 2 / 3 / 1 / 2 / 3.

c) 3 / 2 / 1 / 3 / 2.

d) 1 / 3 / 2 / 3 / 2.

e) 1 / 1 / 3 / 2 / 3.

Preliminarmente, apresenta-se, no quadro abaixo, uma síntese dos benefícios percebidos pelos agentes administrativos, por categoria:

	Servidor Público (sentido estrito)		Empregado Público	Servidor Temporário
	Servidor efetivo	Servidor comissionado		
13º salário	Sim	Sim	Sim	Sim
Aviso-prévio	Não	Não	Sim	Não
Carteira de Trabalho	Não	Não	Sim	Não
Estabilidade	Sim	Não	Não	Não
Férias remuneradas (com, pelo menos, 1/3 a mais)	Sim	Sim	Sim	Não
FGTS	Não	Não	Sim	Não
Licença-gestante	Sim	Sim	Sim	Sim
Licença-paternidade	Sim	Sim	Sim	Não
Piso Salarial	Não	Não	Sim	Não
Remuneração do trabalho noturno superior ao diurno	Sim	Sim	Sim	Sim
Repouso semanal remunerado	Sim	Sim	Sim	Não
Salário Família	Sim	Sim	Sim	Sim
Salário Mínimo	Sim	Sim	Sim	Sim

Com relação à questão proposta, temos:

- Carteira de trabalho → inerente apenas aos empregados públicos (3).
- Estágio Probatório → trata-se de avaliação ao qual se submete o servidor efetivo, ocupante de cargo público, para fins de verificação quanto a seu mérito (ou não) de adquirir estabilidade no serviço público. A aprovação em estágio probatório é requisito para a aquisição da estabilidade (mas estágio probatório e estabilidade no setor público são institutos distintos, ok?). O período do estágio probatório, em entendimento firmado atualmente pelos tribunais superiores, é de três anos. (2).
- Acesso mediante concurso público → inerente tanto aos servidores efetivos quanto aos empregados públicos (1).
- FGTS → inerente apenas aos empregados públicos (3).
- Estabilidade → inerente apenas aos servidores efetivos (2).

Dessa maneira, a sequência correta é: 3-2-1-3-2.

Resposta: C.

2.2. A Gestão de Pessoas do Quadro Terceirizado

Além dos agentes públicos, atuam na Administração Pública os terceirizados. Estes não se enquadram como nenhuma categoria de agente público, pois não agem em nome do Estado em nenhuma hipótese.

Os terceirizados são funcionários de empresas prestadoras de serviço para a Administração Pública, via contrato administrativo de **execução indireta**[10] de atividades de conservação, limpeza, segurança, vigilância, transporte, informática, copeiragem, recepção, reprografia, telecomunicações e manutenção de prédios, equipamentos e instalações – conforme preconiza o Decreto nº 2.271/97.

Em adição, para serem considerados terceirizados, tais pessoas devem exercer sua atividade (fisicamente) dentro de órgãos ou entidades públicas. Ou seja, os terceirizados trabalham dentro dos órgãos públicos, mas não são servidores ou empregados públicos, o que implica que não é a Administração Pública que paga diretamente seus salários, bem como que não existe relação direta de hierarquia e subordinação entre os terceirizados e os gestores públicos.

O fato é que a coexistência de agentes públicos e funcionários terceirizados em um mesmo ambiente de trabalho – nos órgãos governamentais – gera uma complexidade de relações que demanda uma maior habilidade de gestão.

Uma visão geral das principais diferenças entre a gestão de pessoas do quadro próprio e do quadro terceirizado é apresentada no quadro a seguir:

	Quadro Próprio	Quadro Terceirizado
Ingresso como colaborador da Administração Pública	Obrigatoriedade da investidura no cargo via concurso público.	Obrigatoriedade da contratação de empresa prestadora de serviços via procedimento licitatório.
Vínculos com a Administração Pública	Vínculo estatutário ou celetista com a Administração Pública.	Não há vínculos diretos com a Administração Pública, são funcionários de empresa contratada pela administração pública.
Tipo de atividade exercida	Exercem qualquer atividade dos órgãos e entidades públicas	Vedação ao exercício das atividades-fim dos órgãos e entidades públicas; exercem apenas atividades assessórias e complementares
Atuação	Atuam em nome da Administração Pública (Teoria da Imputação Volitiva ou Teoria do Órgão).	Agentes não agem em nome da Administração, apenas prestam serviços para esta.

---

10 Execução indireta refere-se às atividades que **não** são desenvolvidas diretamente pela Administração, ou seja, pelos agentes públicos. Mais adiante será feita a conceituação de execução direta e execução indireta.

A vantagem da terceirização das atividades complementares, de apoio e assessórias na área pública está em obter maior eficiência na execução destas atividades, por profissionais mais especializados, já treinados e com maior experiência, além de reduzir a demanda da gestão de pessoas (concurso público, capacitação, folha de pagamento, escala de férias, substituições etc.). Ao invés de o órgão contratar e gerir diretamente todas as pessoas que necessita para a manutenção e limpeza, por exemplo, irá gerir apenas o contrato com a vencedora de uma licitação, por meio da figura do fiscal de contrato.

Isso não quer dizer que não há nenhuma ação do órgão público de gestão das pessoas do quadro terceirizado, mas sim que há uma menor demanda ao mesmo tempo em que se busca maior especialização e eficiência.

Há, ainda, que se cuidar da forma de gestão do quadro terceirizado, de modo que não acentue comparações, distinções ou conflitos entre as pessoas do quadro próprio e as do terceirizado.

Q46. (CESPE / STM / 2011) A fim de se evitar a emergência de conflitos entre os trabalhadores de uma organização, recomenda-se que a gestão do pessoal terceirizado constitua responsabilidade exclusiva da empresa contratada.

Poderíamos dizer que a maior parcela da responsabilidade de gestão das pessoas do quadro terceirizado é da empresa contratada.

No entanto, uma vez que os terceirizados trabalham dentro da organização contratante, não há como esta se eximir da responsabilidade sobre aqueles, pois tais colaboradores também influenciam e são influenciados pelo clima organizacional, requerem boas condições de trabalho (higiene e segurança), possuem necessidades a serem atendidas, devem ter seu desempenho avaliado, e principalmente, a área de gestão de pessoas deve assegurar igualdade de tratamento entre as pessoas do quadro próprio e do terceirizado (minimizando conflitos).

Portanto a responsabilidade pela gestão das pessoas que prestam serviços terceirizados é tanto da empresa contratada, com a qual o funcionário possui vínculo empregatício, como da contratante, que responde pelas condições do local de trabalho e do clima organizacional no qual está inserido.

Desta forma, a afirmativa está errada.

2.2.1. Execução direta *versus* execução indireta

Qualquer órgão ou entidade (sejam públicos ou privados e até mesmo uma residência) requer atividades de conservação e manutenção da edificação, das instalações e mesmo de apoio às atividades fim da instituição. Em nossas residências, por exemplo, podemos executar nós mesmos essas atividades, ou podemos contratar os serviços de um prestador, como, por exemplo, uma diarista ou faxineira.

Quando realizamos, nós mesmos, determinada atividade, incorremos em uma execução direta da atividade. Em contrapartida, quando contratamos uma diarista, há a execução indireta da atividade.

A Lei nº 8.666/93, em seu art. 6º, nos traz a seguinte definição sobre estas duas formas de execução:

> VII – **Execução direta** – a que é feita pelos órgãos e entidades da Administração, pelos próprios meios;
>
> VIII – **Execução indireta** – a que o órgão ou entidade contrata com terceiros (...)

Cabe a menção de que a Lei nº 8.666/93 impõe a obrigatoriedade de processo de licitatório para a contratação de empresas prestadoras de serviços – com as ressalvas dos casos de dispensa e inexigibilidade de licitação.

2.2.2. O Decreto nº 2.271/97

O Decreto nº 2.271/97 estabelece as normas para contratação de terceiros para a execução indireta de serviços, no âmbito da Administração Pública Federal, autárquica e fundacional. Ainda, estabelece em seu art. 9º que as demais entidades da administração indireta federal serão regidas por resoluções específicas.

> Art. 9º As contratações visando à prestação de serviços, efetuadas por empresas públicas, sociedades de economia mista e demais empresas controladas direta ou indiretamente pela União, serão disciplinadas por resoluções do Conselho de Coordenação das Empresas Estatais – CCE.

No caput do art. 1º está implícito que as atividades de competência legal do órgão não podem ser terceirizadas, apenas as assessórias, instrumentais ou complementares.

> Art. 1º No âmbito da Administração Pública Federal direta, autárquica e fundacional poderão ser objeto de execução indireta as **atividades materiais acessórias, instrumentais ou complementares** aos assuntos que constituem área de competência legal do órgão ou entidade.
>
> § 1º As atividades de conservação, limpeza, segurança, vigilância, transportes, informática, copeiragem, recepção, reprografia, telecomunicações e manutenção de prédios, equipamentos e instalações serão, **de preferência**, objeto de execução indireta.
>
> § 2º Não poderão ser objeto de execução indireta as atividades inerentes às categorias funcionais abrangidas pelo plano de cargos do órgão ou entidade, salvo expressa disposição legal em contrário ou quando se tratar de cargo extinto, total ou parcialmente, no âmbito do quadro geral de pessoal.

O § 1º do art. 1º elenca algumas atividades que a própria Administração obriga a realização via terceiros.

Outrossim, o § 2º do mesmo artigo veda a execução indireta de atividades explicitadas nos planos de cargos, ou seja, se o plano de cargos do órgão incluir o cargo de recepcionista, apesar de o § 1º dar preferência à execução indireta desta atividades, não poderá haver terceirização desta atividade, salvo expressa disposição legal em contrário.

Ainda sobre essa vedação, cabe a menção do Acórdão nº 391/2009 do Tribunal de Contas da União, indicando como fuga à obrigatoriedade do concurso público a contratação de terceiros para atividades-fim do órgão ou entidade.

> *A contratação de trabalhador pela Administração Pública com intermediação de empresa de prestação de serviços a terceiros para atuação na área-fim representa burla a exigência constitucional do concurso público. Acórdão 391/2009 Plenário do TCU (Sumário)*

Outra importante característica da execução indireta (terceirização) na área pública é a vedação à subordinação dos terceirizados (funcionários da empresa contratada) à Administração Pública. Essa proibição assegura que a relação contratual dá-se entre a Administração Pública e a empresa contratada.

> Art. 4º É **vedada** a inclusão de disposições nos instrumentos contratuais que permitam:
>
> I – indexação de preços por índices gerais, setoriais ou que reflitam a variação de custos;
>
> II – caracterização exclusiva do objeto como fornecimento de mão de obra;
>
> III – previsão de reembolso de salários pela contratante;
>
> **IV – subordinação dos empregados da contratada à administração da contratante.**

Qualquer problema com o pessoal terceirizado deve ser relatado à contratada, a quem caberá solucionar a questão (treinando e orientando o seu pessoal ou mesmo substituindo-o). Há duas figuras que são responsáveis pelo relacionamento entre a Administração e a contratada:

- **Gestor de Contrato**: servidor público responsável pelo acompanhamento do contrato assegurando sua execução e mantendo contato com a contratada.

> Art. 6º A administração indicará um gestor do contrato, que será responsável pelo acompanhamento e fiscalização da sua execução, procedendo ao registro das ocorrências e adotando as providências necessárias ao seu fiel cumprimento, tendo por parâmetro os resultados previstos no contrato.

- **Preposto**: empregado/representante da contratada, pessoa a quem a Administração deve se dirigir para solucionar problemas durante a execução do contrato.

2.2.3. A Súmula nº 331 do Tribunal Superior do Trabalho

Outro normativo essencial ao nosso estudo é a Súmula nº 331 do Tribunal Superior do Trabalho (TST). Em 2011, houve alteração no enunciado desta Súmula, em especial no que concerne à responsabilidade subsidiária do contratante em relação às obrigações trabalhistas.

Sem dúvidas, o enunciado da Súmula nº 331 é o conteúdo mais cobrado deste nosso tópico em concursos públicos, o qual reproduzimos abaixo e reforçaremos a seguir, por meio de exercícios.

SÚMULA Nº 331 – CONTRATO DE PRESTAÇÃO DE SERVIÇOS

I – A contratação de trabalhadores por empresa interposta é ilegal, formando-se o vínculo diretamente com o tomador dos serviços, salvo no caso de trabalho temporário (Lei nº 6.019, de 03.01.1974).

II – A contratação irregular de trabalhador, mediante empresa interposta, não gera vínculo de emprego com os órgãos da Administração Pública direta, indireta ou fundacional (art.37, II, da CF/1988).

III – Não forma vínculo de emprego com o tomador a contratação de serviços de vigilância (Lei nº 7.102, de 20.06.1983) e de conservação e limpeza, bem como a de serviços especializados ligados à atividade-meio do tomador, desde que inexistente a pessoalidade e a subordinação direta.

IV – O inadimplemento das obrigações trabalhistas, por parte do empregador, implica a responsabilidade subsidiária do tomador dos serviços quanto àquelas obrigações, desde que haja participado da relação processual e conste também do título executivo judicial.

V – Os entes integrantes da Administração Pública direta e indireta respondem subsidiariamente, nas mesmas condições do item IV, caso evidenciada a sua conduta culposa no cumprimento das obrigações da Lei nº 8.666, de 21.06.1993, especialmente na fiscalização do cumprimento das obrigações contratuais e legais da prestadora de serviço como empregadora. A aludida responsabilidade não decorre de mero inadimplemento das obrigações trabalhistas assumidas pela empresa regularmente contratada.

VI – A responsabilidade subsidiária do tomador de serviços abrange todas as verbas decorrentes da condenação referentes ao período da prestação laboral.

Há dois conceitos trazidos por esta Súmula que devemos estudar mais detalhadamente: **vínculo empregatício** e **responsabilidade subsidiária**. **Vínculo empregatício de terceirizado via empresa interposta.**

Q47. (FCC / TRT 18ª Região/ 2008) Após a edição da Constituição de Federal de 1988, a contratação irregular de trabalhador, por meio de empresa interposta,

a) gera vínculo de emprego apenas com os órgãos da Administração Pública indireta ou fundacional.

b) gera vínculo de emprego com os órgãos da Administração Pública direta, indireta ou fundacional.

c) gera vínculo de emprego apenas com os órgãos da Administração Pública direta.

d) gera vínculo de emprego apenas com os órgãos da Administração Pública indireta.

e) não gera vínculo de emprego com os órgãos da Administração Pública direta, indireta ou fundacional.

Não há como a contratação irregular de trabalhador gerar vínculo de emprego com a Administração Pública, conforme preconizado pela CF/88 (art. 37, inciso II) que prevê apenas duas formas de investidura em cargo público: aprovação prévia em concurso público de provas ou provas e títulos, ou nomeação para cargo em comissão (declarado por lei de livre nomeação e exoneração). Para que não restem dúvidas, ainda temos o enunciado II da Súmula nº 331-TST:

> II – A contratação irregular de trabalhador, mediante empresa interposta, não gera vínculo de emprego com os órgãos da Administração Pública direta, indireta ou fundacional (art.37, II, da CF/1988).

Resposta: E.

Responsabilidade Subsidiária da Administração Pública em relação às obrigações trabalhistas de terceirizados.

Q48. (FCC / TRT 3ª Região / 2009) Conceitua-se como subsidiária a responsabilidade trabalhista da empresa que:

a) integra o mesmo grupo econômico da empresa empregadora;

b) presta serviços ao Estado e descumpre a legislação trabalhista;

c) responde pelos créditos dos trabalhadores contratados pela empresa que lhe presta serviços;

d) participa do consórcio de empregadores rurais, em relação às obrigações previdenciárias;

e) presta serviços relacionados a emprego temporário.

Vejamos inicialmente a diferenciação de **responsabilidade solidária** e **subsidiária**:

- **Responsabilidade Solidária**: duas empresas respondem da mesma forma sobre determinadas obrigações (no caso em estudo, as trabalhistas). Ou seja, um eventual débito pode ser pago por qualquer uma das empresas ou dividido entre ambas (por exemplo, 50% do débito é de responsabilidade de cada uma);

- **Responsabilidade Subsidiária**: existe uma empresa responsável por determinado débito ou compromisso, e outra que, caso a primeira não arque com os compromissos, poderá ser acionada para que assuma os compromissos da primeira.

Dessa forma, temos que a alternativa C complementa o enunciado do exercício como uma definição de responsabilidade subsidiária:

Conceitua-se como subsidiária a responsabilidade trabalhista da empresa que responde pelos créditos dos trabalhadores[11] *contratados pela empresa que lhe presta serviços.*

Resposta: C.

A Administração Pública Federal, autárquica e fundacional (lembre-se que o Decreto nº 2.271/97 não regulamenta a responsabilidade das empresas públicas e sociedades de economia mista) pode responder subsidiariamente em relação às obrigações trabalhistas com terceirizados, cujos vínculos empregatícios se dão com empresas contratadas para a execução indireta de atividades de órgãos ou entidades públicas (exceto as atividades-fim).

Todavia, há algumas condições, explicitadas na Súmula nº 331-TST, para que a responsabilidade da Administração Pública seja subsidiária em relação aos débitos trabalhistas: quando a Administração não exerce ou falha na fiscalização do cumprimento das obrigações trabalhista da contratada, ou quando participa da relação processual **E** conste também do título executivo judicial, ou seja, quando o processo trabalhista a inclui expressamente como devedora.

> *Súmula nº 331-TST*
>
> *IV – O inadimplemento das obrigações trabalhistas, por parte do empregador, implica a **responsabilidade subsidiária** do tomador dos serviços quanto àquelas obrigações, desde que haja participado da relação processual e conste também do título executivo judicial.*
>
> *V – Os entes integrantes da Administração Pública direta e indireta respondem subsidiariamente, nas mesmas condições do item IV, caso evidenciada a sua conduta culposa no cumprimento das obrigações da Lei nº 8.666, de 21.06.1993, especialmente na fiscalização do cumprimento das obrigações contratuais e legais da prestadora de serviço como empregadora. A aludida responsabilidade não decorre de mero inadimplemento das obrigações trabalhistas assumidas pela empresa regularmente contratada.*
>
> *VI – A responsabilidade subsidiária do tomador de serviços abrange todas as verbas decorrentes da condenação referentes ao período da prestação laboral.*

---

11 O crédito dos trabalhadores é, na realidade, o débito da empresa terceirizada.

Questões de Concursos

I. ASPECTOS SOCIAIS E COMPORTAMENTAIS

1. (CESPE / SEEDF / 2017) O equilíbrio organizacional de uma instituição pública é mensurado pela efetividade dos resultados alcançados em relação às metas estabelecidas pelo respectivo órgão controlador.

2. (FCC / TRF 3ª Região / 2016) Atualmente, o processo de gestão estratégica de pessoas tem como um dos principais objetivos sustentar o caminho das organizações na direção da visão, missão, objetivos estratégicos e valores organizacionais. Verifica-se, portanto, uma significativa mudança (na gestão de pessoas), passando de uma abordagem tradicional e operacional para uma abordagem moderna e estratégica. É exemplo desse movimento:
    a) aversão à instabilidade, com a adoção de normas preestabelecidas de promoção e desligamento;
    b) ênfase na eficiência, abandonando o conceito de eficácia, este que é próprio do modelo operacional;
    c) concentração, na área responsável pela gestão de RH, das atividades de recrutamento e administração de pessoal;
    d) responsabilidade de linha, sendo cada gestor responsável pelos recursos humanos alocados em seu departamento;
    e) função de *staff*, consistente no suporte que todos os gestores devem proporcionar à área de RH, no processo de alinhamento organizacional.

3. (CESPE / EBSERH / 2018) Competências podem ser entendidas como o conjunto de conhecimentos, habilidades e atitudes, em que a dimensão habilidade está relacionada a identidade e a determinação.

4. (CESPE / STJ / 2018) A conciliação dos interesses dos indivíduos e das organizações gera conflitos e reduz a produtividade da empresa.

5. (CESPE / MPOG / 2015) Como é o mercado que indica os tipos de profissionais e as atividades que as organizações precisam contratar para seus quadros, os resultados dos processos de recrutamento e seleção de pessoas são utilizados como dados para embasar a análise e a descrição de cargos.

6. (CESPE / Telebras / 2013) O processo de seleção de talentos em organizações é de competência exclusiva da área de gestão de pessoas.

7. (CESPE / ANS / 2013) Em uma entrevista comportamental, o analista de RH deverá descrever uma situação específica e passível de ocorrer no trabalho pleiteado, solicitando que o candidato, mesmo que nunca tenha passado por algo similar, avalie seu comportamento na situação proposta.

8. (FCC / DPE – RS / 2017) Idalberto Chiavenato considera que a entrevista de seleção é a técnica de seleção mais utilizada e que a entrevista pessoal tem outras aplicações, como na triagem inicial do recrutamento, seleção de pessoal, aconselhamento e orientação profissional, avaliação de desempenho e desligamento, por exemplo. Esse autor aponta que uma diferença entre a entrevista de triagem e a entrevista de seleção é que a entrevista de triagem é:
   a) subjetiva e simples e serve para separar os candidatos que são mais motivados ao perfil dos cargos abertos daqueles candidatos que não apresentam perfil suficientemente motivado de acordo com o perfil esperado;
   b) estruturada e seletiva e serve para separar os candidatos que podem ser aceitos daqueles candidatos que não ficarão na espera por nova vaga em demanda futura;
   c) demorada e detalhada e serve para separar os candidatos que estão adequados ao processo seletivo daqueles candidatos que serão encaminhados a outras empresas, já que apresentam outros perfis organizacionais;
   d) rápida e superficial e serve para separar os candidatos que seguirão adiante pelo processo seletivo daqueles candidatos que não apresentam as mínimas condições desejadas;
   e) exigente e criteriosa e serve para separar os candidatos que atendem ao nível de exigência da empresa daqueles candidatos que não apresentam força egoica suficiente às condições desejadas.

9. (CESPE / MPOG / 2015) Avaliação e gestão de desempenho são termos comumente utilizados na área de gestão de pessoas para definir o processo de aferição do desempenho alcançado em comparação ao desejado.

10. (CESPE / IBAMA / 2013) O atrelamento das metas de desempenho individual aos desempenhos nos demais níveis organizacionais é uma característica da avaliação de desempenho no âmbito da Administração Pública.

11. (CESPE / CPRM / 2013) A utilização de procedimentos estatísticos e a identificação de tendências são exemplos de salvaguardas para que qualidade, aceitação e efetividade da avaliação 360 graus sejam asseguradas nas organizações.

12. (CESPE / SEEDF / 2017) A avaliação de desempenho contribui para o desenvolvimento de pessoas e organizações, bem como para o controle administrativo de pessoal, visando subsidiar, por exemplo, a tomada de decisões de pessoal, o planejamento de pessoal, o *feedback* de desempenho e as ações de capacitação.

13. (CESPE / SEEDF / 2017) O erro de avaliação caracterizado pela contaminação do critério ocorre quando o avaliador considera elementos que afetam as medidas de avaliação, mas que não fazem parte do desempenho real.

14. (FCC / TRT 24ª Região / 2017) A cultura organizacional contempla o conjunto de valores e crenças que mantêm unidos os membros da organização e, por outro lado, produz perante a sociedade, através do conjunto de percepções, o que chamamos de imagem corporativa. Entre os níveis fundamentais da cultura apontados pela literatura, estão os denominados Pressupostos Básicos, que correspondem:
    a) aos valores da organização, traduzidos na filosofia e ideologia adotadas;
    b) aos aspectos formais e abertos da cultura organizacional;
    c) à moldura normativa da organização, que contempla os comportamentos esperados e os reprováveis;
    d) aos símbolos e ícones representativos da organização, facilmente observáveis;
    e) à camada mais profunda da cultura, composta por crenças, percepções e sentimentos.

15. (FCC / TRT 11ª Região / 2017) A cultura organizacional constitui um fenômeno estudado por diversos autores, estreitamente ligado à própria identidade da organização e à forma como ela é vista por seus integrantes e pela sociedade. Os autores costumam apontar, entre os aspectos, mais facilmente perceptíveis da cultura de uma organização:
    a) o clima organizacional;
    b) os ritos de degradação;
    c) a osmose geográfica;
    d) a ideologia;
    e) os artefatos observáveis.

16. (FCC / Copergás – PE / 2016) Ao ingressar em uma determinada empresa o Analista – Administrador se depara com um conjunto de premissas e crenças que permeiam todos os escalões hierárquicos, perceptíveis tanto nas situações cotidianas como no

enfrentamento de crise, porém que não estavam evidenciados nas políticas e diretrizes explicitadas pela empresa. Pode-se concluir, corretamente, que esses aspectos:

a) não dizem respeito à cultura organizacional, pois são aspectos informais ou fechados e a cultura organizacional corresponde a aspectos formais e abertos;

b) fazem parte da cultura organizacional e estão presentes em seu nível mais profundo, correspondente aos pressupostos básicos;

c) constituem os denominados artefatos observáveis, que correspondem a uma das camadas da cultura organizacional;

d) não podem ser considerados um fenômeno institucional, pois são de natureza psicológica, sendo por vezes denominados contracultura;

e) são afetos ao denominado clima organizacional e, dado o seu caráter profundo, tendem a se tornar perenes.

17. (FCC / MANAUSPREV / 2015) Determinada empresa cresceu muito nos últimos anos através de aquisições de outras empresas no Brasil e no Exterior tornando-se a maior empresa mundial de proteína animal. Recentemente, tem divulgado internamente e externamente, via mídia nacional, os seus sete valores: atitude de dono, determinação, disciplina, disponibilidade, simplicidade, franqueza e humildade. Do ponto de vista da cultura organizacional, a divulgação:

a) dos valores da empresa deve ser mantida em segredo, sendo revelado apenas à alta direção;

b) ampla de seus valores permite que os *stakeholders* se relacionem de forma mais objetiva e precisa com a organização;

c) na mídia consiste em uma estratégica de marketing que busca associar os valores da empresa a seus produtos;

d) para o público externo dos valores da empresa não é recomendada devido ao risco de cópia pela concorrência;

e) dos valores pode criar resistência de clientes e fornecedores que não se identifiquem com eles.

18. (CESPE / ANATEL / 2014) No sentido antropológico do termo, uma cultura é composta por práticas, símbolos, hábitos e comportamentos.

Diante disso, julgue o seguinte item, referente à cultura organizacional.

A abordagem da cultura organizacional proposta por Geert Hofstede faz analogia às camadas da cebola ao representar os níveis em que a cultura se manifesta, de modo a descrever, da camada mais externa para o interior, os símbolos, os heróis, os rituais, os valores e, por fim, as práticas que permeiam todas as camadas.

19. (FCC / TRE – SP / 2017) Um dos aspectos comumente apontados como diferenciação entre os conceitos de clima e cultura organizacional consiste em que:

   a) cultura é mais profunda, representando os pressupostos básicos do clima organizacional;

   b) clima possui natureza descritiva, representando o ser, e cultura prescritiva, representando o dever-ser;

   c) clima comporta mensuração, por meio de pesquisas, e cultura alteração, com base em ritos de degradação;

   d) clima possui natureza avaliativa, podendo ser classificado como favorável ou não, enquanto a cultura é descritiva, objeto de constatação;

   e) cultura possui apenas elementos intrínsecos, e clima aspectos extrínsecos, denominados artefatos observáveis.

20. (FCC / TRT 20ª Região / 2016) Cada organização, pública ou privada, possui um conjunto de elementos e aspectos capazes de orientar e influenciar o comportamento de seus componentes e a forma como se integram e relacionam com a organização. Nesse sentido, tem-se que:

   a) a cultura organizacional corresponde aos elementos internos na organização e o clima aos elementos exógenos, não passíveis de modificação;

   b) os valores preconizados pela organização constituem a camada mais visível da cultura organizacional, possuindo caráter descritivo;

   c) clima e cultura organizacional são conceitos coincidentes, apenas diferindo quanto ao observador, dado que a cultura somente é perceptível pelos próprios integrantes da organização;

   d) o conjunto de percepções experimentadas pelos membros da organização, relativas à qualidade do ambiente, diz respeito ao clima organizacional;

   e) os pressupostos básicos da cultura organizacional correspondem aos valores perseguidos pela organização, enquanto o clima organizacional se insere nos denominados artefatos observáveis.

21. (CESPE / STJ / 2018) Em uma cultura organizacional forte, os valores essenciais da organização são intensamente acatados e amplamente compartilhados pelos colaboradores.

22. (CESPE / ABIN / 2018) Clima organizacional relaciona-se à percepção de funcionários da organização sobre o sistema de punição por ela imposto para coibir práticas de corrupção e má gestão.

23. (CESPE / FUB / 2009) Com o advento da teoria das relações humanas, uma nova linguagem passou a dominar o repertório administrativo: fala-se agora em motivação, liderança, comunicação, organização informal, dinâmica de grupo etc. Os princípios clássicos passam a ser duramente contestados. O método e a máquina perdem a primazia em favor da dinâmica de grupo e a ênfase nas tarefas e na estrutura é substituída pela ênfase nas pessoas. A esse respeito, julgue o item a seguir.

    Os padrões informais de relações interpessoais são extremamente diversos quanto à forma, conteúdo e duração e nos mostram que nem sempre a organização social de uma empresa corresponde exatamente ao seu organograma.

24. (IADES / GDF-SEAP / 2011) A respeito das relações humanas no ambiente de trabalho, assinale a alternativa correta.

    a) As pessoas, nas suas relações interpessoais, devem não só agir com fragilidade ao se expressar, mas também não devem impor limites em seus relacionamentos pessoais e profissionais.

    b) Os efeitos dos conflitos dos grupos de trabalho são sempre negativos. Os gestores devem lidar com eles com muita rapidez para evitar que se demonstrem com frequência.

    c) Relações abaladas entre funcionários que desempenham as mesmas funções são benéficas para a organização, uma vez que isto estimula o espírito competitivo dos empregados, gerando resultados mais positivos.

    d) O afrouxamento da cobrança de disciplina produz crescimento no grau de satisfação dos empregados, contribuindo para uma maior eficiência no trabalho.

    e) O relacionamento entre os funcionários é um dos aspectos mais importantes para a eficácia do trabalho em equipe, exigindo que seus membros tenham empatia, postura profissional participativa, capacidade de comunicação e respeito à individualidade do outro.

25. (CESPE / MPU / 2013) As grandes correntes teóricas sobre gestão de pessoas podem ser agrupadas em quatro categorias principais: modelo articulado de gestão de pessoas como departamento de pessoal, como gestão do comportamento humano, como gestão estratégica e como gestão por competência e vantagem competitiva.

26. (CESPE / TJ – AL / 2012) A administração de recursos humanos (ARH) tradicional e a gestão estratégica de pessoas (GEP) diferem entre si principalmente no tocante ao(à):

    a) alinhamento entre os objetivos e as metas operacionais dos processos de recursos humanos, distintivo da GEP;

    b) relevância dada aos consultores internos de RH, cuja atuação é maior na ARH;

    c) consistência interna dos processos de recursos humanos, que rege a ARH;

d) dimensão tática e operacional, que é prevalecente na GEP mas não na ARH;

e) vinculação dos processos de gestão de pessoas aos processos estratégicos das organizações, característica da GEP.

27. (CESPE / TRT – 10ª Região / 2013) A gestão de pessoas na atualidade tem adotado formas organizacionais com base na confiança, rompendo com a filosofia tradicional que privilegia apenas os aspectos econômicos da relação entre o indivíduo e o trabalho.

28. (ESAF / Receita Federal / 2012) Selecione a opção que melhor representa o conjunto das afirmações, considerando C para afirmativa correta e E para afirmativa errada.
    I. O conceito de competência distingue-se do conceito de qualificação, entre outras características, pelo foco nos resultados e a alta aprendizagem do contexto do primeiro.
    II. O processo de escolha utilizado na captação de pessoas em uma abordagem por competências é a observação e a adequação para um cargo específico.
    III. Na gestão de pessoas por competências, a pessoa é desenvolvida para uma determinada trajetória dentro da organização.
    a) E – E – C
    b) C – E – E
    c) C – C – E
    d) C – E – C
    e) E – C – E

29. (CESPE / TRT 10ª Região / 2013) Entre os resultados possíveis de um mapeamento de competências, o principal deles é a lacuna de competências. A partir desse resultado, podem-se estabelecer as prioridades da gestão de pessoas. Quando há lacunas grandes de competências e não há mão de obra qualificada disponível, recomenda-se o desenvolvimento e a capacitação das pessoas. Porém, quando há lacuna de competência, mas há mão de obra qualificada disponível, pode-se priorizar a seleção ou a movimentação nas organizações.

30. (CESPE / MPOG / 2013) Um dos principais problemas identificados na implantação da gestão de competências é a dificuldade de alinhar objetivos e metas da organização e da equipe.

31. (CESPE / Telebras / 2013) O propósito do mapeamento de competências é identificar a lacuna entre competências, ou seja, a equivalência entre as competências necessárias para concretizar a estratégia corporativa e as competências internas existentes na organização.

32. (CESPE / CNJ /2013) A aplicação, um processo básico na gestão de pessoas, refere-se ao recrutamento de pessoas e à seleção e à pesquisa de mercado de recursos humanos.

33. (CESPE / PREVIC / 2011) Uma equipe pode ser definida como um pequeno grupo de pessoas com habilidades complementares, que trabalham juntas, com o objetivo de atingir os propósitos de cada um de seus integrantes, e pelos quais se consideram individualmente responsáveis.

34. (CESPE / PREVIC / 2011) Grupos são conjuntos de pessoas que interagem umas com as outras, são psicologicamente conscientes umas das outras e se percebem como grupo.

35. (CESGRANRIO / BACEN / 2010) Todo grupo de trabalho pode ser transformado em uma equipe?
    a) Sim, já que se sabe que grupo de trabalho e equipe são a mesma coisa: um grupo de pessoas que precisam trabalhar de forma colaborativa para atingir resultados, por meio de um programa educacional permanente.
    b) Não, porque é impossível vencer as resistências e as crenças não testadas dos integrantes do grupo, que devem estar dispostos a produzir um trabalho em equipe e, ao mesmo tempo, estar comprometidos com os resultados.
    c) Somente no caso em que seus membros sejam pessoas com habilidades iguais e consigam chegar a um grau de profundo comprometimento com o crescimento pessoal de cada um e com o sucesso deles mesmos e dos outros.
    d) Nem sempre, apenas em situações em que há um grupo altamente coeso, já que, nesse caso, os seus membros se identificam fortemente com o grupo.
    e) Nem sempre, já que para o grupo se tornar uma equipe é necessário existirem características especiais em termos de afinidade, sentido de missão e trabalho cooperativo.

36. (FCC / TRE – AP / 2008) Uma equipe multifuncional é formada por profissionais:
    a) de diferentes níveis hierárquicos, que se reúnem para uma tomada de decisão estratégica;
    b) que utilizam a tecnologia de informação para reunir membros fisicamente dispersos, para atingir objetivos comuns;
    c) de igual nível hierárquico, mas oriundos de diferentes setores da organização, que se reúnem para cumprir uma tarefa;
    d) que se reúnem para discutir meios de melhorar a qualidade, a eficiência e o ambiente de trabalho;
    e) com atividades muito relacionadas e interdependentes, que assumem responsabilidades de supervisão mútua.

37. (IADES / GDF SEAP / 2011) Fela Moscovici (1994) distingue os conceitos de grupo e equipe. Segundo a autora, a equipe é um grupo que compreende seus objetivos e está engajado em alcançá-los de forma compartilhada. Em uma equipe de elevado desempenho observa-se:

   a) grande confiança depositada exclusivamente no líder do grupo para a decisão estratégica e disseminação das informações;
   b) atuação responsável dos membros do grupo e estímulo às opiniões divergentes;
   c) que as interações entre os participantes inibem o desempenho individual;
   d) que, apesar do baixo grau de interação entre os objetivos dos membros, os produtos individuais são entregues com qualidade;
   e) que a comunicação com os membros é baseada em fatos reais e evita-se assumir riscos.

38. (FGV / SEFAZ- RJ / 2011 – adaptada) As pessoas não têm objetivos e interesses idênticos. As diferenças de objetivos e de interesses individuais sempre produzem alguma espécie de conflito. O conflito é inerente à vida de cada indivíduo e faz parte inevitável da natureza humana. Constitui o lado oposto da cooperação. Além da diferença de objetivos e interesses, deve haver necessariamente uma interferência deliberada de uma das partes envolvidas para que haja conflito. O conflito existe quando uma das partes – seja indivíduo ou grupo – tenta alcançar seus próprios objetivos interligados com alguma outra parte e esta interfere na outra que procura atingir seus objetivos. A <u>interferência</u> pode ser ativa (mediante ação para provocar obstáculos, bloqueios ou impedimentos) ou passiva (mediante omissão ou deixar de fazer algo). As equipes, assim como as pessoas, desenvolvem estilos específicos para lidar com conflitos, baseados no desejo de satisfazer seus próprios interesses versus o interesse da outra parte. São descritos a seguir cinco estilos de administrar conflitos por meio de duas dimensões, da assertiva (tentativa de satisfazer aos interesses das outras partes) até a cooperativa. Um deles NÃO está correto. Assinale-o.

   a) Estilo de acomodação: reflete um alto grau de assertividade e funciona melhor quando as pessoas sabem o que é errado, quando um assunto é mais importante que outros para cada lado, quando se pretende construir créditos sociais para utilizar em outras situações ou quando manter a harmonia é o mais importante. O negócio é ir levando.
   b) Estilo competitivo: reflete assertividade para impor o seu próprio interesse e é utilizado quando uma ação pronta e decisiva deve ser rapidamente imposta em ações importantes ou impopulares, durante as quais a urgência ou a emergência se torna necessária ou indispensável. O negocio é ganhar. Reflete a assertividade total.
   c) Estilo de evitação ou abstenção: reflete uma postura não assertiva nem cooperativa e é apropriado (1) quando um assunto é trivial, (2) quando não existe nenhuma possibilidade de ganhar, (3) quando uma demora para obter maior informação se torna necessária ou (4) quando um desentendimento pode ser muito oneroso.
   d) Estilo de compromisso ou transigência: reflete uma moderada porção de ambas as características de assertividade e de cooperação. É apropriado quando os objetivos de ambos os lados são igualmente importantes, quando os componentes

têm igual poder e ambos os lados querem reduzir as diferenças ou quando as pessoas precisam chegar a alguma solução temporária sem pressão de tempo. O negócio é ter jogo de cintura.

e) Estilo de colaboração: reflete um alto grau de assertividade e de cooperação. O estilo colaborativo habilita ambas as partes a ganhar, enquanto utiliza uma substancial parcela de negociação e de intercâmbio. O estilo de colaboração é importante quando os interesses de ambos os lados são importantes, quando os pontos de vista das partes podem ser combinados para uma solução mais ampla e quando o compromisso de ambos os lados requer consenso. O negócio é resolver para que ambas as partes ganhem e se comprometam com a solução.

II. ASPECTOS NORMATIVOS

39. (FCC / TRF – 2ª Região / 2012) Em sentido amplo, "agentes públicos" são todos os indivíduos que, a qualquer título, exercem uma função pública, remunerada ou gratuita, permanente ou transitória, política ou meramente administrativa, como prepostos do Estado.

    Diante deste conceito, considere:

    I. Pessoas que recebem a incumbência da administração para representá-la em determinado ato ou praticar certa atividade específica, mediante remuneração do poder público habilitante.

    II. Particulares que recebem a incumbência de exercer determinada atividade, obra ou serviço público e o fazem em nome próprio, por sua conta e risco, sob a permanente fiscalização do respectivo Poder Público.

    As descrições acima correspondem, respectivamente, à seguinte classificação de agentes públicos:

    a) delegados e políticos;
    b) administrativos e honoríficos;
    c) honoríficos e servidores públicos;
    d) credenciados e delegados;
    e) honorários e credenciados.

40. (CESPE / ANS / 2013) Os ocupantes de cargo ou função em comissão são considerados agentes honoríficos.

41. (CESPE / CNJ / 2013) Considere que determinado cidadão tenha sido convocado como mesário em um pleito eleitoral. Nessa situação hipotética, no exercício de suas atribuições, ele deve ser considerado agente político e, para fins penais, funcionário público.

42. (CESPE / INPI / 2013) Cargo público é, na organização funcional da administração direta e de suas autarquias e fundações públicas, ocupado por servidor público, com funções específicas e remuneração fixadas em lei. Assim, a pessoa que mantém vínculo trabalhista com o Estado, sob a regência da Consolidação das Leis Trabalhistas (CLT), ocupa cargo público.

43. (CESPE / PC – BA / 2013) Para que ocorra provimento de vagas em qualquer cargo público, é necessária a prévia aprovação em concurso público.

44. (CESPE / MPU / 2013) É permitida a acumulação remunerada de cargo de professor de universidade pública estadual com o de Procurador da República, ainda que não haja compatibilidade de horários.

45. (CESPE / INPI / 2013) Com base na Constituição Federal de 1988, a vedação de acúmulo remunerado de cargos, empregos ou funções públicas não se estende às sociedades de economia mista, pois essas são pessoas jurídicas de direito privado.

46. (CESPE / TJ – RR / 2012) Os servidores contratados para atender a necessidade temporária de excepcional interesse público estão sujeitos ao mesmo regime jurídico aplicável aos servidores estatutários.

47. (CESPE / ANS / 2013) A extinção de cargo público preenchido somente pode ser efetivada mediante lei. No entanto, nos casos de cargo vago, essa extinção pode ser efetivada mediante decreto autônomo.

48. (FUNCAB / MPE – RO / 2012) Entre as opções apresentadas, é vedada a acumulação remunerada de cargos públicos, EXCETO quando houver compatibilidade de horários de:
    a) dois cargos de técnico;
    b) dois cargos de engenheiro;
    c) um cargo de administrador com outro técnico;
    d) um cargo de professor com outro técnico ou científico;
    e) um cargo de auxiliar administrativo com outro técnico ou científico.

49. (FCC / TRE – SP / 2006) No que tange aos agentes públicos, analise:
    I. Os concessionários dos serviços públicos integram a categoria dos agentes delegados, que exercem função pública, em seu próprio nome, porém sob fiscalização do Poder Público.
    II. Agentes honoríficos são cidadãos convocados para prestar, transitoriamente, determinados serviços ao Estado, sem vínculo empregatício ou estatutário.
    III. Os empregados públicos se submetem ao regime estatutário, uma vez que ocupam empregos públicos.

IV. Por ocuparem transitoriamente cargos públicos, os servidores temporários se sujeitam ao regime da legislação trabalhista.

É correto o que consta APENAS em:

a) I e II;

b) I, II e III;

c) I e III;

d) II, III e IV;

e) II e IV.

50. (FCC / TRE – AL / 2010) Do gênero agente público, a espécie agente administrativo, representa a grande massa de prestadores de serviços, subdividindo-se esta no mínimo em três categorias, a saber:

a) Temporários, Comissionados e Concursados.

b) Servidores Públicos, Empregados Comissionados e Temporários.

c) Empregados Públicos, Agentes Comissionados e Delegados.

d) Servidores Públicos, Empregados Públicos e Temporários.

e) Concursados, Funcionários Públicos e Comissionados.

51. (ESAF / MTE / 2010) São direitos e garantias dos trabalhadores em geral também aplicáveis aos servidores públicos, exceto:

a) piso salarial proporcional à extensão e à complexidade do trabalho;

b) salário-família;

c) remuneração do trabalho noturno superior à do diurno;

d) repouso semanal remunerado;

e) salário mínimo.

52. (ESAF / SMF – RJ / 2010) Em relação à estabilidade do servidor público e conforme as disposições da Constituição Federal, assinale a opção correta.

a) São estáveis, após um ano de efetivo exercício, os servidores nomeados para cargo de provimento efetivo em virtude de concurso público.

b) Invalidada por sentença judicial a demissão do servidor público estável, ele será reintegrado.

c) Extinto o cargo ou declarada sua desnecessidade, o servidor público estável não ficará em disponibilidade.

d) O servidor público estável pode perder seu cargo mediante decisão judicial liminar.

e) Não é cabível a perda do cargo do servidor público estável mediante processo administrativo.

53. (FCC / TRT 4ª Região / 2011) Com relação à gestão de profissionais terceirizados, considere as afirmativas abaixo.

    I. Exigir dos terceirizados treinamento orientado especificamente para a execução das tarefas dentro da organização nem sempre é produtivo.

    II. Como os profissionais terceirizados significam um custo adicional para a organização, deve-se exigir destes um desempenho superior ao dos funcionários efetivos.

    III. Devem-se criar sistemas de gestão exclusivos para os terceirizados, sinalizando que o seu desempenho será monitorado de forma mais rigorosa do que a dos funcionários do quadro próprio.

    IV. Não se deve separar as áreas de uso comum dos terceirizados, como banheiros e refeitórios, daquelas que são exclusivas dos empregados.

    V. É importante efetuar a avaliação periódica do trabalho do terceirizado e fornecer *feedback* para a empresa contratante.

    Estão corretas SOMENTE:

    a) II, III e IV;
    b) I, II, III e V;
    c) I, IV e V;
    d) II e III;
    e) I, II e IV.

54. (FCC / TRT 2ª Região / 2008) Hipoteticamente, considere que a Fundação Instituto Brasileiro de Geografia e Estatística (IBGE), a Prefeitura de São Paulo, a Empresa de Correios e Telégrafos (ECT) e o Conselho Nacional de Desenvolvimento Científico e Tecnológico (CNPq) contrataram de forma irregular, por meio de empresa interposta, trabalhador terceirizado. Neste caso, tal contratação:

    a) Gerará vínculo de emprego apenas com o IBGE.
    b) Gerará vínculo de emprego com o IBGE, a Prefeitura de São Paulo, a ECT e o CNPq.
    c) Gerará vínculo de emprego apenas com o IBGE e o CNPq.
    d) Gerará vínculo de emprego apenas com o ECT e o CNPq.
    e) Não gerará vínculo de emprego com o IBGE, a Prefeitura de São Paulo, a ECT e o CNPq.

55. (CESPE / ANAC / 2012) O emprego público é uma unidade de atribuições que se distingue do cargo público principalmente por vincular o agente ao Estado por um contrato de trabalho sob o regime celetista.

56. (CESPE / PRF / 2012) Integram a categoria dos agentes administrativos aqueles que são contratados temporariamente para atender a uma necessidade temporária de excepcional interesse público.

Gabarito Comentado

QUESTÃO	COMENTÁRIO
1 Errado	O equilíbrio organizacional é medido considerando-se a dinâmica de intercâmbio entre os incentivos conferidos aos colaboradores, mantendo-os motivados e capacitados o suficiente para que façam as devidas contribuições à organização. Não se relaciona, diretamente, à efetividade, restringindo-se a aspectos comportamentais e motivacionais dos indivíduos. A assertiva, assim, está errada.
2 – D	Em uma organização, é sua cúpula quem possui a maior responsabilidade pela gestão das pessoas, pois é quem decide as diretrizes, as políticas e as estratégias organizacionais. Em nível departamental, é o chefe de cada área o responsável pela gestão das pessoas de sua unidade. Esta responsabilidade das chefias pela gestão de pessoas chama-se "**responsabilidade de linha**" (elas gozam de **autoridade de linha** para os atos executórios de gestão de pessoas). A linha gerencial é a principal gestora de pessoas. Ela é quem faz a avaliação de desempenho, quem gere conflitos, que monta e administra equipes. São responsabilidades de linha. Já a área de gestão de pessoas tem função de assessorar a linha gerencial, ou seja, uma função de *staff*. Segundo Chiavenato (2009, p. 121), "o *staff* de RH assessora o desenvolvimento de diretrizes na solução de problemas específicos de pessoal, o suprimento de dados que possibilitarão decisões ao chefe de linha e a execução de serviços especializados, devidamente solicitados". Assim, apesar de o gestor aplicar a avaliação de desempenho, quem desenvolve essa metodologia, na organização, é a gestão de pessoas – função de *staff*. Assim, dizemos que a atividade de gestão de pessoas é **responsabilidade de linha e função de *staff***, mas a área de gestão de pessoas tem apenas função de *staff*. Assim, no que concerne à questão, a alternativa "d" está correta. A alternativa "e" traz relação invertida: os gestores não proporcionam suporte à área de RH, mas sim o contrário. Resposta: D.
3 Errado	A dimensão "habilidade", no bojo do conceito de competência, refere-se a saber como fazer, aludindo à capacidade de realizar determinada tarefa com base em conhecimentos prévios. Os elementos identidade e determinação referem-se à dimensão "atitude". A assertiva está errada.

QUESTÃO	COMENTÁRIO
4 Errado	A conciliação (= harmonização) dos interesses dos indivíduos e das organizações nas quais os primeiros se inserem é elemento mitigador de conflitos, o que, de acordo com a visão da escola tradicional, incrementa a produtividade. A assertiva está errada.
5 Errado	A indicação dos tipos de profissionais que a organização precisa é realizada pela pesquisa interna das necessidades (ou, quando mais detalhada e estruturada, pelo planejamento de pessoal), e não pelo mercado. Ainda, é a descrição de cargos que nutre de informações (conhecimentos, habilidades, atitudes, competências, experiências) sobre o perfil do profissional que a empresa precisa para determinado cargo. Desta forma, a assertiva está errada.
6 Errado	O processo de seleção envolve dois processos: • um processo de comparação entre os candidatos e o(s) requisito(s) para o(s) cargo(s), que é função de *staff*, realizado pela área de gestão de pessoas; e • um processo decisório, que é responsabilidade de linha, ou seja, uma ação do gestor que efetivou a requisição. Desta forma, o processo de seleção tem competência compartilhada entre a área de gestão de pessoas e os gestores. A assertiva está errada.
7 Errado	A princípio, quem realiza as entrevistas é o gestor da área do cargo a ser preenchido. Todavia, o gestor pode solicitar auxílio à área de gestão de pessoas, a fim de facilitar a identificação ou a avaliação de algumas características que ainda não ficaram claras no processo de comparação. Note que a decisão final não passa para a área de gestão de pessoas, esta apenas prestará auxílio ao gestor. Ademais, em uma entrevista comportamental o entrevistador busca identificar situações já vividas pelo candidato que sejam similares às que provavelmente irá passar no desempenho do cargo pleiteado. O objetivo é verificar como foi o comportamento do candidato em uma situação real, e não envidar esforços na análise de uma situação hipotética a qual o candidato não tenha experimentado. O fundamento da entrevista comportamental está em pressupor que o candidato comportar-se-á de forma similar em situações análogas. Assim, a assertiva erra ao propor a avaliação a partir de uma situação alheia à realidade do candidato.
8 – D	A entrevista de triagem, como vimos, é inicial, antecedendo a de seleção em si. Como a seleção é um processo oneroso, o ideal é que seja feito apenas com quem apresenta as mínimas condições desejadas: eis o propósito da entrevista de triagem: limar de início, e de maneira célere, os que não têm o perfil almejado. Resposta: D.

QUESTÃO	COMENTÁRIO
9 Errado	É a avaliação de desempenho individual que define o processo de aferição do desempenho alcançado em comparação ao desejado. A gestão do desempenho individual vai além desta aferição: inicia-se na definição das metas individuais, fatores ou comportamentos que sejam padrão de bom desempenho, incluindo a instituição de indicadores para cada meta/fator/comportamento, a definição da forma de gerir/acompanhar os indicadores, a forma de avaliação do desempenho e o replanejamento das metas. Ou seja, a avaliação é parte da gestão do desempenho. A assertiva, portanto, está errada.
10 Errado	O Decreto nº 7.133/2010 regulamenta a Avaliação de Desempenho Individual e Institucional no âmbito da Administração Pública Federal. Apesar de o decreto não ser citado de forma ostensiva em nossa programação, é mais seguro conhecermos os principais pontos a respeito da avaliação de desempenho individual conforme este normativo: *Art. 2º Para efeito de aplicação do disposto neste Decreto, ficam definidos os seguintes termos:* *I – **avaliação de desempenho**: monitoramento sistemático e contínuo da atuação individual do servidor e institucional dos órgãos e das entidades de lotação dos servidores integrantes dos planos de cargos e de carreiras abrangidos pelo art. 1º, tendo como referência as metas globais e intermediárias destas unidades;* *(...)* *Art. 4º A avaliação de desempenho individual será feita com base em critérios e fatores que reflitam as competências do servidor, aferidas no desempenho individual das tarefas e atividades a ele atribuídas.* *§ 1º Na avaliação de desempenho individual, além do cumprimento das **metas de desempenho individual**, deverão ser avaliados os seguintes **fatores mínimos**:* *I – produtividade no trabalho, com base em parâmetros previamente estabelecidos de qualidade e produtividade;* *II – conhecimento de métodos e técnicas necessários para o desenvolvimento das atividades referentes ao cargo efetivo na unidade de exercício;* *III – trabalho em equipe;* *IV – comprometimento com o trabalho; e* *V – cumprimento das normas de procedimentos e de conduta no desempenho das atribuições do cargo.* *(...)* *§ 3º Os servidores não ocupantes de cargos em comissão ou função de confiança serão avaliados na dimensão individual, a partir:* *I – dos conceitos atribuídos pelo próprio avaliado, na proporção de quinze por cento;*

QUESTÃO	COMENTÁRIO
10 Errado	*II – dos conceitos atribuídos pela chefia imediata, na proporção de sessenta por cento; e* *III – da média dos conceitos atribuídos pelos demais integrantes da equipe de trabalho, na proporção de vinte e cinco por cento.* *(...)* *Art. 5º A avaliação de desempenho institucional visa a aferir o alcance das metas organizacionais, podendo considerar projetos e atividades prioritárias e condições especiais de trabalho, além de outras características específicas.* *§ 1º As metas referentes à avaliação de desempenho institucional deverão ser segmentadas em:* *I –* **metas globais***, elaboradas, quando couber, em consonância com o Plano Plurianual – PPA, a Lei de Diretrizes Orçamentárias – LDO e a Lei Orçamentária Anual – LOA; e* *II –* **metas intermediárias***, referentes às equipes de trabalho.* *(...)* *§ 6º As metas de desempenho individual e as metas intermediárias de desempenho institucional deverão ser <u>definidas por critérios objetivos e comporão o plano de trabalho</u> de cada unidade do órgão ou entidade de lotação e, salvo situações devidamente justificadas, serão previamente acordadas entre o servidor, a chefia e a equipe de trabalho.* *(...)* Com base no inc. I do art. 2º do Decreto nº 7.133/2010, podemos assegurar que a assertiva está correta.
11 Certo	Na avaliação 360 graus, a quantidade de avaliações aumenta consideravelmente, pois para cada avaliado tem-se no mínimo três avaliadores (autoavaliação, chefia e representante dos pares). Para uma análise geral das avaliações, é necessário contar com procedimentos estatísticos (média, mínimo, máximo, desvio padrão), e, por meio da comparação dos resultados, é possível identificar tendências (áreas com melhores avaliações, área com maior aprovação dos clientes e fornecedores, pessoas que costumam ser mais rígidas ou mais complacentes nas avaliações que responde). Ainda, as organizações que utilizam este método de avaliação geralmente contam com um sistema informatizado onde as avalições são respondidas. Alguns dados estatísticos e relatórios são gerados automaticamente, mas o sistema deve permitir a escolha dos dados a serem comparados e estar integrado ao sistema de informações gerenciais (SIG) para sua plena efetividade. A assertiva está correta.
12 – Certo	Trata-se de assertiva ampla, que aborda adequadamente os benefícios decorrentes da avaliação de desempenho individual. Frutos decorrentes da avaliação de desempenho podem estender-se desde o aprimoramento de técnicas de seleção de pessoal, a modelagem de esforços de treinamento e de desenvolvimento e, mais diretamente, as ações corretivas diretas efetuadas via *feedback* ao avaliado. Item correto.

QUESTÃO	COMENTÁRIO
13 Certo	Denominam-se critérios contaminados aqueles que, em uma avaliação de desempenho, evidenciam ruído ao avaliador, desvirtuando a avaliação em si. Um exemplo seria a avaliação de produção de indivíduos que trabalham na mesma área, mas com ferramentas de trabalho distintas, sem que se considere essa distinção. A quebra de isonomia, na avaliação, é um traço típico da contaminação do critério. A assertiva está correta.
14 – E	A questão se vale do modelo de cultura organizacional de Schein (2009), sendo os pressupostos básicos relativos à camada mais interna, composta por crenças, percepções e sentimentos. Cabe a menção de que a alternativa "a" refere-se ao nível dos valores expostos. Resposta: E.
15 – E	Trata-se de questão que aborda o modelo de cultura organizacional de Schein (2009). Como vimos, são os artefatos visíveis (ou observáveis) que respondem pelos aspectos mais facilmente perceptíveis da cultura. Resposta: E.
16 – B	Vejamos a análise das alternativas. a) A cultura organizacional abrange, também, níveis fechados e subconscientes. Alternativa errada. b) Alternativa correta, em virtude de as manifestações citadas no enunciado não serem observáveis, mas sim crenças e premissas. c) Alternativa errada, conforme comentário acima. d) Trata-se de manifestação cultural, sendo um fenômeno inerente ao grupo. Alternativa errada. e) São afetos à cultura. E, ainda, o clima tem caráter menos profundo do que a cultura. Alternativa errada. Resposta: B.
17 – B	A divulgação dos valores, por uma organização, é benéfica por diversos fatores, dentre os quais se destacam a criação de identidade e a menor chance de contaminação cultural por traços entendidos como danosos à empresa. Assim, as alternativas "a", "d" e "e" estão erradas. No mérito, assim, as alternativas "b" e "c" estão corretas. Cabe, contudo, uma ótica mais detida ao enunciado. O que se pede é a identificação da assertiva que traz uma análise "do ponto de vista cultural". Ao passo que a alternativa "c" traz uma assertiva sob o ponto de vista do marketing, é a alternativa "b" que mais bem se insere na ótica cultural. Resposta: B.
18 Certo	A questão foi dada como **correta** pela banca. No entanto, há de se salientar que as práticas não contemplam os valores, componentes estes do núcleo duro da cultura:

QUESTÃO	COMENTÁRIO
18 Certo	Valores — Rituais — Heróis — Símbolos — Práticas

Assim, entende-se que a questão deveria ter sido, ao menos, anulada. |
| 19 – D | Vejamos a análise das alternativas.
a) O clima não representa os pressupostos básicos da cultura. O clima é, sim, menos profundo do que a cultura. Alternativa errada.
b e d) O clima não possui natureza descritiva, mas sim valorativa. Diz-se que a cultura possui a natureza descritiva, apresentando como as coisas são, ao passo que o clima possui natureza valorativa, referindo-se ao sentimento das pessoas com relação à organização. Assim, a alternativa "b" está errada, e a "d", certa.
c) Tanto o clima quanto a cultura comportam mensuração e alteração. Alternativa errada.
e) A cultura possui elementos extrínsecos, também, como são os artefatos observáveis. Alternativa errada.
Resposta: D. |
| 20 – D | Passemos à análise das alternativas.
a) Tanto o clima quanto a cultura são passíveis de modificação. Ainda, cultura possui elementos exógenos. Alternativa errada.
b) Os artefatos são a camada mais visível. Item errado.
c) Clima e cultura não são conceitos coincidentes. Alternativa errada.
d) Trata-se de definição adequada de clima organizacional. O ambiente, no caso, é prioritariamente o interno, podendo estender-se ao externo. Alternativa correta.
e) O clima não se insere em um nível de cultura. São conceitos distintos. Alternativa errada.
Resposta: D. |
| 21 Certo | Diz-se que uma cultura organizacional é forte quando os indivíduos que dela fazem parte evidenciam coesão em suas práticas e no compartilhamento de valores.
A assertiva, assim, está correta. |
| 22 Errado | Clima organizacional refere-se ao resultado decorrente do conjunto de percepções dos funcionários sobre diversos aspectos governamentais, culminando em conceito que influencia diretamente a satisfação e a motivação dos colaboradores. Assim, não há de se falar que clima se restringe à percepção sobre matéria específica (por exemplo, sobre o sistema de punição). Abarca, por exemplo, percepções sobre relações hierárquicas, qualidade de cooperação, qualidade de vida no trabalho etc. Item errado. |

QUESTÃO	COMENTÁRIO
23 Certo	O enunciado da questão refere-se à chamada organização informal, ou seja, a consolidação de grupos de relacionamento que nem sempre obedecem as relações formais da organização – estabelecidas em seu organograma. A questão está correta.
24 – E	Vejamos os comentários: a) o ideal, ao falarmos de relações interpessoais, seria a postura segura ao nos expressarmos, bem como a imposição de limites nas relações pessoais e profissionais. A afirmativa está errada. b) os conflitos podem ser positivos. Eles podem representar uma oportunidade de aprimoramento da consciência crítica da equipe, aumentando a busca por soluções mais criativas e contribuindo para a inovação organizacional. Cabe a um líder fazer a gestão desses conflitos. A assertiva está errada. c) da mesma forma que nem todos os conflitos são negativos, como vimos na alternativa acima, logicamente nem todos são positivos. Na falta de um líder que faça uma satisfatória gestão de conflitos, um alto espírito competitivo implicará malefícios à organização. Alternativa errada. d) Mostra-se pertinente citarmos as categorias motivacionais constantes do modelo de Kovach (1987): (1) trabalho interessante; (2) reconhecimento do trabalho feito; (3) sentimento de participação; (4) oportunidades de promoção e de crescimento; (5) segurança no emprego; (6) boas condições de trabalho; (7) bons salários; (8) lealdade com e entre empregados; (9) ajuda com problemas pessoais, e (10) disciplina "diplomática". Ao passo que a disciplina muito rígida pode causar desmotivação, a falta de regras pode suscitar o caos. A assertiva está errada. e) esta alternativa está de acordo com a teoria que vimos neste Capítulo, expondo as competências dos indivíduos que concorrem para um ambiente com relações humanas sadias. A alternativa está correta.
25 Certo	A questão lista apropriadamente as quatro fases históricas (ou "correntes teóricas") da gestão de pessoas em organizações.
26 – E	Vejamos os comentários às alternativas: a) Na GEP, o que há é o alinhamento entre os processos de recursos humanos e os objetivos estratégicos (e não operacionais) das organizações. A alternativa está errada. b) O perfil dos gestores que atuam na GEP deve-se aproximar ao de executor de um papel de consultoria interna polivalente e multidisciplinar, inerente a uma sólida atuação de staff. A alternativa está errada. c) A consistência interna dos processos é mais significativa na GEP, tendo em vista sua harmonia com os objetivos estratégicos organizacionais. A afirmativa está errada. d) O que prevalece na GEP é a dimensão estratégica. A alternativa está errada. e) A vinculação dos processos de gestão de pessoas e os objetivos (e, logicamente, os processos) estratégicos organizacionais é realmente a inovação mais marcante trazida pela GEP. A alternativa está certa.

QUESTÃO	COMENTÁRIO
27 Certo	A questão aborda de forma genérica a forma de atuar da área de gestão de pessoas historicamente. De início, as organizações viam o indivíduo como recurso necessário à alta produtividade da empresa, atrelando esta produtividade aos aspectos econômicos desta relação (salários). Atualmente, o indivíduo é visto como um microssistema, complexo, que possui percepções, expectativas e necessidades únicas. Assim a relação entre a organização e o indivíduo passa a valorizar outros aspectos como conciliação de interesses, desenvolvimento mútuo e confiança. Por conseguinte, a questão está correta.
28 – D	Vejamos a análise das assertivas: I. O conceito de competência abrange, necessariamente, o desempenho profissional, denotando foco em resultados ante uma hipotética situação real. De certo modo, podemos afirmar que o conceito de competência abrange o de qualificação, já que a carência da última inibe o pleno exercício da primeira. A assertiva está correta. II. O foco, seja no desenvolvimento ou na captação de competências, é a concretização de uma visão de futuro da organização. Não visa, pois, a um cargo específico, mas sim à agregação de valor à carteira de competências organizacionais, que darão base à evolução da trajetória profissional dos colaboradores. A assertiva está errada. III. A assertiva espelha um entendimento correto, conforme comentários da afirmativa anterior.
29 Certo	Um dos processos centrais da Gestão por Competências refere-se ao mapeamento das competências nas organizações. Este procedimento visa à identificação das competências atualmente existentes, bem como à lacuna de competências (gap), no caso de as competências julgadas como necessárias não serem encontradas. No intuito de minimizar a lacuna de competências, duas são as estratégicas possíveis: desenvolvimento interno de competências (especialmente aplicada quando não há mão de obra disponível e qualificada no mercado, que atenderiam este gap) ou a captação no mercado (quando julgada conveniente e, logicamente, houver a disponibilidade de pessoal capacitado no mercado de trabalho). Feita esta exposição, infere-se que a assertiva está correta.
30 Errado	Alinhar os objetivos e metas das equipes (e individuais) aos da organização é um requisito e não uma dificuldade para a implantação da gestão de competências. Realmente é uma tarefa difícil, não já deve estar realizada, e, portanto, não ser mais uma dificuldade da gestão por competências.
31 Errado	Questão que nos induz a erro, e requer uma leitura atenta. O objetivo do mapeamento de competências é identificar a lacuna entre as competências necessárias e existentes na organização. Todavia, a lacuna de competências refere-se à diferença entre as competências necessárias e as existentes, e não à equivalência entre elas.
32 Errado	A aplicação, segundo Chiavenato, é realmente um processo básico na gestão de pessoas. Todavia, refere-se à integração de pessoas, ao desenho, descrição e análise de cargos e à avaliação de desempenho. Ainda, a seleção e o recrutamento de pessoas, bem como a pesquisa de mercado de recursos humanos, são atividades do processo básico de provisão. Desta forma, a questão está errada.

QUESTÃO	COMENTÁRIO
33 Errado	O enunciado até que começa bem...realmente uma equipe é um pequeno grupo de pessoas com habilidades complementares que trabalham juntas. Mas o objetivo de uma equipe é atingir um propósito comum e compartilhado com seus membros, pelos quais se consideram mutuamente (e não individualmente) responsáveis.
34 Certo	A definição de grupo está de acordo com a teoria trabalhada neste Capítulo.
35 – E	Esta questão é excelente para sedimentarmos nossa compreensão sobre os conceitos de grupo e equipe. Vejamos os comentários às alternativas: a) Como vimos, equipe e grupo de trabalho não são a mesma coisa: nem todo grupo é uma equipe. A alternativa está errada. b) Vencer resistências de um grupo nada mais é do que uma dos benefícios de uma liderança bem exercida. Afirmar que é "impossível vencer as resistências" denota uma posição de estagnação na organização, que não corresponde à realidade. A alternativa está errada. c) Equipes são formadas por membros com habilidades complementares, e não iguais. A alternativa está errada. d) A coesão de um grupo não é condição suficiente para sua transformação em uma equipe. Pode haver coesão (= sentimento de união do grupo), mas o trabalho continuar a ser efetuado individualmente, sem cooperação. A alternativa está errada. e) Um grupo que não demonstra afinidade, sentido de missão (= compartilhamento dos valores organizacionais) e trabalho cooperativo realmente não pode ser transformado em uma equipe. A alternativa está correta.
36 – C	Uma equipe multifuncional é formada por membros de mesmo nível hierárquico, mas de diferentes setores da organização.
37 – B	Seguem os comentários às alternativas: a) em uma equipe de elevado desempenho, a confiança não é depositada exclusivamente no líder, mas sim em todos os seus membros. A alternativa está errada. b) esta alternativa está de acordo com as características de uma equipe de elevado desempenho, conforme exposto anteriormente. A afirmativa está correta. c) neste tipo de equipe, as interações entre os participantes estimulam (e não inibem) o desempenho individual. A afirmativa está errada. d) na equipe de elevado desempenho, há um alto grau de interação entre os membros. A alternativa está errada. e) a assunção de riscos é inerente às equipes de elevado desempenho. A alternativa está errada.

QUESTÃO	COMENTÁRIO
38 – A	Esta é uma ótima questão para sedimentarmos o conteúdo de estilos de gestão de conflitos. O único equívoco das alternativas é apresentado na letra "a". O estilo de acomodação é marcado por um alto grau de cooperação (e não de assertividade).
39 – D	Em conformidade com a classificação proposta por Hely Lopes Meirelles, existem 5 (cinco) espécies de agentes públicos: • Agentes políticos; • Agentes honoríficos; • Agentes delegados; • Agentes credenciados, e • Agentes administrativos. **Agentes credenciados**, segundo Hely Lopes Meirelles (2001, p. 76), *"são os que recebem a incumbência da Administração para representá-la em determinado ato ou praticar certa atividade específica, mediante remuneração do Poder Público credenciante"* (ou habilitante). É ao que se refere a assertiva I. **Já os agentes delegados** são os particulares (pessoas físicas ou jurídicas) a quem o Estado delega a execução de determinadas atividades, sejam elas obras ou serviços públicos. Ainda segundo Hely Lopes Meirelles, tais agentes exercem suas atribuições *"em seu próprio nome, por sua conta e risco, mas segundo as normas do Estado e sob a permanente fiscalização do delegante"*. É ao que se refere a assertiva II.
40 Errado	Os ocupantes de cargo em comissão são considerados agentes administrativos (são servidores públicos). A questão está errada.
41 Errado	Um mesário convocado para atuar em um pleito eleitoral é um exemplo de agente honorífico. Por este motivo, a questão está errada. No que diz respeito à consideração como funcionário público, para fins penais, o conteúdo está correto, conforme podemos depreender à luz do art. 327 do Código Penal: *Art. 327 – Considera-se funcionário público, para os efeitos penais, quem, embora transitoriamente ou sem remuneração, exerce cargo, emprego ou função pública.* *§ 1º Equipara-se a funcionário público quem exerce cargo, emprego ou função em entidade paraestatal, e quem trabalha para empresa prestadora de serviço contratada ou conveniada para a execução de atividade típica da Administração Pública.* De toda sorte, a assertiva está errada.
42 Errado	O indivíduo vinculado ao Estado sob regência da Consolidação das Leis Trabalhistas (CLT) ocupa emprego (e não cargo) público. A assertiva está errada.
43 Errado	Servidores comissionados, investidos em cargos públicos, possuem acesso mediante livre nomeação, prescindindo de concurso público. O concurso é utilizado para servidores efetivos e para empregados públicos. A questão está, assim, errada.

QUESTÃO	COMENTÁRIO
44 Errado	Como vimos, por força do inciso XVI do art. 37 da CF-88, a acumulação de cargo técnico com um de professor só é permitida quando houver compatibilidade de horários. A questão está errada.
45 Errado	O inciso XVII do art. 37 da CF-88 estende a proibição de se proceder ao acúmulo remunerado de cargos, empregos ou funções públicos a autarquias, fundações, empresas públicas e sociedades de economia mista. A questão está errada.
46 Errado	Os servidores temporários submetem-se ao regime de trabalho normatizado pela Lei nº 8.745/1993, que dispõe sobre a contratação por tempo determinado para atender a necessidade temporária de excepcional interesse público, nos termos do inciso IX do art. 37 da CF/88. Trata-se de uma norma específica que, entre outros fatos, determina as hipóteses para a contratação e para a extinção do contrato de trabalho, os prazos máximos, a responsabilidade para a fixação das tabelas de remuneração etc.
47 Certo	Interpretando a assertiva no âmbito federal, aplica-se o insculpido no inciso XXV do art. 84 da Constituição Federal de 1988: *Art. 84. Compete privativamente ao Presidente da República:* *XXV – prover e extinguir os cargos públicos federais, na forma da lei;* No entanto, quando o cargo público estiver vago, sua extinção pode se dar mediante decreto. Em síntese: • cargo preenchido: extinção de competência do Congresso Nacional, exercida por meio de lei de iniciativa privativa do Presidente da República quando se tratar de cargos da Administração Pública Direta e autárquica; • cargo vago: extinção de competência privativa do Presidente da República, mediante decreto autônomo. A questão está correta.
48 – D	Sendo a vedação acumulada de cargos públicos um tópico muito recorrente em concursos, nunca é demais reforçarmos este conteúdo. Vejamos, uma vez mais, os incisos XVI e XVII do art. 37 da CF/88: *XVI – é vedada a acumulação remunerada de cargos públicos, exceto, quando houver compatibilidade de horários [...]:* *a) a de dois cargos de professor;* *b) a de um cargo de professor com outro técnico ou científico;* *c) a de dois cargos ou empregos privativos de profissionais de saúde, com profissões regulamentadas;* *XVII – a proibição de acumular estende-se a empregos e funções e abrange autarquias, fundações, empresas públicas, sociedades de economia mista, suas subsidiárias, e sociedades controladas, direta ou indiretamente, pelo poder público;* A alternativa "d" espelha, de forma apropriada, a alínea "b" do inciso XVI, estando, assim, correta.

QUESTÃO	COMENTÁRIO
49 – A	Vejamos as análises das assertivas: I. **Agentes delegados** são os particulares (pessoas físicas ou jurídicas) a quem o Estado delega a execução de determinadas atividades, sejam elas obras ou serviços públicos. A execução das atividades dá-se segundo as normas do Estado e sob a permanente fiscalização do delegante. Como **exemplos** de **agentes delegados**, podemos citar os leiloeiros, os tradutores e intérpretes públicos, os **concessionários** e permissionários de obras e serviços públicos etc. A assertiva, portanto, está correta. II. **Agentes honoríficos** são os cidadãos convocados, designados ou nomeados pelo Estado para cumprir objetivos cívicos, sem que necessariamente gozem de retribuição pecuniária. Tais agentes exercem apenas momentaneamente uma função pública. Não há, assim, a geração de um vínculo empregatício (ou estatutário). A assertiva está correta. III. Os **empregados públicos** submetem-se ao regime trabalhista típico da Consolidação das Leis do Trabalho (CLT). São usualmente referenciados como "celetistas", não gozando de prerrogativas como estabilidade, por exemplo. A assertiva está errada. IV. Os **servidores temporários** submetem-se ao chamado regime jurídico especial, conforme normatizado pela Lei nº 8.745/1993. Não são estatutários e nem celetistas. A assertiva está errada.
50 – D	As três categorias de agentes administrativos são: servidores públicos (em sentido estrito), empregados públicos e servidores temporários.
51 – A	O piso salarial é inerente apenas aos empregados públicos, mas não aos servidores efetivos, comissionados e temporários.
52 – B	Vejamos os comentários às alternativas: a) O período para a aquisição de estabilidade, pelo servidor público efetivo, é de 3 (três) anos de efetivo exercício, conforme preconiza o art. 41 da CF/88: *Art. 41. São estáveis **após três anos de efetivo exercício** os servidores nomeados para cargo de provimento efetivo em virtude de concurso público* A alternativa está errada. b) Caso a demissão do servidor estável seja invalidada por sentença judicial, ele realmente será reintegrado. É o que rege o § 2º do art. 41 da CF/88: *§ 2º Invalidada por sentença judicial a demissão do servidor estável, será ele reintegrado, e o eventual ocupante da vaga, se estável, reconduzido ao cargo de origem, sem direito a indenização, aproveitado em outro cargo ou posto em disponibilidade com remuneração proporcional ao tempo de serviço.* A alternativa está correta.

QUESTÃO	COMENTÁRIO
	c) Extinto o cargo ou declarada a sua desnecessidade, o servidor permanecerá em disponibilidade, conforme prevê o § 3º do art. 41 da CF/88: *§ 3º Extinto o cargo ou declarada a sua desnecessidade, o servidor estável ficará em disponibilidade*, com remuneração proporcional ao tempo de serviço, até seu adequado aproveitamento em outro cargo. A alternativa está errada.
52 – B	d) As hipóteses mediante as quais o servidor público estável pode perder o seu cargo são listadas exaustivamente nos incisos I, II e III do § 1º do art. 41 da CF/88: *§ 1º O servidor público estável só perderá o cargo:* *I – em virtude de sentença judicial transitada em julgado;* *II – mediante processo administrativo em que lhe seja assegurada ampla defesa;* *III – mediante procedimento de avaliação periódica de desempenho, na forma de lei complementar, assegurada ampla defesa.* Decisão judicial liminar não é condição suficiente para implicar a perda do cargo. A alternativa, portanto, está errada. e) A demissão de servidor efetivo mediante processo administrativo é prevista no inciso II do § 1º do art. 41 da CF/88. A alternativa está errada.
53 – C	Vejamos a análise das assertivas I. A grande vantagem de se terceirizarem algumas atividades é contar com pessoas já treinadas e capacitadas para a execução de determinadas tarefas. Todavia, exigir treinamento específico (customizado) para as tarefas dentro da organização demandaria um treinamento especializado voltado às práticas da contratante. Como, de forma geral, o quadro terceirizado possui maior rotatividade de pessoal do que o quadro próprio (em especial quando falamos de órgãos públicos), o custo do treinamento poderia não dar o retorno esperado. É mais produtivo que as atividades específicas de dentro da empresa sejam realizadas pelo quadro próprio de funcionários (que, a princípio, ficam mais tempo em suas funções, compensando os gastos com o referido treinamento orientado). A afirmativa está correta. II. Não podemos dizer que profissionais terceirizados geram um custo maior ou menor para a organização. Depende de cada caso. Exigir um maior desempenho do quadro próprio ou do terceirizado, geraria conflitos e não garantiria mais eficiência ou produtividade para a empresa. Portanto o item está incorreto em ambas as orações. III. Não há que se exigir maior desempenho, ou monitorar de forma mais intensiva colaboradores do quadro próprio ou do terceirizado. Tal medida seria capaz de gerar conflitos que seriam negativos à eficiência ou à produtividade da organização. A assertiva está errada.

QUESTÃO	COMENTÁRIO
53 – C	IV. Separar áreas de uso comum entre os quadros próprio e terceirizado é uma ação discriminatória que suscitaria conflitos e preconceitos. Uma boa prática é incentivar a convivência entre os quadros próprio e terceirizado sem discriminações. A afirmativa está correta. V. A avaliação de desempenho dos terceirizados deve ser realizada periodicamente, assim como do quadro próprio. Em relação ao quadro terceirizado, deve-se cuidar para que o *feedback* seja passado à empresa a qual o terceirizado tem vínculo empregatício, pois não pode haver subordinação deste ao tomador de serviços (empresa que contrata a prestação de serviços de uma terceira). A assertiva está correta.
54 – E	Note que a **Súmula nº 331-TST**, diferentemente do Decreto nº 2.271/97, **aplica-se no âmbito de toda a Administração Pública**. O Decreto é uma norma federal, portanto não pode regulamentar a Administração Pública estadual, distrital ou municipal. Todavia, a Súmula em questão é editada pelo Tribunal Superior do Trabalho, tendo aplicação em todo o território nacional.Desta forma, não gerará vínculo empregatício a qualquer órgão ou entidade da Administração Pública contratação irregular de terceirizados, por meio de empresa interposta.
55 Certo	A afirmativa apresenta de modo apropriado a distinção básica entre emprego (regido pela CLT) e cargo público (regido pela Lei nº 8.112/90). A questão está correta.
56 Certo	O enunciado faz alusão aos servidores temporários. Estes, em conjunto com os empregados públicos e com os servidores públicos (estatutários), formam a totalidade das categorias componentes dos agentes administrativos. A questão está, portanto, certa.

CAPÍTULO 17
Noções de Controle da Administração Pública

O Capítulo derradeiro desta obra versa sobre um assunto passível de múltiplas abordagens. Assunto típico de Direito Administrativo, insere-se no âmbito da Administração Pública pelo simples fato de estar relacionado às boas práticas do modelo gerencial, no qual a autonomia legal do gestor público deve conviver com o controle sobre seus atos.

1. O Ato Administrativo

O controle da Administração Pública é uma atividade que visa a verificar o andamento da atuação administrativa do Estado. Nesse sentido, é recomendável iniciarmos este Capítulo falando sobre o substrato sobre o qual o controle irá incidir: o ato administrativo.[1]

Geralmente, o Estado age como representante da sociedade, visando sempre ao interesse público. Quando atua com esse papel, é usual que seus interesses prevaleçam sobre os interesses dos particulares. O benefício da coletividade, assim, é mais importante do que o interesse do indivíduo. Logicamente, esse raciocínio só é válido se permanecerem respeitados os direitos e garantias individuais expressos no art. 5º da Constituição Federal de 1988.

Estamos falando do chamado Princípio da Supremacia do Interesse Público, que pode ser assim sintetizado:

- *Geralmente, o interesse de todos prevalece sobre o interesse de um;*
- *Se houver desrespeito aos direitos e garantias individuais, o interesse do particular prevalece sobre o interesse de todos.*

---

[1] Mesmo sendo este um assunto inerente à disciplina Direito Administrativo, optou-se por abordá-lo neste Capítulo, para fins introdutórios.

Mas não é sempre que o Estado age como representante da sociedade. Em uma locação de um imóvel público, por exemplo, o Estado atua como um particular, visando a angariar (= obter) receitas originárias. Do mesmo modo, quando um banco estatal abre uma conta corrente, não há nessa ação a preocupação com o interesse público. Nesses casos, o Estado abre mão do Princípio da Supremacia do Interesse Público e iguala-se aos particulares. Nesse caso, dizemos que as ações são bilaterais, já que são celebradas pelas vontades tanto do Estado quanto do particular que com ele negocia.

No entanto, sempre que o Estado atuar como representante da coletividade, suas manifestações são chamadas de **atos administrativos**. Há, nesse caso, sua ação unilateral, já que independe da vontade do particular para fazer com que o interesse público seja preservado. Em outras palavras, nos atos administrativos, há a presença da supremacia do interesse público.

Vejamos a conceito de ato administrativo segundo Hely Lopes Meirelles:

> *Ato administrativo é toda manifestação unilateral de vontade da Administração Pública que, agindo nessa qualidade, tenha por fim imediato adquirir, resguardar, transferir, modificar, extinguir e declarar direitos, ou impor obrigações aos administrados ou a si própria.*

Devemos ressaltar que todos os Poderes possuem atos administrativos próprios. A publicação de um edital de licitação efetuada pelo Supremo Tribunal Federal, por exemplo, é um ato administrativo do Poder Judiciário, ok?

Todo ato administrativo deve possuir **5 (cinco) elementos ou requisitos**. Podemos encará-los como as "partes" do ato administrativo, que constituem sua estrutura. Se faltar um desses elementos, ou se forem estruturados em desconformidade com as normas legais, o ato poderá ser declarado nulo.

O quadro abaixo nos traz uma síntese dos elementos ou requisitos do ato administrativo.

ATO ADMINISTRATIVO	
ELEMENTO	DESCRIÇÃO
Competência	Poder legal conferido ao agente para a prática do ato.
Finalidade	Aquilo que se pretende obter com o ato administrativo que, em última instância, sempre é algo de interesse público.
Forma	Aquilo que reveste exteriormente o ato administrativo (atos escritos, ordens verbais etc.).

ATO ADMINISTRATIVO	
ELEMENTO	DESCRIÇÃO
Motivo	É o fato que gera a situação a partir da qual o ato administrativo se mostra necessário. A divulgação de um edital de concurso, por exemplo, tem no motivo a escassez de pessoal efetivo de um órgão, talvez por excesso de aposentadorias
Objeto	É o conteúdo do ato em si. O objeto de uma posse de um cargo público, por exemplo, é a própria investidura do servidor nesse cargo.

Nos chamados **atos administrativos vinculados**, não cabe ao agente público ponderar sobre a melhor conduta a ser tomada pela Administração. Uma vez atendidas as condições legais, o ato tem que ser realizado. Caso contrário, não há como realizá-lo. Alexandrino e Paulo (2006, p. 326) nos trazem um exemplo bastante elucidativo de um ato vinculado: a concessão de licença à gestante. Uma vez grávida, não cabe ao agente público ponderar sobre o fato se deve ou não conceder a licença. Não cabe negar a licença sobre quaisquer pretextos. *"Configurada a hipótese legal, somente uma atitude é admissível: a edição do ato (...), sem espaço para juízo de oportunidade ou conveniência administrativa."*

No entanto, nem todos os atos são vinculados. Há situações em que a lei confere certa liberdade à Administração Pública, provendo a flexibilidade necessária para que sua atuação seja mais eficiente. Estamos falando, neste caso, dos **atos administrativos discricionários**.

Nos atos administrativos vinculados, todos os seus elementos (conforme quadro acima) também são vinculados, ou seja ou seja, não há a mínima liberdade do agente em ponderar sobre esses requisitos. A finalidade de um ato é e sempre será o interesse público. É vinculado, ok?

Já nos atos administrativos discricionários, apenas os três primeiros elementos do ato (competência, finalidade e forma) são vinculados. Já os dois últimos requisitos (motivo e objeto) são passíveis de serem ponderados pelo agente público.

Assim, nos atos discricionários, os requisitos motivo e objeto não são vinculados, podendo o agente decidir sobre as seguintes questões:
- é oportuno considerar determinado fato gerador como um motivo para certo ato administrativo? (= julgamento da oportunidade do ato, relacionada ao requisito motivo);
- é conveniente o resultado do ato para a situação concreta? (= julgamento da conveniência do ato, relacionada ao requisito objeto).

Em síntese, podemos ilustrar a **atuação discricionária da Administração Pública** de acordo com o seguinte esquema:

Ponderação quanto à oportunidade	Ponderação quanto à conveniência
• Devo praticar o ato?	• Se praticar o ato, seu resultado atender da melhor forma a situação?

Na tentativa de esgotar quaisquer dúvidas que possam surgir, tomemos um exemplo. Vejamos o que nos diz o art. 91 da Lei nº 8.112/90 (que dispõe sobre o regime jurídico dos servidores públicos civis):

> Art. 91. **A critério da Administração, poderão** ser concedidas ao servidor ocupante de cargo efetivo, desde que não esteja em estágio probatório, licenças para o trato de assuntos particulares pelo prazo de **até** três anos consecutivos, sem remuneração.

Veja que não é obrigatória à Administração a concessão de licenças para o trato de assuntos particulares. Cabe ao agente público, ao ser apresentado a uma situação concreta, ponderar sobre a oportunidade de conceder a licença.

Digamos que o agente público está de acordo em conceder a licença. Cabe, agora, ponderar sobre o prazo da concessão. É um julgamento de conveniência, limitado pela lei ao período de 3 (três) anos. Nesse caso, é possível que haja a concessão por apenas 2 (dois) anos, por entender-se que esse interstício é o que mais bem se adequa à situação apresentada.

Alexandrino e Paulo (2006) ainda nos lembram que a discricionariedade pode se dar com base no emprego, pela lei, de **conceitos jurídicos indeterminados**, tais como "boa-fé", "decoro", "bons costumes", "moralidade pública" etc. Nesses casos, cabe o agente público atuar com discricionariedade dentro da "zona cinzenta" que acompanha esses conceitos.

Em síntese, cabe ao agente público, nos atos administrativos discricionários, seguir estritamente o estabelecido pela lei no que diz respeito aos requisitos competência, finalidade e forma, mas cabe o seu julgamento sobre o motivo (oportunidade) e o objeto (conveniência), sempre em consonância com a moral administrativa. A ponderação sobre o motivo e o objeto, nesses casos, é chamada de **mérito administrativo**, característica central da discricionariedade administrativa.

Q1. (CESPE / Correios / 2011) Em uma situação de decisão, a possibilidade de o agente público adotar mais de um comportamento, de acordo com a ótica da conveniência e da oportunidade, caracteriza a discricionariedade administrativa.

Creio que, com o exemplo anteriormente citado, fica claro que a assertiva está correta. O agente poderia negar a licença ou concedê-la para qualquer período, limitado a três anos. Há, assim, uma multiplicidade de comportamentos possíveis, sempre previstos pela lei.

> Uma vez publicado, o ato administrativo passa a ter vigência e deve ser cumprido, independentemente de conter vícios ou não. Este fato decorre de um dos atributos do ato administrativo denominado presunção de legitimidade (ou de veracidade), segundo o qual há a pressuposição de que os atos administrativos são emitidos de acordo com a lei, ou seja, de que houve a observância do Princípio da Legalidade. Visto que o ato nasce com esta pressuposição, cabe ao interessado que identificar a ilegalidade prová-la em juízo.
>
> Contudo, para fins de controle da Administração Pública, há especial interesse no estudo do desfazimento dos atos administrativos, ou seja, quais as maneiras e os motivos que podem implicar a sua retirada do mundo jurídico.
>
> Nesse sentido, é essencial nos aprofundarmos em dois dos gêneros do desfazimento do ato administrativo: a **revogação** e a **anulação**.

2. Desfazimento do Ato Administrativo: Revogação e Anulação

2.1. Revogação de Atos Administrativos

A revogação age sobre atos administrativos que, no entendimento da Administração Pública, não são mais convenientes ao interesse público.

Não há, nesse caso, ilegitimidade (ou ilegalidade) do ato. Há apenas a busca, pelo agente público, daquilo que mais vai ao encontro da coletividade e que, nesse papel, julgou que determinado ato tornou-se inconveniente e inoportuno ao interesse público.

Nas palavras de Hely Lopes Meirelles:

> "A revogação é a supressão de um ato administrativo legítimo e eficaz, realizada pela Administração – e somente por ela – por não mais lhe convir sua existência."

Sabemos que, em atendimento ao Princípio da Inafastabilidade da Tutela Jurisdicional, sempre podemos recorrer ao Poder Judiciário para que este se pronuncie sobre a ilegalidade dos atos. No entanto, no caso da revogação, visto que não há ilegalidade no ato administrativo, não há que se falar em revogação por outras pessoas senão a própria Administração Pública.

A revogação tem por base o poder discricionário da Administração, e só pode ser aplicada sobre atos discricionários. Atos vinculados, que não deixaram opção ao administrador sobre a valoração de sua oportunidade (motivo) e conveniência (objeto) são, salvo melhor juízo, irrevogáveis.

Como vimos, a ponderação sobre o motivo e o objeto, no caso dos atos discricionários, é chamada de mérito administrativo. Dessa maneira, ao revogar seus atos, a Administração Pública efetua o chamado **controle de mérito**.

Já que não houve ilegalidade do ato administrativo, os eventuais direitos adquiridos que tenham originado dele são mantidos. Assim, diz-se que a revogação de um ato opera efeitos que não retroagem à sua origem (são os ditos efeitos *ex nunc*).

Por fim, cabe um importante esclarecimento. Todos os Poderes possuem atos administrativos próprios. Todos publicam editais, fazem nomeações de servidores, concedem aposentadorias, assinam convênios etc. Assim, cada um dos Poderes possui a competência para revogar seus próprios atos administrativos discricionários. Logicamente, em observância do Princípio da Separação dos Poderes, não há revogação de um ato administrativo do Poder Legislativo pelo Poder Judiciário. Contudo, o Poder Judiciário poderá revogar seus próprios atos administrativos, ok?

Tomemos o seguinte exemplo: o Senado Federal publicou um edital de pregão para aquisição de mesas de escritório. No entanto, após a publicação, considerou-se que seria uma linha de ação mais econômica reformarem-se as mesas já existentes. Assim, o Senado poderá revogar o edital – note que não houve vício de legalidade, mas apenas julgou-se inoportuno e inconveniente comprar mesas novas. Ainda, nenhum outro órgão, de nenhum outro Poder, poderia revogar o edital de pregão.

2.2. Anulação de Atos Administrativos

A **anulação** de um ato administrativo, por sua vez, decorre de sua **ilegalidade**.

A anulação pode ser originada de dois modos distintos.

Primeiramente, própria <u>Administração Pública</u>, uma vez que tome ciência do vício de legalidade do ato, deverá anulá-lo – é o chamado <u>controle interno</u>.

Existe, ainda, a possibilidade de recorrer-se ao <u>Poder Judiciário</u> para que determinado ato administrativo, eivado (= contaminado, infectado) de vício de legalidade, seja anulado. Esta possibilidade de corre do chamado <u>Princípio da Inafastabilidade da Tutela Jurisdicional</u> (também chamado de Princípio do Direito de Ação ou Princípio do Direito à Jurisdição), que tem seu fundamento no inciso XXXV do art. 5º da CF/88:

> XXXV – a lei não excluirá da <u>apreciação do Poder Judiciário</u> lesão ou ameaça a direito;

Assim, em todos os casos, é possível voltar-se ao Poder Judiciário e solicitar a apreciação <u>sobre a legalidade</u> de determinado ato administrativo.

Nesse ponto, devemos ver claramente que tanto os atos vinculados quanto os discricionários são totalmente pautados na lei. A diferença é que, ao passo que os atos vinculados não conferem liberdade de atuação ao agente público, os atos discricionários dão certa margem de ação, <u>cujos limites estão estabelecidos em lei</u>. Assim, um ato discricionário que ultrapasse os limites legais não é mais um ato discricionário – é um ato arbitrário, que está sujeito à anulação, seja pela própria Administração, seja pelo Poder Judiciário.

A anulação de um ato administrativo, em tese, deve implicar o desfazimento de todas as relações que dele resultaram. A anulação da nomeação de um funcionário, por exemplo, implica a necessidade de reposição dos vencimentos percebidos ilegalmente, desde a origem do ato. Assim, dizemos que a anulação do ato administrativo opera efeitos que retroagem à origem do ato (são os ditos efeitos ***ex tunc***).

Os efeitos *ex tunc* são flexibilizados nos casos dos <u>terceiros de boa-fé</u> que foram atingidos pelos efeitos do ato anulado. Assim, tomemos o exemplo de um Juiz de Paz que fora investido irregularmente em sua função e que, mesmo assim, celebrou casamentos por mais de uma década. Nessa situação, caso seja anulado o registro desse funcionário, os casamentos por ele celebrados não devem ser considerados nulos, já que os terceiros atingidos pelo ato (agora anulado) tiveram boa fé na crença de que nada havia de irregular à época de seus casamentos, em face da presunção de legitimidade que acompanha os atos administrativos.

Finalmente, podemos fazer o seguinte quadro-resumo:

	DESFAZIMENTO DE ATOS ADMINISTRATIVOS	
	REVOGAÇÃO	ANULAÇÃO
Razão para o desfazimento	Inconveniência ou inoportunidade do ato	Ilegalidade do ato
Quem possui a competência para o desfazimento	Administração Pública (revoga seus próprios atos)	Administração Pública (anula seus próprios atos) ou Poder Judiciário
Efeitos	Ex Nunc (Não retroagem)	Ex Tunc (ReTroagem)
Atos sujeitos ao desfazimento	Apenas atos discricionários	Atos vinculados ou discricionários

Q2. (CESPE / AGU / 2007) As dúvidas sobre a margem de discricionariedade administrativa devem ser dirimidas pela própria administração, jamais pelo Poder Judiciário.

Ao ultrapassar a margem de discricionariedade administrativa, há a ilegalidade do ato. Ao tratarmos de ilegalidade, conforme ilustrado no quadro acima, estamos falando da possibilidade de anulação do ato, passível de competência do Poder Judiciário.

Com esse entendimento, a assertiva está errada.

Por fim, a Súmula nº 473 do Supremo Tribunal Federal (STF) sintetiza da seguinte forma a exposição teórica até agora feita:

"*A Administração pode **anular** seus próprios atos, quando eivados de vícios que os tornem ilegais, porque deles não se originam direitos; ou **revogá-los**, por motivo de conveniência ou oportunidade, respeitados os direitos adquiridos e **ressalvadas em todos os casos, a apreciação judicial.**"*

3. O Controle da Administração Pública

O Controle da Administração Pública é um assunto amplo e de sistematização complexa, devido às inúmeras fontes de controle dos atos administrativos.

De modo geral, podemos dizer que o controle em determinado processo visa ao seu aprimoramento, evitando-se desperdícios, otimizando a prestação de serviços e provendo *feedback* a seus gestores.

Neste enfoque, tanto as atividades de empresas privadas quanto de órgãos públicos estão sujeitas ao controle. No primeiro caso, visa-se, em última instância, ao incremento do lucro. Já na esfera pública, almeja-se uma maior eficiência.

No entanto, a exigência do Controle da Administração Pública decorre do fato de o administrador ser um representante dos interesses da coletividade, gerindo recursos públicos. Nesse caso, dizemos que há o **poder-dever de vigilância** da Administração ou de outro Poder, significando que, ao mesmo tempo em que há a prerrogativa de se controlar a atividade administrativa, o controle é também um dever do gestor público representante da sociedade.

Três são as definições de Controle da Administração Pública que são dignas de registro, devido ao poder de síntese apresentado:

> *[Controle da Administração Pública] "É o conjunto de mecanismos jurídicos e administrativos por meio dos quais se exerce o poder de fiscalização e de revisão da atividade administrativa em qualquer das esferas de Poder". (José dos Santos Carvalho Filho)*

> *[Controle da Administração Pública] "É o poder de fiscalização e correção que a Administração Pública (em sentido amplo) exerce sobre sua própria atuação, sob os aspectos de legalidade e mérito, por iniciativa própria ou mediante provocação". (Maria Sylvia Zanella di Pietro)*

> *[Controle da Administração Pública] "É o poder-dever de vigilância, orientação e correção que a própria Administração, ou outro Poder, diretamente ou por meio de órgãos especializados, exerce sobre sua atuação administrativa". (Vicente Paulo e Marcelo Alexandrino)*

Vários são as fontes de Controle da Administração Pública. Há, como vimos, o controle exercido pela própria Administração sobre seus atos, bem como pelo Poder Judiciário, no que diz respeito à legalidade.

Há de se mencionar, ainda, as possibilidades de controle efetuado pelo Ministério Público e pelo Poder Legislativo, bem como o controle popular.

Vejamos, nesse sentido, o seguinte esquema, referente às fontes do controle da administração pública:

Controle Popular
- Exercido pelos cidadãos, que possuem mecanismos constitucionais de atuação.

Controle Administrativo
- Exercido pela Admisnistração sobre seus próprios atos (Controle Interno). Avalia-se a legalidade e o mérito.

Controle Legislativo
- Exercido pelos órgãos legislativos ou comissões parlamentares sobre determinados atos do Poder Executivo. (controle externo).

Controle Judiciário
- Exercido pelo Poder Judiciário sobre os atos administrativos dos três Poderes (inclusive o próprio Judiciário). Avalia-se a legalidade dos atos (controle externo).

Controle do Ministério Público
- Trata-se de controle cível e penal dos atos administrativos, além de atuar como aliado dos direitos do cidadão.

Vejamos como esse assunto é cobrado em concursos:

Q3. (FCC / TRT – MT / 2011) Sobre o controle e responsabilização da Administração Pública, é INCORRETO afirmar:

a) Ao Poder Judiciário é vedado apreciar o mérito administrativo e, ao exercer o controle judicial, está restrito ao controle da legitimidade e legalidade do ato impugnado.

b) Controle Administrativo é o poder de fiscalização e correção que a Administração Pública exerce sobre sua própria atuação, sob os aspectos de legalidade e mérito, por iniciativa própria ou mediante provocação.

c) O Controle que o Poder Legislativo exerce sobre a Administração Pública tem que se limitar às hipóteses previstas na Constituição Federal, sob pena de afronta ao princípio de separação de poderes.

d) No Controle Judicial, o Poder Judiciário exerce o poder fiscalizador sobre a atividade administrativa do Estado, alcançando, além dos atos administrativos do Executivo, atos do Legislativo e do próprio Judiciário quando realiza atividade administrativa.

e) O Controle Legislativo alcança os órgãos do Poder Executivo, as entidades da Administração Indireta, mas jamais o Poder Judiciário, mesmo quando este último executa função administrativa.

Vejamos os comentários às alternativas:

- a) Ao Poder Judiciário é vedada a apreciação do mérito administrativo (conveniência / oportunidade do ato administrativo). A este Poder basta a avaliação do ato no que diz respeito à verificação se está contido dentro dos parâmetros estabelecidos em lei. Um ato discricionário que ultrapassa os limites legais é passível de ser declarado inválido, por ilegalidade, pelo Poder Judiciário. A alternativa está correta. (Logicamente, há a exceção apresentada pela jurisprudência, nos casos de exame do mérito no desrespeito aos princípios da razoabilidade / proporcionalidade. Mas, como regra geral – e como a questão não listou especificamente estes princípios – devemos considerar a alternativa correta).

- b) Esta alternativa espelha a definição de Controle da Administração Pública apresentada por Maria Sylvia Zanella di Pietro, transcrita anteriormente. Está, assim, correta.

- c) No que diz respeito ao Controle Legislativo basta sabermos que este Controle é externo, exercido pelo Poder Legislativo sobre o Poder Executivo, conforme amparado pelo inciso X do art. 49 da CF/88:

    Art. 49. É da competência exclusiva do Congresso Nacional:

    X – fiscalizar e controlar, diretamente, ou por qualquer de suas Casas, <u>os atos do Poder Executivo</u>, incluídos os da administração indireta;

No entanto, o Controle Legislativo é também exercido <u>sobre</u> o Poder Judiciário, principalmente no que tange a aspectos políticos e financeiros.

Nunca é demais, no entanto, relembrarmos o insculpido no art. 2º de nossa Carta Magna, relativo à separação dos Poderes:

    *Art. 2º São Poderes da União, **independentes** e harmônicos entre si, o Legislativo, o Executivo e o Judiciário.*

Assim, o <u>Controle Legislativo (ou parlamentar) está efetivamente restrito às hipóteses expressamente previstas na Constituição</u>, em respeito ao Princípio da Separação dos Poderes, cláusula pétrea de nosso ordenamento jurídico.

Dessa forma, a alternativa está correta.

- d) O Controle Judicial abrange todos os atos administrativos, de quaisquer Poderes. A alternativa está correta.

- e) O Controle Legislativo não se restringe ao Poder Executivo, alcançando também o Poder Judiciário. Cita-se neste escopo, o controle externo de aspectos contábeis, financeiros, orçamentários e patrimoniais exercidos pelo Congresso Nacional a todas as pessoas jurídicas que estejam gerindo recursos públicos (art. 70 da CF/88). Tal controle se dá com auxílio dos Tribunais de Contas. A alternativa está errada.

Resposta: E.

Q4. (ESAF / AFRFB / 2009) O controle externo da administração pública federal é exercido:

a) pelo Senado Federal;

b) pela Câmara dos Deputados;

c) pelo Tribunal de Contas da União;

d) pelo Congresso Nacional, com o auxílio do Tribunal de Contas da União;

e) pelo Tribunal de Contas da União, com o auxílio do sistema de controle interno de cada Poder.

Na realidade, o controle externo da administração pública federal pode ser oriundo de três fontes:

- do Poder Judiciário (conforme o Princípio da Inafastabilidade da Tutela Jurisdicional), com exceção dos casos em que este Poder atua no controle interno de seus atos;
- do Poder Legislativo, com o auxílio do Tribunal de Contas da União;
- da sociedade, por meio do Controle Social.

A questão aborda o controle externo exercido pelo Poder Legislativo, assim previsto na Constituição Federal de 1988, ao normatizar a fiscalização contábil, financeira e orçamentária:

> Art. 70. **A fiscalização contábil, financeira, orçamentária, operacional e patrimonial da União** e das entidades da administração direta e indireta, quanto à legalidade, legitimidade, economicidade, aplicação das subvenções e renúncia de receitas, **será exercida pelo Congresso Nacional, mediante controle externo, e pelo sistema de controle interno de cada Poder.**
>
> (...)
>
> Art. 71. O controle externo, a cargo do Congresso Nacional, será exercido com o auxílio do Tribunal de Contas da União (...)

Assim, a alternativa D está correta.

Q5. (CESPE / TRF 1ª Região / 2011) Considerando a disciplina e a jurisprudência concernentes ao controle dos atos administrativos, assinale a opção correta.

a) A análise acerca de eventual ofensa do ato administrativo ao princípio da proporcionalidade exige juízo de valor acerca da conveniência e oportunidade, razão pela qual não se revela passível de controle por parte do Poder Judiciário.

b) Na hipótese de demissão imposta a servidor público submetido a processo administrativo disciplinar, o controle por parte do Poder Judiciário deve ficar restrito aos aspectos formais, visto que não é possível a análise da motivação do ato decisório.

c) Em obediência ao princípio da segurança jurídica, o controle externo, oriundo dos Poderes Legislativo e Judiciário, está sujeito a prazo de caducidade, assim como o controle interno, razão pela qual decai em cinco anos o direito ao controle dos atos administrativos dos quais decorram efeitos favoráveis para os destinatários, ainda que comprovada a má-fé.

d) Quando for exarada decisão do tribunal de contas reconhecendo a legitimidade do ato administrativo, este não poderá ser objeto de impugnação em ação de improbidade, restando inviabilizado, em tal hipótese, o controle do Poder Judiciário.

e) Nas demandas que envolvam discussão acerca de concurso público, é vedada, em regra, a apreciação pelo Poder Judiciário dos critérios utilizados pela banca examinadora para a formulação de questões e atribuição de notas a candidatos, sob pena de incursão no denominado mérito administrativo.

Vejamos os comentários às alternativas:

a) A ofensa aos princípios da proporcionalidade e razoabilidade, como vem apontando nossa jurisprudência, dá margem à apreciação do mérito administrativo pelo Poder Judiciário. Note que esta é uma exceção à regra geral. A alternativa, conforme este entendimento, está errada.

b) Relativo à apreciação, pelo Poder Judiciário, de elementos do processo administrativo disciplinar, recorremos à Meirelles (2008):

"(...) permitido é ao Judiciário examinar o processo administrativo disciplinar para verificar se a sanção imposta é legítima à luz do devido processo legal material, e se a apuração da infração atendeu ao devido procedimento legal. Essa verificação importa conhecer os motivos da punição e saber se foram atendidas as formalidades procedimentais essenciais, notadamente a oportunidade de defesa ao acusado e a contenção da comissão processante e da autoridade julgadora nos limites de sua competência funcional, isto sem tolher o discricionarismo da Administração quanto à escolha da pena aplicável dentre as consignadas na lei ou regulamento do serviço, à graduação quantitativa da sanção e à conveniência ou oportunidade de sua imposição. O Poder Judiciário pode, se provocado, examinar os motivos e o conteúdo do ato de demissão, para julgar se ele é, ou não, legítimo frente à lei e aos princípios, em especial aos da proporcionalidade e razoabilidade."

Vemos, assim, que não só a formalidade dos atos inerentes a um processo administrativo disciplinar é passível de ser examinada pelo Poder Judiciário. O motivo e o objeto do ato, sob a luz dos princípios da proporcionalidade e da razoabilidade, podem ser alvo do controle judicial. A alternativa está errada.

c) Somente no intuito de aumentarmos nosso conhecimento vejamos o que se entende por Princípio da Segurança Jurídica.

O Princípio da Segurança Jurídica é relativo à estabilidade das relações jurídicas. Em sentido estrito, refere-se à irretroatividade de uma eventual nova interpretação da lei no âmbito da Administração Pública. Em sentido amplo, é alusivo à confiança da sociedade nos atos, procedimentos e condutas proferidos pelo Estado. De toda forma, este Princípio é fundamentado no inciso XXXVI do art. 5º da CF/88:

> *XXXVI – a lei não prejudicará o direito adquirido, o ato jurídico perfeito e a coisa julgada;*

Vejamos, agora, o que nos traz o art. 54 da Lei nº 9.784/99:

> *Art. 54. O direito da Administração de* **anular** *os atos administrativos de que decorram efeitos favoráveis para os destinatários* **decai em cinco anos**, *contados da data em que foram praticados,* **salvo comprovada má-fé**.

Feita essa exposição, podemos fazer a seguinte correção na alternativa:

- o controle interno, exercido pela própria Administração Pública, decai em 5 (cinco) anos, nos casos dos atos que resultaram em efeitos favoráveis aos destinatários. No entanto, caso haja a má-fé do destinatário, não há prazo de decadência (a única exceção à decadência é o dano ao erário).

Assim, a alternativa está errada.

- d) O controle da legitimidade de um ato administrativo sempre é passível de ser efetuado pelo Poder Judiciário. A afirmativa está errada.

- e) Por entender que a apreciação de critérios utilizados pela banca examinadora para a formulação de questões e atribuição de notas a candidatos em concursos públicos é matéria inerente ao mérito administrativo, a jurisprudência (inclusive o STF) afirma ser incabível o controle judicial nesses casos.

Eis um entendimento do TSE que sintetiza essa posição da jurisprudência:

> *Em matéria de concurso público, a apreciação pelo Poder Judiciário limita-se à análise da legalidade das normas do edital e dos atos praticados pela comissão organizadora, sendo que o exame das questões de provas, suas respostas e formulações, compete tão somente à banca examinadora.*

Graças a isso, não cabe aos candidatos em um concurso público para a Prefeitura de Jaboticabal, realizado em 2012, recorrerem ao Poder Judiciário para a anulação de uma questão que perguntava o estado de origem da jovem Luíza, aquela que ficou famosa no jargão "menos a Luíza, que está no Canadá". Por mais descabida que possa ser a cobrança de uma questão dessas, este é um assunto a ser resolvido apenas na esfera administrativa.

A alternativa está correta.

Resposta: E.

Falaremos, agora, sobre os instrumentos disponíveis de provocação do controle judicial.

Vimos que sempre é possível recorrermos ao Poder Judiciário para que haja sua manifestação quanto à legalidade dos atos administrativos. Ok, mas como devemos fazer isso? Quais os caminhos possíveis?

Há várias maneiras segundo as quais os administrados ou que alguns órgãos específicos podem provocar o Judiciário. Temos o *habea corpus*, o *habeas data*, o mandado de injunção, as ações possessórias, as ações de consignação em pagamento etc. Neste Capítulo, em consonância com orientação de Alexandrino e Paulo (2006), e iremos nos ater a 3 (três) destes instrumentos: **o mandado de segurança**, **a ação popular** e **a ação civil pública**.

Q6. (FGV / CODESP / 2010)

ADMINISTRATIVO. RECURSO ESPECIAL. MANDADO DE SEGURANÇA. AUTORIZAÇÃO PARA FUNCIONAMENTO DE RÁDIO COMUNITÁRIA. INÉRCIA DA ADMINISTRAÇÃO PÚBLICA. ABUSO DO PODER DISCRICIONÁRIO. RECURSO ESPECIAL NÃO PROVIDO.
1. É entendimento pacífico nesta Corte que a autorização do Poder Executivo é indispensável para o regular funcionamento de emissora de radiodifusão, consoante o disposto nas Leis n°s 4.117/62 e 9.612/98 e no Decreto n° 2.615/98. 2. Entretanto, em obediência aos princípios da eficiência e razoabilidade, merece confirmação o acórdão que julga procedente pedido para que a Anatel se abstenha de impedir o funcionamento provisório dos serviços de radiodifusão, até que seja decidido o pleito administrativo da recorrida que, tendo cumprido as formalidades legais exigidas, espera há mais de dois anos e meio, sem que tenha obtido uma simples resposta da Administração. 3. Recurso especial não provido. REsp 1062390 / RS. Relator Ministro BENEDITO GONÇALVES (1142) Órgão Julgador T1 – PRIMEIRA TURMA. Data do Julgamento 18/11/2008. Data da Publicação/Fonte. DJe 26/11/2008.

Do texto acima descrito, é correto concluir que:

a) A discricionariedade é uma garantia que tem o agente público para atuar à margem da lei na escolha dos critérios de conveniência e oportunidade.

b) A discricionariedade é uma atuação legítima e em nenhuma hipótese pode ser passível de controle pelo Poder Judiciário.

c) O controle do poder discricionário no caso se deu com visível violação ao princípio da separação dos Poderes

d) O poder discricionário da Administração Pública não inviabiliza o controle do Poder Judiciário, principalmente quando existe expressa violação ao princípio da razoabilidade.

e) O controle de legalidade, exercido, no caso concreto, pelo Poder Judiciário, viola o princípio da autonomia administrativa porque examinou o mérito do ato administrativo.

Temos, nesta questão, um claro exemplo do uso do Mandado de Segurança como instrumento de recurso do particular contra abusos de poder da autoridade pública.

O **mandado de segurança** é uma ação que pode ser impetrada individual ou coletivamente, e visa a proteger um direito líquido e certo, quando o responsável pela ilegalidade ou abuso de poder for autoridade pública ou agente de pessoa jurídica no exercício de atribuições do Poder Público. Sua base legal é oriunda do inciso LXIX do art. 5º da CF/88:

> LXIX – conceder-se-á **mandado de segurança** para proteger direito líquido e certo, não amparado por "habeas-corpus" ou "habeas-data", quando o responsável pela ilegalidade ou abuso de poder for autoridade pública ou agente de pessoa jurídica no exercício de atribuições do Poder Público.

O inciso LV do art. 5º da CF/88, por sua vez, lista as pessoas jurídicas que possuem o privilégio de impetrar mandado de segurança coletivo:

> LXX – o mandado de segurança coletivo pode ser impetrado por:
>
> a) partido político com representação no Congresso Nacional;
>
> b) organização sindical, entidade de classe ou associação legalmente constituída e em funcionamento há pelo menos um ano, em defesa dos interesses de seus membros ou associados;

No caso exposto, a ANATEL – agência reguladora, inserida no âmbito da Administração Pública Indireta – está, há mais de dois anos e meio, impedindo o funcionamento de uma rádio comunitária, sem que tenha havido uma solução para o impasse (que não é deixado claro qual é) na esfera administrativa. Este impedimento de funcionamento é uma atuação discricionária da Agência Reguladora, que age ponderando sobre a oportunidade e a conveniência do ato administrativo.

Dessa forma, coube à recorrida (= a Rádio Comunitária que se viu desamparada pela Administração Pública) voltar-se ao Poder Judiciário, reclamando a continuidade de seu funcionamento. A recorrida vê como direito líquido e certo o seu funcionamento, bem como avalia a atuação da ANATEL como marcada pelo abuso de poder. Eis o fundamento do mandado de segurança.

O Poder Judiciário, por sua vez, julgou ter havido um abuso da razoabilidade na atuação da ANATEL. Afinal, a inércia (= demora) da atuação da Administração Pública vem impedindo o funcionamento da Rádio, sem que tenha havido sequer uma decisão administrativa.

Feita esta introdução, vejamos as alternativas:

a) A discricionariedade deve ser pautada pelos limites estabelecidos na lei. Uma atuação que exceda os limites legais é arbitrária. A alternativa está errada.

b) A observância dos limites legais no caso de um ato discricionário é sempre passível de ser verificada pelo Poder Judiciário. O que não cabe é o controle judicial sobre o mérito administrativo (exceção, conforme jurisprudência, são os casos de desrespeito aos princípios da razoabilidade / proporcionalidade, como é o caso exposto na questão). De todo modo, a alternativa está errada.

c) Não houve violação ao Princípio da Separação dos Poderes. A atuação do Poder Judiciário é legítima, conforme o Princípio da Inafastabilidade da Tutela Jurisdicional (ou conforme aponta a jurisprudência, são os casos de desrespeito aos princípios da razoabilidade / proporcionalidade). A alternativa, portanto, está errada.

d) Esta alternativa espelha o correto entendimento, seja com base nos princípios jurídicos ou com fundamento na jurisprudência. Está, assim, correta.

e) Como vimos, a jurisprudência tem apontado no sentido de possibilitar o exame do mérito no caso de desrespeito aos princípios da razoabilidade / proporcionalidade. A assertiva está errada.

Resposta: D.

Q7. (VUNESP / TJ – SP / 2010) Na hipótese de ocorrência de ato lesivo ao patrimônio público ou de entidade de que o Estado participe, à moralidade administrativa, ao meio ambiente e ao patrimônio histórico e cultural, nos termos do que dispõe, expressamente, a Constituição, o cidadão poderá ajuizar:

a) ação popular;

b) *habeas corpus*;

c) ação civil pública;

d) mandado de injunção;

e) ação de improbidade administrativa.

A ação popular é um instrumento conferido ao **cidadão** para a defesa dos interesses da coletividade (e não de seus interesses pessoais). Tem previsão constitucional, conforme o inciso LXXIII do art. 5º:

> *LXXIII – qualquer cidadão é parte legítima para propor* **ação popular** *que vise a anular ato lesivo ao patrimônio público ou de entidade de que o Estado participe, à moralidade administrativa, ao meio ambiente e ao patrimônio histórico e cultural, ficando o autor, salvo comprovada má-fé, isento de custas judiciais e do ônus da sucumbência;*

O enunciado da questão espelhou este inciso da constituição. Dessa forma, a alternativa A está correta.

De forma mais superficial, vejamos os comentários às demais alternativas:

b) O *habeas corpus* é um instrumento de provocação do controle judicial com o objetivo de garantir o direito individual de locomoção, privado por abuso de poder. Se concedido pelo Poder Judiciário, o direito de ir e vir é restituído ao indivíduo.

c) A ação civil pública é um instrumento conferido ao Ministério Público (e, mais recentemente, à Defensoria pública) com o objetivo do controle de atos públicos de interesses difusos e coletivos (ou seja, de toda a sociedade, e não de apenas uma pessoa). Veremos isso com maior detalhe adiante.

d) O mandado de injunção é um instrumento cabível a qualquer pessoa, física ou jurídica, que se veja prejudicada por omissão / ausência / lacuna de norma reguladora que torne inviável o exercício de algum direito constitucional. Não se trata de uma lesão a direito individual ou coletivo frente a um direito líquido e certo (como caso do mandado de segurança), mas sim um impedimento de gozo de direitos previstos na Constituição devido a lacunas normativas.

e) A ação de improbidade administrativa é um tipo de ação que visa a apurar e a punir a prática de ilícitos na administração pública direta e indireta, além de recuperar os prejuízos em favor dos cofres públicos. É legitimada ao Ministério Público ou à pessoa da Administração Pública interessada.

Resposta: A.

Q8. (FGV / SEFAZ – RJ / 2011) A Ação Civil Pública tem assento constitucional em norma diversa da que prestigia as demais ações, como o Mandado de Segurança e o *Habeas Corpus*, inseridos no capítulo destinado aos direitos e garantias individuais e coletivos. Em relação às características que podem ser vinculadas à Ação Civil Pública, assinale a alternativa correta.

a) A propositura é exclusiva do Ministério Público dos Estados, do Distrito Federal e dos Municípios.

b) Sendo um direito da coletividade, qualquer cidadão pode ser autor nessa espécie de ação civil.

c) O Ministério Público em geral e outras pessoas especificadas em lei podem propor a ação.

d) Havendo inquérito civil, ele será presidido por membro do Poder Judiciário, especialmente designado.

e) Podem ser objeto de pedido na Ação Civil Pública questões tributárias, desde que com base constitucional.

Chegamos, enfim, na **ação civil pública**, cuja condução é típica da atuação do Ministério Público.

Preliminarmente, contudo, é essencial conhecermos um pouco das características principais do **Ministério Público**.

O Ministério Público, de acordo com as Cartas Constitucionais do Brasil, já foi órgão pertencente ao Poder Judiciário e também ao Poder Executivo. A Constituição Federal de 1988 o consolidou como uma instituição democrática, independente dos Poderes Executivo, Legislativo e Judiciário.

Eis a conceituação que a CF/88 faz do Ministério Público:

> Art. 172 O Ministério Público é instituição permanente, essencial à função jurisdicional do Estado, incumbindo-lhe a **defesa da ordem jurídica, do regime democrático e dos interesses sociais e individuais indisponíveis**.

Assim, podemos dizer que as principais funções do MP são a **defesa**:

- **da ordem jurídica** – fiscalizando o efetivo cumprimento de todas as leis nacionais e também das decorrentes de tratados e acordos internacionais de que o Brasil seja signatário;
- **do regime democrático**: zelando pelo Estado de Direito e pela observância dos princípios e normas que asseguram a participação popular na condução dos destinos do País; e
- **dos interesses sociais e individuais indisponíveis:**[2] promovendo todas as medidas e ações necessárias para a efetivação de direitos em que esteja presente o interesse geral, da coletividade, visando à melhoria das condições de vida em sociedade.

De modo geral, o quadro abaixo faz uma síntese da atuação do Ministério Público:

	ATUAÇÃO DO MINISTÉRIO PÚBLICO
Como atua?	Por iniciativa própria ou mediante provocação, o Ministério Público ingressa em ações em nome da sociedade.
Atua perante quem?	• O Ministério Público atua perante o Poder Judiciário (STF, STJ TSE, TRFs etc.), nos casos regulamentados pela Constituição e pelas leis federais. • Também atua fora da esfera judicial, sobretudo na defesa dos direitos difusos,[3] como em inquéritos civis e audiências públicas.
Atuação como fiscal da lei	Quando um processo em andamento na Justiça Federal envolve interesse público relevante, como um direito coletivo ou individual indisponível, o Ministério Público Federal deve ser ouvido, mesmo que não seja autor da ação.
Atuação na área cível	Na área cível, o Ministério Público atua na chamada tutela coletiva, ou seja, protegendo direitos de toda a sociedade ou de grupos sociais, agindo mediante ação civil pública, ação civil coletiva ou ação de improbidade administrativa.
Atuação na área criminal	Na área criminal, cabe ao Ministério Público promover a ação penal pública,[4] nos casos de crimes que causem prejuízos à União.

De forma mais específica, o art. 129 da CF/88 lista as funções institucionais do Ministério Público. Como são apenas 9 (nove) incisos, creio que valha a pena lermos com atenção:

*Art. 129. São **funções institucionais do Ministério Público**:*

*I – **promover, privativamente, a ação penal pública**, na forma da lei;*

*II – **zelar pelo** efetivo **respeito dos Poderes Públicos** e dos serviços de relevância pública aos direitos assegurados nesta Constituição, promovendo as medidas necessárias a sua garantia;*

---
2 São indisponíveis os direitos dos quais a pessoa não pode abrir mão, como o direito à vida, à saúde, à honra e à liberdade.
3 Direitos difusos são relativos a toda a sociedade, e não específicos a uma pessoa ou grupo de indivíduos.
4 Ação penal pública é um pedido ao Estado para a punição de um crime.

*III – **promover** o inquérito civil **e a ação civil pública**, para a proteção do patrimônio público e social, do meio ambiente e de outros interesses difusos e coletivos;*

IV – promover a ação de inconstitucionalidade ou representação para fins de intervenção da União e dos Estados, nos casos previstos nesta Constituição;

V – <u>defender judicialmente</u> os direitos e interesses <u>das populações indígenas</u>;

VI – expedir notificações nos procedimentos administrativos de sua competência, requisitando informações e documentos para instruí-los, na forma da lei complementar respectiva;

*VII – **exercer o controle externo da atividade policial**, na forma da lei complementar mencionada no artigo anterior;*

*VIII – **requisitar diligências investigatórias e a instauração de inquérito policial**, indicados os fundamentos jurídicos de suas manifestações processuais;*

IX – exercer outras funções que lhe forem conferidas, desde que compatíveis com sua finalidade, sendo-lhe vedada a representação judicial e a consultoria jurídica de entidades públicas.

Como vemos no inciso III do art. 129 da CF/88, é função institucional do Ministério Público a promoção de **ação civil pública**.

Trata-se de um instrumento processual de que pode se valer o Ministério Público e outras entidades legitimadas para a defesa de interesses <u>difusos</u>,[5] <u>coletivos</u>[6] e <u>individuais homogêneos</u>.[7] O importante é sabermos que a **ação civil pública é vedada para a defesa de interesses individuais e disponíveis**, ok?

O art. 5º da Lei nº 7.347/1985 lista as entidades legitimadas a propor a ação civil pública:

Art. 5º Têm legitimidade para propor a ação [civil pública]:

I – o Ministério Público;

II – a Defensoria Pública;

III – a União, os Estados, o Distrito Federal e os Municípios;

IV – a autarquia, empresa pública, fundação ou sociedade de economia mista;

[...]

Estamos prontos a retornar à questão proposta. Vejamos a análise às alternativas:

a) Como vimos, a propositura da ação civil pública é permitida às entidades listadas no art. 5º da Lei nº 7.347/1985. A alternativa está errada.

b) O cidadão não é autor da ação civil pública. Aliás, essa é a principal diferença entre a ação popular (na qual o cidadão é o autor) e a ação civil pública. Nesta, os autores são as mesmas entidades mencionadas listadas no art. 5º da Lei nº 7.347/1985. A alternativa está, portanto, errada.

---

5 Interesses difusos = Interesses difusos: que não são específicos de uma pessoa ou grupo de indivíduos, mas de toda a sociedade, como o direito de todos respirarem ar puro.
6 Interesses coletivos = de um grupo, categoria ou classe ligados entre si ou com a parte contrária por uma relação jurídica.
7 Interesses individuais homogêneos = possuem fato gerador comum, atingem as pessoas individualmente e da mesma forma, mas não podem ser considerados individuais.

c) Esta alternativa mostra-se de acordo com o art. 5º da Lei nº 7.347/85. Está, assim, correta.

d) O inquérito civil é um procedimento administrativo que tem o objetivo de produzir provas da efetiva lesão aos interesses difusos, coletivos ou individuais homogêneos (dependendo do caso concreto). Não é um procedimento obrigatório, e, quando instaurado, visa a servir de base à proposição de uma ação civil pública. De acordo com o § 1º do art. 8º da Lei nº 7.347/1985, o **Ministério Público** tem competência privativa para a instauração e para a presidência do inquérito civil. Dessa forma, a alternativa está errada.

e) Eis o conteúdo que nos traz o Parágrafo Único do art. 1º da Lei nº 7.347/85:

Parágrafo único. **Não será cabível ação civil pública** *para veicular pretensões que envolvam* **tributos, contribuições previdenciárias,** *o* **Fundo de Garantia do Tempo de Serviço – FGTS** *ou outros fundos de natureza institucional cujos beneficiários podem ser individualmente determinados.*

Assim, a alternativa está errada.

Resposta: C.

Questões de Concursos

1. (VUNESP / PC – PE / 2015 – adaptada) Com relação ao controle externo e interno da Administração Pública, pode-se afirmar como correto que:
    a) o controle judiciário dos atos administrativos é exercido pelo Poder Judiciário e pelo Tribunal de Contas;
    b) compete ao Tribunal de Contas apreciar a legalidade dos atos de nomeação para cargo de provimento em comissão da Administração indireta;
    c) não compete ao Tribunal de Contas apreciar a legalidade dos atos de admissão de pessoal das fundações públicas;
    d) o controle de mérito e de legalidade exercido pela Administração Pública sobre sua própria atividade independe de provocação da parte interessada.

2. (VUNESP / TJ – PA / 2014) Em relação ao controle externo exercido pelo Poder Legislativo, com auxílio dos Tribunais de Contas, é correto afirmar que este último poderá:
    a) solicitar para exame cópia de edital de licitação já publicado, até o dia útil imediatamente anterior à data de recebimento das propostas;
    b) apreciar, para fins de registro, as nomeações para cargo de provimento em comissão e as concessões de aposentadorias;
    c) determinar a quebra de sigilo de agentes públicos e particulares que contrataram com o Estado, para apuração de irregularidades;
    d) sustar os contratos administrativos em execução, prescindindo de manifestação do Poder Legislativo;
    e) realizar auditorias, mas somente mediante expressa determinação do Poder Legislativo.

3. (FCC / TJ – PI / 2009). Quanto aos Atos Administrativos vinculados e os discricionários, é INCORRETO afirmar que:
    a) A discricionariedade se manifesta no ato em si e não no poder de a Administração praticá-lo pela maneira e nas condições mais convenientes ao seu interesse.

b) A Administração, nos atos vinculados, tem o dever de motivá-los.

c) A discricionariedade deverá estar sempre estrita à observância da lei, pois sua exorbitância constitui ato ilícito.

d) Os atos vinculados são aqueles para os quais a lei estabelece os requisitos e condições de sua realização.

e) A atividade discricionária não dispensa a lei, nem se exerce sem ela, senão com observância e sujeição a ela.

4. (TRF 4ª Região / TRF 4ª Região / 2010 – adaptada) Dadas as assertivas abaixo, assinale a alternativa correta:

   I. À Administração Pública não é dado anular seus próprios atos, sendo imprescindível, para tanto, autorização do Poder Judiciário.

   II. A revogação de um ato administrativo ocupa universo de oportunidade e conveniência, guardando, em princípio, índole discricionária.

   III. Porque sujeito a uma vinculação absoluta, ao agente público não é lícito valer-se dos princípios da razoabilidade e da proporcionalidade para pautar a atividade administrativa.

   a) Estão corretas apenas as assertivas I e II.

   b) Estão corretas apenas as assertivas I e III.

   c) Apenas a assertiva III está correta.

   d) Apenas a assertiva II está correta.

   e) Todas as assertivas estão erradas.

5. (FGV / Senado Federal / 2008) Assinale a alternativa correta.

   a) Em virtude de aspectos subjetivos da discricionariedade, é vedado ao Poder Judiciário apreciar a legalidade ou não dos atos discricionários.

   b) A discricionariedade implica o poder do administrador público de optar por determinada conduta, após valoração da conveniência e oportunidade administrativas.

   c) A atividade discricionária é suscetível de revogação, quando assim o entenda a Administração, mas há impedimento a que sobre ela se aplique a anulação.

   d) Ainda que haja certo grau de subjetividade na prática de atos discricionários, o motivo, a competência e o objeto são sempre elementos vinculados.

   e) Somente no Poder Executivo pode o administrador atuar com discricionariedade administrativa, e assim mesmo no exercício da função típica de gestão dos interesses públicos.

6. (UFPR / Itaipu / 2011) Sobre os atos administrativos, considere as seguintes afirmativas:

   I. Pelo Princípio do Controle Jurisdicional dos atos administrativos, cabe exclusivamente ao Poder Judiciário o controle de legalidade dos atos administrativos.

   II. Cabe apenas à Administração Pública a possibilidade de rever seus atos administrativos, revogando-os por critérios de conveniência e oportunidade. Esse é o chamado controle de mérito.

   III. Considerando-se que a discricionariedade não é um cheque em branco, pode-se dizer que nenhum ato administrativo está imune ao controle judicial, porque a discricionariedade administrativa está sujeita ao regime jurídico administrativo.

   IV. Um ato administrativo discricionário que tenha sido expedido em desacordo com o princípio da moralidade e da proporcionalidade não poderá ser invalidado pelo Poder Judiciário, tendo em vista o Princípio da Tripartição de Poderes.

   Assinale a alternativa correta:

   a) As afirmativas I, II, III e IV são verdadeiras.
   b) Somente as afirmativas I e II são verdadeiras.
   c) Somente as afirmativas II e III são verdadeiras.
   d) Somente as afirmativas I, III e IV são verdadeiras.
   e) Somente as afirmativas III e IV são verdadeiras.

7. (CESPE / STM / 2011) No Brasil, o controle judicial é exercido, com exclusividade, pelo Poder Judiciário.

8. (CESPE / PGM – RR / 2010) Apesar de a decisão executória da administração pública dispensar a intervenção prévia do Poder Judiciário, não há impedimento para que ocorra o controle judicial após a realização do ato.

9. (ESAF / MRE / 2004) Sobre o Ministério Público, marque a opção correta:

   a) Por força do princípio da separação de poderes, um membro do Ministério Público Federal não pode investigar atos praticados pela direção do Ministério das Relações Exteriores.

   b) O Ministério Público é o titular da ação penal pública; somente em casos de crimes de menor expressão é que a ação penal pública pode ser proposta por autoridade policial.

   c) O procurador-geral da República é subordinado hierarquicamente ao ministro da Justiça.

   d) Qualquer membro do Ministério Público deve suspender investigação que esteja em curso, se receber ordem do presidente da República nesse sentido.

   e) O Ministério Público é legitimado para defender em juízo direitos e interesses de populações indígenas no Brasil.

Gabarito Comentado

QUESTÃO	COMENTÁRIO
1 – D	Vejamos os comentários às alternativas. a) O controle judiciário é prerrogativa tão somente do Poder Judiciário. Alternativa errada. b e c) O controle externo, auxiliado pelo Tribunal de Contas, aprecia a legalidade dos atos de admissão de pessoal na Administração direta e indireta, mas não aprecia as nomeações para cargo de provimento em comissão. Assim, ambas as alternativas estão erradas. d) O controle do chamado mérito administrativo (oportunidade e conveniência do ato) e de legalidade cabe à própria Administração Pública, independentemente de provocação. Item correto. Resposta: D.
2 – A	Trata-se de questão que aborda as prerrogativas dos tribunais de contas. Vejamos. a) Alternativa correta, de acordo com o § 2º do art. 113 da Lei nº 8.666/93: Art. 113, § 2º Os Tribunais de Contas e os órgãos integrantes do sistema de controle interno poderão solicitar para exame, até o dia útil imediatamente anterior à data de recebimento das propostas, cópia de edital de licitação já publicado, obrigando-se os órgãos ou entidades da Administração interessada à adoção de medidas corretivas pertinentes que, em função desse exame, lhes forem determinadas. b) O inc. III do art. 71 da CF/88 traz a seguinte competência, afeta ao TCU: III – apreciar, para fins de registro, a legalidade dos atos de admissão de pessoal, a qualquer título, na administração direta e indireta, incluídas as fundações instituídas e mantidas pelo Poder Público, <u>excetuadas as nomeações para cargo de provimento em comissão</u>, bem como a das concessões de aposentadorias, reformas e pensões, ressalvadas as melhorias posteriores que não alterem o fundamento legal do ato concessório; Alternativa errada. c) Tribunais de Contas não detêm a prerrogativa da determinação de quebras de sigilo bancáro. Alternativa errada. d) De acordo com o § 1º do art. 71 da CF/88, o ato de sustação de contrato é adotado diretamente pelo Congresso Nacional. Alternativa errada. e) O inc. III do art. 71 da CF/88 traz a seguinte competência, afeta ao TCU: IV – realizar, por iniciativa própria, da Câmara dos Deputados, do Senado Federal, de Comissão técnica ou de inquérito, inspeções e auditorias (...) A alternativa está errada. Resposta: A.

QUESTÃO	COMENTÁRIO
3 – A	Vejamos os comentários às alternativas: a) a discricionariedade é manifestada em um poder conferido à Administração Pública: o poder discricionário. O ato, nesse sentido, é um resultado da discricionariedade administrativa. A alternativa está errada. b) como vimos, o motivo é um dos elementos (ou requisitos) de um ato administrativo, seja ele vinculado ou discricionário. Ou seja, todos os atos administrativos têm um motivo. E, como regra geral, quando há a efetivação do ato administrativo, o motivo que ensejou (= deu margem a) sua prática é declarado – geralmente é registrado por escrito. Essa declaração por escrito do(s) motivo(s) de um ato é denominada **motivação**. Em um processo que cuida de um procedimento licitatório para a aquisição de computadores, por exemplo, tem que ser explicitado o que justifica a necessidade dessa aquisição. A doutrina aponta a obrigatoriedade da motivação dos atos vinculados. Já no que diz respeito aos atos discricionários, há raras situações nas quais a motivação não é obrigatória. É o caso, por exemplo, da nomeação e exoneração de servidor ocupante de cargo comissionado. No entanto, ao declarar o motivo de um ato discricionário (mesmo aqueles que prescindiriam da motivação), este motivo deve ser legítimo. Caso não seja, o ato é declarado nulo. Assim, em uma exoneração de servidor comissionado que foi motivada como decorrente de faltas frequentes desse funcionário, caso seja provado que o servidor não faltava, a exoneração será invalidada. Em síntese: uma vez declarado o motivo de um ato administrativo discricionário, a Administração passa a estar vinculada a esse motivo. Esta é a chamada Teoria dos Motivos Determinantes. De qualquer forma, dado que a assertiva fala somente dos atos vinculados, sua motivação é obrigatória. A alternativa está correta. c) Como vimos na questão anterior, a discricionariedade dá-se em estrida conformidade com a previsão legal (caso contrário, seria uma arbitrariedade). A alternativa está correta. d) É exatamente isso. Nos atos vinculados, as condições e os requisitos (ou elementos) são estritamente estabelecidos em lei. Não cabe à Administração ponderar sobre a flexibilização de sua conduta, caso a situação seja tipificada (= mostrada de acordo com) em determinada previsão legal. A alternativa, portanto, está correta. e) É o mesmo entendimento já exposto nos comentários à alternativa "c". A alternativa está correta.

QUESTÃO	COMENTÁRIO
4 – D	Vejamos os comentários às assertivas: I. Tanto a Administração Pública (no caso de seus próprios atos) quanto o Poder Judiciário tem a competência para a anulação de atos administrativos, no caso de incorrerem em ilegalidade. A assertiva está errada. II. É o poder discricionário da Administração Pública que dá a base para a revogação dos seus atos administrativos. Trata-se do <u>controle de mérito</u>. A assertiva, assim, está correta. III. Há situações nas quais o agente público não está sujeito a uma vinculação absoluta. Existem, como vimos, situações às quais a lei confere certa liberdade de atuação ao administrador, cujos limites são determinados na norma legal. Nesses casos, é essencial que o agente atue de acordo com os princípios da razoabilidade e da proporcionalidade, ou seja, os atos devem ser <u>adequados</u> (= capazes de atingir o objetivo proposto) e <u>necessários</u> (= utilizando meios adequados aos fins, evitando-se excessos). A assertiva está, portanto, errada.
5 – B	Vejamos os comentários às alternativas: a) A apreciação da legalidade ou não de quaisquer atos administrativos (vinculados ou discricionários) é sempre passível de ocorrer pelo Poder Judiciário (conforme o Princípio da Inafastabilidade da Tutela Jurisdicional). O que não cabe é o Poder Judiciário pronunciar-se sobre a oportunidade ou a conveniência do ato discricionário, uma vez que não impliquem ilegalidade. A alternativa está errada. b) A alternativa está de acordo com a teoria apresentada neste Capítulo. Está, assim, correta. c) Caso a atividade discricionária ultrapasse os limites de atuação estabelecidos em lei, torna-se passível de anulação, seja pela própria Administração Pública ou pelo Poder Judiciário. A alternativa está errada. d) Os elementos (ou requisitos) do ato administrativo que são sempre vinculados são a <u>competência</u>, a <u>finalidade</u> e a <u>forma</u>. Já os requisitos motivo e objeto podem ser ponderados pelo agente público, nos casos dos atos discricionários. A alternativa está errada. e) Como vimos, todos os Poderes possuem atos administrativos próprios. A discricionariedade pode estar presente quando da nomeação de um servidor comissionado no Senado Federal (Poder Legislativo), por exemplo. A alternativa está errada.
6 – C	Vejamos os comentários às assertivas: I. O Princípio do Controle Jurisdicional dos atos administrativos é apenas outro modo de chamarmos o Princípio da Inafastabilidade da Tutela Jurisdicional. Como vimos, o controle da legalidade dos atos administrativos também cabe à própria Administração – é o controle interno. A alternativa está errada. II. A ponderação, pela Administração Pública, sobre a conveniência e a oportunidade de um ato discricionário seu é chamado de <u>controle de mérito</u>. A alternativa está correta.

QUESTÃO	COMENTÁRIO
6 – C	III. O conjunto de regras que disciplinam determinado sistema é denominado regime jurídico. No caso do regime jurídico administrativo, estamos falando do conjunto de regras que são aplicáveis ao exercício da Administração Pública e que visam ao interesse público. Já vimos que a discricionariedade administrativa está sujeita aos limites de atuação impostos pela lei. Dessa forma, não há de se falar de imunidade de um ato discricionário frente à apreciação judicial (= proveniente do Poder Judiciário). A alternativa está correta. IV. Podemos analisar essa assertiva de dois pontos de vista distintos. Primeiramente, sob o correto entendimento de que a apreciação do Poder Judiciário limita-se à legitimidade do ato administrativo, devemos ter em mente que apenas o Princípio da Legalidade deveria ser considerado no controle judicial. No entanto, não raras são as ocasiões em que a não observância do Princípio da Moralidade implica o desatendimento do Princípio da Legalidade. Não há uma fronteira bem definida entre estes princípios, como vimos nos casos de improbidade administrativa. Sob esta ótica, a assertiva está errada. Outro ponto de vista diz respeito à julgamentos do STF, cujos membros que já se posicionaram favoravelmente ao alargamento da atuação do Poder Judiciário, visando à garantia dos direitos do cidadão. Uma sanção desproporcional imposta a um estabelecimento comercial (por exemplo, uma multa astronômica decorrente da venda de um simples pote de requeijão vencido há um dia) poderia, nessa ótica, ser questionada pelo Poder Judiciário. Nesse caso, anular-se-ia um ato que a Administração teria praticado de modo desarrazoado (ou desproporcional). Uma vez mais, sob esta ótica, a assertiva está errada. Lembro que esta é uma exceção (não pacífica) ao limite imposto ao judiciário quando da apreciação do mérito administrativo.
7 Certo	No Brasil, vigora o chamado **Sistema de Jurisdição Única**, também conhecido como **Sistema Inglês**. Nesse sistema de controle judicial, cabe apenas ao Poder Judiciário o poder de fazer a coisa julgada (= decisão definitiva). Assim, às decisões emanadas no âmbito de órgãos administrativos cabe sempre a recorrência ao Poder Judiciário. Este sistema contrapõe-se ao denominado **Sistema do Contencioso Administrativo**, ou **Sistema Francês**. Neste, existe a figura de uma Justiça Administrativa, cujas decisões possuem força de coisa julgada, em especial no que diz respeito a casos que envolvem a Administração Pública. O enunciado está, dessa forma, correto.
8 Certo	Em complemento ao Sistema de Jurisdição Única, existe o poder-dever de a Administração exercer o controle de seus próprios atos. Este poder-dever (também chamado de **autotutela administrativa**) confere à Administração Pública a prerrogativa e a obrigação de reapreciar os atos por ela editados, atuando de ofício (= por iniciativa própria) ou por provocação de particular. A despeito do exercício da autotutela administrativa, como vimos, sempre cabe o controle judicial, que é o único, no Brasil, com força para fazer a coisa julgada. Eis o Princípio da Inafastabilidade da Tutela Jurisdicional. A assertiva está correta.

QUESTÃO	COMENTÁRIO
9 – E	Passemos à análise das assertivas: a) Note que, apesar de o Ministério Público ser independente dos Poderes, ele em si não é um Poder da União (e o nosso sistema, como sabemos, é tripartido nos Poderes Executivo, Legislativo e Judiciário). Assim, não há de se falar em separação de poderes quando há a relação com o Ministério Público. A alternativa está errada. b) De acordo com o inciso I do art. 129 da CF/88, o <u>Ministério Público</u> detém a **competência privativa** para a proposição de <u>ações penais públicas</u>. A alternativa está errada. c) O Procurador-Geral da República exerce a chefia do Ministério Público da União e do Ministério Público Federal e está diretamente subordinado ao Advogado-Geral da União. A alternativa está errada. d) O Ministério Público tem a chamada <u>autonomia funcional</u>. Isso significa que ele prescinde de ordens e de orientações de outros órgãos – inclusive da Presidência da República para a condução de suas ações. A alternativa está errada. e) A alternativa espelha o conteúdo do inciso V do art. 129 da CF/88 (visto anteriormente). Está, portanto, correta.

Referências

ABRUCIO, F. L. Trajetória recente da gestão pública brasileira: um balanço crítico e a renovação da agenda de reformas. *Revista de Administração Pública*, v. 41, n. especial, p. 67-86, 2007.

ALEXANDRINO, M.; PAULO, V. *Direito Administrativo*, 11ª ed. Rio de Janeiro: Ed. Impetus, 2006.

AZAMBUJA, D. *Teoria Geral do Estado*. Rio de Janeiro: Editora Globo, 2008.

BALLESTERO, A.; ESMERALDA, M. *Administração da Qualidade*: abordagem do processo administrativo. São Paulo: Atlas, 2001.

BARBOSA, M. C. Revisão da Teoria da Separação dos Poderes do Estado. *Revista Científica das Faculdades Loureiro Filho*, v. 5, n. 1, p. 1 – 16, 2006.

BARÇANTE, L. C. *Qualidade Total*: uma nova visão brasileira: o impacto estratégico na universidade e na empresa. Rio de Janeiro: Campus, 2006.

BERGAMINI, C. W. *Liderança:* administração do sentido. São Paulo: Atlas, 1994.

BERTALANFFY, L. *Teoria Geral dos Sistemas*. 3ª ed. Petrópolis: Vozes, 1977. Capítulo 2, p. 52-81.

BERTERO, C. O. Especial Liderança: O administrador-líder. *eGV Executivo*, v. 6, n. 1, 2007.

BOBBIO, N. *Estado, Governo e Sociedade:* para uma teoria geral da política, 14ª ed. Rio de Janeiro: Editora Paz e Terra, 2007.

BRASIL. Agência Nacional de Energia Elétrica. *Manual de Gestão de Processos Organizacionais da ANEEL*, 2ª ed., 2008. Disponível em: <http://www.aneel.gov.br/arquivos/PDF/20080208-manual_de_gestao_de_processos_aneel.pdf>. Acesso em: 16.11.2012.

BRASIL. Ministério da Administração Federal e Reforma do Estado (MARE). *Programa da Qualidade e Participação na Administração Pública.* Brasília: MARE, 1997. Cadernos MARE da Reforma do Estado, Caderno 4. Disponível em: <http://www.planejamento.gov.br/secretarias/upload/Arquivos/publicacao/seges/PUB_Seges_Mare_caderno04.PDF>. Acesso em 01.08.2012.

BRASIL. Ministério do Planejamento, Orçamento e Gestão. *Programa Nacional de Gestão Pública e Desburocratização – Gespública; Prêmio Nacional da Gestão Pública – PQGF.* Documento de Referência; Fórum Nacional 2008/2009. Brasília: MPOG, 2009. Disponível em: <http://www.gespublica.gov.br/biblioteca/pasta.2011-01-10.1458290395/documento_referencia2009_29abr.pdf. Acesso em: 01.12.2012>.

BRASIL. Tribunal de Contas da União. *Técnica de Auditoria: Indicadores de Desempenho e Mapas de Produtos,* 2010. Disponível em: <http://portal2.tcu.gov.br/portal/pls/portal/docs/2063230.PDF>. Acesso em: 20.12.2012.

BRASIL. Ministério do Planejamento, Orçamento e Gestão. *Gestão Pública Empreendedora.* Brasília: SEGES, 2000.

BRASIL. Ministério do Planejamento, Orçamento e Gestão; Serviço Federal de Processamento de Dados. *Guia Referencial para Gestão de Processos no Governo.* Março de 2011. Disponível em: <http://www.governoeletronico.com.br>. Acesso em: 28.12.2012.

BRASIL. Ministério do Planejamento, Orçamento e Gestão. *Gestão de Processos: um guia rápido orientado a resultados,* 2009b. Disponível em: <http://www.gespublica.gov.br/ferramentas/anexos/guia_de_gestao_de_processos.pdf>. Acesso em: 27.01.2013.

BRESSER-PEREIRA, L. C. *Introdução à Administração Burocrática.* (capítulo 3 – Centralização e Descentralização), 1963. Disponível em: <http://www.bresserpereira.org.br/papers/1963/63-Centralizacao_Descentralizacao.pdf>.

_____. Do Estado Patrimonial ao Gerencial. In: PINHEIRO; WILHEIM e SACHS (orgs.) *Brasil:* um Século de Transformações. São Paulo: Cia. das Letras, 2001, p. 222-259.

BRUHNS, H. O Conceito de Patrimonialismo e suas Interpretações Contemporâneas. *Revista de Estudos Políticos,* n. 4, 2012.

BRUNO-FARIA, M. F.; BRANDÃO, H. P. Gestão de competências: identificação de competências relevantes a profissionais da área de T&D de uma organização pública do Distrito Federal. *Revista de Administração Contemporânea,* v. 7, n. 3, p. 35-56, 2003.

CAETANO, M. *Manual de Direito Administrativo*, Tomo II. Rio de Janeiro: Forense, 1970.

CASTELLS, M. *A Era da Informação:* Economia, Sociedade e Cultura. Vol. I – A Sociedade em Rede, 5ª ed. São Paulo: Paz e Terra, 2001.

CHIAVENATO, I. *Administração:* teoria, processo e prática, 3ª ed. São Paulo: Makron Books, 2000.

_____. *Administração nos novos tempos.* 2ª ed. Rio de Janeiro: Elsevier, 2004.

_____. *Administração:* teoria, processo e prática. 4ª ed. Rio de Janeiro: Elsevier, 2007.

CHIAVENATO, I. *Gestão de Pessoas:* o novo papel dos recursos humanos nas organizações. 3ª ed. Rio de Janeiro: Elsevier, 2008.

_____. *Recursos Humanos:* o Capital Humano das Organizações. 9ª ed., Rio de Janeiro: Elsevier, 2009.

_____. *Introdução à Teoria Geral da Administração.* 8ª ed. Rio de Janeiro: Elsevier, 2011.

CLETO, C. I.; DEZORDI, L. L. Políticas Econômicas. In: MENDES, J. T. G. *Economia Empresarial.* Curitiba: FAE Business School, 2002.

CLUTTERBUCK, D. *Coaching Eficaz:* como orientar sua equipe para potencializar resultados. São Paulo: Editora Gente, 2008.

CONTE, A. L.; DURSKI, G. R. *Gestão Empresarial* – Capítulo 5: Qualidade. Editora Gazeta do Povo, 2002.

COSTA, F. L. Brasil: 200 anos de Estado; 200 aos de administração pública; 200 anos de reformas. *Revista de Administração Pública*, v. 42, n. 5, p. 829-874, 2008.

CUNNINGHAM, J. B.; LISCHERON, J. Defining Entrepreneurship. *Journal of Small Business Management,* v. 29, n. 1, p. 45-61, 1991.

D'ANDREA, F. F. *Desenvolvimento da personalidade.* São Paulo: Difel, 1972.

DELEON, L. La comunidad y la anarquía en los sistemas administrativos modernos. *Gestión y Política Pública*, v. V, n. 2, p. 351 – 370, 1996.

DI PIETRO, M. S. Z. *Direito Administrativo.* São Paulo: Atlas, 2004.

DIAS, I. M. *A Relação entre Reforma da Administração Pública e Tecnologias de Informação no Governo do Estado de São Paulo.* Tese de Doutorado. FEA – USP, 2008.

DINIZ, V. A história do uso da tecnologia da informação na gestão pública brasileira através do CONIP – Congresso de Informática Pública. **X Congreso Internacional del CLAD sobre la Reforma del Estado y de la Administración Pública**. Santiago, Chile, Outubro de 2005.

DINIZ, E. H.; BARBOSA, A. F.; JUNQUEIRA, A. R. B.; PRADO, O. O governo eletrônico no Brasil: perspectiva histórica a partir de um modelo estruturado de análise. *Revista de Administração Pública*, v. 43, n. 1, p. 23-48, 2009.

DRUCKER, P. F. *Inovação e espírito empreendedor:* prática e princípios. São Paulo: Editora Pioneira, 1987.

KOHAMA, H. *Contabilidade Pública:* Teoria e Prática, 7ª ed. São Paulo: Atlas, 2000.

FAORO, R. *Os donos do poder:* formação do patronato político brasileiro. 3ª ed. rev. São Paulo: Globo, 2001.

FILHO, J. S. C. *Manual de Direito Administrativo*. 6ª ed. Rio de Janeiro: Editora Lumen Juris, 2000.

FISCHER, T.; MELO, V. P. Organizações e interorganizações na gestão do desenvolvimento sócio-territorial. *Revista Organizações & Sociedade*, v. 11, ed. especial, p. 13-41, 2004.

FLAUZINO, R. S.; LEITE, V. F.; TURRIONI, J. B.; MELLO, C. H. Análise dos Impactos de um Sistema de Gestão de Qualidade Segundo a Norma ISO 9000 no Comprometimento Organizacional do Setor de Serviços Públicos do Brasil. **II Simpósio de Excelência em Gestão e Tecnologia**, 2005.

FRENCH, J. R. P.; RAVEN, B. The bases of social power. In: CARTWRIGHT, D. *Studies in social power*. Ann Arbor: University of Michigan, 1959.

FURTADO, F. *Administração Financeira e Orçamentária para Concursos:* Direito Financeiro Simplificado. Rio de Janeiro: Editora Ferreira, 2008.

GARIBA JUNIOR, M. *Um modelo de avaliação de cursos superiores de tecnologia baseado na ferramenta* **Benchmarking.** Tese de doutorado em Engenharia de Produção na UFSC, 2005.

GARVIN, D. A. *Gerenciando a Qualidade:* a Visão Estratégica e Competitiva. Rio de Janeiro: Qualitymark, 2002.

GOMES, M. B. Auditoria de desempenho governamental e o papel das Entidades Fiscalizadoras Superiores (EFS). *Revista do Serviço Público*, ano 53, n. 2, p. 36 – 76, 2002.

GOMES, P. J. P. A evolução do conceito de qualidade: dos bens manufacturados aos serviços de informação. *Cadernos de Biblioteconomia Arquivística e Documentação*, n. 2, p. 6-18, 2004.

GONÇALVES, P. S. *Administração de Materiais*. 3ª ed. Rio de Janeiro: Elsevier, 2007.

GONÇALVES, R. A internacionalização da produção: uma teoria geral? *Revista de Economia Política*, v. 4, n. 1, 1984.

GUIMARÃES, G. *Liderança Positiva*: para atingir resultados excepcionais. São Paulo: Évora, 2012.

HARRINGTON, H. J. *Aperfeiçoando processos empresariais.* São Paulo: Makron Books, 1993.

JOIA, L. A. *Governo Eletrônico:* **em busca de uma conceituação**. 2002. Disponível em: <http://app.ebape.fgv.br/e_government/asp/dsp_oquee.asp>. Acesso em: 18.07.2012.

KAPLAN, R. S.; NORTON, D. *A Estratégia em Ação: Balanced Scorecard*. Rio de Janeiro: Editora Campus, 1997.

KATZENBACH, J. R.; SMITH, D. K. *The Wisdom of Teams:* Creating the High Performance Organization. London: Harperbusiness, 2008.

KEELING, R. *Gestão de Projetos: uma abordagem global*. São Paulo: Editora Saraiva, 2002.

KNAPIK, J. *Administração Geral e de Recursos Humanos*. Curitiba: IBPEX, 2005.

KUNSCH, M. M. K. *Planejamento de Relações Públicas na comunicação integrada*. São Paulo: Summus, 2003.

LACOMBE, F. J. M.; HEILBORN, G. L. J. *Administração:* Princípios e Tendências. São Paulo: Ed. Saraiva, 2003.

LIMA, M. O. *D. João VI no Brasil*. Rio de Janeiro: Topbooks, 1996.

LIMA, G. A. F. Poder normativo do Executivo e separação de poderes: revisitando Montesquieu. *Revista de Estudos Jurídicos,* v. 16, n. 33, p. 27 – 60, 2012.

LÖFFLER, E. Governance: Die neue Generation von Staats – und Verwaltungs – modernisierung. *Verwaltung + Management,* v. 7, n. 4, p. 212 – 215, 2001.

MALDONADO, M. Separação dos Poderes e Sistema de Freios e Contrapesos: Desenvolvimento no Estado Brasileiro. *Revista Jurídica 9 de Julho*, São Paulo, Imprensa Oficial do Estado de São Paulo, v. 2, p. 235-256, 2003.

MALUF, S. *Teoria Geral do Estado*. 23ª ed. São Paulo: Saraiva, 1995.

MARTINS, H. F. *Reforma do Estado no Brasil:* a predominância do ajuste fiscal. Lima: Portal de Assuntos Públicos de La Pontificia Universidad Católica del Perú, 2001.

MAXIMIANO, A. C. A. *Introdução à Administração*. São Paulo: Atlas, 5ª ed., 2000.

MEDAUAR, O. *Direito Administrativo Moderno*. 8ª ed. São Paulo: Revista dos Tribunais, 2004.

MELLO, C. A. B. *Curso de Direito Administrativo*. 17ª ed. São Paulo: Malheiros, 2004.

MELLO, G. R. *Governança Corporativa no Setor Público Federal Brasileiro*. Dissertação de Mestrado. FEA – USP, 2006.

MEIRELLES, H. L. *Direito Administrativo Brasileiro*. 34ª ed. São Paulo: Malheiros, 2008.

MICHEL, M. As Teorias X e Y e suas potencialidades de aplicação a sistemas administrativos de recursos humanos em organizações nos dias atuais. *Revista Eletrônica de Administração*, ed. 8, 2005.

MINTZBERG, H. *Criando organizações eficazes:* estruturas em cinco configurações. São Paulo: Atlas, 1995.

MORGAN, G. *Imagens da organização*. São Paulo: Atlas, 1996.

MORAES, A. *Direito Constitucional*. 26ª ed. São Paulo: Ed. Atlas, 2010.

MORRIS, M. H.; JONES, F. F. Entrepreneurship in established organizations: the case of the public sector. *Entrepreneurship Theory and Practice*, v. 24, n. 1, p. 71-91, 1999.

MOTA, A. C. Y. H. A. **Accountability** *no Brasil:* os cidadãos e seus meios institucionais de controle dos representantes. Tese de doutorado. Faculdade de Filosofia, Letras e Ciências Humanas da Universidade de São Paulo. 243p. 2006.

NASCIMENTO, E. R.; DEBUS, I. *Lei Complementar nº 101/2000:* Entendendo a Lei de Responsabilidade Fiscal. 2ª ed. Tesouro Nacional, 2001.

NUNES, P. *Conceito de Organização*. Disponível em: <http://www.notapositiva.com/trab_professores/textos_apoio/gestao/03conc_organizacao.htm>. Acesso em: 20.11.2012.

OCDE. *Manual de Oslo:* Proposta de Diretrizes para Coleta e Interpretação de Dados sobre Inovação Tecnológica. 3ª ed. Traduzido pela Financiadora de Estudos e Projetos (FINEP), 2005.

OECD (Organization for Economic Cooperation and Development). The e-government imperative: main findings. *Policy Brief*, 2003. Disponível em: <http://www.oecd.org/dataoecd/60/60/2502539.pdf>. Acesso em: 19.07.2012.

_____. *Core set of indicators for environmental performance reviews:* a synthesis report by the group on the state of the environment. Paris: OECD, 1993.

OLIVEIRA, D. P. R. *Revitalizando a empresa:* a nova estratégia de reengenharia para resultados e competitividade: conceitos, metodologia, práticas. São Paulo: Atlas, 1996.

_____. *Sistemas, organização & métodos:* uma abordagem gerencial. São Paulo: Atlas, 13ª edição, 2002.

OLIVIERI, L. *A importância histórico-social das Redes.* Rede de Informações para o Terceiro Setor. Rio de Janeiro, 2003.

PALUDO, A. V. *Administração Pública:* Teoria e Questões. 2ª ed. Rio de Janeiro: Elsevier, 2012.

PAMPONET, A. V. *Como entender os processos organizacionais*, 2010. Disponível em: <http://www.administradores.com.br/informe-se/artigos/como-entender-os-processos-organizacionais/30037/>.

PINHO, J. A. G. Investigando portais de governo eletrônico de estados no Brasil: muita tecnologia, pouca democracia. *Revista de Administração Pública,* v. 43, n. 3, p. 471-493, 2008.

PRADO, O. *Governo Eletrônico, Reforma do Estado e Transparência:* o Programa de Governo Eletrônico do Brasil. Tese de doutorado. Escola de Administração de Empresas de São Paulo (FGV – EAESP), 2009.

PRADO, E. P. V.; SOUZA, C. A.; RAMALHO, N. C. L.; CUNHA, M. A.; REINHARD, N. Iniciativas de Governo Eletrônico: Análise das Relações entre Nível de Governo e Características dos Projetos em Casos de Sucesso. *Revista Eletrônica de Sistemas de Informação,* v. 10, n. 1, 2011.

PROCHNOW, M.; SCHAFFER, W. B. *Pequeno Manual para Elaboração de Projetos.* Rio Grande do Sul: APREMAVI / AMAVO / FEEC, 1999.

PRUITT, D; RUBIN, J; KIM, S. H. *Social Conflict:* Escalation, Stalemate and Settlement. 3ª ed. New York: Mc Graw Hill, 1994.

RAMOS, M. *Fatores Críticos na Implantação da Gestão Estratégica de Processos:* Estudo de Caso no Tribunal Regional Eleitoral do Paraná. Dissertação de Mestrado. Universidade Católica do Paraná, 2011.

REIS, P. M. Conceito, Elementos e Fins do Estado. *Revista da Faculdade de Direito de Caruaru,* v. 1, n. 1, p. 103-112, 1960.

ROBBINS, S. P. *Comportamento Organizacional.* 11ª ed. São Paulo: Pearson Prentice Hall, 2005.

SCHEIN, E. H. *Psicologia Organizacional*. Rio de Janeiro: Prentice Hall, 1982.

SCHUMPETER, J. A. *Teoria do Desenvolvimento Econômico:* uma Investigação sobre Lucros, Capital, Crédito, Juro e o Ciclo Econômico. São Paulo: Abril Cultural, 1982.

SEBRAE, *Manual de Ferramentas de Qualidade*. Disponível em: <http://www.dequi.eel.usp.br/~barcza/FerramentasDaQualidadeSEBRAE.pdf>.

SECCHI, L. Modelos Organizacionais e reformas da administração pública. *Revista de Administração Pública*, v. 43, n. 2, p. 347-369, 2009.

SEIFFERT, P. Q. *Estruturação Organizacional:* planejando e implantando uma nova estrutura. São Paulo: Atlas, 2007.

SCHIKMANN, R. Gestão Estratégica de Pessoas: Bases para a Concepção do Curso de Especialização em Gestão de Pessoas no Serviço Público. In: PANTOJA, M. J.; CAMÕES, M. R. S.; BERGUE, S. T. (Orgs.). *Gestão de Pessoas: Bases Teóricas e Experiências no Setor Público*. Brasília: ENAP, 2010.

STAIR, R. M.; REYNOLD, G. W. Sistemas de Informação nas Organizações. In: *Princípios de sistemas de informação:* uma nova abordagem gerencial. 4ª. ed. Rio de Janeiro: LTC, 2002.

STANLEIGH, M. Combinando a norma ISO 10006 e o guia PMBOK para garantir sucesso em projetos, 2005. Disponível em: <http://www.leansixsigma.com.br/acervo/36102836.PDF>. Acesso em 10.01.2014.

STONER, A. F.; FREEMAN, E. F. *Administração*. Rio de Janeiro: Prentice Hall do Brasil, 1985.

TONELLI, M. J.; LACOMBE, B. M. B.; CALDAS, M. P. Desenvolvimento Histórico do RH no Brasil e no Mundo. In: BOOG, G.; BOOG, M. (Orgs.) *Manual de Gestão de Pessoas e Equipes: Estratégias e Tendências*. São Paulo: Gente, 2002.

UNESCO (United Nations Educational, Scientific and Cultural Organization). **Defining e-governance**, 2005. Disponível em: <http://portal.unesco.org/ci/en/ev.php-URL_ID=4404&URL_DO=DO_TOPIC&URL_SECTION=201.html>. Acesso em: 21.07.2012.

VASCONCELLOS, E. *Estrutura das organizações*. 2ª ed. São Paulo: Pioneira, 1989.

_____; HEMSLEY, J. R. *Estrutura das Organizações:* estruturas tradicionais, estruturas para inovação, estrutura matricial. 4ª ed. São Paulo: Pioneira Thomson Learning, 2003.

VERGARA, S. C. *Gestão de pessoas*. 8ª ed. São Paulo: Atlas, 2009.

WAHRLICH, B. M. S. Desburocratização e desestatização: novas considerações sobre as prioridades brasileiras de reforma administrativa na década de 80. *Revista de Administração Pública*, v. 18, n. 4, p. 72-87, 1984.

WEBER, M. *Economia e Sociedade:* Fundamentos da Sociologia Compreensiva, v. 2. Brasília: Editora UnB, 2004.

WELS, A. M. C. Estudando a comunicação organizacional: redes e processos integrativos. *Conexão – Comunicação e Cultura*, v. 4, n. 7, p. 73-86, 2005.

WERKEMA, C. *Ferramentas Estatísticas Básicas para o Gerenciamento de Processos.* 1ª ed. Belo Horizonte: Werkema Editora, 2006.

WHITAKER, F. Rede: uma estrutura alternativa de organização. *Revista Mutações Sociais*, v. 2, n. 3, 1993.

ZWEERS, K.; PLANQUÉ, K. Electronic Government. From a Organizational Based Perspective Towards a Client Oriented Approach, In: *Designing E-Government*, Prins J.E.J. (ed.), Kluwer Law International, 2001.

Anotações